决策咨询系列

国家科学思想库

能源革命中电网技术发展预测和对策

能源革命中电网技术发展预测和对策研究项目组
中国中长期能源电力供需及传输的预测和对策项目组

科学出版社
北京

图书在版编目（CIP）数据

能源革命中电网技术发展预测和对策 / 能源革命中电网技术发展预测和对策研究项目组，中国中长期能源电力供需及传输的预测和对策项目组编 .—北京：科学出版社，2015.8

（国家科学思想库 . 决策咨询系列）

ISBN 978-7-03-045536-9

I.①能… II.①能… ②中… III.①新能源-能源发展-影响-电力工业-工业发展战略-研究-中国 IV.①F426.61

中国版本图书馆CIP数据核字（2015）第206301号

责任编辑：侯俊琳 杨婵娟 刘海涛 / 责任校对：刘亚琦 张怡君

责任印制：赵 博 / 封面设计：黄华斌 陈 敬

科学出版社 出版

北京东黄城根北街 16 号

邮政编码：100717

http://www.sciencep.com

北京科印技术咨询服务有限公司数码印刷分部印刷

科学出版社发行 各地新华书店经销

*

2015年10月第 一 版 开本：720×1000 1/16

2025年 2 月第五次印刷 印张：48 1/4 插页：1

字数：923 000

定价：245.00元

（如有印装质量问题，我社负责调换）

《能源革命中电网技术发展预测和对策》

专 家 组

组　长： 周孝信

副组长： 程时杰

成　员（按姓氏拼音排序）：

韩英铎　韩祯祥　黄其励　郭剑波　雷清泉
李立浧　卢　强　王锡凡　严陆光　余贻鑫
郑健超

工 作 组

成　员（按姓氏拼音排序）：

白建华　白　泉　白晓民　程　路　程时杰
戴彦德　丁　剑　杜忠明　郭　强　韩　丰
何金良　胡学浩　黄少峰　贾宏杰　江道灼
康晓文　来小康　雷清泉　李柏青　李亚楼
梁　军　梁曦东　林集明　刘建明　刘开俊
刘应梅　卢　强　鲁宗相　梅生伟　荣命哲
宋福龙　孙华东　孙宏斌　孙元章　汤　涌
田　芳　王成山　王世静　王伟胜　王锡凡
王秀丽　文劲宇　吴　云　肖立业　叶　骏
易海琼　印永华　于坤山　张诗滔　张有生
张运洲　郑健超　周勤勇　周孝信

序　言

随着社会经济快速发展，人类面临化石能源日益枯竭的挑战，同时，大规模的开发和利用化石能源带来的气候变化、环境恶化问题也直接威胁着人类的可持续发展。转变旧的能源生产与消费模式，打破以化石能源为主的能源格局成为未来能源发展的大势所趋。为此，世界各国都在努力探索新的能源消费模式，寻求多元化的能源供应策略，一场以推动可再生能源发展为核心的能源革命已风起云涌。

世界上许多国家或地区将清洁的可再生能源作为其能源发展战略的重要组成部分，推动可再生能源和新能源发展，以逐步替代常规化石燃料。2005年2月正式生效的《京都议定书》已成为各国特别是欧洲发展可再生能源新的动力之一，美国在2005年8月出台的新的能源法案中也更新了支持可再生能源和氢能发展的内容，中国在2005年2月也出台了《可再生能源法》，在可再生能源法规政策建设上取得了重大进展。

在这种背景下，处于能源革命前沿的电力行业将如何发展？作为最主要的能源传输载体的电网将发生哪些变化？应采取哪些新技术以满足新的能源供应和消费模式下的电网安全、高效、智能运行？这正是国内外广泛关注和亟待解答的问题。为此于2010年6月经中国科学院技术科学部常务委员会第十四届第八次会议批准设立由周孝信院士负责的“能源革命中电网技术发展预测和对策研究”咨询项目，针对能源革命中电网发展面临的挑战，组织相关的院士和专家，从能源的战略与布局、电网发展的需求与态势、技术发展的方向与应用出发，找出对电网发展最有影响的关键因素和关键技术，评价新技术在电网发展中的应用前景，提出未来电网技术发展的趋势和应对策略，引导电网科学发展，保障我国经济的可持续发展。

该咨询项目在周孝信、程时杰等10位中国科学院和中国工程院院士组成的专家组指导下，由30余位资深专家组成工作组，分别开展了23项专题研究。涵盖面向未来电网发展的新材料、元器件和装备，新型输电方式和电力系统，先进信息调度、分析控制和保护，以及智能配用电、电力市场和直流电网等具有潜在发展前景的电网技术，编写了专题报告和综述报告。项目研究分析了新能源革命条件下电网使命的变化，通过对19世纪末20世纪初到现在100多年来世界电网发展历史的回顾，创造性地提出了三代电网的概念。通过对电网技术发展的详细研究和分析，提出了迎接能源革命挑战、发展新一代电网技术的建议。

长期以来，我国发电能源的种类以及资源和消费分布的不均衡是制约国民经济发展的瓶颈之一。未来随着能源需求的不断增加，不均衡的状况将更加突出。对我国未来中长期（2020~2050年）能源电力供应和需求以及电力传输需求进行估计，对影响未来电力传输网络发展的新技术进行前瞻性预测，探索未来电源和电网发展模式，对于解决上述不均衡状况，促进能源电力和国民经济可持续发展具有重要意义。为此，在“能源革命中电网技术发展预测和对策研究”咨询项目研究成果的基础上，于2012年7月经中国科学院学部咨询评议工作委员会第五届第二次会议批准设立由周孝信院士负责的“中国中长期能源电力供需及传输发展的预测与对策研究”咨询项目。

该咨询项目在周孝信、程时杰等9位中国科学院和中国工程院院士组成的专家组指导下，由20余位资深专家组成工作组，分别开展了4项专题研究。对我国中长期（2030、2050年）能源与电力发展前景，未来电力需求和供应的总量、结构和地区分布，电源发展模式及西电东送电力流发展趋势和规模，以及相应的电网发展模式、输电方式及输电技术进行了详细的分析和预测，形成了项目研究报告。项目研究预测我国2050年在人均用电量8000kW・h的情景下，西电东送的规模可达到4.5亿~5.5亿kW；提出了在我国西部构建西部直流输电网和发展相应电网技术的建议。

本书涵盖2010~2014年在中国科学院学部上述两项咨询研究支持下研究报告的主要内容。全书共分3篇28章。第一篇是“总论篇”（含第一章至第四章），是咨询项目“能源革命中电网技术发展预测和对策研究”成果的综述报告内容。第二篇是“专题篇”（含第五章至第二十七章），是该咨询项目23个专题研究报告内容。第三篇是“展望篇”（含第二十八章），是咨询项目“中国中长期能源电力供需及传输发展的预测与对策研究”项目研究报告内容。

由于两项咨询研究时间长达5年，其间国际国内能源电力形势发生重大变化。2014年6月31日，习近平主席在主持中央财经领导小组第6次会议时提出推动能源消费革命、能源供给革命、能源技术革命、能源体制革命和全方位加强国际合作的5点要求。为应对全球气候变化和环境影响，中国政府于2009年11月，首次公布了控制温室气体排放的行动目标，即到2020年单位国内生产总值二氧化碳排放比2005年下降40%~45%，非化石能源占一次能源消费比重达到15%左右；并进一步于2015年6月30日正式承诺中国的二氧化碳排放将在2030年左右达到峰值并争取尽早达峰，单位国内生产总值二氧化碳排放比2005年下降60%~65%，非化石能源占一次能源消费比重达到20%左右。与此同时，我国风能与太阳能发电得到快速发展，人们预期的发展目标不断调高；在实现国家应对全球气候变化承诺和公众对环境越来越关注的推动下，一些研究机构开展了对未来能源电力需求的重新估计，以及对高比例可再生能源生产和供应可行性的情景分析。相信本书对未来能源电力发展特别是对电网技术发展的预测和对策分析，将能够为我国实现能源革命目标，建设新一代能源电力系统提供一定的参考。

由于本书编写的时间跨度较大，参与专家较多，不当之处在所难免，欢迎读者批评指正。

周孝信

2015年9月2日

目 录

第一篇 总 论 篇

第一章 新能源革命和电网的使命……003
第一节 能源发展的历史……003
第二节 新能源革命的发展……013
第三节 新能源革命中电网的使命……027
第四节 电网和电网技术的代际传承和发展……032
第五节 我国电网在新能源革命中的机遇与挑战……038
参考文献……043
第二章 未来电网的模式分析……045
第一节 能源战略与电网发展……045
第二节 我国电力供需的现状与趋势分析……050
第三节 电源供应能力与开发布局……057
第四节 我国电力供需未来发展预测……065
第五节 我国未来电网模式预测与展望……077
第六节 小结……079
参考文献……081
第三章 未来电网技术发展预测……082
第一节 未来电网技术需求分析……082

第二节 建设第三代电网的关键技术……084
参考文献……136
第四章 对策建议……137

第二篇 专题篇

第五章 未来中国电网模式的分析与展望……143
第一节 电源现状及发展趋势……144
第二节 用电量及负荷分布预测……147
第三节 电力流格局预测……151
第四节 我国未来电网发展模式预测与展望……152
第五节 未来电网发展的关键技术需求……159
第六节 结论……161
参考文献……163
第六章 超特高压交直流输电系统……164
第一节 国内外发展现状……164
第二节 关键技术及发展方向……173
第三节 技术发展路线图……182
第四节 建议……187
第七章 大规模可再生能源电力接入电力系统……189
第一节 国内外研究现状分析……190
第二节 发展趋势……196
第三节 技术发展路线……200
第四节 相关政策建议……203
参考文献……204
第八章 能源革命中我国电力工业政策和电力市场改革……206
第一节 能源革命中我国面临的问题……206
第二节 加快我国电源结构的转变……214
第三节 促进我国电力市场改革……221

第四节 对策与建议……226
参考文献……227
第九章 独立电力系统……228
第一节 需求和发展前景预测……228
第二节 关键技术和技术发展方向……236
第三节 技术发展线路……249
第四节 对策和建议……251
参考文献……251
第十章 未来电网调度、保护与控制……252
第一节 研究现状分析……252
第二节 未来调度、保护与控制模式和形态预测……254
第三节 关键技术预测及对策……260
第四节 未来发展愿景……285
第五节 对策和建议……290
参考文献……292
第十一章 先进计算技术在电力系统仿真分析中的应用……294
第一节 需求和发展前景预测……294
第二节 国内外发展现状和趋势……296
第三节 技术难点和需要解决的基础理论或关键技术问题……309
第四节 技术发展或工程实施路线图（含技术经济指标目标）……311
第五节 应重点研究的课题、基础设施建设及相关政策建议……314
参考文献……316
第十二章 智能配电系统与微网……319
第一节 引言……319
第二节 智能配电系统……322
第三节 微网……329
第四节 直流配电网……337
第五节 相关政策建议……347
参考文献……348

第十三章　智能用电技术 ……351
第一节　智能用电需求分析 ……351
第二节　智能用电技术研究现状 ……354
第三节　2020年智能用电的发展预测 ……359
第四节　2030年智能用电的发展预测 ……373
第五节　2050年智能用电的发展预测 ……380
第六节　智能用电发展对策与建议 ……387
参考文献 ……390
第十四章　综合能源系统 ……391
第一节　发展综合能源系统的必要性 ……391
第二节　综合能源系统的现状 ……395
第三节　我国能源资源和能源系统现状分析 ……405
第四节　我国综合能源系统发展的关键问题 ……409
第十五章　分频输电系统及可再生能源并网问题 ……418
第一节　概述 ……418
第二节　分频输电的基本原理和工程可行性分析 ……420
第三节　需求和发展前景 ……424
第四节　关键技术及所需研究重点 ……425
第五节　分阶段目标 ……433
第六节　对策与建议 ……433
参考文献 ……434
第十六章　交流半波长输电技术 ……435
第一节　交流半波长输电技术的优势 ……435
第二节　特高压半波长交流输电系统的稳态和暂态稳定特性 ……437
第三节　特高压半波长输电系统电磁暂态及过电压问题 ……441
第四节　特高压半波长输电的绝缘配合 ……445
第五节　特高压半波长线路经济性与可靠性 ……446
第六节　交流半波长输电应用前景及尚需解决的一些问题 ……449
参考文献 ……450

第十七章 无线能量传输技术及其应用……452
第一节 概论……452
第二节 无线能量传输技术的基本原理……458
第三节 无线能量传输关键技术……463
第四节 中短距离无线能量传输技术……468
第五节 结论……471
参考文献……472
第十八章 未来电网中的超导电力技术……474
第一节 超导电力技术在未来电网中的作用……474
第二节 高温超导材料的研究开发现状……476
第三节 国际超导电力技术的研究开发现状……480
第四节 关键科学技术问题……486
第五节 我国超导电力技术的发展目标……487
第六节 超导电力技术的近期研究开发重点……490
第七节 超导电力技术发展的对策和建议……491
参考文献……492
第十九章 高性能大容量电能存储技术……494
第一节 电力系统对高性能大容量储能系统的前瞻性需求……495
第二节 国内外储能技术发展现状与趋势……496
第三节 大规模储能技术的评价指标和选择依据……502
第四节 高性能大容量电池储能系统的研究方向……507
第五节 结论和建议……512
第二十章 新型电力电子材料及器件……514
第一节 需求与发展前景预测……515
第二节 国内外发展现状和趋势……520
第三节 所需解决的关键理论和关键技术……530
第四节 技术发展路线……537
第五节 人才培养战略……539
第六节 重点研究的课题和基础设施建设……539

第二十一章　面向电力系统的新型电力电子装置……541
第一节　需求与发展前景预测……542
第二节　国内外发展现状与趋势……547
第三节　所需解决的基础理论与关键技术问题……552
第四节　技术发展路线图……565
第五节　人才培养战略……566
第六节　应重点研究的课题、基础设施建设……566
第七节　相关政策建议……567
参考文献……568
第二十二章　新型电力线路……570
第一节　需求和发展前景预测……570
第二节　国内外发展现状和趋势……577
第三节　关键技术的实现路径……593
参考文献……597
第二十三章　智能电器……600
第一节　国内外现状分析……600
第二节　关键技术及发展趋势……603
第三节　分阶段的目标……620
第四节　对策和建议……620
参考文献……622
第二十四章　面向未来的输变电装备……625
第一节　电力发展需求……625
第二节　电力发展趋势……626
第三节　国内外发展现状……628
第四节　面向未来的输变电装备的关键技术……636
第五节　相关建议……647
参考文献……650
第二十五章　高性能电介质材料……652
第一节　需求与发展前景预测……653

第二节 纳米电介质国内外发展现状和趋势……659
第三节 所需解决的基础理论和关键技术……671
第四节 技术发展路线图……674
第五节 人才培养战略……675
第六节 重点研究的课题和基础设施建设……676
第二十六章 电力物联网技术……678
第一节 电力物联网的发展需求及预测……678
第二节 电力物联网发展现状……683
第三节 电力物联网技术发展预测……688
第四节 电力物联网发展建议……706
参考文献……708
第二十七章 直流电网技术……709
第一节 引言……709
第二节 直流电网发展现状和趋势……711
第三节 直流电网主要设备……713
第四节 直流电网关键技术及挑战……718
第五节 结论及建议……722
参考文献……723

第三篇 展 望 篇

第二十八章 我国中长期能源电力供需及传输的预测和对策……727
第一节 概述……727
第二节 我国中长期（2030～2050 年）能源电力生产、消费供需的情景分析……728
第三节 我国中长期（2030～2050 年）电力流预测与分析……735
第四节 我国中长期（2030～2050 年）主干输电网的结构设想和技术需求……744
第五节 对策措施和政策建议……747
第六节 总结……752

第一篇

总　论　篇

项目负责人：周孝信　程时杰

项目参加人（按姓氏拼音排序）：

专家组：程时杰　韩英铎　韩祯祥　雷清泉　卢　强　王锡凡　严陆光　余贻鑫　郑健超　周孝信

工作组：白晓民　何金良　胡学浩　黄少峰　贾宏杰　江道灼　来小康　雷清泉　李柏青　李亚楼　梁　军　梁曦东　林集明　刘建明　刘应梅　卢　强　鲁宗相　梅生伟　荣命哲　孙宏斌　孙华东　孙元章　汤　涌　田　芳　王成山　王伟胜　王锡凡　王秀丽　文劲宇　肖立业　叶　骏　于坤山　郑健超　周勤勇　周孝信

第一章　新能源革命和电网的使命

能源是人类赖以生存和发展的最基本的物质基础，是现代社会运行的动力之源，是经济发展的基本保障。能源的开发利用极大地推动了世界经济的发展和人类社会的进步，是人类文明进化的重要标志。能源、材料、信息被认为是现代社会的三大支柱，其中能源是一切活动的基础。能源之于社会，就如粮食之于人类。在新的技术革命的热潮中，虽然信息产业正以惊人的速度迅猛发展，但能源对世界经济的影响仍稳居首位。

第一节　能源发展的历史

纵观人类社会发展的历史，人类文明的每一次重大进步都伴随着能源的改进利用和更替（国务院新闻办公室，2007）。能源革命主要是指在能源开发利用和加工转换的过程中取得的重大突破。能源发展历史上一共发生了四次能源革命，推动着人类能源利用水平的不断提高，人类所能利用的能源种类也越来越多。能源革命使人类的能源消费结构发生了巨大的变化，尤其在工业革命以来近 150 年的时间里，先后出现了煤炭高峰、石油高峰、核电兴起等历史过程（Zable，2002），如图 1-1 所示。以主力能源更替来划分，人类已经经历了三个能源时期，即薪柴时期、煤炭时期和石油时期。进入 21 世纪，能源系统呈现出一种多元化的局面。

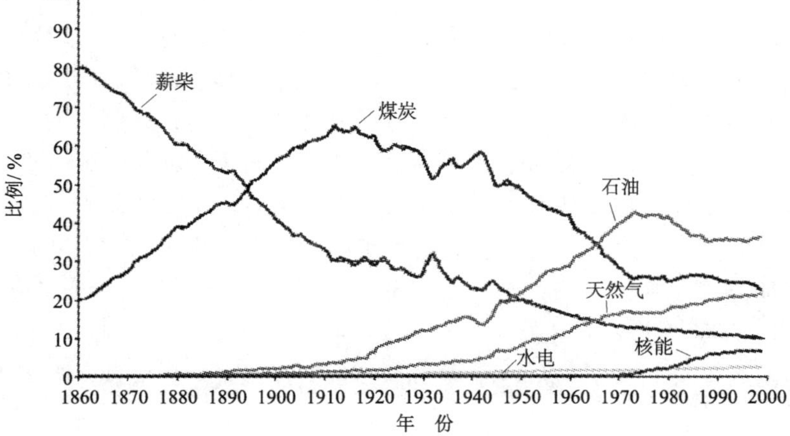

图 1-1　世界一次能源消费结构的历史变化（1860 ～ 2000 年）

一、第一次能源革命 —— 火

发现和学会使用火是人类发展史上的重大事件，是人类文明的标志之一。钻木取火是人类在能量转化方面最早的一次技术革命。从利用自然火到利用人工火的转变，这是人类的第一次能源革命。人类社会从此进入了以薪柴作为主要能源的时代。人类利用薪柴、树木燃烧获得热能，在机械能方面则依赖于风力、水力和畜力等自然动力的简单利用。在漫长的"薪柴时代"中，木材一直在世界一次能源消费结构中占据首位。

在后来发生的几次能源革命之后，以薪柴为代表的生物质能仍然是世界能源体系的重要组成部分，为发展中国家和农村等现代商品能源尚未或不易发展的地区中的人们提供能源支持。

二、第二次能源革命 —— 化石能源

第二次能源革命是以化石能源取代薪柴成为主体能源的过程。

第二次能源革命的第一次高潮缘起于 18 世纪 60 年代英国的产业革命，其结果是使世界能源结构发生了第一次大转变，从薪柴转向煤炭。实际上，煤炭很早就被人类发现并开采利用，但主要用途与薪柴是一致的。而且因为生产力低下，人类对能源的需求不大，薪柴已经足够使用，煤炭在能源消费中的比例很小。在产业革命对动力设备的需求促进下，1769 年詹姆斯·瓦特发明了蒸汽机，实现了热能向机械能的转变。蒸汽机的发明是人类利用能量的新里程碑，也被认为是人类历史上的第一次技术革命。蒸汽机需要大量燃烧，煤炭开始被广泛利用，这两方面相互作用推动了蒸汽机的大量推广使用。煤炭开发利用的另一个重大进步是炼钢工业的发展和成熟。1709 年开始利用焦炭炼钢，1770 年用焦炭冶炼出第一批有价值的钢铁，冶金工业的发展带来了材料的革命。这为蒸汽机的发明乃至生产奠定了基础。蒸汽机的大量使用与采矿、冶金工业的蓬勃兴起，铁路和航运的发展乃至发达等因素相互促进，形成了纺织、机械、化学、冶炼钢铁、煤炭采矿等近代大工业体系，社会劳动生产率极大提高。自此人类进入以蒸汽机为代表的机械化时代，逐步以机械动力大规模代替人力和畜力。在这个过程中，近代煤炭工业得到迅速发展，煤炭作为主要的动力能源，成为工业化的动力基础。同时煤气灯的发明结束了黑暗长夜，使人类的照明方法向前迈进了一大步。从 1860 年到 1920 年，世界煤产量从 1.36 亿 t 增至 12.5 亿 t，增长了 8.2 倍，占世界一次能源消费的比例从 24% 上升到 62%。从此煤炭成为第二代主体能源，人类进入"煤炭时代"。

1859 年，美国人德雷克在宾夕法尼亚州打出世界上第一口油井，揭开了石

油工业大规模商业开发的序幕。随后俄国也开始开采石油，并在 1897 ～ 1906 年铺设了第一条输油管道。石油的大规模开发为内燃机的发展提供了基础。1876 年德国人奥拓发明了火花点火四冲程内燃机。1886 年德国人本茨和戴姆勒研制出以液体石油为燃料、以内燃机驱动的第一辆汽车。石油开采和内燃机发展互为需求，形成世界能源革命的第二个高潮。内燃机为整个工业社会提供了前所未有的动力，为汽车、轮船、内燃机车、飞机、坦克等发明创造了条件。人类进入大规模利用石油的摩托化时代，以内燃机为动力的移动式机械得到广泛应用。从此世界越来越“小”，交通便利，贸易不断扩展，现代工业和经济得到快速发展。石油以不可思议的力量彻底改变了人类的生活，整个 20 世纪可以说是石油的世纪。天然气随着石油的开采利用被人们所发现，也逐渐成为重要的能源之一。20 世纪 20 年代发明了管线焊接技术，制成了大直径有缝钢管，为石油特别是天然气的远距离输送提供了条件。50 年代初，首先在美国，而后在中东、北非等地相继发现巨大的油田和气田。发达国家的能源消费逐渐从煤炭向石油和天然气过渡。1965 年，在世界能源消费结构中，石油首次取代煤炭占据首位，成为第三代主体能源，世界进入“石油时代”。1979 年，世界能源消费结构中石油占 54%，天然气和煤炭各占 18%，石油成为绝对的主力能源，标志着能源结构的第二次转变完成了。

2000 年世界一次能源供应总量构成中，石油占 34.8%，煤炭占 23.5%，天然气占 21.1%，三者之和将近 80%（王革华，2005）。而在全世界终端能源消费中，2008 年化石能源共占 2/3，其中石油、天然气、煤炭分别占 41.6%、15.6% 和 9.8%（IEA，2010a）。化石能源成为世界能源的绝对主体，石油、天然气和煤炭成为当今世界能源体系的三大支柱。

今天，石油已经成为一个国家综合国力和经济发展程度的重要标志，成为国家安全、繁荣的关键和文明的基础。石油是所有工业化国家的经济生命线，是现代工业的“血液”，是关系国家经济安全的战略资源。与煤炭在世界各地基本都有一定分布所不同的是，石油在全世界的分布极为不均衡。这导致石油成为一种全球战略资源。石油贸易在世界贸易中占有极为重要的地位，对国际进出口贸易平衡、国际收支平衡和世界金融市场稳定发挥着重要的作用。石油价格成为重要的国际经济指标，影响世界经济的方方面面。石油的战略性使它成为人们互相争夺和追逐的对象。20 世纪以来，从第一次世界大战到 1991 年海湾战争，一直贯穿着“石油权利”的较量。石油成为战争的导火索，既是战争争夺的对象，也成为影响战争进程的重要因素。作为全球石油最大产地的中东地区，长期以来一直处于矛盾冲突的不安全形势中，并引发了 1973 年、1979 年、1990 年三次石油危机，对世界经济造成了极大的冲击。

三、电力革命

在第二次能源革命后半段的相同时期中，另一件意义重大的事件就是电力的发现和开发利用，即电力革命，这是继工业革命后的第二次技术革命。电力革命一般不纳入能源革命。19 世纪初奥斯特发现电磁感应现象之后，在法拉第、麦克斯韦、赫兹等科学家的努力下，电磁理论得到不断完善。1834 年俄国人雅可比制成了第一台具有使用价值的电动机，标志着电能应用的正式开始。1879 年爱迪生发明碳丝灯泡，为人类带来无限的光明，1882 年在纽约建成世界上第一座正规的直流发电站。1888 年美国人特斯拉发明三相感应电动机和交流电传输系统。从此，电力作为新形式的能源得到广泛利用，电力取代蒸汽机，电器工业迅速发展。人类永远脱离黑暗，进入电气化时代。电气化程度已成为衡量社会文明发展水平的重要标志。

进入 20 世纪后，随着设计、材料和制造工艺的进步，电力的生产和应用更加飞速发展。大型发电机组和大规模交流电网[①]逐渐出现，形成了现代大电力系统的雏形，这是人类工程科学史上最重要的成就之一。全世界发电量从 1951 年的 956.8 亿 kW・h 增加到 2000 年的 15.38 万亿 kW・h。到 20 世纪末，世界上已经建成若干个总装机容量超过亿千瓦、覆盖面积达到千万平方千米的大型现代电力系统。其年传输、分配的电力超过万亿千瓦时，为整个国家或地区数亿人民的生产、生活提供优质的电力。这种纵横千万里、传输庞大功率、有千百个网络节点交织密布的巨系统，要求高度的自动控制技术及设备进行状态检测、运行调度、自动保护、事故处理及系统管理，推动了系统控制理论、自动化技术的发展。

电能是人类社会中应用最广泛、使用最方便、最清洁的一种优质的二次能源，是迄今为止最理想的能源。电能以电磁场为载体，在传输上具有独特优势，可以高速远距离输送，传输损耗比机械能、热能的输送都小得多。同时，电能在生产、传输和使用中更易于调控。

电力来源广泛，可以通过已有的各种能源方便地转换得到（主要是通过机械能的中转），并因为可以集中大规模开发，所以能源转换效率比较高。电能的能源利用效率很高，在使用上具有其他能源无可比拟的优越性，可以方便地转化为光能、热能、机械能等各种能量形式实现终端利用，满足社会生产生活的种种需求。发电能源占一次能源消费的比例和电能占终端能源消费的比例，是电气化水平的两个重要指标。我国改革开放以来这两个指标快速上升，分别由 1980 年的

① 电网：狭义上是指电力系统中联系发电和用电的设施和设备，是输送和分配电能的中间环节的统称，主要由联结成网的输电、变电、配电设备及相应的辅助系统组成。广义上则泛指整个电力系统。本书中出现的“电网”，一般多指狭义电网，后面提到的“三代电网”则是广义电网。

20.6%和6.84%上升到2005年的41.7%和18.02%（顾宇桂，2008），前者远低于发达国家的约50%（赵静等，2008），后者略低于2003年世界平均水平的18.8%（葛正翔等，2008）。从全世界来看，1973年终端能源消费结构中电能占9.4%，2008年该比例增长到17.2%，而经济合作与发展组织（Organization for Economic Co-operation and Development，OECD）国家中则平均达到21.5%（IEA，2010a）。

在这些显著优点的背后，电能也存在一个严重的缺陷，那就是无法大规模直接储存，电的生产、传输和消费必须同时完成。这使电力系统必须按最高负荷的要求进行设计和建造，同时给大型电力系统的安全稳定运行带来一定的隐患。

电力一般由机械能转变而来，除了利用燃料发热转换为机械能，即火力发电以外，传统的水能可以转变为电力而得到充分利用。水力发电成为世界上可再生能源开发中应用最广泛、技术最成熟、利用效率最高、经济效益最好的开发形式之一。电力也为后来出现的核能和各种可再生能源等新能源的开发利用提供了应用的渠道和条件。

另外，在电力的支持下，电磁作为信息的载体，为以20世纪40年代出现的电子计算机，70年代初出现的微电子技术、网络通信技术等为标志的第三次技术革命——信息技术革命奠定了基础。信息、通信和控制系统构成了现代社会的神经网络，电力为其提供能源支持，将人类社会快速推进到信息化时代和现代文明时代。

四、第三次能源革命——核能

第三次能源革命是20世纪人类对核能的开发利用。19世纪末开始的放射性和核物理的研究为核能的发现提供了基础。1896年法国物理学家贝克勒尔发现了放射性，1903年居里夫人发现了放射性元素镭。第一个认识到原子里蕴含着巨大能量的人是爱因斯坦，他于1905年提出了著名的质能转换公式：$E=mc^2$，这为核能的开发提供了理论支持。1939年法国科学家约里奥·居里发现核裂变与链式反应。1942年在美国芝加哥建立了世界上第一座核反应堆，实现了人为控制链式反应，为核能利用迈出了第一步。以可控核反应堆的发明为标志，第三次能源革命拉开序幕。20世纪50年代起，掌握核技术的国家开始将军用核技术转向民用。1954年，苏联建成了世界上第一座核电机组，实现了核能的民用商业开发，标志着人类进入了和平利用核能的“原子能时代”。

核能的利用，是人类开发利用能源历史上一次巨大的飞跃（朱亚杰和孙兴文，2001）。目前，核能已经成为人类能源体系的重要组成部分，是仅次于石油、煤炭、天然气等化石能源的第四大商品能源。根据国际原子能机构（International Atomic Energy Agency，IAEA）统计，截至2011年4月底，全世界共有443台核电机组在运行，总装机容量约3.75亿kW，另有64座反应堆在建[①]。2009年全世界核电发电量占一次能源消费总量的5.47%，占总发电量的13.43%[②]。

安全性是核能开发利用中人们最关心的问题，包括核安全与核废料处理两个问题，这是影响公众接受、制约核电发展的关键因素。

从50年代起，核电走过了风风雨雨的几十年发展历程，大致可分为四个阶段：实验示范阶段、高速发展阶段、减缓发展阶段及开始复苏阶段[③]。

1．实验示范阶段（1954～1965年）

1954～1965年，世界共有38个机组投入运行，属于早期原型反应堆，即"第一代"核电站。其间，1954年，苏联建成世界上第一座核电站——5MW实验性石墨沸水堆核电站；1956年，英国建成45MW原型天然铀石墨气冷堆核电站；1957年，美国建成60MW原型压水堆核电站；1962年，法国建成60MW天然铀石墨气冷堆核电站；1962年，加拿大建成25MW天然铀重水堆核电站。

2．高速发展阶段（1966～1980年）

1966～1980年世界共有242个机组投入运行，属于"第二代"核电站。由于石油危机的发生及核电经济性被看好，核电得以高速发展。其间，美国成批建造了500～1100MW的压水堆、沸水堆，并出口其他国家；苏联建造了1000MW石墨堆和440MW、1000MW的VVER型压水堆；日本、法国引进、消化了美国的压水堆、沸水堆技术；法国核电发电量增加了20.4倍，比例从3.7%增加到40%以上；日本核电发电量增加了21.8倍，比例从1.3%增加到20%。

3．减缓发展阶段（1981～2000年）

1981～2000年，由于1979年美国三里岛及1986年苏联切尔诺贝利核事故的发生，直接导致了世界核电发展的停滞，人们开始重新评估核电的安全性和经济性。为保证核电厂的安全，世界各国采取了增加更多安全设施、执行更严格审批制度等措施，以确保核电站的安全可靠。

4．开始复苏阶段（21世纪以来）

21世纪以来，随着世界经济的复苏，以及越来越严重的能源、环境危机，核电作为清洁能源的优势又重新显现，同时经过多年的技术发展，核电的安全可靠

---

① 资料来源：国际原子能机构。

② 资料来源：英国石油公司，BP Statistical Review of World Energy 2010.

③ 资料来源：转引自上海市经济和信息化委员会发布的《世界核电概况》。

性进一步提高，世界核电的发展开始进入复苏期，世界各国都制定了积极的核电发展规划。美国、欧洲、日本开发的先进轻水堆核电站（属于“第三代”核电站技术）取得重大进展，有的已投入商运或即将立项。

目前所开发利用的都是核裂变能，核能还存在另一种形式，即热核聚变。人类所拥有的威力最大的炸弹 —— 氢弹，就是利用热核聚变的原理。但热核聚变的反应速度无法控制，因此热核聚变还无法作为能源利用。从20世纪40年代开始，人们就试图控制核聚变反应。目前科学家已经找到控制热核聚变的方法，但是距离热核反应发电的商业利用还十分遥远。一旦热核聚变反应得到有效控制，成为人类的能源，其巨大的能量就如同“人造太阳”一般，有可能最终解决人类能源问题。因此很多国家都投入了相当大的人力、物力进行研究。

五、第四次能源革命 —— 新能源

1973 年第一次石油危机的发生，预示着石油时代的终结和一场新的能源革命即将开始。从此世界能源格局进入一个多元化的过渡时期。从石油危机中，人们开始意识到化石能源终有资源枯竭的那一天。地质学家早已明确指出：石油耗竭之日已为期不远。尽管随着勘探、开采等技术的进步，探明储量、采储比等参数存在变化，化石能源耗竭的时间还存在争议，但化石能源终将耗尽的事实是无可争辩的。另外，大量使用化石能源带来的环境问题日益恶化。20 世纪 80 年代开始，全球气候变暖的问题开始得到关注，气候变化可能引起的全面的灾难性后果使其迅速成为全世界共同关心的议题。温室气体超量排放是导致百年来全球气候变化的重要因素之一。一般认为，全球温室效应有 2/3 是由 CO_2 的排放引起的，其中绝大部分的 CO_2 都来源于人类对化石能源的利用。据国际能源署 (International Energy Agency，IEA) 的分析，2007 年我国 CO_2 排放已经超过了美国，成为世界第一。而我国 CO_2 的排放量中，燃煤贡献了 80% 左右。

人类对能源安全与能源洁净需求的日益增加，似乎注定了以核能为代表的第三次能源革命可能无法真正完成，即核能可能无法成为人类的主力能源。目前的核能利用仍处于核裂变技术阶段，不仅核电的安全、核废料的处理等问题难以令人们完全放心，而且核裂变的燃料仍然是有限、不可再生的矿物资源，同样存在枯竭的问题。而有可能彻底改变能源结构的热核聚变在可预见的将来还无法实用。但在能源过渡的长期过程中，核能以其清洁性仍将扮演积极和重要的角色。

人类对化石能源短缺和枯竭的预期，以及全球气候变化的现实威胁，促使以太阳能、风能、生物质能、海洋能、地热能和氢能等为代表的新能源和可再生能源，成为世界能源体系的生力军和未来能源发展的战略方向。开发利用新能源和可再生能源是人类发展的必然选择。许多国家将发展新能源与可再生能源作为缓解能源供应矛盾、应对气候变化的重要措施。这个发展过程就是第四次能源革命，或称为新能源革命。

虽然在短时间内替代作为主力能源的化石能源是不现实的，但人们已经开始积极探索新能源的相关技术，主动迎接能源过渡。1981 年 8 月在肯尼亚首都内罗毕召开了“联合国新能源和可再生能源会议”，许多政府首脑亲自参加，规模空前，并通过了《促进新能源和可再生能源发展与利用的内罗毕行动纲领》。通过联合国的积极活动，各国加强了对新能源工作的重视，推动了新能源革命的发展。90 年代全球气候变化议题出现，在联合国的推动下，各国进一步重视和加强新能源与可再生能源的开发。近 30 年来，新能源与可再生能源年增长率约 9%（王革华，2005）。进入 21 世纪后，新能源与可再生能源进入一个快速发展的时期，势头更加强劲，增长非常迅速。风能是发展规模最快的新能源，2000 年全球风电装机总容量为 1740 万 kW，到 2010 年年底达到 1.94 亿 kW（全球风能协会，2011），增长 10 倍，年均增长率约 27%，如图 1-2 所示。太阳能，主要是光伏发电，是发展速度最快的新能源。世界光伏发电装机容量从 1992 年的 10 万 kW（IEA，2010b）发展到 2007 年年底 400 万 kW①，近几年来更是以惊人增速增长，2010 年全球光伏低累计装机容量接近 4000 万 kW②，近 20 年的时间内增长了 400 倍，年均增长率近 40%，如图 1-3 所示。

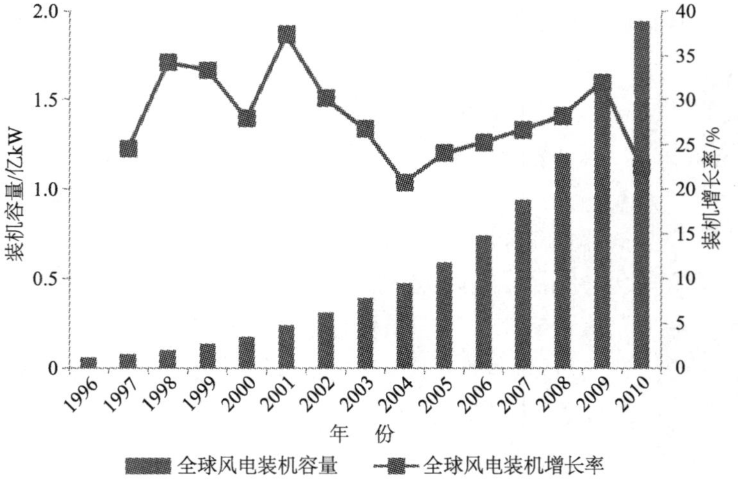

图 1-2　全球风电规模的增长（1996 ～ 2010 年）

① 资料来源：http://www.wikipedia.org。

② 资料来源：欧洲光伏行业协会。

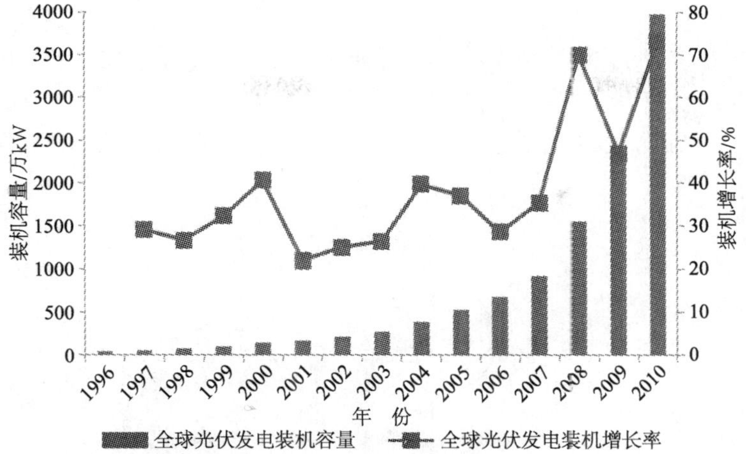

图 1-3　全球太阳能光伏发电规模的增长（1996 ～ 2010 年）

有一种观点认为以太阳能、风能等新能源与可再生能源开发利用的技术突破，以及相应的以电网革新为代表的能源体系调整和技术进步为特征的新能源革命将会成为第四次技术革命。以信息技术为核心的第三次科技革命的影响及新能源开发利用技术的不断发展成熟，将推动能源替换的过程，缩短新能源革命的进程。

六、当前的能源形势

能源发展与人类社会进步关系密切，随着世界人口的增加，经济的飞速发展，能源消费量持续增长。能源是国民经济的重要基础，能源作为燃料和化工原料，是工农业、交通运输业、国防工业等现代化生产的动力来源。人们的日常生活也处处离不开能源，现代社会的衣、食、住、行，以及文教、娱乐、卫生等都需要能源的保障。随着现代化的深入，人们生产、生活对能源的依赖程度将越来越大。我国现代化建设，很大程度上取决于能源的充分供给与有效应用。能源消费水平成为衡量国民经济发展和人民生活水平的重要标志。2009 年，我国一次能源消费量达到 21.77 亿 toe①，仅次于美国 21.82 亿 toe，居全球第 2 位②。根据目前的能源消费增长趋势，很快我国将超越美国成为世界第一大能源消费国。但在人均一次能耗上，2007 年世界平均水平为 2.6tce③/ 人，OECD 国家为 6.63tce/ 人，是非 OECD 国家的 4.1 倍。美国为 11.07tce/ 人，而我国仅 2.11tce/ 人（国网能源研究院，

① toe：Ton of standard Oil Equivalent，吨标准油，1 toe = 10000 000 kcal = 41868 000 kJ = 1.163 万 kW・h。

② 资料来源：英国石油公司，BP Statistical Review of World Energy 2010

③ tce：Ton of standard Coal Equivalent，吨标准煤，1 tce = 7000 000 kcal = 29308 000 kJ = 0.8141 万 kW・h 。

2010）。

当今世界消费仍以石油为主，但正处在一个多元化发展的趋势中。2010 年全球一次能源消费中，石油、煤炭、天然气占据前三位，分别占 33.6%、29.6%、23.8%，共占 87.0%;核电占 5.2%，水电占 6.5%，新能源与可再生能源共占 1.3%，如图 1-4 所示①。

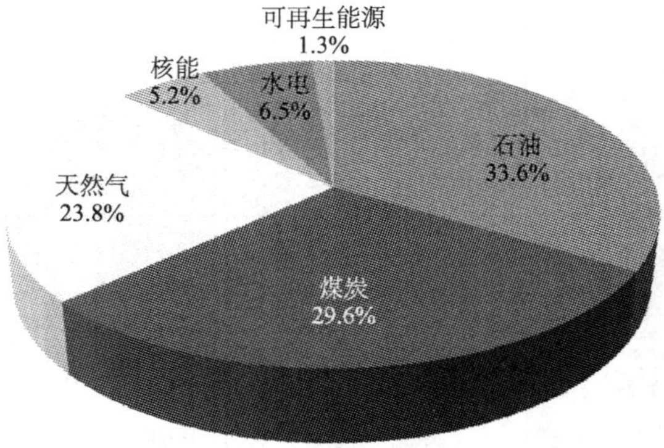

图 1-4　2010 年世界一次能源消费结构

化石能源虽然造成资源枯竭、环境污染、气候变化的困境，但煤炭、石油、天然气作为现代能源体系的三大支柱，其地位在短期内无法改变。化石能源的消费总量将继续上升，但在一次能源消费中的比例将逐渐降低。预计在未来的几十年中，以风力发电、太阳能发电为主的新能源与可再生能源将蓬勃发展，逐渐取代化石能源的地位，成为主力能源。核能的发展将受到一定的限制，也仍将得到大力的发展，成为重要的能源支柱之一。

2011 年 3 月 11 日，日本东北地区与太平洋近海大地震引发海啸，造成日本福岛第一核电站内多台机组发生核泄漏重大事故。日本原子力安全保安院将这次事故升至国际核事件分级表中的第 7 级，即最高级别事故，与苏联切尔诺贝利事故相同②。5 月 10 日，时任日本首相菅直人宣布将停止核电的发展，废除政府制定的以核电为主的能源发展计划。日本政府以前制订的能源发展计划规定，到 2030 年，日本的原子能发电的比例要占到整个国家电力的 50%。而当时，日本 50 多个核电站机组的发电总量已占到国家电力的 30%。菅直人指出：迄今为止，日本的电力发展依赖于核电和火力发电两大支柱，今后要重点研究太阳能和风能等新能源的发展，要让自然能成为日本电力的根本③。受日本地震引发的核泄漏事故影

---

① 资料来源：The Economics of Transition In the power Sector，2010；英国石油公司，Statistical Review of Wold Energy 2011.

② 见报道：2011 年日本东北地方太平洋近海地震。

③ 见报道：日本首相宣布中止核能源发层计划自愿停领薪水。

响，5月25日瑞士政府表示，瑞士现有5座核电站将于2019～2034年陆续达到最高使用年限。之后，瑞士将不再重建或更新核电站。而当时瑞士电能近四成来自核电。5月30日德国环境部长宣布，德国将于2022年前关闭国内所有的核电站。德国将成为首个不再使用核能的主要工业国家（中国新闻网，2011）。

因此，这次重大事故对世界核电的发展可能造成不利的影响，但是总的来说核电技术的安全性在不断提高，核能的开发利用仍将继续前进。而对新能源与可再生能源来说，这又成为一个新的推动力。

第二节　新能源革命的发展

一、新能源与可再生能源

新能源是指传统能源之外的各种能源形式，也称非常规能源、替代能源。新能源是相对于常规能源而言的，其划分受科学技术水平的影响，具有一定的时代性。现在常规能源主要是石油、天然气、煤炭、水能、核能（裂变）和电能等，其中核能在几十年前还属于新能源。新能源包括太阳能、地热能、风能、海洋能、生物质能和核聚变能等①。其中一些虽属于古老的能源，但只有采用先进方法和技术才能开发利用；有些能源近一二十年来才被人们所重视和开发利用，目前在能源中比例很小，但很有发展前途。

可再生能源是指不会随着本身的转化或利用而日益减少的能源，如太阳能、风能、水能、地热能和海洋能等。

清洁能源主要是针对环境而言的，有广义和狭义两种含义：广义上指在生产和使用过程中不产生或很少产生有害物质排放的能源，包括可再生能源、核能、低污染的化石能源（如天然气等）和利用清洁能源技术处理的化石能源（如洁净煤、洁净油等）；狭义上仅包括可再生能源②。

绿色能源一般与清洁能源意义相同，但“绿色”比“清洁”含义更丰富，主要多出两层意思：一是主动改善环境，化害为利，充分利用城市垃圾等废物中所蕴藏的能源；二提高能源利用率，大量普及自动化控制技术和设备，科技含量较高③。

20世纪80年代，联合国明确了“新能源与可再生能源”的含义（王长贵，2004），即以新技术和新材料为基础，使传统简单利用的可再生能源得到现代化的系统开发利

---

① 见百度百科“新能源”和互动百科“新能源”。
② 见百度百科“清洁能源”和互动百科“清洁能源”。
③ 见百度百科“绿色能源”和互动百科“绿色能源”。

用的能源，重点在于开发太阳能、风能、生物质能、海洋能、地热能和氢能。其中氢能与电能一样属于二次能源。新的和可再生的是一个完整的含义，英文缩写为NRSE（New and Renewable Sources of Energy），代表了能源领域的高新技术（王革华，2005）。

二、能源体系与能源革命

历史地、全面地考察人类能源开发和利用的情况，可以深入认识能源发展的特征和规律。能源体系的主要形式总结如图1-5所示。

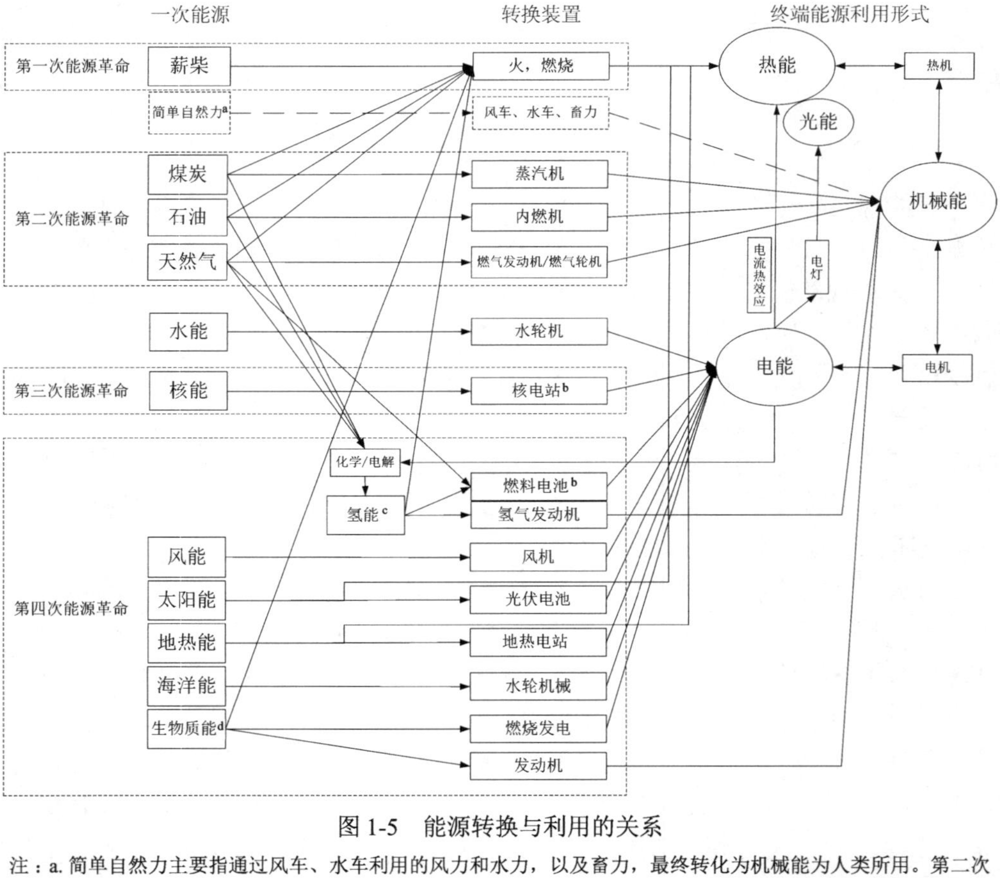

图1-5　能源转换与利用的关系

注：a. 简单自然力主要指通过风车、水车利用的风力和水力，以及畜力，最终转化为机械能为人类所用。第二次能源革命前，这是人类利用机械能的主要手段，存在历史很长。但第二次能源革命后，这种能源利用形式基本被以化石能源为动力的热力机械和以电能为动力的电动机所取代，故图中以虚线表示。b. 燃料电池主要指功率较大的利用天然气和氢气作为燃料的电池。还有很多其他电池，但功率很小，这里将其认为是电能的终端利用方式之一，不单独列出。c. 氢能是二次能源，目前有多种制氢方法，主要的手段是化学转化和电解水，新能源制氢的技术还不成熟，图中没有列出。d. 图中的“生物质能”主要指除了燃烧薪柴的传统利用以外，通过新的生物质加工和开发技术形成的生物质能，如沼气、生物醇类、集中燃烧发电的生物质，等等。

1. 能源的基本分类

从图 1-5 中可以看到在能源体系中，根据能源开发、转换、利用过程的不同，能源分为一次能源、二次能源、终端能源利用形式三类。

1）一次能源

一次能源是人类能源开发的来源，主要包括薪柴、化石能源（煤炭、石油、天然气）、水能、核能等常规能源，以及风能、太阳能、地热能、海洋能与生物质能等新能源。图 1-5 中 5 种主要的新能源与水能一起就是可再生能源，化石能源与核能则是不可再生能源。

2）二次能源

二次能源是指由一次能源经过加工或转换得到的不同形式的产品能源。这里主要指可以为人们直接利用的二次能源。如蒸汽、热水等能源转化加工中间的过渡形态不算在内，并将煤气、焦炭、汽油、柴油、液化石油气等燃料型二次能源算入煤炭、石油等一次能源中，也不作为二次能源，故二次能源主要是电能和氢能。其中电能是应用最广泛的二次能源，属于常规能源；氢能作为一种新能源，应用还不成熟。

3）终端能源利用形式

终端能源利用形式指人类生活生产所需要的最终能量形式，主要是热能、机械能、光能和电能四种。其中热能主要是生活用的取暖、炊事等，以及工业用的加热、制冷、冶炼等；机械能主要用于交通运输与工业生产；光能主要用于照明；作为一种能源，电能可以方便地转化为光、热、机械等能量形式，具有广泛的用途，而作为终端能源利用形式的电能，主要是指家电、通信、计算机等电子设备直接消耗的电能。电力革命后，热能、机械能与电能这三种主要的终端能源利用形式可以实现相互转化利用。

终端能源利用形式受人类生活生产模式与技术进步的影响。热能和机械能是最基本的两种形式，为人类生活生产所必需。光能在第二次能源革命中初步使用，在电灯发明后基本完全解决。电能是在电力革命被广泛使用，并在第三次技术革命（信息革命）之后发挥更为重要的作用，成为人类生活生产水平的先进程度的重要标志。

2. 能源革命的特征与其意义

图 1-5 中标示了历次能源革命带来的变化。每次能源革命都反映在一次能源领域，反映了人类开发利用能源能力的跨越式进步。前三次能源革命的标志，都是能将相应一次能源转换为终端能源利用形式或已知能源利用形式的转化装置

（或方法）的出现或成熟。火或者燃烧将薪柴所包含的化学能转化为热能，蒸汽机与内燃机将化石能源的化学能（通过热能）转化为机械能，核反应堆将核能转化为热能（通过核电站最终转化为电能加以利用）。在终端能源利用形式方面，第一次能源革命具有突破性，人类开始能主动利用热能；第二次能源革命则在机械能利用方面实现了量的飞跃，极大地提高了机械能利用的效率和功率；第三次能源革命则对终端能源利用形式的进步贡献有限；而电力革命则提供了终端能源利用形式的另一次质变，即电能利用的出现。

进一步分析这些标志性的转化装置（或方法）：火实现了燃料的化学能到热能的转化；蒸汽机与内燃机等实现了热能到机械能的转化，后来进一步发展出的热机又实现了机械能到热能的转化；核反应堆实现了核能到热能的转化；电力革命中发电机、电动机等电机实现了电能与机械能之间的相互转化；电池实现了电能与化学能之间的相互转化。因此，这些革命标志的本质是打通了不同能源形式之间的转化通道，丰富了人类能源利用的手段。

第四次能源革命正在进行中，在能源品种方面带来了更多的一次能源选择和氢能这一新的二次能源。在终端能源利用形式方面，第四次能源革命没有新的贡献。在能量转换方面，具有突破性意义的是光伏电池、燃料电池和化学 / 电解制氢三种，其他的转换装置则都是已有的。光伏电池实现了光能到电能的转化。光伏电池发明于 1954 年，美国贝尔实验室的科学家发现了光电效应的效率达到 10% 的材料，从而制成了世界上第一个太阳能光伏电池（朱亚杰和孙兴文，2001）。燃料电池实现了化学能直接到电能的转化（不经过热能、机械能的中间过渡）。早在 1839 年英国人 Grove 发明了燃料电池，但直到 20 世纪 60 年代才真正实现了具有实用功率水平的燃料电池，并成功地应用于阿波罗登月飞船。化学制氢主要是以天然气、石油和煤为原料通过化学方法制取氢气，是化学能之间的转化；电解制氢则通过电解水制氢，是电能到氢能的转化。化学 / 电解制氢用化石能源和电能来换取氢能，依赖于常规能源，在经济、资源利用、能源平衡上都不合算（黄素逸和高伟，2004）。所以现有的工业制氢只能维持目前电子、冶金、炼油、化工等方面的需要，而没有形成真正的能源产业（朱亚杰和孙兴文，2001）。

三、能源更替的规律与新能源革命的驱动力

经过历次能源革命，人类的主要一次能源经历了柴薪—煤炭—石油—煤油气水核多元化的发展过程，第四次能源革命又引入了各种新能源和可再生能源。变化背后的规律是我们理解和把握第四次能源革命发生、发展的基础。

1. 能源体系发生能源更替、结构变化的根本原因在于能源的品质

能源品质指能源在开发利用的全过程中的质量和性能，包含能源性质、储量与可再生性、地理分布、开发成本、能源品味、转换效率、运输费用与损耗、储能的可能性、能量密度、供能连续性、环境影响等。能源品质决定了各种能源为人类利用的便捷程度，以及在能源体系中的不同角色。将能源开发利用的过程分为能源资源、开发与加工 / 转化、运输与储存、使用消耗、废料排放五个环节，如图 1-6 所示。据此将上述的能源品质归纳为资源禀赋、开发难度、运输与存储难度、使用难度、环境影响五个方面，分析其对能源发展的影响。

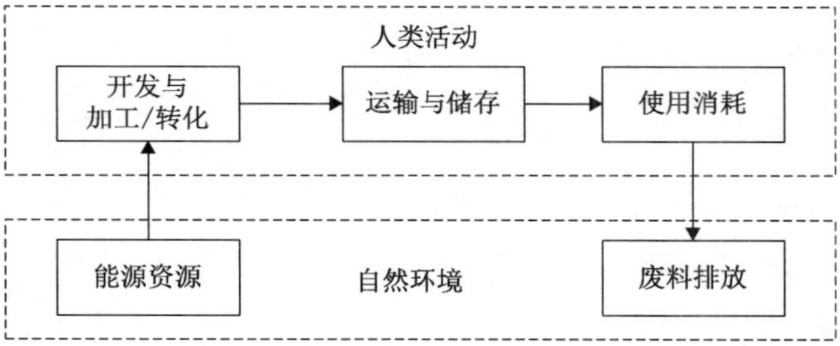

图 1-6　人类利用能源的五个环节

1）资源禀赋

资源禀赋指能源资源的蕴藏情况，包括能源性质、能量密度、储量与可再生性、地理分布等。

按能源性质，能源可分为含能体能源与过程性能源，能源性质在很大程度上影响能源开发利用的过程。前者指能源本身就是可提供能量的物质，包括化石能源（煤炭、石油、天然气等）、核燃料、生物质和氢能，可以直接储存，便于运输或输送；后者指能源本身是可提供能量的物质运动，包括水能、风能、太阳能、地热能、海洋能与电能，无法直接储存或运输（电能除外）。

能量密度是指一定的质量、空间或面积内，从能源中得到的能量。核能的能量密度最大，化石能源其次，新能源与可再生能源最低。能量密度影响能源运输和使用的性能。能量密度太小的能源需要在开发和使用方面有充分的技术支持，如风能、太阳能；能量密度适合则可以运输，且使用方便，如煤炭、石油、天然气等；能量密度太大则运输成本低，但不易控制，不方便分散使用，必须集中利用，如核能。

储量与可再生性是能源利用中非常重要的因素。能源的必要条件是储量足够丰富。一般来讲，对于化石燃料、核燃料等矿物能源，储量指地质资源量；对于太阳能、风能、水能、地热、生物质能等可再生能源，储量则指一年中的资源总量。

储量又可进一步分技术可开采、经济可开采等资源量。不可再生的矿物能源资源有限，总有枯竭的一天，可再生能源则可以周而复始地利用。在条件许可和经济上可行的情况下，应尽可能地采用可再生能源。

能源资源的地理分布影响能源输出格局，提高能源开发利用的成本。世界能源的地理分布十分不均衡，需要大量的运输和基本建设支持，在增加成本的同时也带来能源安全的战略问题。

2）开发难度

开发难度指能源在资源勘探、开采、加工、转化等开发过程中的难易程度，主要是开发成本，技术因素影响较大。

从薪柴到煤炭，再到石油、天然气，其勘探、开采难度越来越高。核燃料的加工难度又更高一些。水能、风能等能源虽然很早已被利用，但真正成为商品能源进行规模化开发有一定的技术难度，在电力革命之后相关技术取得突破才得以实现。而太阳能、地热、海洋能等新能源的开发则需要更先进的技术。这些技术最终都成为能源的开发成本，主要包括技术能力与经济成本。

3）运输与存储难度

能源的运输与存储主要受能源性质、地理分布的影响，难度主要体现在运输费用与损耗、储能的可能性两方面。

能源性质决定能源能否储存，能储存则可以运输，也可以用作一般的交通能源。有两个例外：一是电能，小规模电能可以采用电池储存，大规模储存目前尚无法实现，但电能可以通过电网方便地传输到千家万户。二是水能（含动能和势能），用高坝蓄水，将水能通过势能储存，在一定程度上也是一种储能；还可以通过使用电网富余的电力进行抽水，将电能转换为水的势能储存起来，即抽水蓄能。化石能源可以方便地输送到用户，而以风能、太阳能为代表的新能源与可再生能源都无法直接储存和运输，必须转化为电能传输到能源消费中心。地理分布决定能源运输和存储的格局。在能源运输过程中，必须考虑经济成本与能源损耗（包括运输需要的能源）的问题。

4）使用难度

使用难度指能源在最终使用，即终端利用中的难度，包括供能连续性、能源品味、能源效率等。

供能的连续性指可否按需要和所需的速度连续不断地供给能源。能源的需求在时间和空间上往往是不均衡的，如一日昼夜、一年四季有变化，以及城市与农村、发达地区与不发达地区之间有差异，供能的连续性就是对能源是否能适应这种不均衡做出的一种评估。供能的连续性很大程度上取决于储能的可能性。因此无法直接储存的过程性能源，很难做到供能连续，如太阳能、风能等大部分新能源与可再生能源。同时，太阳能、风能等可再生能源还存在本身的波动性，这对保证供能的连续性带来更大的困难。而化石能源则具有优势，通过储能和对燃烧过程中燃料供给的控制可以较好地保障连续性。

能源品味是指能源做功能力的强弱，做功能力强的能源称为高品位能源，反之称为低品位能源。机械能、电能是高品位能源，接近环境状态的热能是低品位能源，热能的温度越高，品味越高。化石燃料与核燃料需要经过热能转变为机械能，或进一步转变为电能，是低品位的能源。水能、风能、海洋能的品位较高，太阳能、地热能品味较低。

转换效率也是能源开发过程中的重要因素，一定程度上受能源品味的影响。化石燃料的化学能通过燃烧或核燃料的核能通过核反应转化为热能的效率一般比较高，但热能转化为机械能的效率就比较低（热能品味较低，高温热能无法全部利用），机械能转化为电能的效率也比较高。可再生能源中，水能、风能效率较高，但太阳能发电的效率目前还比较低。

5）环境影响

环境影响是指能源在开发、使用过程中对环境造成的污染排放。使用能源是人类与大自然进行物质与能量交换的过程，在使用能源获取方便的同时，必须重视能源使用对环境的作用。能源利用已成为导致环境问题的一大来源。世界八大环境公害事件中，洛杉矶光化学烟雾事件和伦敦烟雾事件是典型的由能源使用所引起。另外，比利时马斯河谷烟雾事件、美国多诺拉烟雾事件、日本四日市哮喘病事件等也都与化石能源的使用有关①。严格来说，核电的安全性也会造成环境污染，历史上的苏联切尔诺贝利、美国三里岛、日本福岛等事故造成的核污染或核泄漏，也给核能的利用造成一定的阴影。20 世纪 90 年代以来逐渐成为全世界共识的气候变化问题，进一步说明能源环境问题的严重性和紧迫性。根据 2007 年联合国政府间气候变化专门委员会（2007）的综合报告，化石能源燃烧排放的 CO_2 占所有人为温室气体排放的 56.6%。

能源使用中的污染排放主要来自化石燃料燃烧的过程。过程性能源的开发没有化学过程，是没有污染排放的。因此，对环境基本没有污染的新能源与可再生能源，是能源未来发展的方向。

6）小结

汇总能源品质的比较如表 1-1 所示。

① 见百度百科“八大公害事件”。

表 1-1 能源品质的比较

能源类型		主要能源种类	资源禀赋				开发难度	运输与存储难度		使用难度		环境影响
			能源性质	能量密度	储量（约）	可再生性	开发成本	运输费用与损耗	存储可能性	供能连续性	能源品味	污染排放
常规能源	传统	薪柴	含能体	低		可	很低	不易运输	可以	可以	低	一般
常规能源	化石能源	煤炭	含能体	高	200 年	否	低	低	可以	可以	低	高
常规能源	化石能源	石油	含能体	高	50 年	否	一般	一般	可以	可以	低	高
常规能源	化石能源	天然气	含能体	高	100 年	否	一般	一般	可以	可以	低	低
常规能源	核能	裂变能	含能体	极高	200 年	否	很高	低	可以	可以	低	低，安全隐患
常规能源	可再生能源	水能	过程性	低		可	较高	不能运输	抽蓄	较差	高	无
新能源与可再生能源	可再生能源	风能	过程性	低		可	高	不能运输	不能	很差	高	无
新能源与可再生能源	可再生能源	太阳能	过程性	低		可	高	不能运输	不能	很差	低	无
新能源与可再生能源	可再生能源	地热能	过程性	低		可	高	不能运输	不能	很差	低	无
新能源与可再生能源	可再生能源	海洋能	过程性	低		可	高	不能运输	不能	很差	高	无
新能源与可再生能源	可再生能源	生物质	含能体	高		可	高	一般	可以	可以	低	低
新能源与可再生能源	核能	聚变能	含能体	极高	/	否	很高	/	/	/	低	很低，安全隐患
新能源与可再生能源	二次能源	氢能	含能体	高	/	/	高	/	可以	可以	低	无
常规能源	二次能源	电能	过程性	/	/	/	/	低	抽蓄、电池	/	高	无

注："/" 表示无法确定

从表中可以考察能源体系发展的规律，发生能源更替、结构变化的根本原因在于各种能源的品质有高下之分，总体上向综合品质更高的方向发展。

第一次能源革命使人类学会使用能源，从无到有。第二次能源革命，化石能源相比薪柴，能量密度大大提高，且方便运输和储存，为交通和工业提供了所需的强大动力。第三次能源革命，核能相比化石能源，能量密度进入新的高度，开发难度也更高，核能的开发体现了人类科学技术的进步与能源开发能力的提高。

结合图 1-6，能源利用的过程可进一步分为人类活动和自然环境两个层面。能源在人类活动层面的品质决定了能源使用的便利程度，在自然环境层面的品质则决定了能源利用的可持续程度。前三次能源革命所出现的能源综合品质进步都体现在人类活动层面，而第四次能源革命中关键的能源品质则在自然环境层面，体现的是在能源利用全过程中的综合品质进步。

在过去的 100 多年中，化石能源在社会进步、财富生产方面已经为人类做出了巨大的贡献，但化石能源也存在难以克服的缺陷：其快速消耗引起的能源资源枯竭、气候环境恶化两大严重问题，正在日益显著地威胁着人类社会的发展和安全。这导致资源储量、环境影响成为引导第四次能源革命的最关键和最核心的能源品质。在人类活动层面上从能源使用的角度看，新能源与可再生能源能量密度低、开发难度高、能源功率波动、无法直接储存，缺点十分明显。弥补和克服这些缺点关键在于将其转化为电能进行开发和利用。同时，风能、太阳能等可再生能源储量十分丰富，其一年的资源总量足够一年中全人类的能源需求。这使新能源与可再生能源发展为主力能源成为可能。所以，第四次能源革命中，人类将积极开发可再生、无污染的新能源与可再生能源，使能源体系向着可持续发展的方向转变。

可见新能源革命的驱动力不同于前几次能源革命。前三次能源革命和电力革命的动力是使能源利用更高效、生活更舒适，这是能源发展的内因。但新能源和可再生能源在开发利用技术上更困难、更复杂，并不能成为能源发展的内因。因此，以新能源和可再生能源替代化石能源的第四次革命则是由资源、环境因素等外因主导，其根本驱动力来自资源枯竭和气候变化的自然环境压力。

2. 能源更替的直接推动力是技术

技术在能源体系发展的历史中扮演着重要的角色，每一次能源革命的标志都是相应的能源利用转换技术与装置的发明或成熟。

技术的作用体现在能源利用的各个方面，从资源勘探、开发，到加工、转换，再到运输和储存，直到使用及对环境影响的后处理，都离不开技术的支持。其中最关键的环节，是将一次能源的原始能量形态转化为人类已经掌握的或所需要的能量形式，技术在其中发挥着使能量转换渠道或利用方法从无到有的突破性作用。例如，火的使用将燃料的化学能转化为热能；蒸汽机、内燃机打通了热能向机械能转化的通道；电机不仅生产了电力，更重要的是实现了机械能与电能的相互转换；核反应堆将巨大的核裂变能释放转化为热能。这些装置的发明虽然已经过几十年、上百年的时间，但时至今日其中有些技术仍是能源领域的核心高科技。

能源转化利用的技术成熟之后，将从两个方面推动能源发展和更替：转化后能量形式的推广应用，作为转化来源能源的需求发展。蒸汽机、内燃机的成熟，一方面推动终端能源利用形式中机械能的繁荣发展与机械动力的极大推广，另一方面对燃料能源形成巨大需求，促进了燃料能源的快速发展。电动机、电灯的发明，既带来了新的机械动力和照明，也对电力能源提出更高需求，推动一次能源转化为电力的发展。核反应堆的成功，既提供了新的一次电力能源，也带动了核电的需求。

第四次能源革命中，技术依旧是直接推动力。相比前三次能源革命，参与第四次能源革命的能源品种比较多，技术因素发挥的作用更为复杂。①光伏发电、燃料电池和化学 / 电解制氢三种技术，与前几次能源革命中的标志性技术或装置发挥的作用类似，其核心是分别实现了从光能到电能、化学能到电能、电能到氢能等不同能量形式之间的转化，丰富能源利用和转换的手段。②地热能、海洋能与生物质能的开发利用，采用的是成熟的能量形式转换技术，关键的困难是在于这些一次能源资源的开发获取。③风能发电技术在资源开发、能量形式转换上已初步成熟，但是风速特性、风机性能等导致风电并网还存在很多技术问题。因此，第四次能源革命可能随着技术进步出现不同能源开发利用的多个高峰，这些高峰的标志都是相应的技术突破。

另一个值得关注的能源技术突破是储能技术，主要是指能够高效、经济地大规模将电力转化为可储存能源形式的技术，故也可称为“电力储能技术”。现代大规模应用电能的基本特性是生产、输送、分配和消费都在同一时间内完成，必须时刻保持生产与消费平衡。而电源则是集中开发、连续供应的，负荷是分散使用、随机变化的，这就形成了电力系统的一对基本矛盾，需要通过负荷预测、功率控制、调度分配等各种技术手段来实现平衡。大规模储能技术的突破，让大量的电能得到储存，则有可能改变这一现状，有效而简单地解决这一矛盾。大规模储能技术的成熟应用，可以平抑电力负荷的波动，起到削峰填谷的作用，提高发电设备的利用率，对提高电力系统运行效率具有极其重要而深远的意义。储能技术的突破，有可能在电力系统传统的“发、输、配、用”之外，形成第五大环节——“储”，从而彻底改变电力系统的运行模式，不仅对传统电力起到改善和改良的作用，提高电网资源优化配置，也将给电网的规划、设计、布局、运行管理及使用等带来革命性的变化。因此，储能技术是一项对能源和电力发展意义重大，有可能改变未来的能源生产、运输和使用方式，促进能源和电力系统的优化高效运行，引起革命性变化的技术。对于新能源革命，新能源与可再生能源的大规模开发利用，储能技术也将扮演重要的角色。大规模储能系统是平抑间歇式电源功率波动，大幅提高电网接纳可再生能源能力的有效技术手段。

3. 能源竞争的关键因素是价格

自第二次能源革命之后，除薪柴以外的绝大部分能源都是作为商品能源进行流通和利用的，因此价格往往成为能源竞争和新型能源发展的关键因素。某种能源的品质决定了它在能源体系中可能的地位和作用，技术为能源利用的可能性创造了条件，而价格则影响着这种可能性在多大程度上能得以实现。第四次能源革命中，新能源与可再生能源要代替化石能源成为主力能源，必须在价格上具有一定的可比性，否则综合品质更高的新能源与可再生能源在经济活动中将失去竞争力。

能源价格主要受能源政策、技术进步、产业规模、供需关系等因素的影响，而能源政策和技术进步在其中起到十分重要的作用。能源政策一方面可以将环境污染、碳排放等能源利用的外部成本加入化石能源的成本，另一方面可以通过价格补偿提高新能源与可再生能源的竞争力。技术进步则可以提高能源利用相关环节的技术性能，既提高新型能源的技术竞争力，也降低新型能源的成本。产业规模和供需关系主要是从经济层面上，通过推动需求提高供给的积极性，做大市场形成规模化进而降低成本。

目前新能源与可再生能源的成本相比传统能源还比较高，但在新能源革命的进程中，新能源与可再生能源价格的降低是必然的趋势。

四、新能源革命的目标与进程

1. 新能源革命的本质目标是可持续发展的能源系统

新能源革命的本质是建设可持续发展的未来能源系统，这是支持人类社会可持续发展的基石。根据可持续发展的定义和要求，可持续发展的能源系统应是一个有利于改善和保护人类美好生活，并能促进社会、经济和生态环境协调发展的可持续系统。具体来说，它包括三方面内涵：①资源上是丰富的、可持续利用的，能够长期满足社会经济发展对于能源的需求；②环境上是清洁的，即低排放或零排放的，不会对环境构成威胁；③技术经济上是社会可以接受的，能带来实际经济效益（王革华，2010）。

因此，新能源革命是以可再生的、储量丰富的、无污染无公害的各种新能源和可再生能源，逐步代替资源有限、非可再生的、在消费过程中产生污染和公害的化石能源，成为人类的主力能源和支柱能源，形成可持续发展的能源体系的过程。这个转化的过程需要长期而持续的努力。综合考虑前几次能源革命的发展和作用，第四次能源革命所引发的向可持续发展的转变进程将具有以下的特点。

（1）化石能源虽然在一段时期内在消费量上仍有增长，但其比例的逐渐下降将成为必然趋势。

（2）核能作为零排放的清洁能源，将发挥更重要的过渡作用。

（3）新能源革命可能存在多次发展高潮，逐渐使新能源与可再生能源成为人类最为重要的能源品种。

2. 新能源与可再生能源的发展将是长期的进程

从能源发展的历史看，每一次能源革命的发展都需要几十年的时间，才能实现主力能源的更替（Zable，2002），如表 1-2 所示。第二次能源革命以来，世界一次能源中煤炭比例在 1860 年达到 20%，1912 年达到顶峰约 65%，1940 年相比峰值下降 20%；石油自第二次世界大战后迅速发展，1948 年达到 20%，1973

年达到顶峰，遭遇石油危机后逐渐下降，2000 年左右相比 1973 年的峰值下降 20%；而天然气保持了持续的发展，到 1990 年达到 20% 的比例，还未达到峰值。而核电的比例还很小，2008 年占一次能源比例为 5.8%（IEA，2010a）。新能源与可再生能源的比例则更低，到 2009 年仍低于 1% ①。因此可以粗略预计新能源革命持续的时间，或新能源与可再生能源发展到 50% 比例所需要的时间，至少在几十年甚至上百年或更长。

表 1-2　能源发展的重要年份比较

能源比例	薪柴	煤炭	石油	天然气	核能	新能源与可再生能源
达到 20%	/	1860 年	1948 年	1990 年	—	—
达到峰值	1850 年之前	1912 年	1973 年	—	—	—
下降峰值 20%	1860 年	1940 年	2000 年	—	—	—

进入 21 世纪以来，世界主要国家都在积极推动新能源与可再生能源的发展，制定了积极扶持的政策，并在科技研发上有大量的投入。风能将成为新能源革命的第一个突破点。目前风能开发的技术相对比较成熟，技术经济性也已初步可与传统能源发电技术相比。因此在鼓励政策的支持下风力发电具有了和火力发电竞争的能力，成为能源领域的一个新增长点，得到快速的发展和大规模的应用。但是风能本身的资源特性与常规电力能源存在很大的差异，对风电并网后的稳定运行造成了大量的技术问题。太阳能光伏发电技术有可能是太阳能利用技术中最有前途的一种，也将是新能源革命的第二个主角。虽然经过很多年的研发努力，光伏发电技术已经取得一定进步，成本也不断降低，但从商业化的角度来看，其技术还不够成熟，制造成本高、转换效率低，相比常规能源还无法形成有效的竞争力，需要补贴政策的大力支持。生物质能发电也是可再生能源发电的重点方向，目前生物质能发电的主要问题是资源问题。目前，我国生物质收集困难，收集量大时收集时间存在的矛盾难以解决，生物质收集的机械化程度低，存储、运输困难，而且，从宏观层面来讲，我国生物质能资源评价明显不足，对于生物质资源的区域分布、发展潜力等基础情况，了解不充分，缺乏深入分析，尤其是对于可利用土地和相应资源的评价，还没有系统全面的研究，开发思路不明确。此外，生物质能发电技术自主研发能力弱，仍处于产业化发展初期，特别是缺乏具有自主知识产权的核心技术。地热能与海洋能受地理条件和开发技术的限制，其开发规模在一定时期内增长有限。

---

① 资料来源：英国石油公司，BP Statistical Review of World Energy 2010.

五、新能源革命的标志与特征

新能源革命将深刻地改变现有的能源系统。在总量规模的变化背后，科学技术将发挥不可替代的重要作用。关键技术的突破将成为新能源革命的标志，并引导新能源革命的方向。

新能源革命的核心特征是可持续发展，外在标志则是新能源与可再生能源成为主力能源，即新能源与可再生能源在一次能源供应中至少达到一半以上比例。从而使化石能源需求量和温室气体排放量都得到显著下降，人类社会发展受到能源资源与气候变化的威胁和压力得到有效缓解，可持续发展的能源系统初步建成。

1. 新能源开发中电能的媒介作用

与储存、运输方便的含能体能源形式的化石能源不同，除生物质能外的新能源与可再生能源大都是过程性能源，其储存、输送、利用必须借助于二次能源。氢能是新型二次能源，具有很多优点，但是受到制氢技术的制约，在制氢能源来源、能量转换效率、能源转化经济性上短时难以突破，因此氢能的大规模应用时代还无法预期。因此电能作为应用最广泛的优质常规二次能源，将在新能源革命中扮演更为重要的作用。主要体现在电能将成为新能源和可再生能源开发利用的媒介和依托，这是新能源革命的一项重要特征。

2. 新能源开发技术与发电能源清洁化

能源开发技术是能源利用的基础，与前三次能源革命类似，在新能源与可再生能源开发转化上实现技术突破，将成为新能源革命的标志。这些技术突破将极大促进新能源与可再生能源开发规模的扩大。目前风机技术基本成熟，风力发电得到快速发展。这可以视为新能源革命的第一个标志。太阳能光伏发电技术进一步提高并成熟，将成为第二个标志。这些标志性的技术进步都是将新能源与可再生能源转化为电能，因此新能源与可再生能源在发电能源中的比例和增速将始终大于其在一次能源中的比例和增速。所以，新能源革命的一个明显特征是发电能源的清洁化。

3. 电力系统对大规模新能源与可再生能源的接纳

新能源与可再生能源的迅猛发展，给电网发展带来了新挑战。从发电的角度，新能源与可再生能源的特性与火电、水电、核电等常规能源差异极大，主要表现在功率波动性、与负荷特性有差距等。这些差异导致电力系统在对新能源与可再生能源发电并网的控制和调度上，出现一系列新的技术难题。我国陆上风能、太阳能的大规模开发将主要集中在西部、北部等偏远地区，必须在大范围内优化资源配置。风能、太阳能和海洋能等可再生能源发电受季节、气象、时间和地域条件的影响具有明显的不连续、不稳定性，发电的出力波动较大，可调节性差，增大了电网运行控制的难度和安全稳定运行的风险。

这些技术的突破将是电力系统容纳大规模新能源与可再生能源的基础，这可能成为新能源革命的又一标志。相应的，电力系统可以充分容纳规模不断增长的新能源与可再生能源并网将成为新能源革命的又一特征。

4．能源消费电气化，尤其交通能源电气化与适合交通的电池技术

由于大部分新能源与可再生能源转化为电能，能源消费的电气化必将成为趋势。世界各国纷纷加大了电能在交通、供热、制冷等领域利用技术的研发和推广力度。交通、家庭烹饪、供暖等方面的能源消耗正从燃油、燃煤、燃气等有污染的方式向着电气化发展。

其中，新能源与可再生能源最终替代化石能源的最大障碍在于交通能源。交通能源在能源需求中占有重要地位，而得益于含能体能源的优势，除铁路交通高速电气化铁道使用电网供应的电力外，当前交通能源绝大部分都使用一次化石能源，尤其是石油。新能源与可再生能源本身无法储存，其在交通能源上的突破必须依托二次能源。由于氢能在短期内难以突破，发展电池储能推动电动汽车的发展将成为必要的选择。因此，适合交通的电池储能技术的成熟可能成为新能源革命第三方面的标志。而交通能源电气化，尤其是电动汽车对内燃机汽车的替代，将有可能成为新能源革命在能源使用领域的一大重要特征。

5．第三次技术革命的渗透和以智能电网为代表的能源系统智能化

在第三次技术革命的推动下，网络经济开始向以能源体系为代表的实体经济渗透，信息、通信技术开始在传统的能源领域发挥重要的作用，将极大地提高能源系统的智能化水平。与以往历次能源革命相比，这一特点是第四次能源革命所特有的。

电能具有控制灵活的特点，电力系统是能源领域中充分利用通信和信息技术的最有基础和最有条件的平台。近年来“智能电网”的概念悄然兴起，成为能源、电力领域关注的热点话题。

今天，网络经济的推动力已经明显下滑。以美国为代表的发达国家急需寻找新的经济发展引擎和动力。IT 界将这一新的动力定位为“以家庭网络化为起点，以用电设备的信息化和智能化控制、智能化调节为载体，使信息网络向用电设备和供电设备构成的能源电力网络渗透和发展”。创造一个超越互联网革命的新能

源产业革命，并以此拉动全球经济的转型成为美国等发达国家推进智能电网建设的一个重要动因。正是在这样的背景下，“智能电网”成为了信息产业向能源生产和消费构成的实体网络发展和渗透的代名词和关键环节，也引起了美国政府的高度重视和投入，以及各国政府的广泛关注。当前，智能电网的研究和实践尚处于起步阶段，国际上还没有统一而明确的定义。已取得公认的是，智能电网是将先进的传感测量技术、信息通信技术、分析决策技术和自动控制技术与能源电力技术及电网基础设施高度集成而形成的新型电网（刘振亚，2010a，2010b）。

事实上，以智能电网为代表的能源系统智能化趋势，与新能源革命的发展密切相关，其内涵并不只限于信息技术在电网的应用，即广义的“智能化”包含了对能源系统进步的积极支持。首先，新能源与可再生能源的开发需要智能化技术的支撑。其次，智能化可以促进节能减排、提高能效、改变能源消费习惯等，这些都与新能源革命向可持续发展的能源系统发展的方向相一致。因此，能源系统智能化也将是新能源革命的一个重要特征。

第三节　新能源革命中电网的使命

电力是最重要的能源转换，也是最重要的终端能源。电力作为现代社会重要的公用性资源，是国家和地区经济社会发展的基本物质保障。大规模电力系统是人类工程科学史上最重要的成就之一，电网是它的重要组成部分，是能源输送的主要网络之一，是电力“发、输、配、用”的输送载体，承担着连接电源和终端用户、为经济生产和人民生活提供电力服务的重要作用。电力行业的发展在我国能源发展战略中将占有十分重要的地位。

在新能源革命中，电能扮演着新能源与可再生能源利用载体的重要角色，发电能源清洁化、电力系统容纳新能源能力强、能源消费（尤其交通能源）电气化、能源系统智能化等新能源革命的主要特征都与电力有着密切的关联。同时，核能、水能及化石能源的清洁利用绝大部分也都要通过转化为电能来实现。因此，随着未来几十年新能源革命的发展，电能将越来越成为能源系统的中心。而电网作为电能输送的载体网络，将成为全社会重要的能源输送和配给网络，其重要性日益突出，在能源体系中的地位和作用将更加核心，电网的使命也将发生巨大的变化。

目前，无论欧美正面临设备老化和以旧换新状况的旧电网，还是以我国为代表的新兴国家正在快速扩张的电网，都迫切需要尽快研究和把握新能源革命背景下未来电网的使命和发展方向，以便使新一轮、大规模的电网建设投资达到效益的最大化，使新一代的电网能满足未来几十年的能源体系和电力服务的需求。

与传统电网相比，新能源革命中未来电网使命主要有四点变化：接纳大规模新能源与可再生能源电力、提高供电可靠性和智能化水平、保证安全和高效的电力输送、与信息通信系统的广泛结合。

一、未来电网是大规模可再生能源的输送通道

根据中国工程院的研究报告（中国工程院能源中长期发展战略研究项目组，2010），考虑到我国能源资源与气候环境等因素，我国未来能源战略应当立足于以较低的能源增长实现未来经济社会宏伟发展目标。基于这一战略，报告预测了我国未来能源发展的规模，如表 1-3、表 1-4 所示。

表 1-3 到 2050 年基于科学产能和用能的一次能源结构情景（单位：百万 tce）

年份	煤	油	天然气	水电	核电	风电	太阳能发电	生物质能	合计
2005	1537	435	60	132	20	1	—	5	2190
2020	2284~2411	824~838	326~340	262~280	186~199	88~94	39	62~145	4071~4346
2030	1955~2126	935~943	480~516	374~412	450~486	170~187	69~80	114~200	4547~4950
2040	1813~2085	952~963	566~580	416~433	700~757	223~241	126~129	123~250	4919~5438
2050	1741~1950	932~957	609~617	421~442	902~976	242~301	213~242	129~300	5189~5785

表 1-4 到 2050 年的发电装机容量（单位：亿 kW）

年份	煤电	油电	天然气发电	水电	核电	风电	太阳能发电	生物质能发电	合计
2005	3.73	0.13	0.05	1.21	0.08	0.01	—	0.02	5.23
2020	7.23~7.62	0.13	0.54~0.57	2.81~2.95	0.83~0.87	1.46~1.54	0.24~0.25	0.18	13.42~14.11
2030	6.34~6.70	0.11~0.12	1.13~1.30	4.25~4.51	2.14~2.25	2.96~3.16	0.78~1.07	0.21~0.23	17.92~19.34
2040	6.01~7.11	0.10~0.11	1.61~1.67	4.75~4.85	3.33~3.55	3.74~4.17	2.18~2.23	0.21~0.23	21.93~23.92
2050	6.09~6.80	0.09~0.10	1.76~1.92	4.80~4.89	4.29~4.63	4.10~4.88	4.32~5.06	0.20~0.23	25.65~28.35

按上限预测，2050 年基于科学产能和用能的我国一次能源需求总量达 57.85 亿 tce，其中化石能源总量 35.24 亿 tce，非化石能源总量 22.61 亿 tce。一次能源结构中，煤炭、石油、天然气分别占 33.7%、16.5%、10.6%，总计 60.9%；核电占 16.8%，水电占 7.6%，非水可再生能源超过 8 亿 tce，共占 14.6%。可见，到 2050 年我国的可再生能源（包括水电）在一次能源中比例达到 22% 左右，离新能源革命的目标还有相当的距离。但是可再生能源加上核电则达到 39.1%，再加上天然气则达到 49.7%，即清洁能源比例接近一半，这对缓解气候变化、环境污染具有重要意义。

2050 年电源容量结构中，火电（煤电、油电、天然气发电）占 31.1%，核电占 16.3%，水电占 17.2%，风电占 17.2%，太阳能发电占 17.8%。其中非水可再生

能源电源装机容量比例已超过 1/3，加上水电则超过 50%，再加上核电则超过 2/3，初步呈现电源清洁化的特征。报告进一步预测 2020 年、2030 年、2050 年的发电量分别为 5.6 万亿～ 6.2 万亿 kW • h、7.1 万亿～ 8.0 万亿 kW • h、8.7 万亿～ 10 万亿 kW • h（中国工程院能源中长期发展战略研究项目组，2010）。仅以风电计，假设按发电设备利用小时数 2100h（2010 年水平）（中国电力企业联合会，2011a），风电发电量达到 0.86 万亿～ 1.02 万亿 kW • h，约占总发电量的 10%。

而根据中国电力企业联合会发布的数据，2010 年风电装机容量 3107 万 kW，占总装机容量的 3.2%，风电发电量 501 亿 kW • h，占总发电量的 1.2%；太阳能光伏装机容量 24 万 kW，不到 0.1%（中国电力企业联合会，2011a）。

因此，未来 40 年间，电网面临着电源结构的巨大变化：新能源与可再生能源发展速度非常快，逐渐成为重要的电源之一。而且这种趋势在 2050 年后还将继续发展。电网必须适应这种变化，具有接纳大规模可再生能源电力的能力，成为大规模可再生能源的输送通道。

二、未来电网是灵活、高效的智能能源网络

新能源革命不仅推动了能源开发、电源结构的调整，而且推动了能源系统终端结构的变化、用户习惯和消费模式的发展，推动了用户与电网之间形成信息和能源的双向互动需求。这对现有的配电网结构、配用电技术和配 / 售电运行管理模式带来了巨大的挑战，同时也给电网带来了新的发展机遇。而目前，包括我国在内的世界各国的配电网在供电可靠性、监控管理的信息化和智能化程度、服务和与用户的双向互动等方面还远远跟不上新能源革命在配用电端发展变化的形势和要求。

新能源与可再生能源开发的一个重要方面是大量的小容量、分布式可再生能源电源的接入，如光伏发电、小型风机等。可再生能源具有不确定性，需要使用常规能源的分布式电源（如小型燃气轮机、柴油发电机等）或储能装置作为补充和支撑。而以电动汽车蓄电池为代表的家庭式分布储能电源的出现和发展，进一步使电网的设备结构复杂化。这些用户侧电源的存在完全改变了用户侧的用电方式，使电能流向从电网向用户的单向流动转变为用户与电网间的双向流动，也使用户的用电需求从刚性向柔性转换，从“不可控”向“电网 - 用户双向互动”转换。而需求侧管理、峰谷电价等以节能增效、提高电网设备效率的经营策略的发展进一步推动这种互动。

未来电网将与用户侧能源高效利用系统结合，提高终端能源利用效率。未来的终端用户是一个多能互补、梯级利用的能源综合利用系统，将逐渐扩大为电网

的一个有机组成部分。现有的配电网无论结构、保护、控制方式，还是用电侧能量管理模式、电费结算方式等都难以适应这种变化。不仅如此，随着用户侧电源的出现，电网对用户电力需求的预测方法、用电需求侧管理方式、电能质量的监管方式等也都需要进行根本性的变革。

为适应这些变化，提高配电网终端对分布式电源接入的灵活性，同时在复杂结构和经营策略下保证和提高电力供应和电能利用的高效性，微网作为一种全新的配电网终端模式被提出并推广，发挥未来电网和终端用户之间的连接作用。微网的核心是以通信和控制技术提高配电网智能化程度，大力加强对用户信息的监测力度，建立起与用户的良性互动机制，增强对配电网的控制能力及配电网运行分析和决策的智能水平，以支持信息和能源的灵活双向互动。

三、未来电网是安全、可靠的能源配置和供应系统

无论常规能源还是可再生能源，我国的能源资源地理分布都十分不均衡，全国电力跨省、跨区输送成为必然。并且随着电力需求的增长，以及在新能源革命中新能源与可再生能源开发规模的扩大，电网在能源输送体系中承担的比例将不断提高，大量的能源需要通过电网进行全国范围的优化配置。电力安全在国家安全、能源安全中的重要性进一步提高。负荷规模、跨区电力流规模的不断增长推动电网规模的扩大和电网复杂程度的提高，使电网安全稳定运行的压力进一步提高。大规模可再生能源的集中接入也对电网安全运行带来了新的技术难题。而能源消费电气化的结果是国民经济和人民生活对电力的依赖进一步加强，这对电力安全提出了更高的要求。

目前我国电网正在逐步实现大区互联和全国联网。远距离、大功率输电，交、直流相互影响，短路电流控制、电源远离负荷中心造成的城市供电对输电网安全的严重依赖性等一系列问题，使我国电网在运行的安全稳定性上面临着日益严峻的挑战。为了保障供电安全，目前我国高压电网被迫长期运行在较低的负载率水平下，以输电容量的较低利用率和过度的检修为代价来换取电网运行的安全稳定。尽管如此，大区互联后低频振荡等动态稳定问题的频繁发生，交、直流系统故障的相互影响、事故传播和影响范围的继续扩大等都使电网随时面临着重大的安全风险。

因此，切实提高电网的安全、经济运行水平，即提高含大规模新能源与可再生能源电源接入的庞大的交、直流混合电网的安全稳定运行，具有设备和系统的自愈能力，基本排除电网稳定破坏事故和大面积停电风险，并提高电网运行效率、降低网络损耗，成为新能源革命中电网发展的又一重要方向。

未来电网将从三个方面促进电网成为安全、可靠的能源配置和供应系统。首

先，未来电网将具有由“用户侧微网–配电侧分布式电源–输电侧大规模集中式电源”构成的三级电源分布结构，大幅降低了用户供电对高压输电网的依赖性，也通过分散电源分散了风险。其次，未来电网通过信息技术的支持，强调全网实时运行信息，包括动态信息的集成和共享，以及在此广域信息基础上的深度分析和智能优化决策。通过数字化变电站、广域量测系统、在线安全分析和智能决策支持、广域控制和保护等技术，有助于大幅提高高压输电网的抗干扰能力和自愈能力。最后，未来电网对全网设备信息进行综合利用，进一步推进了设备维护从定期检修向状态检修的转变，通过智能输变电设备、状态监测、以可靠性为中心的检修等一系列技术和理念，可以大幅提高输变电设备的可用率，从而增大了电网的安全裕度。

另外，微网中分布式电源和储能的发展、电动汽车规模的增长也为电网提高供电的安全性和可靠性提供了新的机遇。一旦电动汽车普及，就意味着用户侧拥有了大量的分布式储能设备（蓄电池）。对这些储能的优化利用将有助于大幅降低城市大面积停电的风险，并为电网运行提供潜在的事故备用电源。对分布式蓄电池的组网、充电、调度和管理也将成为未来电网功能的重要组成部分。实现分布式电源和储能装置的综合高效利用、需求侧响应和互动的微网是未来电网的重要组成部分，其与大电网的有机融合，将使未来电网成为灵活、可靠的智能能源网络。

四、未来电网是与信息通信系统广泛结合的物联网与综合服务体系

与信息通信系统广泛结合，是第四次能源革命所特有的，也是“智能电网”概念的基本内涵之一。这一过程可以分为两个方面。

第一个方面是信息、通信技术与电网运行的全方位融合。即将上延至发电一次资源分布，下延至用户能耗分布的整个电力能源网的海量实时信息都汇集、关联、挖掘、利用起来，提高对整个电力网运转的掌控能力，提高电网与用户及用户之间的互动能力。目前，我国与输电网相匹配的骨干通信网架比较完善，配电侧接入网比较薄弱。信息模型尚未统一，信息的挖掘和利用层次较低。在这一阶段中，通信和信息处理技术对电网起到神经系统的作用，形成物联网的一大典型应用。

第二个方面则是电网与信息网络的融合，形成实现覆盖城乡的能源、信息综合服务体系。即电网依托天然的网络形态，与信息网络实现“多网合一”，使电网成为能源、信息的双重载体，在为用户提供能量的同时也提供信息服务。这种功能的综合化，将电网作为一个网络的功能充分发挥出来，节省了不同网络布局的资源，为用户带来了便利，是能源网和通信网综合发展的一个突破。

第四节 电网和电网技术的代际传承和发展

电网是能源系统中特殊的资源输送和配置网络，电网和电网技术的发展受到其上下游，即电源和终端电力消费的影响。而电源结构又受到一次能源结构约束，终端电力消费又受到终端能源消费的影响，所以，要认识电网和电网技术的发展规律，必须依托于能源供需的整体框架。同时，由于电能与电网本身的特点，电网技术有着其内在的特殊性和发展规律。

从世界范围的电力工业史来看，电网发展经历了三个阶段，可以称为“三代电网”（指广义电网，即电力系统）。

一、第一代与第二代电网

从 19 世纪末 20 世纪初电力革命开始，到 20 世纪 50 年代初，以交流输电为主的电网经历了几十年的发展，输电电压达到 220kV，单机容量基本不超过 10 万 kW，电网规模比较小，以孤立电网、城市电网为主，这属于第一代电网的范畴。这是电网产生和兴起的阶段，这时的电网甚至不能称之为互联电网，只是以城市为中心的独立供电系统。第一代电网的发展是电力革命的直接结果，其核心技术是交流发电和输电技术。

第二次世界大战后，随着经济快速恢复和发展，在欧美及苏联等发达国家和地区，伴随着大型水电的开发，电力工业开始向以大机组、超高压（345kV、400kV、500kV、735/750/765kV) 及大互联电网为特征的第二代电网过渡。超高压技术的掌握使远距离、大容量输送电力成为可能，大大提高了电网发挥能源资源优化配置作用的能力。大互联电网的发展实现了不同地区的不同电源类型、不同负荷类型的相互调剂，提高了电力系统的运行效率和经济效益，也促进了现代电网控制、运行等技术的进步。第二代电网追求规模效益，采取扩张式发展模式，成为资金密集、技术密集的重要基础能源工业之一。这是电网发展的现代化工业阶段。

我国第二代电网的建设从 20 世纪 70 年代开始。1971 年，刘家峡水电站及刘家峡至关中 330kV 线路 (535km，送电 42 万 kW) 建成，我国第一个跨省电网（甘肃、陕西、青海、宁夏）形成，标志我国第二代电网建设的开始。

从第一代电网发展到第二代电网，其中的关键技术包括互联电网的规划、运行、控制、仿真技术，大水电机组技术，大火电机组技术，750kV 超高压交流输电技术、1000kV 交流特高压输电技术、特高压直流输电技术，以大容量变压器、紧凑型 / 同塔双回线路、大截面耐热导线、串联补偿技术等为代表的电网先进适用技术及信息化技术等。

从能源的角度看，第二代电网的发展得益于电能具有可以灵活、高效转化为人类所需各种能量形式的优秀品质。随着电力作为工业动力能源的推广及照明、生活用电设备的普及，电力需求不断增长，连接着电源与负荷的电网作为电能输送供给的载体，已成为支撑现代社会运行和经济发展的重要基础设施之一。电气化程度也成为现代化的重要标志。

二、第二代电网的局限

究其根本，电力工业作为最重要的能源转换部门，在技术可行的前提下，其发展的需求主要来自终端能源消费侧对电力消费的需求，而其发展的限制则主要来自一次能源供应侧对发电能源的限制。虽然 20 世纪 60 年代第三次能源革命已经开始，但受到对核安全（切尔诺贝利、三里岛等重大核电事故）的顾虑及核技术敏感性的影响，核电的发展受到一定的制约，到目前为止全世界发电能源仍以化石能源为主。2008 年全世界发电量中，煤电、油电和气电分别占 41.0%、5.5% 和 21.3%，化石能源发电共占 67.8%，约 2/3；而水电、核电分别占 15.9% 和 13.5%，共占 29.4%；其他可再生能源发电占 2.8%①。因此，第二代电网的发展实际上严重依赖于化石能源。

20 世纪末，在化石能源发展遭遇资源枯竭和气候变化的严重威胁的大背景下，第二代电网的发展也就遇到了无法跨越的难题。

电能无法大规模储存的缺陷导致了电力必须发、输、配、用实时平衡。这使电力系统的故障随着互联电网规模的扩大而得到放大，而现有的技术手段在应对大电网安全问题时能力不足。现代社会电力应用越来越广泛，电网往往还为水、气、信息、公共交通等城市基础工程系统提供能源，电网安全事故造成的经济损失和社会影响越来越大（朱成章，2008）。进入 21 世纪以来，国际上发生多次大停电事故，对社会造成了极大的不便，更造成巨大的经济损失。2003 年美加“8 • 14”大停电事故波及 2.4 万 km^2，5000 万人饱受断电之苦，停电持续 29 小时，损失负荷 61800MW，估计经济损失达 300 亿美元（美加联合调查组，2004；鲁宗相等，2003）。2008 年年初我国的特大雨雪冰冻灾害严重破坏电网的安全稳定运行，严重影响人们的生产生活，引起了人们对电网安全的深刻思考（闵勇等，2008；杨名舟，2008）。

因此，第二代电网具有两个突出的问题：严重依赖于化石能源、互联大电网安全问题。前者受能源系统发展阶段的影响，后者则是电网本身内在复杂特性的

---

① 资料来源：英国石油公司，BP Statistical Review of World Energy 2010.

表现。这两个问题反映出第二代电网在电源结构和发展模式上存在本质的局限，第二代电网并不是一个可持续发展的电网。

三、第三代电网的兴起

第二代电网的局限推动了第三代电网的发展。20 世纪 90 年代以来，发达国家开始研究发展适应清洁能源、可再生能源电力的新型现代电网模式，第三代电网建设拉开序幕。

1. 驱动力

化石能源危机引发的新能源革命无疑是第三代电网发展的外在动力和首要驱动力。充分开发利用新能源与可再生能源发电，克服第二代电网严重依赖化石能源的缺点，实现电源结构清洁化以保证电网发展可持续，是第三代电网的核心目标。这一点与新能源革命的目标是一致的，也就是说第三代电网的建设正是新能源革命的重要内容之一，是未来可持续发展的能源体系的重要组成部分。

降低互联大电网的安全风险是第三代电网发展的内在需求和动力。第二代电网中传统的大电源、大电网模式无法克服本身的大电网复杂特性，连锁故障、低频振荡等问题严重威胁电网安全运行，小概率、大损失的大停电风险难以消除。风能、太阳能等可再生能源的分布式开发是新能源革命的重要内容，这为新型电网模式的发展创造了条件。可再生能源分布式电源的接入需要配套的常规能源分布式电源和储能的支持，而电动汽车的发展进一步提高了用户侧储能的规模。分布式电源和用户侧储能为电力用户提供了大电网以外的电源备用，这对提高电力供应可靠性具有重要意义，可以降低大电网安全事故的风险。

第三次技术革命背景下，信息和通信技术在电网中的广泛应用和深入融合，是第三代电网发展的重要推力。自 20 世纪 70 年代以来，通信和信息技术迅猛发展，极大改变了人们的生产、生活状态。20 世纪末网络经济增长乏力，信息技术抓住新能源革命的趋势向能源领域渗透。电力的发、输、配、用在电网中统一完成，并且电网是吸纳集中式和分布式的大规模可再生能源接入的唯一网络载体，这使电网成为信息通信技术融入的极好平台。信息通信技术的支持通过对电网状态的全面掌握，提高电网的智能化水平，从而对大规模可再生能源电力的接纳能力、电网与用户之间双向互动的服务能力、电网安全稳定运行的控制能力、电网设备的优化利用能力等都起到积极的作用。

这三方面的驱动力相互之间有区别也有联系，共同推动第三代电网的发展。其中新能源革命和信息技术渗透的推动力更为显著，大电网安全问题将在这两者的作用下可以得到明显改善。

2. 特征与目标

第三代电网是清洁低碳、安全可靠、经济高效、灵活智能的优化配置能源资源的可持续发展的电网，是新能源革命中电网发展的最终目标。第三节中讨论的新能源革命中电网的使命也就是第三代电网的目标和使命。第三代电网也是支撑经济社会持续发展的现代化电网，加强智能电网建设、构建覆盖城乡的智能、高效、可靠的电网体系，是第三代电网的基本发展目标之一。

第三代电网最核心的两大特征是可持续发展和智能化。可持续发展要求大规模利用新能源和可再生能源电力，智能化则要求广泛采用信息技术实现智能灵活的功能。具体来说，第三代电网的主要特征和目标包括清洁的电源结构、灵活的电网模式、智能的运行控制、极高的供电可靠性和极低的安全风险等。另外，多网合一的功能综合化是第三代电网综合利用网络功能的新特征，体现了能源网络与信息网络相融合的新方向。

第三代电网将形成大型集中式和分布式电源相结合的电源结构，实现非化石能源（可再生能源和核能）发电占电源结构较大份额，应达到40% ～ 50%，使化石能源消耗和碳排放大幅降低，形成可持续发展的电源结构。电力在能源供应和消费总量中的比例大幅提高，电网成为最主要的能源传输、存储和分配网络。采用大容量、低损耗、环境友好的输电方式，逐步实现骨干电网与微网相结合的电网模式。建成智能化的电网控制、保护、信息、调度系统和智能用电系统，大幅提高电网接受间歇性可再生电力能力，进一步提高电网运行效率，充分发挥电网优化配置能源资源的能力，并促进终端能源使用效率的提高，确保供电可靠性大幅提升，基本排除用户意外停电风险。

第三代电网是100多年来第一、第二代电网在新形势下的传承和发展。国际上第一、第二代电网的发展各经历了约50年，我国利用后发优势到20世纪末基本完成第二代电网的建设，只用了近30年的时间。目前，我国第三代电网的研究与建设才刚刚起步。未来几十年中，我国电网发展要完成第二代电网向第三代电网的过渡。根据历史经验判断达到第三代电网目标的过程需要40 ～ 50年的时间。

四、智能电网

在现代电网的发展过程中，各国结合其电力工业发展的具体情况，通过不同领域的研究和实践，形成了各自的发展方向和技术路线，也反映出各国对未来电网发展模式的不同理解。近年来，随着各种先进技术在电网中的广泛应用，智能化已经成为电网发展的必然趋势，发展智能电网已在世界范围内达成共识。

“智能电网”是近年兴起的新概念，在短短几年内就成为能源、电力领域备受关注的热点话题。2009年，在全球金融危机背景下，美国等许多国家都把建设智能电网作为扩大国内投资、拉动经济增长的重要手段。2009年美国总统奥巴马在《美国的新能源》报告中将投资智能电网作为一项国策提出，美国能源部宣布政府投资34亿美元用于资助智能电网技术开发；欧盟在2009年10月公布《战略能源技术计划（SET）》草案中提出，计划挑选30座城市，率先建设智能电网，建设成为新型“智能城市”。“智能电网”迅速成为全世界广泛关注的热点话题，并被各国视为推动经济发展和产业革命、建立可持续发展的生态文明社会的新基础和新动力。

然而，目前世界各国对于智能电网的发展思路、核心内容、发展趋势等问题尚未达成共识。基于各自的国情，欧洲、美国和包括日本在内的亚洲国家对于智能电网的理解和发展的侧重点也有较明显的区别。从技术发展和应用的角度看，世界各国、各领域的专家、学者普遍认同以下观点：智能电网是将先进的传感量测技术、信息通信技术、分析决策技术、自动控制技术和能源电力技术相结合，并与电网基础设施高度集成而形成的新型现代化电网。综合来看，国际上“智能电网”提出的背景和发展的驱动力主要来自四个方面：①应对风能、太阳能等可再生能源发电规模快速增长对电网的挑战；②适应电动汽车、小容量分布式电源等用电结构变化的影响；③发达国家电网设备老化和更新换代的需要；④网络经济向以能源体系为代表的实体经济渗透和新产业革命的推动。

可见智能电网提出的背景和目的比较复杂，涉及面广，需要解决的关键技术问题众多，影响其发展的外部制约因素也很多。因此，近几年美国、欧洲和世界其他国家和地区往往根据本国能源资源分布的特点、能源结构和环境状况等关注点的差异，结合电网和电源发展的状况等因素，选取了不同的“智能电网”发展侧重点。相应地，也就提出了不同的智能电网定义。以至于欧美对智能电网的称呼也不统一，相近的名称包括IntelliGrid、Smart Grid、Modern Grid、SHG（Self Healing Grid）等。

有关智能电网的定义，美国、欧洲的相关政府机构、能源咨询组织、IT企业、电力设备制造商等都从各自的角度给出了不同的定义。其中比较有代表性和影响较大的是2007年美国《能源独立与安全法案》(EISA)给出的定义：“智能电网是一个通过双向的能量流和信息流网络将涵盖分布式电源、高电压网络、大容量储能装置、智能家居、电动汽车等智能体有机连接在一起的现代电力网络，实现发电、输电、配电、供电和服务的全方位监控、保护和优化调度。”该法案还提出了美国智能电网建设的目标，即用先进的信息化技术提高输配电网的效率、可靠性和灵活性，减少电网设施的再投资。

按照《欧洲未来电网愿景和策略》文件的定义，智能电网被定义为能够高效地应对未来欧洲电网出现的新挑战和机遇、给所有用户和利益相关者带来利益的电网。它应该能充分开发和利用欧洲范围内的大型集中式发电和小型分布式电源，为所有用户提供高效可靠、灵活、易接入和经济的电能；通过全网范围内的互操作保证电网运行的安全和经济；同时实现终端用户与电力市场和电网的互动。

综合欧美对智能电网的界定，可以认为智能电网是集成了现代电力工程技术、分布式发电和储能技术、高级传感和监测控制技术、信息处理与通信技术的新型输配电系统。它能够为用户提供一系列增值服务、实现电网与用户的互动。同时电网自身应该具备自愈和自适应能力，能实现对新能源的灵活接入控制、对海量监测信息的智能分析和智能决策。

近年来，我国在智能电网发展模式、理念和基础理论、技术体系及智能设备等方面也开展了大量卓有成效的研究和探索。2009 年 5 月，在北京召开的“2009 特高压输电技术国际会议”上，国家电网公司正式发布了“坚强智能电网”发展战略。2009 年 8 月，国家电网公司启动了智能化规划编制、标准体系研究与制定、研究检测中心建设、重大专项研究和试点工程等一系列工作。在 2010 年 3 月召开的全国“两会”上，时任总理温家宝在《政府工作报告》中强调：“大力发展低碳经济，推广高效节能技术，积极发展新能源和可再生能源，加强智能电网建设。”2012 年，时任总理温家宝在向十一届全国人大五次会议作政府工作报告时提出“加强用能管理，发展智能电网和分布式能源，实施节能发电调度、合同能源管理、政府节能采购等行之有效的管理方式”。这标志着智能电网建设已成为国家的基本发展战略。

结合我国的国情和需求，“智能电网”这一概念的内涵主要包含着对未来电网发展的四个核心要求：①对大规模可再生电源和分布式电源(包括储能设备)的开放接入；②电网与用户的双向互动，并以市场化的电价引导用户的用电需求，减小电力消耗的日峰谷差，提高电源和电网设施的利用效率；③利用信息化和自动化手段，提高供电可靠性，使电能质量能满足数字经济的要求，并实现电网资产的高效利用；④基于广域范围内开放和透明的测量数据，应用智能决策支持技术，实现有效的能量管理、智能化的故障预测、电网运行对扰动的自适应响应和调整，提高电网的自愈能力和对灾害、攻击的适应能力。

因此综合来说，“智能电网”的概念源自于第三次技术革命推动下信息技术对电网工业的渗透，而在新能源革命背景下增加了一层新内涵：对新能源与可再生能源开发所引起的能源系统变革和相关电网技术发展的支持。从第三代电网的角度看，智能电网首先突出了智能化的特征，同时包含了支持可再生能源大规模开发的特征，强调了基于信息技术的能源技术智能化对提升电网性能、电网技术水平的关键支撑作用，可以较好地概括第三代电网的使命与特征。所以智能电网实质上是描述第三代电网的一个重要概念，是第三代电网概念的一个突出的侧面和子集，在很大程度上可以作为第三代电网的代名词。对智能电网的深入研究和积极实践，是推动第二代电网向第三代电网过渡、促进电网向可持续发展目标前进的重要手段和战略措施。

第五节　我国电网在新能源革命中的机遇与挑战

改革开放30多年以来，我国经济飞速发展，能源、电力的消费需求和供应也随之快速增长，目前已初步形成了煤炭为主体、电力为中心、石油天然气和可再生能源全面发展的能源供应格局，建立了较为完善的能源供应体系，为国民经济的继续快速发展提供了重要保障。但随着我国经济不断发展，能源消费大幅提高，资源环境问题日益严重，越来越引起社会的关注和重视，建设资源节约型、环境友好型社会成为国家发展的目标和战略之一。

中国能源工业迅速发展，为保障国民经济持续快速发展作出了重要贡献。我国能源消费从1978年的5.7亿t，增长到2010年的32.5亿t，年均增长5.6%，支撑了这30多年来我国GDP年均15.8%的高速增长。受到能源资源赋存的约束，我国一次能源消费长期以煤炭为主。2010年，我国一次能源消费结构中，煤炭消费占68%，石油占19%，天然气占4.4%，水电、核电、风电等一次能源占8.6%。这种能源结构下，经济社会的持续发展面临资源环境、气候变化的巨大压力。大力发展新能源与可再生能源成为我国转向可持续发展的必由之路。

我国新能源革命的目标可以归纳为：以可再生能源逐步替代化石能源，节能、提高化石能源的清洁高效利用水平，实现可再生能源（水能、风能、太阳能、地热能、生物质能）和核能利用在一次能源消耗中占较大份额。2009年9月联合国气候变化峰会上，时任总书记胡锦涛提出了中国将大力发展可再生能源和核能，争取到2020年非化石能源占一次能源消费比例中达到15%的目标。同年11月，国务院宣布到2020年中国单位GDP的CO_2排放比2005年下降40%～45%，作为约束性指标纳入国民经济和社会发展中长期规划，并制定相应的国内统计、检测、考核办法。

因此，预计到2050年，新能源革命的目标将得到初步实现，新能源与可再生能源、核能等非化石能源将成为我国一次能源的重要组成部分，在能源消费中的比例有望超过1/4。

一、我国电网发展态势

随着国民经济的快速增长，我国电力工业也取得了巨大的进步，正逐渐成为世界上最大的电力事业。电网作为能源体系的重要组成部分，在新能源革命中将承担十分重要的使命。进入21世纪，我国电网发展呈现三大趋势。

1. 西电东送，全国联网

随着三峡工程投产，全国大区电网互联于2005年基本实现。到“十一五”（2006～2010年）末，我国电网形成华北—华中、华东、东北、西北、南方五个主要同步电网，全国联网格局基本实现。华北与华中通过1000kV交流联网；东北与华北、西北与华中分别通过高岭、灵宝直流背靠背实现异步联网；华中与华东通过葛洲坝—上海（南桥）、三峡（龙泉）—江苏（政平）、三峡（宜都）—上海（华新）±500kV直流及金沙江（向家坝）—上海±800kV直流工程实现异步联网；华中与南方通过三峡—广东±500kV直流实现异步联网。2010年新疆与西北通过750kV实现联网，结束了新疆长期孤网运行的历史。青海—西藏±400kV直流工程开工建设，于2011年年底实现西藏电网与西北主网异步联网。

南方电网2011年已经形成“五条直流、八条交流”13条500kV西电东送大通道，每条都在1000km及以上，最大输电能力超过2300万kW。2004年9月25日，云南河口—越南老街110kV线路正式送电，标志着南方电网开始实现“走出去”战略。随后2005年，广西防城港—越南广宁、云南文山—越南河江的110kV线路相继建成并向越南送电。

根据前期规划研究①，未来首先将建设大型水电基地外送通道。“十二五”（2011～2015年）时期，将在金沙江下游和中游水电基地、雅砻江水电基地、大渡河水电基地分别建设多条输电工程，满足水电的外送需要。同时，还将建设大型煤电基地外送通道，建设山西、陕北、安徽淮南煤电基地向华北、华东、华中电网（简称“三华”电网，2011年由国家电网公司规划提出）送电的特高压交流通道；建设内蒙古鄂尔多斯、准格尔、锡林郭勒盟煤电基地向“三华”电网送电的特高压交直流混合送电通道；建设内蒙古呼伦贝尔、黑龙江宝清、山西彬长、甘肃陇东、新疆哈密、新疆准东、新疆伊犁煤电基地向“三华”电网送电的±660kV、±800kV及±1100kV直流通道。“十二五”期间还将建设大型风电基地外送通道。电网建设将构建坚强特高压网架。2015年，华北、华东、华中特高压交流电网形成“三纵三横”网架结构；2020年，“三华”特高压同步电网形成“五纵六横”主网架，满足大煤电、大水电、大核电和大可再生能源基地电力输送，

① 见“电力‘十二五’规划年内公布 主打绿色发电与智能电网”。

为东部负荷中心大规模接受电力构筑坚强的网络平台。

2. 大容量远距离输电技术取得重大突破

750kV、1000kV 交流超/特高压输电和 ±660kV、±800kV 超/特高压直流输电工程相继投产。

2005 年西北 750kV 输变电示范工程建成投产，为更高电压等级的电网建设奠定了基础。目前 750kV 电网建设在西北全面铺开。国家电网公司针对 750kV 输电技术开展了多项课题研究，包括 750kV 同塔双回紧凑型输电线路过电压与绝缘配合研究、无功补偿研究、潮流不平衡及导线换位研究、外绝缘特性实验研究、带电作业等研究等满足了工程建设的需要。2009 年 1 月，随着甘肃境内第Ⅱ标段最后一个放线段导线展放完毕，我国第一条 750kV 同塔双回架设的输电线路工程——兰州东—平凉—乾县线路全线贯通，西北“绿色”送端电网建设实现了新的突破。

2009 年 1 月，我国电网发展又迈上新台阶，晋东南—南阳—荆门特高压交流试验示范工程成功投运并长期稳定运行，系统最高运行电压达到 1100kV，线路的电磁环境主要指标实测值完全符合国家标准，表现出良好的运行特性和抗扰动能力。这标志着中国成功掌握了远距离、大容量、低损耗的特高压输电核心技术，已具备大规模应用特高压交流输电技术的条件，我国电网技术步入世界领先行列。至此，我国形成了 1000/500/220/110kV 和 750/330/110kV 两个交流电压等级序列，为实现大范围优化配置资源提供了坚强的技术支撑。到 2011 年，向家坝—上海 ±800kV 特高压直流示范工程已建成投产，锦屏—苏南 ±800kV 直流特高压工程已获得国家核准开工建设。

直流输电国产化率和技术水平逐步提高。通过引进、消化、吸收再创新，直流设备国产化率从三常直流工程的 30%，三广直流工程的 50%，提高到三沪直流工程的 70%。2005 年我国第一个直流背靠背工程——灵宝输电工程正式投产，国产化率达到 100%。2008 年 11 月我国自主设计、制造、建设的又一直流输电工程——东北华北联网背靠背直流输电工程顺利投运，换流站设备国产化率达到 100%。2009 年 12 月 28 日，经过 3 年多的施工建设，南方电网云广 ±800kV 特高压直流输电示范工程成功实现单极投产，线路全长 1373km，2010 年 6 月 18 日双极投产后输送容量达到 500 万 kW，相当于广州市年最高用电负荷的一半。这是世界上第一个 ±800kV 特高压直流输电工程，也是我国特高压直流示范工程，标志着我国在世界电力领域成功迈上了一个重要的制高点。除部分换流变压器和直流场设备由西门子公司提供外，工程其余设备均由国内实力雄厚的厂家、机构承担，综合自主化率超过 60%。2010 年 11 月，西北（宁东）至华北（山东）

±660kV 直流输电示范工程单极投产，该工程是世界首个 ±660kV 电压等级的直流输电工程，线路长度为 1335km，输送容量 400 万 kW。2010 年 7 月 8 日，向家坝—上海 ±800kV 特高压直流示范工程投入运行。锦屏—苏南 ±800kV 特高压直流输电工程输电容量 720 万 kW，也已开工建设。

3. 智能电网方兴未艾

国内两大电网公司从 2009 年开始分别推出智能电网的发展理念、目标和实施计划，并积极展开智能电网相关试验研究、示范建设和推广应用。

2009 年，国家电网公司提出“坚强智能电网”的概念，指出坚强智能电网的主要作用表现为：通过建设坚强智能电网，提高电网大范围优化配置资源能力，实现电力远距离、大规模输送。提出了加快建设“以特高压电网为骨干网架、各级电网协调发展的坚强网架为基础，以通信信息平台为支撑，具有信息化、自动化、互动化特征，包含电力系统的发电、输电、变电、配电、用电和调度各个环节，覆盖所有电压等级，实现“电力流、信息流、业务流”的高度一体化融合的现代电网”，“努力实现我国电网从传统电网向高效、经济、清洁、互动的现代电网的升级和跨越，积极促进清洁能源发展，为实现经济社会又好又快发展提供强大支撑”（国家电网公司，2010a）的电网智能化发展战略目标。进一步提出分三阶段建设，到 2020 年全面建成“坚强智能电网”的实施计划和时间表。

（1）2009 ～ 2010 年：规划试点阶段，重点开展坚强智能电网发展规划，制定技术和管理标准，开展关键技术研发和设备研制，开展各环节的试点。

（2）2011 ～ 2015 年：全面建设阶段，将加快特高压电网和城乡配电网建设，初步形成智能电网运行控制和互动服务体系，关键技术和装备实现重大突破和广泛应用。

（3）2016 ～ 2020 年：引领提升阶段，将全面建成统一的坚强智能电网，技术和装备达到国际先进水平。届时，电网优化配置资源能力将大幅提升，清洁能源发电装机比例达到 35%，分布式电源实现“即插即用”，智能电表普及应用。

2009 年，国家电网公司专门成立智能电网部，统一组织、协调、监督智能电网建设相关工作。针对智能电网建设内容和技术领域需求，国家电网公司分别组织制定了《智能电网关键设备（系统）研制规划》和《智能电网技术标准体系研究及制定规划》，两份规划都已于 2010 年发布。2010 年国家电网公司发布《国家电网绿色发展白皮书》，指出建设以特高压电网为骨干网架、各级电网协调发展、具有信息化、自动化、互动化特征的坚强智能电网，是推动我国发展方式绿色转型的战略支点，也是公司推进绿色发展的战略重点，并“预计未来十年可推动实现二氧化碳累计减排 105 亿吨”（国家电网公司，2010b）。

2011年10月，国家电网公司时任总经理刘振亚在2011智能电网国际论坛上表示：国家电网未来五年计划投资1.6万亿元建设智能电网，形成连接中国大型能源基地和主要用电负荷中心的“三纵三横”结构的特高压骨干网架，新建电动汽车充换电站2950多座和充电桩54万个，安装智能电表2.3亿只，在中国基本建成坚强智能电网；到2015年覆盖中国88%国土面积的国家电网能够支撑9000万kW风电和800万kW太阳能发电的接入和消纳，保障80万辆电动汽车的应用，基本建成坚强智能电网；到2020年国家电网将全面建成坚强智能电网，形成“五纵六横”的特高压骨干网架，实现电网的实时状态监测和智能调度控制，形成覆盖中国26省份的电动汽车充换电服务网络①。

中国南方电网公司2009年开始研究推进智能电网建设，2010年提出“绿色电网”的概念，将未来发展战略重点定为智能电网建设、西电东送可持续发展、助推电动汽车发展等问题。2011年，南方电网发布《南方电网绿色发展报告》，提出搭建“智能、高效、可靠、绿色”电网平台的发展理念，认为发展智能电网是推进低碳经济发展模式的重要手段，并提出了未来十年绿色发展的战略目标：“到2020年推动实现非化石能源占一次能源消费比例达26.6%，实现减排$CO_2$5.5亿吨，对南方五省区实现碳排放下降目标贡献度将达30%～27%。”（中国南方电网公司，2011）在“十二五”规划中，南方电网进一步明确了建设智能电网的目标：通过加强电网技术与信息、通信技术的融合，全面提升电网的智能化水平，实现电网的安全、可靠、高效运行和对低碳社会发展需要的灵活适应，是一个具有先进技术水平的安全、可靠、高效、灵活的现代化大电网，是各电压等级电网的协调发展，是现代先进技术与电网的有机结合。

二、机遇、挑战与发展方向

21世纪初开始的这场新能源革命（在我国常称为能源变革），是一次以技术创新为先导，以电力为核心，以构建智慧能源系统为方向，以优化能源结构、提高能源效率、促进节能降耗、共享社会资源、实现可持续发展为目标的深刻变革。电网在能源供应体系和能源运输体系中的作用将日益凸显，主要特征是：①清洁能源与化石能源并重，逐步增加清洁能源比例；②能源开发规模化和分布式发展并重；③能源消费电气化；④能源发展智能化。这就是新能源革命中电网发展将要面临的新的机遇与挑战。

在中短期规划方面，2011年发布的国家“十二五”规划纲要中提出：“适应大规模跨区输电和新能源发电并网的要求，加快现代电网体系建设，进一步扩大

---

① 见“国家电网今后5年将投1.6万亿基本建成智能电网”。

西电东送规模，完善区域主干电网，发展特高压等大容量、高效率、远距离先进输电技术，依托信息、控制和储能等先进技术，推进智能电网建设，切实加强城乡电网建设与改造，增强电网优化配置电力能力和供电可靠性。”2011年公布的《电力工业“十二五”规划》将新能源开发和智能电网建设作为重要的战略目标，提出“优先开发水电、优化发展煤电、大力发展核电、积极推进新能源发电、适度发展天然气集中发电、因地制宜发展分布式发电”的电源发展方针和“促进西部、北部能源基地开发，实现可再生能源大规模利用，推进电力普遍服务，加快推进坚强智能电网建设”的电网发展原则（中国电力企业联合会，2011b）。

在中长期发展规划方面，国家层面的电网发展长期规划和智能电网发展规划也正在制定之中，我们希望能结合能源变革的需求和国内的实际制定出相应发展规划，采取有力措施，促进电网可持续发展，推动我国第二代电网向第三代电网过渡。

参 考 文 献

葛正翔，孙薇，梁芙翠. 2008. 优化能源消费结构 提高能源使用效率. 中国电力,(02).

顾宇桂. 2008. 我国电气化水平和能源效率关系分析. 中国能源,(08).

国家电网公司. 2010a. 国家电网智能化规划总报告.

国家电网公司. 2010b. 国家电网绿色发展白皮书.

国网能源研究院. 2010. 2010世界能源与电力统计分析报告. 北京：中国电力出版社.

国务院新闻办公室. 2007. 中国的能源状况与政策. http://www.gov.cn/zwgk/2007-12/26/content_844159.htm[2010-12-26].

黄素逸，高伟. 2004. 能源概论. 北京：高等教育出版社.

联合国政府间气候变化专门委员会. 2007. 气候变化2007综合报告.

刘振亚. 2010a. 智能电网知识读本. 北京：中国电力出版社.

刘振亚. 2010b. 智能电网技术. 北京：中国电力出版社.

鲁宗相，蒋锦峰，袁德，等. 2003. 从“8 · 14”美加大停电思考电力可靠性. 中国电力, (12).

美加联合调查组. 2004. Final Report on the Aug14,2003 Blackout: Causes and Recommendations.

闵勇，夏清，曾嵘，等. 2008. 中国电网2008年雨雪冰冻灾害的警示. 中国电业，(03)：9-14.

全球风能协会. 2011. Global Wind Statistics 2010.

王革华. 2005. 能源与可持续发展. 北京：化学工业出版社.

王革华. 2010. 新能源——人类的必然选择. 北京：化学工业出版社.

王长贵. 2004. 新能源和可再生能源的含义、特点及种类. 中国建设动态 · 阳光能源, (05): 100-101.

杨名舟. 2008. 暴雪覆冰灾害后——电力工业发展的反思. 中国水能及电气化, (04).

赵静，孙薇，单葆国. 2008. 终端能源消费结构与经济发展. 电力需求侧管理,(02).

中国电力企业联合会 . 2011a. 全国电力工业统计快报（2010 年）.
中国电力企业联合会 . 2011b. 电力工业“十二五”规划 .
中国工程院能源中长期发展战略研究项目组 . 2010. 中国能源中长期 (2030、2050) 发展战略研究报告 .
中国南方电网公司 . 2011. 南方电网绿色发展报告 .
中国新闻网 . 2011. 德国宣布将于 2022 年前关闭国内所有核电站 . http://www.chinanews.com/gj/2011/05-30/3075270.shtml[2011-12-26].
朱成章 . 2008. 电力安全是最重要的能源安全问题 . 中外能源 , (05)：1-7.
朱亚杰 , 孙兴文 . 2001. 能源世界之窗 . 北京：清华大学出版社 .
IEA. 2010a. Key World Energy Statistics 2010.
IEA. 2010b. Technology Roadmap：Solar photovoltaic energy.
Zable G. 2002. Population and Energy. http://www.mnforsustain.org/pop_population_and_energy_zable.g.htm[2010-12-26].

第二章　未来电网的模式分析

一个多世纪以来，化石能源的利用推动了人类文明的发展，加速了工业化进程。但化石能源的日渐枯竭及使用化石能源所带来的环境影响，使人类不得不寻求新的途径，解决能源危机和环境污染问题。新能源革命因此成为世界能源发展的趋势和共识。

可持续发展的第三代电网符合未来能源发展方向，是未来几十年电网发展的目标。未来电网发展战略的关键是电网模式的选择，这也是第二代电网向第三代电网发展过渡的基础性问题。“电网模式”广义上指电网结构、运行、运营等各方面的特征，本章中主要指电网结构（包括输电网和配电网）方面的特征。

未来电网的模式即是第三代电网的模式，受未来经济发展、能源战略、电力技术等因素的综合影响。未来电网模式必须满足我国可持续发展的需求，为经济增长和社会进步提供安全、可靠、经济的电力服务支持。未来电网模式必须适应国家能源战略的统一部署，在新能源革命的进程中为新能源与可再生能源提供资源配置和消纳的通道。未来电网模式必须遵循电网发展内在的规律性，立足于电网技术发展的现状与可能性，满足电源开发、电能输送和电力服务的品质要求。未来电网模式应当充分适应信息通信技术的渗透，满足智能化发展的要求。

第一节　能源战略与电网发展

一、欧美能源战略与未来电网发展方向

能源是经济社会发展最重要的物质基础之一，也是当今世界资源争夺最集中的领域。世界各国都在不断调整能源发展战略，改善能源安全保障条件，应对环境和全球变暖的挑战。从国外能源战略来看，欧洲和美国在国际能源紧张的情况下寻求解决能源和气候问题的大体思路是：节能减排，增加能源供应的多样性，注重国内能源供应，减少能源的对外依存度。

美国有丰富的煤炭资源，石油资源一直以来都十分依赖国外进口[①]。面对国际油价的波动，美国认为能源安全受到了一定的威胁。为此，美国近几年在能源战略上发生了重大转变（王北星，2010；侯国清，2004；何金祥，2005），由过去

---

① 英国石油公司 . BP Statistical Review of World Energy 2009.

对国外能源的过分依赖，转变为对国内能源资源的重视，并通过提高能源利用效率、利用新技术及发展能源供应的多样性来保证能源供给的安全。美国能源战略的转变意味着未来美国除了更加重视节能改造、利用高新技术提高能源利用效率以外，也将更加重视风能、太阳能等可再生能源及核电的开发利用。

美国电力设备及基础设施严重老化，由于电力投资不足，发生电力阻塞的输电线路增加，且大停电事故发生的概率增大。为实现电网的升级改造，建造现代化电力系统，2003 年美国能源部对未来电网进行了设想，提出了“Grid 2030”计划[①]。

在“Grid 2030”中，美国提出在现有网络之上建设国家主干网，通过国家主干网将东西海岸、加拿大及墨西哥联系起来，主干网可在国家层面上进行电力供应与需求平衡，扩大电力供应范围，实现资源的优化配置，并可利用全国范围内的季节性、区域性气候多样性及需求侧管理等方式实现高效送电，降低网损。在技术实现上，国家主干网涉及多种技术，如超导电缆及变压器、先进电导体及信息、通信和控制技术等。“Grid 2030”计划中着重提出建设超导直流输电国家主干网，以减少网损，减少输电走廊，扩大输电能力，并能与常规高压直流系统及其他先进导体输电系统实现无缝整合。该计划创新性地提出在建设国家主干网中将管道式超导输电与输送液态氢结合起来，实现电力、氢能的同时输送，以助力“氢经济”发展、节省总的基础设施建设费用和改善环境。

欧洲目前对化石能源的依赖度也较高，一次能源的 80% 来自于化石能源，为了保证能源安全，应对气候变化，已有众多学者和科研机构及政府机构提出建设欧洲“Super Grid”的建议。早在 2003 年即有学者提出泛地中海新能源合作的想法[②]，指出将欧洲的海上风电、北非及近东的风电和太阳能发电用 HVDC 与欧洲电网相连，既可解决欧洲的 CO_2 排放问题，又可解决北非及近东的社会经济发展及就业问题，同时可通过电网互联及电力交易等方式加强地中海区域各国的社会经济和谐发展及睦邻友好合作关系。2004 年，Czisch（2004）博士根据具体的数据，进行了详细的建模研究和分析比较，指出利用现有的技术将欧洲及其周边国家电网相连，可在保证供电可靠性的前提下，实现欧洲 100% 可再生能源发电，且电力成本没有增加，甚至会减少，这为欧洲建设“Super Grid”提供了依据。2006 年，Airtricity 风能有限公司制定了“欧洲海上 Super Grid”计划（Airtricity, 2006），该“Super Grid”是一个高压海底传输网络，可最终覆盖波罗的海、北

① United States Department of Energy Office of Electric Transmission and Distribution. 2003. A National Vision For Electricity's Second 100 Years.

② The TREC Development Group. 2003. A Powerful Partnership for Development, Climate Stabilisation and Good Neighbourhood.

海、爱尔兰海、英吉利海峡、波斯湾及地中海。2007年，泛地中海可再生能源合作组织提出了DESERTEC概念（Mckie，2007），该概念的提出基于德国宇航中心在2004～2007年完成的三项研究工作[①]，指出在撒哈拉沙漠建立覆盖面积达17 000km^{2}的集中式光热太阳能电站、光伏电站及风电厂，其产生的电力通过HVDC电缆送往欧洲及非洲国家，可为中东、北非国家提供大量电力，可进行海水淡化，进一步可为欧洲大陆提供15%的电力。

2008年，欧盟在其2008年11月出版的《Second Strategic Energy Review - Securing our Energy Future》中提出“北海各国海上风电计划”（the North Seas Countries Offshore Grid Initiative，NSCOGI），该计划是欧盟成员国与挪威之间的合作，旨在创建可连接跨越欧洲北部海域的风电厂和其他可再生能源的综合海上能源网络，可将北海地区丰富的可再生能源，如苏格兰的风电站、德国的太阳能阵列、比利时和丹麦的波浪能发电站及挪威的水电站等联系在一起，被认为是欧盟六个优先能源基础设施行动之一。按欧盟委员会的说法，北海海上网络将成为未来欧洲“Super Grid”的一部分。

2008年12月17日，欧盟通过了气候变化一揽子计划，设定了“20-20-20”目标，即到2020年，温室气体排放量在1990年基础上削减20%，能源效率提高20%，可再生能源占一次能源供应的比例达到20%。2009年7月八国集团（G8）峰会发表减排宣言，提出了到2050年全球温室气体至少减排50%，发达国家排放总量比1990年减少至少80%的长期目标。2009年10月，欧洲议会为欧洲及其他发达国家设定的减排目标是：到2050年排放量比1990年的排放量低85%~90%。

为达到节能减排目标，保证能源安全，提高欧洲经济的竞争力，欧盟委员会于2010年在其“欧洲能源技术战略规划”中提出了多项倡议，其中电力倡议的目标是：到2020年实现至少35%的电力由分布及集中式的可再生能源提供，到2050年电力可实现100%脱碳化生产。同时提出进一步整合国家电网，形成真正的以市场为基础的泛欧洲电网，并对欧洲电网进行升级改造，应对新的挑战。

2009年11月7日，欧洲“北海各国海上网络计划”的政治声明在欧盟能源局签署。2010年，欧洲气候基金会（European Climate Foundation，ECF）制定了至2050年的具体路线图，对一系列可能的技术路线进行了技术和经济评估，并阐明了这一分析的政策、法规意义及更广泛的社会意义。可以看出，欧洲“Super Grid”计划不仅仅是对未来电网的设想，该计划正在实践中不断地向前迈进。

总结起来，美国的“Grid 2030”是为了电力大范围高效传输、新型能源的接入及电力市场的需要而提出来的，欧洲的“Super Grid”同样是为了适应可再生

---

① Foudation, 2009; http://www.dlr.de/tt/desktopdefault.aspx/tabid-2885/4422_read-6575/; http://www.dlr.de/tt/desktopdefault.aspx/tabid-2885/4422_read-6588/; http://www.dlr.de/tt/desktopdefault.aspx/tabid-3525/5497_read-6611/.

能源的大规模接入而提出来的，二者均是为了适应未来的能源战略而提出来的电网远景目标。

二、我国能源战略的转变

现在到21世纪中叶将是我国实现现代化的关键时期。目前，我国经济总量已经达到较大的规模，形成了巨大工业制造能力，成为“世界工厂”，外延式扩张发展的空间已经十分有限。必须通过创新，走新型工业化道路，转变发展方式，才可能继续保持较快发展速度。

在经济发展方式遇到瓶颈的同时，我国的能源发展方式也正面临着能源需求增长过快、能源经济效率低、能源结构不合理、能源供应对外依存度高、污染与温室气体排放严重等问题。在能源资源、生态环境的双重约束下，简单贯彻以满足需求为导向的传统思维，并不能解决我国的能源困境。新能源革命的浪潮为我国能源发展提供了战略转型的方向。未来我国的能源战略必须转变发展思路，大力发展新能源与可再生能源，积极行动克服几大能源问题，使能源体系发展转向资源节约、环境友好的可持续发展道路。

近十年来国家层面相继发布了节能、可再生能源、核电等发展规划，以及能源、气候的政策白皮书，反映了我国对未来能源发展的重视态度。2009年我国提出争取到2020年非化石能源占一次能源消费比例中达到15%的发展目标，以及单位GDP的CO^2排放比2005年下降40%～45%的约束性指标。但由于我国能源消费总量巨大，能源结构长期不合理，经济、能源发展模式粗放，实现这一目标并不容易。

中国工程院《中国能源中长期（2030、2050）发展战略研究报告》（中国工程院能源中长期发展战略研究项目组，2010）进一步指出：“从现在到2050年这几十年，是我国能源发展的重要过渡期和转型期，从现在比较低效、粗放、污染的能源体系，逐步转变为洁净、高效、节约、多元、安全的现代化能源体系，能源结构、颜色、质量都要发生革命性的变革。而现在到2030年前对我国能源走向可持续发展道路更加关键，这20年是我国能源发展过渡期、转型期中的攻坚期、困难期，要完成形成节能提效机制、优质能源加速增供、新型能源的突破（包括核能、可再生能源等）、化石能源的洁净化利用、石油安全供应、电力系统优化发展等一系列重大问题的解决。能源供需将从现在以粗放供给满足过快需求的模式努力向以科学供给满足合理需求的模式转变。2030～2050年，我国的能源供需将基本实现以科学供给满足合理需求的新模式，可以引领高效节约清洁低碳的能源消费和供应发展的潮流，实现可持续的供需平衡。2050年后，我国将拥有一个现代化的能源新体系，我国将进入比较自由的能源可持续发展阶段。我国未来能源是可持续发展的，这是重要的战略判断。”

这一论断是较为科学的，它充分考虑了我国经济、能源、环境的协调发展关系，也与新能源革命的发展趋势相一致，符合我国未来能源可持续发展的长远要求，应当作为我们长期的奋斗目标。其核心是能源发展模式从“粗放供给满足过快需求”向“科学供给满足合理需求”转变，实现可持续发展的能源新体系。这一能源战略的新思维已经被纳入国家战略规划，“十二五”规划纲要中已明确提出“合理控制能源消费总量”。

在能源战略新思维的指导下，我国能源发展的战略目标是到2050年实现可持续发展的现代化能源体系。在未来到2050年，我国能源发展将主要遵循以下几个趋势：①加速新能源与可再生能源的开发利用，积极发展水能、核能、天然气等清洁能源，逐步减少煤炭、石油在能源结构中的比例；②结合经济发展模式的转变，加强政策引导，优化能源消费结构，降低单位GDP能耗，有效控制能源需求总量的过快增长；③促进节能技术的研发和应用，提高能源转换和利用效率，努力建设高效节能的能源系统。

结合新能源革命的趋势判断，到2050年我国新能源革命初步完成，形成多元化的能源结构，煤炭、石油等化石能源比例大幅下降，以风能、太阳能为主的非水可再生能源成为主力能源之一，水能、风能、太阳能、核能非化石能源占一次能源消费的比例将达到25%～35%。

三、我国未来电网发展战略

能源战略为电网发展提供了参考和支撑。我国电网目前正处于第二代电网的快速发展时期，严重依赖化石能源、互联大电网安全风险难以消除是第二代电网难以克服的两大问题，这与现阶段我国粗放发展的经济模式、能源模式是相对应的。未来的第三代电网标志着电网迈入可持续发展的新阶段，是适应新能源革命的新一代电网，也是符合我国“科学供给满足合理需求”能源战略的新型电网。第三代电网的智能化特征还将极大地提高电网本身的各项性能指标，提高电力系统的现代化水平。

与能源发展战略相适应，到2050年的未来30多年，将是我国电网发展从第二代电网向第三代电网过渡、转型的关键时期。①在电源侧，积极适应新能源革命，配合我国一次能源结构的调整，电源结构从以传统煤电为主（2010年约占2/3）（中国电力企业联合会，2011a）逐步向以清洁能源发电为主（应超过50%）转变，实现清洁煤电、水电、核电、可再生能源发电等各类电源的多元发展，并支持可再生能源电源集中式和分布式的大规模接入和消纳；②在负荷侧（或配电网侧），广泛采用微网结构，结合信息通信技术，加强对分布式能源和储能的利用程度，提高需求侧管理水平和双向互动能力，有效地提高供电可靠性、能源利用效率与智能化水平；③输电网则形成坚强的网架，适应电源侧和负荷侧的变化，极大地降低互联大电网的安全风险。

从时间上可以分为 2011 ～ 2030 年、2031 ～ 2050 年两个阶段。2011 ～ 2030 年是未来电网发展的战略转型期。这个阶段电网需要积极配合能源体系的各项关键性突破，实现能源消费总量控制的战略目标，转变第二代电网的发展惯性，实现对新能源与可再生能源电源大规模友好接入的支持及智能化技术的推广，逐渐转向可持续发展的第三代电网。2031 ～ 2050 年，是第三代电网的建设成形期。电力输配占能源供应体系的比例进一步提高，电源结构不断优化，电网智能化水平不断提高。

到 2050 年，高效、绿色、安全、智能的第三代电网建设完成，它是“科学供给满足合理需求”供需模式下可持续发展的能源体系的重要组成部分。到 2050 年，新能源与可再生能源电力成为重要的电源之一，电网可以适应其集中式和分布式的大规模接入；除极端自然灾害外的大电网安全风险基本消除；终端负荷普遍通过微网接入，分布式电源和储能设备应用广泛，供电可靠性和用电智能化水平均达到世界领先水平；与信息系统充分融合形成能源信息综合服务网络。

第二节　我国电力供需的现状与趋势分析

一、电力供应

随着经济的持续发展，我国电力供应能力不断提高。近 30 年我国总装机容量快速增长，尤其在 2003 年以来的近十年中年增长率均超过 10%，如图 2-1 所示。截至 2010 年年底，我国全国发电设备容量为 9.6641 亿 kW，全口径发电量为 42278 亿 kW • h。初步统计显示 2011 年我国总装机容量达到 10.56 亿 kW（中国电力企业联合会，2012），超过美国 2010 年的 10.39 亿 kW（美国能源信息署，2011）。但在人均装机容量上，2011 年我国为 0.79kW，仅相当于美国 2009 年人均 3.33kW 的 1/4，仍明显落后于西方发达国家。

受一次能源资源禀赋影响，我国电源结构以火电为主，约占装机容量的 3/4 和发电量的 4/5；其次是水电，约占装机容量的 1/5 和发电量的 1/6；核电、风电、太阳能等新能源电源比例还很小，但近几年的发展速度非常快。2010 年，甘肃酒泉千万 kW 级风电基地一期工程投产，亚洲首个大型海上风电项目——上海东海大桥海上风电场 34 台风机全部正式并网。根据全球风能协会统计，截至 2011 年年底，我国风电装机容量达到 6273 万 kW，占全世界 26.3%，居全球第一（全球风能协会，2012）。2010 年我国电源结构如图 2-2 所示。

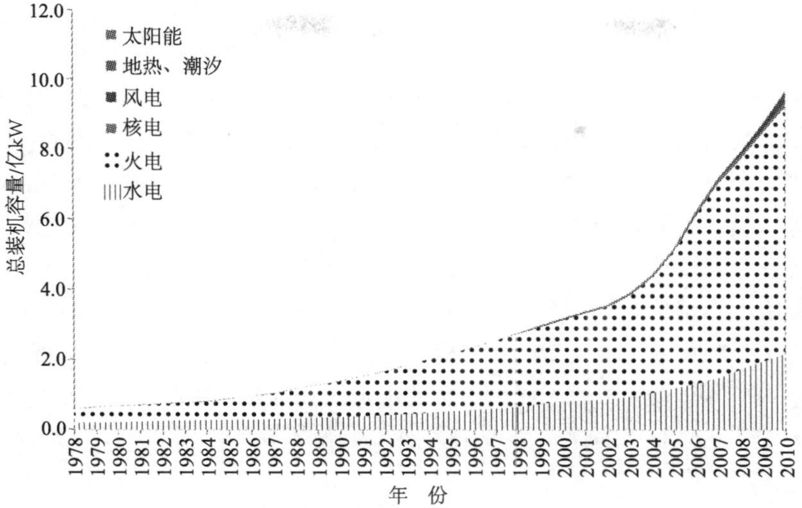

图 2-1　我国总装机容量增长趋势（1978 ～ 2010 年）

资料来源：中国电力企业联合会

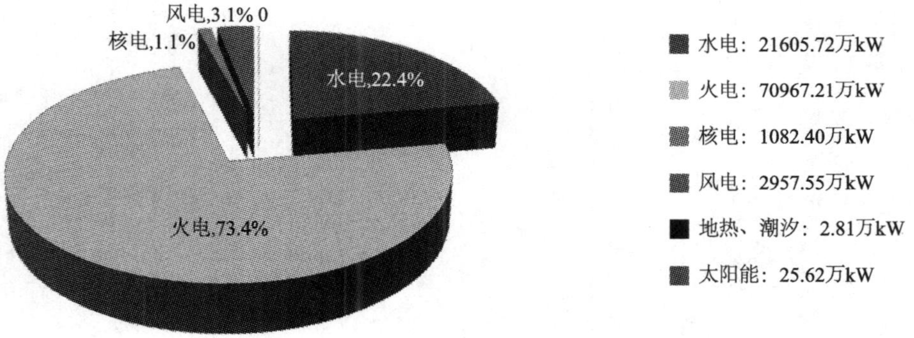

（a）装机容量

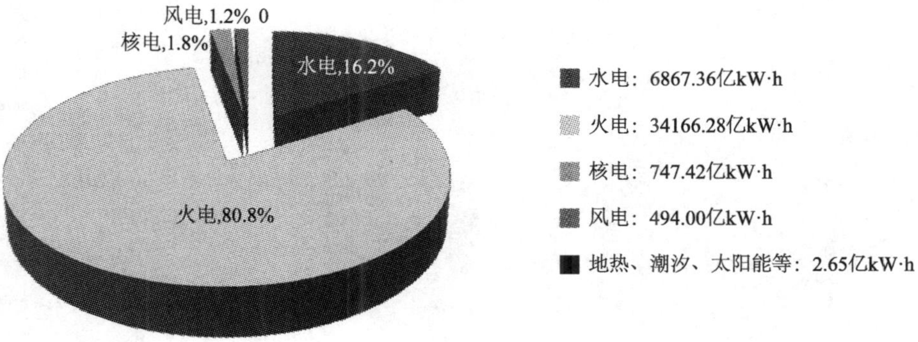

（b）发电量

图 2-2　我国电源结构（2010 年）

资料来源：中国电力企业联合会

二、电力需求

2010 年我国全社会用电量达 4.1999 万亿 kW·h（中国电力企业联合会，2011b），超过美国 2010 年的 3.89 万亿 kW·h，成为全世界电力消费最大的国家。2011 年则达到 4.69 万亿 kW•h，同比增长 11.7%。电力消费与经济发展关系密切，相关度高，图 2-3 显示了 1978 年以来我国电力消费与 GDP 增长的变化趋势。

我国电力消费结构以第二产业为主，第三产业用电、居民生活用电比例较小。2010 年我国电力消费结构如图 2-4 所示，第三产业用电和居民生活用电各占约一成，而第二产业用电所占比例达 74.9%，其中重工业用电量又占第二产业的六成，相当于在总量中占到近 45%。西方发达国家的电力消费结构则更加平衡，居民生活用电、商业用电（第三产业）的比例一般都较高。以美国为例（图 2-5），2010 年居民生

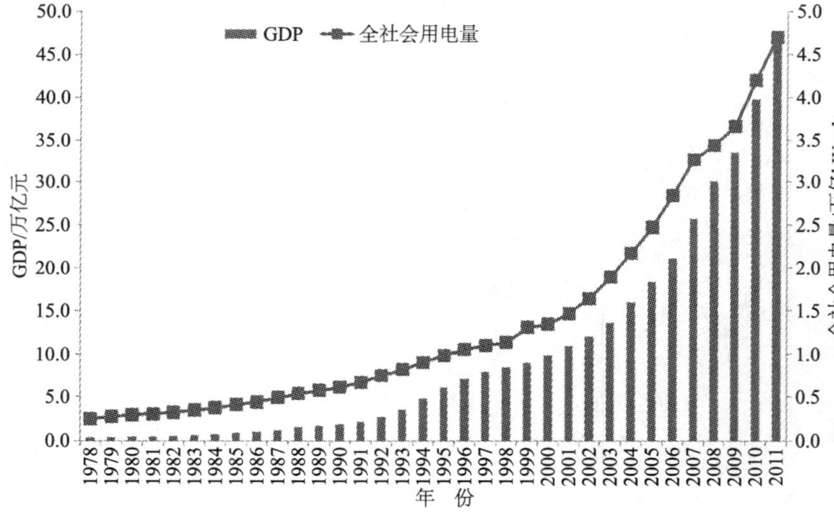

图 2-3　我国电力消费与 GDP 增长的趋势（1978 ～ 2011 年）
资料来源：国家统计局、中国电力企业联合会

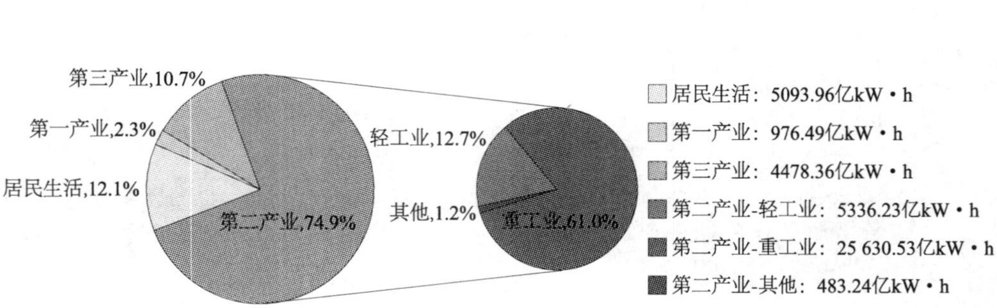

图 2-4　我国电力消费结构（2010 年）
资料来源：中国电力企业联合会

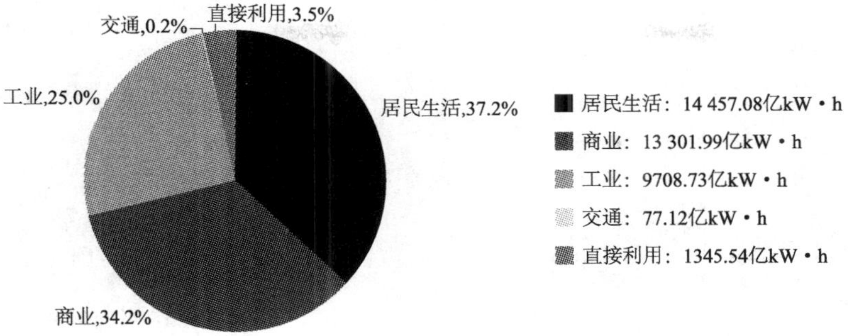

图 2-5　美国电力消费结构（2010 年）

资料来源：美国能源信息署

活用电占总用电量的 37.2%，是电力消费结构中的第一大项；商业用电占 34%，仅次于居民生活用电；而工业用电仅占总用电量的 1/4，远低于我国 3/4 的比例。

电力工业对经济增长的促进作用与产业结构有关，在第二产业与第三产业，电力经济价值更大。我国电力消费结构的历史趋势如图 2-6 所示。美国能源部的研究表明电力消费结构会在经济增长的过程中逐渐调整：随着经济发展水平的提高，工业用电量的增长将逐渐减小，而居民生活用电、商业用电则将持续增长（美国能源信息署，2009）。图 2-7 显示了近 60 年来美国电力消费的增长结构，在 20 世纪 80 年开始工业用电量增速放缓，进入 90 年代后基本保持不变。我国正处于工业化中期阶段，目前的电力消费结构将继续保持一段时间。

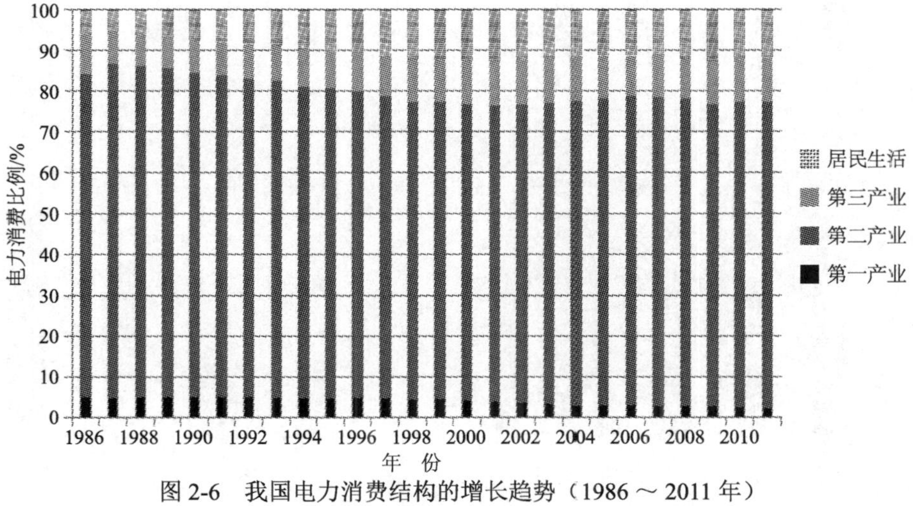

图 2-6　我国电力消费结构的增长趋势（1986 ～ 2011 年）

资料来源：中国电力企业联合会

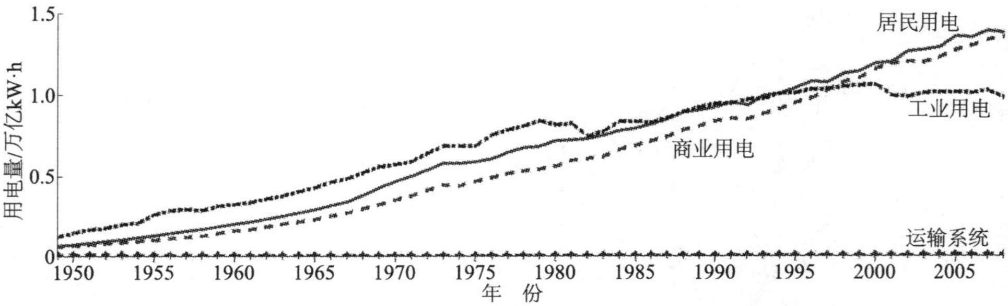

图 2-7　美国电力消费结构的增长趋势（1950 ～ 2008 年）

资料来源：美国能源信息署

在人均用电量上，我国取得了巨大进步，2010 年突破 3000kW·h，首次超过世界平均水平(IEA，2009，2010)。但与西方发达国家相比,仍存在不小的差距。

横向比较来看，根据国际能源署（IEA，2011）的统计，发达国家年人均用电量一般在 6000 ～ 15 000kW·h，如图 2-8 所示（其中数据除中国以外都是 2009 年）。2011 年我国人均用电量 3500 kW·h，仅相当于 2009 年 OECD 国家平均水平的 44%、美国的 27%、日本的 45%、德国的 52%。

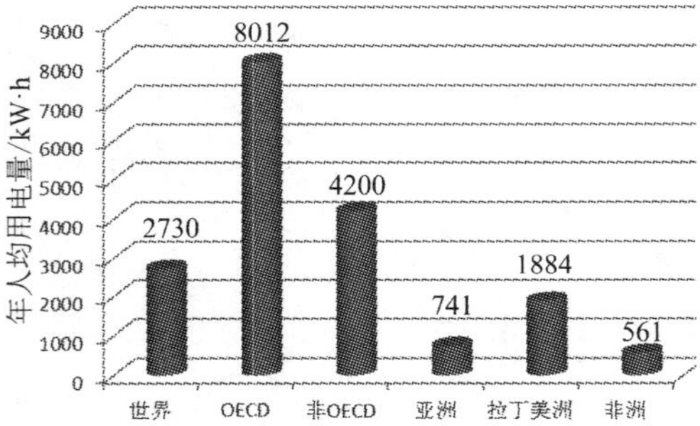

（a）地区

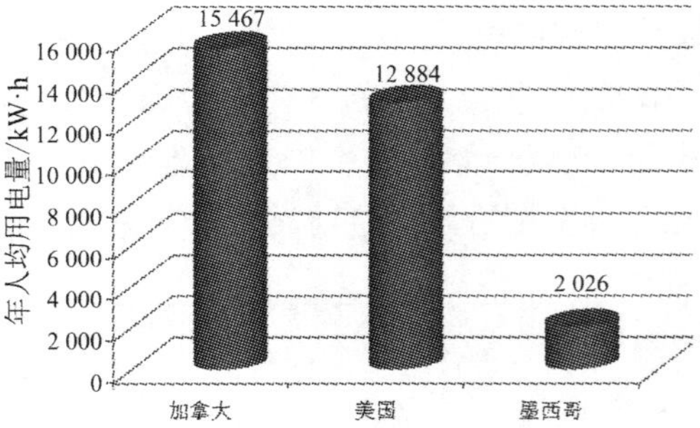

（b）北美

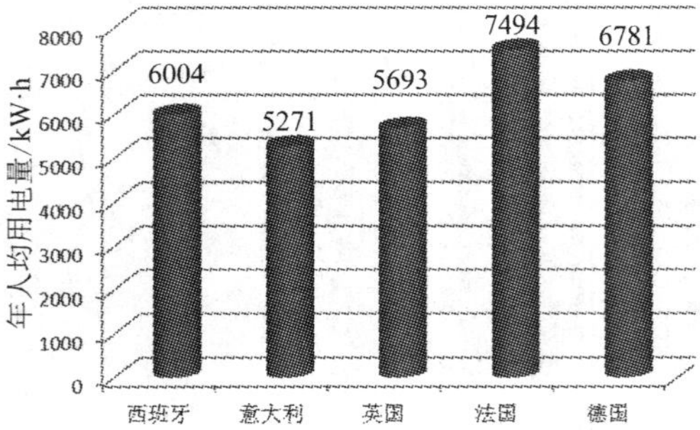

（c）西欧

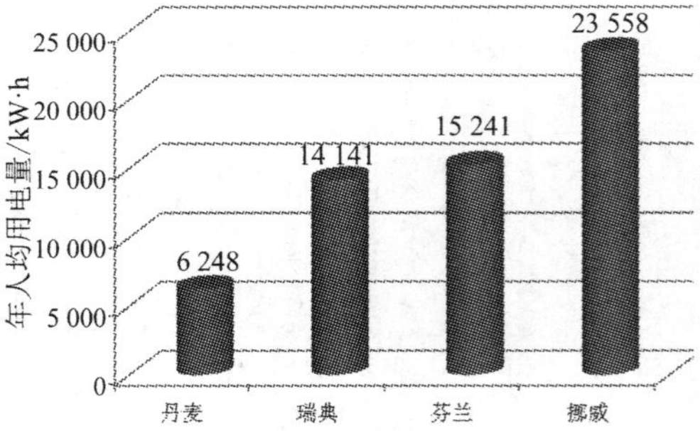

（d）北欧

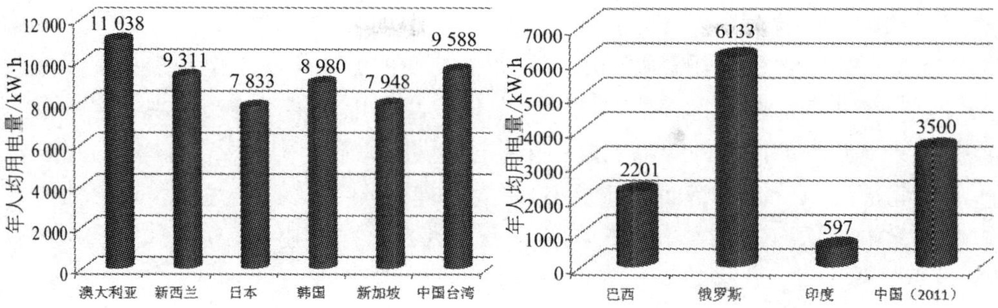

（e）亚太　（f）金砖四国

图 2-8　不同国家和地区人均用电量的比较

资料来源：国际能源署

注：(a) 中“OECD”即经济合作与发展组织国家，“非 OECD”指非经合组织的欧洲及欧亚大陆国家

纵向比较来看，我国 2011 年人均用电量水平，仅相当于美国 1959 年、英国 1965 年、日本 1972 年、韩国 1996 年的水平，与老牌发达国家相差 40 ～ 50 年，与新兴发达国家相差 15 年左右，详细对比如图 2-9 所示。

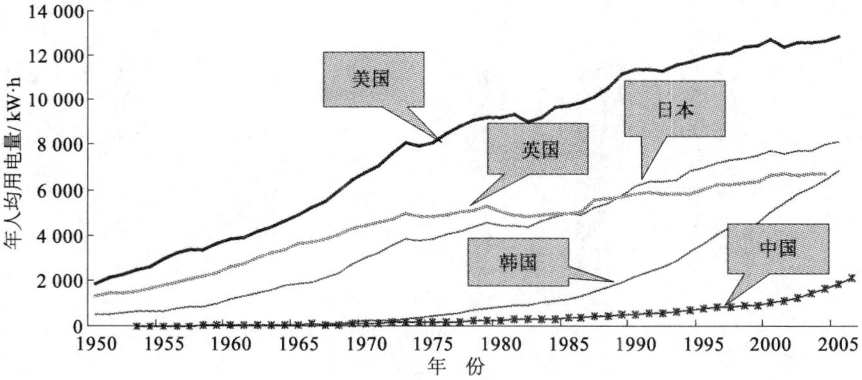

图 2-9　国内外人均用电量水平的纵向对比

资料来源：国网北京经济技术研究院

进一步考察人均居民生活用电量，相比与发达国家人均用电量水平的差距还要增加 5~10 年。2010 年我国人均居民生活用电量 380 kW・h，不到美国目前水平的 10%，大致相当于美国 1948 年、英国 1955 年、德国 1968 年、日本 1967 年、韩国 1991 年的水平（廖华和魏一鸣，2011）。

三、供需分布与电力流

我国幅员辽阔，各地的自然资源、经济发展状况存在较大差异，全国电力供需分布呈现地域的不平衡。用电负荷分布主要由地区的经济发展水平和产业结构决定，我国用电负荷主要集中在东部沿海、中部地区，分华北、华东、华中、南方四大负荷中心。受能源资源的赋存分布不均衡的影响，我国电源装机、发电量主要分布在北部、中西部地区。因此，总体上我国电力供需分布呈现：东部沿海负荷大、电源少，需要外送电支持；中部电源供应大于负荷需求，富余电力外送；西部、北部发电资源丰富而负荷很小，提供大量外送电力。电力流呈现“西电东送”、“北电南送”的基本格局。2009 年我国跨区、跨国电力流总规模达 5931 万 kW，占当年全国总装机容量的 6.8%。

对比六大区域的电力供需情况，如图 2-10 所示。“三华”地区即华北、华东、华中是电力供需规模最大的三大区域电网，2010 年这三个区域合计装机规模、发电量和用电量分别占全国的 65.9%、68.1% 和 68.0%。其次是南方电网，供需基本平衡。东北、西北规模最小。

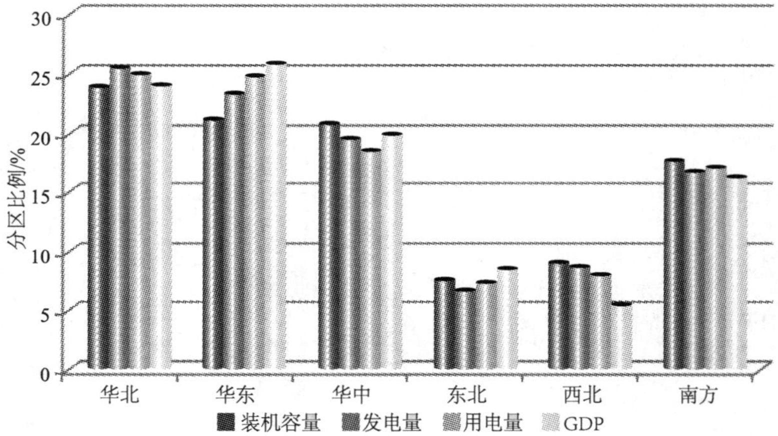

图 2-10　六大区域电网电力供需对比（2010 年）

资料来源：国网能源研究院

2010 年我国电源装机容量的地域分布，如图 2-11 所示。火电装机主要分布在煤炭资源丰富的华北地区和经济发达的华东地区，装机容量分别占全国的 29.4% 和 24.4%，西北、东北地区火电装机占全国的比例最小。水电装机主要集中在华中和南方地区，分别占全国的 40.3% 和 31.7%。风力发电保持高速增长，风电装机主要集中在三北地区，华北占 50.9% 最高，其中蒙西风电装机容量大幅增加，东北、西北分别占 23.2%、13.7%。核电目前仅分布在华东、南方。2010 年发电能源跨区调运总量达 5.2 亿 tce，占能源消费总量的 16%。

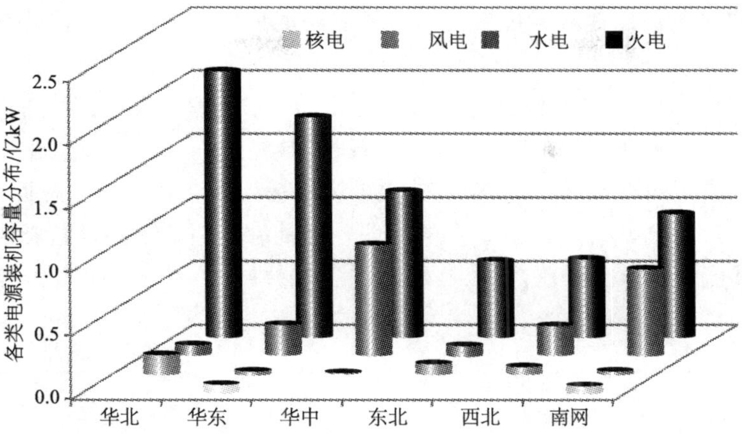

图 2-11　各类电源装机容量的地域分布（2010 年）
资料来源：国网能源研究院

第三节　电源供应能力与开发布局

一、化石能源电力

1. 煤电

我国拥有丰富的煤炭资源，仅次于美国和俄罗斯，居世界第三位。截至 2005 年年底，我国煤炭已探明资源的保有量为 10 430 亿 t，其中已利用资源量 4036 亿 t，剩余可采储量 1126 亿 t；尚未利用资源量 6394 亿 t。还有潜在资源 1.6 万亿 t。如果仅从资源数量上看，煤炭供应量还可以继续增加，并保持长期供应。

我国煤炭资源地域分布不均，和能源消费中心分布差异大。在已查明的资源量中，北方占 90%，南方仅占 10%，而且南方 77% 的煤炭资源在经济相对落后的贵州和云南。经济发达、人口密集的东部资源量为 800 亿吨 tce，仅占全国煤炭资源总量的 7%。新疆地区的煤炭储量很大，但也远离消费中心。

煤炭在我国能源系统中居主导地位。2010 年我国煤炭产量已经超过 30 亿 t，煤炭消费在能源消费总量中占 68%，煤电在电源结构和电力消费结构中分别占 66.9% 和 76.1%。煤炭作为主力能源，带来资源、运输、环境等一系列问题。发电作为一种高效灵活的煤炭利用方式，在煤炭消费中有着重要的地位。虽然煤炭转化为电力的比例已经超过 50%，但是相比发达国家还比较低，1990 年美国为 86%、德国为 62%、英国为 76%、加拿大为 61%（王志轩，1999）。提高煤炭转化为电力的比例仍然是我国煤炭作为能源利用的方向，同时应提高煤炭清洁利用的比例。

我国以煤电为主的电源结构在短期内无法改变，煤电装机规模将继续增长，但装机比例逐渐下降。我国北方的山西、陕西、内蒙古、宁夏、新疆等各省（自治区）是我国煤炭资源的富集区，我国规划的大型煤电基地主要布局在这五省（自治区）。目前，山西，陕西，宁夏，内蒙古的蒙西、锡林郭勒盟、呼盟，新疆的哈密等前期工作开展比较深入。中国煤炭、石油、天然气主要矿产地分布如图 2-12（彩图 1）所示。

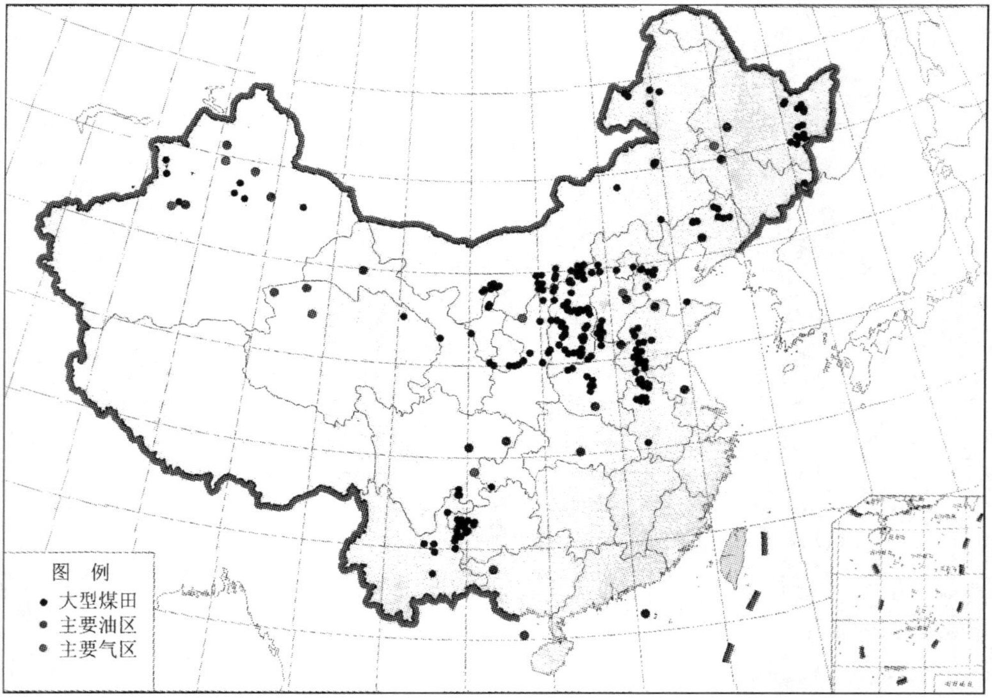

图 2-12　中国煤炭、石油、天然气主要矿产地分布图

2．油电

我国石油储量相对不足，人均占有量远低于世界平均水平。以未来石油总体开采成本还可能继续上升作为前提，我国可采石油资源量比较有把握的估计为 150 亿 t，加上考虑未来技术进步可能提高石油资源的发现和采出水平，可采资源量为 200 亿 t 左右。现在已经探明的可采储量为 78.4 亿 t，已累计采出 50 亿 t，剩余探明可采储量为 28 亿 t（截至 2008 年年底）。还有一半以上的资源量尚待探明。和世界上石油资源比较丰裕的国家相比，我国的多数石油资源赋存条件比较

差，开发和生产成本普遍偏高。2011 年，国内原油产量达到 2.04 亿 t，原油进口量为 2.54 亿 t，对外依存度达 56.5%。

我国燃油发电比例非常小，2010 年油电装机 877.99 万 kW，占总装机容量的 0.9%。考虑到我国石油资源有限的赋存和快速增长的需求，以及日益严重的石油安全形势，预期我国未来油电发展的空间很小。

3. 气电

我国常规天然气资源相对不足，人均占有量更远低于世界平均水平。根据已探明的天然气资源赋存，我国常规天然气预测可采资源量为 22 万亿 m^3，已探明采储量为 3.9 万亿 m^3。2010 年我国天然气产量达到 950 亿 m^3，消费量 1200 亿 m^3。

但近年来天然气勘测开发方面的新进展，正在逐渐改变这种传统认识。一方面，“十一五”期间，我国天然气勘探开发取得重大突破，先后建成了塔里木、长庆和普光等大型气田，发现了荔湾等气田，产量连续五年保持 10% 以上的增长。另一方面，煤层气、页岩气等非常规天然气的勘测开发生产技术逐渐成熟，发展潜力巨大。我国煤层气资源比较丰富，预测可采资源量 10.9 万亿 m^3，仅次于俄罗斯和加拿大，居世界第三位。最新的预测认为，到 2020 年我国一次能源消费中天然气所占比例有可能从 2009 年的 3.9% 提高到 10% 以上。

从世界范围来看，天然气大多用于发电。根据国际能源署统计，世界电源结构中天然气发电量比例超过 20%；日本 70% 的天然气用于发电，占其国内发电总量的 28%；美国天然气发电比例超过了 20%；欧洲的天然气发电占比也在 30% 以上。气电具有众多优势：①效率高，普通燃煤发电效率一般在 40% 左右，而天然气联合循环发电效率则可保持在 50% 左右；②环境破坏小，在燃烧天然气的排放气中，几乎不含烟尘和二氧化硫；③碳排放低，天然气碳含量较低，是优质的化石能源，属于广义上的清洁能源；④建设周期短，天然气发电机组体积小，占地相应也少，且不需要储煤与灰渣场地；⑤启停迅速，燃气联合循环机组启动快，达到满负荷的时间短，运行灵活，较适合电网调峰；⑥可以配合可再生能源发电，降低由可再生能源的随机性和间歇性造成的技术问题；⑦可以配合分布式电源、微网的应用，提供可靠的电源支持。但目前，我国的天然气主要用作居民生活用气和发展天然气化工，二者在我国天然气消费中所占比例超过了 50%。截至 2010 年年底，我国发电装机容量中气电仅占 2.73%，远低于世界平均水平。

因此，未来气电发展具有很大空间，但气电增长的速度与程度受天然气资源勘探开发的约束。假如未来我国天然气的勘探开发不断取得进展，天然气得到大量生产，大力发展天然气必将成为优化能源结构的重要发展方向，也为气电的发展提供条件。预计远期气电规模占装机容量比例将在目前水平的基础上有所提高，主要分布在负荷中心。

二、非化石能源电力

1．水电

我国水力资源比较丰富。根据国家2005年水力资源复查结果，理论资源平均功率为6.94亿kW，年发电量可达6.08万亿kW•h。其中按可装机容量500 kW及以上的水电站计算，经济可开发容量4.02亿kW，年发电量约1.76万亿kW · h，占世界水力资源量的12%，列全球第一。我国小水电资源可开资源有1.2亿kW，占全国技术可开发水能资源的22%，其中西南地区可开发资源高达4900万kW。

我国水力资源的地域分布极不均匀，西部多，东部少。西部12个省（自治区、直辖市）占全国水能资源的82%，其中西藏、四川和云南占64%。现在未开发的水力资源主要集中在西南，西北地区也有一定潜力，其他地区潜力不大。

发达国家十分重视水力资源的开发利用。美国、日本、德国等国家的经济可开发水力资源利用率都已经超过80%，法国达到73%，化石能源十分丰富的加拿大也达到了65.3%。水电一直是我国第二大电源类型，截至2010年年底，我国水电装机容量已达2.16亿kW，达到经济可开发资源的54%，还有相当大的开发空间。

我国应该把发展水电放在优先地位。我国具备了充分开发可利用水力资源的技术能力和投资能力。尽管水电分布与负荷距离较远，但水电具有集中开发、规模外输的条件，且水电运行的可靠性高，可控性强，仍然是十分具有竞争力的优质电源。水电开发没有真正实质性的经济和技术障碍。

近期，黄河上中游、长江中上游及其干支流、红水河、澜沧江中下游和乌江等资源富集并居“西电东送”战略性地位的水电基地将得到较快开发。远期可能会进一步开发利用西藏水电，但西藏水电的开发难度较大，具有一定的不确定。我国规划建设的十三大水电基地装机容量总规模为265 967.15MW，如图2-13所示。

2．核电

我国铀矿资源比较丰富，在近年的第二轮资源预测中预测资源量有可能超过200万t，但现在的探明程度还比较低。我国的非常规铀、钍等核燃料资源也很丰富，今后可以成为重要的核电铀资源。考虑到世界上有不少国家铀资源储量分布和开发条件比我国更有优势，已经形成较大的供应能力。只要有进一步投入，做好相关工作，铀资源供应不会成为我国在近中期大规模发展核电的硬性制约条件。

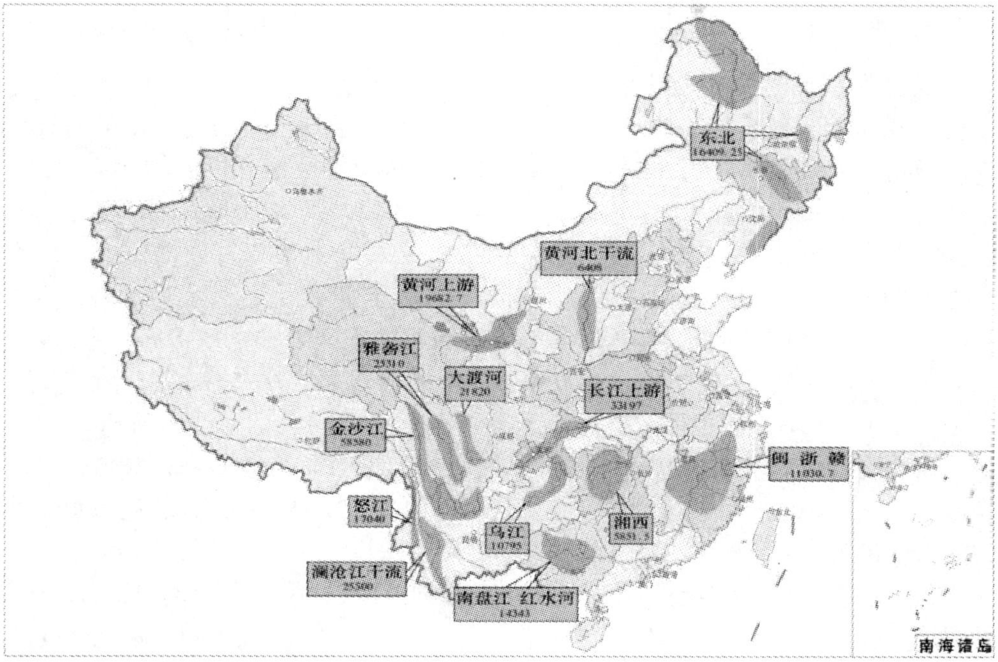

图 2-13　我国规划建设的十三大水电基地

注：统计口径为大中型电站（装机容量 50MW 及以上）

未来核电的发展，既要考虑核燃料资源的可供性，也要考虑安全可靠的核电技术的可应用性，以及核电建设规模和速度可以达到的水平。2007 年发布的《核电中长期发展规划（2005 ～ 2020 年）》提出到 2020 年核电运行装机容量达到 4000 万 kW 的目标。实际上，截至 2010 年 2 月，全国核准核电项目总装机容量 2540 万 kW，在建规模 1335 万 kW，而目前全国核电装机容量已达 1082 万 kW，因此专家预测到 2020 年我国核电装机规模可达到 5000 万 ~8000 万 kW。

世界上曾经成功地实现过核电大规模快速发展的美国、法国等，在核电建设的高峰期，20 世纪 70 年代和 80 年代就分别达到过年投产 10 台和 8 台的规模。我国在电力建设中已经达到过一年建成 8000 多万 kW 大型火电的规模。我国完全可以实现年均核电装机超过 1000 万 kW 的建设速度。而且如果工作做得好，不出现政策的摇摆，还有可能进一步提高建设速度。因此预计到 2050 年核电装机有望达到 4 亿 kW 左右。

核电的分布将主要在一次能源匮乏的负荷中心地区，近期主要在东南沿海地区建设核电站，远期可以延伸到能源资源匮乏、经济条件与厂址条件较好的中部内陆地区。

3．风电

我国风能资源分布较广，如图 2-14 所示。迄今仍不可对所有的地方进行实际测量，而只能用现有气象观测结果，结合少数抽样性风力资源测量结果估算。根据 2007 年《可再生能源中长期发展规划》，全国陆地可利用风能资源 3 亿 kW，加上近岸海域可利用风能资源，共计约 10 亿 kW。《中国能源中长期（2030、2050）发展战略研究：综合类》则建议：陆上可以进行风电开发的风力资源为 6 亿～ 10 亿 kW；水深 20m 以浅，有可能开发的近海风电资源量为 1 亿～ 2 亿 kW：合计风电资源可以达到 7 亿～ 12 亿 kW。随着风力发电技术的不断进步，可利用风力向高处延伸，风电资源可利用总量还有很大上升空间。因此我国开发几亿千瓦风电是有资源保障的。

风电的经济性和电网接入条件的制约将成为近中期风电发展的现实制约条件。随着我国风电开发规模的不断扩大，风电的技术发展重点，将从风力发电机组的大型化向风电和电网的相互配合方面转化。

我国风能资源丰富地区主要分布在东南沿海及附近岛屿、华北的内蒙古地区、西北的新疆、甘肃河西走廊地区、青藏高原及内陆个别地区，这些是风电开发的重点地区。在一些风电资源并不丰富的地区，则要发展低风速发电技术。受大风电基地并网困难和 2011 年几次大规模风机脱网事故的影响，国内风电开发的发展方针可能由“建设大基地，融入大电网”向“集中式＋分布式”并重的发展战略转变，即大基地规模化和分布式发展相结合。总体上未来风电将保持持续快速发展，成为重要电源之一。

4．太阳能

我国太阳能资源十分丰富且分布相对集中，全国 2/3 的国土面积年日照小时数在 2200 以上。但地域分布与负荷分布也存在着较大差异，如图 2-15 所示。从全国太阳能辐射总量的分布来看，西藏、青海、新疆、内蒙古南部、山西和陕西北部、河北、山东、辽宁、吉林西部、云南中部和西南部、海南西部以及台湾地区的西南部等广大地区的太阳能辐射能量很大，尤其是青藏高原地区最大。未来可能在我国西部地区的戈壁、荒漠地区建设大规模太阳能发电基地。

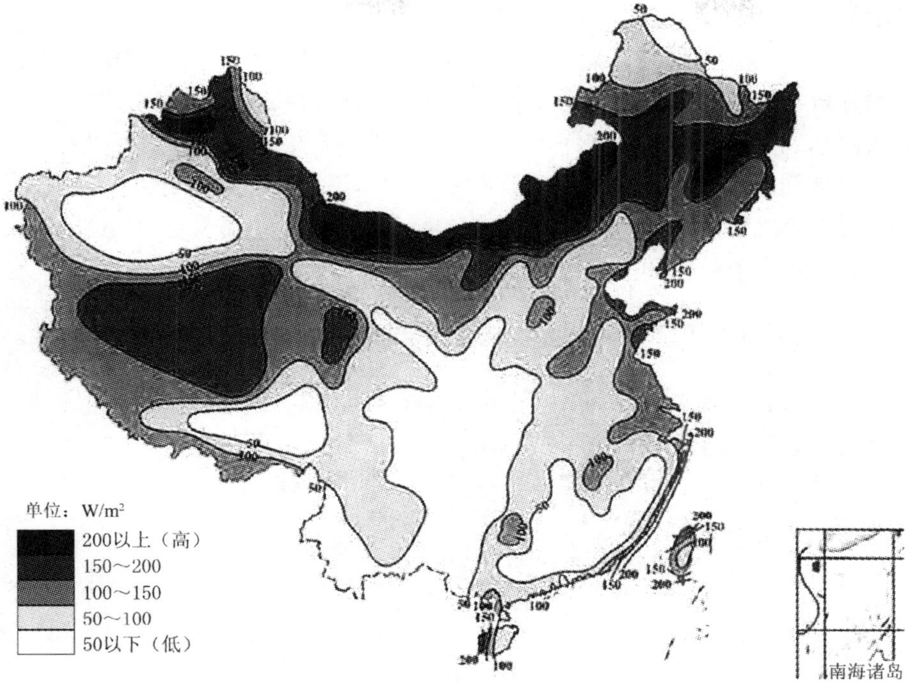

图 2-14　我国有效风功率密度分布示意图

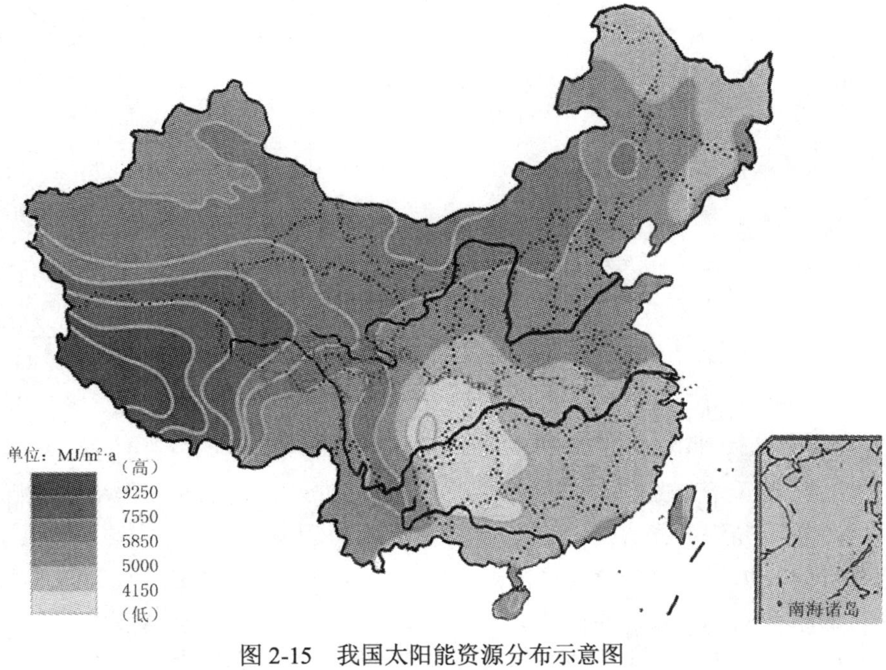

图 2-15　我国太阳能资源分布示意图

未来太阳能发电能否有实质性的发展，一方面要求太阳能发电技术在经济性能尽快突破，另一方面还要解决大规模太阳能发电并网和分布式应用技术问题。乐观的分析认为太阳能发电技术有可能在几年以内达到直接使用太阳能发电可以经济取代常规电网供电的经济转折点。如果太阳能发电的成本的确可以明显下降，特别是直接利用太阳能发电的各种分布式能源系统能够得到充分发展，太阳能的发电利用将可以大规模高速增长。远期来看，太阳能发电装机可以达到几亿 kW，太阳能将成为重要的替代或支柱能源之一。

5. 其他可再生能源

生物质能、地热、潮汐等其他分布式可再生能源方面，未来将主要根据资源条件，就地分散接入当地电网，或在偏远山区、牧区、海岛地区等作为主力电源为用户直接供电，也可作为系统备用电源在电网运行中发挥作用。

三、电源发展趋势

以上各类电源的特点列于表 2-1。

表 2-1 各类电源的发展趋势

是否为化石能源电力	电源类型	远期一次能源供应能力	发展速度关键影响因素	能源资源地域分布	发展战略
化石能源电力	煤电	保持长期供应	政策、电力需求	北多南少，建在坑口或负荷中心	继续发展，但逐渐降低增长速度
	油电	日趋紧张	石油供需形势	/	基本不发展
	气电	有望突破，总装机的 3% ～ 8%	储量勘探、开发技术	西部为主，建在负荷中心	根据资源状况发展
非化石能源电力	水电	4.02 亿 kW+ 1.2 亿 kW	政策、投入	西南为主，集中外送	优先发展，保持发展力度
	核电	4 亿 kW	政策、技术、安全	建在负荷中心	坚持发展
	风电	亿 kW 量级	技术经济性、电网接入技术	三北地区、东南沿海	坚持大力发展，突破关键技术与经济性
	太阳能	亿 kW 量级	开发技术、技术经济性、电网接入技术	西部、西北	突破关键技术与经济性，中远期大力发展

化石能源方面，煤电短期内仍是满足我国电力需求的主力电源，将保持持续增长的态势，但根据能源战略和可持续发展的要求，煤电的发展将逐渐受到限制，增长速度逐渐下降；油电基本不发展；气电的发展取决于天然气资源的勘测开发，应在资源供应允许的条件下作为煤电的替代型电源积极发展。非化石能源方面，水能是目前技术最成熟的可再生能源，是中短期内可以有效促进能源结构调整的常规能源，应优先发展，并保持大力发展；核电的供应能力从资源赋存看是乐观的，核电增长的关键取决于安全的核电技术的发展应用和国家的核电政策，从能

源、电力增长和结构调整的需求来看，应当坚持发展核电；风电已经开始快速发展，技术基本成熟，且资源蕴藏量丰富，是我国未来重要的替代能源之一，应当大力发展并提高风电的技术经济性以及电网对风电的消纳能力；太阳能是远期的重要能源，但近期大规模发展需要突破技术经济性与掌握关键技术，从能源革命的趋势看，太阳能应当坚持大力开发，并乐观预期在中远期可以得到大规模应用。

地域分布上，我国能源资源与负荷需求存在较大差距。化石能源可以运输到负荷中心进行发电利用，因此在电源分布上可以一定程度地克服资源分布的地域不均，但也带来运输的问题。可再生能源无法运输，只能根据资源分布发展电源装机，需要远距离输送电力。

另外，未来分布式电源在城市配电、供电系统中将逐渐发挥重要作用。分布式电源主要是风能、太阳能等可再生能源的分布式接入和气电的分布式支持，还有储能和电动汽车等。分布式电源的发展，主要取决于风电、太阳能发电、气电等技术性能和经济性，以及微网、储能等技术的支持，能源政策对其也有一定的促进作用。一般负荷中心一次能源资源分布有限，分布式电源的规模相对较小。

第四节　我国电力供需未来发展预测

一、经济与社会发展指标

预测2050年我国经济与社会发展水平，应以实现我国“三步走”的现代化发展战略目标为基本前提，即到21世纪中叶，人均GDP达到中等发达国家水平，人民生活比较富裕，基本实现现代化。

1. 人口

人口是经济与社会发展的基本参数。第六次人口普查结果显示：2010年11月1日0时大陆31个省（自治区、直辖市）和现役军人的人口共13.3972亿人（国家统计局，2011）。2000年国务院新闻办公室发布《中国21世纪人口与发展》，指出我国人口将在21世纪中叶达到峰值，接近16亿。2007年国家人口发展战略研究课题组预测，我国将在2033年前后达到未来人口峰值约15亿，2050年则在14亿多。2009年中国科学院发布的《中国至2050年人口健康科技发展路线图》估计，2050年我国人口达到总量高峰15亿左右。联合国经济和社会事务部人口司的预测显示在2030年左右达到人口峰值（接近14亿），2050年则下降为约13亿。

综合以上预测，2050年我国人口预计在13亿～15亿，本书取预测的保守值，即 2050 年全国总人口为 15 亿。

2. 人均 GDP

人均 GDP 是综合反映经济与社会发展程度的关键指标。根据世界银行数据，2010 年我国人均 GDP（名义）达到 4382 美元，排全世界第 98 名，接近世界平均水平的一半，与主要发达国家相比仍有较大差距，如图 2-16 所示。

根据现代化发展目标，为我国人均 GDP 的未来发展设定目标：2050 年达到 2.5 万 ~3.5 万美元，世界排名达到第 30 名上下。结合人口预测值，2050 年我国 GDP 总量将达到 37.5 万亿 ~52.5 万亿美元。

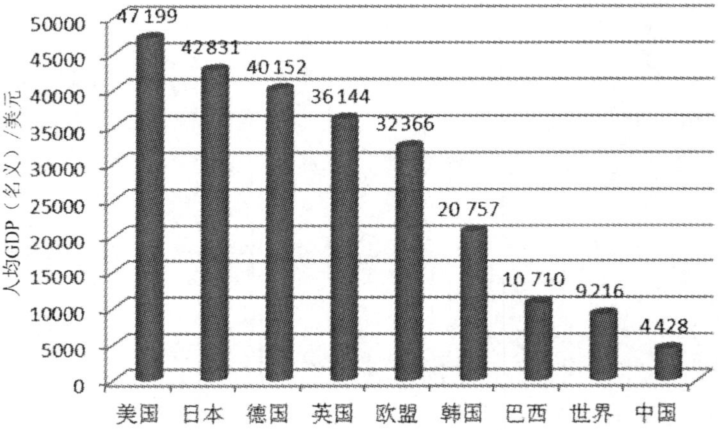

图 2-16 不同国家和地区人均 GDP（名义）的比较（2010 年）
资料来源：世界银行

二、电力需求总量预测

人均用电量是电力与经济、社会、能源等多方面因素协调发展关系的综合反映，具有较强的时间可比性，是远期电力需求预测的关键参数。本节从未来人均用电量的发展对未来我国电力需求总量进行预测。

影响未来人均用电量发展的因素主要有以下几个：①经济增长、社会发展是推动人均用电量增长的基本动力，到 2050 年我国发展到中等发达国家水平的过程中，人均用电量持续增长的趋势是可以预期的。②经济发展水平的提高、经济结构的优化和现代化程度的加深，将使我国单位 GDP 耗电量逐渐减小，电力消费结构逐步趋向平衡。③能源战略的导向将使我国未来能源总需求的增速得到一定的控制，电力需求的增长也同样受到这一政策因素的影响。④节能技术的进步，将不断提高终端用电效率，特别是各种建筑物用能设施、家用电器和工业耗电设备等，未来同样的电力消费可以提供显著增多的能源服务，这将减缓人均用电量的增长。

从与不同国家或地区的横向、纵向比较的角度，可以对未来我国人均用电量增长的空间和速度做出大致的预测和判断。根据国际能源署（2011）的数据，2009年不同国家或地区的人均用电量与人均GDP、单位GDP能耗的关系分别如图2-17、图2-18所示。由于图中采用购买力平价GDP数据，我国GDP数据从3.17万亿美元变为12.43万亿美元，单位GDP能耗由0.72toe/千美元下降为0.12 toe / 千美元，与基于名义GDP的结果有较大差别。考虑到2010、2011年我国GDP、用电量都以10%左右的速度增长，能源消费总量的增速则在6%左右，因此2010、2011年我国的位置将比图中水平略靠上一点。从图2-17可以看到，发达国家与发展中国家明显分为两块区域，我国目前处在发展中国家范围，未来有较大的发展空间。人均用电量与人均GDP大体呈正相关，说明经济发展程度越高，人均用电量一般也越高。这反映了经济增长、社会进步对电力发展的需求。人均用电量与单位GDP能耗在发达国家和发展中国家两部分各自呈现正相关的关系，说明在经济发展的一定阶段内，单位能耗越低，人均用电量一般也越低。这反映了电力发展受能源政策、能源技术的影响。

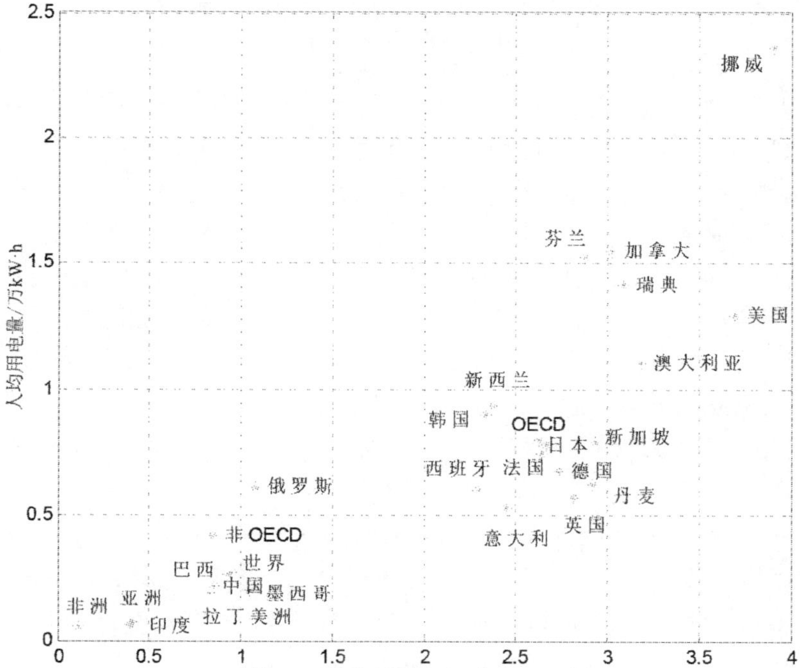

图2-17　人均用电量与人均GDP（2009年）

资料来源：国际能源署

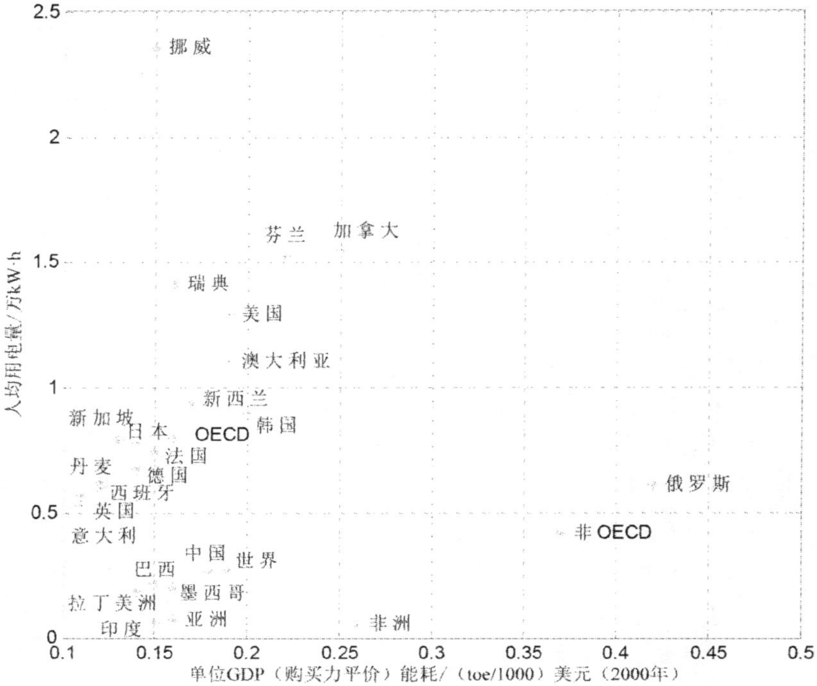

图 2-18 人均用电量与单位 GDP 能耗（2009 年）

资料来源：国际能源署

按 2050 年人均 GDP 达到 2.5 万 ~3.5 万美元的预测结果，根据图 2-17 推断，2050 年我国人均用电量将达到 6000~15 000kW • h，是 2011 年水平的 1.7~4.3 倍。

在人均用电量的推测范围中，主要可分为三类国家：①高于 10 000kW • h 的主要是美国、加拿大、瑞典、澳大利亚等北美、北欧国家，这种以美国为代表的高能耗模式是我国能源政策所需避免的方向；② 6000kW • h 上下多是比较重视节能的欧洲国家，这种以西欧为代表的节能模式要求较高的经济发展程度和能源利用技术，与我国的发展条件不相适应；③处于中游 8000kW • h 左右的则是日本、韩国等新兴工业化国家，这种后发追赶模式比较符合我国未来几十年的发展路径，同时人均用电量 8000kW • h 对我国而言也比较适中，符合三方面因素的综合影响。

因此，设定 2050 年我国人均用电量增长目标为 8000 kW • h，是我国 2011 年水平的 2.3 倍，相当于日韩等国目前的水平。结合总人口的预测，可以推算 2050 年我国全社会用电量将达到 12 万亿 kW • h，是 2011 年的 2.56 倍，未来 40 年年均增长 2.38%。

三、能源消费总量预测

电力系统是能源系统中对一次能源加以转换、利用的部门，电力与能源消费主要通过平均发电标准煤耗、电力消费能源占一次能源消费的比例、电能占终端能源消费的比例三个参数联系起来。

平均发电标准煤耗反映了火力发电的综合能效，是我国能源总量统计中对水电、核电、风电等一次电力进行折算的重要参数。我国平均发电标准煤耗呈逐渐下降趋势，2010 年达到 312g/kW·h，目前世界最低水平为 280g/kW·h。根据近年来我国平均发电标准煤耗的下降趋势，假设未来 40 年我国平均发电标准煤耗以每年 1 ～ 2g/kW·h 的速度下降，则到 2050 年平均发电标准煤耗将下降到 272 ～ 232g/kW·h，超过目前世界最低水平。考虑未来技术进步，取中间偏保守的发展目标，即 2050 年达到 260g/kW·h。

电力消费能源占一次能源消费的比例与电能占终端能源消费的比例之间存在相互关联。2009 年我国电力消费能源占一次能源消费的比例为 40.96%，发达国家一般为 50%。2010 年我国电能占终端能源消费的比例为 22%，国网能源研究院预测到 2020 年有望达到 27.5%，而目前发达国家水平一般为 25%。随着未来煤炭和天然气转化为电力的比例提高，新能源与可再生能源电力的开发，以及电动汽车的推广使用，未来这两个比例都将进一步提高。充分考虑未来能源发展的可能性，以及新能源革命的发展趋势，设定 2050 年我国电能占终端能源消费的比例为 40%，则终端能源消费总量为 36.87 亿 tce。通过大致折算可得 2050 年我国电力消费能源占一次能源消费的比例为 58.5%。

在以上三个参数的预测下，可以根据我国电力消费总量推算出 2050 年我国能源消费总量为 53.3 亿 tce，为 2010 年我国能源消费总量 32.5 亿 tce 的 1.64 倍，未来 40 年中年均增长 0.52 亿 tce，年均增长率 1.25%。其中，发电能源达 31.2 亿 tce。

四、电力供应总量与结构预测

1．发电设备利用小时数

发电设备利用小时数可以综合反映电力供需形势和电源结构，是将电力需求与电力供应联系起来的重要指标。

各类电源的利用小时数差别很大，核电一般担任基荷，利用小时数很高；火电的利用小时数也比较高；可再生能源受资源条件的限制，利用小时数比较低。同时受到经济周期、电源装机增速等影响，一般在一定范围内波动。我国发电设备利用小时数呈周期性波动的变化趋势，如图 2-19 所示。

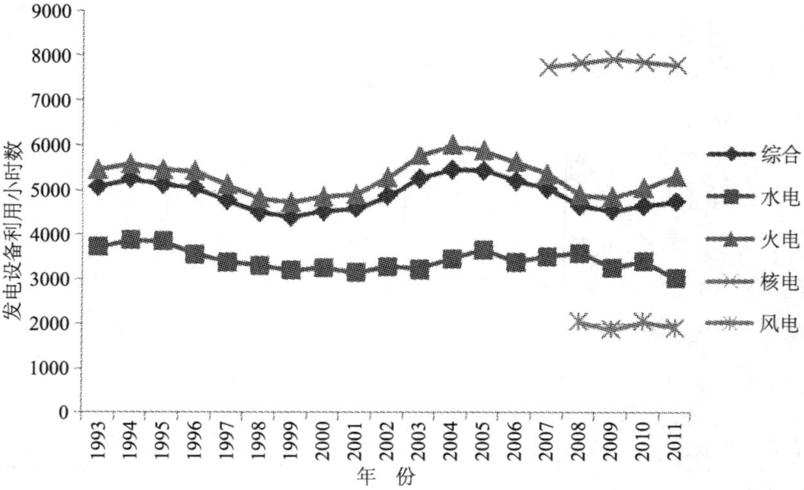

图 2-19 我国发电设备利用小时数的变化趋势（1993 ～ 2011 年）

资料来源：中国电力企业联合会

由于发电设备利用小时数主要由一次能源性能和能源开发技术等因素决定，其范围具有长期的稳定性。因此利用小时数的典型范围，设定 2050 年各类电源的利用小时数如表 2-2 所示。

表 2-2 各类电源的发电设备利用小时数

电源类型	典型范围	我国历史平均（1993 ～ 2011 年）	2011 年	我国未来（2050 年）
煤电	4500~6000	5273	5294	5000
气电	4500~6000			5000
水电	3000~4000	3431	3028	3500
风电	1800~3000	1964	1903	2000
太阳能	1000~2000	/	/	1500
核电	7000~8000	7818	7772	7800
综合	/	4894	4731	/

2．总装机容量与电源结构

2050 年全国用电量 12 万亿 kW • h，假如不考虑网损，按煤电的利用小时数 5000 折算，2050 年全国发电等效装机容量为 24 亿 kW，人均等效装机容量为 1.6 kW。等效装机容量只是反映发电量的需求，即需要 24 亿 kW 火电机组才能满足全国电力需求。

根据能源发展的战略目标，2050 年我国非化石能源占一次能源消费的比例将达到 25% ～ 35%。水能、风能、太阳能、核能等主要非化石能源都是一次电力能源，全部转化为电力进行输送和消费。折算到电源结构中，水电、风电、太阳能、核电等非化石能源电力的发电量占总发电量的比例应在 50% ～ 70%。余下部分主要是煤电，占 30% ～ 50%。考虑未来气电发展对一部分煤电替代作用，煤电的比例还应进一步下降。

各种电源中，水电和核电的发展目标相对较为明确。到 2050 年，水电发展目标设定为已查明经济可开发资源的 95%，即 4.94 亿 kW；核电发展目标按乐观预测，即 4 亿 kW。按利用小时数计算，水电、核电发电量分别为 1.73 万亿 kW・h、3.12 万亿 kW・h，相当于 4.498 亿 tce、8.112 亿 tce，占能源消费总量的 8.4%、15.2%。折算到等效装机容量，水电、核电分别相当于 3.46 亿 kW、6.24 亿 kW，比例分别为 14.4%、26.0%。其他电源的发展程度受到能源政策、经济发展、资源赋存、技术进步等多方面因素影响，直接预测难度较大。

从新能源革命的角度，将电源分为煤电和清洁电力发电两类，清洁电力发电包括水电、核电、气电和非水可再生能源电力（风电、太阳能及其他可再生能源发电）等。假设 2050 年我国电源结构存在三种可能情景：①煤电和清洁能源发电的等效装机容量分别占 50%、50%，即初步达到能源发展与第三代电网的战略目标；②煤电和清洁能源发电的等效装机容量分别占 40%、60%，即基本实现能源发展与第三代电网的战略目标；③煤电和清洁能源发电的等效装机容量分别占 30%、70%，即充分完成能源发展与第三代电网的战略目标。

第一种情景下，煤电装机容量 12 亿 kW，清洁能源发电的等效装机容量为 12 亿 kW。减去水电 3.46 亿 kW 和核电 6.24 亿 kW 后，气电和非水可再生能源发电共占 2.3 亿 kW 等效装机容量。设定气电规模为 1 亿 kW，占 4.2%，则非水可再生能源发电共 1.3 亿 kW 等效装机容量，占 5.4%。分别按风电和太阳能发电的利用小时数进行折算，则需要实际装机 3.26 亿 kW 风电或 4.34 亿 kW 太阳能发电。忽略其他可再生能源，考虑到风电比太阳能发电发展起步更早、开发技术更成熟，假设风电、太阳能发电等效装机容量之比为 3∶2，则折算成实际装机容量分别是风电 1.95 亿 kW、太阳能发电 1.74 亿 kW，分别占 7.6%、6.8%。此情景下，全国实际总装机容量为 25.63 亿 kW，煤电和清洁能源发电分别占 46.8%、53.2%。比 2011 年增长 15.1 亿 kW，到 2050 年的 40 年中年均增长率 2.5%，平均每年增长约 0.4 亿 kW。这时综合发电设备利用小时数为 4682，人均装机容量为 1.71kW，相当于 2011 年水平的 2.16 倍。在能源消费结构中，风电和太阳能发电所占比例分别达到 1.9% 和 1.3%，新能源与可再生能源（风电、太阳能发电、核电）比例达 18.4%，非化石能源总计占 26.8%。

第二种情景下，煤电装机容量 9.6 亿 kW，清洁能源发电的等效装机容量为

14.4 亿 kW。减去水电和核电后，气电和非水可再生能源发电共 4.7 亿 kW。设定气电规模为 2 亿 kW，占 8.3%，则非水可再生能源发电共 2.7 亿 kW 等效装机容量，占 11.3%。忽略其他可再生能源，假设风电、太阳能发电等效装机容量之比为 3∶2，则折算成实际装机容量分别是风电 4.05 亿 kW、太阳能发电 3.60 亿 kW，分别占 14.4% 和 12.8%。此情景下，全国实际总装机容量为 28.2 亿 kW，其中煤电和清洁能源发电分别占 34% 和 66%。比 2011 年增长 17.6 亿 kW，预计到 2050 年的 40 年中年均增长率 2.7%，平均每年增长约 0.46 亿 kW。这时综合发电设备利用小时数为 4256，人均装机容量为 1.88kW，相当于 2011 年水平的 2.38 倍。折算得风电和太阳能发电占能源消费总量的比例分别为 2.1% 和 1.4%，新能源与可再生能源（风电、太阳能发电、核电）比例达 21.8%，非化石能源总计占 30.2%。

第三种情境下，煤电装机容量 7.2 亿 kW，清洁能源发电的等效装机容量为 16.8 亿 kW。减去水电和核电后，气电和非水可再生能源发电共占 7.1 亿 kW。设定气电规模为 3 亿 kW，占 12.5%，则非水可再生能源发电共 4.1 亿 kW 等效装机容量，占 17.1%。忽略其他可再生能源，假设风电、太阳能发电等效装机容量之比为 3 ∶ 2，则折算成实际装机容量分别是风电 6.15 亿 kW、太阳能发电 5.47 亿 kW，分别占 20.0%、17.8%。此情景下，全国实际总装机容量为 30.76 亿 kW，其中煤电和清洁能源发电分别占 23.4% 和 76.6%。比 2011 年增长 20.2 亿 kW，到 2050 年的 40 年中年均增长率 2.9%，平均每年增长约 0.5 亿 kW。这时综合发电设备利用小时数为 3901，人均装机容量为 2.05kW，相当于 2011 年水平的 2.6 倍。折算得风电和太阳能发电占能源消费总量的比例分别为 3.2% 和 2.1%，新能源与可再生能源（风电、太阳能发电、核电）比例达 25.2%，非化石能源总计占 33.7%。

三种情景下的电源结构，如图 2-20 所示。各类电源的装机容量、年均增长率、年均增长容量、发电量以及发电能源消费量，分别汇总在表 2-3 ～表 2-7 中。

随着煤电比例的下降，未来我国电源结构将呈现多元化的趋势。未来水电开发趋于饱和后，煤电比例下降的部分将由核电、气电、风电、太阳能发电的发展来替代，尤其是风能、太阳能等非水可再生能源。调整电源结构的过程中，由于煤电比例逐渐下降，煤电的平均年增长容量较低，核能、风能、太阳能等新能源与可再生能源电力则较高。核电平均年增长容量接近 1000 万 kW，风电、太阳能发电即使在能源结构调整目标最小的第一种情境下，仍需平均每年增长 400 万 kW 以上。且由于风能、太阳能的发电利用小时数低，随着能源结构调整目标的提高，其平均年增长容量快速升高。考虑到目前风电、太阳能发电的技术经济性和一些关键技术还有待突破，未来发展可再生能源的压力将是很大的。因此，为了实现新能源革命和第三代电网的发展目标，在未来近 40 年中需要极大的努力。

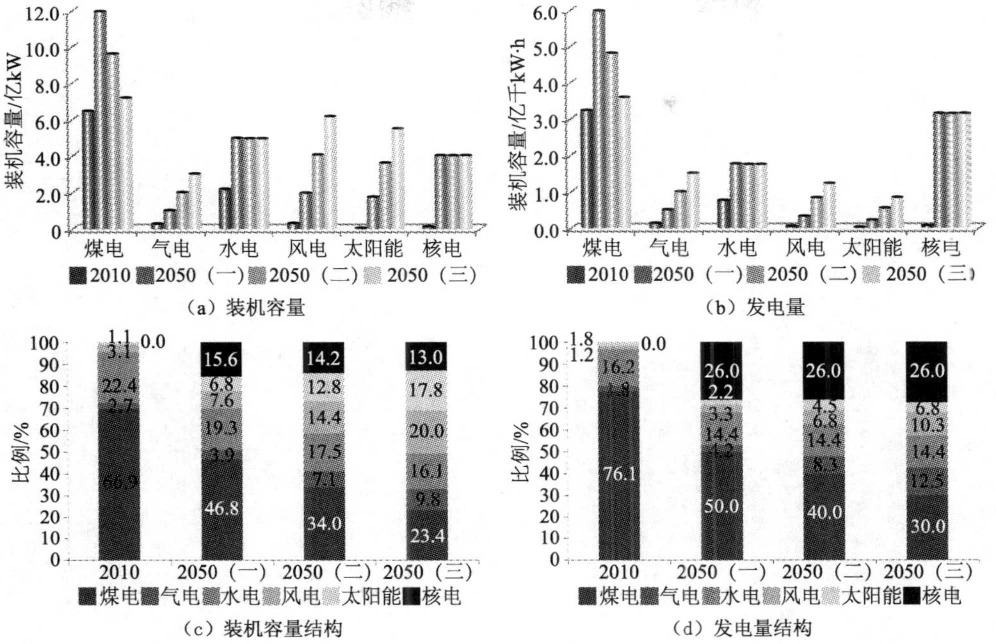

（a）装机容量　（b）发电量

（c）装机容量结构　（d）发电量结构

图 2-20　我国 2050 年电源结构预测

表 2-3　我国 2050 年装机容量预测　（单位：亿 kW）

情景	煤电	气电	水电	风电	太阳能	核电	总量
2010	6.466	0.264	2.160	0.296	0.003	0.108	9.664
2050（一）	12.0	1.0	4.9	2.0	1.7	4.0	25.6
2050（二）	9.6	2.0	4.9	4.1	3.6	4.0	28.2
2050（三）	7.2	3.0	4.9	6.2	5.5	4.0	30.8

表 2-4　我国到 2050 年装机容量年均增长率　（单位：%）

情景	煤电	气电	水电	风电	太阳能	核电	总量
2010	9.20	9.96	10.07	68.05	924.73	19.23	10.56
2050（一）	1.6	3.4	2.1	4.8	17.3	9.4	2.5
2050（二）	1.0	5.2	2.1	6.8	19.5	9.4	2.7
2050（三）	0.3	6.3	2.1	7.0	20.8	9.4	2.9

表 2-5　我国到 2050 年发电装机年均增长容量　（单位：万 kW）

情景	煤电	气电	水电	风电	太阳能	核电	总量
2010	5860	239	1977	1198	23	175	9232
2050（一）	1383	184	695	414	433	973	3991
2050（二）	783	434	695	939	900	973	4633
2050（三）	183	684	695	1464	1367	973	5275

表 2-6 我国 2050 年发电量预测 （单位：万亿 kW·h）

情景	煤电	气电	水电	风电	太阳能	核电	总量
2010	3.216	0.078	0.687	0.049	0.00026	0.075	4.228
2050（一）	6.0	0.5	1.7	0.4	0.3	3.1	12.0
2050（二）	4.8	1.0	1.7	0.8	0.5	3.1	12.0
2050（三）	3.6	1.5	1.7	1.2	0.8	3.1	12.0

表 2-7 我国 2050 年发电能源的消费量与占能源消费总量的比例

情景		化石能源		非化石能源					
		煤	气	水能	新能源与可再生能源				总计
					风能	太阳能	核能	总计	
2050（一）	消费量 / 亿 tce	15.60	1.30	4.50	1.02	0.68	8.11	9.80	15.40
	比例 /%	29.3	2.4	8.4	1.9	1.3	15.2	18.4	25.7
2050（二）	消费量 / 亿 tce	12.48	2.60	4.50	2.11	1.41	8.11	11.62	17.36
	比例 /%	23.4	4.9	8.4	4.0	2.6	15.2	21.8	28.9
2050（三）	消费量 / 亿 tce	9.36	3.90	4.50	3.20	2.13	8.11	13.44	19.32
	比例 /%	17.6	7.3	8.4	6.0	4.0	15.2	25.2	32.2

注：表中“化石能源”是指其用于发电的消费量以及该消费量占能源消费总量的比例；“非化石能源”中四种能源都是一次电力，能源资源全部用于发电

五、电力供需分布与电力流格局预测

1．负荷分布趋势

随着我国工业化进程及城市化进程的推进，未来我国第二产业比例将不断下降，第三产业和居民用电的比例将不断上升。西部大开发等相关国家战略的实施，将使未来中西部地区的负荷增速加快，预计未来我国主要的负荷中心地区用电量仍将持续增长，但增速变缓，中西部地区的负荷将不断增大且增速较快。

虽然未来分布式可再生能源会在各负荷地区有一定的渗透，但未来的电力负荷中心总体上仍以目前的电力负荷中心为基础，逐步向中西部地区扩展。由于扩展程度的不同，及受政策导向的影响，未来除了继续呈现目前的以“三华”地区为主要负荷中心的格局外，也并不排除出现负荷更为均衡分布的格局的可能性。未来我国偏远地区负荷将主要由分布式能源供应，其对整体负荷分布格局不会产生太大的影响。

根据国家电网能源研究院预测，我国未来电力负荷中心有“西移北扩”的趋势，但仍主要集中在中东部地区。2010 年京津冀鲁、华中东四省和华东地区合计用电量占全国的 55.7%，到 2050 年预计下降到约 50%。华北、华东等传统的负荷中心

的电力需求增长速度降低，从2030年后东部地区产业的转型甚至有可能使用电需求降低。华中、西北等中西部地区的经济将在未来几十年中逐渐崛起，电力需求增长较快。到2030年华中地区的用电量水平有可能已接近华东地区，到2050年将超过华东。到2050年，中国六大区域用电量预测结果如表2-8所示。

表2-8　中国六大区域用电量预测　（单位：万亿kW·h）

区域电网	2010年		2050年	
	用电量	比例/%	用电量	比例/%
华北	1.04	24.9	2.86	23.8
华东	1.04	24.7	2.38	19.8
华中	0.77	18.5	2.51	20.9
东北	0.30	7.2	1.00	8.3
西北	0.33	7.9	1.34	11.2
南方	0.70	16.8	1.91	15.9

2. 电源地域分布

根据我国电源发展趋势和负荷分布趋势，对未来电源的区域分布进行大致预测。预计到2050年，煤电主要分布在煤炭资源丰富的西部、北部与中东部负荷中心，根据未来能源发展程度不同，地域分布比例可能有所不同，设定2050年西部、北部占50%，中东部占50%。水电资源得到全面开发，包括大型水电基地和小水电，中东部占20%，西部占80%，其中西南地区占60%。风电、太阳能等非水可再生能源发电得到大规模发展，中东部约占50%，包括沿海风电和分布式开发，西部、北部占50%，主要是大基地的集中式开发。核电、气电则主要分布在中东部负荷中心。

结合2.4.4节电源结构的预测，2050年各类电源地域分布情况如表2-9所示。

表2-9　我国2050年各类电源地域分布预测　（单位：亿kW）

情景	地域	煤电	气电	水电	风电	太阳能	核电	合计	比例%
2050（一）	中东部	6.0	1.0	0.99	0.98	0.87	4.0	13.83	54.0
	西部、北部	6.0	0	3.95	0.98	0.87	0	11.80	46.0
2050（二）	中东部	4.8	2.0	0.99	2.03	1.80	4.0	15.62	55.4
	西部、北部	4.8	0	3.95	2.03	1.80	0	12.58	44.6
2050（三）	中东部	3.6	3.0	0.99	3.08	2.73	4.0	17.40	56.6
	西部、北部	3.6	0	3.95	3.08	2.73	0	13.36	43.4

3. 电力流格局

根据预测，2050年我国中东部地区仍是主要负荷中心，“三华”地区负荷比例约 65%，加上南方主要负荷中心的珠三角，预计中东部主要负荷中心用电量比例将达到 75% 左右。而电源分布则是中东部略大于西部和北部，大致比例是 55∶45。所以必然存在西部、北部向中东部地区的电力流，其中主要包括煤电、水电、风电和太阳能发电等电力。

假设中东部地区的电源都就地消纳，则根据全国电力平衡要求，西部、北部富余电力送中东部负荷中心的远距离电力流的容量和电量约为总装机容量和总发电量的 20%，即西部、北部电力外送比例约 50%。按西部、北部外送电比例 50% 计算，2050 年三种情境下电力流总容量分别为 5.90 亿 kW、6.29 亿 kW 和 6.68 亿 kW，分别占总装机容量的 23.0%、22.3% 和 21.7%，中东部地区接受外来电容量比例为30%、29% 和 28%。利用发电设备利用小时数计算，电力流总电量分别为2.35 万亿 kW·h、2.23 亿 kW·h 和 2.10 亿 kW·h，分别占全国总用电量的 19.6%、18.6% 和 17.5%，中东部地区接受外来电容量比例为 24.4%、22.8% 和 21.3%，汇总列于表 2-10。随着清洁电力比例上升，电力流的输送容量增大，但输送电量却有下降，主要是由电力流中风电、太阳能等发电设备利用小时数较低的可再生能源电力的比例提高所导致。三种情境下电力流的容量、电量结构如图 2-21 所示。

表 2-10　我国 2050 年电力流规模预测

情景	项目	西部、北部			中东部		
		本地电	外送电	总计	本地电	外来电	总计
2050(一)	容量 / 亿 kW	11.80	5.90	5.90	13.83	5.90	19.73
	占总装机容量比例 /%	46.0	23.0	23.0	54.0	23.0	77.0
	外受 / 送电比例 /%	/	50.0	/	/	29.9	/
	电量 / 万亿 kW·h	4.71	2.35	2.35	7.29	2.35	9.65
	占总用电量比例 /%	39.2	19.6	19.6	60.8	19.6	80.4
	外受 / 送电比例 /%	/	50.0	/	/	24.4	/
2050(二)	容量 / 亿 kW	12.58	6.29	6.29	15.62	6.29	21.91
	占总装机容量比例 /%	49.1	24.5	24.5	60.9	24.5	85.5
	外受 / 送电比例 /%	/	50.0	/	/	28.7	/
	电量 / 万亿 kW·h	4.46	2.23	2.23	7.54	2.23	9.77
	占总用电量比例 /%	37.2	18.6	18.6	62.8	18.6	81.4
	外受 / 送电比例 /%	/	50.0	/	/	22.8	/
2050(三)	容量 / 亿 kW	13.36	6.68	6.68	17.40	6.68	24.08
	占总装机容量比例 /%	52.1	26.1	26.1	67.9	26.1	94.0
	外受 / 送电比例 /%	/	50.0	/	/	27.7	/
	电量 / 万亿 kW·h	4.21	2.10	2.10	7.79	2.10	9.90
	占总用电量比例 /%	35.1	17.5	17.5	64.9	17.5	82.5
	外受 / 送电比例 /%	/	50.0	/	/	21.3	/

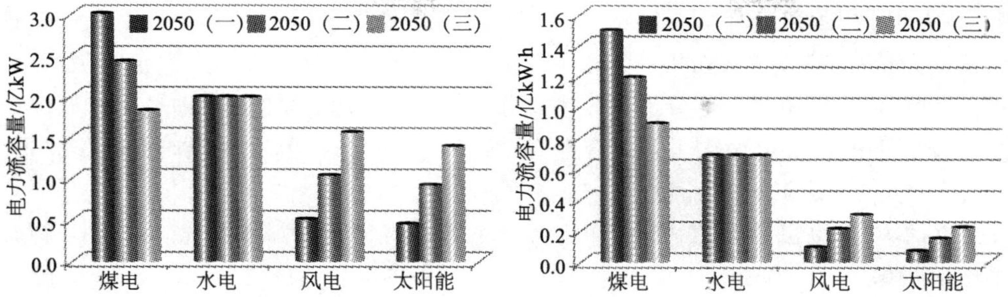

（a）容量结构　（b）电量结构

图 2-21　我国 2050 年电力流的电力结构预测

预测结果表明到 2050 年，随着新能源与可再生能源的大力开发，我国能源资源与负荷需求之间的地域矛盾进一步加深，电网在全国范围内综合优化能源资源配置的作用进一步提升。“西电东送”、“北电南送”的电力流格局没有改变，只是由目前以水电和煤电为主的大容量远距离外送，逐步转变为水电、煤电、大规模风电和荒漠太阳能电力并重。因此，电网的功能由纯输送电能转变为输送电能与实现各种电源相互补偿调节相结合。

第五节　我国未来电网模式预测与展望

我国未来电网的总体发展模式将是国家骨干输电网与地方输配电网、微网相结合的模式。既能适应水能、风能、太阳能发电等大规模可再生能源电力、清洁煤电、核电等集中发电基地的电力输送、优化和间歇性功率相互补偿的需要，也能适应对分布式能源电力开放、促进微网发展、提高终端能源利用效率的需求。从电力流的预测来看，我国将始终存在大容量远距离输送电力的基本需求。根据特高压交流和直流输电技术的发展趋势，至 2050 年，虽经济和技术发展的不确定性因素较多，但可以肯定的基本趋势将是我国西部水电，西部、北部超大规模荒漠太阳能电站、风电等将有很大发展，未来电网的发展必须适应这种情况。

随着我国经济的快速发展，未来我国电力需求将不断增长，化石能源的日益枯竭和气候变暖等环境问题的恶化，未来我国将实行节能减排政策，我国电源结构将不断调整。化石能源发电的比例将不断下降，非化石能源发电的比例将不断上升，未来风能、太阳能、生物质能等可再生能源发电的比例及核电的比例将有很大的提高；西南水电、西北及北部煤电和风电、东部核电需要加快开发，因此，出于经济性和安全性的考虑，未来我国的电力布局需要优化调整。根据“十二五”

规划纲要，我国未来将优化能源开发布局，统筹规划全国能源开发建设重点，建设山西、鄂尔多斯盆地、内蒙古东部地区、西南地区和新疆五大国家综合能源基地，重点在东部沿海和中部部分地区发展核电。提高能源就地加工转化水平，减少一次能源大规模长距离输送压力。合理规划建设能源储备设施，完善石油储备体系，加强天然气和煤炭储备与调峰应急能力建设。

长期以来我国电力工业发展“重发、轻供、不管用”，电网投入不足，滞后于电源发展，多方面的原因导致我国煤电油运紧张反复出现、坑口电站发展缓慢、输电比例偏低等问题，因此，未来我国电力发展方式需要转变。“十二五”规划纲要已经明确指出，要加强我国能源输送通道的建设，未来将加快西北、东北、西南和海上进口油气战略通道建设，完善国内油气主干管网。统筹天然气进口管道、液化天然气接收站、跨区域骨干输气网和配气管网建设，初步形成天然气、煤层气、煤制气协调发展的供气格局。适应大规模跨区输电和新能源发电并网的要求，加快现代电网体系建设，进一步扩大西电东送规模，完善区域主干电网，发展特高压等大容量、高效率、远距离先进输电技术，依托信息、控制和储能等先进技术，推进智能电网建设，切实加强城乡电网建设与改造，增强供电可靠性。

因此，我国未来将建设坚强的电网网架结构，实现电力工业科学发展，电网除具有输电属性外，最重要的是具有市场网络功能，电网将成为保证国民经济安全稳定运行的重要基础设施。新能源的发展、电气化水平的提高、用电需求的不断增长及电力结构的加快调整，都需要构建一个安全、高效、经济、环境友好的电力系统，需要坚强的输电网架和各级电网协调发展，以信息化、自动化、互动化为特征的坚强智能电网，全面提高电网的安全性、经济性、适应性和互动性。

面对这样的形势，未来电网除了承担输电的任务以外，将在节能减排、能源资源优化配置等各方面发挥更大的作用。未来电网既要适应新型能源的接入又要适应大型集中式电源的接入，并可适应中小型及分布式电源的接入；既存在联系全国的骨干网，也存在局部区域内的微网。其供电可靠性增强，可避免大停电事故的发生，并与通信信息系统广泛结合实现覆盖城乡的能源信息综合服务体系，可实现潮流的双向控制，适应未来电力市场发展的需要，同时更加注重用户体验及用户在电网运行中发挥的作用，保证对用户供电的电能质量，强调用户参与及电力需求侧管理。

电网的功能是保证电力从电源安全可靠地输送至负荷，其发展模式很大程度上取决于电源与负荷的分布特点，主要可分为以大容量远距离输电为特征的大范围能源电力优化配置模式和以电源与负荷相匹配的能源电力就地平衡模式。根据本章对我国未来能源布局和负荷分布的预测，兼顾中间落点负荷需求的大容量远距离输电模式将是我国未来电力输送的主要格局。而受能源、负荷发展特点的限制，在2050年前电源与负荷相匹配模式发展的需求和条件还不成熟，出现的可能性较小。结合新能源革命下电网发展从第二代向第三代过渡的基本趋势，未来我国电网模式主要应兼顾两个方面：一是满足大容量远距离输电的需求，二是适应大规模新能源的接入。输电网模式受电网发展模式的直接影响，必须适应以上两方面的发展要求。受经济、能源、技术等因素发展的巨大惯性影响，输电模式具体技术方案的转变将是漫长的。以20年为周期进行考虑，分为中期（2011～2030年）、远期（2031～2050年）两个阶段进行分析。从2011年至2030年的中期阶段，我国电网将延续第二代电网的基本形态，电网模式仍将保持超/特高压交直流输电网模式，但规模将进一步扩大，技术性能将不断提高。从2031年到2050年的远期阶段，第三代电网的特征将逐渐显现和发展，技术发展的积累和突破对电网模式将产生较大的影响，主要有两种可能的模式：即特高压交直流输电网模式、多端高压直流输电网（超导或特高压常规导体）模式，后者依赖于相关先进技术的重大突破。

未来配电系统运行的外部环境有以下几个突出特点：①大量电动汽车充放电设施将会接入配电系统；②分布式电源、储能系统与微网将会在配电系统中大规模存在；③能源消费模式将会因用户与配电系统间灵活互动机制的建立而改变；④配电系统将会成为电力、能源、信息服务的综合技术平台；⑤先进的信息网络、传感网络及物联网将在配电系统中广泛应用。

未来的智能配电系统将是大量高新技术的集成体，交、直流并存的多样化配电模式将成为未来配电系统最显著的特点之一，逐步形成宜于接纳大规模分布式能源，能够向用户提供差异化（电能质量差异化、电压等级差异化、交直流供电模式差异化、供电可靠性差异化等）服务，便于集成数量众多、模式各异的电动汽车充放电设施，有助于用户与电力系统间互动，有助于配电系统市场化策略实施的灵活高效的配电系统新结构和新型配电模式。

第六节　小　　结

本章根据我国电力供需现状与发展趋势，结合能源战略和能源资源的供应能力，预测了我国未来电力供需的规模和格局。虽然预测方法比较简单和粗略，主要依据关键参数的横向（国际）、纵向（时间）对比，但预测结果与中国工程院发布的《中国能源中长期（2030、2050）发展战略研究报告》中结论基本符合，表明预测结果合理。在对预测结果进行分析的基础上，针对我国电网未来将面对的新形势，提出了未来电网发展的总体趋势和发展模式。

（1）经济发展决定电力需求。未来几十年是我国迈向现代化的关键时期，经济发展将从目前的高速增长逐渐进入平稳较快增长，经济发展方式从粗放型向集约型转变，经济结构实现战略性调整，区域经济协调发展，实现资源节约型、环境友好型社会。预测 2050 年我国达到中等发达国家水平，全社会用电量将达到 12 万亿 kW · h。

（2）能源发展影响电力结构。将能源国情与新能源革命相结合，大力发展新能源与可再生能源，建立可持续发展的洁净、高效、节约、多元、安全的现代化能源体系，将成为到 2050 年的未来几十年中我国能源发展的目标和方向。因此，我国目前粗放的能源体系将经历一场革命性的转变，实现这一转变的关键在于贯彻能源消费总量控制的能源发展战略，实现“以科学供给满足合理需求”的能源发展模式。这一战略的实施将影响我国电力开发和电源结构的变化。我国近期发电消耗的一次能源仍以煤和水为主，煤电和水电的规模将继续增长，但增长速度逐渐减缓，煤电主要分布在北部，而水电则主要分布在西南地区，都远离负荷中心；核电将得到大力发展，远期将成为我国重要的电源类型之一；以风电、太阳能发电为主的新能源与可再生能源将保持持续快速发展，在电力消耗中将逐步增加所占的比例，成为主力电源之一。预测 2050 年我国总装机容量为 25 亿～ 31 亿 kW，其中清洁电力占 50%~70%，煤电占 30%~50%，且随着煤电装机容量的减少，电源结构将呈现多元化的趋势。

（3）电源与负荷的格局决定电力流格局。虽然未来电力负荷发展呈现从高速增长向相对缓慢增长过渡以及负荷中心“西移北扩”的特点，珠三角、长三角、环渤海湾地区以外，将在华中、西北、东北、西南等地形成新的负荷中心，但总体上负荷中心仍主要分布在中东部地区。随着北部大型煤电基地、西部西南部可再生能源大型基地电力的开发，到 2050 年我国电源布局与负荷分布之间的地域矛盾将进一步加深。我国“西电东送”、“北电南送”的电力流格局在未来并没有改变，但电力流将由主要围绕水电基地和煤电基地，逐步转变为水电、煤电、大规模风电和荒漠太阳能电力并重，输电网的功能由单纯输送电能转变为输送电能与实现各种电源相互补偿调节相结合。预测 2050 年我国西部、北部送中东部地区的电力流规模将达到 6 亿～ 7 亿 kW、2.1 万亿～ 2.4 万亿 kW · h，约占总装机容量的 22% 和总发电量的 19%。

（4）电力流格局和技术发展进步影响电网发展模式。我国未来电网的总体发展模式将是国家骨干输电网与地方输配电网、微网相结合的模式。既能适应水能、风能、太阳能发电等大规模可再生能源电力和煤电、核电等集中发电基地的电力输送、优化和间歇性功率相互补偿的需要，也能适应对分布式能源电力开放、促进微网发展、提高终端能源利用效率的需求。从电力流的预测来看，我国将始终存在大容量远距离输送电力的基本需求。至2050年，虽经济和技术发展的不确定性因素较多，但可以肯定的基本趋势将是我国西部水电、西部和北部超大规模荒漠太阳能电站、北部和西北部大规模风电等将有很大发展，未来电网的发展必须适应这种情况。未来的智能配电系统将是大量高新技术的集成体。

参 考 文 献

国家统计局 . 2011. 2010 年第六次全国人口普查主要数据公报 .

何金祥 . 2005. 美国能源效率与可再生能源局及其战略规划 . 国土资源情报 ,(12): 22-25.

侯国清 . 2004. 美国能源战略的六大支柱 . 全球科技经济瞭望 ,(10): 43-44.

廖华 , 魏一鸣 . 2011. 中国中长期宏观节能潜力分析 : 国际比较与国际经验 . 中国软科学 ,(3): 23-32.

美国能源信息署 . 2009. Annual Energy Review 2008.

美国能源信息署 . 2011. Electric Power Annual 2010.

全球风能协会 . 2012. Global Wind Statistics 2011.

王北星 . 2010. 美国的能源战略及其启示 . 中外能源 , (06): 12-17.

王志轩 . 1999. 我国电力工业环境保护现状与展望 . 中国电力 . (10).

中国电力企业联合会 . 2011a. 电力行业 2010 年发展情况综述 .

中国电力企业联合会 . 2011b. 全国电力工业统计快报（2010 年）.

中国电力企业联合会 . 2012. 全国电力工业统计快报（2011 年）.

中国工程院能源中长期发展战略研究项目组 . 2010. 中国能源中长期 (2030、2050) 发展战略研究报告 .

Airtricity. 2006. European offshore supergrid proposal-creating a more powerful European-vision and executive summary.

Council of the European Union. 2009. Signature of The North Seas Countries Offshore Grid Initiative, Brussels

Czisch G. 2004. Low cost but totally renewable electricity supply for a huge supply area – a European/trans-European example.

Foudation D. 2009. Clean power from deserts-the DESERTEC concept for energy, water and climate security, whitebook-4th Edition.

IEA. 2009. Key World Energy Statistics 2009.

IEA. 2010. Key World Energy Statistics 2010.

IEA. 2011. Key World Energy Statistics 2011.

Mckie R. 2007. How Africa’s desert sun can bring Europe power. The Observer.

The European Climate Foundation. 2010. Roadmap 2050 a practical guide to a prosperous low-carbon Europe.

第三章　未来电网技术发展预测

科学技术是应对新能源革命的影响、建设和发展第三代电网的关键。在电网向可持续发展转型的过程中，将面临大量的科学问题和技术挑战。新能源革命对电网技术提出了新的更高的要求，而信息技术的渗透为电网技术进步提供了新的可能性。本章将分析第三代电网所必需的十项关键技术，指出其中的技术难点，并预测其发展路线，为制定技术政策、引导研发投入提供参考。

第一节　未来电网技术需求分析

一、中远期技术需求

1．中期：2011～2030年

在2011年到2030年的20年中，我国电网发展形势相对比较明朗，以交流电网为骨干网架、交直流混合输电的发展模式将持续发展，同时需要为2030年以后的电网发展模式转型进行准备，应当有重点地发展相关关键技术。

发电方面，一方面我国未来对可再生能源、清洁能源的发展力度较大，因此无论从近期还是长远来看，都有必要对风力发电、太阳能发电、分布式发电、核电等新型能源发电技术进行深入研究和重点发展，提高新型能源发电的效率、可靠性及稳定性，以有利于我国电网对新型能源发电接入比例的提高。另一方面，以燃煤为主的火电仍将是主力电源，提高效率、降低污染和减排温室气体将是火电发展的必然要求，应当充分重视清洁燃煤发电技术的研究和应用。

输电方面，由于我国幅员辽阔，所覆盖区域地理形势、气候条件、经济发展情况都不尽相同，因此具体输电形式的选择应根据实际情况进行分析，目前已经实际应用或比较有应用前景的输电技术主要包括超/特高压交直流输电技术、多端直流输电技术、柔性直流输电技术及灵活交流输电技术等。同时应有针对性地研究分频输电、半波长输电等新型输电技术，研究其未来可能的适用场合等。预计我国2030年输电骨干网架为特高压交直流主网架形式，因此，在此期间，输电方面应重点研究特高压交直流输电技术，提高系统的输电能力及电网的安全性、可靠性和经济性。

同时，从我国的特高压主网架预测方案中可以看出，未来存在由一个电源中

心经过远距离电力输送向多个负荷中心供电的情况，也存在由多个电源中心经过远距离电力输送向一个负荷中心供电的情况，而多端直流技术可实现多个电源区域向多个负荷中心远距离供电，可充分发挥直流输电的经济性和灵活性。我国未来西南（包括西藏）水电，北部煤电和大规模风电、太阳能发电，基于远距离输电和相互补偿调节的需求，均可能采用多端直流输电方式(张文亮等，2010)，因此，有必要对多端直流技术进行深入研究。

2. 远期：2031 ～ 2050 年

从远期来看，2031 ～ 2050 年我国输电网发展模式有较大的不确定性。根据前一章的预测和分析，2050 年的电网模式有两种可能的技术方案，即特高压交直流输电网模式、多端高压直流输电网（超导或特高压常规导体）模式。具体会发展成何种模式，主要取决于电源开发和负荷发展的程度和分布对输电及输配电网的需求，但在很大程度上又受到输配电技术进步的影响。因此，针对 2030 ～ 2050 年的电网发展模式，应从多方面进行前沿性技术研究，包括高温（或常温）超导输电技术、多端高压直流输电网技术等前瞻性的、具有潜在应用前景的输电技术。

除了发电和输电技术以外，未来电网的发展模式的变化还依赖于储能技术的发展。目前储能技术主要包括抽水蓄能、电池储能、飞轮储能、电动汽车及超导储能等技术，适合于电力应用的不同方面。但在储能容量、使用寿命、安全性和经济性方面还有很大差距，总体上还不能满足电力系统发展的需求。为此要加强基础研究，争取在材料、结构等方面有新的突破，推动应用的进一步发展。

二、技术需求总结

未来电网是一个比现在的电网复杂得多的大规模互联电力系统。从一次能源电力的大型集中式和小型分布式的结合、发电性能的多样化、输出功率的随机性和波动性，到输配用电系统的国家骨干输电网络与地方电网微网的结合、分布式电源和储能及电动汽车充放电的进入、用电方的需求响应和反馈，都使整个电力系统的调度、运行和控制前所未有地复杂起来。信息通信技术的深度介入及与电力一次系统结合带来的智能化为解决这一巨型系统运行的安全可靠性、经济性和灵活性提供了实现的可能性；在规划、调度、运行、控制、仿真分析等方面也带来一系列需要研究的解决理论和技术问题。因此，我们要大力加强未来复杂的大规模互联电网一次和二次系统的理论和技术研究，期待新的理论方法和技术的诞生。

未来在配电和用电技术方面的最大变化在于智能化和用电服务模式的改变。而这些都离不开与信息通信技术的广泛融合。要密切关注云计算、物联网等新技术和服务模式以及其他在配用电领域有应用前景的新技术的进展，不断推进其在电力系统中的应用。

未来电网发展可能需要的关键技术可从发、输、配、用、储和系统六个方面来归纳，具体的需求如表 3-1 所示。

表 3-1　未来电网发展关键技术需求

关键技术	具体内容
发电技术	风力发电技术、太阳能发电技术、分布式发电技术、核电技术等
输电技术	特高压交直流输电技术、多端直流输电技术、柔性直流输电技术、半波长输电技术、分频输电技术、灵活交流输电技术、高温超导输电技术、无线输电技术等
配电技术	配电高级自动化、微网技术等
用电技术	物联网技术、智能用电技术、电动汽车技术
储能技术	抽水蓄能、电池储能、飞轮储能、压缩空气、超导储能等
系统技术	智能电网技术、电力市场技术、电网调度运行控制技术、先进的大规模仿真计算技术等

第二节　建设第三代电网的关键技术

第三代电网的技术特征可从可持续发展、智能化和电网性能提升三个方面加以概括。可持续发展是指电网对新能源与可再生能源的支持，这是新能源革命中最关键的技术。智能化包括信息化和灵活性，信息化包括传感、加工、处理三个层次，灵活性指电网对能量流动的波动性、双向性的支持，主要是能源和控制方面的技术。电网性能提升是指电网中传统技术性能的提升，包括电力一次系统性能、控制保护二次系统性能两个方面，前者又可按输电、配电、用电、储能等领域细分。围绕这三个技术特征，并结合第一节对未来电网的技术需求分析，提出建设第三代电网的十项关键技术，如表 3-2 所示。

表 3-2　未来电网发展的十大关键技术

序号	关键技术	技术特征									
		可持续发展		智能化				电网性能提升			
		可再生能源		信息化			灵活性	电力一次系统			控制保护二次系统
		集中	分布	传感	加工	处理		输电	配电	用电	
1	大规模新能源与可再生能源电力友好接入技术（含分布式）	√	√				√	√	√	√	
2	大容量输电技术							√			
3	先进传感网络技术			√							√

续表

序号	关键技术	技术特征									
		可持续发展		智能化				电网性能提升			
		可再生能源		信息化			灵活性	电力一次系统			控制保护二次系统
		集中	分布	传感	加工	处理		输电	配电	用电	
4	电力通信与信息技术				√	√					√
5	大容量储能技术		√				√	√	√	√	
6	新型电力电子器件及应用技术						√	√	√	√	
7	电网先进调度、控制与保护技术	√				√	√	√			√
8	电力系统先进计算仿真技术	√	√			√					√
9	智能配电网和微网技术		√				√		√		√
10	智能用电技术						√			√	√

注："√"表示关键技术对第三代电网相应技术特征的支持作用

一、大规模新能源与可再生能源电力友好接入技术

1. 发展目标

目前，我国的可再生能源电力正在经历从小规模、补充性电源到重要电源的角色转换。到2020年，预计风电装机容量达到2亿kW，成为国家能源电力的重要组成部分；2030～2050年含水电和非水电可再生能源电力以及核电、天然气发电等清洁能源电力要占总电源的40%～50%，其中风电、太阳能发电等可再生能源电力要占相当比例。

我国陆上风能、太阳能电力的大规模集中开发主要分布在西部、北部等偏远地区，海上风电的规模化开发也已提上日程；偏远地区大规模可再生能源电力的远距离输送也对升级优化电网资源配置能力提出了迫切要求。同时，我国也大力鼓励在低风速区分散式开发风电、在太阳能资源较丰富的城市和偏远农村地区开发分布式太阳能发电，促进可再生能源电力的就地消纳，需解决分布式可再生能源电力合理有序地接入城市及农村公用电网的问题。未来我国可再生能源电力发展将呈现集中式和分布式并重的态势，然而现有电网的技术水平和资源配置能力还远不能适应大规模集中接入、远距离输送、大范围消纳，及分布式接入、就地消纳的需要。因此必须开展可再生能源规模化发电友好接入电网的技术研究，提出满足大规模新能源电力接入的未来电网发展模式。

根据相关规划预计到2020年、2030年、2050年我国可再生能源电力发展愿景如下。

到2020年，预计我国风电装机容量达到2.0亿kW，届时规划的10个千万kW级风电基地将投入运行，同时就地消纳的分散式风电和分布式光伏发电得到规模化开发，分散式风电装机容量可能达到5000万kW，太阳能发电装机容量将达到5000万kW。我国将研发出10MW级高容量海上风电机组并投入运行，建成离岸20km内的近海风电场示范工程；实现可再生能源联合发电推广应用。

到2030年，我国风电装机规模预计达到3.0亿kW，2020年以后，我国集中式风电的开发重点将逐步向海上风电转移，离岸20km内的近海风电场将得到规模化发展；将建成离岸50km内的近海风电场示范工程；分布式风电、光伏发电得到商业化应用；光伏发电装机规模预计将达到1亿～2亿kW；太阳能热发电得到规模化发展。

到2050年，我国风电装机规模预计达到8.0亿kW；通过扩大国内市场份额，光伏发电将逐渐成为可再生能源发电中最重要技术。2050年以后，光伏发电有望在能源供应中占有重要的地位。

需要说明的是，上述预计结果与第二章对2050年我国电力结构的预测是相互补充的。第二章是从未来人均用电量需求的角度进行预测。具体对中期（2020年）、中远期（2030年）的新能源发展规模进行预测，在考虑未来需求发展的基础上，还应当综合国家经济发展战略、生产科技支持能力等各方面的影响。为了突出新能源与可再生能源电力可能的影响，本节对远期（2050年）的发展规模做了相当乐观的预计，因此超出第二章中的预测水平，认为2050年新能源革命与第三代电网的战略目标已经充分完成。

到2050年的未来近40年将是可再生能源革命的关键时期，是基本实现第二代电网向第三代电网过渡的关键时期。未来电网应全面支持可再生能源电力的接入和消纳，在电源和电网发展结构上，应实现“大型电源与分布式电源相结合，骨干输电网与地方配电网、微网相结合”的模式。根据这个总体思路，我国大规模可再生能源电力接入电力系统技术需要着力开展以下几个方面的工作：①努力提高大规模可再生能源发电实时运行调控水平；②建立完善的大规模可再生能源电力接入的电力系统仿真与分析手段；③提升大规模可再生能源电力的预测技术水平与预测精度；④提高电力系统对大规模可再生能源电力智能优化调度能力；⑤具备完备的可再生能源发电试验检测体系。

根据可再生能源电力在我国电源中的地位和角色的转变，针对以上技术问题，在2010～2050年，大规模可再生能源电力友好接入技术要实现的目标如下：①建立大规模可再生能源发电先进控制系统，使大规模可再生能源发电完全具有可控制的特征。②完善含大规模可再生能源电力的电力系统规划设计技术。③完善含大规模可再生能源电力接入的电力系统仿真与系统分析技术。④建立具有随机性的可再生能源发电的功率预测系统，实现可再生能源发电功率预测技术的精细化。⑤建立含大规模可再生能源电力接入的电力系统智能调度及优化运行系统，实现可再生能源电力、常规电源以及储能装置的协调优化调度。⑥完善可再生能源发电并网试验技术，建立完善的可再生能源发电试验检测平台与并网发电设备认证体系。

2．研究现状

（1）可再生能源电力接入方面。在可再生能源电力大规模分布式接入的情况下，配电网规划、运行等技术必然要面对许多新的挑战。早在20世纪末21世纪初，国外就有学者相继探讨了含有分布式电源的配电网规划问题，提出了一些分布式电源优化布点新算法，比较了采用传统电网升级与分布式电源供电等多种电网扩充策略之间的优劣，但在分布式电源对系统可靠性的影响方面还缺乏较深入的研究。

在诸多政策措施的激励下，分布式电源大规模接入电网，特别是光伏发电将在我国得到迅速发展。风力发电的分布式发展和接入电网也将提上日程。2009年3月，财政部发布了《关于加快推进太阳能光电建筑应用的实施意见》和《太阳能光电建筑应用财政补助资金管理暂行办法》，支持开展光电建筑应用示范，实施"太阳能屋顶计划"，通过20元/Wp定额补助，推广城市光电建筑一体化利用、农村及偏远地区建筑光电利用。2009年7月，财政部、科技部、国家能源局联合印发了《关于实施金太阳示范工程的通知》，计划在2～3年内，采取财政补助方式支持不低于500MW的光伏发电示范项目。这些光伏产业的优惠政策的集中出台，使国内出现了光伏电站的建设热潮。随着光伏发电的规模化发展，考虑到其出力的间歇性和随机性，以及逆变器并网、孤岛效应等因素，对光伏发电规模化并网后对电网安全稳定性、供电可靠性以及电能质量等方面的影响研究也正在展开。

（2）运行控制与调度方面。国外较早开展了风电调度运行仿真研究。例如，西班牙建立了风电调度运行仿真系统，可以实现时间尺度为分钟级的风电调度仿真，并用仿真的结果指导电力市场交易、风电管理和电网运行；加拿大阿尔伯特电力公司（AESO）也建立了风电调度仿真模型，用来分析和评估风电对电力系统运行的影响及应对措施功效。

关于风电调度计划的制订，许多风电发达国家已经将其纳入电网调度计划的制订，并通过其购售电市场运营机制，利用不同时间尺度下的电价措施来制定电力系统的调度运行计划。部分国家对风电提出参与系统调频调峰的要求。例如，德国要求风电在电网频率较高时减少出力；英国要求风电参与调频；丹麦要求大规模集中接入的大型海上风电场留有一定的调节裕度，不仅参与调频，而且参与调峰。

关于风电调度的运行控制，国外具有较高的风电机组 / 风电场运行控制水平，风电机组大多具有有功无功调节能力以及低电压穿越能力。国内在风电的运行控制方面，已经完成了风电场无功电压控制系统和监控系统的开发，风电场综合监控系统已在多个风电场成功实现商业应用。风电场无功电压控制系统也已开展现场试验并投入使用。

（3）功率预测方面。欧洲经过长期的研究和探索发现：建设预测较为准确、功能较为完备的可再生能源发电功率预测系统，是解决大规模可再生能源电力并网运行的关键措施之一。开展间歇性可再生能源发电功率预测是对可再生能源电力进行优化调度的有效手段，德国、丹麦等风电发达国家从 1992 年起就致力于风电功率预测系统的开发与应用，并把风电纳入了电网的调度计划。例如，丹麦国家可再生能源实验室 DTU/Risø 开发了 Prediktor、WPPT 和 Zephyr 风电功率预测系统，并在电网运行调度中得到了广泛应用；德国太阳能研究所 ISET 开发了 WPMS，System&Metro 公司开发了 Previento；西班牙开发了 SIPREóLICO。

国内在功率预测方面，已经开发出风电功率预测系统，并在 12 个省电力公司和 30 个风电场得到应用，预测总容量超过 1500 万 kW，预测规模居世界之首。

3．难点与关键

（1）大规模可再生能源电力接入电网基础研究。开展大规模可再生能源电力友好接入的研究，首先要开展基础研究并建立完善的基础研究平台，需要突破的难点和关键技术有：①建立风能、太阳能、海洋能、地热能等资源基础数据以及可再生能源发电的运行数据库系统及分析平台，实现对可再生能源发电的实时监测以及运行基础数据的掌握与分析。②开展风电机组 / 风电场、大型光伏电站的建模、等值方法、参数辨识以及风电场群发电出力特性的研究，开展其他可再生能源（如海洋能、地热能等）的发电建模工作。③建立含可再生能源发电的基于不同时间尺度（应对自动发电控制 AGC 调节的分钟级、应对负荷跟踪的分钟 - 小时级、应对机组起停的小时 - 日级）、空间尺度（当地、区域和全国范围）的电力系统时序仿真平台。

（2）含大规模可再生能源电力的电力系统规划设计研究。为促进可再生能源电力与电力系统的协调发展，实现较大范围内的资源优化配置，需要在含大规模可再生能源电力的电力系统整体规划设计方面开展深入研究，这一部分需要突破的难点和关键技术有：①大规模可再生能源电力接入电力系统的规划与评估研究的技术和方法，如基于准稳态数学模型的大规模可再生能源电力接入电力系统长过程分析技术，基于概率论的随机仿真规划技术，基于全寿命周期概率分析的技术经济评估方法，大规模可再生能源电力的容量可信度研究的概率方法，以及大规模可再生能源电力接入电力系统的可靠性分析。②大规模可再生能源电力接入电力系统情景下源网协调规划技术。根据大规模可再生能源电力的运行出力特性及变化规律，研究其他电源和电网结构是否能够适应大规模可再生能源电力接入的需求，在此基础上提出适合不同发展阶段、不同渗透率的电源配置和电网结构的可再生能源电力、电源与电网统一规划方案。

（3）大规模可再生能源电力的优化运行与先进控制技术。大规模可再生能源电力的先进控制技术是友好接入电网的前提，这一部分需要突破的难点和关键技术有三个。①提高风电机组、光伏系统等可再生能源发电机组的技术指标，使其接近或达到常规发电机组的控制性能。②风电机组 / 光伏发电系统的先进控制技术、风电场 / 光伏电站的自动化 / 信息化技术，使可再生能源电站能够具备良好的适应电网不同工况的能力，能够根据电网运行条件的变化自动调整运行状态，为电网安全稳定和经济可靠运行提供支撑。③建设对可再生能源发电并网标准及相关检测认证技术的研究和试验能力，引导可再生能源电力的发展方向，规范可再生能源电站的建设和运行。

（4）分布式可再生能源电力接入及微网相关技术。大量分布式电源的接入，将改变我国原有的配电网放射状的供电特性，使得现有配电网的电压调节、潮流控制及综合自动化方案无法适应网络特性的新变化，因此需要深入研究可再生能源电力的接入技术。这一部分需要突破的难点和关键技术有 4 个。①确定合理的电源结构，协调和有效利用各种类型的电源，在配电网规划中合理考虑分布式发电的影响。②深入研究大规模可再生能源电力接入形势下，配电网规划设计、分布式发电的运行控制。③针对分布式发电的间歇性与波动性，在分布式储能、用户侧的能源高效利用方面开展相关的前瞻性研究，使得配电网能够适应供电特性变化带来的运行方式差异，逐步实现分布式可再生能源电力的即插即用。④在分布式电源渗透率较高时，研究微网优化配置、运行控制及能量管理技术，实现微网安全稳定及经济可靠运行。

（5）可再生能源电力智能调度支持技术。鉴于大规模间歇式可再生能源电力并网运行会对电网调度带来巨大的影响，亟待开展相应的调度支撑技术研究，研发可再生能源电力辅助调度决策支持系统，这部分需要突破的难点和关键技术有 4 个。①开展可再生能源发电功率预测用数值天气预报的计算模式研究和数值天气预报生产基地建设。②研发风电功率精细化预测技术、光伏发电功率预测技术，以及可再生能源发电功率预测置信度辨识技术，为可再生能源电力综合优化调度管理与决策制定提供数据支撑。③建立可再生能源电力辅助调度综合仿真模拟平台，用于不同时间框架、不同区域协调的可再生能源电力调度场景，研发可再生能源电力与常规电源协调运行的机组优化组合、发电计划安排、备用容量配置、调峰特性分析、电网运行安全风险分析、系统优化校正等可再生能源电力调度关键应用技术。④研发风 / 光自动发电控制系统、无功电压控制系统，以解决大规模间歇式可再生能源电力接入带给电网的调峰、调频、电压波动、电能质量不稳定等问题。

4. 发展路线

第一阶段（2011 ～ 2020 年），初步建立大规模可再生能源电力接入电网的技术基础研发平台和系列标准并开展技术应用：实现大规模可再生能源发电综合控制技术，完成多种可再生能源发电、抽水蓄能电厂及常规电源的联合发电工程应用；建立分布式电源、微网及储能示范工程；建立大规模可再生能源电力接入的数据信息平台；提出大规模可再生能源发电接入电网系统的全过程和功率随机变化的仿真技术；突破大规模风电机组 / 风电场、大型光伏电站建模、参数辨识及基于现场实测数据的模型及参数校正技术；提出大规模可再生能源电力容量可信度、可靠性评估技术与方法，建立大规模可再生能源电力接入电力系统规划设计的原则和方法；提出适应大规模可再生能源电力接入的不同特点和发展阶段的源网协调规划方案；研发高精度数值天气预报计算平台，突破多时空尺度、多模型、全天候适应的风功率预测技术；建立常规电源与大规模集中式接入可再生能源电力的协调优化运行系统，建立考虑随机性的电力系统安全预警系统。建立相应技术要求的系列标准。

第二阶段（2021 ～ 2030 年），建立大规模可再生能源电力与电网友好融合的关键技术和标准体系：实现分布式电源系统、储能系统的商业化应用，突破易维护和轻型化的海上风力发电技术与漂浮式近海风力发电技术；实现含在线、实时分析、控制及预警等功能的大规模可再生能源发电系统的仿真分析与运行控制技术，提升可再生能源发电与负荷侧控制的联合建模仿真技术；建立大规模可再生能源电力接入电力系统规划、分析与控制仿真平台，在坚强智能电网体系下，确保大规模可再生能源电力的跨区消纳，提高大规模可再生能源电力的能力和份额；实现高精度风电功率预测的商业化应用，建立大规模可再生能源发电全面集成功率预测系统；研发可再生能源发电综合调度控制系统及适于大规模可再生能源电力分布式接入的新型 SCADA 体系，实现区域电网中含多种形式电源的联合调度技术。建立以上技术的标准体系。

第三阶段（2031 ～ 2050 年），建立大规模可再生能源电力作为电力系统主要电源的电力系统规划设计、调度运行的完整技术体系，实现电力系统对大规模可再生能源电力协调优化配置和灵活多样控制。实现大型可再生能源发电厂具备常规发电厂的控制能力，实现分布式的可再生能源发电与区域内其他电能之间的合理协调和分配；实现仿真设备小型化及芯片化，可再生能源电力预测信息及设备工况信息的采集与传输无线化；将可再生能源发电功率预测精度提高到负荷预测精度水平，建立区域电力系统有效集成高精度功率预测系统；实现大规模可再生能源电力具有与常规电源接近的可调度性，实现配网侧可再生能源电力的“即插即用”式接入（表 3-3）。

表 3-3　大规模可再生能源电力友好接入技术实现路线

技术方向	2011 ～ 2020 年	2021 ～ 2030 年	2031 ～ 2050 年
大规模可再生能源电力接入电网的基础研究	建立大规模可再生能源电力接入的数据信息平台，突破大规模可再生能源发电接入电网系统的全过程和功率随机变化的仿真技术，大规模可再生能源发电建模、参数辨识及校正技术	实现含在线、实时分析、控制及预警等功能的大规模可再生能源发电系统的仿真建模，突破可再生能源发电与负荷侧控制的联合建模仿真技术	实现仿真设备小型化及芯片化，可再生能源电力预测信息及设备工况信息的采集与传输无线化
含大规模可再生能源电力的电力系统规划设计	突破大规模可再生能源电力容量可信度、可靠性评估技术，建立大规模可再生能源电力接入电力系统规划设计的原则和方法；提出适应大规模可再生能源电力接入的不同特点和发展阶段的源网协调规划方案	建立大规模可再生能源电力接入电力系统规划、分析与控制仿真平台，在坚强智能电网体系下，确保大规模可再生能源电力的跨区消纳，提高大规模可再生能源电力的能力和份额	建立大规模可再生能源电力作为电力系统主要电源的电力系统规划设计技术体系，实现电力系统对大规模可再生能源电力协调优化配置
大规模可再生能源电力的优化运行与先进控制技术	突破大规模可再生能源发电控制技术，实现多种可再生能源发电技术、抽水蓄能电厂及常规电源的联合发电技术，建立分布式可再生能源发电、微网及储能示范工程	实现分布式可再生能源发电系统、储能系统的商业化应用，突破易维护和轻型化的海上风力发电技术与漂浮式近海风力发电技术	实现大型可再生能源发电厂具备常规发电厂的控制能力，实现分布式可再生能源发电与区域内其他电能之间的合理协调和分配
可再生能源电力调度支持技术	研发高精度数值天气预报计算平台，突破多时空尺度、多模型、全天候适应的风功率预测技术；建立常规电源与大规模集中式接入可再生能源电力的协调优化运行系统，建立考虑随机性的电力系统安全预警系统	实现高精度风电功率预测的商业化应用，建立大规模可再生能源发电全面集成功率预测系统；研发可再生能源发电综合调度控制系统及适于大规模可再生能源电力分布式接入的新型 SCADA 体系	将可再生能源发电功率预测精度提高到负荷预测精度水平，建立区域电力系统有效集成高精度功率预测系统；实现大规模可再生能源电力具有与常规电源接近的可调度性，实现配网侧可再生能源电力的“即插即用”式接入

二、大容量输电技术

我国能源分布与消费的不平衡状况，决定了能源资源必须在全国范围内优化配置，由此要求我国未来输电和相应的变电技术必须能够满足远距离、大容量的要求。另外，至 2050 年，保护环境和节省走廊的压力会更大，对输电技术的影响将更加突出。发展大容量输变电技术是解决以上问题的根本途径。

1．发展目标

2030 年前，以大容量、远距离、节约走廊、降低损耗、保护环境、智能化为

核心目标的超 / 特高压交、直流输电技术将获得重点发展。特高压交、直流输电方式，紧凑型、同塔多回输电线路，基于电力电子技术的灵活交流输电等技术将普及。未来远距离、大容量输电将以直流为主；若在 2020 年前研制出高压直流断路器，多端直流输电将获得初步发展。输电线路中安装大量传感器，实现在线监测和智能维护。

2050 年前，我国输电网格局总体上将遵循以超 / 特高压输电为骨干网架、交 / 直流混合输电的发展模式，形成由先进的传感测量、通信、信息、计算机和控制等技术与物理电网高度集成的新型坚强输电网，具有坚强、自愈、兼容、经济、集成、优化等特征。随着全国范围内大规模集中式水电、风电、太阳能发电的规模开发，各种类型电源相互补偿将获得重大技术和经济效益，而经济、高效的高温超导材料的关键技术突破和多端直流输电技术的成熟化，有可能进一步构建高温超导或常规导体线路的多端直流输电网模式。

2. 技术现状

支撑未来大容量超 / 特高压交 / 直流混合输电网可靠、安全运行的关键技术包括：特高压交 / 直流输电技术、灵活交流输电（FACTS）技术、多端直流输电技术、分频输电技术、高温超导直流输电技术等。

1）特高压交 / 直流输电技术

20 世纪 60 年代末，国内外开始进行特高压输电工程的可行性研究和输电技术的研究。苏联、美国和加拿大等国逐渐开展 750kV 超高压和 1150kV 特高压电网的研究和试验工作。

特高压直流输电的研究起源于 20 世纪 60 年代，1966 年起瑞典、苏联、巴西等国家先后开展了特高压直流输电研究工作，80 年代曾一度形成了特高压直流输电技术的研究热潮，但由于 ±800kV 及以上的特高压直流输电存在不少技术难度且需求不足而陷于停顿。

我国于 20 世纪初开始研究建设 1000kV 交流特高压输电线路和 ±800kV 直流特高压线路，现已成功建成并投入使用。未来 10 ～ 20 年将逐步形成全国范围的超 / 特高压交 / 直流骨干输电网。

2）多端直流输电技术

目前，世界上已有意大利—科西嘉—撒丁岛三端、魁北克—新英格兰五端（实际只有三端运行）及日本的新信浓背靠背三端直流系统，共 3 项多端直流输电工程投入运行。另外，加拿大的纳尔逊河及美国的太平洋联络线直流输电工程也具有 4 端直流输电系统的特性。印度正在建设特高压多端直流输电工程（NEA 800）。

在国内，多端高压直流输电以其灵活性、经济性得到了更多的关注，相应的研究工作已经启动。

3）分频输电技术

1998 年在国际大电网 (CIGRE) 上美、德、南非等国学者提出了向边远地区用低频送电的方案；2000 年日本大阪大学电气工程系的研究人员提出了用 10Hz 的电缆输电方案，电缆两端采用电力电子设备变频；2003 年加拿大用世界上第一个变频变压器以提高输送容量。研究和实践表明，目前电力系统的研究工作者正在寻求用不同的频率来降低输电系统的投资和改善电力系统运行指标。低频（多频、分频）输电系统的研究已成为 21 世纪电力发展的重要方向。

我国学者王锡凡院士对分频输电系统做了大量研究工作，提出 1/3 工频（50/3 赫兹）的分频输电理论和方法，并于 2005 年在实验室实现了分频电力倍频后送入工频电力系统。此外，他提出分频风电系统，并将在甘肃酒泉风电基地实行试验研究与试点应用。

4）高温超导输电技术

目前国际上已有多组超导电缆投入实际电网试验运行或示范运行。1999 年底，美国研制的三相 30m 12.5 kV/1.25 kA 冷绝缘高温超导电缆并网试验运行，这是世界上第 1 组并网运行的 HTS 电缆；2001 年，美国底特律市 Frisbie 变电站敷设了三相 120m 24kV/2.4kA 的超导电缆，这是世界上第 1 条正式投入商业运营的超导电缆；2008 年 4 月，长 610m、运行电压 138kV 的高温超导电缆在美国纽约长岛电力局的地下输电走廊安装，成为世界上第 1 条在商业电网中投入运行的高温超导电缆。日本、丹麦和韩国等都开展了相关的研究工作，先后研制出长度数十米至百米、0.8~3kA、10.5~154kV 超导电缆。中国科学院电工研究所等单位研制的 360 米长、传输电流容量达 10kA 以上的高温超导直流输电电缆，于 2011 年投入河南中孚实业股份有限公司运行，进行工程示范。

此外，荷兰、韩国、美国等正在开展更长长度、更大容量、更大规模的高温超导电缆的研究工作。

5）其他输电技术

灵活的交流输电系统（FACTS）在提高线路输送能力、阻尼系统振荡等方面具有优越性能，已经在美国、日本、瑞典、巴西、中国等国重要的超高压输电工程中得到应用，如可控串补（TCSC）、静止同步补偿器（STATCOM）、统一潮流控制器（UPFC）、静止无功补偿器（SVC）等，但其仍存在工程造价比常规系统的工程造价高的问题，技术需要进一步完善等问题。

气体绝缘金属封闭输电线路（GIL）作为一种新型的输电线路，具有可靠、灵活等优点，可解决特殊气象环境或特殊地段的输电线路架设问题。2010 年德国法兰克福机场已建成世界上首条长 1km、电压达 380kV 的超高压直埋式 GIL 线路。

但GIL整个输电系统参数优化配置策略、装置的气密可靠性、相关继电保护装置的参数合理选择等问题还需实验验证，相关情况有待进一步研究。

3. 关键技术及难点

1）特高压交直流输电技术

材料科学的进步将会推进新型导线和新型绝缘材料的诞生，研究导电性能好、重量轻、容量大、耐热性能好的新型复合导线，以及电绝缘性能好、导热性能好的输电电缆，能有效降低线路损耗，大幅提高输电能力和效率，保证超/特高压电力系统的安全可靠运行。此外，研究具有光缆信息传送特性的智能化输电线路，将有效保证输电线路运行安全、提高电网运营效益、促进坚强智能电网发展。

为了满足特高压同塔多回、特高压紧凑型、特高压交/直流同塔输电技术的需求，尤其是在高海拔地区的应用，线路的外绝缘设计问题将是未来输电技术中需要攻克的难题。为了满足大容量输电需求，需要开发大容量变压器、高端换流变压器和大遮断电流新型断路器。为了便于大型设备的安装，需要发展大型输变电设备现场模块化组装技术。为了节约土地并满足智能化的要求，需要发展体积、损耗更小的智能化变电装备。另外，还需研究解决SF6绝缘气体的替代问题，研制新型高压断路器，研制高压大容量气体绝缘输电线路GIL。

此外特高压相关的系统分析及设计，如主回路研究、过电压及绝缘配合研究、阀厅设计及主接线方式研究、系统运行方式及控制策略研究等，特高压换流阀、换流变压器、平波电抗器等一次设备的设计分析与制造等均是需要解决的重要问题。

2）多端直流输电技术

高压直流断路器是多端直流输电系统的关键设备，也是其发展和应用的瓶颈，需要研究多端直流系统中换流站直流断路器、线路直流断路器的配置和参数设计，研究更高电压等级、更快速度、更大开断容量的直流断路器制造技术。

多端直流输电运行方式多样，存在协调控制复杂的问题，需要研究多个换流站协调配合技术和集中控制技术，研究主控制以上的高层控制技术，研究故障情况下的协调控制保护技术等。

利用多端直流能解决多个（近海）大型风电、光伏电场电力汇集和远距离外送的问题，需要研究分散新能源电力接入多端直流系统的稳定控制技术；研究多端直流系统交直流作用机理和影响规律，建立完善的交直流系统稳定控制等。

3）分频输电技术

分频输电适用于水电、风电等原动机转速较低的电力接入系统。由于分频输电改变了频率这一电力系统的基本参数，因此其将对系统中的一系列设备（如发电机、变压器、断路器等）的电磁和结构设计产生重要影响，使其接入常规电力系统的技术（即大容量变频技术）成为必须突破的关键技术，其中最关键技术在于大功率交-交变频器的研制及其控制策略研究。

4）高温超导输电技术

高性能的超导材料是超导输电技术应用的基础，需要研究实用化和产业化的高温超导材料制备技术，开展更高临界温度的超导材料基础研究。

在高温超导材料和线材发展的基础上，开展高温超导直流电缆的研制和工程实用化研究；进一步研究完善高效可靠的低温制冷技术；完成高温超导直流输电示范工程的研究、设计及实施；研究高温超导直流输电技术的可靠性、安全性；实现高温超导直流输电工程的推广应用。

4. 发展路线

2011 ～ 2050 年，大容量输电技术发展将主要经历三个阶段。

第一阶段（2011 ～ 2020 年）：发展特高压交直流输电技术、满足大规模能源基地送出需求，初步建立超 / 特高压输电网架，是这一阶段我国输电网发展的主要模式。首先是发展新型输电技术，开发新材料，用于新型导线和输电电缆的制造，研发节能、环保、智能的新型变电设备，建设节能、环保、智能的新型输电线路，拓展 FACTS 等电力电子技术在超 / 特高压输电系统中的应用。其次是开展高温超导输电和多端直流输电基础研究和关键技术研究，研制高压直流断路器和高压直流电缆，发展基于 IGBT 的柔性直流输电技术和工程实践，建设高温超导输电、多端直流输电、分频输电等输电科技示范工程。最后是开始研究探索 GIL 输电（大型气体绝缘管道输电）、半波长输电、无线输电等新的输电方式和技术。

第二阶段（2021 ～ 2030 年）：随着新型交流输电、直流输电线路，变电设备关键技术，以及智能技术的发展，我国超 / 特高压交 / 直流混联电网得到进一步发展，输电能力大幅提高，基本完成坚强的超 / 特高压网架建设。首先是输电线路中安装大量传感器，实现在线监测和智能维护；新型输电线路材料广泛应用，线路损耗大幅降低。其次是电力电子技术在超 / 特高压输电系统中广泛应用，高温超导材料和装备制造技术取得新的突破并批量应用于超导交流和直流输电工程，基于新型电力电子器件（碳化硅等）的柔性直流输电和具有直流断路器的多端高压直流输电技术趋于成熟并得到初步应用。最后是新型输电方式的研究探索取得初步成效。

第三阶段（2031 ～ 2050 年）：可再生能源用于发电的消耗占全国能源总消耗的比例不断加大，我国西部和北部超大规模风电和巨型荒漠太阳能电站、西南大型水电基地等可再生能源发电基地提供的电力，将成为我国电能供应的重要来源。

为了克服可再生能源电力输出的波动性和随机性，实现不同地区、不同输出特性的电源（包括常规电源）之间大范围的相互补偿、优化调度，以实现全国范围内的电能稳定可靠供应，建立交换容量大、损耗低、环境友好的超级电网成为优先选项。这一时间段内，在高温超导材料、多端直流输电技术、多端直流输电网与常规超/特高压交直流输电网的协调控制技术等方面取得突破的基础上，将逐步形成以多端直流超导（或部分常规导体）输电网为骨干网架、与超/特高压交/直流输电网协调发展、覆盖全国的超级电网。若前期研究的新型输电方式（如地下GIL输电、无线输电等）取得成功，其工程实现后将成为国家超级电网的有力补充，抑或成为更具革命意义的更新一代能源电力输配系统的技术基础（表3-4）。

表3-4 大容量输电技术实现路线

技术方向	2011～2020年	2021～2030年	2031～2050年
超/特高压交直流输电	开发新型导线/电缆用制造材料，特高压同杆多回交直流输电技术普及，研制采用节能、环保、智能的新型变电设备和输电线路，拓展FACTS等电力电子技术在超/特高压输电系统中的应用	特高压交直流输电技术继续发展，新材料导线或电缆广泛应用，线路损耗大幅降低。输电线路实现智能化。电力电子技术在超/特高压输电系统中广泛应用，GIL等新型输电方式得到发展	建成的超/特高压交直流输电网与超导多端直流超级电网一起协调发展。新型电力电子装备和技术广泛应用。交换容量大、损耗低、环境友好的新型输电方式或可占主导地位
多端直流输电	开展多端直流输电基础研究和关键技术研究，研制高压直流断路器和高压直流电缆等关键设备，建设国内多端直流输电科技示范工程	基于新型电力电子器件（碳化硅等）和直流断路器的多端高压直流输电技术趋于成熟并得到应用，研究超导多端直流输电技术	在技术突破的基础上，建设超导多端直流超级输电网，成为大范围内可再生能源电力远距离、大容量输送和相互补偿调节的主要通道
高温超导输电	开展高温超导材料和超导输电的基础研究，研发适用于200～500kV电压等级输电系统的超导电缆和其他关键设备，建设高温超导输电科技示范工程	高温超导材料、大容量超导电缆等装备研制取得新的突破，有可能实现液化天然气温度的超导电缆，批量建设超导交流和直流输电工程	高温超导材料和装备制造技术取得更大突破，与多端直流输电技术结合建设高温超导多端直流输电系统，为建设国家超级输电网奠定技术基础
分频输电	研制变频变压器等关键设备，建设分频输电技术的示范工程	大容量变频技术得到有效发展，分频输电技术在常规的输电通道示范应用，有效提高输电通道的输电能力	推广风电、水电的分频输电系统，提高我国可再生能源发电的技术水平

三、先进传感网络技术

1. 发展目标

传感网络以其独特的优势能在多种场合满足智能化电网发电、输电、变电、配电、用电等重要环节上信息获取的实时性、准确性、全面性的需求。利用传感网络技术，可以提高电网设备的感知能力，并与电力信息通信网络相融合，实现联合处理、数据传输、综合判断等功能，提高电网的交互能力和智能化水平。传感网络应用于智能电网是信息通信技术发展到一定阶段的必然结果，将能有效整合通信基础设施资源和电力系统基础设施资源，使信息通信服务于电力系统运行，提高电力系统信息化水平，改善现有电力系统基础设施的利用效率。物联网技术应用于智能电网，将能有效地为电网中发电、输电、变电、配电、用电等环节提供重要技术支撑，为国家节能减排做出贡献。以电力实际需求为牵引，凭借技术和标准优势，在智能电网发电、输电、变电、配电、用电等环节推动广泛应用试点，从而促进技术和产品的成熟，降低技术风险和商业风险，进而形成电力传感网络的大规模应用。

根据传感网络在智能电网中发挥的作用，2010 ～ 2050 年传感网络技术的研究主要实现以下目标。①突破传感器设备电池技术，研究低功耗信息传输和处理方式，实现传感网设备与电力设备同寿命。②建立面向电力系统的一体化传感网应用和控制平台，对不同应用环节的传感网系统进行管控。③研究感知设备及网络的安全防护技术，确保电力感知信息可靠且安全地传输。④采用新材料、新型通信信息技术、集成电路等技术大幅降低传感网成本。⑤建立面向电力系统的大规模传感网应用系统，增强电力系统的感知能力和智能处理能力。

2. 研究现状

1）电力传感网内涵

电力传感网是指通过智能传感和通信装置在电力系统中实现有效信息感知和获取，经由无线或有线网络进行可靠信息传输，并对感知和获取的信息进行数据挖掘和智能处理，实现信息自动化交互、无缝连接、智能处理的网络。电力传感网可以在智能电网发电、输电、变电、配电、用电、调度等各个环节的实时控制、精确管理和科学决策中发挥重要作用。其作为智能电网的长期有效支撑技术，是提升电力系统智能化水平的重要技术手段，有利于对电力系统运行实施有效管理，促进“电力流、信息流、业务流”的一体化融合，是向以低能耗、低污染、低排放为基础的低碳经济模式转型的有效技术支撑手段。

2）国外发展现状、趋势及策略

国外对物联网的研发、应用主要集中在美国、欧洲、日本、韩国等少数国家和地区，随着 RFID、传感器技术、短距通信及信息处理技术等的发展，研发和应用领域已从商业零售、物流领域拓展到能源利用、环境监测、生物医疗、智能基础设施等领域。例如，欧洲合作研发机构校际微电子中心（IMEC）利用全球定位系统（GPS）已经开发出远程环境监测、先进工业监测等系统，并积极研发具有可遥控、体积小、成本低等功能和特点的微电子人体传感器、自动驾驶系统等；思科（Cisco）已经开发出“智能互联建筑”解决方案，为位于硅谷的美国网域存储技术有限公司节约了 15% 的能耗；国际商用机器公司（IBM）提出了“智慧地球”的概念，并已经提出了涵盖智能电力、智能医疗、智能交通、智能银行、智能城市等多项的传感网应用方案。

2008年以来，美国运营商以网络和服务为基础，与新兴科技公司和系统集成企业共同开发针对垂直行业的应用，开发和推广物联网业务。2009年AT&T与Jasper Wireless合作推出可通过AT&T无线网络连接新兴消费电子和商业设备的整合平台AT&T Control Center。同时新建实验室，专门用来测试和验证植入其网络的新型消费电子产品和物联网设备。Sprint与DataSmart签署物联网合作计划，后者将为Sprint网络提供一系列物联网设备、解决方案和开发工具。2009年Verizon与高通组建合资公司nPhase，旨在通过整合高通运营已久的物联网业务和Verizon的开放设备共享网络和技术资源，提供物联网无线通信和智能服务。

欧洲智能系统集成技术平台（EPoSS）在Internet of Things in 2020报告中分析预测，未来物联网的发展将经历四个阶段，并给出各阶段技术研发、产业化、标准化等发展策略。欧盟各国的物联网在电力、交通及物流领域已经形成了一定规模的应用。欧洲M2M市场比较成熟，发展均衡，通过移动定位系统、移动网络、网关服务、数据安全保障技术和短信平台等技术支持，欧洲主流运营商已经实现了安全监测、自动抄表、自动售货机、公共交通系统、车队管理、工业流程自动化、城市信息化等领域的物联网应用。

继EPoSS发布之后，各国普遍意识到物联网广阔的发展前景及重要意义，争相跟进并制定规划与政策来推动物联网产业的发展，具体措施包括如下三条。

一是制定远景规划，确定物联网发展的目标与路径。2009年，韩国通信委员会出台了《物联网基础设施构建基本规划》，制订了构建物联网基础设施、发展物联网服务、研发物联网技术、营造物联网扩散环境四大领域12项详细课题。2008年，日本总务省提出了“u-Japan x ICT”政策，即将u-Japan政策的重心从居民生活品质拓展到相关产业。

二是聚焦关键领域，深化物联网技术的研发与实践。美国《经济复苏和再投资法》提出，希望通过能源、宽带与医疗三大领域来实现与物联网技术的互动发展。2009年7月，日本IT战略本部颁布的日本新一代信息化战略“i-Japan”战略也提到，将政策目标聚焦在三大公共事业：电子化政府治理、医疗健康信息服务、教育与人才培育。欧盟也计划利用e-health、e-accessibility、应对气候变迁、消除社会数字鸿沟等一系列有助于提升社会福利的先导项目来推动物联网的部署与实施。

三是强化标准建设，关注物联网的管理与运用。欧盟执委会将评估现有物联网相关标准并推动制定新的标准，持续监测欧洲标准组织、国际标准组织以及其他标准组织的物联网标准制定进度，使物联网标准的制定在各相关方的积极参与下，以一种开放、透明、协商一致的方式达成，确保物联网的可信度、接受度和安全性，使物联网在一个分布式管理架构下得以有效运行。

3）我国电力传感网的发展及趋势

目前，传感网（物联网）及其产业发展已被纳入国家战略，科技部、工业与信息化部（简称工信部）先后在多项国家重大科技专项中设立课题支持物联网技术研究及产业化。为推动和促进物联网在智能电网中的应用，科技部在2010年科技重大专项中，设立了“面向智能电网的安全监控、输电效率、计量及用户交互的传感器网络研发与应用验证”专项课题。国家电网公司也高度重视物联网技术研究及其在智能电网中的应用，2010年设立了科技专项“物联网(传感网)在智能电网的应用研究”。

2010年起，国家电网公司与无锡物联网产业研究院、中国移动、中国联通、北京邮电大学、工信部电信研究院等国内多家从事物联网及新一代宽带通信研发的优势单位共同进行面向智能电网的物联网关键技术探索，研究、开发面向智能电网的专用芯片、标准体系、信息安全、软件平台、测试技术，力争在2013年前实现电力物联网应用的多项核心技术的突破。南方电网公司也与中国移动等单位开展了物联网在智能电网中的应用研究。

但是，我国面向电网的物联网发展也面临着挑战。我国物联网的应用缺乏规范和技术标准的指引，在智能电网领域应用的物联网技术标准化工作也暂未开展。物联网是一个多设备、多网络、多应用、互相融合的一个大网，所有的接口、标准、通信协议都需要有统一的标准指引。

物联网技术在智能电网发电、输电、变电、配电、用电等环节的应用仍然处于探索过程，基于智能电网的先进完善的传感网整体解决方案尚不明朗，面向智能电网的物联网技术及产业链尚未形成，为智能电网各环节建设提供经济、实用、可靠的监测信息的平台仍然处于建设过程。

3. 难点与关键

1）新材料、新工艺、新技术

新型传感器材料研究的主要方向包括：新型光纤传感器材料研究，超长距离光纤传感器技术研究；纳米传感器器件构造研究；超灵敏电化学基因传感器构筑技术研究，复合纳米电化学基因传感器技术研究；传感器低功耗技术研究等。

新型发电、储能材料的发展将大大提高现有产品能量转换效率和电池容量，研究的主要方向包括：硅材料切片技术研究，大规模太阳能电池制备技术研究，高效硅基太阳能电池技术研究；新型低价太阳能电池研究，新型纳米材料和有机材料电池的设计与制备等。

2）多维感知

由于集成电路水平不断进步，单一感知装置集成化学、物理、电磁等学科原理的多维传感设备和RFID感知标签是电力传感网未来研究方向之一。需要采用高集成度和小型化设计思路，在降低成本的同时有效减少装置功耗。集成化的感知装置将具备一定的信息处理能力，对采集信息进行处理、加密、协议转换。感知装置将朝着网络化的方向发展，直接作为网络终端连接在专网或互联网中，将数据传送到数据中心。

3）多种先进信息处理技术的协同

随着业务种类的增加、传感器数量和数据量的倍增，未来电力物联网的信息处理将融合普适计算、云计算、可信计算等先进技术：①传感网通过普适计算延伸和拓展网络连接，可使传感器直接联网，通过RFID技术感知物体和环境信息，并将捕获的信息通过网络传递到应用系统。②云计算是网格计算、虚拟化等核心技术在网络时代的发展和商业应用。云计算可以实现海量数据的存储、计算、管理，应用于智能电网需借专用平台和专用软件完成。③可信计算可控制数据的真实性、数据的机密性、数据保护以及代码的真实性、代码的机密性和代码的保护，已广泛用于行为安全和信息安全领域，如身份盗用保护、防止在线游戏作弊、保护系统不受病毒和间谍软件危害、保护生物识别身份验证数据、核查远程网格计算的计算结果等。

4）信息通信新技术

新型信息通信技术是保证感知信息可靠传输、智能处理的关键，涉及的关键技术包括：①带宽高、可靠性高、无处不在的通信网络带来电力系统信息通信革命。②智能化、低成本海量信息处理，智能化信息处理的出现能够模糊机器语言与自然语言的界限，方便人与机器、设备的沟通和人的控制。③智能专家系统，涉及先进信息通信技术、人工智能技术、自动化技术、控制技术和新材料技术等。

4. 发展路线

第一阶段（2011～2020年）：预计到2015年，全国范围内建成50个大中城市面向智能电网应用的物联网应用示范工程、5～10个示范城市，形成核心技术，在相关芯片、设备、监测平台、管理系统、示范工程等领域的产业规模将达到2千亿元人民币，带动相关产业的规模达到万亿元人民币级。《国家中长期科学与技术发展规划（2006—2020年）》将物联网相关的传感网技术列入重点研究领域。中关村物联网产业联盟、长城战略咨询联合发布的《物联网产业发展研究2010》报告预测：从2010年起到2020年的十年里，中国物联网产业将经历应用创新、技术创新、服务创新三个关键的发展阶段，成长为一个规模超过5万亿的巨大产业，其中智能电网是其主要应用领域之一。

第二阶段（2021～2030年）：电力传感装置广泛部署，提高电网智能化水平；

电池寿命达十几年，传感网维护开销大幅降低；借助多维感知信息，智能专家系统实现对配电网设备故障的诊断评估和设备定位检修预测等；实现智能用电信息采集、电动汽车及其充电站的管理、分布式能源接入监测、家电能效管理等。构建完成全景全息的电力物联网，实现与智能电网一次设备、二次设备的深度融合。

第三阶段（2031 ～ 2050 年）：传感设备与电力一次设备同寿命，实现完全感知；信息安全防护系统覆盖信息采集、传输及处理环节；融合导航定位、空间信息技术、电力宽带通信等技术，智能化电力设备广泛应用（表 3-5）。

表 3-5 先进传感网络技术实现路线

技术方向	2011 ～ 2020 年	2021 ～ 2030 年	2031 ～ 2050 年
新材料、新工艺、新技术	建成 50 个大中城市面向智能电网应用的物联网应用示范工程、5 ～ 10 个示范城市，形成核心技术	电池寿命达十几年，传感网设备的维护开销降低	使传感设备寿命延长，体积缩小，与电力一次设备融为一体，并实现完全感知；新型储能 / 取能技术将丰富传感网设备取电方式，提高储能效率和环境适应性
多种先进信息处理技术的协同		电力传感网装置广泛部署，实现智能用电信息采集、家庭安防、电动汽车及其充电站的管理，分布式能源接入监测，家电能效监测与管理等	未来电力传感网的信息安全防护系统将覆盖信息采集、信息传输及信息处理的各个环节；电力传感网技术将结合导航定位、空间信息技术、电力宽带通信等新型通信技术实现电力线路 / 设备与电网主站的信息交互
信息通信新技术		借助多维感知信息，智能专家系统可以分析历史数据得出对配电网设备故障的诊断评估和配电网设备定位检修预测等	传感技术与新型计算机技术相结合产生服务于电力行业的智能机器人，代替一线电力工人完成对输变电线路和电力设备的监控，并能根据现场情况进行事故分析和处理

四、电力通信与信息技术

1. 发展目标

通信与信息技术是近年来发展最为迅速的高科技领域之一。目前，无线通信技术是通信领域最为活跃的技术，经历几代演进，近年来正在向高速、宽带、低延时等方向演进。光纤通信已经成为目前电力通信骨干网络的主要技术，WDM、OTN 等通信骨干网传输技术正在蓬勃发展，无源光网络（Passive Optical Network，x①PON）和工业以太网组网技术正成为配用电通信光缆的重要组网形式。以云计算为代表的信息处理技术正处于发展时期，将为智能电网的海量信息汇聚、分析、融合、挖掘发挥重要作用。

到 2020 年，通信与信息技术将与电力系统紧密融合，中远距离通信仍将以光纤通信为主，辅以无线通信、电力线载波等通信技术，为电力信息的传输和处理提供宽带通道，云计算等分布式计算服务也将广泛应用于电力信息处理。到 2030 年，通信与信息技术将与电力行业深度融合，基于服务的信息产品将大幅提

① x 指不同技术方案，如 TPON、APON、EPON、GPON 等。

升电网与客户的交互能力，专家级服务软件将为电力企业提供信息处理服务，通信信息化成本也将大幅度降低。到2050年，新型通信技术（如量子通信）将应用于电力系统，量子加密等新型加密技术将确保电力信息的安全传输。现有电力系统对于通信信息网的传输带宽、时延、网络管理、信息分析等方面仍然具有强烈需求，2010～2050年电力通信与信息技术的发展目标包括如下几个。①建立支撑智能电网服务的高可靠、低时延、低成本的电力复合通信系统；②突破海量信息处理、挖掘、存储等关键的信息处理技术，解决智能电网海量交互信息的处理问题；③建立基于IP后网络架构的电力通信信息网络，为电力系统建立集计算、通信和存储为一体的信息服务平台；④基于量子密钥分配等新型加密方式，建立高可用且动态的新型电力信息安全防护技术体系。

2．研究现状

1）有线通信

电力系统中的有线通信主要包括光纤通信和电力线载波通信（Power Line Communication，PLC）。光纤通信具有抗电磁干扰能力强、传输容量大、频带宽、传输衰耗小等诸多优点，现已广泛应用于电力通信系统中。除普通光纤外，一些面向电力系统的特种光纤电缆也在电力通信系统中大量使用。光纤通信是现有电力通信骨干网的主要支撑技术，在配用电通信系统中应用较为广泛。电力线载波通信系统是电力系统特有的通信方式，利用传输电能的电力线路来传递高频电力信息信号，具有良好的经济性和可靠性。电力线载波通信最大的优点是不需重新架设通信线路，降低通信成本，简化敷设。电力线载波通信技术主要应用配电信息传输、用户家庭组网等。

2）无线通信

电力系统常用的无线通信技术包括：公网GPRS（General Packet Radio Service）、230兆数传电台、全球微波互联接入（Worldwide Interoperability for Microwave Access，WiMAX）、多载波无线信息本地环路（Multi-carrier Wireless information Local Loop，McWiLL）、230兆时分-长期演进技术（Time Division Long Term Evolutio，TD-LTE）电力无线专网，主要应用于智能电网配用侧的用电信息采集、负荷控制管理、配网自动化、应急通信等业务。目前，美国通用电气公司（GE）已经开发出基于WiMAX技术的智能电表，美国电力公司（AEP）、密西根州第二大电力公司（Consumers Energy）、澳大利亚电力公司（SP AusNet）等电力公司已经建立基于WiMAX技术的电力无线通信网络。我国辽宁电力公司、华北电网公司等已经开展了McWill技术在电力系统中应用尝试。从2009年开始，国网信通公司开始研究TD-LTE关键技术在230赫兹离散频谱上的系统技术研究和原型系统设计工作，现已在浙江、北京等地开展实验网建设。

3）组网技术

同步数字体系（Synchronous Digital Hierarchy，SDH）是一种将复接、线路传输及交换功能融为一体并由统一网管系统操作的综合信息传送网络，在电力干线网、长途网、中继网、接入网中广泛应用。光传送网（Optical Transport Network，OTN）以波分复用技术为基础，在光层组织网络的全新的传送网技术，能够很好适应目前面向宽带数据业务的传送技术之一，是光网络发展和应用的一个重要趋势。目前较适合配用电通信应用的技术包括无源光网络技术和光纤工业以太网技术。光纤工业以太网技术比较成熟，可靠性高，电力系统应用多，但成本偏高；以太无源光网络（EPON）技术发展前景很好，建网成本适中，EPON技术在电力系统应用的相关技术、测试标准也正在制定完善中。

目前在配用电通信系统中应用较多的短距离无线组网技术包括蓝牙、Zigbee、Ad Hoc等技术，主要应用于用户侧家庭组网、高级量测、智能用电等方面。

4）信息处理技术

目前电力系统的海量信息处理处于低吞吐量、弱业务支撑、无数据挖掘的现状，云计算、海量信息存储等新型信息处理技术的出现为解决上述问题提供了技术支撑。云计算是以数据为中心的数据密集型超级计算，在数据计算、数据融合、数据管理、并发控制、系统管理等方面的优势非常明显。这种新型的计算资源组织、分配和使用模式，有利于增强智能电网信息资源的合理配置。目前正在开展大容量、高带宽、可扩展、易管理的海量存储技术研究，保证海量数据高效的压缩、存储和检索，进而实现对海量信息的深入挖掘和汇聚，为解决智能电网多种业务带来的海量交互信息提供了技术解决方案。

5）信息安全技术

根据电力企业的特点，信息安全按其业务性质一般可分为四种：第一种为电网运行实时控制系统。第二种为电力营销系统，含电量计费系统和负荷管理系统。第三种为支持企业经营、管理、运营的管理信息系统。第四种为不直接参与电力企业过程控制、生产管理的各类经营、开发、采购、销售等多种经营公司。相应地，电力信息网业务分为四个层次，从电力信息网安全需求进行分析，提出具有不同层次与不同安全强度的网络信息安全防护框架即分层、分区的安全防护方案。第一是分层管理。根据电力信息网共分为四级网，每一级为一层，层间使用网络防火墙进行网络隔离。第二是分区管理。根据电力企业信息安全的特点，分析各相关业务系统的重要程度和数据流程、目前状况和安全要求，将电力企业信息系统分为四个安全区：实时控制区、非控制生产区、生产管理区和管理信息区。区间使用网络物理隔离设备进行网络隔离，对实时控制区等关键业务区实施重点防护，并采用不同强度的安全隔离设备使各安全区中的业务系统得到有效保护。

3. 难点与关键

1）复合通信网络

复合通信网络是未来经济、可靠的电力通信系统必然实现形式，其关键技术包括：①适用于不同电压等级的电力特种光缆、电缆和光缆复合缆以及灵活组网方式，能实现能源和信息的同步传输；②面向电力线路和设备的无线专网与电信公网的混合无线网络；③高速、高可靠、抗电磁干扰的电力线载波通信技术；④长距离、高安全、大容量的量子通信技术；⑤适用于海量电力信息传输的复合组网方式。

2）信息处理

海量交互信息是未来电力通信信息网络的重要特征，需要研究的关键技术包括：①用于存储海量信息的半导体存储、全息存储、原子级存储以及计算和存储融合的存储技术；②海量复杂感知数据存储和并行处理关键技术、高性能计算资源虚拟化控制技术，海量复杂感知数据的发现和数据挖掘关键技术，海量复杂感知数据处理的语义集成和共享关键技术，云计算、网格计算技术等；③面向电力系统的语音、图像、视频等语义处理系统；④基于电力数据库的进行内容计算的智能专家系统；⑤新型计算机技术，包括量子计算机技术、生物计算机技术等。

3）信息安全防护

电力信息安全防护是保证电力系统安全、可靠、稳定工作的重要技术，其重要性在未来海量信息时代显得更加重要，其关键技术包括：①面向电力复合通信网络的信息安全防护体系、防护策略；②海量信息的安全存储与访问技术；③基于可信计算的信息交互技术；④基于量子密码的新型信息安全防护体系；⑤大规模网络的安全态势仿真和评估技术。

4）人机交互

随着未来电力一次设备的智能化水平不断提高，电力设备与管理人员的交互形式将会发生重要改变，关键技术包括：①基于三维、四维、全息、激光真彩色技术等的信息综合显示技术；②基于数据、语音、图像、视频等信息分析的多模人机交互技术；③支持远程协同、语义理解、脑信号控制及处理等形式的特殊应用。

4. 发展路线

第一阶段（2011 ～ 2020 年）：建立有线 / 无线、公网 / 专网等多种形式复合的高性能电力通信网络，解决电力通信系统不同传输介质、不同终端设备、不同通信协议等互联互通问题；实现传感网、云计算、海量信息处理等新型信息技术与现有电力系统的融合，建立能够处理多业务海量信息的协同感知自适应电力信息网络，并具备一定的语义处理能力；建立面向智能电网业务的包括分布式电源、电动汽车充换电服务系统、微网等系统的通信信息网络，实现新型终端设备的“即插即用”功能；建立如电力无线专网等新型通信接入技术的信息安全防护体系，解决电力无线信息传输的安全问题。

第二阶段（2021 ～ 2030 年）：建立基于分组交换的全光电力通信网络，实现现有电力通信系统扩容，提升电力系统的信息处理和信息交互能力；将基于新材料、新技术的计算机应用于电力系统，智能电力一次设备将具备语义理解、分析等人机交互能力；初步建立 IP 后（post-IP）时期的新型电力通信网络体系，实现集计算、通信与存储为一体的信息服务体系，提高电力通信系统的服务能力。

第三阶段（2031 ～ 2050 年）：基于电力服务需求建立具有认知功能、自治功能的电力通信信息网络，为电力传输、调度、控制等提供专家级服务；基于 IP 后网络架构技术，建设新型节能可信的电力信息基础设施；实现电力信息的原子级存储，提高海量信息存储和计算能力；全面突破量子通信在电力系统应用中的安全加密、稳定可靠等关键技术拉大传输距离，并将量子计算机应用于电力信息处理；突破人机交互关键技术，智能电力一次设备将具备三维交互、个性化交互、脑机交互等人机交互能力（表 3-6）。

表 3-6　电力通信与信息技术实现路线

技术方向	2011 ～ 2020 年	2021 ～ 2030 年	2031 ～ 2050 年
复合通信网络	建立面向智能电网业务的包括分布式电源、电动汽车充换电服务系统、微网等系统的通信信息网络，实现新型终端设备的“即插即用”功能	建立基于分组交换的全光电力通信网络，实现现有电力通信系统扩容，提升电力系统的信息处理和信息交互能力	基于 IP 后网络架构技术，建设新型节能可信的电力信息基础设施
信息处理	实现传感网、云计算、海量信息处理等新型信息技术与现有电力系统的融合，建立能够处理多业务海量信息的协同感知自适应电力信息网络，并具备一定的语义处理能力	初步建立 IP 后时期的新型电力通信网络体系，实现集计算、通信与存储为一体的信息服务体系，提高电力通信系统的服务能力	实现电力信息的原子级存储，提高海量信息存储和计算能力
信息安全防护	建立例如电力无线专网等新型通信接入技术的信息安全防护体系，解决电力无线信息传输的安全问题		全面突破量子通信在电力系统应用中的传输距离、安全加密、稳定可靠等关键技术，并将量子计算机应用于电力信息处理
人机交互	将基于新材料、新技术的计算机应用于电力系统，智能电力一次设备将具备语义理解、分析等人机交互能力		突破人机交互关键技术，智能电力一次设备将具备三维交互、个性化交互、脑机交互等人机交互能力

五、大容量储能技术

未来 30 ～ 40 年，我国能源结构和电力生产消费方式将面临重大的转折和改变，将由以资源有限、污染严重的化石能源为主的能源结构，逐步转变为以资源无限、清洁的可再生能源为主的多样化、复合型的能源结构。相应地，电网的发展必须适应能源结构转变的趋势，满足清洁能源大规模接入的巨大需求。

先进高效的大容量储能技术为传统电网的升级改造以至变革提供了全新的思路和有效的技术手段。在大容量、高性能、规模化储能技术应用之后，电力成为可以储存的商品，这将对电力一直是发电、输电、配电、用电同时完成的概念以及基于这一概念的运行管理模式带来颠覆性的变化，将促进电网的结构形态、规划设计、调度管理、运行控制以及使用方式等发生变革。

1. 发展目标

传统能源的日益匮乏和环境日趋恶化，极大地促进了新能源的发展，新能源发电的规模也快速扩大。煤炭等常规能源通常按照用电需求发电，便于电网调度控制；而风能、太阳能具有波动性和间歇性，只能按照自然资源条件发电，调节控制困难，大规模并网运行会对电网的安全稳定运行带来显著影响。储能技术在很大程度上可以解决新能源发电的随机性和波动性问题，使其具备或接近常规电源的特性，实现间歇式可再生能源发电的可预测、可控制、可调度。可以预期，在未来的 20 ～ 40 年，储能技术的规模化应用将使间歇性的、随机的、低密度的可再生清洁能源得以广泛、有效利用，并且逐步使之成为经济上有竞争力的能源，直至成为人类的主导能源。

传统电网的发电和负荷是一种动态的平衡，也就是是“即发即用”。电网的规划、运行和控制等都是基于“供需平衡”这种原则进行的，即发电必须即时传输，用电和发电也必须实时平衡。随着经济和社会的发展，这种规划和建设思路越来越显现出缺陷和不足，电网的调度、控制、管理也变得日益困难和复杂。为解决这些问题，传统电网急需进一步的升级甚至变革。先进高效的大容量储能技术为传统电网的升级换代以至变革提供了全新的思路和有效的技术手段。储能系统一旦获得大规模推广应用，将实现发电和用电在时间和空间上的解耦，从而有效减少电源和电网建设，提高能源利用效率和电网整体资产利用率，彻底改变现有电力系统的建设模式，促进其从外延扩张型向内涵增效型转变。

到 2050 年，不同类型和规模等级的储能系统和设备将在电力系统发电、输电、配电、用电各环节推广应用。储能技术将把发电与用电从时间和空间上分隔开来，发电不再是即时传输，用电和发电也不再实时平衡；储能技术的应用将使电网在功能上由功率传输转变为电量传输。

2. 技术现状

在各种储能技术中，目前只有抽水蓄能技术比较成熟，而其他储能方式还处于实验示范阶段甚至初期研究阶段。电池储能尤其是钠硫电池、液流电池和锂离子电池储能等，近年来技术进步较快，具有巨大的发展潜力和广泛的应用前景，有望率先迈入产业化发展阶段。不过就国内研究现状来看，要达到商业化运行的目标，还需要在电池材料、制造工艺、系统集成及运行维护等的技术上开展深入的技术攻关，同时降低系统制造和运行成本。对于应用于分布式储能装置的超导、飞轮、超级电容器等能量型储能技术，则需要进一步提高能量密度，大幅降低成本。

1）抽水蓄能技术

抽水蓄能是电力系统中最早采用的大规模、集中式储能手段，其优点在于技术成熟、可靠，容量大；缺点在于建造受地理条件限制，而且工程工期长。我国开展抽水蓄能电站建设 40 余年，已累积了丰富的建设经验，掌握了较先进的机组制造技术，已建的西龙池电站是世界上水头最高的抽水蓄能电站，进入核准阶段的丰宁电站将是世界上装机规模最大的抽水蓄能电站。从政策和市场环境看，在我国抽水蓄能电站建设管理政策不发生根本性变化、电力系统辅助服务市场和电价机制改革不到位的情况下，难以形成抽水蓄能电站独立生存和发展的市场环境。

2）电化学电池储能技术

电化学储能作为电能存储方式的一个重要分支，其特点在于功率和能量可根据不同应用需求灵活配置，响应速度快，不受地理资源等外部条件的限制，适合大规模应用和批量化生产，但目前存在的主要问题在于使用寿命有限、成本高，这也是电化学储能技术目前需要重点突破的方向。

不同的电池类型都有各自的特点，为大规模储能应用的不同需求提供了多样化的选择。目前存在的电池类型主要有锂离子电池、钠硫电池、全钒液流电池、钠 / 氯化镍电池、铅酸电池、镍氢电池、锂硫电池、锂 - 空气电池，有些在电力系统储能领域已有工程应用，有些正在向储能应用领域发展，有些则是值得关注的前沿技术。

电池用于大规模储能有其技术和产业基础，是目前最容易实现批量化生产的储能产品。传统的电化学电池以铅酸电池为代表，具有 150 多年的发展和应用历史，是目前备用电源领域应用规模最大的电池类型，技术和产业发展已非常成熟。随着电动汽车以及大规模储能产业的兴起，铅酸电池技术也有了新的发展，典型代表有铅碳电池。可再生能源发电的快速发展对大规模储能技术提出了更高的要求，出现了以钠硫电池和全钒液流电池为代表的针对大规模储能应用而开发的电池，钠 / 氯化镍电池则是在钠硫电池的基础上发展起来的。随着便携电子产品的发展，镍氢电池和锂离子电池出现了，目前的产业发展已非常成熟；随着当前电动汽车行业的发展，锂离子电池在材料和制造工艺上有了很大的发展，这也促进了锂离子电池技术的进步，为大规模储能应用奠定了坚实的技术基础和产业基础。此外，为满足电动汽车未来发展需求而开发的锂硫电池和锂空气电池，也有可能成为未来大规模储能应用潜在的或备选的技术。

3）其他储能技术

一是压缩空气储能。压缩空气储能的设想是20世纪50年代提出的，即电动机带动空气压缩机，将空气压入作为储气室的密闭大容量地下洞穴，将不可储存的电能转化成可储存的压缩空气的气压势能并储存于储气室中。需要发电时，将压缩空气经换热器与油或天然气混合燃烧，导入燃气轮机做功发电。压缩空气蓄能电站燃气轮机的输出功率是其轴功率的全部；而在常规燃气轮机电站，输出功率约为燃汽轮机轴功率的1/3，其余2/3用于推动压缩机，所以消耗同样的燃料量，压缩空气蓄能电站的发电输出是常规燃汽轮机电站的3倍，同时可以降低投资费用、减少排放。压缩空气储能的效率虽略高于抽水蓄能，但它需要相当巨大的地下储气洞（3万～50万m^3），受到地质条件的限制，还需要配以天然气或油等非可再生一次能源，目前发展较慢。另外，也有采用地面储气罐代替地下洞穴的储气技术方案。

二是飞轮储能。飞轮储能系统是一种机电能量转换储能装置，突破了化学电池的局限，用物理方法实现储能。通过电动/发电互逆式双向电机，实现电能与高速运转飞轮的机械动能之间的相互转换与储存，并通过调频、整流、恒压与不同类型的负载接口。飞轮储能几乎不需要运行维护，寿命长（20年或者数万次深度充放循环）且对环境无不良影响。飞轮具有优秀的负荷跟踪性能，主要用于那些在时间和容量方面介于短时储能应用和长时储能应用之间的应用场合。

三是超导储能。传统的低温超导现象只能在液氦温区出现，其应用成本过高，因此大大限制了低温超导储能的应用。20世纪80年代发现的高温超导体，使超导应用温度推至液氮温区（77K），从而使超导体的实用性大大提高。从铌锡合金（Nb_3Sn）、铌钛合金（NbTi）低温超导线材到铋系BSCCO和钇钡铜氧YBCO等高温超导线材，都被广泛应用到超导储能磁体研制中。在科学家及企业家们的联合推动下，超导磁储能系统（Superconductor Magnetics Energy Storage，SMES）在世界主要国家都开展了不同程度的研究工作。

如今，1-5MJ/MW低温SMES装置已形成产品，但昂贵的制冷和运行成本制约了技术的推广，经济容量约50MJ，一定程度上限制了其应用的场合。第一代高温超导线材铋系高温线材临界电流随磁场增加迅速减小，为满足SMES容量要求通常选择在20～30K或以下温度运行，以提高工作电流密度，但制冷功耗大，SMES极限容量受到铋系带材机械性能和储能单元稳定性的限制；若采用零挥发液氦冷却技术，降至4.2K运行，与低温SMES相比较其超导材料价格昂贵，系统的经济性受到严重挑战。第二代高温超导线材钇钡铜氧涂层导体成本低、机械性能好，临界电流密度高，具有良好的高场性能，特别适合用于高温区运行、高场（5～12T）和大比容量SMES储能单元的构造。

从超导材料特性和国际上超导储能系统研制历程可见，大型超导储能装置主要是基于低温超导技术，目前最大实用化容量已经达到100MJ级，而高温超导储能装置则较小，其容量只达到MJ级。基于现阶段的SMES技术，需要系统地研究和分析高温SMES储能系统关键技术，结合输/配电网对SMES的实际要求，探讨相关科学和技术问题，逐步稳妥地全面推进大容量高温运行SMES的研发和实际应用。

四是超级电容器储能。超级电容器由于具有充放电速度快、功率密度高、循环使用寿命长等优点，在短时电能质量调节与控制、分布式发电及微网、变电站直流电源系统等场合具备较好的应用前景。但能量密度较低以及制造成本较高限制了其应用范围，提高储能密度是目前超级电容器领域的一个研究重点与难点。应该说制作工艺与技术的改进是提高超级电容器的储能密度的一个行之有效的方法。但从长远来看，寻找新的电极活性材料才是根本之所在，但这也是难点之所在。此外，大规模应用时的串并联组合与控制管理等方面还存在诸多关键技术问题有待进一步的深化研究。总的来说，超级电容器储能技术目前还处于前沿探索阶段，随着材料技术的进步，其在提高能量密度和降低成本方面，还有很大发展空间，其在电力系统中的应用也将不断拓展。

3. 关键技术及难点

在世界范围来看，目前对于高性能大容量储能技术研究仍处于初级研究阶段，很多关键技术仍不成熟，缺乏相应的标准，也没有建立促进储能技术应用的市场机制和电价体制。从技术角度，高性能大容量储能系统的关键技术主要包括电池成组及大规模化系统集成、高性能储能材料技术两大方面。

1）电池成组及大规模化系统集成技术

在单体电池性能无法实现跨越式进步的现实情况下，亟须研究电池成组及大规模化系统集成技术，突破储能系统的容量、规模和控制等的瓶颈，解决电池储能系统电站化、能量管理及系统运行维护等难题，推动储能技术在电力系统中的应用，同时引导储能本体制造技术的发展。

2）高性能储能材料技术

材料是电池性能发挥的载体，从本质上决定着储能电池性能的高低。电池材料中最关键的主要是正负极材料、电解质、隔膜等。在储能材料方面的基础理论认识和科学突破将从根本上解决储能系统的寿命、成本和效率瓶颈问题。为此，亟需开发先进的高性能储能材料，包括纳米结构型、纳米/微量组合、杂化作用、孔隙结构控制、配置设计、表面改性和组合优化等。改进和完善现有材料体系，不断开发新型的材料体系和获得电池材料制备技术，是提高储能技术性能的根本途径。

4. 发展路线

未来我国高性能大容量储能技术的发展和应用将主要经历三个阶段。

第一阶段（2011～2020年），关键技术突破及产业培育阶段。建立高性能大容量储能系统仿真计算及应用规划的基础理论体系；突破钠硫电池、液流电池、锂离子电池和新型铅酸电池等核心材料，隔膜及电解液制备等本体制造关键技术，电池循环寿命达到5000～8000次；解决规模化应用时面临的能量转换、控制、管理、状态监测等系统集成关键问题；实现10MW以内电池储能系统在电网各环节的逐步推广应用，以及100MW级电池储能电站在接纳百万级可再生发电的示范应用；在具备地理资源条件的地区发展和建设抽水蓄能电站、压缩空气储能电站等，充分发挥其在可再生能源发电接入、电网调峰调频等方面的作用。

第二阶段（2021～2030年），完善提升阶段和广泛应用阶段。建立完善储能本体、大规模储能系统及电站并网接入的技术规范和标准体系；发展新型高性能、低成本储能材料；锂-空气电池关键技术得到突破，功率密度和循环寿命得到较大提高；100MW级电池储能电站在可再生能源发电接入、电网调峰调频等方面得到广泛应用；不同功率等级的超级电容器储能、超导磁储能及飞轮储能在提高电能质量和供电可靠性方面得到广泛应用。

第三阶段（2031～2050年）：全面推广应用阶段。电池系统规模达到一定级别，技术性能满足大规模应用需求，经济成本降低至普及应用水平，电池储能系统完全呈现出常规电力设备的形态。到2050年，不同类型的大容量电网储能技术在电网发、输、配、用等各个环节得到商业化推广应用，电动汽车、家庭分散储能装置等实现“即插即用”（表3-7）。

表3-7 大容量储能技术实现路线

技术方向	2011～2020年	2021～2030年	2031～2050年
本体制造技术	高可靠性和一致性钠硫电池电解质陶瓷技术、全钒液流电池关键材料及可靠性技术、锂离子储能电池一致性制造技术及状态评估和热管理技术逐步发展并获得突破；压缩空气关键技术获得突破并逐步应用	钠硫电池、液流电池和锂离子电池储能技术以及压缩空气储能趋于成熟；新型先进高性能、低成本储能材料得到发展并逐步开始应用。锂-空气电池关键技术得到突破，功率密度和循环寿命得到较大提高	储能材料及本体生产制造技术性能满足大规模应用需求，经济成本降至普及应用水平

续表

技术方向	2011 ～ 2020 年	2021 ～ 2030 年	2031 ～ 2050 年
系统集成技术	研究电池的模块化成组技术、多储能系统的并联运行控制技术，突破规模化应用时面临的能量转换、控制、管理、状态监测等系统集成关键技术	接入更高电压等级的电池成组、能量转换及控制管理技术、百 MW 级大容量电池储能系统的电站化等关键技术趋于成熟	电池系统规模达到一定级别，电池储能系统完全呈现出常规电力设备的形态
工程应用技术	实现 10MW 以内电池储能系统在电网各环节的逐步推广应用，以及 100MW 级电池储能电站在接纳百万级可再生发电的示范应用；在具备地理资源条件的地区发展和建设抽水蓄能电站、压缩空气储能电站等，充分发挥其在可再生能源发电接入、电网调峰调频等方面的作用	100MW 级电池储能电站在可再生能源发电接入、电网调峰调频等方面得到广泛应用；不同功率等级的超级电容器储能、超导磁储能及飞轮储能在提高电能质量和供电可靠性方面得到广泛应用	不同类型的大容量电网储能技术在电网发、输、配、用等各个环节得到商业化推广应用，电动汽车、家庭分散储能装置等实现“即插即用”

六、新型电力电子器件及应用技术

1. 发展目标

我国从 2005 年开始已经成为世界第一大功率半导体市场。预计到 2020 年，全球在大力发展低碳经济的背景下，传统产业领域的节能减排、新能源产业发展和新型战略性产业培养，将进一步推动新型电力电子器件的市场需求。而目前我国基础元器件前沿技术和高端技术等方面还与国外存在很大差距，急需开展相关研究工作，实现突破，以满足未来我国能源发展的需要。结合我国电网 2050 年基本实现从第二代电网向第三代电网过渡的要求，在 2011 ～ 2050 年，新型电力电子器件的研究要实现以下目标。①建立光触发硅晶闸管设计、制造工艺及其产业化能力；完成高压大功率硅材料 IGBT、特别是压接型 IGBT 的芯片设计，完善芯片制造工艺、焊接型和压接型 IGBT 器件封装技术，建立大功率材料 IGBT 芯片和器件测试和可靠性试验技术及其产业化能力等。②挖掘发现适用于电网应用的新型半导体材料，包含宽禁带半导体和石墨烯等，完善新型半导体材料的物理特性研究、材料制备技术与晶体生长、加工技术，完成新型材料加工设备的研制。③研究实现新型结构形式电力电子器件的设计及其新的封装工艺和方式，建立基于功率集成设计（控制、保护、检测高度集成化）以及模块化、集成化、智能化制造工艺的新型电力电子器件生产线。④建立完善的新型半导体材料和电力电子器件的模拟、仿真和试验能力，建设新型半导体材料和电力电子器件的生产加工能力，建立完善的新型器件从基础理论研究、示范应用到推广的机制。

2. 研究现状

1）新型半导体材料方面

碳化硅材料：从 20 世纪 90 年代开始，已成为新型电力电子器件研究开发的主流。目前 CREE、英飞凌、新日铁、东芝、松下、罗姆、Semisouth 等半导体业界领先的公司都有 1200V、1700V 的肖特基二极管和 1200V 的 MOSFET 货架产品出售，Genesic semi 的已经有 6500V 的 SiC Thyristor 出售。

氮化镓材料：早在 2004 年，GaN 微波晶体管的研发已达到 10GHz 频率下功率密度超过 10W/mm 的水平。现阶段，GaN 主要用于开发 HEMT、SBD 和功率 MOS 等电力电子器件。2007 年，耐压 600V 的 GaN SBD 被推入市场，成为第一种商品化的 GaN 电力电子器件。但是 GaN 的热导率并不如 SiC。故在低压高频方面应用 GaN，在大于 1200V 的高压大功率领域应着手应用 SiC。GaN 功率器件在技术方面，同样存在着诸多挑战：① GaN 材料不成熟；②制造工艺还需改进；③电流崩塌效应还需作理论研究;④需解决 GaN 器件可靠性问题;⑤需解决大功率 GaN 器件封装问题。

金刚石材料：自然界硬度最高、热导率最高的物质。作为半导体开发使用的人工合成金刚石薄膜在所有宽禁带材料中物理特性最优。但存在材料难求，衬底有效面积小，*n* 型掺杂和欧姆接触困难等问题。

石墨烯材料：是一种二维晶体，电子在其中的运动速度达到了光速的 1/300，远远超过了电子在一般导体中的运动速度。室温下石墨烯具有 10 倍于商用硅片的高载流子迁移率（约 $10cm^2/V \cdot s$），并且受温度和掺杂效应的影响很小，表现出室温亚微米尺度的弹道传输特性 (300K 下可达 0.3m)。IBM 向媒体展示了其最快的石墨烯晶体管，该产品每秒能执行 1550 亿个循环操作（其截至频率为 155GHz），比之前的试验用晶体管快 50%。

2）基于新材料的新型电力电子器件方面

碳化硅器件，目前技术研究工作主要集中于：①低缺陷大尺寸碳化硅衬底材料制备技术。②高质量厚外延技术。如何实现 150μm 以上碳化硅外延技术，同时达到掺杂浓度可控。③研制高压大功率 SiC 电力电子器件。设计和制备击穿电压大于 10kV 的 SiC 功率整流器（SiC-JBS 和 SiC-PiN）和 SiC 功率 MOSFET、IGBT 或者新型功率器件。

氮化镓器件，目前研究工作主要有：①氮化镓衬底研究。②继续加强碳化硅衬底上尤其是硅衬底上外延生长的氮化镓材料研究，降低成本。③ GaN 电力电子器件新结构设计技术，设计出大功率微波器件，使电力电子器件的工作频率上升一个数量级。④建立 GaN 电力电子器件的数值仿真物理模型。

金刚石器件：现有器件的形式主要是 SBD 和 MISFET，要加强大面积高质量薄膜材料制备的研究，进行材料掺杂控制，研究新型金刚石电力电子器件。

石墨烯器件：主要是寻找合适的衬底材料，制作大面积的器件，制造小功率但是频率极高的器件，设计新的结构形式和工艺技术。

3）新型硅基电力电子器件方面

硅材料的性能与前面所述的新材料性能相差很远，但经过多年的发展，硅器件的设计和制造系统是迄今最成熟、成本最低、规模最大的。采用硅材料制备的新型器件在一段时间之内仍然有强烈的生命力。新兴的硅基电力电子器件制备主要是要从结构和机理上取得突破，降低正向压降、导通电阻，提高开关速度，综合提高静态参数和动态参数性能；主要器件形式包括 IGBT、MCT、IEGT、IGCT。

4）集成化、模块化、智能化新型电力电子器件方面

电力电子器件逐步向模块化、集成化方向发展，其目的是使尺寸紧凑、实现电力电子系统的小型化，缩短设计周期，并减小互连导线的寄生参数，电力电子器件的模块化、集成化要先后经历功率模块、单片集成式模块、智能功率模块（IPM）等发展阶段。其中功率模块与驱动、保护、控制电路是分立的，而单片集成和 IPM 中的功率器件与驱动、保护、控制等功能集成为一体。此外，（Power Electric Building Block，PEBB）是可以处理电能集成的器件或模块，除了功率半导体器件外，它还包括门极驱动电路、电平转换、传感器、保护电路、电源和无源器件。封装技术也是目前研究的热点，主要包括高压绝缘性能研究，耐高温性能研究，芯片可压性和可焊性能研究。

3．难点与关键

1）开展半导体物理学与材料学的研究

半导体物理学与电力电子相关的研究工作未来主要集中于：半导体电子状态以及各种半导体器件内部电子过程，半导体的光电和热电效应、半导体的表面结构和性质、半导体与金属或不同类型半导体接触时界面的性质和所发生的过程、各种半导体器件的作用机理和制造工艺等。

急需开展的与电力电子器件相关的半导体材料学研究工作有：掌握半导体材料的物理机理，突破现有材料的局限，掌握半导体材料的性质、功能和制备方法以及半导体材料的测试分析手段，掌握各类半导体材料的性质以及与材料特性与器件特性的关系等方面的知识。找到更合适作为电力电子器件的半导体材料以及其制备工艺，设计与研究其制备设备。

2）深入开展电力电子器件原理与特性研究

电力电子器件的主要功能及其特性由其构成元素的基本特性决定，因此需要深入开展器件开关原理与频率特性研究：MOS 栅的开关原理；PN 结与 MES 栅的开关原理；电流控制性器件的开关原理；PN 结的反向恢复过程与双极器件的开关特性。开展 PN 结电导调制原理与器件通态特性优化研究。深化分析器件功率损耗原理，降低器件通态损耗、开关损耗、驱动损耗和断态漏电损耗等。研究器件高温特性，即高温下材料特性的变化对器件导通状态的影响和高温下器件热产生漏电流的上升对其阻断能力的影响。

3）突破新型半导体材料与电力电子器件制备技术

开展无缺陷或低缺陷宽禁带半导体（碳化硅、氮化镓、金刚石等）晶体的制备、晶片切割及外延生长等相关技术和工艺研究工作；开展宽禁带半导体电力电子器件，包括晶闸管和 IGBT 等的设计、生产工艺流程和器件性能测试技术等的研究；开展宽禁带半导体电力电子器件压接型封装技术研究及测试技术研究工作。最终实现压接型宽禁带半导体晶闸管和 IGBT 等电力电子器件系列核心技术的突破，并在电力系统、高频微波功率等应用场合中得到推广应用。

重点开展 10kV 以上高压大功率电力电子器件新结构设计技术研究，器件数值模拟仿真研究，100GHz 以上的高频小功率器件的设计。开展具有高压绝缘、耐高温的器件封装，并开展芯片可压性和可焊性能研究。

4）深入研究新型电力电子器件应用技术

开展基于新型电力电子装置特性的仿真研究，建立具有一定实验能力的新型电力电子器件综合仿真平台，并推广应用。开展新型电力电子装置应用的经济性、可靠性研究，制定电力电子装置应用的经济性、可靠性评估标准体系。

开展大功率可关断器件（IGBT、BJT、MOSFET、GTO）的工作机理、变化特性和应用技术研究；研发大功率应用场合电力电子器件冷却系统；制定大功率电力电子器件的设计、应用技术规范和标准。制造具有自主知识产权的 IGBT 串联大功率换流器设备，实现串联 IGBT 关键技术的工程示范应用及推广。

4. 发展路线

第一阶段（2011 ～ 2020 年）：新型半导体材料制备方面：完善晶体尺寸扩径技术，初步建立稳定单一晶型的 6 英寸碳化硅、氮化镓晶片生产能力；突破无缺陷晶体生长技术，实现去除微管缺陷，大尺寸晶片机械、化学抛光技术；研究高质量厚外延技术，实现 50μm 以上厚外延材料制备。新型电力电子器件制备方面：建立电力电子器件数值仿真物理模型，实现击穿电压大于 10kV 的基于新型半导体材料的功率整流器和功率 MOSFET 器件制备，实现 10kV 以下的硅材料 IGBT、IEGT、IGCT 等器件的产品化；设计出能满足芯片阻断电压达 10kV、耐受 250℃高温的焊接式模块与压接式封装结构。电力电子器件应用共性技术方面：完成规模化电力电子装置综合仿真平台建设，提出电力系统中电力电子装置自身可靠性和经济性指标，完成大功率可关断器件通用冷却系统设计，突破全控器件串联电压平衡控制技术，实现 10 个 10kV 等级全控器件稳定串联运行。

第二阶段（2021 ～ 2030 年）：新型半导体材料制备方面：建立与主流硅器件制备工艺线相兼容的晶片尺寸生产能力，并具备去除位错缺陷以及点缺陷能力；实现 100μm 以上厚外延材料制备。新型电力电子器件制备方面：实现击穿电压大于 20kV，电流 50 ～ 100A 功率整流器及击穿电压大于 50kVIGBT 器件的制备；

实现电力电子器件数值仿真物理模型与国内工艺线的匹配；实现20kV以下的硅材料IGBT、IEGT、IGCT等器件的产品化；设计出能满足芯片阻断电压达20kV，具有更高封装合格率的芯片封装结构。电力电子器件应用共性技术方面：提升规模化电力电子装置综合仿真平台能力，建立大规模电力电子装置应用到实际电网的综合可靠性和经济性系统评估体系，并应用于实际工程中；试制基于串联技术的大功率换流器试验样机。

第三阶段（2031～2050年）：新型半导体材料制备方面：建立具备良好载流子质量控制能力的器件制备工艺线，实现开关速度与导通特性的优化；实现150微米以上厚外延材料制备。新型电力电子器件制备方面：完善并推广击穿电压大于20kV电力电子器件制备技术；实现30kV以下的硅材料IGBT、IEGT、IGCT等器件的产品化；设计出能满足芯片阻断电压达30kV，具有更高耐受温度能力（350℃以上）的芯片封装结构。电力电子器件应用共性技术方面：完善推广规模化电力电子装置综合仿真平台、综合可靠性和经济性系统评估体系；自主开发大功率可关断器件，结合串联技术应用于柔性交流输电和柔性直流输电工程中（表3-8）。

表3-8　新型电力电子器件技术实现路线

技术方向	2011～2020年	2021～2030年	2031～2050年
新型半导体材料制备	生产制备稳定单一晶型的6英寸碳化硅、氮化镓晶片；形成无缺陷晶体生长能力，有效去除微管缺陷，掌握大尺寸晶片机械、化学抛光技术；实现50微米以上高质量厚外延技术	建立与主流硅器件制备工艺线相兼容的晶片尺寸生产能力，具备去除晶体生长中位错缺陷以及点缺陷能力；实现100微米以上厚外延技术	进一步研究晶体尺寸扩径；掌握良好的载流子质量控制技术，实现开关速度与导通特性的优化；实现150微米以上厚外延技术
器件制备技术	掌握击穿电压大于10kV的功率整流器和功率MOSFET器件设计技术；建立电力电子器件的数值仿真物理模型；实现10kV以下的IGBT、IEGT、IGCT等器件产品化	提升功率整流器和功率器件性能，实现击穿电压大于20kV，电流50～100A。设计出击穿电压大于50kV的IGBT；改进所建立电力电子器件的数值仿真物理模型，实现与国内工艺线的匹配；实现20kV以下的IGBT、IEGT、IGCT等器件产品化	完善和推广应用20kV电力电子器件设计技术；完善和推广应用10kV电力电子器件数值模拟仿真平台；实现30kV以下的IGBT、IEGT、IGCT等器件产品化
电力电子器件应用的共性技术	建设规模化电力电子装置综合仿真平台；提出电力系统中电力电子装置自身可靠性和经济性指标；完成大功率可关断器件通用冷却系统设计；掌握大功率可关断器件的开通特性，关断特性，通态特性，电热特性等；突破串联全控器件电压平衡控制的关键技术，实现10个10kV等级全控器件的稳定串联运行	提升规模化电力电子装置综合仿真平台能力，并实现在相应工程中的应用；建立大规模电力电子装置应用到实际电网的综合可靠性和经济性的系统评估体系，并应用到实际工程中；制定大功率可关断器件的设计、应用技术规范和标准，并实现工程示范应用；试制应用串联技术的大功率换流器试验样机	完善和推广应用规模化电力电子装置综合仿真平台；推广应用电力电子装置经济性、可靠性系统评估体系；自主开发大功率可关断器件，并应用于各类电力电子装置的设计和制造过程中；实现串联全控器件关键技术在柔性交流输电和柔性直流输电工程示范应用

七、电网先进调度、控制与保护技术

1. 发展目标

我国能源和负荷分布不均衡的特点决定了在未来较长的发展时期内，我国电网仍将以大规模电源接入电网、通过特/超高压长距离交直流大规模电力输送为主要特点，分布式发电作为必要补充。如何保证如此大规模的巨型电网的安全、可靠、经济、清洁运行将成为我国电力系统未来几十年面临的关键性和迫切性的问题。在未来的20～50年，一方面要延续第二代电网的规模化发展模式，加强特高压电网的建设，但另一方面又会努力利用清洁可再生能源替代化石能源，构建安全、经济、高效、清洁、低碳、灵活、智能和可持续发展的第三代电网。这个过程中会面临大量的技术问题和挑战，势必对电力系统调度、控制和保护技术的未来趋势产生深远影响。

未来若干年间，我国电网在发电、输电和配用电的各个环节都将处于变革之中：发电侧以风（光）电为代表的特性各异的可再生能源电源大规模接入，其波动性出力特性为电网运行和控制带来挑战；负荷侧以电动汽车为代表的主动负荷广泛随机接入，使得电网内的能量流动和调控更加复杂；而电网侧随着特高压交直流混合输电的快速发展，区域电网之间的电气联系更加紧密，同时分布式电源和微网也将同步发展，电网结构进一步多元化。这些一次系统的新特征和由于智能电网发展导致的海量信息采集和处理的需求，给电网调度、保护和控制等二次系统带来了新挑战，迫切需要在理论研究和技术发展方面取得突破。

电网先进调度、控制和保护环节是智能电网建设的关键一环，在2010～2050年期间，相关研究要实现以下目标。①大规模交直互联电网的电磁暂态和机电暂态联合仿真实现在线化。②支持交直混联电网的行波保护技术得到广泛应用。③容纳大规模可再生能源的调度运行技术得到成熟应用。④主动负荷与电网的能量互动机理及其调控机制取得突破。⑤实现大电网的全局动态监测与广域协调稳定控制。⑥实现“分散自治+集中协调”的能量管理系统新模式。

2. 研究现状

1967年，Dy-Liacco博士首次从全系统的角度提出了电力系统控制的基本模式，并为后世一直沿用至今。20世纪90年代，“开放分布式系统”逐渐主导控制中心EMS及配电管理系统（DMS）的架构设计。到目前为止，国内外电网调度自动化系统完全采用了开放分布式的系统结构设计，硬件采用通用计算机，软件可以跨平台，应用软件遵循IEC 61970国际标准，实现不同厂家应用软件的互联、互通和互操作。

20世纪90年代中期以后，Dy-Liacco博士提出了新控制中心设计和建设的建议，包括将控制中心各种功能分散在拥有独立功能的若干个工作区内。2000年年初，C. C. Liu提出了电力战略防御基础设施（SPID）概念，这是一种实时、广域、自适应的保护和控制系统，反映了能量管理系统需要考虑的一个侧面。

2000年，中国科学院卢强（2000）院士从电力系统仿真的角度提出了“数字电力系统（DPS）”的概念，力图实现对整个电力系统数字地、形象化地、实时地描述与再现。

2003年美加“8.14”大停电后，世界各国都在反思调度自动化系统存在的问题，这促进了预警功能的发展，促进了稳定控制系统的发展。美国的Anjan Bose教授提出：为实现具有更强自愈、互动、安全、兼容、优化能力的未来智能电网，需要在同步相位测量、通信技术、分布式实时数据库平台、广域控制、状态估计等一系列技术方面取得突破，并在2010年进一步提出了未来智能输电网的分布式控制体系架构，2011年与清华大学联合提出传统集中式状态估计向变电站——调度中心两级分布式状态估计转移的技术途径。

2005年，香港大学Felix F. Wu教授提出利用网格计算与Web服务相结合形成的网格服务，从而实现未来控制中心的“分散”“综合”“灵活”和“开放”。中国工程院薛禹胜院士提出了“时空协调防御架构”，目的是将传统的静态电网安全防御体系扩展成动态电网安全防御体系，以应对“大容量、高实时性、统一性、综合性”的要求。

清华大学张伯明教授的课题组于2006年提出电网控制中心安全预警和决策支持系统按时间、空间和对象等三个维度进行设计的思想，提出了EMS中的电力信息学这一新的研究课题，在控制中心信息处理中取得有价值的研究成果，并从信息流动的角度分析并提出智能电网调度控制架构，论述信息分层、调度中心与厂站的互动、信息在时间尺度的协调问题。

清华大学韩英铎教授的研究团队自20世纪90年代开始进行广域量测系统（PMU/WAMS）及其在大电网分析、监测与控制方面研发工作，主持研发了我国首个现代意义的WAMS系统，并于2008年前后在南方电网成功实现了世界上第一套交直流广域连续控制系统，为进一步发展大电网的全局动态监测与广域协调稳定控制体系奠定了基础。

3. 难点与关键

1）支撑大规模交直混联电网运行的机电与电磁暂态联合在线仿真

机电暂态仿真不能精确反映交直流系统中的HVDC和FACTS元件的电磁暂态特性和非线性元件引起的波形畸变。HVDC和FACTS的广泛应用，其快速暂态过程对系统的稳定性影响越来越大，机电暂态仿真程序已经不能够对系统进行精确的仿真模拟。为此，机电暂态和电磁暂态的联合在线仿真是大规模交直混联电网运行决策的关键技术支撑。

电磁机电混合仿真技术亟待新的突破，解决如下问题：①机电侧向电磁侧提供计算的边界条件时，采用何种方式处理仿真系统中谐波、三相非对称和非周期分量等；②机电暂态侧发生故障时，电磁机电混合在线仿真如何实现。

为此，一方面需要研究采用基于频率相关网络等值（frequency dependent network equivalent，FDNE）的电磁机电暂态混合仿真技术来快速准确模拟交直流系统中的HVDC元件的电磁暂态特性。研究如何实现FDNE的准确性和快速性，以及实现FDNE的无源性以确保其数值稳定性；研究传输线路的传输延迟对FDNE的影响，同时在考虑线路传输延迟时，减小FDNE的计算量和保证其无源性的方法。另一方面，需要研究模拟机电暂态侧故障后网络变化的动态FDNE的生成以及其中状态变量的平稳切换问题，以减少故障瞬间的暂态波动保证仿真结果的精度。

2）支撑大规模交直混联电网的行波保护技术

随着特高压交直混联电网规模的日益扩大，要求继电保护切除故障的时间越来越短，因此利用故障暂态信息进行判断的行波保护技术具有重要的应用前景，在未来若干年需要重点突破的关键技术包括：①光互感器的研究和应用进一步取得进展，大面积替代目前广泛使用的电容式电压互感器，使电压故障行波获取成为可能。②新型传感技术、数字信号处理技术的研究与发展，从而根本解决行波保护的稳定性和选择性问题。③随着GPS高精度同步时钟技术发展，双端行波测距的同步问题可望得到解决；同时，随着行波检测技术和信号处理手段的不断发展，单端行波测距的死区问题有望取得突破。④建立基于行波的保护理论，行波量、暂态量、工频量保护在电磁波传输理论上得到统一。

3）大规模特高压交直流混合电网的广域协调稳定控制技术

传统电力系统控制依赖给定参数整定和就地判别的传统技术，准稳态数据、局部反馈信息和负荷参数的大误差等问题导致电力系统安全稳定控制的较高保守度。而随着未来电网规模的进一步扩展和交直流混合联网系统复杂程度的提高，广域协调稳定控制技术亟待新的突破性发展：①发展基于全局动态反馈与协调的广域稳定控制系统，基于全网可观、可控性配置控制设备和设计控制规律，突破传统的局部信息反馈控制结构，实现大电网全局闭环安全稳定控制。②发展动态监测-在线辨识-广域控制一体化技术，随着广域动态测量、超实时分析和互联网技术的发展，将动态监测-在线辨识-广域控制“勾连”成一个整体，实现从“所见”到“所控”的连贯执行，有效解决传统方法面临的模型参数时变性与不确定性难题。③发展基于高速大容量电力电子技术的综合柔性控制技术和设备，基于柔性交、直流控制技术和装备，通过毫秒级、连续和高频的功率控制有望大幅提高电网应对扰动的能力，将电力系统的输电能力推进到其热稳定极限。

4）分布自治和互动协调的电网柔性调度控制技术

随着电网结构日益复杂，待处理的信息量急剧增加，而要求的完成决策时间进一步缩短，过度集中的调度控制模式将无法满足未来电网运行需求，须在未来若干年内实现如下突破：①通过架构上的分布实现自治，充分利用本地建模、数据、决策和控制的快速性、冗余性与可靠性，以智能变电站、风电场能量管理系统、用电侧能量管理系统等为代表的分布式能量管理单元得到推广应用；②不同能量管理单元之间通过信息交换、融合、互动实现协调，保证调度和决策控制有全局观，共同构成能量管理系统家族；③通过电力通信技术和信息技术的突破，电网各级个体之间不仅实现能量的双向流动，同时也实现信息的双向互动，通过少量关键信息的交换，实现未来智能电网基于分散自治和协调互动的柔性调度控制。

4. 发展路线

第一阶段（2011 ～ 2020 年）：进行基于 MAS 的大规模集群计算试点应用，“云计算”在电网分析中得到初步应用；RTU、PMU 和在线状态监测数据融合形成广义 SCADA；基于 WAMS 的高级应用的试点及推广应用；全局优化有功无功闭环控制推广应用；采用先进传感器及芯片技术的智能化一次设备推广应用；变电站级实现分布式状态估计、分布式报警等高级应用，形成智能变电站雏形。开展系统保护动作特性及其和广域保护的融合机理研究并进行试点应用；进一步深入研究行波保护原理，并成功实现在超特高压交直流输电线路的试点应用；在智能变电站数字化的条件下，集成保护初步研究成功并实现试点应用。

第二阶段（2021 ～ 2030 年）：构建基于 PMU、EMS、继保及安自信息的广域信息集成数据平台，实现同源、完备、标准的分布式一体化数据和参数共享；实现稳态、动态相结合，确定性和风险分析相结合的安全预警与防控体系全面完善；基于 WAMS 的高级应用全面用于电网决策控制。电子式互感器与 SCADA 和 WAMS 配合，实现电气测量的全景、全息目标；变电站数据采集与监控全面实现“物联网”思想；智能变电站的推广应用，全面实现“变电站—调度中心两级分布式分析决策”模式的实用化。系统保护与紧急控制实现融合，系统保护技术体系完全形成；行波的理论发展更为成熟，行波量、暂态量、工频量保护在电磁波传输理论上得到统一。

第三阶段（2031 ～ 2050 年）：“分散自治＋集中协调”的 EMS 新模式得到充分发展，集群计算、“云计算”和“量子计算”方法从理论到实践全面成熟及完善；电网各级个体之间不仅实现能量的双向流动，而且同时也实现信息的双向互动，通过少量关键信息的交换，实现基于分散自治和协调互动的柔性调度控制。行波保护得到大面积推广运用，并成为超特高压输电线路的主保护之一，双端行波测距的同步问题得到解决，并与单端行波测距有机结合，相互补充，成为电力系统安全的重要保障；随着调度中心调控一体化的最终实现，各种保护的功能被纳入调度中心调控一体化系统，真正实现调度、保护、控制的一体化（表3-9）。

表3-9　电网先进调度、控制与保护技术实现路径

技术方向	2011～2020年	2021～2030年	2031～2050年
控制中心自动化技术	● 初步解决大规模可再生能源发电并网后的调度和控制问题； ● 实现基于WAMS的电网分析和控制； ● 调度计划、实时调度、实时控制全面优化、有机协调	● 解决分布式和集中式发电并存、多种市场交易模式并存下的调度和控制问题； ● 基于WAMS的高级应用全面用于电网决策控制； ● 有功、无功调度控制全面实现闭环；并实现风险预防和有效规避	● 基于分散自治和协调互动的柔性智能电网调度控制完全实现，实现对多时空尺度下的特性各异电源与负荷的优化调控； ● 行波保护得到大面积推广运用，成为超特高压输电线路的主保护之一； ● 保护与调度控制完全融合，实现调度、保护、控制一体化
变电站自动化技术	● 数字化变电站推广应用，实现智能变电站，站级高级应用功能完备、应用成熟	● 智能变电站的推广应用，“变电站—调度中心两级分布式分析决策”成熟化、实用化	
继电保护技术	● 系统保护技术体系初步形成； ● 行波保护原理的进一步深入研究并成功实现超特高压输电线路的试点应用	● 系统保护技术体系完全形成； ● 行波量、暂态量、工频量保护在电磁波传输理论上得到了统一	

八、电力系统先进计算仿真技术

1. 发展目标

电力系统计算仿真覆盖电力系统、数学、计算机、通信等多学科技术领域，面对电网从第二代电网过渡到第三代电网过渡的形势和要求，需要不断地引入先进的计算机和通信技术以及数学方法等，推动计算仿真技术在快速性、灵活性、准确性等方面的发展。

未来高性能计算技术的发展有两条途径，一条是通过多核、多机并行计算或分布式计算技术来实现；另一条途径是发展非传统的新技术，包括超导计算、光计算、量子计算、生物计算与纳米计算等。其中量子计算机和碳纳米管计算机距离实用程度最近，而其他计算机技术在未来几十年内仍将处于研发阶段。未来的计算机网络是可随处连接的，具有前所未有的带宽以保证承担大量新的服务，是贴近应用的智能化网络。

计算数学方面，数值计算方法的发展集中在提高算法效率、计算结果精度和非线性方程求解的收敛性等方面，人工智能将与模糊数学相结合，并逐步实用化。

仿真计算模式从单机向并行计算、分布式计算、网格计算、云计算模式发展。

随着先进计算技术（计算机及网络、计算数学、计算模式）的发展，其在电力系统计算仿真中的应用将为电力系统计算仿真技术带来巨大发展变化。2011～2050年，电力系统先进计算仿真技术的研究要实现以下目标。①建立丰富、精确、模块化和标准化的各类元件模型。模型具备“即插即用”的功能。模型可以是异地分布的，电网设备可自带标准化的模型并自行维护更新。②电力系统的建模方法和工具得到长足发展。形成完备的混合仿真建模和人工智能建模理论。基于WAMS（广域测量系统）和WASA（广域感知）数据进行仿真模型的修正成为建模的重要手段。③电力系统仿真计算方法，在计算的收敛性、鲁棒性，结果的准确性，以及对最优结果的搜索等方面都取得较大进步。④建立灵活的仿真数据平台和异地分布式仿真分析平台，结合电网设备中自带的标准化模型，模型数据的云存储和标准化技术，WAMS、WASA等先进测量技术，云计算技术，实现仿真数据的自动调整和对电网的按需灵活仿真。⑤建立在线仿真专家系统，挖掘在线数据与系统稳定性之间的联系，根据历史运行数据和电网运行状况找出薄弱环节。⑥建立在线风险评估系统，采用统一的风险评估指标体系，将确定性安全评价拓展到风险评估。⑦实现基于超实时仿真的在线控制和云控制，利用大规模电力系统的超实时仿真技术，在故障发生后快速判别系统稳定性，并给出控制措施。⑧实现机电暂态 - 电磁暂态 - 中长期动态一体化实时仿真，建立超大规模电力系统数模混合实时仿真平台，实现超大规模电力系统与数十条直流输电、电力电子装置、新能源新设备等的物理仿真设备的联合实时仿真。⑨建立电网 - 电厂 - 变电站联合实时仿真平台，可灵活接入实际的电网二次设备、电厂和变电站监控设备进行仿真试验分析。⑩分布式实时仿真全面应用，开展远程试验，通过异地多个实时仿真装置的配合和高速的通信网络支持，实现多个物理装置的分布式仿真试验和远程试验。⑪开辟新的仿真计算领域，如与环境保护、新型电力市场运营相结合。⑫建立高度智能化的面向用户、面向问题、面向实验的建模与仿真环境，实现智能人机交互仿真和仿真结果的智能化分析。⑬量子计算机具有应用可能，仿真分析方法重大变革。

2. 研究现状

计算机的发展日新月异，超高速计算机采用平行处理技术，计算能力不断提高，同时计算机具备了更多的智能成分，在一定程度上已具有多种感知、思考、判定及一定的自然语言能力。计算机网络已发展为以Internet为代表的互联网，综合利用光纤、卫星、微波等多种先进通信技术，带宽不断提高，网络管理进一步自动化和智能化。与电网仿真分析相关的计算数学领域既有传统的数值计算方法，也包括新兴的人工智能、模糊数学和概率类等方法。传统的数值技术方法已较为成熟，而新兴的仍处于发展阶段。现代计算对计算性能的要求越来越高，使计算模式逐渐从单机向并行计算、分布式计算、网格计算发展，近期开始向云计算模式发展。

目前，电力系统建模方法研究以机理分析法为主，结合统计学、运筹学及人工智能等理论，又发展了数据分析法、层次分析法、智能建模法等方法。电力系统模型参数的获取，以取典型值和实际测量两种方法为主。广域测量系统（WAMS）的发展，为电力系统建模提供了一种有效的模型检测和参数获取手段，相关技术仍在发展中。灵活交流输电 (FACTS) 元件模型、超导等新型电力系统元件模型、新能源发电系统、分布式电源及微网模型的研究处于发展阶段。

针对输电网的电力系统仿真分析方法都较为成熟，为提高仿真分析速度，近年来，并行和分布式计算方法逐渐在电力系统潮流计算、最优潮流、静态安全分析、电磁暂态仿真、机电暂态仿真、小干扰稳定计算等分析方法中得到应用。针对配电网的仿真计算方法研究较少，目前主要在配网潮流、网损和网络重构等方面有一些成果。分布式发电和微网的研究，尚处于起步阶段，在仿真算法方面与配电网有一些共通之处。

随着电网大停电事故的不断发生，各国对电网安全愈加重视，电力系统的在线稳定仿真分析也成了研究的重点。2005 年的调研报告表明，当时国际上已有 6 个电力系统在线软件生产厂家，可以提供不同程度的在线暂态稳定评估软件。其功能主要是在 EMS 高级应用的基础上，实现采用实时数据的全时域仿真并配合扩展等面积法或暂态能量函数法的暂态稳定评估。调研表明，在线稳定评估软件需求强烈，但目前远未达到大规模实际应用的程度。目前已经或正在实现在线应用的国家有加拿大、美国、巴西、爱尔兰、希腊、葡萄牙、芬兰、澳大利亚、新西兰、马来西亚、日本、意大利等。其中 2006 年在北美 PJM 联合输电系统中投运的实时暂态稳定分析和控制系统（TSA&C）就是较为成功的一个例子。国内在智能电网建设的新环境下，为确保电网安全稳定运行，建立和健全电网安全防御体系，中国电力科学研究院、国网电力科学研究院、清华大学等单位就在线仿真分析开展了研究与应用工作。在线安全风险评估技术的研究目前还处于起步阶段。

电力系统实时仿真的发展经历了从物理实时仿真、数模混合式实时仿真到全数字实时仿真的 3 个历史阶段。RTDS 等全数字实时仿真限于仿真算法和计算能力，只能进行小规模系统的实时仿真，主要用于继电保护装置、安全自动装置验证试验，近年来也有应用于电力电子设备验证试验、直流输电控制保护系统试验等方面，加拿大 Opal-RT 公司的 RT-LAB 全数字实时仿真软件在高频电力电子的精确仿真以及分布式并行计算等方面具有优良的性能；新近出现的中国电力科学研究院研制的全数字实时仿真装置 ADPSS 因其具有的大电网实时仿真的能力，用途较为广泛。仿真规模与仿真精细程度之间的矛盾日益凸显。目前国内外已在全数字实时仿真与直流物理仿真设备的功率连接技术方面开始了有益探索，并取得初步研究成果。

3. 难点与关键

1）电力系统建模技术

电力系统建模技术是电力系统计算仿真的基础，这一部分需要突破的难点和关键技术有：①研究基于 WAMS 信息和 WASA 等物联网相关技术的建模技术，包括数据挖掘、参数辨识、模型校核与修正技术。②研究人工智能理论在电力系统建模方面的应用技术，包括应用专家系统、神经网络、模糊辨识、遗传算法等人工智能技术进行电力系统元件建模、参数辨识等的技术。③深入研究新能源、可再生能源发电，核电，储能系统，特高压直流输电，负荷，柔性 / 多端直流输电，新型 FACTS 器件，超导等新型电力系统元件，分布式发电及微网等的建模理论和模型。④研究建立适用于机电暂态、电磁暂态、长过程仿真的通用的系统元件模型。⑤研究标准化建模技术，针对电力系统建模的标准输入输出格式，建立"即插即用"型模型，可在各种仿真软件中调用。

2）电力系统计算仿真技术

为适应电网从第二代向第三代过渡、转型的要求，电力系统计算仿真技术需在仿真的准确性、快速性、灵活性等方面取得进展，这一部分需要突破的难点和关键技术有：①已有数学计算方法的突破，目标是提高计算速度、精度、稳定性，以及潮流计算中非线性方程求解的收敛性；②研究超大规模电网多层分级分网并行和分布式计算技术研究，研究电网设备自带模型的仿真技术，实现对电网的按需灵活仿真；③研究考虑经济、环境、社会等影响因素的仿真计算技术，研究与智能电网有关的社会经济和环境保护问题的范畴，确定优化计算的目标函数以及各种约束条件，研究相应的分析计算方法；④研究基于多信息源的数字仿真计算技术，主要涉及如何有效利用智能电网中各种智能电力设备和新型信息源的信息，以及如何对这些信息进行整合；⑤研究电磁暂态 - 机电暂态 - 中长期过程混合仿真技术；⑥研究与智能电网相关领域发展相适应的算法，主要涉及对微网、分布式发电，以及与新型电力市场有关的仿真计算方法的研究；⑦研究人工智能技术在电力系统中的应用，包括仿真计算结果的智能分析方法研究，智能化建模与仿真环境的研究和实现，以及智能人机交互技术的研究和实现等；⑧研究引入 WAMS 数据提高在线数据质量的方法，结合 WAMS 数据的在线仿真、参数校核和辨识等技术；⑨结合气象信息、风险评估、历史数据的专家知识分析等，研究电网薄弱环节的诊断算法以及电网稳定性机理，统一风险评估指标体系的建立和元件停运模型的建模方法等；⑩研究适用于微网并网的在线仿真计算；⑪研究调度自动化系统、广域量测系统、继电保护稳控系统等多源信息观测技术，多源信息的提取和综合分析技术，数据融合技术和人工智能技术的结合技术；⑫研究基于超实时仿真的在线控制技术，包括在线稳定预测技术，控制策略在线生成和校验技术，基于超实时仿真的预防、紧急、校正控制的协调控制技术；⑬研究全数字实时仿真与物理仿真设备的功率连接技术；⑭研究适用于高频开断的电力电子元件的实时仿真技术、电磁暂态不同步长间联合仿真技术等实时仿真技术；⑮研究电网 - 电厂 - 变电站联合实时仿真技术，包括探索联合仿真的实现形式，研究子系统之间的数据交换和同步等问题；⑯研究在线实时仿真技术，包括大电网仿真模型的状态估计、实时仿真跟踪大电网运行状态的稳定性及可信度分析、实时仿真的在线评估和动态预警方法、紧急控制和优化运行策略等。

3）先进计算模式和计算机应用技术

计算机技术的发展日新月异，需不断跟踪其进展并应用到电力系统计算仿真中，这一部分需要突破的难点和关键技术有：①研究协同计算在电力系统仿真分析中的应用，研究多成员异地协同工作模式，研究如何利用先进的互联网应用、通信以及数据处理技术，形成高度融合的电力系统仿真分析协作系统；②研究云计算在电力系统仿真分析中的应用，研究云标准、云存储、数据安全、适合电力系统仿真应用特点的云计算应用体系架构、云计算环境的智能高效的电力系统仿真技术等，研究云计算在基于超实时仿真的在线控制中应用的可能性以及具体结合点；③研究分布式实时仿真技术，包括基于先进通信技术的异地快速数据交换和异地同步等问题；④研究计算仿真与先进的计算机（如未来全新原理的量子计算机、生物计算机等）相结合的方法。

4. 发展路线

第一阶段（2011 ～ 2020 年）：建立部分主要系统元件的混合仿真模型，模型初步具备即插即用功能；WAMS 测量技术成为模型参数获取、校验研究的主要手段；建立系统控制、新型元件的部分人工智能模型；建立各种可再生能源发电设备、新型 FACTS 元件、超导电力装置等新型电力元件的模型并实现其实时仿真；电力系统数字仿真计算方法取得突破，离线仿真计算和实时仿真的电网规模可达百万节点级；协同计算在电力系统离线仿真分析中得到应用；配电网和输电网统一建模和仿真，结合数据标准化、云存储技术，电网数据可以不同的精细程度自动组合，结合多层分级分网并行和分布式计算、云计算技术，实现对电网的按需灵活仿真；出现新的计算领域，如常规的安全稳定分析类计算和最优化计算，与环境保护要求相结合，与新型电力市场运营相结合；建立智能化仿真平台，智能化的结果分析初步替代人的作用；在线 / 离线统一建模，在线仿真数据质量问题基本解决；结合 WAMS 数据的在线仿真得以实现，在线仿真可信度大大加强；制定统一的指标体系，在线安全风险评估系统初步实现；实现在线实时仿真，使系统仿真模型能够及时跟踪大电网运行状态特别是灾害情况下的迅速变化；基于超实时仿真的在线控制初步应用，利用大规模电力系统的超实时仿真技术，在故障发生后快速判别系统稳定性，并给出控制措施；建立电磁暂态 - 机电暂态 - 中长期过程一体化实时仿真平台和超大规模数字电力系统与数十条直流、电力电子装置等物理仿真设备的联合仿真平台。

第二阶段（2021 ～ 2030 年）：模型的标准化、适应性、通用性极大加强，完全“即插即用”，形成电力系统模型标准数据接口规范；电磁暂态 - 机电暂态 - 中长期过程一体化实时仿真成熟并普遍应用，仿真精度大幅度提高；实现全数字实时仿真与太阳能发电、风电、储能、柔性交直流输电等新能源新设备的物理仿真设备的联合仿真；分布式实时仿真关键技术取得突破，开始初步应用，通过异地多个实时仿真装置的配合，实现多个异地物理装置的分布式仿真试验；在线安全风险评估系统完善并推广；协同计算在电力系统离线仿真分析中全面应用，大幅度提高工作效率；云计算应用到在线仿真分析，实现大规模资源共享；基于超实时仿真的在线控制技术全面应用；人工智能算法发展和应用更为成熟，仿真结果的智能化分析手段极大增强，为各类应用提供明晰的有用信息；碳纳米管计算机初步应用，仿真计算速度大幅度提高。

第三阶段（2031 ～ 2050 年）：形成完备的混合仿真建模理论，建立各种系统、元件的混合仿真模型；形成完整的人工智能建模理论，范围覆盖几乎全部的元件；实现对整个电网的异地分布式仿真分析，电网设备中可自带标准化的模型并具备对局部模型进行仿真的能力，并依据 WAMS、WASA 等先进测量技术进行模型参数的自调整仿真计算，提高模型的精确性和适应性；超大规模电网仿真计算收敛性、鲁棒性、准确性和计算速度等显著改善；与智能电网有关的各新型仿真计算领域得到长足发展；建立高度智能化的面向用户、面向问题、面向实验的建模与仿真环境；智能决策技术应用；将云计算技术与基于超实时仿真的在线控制技术结合，实现云控制；出现电网 - 电厂 - 变电站联合实时仿真系统，实现对电力系统的全方位实时仿真，可灵活接入实际的电网二次设备、电厂和变电站监控设备进行仿真试验分析；分布式实时仿真全面应用，开展远程试验；量子计算机具有应用可能，仿真分析方法重大变革（表 3-10）。

建议在 2011 ～ 2020 年即国家“十二五”“十三五”计划期间开展研究的内容：①可再生能源发电设备、核电、储能装置、柔性 / 多端直流输电系统、分布式发电及微网、新型 FACTS 元件、超导电力装置等新型电力元件的建模研究、实时仿真与应用分析；②标准化建模技术及电力系统即插即用建模技术的研究；③ WAMS 和 WASA 技术在电力系统建模仿真中的应月研究；④与环境保护要求、新型电力市场运营相结合的新型计算领域的研究；⑤超大规模电网仿真计算方法和多层分级分网并行和分布式计算技术研究；⑥电力系统多时间尺度混合仿真技术、超大规模电力系统与新能源新设备等的物理仿真设备的联合实时仿真技术、电网 - 电厂 - 变电站联合实时仿真技术的研究；⑦电网安全风险评估指标体系研究和在线安全风险评估系统的研究；⑧电力系统智能化建模与仿真平台、智能决策技术的研究；⑨云计算在电力系统仿真分析中的应用研究；⑩在线实时仿真、基于超实时仿真的在线控制技术和云控制研究；⑪适用于高频开断的电力电子元件的实时快速仿真算法研究；⑫分布式实时仿真技术研究。

表 3-10 电力系统先进计算仿真技术实现路线

技术方向	2011 ～ 2020 年	2021 ～ 2030 年	2031 ～ 2050 年
电力系统建模	模型初步具备即插即用功能；WAMS测量技术成为模型参数获取、校验研究的主要手段；建立各种可再生能源发电设备、新型 FACTS 元件、超导电力装置等新型电力元件的模型；建立部分人工智能模型	模型的标准化、适应性、通用性极大加强，完全“即插即用”，形成电力系统模型标准数据接口规范	电网设备中可自带标准化的模型；形成完备的混合仿真建模和人工智能建模理论，范围覆盖几乎全部的元件
电力系统计算仿真	实现各种新型电力元件的实时仿真；计算方法取得突破，仿真电网规模可达百万节点级；出现新的计算领域；建立智能化仿真平台；在线 / 离线统一建模，在线仿真数据质量问题基本解决；结合 WAMS 数据的在线仿真得以实现；在线安全风险评估系统初步实现；实现在线实时仿真，基于超实时仿真的在线控制初步应用；建立电磁暂态 - 机电暂态 - 中长期过程一体化实时仿真平台和超大规模数字电力系统与数十条直流、电力电子装置等物理仿真设备的联合仿真平台	电磁暂态 - 机电暂态 - 中长期过程一体化实时仿真成熟并普遍应用，仿真精度大幅度提高；实现全数字实时仿真与太阳能发电、风电、储能、柔性交直流输电等新能源新设备的物理仿真设备的联合仿真；在线安全风险评估系统完善并推广；基于超实时仿真的在线控制技术全面应用；人工智能算法发展和应用更为成熟，仿真结果的智能化分析手段极大增强，为各类应用提供明晰的有用信息	结合电网设备中自带的标准化模型，实现对整个电网的异地分布式仿真分析，并依据 WAMS、WASA 等技术进行模型参数的自调整，提高模型的精确性和适应性；超大规模电网仿真计算收敛性、鲁棒性、准确性和计算速度等显著改善；新型仿真计算领域得到长足发展；建立高度智能化的面向用户、面向问题、面向实验的建模与仿真环境；智能决策技术应用；出现电网 - 电厂 - 变电站联合实时仿真系统
先进计算模式和计算机的应用	协同计算在电力系统离线仿真分析中得到应用；配电网和输电网统一建模和仿真，结合数据标准化、云存储技术，电网数据可以不同的精细程度自动组合，结合多层分级分网并行和分布式计算、云计算技术，实现对电网的按需灵活仿真	协同计算在电力系统离线仿真分析中全面应用，大幅度提高工作效率；分布式实时仿真关键技术取得突破，开始初步应用；云计算应用到在线仿真分析，实现大规模资源共享；碳纳米管计算机初步应用，仿真计算速度大幅度提高	将云计算技术与基于超实时仿真的在线控制技术结合，实现云控制；分布式实时仿真全面应用，开展远程试验；量子计算机具有应用可能，仿真分析方法重大变革

九、智能配电网和微网技术

1. 发展目标

智能配电网可以在用户之间、用户和电网之间形成网络互动和即时连接，实现相关信息的双向传输，使配电网具有更高的供电可靠性、更优质的电能质量、更好的兼容性、更强的互动性、更高的电网资产利用率和集成的可视化信息系统。智能配电网建设的目标是：未来能够接纳大规模分布式可再生能源；能够将电力需求侧的分布式电源、储能装置、电力和能源综合高效利用系统等组成的微型能源和电力网络（微网）与电网有机融合；大幅度提高配电网的安全、经济运行水平，具有设备和系统的故障自愈能力，基本排除用户大面积停电现象，大幅降低系统电能损耗，有效提高系统的资产利用率；具有很高的环境兼容能力，与通信信息系统和其他供能系统广泛结合，实现覆盖城乡的电力、能源、信息综合服务体系。

微网是指由分布式电源、储能装置、能量转换装置、相关负荷和监控、保护装置汇集而成的小型发配用电系统，是一个能够实现自我控制、保护和管理的自治系统，既可以与外部电网并网运行，也可以孤立运行。微网建设的目标解决配电系统中大量可再生能源的有效接入问题，适应配电网自动化的要求，实现分布式电源、配电系统的高度有效集成。微网的最终目标是实现各种分布式电源的无缝接入，即用户感受不到网络中分布式电源运行状态改变（并网或退出运行）及出力变化而引起的波动，表现为用户侧的电能质量完全满足用户要求。

根据我国未来电力用户对配电系统提出的新的要求，在 2011 ～ 2050 年期间，智能配电系统与微网的研究要实现以下目标。①在提高供电可靠性和电能质量方面：2020 年应全面达到满足城乡用户可靠性和供电质量的基本需求的水平；2030 ～ 2050 年实现差异化供电，具备保证区域性可靠性指标达到 99.999% 以上且高质量供电水平的技术支撑能力。②在提高系统兼容性及互动能力方面：2020 年应基本具备支持大量分布式电源、储能装置等的灵活可靠接入，支持微网的可靠运行，方便电动汽车的充放电，对电力用户更具兼容性的技术支撑能力；2030 ～ 2050 年将全面提升系统兼容性和互动能力水平，为满足全社会电力用户与电网间的互动、高比例接受分布式可再生能源比例（30% 以上）、实现全部电动汽车的双向充放电提供技术保障。③在电网资产利用率提升及信息系统集成方面：2020 ～ 2050 年，通过上述两方面的技术实施，全面提升资产利用率水平；信息系统应全面满足上述两方面技术实施的需求。最终构建一个全面实现配电系统智能化运行管理的一体化信息系统平台。

2. 研究现状

智能配电系统几乎是所有国家发展智能电网的重点所在，但不同国家的发展路线或近期发展的侧重点也有所不同。

（1）美国：美国智能配电系统的发展是信息技术革命的一种延伸，其重点在于配电系统与通信、信息技术的融合，借此改变人们的电能消费模式，使配电系统成为各种新的服务模式实施的支撑平台。

（2）欧洲：欧洲智能配电系统的发展更加关注可再生能源接入、分布式电源应用等相关问题。同时，满足多样化的电力需求，提高电力供应的可靠性和配电系统的经济效益也是其智能配电系统发展的目的所在。

（3）日本：日本的智能配电系统将主要围绕大规模太阳能等新能源的高效利用，确保配电系统可靠运行这一目标来发展，强调节能与优质服务，注重通过建设智能配电系统实现各种能源的兼容优化利用。

（4）中国：目前，由于我国的国情与美国、欧洲、日本等的情况不同，现阶段智能配电系统发展的思路还不很清晰，仍处于探索阶段，正在试图通过一些示范工程的建设明确智能配电系统发展的切入点，最终形成发展动力充足、广大电力用户能够接受、符合国家能源政策导向、与我国的经济和社会发展水平相适应的智能配电系统发展思路。

目前，微网已经成为国际上能源领域的热点研究问题之一，许多发达国家都在探索可靠、灵活、高效的微网技术解决方案，已经建成了许多微网试验和示范系统。

（1）美国：美国的微网技术研究主要由美国电力可靠性技术协会（Consortium for Electric Reliability Technology Solutions，CERTS) 引导，并建立了多个微网实验平台及示范工程。其中一些示范工程重点研究示范分布式电源的对等控制策略，以实现微网内分布式电源的“即插即用”功能。

（2）欧洲：在欧盟第五框架计划（1998 ～ 2002 年）项目“The Microgrids：Large Scale Integration of Micro-Generation to Low Voltage Grids activity”和第六框架计划（2002-2006）项目“Advanced Architectures and Control Concepts for More Microgrids”的支持下，雅典、曼彻斯特等地建立了多个微网实验平台，重点研究微网系统的分层控制策略、保护方案、能量管理方法，并借此向公众展示微网的优越性。

（3）日本：日本在新能源产业技术综合开发机构（New Energy and Industrial Technology Development Organization，NEDO）的资助下，分别在 Hachinohe、Aichi、Kyoto 和 Sendai 等地建立了微网展示工程。通过上层能量管理系统对各分布式电源和储能装置进行调度管理，保证微网的功率平衡，是一种以上层控制器为主控制器的主从式微网结构，各分布式电源一般不具备即插即用能力。

（4）中国：我国在微网技术领域的研究起步相对较晚，但近年来受到的重视程度日益提高，国家重大基础研究计划（973 计划）、国家高技术研究发展计划（863 计划）、国家自科学基金委员会等都对该领域研究工作给予了重点支持。同时，国家电网公司、南方电网公司以及一些能源领域的设备制造商也都启动了相关的微网示范工程建设工作。在未来 3 ～ 5 年内，我国将建成一批微网试验示范系统，相信在理论和在技术上都将取得重要的进展，为我国微网技术的广泛应用发挥巨大的推动作用。

3. 难点与关键

在智能配电系统中，分布式电源与微网的广泛接入、大量电动汽车充放电设施的建设、用户与电网间常态化的互动，导致大量不确定性因素的存在。而交/

直流配网并存、网状闭环运行模式、智能配电设备与柔性配电技术的广泛应用等将导致配电系统更加复杂化，系统运行与管理相关的决策支持信息更加海量化。同时，差异化的供电可靠性、电能质量、电压等级、供电模式等要求需要配电系统的运行决策水平更加智能化。未来的配电系统将会在系统结构、运行模式等方面有显著的不同，需要先进的电力电子技术、通信技术、量测传感技术作为技术支撑，在规划思路、控制策略、运行方法、管理措施等方面有一系列的技术问题需要解决。智能配电系统将是未来电力系统中最有可能发生革命性变化的环节。这一领域的关键技术主要体现在下述几个方面。①灵活多样化的智能配电系统结构及配电模式；②智能化配电设备及柔性配电技术；③智能配电系统优化运行与自愈控制；④高度集成化的配电信息系统。

作为大规模分布式电源友好接入电网的一种有效模式，微网将会在未来的配电系统中大量存在，成为智能配电系统的重要组成部分。微网的广泛应用需要先进的技术和运营模式为支撑。就目前而言，各种储能技术的突破将是微网系统应用效益得以充分体现的技术基础，而微网运营模式的创新和现有相关政策的突破则是微网得以持续发展的保证。随着未来分布式能源接入电网的规模日益加大，其对电网建设、管理、运行的影响也将日益明显，微网必将成为一种常态化的分布式电源接入电网模式。最终，微网与智能配电系统必将融为统一的整体，成为用户与配电公司间实现能量流互动的智能化桥梁。这一领域的关键技术主要体现在下述几个方面。①微网与配电网的无缝连接技术；②微网的保护与控制技术；③微网优化运行与综合能量管理技术；④通过微网实现对用户供电可靠性、电能质量和用电效率提高的高品质供电关键技术。

4. 发展路线

未来40年中，智能配电系统与微网技术发展将主要经历三个阶段。

第一阶段（2011～2020年）：这一阶段主要是相关新技术的探索、示范、区域性实施阶段。将重点探索分布式电源与微网的接入方式、电动汽车充放电模式、用户与电网间常态化的互动方式；研究交/直流配网并存、网状闭环运行模式、智能配电设备与柔性配电技术的应用，系统运行与管理相关决策支持信息系统的开发与完善；在一些区域初步实现供电可靠性、电能质量、电压等级、供电模式的差异化服务。通过大量用户级、区域配电系统级示范工程的建设，对新的运行环境下的配电系统规划与建设、保护与配电自动化、新能源与微网接入、电动汽车充放电、配电系统与用户互动、配电系统一体化信息系统集成等方面的技术取得突破，并积累建设、管理与运行经验，为相关技术的全面实施奠定基础。这一阶段的技术发展将更加关注单元技术的突破与集成技术的创新。

第二阶段（2021 ～ 2030 年）：这一阶段主要是相关新技术的全面提升和全面实施阶段。将在一些有条件和有需求的供电区域，通过对第一阶段发展的技术的全面提升，建成具备更高供电可靠性、更优质电能质量、更好兼容性、更强互动能力、更高电网资产利用率、更加集成化的信息系统的新一代配电系统。实现微网与配电系统的友好集成、分布式电源即插即用、电动汽车充放电有效管理、供电方式与质量差异化服务、信息系统高度集成化与智能化等新一代智能配电系统功能的广泛实现。这一阶段的技术发展将更加关注保证复杂的、大规模的、新型运行环境下的配电系统智能化运行的集成技术的创新和推广应用。

第三阶段（2031 ～ 2050 年）：这一阶段，智能配电与微网相关技术将能够全面满足电力用户的需求。在传感器广泛采用后，整个配网的结构和运行方式会有比较大的改变，在全国范围内完成新一代配电系统的建设，真正实现大规模分布电源的高比例灵活接入、电动汽车全员智能化管理、交 / 直流并存的高可靠性配电网架、配电系统高效运行，配电系统与信息系统高度融合，完全满足不同用户差异化需求的第三代智能配电系统。这一阶段的技术发展将会与社会经济发展充分融合，将不仅仅局限在配电系统技术本身，而是将配电系统作为能源分配系统、信息服务系统的集成平台加以研究，在先进技术的支撑下，实现配电系统向用户用能服务系统的过渡（表 3-11）。

表 3-11 智能配电网和微网技术实现路线

<table>
<tr><th>技术方向</th><th>2011 ～ 2020 年</th><th>2021 ～ 2030 年</th><th>2031 ～ 2050 年</th></tr>
<tr><td>智能配电系统</td><td>研究交 / 直流配网并存、网状闭环运行模式、智能配电设备与柔性配电技术的应用，突破新能源与微网接入、电动汽车充放电、配电系统与用户互动、配电系统一体化信息系统集成等技术，在一些区域初步实现供电可靠性、电能质量、电压等级、供电模式的差异化服务</td><td>将在一些有条件和有需求的供电区域，建成具备更高供电可靠性、更优质电能质量、更好兼容性、更强互动能力、更高电网资产利用率、更加集成化的信息系统的新一代配电系统</td><td rowspan="2">在传感器广泛采用后，整个配网的结构和运行方式会有比较大的改变，在全国范围内完成新一代配电系统的建设，真正实现大规模分布电源的高比例灵活接入、电动汽车全员智能化管理、交 / 直流并存的高可靠性配电网架、配电系统高效运行，配电系统与信息系统高度融合，完全满足不同用户差异化需求的第三代智能配电系统</td></tr>
<tr><td>微网技术</td><td>探索分布式电源与微网的接入方式、电动汽车充放电模式、用户与电网间常态化的互动方式</td><td>实现微网与配电系统的友好集成、分布式电源即插即用、电动汽车充放电有效管理、供电方式与质量差异化服务、信息系统高度集成化与智能化等新一代智能配电系统功能的广泛实现</td></tr>
</table>

十、智能用电技术

智能用电是智能电网的重要组成部分，与终端用户联系最为紧密，直接影响到用户的感知和体验。智能用电技术作为一种先进的能源利用技术，在技术、节能、环保、经济等方面具有无可比拟的优越性，在资源优化配置、智能电网建设、未来社会经济发展中发挥着重要的作用。智能用电新技术的探索和相关产品的研发在智能电网建设、促进清洁能源发展、降低煤炭消耗、提高用电效能等方面将推进能源革命的进程。

1．发展目标

智能用电是将供电端到用户端的所有设备，通过传感器连接，形成紧密完整的用电和信息交互网络，并对其中信息加以整合分析，指导用户或直接进行用电方式调整，实现电力资源的最佳配置，达到移峰填谷、降低用户用电成本、提高供电可靠性和用电效率的目的。智能用电的发展将推动清洁能源的开发和利用，推动分布式能源接入和储能技术的研究和开发，提高火电机组效率，降低火电机组发电煤耗，减少温室气体和环境污染物排放，同时，还可以及时调整和优化设备的运行方式，减少电能消耗及运行维护费用。

智能用电需求主要包括信息通信技术需求、电网与用户间的双向互动服务需求、用户侧对分布式电源、储能装置及设备、电动汽车充换电、能效管理等的需求、智能量测和控制技术需求以及电力、能源与信息一体化结构需求等方面，智能用电技术需要根据变动的需求不断更新，才能有效服务智能电网建设，为我国经济社会环境可持续发展提供保障，满足我国社会经济发展需求和国家能源战略要求。在 2011 ～ 2050 年期间，智能用电技术的研究主要实现以下目标。①电网技术与通信技术、信息技术、传感量测技术、自动控制技术相融合，构建实时、智能、高带宽的信息通信系统，支持多业务的灵活接入；②将物联网、普适计算等先进信息技术与智能用电相互渗透、深度融合，建立完善的智能用电双向交互服务系统，实现智能化、互动化的智能用电模式；③实现微网与大电网的协调运行，通过实时检测与信息交换实现瞬时电力市场交易，突破储能技术瓶颈；④建立和完善电动汽车基础设施建设，实现电动汽车与电网间的智能交互；⑤实现智能用能管理和能效诊断的大规模商业化应用，实现对不同能源的集中测量和统一控制，改变用户用能方式，提高能源利用效率；增强突发事件应对能力，最大限度地保证国家能源安全。

2．研究现状

1）智能用电内涵

智能用电是依托智能电网和现代管理理念，利用高级计量、高效控制、高速通信、快速储能等技术，实现市场响应迅速、计量公正准确、数据实时采集、收费方式多样、服务高效便捷，构建智能电网与电力用户电力流、信息流、业务流实时互动的新型供用电关系。

2）国外发展现状

目前，世界发达国家基于发展新能源、节能减排、提高电网运营效率、改善供电服务质量等需要，陆续开展了智能用电服务的研究和实践，并取得了阶段性成果，分为以下四个方面。

一是明确了智能用电服务发展目标。2006年，欧盟理事会发布了能源绿皮书《欧洲可持续的、竞争的和安全的电能策略》，提出了智能用电服务的目标。

二是拟定了智能用电服务实施计划。例如，2008年，法国电力公司更换2700万只普通电表为智能电表，使客户能自动跟踪自身用电情况，并能进行远程控制。2009年，美国发布《复苏计划尺度报告》，包括为4000万美国家庭安装智能电表，实现远程管理及读表等功能。美国加州电力部门将112个家庭与实时电力价格信息联系起来。最终结果表明，参与者节约了约10%的能源费用，并且需求响应良好。加州已完成20万户小区智能量测系统的安装，初步分析显示，节省电力可达16%～30%。

三是开展了系列负荷响应控制实践。2008年，美国科罗拉多州的波尔得市宣布成为全美第一个智能电网城市，主要通过为全部家庭安装智能电表，使客户可以获得电价信息，自动调整用电时间，并可优先使用风电和太阳能等清洁能源；变电站则可采集每户的用电信息，并且在发生问题时重新配备电力。截至2008年，法国超过1000万客户可以通过网站、邮件、电话、专门的电子接收装置，获得最大关键峰荷电价信息，实时调整用电方式。

四是开展了分布式能源接入等实践。丹麦在博恩霍尔姆岛试验用汽车电池解决间歇风电问题，通过汽车电网V2G技术，建设更多的风力涡轮机。法国电力公司高度重视并承担了电动汽车充电技术研究、标准制定及基础设施建设工作，为电动汽车提供便利的能源供应服务。美国、澳大利亚、加拿大、日本、英国、德国等近20个发达国家已经开展绿电机制项目，美国绿色电力占总用电量2%左右，荷兰有20%的家庭使用绿色电力。

综上，国外近几年开展的智能用电服务的研究和实践，主要是以用电信息采集、用电设备自动控制（需方响应）为主，并开始分布式能源接入和能效管理的研究与实践，通过建立节能服务子公司开展节能服务。

3）国内发展现状

我国在智能用电方面开展了深入的理论研究和广泛的工程实践，一些研究应用已达到国际先进水平。

一是信息通信技术方面，目前，我国已初步形成了以现代电力技术、信息技术为基础的电力营销技术支持体系和多渠道服务接入体系。国内的用电通信主要应用于用电信息采集业务，按照网络结构可划分为远程通信信道和本地通信信道。智能用电小区试点采用基于光纤复合低压电缆的融合通信技术，实现了电力流、信息流的同步传输，彻底解决信息高速公路的“最后一公里”问题。

二是智能双向互动技术方面，国内各省分别建立了客户服务网站和呼叫中心，推出呼叫中心、网上客户服务中心、为客户提供专业性互动服务。同时，结合智能电表、智能用电接插件、智能家电、家庭发 / 储电设备等智能家居为依托的多种智能用电服务方式研究、建设和应用，为分时电价、互动用电、智能用电搭桥铺路。

三是分布式电源技术方面，目前，国内开展了风电监控及并网控制、分布式能源并网逆变器性能测试等技术研究，开展多个光伏发电系统并网测试工作。还对可再生能源风能、太阳能、小水电、农村沼气、生物质发电的接入和监测，以及对电网安全影响评估和自动控制等进行了深入研究。各地依托行政手段和电力负荷管理系统，开展各级有序用电预案科学编制和可靠实施。上海等地试行了绿色电力认购机制，引导新能源产业的发展。积极推广电动汽车、热泵和蓄能技术等电能替代技术，提高了电能在终端能源消费的比例，现在已达 20.2%。

四是智能小区技术方面，2008 年年底全面开展了电力客户用电信息采集系统建设研究，重点开展了系统与终端功能、技术标准、组网方案、通信规约、安全防护策略等方面的研究。2009 年，积极开展智能小区、电力光纤到户、智能家居、能效管理等关键技术研究、相关产品研发、标准体系制定、示范工程建设等工作。截至 2011 年年底，智能小区试点已覆盖全国 21 个网省 35 个城市。国网信息通信有限公司与闪联工程中心、美的集团等单位共同发起成立闪联智能用电工作组，启动了智能用电标识，我国智能用电产品从此拥有明确统一的标识身份，使智能用电产品成为新兴的产品序列。

3. 难点与关键

1）信息通信技术

目前，信息通信技术与电力生产技术深度渗透，已经成为支撑智能电网的重要基础技术。我国在智能用电通信技术研究方面具有一定的优势，但是在支撑用电服务体系运行的通信网络和信息网络建设方面，尚不能达到实用化要求，面向用户侧的通信网络资源不足，需要进一步加强多种通信技术手段的研究，解决相关技术瓶颈。这些技术主要包括：公网通信应用技术、低压电力线载波通信技术、无线通信网络技术、智能用电服务安全防护技术及物联网技术。

2）智能双向互动技术

智能双向互动服务为电力用户提供了智能化、多样化的优质服务，提高了供电服务能力，改变了传统单一供电的方式，实现了电网和用户之间“电力流、信息流、业务流”的双向互动。利用现代信息技术、通信技术、营销技术，建设智能电网与电力用户双向互动服务平台是智能电网的重要内容之一。灵活的信息定制技术、多渠道的自助服务技术、客户故障自动诊断与处理技术、电费双向自动结算服务技术、多样化的交费技术、智能化业扩报装服务技术以及在线安全用电服务技术都是其需要解决的关键问题。

3）分布式电源及用户储能装置分散接入技术

分布式电源是包括分布式发电装置与分布式储能装置。分布式发电具有分散、随机变动等特点，大量分布式电源接入，将对配电系统的安全稳定运行产生极大的影响。传统的配电系统分析方法，如潮流计算、状态估计、可靠性评估、故障分析、供电恢复等，都会因程度不同地受到分布式发电的影响而需要改进和完善。分布式电源及储能装置接入涉及的关键技术有分布式电源交互机制、分布式电源装置、分布式电源继电保护技术、分布式电源接入管理技术等。

4）电动汽车及其充放电技术

电动汽车充放电是智能电网与用户双向互动的重要组成部分，包含了电能的互动和信息的互动。电动汽车与电网间进行实时交换的信息，包括车辆能量状态、电网运行状态、电网电价及辅助服务计费等，为电能需要合理优化提供信息支持。电动汽车及其充放电涉及的关键技术包括：电动汽车充放电服务技术、电动汽车充放电设备及管理系统、电动汽车能源供给系统标准体系、电动汽车电池储能技术等。

5）综合能源管理技术

综合能源管理为用户提供可靠、高效、低耗的用能服务，覆盖范围可分为家庭、楼宇、企业、城市、国家等，针对不同的使用对象，建立适合的能源管理方案。综合能源管理涉及的关键技术包括智能小区 / 楼宇 / 园区能效管理、智能化能效电厂、智能化有序用电管理、远程能耗监测与能效诊断、能效统计、辅助决策等。对新型清洁能源的研究开发和综合应用，科学合理的优化国家能源结构，为多样化的能源供给方式提供自动检测和实时响应是关键问题。

6）智能量测及控制技术

高级量测体系是测量、收集、储存、分析和运用用户用电信息的智能网络处理系统，由安装在用户端的智能电表、量测数据管理系统和通信网络组成。高级量测体系在双向计量、双向实时通信、智能需求响应以及用户用电信息采集技术的基础上，支持用户分布式电源与电动汽车接入和监控，实现智能电网与电力用户的双向互动。借助该体系能实现需求侧管理，电量数据实时采集，智能家电的调配控制。智能量测及控制涉及的关键技术包括：基于智能量测技术的双向通信网络、智能电能表、家庭网络系统、量测数据管理系统等。

7）直流用电技术

随着直流电机、电力半导体、可再生能源发电、燃料电池以及节能新技术的迅速发展和分布式能源、蓄电储能技术的广泛应用，直流供电的优势不断显现，人们开始重新关注直流供电的前景。住宅直流电一般需要由安装在住宅中的太阳能光伏发电和风力发电设备提供，通常要与蓄电池配合运行。直流用电技术包括：分布式电源接入技术、直流用电电器技术、家用能源集成系统、直流生态住宅技术。主要难点有：确定直流标准电压；研究直流供电中极性错误、电路触点灭弧、电化腐蚀、AC/DC 变换效率等相关技术；研究住宅多能源集成以及蓄电技术的节能新技术；研发直流用电设备；发展直流供电方式，推广太阳能、风力等可再生能源发电装置，促进家用燃料电池以及电力调峰贮存装置的普及和应用；发展节能技术、信息化技术等现代住宅技术。

4．发展路线

未来智能用电技术发展将主要经历三个阶段。

第一阶段（2011 ～ 2020 年）：2020 年，我国电网将发展到一个新的阶段：智能电网的雏形基本形成。制定智能用电、智能用能服务、电动汽车充换电、微网接入等理论体系和标准体系，构建高速、双向、实时的电力无线宽带通信网，实现智能用电侧信息通信网络的全面覆盖；预计到 2015 年建成充换电站 1000 座，充电桩 21 万个，构建智能充换电服务网络，实现运营模式和技术标准的国家鉴定和认证。随着智能电能表、智能交互终端、电动汽车等新产品的应用和洁净煤、可再生能源、先进核能、碳捕集利用与封存等低碳和零碳技术的发展，逐步构建了一个有序的覆盖工业、建筑和交通的用电体系，形成智能化、多样化、互动化的用电生活，初步形成以低碳绿色为目标的和谐有序的用电模式。

第二阶段（2021 ～ 2030 年）：实现无线传感网络在智能用电领域的集成应用，建设一个具有低成本、实时、准确、高效等特点的智能传感网；实现微网智能化和商业化运营，形成分布式智能配电网络的理论体系；进一步实用化储能，在柔性电力和电力调峰中规模运营。预计 2030 年纯电动汽车保有量达到 6000 万辆，形成电动汽车发展的市场化机制；普及汽车充放电系统，完善智能充换电服务网络，实现跨区域电动汽车车主提供自动化服务；建立覆盖整个配电网的 IP 通信网。2030 年，智能电网将是一个覆盖陆地、海洋、天空的完整系统，是一个包括太阳能电场、离岸风电场、潮汐能电站、氢能电厂、分布式电源和储能装置构成的微网系统共同形成的智能发电网络；低损耗的输配电系统；家庭、办公楼宇、工厂车间、交通网络、储能和充放系统以及多种传感器和无线网络构成的智能交互用电系统；通信卫星、包括公有、私有和企业云在内的云计算和云存储平台以及数据采集和分析平台等构成了最为核心的智能调度体系，连接和调控整个智能电网系统。智能电网系统成为一个动态、交互、开放、共享的“综合基础设施”，随着核心技术不断进步，专用设备和关键产品成本不断降低，产业链不断完善，智能电网成为智能城市的重要支撑，实现智能绿色的用电模式。

第三阶段（2031 ～ 2050 年）：2050 年，将出现零碳用电模式和生态城市，我国将基本完成能源体系的变革，随着先进的信息通信技术、传感量测技术、自动控制技术与电网技术的紧密结合，利用先进的智能设备，构建实时、智能的信息通信系统服务智能电网；分布式智能配电网络关键技术和设备基本成熟，实现基于微网的区域配网电力交易体系，通过实时检测与信息交换实现瞬时电力市场交易；纯电动汽车、燃料电池汽车基本替代所有传统汽车；电动汽车作为智能电网的分散式储能单元，可实现电网的峰谷调节；随着新能源技术的发展和物联网技术的应用，实现对不同能源的集中测量、统一控制、实时诊断，并为用户提供实时交易和自由选择，实现能源供需模式的科学平衡，形成可持续发展的用电模式（表 3-12）。

表 3-12　智能用电技术实现路线

<table>
<tr><th>技术方向</th><th>2011 ～ 2020 年</th><th>2021 ～ 2030 年</th><th>2031 ～ 2050 年</th></tr>
<tr><td>信息通信技术</td><td>构建高速、双向、实时的电力无线宽带通信网，实现智能用电侧信息通信网络的全面覆盖</td><td>实现无线传感网络的集成应用，建立覆盖整个配电网的 IP 通信网，建设低成本、实时、准确、高效的智能传感网</td><td rowspan="2">随着先进的信息通信技术、传感量测技术、自动控制技术与电网技术的紧密结合，利用先进的智能设备，构建实时、智能的信息通信系统服务智能电网</td></tr>
<tr><td>智能双向互动技术</td><td>制定智能用电、智能用能服务、电动汽车充换电、微网接入等理论体系和标准体系</td><td>实现微网智能化和商业化运营；实用化储能，在柔性电力和电力调峰中规模运营</td></tr>
<tr><td>电动汽车及其充放电技术</td><td>构建智能充换电服务网络，实现运营模式和技术标准的国家鉴定和认证</td><td>普及汽车充放电系统，完善智能充换电服务网络，提供跨区域电动汽车车主自动化服务</td><td>纯电动汽车、燃料电池汽车基本替代所有传统汽车；电动汽车作为智能电网的分散式储能单元，实现电网峰谷调节</td></tr>
<tr><td>智能测量与控制技术</td><td>智能电能表、智能交互终端等推广应用</td><td>实现多种传感器和无线网络构成的智能交互系统，建立基于云技术的智能调度体系</td><td>实现对不同能源的集中测量、统一控制、实时诊断，并为用户提供实时交易和自由选择</td></tr>
<tr><td>综合能源管理技术</td><td>电动汽车的应用和洁净煤、可再生能源、先进核能、碳捕集利用与封存等低碳和零碳技术的发展，逐步形成一个覆盖工业、建筑和交通的用电体系</td><td>建成一个覆盖陆海空，由太阳能电场、离岸风电场、潮汐能电站、氢能电厂、分布式电源和储能装置构成的微网系统等共同形成的智能发电网络</td><td>分布式智能配电网络关键技术和设备基本成熟，实现基于微网的区域配网电力交易体系，通过实时检测与信息交换实现瞬时电力市场交易</td></tr>
</table>

参 考 文 献

卢强 . 2000. 新世纪电力系统科技发展方向 —— 数字电力系统 (DPS). 中国电力 , 33(5): 15-18.
张文亮 , 汤涌 , 曾南超 . 2010. 多端高压直流输电技术及应用前景 . 电网技术 , (9): 1-6.

第四章　对策建议

为适应新能源革命的进程，我国应大力建设智能电网，推动目前的第二代电网持续发展，并向第三代电网逐渐过渡。在这个过程中，必须做好电网技术发展的战略部署，加大资金投入，加强人才队伍和科技平台建设，形成电网技术创新体系，促进电网技术相关的科技资源的高效配置和综合集成；调动广大电力科技人员的创造性，推动新理论、新技术的创新，提高技术创新能力；加强政策、规范、标准的研究制定，推动新技术的研究开发和应用推广，从机制上保障和促进电网技术的发展与创新。

一、电网技术发展要适应国家能源、电力产业发展的需求

经济的高速发展和现代化进程的快速步伐使我国电力需求十分旺盛、不断增加，电源装机容量增长迅猛，电网规模持续扩大。我国的能源发展既有大范围能源平衡、大规模能源输送的客观需求，也面临从化石能源向新能源与可再生能源发展转型的机遇和挑战。电网的发展在必须满足社会经济和能源供需的同时，自身也受到信息技术、电力新技术等技术变革带来的发展动力。虽然我国电网相关科技、生产部门已经掌握了一些电力或电网的核心技术和装备，并实现国产化，甚至在一些技术上已经取得优势地位，但是在一些关键的基础技术和核心装备上仍然依赖于国外，尤其在直流输电、电力电子、可再生能源发电等产业这种倾向比较明显。因此我们必须有清醒的认识，战略性地规划、部署电网技术的研发计划。对于明显落后国际先进水平的电力技术，在自主研发的同时，也应结合“引进－消化－吸收－再创新”的道路；对于国内外都还处于研发阶段的先进技术路线，要准确把握关键科技问题，着力突破开发，提升核心竞争力；对于趋势性的、潜力巨大的新领域，要加强前期科研投入，大力鼓励原始创新，积极探索新理论、新方法、新技术，争取世界领先。总的来说，就是必须把握住第二代电网大发展、向第三代电网转型的机遇，努力打造能够支撑我国电网实现战略性发展的电网技术体系。

二、资金投入应积极支持电网从第二代向第三代发展转型

科技的发展离不开资金的支持，国家和电网企业对电网技术的投入要从资源、

产业、市场、电网安全等多方面科学权衡和部署，结合电网发展的阶段性特征，有区别的投向关键的领域和关键的技术，加速相关技术研发和应用的进程。从第二代向第三代过渡无疑是未来几十年电网发展的最显著特征，到2030年的未来二十年是这一转型的前期过渡阶段，应着重于传统电网技术的新发展和具有突破性的关键技术的基础研究；2030～2050年则是第三代电网的建设完善阶段，应侧重于适应第三代电网的先进技术的研发和应用。

对于新能源与可再生能源发电并网、分布式发电接入、配电和用电侧双向互动等新技术应倾斜投资力度，主动适应和支持电网发展的趋势，同时带动和辐射上下游产业的发展；对于大电网安全稳定、调度控制、分析仿真以及配电自动化、微网等技术也要加大投入，保持我国在大电网运行的优势，并提高配用电侧的灵活可靠运行和智能化水平；对大规模储能、多端直流输电、超导输电等具有突破意义的前瞻性技术则应及早投入、主动培育，争取早日掌握技术关键，实现技术突破和工程应用，建议在“十二五”期间专门立项开始基础研究，并保持持续的支持。在积极支持关键技术研究的同时，还应加强对关键装备研发的支持，如电力电子装备（材料、器件、装置）、直流输电断路器等，立专项进行技术攻关、产品研发，推动产业化，加速先进技术在工程实际中的应用。

三、建设一批具有国际先进水平的电网技术创新群体

科技团队是技术研发的基石，要实现我国在不同时间节点的目标任务，无论从深度还是广度，都需要对国内相关电力科技力量和科研设施加强布局。国内已有的几个研究电网（或电力）技术的国家重点实验室，以及国家电网和南方电网下属的中国电科院、国网电科院、南网电科院等科研机构，都在拓宽研究领域，力图掌握新能源发电并网、电动汽车接入、分布式发电与微网、储能与超导等新领域或新技术中的关键技术，成为占领领域前沿的科研群体或平台。应当围绕国际、国内电网和电网技术发展的趋势，结合能源、信息、材料等技术的发展和应用，在基础研究、技术研发、工程设计、装备制造等各个环节都形成比较鲜明的创新特点，以提升电网技术研发的水平。应鼓励电网公司、科研院所及高等院校之间加强科研合作，建设产学研相结合、具有国际先进科研实力的研究团队或平台，造就一批具有国际科技前沿研究能力的科技领军人才。

四、电力科技人才的培养和教育培训体系要与时俱进

随着新能源革命的推动，我国智能电网建设不断深入，第三代电网将会逐渐成形：大规模集中式和分布式新能源与可再生能源发电不断发展，输电网交直流

互联规模进一步扩大，配用电侧能量、信息双向流动的需求明显提高，电力市场机制改革逐渐深化。未来的电网将面临更加复杂的运行情况和环境，电网技术在发展各种电力新技术同时，还需要结合多学科交叉集成支持。这对传统的电力科技人才的培养和教育培训体系提出了新的更高的要求。必须结合电网和电网技术发展新形势，科学、创新地建立完善从专业基础、学术科研、工程研发、具体应用、技术管理等各方面电力科技人才的一整套培养机制和教育培训体系。

五、发展和创新电力系统学科的新技术和新方法

大电网通过交直流的复杂互联和大规模的电力流输送是第二代电网发展成熟阶段的主要特征，新能源与可再生能源大规模开发利用带来的低碳和清洁、用户侧能源综合利用的智能化和灵活性则是未来第三代电网的显著特征。在传统电网技术领域要做出突破性理论创新、技术创新的空间已经很小，而面向未来电网特征的新兴技术领域，无疑还有许多有待研究开发的空间。因此，应该积极鼓励我国电网技术创新系统从复杂大电网、低碳电力系统、智能化配用电等新兴技术领域提出创新性的理论、技术和研究方法，提升我国在电网技术领域的竞争力。

六、持续做好电力战略发展和电网技术政策的研究

技术路线的推进实施需要依托国家能源政策、国家科技政策的支持。应当按照有利于促进科技创新、增强自主创新能力、推动技术创新向成熟应用过渡的目标，推进电网科技政策、科技管理体系的健全和完善。把科学、前瞻、长效的电网与电网技术战略性研究作为制定电网发展规划、健全电力科技决策机制的依据，加强机构之间的合作协调，切实提高整合科技资源、组织重大科研项目的能力。为新技术的发展提供政策和机制上的保障，通过科学的科技管理体系有效支持技术研发、技术试用和技术标准的制定，促进和加速电网技术的进步，为第三代电网的关键技术发展提供管理机制基础。

七、制定基础、前瞻的电网科技战略发展规划

科学技术的创新和突破是电网发展的关键力量。为适应未来几十年新能源革命中电网技术发展的巨大变化，并在新一代电网形成的过程中掌握关键技术、形成科技优势，应及早制定战略性的科技发展规划，支持和促进基础性、前瞻性的电网技术及其相关支撑科技的研究和发展。

建议我国“十二五”“十三五”期间（2011 ～ 2020 年）展开以下研究。

（1）基础科学研究：物理学和材料科学（超导材料，电力电子材料，化学储能材料，电绝缘材料）；数学和系统科学（优化和控制理论算法，预测理论，复杂系统，随机过程，建模仿真理论）。

（2）器件装备研发：新型电力电子器件和装备，储能装置，直流断路器，超高压直流电缆，新型断路器（或 SF6 替代）；新型输电导线；智能电器。

（3）前瞻性 / 前沿科学技术研究：无线输电（太空发电向地面输电，电动汽车充电）。

（4）关键电网技术研究：柔性直流输电技术，FACTS 技术，多端直流输电技术，超导输电技术，GIL 技术，大规模电力系统建模仿真技术，风电光电功率预测技术，随机性电源负荷的能源管理和优化调度技术。

（5）科技示范工程建设：超导输电，多端直流输电，分频输电，智能用电信息综合服务。

（6）电力系统研究：中渗透率（20% 以上）、高渗透率（30% 以上）可再生能源电力的全国电力系统研究（运行特性，网络结构，技术需求）；含分布式电源和能源综合利用系统、储能装置、可控制电力负荷的微网系统研究（网络结构，建模仿真分析，控制保护，技术需求）；电动汽车大量使用后的电力系统（网络布局，充电模式，储能利用）。

（7）经济政策研究：电力市场（含可再生能源电力），能源电力经济（能源电力价格政策），以及《电力法》中有关分布式电源接入条款的增补修改等。

（8）研究平台建设：在国家层面建立可再生能源电力国家实验室、智能电网国家实验室等研究平台，以适应新能源革命以及第三代电网发展的关键技术需求，并引领未来先进电力技术的前沿研究。

（9）重大软课题研究：在国家层面组织开展两项重大软课题研究：一是“我国未来电网（2020 ～ 2030 ～ 2050 年）的发展模式”，应在本报告的基础上对未来电网发展模式展开更深入细致的研究；二是“促进电网智能化和相关产业发展的政策”，应从国家政策的高度对电网技术进步的综合影响进行全面的研究。

第二篇

专 题 篇

项目负责人（按专题篇各章顺序排序）：

未来中国电网模式的分析与展望	中国电力科学研究院	汤　涌
超特高压交直流输电系统	中国电力科学研究院	汤　涌
大规模可再生能源电力接入电力系统	中国电力科学研究院	王伟胜
	武汉大学	孙元章
能源革命中我国电力工业政策和电力市场改革	西安交通大学	王锡凡
		王秀丽
独立电力系统	清华大学	卢　强
		梅生伟
未来电网调度、保护与控制	清华大学	孙宏斌
	华北电力大学	黄少峰
先进计算技术在电力系统仿真分析中的应用	中国电力科学研究院	田　芳
		李亚楼
智能配电系统与微网	天津大学	王成山
	中国电力科学研究院	胡学浩
	浙江大学	江道灼
智能用电技术	国网信息通信有限公司	刘建明
	中国电力科学研究院	白晓民
综合能源系统	天津大学	贾宏杰
分频输电系统及可再生能源并网问题	西安交通大学	王锡凡
		王秀丽
交流半波长输电技术	中国电力科学研究院	郑建超
		林集明
无线能量传输技术及其应用	华中科技大学	程时杰
		文劲宇
未来电网中的超导电力技术	中国科学院电工所	肖立业
	中国电力科学研究院	来小康
高性能大容量电能存储技术	中国电力科学研究院	来小康
	华中科技大学	文劲宇
新型电力电子材料及器件	中国电力科学研究院	于坤山
	浙江大学	江道灼
面向电力系统的新型电力电子装置	中国电力科学研究院	于坤山
	浙江大学	江道灼
新型电力线路	清华大学	梁曦东
智能电器	西安交通大学	荣命哲
面向未来的输变电装备	清华大学	何金良
高性能电介质材料	哈尔滨理工大学	雷清泉
电力物联网技术	国网信息通信公司	刘建明
	中国电力科学研究院	白晓民
直流电网技术	卡迪夫大学	梁　军

第五章　未来中国电网模式的分析与展望

目前我国经济正处于高速发展时期，按照国家“三步走”战略，到2050年我国将基本实现现代化。随着现代化进程的不断推进，未来我国能源需求将呈现不断增长的态势。由于我国目前能源消费主要以煤炭为主，若按现在的能源结构继续发展，未来我国能源消费总量增长将面临资源供应及环境约束两大压力。为了保障能源供应安全，保护生态环境，我国未来将实施科学、绿色、低碳的能源可持续发展战略，实行节能减排政策，加强煤的高效、清洁利用，增加清洁能源的消费比例，能源结构将朝着化石能源不断减少、可再生能源、新型能源及核能不断增长的方向发展。未来能源发展将呈现出如下特征：① 清洁能源与化石能源并重，清洁能源比例不断增加；② 能源开发规模化和分布式发展并存；③ 能源消费电气化，电在能源终端的比例不断加大；④ 能源发展智能化，能源发展要适应新技术的发展。

为了适应我国未来的能源可持续发展战略，实现节能减排目标，我国未来电网的使命和主要特征都会发生相应的变化。未来我国电网既要保证对用户的安全可靠供电，又要适应新的可持续的能源发展模式，适应未来电力市场的发展需要，做到安全、可靠、清洁、高效、智能、环保、经济。在这样的使命下，我国未来电网的主要特征将是：① 适应新型能源的接入，既能适应大型集中式电源的接入，也能适应中小型及分布式电源的接入；② 骨干网与微电网并存，既存在联系全国的骨干网，也存在局部区域内的微电网；③ 电网的供电可靠性增强，可避免大停电事故的发生；④ 与通信信息系统广泛结合，实现覆盖城乡的能源信息综合电力体系；⑤ 电网运行灵活，可适应未来电力市场发展的需要；⑥ 更加注重用户体验及用户在电网运行中发挥的作用，保证对用户供电的电能质量，强调用户参与及电力需求侧管理。在这样的背景下，我国有必要对未来电网的发展模式进行预测和展望，使我国未来电网更加科学合理地发展。

第一节　电源现状及发展趋势

一、电源现状

截至2010年底，我国全国发电设备容量为96 219万kW，其中，水电装机容量21 340万kW（其中抽水蓄能装机容量为1525万kW），火电装机容量为70 663万kW（其中燃煤电厂装机容量为65 011万kW，燃气电厂装机容量为2668万kW），核电装机容量1082万kW，风电并网装机容量3107万kW，其他装机容量为26万kW（其中光伏发电装机容量为24万kW）①。

我国华北、华东、华中电网依然是装机规模最大的三大区域电网，至2009年底，三个区域合计装机规模占全国的65.5%。我国火电装机主要分布在煤炭资源丰富的华北地区和经济发达的华东地区，装机容量分别占全国的28.4%和24.4%，其中，西北地区火电装机占全国的比例最小。水电装机主要集中在华中和南方地区，分别占全国的40.7%和30.7%。风电装机主要集中在三北地区，其中东北地区风电装机规模最大，其并网风电装机容量占全国风电装机总容量的37.88%，华北地区的风电装机占全国风电装机的比例为32.95%，其中蒙西风电装机容量大幅增加，西北地区风电装机占全国风电装机的13%②。

二、电源发展趋势

中国科学院在其报告《中国能源中长期发展战略研究》中对电源装机规模进行了预测，根据预测结果，全国发电装机总规模2020年约为17.1亿kW，2030年约为23.5亿kW，2050年约为31.7亿kW，2020年、2030年、2050年全国各类电源装机规模如表5-1及图5-1所示。

表5-1　2020～2050年我国发电装机情况　　（单位：万kW）

年份	合计	水电	抽蓄	煤电	燃气	核电	风电	太阳能	生物质能等
2020	171 420	34 775	5 319	104 395	5 168	8 030	10 233	2 000	1 500
2030	234 916	43 134	8 414	134 975	7 259	16 055	16 079	7 000	2 000
2050	316 906	43 000	12 000	136 906	13 000	40 000	40 000	30 000	2 000

① 见中国科学院2011年发布的《中国能源中长期发展战略研究》。
② 见国网能源研究院2011年发布的《未来我国电力供应格局演变研究》。

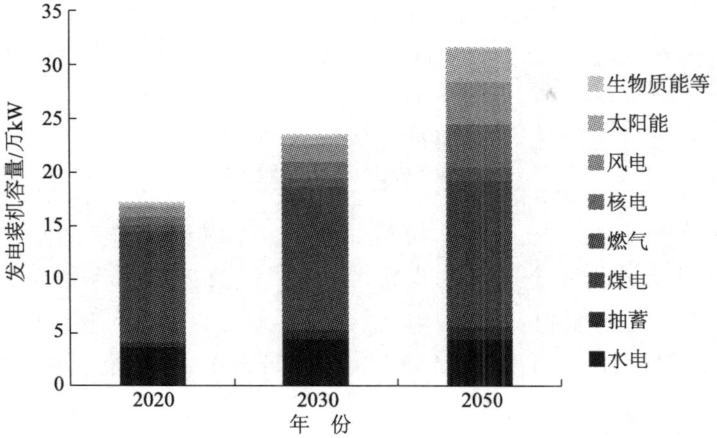

图 5-1　2020 ～ 2050 年我国发电装机情况

根据该预测结果，2020 年，我国煤电装机容量占总装机容量的 60.9%，水电装机容量占 20.3%，风电装机容量占 6.0%，核电装机容量占 4.7%，抽水蓄能发电装机容量占 3.1%，燃气发电装机容量占 3.0%，太阳能发电装机容量占 1.2%，生物质能等其他发电装机容量占 0.9%。2030 年，我国煤电装机容量占总装机容量的 57.5%，水电装机容量占 18.4%，风电装机容量占 6.0%，核电装机容量占 6.8%，抽水蓄能发电装机容量占 3.6%，燃气发电装机容量占 3.1%，太阳能发电装机容量占 3.0%，生物质能等其他发电装机容量占 0.9%。2050 年，我国煤电装机容量占总装机容量的 43.2%，水电装机容量占 13.6%，风电装机容量占 12.6%，核电装机容量占 12.6%，抽水蓄能发电装机容量占 3.8%，燃气发电装机容量占 4.1%，太阳能发电装机容量占 9.5%，生物质能等其他发电装机容量占 0.6%。各类型电源年均增长率如表 5-2 所示。

表 5-2　2020 ～ 2050 年我国各类型电源装机年均增长率　　（单位：%）

时间	总量	水电	抽蓄	煤电	燃气	核电	风电	太阳能	生物质能等
2010~2020 年	3.20	2.18	4.69	2.60	3.46	7.17	4.62	13.35	2.92
2030~2050 年	3.04	–0.03	3.61	0.14	6.00	9.56	9.54	15.67	0.00

国网能源研究院在其报告《未来我国电力供应格局演变研究》[①] 中同样对我国未来装机规模进行了预测，根据预测结果，我国各类电源装机规模 2020 年将为 17.66 亿 kW，2030 年将为 24.7 亿 kW，2050 年将为 38.7 亿 kW，具体结果如表 5-3 所示。

① 国网能源研究院 2011 年发布。

表 5-3　2020 ～ 2050 年我国发电装机情况　　（单位：万 kW）

年份	合计	水电	储能（含抽蓄）	煤电	燃气	核电	风电	太阳能	生物质能等
2020	176 600	34 400	5 000	103 400	5 900	8 000	16 000	2 400	1 500
2030	247 000	43 000	9 000	130 000	9 000	16 000	30 000	8 000	2 000
2050	387 000	47 000	40 000	130 000	16 000	50 000	60 000	40 000	4 000

根据该预测结果，2020 年，我国非化石能源装机占 35.3%，煤电装机占 58.6%，其中西部煤电占全国煤电装机比例由目前的 24% 提高到 39%。2030 年，我国非化石能源装机占 40.1%，煤电装机占 52.6%。2050 年，我国非化石能源装机占总装机比例超过一半，达 51.9%，煤电装机占 33.6%。各类型电源年均增长率见表 5-4。

表 5-4　2020 ～ 2050 年我国各类型电源装机年均增长率　　（单位：%）

时间	总量	水电	储能（含抽蓄）	煤电	燃气	核电	风电	太阳能	生物质能等
2010~2020 年	3.41	2.26	6.05	2.32	4.31	7.18	6.49	12.79	2.92
2030~2050 年	4.59	0.89	16.09	0.00	5.92	12.07	7.18	17.46	7.18

从上述两个预测结果的对比来看，这两个预测结果中，2030 年的预测结果差距主要在风电，2050 年的预测结果差距主要在储能、核电、风电和太阳能，由于中国科学院对储能的统计只考虑了抽水蓄能，国网能源研究院统计的储能除了包括抽水蓄能装机以外，还包含了其他类型的储能，由于二者对储能的统计方式不同，存在差别比较合理。中国科学院预测采用的基数是 2007 年的数据，国网能源研究院预测采用的基数是 2010 年的数据，从预测基数来看，采用最新的数据更为合理。而从年均增长率来看，国网能源研究院和中国科学院对各类型电源的增长速度预测结果除风电以外差别不大，但在 2030 ～ 2050 年的预测结果中，国网能源研究院对核电、太阳能、生物质能的发展速度预测结果高于中国科学院的预测结果；对于风电预测，中国科学院的预测结果中，2010 ～ 2020 年的风电装机增速远低于 2030~2050 年的增速，国网能源研究院的预测结果中，两个时间段的增长速度相差不十分明显。这就说明二者对风电的发展预期不同，前者认为风电在 2030 ～ 2050 年会增长十分迅猛，而后者则认为 2030 ～ 2050 年风电虽然增长速度会有所增加，但不会过快增长，从对风电的增长预期来看，后者更为合理。

三、电源布局预测

煤电方面，我国北方的山西、陕西、内蒙古、宁夏、新疆等各省区是我国煤炭资源的富集区，我国大型煤电基地将主要布局在这五省区，目前前期工作开展比较深入的主要有山西、陕西、宁夏及内蒙古的蒙西、锡林郭勒盟（锡盟）、呼伦贝尔盟（呼盟）以及新疆的哈密。

水电方面，黄河上中游、长江中上游及其干支流、红水河、澜沧江中下游和乌江等资源富集、并居“西电东送”战略性地位的水电基地将得到较快的开发，远期可能会进一步开发利用西藏水电。

核电方面，未来核电将主要分布在一次能源匮乏的负荷中心地区，近期可能在东南沿海地区建设核电站，远期可能延伸到能源资源匮乏、经济条件与厂址条件较好的中部内陆地区。

风电方面，我国风能资源丰富地区主要分布在东南沿海及附近岛屿、华北的内蒙古地区、西北的新疆、甘肃河西走廊地区、青藏高原以及内陆个别地区。风电开发的重点地区将是东北、西北、华北和东南沿海等。

太阳能发电方面，我国太阳能资源十分丰富且分布相对集中，从全国太阳能辐射总量的分布来看，西藏、青海、新疆、内蒙古南部、山西和陕西北部、河北、山东、辽宁、吉林西部、云南中部和西南部、海南西部以及台湾的西南部等广大地区的太阳能辐射能量很大，尤其是青藏高原地区最大。未来可能在我国西部地区的戈壁、荒滩建设大规模太阳能发电基地。

生物质能等其他分布式可再生能源方面，未来将主要根据资源条件，就地分散接入当地电网，或在偏远山区、牧区、海岛地区等作为主力电源为用户直接供电，也可作为系统备用在电网运行中发挥作用。

第二节　用电量及负荷分布预测

一、用电量及负荷预测

《中国能源中长期发展战略研究》[①] 以 2007 年数据为基数，分别按照规划方案、高速方案、低速方案三种情景对用电量需求进行了预测，根据预测结果，全社会用电量从 2007 年的 32 588.62 亿 kW • h，2020 年增长为 66 399.00 亿 kW • h（规划方案）、70 382.55 亿 kW • h（高方案）、62 319 亿 kW • h（低方案），2030 年增长为 90 204.20 亿 kW•h（规划方案）、104 033.90 亿 kW•h（高方案）、80 866.00 亿 kW • h（低方案），2050 年增长为 104 616.00 亿 kW • h（规划方案）、119 474 亿 kW • h（高方案）、87 507 亿 kW • h（低方案）。2007 ～ 2020 年年均增长率为 5.63%、6.1% 和 5.2%，2020 ～ 2030 年年均增长率为 3.11%、3.99% 和 2.64%，2030 ～ 2050 年年均增长率为 0.4% ～ 0.7%。具体结果见表 5-5。

① 中国科学院 2011 年发布。

表 5-5 2020 ～ 2050 年我国用电量预测情况 （单位：亿 kW • h）

方案	2007 年	2020 年	2030 年	2050 年
规划方案	32 588.62	66 399.00	90 204.20	104 616.00
低速方案		62 319.00	80 866.00	87 507.00
高速方案		70 382.55	104 033.90	119 474.00

国网能源研究院的报告《未来我国电力需求格局演变研究》以 2010 年数据为基数，对我国未来电力需求进行了预测。根据预测结果，全社会用电量将从 2010 年的 41 923 亿 kW • h，2020 年增加到 78 414 亿 kW • h，2030 年增加到 98 448 亿 kW • h，2050 年增加到 136 140 亿 kW • h。2010 ～ 2020 年年均增长率为 5.6%，2020 ～ 2030 年年均增长率为 2.3%，2030 ～ 2050 年年均增长率为 1.6%。具体结果见表 5-6。

表 5-6 2020 ～ 2050 年我国用电量预测情况 （单位：亿 kW • h）

年份	2010 年	2020 年	2030 年	2050 年
用电量	41 923	78 414	98 448	136 140

从上述两个预测结果来看，二者对电量的预测结果存在一定的差别，由于国网能源研究院采用的预测基数是 2010 年的数据，中国科学院采用的预测基数是 2007 年的数据，因此从数据基数上来看，国网能源研究院的预测结果应该更为合理一些。从用电量年均增长率来看，中国科学院预测的 2030 ～ 2050 年用电量年均增长率偏小，年均增长率为 0.4% ～ 0.7%，这一结果意味着我国 2030 年将基本上达到用电量饱和的状态。而从我国实际情况来看，这一估计有可能偏保守。国网能源研究院的预测结果中，2010 ～ 2020 年的用电量年均增长率与中国科学院的预测结果基本一致，2020 ～ 2030 年的用电量年均增长率稍低于中国科学院的预测结果，2030 ～ 2050 年的用电量年均增长率高于中国科学院的预测结果。一般，无论是经济的发展还是用电量的增长，其变化都存在一定的惯性和连续性，因此从增长率上来看，国网能源研究院的年均增长率更为合理。

国网能源研究院按最低情景约束和发展较快情景对我国电力负荷进行了预测，根据预测结果，最低情景约束下，我国 2020 年、2030 年和 2050 的全社会最大负荷将依次达到 12.8 亿 kW、16.6 亿 kW 和 25.1 亿 kW；发展较快情景下我国 2020 年、2030 年和 2050 的全社会最大负荷将依次达到 13.9 亿 kW、18.2 亿 kW 和 28 亿 kW。

二、负荷分布预测

随着我国工业化进程及城市化进程的推进，未来我国第二产业比例将不断下降，第三产业和居民用电的比例将不断上升。而西部大开发等相关国家战略的实施，将使未来中西部地区的负荷增速加快，预计未来我国主要的负荷中心地区用电量仍将持续增长，但增速变缓，中西部地区的负荷将不断增大且增速较快。虽然未来分布式可再生能源会在各负荷地区有一定的渗透，但未来的电力负荷中心很有可能仍以目前的电力负荷中心为基础，逐步向中西部地区扩展，随着扩展程度的不同及政策导向的影响，未来除了继续呈现目前的以“三华”地区为主要负荷中心的格局外，也并不排除出现负荷更为均衡分布的格局的可能性。未来我国偏远地区负荷将主要由分布式能源供应，其对整体负荷分布格局不会产生太大的影响。

根据《中国能源中长期发展战略研究》，中国六大区域用电量预测见表 5-7。

表 5-7　中国六大区域用电量预测　　（单位：亿 kW·h）

电网	2020 年	2030 年	2050 年	电网	2020 年	2030 年	2050 年
华北	15 614	19 200	21 207	东北	5 311.9	8 118.4	9 200
华东	16 334.2	21 951	24 139	西北	4 913.5	6 765.3	9 800
华中	11 951.8	16 236.8	21 840	南方	11 287.8	15 334.7	18 425

根据国网能源研究院的《未来我国电力需求格局演变研究》，2010 年京津冀鲁、华中东四省和华东地区合计用电量占全国的 55.7%，预计 2020 年、2030 年、2050 年京津冀鲁、华中东四省和华东地区合计用电量占全国的 55.1%、53.9% 和 50.8%。根据该预测结果，未来中国六大区域用电量见表 5-8。

表 5-8　中国六大区域用电量预测　　（单位：亿 kW·h）

电网	2020 年	2030 年	2050 年	电网	2020 年	2030 年	2050 年
华北	19 232	24 137	32 415	东北	6 370	8 200	11 357
华东	19 170	21 566	27 013	西北	6 857	9 282	15 282
华中	14 219	19 575	28 454	南方	12 566	15 687	21 619

国网能源研究院对各省（区、市）的电力需求增长情况进行了分析，具体的结果如图 5-2 ～图 5-4 所示。

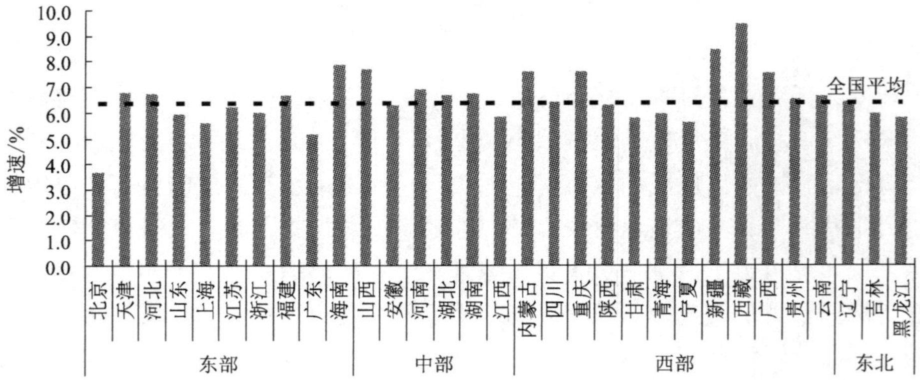

图 5-2　2010～2020 年各省（区、市）电力需求增速

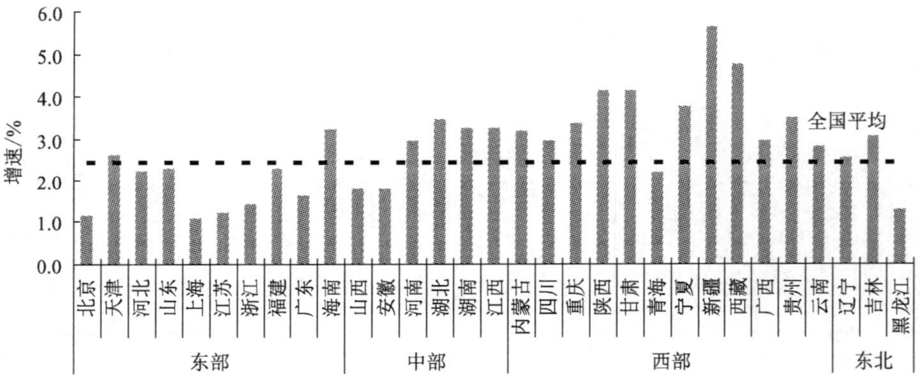

图 5-3　2020～2030 年各省（区、市）电力需求增速

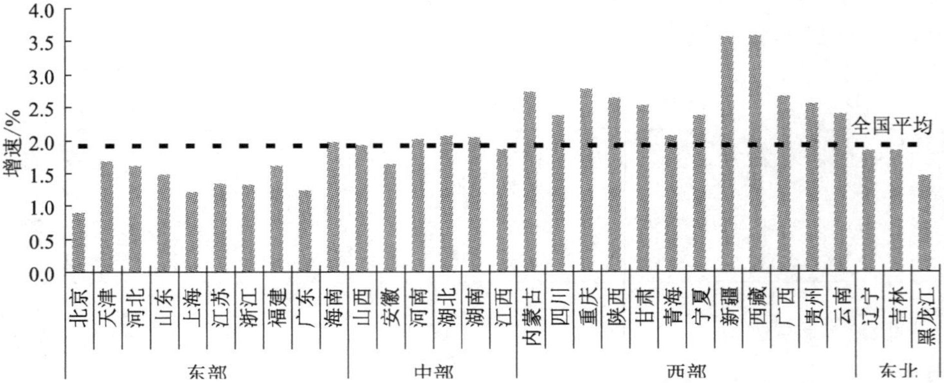

图 5-4　2030～2050 年各省（区、市）电力需求增速

从上述预测结果来看，我国未来电力负荷中心虽然有中移北扩的趋势，但未来负荷中心仍将集中在中东部地区。

第三节　电力流格局预测

根据前面所述我国电源的发展及分布情况情况，以及我国未来的电力需求预测情况，对我国 2020 年、2030 年电力流格局进行了预测，对 2050 年电力流格局进行了展望。

一、2020 年电力流格局预测

2020 年之前，我国将主要围绕煤电基地和水电基地的电力外送以及部分跨国输电的需要，形成“西电东送”、“北电南送”的基本电力流向。呼盟煤电送电东北、华北京津冀鲁地区；锡盟煤电送电京津冀鲁和华东地区；宝清等黑龙江煤电送电辽宁；山西、蒙西、陕西、宁夏煤电送电华北、华中、华东地区；新疆煤电送电华中、华东地区；四川和金沙江水电送电华中、华东地区；云南水电、贵州煤电送电广东地区；俄罗斯、蒙古跨国电力送电东北、华北地区；缅甸水电送电南方地区。整体电力流流向如图 5-5 所示。

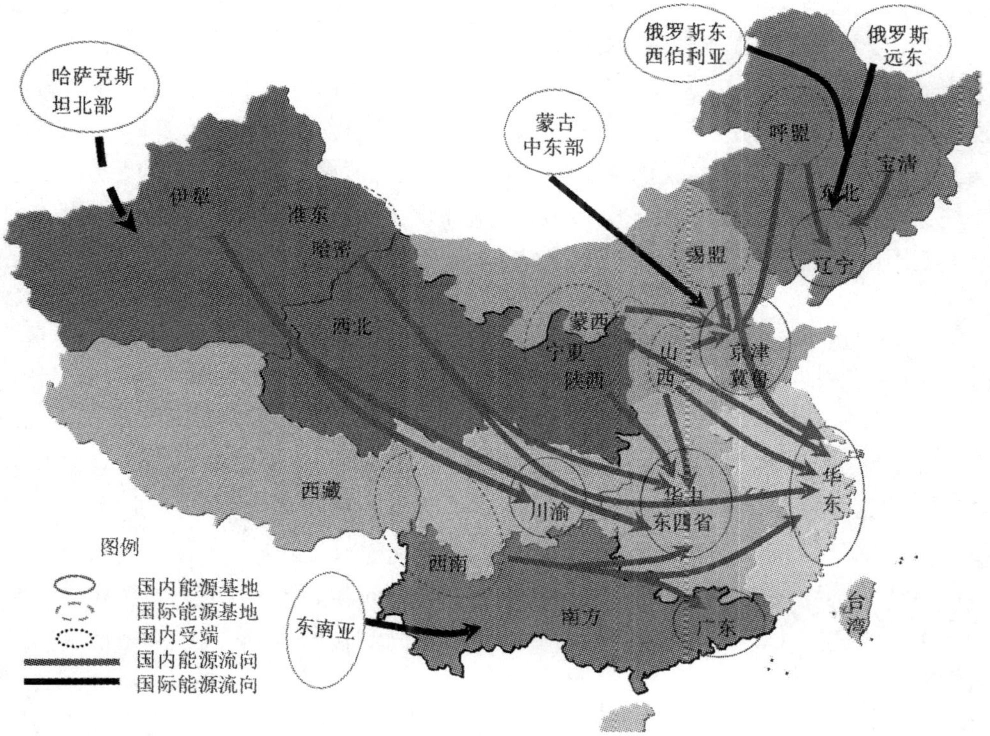

图 5-5　我国未来电力流向示意图

根据国网能源研究院的报告《未来我国电力需求格局演变研究》，2020 年，我国跨区、跨国电网输送容量 4.2 亿 kW。华北京津冀鲁、华中东四省和华东电网受电规模分别为 9942 万 kW，8700 万 kW 和 13 270 万 kW。

二、2030 年电力流格局预测

2030 年前后，跨区电力流或电网互联规模将在 2020 年的基本格局基础上进一步加大，重点体现在西藏水电以及新疆煤电基地的外送规模上，输送容量将进一步提高。西北火电基地向华北、华东、华中负荷中心的送电规模有所加大；西南水电开发已接近其可开发规模，主要外送市场仍然是华中、华东和南方电网。湄公河次区域水电加大输电规模，与我国南方电网的互联规模增大。俄罗斯电力继续加大向我国东北地区的送电规模。

三、2050 年电力流格局展望

预计 2050 年的电力流格局会有两种可能情况，第一种是情况是 2030 ～ 2050 年，电力仍需大容量远距离输送，但整体上跨区跨国电力流与 2030 年相比无显著增长，2030 ～ 2050 年将根据市场发展情况，重点依托东部核电开发和抽水蓄能电站的建设，满足中东部负荷增长需要；第二种情况是至 2050 年，随着核电及大规模可再生能源的接入，未来的煤电装机容量的减少，以及负荷中心向中西部地区的扩展，分布式能源的渗透等，2050 年电力流格局将发生较大变化，由目前的大容量远距离输送趋向于电力与负荷基本均衡的方向发展。未来对电力的大容量远距离输送需求将部分减少或减少得较多。

第四节　我国未来电网发展模式预测与展望

从电力流的预测来看，至 2030 年之前，我国都将存在着电力大容量远距离输送的基本需求，且根据特高压电网的发展规划，预计至 2030 年将基本建设可覆盖全国的特高压主网架，该主网架将采用特高压交流及特高压直流技术，而分布在负荷中心周围的大型可再生能源基地则通过 HVDC 与特高压主网架相连。至 2050 年，将根据技术发展情况及具体的负荷分布情况形成适应我国实际情况的互联电网。

进一步，未来我国北部、南部地区大型风电、太阳能电站可能会与周边国家电网相连，形成跨国电网。

一、电网发展面临的形势和任务

随着我国经济的快速发展，未来我国电力需求将不断增长，预计到2020年全社会用电量和最大负荷均将翻一番，而随着化石能源的日益枯竭和气候变暖等环境问题的恶化，未来我国将实行节能减排政策，我国电源结构将不断调整，化石能源发电的比例将不断减少，非化石能源发电的比例将不断增加，未来风电、太阳能、生物质能等可再生能源的比例及核电的比例将有很大的提高，西南水电、西北及北部煤电和风电、东部核电需要加快开发，因此，出于经济性和安全性的考虑，未来我国的电力布局需要优化调整。根据“十二五”规划纲要，我国未来将优化能源开发布局，统筹规划全国能源开发建设重点，建设山西、鄂尔多斯盆地、内蒙古东部地区、西南地区和新疆五大国家综合能源基地，重点在东部沿海和中部部分地区发展核电。提高能源就地加工转化水平，减少一次能源大规模长距离输送压力。合理规划建设能源储备设施，完善石油储备体系，加强天然气和煤炭储备与调峰应急能力建设。

长期以来，我国电力工业发展“重发、轻供、不管用”，电网投入不足，滞后于电源发展，多方面的原因导致我国煤电油运紧张反复出现、坑口电站发展缓慢、输电比例偏低等问题，因此，未来我国电力发展方式需要转变。“十二五”规划纲要已经明确指出，要加强我国能源输送通道的建设，未来将加快西北、东北、西南和海上进口油气战略通道建设，完善国内油气主干管网。统筹天然气进口管道、液化天然气接收站、跨区域骨干输气网和配气管网建设，初步形成天然气、煤层气、煤制气协调发展的供气格局。适应大规模跨区输电和新能源发电并网的要求，加快现代电网体系建设，进一步扩大西电东送规模，完善区域主干电网，发展特高压等大容量、高效率、远距离先进输电技术，依托信息、控制和储能等先进技术，推进智能电网建设，切实加强城乡电网建设与改造，增强供电可靠性。

因此，我国未来将建设坚强的智能电网，实现电力工业科学发展，电网除具有输电属性外，最重要的是具有市场网络功能，电网将成为保证国民经济安全稳定运行的重要基础设施。新能源的发展、电气化水平的提高、用电需求的不断增长及电力结构的加快调整，都需要构建一个安全、高效、经济、环境友好的电力系统，需要坚强智能电网作保证——即建设各级电网协调发展，以信息化、自动化、互动化为特征的坚强智能电网，全面提高电网的安全性、经济性、适应性和互动性。建设智能电网目前已列入政府工作报告，世界各国也都将智能电网作为重要的发展战略。

面对这样的形势，未来电网除了承担输电的任务以外，将在节能减排、能源资源优化配置、电力市场等各方面发挥更大的作用。

未来电网既要适应新型能源的接入又要适应大型集中式电源的接入，并可适应中小型及分布式电源的接入，未来电网既存在联系全国的骨干网，也存在局部区域内的微电网，其供电可靠性增强，可避免大停电事故的发生，并与通信信息系统广泛结合实现覆盖城乡的能源信息综合电力体系，可实现潮流的双向控制，适应未来电力市场发展的需要。同时更加注重用户体验及用户在电网运行中发挥的作用，保证对用户供电的电能质量，强调用户参与及电力需求侧管理。

二、我国2020年输电网发展模式预测

按照能源资源在更大范围内优化的目标，到2020年，国家电网跨国、跨区电力流规模将达到4.2亿kW左右，从能源流向的角度来看，未来的电网发展无疑将突破现有的电网发展模式，而从电网本身来讲，以500kV为主的输电主网架难以承受如此大规模的电力流。

中国电力科学研究院根据前述电力流预测结果，构筑了相应的500kV网架方案，由于电力流输送规模庞大，必须依赖大规模的直流（为了减少直流数目，选择输送规模更大的特高压直流）输送，而为了避免“强直弱交”的危险，现有的东北、西北、华北、华中、华东和南方六大区域电网仍采用直流联网，在这种模式下，华东电网需要采用19回直流（1.18亿kW），且多数集中于长三角地区。通过分析，这种模式暴露了两个问题，一是多馈入直流在受端集中落点，交流系统对直流的电压支撑能力较弱，一旦敏感通道失去，电网十分脆弱，易引发多回直流的连续长时间换相失败闭锁，可能导致受端发生大停电事故；二是500kV交流与直流规模不匹配，一旦发生直流故障，其直接后果是交流系统转移能力不足而被迫损失负荷，甚至可能引发连锁反应酿成大停电事故。因此延续原有的500kV发展模式在技术上是不可取的。虽然，500kV电网的发展能够支撑一段时间，但它的进一步扩展将抢占未来更高一级电网的空间，反而会引发更大的损失。因此，在“十二五”期间，我国现有的电网发展模式面临转变。

在大规模多端直流技术、常温超导等具有革命性的电网技术不具备工程应用能力之前，在我国辽阔的地域面积上实现如此大规模的电力流跨区输送，最有可能的实现方式便是依托于现有可突破、可实现的技术，来构筑我国未来20～30年的主网架。

从电网发展历史角度来看，1000kV电压等级的出现，类似于电压等级从330kV升到750kV及从220kV升到500kV的过程，目的是实现更大范围内的电力平衡，满足大容量电力输送的需求。

未来，华北、华中、华东无法实现区域平衡，而华北北部和西北部、华中西

部（川西）具有大规模的火电和水电基地，华北北部还具有大规模可开发的风电，因此华北、华中、华东构成一个基本平衡的区域（简称“三华”区域）是合理的，东北、西北的火电、风电可以采用直流方式送入。全国形成东北、西北、“三华”和南方四个同步电网。其结构示意图如图 5-6 所示。

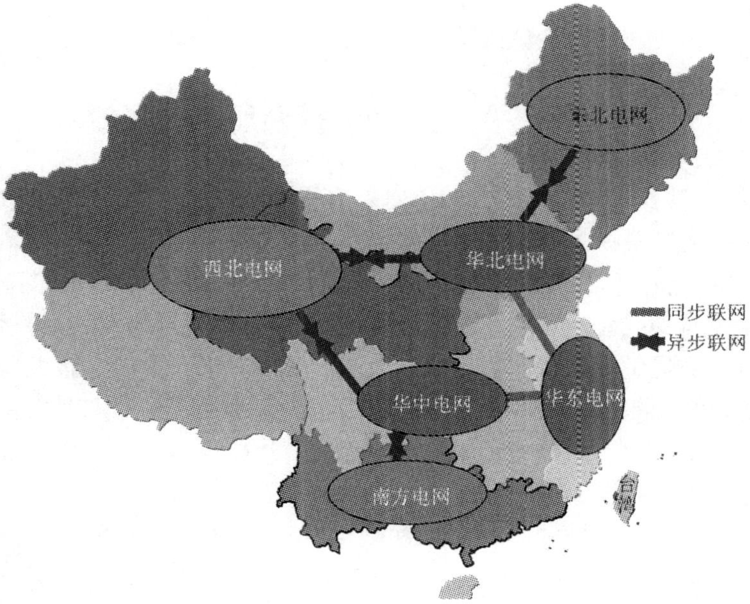

图 5-6　未来我国电网结构模式示意图

三、我国 2030 年输电网发展模式预测

2020 ～ 2030 年期间，各地负荷增速放缓，但西部地区增速将高于东部地区，原来西北地区煤电、西南地区水电将有更多的部分被当地负荷消纳，因此在常规能源布局上出现以下几个特点。

（1）进一步开发锡盟、蒙西、陕北地区的电源，在维持原有外送规模的基础上有所增长。

（2）大规模开发接续电源。①西藏水电，建设规模为 4000 万 kW 左右，其主要送电方向有两个，一是送至四川、重庆，接续原有川西水电，继续发挥原有的川西水电交直流电力外送功能，二是直达华中、华东负荷中心，满足新增电力市场需要；②进一步开发新疆伊犁煤电，送电至重庆、鄂东地区，接续川西水电及鄂东水电；③进一步寻求境外电源，主要为哈萨克斯坦的煤电，送至华东负荷中心，满足新增电力需求。

（3）大力开发风电为主的绿色电源，大规模风电可以采用直接或接续式接入交流电网，或可采用风火打捆或直流的送出方式，送至“三华”电网消纳。

因此，从电源分布和负荷发展情况来看，电网发展将延续2020年左右的发展势头，但从满足需求的角度看，2020～2030年的建设规模远小于2020年之前，交流主网架上主要以满足负荷需求所需要的新增站点和个别通道加强，同时，建设藏电外送、疆电外送和哈萨克斯坦电力送入等多回直流。

四、我国2050年输电网发展模式展望

至2050年，我国电网发展面临的内外部环境发生了一定变化。

（1）化石燃料资源逐渐减少，能源危机问题越来越突出，大规模新能源的开发与利用将进入新的阶段，在一次能源消耗总量中所占比例达到一定水平。风能、太阳能资源丰富的三北地区和西南地区在满足当地供电的基础上，将承担起向三华地区负荷中心提供清洁能源的重任。风电、太阳能等新能源具有大幅度长时间尺度随机功率波动特性，大容量远距离输送新能源将使送受端均产生冲击，解决新能源功率波动引起的大电网潮流蹿动、保证清洁能源的高效可靠利用成为电网的主要任务。

（2）全国用电负荷分布逐步趋于均衡，内陆地区经济发展加快，使负荷中心呈现西移和北扩的局面。另外，分布式电源在重点城市用电负荷比例升高，一定程度上降低了用电负荷的增长速度，但负荷还是呈现整体稳步上升的态势。新兴负荷中心距离西南水电和北部能源基地的距离相对较近，向新兴负荷中心送电的任务可以由交流电网完成，这种情况下向原有“三华”负荷中心的送电任务将主要依靠直流完成。交流电网的任务以构建坚强网架，保证电网安全为主，输电作用为辅。

（3）输电技术快速发展，超导输电、多端直流等先进输电技术将趋于实用化，为我国未来电网发展提供了更多的技术选择。

针对上述边界条件的变化，电网发展模式需要从以下方面加以考虑。

（1）随着交流电网发展的逐步成熟，网架结构趋于稳定，对远期电力流的变化适应性增强，从2030年至2050年，交流电网发展速度放缓，以提高电网安全稳定性为目标，发展模式为局部强化。

（2）直流输电在满足远距离送电需求基础上，在多端直流输电技术相对成熟条件下，可兼顾新兴负荷中心的供电需求，直流输电线路建设中间落点，既可以提高输电的灵活性，又可以实现更远距离电源的接续送电。此外，为实现大规模新能源在全国范围内消纳，直流将担负新能源远距离外送的重任。

（3）由于分布广泛，大规模新能源接入的功率波动在一定程度上有所缓和，但因为总量的增加，整体上仍然体现出大幅度随机波动特性，除了积极采用应对功率波动的新技术措施外，根本的解决方案是通过多种能源的互补，平抑新能源的功率波动。一种思路是在新能源送端建设配套资源，从源头实现功率平滑；另一种思路是充分利用全局资源，实现大范围功率互补。在超导技术发展成熟的条件下，可考虑建设连接新能源、水电、火电直流外送系统超导直流母线，实现更大范围的电力互补及总体功率的平稳可控，超导直流母线再通过直流输电系统将汇集的电力输送至负荷中心。基于新能源资源和水电资源的地理分布及目前直流外送的布局，这个超导直流大母线将自南向北贯穿华北、华中地区（图 5-7）。

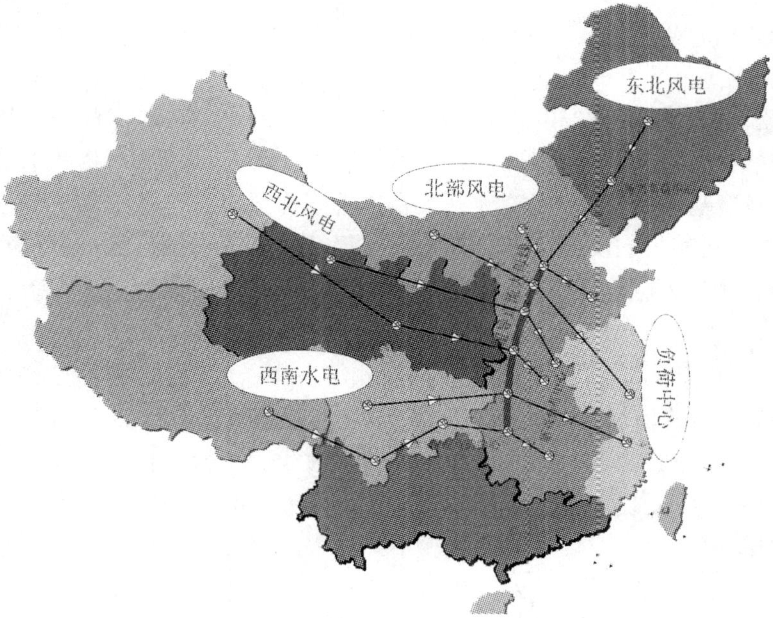

图 5-7　2050 年基于超导输电技术的直流大母线示意图

（4）如果超导技术发展较慢，则需要依靠坚强的交流电网支撑西南水电和北部大规模新能源基地的大范围功率互补，电网整体结构上不会有很大变化，但需强化电源互补输电通道，并解决功率大范围转移带来的系统问题。

由于 2050 年电力流情况很难准确预测，因此，前面对 2050 年的电力流格局进行了两种可能性的展望。根据 2050 年的电力流格局情况，考虑 2050 年内外部环境及边界条件变化情况，预测 2050 年的电网发展模式可能有以下三种：特高压交直流联网模式、超导主网架模式、电源与负荷匹配模式。

模式一：特高压交直流联网模式。该模式的前提条件是 2050 年的电力流格局仍基本延续2030年的情况，跨国跨区电力流无大幅增长，但仍有大容量电力输送的需求，此时，我国2050年的电网模式有可能延续2030年的情况，在2030年基础之上继续发展特高压电网。由于目前根据我国特高压电网规划，至2030年我国的特高压骨干网架已基本覆盖了全国各区域，因此，2050年特高压骨干网架可能延续2030年的网架结构，在此基础上继续发展，由于2020年我国电力需求翻一番，2050年我国电力需求接近于翻两番，此时，为满足电力输送的要求，电压等级有可能会继续上升，也有可能在电压等级不上升的情况下，采用更为先进的输电技术，或在原有输电通道上增加线路数，以大幅提高线路的输电能力。

模式二：超导主网架模式。该模式的前提条件之一是电力流格局与模式一相同，即2050年的电力流格局延续2030年的情况，仍需电力的大规模远距离输送，条件之二是常温超导技术实现突破，到2050年，常温超导电缆可实现规模化生产且成本大幅降低，此时，由于常温超导电缆所具有的绝对优势，有必要采用先进的超导输电技术满足2050年大规模电力输送的需求，在这样的条件下，2050年我国电网的网架结构有可能向超导主网架转变。但从该模式所依赖的前提条件来看，一是常温超导技术取得突破，二是常温超导输电在经济上具有竞争力，在这两个条件都能满足的情况下，该电网发展模式具有较大的可能性，同时应考虑到，发展该种电网发展模式需要一定的过渡期，以完成由原有网架向新型网架的过渡。

模式三：电源与负荷匹配模式。该模式的前提条件是2050年的电力流格局不再延续2030年的情况，而是形成电源与负荷基本匹配的电网模式。但综合考虑，我国电源和负荷分布极为不均，负荷中心的转移是一个较为长期的过程，存在较大的惯性，因此，在几十年时间内依靠常规电源和负荷中心的转移形成电源与负荷完全匹配的电力流格局的可能性比较小，未来，只有在出现不受地理位置及能源分布限制的新型能源发电技术（如核聚变技术）的情况下，才有可能形成电源与负荷基本匹配的模式，在这种模式下，大部分区域电源与负荷可以基本匹配，少部分地区仍需要电力的远距离输送。

五、我国未来配电网发展模式预测与展望

我国大城市配电网发展的技术水平与经济管理体制和经济发展水平密切相关。我国目前的居民负荷约为12%。到2020年，我国城市电网的民用负荷和商业负荷的比例将达到20%。居民负荷的特点是分布比较均衡，负荷之间的联系较紧密，要求中压配电网具有较强的联络，具备足够的故障后负荷转移能力，具有较高的供电可靠性。未来我国城市配电网将朝点多、线密的供电方式发展，而城

市供电网络结构也将具备智能化，可适应居民和商业负荷的发展，保证电能质量，强调用户参与互动。同时，由于城市用电负荷的增加，许多城市已有的地下电缆将达到饱和状态，因此未来城市配电网可能采用超导技术进行大容量电力分配。

我国农村发展不平衡，东部地区社会经济发展水平高于中西部地区，即使在同一区域内部，不同地区之间发展也不平衡。在农村局部地区，如偏远地区、绿色能源丰富地区、需要建设自愈型配电网的地区，分布式电源及微型电网将有较大发展。这些微型电网、分布式电源与主网相联，可以提高供电可靠性、节约能源，并成为智能电网的一部分。在这些供电区，将形成微型电网、分布式电源与主网相联的供电格局。随着我国农村经济的发展，农用负荷将不断增加，尤其在农村机械化自动化水平不断提高的情况下，未来农村用电量将有大幅提高，且对用电质量也有较高要求。随着城市化进程的不断推进，未来农村城镇化水平将很高，预计未来农村将逐步形成按区域分布的微网。同时，为有效利用资源，农村分布式发电技术将逐渐发展成熟，农村未来供电将主要采用分布式发电形式，并在局部形成微电网结构，因此要求未来农村配电网具有可适应于分布式能源接入的电压等级，且覆盖面广，配网之间联系紧密，同时具备高度的自动化和信息化水平，可有效保证农村配电网用户的用电质量。农村配电网将与主网相联系，在电力市场的大环境下参与整个电网的调度。

同时，随着智能电网和物联网的快速发展，我国未来配电网的通信信息水平将有极大的提高，预计未来将在全国大部分实现智能化配电网。

第五节　未来电网发展的关键技术需求

未来电网的发展需要新技术的推动，我国幅员辽阔，电网庞大复杂，其安全、高效运行需要各种技术的支撑，在 2030 年之前，电网发展形势比较明朗的情况下，需要有重点地发展相关关键技术，如在发电方面，应重点发展风力发电、太阳能发电、分布式发电、核电技术等新型能源发电技术，在输电方面应重点发展特高压交直流输电、多端直流输电、轻型直流输电、柔性输电等实用技术，同时应有针对性地研究分频输电、半波长输电等新型输电技术，研究其未来可能的适用场合等。

具体地，发电方面由于我国未来对可再生能源、清洁能源的发展力度较大，因此无论从近期还是长远来看，都有必要对新型能源发电技术进行深入研究，提高新型能源发电的效率、可靠性及稳定性，由此有利于我国电网对新型能源发电接入比例的提高。

输电方面，由于我国幅员辽阔，所覆盖区域地理形势、气候条件、经济发展情况都不尽相同，因此，具体输电形式的选择应根据实际情况进行分析，目前已经实际应用或比较有应用前景的输电技术主要包括特高压交直流输电技术、多端直流输电技术、轻型直流输电技术及柔性交直流输电技术等，由于我国2030年规划的主网架为特高压交直流主网架形式，因此，在此期间，输电方面应重点研究特高压交直流输电技术，提高系统的输电能力及电网的安全性、可靠性和经济性。

同时，从我国的特高压主网架规划中可以看出，未来存在由一个电源中心经过远距离电力输送向多个负荷中心供电的情况，也存在由多个电源中心经过远距离电力输送向一个负荷中心供电的情况，而多端直流技术可实现多个电源区域向多个负荷中心远距离供电的需求，可充分发挥直流输电的经济性和灵活性，因此，未来对多端直流技术有一定的需求，如我国未来西南水电、北部煤电以及远期的西藏水电开发等均可能对多端直流输电技术有需求（张文亮等，2010），因此，有必要对多端直流技术进行深入研究。

轻型直流技术十分适合对风能、太阳能等分散化、小型化的电能进行组网（胡兆庆等，2005），通过经济、环保的方式将这些电能反馈回电网。目前轻型直流技术已在多国得到应用，且德国的“Super Grid”即是采用轻型直流技术对风电进行组网，因此，未来随着我国风电、太阳能发电的发展，有必要对轻型直流输电技术进行研究。

柔性交流输电的发展对电网起着十分重要的作用，近年，随着直流输电技术的发展，柔性直流输电技术也得到了重视，未来随着我国电网电压等级的提高及特高压直流输电技术的发展，对柔性交流输电技术及柔性直流输电技术都提出了新的要求，因此有必要对柔性交直流输电技术进行深入研究，保证我国电网的安全、可靠、经济运行。

除了对上述关键技术进行重点研究以外，对某些输电技术也有必要进行有针对性的研究，如半波长输电技术、分频输电技术等。研究其适用场合及进一步发展的可能性，使其在我国电网中发挥合适作用。

从远期来看，2050年我国电网发展模式并不十分明朗，但对新技术的研究始终是对未来电网发展的技术储备，因此，针对2050年的电网发展模式，应从多方面进行前沿性技术研究，使我国电网发展始终处于国际领先水平，未来具体的前沿性的可能技术需求包括：高温超导输电技术、常温超导输电技术、无线输电技术等。

目前高温超导输电技术有一定的技术应用前景，到2050年之前可能会实现商业化，但从目前的高温超导电缆设备来看，由于其电压等级较低，且需要冷却设备，因此很难采用该技术形成我国未来的主网架，但其可应用在未来的城市配电网，以满足其日益增长的区域负荷需求。相反，若常温超导输电技术能够实现商业化，则可能对电网发展产生颠覆性影响，可改变整个电网的发展模式。目前国内外均已对高温超导有了一定的研究并有了实际应用，我国对高温超导技术的研究目前也处于国际先进水平，但国内外对常温超导技术的研究仍进展缓慢。超导技术作为21世纪重点前沿技术，应引起我国的重视，未来我国应对高温超导技术进行进一步深入研究，争取尽早实现商业化，并对常温超导技术进行基础性研究，争取取得技术性突破。

此外，日本提出到2050年建设太空太阳能电站，并通过无线输电技术进行电能的传输，这同样是一种新的能源发展思路，我国有必要对无线输电技术进行关注和研究。

除了发电技术、输电技术以外，电网的发展还包括储能技术、电网技术、配电技术、用电技术等，储能技术目前主要包括超导储能、飞轮储能、抽水蓄能以及电动汽车技术等，电网技术主要包括微网技术、智能电网技术、电力市场技术以及电网运行控制技术等，而配用电技术则主要包括智能配电网技术及物联网技术等。

因此，总结起来，未来电网发展可能需要的关键技术从发、输、配、用四个方面来分析，具体的需求如表5-9所示。

表5-9　未来电网发展关键技术需求

发电技术	风力发电技术、太阳能发电技术、分布式发电技术、核电技术等	
输电技术	新型输电技术	特高压交直流输电技术、多端直流输电技术、轻型直流输电技术、半波长输电技术、分频输电技术、柔性交直流输电技术、高温超导输电技术、常温超导输电技术、无线输电技术等
	储能技术	超导储能、飞轮储能、抽水蓄能、压缩空气、电动汽车技术等
	电网技术	微网技术、智能电网技术、电力市场技术、电网运行控制技术、先进的大规模仿真计算技术等
配电技术	智能配电网技术	
用电技术	物联网技术、智能用电技术	

此外，未来对新材料和新设备的需求主要包括：高性能电介质材料、超导材料和设备、新型电力电子材料及器件、储能设备、新型电力电子装置、新型输变电设备、柔性交直流输电设备及智能电器等。

第六节　结　　论

根据负荷预测及发展趋势，结合一次能源布局及可开发规模，针对我国电网未来将面对的新形势，提出了电网发展模式及主要技术需求。

（1）我国将进入经济发展平稳期，在未来一段时间内，电力负荷将呈现相对缓慢增长和负荷中心西移北扩的特点，珠三角、长三角、环渤海湾地区以外，将在西南、西北、东北、华北增加新的负荷中心。我国电力消耗的一次能源以煤和水为主，主要分布在北部和西南地区，远离负荷中心；风电、太阳能发电以及其他新能源将得到快速发展，并将在电力消耗中占据一定的比例，受一次能源分布的影响，风电、太阳能发电主要分布在三北地区；海上风电的开发与利用将使我国沿海地区出现大规模的海上风电基地；分布式发电在城市供电系统中逐渐发挥重要作用，受负荷中心风能、太阳能以及天然气等一次能源量限制，比例相对较小。

（2）电网的功能定位是保证电力从电源安全可靠的输送至负荷，其发展模式很大程度上取决于电源与负荷的分布特点。我国未来能源布局和负荷分布的特点决定了兼顾中间落点负荷需求的大容量远距离输电是我国未来电力输送的主要格局。未来我国电网一方面要满足大容量远距离输电的需求，另一方面要适应大规模新能源的接入。

（3）结合我国电网面临的新形势和新任务，电网格局发生了新的变化，发展过程中将逐渐体现出新的技术需求，在一定程度上使我国电网模式在交直流混合输电基础上得到整体升级。一是负荷中心的西移和北扩，将使交直流电网发展重点更为分散，新兴负荷中心网架结构将趋于坚强；二是大容量远距离输电兼顾输电沿途中间新兴负荷中心的用电需求，交流电网能够满足中间重点落点需求，而直流输电需要采用多端直流输电技术；三是大规模间歇式新能源的接入，需要大量调节性能好的水电、火电与其互补，保证供电的可靠性，建立基于超导输电技术的横贯南北的直流大母线，将西南水电和间歇式电源通过直流接入该母线，通过跨区域控制技术实现西南水电和间歇式电源的互补。

（4）2020～2030年，电网发展的重点是满足负荷中心的转移，强化新兴负荷中心的网架结构；2030～2040年，为满足电源向负荷中心的多元化输电需求，积极发展多端直流输电技术，新建及原有远距离直流输电系统兼顾中间负荷需求，在新兴负荷中心建设供电节点；2040～2050年，为适应大规模间歇式新能源的快速发展，采用超导输电技术，建设横贯南北的直流大母线，形成以超导母线连接大型水电、大型新能源与负荷中心的多端直流输电系统。

（5）未来电网发展的边界条件存在一定的不确定性，对于电网发展模式影响较大的是电源布局引起的电力流的不确定性。一方面电力流减小可能减少远距离输电的需求；另一方面技术发展不能实现目标模式。从适应性方面来看，如果电力流下降，网间交换功率减少，但承受多直流馈入仍然需要构建坚强受端电网；如果多端直流输电技术和超导输电技术尚未达到成熟应用的地步，基于现有交直流输电技术的输电能力能够满足远期电网供电的需求。因而，以交流电网为骨干网架、交直流混合输电的发展模式能够适应电力系统发展的不确定性。

（6）为实现提出的电网发展模式，可能存在的技术需求包括：超导电力、高性能电介质材料、新型电力电子材料及器件、高性能大容量电能储存技术、新型电力电子装置、新型输变电设备、智能电器、新型电力线路、综合能源网络、超特高压交直流输电系统、交流半波长输电、分频输电、独立电力系统、大规模可再生能源电力接入系统、电力物联网技术、先进计算技术在电力系统仿真分析中应用、未来电网调度、保护和控制、智能配电网和微网、智能用电技术、电力市场体系和政策、具有潜在发展前景的电网技术。

参 考 文 献

胡兆庆，毛承雄，陆继明，等. 2005. 一种新型的直流输电技术——HVDC Light. 电工技术学报，20（7）：12-16

张文亮，汤涌，曾南超. 2010. 多端高压直流输电技术及应用前景. 电网技术，34（9）：1-6

第六章　超特高压交直流输电系统

随着我国电力需求的快速增长以及全国联网战略的实施，我国电网的互联程度不断提高，规模日益扩大。我国能源和负荷分布不均衡决定了在未来较长的发展时期内，我国电网仍将以大规模电源接入电网、超/特高压长距离交直流大规模电力输送为主要特点。如何保证如此大规模的巨型电网的安全、可靠、经济、清洁运行将成为我国电力系统未来四十年面临的关键性和迫切性的问题。

随着欧美等主要发达国家对能源供应安全、应对气候变化、金融危机下新技术产业的发展等重大问题关注度的不断升级，欧美等发达国家相继提出了各自的智能电网发展战略构想。国家电网公司也创造性地提出了坚强智能电网的概念，并制定了建设坚强智能电网的战略目标和发展路线。在智能电网的发展目标下，清洁可再生能源的发电将会有更大的发展，所占比例将越来越大；新型输电技术和控制技术的应用，使电网的复杂程度日益加剧；信息技术、计算机技术、电子技术、新材料等渗透到电力工业的各个方面，电力系统将进一步提高可观测性和可控性，也更注重提高电网运行的安全性、经济性和控制的灵活性。但是，在提高电力系统先进性的同时，也对大电网相关技术的发展提出了更高的要求。

大规模电源接入、超/特高压远距离交直流混合输电是我国未来电网发展的必然格局。为了应对输电和安全稳定控制技术面临的挑战，本部分技术路线的编制目的是通过分析目前超/特高压交直流输电技术和安全稳定控制技术的现状，明确当下理论、技术与未来发展的差距，预测未来四十年间该领域的发展方向和趋势，为政策引导、学术研究趋势提供有效的建议，并针对发展过程中可能遇到的关键技术和瓶颈壁垒，提供参考的解决思路。

第一节　国内外发展现状

随着电力电子器件技术的发展与成熟，在超/特高压交流、直流输电，以及在电网安全稳定分析、控制领域将不断涌现出许多新技术。本章分别阐述超/特高压交流、直流输电领域以及电网安全稳定技术领域的国内外发展现状，明确当下理论、技术的发展趋势，以及目前存在的问题。

一、超 / 特高压交流输电技术

1. 超 / 特高压交流输电技术

世界电力工业发展历程表明，用电需求持续增长，推动电网规模不断扩大、电压等级不断提升。电压越高，可能的输电距离就越远、输电能力就越强、输电损耗就越低。电压达到 1000kV 及以上的交流输电被称为特高压输电，是当今国际高压输电的最高水平。与 400 ～ 500kV 输电相比，特高压的输电容量达到 4 ～ 5 倍，输电距离提高至 2 ～ 3 倍，达到 1000 ～ 1500km，而输电损耗只有 1/3 ～ 1/4。

经济发达国家在 20 世纪 50 年代就在高压电网的基础上，逐步形成了超高压电网。60 ～ 90 年代，受经济快速增长推动，意大利、美国、前苏联、日本等积极开展特高压输电技术试验研究，前苏联还在 1985 ～ 1992 年进行了工程实践。

中国作为世界上经济总量最大的发展中国家，电力需求持续快速增长，能源资源与需求呈逆向分布，也亟须发展远距离、大容量特高压输电技术，实现电力资源在全国范围内的优化配置。中国研究建设了特高压交流试验基地、高海拔试验基地、杆塔力学试验基地及国家电网仿真中心，全面攻克了特高压交流输电核心技术，在规划设计、工程建设、运行维护等方面实现了创新突破，自主建成了世界上电压等级最高、输电能力最强的交流输变电工程。

当前，印度、巴西、南非已把特高压技术列为能源电力重要的发展方向，印度的 1200kV 高压交流试验站已于 2011 年 9 月开工建设，计划 2016 年建设示范工程。特高压交流输电已成为引领国际高压输电发展的重要方向。

2. 超 / 特高压灵活交流输电（FACTS）技术

灵活的交流输电系统（FACTS）是指电力电子技术与现代控制技术结合以实现对电力系统电压、参数（如线路阻抗）、相位角、功率潮流的连续平滑调节控制，从而大幅度提高输电线路输送能力和提高电力系统稳定水平，降低输电损耗。

传统的调节电力潮流的措施只能实现部分稳态潮流的调节功能，而且无法适应在暂态过程中快速灵活连续调节电力潮流、阻尼系统振荡的要求。因此，电网发展的需求促进了灵活交流输电这项新技术的发展和应用。近年来，灵活交流输电技术已经在美国、日本、瑞典、巴西等国重要的超高压输电工程中得到应用。

尽管灵活交流输电技术已在多个输电工程中得到应用，并证明了它在提高线路输送能力、阻尼系统振荡、快速调节系统无功、提高系统稳定等方面的优越性能，但其推广应用的进展步伐比预期的要慢。主要原因有：①工程造价比常规的解决方案高，但随着电力电子器件的性能提高和造价降低，以电力电子器件为核心部件的 FACTS 装置的造价会降低，可能会在不远的将来比常规的输配电方案更具竞争力；② FACTS 技术还需要进一步完善。

电力电子器件的发展趋势是：一方面研制经济性能好的器件，以便降低设备造价；另一方面，研制开断功率更大的高性能器件。最近，国外公司宣布研制成功以碳化硅（SiC）为基片的电力电子器件。这将使得基片的耐压和热容量可大幅度提高，而元件的损耗大大降低，从而使元件的断开功率可望有数量级的飞跃。这预示着可实现电子高压断路器取代机械的高压断路器，则电力系统完全的灵活调节控制便将成为可能。

二、超/特高压直流输电技术

1. 特高压直流输电技术

发展特高压电网不仅是一个技术革新，还实现了远距离运输，在更大范围内优化资源配置，解决中国可再生能源的大规模开发和利用，且能改善当前中东部面临的严峻的环境压力。直流输电将交流电通过换流器变换成直流电，然后通过直流输电线路送至受电端并通过换流器变成交流电，最终注入交流电网。相对交流输电来说，直流输电具有输送灵活、损耗小、能够节约输电走廊、能够实现快速控制等优点。

特高压直流输电的研究起源于 20 世纪 60 年代，瑞典 Chalmers 大学 1966 年开始研究 ±750kV 输电系统。1966 年后苏联、巴西等国家也先后开展了特高压直流输电研究工作，80 年代曾一度形成了特高压直流输电技术的研究热潮。但 ±800kV 及以上的特高压直流输电缺乏相关运行经验，存在不少技术难度。

由于特高压直流输电具备点对点、超远距离、大容量送电能力，非常适合于我国西南大水电基地和西北大煤电基地的超远距离、超大容量外送。我国在特高压直流输电方面开展了系列、深入研究，在关键技术领域取得了突破，截至 2013 年 8 月，已有复奉、锦屏、云广 I、云广 II4 条特高压直流工程投运，在特高压直流技术领域，我国在世界处于领先地位。

2. 多端直流输电技术

目前，世界上已有意大利—科西嘉—撒丁岛 3 端、魁北克—新英格兰 5 端及日本的新信浓背靠背 3 端直流系统，共 3 项多端直流输电工程投入运行；另外加拿大的纳尔逊河以及美国的太平洋联络线直流输电工程也具有 4 端直流输电系统的特性。表 6-1 为目前运行的多端直流输电工程概况。

表 6-1　目前运行的多端直流输电工程概况

序号	名称	投运时间 / 年	端数	运行电压 /kV	额定功率 /MW
1	意大利—科西嘉—撒丁岛	1987	3	200	200
2	魁北克—新英格兰	1992	5	±500	2250
3	日本新信浓	2000	3	10.6	153
4	加拿大纳尔逊河	1985	4	±500	3800
5	美国太平洋联络线	1989	4	±500	3100

注：投运时间是指直流输电工程首次以多端方式运行的时间

目前，印度正在建设特高压多端直流工程（NEA 800），三站四端［2 整流站，1 逆变站（2 端）］，额定电压为 ±800kV，额定功率为 6000MW，输电距离 1728km，采用并联多端结构，每极 12 脉动，800kV 换流单位（1500MW，1.875kA），每站额定 3000MW。2010 年已进入工程实施阶段。

在国内，多端高压直流输电以其灵活性、经济性得到了更多的关注，相应的研究工作已经启动。目前，我国对多端直流的研究现已进入可行性研究阶段。

3．电压源换相高压直流输电技术

目前国外已有 12 个电压源换相高压直流输电项目投入运行，见表 6-2。

表 6-2　电压源换相高压直流输电工程统计表

序号	工程名称	国家	投运时间	额定功率	直流电压 /kV	长度 /km	原因
1	Hallsjon	瑞典	1997.03	3MW/3Mvar	±10	10	试验工程
2	Gotland	瑞典	1999.06	50MW/±30Mvar	±80	2×70（海缆）	风电接入，线路走廊困难
3	Terranora interconnector	澳大利亚	2000	3×60MW/±75Mvar	±80	6×59	异步连接，线路走廊困难
4	Tjaereborg	丹麦	2000.08	7.2MW/－3~+4Mvar	±9	2×4.3	风电接入示范
5	Eagle Pass	美国—墨西哥	2000.09	36MW/±36MVar	±15.9	背靠背	改善电压稳定性
6	Cross Sound Cable	美国	2002	330MW/±75Mvar	±150	2×40	提高可靠性
7	Murray Link	澳大利亚	2002	200MW/+140~–150Mvar	±150	2×180	线路走廊困难
8	Troll offshore	挪威	2004	40MW	±60	4×70	北海油气平台
9	Estlink	爱沙尼亚	2006	350MW	±150	105	跨海非同步联网
10	Valhall offshore	挪威	2010	150MW	150	292	北海油气平台
11	Caprivi Link	纳米比亚	2010	300MW	350	950	弱系统连接
12	BorWin 1	德国	2010	400MW	±150	75(陆缆)+186（海缆）	电压支撑

国际上关于电压源换相高压直流输电已有较深入的研究。国际大电网会议CIGRE于前些年已经成立了专门研究电压源换相高压直流输电的B4-37工作组、研究采用电压源换相高压直流输电将风电场接入电网的B4-39工作组。针对实际工程中所遇到的困难，国际上的研究热点包括如何提高电压源换相高压直流输电的容量、降低输电损耗、降低造价，如何提高电压源换相高压直流输电的安全可靠性，以及对交流电网的支持、与交流电网相互作用等。

国内关于电压源换相高压直流输电技术的研究起步较晚，20世纪90年代末期，在国家自然科学基金等项目资助下，高等院校开展了这方面的跟踪性基础理论研究。随着我国新能源的大规模开发，电压源换相直流输电作为新能源并网的技术手段，具有明显的技术优势，得到了充分的重视。国家电网公司于2006年5月制定了《电压源换相高压直流输电系统关键技术研究框架》，全面启动了该技术的系统研究。我国首个电压源换相高压直流输电示范工程，即上海南汇风电场的送出工程（从南汇风电场换流站到书柔换流站，±30kV，18MW，8km）已于2011年7月正式投入运行。这是我国第1条拥有完全自主知识产权、具有世界一流水平的柔性直流输电线路。它的成功投运，标志着我国在智能电网高端装备方面取得了重大突破，国家电网公司也成为继ABB、西门子之后全球第三个掌握该项技术的公司。

4. 混合直流输电技术

为获得最大的经济和技术效益，充分利用电压源换流器（voltage stability converter，VSC）和电流源换流器（current source converter，CSC）各自的优点，提出了混合直流输电技术的设想。近年来在大城市供电、海洋风力发电、优质电能库等方面得到了深入的研究。

如果通过并联或串联VSC的方式，将传统的两端直流输电系统扩展为混合直流输电系统，可大大扩展现有直流输电系统的功能，使其除了具备原有系统的功能外，还能够通过直流输电线路向相连的弱交流系统、大城市或远程孤立负荷中心送电；或作为其他小型新能源中心，如风力、太阳能发电厂等的接入网络，进而以交—直—交方式实现能源中心与交流输电系统的连接。

5. 三极高压直流输电技术

三极高压直流输电（tripole HVDC）指由三个直流极输电的新型高压直流输电技术，可以将已有的三相交流输电线路，采用换流器组合拓扑改造而成，从而大大提高线路输电容量，有效利用宝贵的输电走廊。

在国外三极高压直流输电技术的理论体系已经比较完备，西门子公司开展了相关的试验研究。我国的三极高压直流输电技术的研究尚处于起步阶段，学术界刚刚开始关注这一研究领域，基础理论研究尚不够充分。

三、电网安全稳定技术

电网安全稳定技术包括电网安全稳定理论及评估体系、电网安全评估预警体系、直流系统稳定控制技术、电网安全稳定控制技术、防止电网大面积停电技术、电网故障恢复技术和电网安全稳定防御体系等方面的内容。

1. 电网安全稳定理论

电力系统是当今世界覆盖面最广、规模最大、结构最复杂的人造系统之一，多年来其安全稳定性一直是电力科技工作者重视的研究课题，电力系统的安全稳定问题通常可分为功角稳定、电压稳定以及频率稳定。长期以来，人们关注的重点在于功角稳定和频率稳定，因此这两大稳定分析方法较为成熟，而直至 20 世纪 70 年代，世界上一些大电网因电压失稳多次发生大停电事故，电压稳定问题才得到重视。尽管在过去的几十年，电压稳定研究取得了重大进展，但仍然是困扰世界电力学术界的难题之一。到目前为止，国内外还没有统一的、物理意义明确的电压稳定定义，缺乏具有理论性和工程实用性的暂态和中长期电压稳定判断指标，以及电压失稳和功角失稳的区分方法等。

近年来，随着电网规模的扩大，新设备、新能源的投入运行，电网的稳定特性越来越复杂，现有的电网安全稳定分析与控制手段已经不能适应电网的发展，“离线决策，在线匹配”和“在线决策，实时匹配”的分析与控制模式已不能满足大电网安全稳定运行要求，迫切需要从安全稳定控制的基础理论、控制原理等角度，充分利用现代测量技术和高速通信技术，对离线预案型的控制向实时智能型的控制进行全面升级。

与此同时，随着向量测量单元逐步应用于电力系统，基于向量测量装置 (PMU) 的广域测量系统 WAMS 日趋完善。广域量测系统能够实现功率、电压幅值、相角、发电机内电势、发电机功角等动态数据的实时、同步测量，时间同步精度达到 1μs，相角测量精度达到 0.1° ~1° ，报文速率达到 20~100f/s。广域量测系统的这些特点，使得在电网调度中心实时获得全网同步数据成为可能，这极大地改变了电力系统安全稳定分析的方法和手段。

2．电网安全稳定评估及预警技术

1）在线运行数据的整合处理技术

能量管理系统 (EMS) 是电网调度自动化的指挥中心，至今能量管理系统的发展已经经历了 4 代。目前，EMS 系统和 WAMS 系统的数据整合主要可以分为以下三个方面：①统一、开放的数据平台的建立；②基于 EMS 系统和 WAMS 系统数据的电力系统状态估计；③实测数据和仿真数据相结合的数据挖掘。

2）电力系统在线安全稳定传统评估技术

在线安全评估是调度员了解当前电网安全运行状态和进行预防性控制的重要依据。电力系统在线安全稳定的全面分析主要包括：在线潮流计算、在线小干扰稳定评估、在线暂态稳定评估、在线静态电压稳定评估、*N*-1 静态安全分析。此外，事故的筛选与排序对于电力系统在线安全稳定评估也十分重要。

3）基于风险理论的电网安全评估

基于风险理论的电网安全评估研究主要包括以下两方面的内容：①风险模型和风险指标的研究；②对电力系统规模的简化。

目前，基于风险的电力系统安全评估方法已经在电力系统的暂态稳定研究和电压稳定研究中得到初步应用，理论的成熟还需要进一步的探究。

4）电力系统的在线智能决策分析技术

用于电力系统在线安全稳定分析的智能算法主要有人工神经网络、专家系统、数据挖掘等。

5）电力系统模型的在线辨识与校核

（1）电力系统模型的在线辨识。按照辨识理论，辨识方法可以分为经典辨识法和现代辨识法两类。

（2）电力系统模型辨识模型的校核。目前，对电力系统模型校核的主要方法是与稳态分析中的数字仿真结果进行比较，而且这方面大量的研究是电力系统继电保护定值的在线校核，而对于电力系统模型的在线校核还较为少见，需要加强研究。

6）基于 WAMS 的电网实时动态预警系统

目前，基于 WAMS 的电网实时预警系统的研究可以分为以下 3 个方面：①静态安全预警；②暂态稳定安全预警；③电压稳定安全预警。

电网安全评估预警技术领域的技术壁垒包括：在线运行数据的整合处理，基于风险理论的电网安全评估，电力系统模型的在线辨识与校核。

3．电网安全稳定控制技术

1）安全稳定控制技术的研究和应用现状

电力系统安全稳定的控制措施主要有发电机励磁附加稳定控制、汽轮机快关汽门、切机切负荷、电气制动、灵活交流输电控制（FACTS）和失步解列装置等。目前电力系统安全稳定控制装置/系统的决策方式都是采用离线决策/预决策、实时匹配，需要大量的离线仿真计算，难以适应多种运行方式及不同的故障类型。

2）离线决策、实时匹配的安全稳定控制技术

在预想的各种工况和故障条件下，运用离线稳定分析方法确定系统应该采取的暂态稳定控制措施，并将这些措施整理归纳而成控制策略表。在电力系统发生故障时，由稳定控制装置根据故障前的运行工况、实际故障信息以及策略表，通过近似匹配查出相应的控制措施并执行。

3）在线预决策、实时匹配的安全稳定控制技术

该技术的核心思想是在线跟踪系统工况，快速搜索对应于给定故障集的、满足一定系统稳定裕度值的、控制代价为最小的控制策略，定期刷新控制执行装置中的控制策略表。

4）大电网阻尼控制（包括低频振荡和SSO/SSR抑制）

关于抑制低频振荡的方法，由于低频振荡产生的原因就其本质是系统的控制措施带来的负阻尼，所以控制的思路主要是两种：一是调整控制措施，减小其带来的负阻尼；二是附加控制提供额外的正阻尼。

电力系统次同步谐振是电力系统运行中可能发生的一种现象，在这种状态下电气系统与汽轮发电机组以低于同步频率的某个或多个网机联合系统的自然振荡频率交换能量。次同步谐振的分析包括感应发电机效应、扭转相互作用和暂态扭矩三个方面的内容。对次同步振荡的抑制措施通常有两大类，第一类是通过附加或改造一次设备防止次同步振荡，第二类是通过控制装置抑制次同步振荡。

5）基于FACTS的安全稳定控制技术

灵活交流输电系统（FACTS）是现代电力电子技术和电力系统的阻抗控制元件、功角控制元件及电压控制元件相结合的产物，也是现代控制技术、计算机技术、通信技术取得巨大进展的结果。

目前已获得成功应用的组合FACTS器件有：可控串联补偿TCSC，静止同步串联补偿器SSSC，静止同步并联补偿器，统一潮流控制器，可转换的静止补偿器等。

6）机网协调防控系统

目前，国家电网公司编制了一系列机网协调的相关规定，通过多种方式检查和督促发电厂切实落实相关规定的要求。将机网协调各项要求纳入电网安全性评价，严格机组并网前的安全性评价，确保执行到位；开展励磁调节器产品、汽轮机调速系统入网检测工作，加强管理技术手段，开发建设发电机组调节器特性实时在线监测系统，实现对发电机组一次调频、励磁调节器、PSS 投运状态及性能表现的远方监测分析，并开展大机组励磁和调速系统参数实测及仿真建模工作。

7）交直流及多回直流协调控制技术

交直流及多回直流协调控制技术包括基于线性控制理论的交直流、多直流协调控制；基于非线性控制理论的交直流、多直流协调控制以及基于分散控制理论的多直流协调控制三方面的内容。

8）先进控制技术在直流输电系统中的应用

除了常用的线性控制理论在直流输电中的应用外，考虑到交直流输电系统具有的强非线性特征，非线性控制理论已经被应用到 HVDC 系统的控制中，典型的方法有直接反馈线性化方法、微分几何方法、逆系统方法和非线性鲁棒控制方法等。

9）电压源换相直流输电技术及其应用

采用 IGBT 的电压源换流器，具有关断电流的能力，可以应用脉宽调制（PWM）技术进行无源逆变，解决用直流方式向无交流电源的负荷点送电的问题。今后集成门极换相晶闸管（IGCT）和碳化硅等新型半导体器件的开发，将对直流输电技术的发展创造更好的条件。

10）直流强迫换相输电系统及其控制技术

传统直流系统采用的是半控型换流元件，其换相过程需要电网提供电压和无功支撑，因而对交直流系统稳定运行产生重要影响。针对此情况，通过在交直流系统接口处串联（可控）电容器，达到人工换相的目的。目前发展起来的技术主要有：串联电容器换相换流器（CCC）和串联可控电容器换相换流器（CSCC）。CCC/CSCC 的基本思想是用串联连接的电容器来补偿换流器的无功功率消耗，达到改善换流器功率因数、减少逆变器换相失败、降低直流甩负荷时的过电压等目的。

11）多端直流输电及其控制技术

由于多端直流控制中需协调配合、集中控制多个换流站，因此在主控制以上的高层控制，比两端直流的控制更加复杂。从总的原则上说，对于并联接线式的多端直流输电系统，需保持各换流站的直流电流的协调配合；对于串联接线式的多端直流输电系统则需保持各换流站直流电压的平衡。因此，相对来说，并联系统的协调控制问题更加突出。

有文献提出了一种基于功率控制方式与直流电压控制方式之间自动转换的多端直流系统控制模式，正常工作时设定一个换流站作为主导站来维持系统功率平衡，当该主导换流站因检修或故障退出运行，将选择另一换流站担当主导站的作用，所有其他换流站仍保持有功功率输出，其缺点是主导换流站必须有足够大的备用容量以完全补偿系统功率的不平衡，但这在实际中很难实现。另外，有文献提出基于直流电压——有功功率调节特性的控制策略，在系统负荷发生突变或任一换流站故障退出后，所有具备功率调节能力的换流站根据给定的调节方式自动完成功率的重新分配，采取该控制策略，扰动发生后各换流站均能稳定运行，同时避免了单个换流站过载的情况。

12）适应大规模新能源接入的安全稳定控制技术

以风电为代表的分布式发电，对电网的正常运行、机组启停和事故处理提出了新的挑战。要从系统和经济的角度来优先考虑风电，而改进风电预报则是减少对电力系统运行和市场运营冲击的关键。

不同工况下某些风电条件会使潮流偏离计划值，风电的快速发展、集中的地域、随机的接入及有限的预测能力，都对电力系统安全有重要影响。目前对于风电并网后的稳定运行还缺少足够有效的控制措施。

第二节　关键技术及发展方向

一、超/特高压交流输电技术

1. 超/特高压交流输电规划技术

（1）长距离特高压交流输电通道落点优选方法研究，提出适用于特高压交流落点优化布局的多目标决策优选方法和指标体系，为长距离特高压交流输电通道优化选择提供决策支持。

（2）特高压电网串并联补偿的规划原则、需求分析以及经济性评价方法。

（3）建立特高压紧凑型输电、特高压交直流同塔多回和特高压交流同塔双回输电技术的应用原则，研究输电技术对电网安全稳定性的影响。

长距离特高压交流输电通道落点优选方法研究提出适用于特高压交流落点优化布局的多目标决策优选方法和指标体系，为长距离特高压交流输电通道优化选择提供决策支持。

（4）旋转式潮流控制器（RPFC）技术应用及其与串补协调优化配置研究，提出特高压串补和 RPFC 配置综合优化方法。

2. 超 / 特高压灵活交流输电（FACTS）技术

（1）FACTS 设备在各种系统故障环境下的稳定可靠运行技术。

（2）FACTS 设备的安装地点选取及优化。

（3）多 FACTS 设备的相互影响研究。

（4）FACTS 设备用于电网潮流平滑调节和综合调控的技术。

二、超 / 特高压直流输电技术

1. 传统直流输电技术

1）传统直流输电运行技术

（1）研究串联电容器换相换流器（CCC）和串联可控电容器换相换流器（CSCC）强迫换相技术引入对交直流系统安全稳定影响的机理。

（2）研究基于 CCC 和 CSCC 的直流强迫换相输电系统稳定控制技术。解决该项技术在大容量直流输电系统中的应用问题。

（3）研究基于 CCC 和 CSCC 的直流强迫换相输电系统采用有源滤波器的系统稳定及谐波控制技术。

2）直流接入新能源技术

（1）研究传统 HVDC 输电系统接入大规模风电场后系统安全稳定控制问题。

（2）研究传统直流输电系统和柔性直流输电系统接入近海风电场面临的技术问题，研究二者的适用条件及面临的技术问题。

（3）研究传统直流输电系统和柔性直流输电系统接入大规模光伏电场后系统安全稳定控制问题。

2. 特高压直流输电技术

（1）±800kV 和 ±1000kV 特高压直流输电系统研究与仿真，主接线研究，过电压与绝缘配合设计，控制保护及运行方式研究。

（2）研究特高压交流与直流相互影响与作用的机理。

（3）研究特高压交直流协调控制措施。

3．多端直流输电技术

（1）研究特高压多端直流输电系统稳定控制技术。解决 ±1000kV 特高压直流大规模电力（单回直流输电功率达到 9000MW 以上）馈入电网带来的安全稳定性问题。

（2）在直流接入新能源稳定控制基础上，研究多端直流输电系统接入分散新能源的稳定控制技术，利用多端直流还可解决多个（近海）小型风电、小型光伏电场能源汇集和远距离外送的问题。

（3）研究多端直流接入系统后交直流系统稳定机理，建立完善的交直流系统稳定控制体系。

4．基于电压源换相高压直流输电技术

开展大容量电压源换相高压直流输电换流器关键技术的研究，包括 IGBT 串联型和模块化串联型电压源换流器主电路拓扑研究，控制保护策略研究与装置研制，关键一次设备，如直流换流阀关键技术研究与样机研制，过电压分析与绝缘配合设计，系统暂稳态分析与仿真等；完成大容量电压源换相高压直流输电换流阀样机研制、工程示范及推广应用。

开展大规模风电、太阳能等间歇电源运行特性研究及建模，电压源换相高压直流输电电网接入系统控制保护策略研究，控制保护装置研制，大容量电压源换相高压直流输电系统风电、太阳能电网接入示范工程建设，并逐渐实现推广应用。

开展电压源换相高压直流联网运行特性研究与建模，网络拓扑优化，网络潮流调度策略研究，继电保护技术研究，过电压分析与绝缘配合设计，建设电压源换相高压直流输配电网示范工程，并逐步实现推广应用。

开展智能电压源换相高压直流输电系统运行、调度技术规范研究，智能化一二次设备技术规范研究和设备研制，智能化电压源换相高压直流输电系统设计、示范工程建设及推广应用。

5．混合换流器直流输电方式及其控制技术

研究基于不同换流设备的混合换流器直流输电系统方案，解决孤岛或极弱受端系统电压与无功支撑问题。研究全控型换流器（如 GTO、IGBT 等）与半控型换流器（如晶闸管）两者结合构成混合直流输电系统的方案及混合换流器直流送、受端协调控制策略。

6．三极高压直流输电技术

开展三极高压直流输电技术的基础理论研究；开展工程实用的关键设备研制；

开展示范工程的研究、设计等；实现三极高压直流输电工程在我国的推广应用。

7. 高温超导直流输电技术

开展高温超导直流电缆的研制、工程实用化研究；完成高温超导直流输电示范工程的研究、设计；研究高温超导直流输电技术的可靠性、安全性；实现高温超导直流输电工程的推广应用。

三、电网安全稳定技术

1. 电网安全稳定理论

1）功角稳定基础理论及评估方法研究

（1）深入分析多柔性交流输电系统、多端直流输电系统、多落点直流输电系统与交流系统之间的相互影响，形成未来大电网的安全稳定性分析与评估理论。

（2）研究超大规模分布式、并行计算方法，为巨型复杂电网的稳定仿真与分析提供精确的高速、分布式计算服务，实现其功角稳定性的超实时仿真分析。

（3）深入研究稳定域、动态安全域的理论，并与时域仿真法相结合，建立可适用于各种复杂的模型、故障形式和失稳模式的复杂大系统的功角稳定裕度指标；与先进的可视化技术相结合，为系统计划、调度和运行提供分析和评估的依据。

2）电压稳定基础理论及评估方法研究

（1）深入研究负荷的动态特性，完善电力系统中的负荷动态建模理论和方法，同时考虑电力网络的动态，设法建立降阶的、精确简单的元件和系统模型，进一步完善电压稳定分析的建模理论和方法。

（2）研究超大规模方程组的特征值分析方法、分岔计算理论以及电压稳定域和安全域理论，为超大规模电力系统电压稳定性分析与评估提供理论支持。

（3）研究电力系统中诸多的不确定性因素，将先进的概率理论引入电网的电压稳定性研究中来，改进现有的大多数的确定性指标，进而建立反映系统电压稳定程度的概率性指标。

3）频率稳定基础理论及评估方法研究

（1）研究大区电网互联、电力市场、新能源和分布式发电接入等因素对系统频率调节的影响。

（2）研究新的电网环境下，综合优化利用各种调频资源，实现分散协调的自动发电控制、负荷频率控制等。

（3）改进当前电力系统低频减载整定方法，在线计算方式变化、负荷特性等对低频减载整定方案的影响，实时生成低频减载控制策略。

4）大面积停电的原因及机理

（1）将自组织临界理论相关的数学和统计物理方面的基本概念和基本理论与大电网实际情况相结合，研究大型电网的幂律分布特性等能够反映电力系统大停电本质的特性。

（2）建立电力系统动态演化机制的数学模型，研究我国电力系统大停电统计数据分析所揭示的大电网自组织临界现象，并提出可靠的风险评估指标。

（3）建立基于交流潮流、考虑各种稳定约束、涵盖电力系统各时间尺度动态特性的大停电事故模型。

5）大规模交直流混联系统的稳定性

（1）深入研究交直流系统各元件的精确建模以及交直流混联系统的整体建模。

（2）进行交直流混联系统各种振荡模式识别技术的研究和低频振荡机理性分析，建立大规模交直流混联系统动态稳定性分析理论及交直流系统相互影响的稳定性分析理论。

（3）研究交直流混联系统电压稳定性指标及算法，进而建立大规模交直流混联系统电压稳定性分析理论和评估方法。

6）大型互联电网稳定特性研究

（1）通过深入研究交直流系统的相互影响，揭示交直流混联系统的稳定性机理。

（2）开展基于可靠性的电网规划研究，积极进行概率可靠性研究。

（3）开展大系统故障传播的机理及其阻断策略的研究。

7）电力系统新型稳定控制理论研究

（1）电力系统非线性优化控制理论和优化调度理论。

（2）电力系统实测轨迹与系统模型相结合的稳定信息提取理论。

（3）电力系统广域控制理论。

（4）电力系统智能控制理论。

2. 电网安全稳定评估及预警技术

1）多信息源在线数据的整合处理技术

（1）改进和完善各数据源，形成全面完整的数据采集体系。

（2）建立统一开放的数据平台。

（3）研究先进高效的数据统一处理技术。

2）基于风险的电网安全评估技术

（1）将不确定计算方法应用于事故发生概率的计算，并建立相与之对应的数学模型；建立精确的事故后果定量分析模型，从而得出科学合理的电网安全评估指标。

（2）研究相应的等值降阶和其他化简方法，扩大该技术的适用范围。

（3）将风险方法与人工智能技术、并行计算技术相结合，提高风险预测的速度和精度。

3）电力系统的在线智能决策分析技术

（1）基于实时测量数据，基于智能化技术对系统各个元件进行在线建模，准确描述各主要元件的动态行为和系统的动态过程。

（2）根据安全稳定指标体系，采用各种数据挖掘技术，对数据进行动态分析，为安全稳定控制的预决策提供辅助支持。

（3）研究各种智能算法和决策技术在电力系统中的应用，提高在线辅助决策的智能水平。

4）电力系统模型在线辨识与实测校核技术

（1）研究神经网络法、遗传算法和 HHT 法等新方法在电力系统在线辨识中的应用，从而形成现代电力系统智能辨识理论体系。

（2）针对电力系统在线辨识技术难题进行研究，进而完善基于广域测量系统的电力系统主导参数在线辨识方法。

5）大规模严重自然灾害情况下电网安全评估

（1）加强对周边环境条件的实时动态监测，为发生自然灾害条件下的电网安全评估提供事实准确的信息。

（2）研究输变电设备与外界温度、湿度、风力及雷电强度的相互影响关系，建立能够模拟输变电设备受自然灾害影响动态过程的数学模型。

（3）深入研究自然灾害与电力系统相互影响的交互过程，建立气象仿真和电气仿真交互仿真的模型和方法。

（4）建立自然灾害对电力系统造成危害的风险性量化指标，从而实现电网在自然灾害下的安全风险评估。

6）基于广域测量系统的电网在线动态安全评估和预警

（1）利用基于广域测量系统的电力系统模型在线辨识技术，实现全系统在线动态辨识和建模，提高安全稳定分析所需的仿真模型和参数的准确性。

（2）通过对广域测量系统提供的相量信息进行深入分析，构建出基于相量测量信息的电力系统稳定性在线评估指标。

（3）提出适用于基于 WAMS 的静态安全在线分析算法、暂态稳定分析及预测算法和电压稳定分析及预测算法。

3. 电网安全稳定控制技术

1）基于多信息源的大电网安全防御在线辅助决策和协调控制技术

针对目前的问题和未来发展的困难，今后的研究内容包括：基于多信息源的数据采集和存储；基于扰动后电网信息的挖掘和处理并快速、有效地识别故障信息的技术。

大电网安全防御在线辅助决策和协调控制技术除了对扰动的正确识别技术之外，还包括实时决策、控制和多种紧急控制技术的协调控制，是一个综合各种控制手段和设备、实现多种控制目标的广域防御体系。

2）基于实时决策，实时控制的安全稳定控制技术

（1）深入研究紧急控制下大电网稳定性与存活性的基本理论，为建立实时策略生成算法提供理论基础。

（2）进一步提升并行仿真计算理论和技术，设计优化的稳定分析与控制的并行处理算法。

（3）电力大系统的控制决策系统需要注重发挥基于经验和领域专家知识的先验知识库的作用，深入研究人工智能推理技术在稳定控制辅助决策中的应用。

（4）建立离线决策、在线决策、实时决策协调一体的互补体系，并设计智能策略搜索、匹配、修正算法。

3）大电网智能阻尼控制技术

（1）深入研究 PSS 配置、参数适应性，与非线性理论和鲁棒控制理论相结合，研制非线性 PSS 并应用于工业实践。

（2）研究分布式的 PSS 配置和整定技术。

（3）研究能有效分离所有模态、分辨率高、能适应不同机组和多种励磁方式、覆盖足够大次同步频率范围的 SEDC。

（4）研究能针对机组多种运行工况、不同的电网拓扑结构实现良好的优化控制、提供有效阻尼的 SEDC。

4）大电网实时电压无功控制技术

（1）研究基于在线电压稳定预警、全网的三级电压控制和基于动态分区的二

级电压控制的协调控制，建立一套大电网电压无功在线分析及控制辅助决策系统。

(2)研究基于FACTS技术的无功补偿装置，提高无功调节能力，优化无功潮流，提高电压质量。

5）智能短路电流限制技术

（1）建立在线短路电流计算系统，实现系统结构和运行方式实时调整，以满足系统短路电流要求。

（2）建立考虑短路电流的系统改造与规划方法。

（3）研制新的更大额定电流的断路器。

（4）通过某些FACTS设备（如TCSC）的特殊控制技术，限制短路电流。

(5)研究各种类型的故障电流限制器(fault current limiter，FCL)及其控制技术。

6）电网安全稳定智能综合控制技术

（1）以研究专家控制、学习控制、模糊逻辑、神经网络等各种智能控制理论在电力系统稳定性分析和动态控制的理论和技术。

（2）逐步形成电力系统稳定分析与控制的专家库，构建基于人工智能知识挖掘与推理的电力系统调控理论。

（3）以智能多代理技术和其他智能分析与控制技术为基础，构建结构灵活的电网安全稳定控制智能防御体系。

7）适应大规模新能源接入的安全稳定控制技术

（1）揭示新能源接入后对电网稳定性影响的机理，提出新能源接入后电网控制的新技术。

（2）研究大规模新能源接入电网安全稳定实时预警和辅助决策系统技术，探索大规模新能源接入对电网安全稳定性影响及评价指标。

（3）研究包含风电、太阳能发电的大区域间歇式电源预测预报技术。

8）交直流系统控制技术

（1）先进控制技术在直流输电系统中的应用。考虑直流输电系统的离散性和非线性特征，利用混杂系统建模理论研究适用于交直流系统稳定控制研究的直流输电系统模型；研究利用先进控制技术（如神经网络或模糊逻辑等）改善现有直流控制系统中影响系统稳定性且存在明显弊端的控制环节；研究先进的直流控制技术，解决目前各类控制方法中存在的系统状态辨识、反馈变量的可测性、系统运行条件变化情况下的控制器鲁棒性等问题。

（2）多回直流系统协调控制技术。应从多馈入交直流系统稳定性理论出发，建立完善的智能交直流系统稳定理论及评估体系，在此基础上研究多回直流系统协调控制策略；研究基于非线性控制、鲁棒控制、人工智能控制、混成控制等控制技术的多回直流协调控制问题；研究利用广域测量技术、在线辨识等技术，建立起完善的交直流、多直流系统分层递阶控制模式，形成高效的协调控制体系。

（3）直流系统在电网重构中的控制技术。研究交直流电网重构技术及理论体系，建立包含常规直流、柔性直流、多端直流等形式的交直流电网重构数学模型，利用粒子群算法、蚁群算法、遗传算法等研究网络重构智能优化方法；研究直流系统在电网重构过程中的智能调节及控制技术，包括潮流控制、控制逻辑和参数的自适应调整、直流内部网架的重构等。

（4）多直流联网及其控制技术。研究建立多直流联网系统可行性及方案，从交直流系统层面上实现多直流联网系统接入条件下的交流非同步联网系统；形成完善多直流联网稳定理论及控制技术体系，解决多直流联网条件下直流换流器的协调控制策略，研究部分换流器故障条件下保证直流电网稳定运行的直流开关技术及电网重构技术。

9）防止大面积停电技术

（1）防止大型互联电网大面积停电的故障阻隔技术。建立故障传播模型，深入研究故障传播机理；寻找到可用于系统协调解列的失步断面电气量共性，即给出能够识别失步中心位置、时刻和方向等全面信息的失步解列判据；开展基于光纤通信、WAMS 等通信方式构建广域失步解列系统、实现大区失步解列的研究；研究可准确、可靠获取系统失步特征的预测性失步解列系统及其在工程上应用的可行性、经济性。

（2）可识别潮流转移的广域后备保护技术。研究故障后保护装置动作导致的潮流转移识别和计算方法；利用电网全局广域信息，实现广域后备保护的优化算法，建立综合考虑故障后潮流转移并协调全网保护设备动作的先进广域后备保护体系。

（3）紧急状态下的电网智能重组技术。基于图论描述的 OBDD 搜索加校验的在线自适应解列策略自生成算法研究，生成的解列策略满足同步机群、孤岛功率平衡和静态平衡点等约束；建立快速、准确和完备的大规模电网解列可行性判断判据体系，对电网是否适合解列重组进行预先判断；基于弱联接理论研究解列线路和解列时机对于解列后孤岛同步稳定运行能力的影响。

（4）极端外部条件下的停电防御系统。建立从除电力系统本身之外的自然环境和社会环境采集灾害信息和其他广域信息的可靠数据采集系统；研究群发性相继故障的风险评估机制，实现对大风险群发故障的及时预警和评估；综合考虑长短期预防控制、紧急控制和故障后恢复控制，完善已有停电防御系统决策系统，使自适应优化的决策同时兼顾停电规模和停电时间。

10）电网故障恢复技术

（1）极端运行环境下的大电网应急与恢复控制。利用数据挖掘、人工智能、模糊论等理论和方法，研究故障恢复控制的顺序优化、稳定控制的方法，研究成熟的在线故障诊断系统、黑启动决策支持系统，以及故障恢复控制决策支持系统。

（2）电网全停后的重启恢复策略寻优技术。黑启动电源的选取，黑启动方案的制定和优选、电源出力安排以及恢复顺序的优化等；恢复策略的寻优，恢复过程中考虑输电线路暂态过电压和持续过电压约束的问题。

（3）故障后系统智能重构技术。如何在复杂的大规模电网中选取更加合理的重构方案。涉及网络拓扑分析、保护定值自适应和最优潮流等技术；多种重构推荐方案的比较和校核，分析其稳定性、灵敏度、经济性等指标。

11）电力系统安全稳定防御体系

（1）适用于特高压大电网发展的智能安全防御体系框架研究。建立快速的全过程仿真技术体系；建立新一代智能调度自动化系统和动态安全稳定控制系统；建立国家电网级的电网防灾应急处理指挥体系。

（2）大电网智能安全防御体系实施方案研究。建立初步的在线安全防御系统；完善部分高级应用功能，实现快速的安全稳定控制；进一步完善各种高级应用功能，实现高度智能化的调度运行、安全稳定控制和应急处理，从而最终实现闭环控制的大电网在线安全防御系统。

（3）大电网智能安全防御体系内部协调配合研究。三道防线措施之间的协调配合；预防控制，紧急控制和恢复控制措施之间的协调配合研究；利用新技术对现有控制措施进行整合和优化。

（4）大电网三道防线措施优化配置及协调配合研究。继电保护、紧急控制、第三道防线等各道防线内部措施的优化配置，以及不同防线措施之间在物理约束空间、控制对象空间、控制实施时间上的协调；继电保护的优化和自适应。继电保护的优化包括线路保护与重合闸的配合、线路后备保护的配合、广域信息和多代理技术的引入；紧急控制的优化和自适应。

第三节 技术发展路线图

一、超特高压交直流输电总体技术愿景

1．技术愿景

以安全、经济、清洁、高效、智能化为核心目标的超特高压交直流输电系统

将是未来电网发展的重点。

（1）安全。建成“三华”持高压同步电网、东北特高压电网、西北 750kV 电网、南方电网互联大电网，联结各大煤电基地、大水电基地、大核电基地和大可再生能源基地，各级电网协调发展的坚强智能电网。为大电源基地的安全输送和消纳提供可靠保障。

（2）经济。建成“三华”特高压同步电网与西北、东北、南方电网联系紧密的全国互联电网，实现全国范围内的能源资源优化配置，取得大容量输电、水火互济、跨流域补偿和互为备用等综合补偿效益。

（3）清洁。电网和分布式接入可再生能源电源之间的高度融合，促进可再生能源高效、大容量的接入及消纳；确保全国范围内形成可再生能源发电集中接入和分散接入并举的规模化、产业化格局。

（4）高效。建成水电、火电、核电基地和大规模风 / 光电源的“强交强直”混合输电通道，实现远距离、大容量西电东送和北电南送的发展战略，并通过超 / 特高压直流接受蒙古、俄罗斯和哈萨克斯坦的电力。

（5）智能化。以先进的大电网控制和决策技术作为支撑，实现跨大区交直流混联电网的“自愈”能力、安全稳定控制与决策的智能化。通过智能化的安全稳定控制技术，提高超特高压交直流输电通道的输电能力和效率。

随着大超特高压交直流输电系统逐步实现安全、经济、清洁、高效的发展目标，大电网技术的具体技术形态也将完成由传统型向智能化方向的过渡。

2．技术发展趋势

1）超特高压交流输电技术

随着新材料技术、新型高压输变电设备以及新型电力电子技术的发展，超特高压交流输电技术发展的最根本目标是提高交流输电通道的输电能力，发展的最终目标是通过对大容量超特高压交流输电通道、直流输电通道、区域大电网进行灵活控制，实现全国范围内的资源优化配置和提高发、输、配电网的运行效率。

依托分频输电技术及设备、半波输电及设备、高温超导材料技术及设备等的快速发展，大大提高单输电通道的输送能力和电网的稳定性；掌握高电压、大容量 SVC 及 STATCOM 核心技术和基于全控器件的 FACTS 设备对基于半控器件 FACTS 设备的全面替代技术，实现交流输电网在潮流控制、短路电流限制、动态无功支撑、过电压抑制和网络互联等技术的全面提升，为智能输电网提供技术保障；基于先进的电力系统安全稳定控制技术理论和大容量 FACTS 设备及控制技术，实现对超特高压交直流输电网的灵活控制。

2）超特高压直流输电技术

随着电力电子器件和其他技术的发展，高压直流输电技术呈现出更高电压、更大容量、更高效率、更高可靠性、更多应用场合、紧凑化、网络化、智能化等发展趋势。例如，基于晶闸管串联的常规高压直流输电技术向电压等级越来越高，输送容量越来越大的方向发展，通过多端直流输电、电容换相直流、三极直流输电等技术的发展，不断拓展其应用领域，通过更为先进电力电子器件和其他技术的应用，逐步实现紧凑化和智能化；而基于可关断电力电子器件的电压源换相高压直流输电技术的电压等级越来越高、输送容量越来越大，并通过高直流输配电联网等技术的发展，逐步拓展其应用领域，在输配电技术领域的作用将越来越大。

未来的高压直流输电技术建设成本将初步逐步降低，占地面积和环境影响越来越小，运行效率、可靠性、智能化和网络化程度越来越高。在输配电领域的应用范围将不断扩大，在输配电网中的作用越来越大，并可能逐步成为主角。

3）电网安全稳定技术

先进的电力系统安全稳定控制技术与关键技术是大电网坚强、智能运行的根本保障，是构建坚强智能电网的基础。为适应智能电网的发展，电力系统安全稳定技术必须以先进的安全稳定理论为基础、以可靠高效的安全稳定评估及预警系统为平台、以灵活智能化的安全稳定控制设备为手段，适应未来全国交直流互联、可再生能源及分布式能源大规模接入的复杂电网形态，应对大规模自然灾害、保证电网安全稳定是基本要求，提高电网的运行效率是最终目标。

基础理论和关键技术应该以 WAMS 系统为基础，开展电力系统安全稳定控制基础理论与稳定控制的关键技术研究，使得跨大区、交直流混联电网的安全稳定分析、控制从“定性”到“定量”的跨越，实现大电网安全稳定控制与决策的智能化、未来智能电网的“自愈”性。电网安全评估预警体系逐步由确定性的安全评估发展到基于风险的安全评估；由传统的基于 EMS 的在线安全评估发展到实现 EMS 与 WAMS 密切配合的电网在线安全评估预警。在控制及信息技术发展的推动下，充分发挥直流系统高度可控的特点，在智能交直流电网安全防御控制体系中发挥其重要的作用。电网安全稳定控制技术向多信息源和控制措施的生成在线化、实时化方向发展。大停电预防与恢复控制技术向多信息源、人工智能和系统集成开发等方向发展。

未来电网的安全稳定技术由被动防御向主动型和对策型的灵活控制转化，提高电网安全、高效运行的智能性、自愈性、协调性，将我国电网的控制水平提高到新的高度。

3. 技术性能指标

（1）跨大区交直流混联通道主要输送太阳能、风电、水电等清洁能源。

（2）交流输电通道或大容量直流输电系统发生故障后，各区域交流同步电网通过各种交直流协调智能控制措施保证系统的安全稳定运行。

（3）在超特高压交直流输电网发生多重故障时，能够防止事故扩大为系统崩溃，杜绝全网性大面积停电事故的发生，充分发挥智能电网安全稳定控制技术的优势。

（4）交直流输电通道可按输电极限运行，不存在阻塞环节。

（5）满足可再生能源发电的高效、大容量接入需求。

（6）跨大区、远距离、大容量超特高压交直流混联电网具备智能化的安全稳定控制与决策的“自愈”能力。

二、2011～2020年技术发展阶段目标

2011～2020年发展特高压交流输电网、解决大规模能源基地送出需求，是我国电网发展的主要模式，特高压交流电网将得到快速发展。

到2020年我国将建成“三华”特高压同步电网、东北特高压电网、西北750kV电网、南方电网互联的大电网，联结各大煤电基地、大水电基地、大核电基地、大可再生能源基地，各级电网协调发展的坚强智能电网，“三华”特高压同步电网形成“五纵六横”主网架。晋陕蒙宁煤电和四川水电通过特高压交流通道向“三华”电网送电，解决晋东南、晋中、晋北、陕北、宁东、准格尔、鄂尔多斯、锡盟、呼盟、霍林河、宝清、哈密、准东、伊犁、彬长、陇东、淮南等大型煤电基地和金沙江、大渡河、西藏等大型水电基地电力外送问题（表6-3）。

表6-3　2020年技术发展阶段目标

技术	发展目标
大容量电压源换相（VSC）高压直流输电	完成基础理论研究和关键设备研制，容量逐步增至百兆瓦级； 完成基于百兆瓦级的VSC的大规模可再生能源直流接入的关键技术研究以及风电、太阳能发电并网示范工程建设
多端特高压直流输电技术	在特高压直流输电技术的基础上，完成±800kV、±1000kV的多端特高压直流输电技术的关键技术研究、关键设备的研制以及多端特高压直流示范工程建设
大电网安全稳定理论	实现基于量测的全系统在线建模、辨识与参数更新的完整体系； 提出适应未来电网的具有快速高效的超大规模电网安全稳定的分布式仿真分析方法，实现超实时、高精度的超大规模分布式计算支持系统原型； 基于确定性及不确定性分析理论，完成未来电网形态下的综合稳定分析理论及故障传播机理与阻断机制的研究，完成电力系统安全稳定广域智能控制理论研究，成功应用于电力系统仿真平台与关键控制设备的开发中

续表

技术	发展目标
大电网安全稳定评估及预警技术	建成统一开放的多信息源数据在线共享平台，实现数据融合与挖掘；形成基于智能风险技术的电网安全评估理论； 实现电力系统模型在线辨识和实测校核在电网中的应用； 实现电气过程仿真的同时，计及气象因素等自然灾害对电网的影响。形成大电网智能安全防御体系实施方案和构成形式，完善部分高级应用功能，实现更加快速准确的安全稳定控制和积极有效的安全防御
电网安全稳定控制技术	研究超大规模、超实时的电网仿真技术，建立基于专家经验的紧急控制先验知识库，实现实施决策、实时控制的紧急控制技术； 探索各种智能控制设备、实时控制技术和新能源控制方案的综合协调； 完成基于 WAMS 的电力系统安全稳定智能控制与决策基础理论研究，实现电力系统的定量智能化控制，试点应用成功的智能控制手段和设备继续推广，成熟应用于工业实践

三、2021～2030 年技术发展阶段目标

随着新型交流输电和直流输电材料和设备关键技术及控制技术的发展，我国超 / 特高压交直流混联电网得到进一步发展，输电能力大幅提升。预计 2030 年特高压交直流跨区送电容量将达近 4 亿 kV，为满足“三华”特高压同步电网和东北电网电力流需求，保证大型水火电基地电力的可靠送出极其电网的合理消纳，在 2020 年“五纵六横”主网架结构基础上，2021~2030 年特高压电网将增加晋陕蒙宁至“三华”负荷中心的特高压交流输电通道（表 6-4）。

表 6-4　2030 年技术发展阶段目标

技术	发展目标
大容量电压源换相（VSC）高压直流输电	实现千兆瓦级电压源换相高压直流输电换流器研发和工程应用；完成基于千兆瓦级 VSC 的大规模可再生电源直流接入关键技术研究和示范工程建设；完成智能 VSC 直流输电系统在我国的示范应用
多端特高压直流输电技术	完成关键设备的自主知识产权化，并实现多端特高压直流输电工程的推广应用
大电网安全稳定理论技术	在建模、计算和安全稳定性理论的基础上，建立多层次超大规模复杂电力系统的高精度分析系统，建立实现全电网广域全景实时状态观测、全时间尺度稳定分析、危险源预报预警的安全稳定评估体系
大电网安全稳定评估及预警技术	实现大电网智能安全防御体系内部的协调配合，并进一步完善各种高级应用功能，开发大电网广域安全防御及智能调度全景信息和一体化支撑平台，实现闭环控制的完整的大电网在线安全防御系统；对未来电网中多种形态的设备特性具有高度适应性的安全稳定控制理论和算法应用于工业实践，逐渐成熟化；综合控制多种新型设备的安全可靠防御体系应用于实际并逐渐完善；在线实时决策、实时控制技术与新能源环境下的控制措施、智能设备相互协调，逐步形成完善的电网安全稳定智能广域防御体系，在电力工业中示范、推广
电网安全稳定控制技术	实现从“基于就地信号的局部分散控制”向“基于多信息源的系统级协调控制”转变，从“预案式故障匹配控制”向“在线跟踪策略驱动式控制”转变

四、2031～2050 年技术发展阶段目标

可再生能源发电所占全国能源总消耗的比例不断加大，为适应超大规模可再

生能源发电基地输出功率的波动性，提高输电网的吞吐能力和安全稳定性，多端直流超导输电网是电网后续发展的主要模式。

多端直流超导输电网需要高温超导材料技术、多端超导直流输电技术、超/特高压交直流电网与多端直流超导输电网的协调控制技术方面实现突破（表 6-5）。

表 6-5　2050 年技术发展阶段目标

技术	发展目标
高温超导直流输电	高温超导材料制造技术得到突破，感应式断路器、限流器、调压装置以及自动化系统的操作控制机构等新型电气设备已经适应高温超导输电技术的应用； 高温超导输电技术成功推广应用到我国的超特高压输电主网架，我国形成以超导输电为主的坚强超特高压输电网
多端特高压直流输电	±1000kV 多端特高压直流输电技术推广应用，成为可再生能源远距离、大容量直流接入电网的主要方式
大容量电压源换相（VSC）高压直流输电	进一步完善、成熟千兆瓦级的大容量 VSC 直流输电技术、智能 VSC 直流输电技术，以及高温超导直流输电技术，并实现在我国直流输电工程推广应用
安全稳定评估体系	广域全景实时状态观测、全时间尺度稳定分析、危险源预报预警的安全稳定评估体系在全网得到推广应用
安全防御系统	依托智能电网中信息化、智能化设备等关键技术的快速发展，电力系统安全防御系统实现向基于响应的智能化控制的完全转化，安全防御系统的功能从保证电网安全稳定运行上升到保证电网的运行效率的层面上

第四节　建　　议

超特高压交直流输电系统的发展与未来中国的能源结构、能源需求、环境保护以及相关新技术的发展紧密联系。我国未来能源消费和生产结构的变化、未来经济发展的中心和重点方向、新技术的突破，都影响着不同发电形式的装机比例大小、负荷分布以及电力流变化的特点，从而决定了我国超特高压交直流输电系统的发展模式。

一、我国能源产业未来的发展模式

一次能源的利用程度，以及清洁能源和可再生能源的开发规模，是电力装机的决定性因素。

在我国能源结构中，煤炭一直占据主导地位，随着我国经济的持续增长，短期内煤炭消费总量仍呈上升趋势。随着国家的政策干预，煤炭的消费比例在逐步减小，未来可能出现煤炭供应过剩的现象，政府需要为煤炭生产设限，以此保证节能目标的实现。减少的煤炭消费需要其他形式的能源来填补，如水电、核电、天然气能源、风电、太阳能、生物质能等。受 2011 年日本福岛第一核电站泄漏事故的影响，世界范围内对本国的核电发展战略进行了调整，我国核电发展政策也因此收紧，明确的核电发展政策对能源基地的分布形式意义重大。此外，一些新能源由于自身运行特性和技术的限制，发电成本偏高，要保证其持续发展，需要政府对能源的价格进行调控，以及一定程度的补贴或扶持政策，而调控的深度直接影响其发展规模。

能源决策是电力装机分布的重要影响因素，对后续超特高压交直流输电的发展有重要影响。能源的运行有巨大惯性，清晰的短、中、长期的能源发展路线图是我国未来超特高压交直流输电模式的重要依据。

二、我国未来经济发展模式

未来经济发展的模式决定了负荷的分布情况，与能源结构及分布情况一起构成了影响我国电力流格局的重要因素。

我国至2050年的经济发展战略会影响能源需求的格局，东北、中部、西部地区能源消费总量将会迅速增长，东部地区随着产业结构调整和产业升级，能源结构将进一步得到优化。国家对部分地区的产业引导和开放政策是区域经济快速发展的重要因素之一，此外，政府对循环经济、低碳经济的政策支持程度，都决定着超特高压交直流电网的布点、建造或改造工程。

综上，至2050年国家经济发展的蓝图是超特高压交直流输电系统发展规模和形式的重要参考。

三、新技术的发展和突破

超特高压交直流输电系统的发展与各项新技术密切相连，如多端等新型直流输电技术、超导输电技术等。首先，增加人才储备，培养多学科的交叉型人才，创建一支世界级水平的科研队伍。采用一定的激励政策调动科研人员的技术性和创造性，鼓励自主研发。其次，鼓励产学研的团结协作，在高校开展新技术的基础研究，吸引投资，加快新技术的产业化发展。建立有效的各方技术联盟机制，促进新技术的研究开发和推广应用。再次，加强国际交流合作，鼓励制定与国际统一的政策、规范、标准。最后，对短期无法产生经济或社会效益的技术进行扶持。由于材料的瓶颈问题，超导输电在短期内无法推广应用，无法产生经济效益，因此，未来其发展很大程度上依赖于国家的经济和政策扶持。

第七章 大规模可再生能源电力接入电力系统

进入 21 世纪，能源安全和环境保护已成为全球化的问题。各国政府高度重视发展可再生能源，将其作为缓解能源供应矛盾、减少温室气体排放和应对气候变化的重要措施，纷纷制定了发展战略和一系列激励政策，引导、鼓励可再生能源的发展。强有力的目标和政策支持引导和推动了可再生能源技术日臻成熟和完善，成本不断下降，市场竞争力不断增强，为未来大规模应用提供了重要的支撑。全球风电正朝着大型化、规模化的方向发展，2009 ～ 2012 年平均每年新增容量 40GW，2012 年底累计装机 283GW，特别是风电在欧洲新增电力装机中已经连续两年超过了天然气发电，位居第一，在北美也连续多年仅次于天然气发电，位居第二；太阳能光伏发电已经开始从边远无电地区走向城市，向并网方向发展，2012 年世界光伏发电安装容量为 102GW，比 2011 年增加 4.24GW，开始步入类似风电高速发展的轨道。

未来可再生能源在全球能源供应中的地位将更加突出，预计 2050 年可再生能源将满足全球 50% 以上的一次能源需求。各发达国家都把发展可再生能源作为应对金融危机、引领世界能源革命的战略举措。

近几年，以风电、光伏发电为代表的可再生能源电力在我国得到了迅猛发展，其中风电作为技术最成熟的可再生能源利用方式之一，在国家大力支持下已经实现连续多年的快速增长，截至 2012 年底我国风电总安装容量达到 75.324GW，排名世界第一，预计到 2020 年总装机容量将达到 200GW 左右；光伏发电近年来也得到了较快增长，预计到 2020 年总安装容量将达到 100GW；各类生物质能发电装机容量预计到 2015 年将达到 13GW，2020 年将达到 40GW。2011 年 3 月日本福岛核电站的核泄漏事故，使得公众对可再生能源发电的安全性、经济性、可控性等各方面有了更深入的思考。以风电和光伏发电为代表的可再生能源发电正逐步成为我国重要的能源，在满足能源需求、改善能源结构、减少环境污染、保护生态环境、促进经济社会发展等方面发挥重要作用。

风电和太阳能光伏发电等大规模可再生能源电力接入引起的电力系统安全稳定问题、调峰调频等问题是制约我国可再生能源大规模发展的主要瓶颈之一。研究大规模可再生能源电力接入电力系统，对于促进我国可再生能源的快速发展、实现我国能源战略调整、转变电力发展方式和加快可再生能源实现从补充能源到替代能源的转变，均具有重大意义。

第一节　国内外研究现状分析

近年来，国内外在可再生能源电力接入电力系统技术研究方面取得了重要进展。本章从基础与应用研究、可再生能源发电技术、大规模可再生能源电力输送技术、可再生能源发电分布式接入技术及可再生能源电力调度支撑技术等五个重点技术领域，对国内外研究现状进行分析。

一、基础与应用研究

可再生能源发电并网技术的“基础与应用研究”包括可再生能源发电的资源监测与评估技术、系统建模及仿真工具的建立及试验平台建设。

风能资源实时监测与评估的结果可以直观掌握开发区域风能实时分布的情况与特点，便于分析各风电开发区的风能相关性，为风电功率预测及调度管理提供基础数据。在资源评估技术方面，国外开发了风能资源监测网络系统，相关成果在丹麦DTU/Risø国家实验室和西班牙电力公司应用；我国主要开展了风能资源监测网络优化布局及区域风能资源实时计算研究，建成了包含酒泉风电基地一期3000多台风电机组的实时运行监测网络，解决了风电机组关键运行信息实时采集、传输和存储的问题，相关成果在西北电网及甘肃电网得到应用。中国电力科学研究院建立了用于可再生能源发电功率预测的数值天气预报运行中心。以数值天气预报为基础输入数据的新能源功率预测是新能源优化调度的基础，以数值天气预报为基础的电力气象学将在智能电网各个环节得到广泛应用，如灾害天气预警技术是保障输变电设备可靠运行的重要支撑；数值天气预报用于配电网中的智能家居与高效能设备管理技术、用户电源与储能设备等。

在可再生能源发电建模及仿真分析手段的建立方面，国外研究工作起步较早，建立了不同类型风电机组的静态和暂态仿真模型，并开发出一些模拟风电、光伏发电系统性能的大型工具软件包。在此基础上，IEC TC 88负责组织制订“风力发电的电气仿真模型”标准，该标准分为两部分：第1部分的草案（committee draft，CD）已经发布，它规定了风电机组的通用动态模型和验证程序，能够用于电力系统稳定性的分析、电力系统事件的动态仿真；第2部分是规定风电场模型和验证程序，将在第1部分工作提交后开展。我国参加了“风力发电的电气仿真模型”标准化工作。以中国电力科学研究院、华北电力大学、清华大学等科研院所为代表的研究机构在风电机组建模、参数辨识、风电场等效模型建立等方面取得了一定的研究成果，在国内常用的电力系统分析软件BPA-PSD和PSASP中，建立了典型风电机组机电暂态仿真模型、相关风电场数学模型以及光伏发电系统模型。

在试验平台建设方面，欧洲各个风电发达国家早在20世纪末就开始了风电机组和光伏发电特性试验研究，IEC陆续颁布了系列风电机组及光伏的检测标准；美国NREL、德国DEWI、丹麦Risø、荷兰ECN及希腊CRES等机构建立了风电检测试验场，开发了移动式检测设备，开展了风电机组功率特性、载荷、噪声、电能质量检测，解决了风电机组型式认证及并网检测的问题；德国开展了风电机组及风电场认证方法研究，建立了认证体系，解决了风电机组及风电场并网认证的问题。

目前，我国风电并网试验检测技术及试验平台建设已达到国际先进水平，风电及光伏发电检测体系已基本建立，形成了风电及光伏发电检测领域的国家和行业标准，解决了风电及光伏发电试验检测的问题。“国家能源大型风电并网系统研发（实验）中心”已经建立了包括移动检测能力和张北风电试验基地的完整风电检测试验能力，为开展风电机组特性和风电场并网特性的研究提供了试验检测平台。目前可根据国际标准（IEC）、国家标准（GB）、能源行业标准（NB）和国家电网公司企业标准（Q/GDW）开展风电机组功率特性、电能质量、噪声检测、载荷测试、有功/无功调节能力、低电压穿越以及电网适应性测试和风电机组电气模型验证工作，并可开展风电场电能质量检测、有功功率/无功功率控制能力检测等风电场并网检测工作。太阳能光伏发电方面，国内针对电池组件等前端部件的检测认证体系及检测能力建设已经开展了较多的工作，形成了多个国家级质检中心；“国家能源太阳能发电研发（实验）中心”为开展光伏发电并网提供了试验检测平台。

二、可再生能源发电技术

由于在可再生能源发电技术方面开展了长期的研究工作，欧美等发达国家在风电、光伏发电技术方面已经非常成熟。并网导则的制定和实施是促进可再生能源发电发展的重要技术举措，也是国外技术发展水平的经验总结。美国、丹麦、德国和西班牙等国的并网导则对可再生能源发电的并网特性提出了各种要求，以满足电力系统安全稳定运行的需要。经过多年的努力，我国已经基本上建立了风电和光伏发电接入系统的标准化体系。随着我国提出多个百万kW级及千万kW级风电基地的建设规划，为保证大规模风电并网后电力系统安全稳定运行，推动可再生能源发电技术进步，对原有的国家标准进行了修订和完善，颁布了国家标准GB/T 19963—2011《风电场接入电力系统技术规定》及GB/T 19964—2012《光伏发电站接入电力系统技术规定》，规范了大型风电场及光伏电站接入系统技术要求。

在全球风电技术发展趋势方面，风电机组单机容量向大型化发展，陆上风电单机容量在3MW及以下，海上风电为5～10MW；风电机组新的类型不断涌现；与陆上相比，海上风能资源更为稳定，目前全球风电开发正在逐步向海上扩展。而与电力系统相关的风电机组控制已经是成熟的技术，安装在大型风电场的风电机组应具备有功和无功的调节能力也已经达成普遍共识，主要国家新建风电场的机组均具备故障穿越能力，对故障穿越的要求也从单纯的故障期间机组能够保持不脱网向故障期间能够为电网提供无功支撑发展。在风电场监控技术方面，用于风电场监控的标准IEC 61400-25已经颁布并开始推行，以实现不同厂家不同类型的风电机组相互兼容；而大型的风电场要在满足IEC 61400-25的基础上，实现有功、无功的自动控制，以适应电网运行条件的变化，满足并网导则的要求，如丹麦DTU/Risø国家实验室开发的CleverFarm系统，英国Garrad Hassan公司的GH SCADA、Vestas Online系统，美国赛风公司的Second WIND-ADMS系统，美国卓越通讯的SCADA系统等，都可满足风电场综合监控功能，并获得了大量应用。

关于风电场运行控制，国外具有较高的风电机组/风电场运行控制水平，风电机组大多具有有功无功调节能力及低电压穿越能力；部分国家对风电提出参与系统调频调峰的要求，如德国要求风电在电网频率较高时可减少出力，英国要求风电参与调频，丹麦要求大规模集中接入的大型海上风电场留有一定的调节裕度，不仅参与调频，而且参与调峰。我国自2011年后接入电力系统的风电机组均已具备低电压穿越功能，老机组也都逐步进行相应的改造升级，以满足对低电压穿越功能的要求；部分技术领先的风电设备厂家也已经开展电网适应方面的研究测试；在风电场运行控制技术方面，我国已经完成了风电场无功电压控制系统和监控系统的开发，风电场综合监控系统已在多个风电场成功实现商业应用，风电场无功电压控制系统也已开展现场试验并投入使用。

在光伏发电方面，欧洲、美国、日本等国家和地区是国际上开发利用最成熟的地区。同时，在生物质能、海洋能等其他形式的可再生能源发电方面，欧洲等国家也开展了深入的研究。沼气发电、秸秆发电等生物质能高效利用技术已经非常成熟；波浪发电也已经建成了多个试验系统。对于这些类型的可再生能源，欧洲一些国家也逐步开始挖掘其对电网的支撑能力。2008年德国颁布的并入中压电网的电源运行要求中，明确提出电源需具备根据电网运行条件动态调节其有功和无功功率的能力，这些条款已经在2009开始正式执行（针对光伏发电的执行时间放宽到2010年）；同时，该要求还规定了从2010年开始，这些电源必须具备故障穿越的能力（针对光伏发电，执行时间放宽到2011年）。而在户用的光伏发电技术方面，欧洲一些国家已经开始研究如何利用分布式的电源改善用户电能质量，降低电网损耗。

由此可见，在可再生能源发电技术方面，欧美等技术先进国家已经从单纯关注最大程度利用能源向能够支持电力系统运行、提高可再生能源自身的竞争力方面发展；并且在可再生能源发电的标准化、智能化开展了大量工作，使得可再生能源发电逐渐成为保证电力系统安全可靠运行的积极因素。

三、大规模可再生能源电力输送技术

目前，世界上大多数风电场都是采用交流输电的方式接入电网。国外对提高已有输电线路的能力进行了很多研究，包括线路在线监测、动态增容技术以及改变导线线径等。随着风电等可再生能源发电规模的不断增大，对传统 HVDC 作为可再生能源外送手段的研究正在逐步开展。

近年来，在世界范围内，采用柔性高压直流输电（VSC-HVDC）技术将海上大规模风电送往负荷中心区域的技术已经得到了成功应用，并积累了一定的运行经验。1999 年 6 月，瑞典采用 VSC-HVDC 技术将 Gotland 岛的风电经过地下电缆送往本土，这是世界上第一个商业化的 VSC-HVDC 工程。随后在澳大利亚、丹麦、美国、挪威、德国等先后建成了容量和输送距离都不断增加的柔性直流输电系统。欧美等国已有多端柔性直流输电网络的建设规划，包括美国的 Tres Amigas Superstation 工程和瑞典——挪威的 South West Link 工程。

我国可再生能源基地建设目前以交流接入方式为主，但随着风电、光伏发电开发规模的不断增大，逐步开展了先进的可再生能源发电的高压交流与直流送出技术及电网安全稳定支撑技术的研究。

针对全球海上风电的快速发展趋势，需尽快突破柔性直流输电等海上风电的输变电关键技术。国内柔性直流输电技术的数学建模、机电和电磁仿真、可靠性和经济性研究已经系统性地展开，并进行了深入的探讨。2011 年 7 月上海南汇风电场柔性直流输电工程（容量 20MVA）投入正式运行。作为我国第一条拥有完全自主知识产权、采用柔性直流输电技术进行大规模可再生能源接入和电力外送的项目，它的成功投运标志着我国在智能电网高端装备方面取得了重大突破，国家电网公司也成为继 ABB、西门子之后全球第三个掌握该项技术的公司。目前，我国在柔性输电可再生能源接入电网研究与示范方面，走入了世界前列，包括采用直流电压 ±160kV、传输容量 200MW 的南澳风电场四端直流输电示范工程，以及采用直流电压 ±200kV、传输容量 400MW 浙江舟山五端柔性直流输电工程。

四、可再生能源发电分布式接入技术

德国和丹麦等国在风电开发利用早期大多以分散接入中低压配电网为主，因此在可再生能源发电分布式接入方面积累了大量的实践经验，相关规定和规范已经逐步完善，并形成了一系列应用标准。近年来，德国、美国和日本等在分布式光伏发电接入方向开展了大量研究，开展了运行控制、电能质量、可靠性、继电保护、经济运行等研究，取得了较多成果，保障了这些国家分布式光伏发电的快速发展。但近年来，德国随着分布式可再生能源发电穿透率越来越高，也导致了电网运行困难、安全可靠性降低等问题，正在通过鼓励就地消纳、提高运行控制水平、制定更严格的并网技术规定等措施力图予以解决。

在可再生能源发电大规模分布式接入的情况下，配电网规划、运行等技术必然要面对许多新的挑战。早在 20 世纪末 21 世纪初，国外就有学者相继探讨了含有分布式电源的配电网规划问题，提出了一些分布式电源优化布点新算法，分析了采用传统电网升级与分布式电源供电等多种电网扩充策略之间的优劣，但在分布式电源对系统可靠性的影响方面还缺乏较深入的研究。

在诸多政策措施的激励下，分布式电源大规模接入电网，特别是光伏发电以分布式方式接入电网，正在我国迅速发展。综合国际上有关国家及组织界定标准和我国电网特点，2013 年初，国家电网公司对外发布了分布式电源的定义：分布式电源是指位于用户附近，所发电能就地利用，以 10kV 及以下电压等级接入电网，且单个并网点总装机容量不超过 6MW 的发电项目。包括太阳能、天然气、生物质能、风能、地热能、海洋能、资源综合利用发电等类型。为规范光伏发电接入配电网设计，保障光伏发电系统和配电网的安全稳定运行，发布了 GB/T 29319—2012《光伏发电系统接入配电网技术规定》。在并网标准的指导下，我国在解决配电网接纳屋顶光伏发电等分布式电源的适应性和安全性问题，及解决单个分布式电源友好并网技术问题上已经积累了一定的经验。

2013 年 7 月 4 日为规范和促进光伏产业健康发展，国务院发布了国发〔2013〕24 号文件《国务院关于促进光伏产业健康发展的若干意见》；2013 年 7 月 24 日财政部发布了财建〔2013〕390 号文件《关于分布式光伏发电实行按照电量补贴政策等有关问题的通知》，这些光伏产业政策的集中出台，将会强势拉动国内光伏发电项目的建设热潮。随着光伏发电的规模化发展，考虑到其出力的间歇性和随机性，以及逆变器并网、孤岛效应等因素，对光伏发电规模化并网后对电网安全稳定性、供电可靠性以及电能质量等方面的影响研究也正在展开。

我国风电整体呈现大规模开发、远距离传输、高电压等级集中接入为主的特点，同时大力鼓励在低风速区分散式开发、促进就地消纳。分散式风电以分散方式多点接入低压配电系统，考虑110kV（66kV）、35kV及10kV电压等级已运行的配电系统设施就近布置、接入风电机组，不为接入风电而新建变电站，不考虑改变已有输变电设施，风电的装机容量原则上不高于接入变电站的最小负荷水平。

五、可再生能源电力调度支撑技术

可再生能源电力调度管理是可再生能源发电装机比例较大的电网都面临的问题，开展间歇性可再生能源发电功率预测技术是对可再生能源进行优化调度的重要基础。各国气象部门建立了专用于研究风能的数值天气预报（NWP）平台，为风电功率预测奠定了基础；并充分利用NWP的实时观测、资料同化和集合预报等先进技术，改善预报效果。德国、丹麦等风电发达国家从1992年起就致力于风电功率预测系统的开发与应用，提出了包含统计预测和物理预测在内的多种预测方法，实现了对单个风电场和区域风电的集中预测。如丹麦国家可再生能源实验室DTU/Risø开发了Prediktor、WPPT和Zephyr风电功率预测系统，并在电网运行调度中得到了广泛应用；德国太阳能研究所ISET开发了WPMS，Oldenburg大学公司开发了Previento；西班牙可再生能源公司开发了LocalPred-RegioPred，马德里卡尔洛斯三世大学开发了Sipreólico；美国AWS TrueWind公司开发了eWind，PreciseWind公司开发了PreciseStream。

我国建立了可再生能源数值天气预报生产基地，目前全国范围内实现水平分辨率为5km×5km或3km×3km（远景规划为1km×1km）的数值预报，为风电及光伏发电功率预测系统数据源的精确性、可靠性和稳定性提供了保障。中国电力科学研究院、中国气象局、清华大学和华北电力大学等单位开展了风电功率短期及超短期功率预测技术研究，研发了风电功率预测系统，解决了风电出力难以预测的难题，并在约20个网省电力公司和近1000个风电场得到应用，预测总容量超过50GW，预测规模居世界之首；并开展了光伏功率预测技术研究，提出了多种短期光伏功率预测算法，研发了光伏发电功率预测系统，相关成果在青海、宁夏、甘肃等省级电力公司和部分大型光伏电站试点应用。我国在风电功率预测技术研究水平方面已达到国际先进水平，但在光伏功率预测，特别是超短期功率预测、数值天气预报精度方面，还有较大的提升空间。

2005年以来，美国、丹麦、西班牙等国开展了基于电力市场的可再生能源电力调度技术研究和消纳能力分析技术研究。许多风电发达国家已经将风电纳入电网调度计划的制订，并通过其购售电市场运营机制，利用不同时间尺度下的电价措施来制定电力系统的调度运行计划，采用电力市场的经济杠杆使风电在电网中获得最大消纳；同时开发了可再生能源发电消纳能力分析评估软件，解决了定量评估可再生能源发电的接纳能力问题，例如，丹麦开发了电力生产模拟的通用模型——Balmorel模型，可对包含新能源的电力系统进行生产过程模拟仿真，能够分析发展各类电源的经济性以及电源布局的优化开发方案。西班牙开发了最大风电接纳评估程序GEMAS，可每10分钟在线评估一次电网最大接纳风电的容量。

国内在可再生能源发电调度支撑技术研究方面，已成功研发了基于D5000平台的可再生能源发电调度决策支持系统，并在新疆、吉林、黑龙江及上海电力调度中心投入实际运行，实现了七天机组滚动优化启停安排、日前可再生能源发电优先计划制订、日内滚动计划调整，能够协调可再生能源电力与常规电源的优化运行控制。

第二节 发展趋势

一、大规模可再生能源电力接入电力系统技术发展趋势

预计2020年、2030年、2050年可再生能源发电愿景如下。

2010～2020年，陆上风电场将得到大规模开发，到2020年风电装机规模预计将达到200GW，太阳能发电装机规模预计将达到100GW，生物质能发电装机规模预计将达到40GW。届时规划的8个千万kW级风电基地将投入运行，同时有适度规模、就地消纳的分散式风电得到开发；将研发出海上风电机组，并投入运行，建成离岸20km内的近海风电场示范工程；实现可再生能源联合发电推广应用。大规模荒漠光伏电站和屋顶分布式光伏系统并重发展，太阳能热发电进入示范应用阶段。

到2030年风电和太阳能发电装机规模预计将分别达到350GW和300GW，生物质能发电装机规模预计将达到100GW。2020年以后，我国风电的开发重点将逐步向开发海上风电场转移，离岸20km内的近海风电场将得到规模化发展；将建成离岸50km内的近海风电场示范工程；分布式风电、光伏发电得到商业化应用；建设风电在海水淡化、制氢和高能耗企业中直接应用的示范工程；太阳能热发电得到规模化发展。

到2050年风电和太阳能发电装机规模预计将分别达到1000GW，生物质能发电装机规模预计将达到200GW。非并网风电与大规模储能装置相结合将成为风电发展的一个新的方向；通过扩大国内市场份额，光伏发电将逐渐成为可再生能源发电中最重要技术。2050年以后，光伏发电有望在能源供应中占有重要的地位。

因此，结合以上可再生能源发电发展愿景，2015 ～ 2050 年大规模可再生能源电力接入电力系统技术发展趋势分析如下。

（1）大规模间歇式可再生能源机组仿真技术向模拟更准确、适用范围更大的方向发展。

（2）不同类型大规模可再生能源发电接入系统实现输电方式的多样化。

（3）间歇式可再生能源电站向高度信息化、自动化方向发展。

（4）可再生能源发电功率预测技术趋于精细化，运行控制与电力系统安全稳定趋于统一协调化。

（5）可再生能源电站将基本具备“可预测、可调度和可控制”的电网友好型特征。

（6）可再生能源发电并网装置向接入范围大、控制策略智能灵活、电能输出高效稳定、柔性接入无扰投退方向发展。

（7）提高可再生能源发电接入能力的储能应用技术和需求侧响应技术逐步成为解决我国大规模风电和太阳能发电间歇性和随机性的有效措施之一。

二、关键技术问题分析

1．基础研究平台建设

在可再生能源发电的资源监测与评估技术方面、我国目前尚未建立起风能、太阳能、海洋能、地热能等资源基础数据库以及可再生能源发电的运行数据库，也未实现对可再生能源发电以及运行基础数据的全面实时监测和分析。在系统建模及仿真工具的建立方面，须深入开展风电机组通用化建模、大型风电场、大型光伏电站的聚合模型在线辨识、风能及太阳能随机不确定特性的建模与并网仿真、基于正常运行和故障数据的风电及太阳能发电并网特性评价等方面开展研究工作；尚未开展海洋能、地热能等其他形式可再生能源的发电建模工作；建筑光伏发电、海洋能发电等多种形式分布式发电建模、仿真方面的研究有待开展、补充与完善；需要开展确定可再生能源电力接入电网的合理规模、布局和开发时序研究，实现较大范围内的资源优化配置。同时，需要深入研究可再生能源并网规划方面的多指标技术经济评估方法。在试验平台建设方面，我国在海上风电试验检测技术研究方面刚刚起步，可重点开展大容量海上风电机组并网特性试验检测研究工作，提出试验检测方法，开发相关的检测设备，建立海上风电机组并网检测手段，形成海上风电检测能力。

2．可再生能源发电技术

应提高风电机组、光伏发电系统等可再生能源发电机组的技术指标，使其具备、接近或达到常规发电机组的控制性能；针对目前国内可再生能源的技术发展和应用现状，应重点在风电机组/光伏发电系统的先进控制技术、风电场/光伏电站的自动化/信息化技术方面开展技术攻关，使可再生能源电站能够具备良好的适应电网不同工况的能力，能够根据电网运行条件的变化自动调整运行状态；在大型光伏发电站并网发电系统谐波分析及抑制方面开展基础性研究，为电网安全稳定和经济可靠运行提供支撑；在研究先进发电技术的同时，应加大对可再生能源发电并网标准以及相关检测认证技术的研究和试验能力的建设，利用大型可再生能源发电并网技术委员会 IEC SC8A 秘书处挂靠在我国的有利条件，制定高水平并网技术标准，提升我国在可再生能源发电并网领域的影响力，引导可再生能源电力的发展方向，规范可再生能源电站的建设和运行，避免不满足并网条件的可再生能源并网运行；同时除风电、光伏发电外的其他可再生能源发电形式，如生物质能发电、海洋能发电等也应尽快开展相关的资源普查、关键技术研究等工作。

3．可再生能源电力输送技术

截至目前，我国在可再生能源发电并网规划技术研究水平已达到国际先进水平，但未来将会有更大规模的新能源并网，尤其对于风电及光伏发电基地集中的西北地区，新能源并网规划需要考虑的技术经济综合因素更加复杂。为此，需要在大型风电及光伏发电基地集中外送的容量置信度、次同步振荡等分析评估和优化规划技术等方面开展研究工作，需进行适应大容量可再生能源电力输送的系统网架优化技术研究，考虑不同可再生能源间以及可再生能源与常规电源间的合理配比，同时开展对大规模可再生能源的送端电源结构和布局进行优化研究；需要进行大规模间歇式可再生能源发电并网后的大系统频率控制及备用容量调度技术研究，进行大电网送电通道和受端系统无功电压综合控制技术研究；需要开展适应可再生能源大功率波动的直流控制调制技术研究，进行协调 HVDC 与 FACTS 大规模外送可再生能源的技术研究；需要开展系统保护装置及安全稳定装置的适应性研究以及可再生能源穿越故障的先进控制技术研究；在海上风电输变电技术方面，需要进行海上变电站的基础设计、布置以及抵抗恶劣环境的研究，开展大规模海上风电柔性直流输电技术研究。

4．可再生能源发电分布式接入技术

我国在区域高渗透率分布式光伏发电能力监测评估与协调控制、分布式可

再生能源发电及微电网并网检测、可再生能源多能互补供电方面的研究上，还有进一步提升的空间。重点开展分布式光伏发电网格化资源监测与功率预测、发电能力监测评估、功率协调控制技术以及分布式新能源及微电网检测技术等研究工作，重点解决制约分布式可再生能源发电发展的监测、预测、控制及检测问题。增强对分布式可再生能源发电的适应能力方面，依托先进传感、集成通信、智能控制等先进技术，实现电力负荷的快速响应与协调控制，关键技术包括高级量测技术、用户侧能量管理技术（HEMS/BEMS/CEMS）、基于快速通信的可中断负荷有序控制技术、需求响应及用户侧资源调度技术，以及电网与用户灵活互动技术。

5. 可再生能源电力调度支撑技术

在风电及光伏发电功率预测方面，可重点开展基于太阳能资源监测和云成像技术的光伏超短期功率预测的研究工作，解决因云层遮挡导致光伏功率快速波动时，预测精度较差的技术难题；开展基于超级云计算的数值天气预报技术研究，最大化利用分散的计算资源，弥补集中计算的不足的技术难题，提高数值天气预报分辨率。在调度支撑技术研究方面，可重点开展风电及光伏发电一体化优先调度和评价技术、可再生能源发电预测后评估技术、热负荷调度和监控技术、热-电联合调度提升风电利用率技术，重点解决电力系统安全稳定运行约束下可再生能源最大化调度技术、理论发电能力评估模型、可再生能源优化调度评估与后评价等问题，并利用电采暖等措施提高可再生能源发电消纳能力问题，提高可再生能源发电利用效率。

6. 储能应用技术

储能技术是未来能源结构转变和电力生产消费方式变革的战略性支撑技术。储能技术的应用可以有效地实现调峰填谷、在很大程度上平抑可再生能源发电的随机性，改善电能质量以及使可再生能源发电功率稳定，使得不连续的可再生能源发电不仅可以替代常规电源的发电量，甚至可以成为一种优质电源，替代常规电源的装机容量，即减少常规电源的装机容量。在大容量、高性能、规模化储能技术应用之后，电力将成为可以储存的商品，这将给电力系统运行所必须遵循的发电、输电、配电、用电同时完成的概念以及基于这一概念的运行管理模式带来根本性变化。储能技术把发电与用电的时间和空间上分隔开来，发出的电力不再需要即时传输，用电和发电也不再需要实时平衡，这将促进电网的结构形态、规划设计、调度管理、运行控制及使用方式等发生根本性变革。关键技术包括大容量储能与间歇式可再生能源发电出力互补机制、储能电站与间歇式可再生能源容量配置技术及优化方法、储能系统控制与能量管理技术研究与开发，储能电站的多点布局方法及广域协调优化控制技术。

第三节　技术发展路线

一、先进的可再生能源发电技术

2011 ～ 2020 年，大型风电场及光伏电站的控制技术取得突破，发电机组全面实现低压穿越能力，同时具备无功功率动态调整能力以及一定的有功功率控制能力，并能够在发电厂级进行协调与优化，利于电网的集中调度与管理；能够承受恶劣环境的海上风电技术将深入研发并得到实际工程应用，开展大容量海上风电机组并网特性试验检测研究工作，建立海上风电机组并网检测手段，形成海上风电检测能力；波浪发电、潮流发电、地热发电的关键技术的研究将继续开展，并建设若干示范项目。各种可再生能源联合发电技术，将结合分布式接入、微电网与储能系统的发展，实现推广应用；在研究先进发电技术的同时，健全和完善适合我国国情的可再生能源发电并网标准以及试验检测标准体系，建立完善的可再生能源并网发电设备认证体系，主导国际标准的制定，提升我国在可再生能源发电并网领域的影响力。

2021 ～ 2030 年，伴随着储能技术的发展，在配网中可再生能源发电、储能技术与需求侧响应技术得到发展。易维护和轻型化的近海风电技术将开发并投入使用，海上风电技术的发电效率以及整个系统经济效益将得到进一步提高，下一代漂浮式近海风电技术的关键技术问题也将取得突破。

2031 ～ 2050 年，可再生能源发电技术已趋于成熟。大型的可再生能源发电厂将具备或接近常规发电厂的控制能力，具有较好的系统级的调压与调频特性；分布式的可再生能源发电将与智能电力技术紧密结合，结合先进储能技术，实现区域内电能的合理分配，达到全社会总能源消耗中可再生能源的比例的最大化。

二、含大规模可再生能源接入的电力系统仿真与系统分析技术

2011 ～ 2020 年，在系统建模及仿真工具的建立方面，深入开展风电机组通用化建模、大型风电场、大型光伏电站的聚合模型在线辨识与并网仿真。可再生能源资源及发电设备的数据资源将整合，形成统一、全面、可靠、共享的信息平台。以该信息平台为基础，研究集中式及分布式可再生能源发电厂建模及参数辨识技

术，并研究基于现场实测数据的模型及参数校正技术。结合可再生能源发电预测信息，研究基于多时间尺度数学模型的含大规模可再生能源发电接入的电力系统全过程随机仿真技术以及容量可信度、可靠性评估技术。利用大电网分层次一体化系统级建模的研究成果，研究分布式电源、微电网在大电网仿真中的建模仿真技术。

2021 ～ 2030 年，结合智能电网技术的发展，可再生能源发电与需求侧控制的联合建模仿真技术，将可能在配网中逐渐普及应用，以保证区域电网的稳定运行。而含大规模集中式可再生能源发电系统的仿真技术将成熟，能够被应用在可再生能源发电厂以及电网调度中心，以实现在线的实时分析、控制以及预警功能，从而指导发电厂与大电网的高效、稳定运行。

2031 ～ 2050 年，信息技术及计算机技术将推动区域电网的建模仿真技术的发展，仿真设备将小型化甚至芯片化，可再生能源预测信息及设备工况信息的采集与传输可能无线化，从而能更灵活地为区域电力控制系统所集成，实现更为高效、稳定的智能电网控制。

三、可再生能源发电分布式接入技术

2011 ～ 2020 年，提出可再生能源发电分布式接入配电网技术标准和综合评估方法；解决可再生能源发电分布式接入配电网的适应性和安全性问题；解决单个分布式可再生能源发电友好并网问题；突破多分布式可再生能源发电与电网的协调控制。高穿透率可再生能源分布式系统需要储能技术的支持，在这一阶段，我国大容量储能技术仍然主要依靠抽水蓄能，电化学储能技术等储能方式大多处于实验示范阶段甚至起步研究阶段，尚有诸多关键技术问题亟待突破。

2021 ～ 2030 年，随着储能技术的进步和成本的下降，分布式可再生能源发电系统大规模商业化应用将成为可能。锂离子电池、液流电池和铅碳电池有可能逐渐发挥重要作用并进入商业应用阶段，飞轮储能可能在改善电能质量方面实现商业化应用。在这一阶段，应突破多分布式可再生能源发电与微电网群控技术；突破分布式可再生能源发电的能量优化管理技术，研发能量优化调度系统；从统一调度和需求侧响应方面提出不同能源结构与配电网的互动模式及实现方式，结合智能电网以及通信技术的发展，深入研发区域电网中可再生发电与含储能、电动汽车等多种形式电源联合调度控制技术，需求侧控制技术也将开始逐步集成进入区域电网调度系统。

2031 ～ 2050 年，超导储能可能在改善电能质量、增强电力系统稳定性方面实现商业化应用，超级电容器储能将在改善电能质量、微电网方面得到商业化应用。在这一阶段，配网侧可再生能源将实现类似于“即插即用”式的接入，智能电网调度系统将允许高穿透率可再生能源分布式系统的区域电力系统实现更为灵活的电力调度。应突破含分布式可再生能源发电的配电网态势感知与智能控制技术；提出基于虚拟电厂技术的分布式可再生能源发电接入、需求侧响应与能量优化的系统解决方案；实现各种分布式可再生能源发电的最优化利用和系统能效最大化。

四、含大规模可再生能源接入的电力系统调度及运行控制技术

2011 ～ 2020 年，通过多领域、多学科合作，风电和光伏发电功率预测的精细度将进一步提升。提出区域风光监测网络建设选址方法，在观测数据的基础上，结合我国气候特征，研究并开发高精度数值天气预报计算平台；研究并建立多时空尺度、多模型、全天候适应的预测系统；建立适应可再生能源发电功率预测特点的综合评价指标体系。建立基于统一调度平台的可再生能源电力调度技术决策支持系统，解决智能电网中大规模间歇式可再生能源发电接入带给电网的调度问题，主要包括：资源监测与电站监测、出力特性分析平台、中长期发电预测、调度决策仿真、多时空消纳能力评估、运行风险评估与安全预警、包含中长期（日前、日内）优化调度模块和无功电压优化调度的多时空尺度优化调度、多空间消纳决策。重点突破常规电源与集中式接入可再生能源发电厂协调优化运行的技术难题，实现高可再生能源比例下电力系统的安全、经济运行。

2021 ～ 2030 年，全自动、自适应、在线分析与优化等全智能化技术将在可再生能源发电功率预测技术中得到普遍应用，全面提高预测精度。大型可再生能源发电厂控制系统及电网调度控制系统均已全面集成预测系统，能从发电侧与负荷侧同时实施控制，提升全系统内可再生能源的利用比例。研究可再生能源发电综合控制装置以及控制策略的核心技术，研发可再生能源发电综合控制系统，建立同时适用于可再生能源发电集中式与分布式接入的新型 SCADA 体系。

2031 ～ 2050 年，数值天气预报技术得到长足发展，水平分辨率达到 10m 及以下的微尺度气象模型广泛应用，可再生能源发电功率预测精度将达到目前负荷预测精度水平。含高可再生能源穿透率的区域电网亦可能运用利用超高精度的预测结果，实现分布式电能与负荷的有效调配。伴随含大规模可再生能源接入电力系统的发电、仿真及预测系统的技术成熟，大规模可再生能源发电场将具有和常规电源接近的可控制性及可调度性。

第四节　相关政策建议

一是建立技术创新体系，重点是基础研究和应用技术研究。建立国家、地方和企业共同构成的多层次可再生能源技术创新模式，形成具有自主知识产权的可再生能源产业创新体系。支持企业建立工程技术研发和创新中心，建立可再生能源技术创新基地，形成国家可再生能源技术创新平台。推动大学和研究院所建立从事可再生能源研究的重点实验室，开展促进可再生能源技术进步的基础研究工作。

二是加强风电等可再生能源的规划和建设管理。风电及光伏发电发展规划应与电网规划、常规电源的规划统筹考虑、相互衔接；应适时组织修订全国可再生能源开发规划，综合考虑风能和太阳能资源、消纳市场、电源结构、电网配套和技术进步等因素，提出合理的建设规模和时序，分解制订年度计划和分地区布局。重要的问题在于落实，避免发生发展目标落后于实际发展速度、电网建设落后于可再生能源发电项目发展的情况发生。

三是统筹电力系统的综合协调和电源的优化配置。我国电源结构将逐渐走向多元化，2020 年前水电、核电、风电、光伏发电及天然气等电源将加快发展，逐渐成为主要新增电源，2050 年非煤电源装机将超过煤电，风能和太阳能发电将成为电力供应的基础，电力系统的其余部分将围绕其进行优化；大多数化石燃料发电厂只在几乎没有阳光和风时才需要发电，这些发电厂运营时间将减少，其总体发电量将降低。因此“能源转型”的一个新特征是，大量常规的发电资源每年仅在若干小时内使用或用作储备资源。这些变化将对电源布局、电网结构和技术优化形成新的决策条件。建议认真考虑如何实现在多元化电源条件下，包括风电、太阳能发电等非连续电源大规模发展，以及天然气发电的高效灵活但成本较高等特点下的电源的最优布局和调度问题。建议国家制定相应的政策来保证避免造成弃风、弃光，同时解决必须存在的常规电源利用小时数过低等经济性问题。

四是通过分布式储能应用和电价政策，创新需求侧管理。调动更广泛的需求侧资源参与系统平衡调节，是提高风能和太阳能发电消纳能力的有效途径。通过建立合理的电价机制，如实行峰谷电价，吸引用户在低谷用电，在峰荷时向系统送电，实现用户与可再生能源电力的协调互动。建议在配电网中确定一批在电网峰值负荷时段可中断的电力负荷，通过电价政策，引导可中断的电力负荷转向可获取更多风能和太阳能的时段，即实现负荷转移。通过这项措施，可提高配电网中可再生能源发电的渗透率，并降低对分布式储能容量的需求，整体上提高可再生能源发电利用的经济性。

五是研究解决自2009年1月1日国家正式实施增值税转型后对风电发展的影响。增值税转型减少了地方政府税收，同时也引发了风电产业链上下游与地方政府间的利益分配失衡。风电设备生产地所在地方政府财政不受增值税转型的影响，而设备购置地（风电场）所在地方政府则（特别是项目前期运营阶段）明显减少了对新建风电项目的税收。因此，有些地方政府重视发展当地风电设备制造业，并通过与风电场开发捆绑的方式迫使在当地重复建设风电设备制造企业或采购当地企业所产风电设备，从而加剧了地方保护和市场割据。

参 考 文 献

鲍薇，胡学浩，李光辉，等 . 2013. 独立型微电网中基于虚拟阻抗的改进下垂控制 . 电力保护与控制，41(16):7-13.

范高锋，王伟胜，刘纯，等 . 2008. 基于人工神经网络的风电功率预测. 中国电机工程学报，28(34):118-123.

冯双磊，王伟胜，刘纯，等 . 2009. NCEP/NCAR 再分析数据在风能资源评估中的应用研究. 资源科学 ,31(7).

国家电网公司“电网新技术前景研究”项目咨询组 . 2013. 大规模储能技术在电力系统中的应用前景分析 . 电力系统自动化，37（1）：3-8.

李俊峰 . 2012. 风电无限 - 中国风电发展报告 2012. 北京：中国环境科学出版社 .

刘纯，吕振华，黄越辉，等 . 2013. 长时间尺度风电出力时间序列建模新方法研究 . 电力系统保护与控制 ,41(1):7-13.

刘德伟，郭剑波，黄越辉，等 . 2013. 基于风电功率概率预测和运行风险约束的含风电场电力系统动态经济调度 . 中国电机工程学报 ,33(16):9-15.

美国能源部 . 2012. 美国可再生能源发电前景 .

孟祥星，王宏 . 2009. 大规模风电并网条件下的电力系统调度. 东北电力大学学报 ,29(1):1-7.

欧盟委员会 . 2011. 2050 能源路线图 .

孙元章，吴俊，李国杰，等 . 2009. 基于风速预测和随机规划的含风电场电力系统动态经济调度 . 中国电机工程学报 ,29(4): 41-47.

王铮，王伟胜，刘纯，等 . 2013. 基于风过程方法的风电功率预测结果不确定性估计 . 电网技术 ,37(1):242-247.

杨硕，王伟胜，刘纯，等 . 2013. 双馈风电场无功电压协调控制策略 . 电力系统自动化，37(12):1-6.

张元栋，秦世耀，李庆，等 . 2013. 笼型异步风电机组低电压穿越改造方案的比较研究 . 电网技术，37(1):235-240.

中国能源中长期发展略研究项目组 . 2011. 中国能源中长期（2030、2050）发展战略研究：可再生能源卷. 北京：科学出版社 .

中华人民共和国国务院新闻办公室 . 2012. 中国能源政策（2012）白皮书 .
周玮 , 彭昱 , 孙辉 , 等 . 2009. 含风电场的电力系统动态经济调度．中国电机工程学报 ,29(25): 13-18.
Akhmatov. 2009. 风力发电用感应发电机．中国电力科学研究院新能源研究所译．北京：中国电力出版社 .
Boyle. 2009. 可再生能源与电网．中国电力科学研究院新能源研究所译．北京：中国电力出版社 .
European Photovoltaic Industry Association(EPIA). 2011. Global Market Outlook for Photovoltaics until 2015.
Medium Voltage Directive. 2008. German Association of Energy and Water Industries (BDEW).

第八章　能源革命中我国电力工业政策和电力市场改革

在当前世界范围的能源革命中，我国面临特殊的问题和前所未有的挑战。解决这些困难不仅涉及科技方面的问题，而且也涉及体制和政策方面的问题。从某种意义上来讲，后者对我国未来到2050年能源和电力持续发展会有更大的影响。

为了高效节能，减少温室气体排放，发达国家纷纷制定到2050年的能源发展战略，提出了能源技术上的发展计划和节能减排路线图。在这些战略规划中，几乎处处都对政策方面提出了建议，并指出没有这些政策上的保证节能减排的目标是难以达到的。

本章试图结合我国的能源和减排问题，参考发达国家的经验，提出我们对我国未来到2050年的能源政策，特别是电力工业政策和体制的建议，供国家决策部门参考。

第一节　能源革命中我国面临的问题

一、能源革命的驱动力

当前能源革命的掀起主要基于人类对能源供应和地球气候变暖危机意识的驱动。在这两方面，我国和发达国家都遇到了类似问题，作为发展中国家，我国面临的问题可能更加严重。

1. 世界范围的能源危机

进入21世纪以来，人类日益感到能源危机的威胁。在人类上下五千年的历史长河中，化石燃料的消耗只是一个小插曲。预计到2030年，对于整个世界化石燃料的消耗将达到顶峰，2030年后将逐渐衰减并枯竭。因此，现在世界各国都在各自或者是合作寻找、开采、抢占各种可替代能源。表8-1和表8-2分别给出了世界主要能源国家的能源储量和可以使用的年限[①]。

---

① 法报称：全球将面临矿物能源枯竭的挑战.http://www.in-en.com/article/html/energy_1950195082188226.html。

表 8-1　部分国家能源储量统计

国家＼能源储量	石油储量 / 亿桶	天然气储量 / 亿 m^3	煤炭储量 / 亿 t
沙特阿拉伯	2643	70.7	—
伊朗	1375	281.3	—
伊拉克	1150	—	—
科威特	1015	—	—
阿拉伯联合酋长国	978	—	—
委内瑞拉	800	34.2	—
俄罗斯	795	476.5	1731
利比亚	415	—	—
尼日利亚	362	52.1	—
美国	299	59.3	2675
中国	163	24.5	1262
挪威	85	28.9	—
英国	39	4.8	—
印度	—	—	1019
澳大利亚	—	—	865

表 8-2　部分国家能源储量使用年限估算

国家＼使用年限	石油储量使用年限	天然气储量使用年限	煤炭储量使用年限
阿拉伯联合酋长国	90.2	—	—
伊朗	86.7	—	—
委内瑞拉	77.6	—	—
沙特阿拉伯	66.7	96	—
利比亚	61.9	—	—
尼日利亚	40.3	—	—
俄罗斯	22.3	—	—
中国	12.1	—	50
美国	11.9	11.3	230
挪威	8.4	33	—
英国	6.5	6	—
印度	—	—	200
澳大利亚	—	—	200

由表 8-1 可见，我国能源资源相对并不丰富，特别是石油和天然气的储量偏少。如果从人均来衡量，我国只能算是能源贫乏国家。由于当前国民经济的高速发展，我国已成为能源消费大国，所有化石能源都将在 50 年内耗尽（表 8-2）。近年来我国不但石油进口量大增（图 8-1），而且煤炭的进口量也逐年增长。目前，我国

已成为能源消耗第一大国，石油进口第二大国。我国的石油对外依存程度由2005年的44%增长到2010年的60%，煤炭进口量也在2010年达到了1.4亿t（廖华和魏一鸣，2011）。从世界范围来看，正如国际能源署首席经济学家比罗尔述说，全球石油枯竭速度也已超出预期，灾难性的能源危机正在逼近[①]。

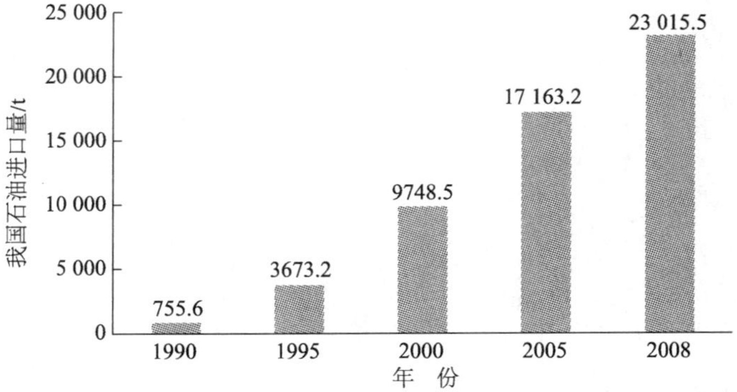

图 8-1　我国的石油进口量的演变

为确保能源安全首先要降低能耗。2008年我国GDP占世界7%，而能耗占世界能源消费总量的17.7%，节能降耗的潜力很大。其次，需要更多地利用替代能源，如核能、可再生能源、潮汐能、生物质能等，用这些新能源来代替传统的化石能源。这些新能源，大多应先转变成电能。这样不仅使电源结构发生很大变化，而且为了应用这些新能源，工业过程、交通、生活等各方面都应尽可能实施电气化，由此电力工业在国民经济中的地位进一步提高。

2. 气候变化和节能减排

为了应对全球气候变化，全世界都要限制温室气体排放。在哥本哈根会议上各国形成一个共识，即在2050年之前，一定要将我们所在的地球的温度上升限制在2℃以内。否则，海洋平面就会上升，有些岛屿就会消失，将会出现很多问题。且我国农科院预计到2030年，如果气候变暖得不到有效遏制，我国的农业生产将要损失10%。

温室气体中主要是CO_2，占80%。为了限制地球的温度在2050年前上升不超过2℃，联合国组织专家对气候变化进行了评估，认为在2050年之前世界排放CO_2总量不能超过8000亿t。假设2010～2050年全世界总共排放8000亿t CO_2，粗略计算全世界每年CO_2排放量大致为200亿t。

现在世界各发达国家如欧盟、美国、英国、加拿大等都在做温室气体减排的

① 人民网. 2009. 全球石油枯竭速度超出预期. http://energy.people.com.cn/GB/9780342.html[2009-08-04]。

路线图。时任总理温家宝同志在哥本哈根会议上承诺到 2020 年，我国单位 GDP 的 CO_2 排放量比 2005 年下降 40% ～ 45%。简单计算可以得到，我国每年单位 GDP 的 CO_2 排放量大致应下降 5%。但是由于我们 GDP 增长都大于 5%，即使完成上述目标，我国 2020 年的总排放量也将会大幅提高，见表 8-3（以 2005 年排放总量为 100%）。

表 8-3　我国 GDP 与 CO_2 排放关系

GDP 增长率 /%	GDP 总量 /%	单位 GDP 排放量	2020 年排放总量 /%
7	276	0.6 ～ 0.55	166 ～ 152
8	317	0.6 ～ 0.55	190 ～ 174
9	364	0.6 ～ 0.55	219 ～ 200

很明显，要让我国 CO_2 总排放量下降，充分必要条件是 GDP 的增长速度小于 CO_2 排放强度下降的速度。或者必须进一步提高 CO_2 排放强度下降的速度，使其大于 GDP 的增长速度。

发电低碳化是减排的重要方向。温室气体中大约 40% 的 CO_2 是火力发电厂排放的，所以电力工业中的发电厂是温室气体的主要来源。在这样的情况下，用可再生能源、核电等新能源来替代煤进行发电，是非常关键的措施。此外，煤的清洁高效利用和碳捕捉储存技术（CCS）也可以限制煤电的排放量，这是当前各国在争取的科技制高点，具有重要的战略意义。如果发电过程本身不排放 CO_2，而运输（电动汽车）、加热制冷、工业基本过程等耗能尽可能改为使用电能，这样各国的低碳经济就可以在很大程度上依赖发电低碳化。正因如此，一些发达国家如美国、英国、日本等的电力工业本来已经变为夕阳工业，现在又焕发了新春，成为能源革命的重要组成部分。

我国节能减排任务是非常艰巨的。China Daily 2010 年 10 月 7 日报道我国 2009 年的排放总量 65 亿 t，美国 2009 年的排放总量 58 亿 t。2015 年我国化石燃料燃烧导致 CO_2 排放量约 91.8 亿 t（廖华和魏一鸣，2011）。据表 8-3 的估算，2020 年我国温室气体排放量将超过 100 亿 t，排放量为美国的 1 倍以上，达到世界总排放量的一半。而我国人口是世界人口的 1/5，因此人均排放量超过世界人均排放量平均值 1 倍。如果这样下去，我国就将处于非常被动的地位。我们不能走西方国家走的路，但是到底走什么路，现在仍然没有明确的答案。能源的发展有很大的惯性，今天的能源决策会影响我国未来的能源格局。因此，发改委、能源局等相关部门必须及早进行我国的能源革命路线图的可操作规划。归根到底，发展不能以损害环境为代价，要慎重选择发展道路。

二、发达国家的对策

1. 欧盟发展低碳经济路线图[①]

欧盟根据哥本哈根会议所确定的全球的温度上升限制在2℃以内、发达国家温室气体排放量下降80%的要求，制定了长期低排放策略和低碳经济路线图。研究表明可以达到以下目的：①不依靠进口燃料，从而避免受到燃料价格波动的影响，保证能源安全；②有利创新、就业和绿色增长；③避免温度变化对未来发展产生不利影响。

据测算，按照现行的政策，温室气体排放量到2050年只能下降40%。

EU各国领导在2011年2月4日声明：采取断然措施充分利用建筑、交通、生产和过程等在节能方面的潜力。这些措施包括：①公共建筑应树立榜样，以最高效节能标准作为招标的依据；②在工业界，对工业设施、能源审计及能源管理系统都设节能要求；③提高发电和供热的效率；④推行智能电网和智能电表。

在制定路线图过程中详细研究了以下问题：①寻求投资最有效的路线（cost-effective pathway），并确立路标；②进行有关项目所需投资及效益分析；③寻求机会和折中方案；④提出EU、成员国及地区的政策建议；⑤提出私有企业长期投资方向。

研究的结果表明，到2050年温室气体排放量下降80%是可以达到的。在实行的过程中，必须利用价格的杠杆改变生活习惯，所有经济行业都按路线图规定的变化力度和步伐做出贡献。路线图如图8-2所示。由图8-2可以看出到2050年

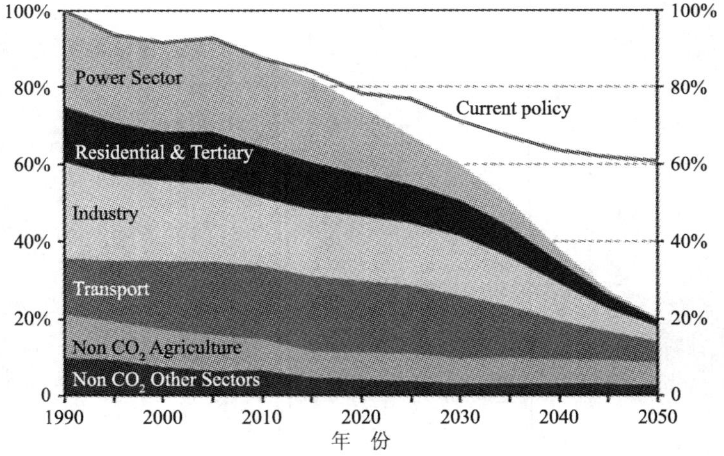

图8-2 EU至2050年的低碳经济路线图

① A Roadmap for moving to a competitive low carbon economy in 2050. http://ec.europa.eu/clima/documentation/roadmap/docs/com_2011_112_en.pdf.

温室气体排放量下降的过程和路标：2020 年下降 25%；2030 年下降 40%；2040 年下降 60%；到 2050 年下降 80%。由图 8-2 也可以看出，按现行的政策到 2050 年温室气体排放量只能下降 40%。

这个低碳经济规划的主要优点是：把燃料费用转为投资，而这些资金仍在欧盟；提升了在关键行业的竞争力；2020 年以后 GDP 的增长和温室气体排放量（GHG）解耦；GDP 不受能源价格的影响，将更安全，如图 8-3 所示。

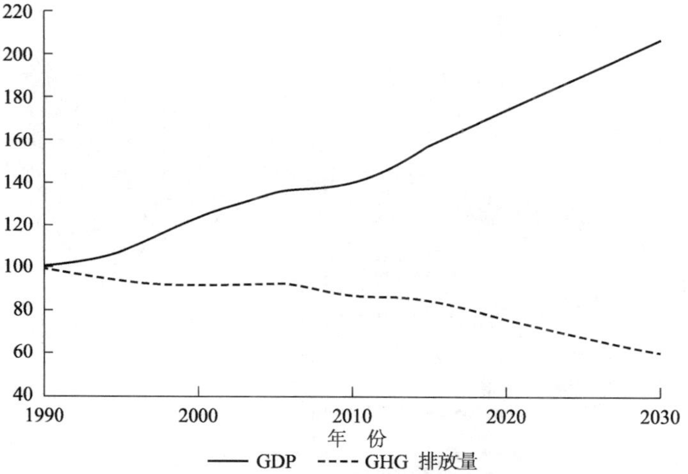

图 8-3　EU 已进入 GDP 和温室气体排放量解耦的发展模式

注：1990=100%

2. 英国节能减排路线图

为了确保达到满足英国到2050年逐年的能源需求，同时达到减排80%的目标，英国能源与气候变化部（DECC）组织专家进行了长时间研究，提出了 6 种达到此目标的具体路线（Pathways）①，这 6 个过渡方案包括逐年能源需求、电源结构、能源供应和减排过程等。6 个过渡方案都要求在 2050 年前停运所有不加 CCS 技术的火力发电机组，电源基本由可再生能源、核电和有 CCS 技术的火电构成，其中大致 1/3 是可再生能源，1/3 是核电，1/3 是使用 CCS 技术的火电，全国保留 2GW 一般火力发电机组电作为备用。虽然这些方案只是可行方案，既非政府的意图，也不一定是最优方案。英国 DECC 于 2010 年 8 月将 Pathways 在网上公布，并且提供了各种参数和计算方法，用来向民众征求意见，鼓励大家提出意见，讨论各种方案，并鼓励提出能达到同样减排目标的新路线。Pathways 的公布不仅让决策

① http://www.decc.gov.uk/publications/.

者和工业界了解了其面对的选择，也体现了渴望全民认同、全民参与的精神。

图 8-4 表示的是其中过渡方案 2 的电量结构到 2050 年的演化过程。从图 8-4 上可以明显看出，常规火电机组的发电量从 2010 年后就逐年下降，到 2045 年前后衰减为零。

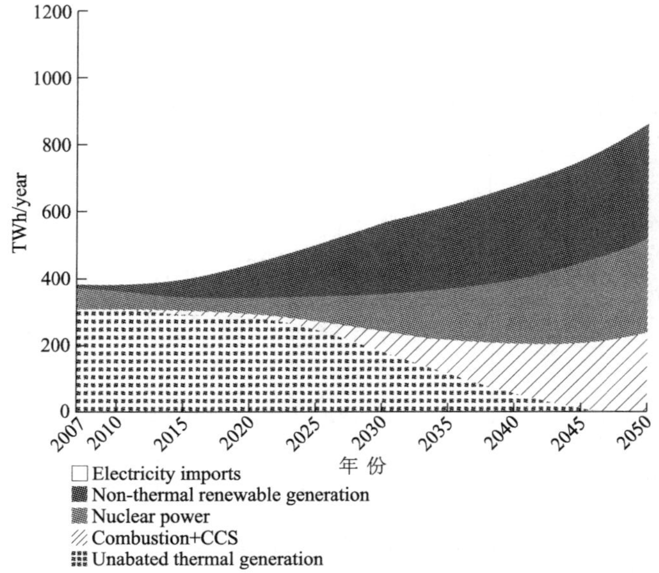

图 8-4　过渡方案 2 电量结构演化过程

三、我国电源结构的困境

从之前的分析可以看出，电源结构的调整是进行能源革命的关键。对我国来说更是如此，我国电力工业长期依赖火力发电，其发电量约占全部电量的 80%。和其他发达国家比较，我国的电源结构有很大的缺陷。

如图 8-5 所示，2005 年我国总装机容量约 5.2 亿 kW，其中：煤电约 3.9 亿 kW（75.7%），水电约 1.17 亿 kW（22.7%），核电约 0.068 亿 kW（1.32%），风电约 0.01 亿 kW（0.2%），太阳能发电约 0.2 亿 kW（1.2%）。预计到 2015 年，我国总装机容量将达到约 13.5 亿 kW，其中：煤电约 8.7 亿 kW（64.4%），燃气轮机 0.37 亿 kW，水电约 2.97 亿 kW（22.0%），核电约 0.4 亿 kW（3.0%），可再生能源发电约 0.91 亿 kW（6.7%）；到 2020 年，我国总装机容量将达到约 17.46 亿 kW，其中：煤电约 10.7 亿 kW（61.2%），水电约 3.74 亿 kW（21.4%），抽水蓄能电站约 0.5 亿 kW，核电约 0.82 亿 kW（4.7%），可再生能源发电约 1.6 亿 kW（9.2%）。

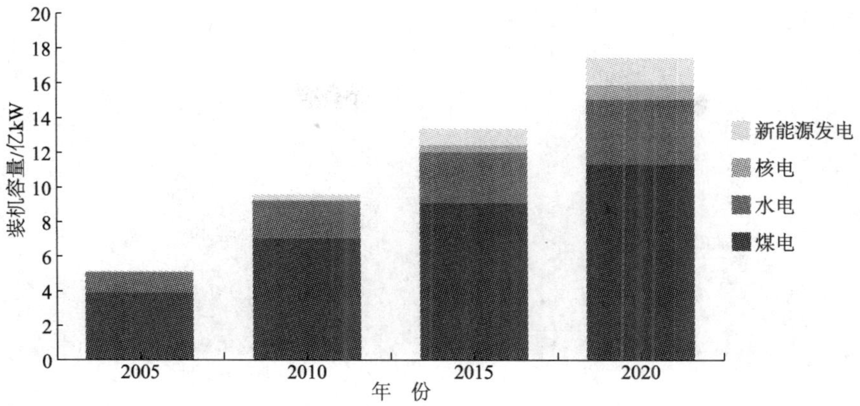

图 8-5　我国 2020 年前的电源结构规划

通过对 2005 年、2010 年、2015 年、2020 年各年我国电源结构的分析对比，我们可以看出 2005 ～ 2020 年我国电源结构的演化：首先火电比例在下降，核电和可再生能源发电比例在上升（图 8-6）。

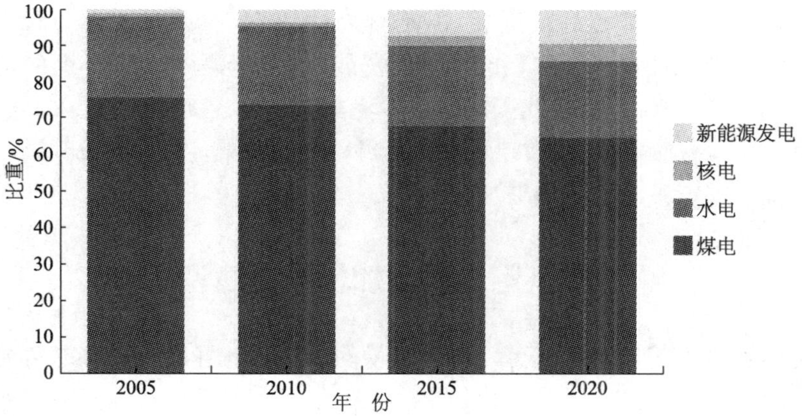

图 8-6　2020 年前我国各类的电源的比例

但是，火电装机容量的绝对值在大幅上升，2020 年我国煤电 10.7 亿 kW，CO_2 的排放量约为 48.2 亿 t。这样，我国仅火力发电的排放量几乎达到世界总排放量份额 200 亿 t 的 1/4。这将使我国的温室气体排放形势面对巨大的压力。另一方面，核电和可再生能源替代火电的增速较弱。由图 8-7 可以看出，到 2020 年，我国火电的增速仍然很大。按照这样的趋势，2020 年后我国的温室气体排放量还会快速提高，这必将影响我国持续发展的进程。为了防止这种被动局面的出现，我们必须尽快采取一系列的措施来大力纠正我国电源结构方面存在的严重依赖火力发电的问题。

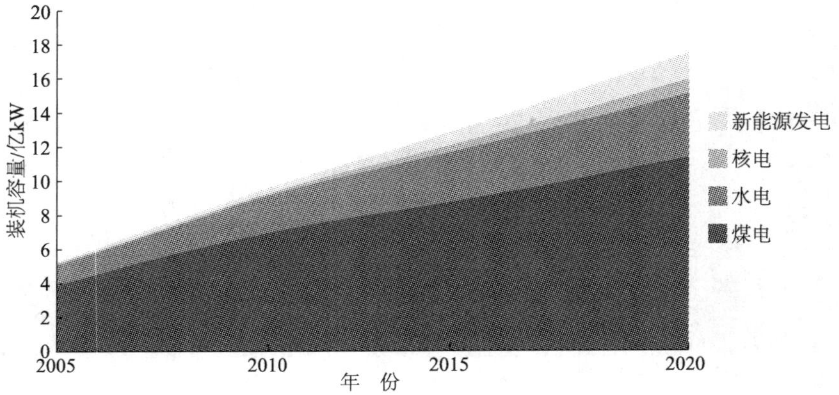

图 8-7　我国 2020 年前的各类电源的增长情况

第二节　加快我国电源结构的转变

化石燃料的过快消耗，以及使用化石燃料造成的环境污染与温室气体排放等一系列问题，都已经成为制约我国可持续发展的关键问题。化石燃料的消耗主要在于电力的生产，如 2008 年我国能源消费量总量 28.5 亿 tce，其中化石能源约占 92%（煤 70%，石油 20%），发电用煤占能源消费总量的 41.3%（黄其励，2010）。因此，尽快调整电源结构是解决这一系列问题的关键。

一、坚定不移地加快核电建设

核电消耗很少的核燃料就可以产生大量的电能，而且成本比火电站要低 20% 以上；同时，核电清洁无污染，容易实现电能生产和消费的就地平衡，缓解我国西电东送的压力，并大大减少燃料的运输量。因此，坚定不移地发展核电应该是我国能源革命的战略选择。日本福岛核电事故使我们对核电的安全问题更加重视，但不应影响我国核电建设的前进步伐。

1. 国内外核电发展现状

自 1954 年苏联建成世界上第一座实验性核电厂，1957 年美国建成希平港原型核电站以来，世界核电已取得了长足发展。根据国际原子能机构 2011 年 1 月公布的数据，目前全球正在运行的核电机组已经达到 442 个，还有正在建设的核电机组 65 个，核电发电量约占全球发电总量的 16%。而至 2010 年底，全球已经有 60 多个国家提出了发展核电的计划，包括阿联酋等这样的富油国家。来自国际原子能机构的预测，全球核能发电量在今后20年将会提高一倍（王健君，2011）。

目前，世界核电主要分布在北美（美国、加拿大)、欧洲（法国、英国、俄罗斯、德国）和东亚（日本、韩国、印度），这9个国家的核电机组数量占全世界总和的78.9%。核电装机容量排名前三位的美国、法国和日本的核电机组之和占全世界的49.3%，而我国仅13台，占全世界总运行机组数的2.9%①（表8-4）。

表8-4　部分国家核电运行机组数（2011年）

国家 / 地区	运行机组数 / 个	国家 / 地区	运行机组数 / 个
全世界	442	韩国	21
美国	104	印度	20
法国	59	加拿大	18
日本	55	德国	17
俄罗斯	32	乌克兰	15
英国	23	中国	13

纵观我国核电自身发展历程，如表8-5所示：1995～2008年，我国核电发电量的绝对值有所上升，但是占总发电量的比例没有明显增长，近十年的增长不到1%（国家统计局，2011）。

表8-5　我国核电发电量及其占总发电量的比例

生产量	1995年	2000年	2005年	2008年
总发电量 / 亿kW·h	10077.3	13556	25002.6	34668.8
核电发电量 / 亿kW·h	128.3	167.4	530.9	683.9
核电发电量 / 总发电量	1.30%	1.20%	2.10%	1.97%

2. 加快我国核电建设

随着我国经济的高速发展，能源供给与需求的关系也日益紧张。且我国能源分布不均，火电主要集中在华北、西北地区，水电主要集中在西南地区，而负荷主要是在东南的沿海地区。因此发展核电，除了改善我国电源结构外，还可以改善我国的电源分布，缓解输电和输煤的压力，提高供电的可靠性。因此，加快核电建设是我国能源革命的战略选择，是我国能源可持续发展的重要保证。

由之前分析可知，我国核电的规模虽然有所增大，但是发展速度比起发达国家仍是有所不足。由图8-5可知，2005年我国总装机容量约5.2亿kW，其中核电约0.068亿kW（1.32%）。按照能源规划部门的计划，到2020年我国总装机容量将达到约17.46亿kW，其中核电约0.82亿kW（4.7%）。由此可以算出，从

① 《科学》发表系列文章绘制世界核电站分布图.http://www.cas.cn/xw/kjsm/gjdt/201104/t20110406_3107495.shtml。

2005～2020年我国核电装机的建设速为每年5GW。这是一个非常保守的建设速度，并不能适应我国能源革命加快转变电源结构的要求。

法国在20世纪80年代，连续10年，曾以每年4.5GW的速度发展核电建设。根据我国经济规模，和当前的核电建设技术，应该调整上述核电建设计划。

在制定“十二五”规划时国家曾把核电作为重大的战略选择，但由于近日日本福岛发生的核电事故引发了全球对核电安全的思考，很多人开始谈“核”色变，认为核能的优势虽然很多且安全性并不低，但并非是万无一失的，一旦遇到类似强烈地震等天灾时可能爆发的问题将会一发不可收拾。欧美多国更是相继暂停核电项目审批，并重估项目的安全性。

未来我国的核电发展何去何从，是否仅因此次出现的日本福岛核事故就大量削减或撤销再次成为议论的焦点。由以上我们对核电的优点分析，不能“因噎废食”，仅因为有核事故的发生就停止核电建设，正如“中国核电之父”欧阳予在回答人们关于核电疑问时指出:“核安全第一的前提下，还是应该发展核电”[①]。今后，核电发展的重点是要不断进行对核电设计、建设、运行安全技术研究，尽最大可能性降低风险的发生，同时考虑在各种可能发生风险的情况下如何使损失最小化。China Daily 2011年4月22日报道，权威人士认为按照现代的核电建设技术和我国的经济实力今后每年建设12GW的核电是有可能的，这样将会逐步改善我国的电源结构和电源布局（Liu，2011）。

二、大力发展可再生能源发电的建设

可再生能源是清洁、低碳能源的重要组成部分，也是逐步减少对化石燃料依赖、应对能源危机的力量之一。加快可再生能源发电的建设，有助于解决我国能源危机和环境问题。

1. 我国可再生能源发电发展现状

我国具有丰富的可再生能源资源，在过去十几年中，新型可再生能源的开发和利用得到了较大发展，但是目前我国可再生能源的能源贡献度仍然较低。2008年水电发电量占总发电量16.4%，核电发电量占2%，风电发电量占0.37%，非化石能源发电在总发电能源中的贡献率为7.75%，非水电的可再生能源在一次能源中的贡献率仅约0.2%（黄其励，2010）。

根据中国可再生能源发展战略研究可知，综合考虑我国资源潜力、环境约束、

① 在坚持安全第一前提下发展核电优点多.http://www.stdaily.com/kjrb/content/2011-03/23/content_287868.htm。

社会总成本等因素后，乐观地预测我国可再生能源发展的潜力：2020年可再生能源总量（包括水电在内）约6亿tce/a（图8-8）。在理想情况下，其中风电量约2000亿kW·h，占全社会总用电量的3%（除水电外，最大的可再生能源电的份额），太阳能光伏发电量为240亿kW·h，占全社会用电量不足0.4%；生物质能资源潜力约5亿tce。由于我国能源消费总量的急剧增长，可再生能源（主要是风能、太阳能和生物质能）在2020年以前很难在总能源平衡中占有一定份额的比例（倪维斗，2010）。因此，还要借鉴发达国家的经验，大力发展可再生能源发电，特别要在提高效益方面下工夫。

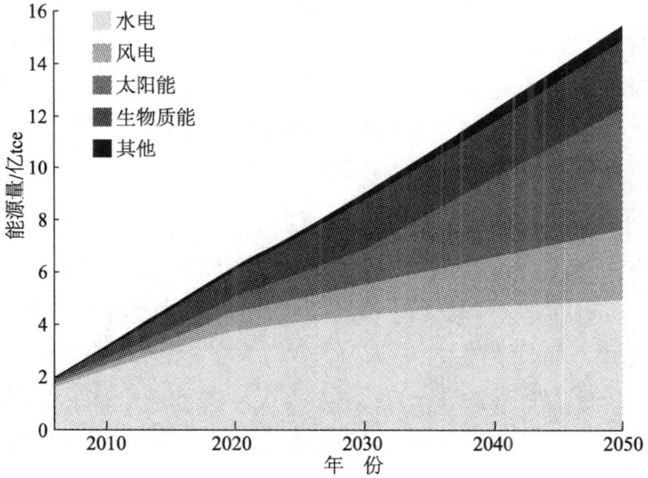

图8-8　中国可再生能源发展趋势

2. 发达国家经验及我国发展可再生能源政策

制定正确的政策是可再生能源产业能够健康、快速、可持续发展的前提条件。各发达国家促进可再生能源发展的具体政策不尽相同，但有些共同的成功经验，在制定我国发展可再生能源发电政策可以借鉴（肖创英，2011）。

1）发挥国家能源战略规划的引导作用

能源战略隶属于国家发展战略，是指导国家能源可持续发展，制定能源规划和能源政策的基本依据，发达国家十分重视能源战略研究，鼓励和发展可再生能源。我们必须重视能源战略研究并制定我国的能源战略，并利用监控考核体系促使各级政府、机构、企业把能源开发、利用与节能减排纳入其工作日程，保证国家能源战略的执行到位。

2）建立健全可再生能源发电的法律规定

在这一方面，发达国家相关法律体系比较完善，主要包括《可再生能源法》、《风电接入法》《电力输送法》《可再生能源优先法》《风电生产税减免法案》《公共事业监管政策法》和《非化石燃料公约》等。其中《可再生能源法》除以法律的形式明确可再生能源的发展目标、确定合格的资源和技术范围外，还明确规定根据发展需要在适当的时候对法律进行修订完善。目前，我国风电相关的法律和规定也有《可再生能源法》《可再生能源发电有关管理规定》等。由于我国的可再生能源产业发展很快，所以如何根据形势发展及时修改完善和严格执行法律规定是我们面临的问题。有一些规定，如《可再生能源发电价格和费用分摊管理试行办法》《可再生能源电价附加收入调配暂行办法》《电网企业全额收购可再生能源电量监管办法》等，内容涉及风电全额上网、风电上网电价政策、可再生能源发电配额、风电价格分摊及补偿等应该逐步交由电力市场去解决。

3）制定可再生能源发电激励政策

很多发达国家通过拓宽融资渠道、实施投资补贴、税收减免、加大科研投入等手段提高投资商、生产商的积极性，对我国有如下三方面启示。

一是应进一步改革上网电价的形成机制：国家发改委于 2009 年 7 月出台了分地区的固定电价（我国的标杆电价制度）。固定电价制度作为扶持风电产业发展的核心政策，能够克服特许权投标定价造成的风电电价水平过低问题，符合现阶段我国的国情。但是，从长期看，固定电价是政府的一种阶段性保护政策，是违背市场规律的。随着风电所占比例的不断增大，及电力行业市场化改革的不断深入，风电参与电力市场竞争很可能是不可避免的。而从长期发展来看，只有将市场竞争机制引入风电发展，才能从根本上合理利用风能资源，优化资本配置，实现风电运行成本的实质性降低，增强竞争力，实现风电的可持续发展。因此，我国在制定可再生能源发电政策时应根据本国实际情况在将来的某些阶段适当引入竞争机制，提高可再生能源发电的竞争能力。

二是要加大科研投入力度：发达国家在科技研发方面投入很大，用于建立国家实验室和研究中心，为机构和企业提供技术指导、研发资金和补贴等技术支持。欧洲的风电公司十分注重技术研发，每年投入到科研、技术开发的资金达到公司产值的 10% ～ 20%。欧美可再生能源发电发展经验表明，持续的技术和产品创新是可再生能源发电产业持续发展和保持领先地位的基本动力，持续深入的基础性研究是在产业中建立保持核心技术优势和竞争力的重要条件。目前我国可再生能源发电产业片面追求规模，缺乏自主产权和创新的产品。为了改变这种长期受制于国外技术垄断的情况，亟须加强可再生能源发电技术深入研究。政府需要制定相应的政策鼓励企业在研发方面引进人才和资金的投入。

三是加快完善可再生能源发电消纳激励机制：目前我国可再生能源发电规划主要关注资源条件，对其消纳市场的研究没有足够重视。发达的风电大国对发电、输电和用户环节都有激励机制，包括投资补贴、税收补贴、发电补贴、输电补贴及用电激励等，缓解了可再生能源发电的消纳问题，但彻底解决这个问题还有赖于电力市场的完善和智能电网的成功利用。

4）严格执行可再生能源发电并网的技术要求

在面对能源危机和气候变暖的双重压力下，我国可再生能源发电得到了快速发展，但由于我国可再生能源发电项目的可行性研究工作不够充分，未严格执行并网的技术条件，导致很多项目投产后难以并网发电，造成投资的浪费。

为了扭转这种状况，首先要对电场资源情况进行科学评估。如可将风电场能否达到设计年利用小时数作为一个硬指标，将其直接与风电上网电价挂钩。这一措施是发达国家规范风电有序开发的有效途径，可供借鉴。

其次要规范可再生能源发电并网的可行性研究工作流程。欧美等国家的电场的建设批准必须通过电力系统运营商或者区域电力可靠性委员会的电网接入分析评估和并网之前的启动验收制度。当前，我国缺乏法定的电场并网分析评估和并网前的启动验收程序，这是造成我国发电并网后无法全部送出的主要原因，也是我国迫切需要解决的管理问题。

三、全力支持清洁高效利用煤的研究

虽然近几年核电以及以风能为主的可再生能源发电投资规模持续快速增长，装机容量大幅提高，但在我国电力生产结构中，火力发电的主体地位短期内难以动摇。在煤炭消费量下降较少的情况下，加强高效清洁煤技术和CCS技术方面的研发及应用就成了我国降低CO_2排放量的重要途径。

清洁煤技术是指在煤炭从开发到利用全过程中，旨在减少污染排放与提高利用效率的加工、燃烧、转化和污染控制等新技术的总称。清洁煤技术主要包括两个方面。

1）直接烧煤洁净技术

这是在直接烧煤的情况下需要采用相应的技术措施：①燃烧前的净化加工技术，主要是洗选、型煤加工和水煤浆技术。②燃烧中的净化燃烧技术，主要是流化床燃烧技术和先进燃烧器技术。③燃烧后的净化处理技术，主要是消烟除尘和脱硫脱氮技术。

2）煤转化为洁净燃料技术

煤转化为洁净燃料技术主要是煤的气化以及液化技术、煤气化联合循环发电技术和燃煤磁流体发电技术。

清洁煤技术是当前国际上解决环境问题的主导技术之一，也是高技术国际竞争的重要领域之一。有专家认为其中的煤气化联合循环发电技术（IGCC）具有大幅度提高效率和减排 CO_2 的优势（倪维斗，2010）。目前，我国的清洁煤技术在煤炭加工、煤炭高效洁净燃烧、煤炭转化、污染排放控制与废弃物处理这四个领域的十多项技术方面，通过引进技术和自主开发、创新已建设了一大批示范工程，有效地促进了我国洁净煤技术的发展和应用，个别方面已领先于国际水平。但是，由于相关政策的不配套，以及清洁煤技术重在社会效益和长远的综合经济效益的结合，一般都具有投入大、回收期长的特点，各级地方政府推进的积极性不高，使得这些技术的推广运用情况并不理想。

当前国际上关注和研究的另一焦点是 CCS 技术。CCS 技术是 Carbon Capture and Storage 的缩写，是指通过碳捕捉技术，将工业和有关能源产业所生产的 CO_2 分离出来，再通过碳储存手段，将其输送并封存到海底或地下等与大气隔绝的地方，以达到减排目的。根据国际能源署（IEA）的统计预估，CCS 的减排贡献将从 2020 年占总减排量的 3% 上升至 2030 年的 10%，并在 2050 年将达到 19%，成为减排份额最大的单项技术。IEA 在综合分析了各类减排技术的长期减排成本后认为，CCS 技术的使用可降低总减排成本——如果在不采用 CCS 技术的情况下实现温度控制目标，那么到 2050 年总减排成本将比使用 CCS 技术增加 70%[①]。目前，CCS 技术的研究和推行正在世界各发达国家如火如荼地进行。美国将 CCS 技术的研究列为 2011 年头号研究课题，欧盟已向 12 个 CCS 示范项目提供资助，英国也开始要求所有新建燃煤发电厂至少有 300MW 的容量采用 CCS 技术，才允许开工。目前 CCS 技术在我国也已经开始试点。由中电投远达环保工程有限公司在重庆合川电厂投资建设的、国内首个万吨级燃煤电厂 CO_2 捕集装置已于 2010 年 1 月正式投运[②]；我国第一套、也是亚洲最大规模把 CO_2 封存在咸水层的全流程示范工程——神华集团 CCS 项目 2495m 的地下深井也于 2010 年 8 月动工开钻[③]；更值得一提的是，2011 年 1 月 18 日，作为中国最大发电集团的中国华能集团公司与美国电力公司在华盛顿共同签署了关于燃煤电厂 CO_2 减排和提高能效的技术合作协议。根据协议，双方将开展燃煤电厂 CO_2 减排的合作研究，双方同意采用华能集团公司自主研发的 CO_2 捕集技术，针对美国电力公司旗下一个 60 万 kW 燃煤电厂进行年捕集 150 万 t CO_2 工程可行性研究，适时推进 150 万 t / 年的 CO_2 捕集示范工程。可见我国 CCS 技术已经取得了一定的成绩。但由于我国煤电比例很大，因此应有自己

① CCS 将成为减排份额最大的单项技术 .http://www.china5e.com/show.php?contentid=122778。

② 中国首个万吨级碳捕集装置正式投运 .http://www.yicai.com/news/2010/01/311425.html.

③ 神华 CCS 迈出低碳转型第一步 .http://www.china5e.com/show.php?contentid=128754.

的 CCS 研发路线图，尽快占领这一科技制高点，加快 CCS 技术的商业化。

对发展我国的清洁煤技术和 CCS 技术我们提出以下建议。

（1）要加强洁净煤技术和 CCS 技术，尤其是示范工程的宣传力度，使社会各界都充分认识推广运用这一技术不仅可以有较好的经济效益，更能为社会创造巨大的公益效益。

（2）加大对清洁煤技术和 CCS 技术研发投入。清洁煤技术和 CCS 技术虽然已取得较多研究成果，但是目前技术应用成本较高，尚未达到商业化的水平。各个企业出于成本考虑不愿意投入使用，因此在没有其他融资渠道的情况下，政府必须为此类公益性较高的技术研发投入买单，加大对洁净煤技术基础研究及示范项目的立项和经费的支持。

（3）制定鼓励企业发展清洁煤技术和 CCS 技术的激励政策。主要包括技术引导政策、金融或税收优惠政策，可以通过提高排污标准和加大排污罚款额度，促使煤炭消费者选用洗选煤、固硫型煤、同硫配煤等洁净煤；对水煤浆、煤层气等环保、节能性新产品，可享受高新技术产业和环保产业政策等，使清洁煤技术和 CCS 技术的运用者能从国家政策或市场上获取经济效益。在金融上，对洁净煤和 CCS 技术产业化项目，国家应在低息贷款、企业科技创新贷款、环保产业贷款、高新技术产业贷款等多方面向企业倾斜；在税收上，鉴于发展洁净煤技术和 CCS 技术对环保、节能、资源综合利用等方面的重要社会公益作用，给予其享受差额征税、过渡性减征、免征等优惠税收政策。

第三节　促进我国电力市场改革

如上所述，当前能源革命将改变我国的电源结构。而不可控的可再生能源发电比例的逐渐加大将会使电力系统的运行模式和调度方式发生重大变化。为了适应这种新的运行模式，必须有相应的政策和健康的市场平台。

一、电力系统运营的新模式

在按传统安排电力系统运行方式时，是根据预测的负荷寻求一个优化的发电机组出力组合来满足每个时刻负荷的需求。这种安排的基础是常规发电机组的出力可以控制的，然而可再生能源发电，如风力发电，一般是不可控的。因此，当可再生能源发电份额占到 30% 时，单纯用发电追踪负荷的方法来安排运行方式会遇到很大困难，可能使可再生能源的发电能力得不到充分利用。

在这种情况下，应将电力系统的电源和负荷都分为可控和不可控两类。从电源来说，常规的水电、火电等都是可控电源，风电、太阳能发电等可再生能源发电是不可控的。就负荷而言，对用电没有严格时间限制的负荷，如家用洗衣机、洗碗机、热水器等，电动汽车的充电器都是可控的；而有严格用电时间的负荷都是不可控的。对于可再生能源发电份额较高的电力系统应有两重调度：调度可控电源满足不可控的负荷（预测的负荷），调度可控负荷平衡可再生能源发电。前者就是传统的调度方式，后者是为平衡可再生能源发电的新调度方式，需要发挥智能电网的作用。

传统的负荷管理主要用来调整负荷曲线，改善系统发电机组运行的效率，提高供电可靠性。负荷调度除了这些功能，主要保证可再生能源的充分利用从而使发电低碳化。在这一方面，电动汽车的充电调度将成为解决可再生能源发电出力不可控性的一个重要途径。

以下用英国 DECC 的 PATHWAYS 为例来说明这种可能性。DECC 预计 2050 年交通耗能 600TW·h［图 8-9(a)］，其中汽车耗能占 80%。在汽车中使用电能的又占 80%，因此，汽车年耗电能约为

$$600\times0.8\times0.8=384\text{TW}\cdot\text{h}$$

这个数字大于可再生能源发电量 300TW·h［图 8-9(b)］。根据统计资料，汽车每天的平均运行时间不到 2h，因此充电时间是很灵活的。这样，电力系统就可根据风电等可再生能源发电的出力曲线来调度电动汽车的充电时间，满足功率平衡。如果电动汽车还能当成电源，则可进一步提高其消纳可再生能源的作用。因此电动汽车的充电调度是我们消纳可再生能源发电的重要手段，应该成为我们的研究重点。

为了调度负荷或电动汽车必须要有电价激励，因此一个健康的电力市场是智能电网发挥作用的平台。

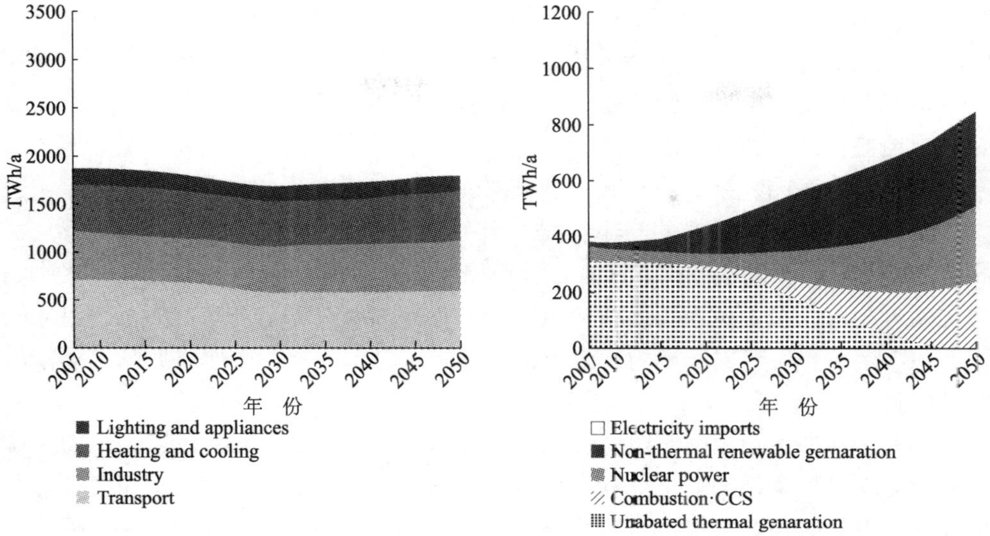

(a)　　(b)

图 8-9　调度电动汽车充电来平衡可再生能源发电的例子

智能电网是电力系统对实时监视、先进传感、通信、分析和控制装置的组合与应用，以使电能与信息流在一个安全、可靠和高效的电力系统中适应从发生源到终端用户的现有和新型的供应、分配和应用形式。它的主要功能是促进用户和电网互动，提高用电的效率、质量和可靠性，接入和吸纳更多的可再生能源电力，改变配电网的静态和动态特性。智能电网必须在完善的电力市场环境下运行。由于电源和负荷趋于增加很多动态和不确定的因素，实时和动态分析非常重要，对电力系统分析模型、算法和控制也需要重新进行细致的研究。同时，在智能电网技术引入后如何维持电力系统的可靠性应引起足够重视。

二、我国的电力市场改革的主要问题

在未来能源革命进程中，特别是涉及可再生能源时，我们必须要通过电力市场协调各方面的利益，电力市场是整个能源发展的一个重要平台，如果没有这样的一个平台，可再生能源的发展就会陷入困境，智能电网也难以发挥作用。

我国电力市场改革可能是我国体制改革一个不成功的例子。电力改革的反复试点，反复失败，到目前只落得残缺不全，非驴非马。电力市场整个一个烂尾工程。而且对于改革，目前也没有明确的改革方向，有些做法和市场化渐行渐远。

在电力体制改革之初，我国电力市场就只有发电侧竞价，没有用电侧竞价，是一个不完整和不稳定的市场，给后续的市场正常运营带来诸多的问题。而后又迟迟没有解决输配电分开的问题，使得电力市场改革停滞不前。更加严重的是，电价到目前仍由政府部门牢牢控制，而燃料价格早已有市场机制形成，这两种价格的不协调导致电力工业不能健康有效地发展，不时出现在发电机组装机容量富裕的情况下拉闸限电，给我国的经济发展和社会生活带来不利影响。

电监会的成立并没有改变政府对电力改革的无作为的局面。发改委、电监会和国网公司之间的复杂关系一直没有理顺。在这种情况下，成立一个统管全国能源政策的“能源部”的呼声日益高涨。其结果是出现了一个空壳“能源委员会”和发改委下属的“能源局”。目前还看不出电力市场有任何改善的苗头。实际的情况完全相反，电力企业不但在电力系统运行方面垄断日益严重，而且在电器制造方面、电力科研方面、电力规划方面力图实行全面垄断。政府对此缺乏基本的监管体制。

电力工业的运行调度和电力交易是保障电力市场健康运行的关键。电力系统调度和交易机构执行的是市场管理性质的服务，必须保证公平、公正和公开。在推行电力市场的国家，执行这两项任务的机构都是公用事业机构。例如，无论是英国的电网公司 NGO，还是美国加州的独立调度 ISO 等，都不是企业性质，均为非盈利单位。我国的调度和交易管理部门属电网公司的下属单位，而电网公司是以盈利为目标的企业。这种兼当运动员的裁判员的管理制度无法保证公平竞争，也无法保证电力市场的健康运行，这种企业和事业单位混淆的状况也无法保证国家和社会的最大效益。

鉴于电力工业在能源革命中的特殊地位，发达国家的能源革命路线图中都提出了不断不完善电力市场以保证电力持续健康发展的建议。我国在这一方面应坚定电力改革的决心，特别是完成以下的改革任务：①加快电力输、配分开，尽快构建我国电力市场；②实现企事业单位分开，把调度和交易机构从电网公司独立出来；③梳理我国的电价体系，加强政府对电价实现科学的宏观控制，逐步向分时电价、由市场机制形成的实时电价过渡。

三、我国电价改革的目标

电能是非常重要的商品，涉及整个国民经济和社会生活。因此，合理的电价形成体系和电价监督体系对于我国社会的持续健康发展有重要影响。在当前的能源革命中，电价更是直接影响可再生能源发展的关键因素。

发达国家的电价由市场形成，政府对电价实行宏观控制，并监督电业部门的盈利状况。而在我国，电价由政府价格管理部门决定，对于电力企业运营和盈利状况往往缺乏有效的监督。因此导致了我国目前不合理又极其复杂的电价体系。

和其他国家相比，我国当前的电价究竟是高还是低，看法并不一致。中国日报社论称：中国的工业电价和居民电价均远低于世界发达国家的平均水平①。其后新华网发文称：根据国际经合组织的统计数字，中国相对电价为发达国家 4.52 倍②。根据这种相对定价算法，中国的电价是相当得高了。这种情况说明我国对电价缺乏清晰宏观的概念。

按照中国日报给出的数据，我国 2008 年工业电价为 0.56 元 /kW・h，居民电价为 0.48 元 /kW・h。换算为美元后工业电价和居民电价分别为 0.085 美元 / kW・h 和 0.073 美元 / kW・h③。表 8-6 列出了经合组织 OECD 国家 2008 年的电价统计数据。由表可以看出，除了爱尔兰和葡萄牙外，其他国家的工业电价都比我国低，但是所有表中国家的居民电价都比我国高。这些国家居民电价和工业电价的比值均大于 1，也就是说居民电价都高于工业电价，这是合理的电价结构。因为居民的用电要从发电厂一直送到 380/220V 的低压配电网，而且居民一般在负荷高峰时段用电，这时发电成本最高。而工业用电是从 110/220kV 电网接入的，电能传送损耗较小，负荷相对比较均匀。因此，我们居民电价低于工业电价是违背市场商品价格规律的。为了电力工业的健康发展应该逐渐改变这种不合理的电价结构，而不是继续用低的居民电价掩盖高的工业电价。到头来，高的工业电价不但影响我国的整体竞争能力，而且也必然反馈到居民的生活水平。

表 8-6　经合组织 OECD 国家 2008 年的电价

国家	工业电价美元 /kW・h	居民电价美元 /kW・h	居民电价 / 工业电价
美国	0.068	0.113	1.648
法国	0.056	0.158	2.821
瑞士	0.084	0.136	1.619
爱尔兰	0.149	0.244	1.638
新西兰	0.068	0.161	2.368
葡萄牙	0.128	0.213	1.664
挪威	0.048	0.132	2.750
韩国	0.069	0.102	1.478

我国综合平均电价到底应该是多少，这是政府宏观控制的基本依据。归根到底，电价是由电源结构和输变电设施决定的。通过科学的分析计算，应该能得出我国综合平均电价的合理范围。

目前我国煤电占 75.7%，水电占 22.7%；而美国煤电仅占 30.4%，水电仅占

---

① China Daily,2010-10-12.

② 中国相对电价是发达国家 4.52 倍 美国每度约 3 分钱 .http://news.xinhuanet.com/fortune/2010-10/18/c_12672323.htm, 2010-10-18.

③ China Daily, 2010-10-12.

7.0%。按这样的电源结构，中国平均电能成本应该比美国低一些。对此，国家监管部门应该有个估计，应该建立宏观的电价评估和调控体系，逐步取消不合理的电价的补贴体系，逐步纠正扭曲的电价，逐步施行分时电价（峰谷电价）和实时电价，让最终电价放开由市场机制决定。特别注意不应出台干扰这个方向的“新举措”。2010 年底发改委拟推出的“阶梯电价”，对于我国的电价改革实际上是不利的。

China Daily 2010 年 10 月 12 日社论指出，我国居民电价 0.48 元 /kW · h、工业电价 0.56 元 /kW · h 远低于世界的平均水平，阶梯电价应该是节能减排的一个创新举措，随着节能减排力度的加大，阶梯电价差距也要逐渐加大。这种观点是有问题的。在上面我们已经提到发达国家节能减排的一个重要思路是鼓励在制热、制冷、交通方面多使用电能，而发电本身低碳化。而阶梯电价将促使居民从用电转向其他能源，如将电炊改为化石燃料，这样到底是减排还是增排？所以阶梯电价与节能减排可能背道而驰，只在限制居民用电量上有作用。正确的做法应该是用电价引导用户科学合理用电，而不是限制用电。阶梯电价是 20 世纪 70 年代石油危机的产物，目前在我国出台将会给峰谷电价、实时电价的实现设置障碍。

第四节　对策与建议

在当前世界范围的能源革命中，我国面临特殊的问题和前所未有的挑战。解决这些困难不仅涉及科技方面的问题，而且也涉及体制和政策方面的问题。从某种意义来讲，后者对我国未来到 2050 年我国能源和电力持续发展会有更大的影响。我国节能减排任务是非常艰巨的。为此，我们在政策和市场改革反面提出以下建议。

（1）根据估算，2020 年我国温室气体排放量将超过 100 亿 t，排放量为美国的 1 倍以上，人均排放量超过世界人均排放量 1 倍。我国在环境保护方面将处于非常被动的地位。我们不能走西方国家发展的老路，但是到底走什么路，发改委、能源局等相关部门必须及早进行我国能源革命路线图的可操作规划，特别是必须尽快采取一系列的措施来大力纠正我国电源结构方面存在的过度依赖火力发电的问题。

（2）在制定“十二五”规划时，国家曾把核电作为重大的战略选择来处理，但由于日本福岛发生的核电事故引发了全球对核电安全的思考。然而，我们绝不能“因噎废食”，应该在坚持核安全的前提下，抓紧当前有利时机，坚定不移地发展核电，按照现代的核电技术和我国的经济实力，今后每年建设 12GW 的核电是有可能的。这将会逐步改善我国的电源结构和电源布局。

（3）我国具有丰富的可再生能源资源，在过去十几年中，新型可再生能源的开发和利用得到了长足发展。但是，目前我国可再生能源的能源贡献度仍然较低。制定正确的激励政策是可再生能源产业能够健康、快速、可持续发展的前提条件。已出台的政策在保持其稳定性和连续性的同时，应当根据形势发展适时修订。此外，还要严格执行可再生能源发电并网的技术要求，以保证投产的发电机组充分发挥效用。

（4）在我国电源结构中，火力发电的主体地位短期内难以动摇。在煤炭消费量下降较少的情况下，加强高效清洁煤技术和 CCS 技术方面的研发及应用就成了降低 CO_2 排放量的重要途径。在这一方面要加强洁净煤技术和 CCS 技术的宣传力度，加大对清洁煤技术和 CCS 技术研发投入，制定鼓励企业发展清洁煤技术和 CCS 技术的激励政策。

（5）在未来能源革命进程中，特别是涉及可再生能源时，我们必须要通过电力市场协调各方面的利益。电力市场是整个能源发展的一个重要平台，如果没有这样的一个平台，可再生能源的发展就会陷入困境，智能电网也难以发挥作用。为此，我们提出了如下尽快完善电力市场以保证电力持续健康发展的建议。①加快电力输、配分开，尽快构建我国电力市场；②实现企事业单位分开，把调度和交易机构从电网公司独立出来；③梳理我国的电价体系，加强政府对电价实现科学的宏观控制，逐步向分时电价、由市场机制形成的实时电价过渡。

参 考 文 献

国家统计局 . 2011. 中国能源统计年鉴 2010. 北京：中国统计出版社 .

黄其励 . 2010. 可再生能源在我国能源结构调整中的战略地位以及发展的机遇和挑战 . 创新中国, 11(14):59-66.

廖华 , 魏一鸣 . 2011.“十二五”中国能源和碳排放预测与展望 . 中国科学院院刊 ,26（2）：150-153.

孟祥路 . 2011-01-31. 华能 CCS 技术首次走出国门 . 中国能源报 ,10 版 .

倪维斗 . 2010. 煤的清洁高效利用是中国低碳经济的关键 . 创新中国 ,11 (14):54-59.

王健君 . 2011. 中国核电安全发展的抉择 . 瞭望 ,（12）.

肖创英 . 2011. 欧美风电发展的经验与启示 . 北京：中国电力出版社 .

Liu Y Y. 2011-03- 22. New plants ‘set to be approved’.China Daily.

第九章　独立电力系统

第一节　需求和发展前景预测

一、发展独立电力系统的必要性

独立电力系统（isolated power systems，IPS）是指与传统互联电力系统之间没有电气连接的电力系统。作为一种新的电能生产和消费模式，独立电力系统提倡电能的就地生产和消费，避免远距离送电；支持根据用户需求定制系统的组成和构架。这些特点使独立电力系统能够很好地满足一些新形式的电力需求，并有利于新能源的发展，主要表现在以下两个方面。

1．与传统互联电力系统互为补充

独立电力系统可以用于为偏远地区、海岛等远离负荷中心的区域供电，这样就免去了远距离输电线路或电缆的建设，同时也避免了由于远距离送电而造成的网损，因而大大降低了供电成本。此外，不同地区可根据自身的特点定制相应的电源。例如，海岛上通常风力较大，适合建设风电场；煤炭资源或水资源丰富的地区则可建设煤电或水电机组；对于化石资源匮乏但阳光充裕的戈壁或沙漠地区，则可以光伏发电为主等。

为船舶、飞机、空间站等特殊应用场合定制与之相适应的独立电力系统，是满足这类供电需求最为有效的途径。由于船舶、飞机和空间站分别运行在海洋、高空和太空等环境，这些环境各有其特点，在建设相应的独立电力系统时需要考虑的因素也各不相同。例如，海洋环境气候恶劣、湿度大，在设计船舶电力系统的通信系统时，需要保证其监测单元在极端温度、湿度和强烈振动的环境下保持很高的运行可靠性。独立电力系统可以根据用户需求定制的特点，很好地适应了这些特殊应用场合的需求。

2．为新能源的利用提供了更多途径

目前，新能源的利用主要是通过集中并网或分布式并网，由大电网输送和分配所生产的电能。如前所述，这种单一的模式在一定程度上限制了新能源的发展。独立电力系统为新能源的利用提供了更多的途径。例如，风电场可以不并入大电

网，直接对能够适应风电特点的高耗能产业（如电解铝等有色冶金工业、大规模海水淡化产业）供电（顾为东，2008）。由于这些产业对电能质量和供电可靠性的要求较低，故不需要大量辅助设备，可以有效节约成本。同时，在这类系统中，由于负荷对功率波动不敏感，故风电等间歇性能源发电机组的渗透率可以有较大的提高，这对于促进新能源的利用有着十分重要的意义。

二、典型的独立电力系统及其特点

综上所述，独立电力系统作为一种新的电能生产和消费模式，可以很好地解决一些传统互联电力系统所面临的难题，提高新能源的利用规模和效率，并且能根据用户需求来定制系统的组成和构架，因此独立电力系统必将成为未来电力系统发展的主要方向之一，具有广阔的应用前景。独立电力系统的研究和应用正为越来越多的国家和学者所关注，根据不同的实际应用环境和用户具体需求，可以设计不同种类的独立电力系统，其中典型的独立电力系统有以下四类：①船舶/飞机/空间站电力系统；②孤立区域电力系统；③大规模非并网新能源发电系统；④脱网运行的微电网。

为了更好地理解独立电力系统的概念和特点，下面分别对以上四类独立电力系统加以说明。

1. 船舶/飞机/空间站电力系统

随着造船工业的发展，作为船舶主动力系统的电力推进系统，由于其高效率、高可靠性、高自动化以及低维护，正越来越多地成为大型船舶的主推进系统。此外，为了大幅提升性能，提高能源使用效率和运行经济性，充分利用电力技术和先进电力电子控制技术的全电化飞机/空间站正成为未来的发展趋势之一。需要指出的是，船舶/飞机/空间站电力系统不仅仅是指将电力推进作为主动力，而是指涵盖电能的生产、传输、分配和消耗，以及先进监控手段的高可靠性、高生存活性的综合电力系统。

船舶/飞机/空间站电力系统是一个独立的电力系统，由电源装置、配电装置、电力网和负载按照一定方式连接而成的整体。图 9-1 给出了典型船舶电力系统的拓扑图（赵春峰，2007）。

与传统互联电力系统相比，船舶/飞机/空间站电力系统具有自身鲜明的特点，在以下四个方面表现出更高的复杂性。

（1）多相电路应用广泛（吴旭升和马伟明，2001）。船舶/飞机/空间站电力系统一般占地面积较小，且能量需求较大，因此，普遍采用了能量密度较大的多相发电机和多相电动机作为主力电源和驱动设备。

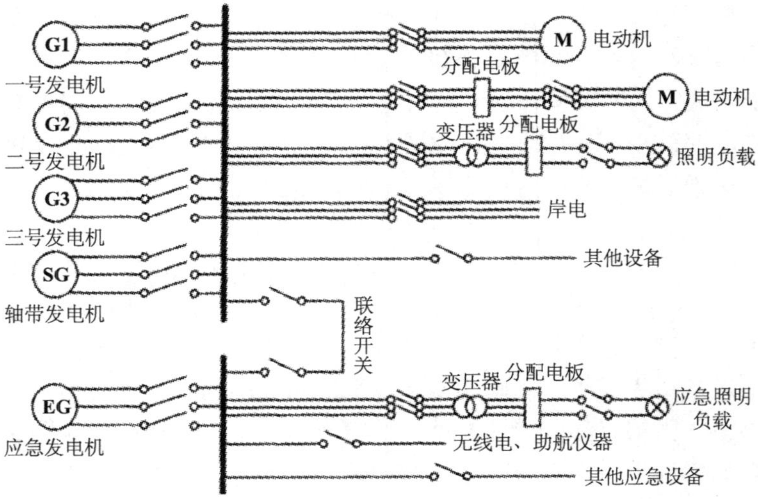

图 9-1　船舶电力系统

（2）系统中多种工作频率并存。船舶 / 飞机 / 空间站电力系统多采用基于电力电子元件的配电系统（power electronic distribution systems，PEDS），其中的设备工作频率差异很大，既有在工频 50Hz 下工作的设备，也有在中频如 400Hz 下工作的设备。

（3）电力电子装置在系统设备构成中所占比例较大。船舶 / 飞机 / 空间站电力系统对供电的可靠性和电能质量要求较高，在电能的存储、传输和使用过程中需要用到大量的电力电子装置，而系统本身规模有限，这使得电力电子装置在系统设备构成中所占的比例远大于传统互联电力系统。

（4）系统拓扑灵活多变。船舶 / 飞机 / 空间站电力系统在某些设备故障后，需要进行快速的网络重构以保证系统的存活能力，因此其系统拓扑结构具有灵活多变的特点（杨秀霞等，2004）。

此外，船舶 / 飞机 / 空间站电力系统还存在一些不同于传统互联电力系统的特性，这包括以下几点。

（1）节点电气距离近，系统中没有长输电线路（纪锋等，2008）。由于所占空间有限，船舶电力系统中电站与设备之间的距离一般不超过百米。

（2）负荷单体容量大，电压稳定性问题突出。船舶 / 飞机 / 空间站电力系统中的单个负荷容量可与单台发电机容量相比拟，电动机负载多（约占总负荷的 70%），导致系统中电压稳定性问题较为突出。

（3）运行环境恶劣，性能要求苛刻。船舶 / 飞机 / 空间站电力系统一般运行在自然环境较为恶劣的条件下（如高温、高湿、高盐度的海洋环境或超低温、强辐射和高真空的太空环境），环境因素时刻威胁着系统的安全运行。因此，船舶 / 飞机 / 空间站电力系统必须能够在外部因素干扰下持续稳定运行。

2. 孤立区域电力系统

孤立区域电力系统的典型应用环境是远离海岸线的海岛或远离负荷中心的偏远地区。由于环境或地理位置等原因，孤立区域电力系统往往不能与传统互联电力系统相连接，或者只能通过有限几条联络线（如造价昂贵的海底电缆）与之相连接，因此大多数情况下，孤立区域电力系统属于独立运行的电力系统。此外，为了保护生态环境和节约能源，孤立区域电力系统一般会尽可能多地利用可再生能源。例如，对于含有丰富风能资源的海岛，可以大力发展风力发电；而对于水资源丰富边远山区或阳光充裕的戈壁沙漠地区等，则可以分别重点发展水电或太阳能发电。

图 9-2 为希腊雅典国家技术大学（National Technical University of Athens）和丹麦 Risø 国家可再生能源实验室（Risø DTU National Laboratory for Sustainable Energy）等机构所规划的 2012 年希腊罗兹岛电力系统（Margaris et al., 2011）。如图 9-2 所示，风电场（深色小方块所示）将合理地分散布置在海岛各处。2012 年，整个海岛年最大负荷需求估计将达到 233MW，而风电的总装机容量估计将达到 48MW。

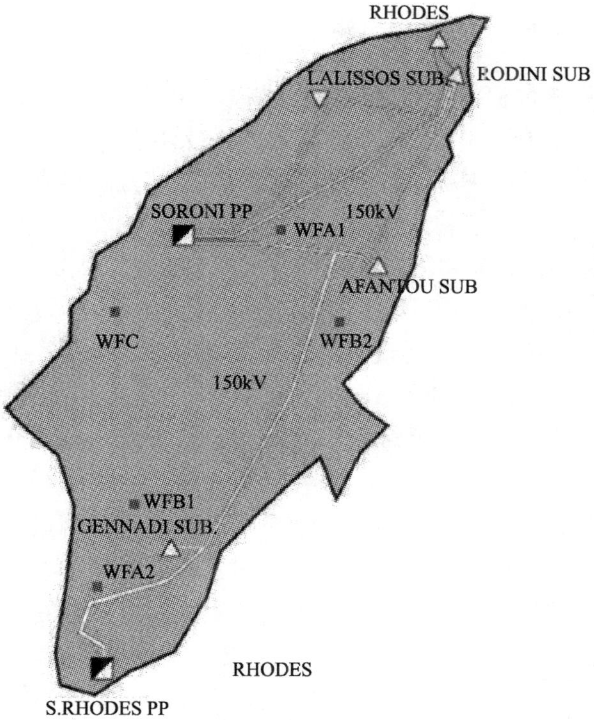

图 9-2　罗兹岛电力系统

与传统互联电力系统相比，海岛电力系统还具有以下特点。

（1）网架结构上的特点。对于传统互联电力系统，一般在能源（煤或天然气等）

丰富或者负荷中心附近地区建立大型发电厂，然后通过输配电网将电能供给终端负荷。而孤立区域电力系统既存在传统发电形式，又往往会大量地使用可再生能源发电。由于可再生能源的能量密度较低，单个发电机组的容量相对较小，而且发电机组可能广泛地分散在系统各处，因此可再生能源发电通常大量地通过等级较低的输电网或配电网将电能输送给终端负荷。

（2）运行控制上的特点。与传统互联电力系统相比，孤立区域电力系统的频率和电压问题突出。首先，为了充分利用可再生能源，孤立区域电力系统往往会减少传统发电的上网比例，而尽可能多地使用可再生能源发电。当可再生能源发电在整个电力系统中渗透率很高时，由于其波动性和间歇性的特点，将会对系统的电压和频率波动产生不利影响。其次，随着可再生能源发电在孤立区域系统中比例的增加，系统惯性逐渐较小，因此频率变化对于系统故障或干扰所引起的功率不平衡更为灵敏。最后，对于容量较小的孤立区域电力系统，某些大型发电机组的容量与整个系统的容量的比值明显增大，其退出运行时所引起的功率不平衡也将更大，因此对系统频率和电压稳定的影响也更为严重。

3．大规模非并网新能源发电系统

大规模非并网新能源发电系统（如大规模非并网风电系统、非并网太阳能发电系统等）是大规模利用新能源、探索新能源多元化发展的重要方式之一。大规模非并网新能源发电系统是指将新能源发电不与传统互联电力系统的输配电网并网，而是通过简单的配置直接应用于特定负载。

目前，大规模新能源发电的主要应用方式是通过并入大电网输送电能。因此，新能源的利用主要按照“新能源发电机或发电厂—电网—用户（负载）”这个路线来进行，如图 9-3(a) 所示。在这种方式下，电网是新能源发电的负载和用户的电源，然而由于新能源的高度不稳定性，使得新能源具有波动性和间歇性等特点，因此其大规模上网存在着难以克服的技术障碍，新能源在整个互联电力系统中贡献率难以提高。

大规模非并网新能源发电系统是指将新能源发电直接应用于能够适应其特性的高耗能产业及其他特殊领域的发电系统。其主要特点是：将电能从新能源发电机或发电厂直接传输给终端用户（负载），而不需要通过大电网，如图 9-3(b) 所示。

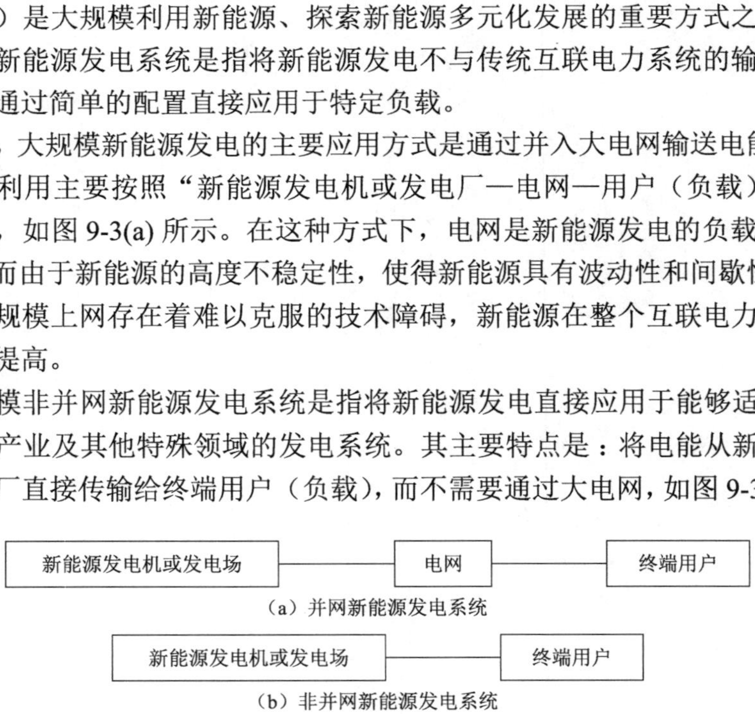

图 9-3　并网与非并网新能源发电系统

大规模非并网新能源发电系统的负载一般为能适应新能源发电特性的特定高耗能产业，例如，非并网风电系统主要应用于以电解铝为重点的有色冶金工业、盐化工氯碱产业、大规模海水淡化、规模化制氢制氧和以非金属为原料的精深加工等（方敏等，2009）。

非并网新能源发电系统与并网新能源发电系统相比，主要有以下优势。

（1）非并网新能源发电系统中负荷通常对供电可靠性和电能质量要求不高，系统稳定性问题并不突出。因此，在这类系统中新能源可以达到较高的渗透率。

（2）供用电环节少。非并网新能源发电经过简单处理就能够直接大规模应用于特定产业，因此可以极大地节约成本，使企业享受低廉的电力价格。

（3）系统辅助设备少。节省并网所需的大量辅助设备，大幅度降低风电场制造成本和风电价格。

（4）非并网新能源发电系统独立于传统主网架，不会对主网的安全稳定性造成影响。

中国目前正在大力发展可再生能源，到 2020 年，我国可再生能源消费量要达到能源消费总量的 15%，其中电力的 20% 来自可再生能源（国家发展和改革委员会，2007）。但目前可再生能源发电基本还是通过与输配电网并网的方式来使用。国家电网公司 2011 年 4 月公布的《国家电网公司促进风电发展白皮书》中提出，风电主要消纳方向为华北、华中、华东地区，呈现“西电东送”、“北电南送”格局。例如，新疆哈密风电基地输电方案为建设哈密—河南 800kV 直流和哈密—山东 1100kV 直流两条特高压工程，将哈密风电送至“三华”负荷中心；蒙东风电基地输电方案为建设呼伦贝尔—山东、呼伦贝尔—豫北、赤峰—江苏 3 回 800kV 特高压直流，将蒙东风电送至“三华”负荷中心。

然而特高压直流输电线路的建设成本很高，而且风电的间歇性和波动性等特点对互联电力系统的安全稳定运行也将造成不良影响，因此完全可以考虑建设非并网风电系统来大规模地利用新疆、蒙东等地区的风能。例如，可以在这些地区建立以电解铝为重点的有色冶金、盐化工氯碱等产业，直接使用非并网风电系统所提供的电能，从而充分发挥利用非并网新能源发电系统的优点，更加经济和高效地利用当地的风能。

三、独立电力系统的关键问题

1. 安全稳定方面

维持系统的安全稳定运行，是电力系统保证高可靠性供电的基础。然而，与传统互联电力系统相比，独立电力系统的安全稳定问题具有自身的特点，不同类型的独立电力系统所面临的安全稳定问题也不尽相同。对于非并网新能源发电系统，由于其负载能适应新能源发电的特性，而且系统的网架配置简单，因此安全稳定问题并不突出。对于孤立区域电力系统，由于广泛地使用各种形式的可再生能源，其中风能、太阳能等可再生能源发电具有很强的波动性和间歇性，会对系统的安全稳定造成不利影响。特别地，当这些可再生能源发电在电网中的渗透率较高时，将对系统的安全和稳定带来更大的影响。对于船舶 / 飞机 / 空间站电力系统，整个系统的功率容量不大，但一些大负载的容量与发电机相当，因此在负载突加、突卸或事故情况下，电网的电压、电流和频率均会急剧变化，从而对全系统的安全稳定造成威胁。因此，如何针对各类独立电力系统的实际运行环境，保证系统的安全稳定运行，是未来独立电力系统研究重点之一。

2. 电能质量方面

提供优质电能，满足用户多样化的电能质量需求，也是未来独立电力系统的研究重点之一。对于非并网风电系统，由于其以风能的大规模利用为目的，因此其负载往往是那些能适应风电特性的特定产业，而对于船舶 / 飞机 / 空间站电力系统、脱网运行的微电网等独立电力系统，则往往存在一些对电能质量有较高要求的敏感负荷。此外，这些独立电力系统的电源形式与负荷种类繁多，并且含有大量的电力电子元件，所以其网内的功率因数、谐波含量、三相电压 / 电流不平衡度等电能质量指标容易偏离要求的范围。因此，确保独立电力系统中负荷（尤其是对电能质量要求较高的敏感负荷）的优质供电，将由于电能质量问题造成的损失降到最小，甚至完全消除，是未来独立电力系统发展中必须考虑的关键问题之一。

3. 经济节能方面

独立电力系统的经济性，是其吸引用户并能得以发展的关键所在。在满足供电安全和优质的前提下，独立电力系统应当做到经济节能，以减少整个系统建立和运行的费用，同时还需要满足环保的要求。要做到经济节能，一方面要针对不同的实际应用环境，科学地设计独立电力系统，合理选择构成独立电力系统的各个器件和设备，在满足运行要求的情况下降低系统建设的投入；另一方面要基于先进的信息技术和通信技术，对独立电力系统进行灵活和智能地控制，优化资源配置，提高能源利用效率，同时尽量减小电能在传输和使用过程中的损耗。

4. 紧急状况下的自愈能力方面

独立电力系统在实际运行中，总是不可避免地出现故障或其他意外情况，使系统正常运行受到威胁。例如，对船舶 / 飞机 / 空间站电力系统，复杂恶劣的外部运行环境或操作不当都有可能导致系统出现故障，严重时可能导致供电中断，从而影响船舶 / 飞机 / 空间站的生命力和使命的完成。因此，为了保证供电的可靠性和安全性，独立电力系统应当能够在系统发生故障和失去控制之前进行预测和自愈。特别地，故障发生后，独立电力系统应当能够保证最重要负荷的电能需求，同时具有快速从故障中恢复的能力，从而尽可能地缩小停电时间，并将对整个系统所产生的不良影响降到最低。

四、独立电力系统的发展方向

为了解决上述独立电力系统所面临的关键问题，未来的独立电力系统必需朝着信息化、数字化和智能化的方向发展。

1. 信息化

未来的独立电力系统将充分利用先进的信息技术和通信技术来实现其功能。通过构建高效可靠的信息系统，整个独立电力系统的量测、控制、保护等信息的获取和传递，都将更加准确、及时和便捷。通过独立电力系统的高度信息化，可以实时监视系统运行状态，进而为对系统的灵活智能控制提供基础；这不仅有助于提高系统的安全稳定性、保证供电质量以及提高能源优化配置能力，也将为独立电力系统的科学设计提供充足的信息支撑。

2. 数字化

独立电力系统另一个重要的发展趋势是数字化。利用数字计算机的强大计算能力和先进的计算机技术，并通过对独立电力系统的合理建模，可以构建数字虚拟独立电力系统，进而对独立电力系统进行实时或者超实时的仿真分析。一方面，通过分析仿真结果，不仅可以指出当前系统的薄弱环节，还能预测采取不同的控制措施后，系统如何响应，从而为系统控制策略的制定提供有力的支持。另一方面，对于尚处于起步阶段的独立电力系统而言，对系统的仿真分析可以加深对独立电力系统的理解，从而为独立电力系统的设计和运行控制提供有力支撑。

3. 智能化

智能化是独立电力系统安全、可靠、经济、优质运行的关键，是未来独立电力系统发展的必然趋势。一方面，智能化可以提高系统安全稳定运行的能力，能使系统在突发故障等紧急情况下实现快速自愈和重构，最大限度地保证重要负荷的供电。另一方面，智能化可以提高系统优化配置和使用各种能源资源的能力，使系统运行更加经济节能。总而言之，通过智能化，独立电力系统可以协调安全、可靠、经济、优质和环保等多个目标，从而使独立电力系统始终运行在令人满意的多目标自趋优运行状态下。

第二节　关键技术和技术发展方向

实现独立电力系统的信息化、数字化和智能化，具体可以分为以下四个阶段性目标：①建立数字虚拟独立电力系统；②打造全方位信息化的独立电力系统；③构建具有自趋优能量调控能力的智能独立电力系统；④实现具有自愈控制能力的智能独立电力系统。下面，将结合上述目标，分别阐述相关的关键技术，探讨其发展方向。

一、建立数字虚拟独立电力系统

数字仿真技术将在独立电力系统的设计、运行和控制等工作中发挥越来越重要的作用。为了发展和建立先进的独立电力调度自动化系统，有必要建立数字虚拟独立电力系统。数字虚拟独立电力系统可全面提高独立电力系统研究、试制、测试、调度和控制的技术水平，是构建 EMS/DTS 一体化系统所必需的基础平台。全数字虚拟独立电力系统的建立，可以对实际独立电力系统进行全方位模拟：该套虚拟系统不仅能够准确模拟实际系统中的各种重要元器件的暂态、短期、长期和稳态特性，能够实时甚至超实时地展现独立电力系统的全过程动态，而且能够对独立电力系统的脆弱度和存活性进行快速分析。建立具有上述功能的数字虚拟独立电力系统需要有相应理论和技术支撑。

1. 独立电力系统数字化建模原理和方法

为了准确模拟独立电力系统中各种元器件本身的物理运行规律以及能量管理和控制措施对系统动态过程的影响，需要深入研究独立电力系统数字仿真建模方法，从而建立可以描述暂态、短期、长期和稳态多个时间尺度的设备和网络数字仿真模型，并给出相应的三维可视化描述方法。进一步，还需要研究数字化模拟仿真的准确性和鲁棒性机理，从而评估所建模型的有效性。其中的关键技术包括多时间尺度机电耦合系统数字仿真建模方法，仿真建模准确性和鲁棒性评估和校验方法，以及独立电力系统复杂网络全局等效简化方法等。

1）多时间尺度机电耦合系统数字仿真建模方法

独立电力系统的数字仿真建模必须考虑系统自身的特点。首次，独立电力系统可能含有各种复杂元件或装置，例如，孤立区域电力系统中往往存在各种含有电力电子接口的分布式发电装置，如风力机、燃料电池、光伏电池等等；船舶/飞机/空间站电力系统往往含有一些特殊的复杂电力设备，如多相发电机和多相电动机。其次，独立电力系统内部组成部分的时间常数相差很大。例如，独立电力系统中一次能源转化的时间常数以秒计，发电装置中电磁暂态过程以微秒计，机电暂态过程以毫秒或几十毫秒计，而电力电子变换器中开关及其控制过程以微秒甚至纳秒计。最后，船舶/飞机/空间站电力系统中普遍常用具有较高能量密度的多相发电机和多相电动机作为主力电源和主要驱动设备；并且多采用基于电力电子元件的配电系统，其中的设备工作频率差异很大，既有在工频 50Hz 下工作的设备，也有在中频如 400Hz 下工作的设备。

综上所述，在各类独立电力系统数字的仿真建模过程中，既要考虑系统中形式多样的发电转置和特殊电力设备的准确建模，还要考虑系统内部各组成部分的时间常数相差很大的问题，同时应充分考虑多相系统的特点以及多频段共存这一情况，并在模型中准确反映其影响。因此，需要建立一套针对包括多时间尺度机电耦合系统的数字仿真建模方法。

2）仿真建模准确性和鲁棒性评估

保证仿真结果的正确性是数字虚拟独立电力系统实用化的基础，而模型的准确性和鲁棒性则是确保仿真正确性的基础。因此，需要提出一套评估和校验仿真模型准确性和鲁棒性的理论和方法。首先，该理论和方法应提出一套合理的评估和校验指标，用于定量地体现仿真模型的准确程度和鲁棒程度。其次，该方法还应建立一套检验模型准确性和鲁棒性的标准流程，该流程既可用于校验独立电力系统中各种重要设备的数字仿真模型，又可对独立电力系统的整体仿真模型进行评估，并最终给出一份评估报告。

3）独立电力系统复杂网络全局等效简化方法

在保证了仿真模型的准确性和鲁棒性的基础上，还应考虑模型的高效性，即在不影响仿真结果正确性的前提下，对仿真模型进行适当简化以减小计算量，从而为实现独立电力系统的全过程实时甚至超实时仿真奠定基础。独立电力系统中往往含有大量的电力电子设备，若对每一个电力电子开关单独精确建模，不仅会造成整个系统的仿真模型阶数过高，还必须使用极小的仿真步长，从而极大地影响仿真效率。实际上，在很多应用场合，如机电暂态分析、长期动态分析以及稳态分析中，并不关心单个电力电子开关上的暂态。因此，可以根据实际应用场合的需要，提出一套独立电力系统复杂网络的全局等效简化方法。具体应包括对单个设备模型、局部网络模型以及对整个独立电力系统模型进行简化的理论和方法。需要指出的是，简化后的模型必须能够通过模型正确性和鲁棒性评估标准的检验。

2．独立电力系统全过程实时 / 超实时仿真的理论和方法

提高独立电力系统全过程仿真的准确性和快速性，使其达到实时甚至是超实时，是实现数字虚拟独立电力系统的前提条件。其中的关键技术包括全数字机电和电磁混合仿真方法、可靠的分布式仿真服务体系设计原理和方法等。

1）全数字机电和电磁混合仿真方法

独立电力系统中包含了大量的电力电子装置，且涉及的频率范围十分广泛，使得反映不同物理特征的动态过程相互交织在一起，极大地增加系统运行和控制的复杂度，而采用基波相量和序网分析模型的机电暂态程序大都基于准稳态模型，不但难以模拟独立电力系统中电力电子装置的快速暂态特性和一些非线性元件引起的波形畸变特性，而且在包含多种频率的系统中难以保证正确性。采用瞬时值模式的电磁暂态程序需要对全网中的每一个电力电子开关单独建模，且所需的仿真步长较小，会大大降低仿真效率。因此，独立电力系统必须采用全数字机电暂态和电磁暂态混合仿真技术，从而有效地协调系统仿真的规模、精度和速度等问题，为研究独立电力系统的稳定性和动态特性提供了新的方法和途径。

2）可靠的分布式仿真服务体系设计原理和方法

独立电力系统全过程实时 / 超实时仿真需要可靠的分布式仿真服务体系的支持，该服务体系应满足如下性能要求。

（1）准确性。数字虚拟独立电力系统通过分解协调计算来实现对整个系统的仿真时，必须保证其结果的准确性。这要求在对独立电力系统进行仿真时，确保系统中任何设备的模型都已经通过准确性和鲁棒性评估，同时每一个设备或局部电网都以最新的数据和模型参与协调计算，从而得到统一的计算结果。

（2）快速性。通过分布式仿真服务体系对独立电力系统进行全过程实时 / 超实时仿真，要求分解协调的开销尽量小，包括尽可能地减小通信次数、同步次数、单次通信或同步等的开销。

（3）开放性。一般而言，系统运行和维护人员对仿真计算的要求多种多样，并且这些要求还可能随实际系统的运行状况而不断变化。因此，独立电力系统全过程仿真平台必须能随时动态地组织数据和计算资源，从而适应不同的仿真计算要求。同时，仿真平台还应具备开放的体系结构，以便于未来新开发的仿真分析软件能够无缝接入。

除了上述的一些必须考虑的问题外，独立电力系统全过程仿真平台还必须具

有高可用性、高安全性。

3. 独立电力系统脆弱度和存活性快速分析技术

独立电力系统中的设备繁多，电力网络和通信网络也日趋复杂。因此，有必要对涵盖电力设备、通信设备等的整个独立电力系统的脆弱度进行分析，提出相应的指标和方法评价系统承受故障的能力，并指出薄弱环节，为在线预警和控制提供依据，同时为系统设计和改进提供帮助。

独立电力系统的脆弱度和存活性快速分析技术目前尚处于起步阶段，需要不断完善与发展。从过去的单一预想事故集与状态匹配计算，到系统的暂态稳定水平和动态安全评估、存活性分析，是对以往独立电力系统安全分析的有力补充与发展，并将在未来扮演越来越重要的角色。独立电力系统脆弱度和存活性快速分析技术在未来的发展主要集中在如下几个方面。

（1）综合性。已有的独立电力系统的脆弱度分析指标和方法，都是从某个或某些角度来进行脆弱分析。然而，单一从拓扑结构、系统参数、隐性故障等方面来评估系统的脆弱度存在多方面的不足。因此，如何将上述几方面有效地结合起来，提出一套综合性的脆弱度分析指标和方法，全面地反映整个独立电力系统的脆弱度水平，是一个必须要解决的关键问题。

（2）预见性。在对独立电力系统的脆弱度和存活性进行分析时，不仅应对当前系统的脆弱水平和薄弱环节给出评估，为系统在线控制和设计改进提供依据；还应该对采取控制措施或改变设计后系统的脆弱度和存活性水平进行充分的分析和评估，从而保证对独立电力系统进行的每一步控制和改进都是有目的和可控的，都能够确保系统的稳定性或存活能力的提高，而不是没有作用甚至产生反作用。

（3）实时性。要想对独立电力系统进行在线预警和控制，其脆弱度和存活性快速分析技术必须满足实时性的要求。只有即时获得当前系统的信息，并对其进行实时脆弱度和存活性分析，才能够保证这些控制措施适用于当前的系统，而不是过去某个时刻的独立电力系统，从而能够保证对系统的预警和控制是有效的、正确的。

实现独立电力系统脆弱度和存活性快速分析技术需要发展以下3点关键技术。

（1）静态和暂态稳定性快速分析方法。为了满足实时性的要求，静态和暂态稳定性分析都必须尽可能快速地完成。为了实现这个目的，一方面可以提高已有静态和暂态稳定性算法的计算速度，包括改进运算方式和提高硬件水平；另一方面可以提出改进算法或是新的算法，来提高判断系统稳定性的速度。

（2）在线动态安全校验和预警方法。在线动态安全校验和预警方法可以通过对独立电力系统实时运行状态的在线评估和识别，自动跟踪电力系统的运行状态，确定安全级别，对系统中出现的异常情况进行报警、对潜在的安全威胁进行预警，并自动给出安全控制的策略建议。

（3）系统存活能力定量分析方法。系统存活能力是指独立电力系统在内部和外部的各种干扰之下，系统保持自身稳定和正常运行的能力。系统的存活能力不仅指当前系统的稳定性，还关系到系统针对各种干扰做出适当调整的能力。独立电力系统存活能力定量分析方法可以准确评估系统的存活能力，为系统结构设计和控制策略的制定提供依据和支持。

二、打造全方位信息化的独立电力系统

全方位信息化是未来独立电力系统的重要特征，也是独立电力系统控制和决策的重要基础。全方位信息化的独立电力系统，将通过先进量测体系（AMI）和可靠的通信系统，获得全面、准确的系统运行状态信息；接着，以丰富、冗余的采集数据为基础，利用先进的信息生成、融合技术，实现对系统运行状态的实时准确估计，并将信息共享；进一步，基于系统的实时运行状态信息，将实现系统元件的在线状态评估和故障诊断。同时，系统的决策和控制信息也将通过信息化系统可靠、有效地下达，实现对系统的实时闭环控制。形象地说，全方位信息化将为未来独立电力系统提供高效、发达的“神经系统”，实现系统的敏锐感知、敏捷动作。具体地，建立全方位信息化的独立电力系统，需要以下关键技术的支持。

1．可靠的数据量测与传输技术

可靠的数据量测和传输技术是准确监控独立电力系统的基础。独立电力系统的数据量测与传输必须适应实际应用环境的要求。首先，独立电力系统往往包含大量特殊元器件，以及交直流混合网络，其保护和控制逻辑很复杂。相应地，系统所需数据量测的内容和性能要求与传统互联电力系统也存在很大不同。其次，广泛采用可再生能源发电的孤立区域电力系统等受自然环境影响很大（如风速波动对风机出力的影响、云层移动对光伏机组出力的影响等），系统运行状态的变化非常频繁且迅速，因此对数据测量的实时性要求很高。最后，船舶/飞机/空间站电力系统等运行于极端自然环境（海洋、高空或太空环境）中，大量电力设备紧凑地安装在有限的空间中，可能与应用场合其他设备存在较强的电磁干扰，这使得数据采集和通信设备易受到外部环境的干扰，导致可靠性下降。

为了解决以上问题，必须根据独立电力系统的实际应用环境，构建满足独立电力系统运行控制要求的数据量测与传输系统。一方面，为了避免受到外部环境和事故的影响，必须研究独立电力系统数据量测和传输过程中的安全信息网络评估与优化方法，以及对信息网络结构的可靠性、安全性进行实时性分析和主动防

御方法。另一方面，为了提高系统存活性，尤其是紧急状态下的紧急调控能力，独立电力系统的数据量测和传输系统必须具有快速自愈能力。

构建可靠的数据量测与传输系统，其关键技术包括同步动态测量体系及其优化，独立电力系统设备和状态信息标准化建模方法，以及独立电力系统信息网络评估与优化方法等。独立电力系统的同步动态测量体系是整个信息化系统的最底层单元，是系统状态的感知器。然而，独立电力系统的运行环境可能非常复杂，因此监测单元必须在极端外部环境下保持很高的运行可靠性；同时根据具体应用场合的不同，监测单元需在体积、重量、模块化设计方面满足针对性的要求。另外，为发展独立电力系统信息化的设计、评估和优化的标准化方法，有必要在设备和状态信息标准化建模的基础上，建立一套面向独立电力系统信息网络的评估与优化方法，这两项技术与信息技术的网络科学密切相关，需要学科间交叉配合才能得到有效解决。

2. 可信系统信息生成、融合与共享技术

由于外部环境或故障等各种原因，独立电力系统中的数据量测和传输过程可能受到干扰，导致所采集数据和信息中存在误差或错误。为了消除数据误差和错误对系统分析和控制的影响，必须对量测所得的原始数据进行处理，使其成为高度可信的、收敛的潮流断面数据。进一步，为了全面了解独立电力系统中的设备和网络的状态，还需要将来自不同应用系统中的信息进行融合，并在能量管理和调度平台中共享。其中的关键技术和主要支撑平台包括适用于交直流混合网络的动态状态估计方法，基于互校验和知识挖掘的多源信息融合理论，以及即插即用的独立电力系统数据共享平台等。

传统电力系统状态估计理论和方法针对大型互联电网设计，不能直接移植到独立电力系统。独立电力系统状态估计需要考虑交流网络和直流网络高度混合条件下的系统统一状态估计，传统的估计方法需要修正；另外，独立电力系统一般电气距离近，系统各量测之间强耦合强相关，如何利用这一特点设计具有更强容错能力、更快计算速度、更高准确性的状态估计理论和方法也是有潜力的研究方向。信息科学中基于互校验和知识挖掘的多源信息融合理论也将在电网实时状态评估、特征辨识中发挥重要作用。为保证独立电力系统的信息化系统能方便地实现功能升级和扩展，提高信息系统可靠性，建立即插即用的数据共享平台势在必行，而这首先要求建立统一的信息系统和数据接口标准。

3. 独立电力系统关键运行模式识别和预警技术

独立电力系统在不同运行工况下，设备状态和网络拓扑可能发生很大变化。

因此，需要根据实时量测信息，对关键设备模型和参数进行估计。在设备状态和网络拓扑监测的基础上，可以及时辨识出系统中的故障类型和位置，为快速抢修提供依据。进一步，结合历史信息，还可对设备缺陷进行辨识，从而实现基于可靠性理论的状态检修，真正做到防患于未然。其中的关键技术包括基于实时监测的设备模型和参数识别技术，基于网络的系统故障诊断技术，以及基于运行可靠性设备状态检修理论和方法等。

实现系统在线故障诊断依赖于相关诊断理论的完善。目前已经提出了基于专家系统、模糊数学、人工神经网络等理论的诊断方法，但都需要进一步完善。发展可靠的独立电力系统故障诊断方法，离不开对独立电力系统及相应元件特性、故障特点的深入分析，只有深刻认识系统故障的机理和规律，才能从根本上实现可靠和准确的诊断。基于运行可靠性设备状态检修理论和方法将以可靠性工程基本原理为基础，综合考虑独立电力系统运行特点、运行要求和相应的经济成本，给出系统、设备的检修方案。

三、构建具有自趋优能量调控能力的智能独立电力系统

智能独立电力系统应该具有多指标自趋优运行能力。之所以提多指标趋优而不提多指标最优，是因为独立电力系统要达到在数学上已有严格定义的多指标最优状态几乎不可能也不必要，但使独立电力系统运行点逼近多指标最优状态是合理的，而且是可能的。所有多指标趋优状态点的组合称为多指标趋优状态集合。所谓多指标自趋优，是指独立电力系统在运行过程中，具有使系统状态保持在多指标趋优状态集合内的能力；即当系统受到各种扰动使状态点逃离多指标趋优状态集合时，电力系统可以通过及时合理的决策和调控，消除那些不满足指标要求的状态，从而使独立电力系统全状态等同于多目标趋优运行状态。

具有自趋优能量调控能力的智能独立电力系统的实现，应从其实际需求出发，提取用户和运行环境对独立电力系统的要求，并对其进行量化，建立相应的指标体系，将其作为独立电力系统状态优劣的重要考核标准。以该指标体系为依据，分别建立“独立电力系统智能水平评估系统”和“智能能量管理系统”。前者用以评估独立电力系统是否达到智能水平，即评估独立电力系统是否已经具备自趋优运行的能力；后者作为辅助系统来帮助独立电力系统提高其自趋优运行能力，使其达到智能电网的标准。整体实现框架如图 9-4 所示。

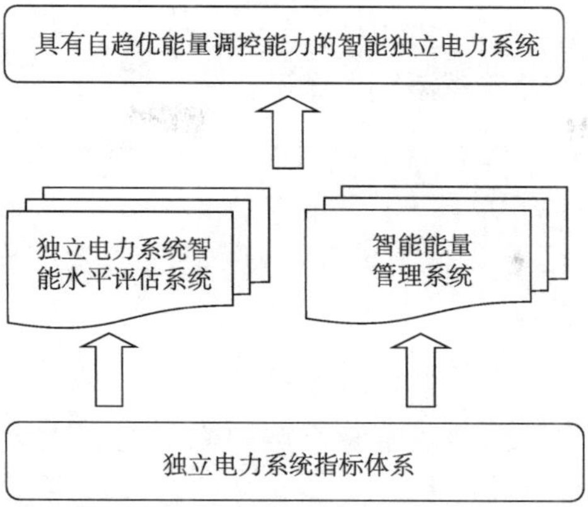

图 9-4　具有自趋优能量调控能力的智能独立电力系统整体实现框架图

实现具有自趋优能量调控能力的智能独立电力系统需要有以下关键理论和技术的支持。

1. 能量管理和调度系统顶层设计理论

独立电力系统与大型互联电力系统存在很大的差别，从物理结构看，有以下 4 个主要特点。①发电和用电设备集中在一个相对局部的区域，各设备间电气距离紧密，能量不需要远距离传输。②船舶 / 飞机 / 空间站电力系统或容量较小的孤立区域电力系统中单个设备的容量可能与整个系统的容量比值不大。③孤立区域电力系统或脱网运行的微电网等存在很多分散布置在用户（负荷）现场或用户附近的电源。④船舶 / 飞机 / 空间站电力系统等的负荷具有集中性和可控性的特点。

从运行、控制与管理上看，独立电力系统也同传统互联电力系统存在明显的差别主要有以下 4 点。①独立电力系统中一些可再生能源发电，如光伏发电、风力发电等受自然气候条件影响很大，具有波动性大、间歇性等特点。②某些独立电力系统（如微电网）往往存在独立和并网两种运行方式，在一定条件下必须平滑地与电网并列、分离。③对于船舶 / 飞机 / 空间站电力系统等，负载的各种特性，包括物理特性和使用特性（如投退时间）等可完全掌握。④船舶 / 飞机 / 空间站电力系统等在正常状态和紧急状态两种不同运行工况下，对系统运行的性能指标要求差别较大。而且，系统受人员、空间资源以及其他方面条件的限制，对运维一体化的要求更高。

由于以上特点，独立电力系统的能量管理和调度体系无论从设计理念上还是具体的设计方法上都与传统互联系统存在很大区别。必须从最基础的设计理念出发开展相应研究，不能简单照搬传统互联电力系统的能量管理系统。其中的关键技术主要包括独立电力系统能量管理系统理念设计方法、独立电力系统能量管理系统形态设计方法等。

1）独立电力系统能量管理系统理念设计

这部分研究的主要目的是确定独立电力系统 EMS 的设计目标和设计原则。很显然，EMS 的设计目标和设计原则取决于人们对独立电力系统的运行指标要求，因此，必须根据运行在不同工况下独立电力系统的主要任务和必须达到的性能指标来确定 EMS 的设计理念。

2）独立电力系统能量管理系统形态设计

这部分研究的主要目的是确定独立电力系统的调度形态、控制形态和管理形态。

（1）调度形态。传统互联电力系统的调度形态最明显的特征是以时间为驱动，周期性触发调度动作。而独立电力系统由于其独特的运行要求，其调度形态不同于传统互联电力系统。例如，对于非并网新能源发电系统，大规模的新能源发电直接应用于一系列能适应其特性的高耗能负载，空间分布相对集中，负荷的启停预先可知，周期性调度的重要形成因素不复存在。另外，独立电力系统一般分布于某一局部区域，调配更趋一体化。因此，有必要研究适合于独立电力系统的调度形态。

（2）控制形态。独立电力系统具有其独特的控制要求，例如，船舶 / 飞机 / 空间站电力系统需要处理复杂的外部环境和各种扰动对系统运行和控制的影响，其可能出现的安全稳定问题、系统的复杂程度及可以获得的信息完整性和准确度都与传统互联电力系统有较大的不同。因此，有必要对各类不同的独立电力系统的控制形态做专门的研究。

（3）管理形态。这里所说的管理形态主要是指系统的维护模型。传统互联电力系统分别依靠生产系统和管理信息系统（MIS）来监控系统的运行状态和台账信息，两套系统的信息经过综合后，可以决定设备是否需要进行计划检修或替换更新。独立电力系统运行维护一体化特征更为明显，EMS 除了承担调度控制任务外，还必须提供系统必要的运行维护信息，既要满足平时设备的维护需要，也要满足紧急状况设备的紧急抢修需要。由此可见，研究独立电力系统的管理形态极有必要。

2. 独立电力系统标准运行指标体系

独立电力系统能量管理和调度的基本目标是实现多指标自趋优运行。因此，建立合理、有效的标准运行指标体系是实现上述目标的基础。标准运行指标体系建立后，根据实际运行指标的变化，调度运行人员可以定量地评估独立电力系统运行的实际状态。当某一个或某一组反映实际电力系统运行状态的实际运行指标偏离标准运行指标体系中相应指标预先设定的偏差允许值时，即表明独立电力系统当前运行状态为不满意态，需要综合采用各种调控措施，使系统回到满意状态。

独立电力系统标准指标体系必须是科学、系统、合理的，因此其建立需要遵循一定的基本原则。一般地，指标体系的设计必须满足以下两大基本原则。

1）开放性和可扩展性

不同的实际应用环境对独立电力系统的运行要求各不相同，这就要求指标体系能满足不同应用场合的需求，具备很好的开放性，便于不同人员对现有指标体系进行调整、修改来适应不同的应用场合。此外，独立电力系统的发展日新月异，不断会有新的考核指标、新的评价标准进入系统，这就要求所设计的指标体系具备一定的可扩展性，能随着独立电力系统的发展不断升级、完善，满足系统运行管理人员的需求。在原有系统升级或者扩展中，为保证和原有系统的兼容性，通常会受到原先采用的软件或硬件系统的限制，采用可扩展性的设计原则可以有效地解决此问题。总而言之，独立电力系统运行指标体系应便于修改，易于扩充，能够满足独立电力系统不断发展的需求。

2）多角度设计理念

设计指标体系时，应从各类相关人员的角度出发，统筹设计。其中，至少应结合指标体系使用者的需求、指标体系研究者的愿景以及指标体系实现者的能力这三个角度，综合各个方面的情况，协调指标体系的建立。

从指标体系使用者的角度考虑，指标体系应该简单易懂、易于操作，并能够辅助决策。考虑到指标体系所面向受体的多样性，必须使其具备多种模式，具有较好的开放性和自定义功能。使用者的需求将指导指标体系的整个设计过程，从实用性、有效性等角度来设计指标体系的展现形式，为不同的需求定制不同的“看板”，并能实时提供多种辅助信息，帮助运行人员认清当前系统状态，并做出必要的预判，以备不时之需。

从指标体系研究者的角度考虑，必须在全面考虑独立电力系统运行核心价值理念的基础上，力求建立一套科学、系统、合理的指标体系，以此来协助运行人员对电网的管理。

从指标体系实现者的角度考虑，主要是对使用者和研究者所提出的需求进行分析，研究其目标的可实现性。在实现者的研究过程中，重点研究数据的可获取性、数据可靠性，以及指标的可计算性等。

四、实现具有自愈控制能力的智能独立电力系统

独立电力系统的自愈控制包含两方面意义。一方面是在系统运行过程中，通

过对系统状态进行监视，从而采取适当控制措施消除可能发生的安全稳定隐患，提高系统的安全稳定性。这一部分与 SEMS 系统的功能较为近似。另一方面是当系统由于操作不当或设备本身等问题，出现故障情况或非正常运行状态，影响系统的安全可靠运行时，需要对系统进行重构，由断路器或其他保护装置隔离故障负载或发电机，使无故障部分的重要负载在保证发电机、供电元件及线路节点电压在允许范围之内的情况下最大限度地快速恢复供电。同时，为了避免可能发生的过载、系统的检修和运行工况之间的转换等情况下，也需要对系统进行重构。第一方面意义已在上一小节中做了详细阐述，因此本节主要阐述独立电力系统自愈控制的第二方面意义，即紧急状况下的快速重构与恢复。

1. 自愈控制系统必须满足的要求

为保证独立电力系统的安全性和存活性，对系统的自愈控制能力有着下述要求。

（1）快速性。不同的实际应用环境都对独立系统自愈控制的快速性提出了要求。例如，孤立区域独立电力系统含有各种形式的能源供给，其中很多可再生能源发电（如风电、光伏发电等）具有波动性和间歇性的特点；船舶 / 飞机 / 空间站电力系统则需要更加快速地恢复重要负载，其中的许多电子负载，对于电力中断和电能质量非常敏感，因此必须快速恢复重要负载以提高系统的存活能力；而微电网还需要根据故障情况或系统需要，快速平滑地实现与主网的脱网运行，并保证敏感负荷的用电要求。因此，为了保证重要负载的不间断供电，这就对系统重构的快速性提出了很高的要求。

（2）优化能力。在系统重构过程中，需要综合考虑独立电力系统中诸多因素，包括对有限的电力进行分配，最大限度恢复重要负载的供电；保证系统的安全，如电压、频率等要在一定范围内变化；输电线路比较短，短路电流要限制在继电保护范围内；需要开关操作数最少，负载最平衡等。这就需要系统重构算法具有较强的优化能力，综合考虑各种因素给出最佳的重构方案。

（3）高可靠性。独立电力系统中某些负载与发电机容量可能具有可比性，且在多数情况下无法从其他网络获得电力支持。系统的工况也会由于各种原因在短时间发生变化，而且每种工况的负荷量会相差很大。因而在系统负荷或电源容量快速变化时，容易引起暂态稳定问题，并引发连锁故障。这意味着系统的自愈与重构能力需要有很高的可靠性。一方面，需要控制系统在一定冗余度的条件下运行；另一方面，需要能够在系统运行及重构过程中预测并防止稳定性问题的发生。

（4）强生存性。系统除了会出现线路及设备的故障，还可能出现系统数据采集系统的故障以及通信中断，甚至是控制中心受到破坏，导致系统瘫痪。此时就需要系统各部分机能能够在数据获取不足的情况下，自行进行重构操作，最大限度地保证重要负荷的供电。

（5）可扩展性。随着独立电力系统的发展，独立电力系统本身以及相应的调度管理系统在技术上会有较大的进步，现有的自愈与重构设计应当充分考虑架构上的可扩展性，以应对未来可能出现的系统改造或者升级。

2. 自愈控制系统的关键支撑技术

为了满足上述要求，独立电力系统自愈控制技术的完善将依靠如下关键技术的发展与进步。

1）包含稳定性分析的快速重构算法

独立电力系统的重构，在数学上是一个多目标优化问题，因而可以用相应的优化算法加以解决。现有较为流行的独立电力系统重构算法主要包括遗传算法、粒子群算法、混合优化算法等，其存在的主要问题是复杂性较高，可扩展性不强，计算速度较慢等。不过随着未来中央处理系统运算速度的提高与算法的改进，其运算速度可以得到提高，但同时也需更加周详地考虑多目标约束，使重构方案更加合理。

需要指出的是，现有重构算法中所考虑的约束条件基本是静态的，如潮流约束、电压电流约束等。然而在系统重构过程中，由于负载的突加、突卸以及脉冲负荷的存在而所产生的系统暂态失稳，也必须加以考虑。因此，未来的独立电力系统的快速重构算法，需要包含判断系统暂态稳定性的稳定分析算法，使系统在重构过程中能够保持暂态稳定性。

2）基于 SEMS 的自愈技术

对独立电力系统的运行来说，能量管理系统至关重要。传统的独立电力系统能源管理系统 (EMS) 主要分析网络当前情况，考虑简单的电力分配，实现有限的控制功能。而未来的智能能量管理系统 (SEMS) 除了实现上述功能外，更需要综合考虑预防系统停电、提高安全稳定性以及经济性等因素。

开发基于 SEMS 的独立电力系统自愈控制技术可以遵循如下步骤。首先，基于 SCADA 系统，可以实现对测控点分散的各种过程或者设备的实时数据采集、本地或者远程的自动控制，以及生产过程的全面实时监控，为调度、管理、优化和故障诊断等提供必要和完整的数据与技术支持。其次，基于事件驱动的调度形式能及时处理各种突发事件，在满足系统安全性的前提下，实现系统的自趋优运行。独立电力系统的运行状态大致可以分为四种：正常状态（normal state）、预警状态 (alert state)、紧急状态 (emergency state)、恢复状态 (restorative state)。这四种状态间的转换关系如图 9-5 所示。

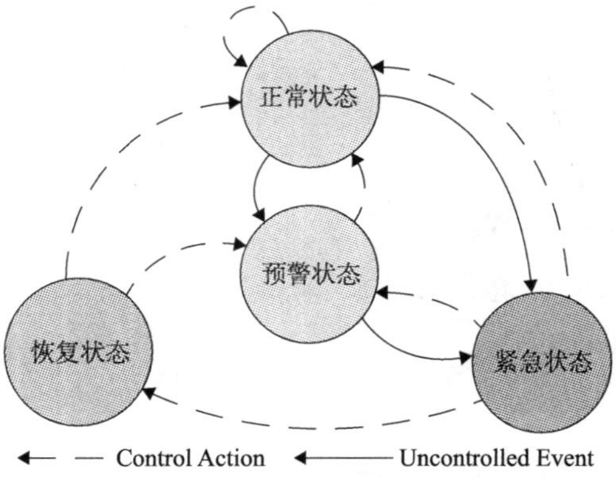

图 9-5 独立电力系统状态转换关系图

当系统由于某些“事件”而偏离了正常状态时，便会触发控制系统的动作，从而使系统回到离最优运行点尽可能接近的位置。这种“事件驱动”的先进控制思想，能够让独立电力系统的自愈达到更好的效果。

3）基于多智能体的分布式处理技术

当独立电力系统遭受自然灾害或其他重大外界干扰时，通信线路及数据传输有可能会中断，甚至系统的控制中心也受到破坏，从而使系统陷入瘫痪。多智能体技术是解决这一问题的有效方法，其突出优点是具有自然的并行架构，可以提高计算效率，同时能够在遭受损伤时避免单点失效情况。对于重构算法来说，采用基于多智能体的分布式处理技术，能够极大提高算法的计算速度，并且在通信中断与数据缺失时，仍能最大限度地重构系统，提高系统的存活性。

4）可视化技术

独立电力系统中人员有限，而能够较好地掌握电力系统运行控制维护理论的人员更少，因此要求对系统重构的操作要尽可能简单易懂。针对信息化、数字化、智能化的独立电力系统，设计高效直观的可视化系统，可以大大降低对运行人员的数量上和素质上的要求。

独立电力系统的可视化技术，应以传统互联系统较为成熟的可视化技术为基础，提供对状态、事件以及控制全过程的可视化显示。具体研究内容包括：①状态量（状态估计）的可视化显示；②事件的可视化处理；③事故追忆和趋势分析的可视化展示；④数据统计图表的生成与打印。

第三节　技术发展线路

上述独立电力系统发展目标可分三个阶段实现，如图 9-6 所示。第 1 阶段建立数字虚拟独立电力系统，同时打造全方位信息化的独立系统，预计在 2030 年以前实现；第 2 阶段构建具有自趋优能量调控能力的智能独立电力系统，预计在 2040 年以前实现；第 3 阶段实现具有快速重构和自愈控制能力的智能独立电力系统，预计在 2050 年以前实现。

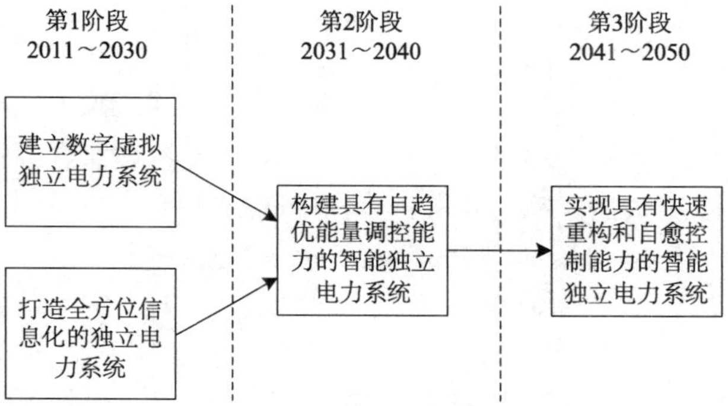

图 9-6　独立电力系统发展目标

下面分别对各阶段目标进行讨论。

一、第 1 阶段：数字化与信息化阶段

本阶段为 2011 ～ 2030 年，主要完成两方面工作：一是将最新的信息技术全面应用到现有的独立电力系统上，实现全方位信息化的独立电力系统；二是大力发展数字仿真技术，建立数字虚拟独立电力系统。这一阶段是后续建立智能独立电力系统的基础，其中涉及电力技术、信息技术、计算机技术等多个领域的理论和技术，因此需要大量学者和实际工程工作者投入足够的时间和精力才能较好地完成。

这一阶段需要建立的基础理论和方法包括：①独立电力系统全数字化建模的理论与方法；②仿真模型正确性和鲁棒性的校验和评估方法；③独立电力系统复杂网络全局等效简化方法；④全数字电磁暂态与机电暂态混合仿真算法；⑤具有较高可靠性的分布式分析服务体系设计原理与方法；⑥在线系统存活性评估方法；⑦独立电力系统信息化建模的理论与方法；⑧交直流混合网络的动态状态估计理论与方法；⑨基于互校验和知识挖掘的多源信息融合理论；⑩基于实时监测的参数辨识和故障诊断方法；⑪独立电力系统运行可靠性理论；⑫独立电力系统信息

网络评估与优化方法。

这一阶段需要攻克的技术难题和需要搭建的支撑平台包括：①完备的数字化模拟模型库；②可靠的分布式仿真服务体系；③独立电力系统全过程实时 / 超实时仿真平台；④独立电力系统稳定性在线快速分析技术；⑤独立电力系统在线安全校验和预警软件平台；⑥独立电力系统数据量测和传输支撑体系；⑦高度可信的高速状态估计技术；⑧信息融合与数据共享测试平台。

二、第 2 阶段：以自趋优为目标的智能化阶段

本阶段为 2031 ～ 2040 年，主要工作是建立适用于独立电力系统的智能能量管理系统（SEMS），实现具有自趋优能量调控能力的智能独立电力系统。这一阶段的关键是针对独立电力系统的特点提出合理的能量管理和调度顶层设计方案和系统运行指标体系，进而建立闭环的自趋优控制系统。

这一阶段需要建立的基础理论和方法包括：①独立电力系统多目标自趋优控制理论；②独立电力系统 SEMS 的理念设计方法；③独立电力系统 SEMS 的形态设计方法；④运行指标设计方法以及相应的指标之间的关联关系分析方法。

这一阶段需要攻克的技术难题和需要搭建的支撑平台包括：①完整的独立电力系统标准运行指标体系；②独立电力系统标准运行指标体系可视化平台；③独立电力系统的事件分析与处理技术；④以先进状态估计为内核的数据共享平台；⑤独立电力系统 SEMS 决策系统。

三、第 3 阶段：以快速自愈控制为目标的智能化阶段

本阶段为 2041 ～ 2050 年，主要工作是在独立电力系统 SEMS 的基础上建立适用于独立电力系统的自愈控制平台，实现具有快速自愈控制能力的智能独立电力系统。这一阶段主要针对独立电力系统在紧急状况下的智能控制策略展开研究。

这一阶段需要建立的基础理论和方法包括：①独立电力系统的脆性理论；②非完备信息条件下的独立电力系统状态辨识与在线运行风险评估方法；③独立电力系统的自愈控制理论和方法；④提高独立电力系统存活性的快速网络重构方法；⑤自愈控制系统的信息系统结构设计理论与方法。

这一阶段需要攻克的技术难题和需要搭建的支撑平台包括：①独立电力系统的故障恢复过程仿真与在线三维可视化技术；②基于 IEC 的无缝通信体系；③基于多智能体的分布式处理技术；④独立电力系统快速网络重构软件支撑平台；⑤基于 SEMS 的独立电力系统自愈控制系统。

随着以上三个阶段目标的逐步实现，最终将把独立电力系统打造成一个全方位数字化、信息化，具有自趋优能量调控能力和快速自愈控制能力的智能机器人。

第四节 对策和建议

为推动独立电力系统朝着数字化、信息化和智能化的方向发展，我们将从人才培养和研究课题设置这两个方面提出一些建议。

人才培养方面，我们认为有必要创建一支世界级水平的科研队伍，其中包括电气工程领域、通信领域、计算机领域以及现代控制领域方面的专家、学者。由于实现独立电力系统的数字化、信息化和智能化，不仅仅需要电气工程领域的知识和技术，还需要与最先进的计算机技术、信息技术以及控制技术很好的融合，才能实现该目标。因此，不同领域之间的密切合作是不可避免的。构建一个科研团队，以一定的方式组织来自不同领域的专家学者朝着同一的方向努力，有利于促进各个领域的先进技术更快地融合，推动独立电力系统的发展。

研究方面，我们建议对以下四个课题重点展开研究：①数字虚拟独立电力系统构建；②独立电力系统信息化平台的研究与构建；③独立电力系统自趋优能量调控与调度系统研制；④独立电力系统自愈控制系统研制。这四个课题涵盖了推动独立电力系统数字化、信息化和智能化所需的关键理论、方法、技术和平台。以上课题的攻克将极大地推动独立电力系统的发展。

参考文献

方敏，金春鹏，顾为东. 2009. 大规模非并网风电产业体系图谱研究. 资源科学，31（11）：1870-1879.
顾为东. 2008. 大规模非并网风电系统开发与应用. 电力系统自动化，32(19): 1-4.
国家发展和改革委员会. 2007. 可再生能源中长期发展规划
纪锋，付立军，陈海建，等. 2008. 基于 EMTDC-Simulink 的综合电力系统混合仿真. 船电技术，28（1）：1-4.
吴旭升，马伟明. 2001. 交直流混合供电的多相电机数学模型的分析与研究. 中小型电机，28(1): 7-12.
杨秀霞，张晓锋，张毅. 2004. 大型舰船电力系统网络重构研究. 海军工程大学学报，16(2): 44-47
赵春峰. 2007. 船舶主电力系统建模与仿真研究. 辽宁：大连海事大学硕士学位论文.
Margaris I D, Hansen A D, Cutululis N A, et al. 2011. Impact of wind power in autonomous power systems—power fluctuations—modelling and control issues. Wind Energ, 14:133–153.

第十章　未来电网调度、保护与控制

在未来的 20 ～ 50 年，一方面要延续第二代电网的规模化发展模式，加强特高压电网的建设，但另一方面又会努力利用清洁可再生能源替代化石能源，构建安全、经济、高效、清洁、低碳、灵活、智能和可持续发展的第三代电网。这个过程中会面临大量的技术问题和挑战，势必对电力系统调度、控制和保护技术的未来趋势产生深远影响。调度控制环节通过信息的获取、传输、处理和反馈等，实现对一次电力系统运行的监视、分析和控制，保障电能量流通的安全、经济和高质量，在未来智能电网体系中起到“神经中枢”的作用。其他各环节的变化、尤其发电和用电侧新角色的加入（大规模可再生能源发电、分布式发电等）都要与调度环节发生关联，都对电网调度控制提出新的挑战。而随着我国 220kV 以上的高压输电系统的主要变化是特高压交直流输电的快速发展、区域电网之间的电气联系更加紧密，对系统的安全稳定运行，特别是故障或异常状态下系统的紧急保护控制提出了更高的要求。这些必须依靠更加智能的调度控制理论、适应电网发展的继电保护理论与方法支持。

因此可以说，电网调度、控制和保护环节是最需要智能化也最能体现智能特征的，是智能电网建设的重要和关键一环，这是其发展的必要性。同时，经过多年的积累，国内电网的调度、控制和保护基础设施已相对比较完善，基本具备了进一步发展智能调度、控制和保护系统的建设基础，该领域作为信息技术应用密集领域，可以充分利用信息技术的发展速度来实现自身的快速发展，不断提高智能化程度。这也为调度、控制和保护领域的技术突破提供了可能。

第一节　研究现状分析

1967 年，Dy-Liacco 博士首次从全系统的角度提出了电力系统控制的基本模式（Dy-Liacco，1967），并为后世一直沿用至今。20 世纪 90 年代，“开放分布式系统”逐渐主导控制中心 EMS 及配电管理系统（DMS）的架构设计（Dy-Liacco，1994）。Yutaka 等从用户以及开发者的角度讨论“开放系统”的概念，描述了开放分布式 EMS/SCADA 的技术现状和发展趋势（Kokai，1998）。到目前为止，国内外电网调度自动化系统完全采用了开放分布式的系统结构设计，硬件采用通用计算机，软件可以跨平台，应用软件遵循 IEC 61970 国际标准，实现不同厂家应用软件的互联、互通和互操作（辛耀中，2001）。

90年代中期以后，Dy-Liacco博士提出了新控制中心设计和建设的建议（Dy-Liacco，1993），包括将控制中心各种功能分散在拥有独立功能的若干个工作区内；将EMS与DMS互联、DMS与用户服务互联，实现信息的交流与反馈；将电力公司内所有控制中心连接成一个控制中心网络，考虑建设备用控制中心；将控制中心网络与电力企业中负责规划、检修和营销的部门网络互联等。2000年初，Liu提出了电力战略防御基础设施（SPID）概念，这是一种实时、广域、自适应的保护和控制系统，反映了能量管理系统需要考虑的一个侧面（Liu et al., 2000）。2000年，中国科学院卢强院士从电力系统仿真的角度提出了“数字电力系统（DPS）”的概念（卢强，2000），力图实现对整个电力系统数字地、形象化地、实时地描述与再现。

2003年美加“8.14”大停电后，世界各国都在反思调度自动化系统存在的问题，这促进了预警功能的发展，促进了稳定控制系统的发展。

美国的Anjan Bose教授一直致力于电力系统控制中心的相关研究，他对调度自动化系统的发展提出了很多建设性的意见，如探讨了电力市场环境对控制中心频率、电压实时控制的挑战和应对措施（Bose，2004a；2004b）；为实现具有更强自愈、互动、安全、兼容、优化能力的未来智能电网，指出需要调度自动化系统在数据采集上应迅速加强同步相位测量，在通信上应采用具备标准中间件的高带宽通信方式，控制中心在线应用应基于分布式的实时数据库平台，广域控制急需研发相适应的仿真工具，状态估计需要进一步发展等（Bose，2009）。在2010年，Bose又提出了未来智能输电网的分布式控制体系架构（Bose，2010），并在2011年与清华大学联合提出传统集中式状态估计向变电站—调度中心两级分布式状态估计转移的技术途径（Yang et al., 2011a；2011b）。

2005年，香港大学Felix Wu教授等在分析控制中心的历史、现状和未来发展时指出（Wu et al., 2005），未来控制中心的主要特征应是“分散”、“综合”、“灵活”和“开放”。而基于网格计算与Web服务结合形成的网格服务（周华锋等，2006），给未来电力系统控制中心设计提供了一种分散、集成、灵活和开放的解决方案。为了发展未来电网稳定控制系统，2006年，中国工程院薛禹胜院士提出了“时空协调防御架构”（薛禹胜，2006），目的是将传统的静态电网安全防御体系扩展成动态电网安全防御体系。2007年，南瑞科技的姚建国等论述了现代电网对调度自动化系统提出“大容量、高实时性、统一性、综合性”的要求（姚建国等，2007）。

清华大学张伯明教授领衔的课题组在控制中心EMS的发展上多次提出了前瞻性的观点，尤其在美加“8.14”大停电之后，他们于2006年提出电网控制中心安全预警和决策支持系统按时间、空间和对象等三个维度进行设计的思想（张伯明等，2006），指出控制中心在空间、时间、控制目标三个维度没有有机协调是造成灾难事故的根本原因，并在 2007 年正式提出三维协调的新一代 EMS 系统概念（张伯明等，2007）。随着信息科学的崛起和信息技术的快速发展，电力系统也逐渐被信息化和数字化。清华大学孙宏斌等提出了 EMS 中的电力信息学这一全新的研究课题，在控制中心信息处理中取得了有价值的研究成果（孙宏斌和张伯明，2002），并从信息流动的角度分析并提出智能电网调度控制架构，论述信息分层、调度中心与厂站的互动、信息在时间尺度的协调问题；探讨了智能电网背景下控制中心的变革，并结合中国实际，提出含特高压输电的智能电网控制中心技术的解决思路，该研究突出系统层面的三维协调和互动，强调电网调度控制技术需要适应一次物理电网的特点（张伯明等，2009）。

上述研究从总体上提出了未来调度自动化系统的框架和内容，针对新形势下的新需求，从功能和特征上进一步丰富了电网调度控制的内涵，为未来智能电网调度控制系统建设做了理论上的储备。电网调度自动化系统的生命力就在于要适应电力调度实际需求的变化，及时更新、丰富其内容和架构，从而不断提高电网调度的自动化水平。

第二节　未来调度、保护与控制模式和形态预测

一、一次系统的驱动力

可以预见，未来若干年间，我国电网在发电、输电和配用电的各个环节都将处于变革之中，发电侧以风（光）电为代表的特性各异的可再生能源电源大规模接入，负荷侧以电动汽车为代表的主动负荷广泛随机接入，集中式和分布式电网并存，这些一次系统的新特征给电网调度、保护和控制等二次系统带来了新挑战和新需求。

以目前发展最快的清洁能源——风电为例，风电固有的间歇性特点导致其功率输出的随机性，在高渗透率情况下，将对电网的有功平衡和频率控制造成巨大挑战，以目前风电渗透率较高的内蒙古电网和吉林电网为例，普遍存在大规模的弃风问题，应对大规模风电接入的先进调度控制技术的缺乏将成为风电大规模利用亟待解决的瓶颈问题。随着未来千万千瓦风电基地的逐步投运，未来 10 ～ 20 年内将给电网调度运行带来巨大挑战。

同样的挑战也出现在负荷侧。电动汽车由于其在节能环保方面无可比拟的优

势，已经成为新能源汽车发展的主流，各国政府都将其放在了重要的战略地位。电动汽车的迅猛发展对电网也将产生重要影响。发展按照工业和信息化部电动汽车发展战略研究报告预测，2030 年全国电动汽车保有量将达到 6000 万辆，以每辆电动汽车充电功率为 10kW 测算，最极端情况下峰值充电功率将达到 6 亿 kW，达到 2030 年全国预计总装机容量 23.2 亿 kW 的 26%。如果任由其无序充电，将会极大地增加电网建设的投入，导致设备利用率大幅度降低。因此，必须对其能量转换过程进行有序调度。

除了电源侧和用电侧的可以预见的重大变革，电网自身的形态也在发生变化。三华联网、特高压交直流线路的投运，使得中国电网规模日益庞大，联系日益紧密，而同时容纳大量分布式电源的微电网将逐步发展，微电网可能与主网联网运行，也可能独立运行，其本身也需要进行能量管理和协调控制。未来电源结构将是大规模集中式电源与大范围分布式电源相结合，未来的电网结构将是适应大容量电能传输的骨干电网与适应分布式电源和能源电力高效利用的地方电网、微网相结合，这样复杂的结构也为电网调度、控制和保护领域提出了新需求。

本章没有去精确预测未来数十年的技术发展细节，而是立足于分析本领域相关环节的现状，结合一次系统变革提出的这些需求，分析在这种驱动下现有技术在时间尺度和空间尺度上会如何发展，从而对电力系统调度、控制和保护领域的未来形态进行预测。

二、未来形态预测

1. 调度与控制领域

现代电网调度与控制的界限已经非常模糊，随着电网自动化水平的不断提高，越来越多的调度决策最终都是通过自动控制闭环执行，其中最为典型的就是有功控制与无功控制。为此，本章在阐述时，不对调度与控制做强行的区分，而是从能量管理的角度将二者统一考虑，其本质目标是通过调度决策和闭环控制来对电网中复杂的能量流进行调整，从而实现电网安全、优质、经济运行。

目前能量管理模式实际上诞生于 20 世纪 60 年代并一直沿用至今，其本质上是以调度中心为核心的集中式能量管理系统结构，只有控制中心具有智能决策能力，分布在电网各处的厂站一般只具备数据采集、监视和执行控制中心指令的能力。在本书中，按照“现有形态—需求驱动—未来形态”的三部曲方式对调度与控制领域的技术发展进行预测，见表 10-1。

表 10-1　调度与控制领域的技术发展预测

	现有模式	需求驱动	未来形态
基础数据	所有关键模型数据都在调度中心依靠人工统一建模，工作量大；变电站侧只包括数据采集、监控等功能，上传给调度中心的是生数据	调度中心图模维护工作量大，一旦出错难以定位； 生数据中的拓扑错误和数据错误严重影响调度中心信息的可靠性，这种影响会在整个电网中扩散； 调度中心成为关键节点，一旦受打击，难以快速自愈	变电站建立本地图模，上传至调度中心自动拼接，实现免维护。图模数据分布式保存在变电站侧，可随时召唤，在任何地点恢复，抗打击能力强； 变电站——调度中心两级状态估计，变电站充分利用就地信息高冗余的先天优势，将拓扑错误和遥测错误排除在本地，上传估计后的熟数据到调度中心，提高全网数据可用性
建模分析	面向传统水火电机组，模型清楚，数量适中。负荷基本不可控，不确定性小	电源侧以风（光）电为代表的大规模集中接入的间歇式能源；负荷侧以电动汽车为达标的广泛随机接入的主动负荷；双重不确定性，数量巨大	考虑聚集特性，建立电源侧和负荷侧的集群模型，模型本身具有“分层”的特点：集群对内部，保证模型细节，强调精确；集群对外部，强调表征外特性的关键参数以及在外部控制作用下的响应特性
安全评估	电网不确定性小，传统静态安全分析和动态安全分析可满足运行要求	电网不确定性增加，传统静态安全分析和动态安全分析难以满足运行要求	在可能性和后果之间进行权衡，进行在线风险评估，给运行人员提供定量的风险指标，直观指导决策
调度运行	调控的主要目标是水火电，系统不确定性因素小，对水火机组下达的调度指令并不频繁，AGC 机组可有效应对小的负荷波动，水火电机组之间的经济调度理论相对成熟	电源侧弃风问题显著，可再生能源利用率低，要求最大能力消纳清洁能源。负荷侧以电动汽车广泛随机接入，无序充电情况下对电网冲击大； 电网中各种电源和主动负荷特性差异巨大，相互之间可能互补，渐息波动，也可能互斥，推波助澜	基于多种特性各异电源及负荷互补特性的多时空尺度互补协调优化调度； 多级调度中心、电厂（站）与调度中心、输电与配电网络之间的分散自治与互动协调的智能决策
智能决策	智能决策只从调度中心给出，厂站层面只有数据采集、监控功能，不具备高级应用	电网复杂，信息海量，所有信息归集到调度中心，真正有价值的信息被湮没； 调度中心在决策体系中成为绝对核心，也成为“薄弱环节”，一旦出现问题，影响面大； 通信产生延时，决策敏捷性降低	变电站——调度中心两级分布式控制决策，变电站级具备分布式智能高级应用功能，通过变电站和调度中心的互动，来解决调度体系中的分布自治和集中协调的矛盾； 充分利用本地决策的冗余性、可靠性、敏捷性
自愈控制	以低压减载、备自投等为代表的本地控制，仅考虑就地信息，缺少相互协调	电网互联规模大，牵一发动全身，局部控制不合理可能成为诱发连锁故障的起因，需要充分考虑协调	本地控制充分体现自治性，自治体之间进行信息互动，实现协调； 调度中心与各自治体之间也存在信息互动，从系统角度对控制策略进行综合校核
系统架构	以调度中心为核心的集中式能量架构	将调度中心的建模、决策、评估、控制等功能分解，形成全网多个微 EMS，微 EMS 之间实现协调	分布自治、互动协调的分布式能量管理架构

综上，未来能量管理系统的关键特征是“分布自治”与“互动协调”，通过架构上的分布实现自治，将原有大一统的功能分解到电网中的多个能量管理单元，充分利用本地建模、数据、决策和控制的快速性、冗余性与可靠性；而不同能量管理单元之间通过信息交换、融合、互动实现协调，保证决策控制有全局观。电网各级个体之间不仅实现能量的双向流动，而且同时也实现信息的双向互动，通过少量关键信息的交换，实现未来智能电网基于分散自治和协调互动的柔性调度控制。

2．保护领域

互联大电网的安全运行是未来面临的最大挑战。几次大面积停电事故都呈现这样一个共同特点，即起因是故障，但是扩散的动因往往是由于故障线路停运造成的负荷转移。现有继电保护作为电网安全防护的第一道防线，其核心准则是以保护电气设备安全为目标，而并非以保护电力系统安全为己任。对未来继电保护领域的技术形态发展预测，也主要从其根本任务和角色转变两方面入手。

从其根本目标——保护电力元件设备来看，未来电网要求继电保护切除故障的时间越来越短，从而尽可能快速将故障元件脱离电网，保证其安全。目前电力系统保护装置受传统互感器性能的限制，基本采用基于工频量信息进行保护判断，需要 1 ～ 2 个周波，出口时间在 20 ～ 40ms，如果要进一步提高速度，就必须要充分利用故障暂态信息进行判断，目前在本领域研究的热点是行波保护，可将动作时间降低到 10ms 以下。

从另一个角度看，现有的继电保护的确保护了电气设备的安全，电气设备没有因流过短路电流或过负荷电流而损坏，但却造成了系统停运和大面积停电，后果更严重。因此从其角色的转变来看，要求未来保护系统“眼界”超越单个元件，而从局域甚至全局的视角进行决策。从发展的路径上看，从单个元件的保护，过渡到集成保护，利用同一厂站内跨间隔的多个元件的冗余信息进行判断；再进一步扩展到同一区域内多个厂站间通过关键信息的交互实现协调，明确判断并识别出被保护电气设备的过负荷状态是否是由于事故造成的转移过负荷，并具有针对性的采取措施，这也就是近年提出的“系统保护”的概念；在空间上进一步发展，即过渡到在控制中心完成的全局广域保护，即基于全网 PMU 信息的动态紧急控制。与之对应地，保护系统在时间周期上也将向更慢的尺度发展，传统保护动作周期小于 100ms，系统保护覆盖 100ms 到分钟级的时间周期，而全局广域保护覆盖分钟级以上的控制周期，慢不意味着不灵敏，而意味着在时间尺度上要有层次性，要留有时间与其他信息融合、互动，避免基于不完备信息的错误动作。

3．调度、控制与保护领域的发展和融合

未来电网调度将覆盖年、月、日前、日内、小时级、15 分钟级、5 分钟级、秒级多个时间尺度，其建模、分析、评估、决策等功能由现有的集中在调度中心侧完成，逐步延伸到下级调度中心、电厂、变电站、风电集控中心、需求侧管理中心、微电网控制中心等，总体呈“自上而下”的趋势，由集中走向分布（图 10-1）。

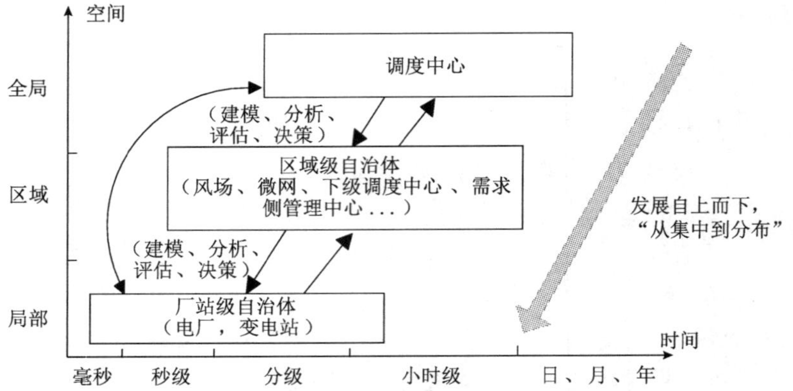

图 10-1　调度技术的发展脉络图

从控制层面的发展来看，主要由目前的元件级控制、厂站级控制向区域、全网发展，充分利用信息交互，在自治控制的基础上保证相互之间的协调性，总体呈“自下而上”的趋势，从自治走向协调（图 10-2）。

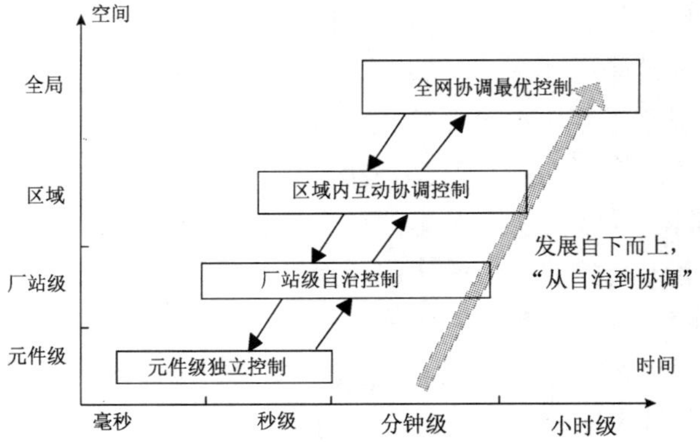

图 10-2　控制技术的发展脉络图

保护系统在空间和时间范围的逐步扩展，实际上是对现有继电保护准则的扩展，使其同时具有保护电气设备安全和系统安全的双重使命。从保护电气设备安全的目标出发，要求保护动作更快，在时间尺度上向 10ms 以下级别的行波保护发展；从保护系统安全的目标出发，从元件级保护发展到厂站级的集成保护、区域内的系统保护、全局内的广域保护（图 10-3）。

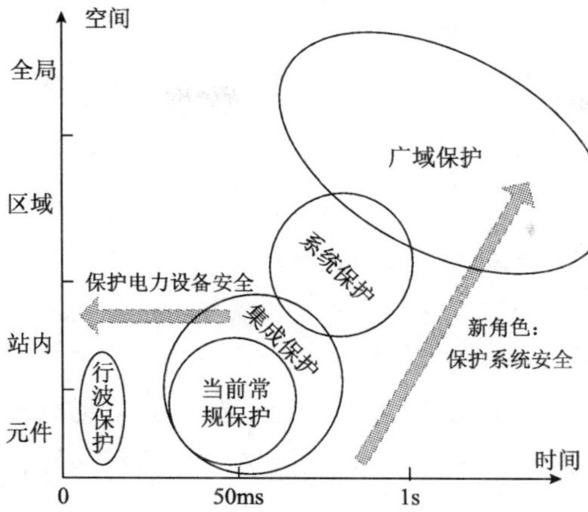

图 10-3 保护技术的发展脉络图

在发展的过程中，电网调度、控制与保护之间的界限将进一步模糊，调度中包括了慢速和快速的系统级控制，这些控制一般采用分层递阶架构，覆盖多个时间尺度，既有全局的优化调度策略计算，也有厂站级甚至元件级的就地快速控制；系统保护利用多厂站的信息进行决策，与区域稳定控制原理相似，目的相同，双方必然逐步走向融合，而广域保护本身就属于系统级的稳定控制；利用全网静态安全分析、故障计算等电网分析软件对保护整定值进行在线校核和自适应整定，在调度和保护之间也建立起关联（图 10-4）。

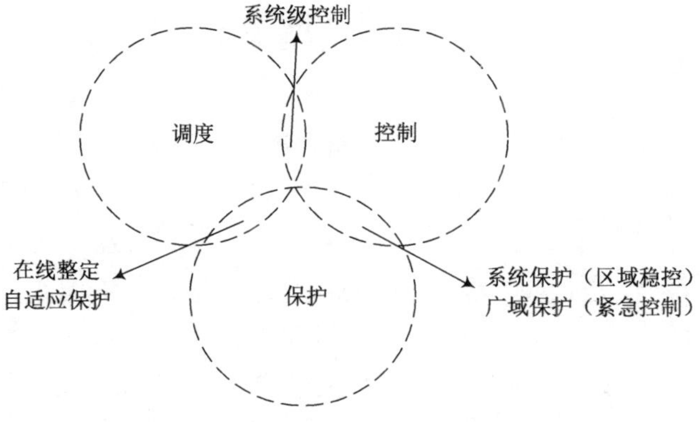

图 10-4 调度、控制与保护之间的融合

调度、控制、保护之间的专业壁垒将逐步消除，最终三者形成密不可分的整体，从时间尺度上覆盖下至 ms 级的快速敏捷控制，上至日、月、年度的最优调度计划，从空间尺度上覆盖下至电气元件的微观细节，上至全国互联的超大电网，充分利用分布式架构实现自治，保证决策控制的敏捷性和可靠性，充分利用信息互动实现协调，实现自治控制之间的互补，保证全局目标的统一，在自治与协调的不断

演变中最终达到平衡，构成面向未来电网的能量管理体系。

第三节　关键技术预测及对策

如前所述，作为二次系统服务的对象，一次系统本身的发展变化非常大，如新能源高渗透率接入、出现大规模集中式电源与大范围分布式电源共存的现象；包括超导技术、大容量储能技术、特高压技术、柔性输电技术、微网技术、无线输电技术等发展带来巨大影响；用电模式的变革，如电动汽车接入、智能用电技术广泛应用产生的影响等。这些对电力系统调度、控制和保护技术的未来趋势必将产生深远影响。

另外，随着技术的进步，作为二次系统的基础，传感技术、通信技术、计算技术、信息技术、仿真技术、人工智能技术和材料技术的进步将对电力系统相关领域产生巨大的推动作用，这些为电力系统调度、控制和保护领域产生的重大突破也创造了机遇。

下面就结合一次系统和二次系统的发展趋势，从基础设施、调控、厂站、保护技术等方面，对未来电网调度、保护和控制技术的关键技术及其发展趋势进行展望，期望为构建未来电网分级、分布、互动、协调的调度、保护和控制体系提供技术支撑。

一、基础设施变革

1. 分布式计算机系统体系结构

从硬件平台看，集中式的主备机模式逐渐向分布式的多机系统结构发展；从软件平台看，自上而下设计的基于过程的软件运行模式向基于统一数据源、基于中间件和智能代理的功能分布式软件结构发展。计算机是实现电网控制中心调度自动化系统的物理载体。几十年来，计算机软硬件技术不断进行着更新换代，其每一次发展和进步都成为调度自动化系统发展的有力助推器（表 10-2）。

表 10-2　计算机软硬件技术发展历程

硬件 软件	专用机→通用小型机→通用 RISC 计算机→跨平台计算机→集群计算机
操作系统	专用操作系统→ VMS → UNIX → NT →跨平台操作系统
数据库	数据文件→专用数据库→商用数据库→满足海量动态数据快速存取的混合数据库
编程工具	汇编→ FORTRAN → C → C++ →面向对象→面向服务→智能多代理

电网调度自动化系统的普及得益于计算机软硬件技术的变化。以上计算机软硬件技术的发展，使得电网调度自动化系统的功能更强大，系统价格更低廉，使用更方便。未来智能电网控制中心需要对电网进行三维协调的预警、预防、预控，需要实现多目标的分析计算，包括大规模的暂态稳定在线计算，需要求解大规模的微分代数方程组，传统小型机为主的主备机模式将不再适用，计算机体系结构将朝着基于集群计算机的分布式计算模式发展。

在未来几十年内，高性能计算技术仍将不断发展，从目前的发展来看，“云计算”和“量子计算”是最有可能取得突破的技术点。

以“云计算”为代表的透明、弹性化的广域分布式计算体系正在得到研究和重视。云计算（cloud computing）是分布式处理（distributed computing）、并行处理（parallel computing）和网格计算（grid computing）的发展，或者说是这些计算机科学概念的商业实现。云计算的基本原理是，通过使计算分布在大量的分布式计算机上，而非本地计算机或远程服务器中，企业数据中心的运行将更与互联网相似。这使得企业能够将资源切换到需要的应用上，根据需求访问计算机和存储系统。目前国内外的各级调度机构的调度支持系统单独建设，缺乏上下级调度支持系统的统一协调管理，调度中心内各类应用集成不规范。因此需要研究采用“云”理念和面向服务技术构建智能调度一体化技术支撑平台的方法，开发并构建调度系统专有的云服务；开发系统管理服务和公用服务，实现省级以上调度机构电网模型、实时数据、实时画面、基本应用功能的全系统共享；研究并行计算、分布式计算资源的统一协调和共享技术，研究分布式计算平台的数据传输、通信控制、任务调度、资源监视、负载均衡等技术，实现动态预警、节能调度等应用的并行计算；研究和开发适用于电力实时监控、调度计划和调度管理等各类应用需求的一体化支撑平台，为智能电网提供高效可靠的技术支撑。

另一个广受重视的技术是“量子计算”。量子计算（quantum computation）的概念最早由 IBM 的科学家 Landauer 及 Bennett 于 20 世纪 70 年代提出。他们主要探讨的是计算过程中诸如自由能（free energy）、信息（informations）与可逆性（reversibility）之间的关系。80 年代初期，阿岗国家实验室的 Benioff 首先提出二能阶的量子系统可以用来仿真数字计算；稍后费因曼也对这个问题产生兴趣而着手研究，并在 1981 年勾勒出以量子现象实现计算的愿景。经典计算机和量子计算机最本质的差异来自对于物理系统的状态的描述，对于经典计算机来说，对一个字节的数据进行一步步的处理，每一个步骤都表示机器的一个明确的状态，上一个步骤的输出作为下一个步骤的输入，前后相续，整个计算任务是在一条线上进行的；而对于量子计算机来说，系统的不同状态之间的变换，可以并列存在多个途径，使得系统可以在多条路径上并行处理多个计算，这就使得计算机的计算能力获得了指数性的增强，从而开辟了计算机的崭新未来。1994年彼得•秀尔（Peter Shor）提出量子质因子分解算法，相对于传统电子计算，利用量子计算可以在更短的时间内将一个很大的整数分解成质因子的乘积。这个结论开启了量子计算的一个新阶段。如果量子计算机及相关技术在未来若干年内取得突破，将引起电力系统高性能计算领域发生翻天覆地的变化，目前需要大规模并行计算机求解较长时间的电力系统暂态稳定预警等问题将可以在更短时间内完成，超实时仿真有望在线实现，这将导致整个大电网调度运行机制的较大变化。计算能力的显著增强，将使得目前难以有效求解的一系列大规模数值计算问题有望取得突破，如考虑大规模暂态稳定约束的最优潮流问题，从而进一步提高电网安全、优质和经济运行水平。

2. 数据平台支持

SCADA是电网调度自动化系统的基础，负责采集和处理电力系统运行中的各种实时和非实时数据，是电网调度中心各种应用软件主要的数据来源[4]。SCADA包括实时数据采集、数据通信、SCADA支撑平台、前置子系统、后台子系统等。

基于RTU的SCADA体系形成和建立的时期比较早，也是目前电力系统体系最为完整、测量点覆盖最广的基础数据采集和监控体系。而随着计算机和通信技术的发展，PMU也逐步得到了广泛的应用，它以高精度时钟同步以及高密度数据采集为核心特征，丰富和完善了现有SCADA的不足。

同步相量测量单元（phasor measurement unit，PMU），是以同步时钟为基准，高速通信为通道，采集、测量和发送发电厂和变电站电压、电流幅值和相角、发电机功角等电气量的一种装置。基于PMU的广域测量系统（wide area measurement system，WAMS），是以同步相量测量技术为基础，以电力系统动态监测、分析和控制为目标的实时监控系统。

未来发展方向有以下3个方面。

（1）RTU采集数据带时标，逐步实现与PMU采集数据的融合。随着RTU数据采集的同步性提高，实时性大幅度提高，不同的测控装置数据采集的同步性可以发展到20ms以上，RTU中的模拟量采集和传输频率可以发展到次/200ms，测量数据都在测控装置侧打上时标。RTU技术的发展为RTU数据和PMU数据的融合打下基础。

（2）RTU、PMU和在线状态监测数据融合形成广义SCADA。SCADA不仅集成了RTU和PMU的测量数据，在线状态监测技术广泛应用于设备的健康诊断、寿命估计和检修计划和线路运行工况的监测，在线状态监测数据传输到调度中心并存储到 SCADA 中。基于在线监测数据，可以在线修正线路的热稳定极限、设备的健康状态、故障率预测等，并以此实现在线运行风险评估与调度计划优化决策。

（3）同时，由于调度中心信息的先天不足，通过调度中心状态估计模型和算法的改进，已无法从根本上解决调度中心基础数据的准确性问题。而且，海量信息上送调度中心，分析处理压力太大。而变电站具有实时信息快速采集、数据源高度冗余、决策命令快速执行等先天优势，要充分挖掘变电站内的计算、存储、通信、人工等各类资源，实现变电站内模型自组、状态估计，而在调度中心只要进行各站模型的拼接和整合工作，从而大大减轻调度中心的负担，减轻维护工作量。将传统的“调度中心集中式分析决策”模式变革为一种全新的“变电站——调度中心两级分布式分析决策”模式，实质性推动智能变电站的发展。

3．PMU/WAMS 的应用

PMU 的引入，为快速感知物理电网变化提供了一个非常好的工具，将给 EMS 的新发展带来机遇。反映物理系统动态响应的 PMU 数据和基于数字仿真的实时网络分析的结合，可能对电网控制产生革命性变化。PMU 是高性能的眼手，可以调动快速动作的手脚，甚至相距甚为遥远都没有关系。传统的 EMS（C-EMS）为 RTU 时代建立了具有实用功能的大脑，这个大脑在（空间、时间、目标）三个维度上进一步扩展，发展了新一代 EMS（N-EMS）。但是，PMU 不是大脑，WAMS 是 PMU 数据的处理单元，也较少具备大脑的功能，所以需要为 PMU 时代的到来设计大脑，可称之为瞬态管理系统（transient management system，TMS）。TMS 将是 N－EMS 的进一步扩展，利用 PMU 能够快速感知、并且能够感知细节的能力，发展能充分运用这种新的技术手段的大脑，这个大脑是基于全局电网的广域动态分析决策的，能够指导广域动态安全稳定控制。

PMU 推广使用到普及是一个长时间的过程，最终目标是实现全 PMU 数据下进行快速线性状态估计（几十毫秒级），实现小于秒级的快速安全稳定分析和决策。基于 PMU 数据的快速状态估计研究应该包含两方面的问题：一方面是，在过渡期间内如何综合 PMU 数据和 RTU 数据，提高状态估计的精度和鲁棒性；另一方面，全部采用 PMU 后，研究新的状态估计模型和算法，如动态状态估计模型和算法，为基于 PMU 的电网评估、决策与控制提供数据基础。我们需要回答这样问题，在电网全部安装了 PMU 的情况下，电网的安全稳定实时控制将是一种什么样的模式。

在 PMU 广泛布置的前提下，有望在以下方面取得突破。

1）电网元件稳态模型和动态模型的在线辨识

PMU 量测反映了电网动态特性，利用 PMU 数据可以对电网动态过程的仿真计算结果进行校核。在 20 世纪六七十年代，国际上展开了采用计算机计算来代替手工计算，这个时期提出的发电机组、线路、变压器模型是通过理论推导，并且与实际装置进行过对照的。也就是说，模型是经过验证的。现在，电力系统的规划设计和运行控制都已把计算机仿真计算结果作为依据。但是，计算机仿真计算的准确度如何，不同的参数和模型对结果的影响有多大却知之甚少。引入 PMU 数据后，为我们在线辨识模型参数提供了可能，例如，研究 PMU 和数值仿真结合的混合仿真算法和模式是验证模型参数准确性的有效手段。

2）等值模型辨识

现代电网规模庞大，进行在线的广域控制时，采用详细的全网模型存在计算量大、模型不可靠、鲁棒性低等问题。因此，采用浓缩的在线等值模型进行电网状态辨识和控制。这是 PMU 应用的一个重大的可能研究方向。对于没有安装 PMU 量测的部分电网来说，其电网动态行为在安装 PMU 量测的边界上可以反映出来。通过边界电网状态连续过程变化可以估计出电网内部等值模型。

引入 PMU 数据提高了电网监视实时性，同时对状态估计等应用软件的时间提出了更高要求。对于大电网全模型（包括 110kV），全网计算模式可能不满足实时性要求，同时也不适应计算机多核技术发展，因此利用 PMU 量测把电网进行分区计算成为可能。需要研究分析大电网 PMU 量测分布如何合理规划，以充分发挥 PMU 作用。在电网状态预测上可以做超实时仿真计算，在电网发生扰动后马上预测电网发展趋势，通过可视化方法让调度员明确了解电网可能发生的问题，通过模拟操作验证操作的合理性。

3）广域安全稳定控制

PMU 的广泛应用为电网动态情况下的广域安全稳定控制策略计算提供了可能。电网发生动态紧急时，该过程发展变化很快，实时进行电网数值仿真计算，目前来看，根据计算结果直接进行动态紧急控制决策是困难的，比较实用的方法是在线计算决策表，下发给厂站的控制装置，电网发生动态紧急时，根据决策表快速启动安全稳定控制装置。安全稳定控制器的动作是基于逻辑的，而决策表的在线生成是基于电网数值仿真的，决策表是在线跟踪电网变化自动刷新的。

而基于 PMU 直接进行广域安全稳定控制依赖于通信的高可靠性、计算能力的显著提高以及相关理论方法的重大突破。

4. 面向智能电网的电力通信技术

建立一张深入千家万户的、高速、集成、可靠的双向通信网络是实现智能电网的基础。智能电网通过连续不断地自我监测和校正，应用先进的通信和信息技术，实现其最重要的特征——自愈。高速双向通信系统使得各种不同的智能电子设备、智能表计、控制中心、电力电子控制器、保护系统以及用户进行网络化的通信，提高对电网的驾驭能力和优质服务的水平。

智能电网中通信系统主体架构包括两个部分：一部分是智能输电通信网或高电压等级电力通信，覆盖智能电网的调度控制中心、管理平台和发电输电网络的通信系统，实现全自动控制过程，强调高可靠、高带宽及传输路由的相对可控，管理层面简单，无人为干预。主要变电站形成多路由多方向互联，保证 N-M 下的通信要求，用网络的健壮性来满足系统的高可靠性。另一部分是智能配电通信网，含配网和用户侧通信，主要是高、中、低压配电网，包括用户电表和电器等的通信系统。

未来发展重点包括以下 4 点。

（1）研究建设适应电力系统技术发展要求的智能电网电力通信网络，实现光纤通信、无线通信、数据网络、卫星通信、电力线通信等多种通信技术的合理应用，为智能电网的各个智能化业务（如广域保护业务、分布式能源系统业务）提供通信支撑。包括：研究智能电网业务分类及各类业务对电力通信网络接口、性能、通道组织方式的需求；研究智能电网业务模型；建设大容量、高速实时、具有自协调能力、具有业务感知能力的下一代光传输网和数据通信网。

（2）根据智能电网对全网统一的时间同步网络的业务需求，深入研究高精度时间同步技术，实施计划同步网络的资源优化配置和同步链路的合理组织，研究时间同步网络的组网技术，提出智能电网时间和频率同步系统体系架构及解决方案；研究智能电网时间统一系统的关键技术，研发适合智能电网应用特点的广域时间统一系统及其网管系统，为智能电网提供可靠的、高精度的统一的时间和频率同步信号；建立智能电网时间统一系统，测试其对智能电网各种业务的时间同步的性能和保障能力；制定智能电网统一的时间同步系统的技术规范。

（3）利用电力通信低压高速电力线载波通信技术和无线通信技术建立配电网、用电网、分布式能源的通信网络，满足坚强智能电网接入灵活、即插即用、经济高效和安全可靠的通信接入要求。

（4）研究进一步提高通信网络可靠性；扩大网络覆盖、增加带宽，满足不断发展的大电网、智能的通信需求；进一步提高通信网络智能化管理水平。

另外，有两个方面的技术需要关注，其一就是开放的通信架构，它形成一个“即插即用”的环境，使电网元件之间能够进行网络化的通信；其二是统一的技术标准，它能使所有的传感器、智能电子设备（IEDs）以及应用系统之间实现无缝的通信，实现设备和设备之间、设备和系统之间、系统和系统之间的互操作功能。这需要电网公司、设备制造企业以及标准制定机构进行通力的合作，才能实现通信系统的互联互通。

5. 人机交互及可视化技术

未来状态测量结果和广域 GIS 将实现在控制中心可视化，电压稳定裕度、全局频率和频率变化等指标可在广域 GIS 地图中实时显示出来，从而极大帮助调度员发现潜在系统问题。利用地理信息（GIS）进行可视化表达，和卫星云图相结合，可以实现和环境天气信息的融合，表达更全面，更直观。未来电网控制中心实现电网智能辅助决策，地理信息是电网状态判断重要信息，特别是雷电系统引入后，需要和地理信息相结合，通过电网故障分析确定故障位置和故障性质，并通过三维方式展现设备状态。

三维可视化与虚拟现实技术的基础理论和方法已比较成熟，需要研究的是如何在电力系统应用的问题。而对于时空可视化方面，一方面缺乏有效的描述模型，另一方面在增加时间维之后，信息量急剧增加，现有计算机技术难以处理与管理，因此，时空可视化方面的研究尚有待深入。时空可视化的实现需要从根本上改变现有地理信息系统的理论体系。

视频技术实现了电网远程直观的监视，未来通信技术的发展，完全有可能实现调度中心对电网全视频监控，这将会改变目前的调度管理模式和监护模式。为有效利用视频技术，需要提出电网调度对视频技术的需求，从而提出视频技术在电力调度领域的发展方向。目前以视频技术、通信技术、计算机技术为核心的变电站遥视系统在很多地方得到实际应用，那么如何将远方的视频信号传入调度中心，对遥视功能进行拓展，规模较大的调度中心如何处理大容量的视频信号等，有待进一步研究。

二、调度控制关键技术

1. 时空协调和多目标协调的有功、无功调度

未来电网发展对电网运行调度控制提出的最大挑战体现在，电网运行在时间、空间、控制目标等方面表现出的复杂性极大，限于管理体制约束，也限于技术条件，过去更多强调的是分解，分而治之，普遍缺少协调。为了实现全局优化控制，需要进行协调。由于需要协调的空间范围和时间尺度都很大，导致协调难度极大。

一方面需要在理论上突破，研究分散自治和分解协调的原理和方法；另一方面需要研究具体的实现技术，开发工程上实用的有功、无功闭环调度控制技术。

而实现基于全局电网信息进行协调优化的闭环控制是智能电网的重要特征之一，也是高水平电网调度控制的显著标志。这一方面要求有功无功调度技术水平不断提升，另一方面要求调度运行管理和思维模式的更新。技术方面：有功频率控制需要考虑负荷发展趋势，遵循瞻前顾后原则，进行多时间尺度协调的调度计划、实时调度、实时控制之间的协调和互动。无功电压控制需要实现慢过程的无功优化和快过程的安全控制之间的协调，实现多时间尺度协调的三级优化控制。在管理和思维模式方面：要改变传统的重“安全性”、轻“经济性”，积极推进计划编制的科学性，实现智能化、自动化对人工的替代。在需求推动方面：随着市场化进程的推进，资源稀缺性在市场中的表现会突出，需要适应需求变化实现电力市场运营。

有望取得突破的关键技术包括：多空间区域和多时间尺度协调的调度控制理论和方法、安全性和经济性相协调的调度控制理论和方法、电网大范围实时闭环控制技术、适应全局电网优化调度和控制的管理模式。

2. 电网实时闭环控制高级应用

未来控制中心 EMS 的一个重要特征是在强大的在线分析基础上，更多地实现实时闭环控制。为达到这一目标，需要从全局角度，广泛采用优化技术，基于在线分析，在各应用间进行有机协调。

1）正常状态下的优化控制

目前，以保证电力质量合格的闭环控制相对实用，如已广泛使用的 AGC 和最近几年发展起来的 AVC 就是好的例子。但是这些闭环控制，目前的做法还很初步，并没有在（空间、时间、目标）等三个维度很好的协调，因此，还不能达到安全经济等方面的全局优化，需要进一步发展。因此，需要将实时闭环控制作为三维协调的智能电网调度控制系统的一个最终控制环节来全面设计控制中心的应用功能，才能达到全局电网的综合优化。

（1）三维协调的发电机有功协调优化控制，日前优化、实时调度控制和 AGC 控制之间的协调机理和控制模式。

传统的发电机有功调度一般采取“日前运行计划＋人工调整＋ AGC”模式。此种模式中，机组实时调度命令主要是由调度员凭经验来下发。这存在如下问题：① 没有严格的安全和经济性分析的校验，且公正性不好考核，因此难以真正满足“三公”调度或“节能”调度需求；② 调度员调整工作量大，尤其是当日前计划和实际负荷差距较大时，人工调整的困难会很大，而且调整效果并不好。解决上述问题的办法是考虑在日前计划和AGC之间设置一个缓冲，即增加实时调度模块，在时间维度进行各模块间的有机协调。

研究发电机有功协调优化控制，时间维考虑不同时间尺度调度和控制之间的协调，分钟级的实时调度控制作为小时级的日前计划和秒级AGC控制之间的缓冲环节，遵循瞻前顾后的原则，借助超短期负荷预测，通过实时机组出力的合理分配，消除日前短期负荷预测的偏差，同时为AGC机组留出足够的调整空间。该方案同时在空间维考虑区域间联络线功率交换和阻塞管理，目标维则考虑到安全和经济目标的协调。

（2）三维协调的无功电压协调优化控制，三级优化潮流、二级电压控制和一级电压控制之间的协调机理和控制模式。

传统的电压无功管理与控制采取人工分散控制，经验调节。存在如下问题：①电厂之间无功协调困难；②厂站只注重母线电压控制，无功窜动大；③电容器投切不能和电网实际合理协调。④劳动强度大。为了全局优化的目标，需要站在系统的高度进行全局协调的无功电压闭环控制。

近些年研究较多的AVC系统对全网无功电压状态进行集中监视和分析计算，从全局的角度对广域分散的电网无功装置进行协调优化控制，是保持系统电压稳定、提升电网电压品质和整个系统经济运行水平、提高无功电压管理水平的重要技术手段。AVC需要进行安全性与经济性协调控制、分层分区分级协调控制、上下级（网省地调）协调控制以及连续型与离散型设备协调控制。基于全局电网的AVC集安全性与经济性于一体，是无功调度的最高阶段。

为实施全局电网无功电压优化控制，需要解决经济与安全的协调、局部电网与全局电网控制的协调等问题。需要进行空间上的无功电压控制分区；需要进行时间上的三级优化控制，实现慢过程的无功优化控制与快过程的安全控制之间的协调；需要实现安全、经济和优质等多目标的协调控制。需要实现大区电网与省级电网之间、省级电网与地区级电网之间无功电压控制的协调。需要进行连续控制变量与离散控制变量之间的协调。状态估计运行效果不佳时，需要采用实用的鲁棒性高的二级电压控制方法，降低对状态估计的依赖，直接采用关键量侧，提高控制的鲁棒性。

2）静态紧急情况下的安全控制

（1）静态紧急情况下的校正控制。由于安全稳定控制涉及的时间尺度很短，过去都是就地控制，利用就地快速采集的实时信息，通过控制器驱动控制装置实施控制。由于时间尺度小，留给分析决策的时间不可能多，所以通常采用基于逻辑的方法，快速决策，立即控制。由于控制动作逻辑只能是事先计算好的，可能会和电网故障当时情况有差别，在线刷新动作逻辑是解决问题的一个方法。另一个关键难点是，受数据采集、传输的时间限制，就地控制较难获取远方信息，使得信息不全面，就地控制的效果也会有限。例如，PSS 的就地控制，如果没有全局协调配合，其抑制低频振荡的能力是有限的。

PMU 的引入，给系统级的电网安全稳定实时控制提供了新的技术手段，需要研究在这种新的技术手段情况下电网实时控制的变化，设计近期、中期和远期可能的实现目标。

（2）避免进入静态紧急状态的预防控制。国外大停电事故的教训表明，即使是强大的电网，在一系列线路相继开断打击下也会变得非常脆弱。离线分析不可能研究如此复杂的电网故障场景，更不可能做到实时预警和实时协调防御。而事故扩大的重要原因是出现了事先未研究过的运行方式。因此，如果能在线跟踪电网变化进行动态安全分析，并采取相应的预防控制措施，在线更新紧急控制决策表，事故损失会有很大程度的减少。

预防控制算法一类是基于序列线性规划或二次规划的控制算法，这类算法物理意义明确，控制策略可解释性强，侧重安全性，但是模型适用性较差。另一类是考虑安全约束的最优潮流（SCOPF），这类算法可以综合考虑经济性和安全性，优化能力强，模型适应性强，但是优化结果的可解释性较差。

电网实时闭环控制高级应用实时对电网的运行情况进行监视，当发现电网部分线路、变压器可能出现过载，或者部分母线的电压接近越限时，在给出必要告警的同时，计算出相应的预防性控制措施，以保证电网能够持续地安全稳定运行。

（3）预防控制（需要付出代价）和静态紧急控制之间的协调。预防控制是在事故没有发生时为避免系统进入紧急状态而就执行的控制。因此，一旦执行就会对系统的经济性产生影响，并且这种影响是一种积分。而紧急控制则是事故发生后的瞬间，为阻止系统进一步恶化而采用的控制，这种控制将对系统在经济上带来重大损失。如果不做预防控制，则把风险留给了紧急控制，反之则可能会给系统带来没有必要的经济损失，因此如何协调预防控制和静态紧急控制是一个重要的课题。

对于预防控制来说，它在扰动未发生时就通过改变运行条件将系统运行点引入安全状态，因此预防措施在扰动瞬间就起作用，性能代价比好。但由于在没有扰动时也实施预防措施会增加运行费用，故不可能采用控制代价大的措施，总的控制效果也就有限。对于紧急控制来说，只在检测到系统紧急时才采取措施，以扩大稳定域。虽然紧急控制平时并不实施，但一旦发生紧急，必须迅速采用较激烈的措施，控制的代价较大。需要进一步从控制代价、概率等方面研究预防控制和紧急控制之间的协调。

3）动态紧急状态下的安全稳定控制

（1）电网稳定控制技术的未来发展。目前稳控系统采用的是“离线计算，在线匹配”的方案。但是由于运行方式的多变性，这种方式已无法满足大电网安全运行的需求了。逐步向“在线计算、在线刷新策略表”的模式过渡，但是这种模式得以实施的前提是很苛刻的，要求电网的模型是精确的，调度自动化系统要高度可靠等。因此，需要研究“在线辨识，在线等值，在线决策”的新型控制技术。该类技术不需要建立全电网详细模型，而是利用 PMU 快速量测通过在线辨识和等值的方法，得到一个应用于决策的浓缩等值模型。然后，基于等值模型进行计算，快速计算出控制决策。

（2）PMU 引入之后对于全局电网的安全稳定控制。未来可基于 WAMS 数据的广域、快速、精确、同步的特点，构筑跨区电网综合动态信息平台，供互联电网分析、监测和实时动态控制使用；开发高级的测量与监视工具，对全系统进行动态安全分析、稳定预警及预决策。包括在线扰动识别、振荡监视、事故重演与仿真校核、暂态功角稳定监测、电压动态过程监测与报警、灵活交流输电系统（FACTS）的控制器动作监视、系统动态模型与参数辨识、保护协调管理等；基于动态信息平台对电力系统进行动态稳定监测和分析，形成在线预决策安全稳定控制策略。

电网主网的稳控系统解决了交直流并联送电的联络线发生各种事故时的安全稳定问题，为了判断电网的运行方式和各元件的故障形态，需要采集和汇总所需的大量信息，因此需要在各控制站之间交换信息，并传送切机、切负荷等控制命令，由于通信速度要求快，目前都采用点对点的 2M 数字接口的光纤通信。由于高可靠性要求及判断的复杂性，目前稳控系统需要独成系统，并设有专用的稳控信息管理系统，而不依赖其他自动化系统的设备。

3. 大规模间歇式能源集中并网的协调调度

以风（光）电为代表的清洁能源是未来电网实现低碳化的关键，目前制约其大规模应用的主要瓶颈在于消纳问题。为此，需要研究大规模风（光）电的运行特性及其对电网影响机理，提出风（光）电场调控能力量化模型，建立多时空尺度协调的电场 - 系统两级互动的调度体系，从而破解风（光）电调度运行难题，大幅度提高电网消纳能力。

1）风力发电预测技术

高精度的风功率预测技术是实现调度和控制基础。从未来发展来看，借助数值天气预报进行预测将成为主流。要开展数值天气预报模式的优化研究，包括数值天气预报降尺度方法和采用实测数据对数值天气预报进行修正的方法等。完善合适的风功率预测用的数值天气预报计算模式。提出适合我国风力发电的发电功率预测用数值天气预报的计算模式，建立适合我国不同地区的风力发电功率预测用数值天气预报生产基地。

目前实际商业运营的风电场功率输出预测系统的日前预测误差一般都还在20%以上。该技术今后的主要研发工作将围绕进一步提高预测精度展开。在此基础上，构建风电功率的超短期、短期及中期预测模型，研究风电场群功率预测误差与群内各场功率预测误差之间的关联特征，建立不同时间尺度的风电场（群）功率预测误差评价方法。

2）大规模联网风（光）电的运行特性及其对电网影响机理的研究

研究风电机组 / 风电场 / 风电场群输出功率的时空分布特性。针对不同层级的风电功率波动，研究其时间动力学特征及空间分布特性。

研究大规模风电功率波动与电网运行状态的耦合关系。从风电功率变化对电网运行利弊分析的角度研究风电功率波动与电网运行状态的耦合关系，提出识别和评价的指标体系。

研究大规模风（光）电联网对电网运行的影响。在大规模风（光）电功率波动的典型场景下，研究对电网安全经济运行的影响，揭示大规模联网风（光）电与电网相互作用的机理。

3）大型风（光）电场（站）的控制及其与大电网的互动机理研究

大规模联网风电场（群）的各风电场间的协调控制策略研究。从风电场运行控制安全经济性角度，研究指定参考值的风电场发电功率控制的有效实现方法；研究计及短期风电场群功率预测误差的日前发电计划制定方法，研究基于超短期风电功率预测的大型风电场群的功率调控策略。

4）消纳大规模风（光）电的协调有功调度技术

建立年度、季度、月度中长期时间尺度间歇式能源发电与常规电源协调调度模型与方法；考虑间歇式能源发电的政策、经济、技术和安全约束，并综合常规发电机组特性、电网结构、日负荷变动等约束条件，建立间歇式能源发电与常规电源日前协调优化调度模型，重点解决含大规模随机变量的优化问题求解方法；基于间歇式能源日前与日内预测误差关联性与传递性，研究间歇式能源日内滚动优化调度方法与模型；利用对风机有功出力的实时闭环控制，研究风电参与 AGC 控制的可行性和技术方案。

5）间歇式能源多时空尺度无功电压滚动协调优化调度技术

研究快速、连续调节设备（风机、静止无功发生器 SVC/SVG 等）和慢速、离散的控制设备（并联电容、电抗器等）之间的协调运行控制策略。与风电超短期预测结合，超前投退电容电抗器等静态无功补偿装置，协调SVC/SVG的动态无功储备，保证其无功上调和下调都有较大空间。

面向间歇式能源传输通道的电压控制技术研究。通过面向传输通道的二级电压控制模型和相关快速算法，保证传输通道上各个节点的电压都得到有效支撑，以保证间歇式能源接入电网的安全与稳定。

多级控制中心协调调度控制技术研究。根据间歇式能源调度权限归属复杂的问题，研究空间分布的多级控制中心之间的协调电压控制模型与控制方法。

6）适应风电接入安全稳定控制技术

需要加强下列关键技术的研究：建立和完善风力发电预报系统，根据气象预报技术水平和电网调度特点，建立并完善适于风电预测的方法，超前进行风电接入能力分析，为电网运行提供决策依据；开展风电接入后的电网安全稳定特性和控制系统配置、控制策略、控制指标研究；开展风电接入后的电网安全稳定在线控制技术，并纳入特高压电网智能安全防御系统；开发地区电网安全稳定实时预警和辅助决策系统，开发计及风电接入的地区电网智能安全防御系统。

4. 支持电动汽车广泛随机接入的调度技术

电动汽车由于其在节能环保方面无可比拟的优势，已经成为新能源汽车发展的主流，各国政府都将其放在了重要的战略地位。美国先后启动了PNGV等三轮新能源汽车资助计划，德国联邦政府启动了“国家电动汽车发展计划”，中国政府在2010年通过了《国务院关于加快培育和发展战略性新兴产业的决定》，确定新能源汽车为国家7大战略性新兴产业之一。

电动汽车的迅猛发展对电网也将产生重要影响。按照工业和信息化部电动汽车发展战略研究报告预测，2030年全国电动汽车保有量将达到6000万辆，以每辆电动汽车充电功率为10kW测算，最极端情况下峰值充电功率将达到6亿kW，达到2030年全国预计总装机容量23.2亿kW的26%。如果任由其无序充电，将会极大地增加电网建设的投入，导致设备利用率大幅度降低。

支持电动汽车广泛随机接入的未来电网运行调度模式，需要重点在以下技术环节实现突破。

1）“电动汽车-电网”智能交互（V2G）架构

确立“电动汽车-电网”智能互动（V2G）技术的内涵和研究主题，确立V2G技术研究的阶段目标和实施路线；研究基于V2G技术的电网侧能量管理系统整体框架，研究电动汽车大规模接入后的电网预警预控技术体系；研究基于ITS系统的电动汽车内部能量管理体系架构和关键技术。电动汽车的出现使得电网和交通网这两个复杂的大规模人造系统出现了耦合，需要着眼于在智能电网和智能交通网之间实现系统级和元件级的互动协调，将电动汽车内部能量管理纳入大电网能量管理的统一架构中。

2）建立多种充放电模式下的电动汽车集群模型

从智能电网能量管理角度出发，大规模广泛随机接入的电动汽车对电网能量流的影响主要通过其集群效应体现，因此迫切需求建立在不同充放电模式下的电动汽车集群模型，一方面体现其作为主动负荷对电网的影响机理，另一方面体现其在市场信号或调控命令等信息反馈作用下的响应特性，从而为电动汽车与智能电网之间的能量互动和优化调控提供基础。

考虑智能电网与智能交通网的实时交互，建立综合交通信息和能量信息的电动汽车集群信息模型；研究不同时间尺度、不同充电模式、不同能量流动方向、不同车辆规模等复杂情况下电动汽车集群对电网的影响机理，建立电动汽车集群的主动负荷模型；分析调控命令和市场信号作用下的电动汽车集群响应特性，分析影响电动汽车集群行为的关键因素，建立多种充放电模式下的电动汽车集群控制模型。

3）建立电网接入电动汽车能力的评价指标体系

研究电动汽车接入对电网安全性、经济性和效率方面的综合影响及接入容量限制。具体内容包括：①充分考虑电动汽车在时间、空间和充电偏好方面的随机性，研究并建立电动汽车类负载模型。②对大规模电动汽车接入后的电网行为进行数字仿真。③从电力拥塞角度对热稳定、电压质量、电压稳定、网损等多个侧面对电网容纳电动汽车的能力进行分析评估。④研究并提出电动汽车接入能力评估方法和指标体系，涵盖电网安全、优质、经济运行指标，用于后续电动汽车和电网的发展规划。

研究不同充电模式、不同车辆规模、不同充电时刻、不同充电地点等各种复杂情况下电动汽车对电网的影响；研究含电动汽车模型的潮流分析、电压稳定计算、故障电流计算、网络重构计算等多种评估方法；综合考虑电动汽车接入电网后的热稳定、电压稳定、网损、电能质量、谐波污染等各方面因素，研究电网容纳电动汽车能力的综合指标体系，实现多角度全面的科学评估。

4）大量电动汽车的智能有序充放电策略

利用对大规模集群电动汽车（或电池）的双向能量控制，将电动汽车充放电纳入电网统一能量管理。结合电动汽车电池的类型特征，研究电动汽车优化充放电方法，在提高充电效益的同时尽量不减小动力电池的使用寿命；研究响应不同信号（包括负荷水平、电价、可再生能源出力）时有序充电控制的目标，基于充电负荷特性分析和负荷预测的研究，分析不同目标下有序充电控制达到的效果，提出控制目标选取的方法；基于对次日的负荷预测，考虑发电成本、用户充电成本和用户响应程度，以综合成本最低为目标，研究考虑电动汽车充放电的机组组合问题；根据有序充电控制的目标，从电网安全、经济运行的角度出发，研究有序充电的分层协调控制方式，提出满足电网运行要求和电动汽车用户充电需求的有序充放电控制策略；设计有序充电的商业运营模式，形成可行的电动汽车有序充放电管理方案。

5. 含储能的电力系统调度技术

储能系统（energy storage system，ESS）在提高电力系统稳定性、平滑负荷、支持大规模可再生能源的接入、兼容间歇性的集中与分散式可再生能源发电、促进电动汽车大规模利用等方面有突出的作用，可贯穿应用于整个电力系统（图 10-5）。相比传统的铅酸蓄电池等小容量储能装置，当前开发的新型 ESS 包括纳硫、镍氢、液硫电池以及超导储能存储器、超级电容器等，存储容量更大，

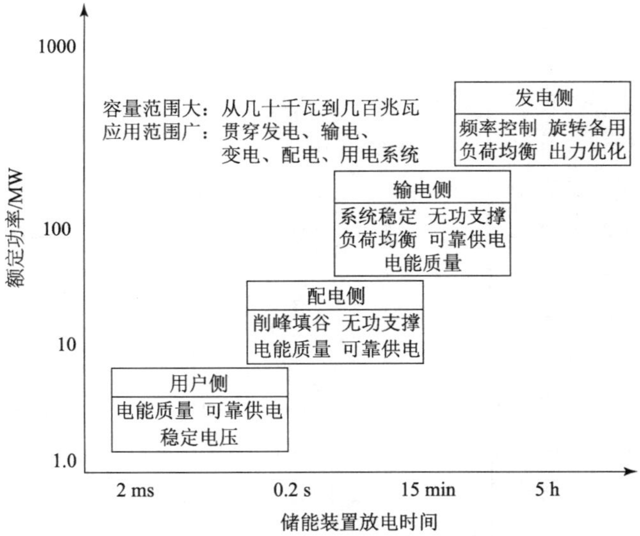

图 10-5 储能系统的特性与电力系统对应关系分布图

x, *y* 轴为不对称轴

充放电速度更快，与电网和用户的配合更好。而与抽水蓄能电厂相比，新型 ESS 对建造环境要求低，可就地布置，更适用于城网储能。目前，10kW 级液硫电池示范工程和镍氢电池示范工程已在国内试点运行，兆瓦级纳硫电池的城网 ESS 应用研究也在积极开展之中。

由于 ESS 对电力系统运行的多个方面都有突出的作用，大规模 ESS 接入电

网后将给整个电网带来深刻影响，有效提高智能电网的兼容性。

（1）对电网的紧急支援。当大容量区外受电通道（包括远距离集中式可再生能源发电）和大容量本地机组突然中断时，安装于发电侧或受电端的电能量型集中式大型 ESS 可迅速响应，释放数倍的电力。这样可极大减轻电源中断对系统造成的冲击，发挥电源支撑作用。

（2）对可再生能源发电的补充和协调控制。新型 ESS 与可再生能源发电一一对应布置，一方面，使得不可调度的分布式和集中式可再生能源发电单元能够作为可调度机组单元运行，实现与大电网的并网运行，必要时提供削峰填谷、紧急功率支持等服务；另一方面，适量储能可在分布式和集中式可再生能源发电单元不能正常运行的情况下起到过渡和缓冲作用。

储能技术的应用，一是要发展高效、实用的储能技术，二是要对储能设备参与电网运行条件下进行有效的能量管理。目前，中国的电网运行调度并未考虑计及 ESS 并网后的调度运行方式。但随着可再生能源和储能技术的发展及应用，现有 EMS 应用软件需要改进，满足大容量储能设备接入后电网调度控制决策的需要。未来应考虑储能装置并网供蓄特性的充放电调度、正常状态下的经济调度、在故障或检修状态下的紧急调度等几个方面，运行方式的制定需要考虑储能装置的备用容量。

由于气象的多变，决定了风能、太阳能等可再生能源的出力具有不确定性，相应含储能的调度实时性也更强。可以预见，接入大容量储能设备后，电网的能量管理和实时调度控制会比之前更为灵活高效。在新能源出力预测的基础上，调度中心要实时决定 ESS 是处于充电还是放电运行方式以及充放电时间，以达到削峰填谷的目的。另外，随着储能技术的发展和成本的降低，考虑电网供蓄特性的经济调度计划将成为可能；随着控制性能的改进，含储能的可再生能源发电将具备参与 AGC 服务的技术能力，使可再生能源与智能电网有效协调。

随着储能系统的发展，现有 EMS 应用软件需要改进，满足大容量储能设备接入后电网调度控制决策的需要。未来应考虑储能装置并网供蓄特性的充放电调度、正常状态下的经济调度、在故障或检修状态下的紧急调度等几个方面，运行方式的制定需要考虑储能装置的备用容量。在新能源出力预测的基础上，调度中心要通过 EMS 实时知晓电动汽车充放电站是处于充电还是放电运行方式以及充放电时间，以便统一管理，达到削峰填谷的目的。另外，随着储能技术的发展和成本的降低，考虑电网供蓄特性的经济调度计划将成为可能；随着控制性能的改进，含储能的可再生能源发电将具备参与 AGC 服务的技术能力，使可再生能源与智能电网有效协调。

该领域需要发展的关键技术包括：大电网不同运行方式对 ESS 的影响；大电

网不同故障情况下 ESS 的作用机理；大电网中不同 ESS 间的协调控制；ESS 的接入电压等级和储能电站容量占电力系统的合理比例；含多种蓄能电站的复杂电力系统经济调度、可靠性与安全性评价；蓄能电站与大型随机能源（如风电场）协调调度理论；ESS 在微网的应用与相互影响等。

三、厂站级关键技术

1. 厂站内的数字化和网络化

智能调度系统具有自动化、数字化、信息化、互动化等技术特征。在现代输电网中，大部分传感器和执行机构等一次设备及保护、测量、控制等二次设备皆安装于变电站中，所以变电站的“智能化”为实现智能调度、建设智能电网提供了必备的基础条件。

首先，在以数字化为基础的智能变电站中，如下技术正在走向成熟：高精度、小型化的非常规互感器技术，符合 IEEE 1588 标准的千兆以太网交换技术，高精度（μs 级）的全网高精度同步采样技术，以及具有“无扰恢复”（bumpless）和自愈能力的高可靠通信网络技术。这些技术的广泛采用将确保基础数据的准确性、完整性、及时性、一致性和可靠性，从而为智能调度系统提供坚实的数字化条件。

其次，智能变电站系统是以 IEC 61850 作为主要的信息建模和信息交换标准。基于统一的标准，可以建立就地、区域以及广域保护、测量、控制的统一信息模型，实现统一的、满足实时信息交换要求的信息订阅 / 发布机制，实现智能装置的互操作、“即插即用”和实时信息交换，为智能调度系统准备信息化基础条件。

再次，智能变电站中将部署很多具有高度功能集成的一体化智能装置。例如，相量测量单元（PMU）将与保护、测控或录波装置实现集成化、一体化，从而大大提高智能调度系统对全景信息的感知能力，提高高级应用的精度和鲁棒性，实现自动化、互动化的目标。

最后，由于非常规互感器的广泛采用，以及基于统一的建模规范，可更为方便地实现设备状态信息的采集、传输、分析和挖掘，实施状态维修，实现变电站设备状态的监控、诊断信息与电网运行管理的双向互动，为实现资产全寿命周期管理打下坚实基础。

随着我国电力系统及电力设备行业的发展、计算机技术及信息技术的飞速进步和输变电电压等级的提高，电力系统一次设备领域正经历新一轮的更新换代，各种新概念设备层出不穷。其中最能代表时代发展的，也是发展最为迅速的是融合了传感、控制、执行与通信功能的各种智能化一次设备。一次设备智能化有两个主要发展方向：即传统一次设备智能化的提高和基于新原理的智能一次设备。

这是根据一次设备本身的特殊性和重要性提出来的，一次设备的基础性和重要性决定了其不能在短期内由新型智能设备替代传统设备，只能先对传统的一次设备智能化进行提高，同时也展开基于新原理的智能设备的研究，条件成熟后再用新型的智能设备逐步取代传统的一次设备。

智能一次设备的实现也给变电站自动化系统带来了巨大的变化，将实现传统的一次设备与二次设备高度融合，可强化变电站装备的智能化程度，提升变电站装备的自治能力，规范变电站装备的信息接口，克服当前变电站自动化系统信息难以共享、设备间互操作性差、系统可扩展性差等缺点，同时也可简化变电站自动化系统架构。

而当前急需研究的是站内数字通信光纤网的结构、站内局域网的安全防护和可靠性提高、通信规约的标准化问题，以及研制智能化一次设备包括智能化断路器、智能化变压器，智能化一次设备具备状态检测功能。

2. 变电站智能高级应用功能

目前的变电站缺乏建模、分析决策和自动控制等智能高级应用功能，为此将提出变电站智能高级应用体系，这是实现智能电网快速建模、快速仿真和快速控制的关键，也是设备实现在线健康诊断和状态检修的关键。为此，需要在变电站本地，实现一次和二次模型的自组与上传、静态和动态状态估计、静态和动态参数估计、智能报警、电压稳定评估控制、暂态稳定评估控制、电力设备健康评价与风险评估等系列关键技术，全面提升变电站的智能化水平，一方面主动为电网安全经济运行服务，另一方面主动为设备运行维护服务。具体体现在以下几个方面。

（1）显著降低通信负担。随着智能电网发展，观测数据量急剧攀升，导致海量数据，不可能所有数据都上传到调度中心或检修中心，也不可能所有功能集于一处，而这些数据能够反映电网和设备等运行健康状态和真实故障情况，需要通过变电站级的本地处理，显著降低通信负担。例如，通过变电站级的智能报警显著压缩通信数据量，向调度中心传输综合告警信息，提高事故告警的智能性和快速性，进而提高调度员对事故处理的反应速度。又如，通过变电站级的设备健康评价与风险评估，向调度中心和检修中心传送设备健康诊断的综合信息，可显著降低数据传输的负担。

（2）显著提高信息和模型的可靠性。利用量测信息的冗余性，通过变电站级的多源三相状态估计可望解决调度自动化基础数据的可靠性问题。又如，通过变电站级的模型自组、校验与上传，可较好解决调度中心的建模负担和不及时的问题；通过静态和动态参数估计，提高电网模型参数的可靠性。

（3）显著提高控制决策的敏捷性。对需要快速反应的控制决策，可由变电站本地快速做出。变电站侧具备分析控制功能，就像人的神经末梢一样，能够对部分问题作出快速反应，使得原先在调度机构集中控制模式下因时间原因无法实现的控制功能有了实施的可能，如电压稳定实时评估和紧急控制决策功能。

（4）显著提高控制的可靠性。本地控制可避免远程通信带来的信息传输可靠性问题，可考虑更多操作的安全约束。变电站侧信息完整，在进行控制决策计算时，可以考虑在调度端无法考虑的因素，在此基础上得出的控制措施可靠性更强。

（5）显著提高调度中心和检修中心的自愈性。由于信息和模型分布存储在各变电站中，当调度中心和检修中心受到灾难打击时，易于实现自愈。

将重点发展以下变电站智能高级应用功能。

（1）厂站一次和二次模型的自组与上传：实现 IEC61850 与 IEC61970 标准的融合，将厂站内的 IEC61850 标准模型自组并转化为调度中心可识别的符合 IEC61970 标准的一次和二次模型，实现一次和二次模型的上传，支持调度中心模型的自动拼接，实现调度中心电网一次和二次模型的自动维护。

（2）厂站静态状态估计：利用厂站内实时多源三相信息高度冗余的优势，将实现厂站级的多源三相静态状态估计技术，将主要的采集信息错误（包括模拟量和数字量）在厂站内得到辨识和剔除，显著提高调度自动化基础数据的可靠性。

（3）厂站静态和动态参数估计：利用 PMU 多断面测量，在厂站本地，将快速可靠实现发电机参数辨识、负荷参数辨识、变压器参数辨识等应用功能，提高电网模型参数的可靠性。

（4）厂站智能报警：综合考虑多源故障信息（包括综自、录波、继保和 PMU），实现厂站级别的快速多源智能报警技术，包括突发事件分析、保护拒动误动信息识别、变电站故障诊断决策等技术，充分利用厂站本地的丰富的报警信息，大幅度消除智能报警的不确定性，找到报警的真正根源，消除错误的报警信息，提高报警的快速性和可靠性。

（5）厂站电压稳定评估与控制：基于 PMU 多断面采集量，在不依赖全网模型的情况下，在厂站本地，实现对电网戴维南等值模型的快速估计技术，进而快速可靠获得监视母线处的电压稳定裕度，在紧急情况下，根据稳定裕度和紧急控制策略表，在本地实施紧急控制决策。

（6）电厂动态状态估计与暂稳控制：利用 PMU 测量，在电厂本地，通过动态状态估计，快速估计出发电机的电压相量、电流相量、功角、频率和频率加速度等动态量，进而在本地对发电机的稳定情况进行实时评估，并基于 PMU 实现本地分布式暂态稳定控制。

（7）厂站电力设备健康评价与风险评估：利用厂站内设备状态在线监测数据，

结合设备历史运行情况，对各设备当前的运行状态进行判断，给出时变停运模型，上报调度中心，支持全网的运行风险评估与辅助决策；同时在本地建立各设备的老化模型，为检修部门提供全寿命周期管理的基础模型支撑。

四、保护关键技术

1．可能促进本领域技术突破的关键技术

1）继电保护新原理

电力系统一次设备及运行条件的改变，都是继电保护新原理、新对策产生的源泉，也是对继电保护技术的新挑战，有挑战才能够进一步促使继电保护的推广与应用。在未来能源革命的发展过程中，新出现的运行工况和运行条件都将要求继电保护产生新的原理与对策来适应和应对挑战。

目前，继电保护的主要原理都是基于工频电气量，因此，除了继续研究工频电气量的特征机理以外，还应当研究各种暂态量的继电保护原理。各种设备的故障信息中包含了诸多的暂态量信息，如行波、自由振荡主频率等，已有的初步研究表明，这些暂态量完全可以构成继电保护的新原理，只是还需要进一步进行理论的完善与实践检验。各种暂态量保护的一个显著特点是，几乎不受电力系统振荡的影响。应当充分利用暂态量特征的优点，研究其影响因素，发挥暂态量保护的长处，克服不利的影响，取长补短。

2）新材料技术和数学应用

继电保护经历了电磁型、整流型、晶体管型、微机型等几个主要的发展历程。在继电保护发展的各个历程中，新材料技术一直是继电保护发展的重要途径，新材料技术的应用都极大地推动并促进了继电保护的一次变革与发展，如晶体管、集成电路芯片、微型机的推广与普及，分别相应地促进了晶体管保护、集成电路保护和微机保护的研究与发展。仅就微机保护近三十年的研究、发展过程来看，微型机功能与集成度的每一次提升，都促进了微机保护的发展，经历了由单 CPU 到单片机，再到单片机与 DSP 功能的结合，乃至装置内部网络化的发展过程。因此，可以预见，在未来能源革命中，继电保护领域仍然应当关注新材料领域的发展动态，及时研究如何将新材料技术应用于继电保护技术的研究与实践中。

与新材料技术相类似，数学的应用也一直是继电保护发展与探索的主要途径。自适应理论、模糊数学、神经元网络、小波分析、智能方法和数学形态学方法等各种数学理论均促进了继电保护中的应用研究，这些数学方法广泛应用于继电保护的特征识别与提取。

目前，在微机保护中，应用最广泛、通用性最好的算法应当属于傅里叶算法，但是，傅里叶算法又受到非周期分量的影响，最大的影响误差可达10%，因此，如果通过数学方法剔除非周期分量的影响，必将提高继电保护的计算精度和灵敏性。

3）状态检测与继电保护的结合

目前，继电保护都是按照被保护设备出现故障之后的特征实现切除故障的，在未来能源革命中，继电保护应该与被保护设备的状态检测信息相结合，从而实现比较严格地区分被保护设备的正常运行、异常工况、故障状态。保留切除故障状态的基本作用，同时，通过与状态检测信息的结合，加强识别异常工况的能力。以变压器保护为例，状态检测的信号可以是局部放电信息、气体异常信息、红外或其他的光谱分析信息，提前消除设备的故障隐患。

2. 行波保护技术

现有的保护装置由于受传统互感器性能的限制，基本采用基于工频量信息进行保护判断。随着电力系统规模的日益扩大，要求继电保护切除故障的时间越来越短，而利用故障暂态信息进行判断则可以大大提高动作速度。同基于工频电气量的传统保护相比，行波保护具有快速动作性能。此外，行波保护还具有不受过渡电阻、电流互感器（TA ）饱和、系统振荡和长线分布电容等影响的独特优点。行波保护的上述优点正是超高压长距离特高压交流输电线路所需要的。目前，高压直流线路保护普遍以行波保护作为主保护，当直流线路发生故障时，从故障点到两端换流站会分别反射不同的故障电压、电流行波，据此可以检测故障。

目前行波保护之所以没有在交流电力系统得到推广运用，根本的原因有以下两点。

（1）超特高压输电线路中广泛使用电容式电压互感器（capacitive potential transformer），而现有的研究表明电容式电压互感器仅能够有效传播工频电压附近的一小段频带信号，不能有效传播电压故障行波。仅仅利用电流故障行波无法构成行波方向元件。

（2）行波保护的可靠性需进一步提高，如雷电行波、操作行波等干扰波都会对行波保护的可靠性产生影响。

在直流输电中应用，也存在可靠性不高的问题。因此，基于未来30～50年的新型传感技术、数字信号处理技术等发展，行波保护的稳定性和选择性问题将从根本上解决，将迅速推广至电力系统中应用。同时成熟的行波技术也将进一步在传统技术难以有效解决的配电系统单相接地保护以及高压输电线路测距上使用。

随着科学技术的发展，光互感器的研究和应用将取得进展，由于光互感器具有体积小、重量轻、抗电磁干扰能力强、动态范围宽广、频率响应特性良好等一系列优点，自问世以来，就受到电力系统继电保护工作者的密切关注和极大重视。光电压互感器的发展将使得电压故障行波的获取成为可能。

随着行波技术和新型电力系统设备的发展，电压行波在电磁式互感器中无法进行有效地传变、在故障初相角或过渡电阻过大时行波波头较小、雷电波与操作过电压波的识别等问题都将得到有效的解决，而在此基础上，配电网中中性点非有效接地系统的接地选线问题将统一到电网的单相接地保护问题中，行波量、暂态量、工频量保护在电磁波传输理论上得到了统一，无论是针对中性点有效接地方式还是非有效接地方式、无论是否经过大过渡电阻还是电网的单相接地保护问题都可以通过一个基于行波的统一的保护理论得以解决。并且，在 GPS 高精度同步时钟技术迅猛发展的趋势下，双端行波测距的同步问题可望得到解决；同时，随着行波检测技术和信号处理手段的不断发展，单端行波测距的死区问题将迎刃而解，两种行波测距手段有机结合，相互补充，将成为电力系统安全的重要保障，行波测距技术也因此具有极大的发展潜力和光明的前景。

3. 集成保护技术

智能变电站由先进、可靠、节能、环保、集成的设备组合而成。对继电保护而言，相邻间隔的元件信息十分关键，利用故障相邻区内的广域、冗余信息，可以准确地反映出故障状态，提供快速可靠的主保护和后备保护功能，简化保护装置之间定值和动作时间的配合。对控制系统而言，获取全局冗余信息，有助于实现更优化的控制措施，各种控制措施之间能有机地配合协调，最大限度地减小扰动带来的影响和损失。

随着光电式互感器和电子式互感器、网络通信技术、智能断路器技术等关键技术的快速发展和 IEC61850 标准的普遍推广，更便于数据和信息的集中采集与共享，基于 IEC61850 的集成保护与控制系统也会得到快速的发展。

集成保护装置集成了全站所有保护需要的关键信息，所以从原理上讲，将能大大提高保护动作的选择性、灵敏性和可靠性，并且能够克服过渡电阻等的影响。如根据相邻线路的故障信息，实现本线路保护的可靠闭锁或者快速动作；根据相邻设备如变压器的信息，判断线路的故障情况，实现保护动作的绝对可靠性，防止保护误动；根据线路对端断路器的动作信息，实现本端断路器加速动作跳开故障。

集成保护将变电站多个设备保护集于一体，不仅可集成过电流、距离、差动等传统的保护功能，也可结合保护技术的最新发展，拓展新的保护功能。不仅为单线路段提供快速保护，而且也为整个变电站设备提供保护。各集成保护通过通信通道还可与相邻集成保护及网络自动化单元互通信息，实现整个网络的后备保护。这是横向层面集成保护的主要内容。

另外，由于通信方式的改变，加上电子开关装置等智能化一次设备的采用，使得传统控制功能不断下放，间隔层保护及测控设备安装在现场开关柜上，或直接下放安装在开关场的保护小间内，甚至就地安装于户外开关场现场。这样，不只是节省二次电缆，也符合智能变电站系统层和设备层的分层要求，体现了节能的思想。随着微处理器技术、网络通信技术和电磁兼容等技术的发展，装在开关场的继电保护装置和智能断路器，甚至保护、智能断路器和合并单元三者可以集成在一台多 CPU 系统装置中实现。该装置通过以太网与系统层和设备层其他装置联系，这是纵向集成保护的主要内容。

而随着网络技术日益成熟、计算能力显著提升，全网信息的利用可以使算法更加优化，性能提升，可以设想用一台超级计算机实现保护和控制一座变电站。合并单元和智能断路器集成为一个装置，通过网络与变电站综合集成保护与控制系统通信。变电站综合集成保护与控制系统集合了整个变电站的信息，在这个基础上整个变电站可视为一个保护的节点，类似于 RTU 之于 SCADA 系统，结合状态估计算法、自检自愈等算法，有利于实现对智能电网全面的保护，维护整个系统的安全稳定运行。

4．系统保护技术

大面积停电事故的发生是一个过程，其起因是故障，发展动因是故障线路停运造成的负荷转移。未发生故障的线路由于负荷转移而出现过负荷，导致保护动作停运，从而进一步加剧了其他非故障线路的过负荷，导致保护相继动作跳闸，造成大面积停电。现有的继电保护的确保护了电气设备的安全，电气设备没有因流过短路电流或过负荷电流而损坏，但却造成了系统停运和大面积停电，后果更严重。所以，现有保护尽管在保障电力系统安全稳定运行中发挥了重要作用，但是尚不能完全保护电力系统的安全，根本原因在于现有继电保护准则是以保护电气设备安全为目标，并不以保护电力系统安全为己任。

围绕保护电力系统安全稳定运行这个重要问题，电力系统紧急控制、调度决策都分别扮演着不同的重要角色。但是紧急控制大多是基于响应的被动措施，其响应时间普遍过长，无法和快速动作的继电保护相配合。在继电保护动作（尤其是后备保护）与紧急控制之间，存在一个盲区——非故障电气设备出现了过负荷后（不正常运行状态），后备保护快速动作予以切除，而紧急控制是其后续的动作。

从理论方面来看，大停电的发生是由于继电保护和紧急控制之间衔接得不够紧密，存在漏洞或者盲区；从技术层面上来讲，继电保护的快速动作和紧急控制的相对慢速动作之间也很难协调。这是由于继电保护不依赖于系统调度，独立做出发生故障或者过负荷的判断，进而切除故障或过负荷电气设备，而紧急控制更多的是从系统（全局）的角度出发，通过对于系统信息的综合判断（甚至通过调度）做出减载的决定。

因此，为了从根本上防止大面积停电事故的发生，措施之一就是从具有快速动作性能的继电保护入手，改变现有继电保护准则，使其同时具有保护电气设备安全和系统安全的双重使命，这是解决大停电事故的正确途径。这样的保护不同于传统保护，也不同于紧急控制：它是从继电保护的角度出发的，它的保护对象是电气设备安全和系统安全，因此在不引起混淆的情况下，将其命名为系统保护。

而目前的研究主要集中在广域保护（wide-area protection system，WAPS）和特殊保护系统（special protection system，SPS）。相对于传统的监测与控制系统，广域保护系统对通信提出了更高的要求。首先，需要考虑传输时延对系统响应的影响；其次，系统发生事故时，通信网络可能因为数据量太大而发生阻塞，此时，如何保证优先、可靠地传送最关键的数据也是需要解决的一个问题；此外，在通信系统发生故障时，如何避免影响数据通信、造成数据丢失也需要进一步研究。广域保护需要实时收集全网或局部电网所有的动态信息，每一次网络拓扑的改变都需要对网络参数进行重新计算，存在着计算量过大、难以确定合理的保护范围等缺点，在目前技术水平下实现较为困难。但是近年来，如何在保护，特别是广域后备保护中引入全局电网运行需求的观点越来越受到电力系统专家的重视，输电断面保护的研究、保护与稳控装置的协调和一体化等问题已成为国内外研究的热点之一。

特殊保护系统和广域保护的立足点本身都是重新建立一套新的体系来保护系统的安全，并没有改变传统继电保护的准则，没有从根本上解决紧急控制与继电保护的协调问题。所以需要基于系统保护的要求对其扩展，要求保护能够明确判断并识别出被保护电气设备的过负荷状态是否是由于事故造成的转移过负荷，然后采取非常明确并具有针对性的措施。对于正常过负荷，迅速可靠地定位隔离；对于因事故造成的转移过负荷，应与紧急控制措施（如减载相协调），从而提高电力系统的安全运行水平。

基于上述思想，需要从系统安全的角度重新审视继电保护的动作机制，深入研究继电保护识别不同性质过负荷状态的能力，并促进继电保护和紧急控制的融合。基于本地信息的系统保护应当介于传统保护和紧急控制之间，保护的动作行为应该在过负荷保护（自适应）的动作时段之内。从时间、所利用的信息和保护区域等各方面，基于本地信息的系统保护均位于传统保护和稳控技术的结合区域。与广域保护相比，系统保护更倾向于与传统继电保护（尤其是后备保护）相结合，利用继电保护的思想和视角解决系统问题。系统保护可以根据本地信息识别潮流转移过负荷，并自适应改变保护的定值，就可以降低对通信网络和通信实时性的依赖，与广域保护互补。

5. 自适应继电保护技术

电力系统是一个参量状态处在不断变化中的动态系统。随着电网规模的日益扩大，网络结构日趋复杂，特别是新能源发电的大规模并网，传统继电保护“事先整定、实时动作、定期检验”的模式越来越难以满足要求，而自适应保护的出现为解决这些问题提供了途径。

自适应保护实时整定保护的定值、特性和动作性能，使其能更好地适应系统的变化，实现保护的最佳性能。自适应保护可以采用基于就地信息、周边信息及广域信息等自适应算法。继电保护的自适应主要表现在以下几方面。

（1）自动在线计算与保护性能有关的系统参数。如：实时计算带自动调压功能的变压器变比，调整变压器保护中的平衡系数；利用故障数据计算系统阻抗、零序互感等参数；考虑故障时接地电阻的影响，自适应计算接地距离保护的视在阻抗、改善距离保护对高阻接地故障的灵敏度，自动判断新能源发电系统的当前工作状态等。

（2）自动在线计算整定值和相关参数。保护需要根据系统运行方式、运行参数的变化、定值的变化，调整与保护特性有关的门槛值及各种系数；考虑助增系数的变化，自适应调整保护的范围，以适应多端线路的保护及调整保护的整定值；对第二套纵联保护要求自适应改变断路器失灵保护的整定时间，以消除后备开关的不必要跳闸；自动根据新能源发电系统的当前工作状态，实时调整保护特性或保护定值等。

（3）实时判断系统运行状态，自适应调整保护动作方式。自适应地检测对端断路器的开断，以便实现保护的优化跳闸；自适应的重合逻辑使不成功的重合闸减到最少；对故障或干扰后可能出现的系统稳定破坏等二次事故进行监视和预测，协调安全稳定控制装置的动作措施自适应于相应的可能事故，以提高机组维持工作、易于恢复负荷的可能性。

自适应保护的技术特点包括以下几点。

（1）保护性能最优化。自动识别系统运行状态和故障状态的能力，并针对状态的改变，实时自动地调整保护性能，其中包括动作原理和保护算法，从而使其达到最佳保护效果。

（2）自适应计算实时化。对电力系统中已经配置好的各种保护控制设备，按照电力系统的有关参数和运行要求，通过计算分析判断是否给以相应的保护控制策略，以使全系统中的保护装置正确协调地工作，有效地发挥其作用。

（3）使用简便化。可以简化现场运行的定值、保护接线、保护调试维护、就地保护操作，促使保护设备进一步智能化。

第四节　未来发展愿景

现代社会对电网的要求越来越高，电网发展必须适应经济、能源、环境的协调发展，保证安全、高效、环保、经济、可靠，实现电网的可持续发展。目前国家电网正处在第二代电网的扩张发展时期，同时第三代电网的各种概念和技术路线也方兴未艾，而到2030年国家电网将进入全面建设第三代电网的发展阶段。因此到2030年的未来十几年是国家电网面临从第二代电网发展向第三代电网转型的关键时期，而从2030年到2050年是第三代电网从理论到实践的阶段，是实现中国特色智能电网的阶段。

电网智能化调度、保护与控制借助先进的计算机技术、通信技术、电力系统分析和控制理论及技术、先进的继电保护技术和信号处理技术，通过对信息的获取、传输、分析、反馈，实现对一次电力系统的监视、分析、保护和控制，以保证大电网的安全、经济运行和良好的电能质量。

一、技术愿景

考虑到预测的时间较长，技术发展的不确定性很大，而如果新材料等技术突破会带来超导、储能等实现大规模应用，这必将对电网调度与控制技术发展带来巨大影响。因此此处按常规模式和突破模式，分别对2050年技术情景进行展望。

1. 常规模式

电网智能化调度与控制的主要研究对象是信息，本质是如何借助信息流实现对一次系统的有效监控。因此，可从信息流的角度，按厂站、通信系统、调度中心、保护等四个组成环节来描绘电网智能化调度与控制2050年技术图景。

如果将二次部分看做电力系统的“神经中枢”，厂站则是分布于各地的“神经元”。传统的厂站主要有两大功能，一是信息源，负责将电力系统分析和控制所需的原始信息上传给调度中心；二是执行终端，接受调度中心分析处理后的命令，并操作于厂站内的各类装置。在此基础上，未来智能型厂站一方面需要提高信息提供和执行的自动化及精益化程度，另外一个重要变化是向分散自治方向发展，使厂站具备自己的“大脑”。即通过厂站内高级应用，把厂站采集的原始“生数据”经分析处理变为“熟数据”再上传调度中心，不仅大大减轻调度中心工作负担，而且提高了信息的完备性、精确性和执行效率。从而，传统的“调度中心集中式分析决策”模式也将变革为一种全新的“变电站—调度中心两级分布式分析决策”模式，通过调度中心和厂站高级应用之间的互动，实现控制中心和厂站两层分布式分析决策。

通信系统是神经中枢中的传导机构，通信的质量和效率将直接影响电力系统监控功能的实现。未来，通信系统将实现通信介质全光纤化，在此基础上建成完善的层次化和一体化的信息及通信平台，互动、智能的通信系统技术实现对智能电网运行的全面支持。

调度中心是神经中枢中的“大脑”，是信息综合分析应用中心。调度中心在硬件方面为主备机和集群机一体化集成，软件则基于MAS框架体系；信息支撑方面，基于RTU、PMU、继保、安自等广域信息，实现同源、完备、标准的分布式一体化数据和参数共享平台，基于GIS和三维可视化的智能人机交互手段实现多感官互动式人机交互；电网安全防御方面，建成稳态、动态相结合，确定性和风险分析相结合的在线安全评估和预警防控体系，实现基于PMU的高级应用，指导广域安全稳定控制；电网运行优化方面，实现规划、计划、调度、控制的多空间区域和多时间尺度的协调和优化，实现考虑安全和经济等目标的综合协调和优化，控制中心各个业务部门的工作流程实现自动化，实现电网调度控制的精益化、自动化、智能化、互动化，基于电网全局信息优化的有功、无功闭环控制得到广泛应用。在基于PMU的安全稳定控制方面，安装在电网各处的安全稳定控制装置都能和控制中心实时交互信息，控制中心动态能量管理系统根据电网当时的运行情况，在线给出适合当时电网运行情况的稳定控制策略，在电网发生动态紧急情况时，厂站处的安全稳定控制装置根据控制中心自适应做出的稳定控制策略动作，使得控制动作适当、精准，实现电网运行的柔性和弹性。

继电保护系统的动作特性与电力系统中采用的通信技术、数据采集技术，以及相关的信号处理等相关技术密切相关。一是时间的快速性，随着行波保护技术的成熟，将成为超高压输电线路的首选主保护；二是保护功能的扩展，系统保护技术的出现和快速发展，使保护功能将不再是以保护电气设备安全为单一目标，而是具备了紧急控制的功能，实现系统层面的保护要求，从而防止大停电事故的发生；三是基于多间隔信息融合的变电站集成保护技术的成熟和应用，克服当前以被保护对象为研究目标的单间隔的模式，解决间歇性分布电源供电的灵活切入性以及供电可靠性的矛盾，保证电网的安全性和可靠性。

综上，未来本领域技术愿景可概括为如下关键词：信息化、网络化、自动化、互动化；实现的目标是：安全可靠、协调互动、灵活兼容、先进适用。其要点包括：

综合、协调、自动、智能的控制中心自动化技术；采集监测智能化、分析控制网络化的变电站自动化技术;大容量、高可靠、结构合理、接入方式灵活的通信系统;高可靠的保护系统。

2. 突破模式

在信息、新材料、新能源等领域技术快速发展的驱动下，很多现在看来还较遥远的新装置、新设备和高级系统在未来将有可能进入电力领域，对电网调度、保护与控制技术发展提出新的要求。

在电网调峰方面，大量储能装置可以起到削峰填谷、平滑负荷的作用，电网运行方式的制定和运行调度将更加灵活高效，系统调峰压力大大降低，且电网安全性能极大提高，可在很大程度上缓解可再生能源发电的间歇性和随机性大的问题。在新能源交通方面，储能系统与电动汽车密切配合，实现电动汽车与电网间的能量转换（充、放电），一方面在电网高峰负荷时段由电动汽车车载电池向电网传输电能，而在电网非高峰负荷时段由电网为电动汽车车载电池进行充电，实现削峰填谷，提高电网利用效率。同时基于智能化的高级配电自动化技术，电动汽车还能完成调峰调频、负荷调整、需求响应等电网辅助服务，进一步提高电网配电效率；另一方面，在可再生能源发电比例较高的微网系统中，电动汽车可在可再生能源发电功率较大而电网负荷较低的时候吸纳电能，在可再生能源发电功率较低而电网负荷较高时释放电能，从而有效平衡可再生能源波动性的发电功率和电网负荷状态之间的不同步性，辅助电网有效接纳波动性可再生能源发电功率。所有这些应用需要与之相适应的新型能量管理系统，在调度中心对接入电网的发、用、储等设备进行统一调度管理，达到全局优化的运行目标。

各级调度中心的计算模式发生革命性变化，所有的计算分析统一交付分布在各地的“计算云”而不再由专门的计算机承担,计算能力和数据存储量几乎无限制。得益于海量的分布式存储能力、巨大的计算能力和快速的通信能力，尽管各个级别的调度中心还是对自己管辖的电网模型进行分布式维护，但是它们自己的任何计算都是基于全局电网模型进行，而且是实时、分布、双向互动、分解协调地进行的。分布在各地的局部电网模型在“计算云”处自动重组成全局电网模型，实现基于信息网络的广域实时控制。基于面向服务架构（SOA）的 MAS 技术在电网调度自动化系统得到成熟应用。人机交互上，在三维可视化和视频技术实现的基础上，基于 GIS 的可视化技术得到广泛应用，调度员通过专用搜索引擎，实现所需信息的即时获取（包含数据、图表、图像、分析结论等），达到随心所欲的效果，计算机为人类调度员服务的效率和质量将实现质的飞跃。

最终，基于微秒级的行波保护、数十微秒到分钟级的包含了传统设备保护与紧急控制的系统保护、数分到小时天级的分散自治和协调互动的柔性智能电网调度控制实现完全融合，调度、保护、控制一体化系统得以完全形成。

二、分阶段目标

新技术需要分步实施，新技术的实现需要长时间，在每个发展阶段，新技术只占不大的比例，既要保证每个阶段新技术能够接入，又要保证原有技术还能继续使用，保证平滑过渡。

1. 第一阶段（2011～2020年）：研究示范及应用推广阶段

控制中心方面：进行基于MAS的大规模集群计算试点应用，集群计算大规模推广，“云计算”在电网分析中得到初步应用；制定层次化信息及通信体系架构，智能电网一体化信息通信平台试点；RTU、PMU和在线状态监测数据融合形成广义SCADA；时空协调、多目标协调的在线安全评估及预警系统得到初步应用；适应特高压和可再生能源接入的调度计划和安全校核技术实现突破；基于WAMS的高级应用的试点及推广应用；全局优化有功无功闭环控制试点应用及推广应用；大规模电动汽车接入电网及与电网的互动调控机理基础得以形成并试点应用。

变电站自动化技术方面：制定电子式互感器的行业标准和测试技术，试点应用；电子式互感器推广应用；采用先进传感器及芯片技术的智能化一次设备推广应用；实现数字化变电站改造试点，实现站级不同应用数据融合试点，实现站级状态估计等高级应用试点；数字化变电站推广应用，站级不同应用数据融合的推广应用，实现站级高级应用功能完备、应用成熟，实现智能变电站。

继电保护方面：完成基于继电保护新原理和新技术的系列基础理论研究及初步应用；基于广域信息的广域保护与控制的研究及试点应用；实现继电保护和紧急控制的初步融合，系统保护技术体系初步形成；开展系统保护动作特性及其和广域保护的融合机理研究并进行试点应用；行波保护原理的进一步深入研究并成功实现超特高压输电线路的试点应用；在智能变电站数字化的条件下，集成保护初步研究成功并实现试点应用。

2. 第二阶段（2021～2030年）：全面深化及提升阶段

控制中心方面：计算平台成熟灵活，集群计算和“云计算”全面完善；建成完善的一体化信息通信平台，用互动、智能的通信系统技术实现对智能电网的全面支持；构建基于PMU、EMS、继保及安自信息的广域信息集成数据平台，实现同源、完备、标准的分布式一体化数据和参数共享；实现稳态、动态相结合，确定性和风险分析相结合的安全预警与防控体系全面完善；完善解决各种特性的发电资源并存、分布式和集中式发电并存下的调度和控制问题；基于WAMS的高级应用全面用于电网决策控制；全局优化有功无功闭环控制应用成熟；大规模电动汽车与电网的能量互动机理与调控机制理论完全成熟并得到推广应用。

变电站自动化技术方面：电子式互感器与SCADA和WAMS配合，实现电气测量的全景、全息目标；变电站数据采集与监控全面实现“物联网”思想；智能变电站的推广应用，全面实现“变电站—调度中心两级分布式分析决策”模式的实用化。

继电保护方面：系统保护与紧急控制实现融合，系统保护技术体系完全形成，广域系统保护将最终实现并与系统保护实现完全互补，并得到大量推广应用；行波的理论发展更为成熟，行波量、暂态量、工频量保护在电磁波传输理论上得到了统一，电网的单相接地保护问题都可以通过一个基于行波的统一的保护理论得以解决；集成保护进一步发展，保护、智能断路器和合并单元三者集成在一台多CPU系统装置中实现，并通过以太网与系统层和设备层其他装置联系。

3. 第三阶段（2031～2050年）：成熟及全面建设阶段

前面提到的“分散自治＋集中协调”的EMS新模式系统得到充分发展，集群计算、“云计算”和“量子计算”方法从理论到实践全面成熟及完善；在新的控制模式下，电网各级个体之间不仅实现能量的双向流动，而且同时也实现信息的双向互动，通过少量关键信息的交换，实现未来智能电网基于分散自治和协调互动的柔性调度控制，达到多级调度中心的分散自治与协调的优化调度，电厂（站）—调度中心的自治与协调互动决策以及输、配网互动的优化调度。行波保护得到大面积推广运用，并成为超特高压输电线路的主保护之一，双端行波测距的同步问题得到解决，并与单端行波测距有机结合，相互补充，成为电力系统安全的重要保障；集成保护全面实现并在变电站得到全面应用，实现用一台超级计算机实现保护和控制一座变电站；而随着调度中心调控一体化的最终实现，各种保护的功能被纳入调度中心调控一体化系统，真正实现调度、保护、控制的一体化（表10-3）。

表 10-3　电网智能调度、保护与控制核心技术实现路径

<table>
<tr><th>技术方向</th><th>2020 年</th><th>2030 年</th><th>2050 年</th></tr>
<tr><td>控制中心自动化技术</td><td>初步解决大规模可再生能源发电并网后的调度和控制问题；
大规模电动汽车接入电网及与电网的互动调控机理基础得以形成并试点应用；
实现基于 WAMS 的电网分析和控制；调度计划、实时调度、实时控制全面优化、有机协调；实现各级调度一体化安排和协调优化</td><td>解决分布式和集中式发电并存、多种市场交易模式并存下的调度和控制问题；
大规模电动汽车与电网的能量互动机理与调控机制理论完全成熟并得到推广应用
基于 WAMS 的高级应用全面用于电网决策控制；
有功、无功调度控制全面实现闭环；并实现风险预防和有效规避</td><td rowspan="3">实现智能变电站的全面建设，全面实现“变电站—调度中心两级分布式分析决策”
行波保护得到大面积推广运用，成为超特高压输电线路的主保护之一；
集成保护得到全面应用，实现用一台超级计算机实现保护和控制一座变电站；
基于分散自治和协调互动的柔性智能电网调度控制完全实现，实现对多时空尺度下的特性各异电源与负荷的优化调控；
保护与调度控制完全融合，实现调度、保护、控制一体化</td></tr>
<tr><td>变电站自动化技术</td><td>数字化变电站推广应用，实现智能变电站，站级高级应用功能完备、应用成熟</td><td>智能变电站的推广应用，“变电站—调度中心两级分布式分析决策”成熟化、实用化</td></tr>
<tr><td>继电保护技术</td><td>广域保护与控制系统试点应用；系统保护技术体系初步形成；
行波保护原理的进一步深入研究并成功实现超特高压输电线路的试点应用；
集成保护初步研究成功并实现试点应用</td><td>系统保护技术体系完全形成，广域系统保护与系统保护实现完全互补，并得到推广应用；
行波量、暂态量、工频量保护在电磁波传输理论上得到了统一；
集成保护得以实现并推广应用</td></tr>
</table>

第五节　对策和建议

一、注重标准建设，完善组织体系

注重未来智能电网调度、保护和控制领域内的相关标准的研究，并建立合适的组织体系以推动未来电网关键技术的研究。从欧美的智能电网发展路线图来看，也都是标准先行，因为，标准是保证智能电网互操作的根本。中国拥有世界上独一无二最大规模的电网，更应积极参与 IEC 智能电网相关标准的制定。同时标准的研究和技术的突破需要多专业协同，因此为保证各专业团队能够遵循统一的标准和技术路线，必须建立合适的组织体系，以保证各个专业团队能够向着一致的目标前进，避免各自为政。

二、积极开展关键技术研究

电网调度、控制和保护环节是智能电网建设的重要和关键一环，这是其发展的必要性，所以需要重点攻克各环节的关键技术难题。如需要跟踪特高压电网、智能电网发展，深入研究数字实时仿真、混合仿真接口等技术，满足电网发展对数字实时仿真与电力系统二次物理设备混合仿真的需求。需要通过智能变电站与智能调度的互动，研究电力系统调度、保护和控制的融合技术，实现从时间尺度上覆盖下至毫秒级的快速敏捷保护和控制，上至日、月、年度的最优调度计划。需要深入研究数字实时仿真与电力系统一次物理设备的混合仿真方法，探寻适用于大多数数模混合仿真试验的解耦方案，并保证混合仿真的精度，实现大规模交直流电网数字实时仿真与FACTS、直流输电、新能源/储能等系统物理仿真的混合仿真。进一步，通过开展各类仿真分析和试验研究工作，并充分借鉴国内外的研究成果，加强相关领域的基础性和前瞻性研究，研制出具有国际领先水平的技术支持系统。

三、注重理论和技术的创新与应用

理论和技术的创新与应用是实现智能电网的必由之路，通过研究广域通信技术实现网络自动化、在线服务和需求侧管理（DSM）提高供电可靠性和供电质量；通过采用参数量测技术监视设备健康状态与网络状态、支持继电保护、计量电能；通过电网稳定运行理论及在线监测、预警新技术的研究，为智能电网分析提供科学的理论依据；通过利用决策支持技术增强各级运行人员的决策能力；通过新型继电保护原理和装置的应用提高系统的故障防护能力；等等。并在智能电网研究中，充分利用信息技术、仿真和分析技术，在统一的电力系统模型内将电网安全协调和经济运行结合起来分析和监控，提高电网安全性和经济性，实现资源节约型、环境友好型电网。

四、积极开展试点应用

建议在遵循所制定的智能电网发展路线图基础上，开展智能调度、智能变电站、在线安全稳定分析和预警等关键技术应用与试点，选择区域、省网公司结合实际系统分别开展实时监控与预警类应用、调度计划类应用、安全校核类应用、调度管理类应用试点建设；建议进行智能电网调度、控制和保护技术的一体化融合的整体试点建设，评估试点效果，积累相关经验。在此基础上，配合特高压电网建设进程，选取先进适用技术，统筹安排，有计划、分阶段地进行推广和全面建设工作，避免造成系统的重复建设及技术力量和资金的浪费。

五、与实际需求紧密结合

智能电网调度、保护和控制技术支持系统要充分体现以“应用需求为导向”，以服务国家电网安全运行为目标。在研发过程中，要紧密结合实际应用需求，研制出方便、实用的智能电网调度、保护和控制技术支持系统。

参 考 文 献

卢强 . 2000. 新世纪电力系统科技发展方向——数字电力系统（DPS）. 中国电力 , 33（5）: 15-18.

孙宏斌 , 张伯明 . 2002. 能量管理系统中的电力信息学 . 电力系统自动化 , 26（1）: 1-4.

辛耀中 . 2001. 新世纪电网调度自动化技术发展趋势 . 电网技术 , 25（12）: 1-10.

薛禹胜 . 2006. 时空协调的大停电防御框架(一)从孤立防线到综合防御 . 电力系统自动化 , 30(1): 8-16.

姚建国 , 杨胜春 , 高宗和 , 等 . 2007. 电网调度自动化系统发展趋势展望 . 电力系统自动化 , 31(13): 7-11.

张伯明 , 孙宏斌 , 吴文传 . 2007. 3 维协调的新一代电网能量管理系统 . 电力系统自动化 , 31(13): 1-6.

张伯明 , 孙宏斌 , 吴文传 , 等 . 2009. 智能电网控制中心技术的未来发展 . 电力系统自动化 ,33(17): 21-28.

张伯明 , 吴素农 , 蔡斌 , 等 . 2006. 电网控制中心安全预警和决策支持系统设计 . 电力系统自动化 , 30（6）: 1-5.

周华锋 , 吴复立 , 倪以信 . 2006. 基于网格服务的未来电力系统控制中心概念设计 . 电力系统自动化 , 30（11）: 1-6.

Bose A. 2004a. Evolving Real Time Controls Under Restructuring. Power Engineering Society General Meeting, Denver.

Bose A. 2004b. Control Centers and their Role in the Blackout. Power Engineering Society General Meeting, Denver.

Bose A. 2009. The Smart Transmission Grid——Report on China Southern Grid. Washington State University, Pullman, WA, USA.

Bose A. 2010. Smart transmission grid applications and their supporting infrastructure. IEEE Transactions on Smart Grid, 1（1）:11-19.

Dy-Liacco T E. 1967. The adaptive reliability control system. IEEE Transactions on Power Systems, PAS-86（5）: 517-531.

Dy-Liacco T E. 1993. On the Open Road to Enhancing the Value of Control Centers to System Operation and the Utility Enterprise. IEE 2nd International Conference on Advances in Power System Control, Operation and Management, Hong Kong, 24-29.

Dy-Liacco T E. 1994. Modern control centers and computer networking. IEEE Computer Applications in Power, 7（4）: 17-22.

Kokai Y, Masuda F, Horiike S, et al. 1998. Recent development in open systems for EMS/SCADA. Electrical Power & Energy Systems, 20（2）: 111-123.

Liu C C, Jung J, Heydt G T, et al. 2000. The Strategic Power Infrastructure Defense（SPID）system. a conceptual design. IEEE Control Syst Mag, 20（4）:40-52.

Wu F F, Moslehi K, Bose A. 2005. Power system control centers: past, present, and future. Proceedings Of The IEEE, 93（11）: 1890-1908.

Yang T, Sun H, Bose A. 2011a. Transition to a two-level linear state estimator—part I: architecture. IEEE Transactions on Power Systems, 26（1）: 46-53.

Yang T, Sun H, Bose A. 2011b. Transition to a two-level linear state estimator—part II: algorithm. IEEE Transactions on Power Systems, 26（1）: 54-62.

第十一章　先进计算技术在电力系统仿真分析中的应用

第一节　需求和发展前景预测

一、需　求

电力系统仿真分析是系统调度运行和规划设计的基础。电力系统仿真分析涵盖的范围非常广泛，包括从稳态分析、动态分析到暂态分析的各个方面，如电力系统潮流计算、网损分析、最优潮流计算、静态安全分析、谐波分析、短路计算、继电保护整定计算、小干扰稳定计算、电磁暂态计算、暂态稳定计算、中长期动态过程仿真计算等。根据实时电力系统动态过程响应时间与系统仿真时间的关系，可分为非实时仿真和实时仿真（中国南方电力公司，2007）；根据仿真的数据来源，又可分为离线仿真、在线仿真。其中在线仿真是实现在线预警和决策支持的必要手段。

电力系统仿真分析覆盖电力系统、数学、计算机、通信等多学科技术领域，面对坚强智能电网建设提出的要求，需要不断地引入先进的计算机和通信技术以及数学方法等，推动仿真分析技术在快速性、灵活性、准确性等方面的发展。具体体现在以下几个方面：①可实现更大规模电网的仿真计算，同时仿真数据的粗细程度可根据需要自动调整。②仿真计算应具有更快的速度及更高的准确性。③仿真计算应具备更多的功能，并与环境、经济等相关领域相结合。④仿真建模应具备更大的灵活性，以适应智能电网中层出不穷的新元件、新设备建模的需要。⑤需加强对电力系统智能建模方法如专家系统法、神经网络系统法、模糊辨识法等的研究和应用。⑥电网自愈对实时决策控制的要求。要求能实时跟踪评价电力系统行为，一旦发生故障，立即进行快速仿真并提供决策控制支持、防止大面积停电，并快速从紧急状态恢复到正常状态。⑦仿真试验应具备更大的灵活性。未来的仿真试验将可实现对多个异地试验设备的同步测试。⑧仿真计算应适应新的计算模式，如云计算、协同计算等。⑨可实现智能人机交互仿真，显著提高用户操作的便捷性和仿真系统的使用效率。⑩数据融合技术在仿真分析中应用，提高对仿真分析中对多源海量数据的整合能力。

二、发展前景预测

随着先进计算技术的发展，包括计算机及网络、计算数学、计算模式等，其在电力系统仿真分析中的应用将为电力系统仿真分析技术带来巨大发展变化。

未来高性能计算技术的发展有两条途径，一条是通过多核、多机并行计算或分布式计算技术来实现；另一条途径是发展非传统的新技术，包括超导计算、光计算、量子计算、生物计算与纳米计算等。其中量子计算机和碳纳米管计算机距离实用程度最近，而其他计算机技术在未来几十年内仍将处于研发阶段。新一代高速网络也将得到发展，未来的计算机网络是可随处连接的，具有前所未有的带宽以保证承担大量新的服务，是贴近应用的智能化网络。

计算数学方面，数值计算方法的发展集中在提高算法效率、计算结果精度和非线性方程求解的收敛性等方面，人工智能将与模糊数学相结合，并逐步实用化。仿真计算模式从单机向并行计算、分布式计算、网格计算发展，逐步发展到云计算模式。

电力系统模型的发展趋势是丰富化、模块化、精确化和标准化。未来的电力系统模型将极大丰富，对元件特性的模拟也将更贴近实际。元件模型的模块化、通用性加强，同一类元件将共同使用一个通用模型结构，用户可通过任意修改参数或元件结构来改变模型，使其可同时应用于机电暂态、电磁暂态和中长期过程动态仿真等。模型的标准化使得系统建模可在任意仿真软件的建模环境下进行，采用通用的输入输出格式，并可在其他仿真软件中进行调用，使模型具备“即插即用”的功能。未来模型可以是异地分布的，电网设备可自带标准化的模型并自行维护更新。

电力系统的建模方法和工具也将得到长足发展。一些新的建模方法如人工智能建模方法将被引入，极大地提升模型的精确性和适应性。基于 WAMS（广域测量系统）数据进行仿真计算模型的修正将成为建模的重要手段。

未来的电力系统仿真计算方法，将在计算的收敛性、鲁棒性，结果的准确性，以及对最优结果的搜索等方面都有较大进步。而随着计算机技术的发展，特别是新型计算系统如生物计算、量子计算等的出现，仿真算法或将随之改变。仿真数据的粗细程度可根据需要自动调整，结合模型数据的云存储和标准化、云计算技术，实现对电网的按需灵活仿真。仿真计算将开辟新的计算领域，如碳排放计算。

电力系统在线仿真分析的发展趋势为：建立在线仿真专家系统，挖掘在线数据与系统稳定性之间的联系；结合 WAMS 实测数据的动态仿真，以提高在线仿真结果与实际系统响应的吻合程度；引入风险评估机制，结合超短期的电网状态变化预测，对系统进行在线风险评估，规避风险较大的运行方式，确保系统安全运行；应用数据融合技术，提高对调度自动化系统、广域量测系统、继电保护稳控系统、离线方式数据等多系统多信息的整合能力和利用水平；云计算模式将首先在离线仿真分析中得到应用和推广，技术成熟后逐渐应用到在线仿真分析中；实现基于超实时仿真的在线控制以及未来的云控制。利用大规模电力系统的超实时仿真技术，在故障发生后快速判别系统稳定性，并给出控制措施。云控制则是云计算技术与基于超实时仿真的在线控制技术的完美结合，是未来在线控制技术的发展方向。

未来的电力系统实时仿真将具有以下发展趋势：实现机电暂态－电磁暂态中长期动态－体化实时仿真；实现超大规模电力系统与数十条直流输电、电力电子装置、新能源新设备等的物理仿真设备的联合实时仿真；实现电网－电厂－变电站联合实时仿真，可灵活接入实际的电网二次设备、电厂和变电站监控设备进行仿真试验分析；通过异地多个实时仿真装置的配合，实现多个异地物理装置的分布式仿真试验，为需要进行异地试验、协调控制研究和交互影响分析等的仿真提供有效的解决方案（李娟等，2007），同时具备远程试验功能。

第二节　国内外发展现状和趋势

一、先进计算技术发展现状和趋势

1. 计算机及网络发展现状和趋势

1）计算机及网络的发展现状

计算机的发展日新月异，超高速计算机采用平行处理技术，计算能力不断提高，同时计算机具备了更多的智能成分，在一定程度上已具有多种感知、思考、判定及一定的自然语言能力。计算机网络已发展为以 Internet 为代表的互联网，综合利用光纤、卫星、微波等多种先进通信技术，带宽不断提高，网络管理进一步自动化和智能化。

2）计算机及网络的发展趋势

未来的计算机和网络的发展趋势将是通信技术、网络与计算机技术的进一步融合，朝着超高速、超小型、高性能、平行处理和智能化方向发展。

发展高性能计算技术有两条途径，一条是通过多核、多机并行计算或分布式计算技术来实现；另一条途径是发展非传统的新技术，包括超导计算、光计算、量子计算、生物计算与纳米计算等。

新型计算机从体系结构到器件与技术都要产生一次量的乃至质的飞跃（张洁，2006），包括生物计算机、光学计算机、量子计算机、纳米计算机、碳纳米管计算机和超导计算机等。

生物计算机要比当前最新一代计算机快十万倍，能量消耗仅相对于普通计算机的十亿分之一，可直接接受大脑的综合指挥，并能由人体细胞吸收营养补充能量，是生命科学与计算科学的结合，具有美好的前途，但离实用化相当遥远（曹来发，2010；王颖华，2010；Firefox，2003）。

光学计算机比目前最快的计算机快 1000 倍，目前尚没有一家商业公司从事光学计算机的基础研究和产业化工作（曹来发，2010；王颖华，2010，Firefox，2003）。

量子计算机是根据量子力学规律来实现信息处理的新概念计算机，其运算速度比现有的奔腾处理器快 10 亿倍，使用需要全新的算法支持。世界上第一台量子计算机于 2000 年研制成功，但至少还需要 20 年才能进入实用（Firefox，2003；曹来发和朱正堂，2001）。

纳米计算机不属于单独的一种类型，而致力于将量子计算、生物计算、光学计算这些技术微缩到最小限度（李向林，2000；杜鹏，2007）

碳纳米管计算机采用碳纳米管替代硅材料制造芯片用于计算机中，可以较传统的硅芯片获得更快的运算速度，更小的体积以及更低的功耗（Firefox，2003）。2009 年斯坦福大学成功研制出碳纳米管集成电路。

超导计算机利用超导器件代替硅晶体管器件，可提供百倍于现有电子计算机的高性能。该项技术受限于低温超导技术的发展（Firefox，2003）。

预计到 2050 年，量子计算机将具有应用到电力系统仿真分析中的可能，由于其使用需要全新的算法支持，将给电力系统仿真分析带来重大变革；碳纳米管计算机预计到 2020 年初步应用，其应用模式与目前硅芯片计算机没有本质区别。其他类型的新型计算机仍将处于研发阶段。

未来的网络是可随处连接的，具有前所未有的带宽，是贴近应用的智能化网络（顾冠群等，2002；张晓艳等，2003）。研发中的新一代网络（the Grid），传输速度可达标准宽频服务的 1 万倍，预计在 2030 年初步得到应用。

2. 相关计算数学发展现状和趋势

1）发展现状

与电网仿真分析相关的计算数学领域既有传统的数值计算方法，也包括新兴的人工智能、模糊数学和概率类等方法。

电力系统仿真分析的数值计算主要涉及线性 / 非线性方程组求解、数值积分、特征方程求解、非线性规划等多个数学领域，分别用于解决潮流计算、暂态稳定计算、小干扰计算、最优潮流计算等各种计算问题。其中，线性方程组求解最常见的是三角分解法，非线性方程组的求解最常用的是迭代法，特别是牛顿－拉夫逊方法。此外，也可将非线性方程求解转化为非线性规划问题，使用由数学规划方法衍生而来的各种算法求解；数值积分方法包括显式数值积分算法和隐式数值积分算法。其中，显式积分算法有欧拉法、改进欧拉法和龙格 - 库塔法等；隐式数值积分算法主要是隐式梯形积分法，其具有良好的数值稳定性，并可采用较大的积分步长，因此目前应用较为广泛；特征值的求法主要包括 QR 法和全维特征值分析法。QR 法在应用上受系统规模限制。全维特征值分析法包括逆迭代法、Rayleigh 商迭代法、同时迭代法、Arnoldi 法等，可只求出所关心的特征值，应用较为广泛。

人工智能 (artificial intelligence，AI)，是研究、开发用于模拟、延伸和扩展人类智能的理论、方法、技术及应用系统的一门新的技术科学。目前在电网仿真分析中已有部分应用，主要涉及系统设计运行的优化、运行状态分析、设备设计、开具操作票等方面。

概率类算法是一类考虑了输入信息随机性的计算分析方法，主要包括蒙特卡罗算法、拉斯维加斯算法和舍伍德算法，以及它们的衍生方法。这些算法适用于不同的方面，通过与电力系统的常规计算相结合，开辟了许多新的领域，如概率潮流研究和电网可靠性分析等。

模糊数学主要用于研究和处理模糊现象。其所研究的事物的概念本身是模糊的，即一个对象是否符合某个概念是难以确定的。在模糊数学中，通过在 [0，1] 上取值的隶属函数来描述这种模糊性。模糊数学聚类分析、图像识别、自动控制、故障诊断等方面得到了广泛应用。自 20 世纪 90 年代以来，众多专家学者也将其引入到了电力系统设计、运行的诸多领域。

2）发展趋势

数值计算方法未来的发展主要集中在提高算法效率、计算结果精度和非线性方程求解的收敛性等方面。

人工智能方法将与仿真环境结合得更为紧密，从而提高仿真自动化程度和仿真精度。

概率类算法在仿真计算领域的进一步发展，主要是增强各种与现有数值仿真计算方法相结合的衍生算法的实用性，降低对参数的要求，提高计算结果的质量，以及计算结果的进一步分析应用。

模糊数学将与人工智能技术的各分支进一步结合，求解用经典数值计算方法难以求解的问题，并进一步实用化。

3. 计算模式发展现状和趋势

1）发展现状

现代计算对计算性能的要求越来越高，使计算模式逐渐从单机向并行计算、分布式计算、网格计算发展，近期开始向云计算模式发展。

并行计算是解决单处理器速度瓶颈的最好方法之一。除了美、日之外，我国在高性能并行计算算法研究方面也获得了令人瞩目的成就（刘奇，2007）。

目前，在 Internet 网上分布式计算已比较流行，其研究主要集中在分布式操作系统研究和分布式计算环境研究两个方面（薛巍，2006）。

云计算是网格计算、分布式计算、并行计算、网络存储、虚拟化等传统计算机和网络技术发展融合的产物（廖力和张涛，2009；房秉毅等，2010）。自谷歌公司提出云计算概念以来，就备受人们关注。谷歌搜索引擎建立在分布在 200 多个地点、超过 100 万台服务器的支撑之上，谷歌地球、地图、Gmail、Docs 等也使用了这些基础设施。亚马逊使用弹性计算云和简单存储服务为企业提供计算和存储服务。IBM 推出了“蓝云”计算平台，为客户带来即买即用的云计算平台。微软推出了 WindowsAzure 操作系统，通过在互联网架构上打造新云计算平台，让 Windows 真正由 PC 延伸到“蓝天”上。SUN、苹果公司、惠普、英特尔、雅虎、戴尔等公司巨头也纷纷进入云计算市场（房秉毅，2010）。在国内，云计算研究和应用正逐步开展。云计算已经从概念走向实践，正在掀起一场信息技术革命。

在电力系统在线和实时仿真领域，并行计算也已得到较为广泛的应用（Lei and Kip，2006；严剑峰等，2008；田芳等，2008）。目前，在电力系统实时仿真领域，一般采用分网并行计算技术，而在电力系统在线仿真领域，则大多采用任务并行计算技术。分布式计算在电力系统仿真计算领域已有较多应用（李兢等，2010；高明等，2008；程新功等，2003；王成山和张家安，2004；李芳，2006）。云计算是未来仿真计算中心和数据中心的基础架构和重要技术支撑，正在快速发展。

2）发展趋势

未来高性能计算的发展将呈现以下趋势：一是并行计算和分布式计算两种形态共存并互相结合、相互补充，分布式计算中的网格计算系统作为无缝集成的协同计算环境，并行计算系统作为网格中的重要计算资源；二是从高性能计算走向高效能计算，提高计算性能、可编程性、可移植性和鲁棒性，降低系统的开发、运行及维护成本。

随着我国智能电网的建设和发展，分布式计算技术在仿真分析领域的应用将不断深入，分布式计算以及网格计算的应用，可以有效解决电力系统实时、复杂的计算问题（张步涵等，2005）。

当前中国的云计算的发展正进入成长期，预期在2015年之后，中国云计算产业将真正进入成熟期，云计算服务模式将被广大用户接受。目前云计算技术总体趋势向开放、互通、融合、安全方向发展，云计算将向公共计算网发展，对大规模的协同计算技术提出新的要求，虚拟机的互操作，资源的统一调度需要更加开放的标准（房秉毅等，2010）。云标准将较快发展并成熟。预计到2020年，云计算技术在电力系统仿真分析领域将得到广泛应用。

二、电力系统建模技术

1. 电力系统建模方法研究现状和发展趋势

1）研究现状

目前，电力系统建模方法研究以机理分析法为主，结合统计学、运筹学及人工智能等理论，又发展了数据分析法、层次分析法、智能建模法等方法。

机理分析法（郭秀云等，2005）是从基本物理定律及系统的结构数据推导模型，包括比例分析法、代数方法、逻辑方法、构建常微分 / 偏微分方程等。构建常微分 / 偏微分方程是现阶段电力系统仿真建模的主导方法。数据分析法是利用统计学方法，以观测数据为基础，建立相应的数学模型，主要用于建立电力系统可靠性分析模型及功率预测模型等。层次分析法是将与决策关联度高的元素分解成目标、准则、方案等层次，并进行定性和定量分析的决策方法，主要用于负荷预测建模、客户信用度评价、城市电网规划、电力需求管理等。近年来，随着人工智能技术的发展，智能建模方法（侯涛，2004；陈楷等，2010；宋云亭，2003）如专家系统法、神经网络系统法、模糊辨识法以及基于遗传算法的非线性系统辨识法等，在电力系统建模特别是同步机建模、负荷建模、电网规划建模以及故障模拟、系统控制等方面获得了越来越广泛的应用。

除上述方法外，电力系统建模还存在着一些常规或非常规的方法，如因子实验法、行为目标法等。各种方法都是对系统的某些特性进行模拟，对于研究电力系统的某些方面具有一定的适应性。

电力系统模型参数对系统仿真结果有着重要的影响，目前，对于模型参数的获取，主要采用取典型值和实际测量两种方法（张卓，2005；孙黎霞等，2009），另外还可以通过对实际系统运行情况的模拟来获得。

广域测量系统（WAMS）的发展，为电力系统建模提供了一种有效的模型检测和参数获取手段。基于WAMS动态监测数据，校验系统模型及参数、研究模型参数灵敏度机理及进行仿真误差溯源是WAMS在电力系统建模中的主要应用。

2）发展趋势

（1）基于 WAMS 数据进行模型修正将成为建模的重要手段。WAMS 电网事故分析的管理制度逐步形成并完善，从而使仿真计算模型的校核与修正工作制度化。另外，通过分析 WAMS 的测量信息，构建 WAMS 信息的数据仓库并进行数据挖掘，建立全国范围内的 WAMS 互联系统，实现 WAMS 数据资源共享，从而提高电力系统建模的精确性和便利性。

（2）人工智能建模弥补了传统方法单纯依靠数学分析求解的不足，在模型的精确性和适应性上都会有极大的提升。人工智能技术或将取代传统的建模方法，成为电力系统建模的主导方法。

2. 电力系统模型研究现状和发展趋势

1）研究现状

（1）发电系统模型（孙黎霞等，2009；汤涌，2007）。同步机模型是在派克方程的基础上加入限定条件而形成的具有不同精度的模型；励磁系统、调速系统、电力系统稳定器 (PSS) 等模型利用机理分析法得到。当前通用的同步机模型约有 6 种，励磁调节器模型约有十余种，调速器模型约有 7 种，PSS 模型约有 5 种。此外，针对自动发电控制 (AGC) 与自动电压控制 (AVC) 机理及模型的研究也是近年来的热点。

（2）输配电系统模型。交流输配电系统模型以等效电路为基础，根据仿真要求的不同进行相应处理。直流输电系统模型是在对其原理和结构研究的基础上，经过一定简化处理的数学模型。其控制方式是建模的关键环节，主要采用定电流、定电压、定功率及定关断角等方式，调节器模型多根据传统控制理论，利用 PID 控制实现。

（3）受电系统模型（张景超等，2007；周海强等，2008；李培强等，2008）。现有负荷模型包括静态模型和动态模型。静态模型主要有 ZIP、多项式和幂指数模型；动态负荷模型主要有机理式和非机理式。另外，还在采用 ZIP 模型和电动机模型相结合的负荷模型基础上提出了综合负荷模型概念。负荷建模的方法主要有统计综合法和总体测辨法两种。

（4）FACTS 元件模型（王宏丽，2005）。目前，一些大的商用软件如 Matlab、PSASP、PSD 等都具备了一些典型 FACTS 元件的模型库。FACTS 模型主要包括三类：①串联型灵活交流输电设备。如可控串联补偿电容器 (TCSC)、静止串联同步电压补偿装置 (SSSC) 等；②并联型灵活交流输电装置。如静止无功补偿装置（SVC)、静止同步补偿装置（STATCOM)、可控高抗（CSR）等；③串并联混合型灵活交流输电装置。如统一潮流控制器 (UPFC) 等，FACTS 元件的建模主要以机理分析法为主。

（5）综合自动化系统模型。保护和控制系统建模研究主要集中在调度员培训仿真系统（DTS）和连锁故障两个方面。DTS的体系结构正向与EMS接口采用"即插即用"方式的跨平台系统发展，其对于继电保护的仿真主要有教案准备法、逻辑判别法、定值判别法和逻辑定值协调法等，对于自动控制装置的仿真，采用模型拼装和决策表比较，动态仿真中电源控制系统模型两种形式；在连锁故障方面，主要采用复杂系统理论、模式搜索法进行模拟和研究。

（6）核电系统模型。目前核电仿真系统包括法国的工程仿真机SIPA、德国KWU的仿真分析系统、美国西屋公司的工程仿真机ES-400、NRC的核电厂分析器（NPA）、日本的全范围核动力船工程仿真机、加拿大的智能化核电厂在线故障诊断系统以及我国的核电厂原理性培训仿真机、核电厂全范围仿真分析机（NPA）等。

（7）新能源发电系统模型。风力和光伏发电的建模研究开展得较为广泛，尤其是风力发电系统，在风电场、风机、风速等模型上都有一定的研究成果，在一些商用软件中已有成熟模型应用。光伏发电是近年来新能源发电研究的重点方向，国内外有很多文章对光伏发电建模进行了描述，所建立的模型具有一定的实用性。其他如生物质能、海洋能、地热能等新能源发电的建模研究，也越来越多地受到了人们的关注。

（8）储能系统模型。储能系统主要由储能装置和能量转换装置构成，其建模主要集中在能量转换装置及其控制方面。根据各储能系统动态响应的特点，各系统的模型也从不同的方面反应系统特性。例如，超级电容器储能多从电磁暂态方面建立系统模型，抽水蓄能多从稳态分析方面建立系统模型，蓄电池储能因在调频、调峰方面都发挥作用，其模型也涵盖了电磁暂态、机电暂态以及中长期暂态等方面。

（9）电力系统等值模型。目前的网络等值算法大体分为拓扑法和非拓扑法两类。拓扑法分为静态等值和动态等值两种，其中静态等值主要包括WARD等值、REI等值以及由其演化的多种方法；动态等值包括同调等值法、模式等值法和基于量测量的参数估计等值法。非拓扑法又称识别法，如未化简负荷潮流模型法。另外，对于在线应用中边界节点的等值注入，还可结合ANN（人工神经网络）和遗传算法对边界节点的功率匹配进行改进。

2）发展趋势

电力系统模型将会朝着丰富化、模块化、精确化和标准化的趋势发展。

（1）传统的模型进一步完善，发电和受电系统的模型丰富程度、精确程度和适应性日益提高，直流输电系统、FACTS器件、综合自动化系统、新能源发电及储能系统的控制手段建模不断丰富与完善，核电系统建模、网络等值建模的方法继续发展和实用化。

（2）元件模型的模块化将成为系统建模的主要形式，各类元件的模型逐渐趋于完整，不依赖于其他模型的输入、输出及参数而改变；同一类元件共同使用一个通用模型结构，用户可通过任意修改参数或元件结构来改变模型，使其可同时应用于机电暂态、电磁暂态和中长期过程动态仿真等。

（3）模型的标准化成为趋势。模型的标准化使得系统建模可在任意仿真软件的建模环境下进行，采用通用的输入输出格式，并可在其他仿真软件中进行调用，使模型具备“即插即用”的功能。未来的电网设备中可自带标准化的模型并具备对局部模型进行仿真的能力，其结构和参数自行维护更新，模型是异地分布的，结合分布式计算技术，实现对整个电网的仿真分析。

三、电力系统数字仿真分析方法

1. 研究现状

电力系统数字仿真分析方法，包括稳态分析（潮流、网损分析、最优潮流、静态安全分析、谐波潮流）、动态和暂态分析（电磁暂态仿真、机电暂态仿真、中长期动态仿真、小干扰稳定计算、电压稳定计算等）等。

电力系统潮流计算问题主要在于非线性方程组求解，现有算法主要有高斯塞德尔法、牛顿 - 拉夫逊法、PQ 分解法、保留非线性潮流算法和最优因子法等。其中，牛顿－拉夫逊法是求解非线性方程式的典型方法，有较好的收敛性和较快的收敛速度。最优因子法是将非线性规划方法与牛顿－拉夫逊潮流算法相结合的产物，其优势在于只要在给定运行条件下潮流问题有解，理论上其就可以找到这个解。由于潮流计算的收敛性受初值的影响较大，提出了先预计算，再正式计算的方法，如 PQ 分解转牛顿法。此外，还提出了潮流计算中的自动调整方法、适合实时计算的直流潮流算法、考虑不确定性因素的随机（概率）潮流方法、适合系统参数不对称情况的三相潮流算法，以及应用于电力系统电压稳定计算的多种病态潮流算法。

电力系统最优潮流计算实质是一个非线性规划问题，其主要算法有线性规划法、牛顿法、内点法以及遗传算法、人工神经网络法等智能算法。其中内点法（白晓清等，2008）在可行域的内部寻优，收敛性好、收敛速度快，适用于大规模电网的优化计算。智能算法由于具有全局收敛性和擅长处理离散变量而日益得到重视，但还处在发展阶段。

研究小扰动电压稳定问题的电力系统静态电压稳定计算方法常用的有奇异值

分解法、灵敏度法、崩溃点法、非线性规划法、连续潮流法、非线性动力学方法等。其中，奇异值分解法主要基于线性化潮流方程进行，分析雅可比矩阵的奇异度和特征值来确定系统的电压稳定性和相关元件的参与程度；灵敏度法也是基于潮流雅可比矩阵进行，但需与其他方法结合使用；崩溃点法是一种计算系统临界点的方法，其最大特点是计算速度快；非线性规划法将电压崩溃点的求取化为非线性目标函数的优化问题，其计算规模有限；连续潮流法是从当前工作点出发，随负荷不断增加依次求解潮流，直到临界点；非线性动力学方法主要关注系统的临界点以及在其之后系统的状态如何变化，研究最多的是分岔理论。电压稳定的动态分析方法，包括小干扰分析法和对大扰动电压稳定的时域仿真分析法、能量函数法等。

电力系统暂态稳定计算需要求解系统的网络方程和微分方程，一般采用交替迭代求解。其中微分方程主要由发电、负荷等一次设备和二次自动装置的数学模型构成，主要采用数值积分方法求解。

电力系统小干扰稳定计算的主要方法有：特征值分析法、小干扰时域响应分析、小干扰时域响应分析。其中特征值分析法应用最为广泛。

电力系统中长期动态过程仿真（汤涌，2009）要计入在一般暂态稳定过程仿真中不考虑的电力系统长过程和慢速的动态特性，采用数值积分的方法，主要有隐式梯形积分法和 Gear 类方法，为避免计算时间过长，一般还采用自动变步长计算技术。

电力系统电磁暂态仿真通常采用时域瞬时值计算，多采用隐式梯形积分法，计算规模一般不超过百余条母线，计算步长通常为 20 ～ 200μs。

电磁暂态与机电暂态混合仿真（Heffernan et al., 1981）的主要思路是把大规模电力系统分为需要进行电磁暂态仿真的子系统和进行机电暂态仿真的子系统，分别进行电磁暂态仿真和机电暂态仿真，在各子系统的交界处进行电磁暂态仿真和机电暂态仿真的交接，以提高机电暂态程序的仿真精度。近年来，随着分网并行算法的提出和电磁 - 机电接口的完善，混合仿真已实现了实用化（岳程燕，2004）。

综上，上述电力系统仿真分析方法都较为成熟，为提高仿真分析速度，近年来，并行和分布式计算方法逐渐在电力系统潮流计算、最优潮流、静态安全分析、电磁暂态仿真、机电暂态仿真、小干扰稳定计算等分析方法中得到应用（李亚楼，2003；李传栋等，2008；岳程燕等，2004）。

2. 发展趋势

（1）对超大规模电力系统数字仿真计算的研究将取得长足进步，计算能力大大增强，由目前的万节点级增大为百万节点级，大规模电网仿真计算时的收敛性、鲁棒性、准确性和计算速度等方面得到显著改善。

（2）配电网和输电网统一建模，全网数据实现标准化、规范化，结合云存储技术，电网数据可根据计算的需要以不同的精细程度自动组合和调整，形成计算用数据，用户无需关心具体数据的存放位置和获取方式。结合多层分级分网并行和分布式计算、云计算技术，实现对电网的按需灵活仿真。

（3）与有关计算领域将进一步相互影响和融合，特别是与环境保护方面。例如，常规的安全稳定分析类计算和最优化计算，与碳排放控制相结合，通过合理安排发电机开停、系统潮流等措施，在满足电网安全性、稳定性及常规优化目标的同时，减少碳排放。

（4）更有效地利用各种先进的自动化系统、测量设备的信息，大大改善电力系统数字仿真计算的速度和精度。

（5）不同时间尺度的混合仿真技术逐步成熟，实现电磁暂态 - 机电暂态中长期动态过程的连续仿真，可获得系统从仿真开始后微秒级到分钟级，甚至小时级时间尺度的动态特性，仿真结果更加贴近系统的实际表现。

（6）协同计算将在电力系统仿真分析中逐步应用，使离线仿真分析从以往单地区单人工作的独立模式向多人联合协同计算模式转变，大幅度提高工作效率。

（7）人工智能、概率和模糊数学方法将会被更多地引入和研究。人工智能算法是解决大规模非线性系统求解、优化的有效方法，为电力系统计算分析开辟了一条新的路径，而概率算法和模糊数学方法则可以更好地处理仿真计算中的各种随机性和模糊性问题。综合应用各种人工智能方法，实现对仿真计算结果的综合智能分析和自动化处理。

（8）随着计算机技术的发展，特别是新型计算系统如生物计算、量子计算等的出现，仿真算法或将随之改变。

四、电力系统在线仿真分析

1. 研究现状

随着电网大停电事故的不断发生，各国对电网安全愈加重视，电力系统的在线稳定仿真分析也成了研究的重点。2005 年的调研报告表明，当时国际上已有 6 个电力系统在线软件生产厂家，可以提供不同程度的在线暂态稳定评估软件（Vijay et al., 2005）。其功能主要是在 EMS 高级应用的基础上，实现采用实时数据的全时域仿真并配合扩展等面积法或暂态能量函数法的暂态稳定评估。调研表明，在线稳定评估软件需求强烈，但目前远未达到大规模实际应用的程度。目前已经或正在实现在线应用的国家有加拿大、美国、巴西、爱尔兰、希腊、葡萄牙、芬兰、澳大利亚、新西兰、马来西亚、日本、意大利等。其中 2006 年在北美 PJM 联合输电系统中投运的实时暂态稳定分析和控制系统（TSA&C）就是较为成功的一个例子（Lei and Kip，2006）。

国内在智能电网建设的新环境下，为确保电网安全稳定运行，建立和健全电网安全防御体系，中国电力科学研究院、国网电力科学研究院、清华大学等单位就在线仿真分析开展了研究与应用工作（严剑峰等，2008；薛禹胜，1998；张伯明等，2006）。其中中国电力科学研究院于 2004 年开始进行电力系统在线安全评估系统的研究和开发，并在国调、华北、华中、广东、黑龙江等国网省调得到初步应用，取得了较好的效果（严剑峰等，2008）。

2. 发展趋势

（1）建立在线仿真专家系统。在线系统每天产生大量宝贵的运行数据，通过深入挖掘数据之间的联系，以及电气量、状态量变化对稳定性的影响，来建立专家系统，指导电网的在线运行。同时以专家系统为基础，根据电网运行状况找出薄弱环节，自动生成危险故障集、连锁故障和危险断面等。

（2）提高在线仿真数据的质量。由于在线数据质量不良、数据同步时标不准等问题，导致在线仿真数据与实际运行工况有一定差异，可在数据整合时引入 WAMS 数据以提高在线仿真数据质量。另一方面，也可利用 WAMS 数据进行参数校核和辨识等工作，提高静态模型参数和动态模型参数的准确度。

（3）结合 WAMS 数据的在线仿真。目前在线仿真仅在数据准备时间接利用到 WAMS 数据，未来可在动态过程仿真过程中更多引入 WAMS 实测数据，例如，可采用 WAMS 数据修正动态仿真的初始值或状态量，以提高在线仿真结果与实际系统响应的吻合程度。

（4）电力系统在线安全风险评估的实现。结合完善的元件停运模型、数据采集管理方法和超短期的电网状态变化预测，采用统一的风险评估指标体系，将确定性安全评价拓展到风险评估，规避风险较大的运行方式，确保系统安全运行。

（5）数据融合技术的应用。数据融合技术是指利用计算机对按时序获得的若干观测信息，在一定准则下加以自动分析、综合，以完成所需的决策和评估任务。该技术在电力系统在线仿真分析中的应用，将有利于提高其对调度自动化系统、广域量测系统、继电保护稳控系统、离线方式数据等多系统多信息的整合能力和利用水平。

（6）云计算模式的应用。随着云计算模式的发展，首先将在离线仿真分析中得到应用和推广，技术成熟后将逐渐应用到在线仿真分析中，以突破大电网并行和分布式计算性能瓶颈，实现大规模资源共享。

（7）基于超实时仿真的在线控制以及未来的云控制。利用大规模电力系统的超实时仿真技术，在故障发生后快速判别系统稳定性，并给出控制措施。云控制则是云计算技术与基于超实时仿真的在线控制技术的完美结合，是未来在线控制技术的发展方向。

五、电力系统实时仿真

1. 研究现状

电力系统实时仿真的发展经历了从物理实时仿真、数模混合式实时仿真到全数字实时仿真的 3 个历史阶段（中国南方电力公司，2007；罗建民等，2006）。物理实时仿真由于其仿真规模不大和建模工作复杂，主要用于设备级的仿真和试验，如继电保护装置、安全自动装置、电力电子设备及新技术、新设备的基本原理验证和性能指标检验等。数模混合式实时仿真系统目前主要用于直流输电控制保护系统试验。RTDS 等全数字实时仿真主要用于继电保护装置、安全自动装置验证试验，近年来也有应用于电力电子设备验证试验、直流输电控制保护系统试验等方面；新近出现的全数字实时仿真装置 ADPSS 因其具有的大电网实时仿真的能力，应用范围较为广泛。

随着特高压直流、灵活交流输电和柔性直流输电等技术和设备在电力系统中的应用，日益复杂的拓扑结构、为数众多的电力电子开断器件和高速开断频率等因素使得现在的实时数字仿真技术已经无法满足实际应用的需求。而传统的物理实时仿真和数模混合式实时仿真又难以在仿真规模上有大的突破。仿真规模与仿真精细程度之间的矛盾日益凸显。目前国内外已在全数字实时仿真与直流物理仿真设备的功率连接技术方面开始了有益探索，并取得初步研究成果（Wang et al., 1993；Kuffel et al., 1995；胡涛等，2010）。其中，中国电力科学研究院基于大规模电网仿真装置 ADPSS 开展的功率连接技术，将有望解决上述仿真规模与仿真精细程度之间的矛盾问题（胡涛等，2010）。

2. 发展趋势

（1）超大规模电力系统的实时仿真得以实现。随着计算机软硬件技术的快速发展，通过引入新的并行计算和仿真积分算法或对既有方法进行改进，实时仿真的电力系统规模将从目前的万节点级增大为百万节点级。

（2）机电 - 电磁暂态混合仿真技术日趋成熟并普遍应用，电磁暂态 - 机电暂态 - 中长期过程一体化实时仿真逐步实现。通过研究和应用新的混合仿真接口方法或对既有方法进行改进，机电 - 电磁暂态混合仿真的精度和稳定性得到提高，并在电网分析、仿真试验中普遍应用。电磁暂态 - 机电暂态 - 中长期过程一体化仿真的实现，使得仿真结果更加贴近系统的实际表现。

（3）新型设备的电磁暂态实时仿真得以实现。通过引入新的并行仿真方法或对既有方法进行改进，大量高频开断的电力电子开关器件的实时仿真难题得到解决，使得风力发电、柔性直流输电、新型灵活交流输电等新能源新设备的电磁暂态实时仿真得以实现。

（4）全数字实时仿真与物理仿真设备的功率连接技术取得长足进步，实现超大规模电力系统与数十条直流输电、电力电子装置、新能源新设备等的物理仿真设备的联合实时仿真。

（5）电网 - 电厂 - 变电站联合实时仿真得以实现，实现对电力系统的全方位实时仿真，可灵活接入实际的电网二次设备、电厂和变电站监控设备进行仿真试验分析。

（6）分布式实时仿真得以实现。基于时钟同步技术和通信技术，通过异地多个实时仿真装置的配合，实现多个异地物理装置的分布式仿真试验，解决带通道保护的继电保护装置、多个 HVDC 或 FACTS 控制器的交互影响和控制器协调等异地同步仿真问题。远程试验是分布式实时仿真的特殊应用模式，即大电网的实时仿真在异地高性能服务器上进行，而现场仅需要配备与物理待测设备的输入输出接口，需要高速的通信网络支持。分布式实时仿真的典型场景如图 2-3 所示。

（7）在线实时仿真的应用。在线实时仿真通过实时信息采集与传递系统，实时接受电网运行数据，将开关状态、变压器分接头挡位、发电机出力参考值等信息送入实时仿真系统，使系统仿真模型能够及时跟踪大电网运行状态特别是灾害情况下的迅速变化，实现对大电网的在线实时仿真。在此基础上，进而结合在线评估、紧急控制和优化运行等方法，实现电力系统实时仿真在线应用的预测分析、辅助决策和实时控制等功能。

第三节　技术难点和需要解决的基础理论或关键技术问题

一、电力系统建模技术

1. 电力系统建模方法的技术难点

（1）研究基于 WAMS 信息的建模技术，包括基于 WAMS 信息的数据挖掘技术，基于 WAMS 信息的参数辨识、仿真模型校核与修正技术。

（2）研究人工智能理论在电力系统建模方面的应用技术，包括应用专家系统、神经网络、模糊辨识、遗传算法等人工智能技术进行电力系统元件建模、参数辨识等的技术。

2. 电力系统模型研究的技术难点

（1）深入研究新能源、可再生能源发电，核电，储能系统，特高压直流输电，负荷，柔性 / 多端直流输电，新型 FACTS 器件等的建模理论和模型。

（2）研究建立适用于机电暂态、电磁暂态、长过程仿真的通用的系统元件模型。

（3）研究模型的标准化技术，针对电力系统建模的标准输入输出格式，建立“即插即用”型模型，可在各种仿真软件中调用。

二、电力系统数字仿真分析方法

（1）已有数学计算方法的突破。主要包括非线性方程求解，矩阵特征值、灵敏度和特征向量求解，数值积分计算方法研究等方面，目标是提高计算速度、精度、稳定性，以及潮流计算中非线性方程求解的收敛性。

（2）超大规模电网多层分级分网并行和分布式计算技术研究研究超大规模电网多层分级分网并行和分布式计算技术，研究电网设备自带模型的仿真技术，实现对电网的按需灵活仿真。

（3）考虑经济、环境、社会等影响因素的仿真计算。

（4）基于多信息源的数字仿真计算主要涉及如何有效利用各种信息源的信息，以及如何对这些信息进行整合。

（5）不同时间尺度的混合仿真技术。虽然目前已实现了电磁暂态 - 机电暂态、机电暂态 - 中长期过程的混合仿真，但要实现完整的电磁暂态 - 机电暂态 - 中长期过程的仿真，还需在算法和模型方面作进一步的深入研究。

（6）协同计算在电力系统仿真分析中的应用研究多成员异地协同工作模式，研究如何利用先进的互联网应用、通信以及数据处理技术，形成高度融合的电力系统仿真分析协作系统。

（7）人工智能技术在电力系统中的应用仿真计算结果的智能分析方法研究，智能化建模与仿真环境的研究和实现，以及智能人机交互技术的研究和实现等。

（8）云计算在电力系统仿真分析中的应用研究云标准、云存储、数据安全、适合电力系统仿真应用特点的云计算应用体系架构、云计算环境的智能高效的电力系统仿真技术等。

（9）与先进计算机技术相结合研究数字仿真与先进的计算机（如未来全新原理的量子计算机、生物计算机等）相结合的方法。

三、电力系统在线仿真分析

（1）研究引入 WAMS 数据提高在线数据质量的方法，结合 WAMS 数据的在线仿真、参数校核和辨识等。

（2）结合气象信息、风险评估、历史数据的专家知识分析等，研究电网薄弱环节的诊断算法以及电网稳定性机理。统一风险评估指标体系的建立和元件停运模型的建模方法等。

（3）数据融合技术的应用。研究调度自动化系统、广域量测系统、继电保护稳控系统等多源信息观测技术，多源信息的提取和综合分析技术，数据融合技术和人工智能技术的结合技术。

（4）云计算模式的应用。研究云计算环境下如何保证在线系统安全，云计算环境下如何保证有充分的资源可供使用，以确保在线仿真分析性能要求。

（5）基于超实时仿真的在线控制以及未来的云控制。前者的技术关键在于在线稳定预测技术，控制策略在线生成和校验技术，基于超实时仿真的预防、紧急、校正控制的协调控制技术。后者则需要研究云计算在基于超实时仿真的在线控制中应用的可能性以及具体结合点。

四、电力系统实时仿真

电力系统实时仿真主要在以下几个方面存在技术难点。

（1）全数字实时仿真与物理仿真设备的功率连接技术。包括两个方面：数字网络与物理网络的接口方法的研究，使其在精度、稳定性、尤其是使用的方便性与实用性方面进一步提高；大功率、快速响应、高精度、多通道的数字 - 物理混合仿真接口元件的进一步研制。

（2）实时仿真的模型和算法。为适应电力电子技术的飞速发展和在电力系统中的广泛应用，适用于高频开断的电力电子元件的实时仿真技术、电磁暂态不同步长间联合仿真技术需进行深入探索。

（3）分布式实时仿真。分布式实时仿真的关键技术在于异地多端子系统之间的信息传递和同步时钟标记。因此，需要重点研究基于先进通信技术的异地快速数据交换和异地同步问题。

（4）在线实时仿真。在实现电力系统全过程动态实时仿真的基础上，实时仿真的在线应用仍面临诸多关键问题需要解决，如电网运行数据的采集与传递、大电网仿真模型的状态估计、实时仿真跟踪大电网运行状态的稳定性及可信度分析、实时仿真的在线评估和动态预警方法、紧急控制和优化运行策略等。

第四节　技术发展或工程实施路线图（含技术经济指标目标）

一、电力系统建模技术电力系统建模技术发展路线

电力系统建模技术电力系统建模技术发展路线图如表 11-1 所示。

表 11-1　电力系统建模技术发展路线表

	2012 年	2020 年	2030 年	2050 年
发电系统模型	励磁调节器、调速器等控制系统模型的完善，AGC、AVC 等辅助调节系统的模型开发	模型的完善和精确化，适用于混合仿真的模型开发	采用如人工智能等新方法、新手段开发的常规发电系统模型	
输配电系统模型	特高压直流输电、柔性直流输电、多端直流输电模型的发展，控制系统模型的完善	适合混合仿真的直流输电系统及其控制的模型，交流输配电系统模型的精确化	采用如人工智能等新方法、新手段开发的交/直流输配电系统模型	
综合自动化系统模型	适用于系统联锁故障仿真的综合自动化系统模型	结合 EMS 技术的发展，形成“即插即用”式跨平台仿真系统		采用新的决策方法和控制策略，如神经网络、专家系统等开发的新模型
核电、储能元件	—	建立完整、系统的核电系统模型和各类储能系统模型	适用于混合仿真的系统模型，控制方法建模的完善和理论化	发展新的控制方法，建立基于新方法的系统模型
新能源发电系统模型	风电、光伏的机电和电磁暂态仿真模型	各种可再生能源发电的系统模型；适用于混合仿真的模型	运用人工智能建模理论建立各种新能源发电系统的模型	

续表

	2012 年	2020 年	2030 年	2050 年
FACTS 原件模型	现有多种 FACTS 元件的机电和电磁暂态仿真模型	新型 FACTS 元件的机电和电磁暂态仿真模型	适用于混合仿真的模型	各种 FACTS 元件的人工智能模型
负荷模型	多种负荷模型	利用 WAMS 数据的负荷精确模型	适用于混合仿真计算的负荷模型	负荷的人工智能模型，仿真精确度高，适应性强
模型参数	WAMS 测量技术运用于系统模型参数的研究	WAMS 测量技术成为模型参数获取、研究的主要手段，传统模型更加精确	人工智能模型参数的研究；依据 WAMS 或其他先进测量技术进行模型参数的自调整仿真计算	
混合仿真建模技术	混合仿真建模初步研究	部分主要系统元件的混合仿真模型	形成完备的混合仿真建模理论，开发出各种系统、元件的混合仿真模型，在混合仿真中引入人工智能理论，提高仿真的适用性	
人工智能建模技术	—	成熟人工智能建模理论；系统控制、新型元件的部分人工智能模型	完整的人工智能建模理论，范围覆盖几乎全部的元件	
即插即用建模技术	—	实现部分软件中模型的通用性，模型初步具备“即插即用”功能	模型的标准化、适应性、通用性极大加强，完全“即插即用”	电网设备中自带标准化模型

二、电力系统数字仿真分析方法

电力系统数字仿真分析方法的发展路线图见表 11-2。

表 11-2　电力系统数字仿真分析方法发展路线表

	2012 年	2020 年	2030 年	2050 年
电力系统数字仿真计算方法研究	对现有算法进行改进，挖掘潜力，提升性能	新计算方法的研究和应用，数字仿真计算的电网规模达到百万节点级；利用 WAMS 等设备量测结果的改进算法	超大规模电网仿真计算收敛性、鲁棒性、准确性和计算速度等显著改善	
数字仿真计算领域	—	配电网和输电网统一建模，结合数据标准化、云存储、自动组合、多层分级分网并行和分布式计算、云计算技术，实现对电网的按需灵活仿真	常规的安全稳定分析类计算和最优化计算，与碳排放控制相结合，出现新的计算领域	
电力系统多时间尺度混合仿真技术的研究	电力系统混合仿真技术的研究进一步深入，多时间尺度混合仿真实用软件逐步成熟	电力系统混合仿真技术取得长足进步，电磁暂态 - 机电暂态 - 中长期过程的多时间尺度混合仿真精度不断提高，结果更加可信，逐步开始实际应用		电磁暂态 - 机电暂态 - 中长期过程的多时间尺度混合仿真成为电力系统仿真分析的主要手段

续表

	2012年	2020年	2030年	2050年
人工智能在电力系统仿真分析中应用	—	人工智能算法全面应用，开发出智能化仿真商用软件并得到推广，智能化的结果分析初步替代人的作用	人工智能算法发展和应用更为成熟，成为主流方法	高度智能化的面向用户、面向问题、面向实验的建模与仿真环境
协同计算在电力系统仿真分析中的应用	协同计算初步实现	协同计算在电力系统离线仿真分析中得到应用	协同计算在电力系统离线仿真分析中全面应用，大幅度提高工作效率	—
先进计算模式的应用	云计算关键技术取得突破	并行计算和分布式计算趋于成熟和广泛应用；云计算模式被用户普遍接受并广泛应用	—	—
新型计算系统	—	碳纳米管计算机初步应用，仿真计算速度大幅度提高，计算方法无变化	—	量子计算机具有应用可能，仿真分析方法重大变革

三、电力系统在线仿真分析

电力系统在线仿真分析技术发展路线图见表11-3。

表11-3　电力系统在线仿真分析技术发展路线表

	2012年	2020年	2030年	2050年
智能决策及专家系统	—	—	基于历史数据分析功能的专家系统关键技术取得突破	基于历史数据分析功能的专家系统应用，智能决策技术应用
在线仿真数据	利用WAMS数据，在线仿真数据质量大大加强	在线/离线统一建模，在线仿真数据质量问题基本解决	—	—
在线仿真方法	—	结合WAMS数据的在线仿真得以实现，在线仿真可信度大大加强	—	—
在线安全风险评估	—	制定统一的指标体系，在线安全风险评估系统初步实现	在线安全风险评估系统完善并推广	—
数据融合技术的应用	—	关键技术取得重大突破，在在线仿真分析领域开始应用	深入应用	规模化应用，成为在线仿真分析数据处理的基本手段之一
云计算模式的应用	—	—	应用到在线仿真分析，实现大规模资源共享	—
在线控制以及云控制	基于超实时仿真的在线控制关键技术突破	基于超实时仿真的在线控制初步应用	基于超实时仿真的在线控制技术全面应用	将云计算技术与基于超实时仿真的在线控制技术结合，实现云控制

四、电力系统实时仿真

电力系统实时仿真技术发展路线图见表 11-4。

表 11-4 电力系统实时仿真技术发展路线表

	2012 年	2020 年	2030 年	2050 年
实时仿真方法	—	实现百万节点级超大规模电网的实时仿真。实现风力发电、太阳能发电、柔性直流输电、新型灵活交流输电等新能源新设备的电磁暂态实时仿真	实时仿真精度大幅度提高	—
混合仿真和联合仿真	全数字实时仿真与物理仿真设备的功率连接关键技术取得突破	机电 - 电磁暂态混合仿真技术成熟并普遍应用，显著提高仿真的规模和精度。实现电磁暂态 - 机电暂态 - 中长期过程一体化实时仿真。实现超大规模数字电力系统与数十条直流、电力电子装置等物理仿真设备的联合仿真	电磁暂态 - 机电暂态 - 中长期过程一体化实时仿真成熟并普遍应用；实现全数字实时仿真与太阳能发电、风电、储能、柔性交 / 直流输电等新能源新设备的物理仿真设备的联合仿真	出现电网 - 电厂变电站联合实时仿真系统，实现对电力系统的全方位实时仿真
分布式实时仿真	—	—	分布式实时仿真关键技术取得突破，开始初步应用	分布式实时仿真全面应用，开展远程试验
在线实时仿真	—	实现在线实时仿真，为实时控制奠定基础	—	—

第五节 应重点研究的课题、基础设施建设及相关政策建议

一、重点研究课题

1. 电力系统建模技术

根据对电力系统建模技术发展路线的分析和描述，可以做出如下判断。

2010 ～ 2050 年电力系统建模技术需要分不同阶段突破不同的技术难题，力争经过 40 年左右的时间，使电力系统建模技术的发展有一个质的飞跃，即改变目前以传统机理研究为主进行经一定程度等值简化且仅适用于某种仿真领域的电力系统建模的现状，形成采用人工智能模型，且可适用于各种仿真分析计算的仿生学电力系统建模环境，为提高电力系统仿真分析的精确性和适用性打下基础。

归纳起来，电力系统建模技术应重点研究的课题主要包括以下几点：①可再

生能源（包括风能、太阳能、生物能源、海洋能源等）发电、核电的建模研究与应用分析；②新型 FACTS 器件的建模与仿真分析；③电力系统负荷建模理论及方法的研究；④特高压直流、柔性 / 多端直流输电系统的建模与仿真分析；⑤电力系统模型参数辨识的实用化方法研究；⑥电力系统混合仿真模型的研究开发；⑦电力系统仿真分析软件通用数据接口的开发；⑧电力系统人工智能建模理论的研究与应用；⑨电力系统即插即用建模技术的研究。

2. 电力系统数字仿真分析方法

根据对电力系统数字仿真分析方法技术发展路线的分析和描述，可以做出如下判断。

2010 ～ 2050 年电力系统仿真计算技术将分不同阶段突破不同的技术难题，力争经过 40 年左右的时间，使电力系统数字仿真分析方法的发展有一个质的飞跃，仿真计算软件实现智能化和自动化，实现对电网的按需灵活仿真。

归纳起来，电力系统仿真计算技术应重点研究的课题主要包括以下几点：①电力系统数字仿真计算方法研究：对目前主流数学计算方法的研究和改进，包括具有更好收敛性的非线性方程组解法、积分算法、矩阵特征值和特征向量求取等方面，同时进一步研究与经济、环境领域问题相结合的算法；②超大规模电网多层分级分网并行和分布式计算技术研究；③基于多信息源的数字仿真计算技术研究；④电力系统多时间尺度混合仿真技术的研究：实现电磁暂态 - 机电暂态 - 中长期动态过程的多时间尺度混合仿真；⑤新一代电力系统智能化建模与仿真系统的研制与应用：研究和电力系统仿真计算问题相适应的人工智能算法，对仿真计算结果的智能分析方法，智能人机交互技术的应用，研发新一代电力系统智能化建模与仿真系统，推进计算过程的智能化和自动化；⑥电力系统仿真分析协同计算技术研究；⑦云计算在电力系统仿真分析中的应用研究；⑧仿真计算结果可信度研究；⑨适应新型计算技术和计算系统的仿真分析方法研究。

3. 电力系统在线仿真分析

基于上述分析，为使电力系统在线仿真分析得到更好的应用，以达到保障电网安全稳定运行的目标，在计算机和通信技术不断更新、数学方法不断发展的条件下，还需要设置以下课题进行重点研究。

（1）基于历史数据分析功能的专家系统研究与开发。

（2）智能决策技术研究与应用。

（3）含 WAMS 数据的在线 / 离线多数据源的融合技术。

（4）与 WAMS 数据相结合的在线仿真方法研究。

（5）电网安全风险评估指标体系研究和制定。

（6）电网元件停运模型建模和数据采集方法的研究。

（7）数据融合技术在电力系统在线参数辨识和辅助决策中的应用。

（8）云计算在电力系统在线仿真分析中的应用。

（9）基于超实时仿真的在线控制技术研究。

（10）云控制技术研究。

4．电力系统实时仿真

智能电网的建设和发展对实时仿真提出了更高的要求，因此必须结合实时仿真的需求，将多个相关领域的先进技术应用于实时仿真，为其提供发展的技术基础。以下是电力系统实时仿真应重点研究的课题，包含但不限于以下的内容。

（1）实时快速仿真算法研究。

（2）实时多时间尺度全过程仿真方法研究。

（3）新能源新设备的数模混合仿真技术研究。

（4）分布式实时仿真技术研究及装置研制。

（5）在线实时仿真技术研究。

二、基础设施建设以及相关政策建议

（1）建设电力系统云仿真及云控制研究中心，在该研究中心开展云计算关键技术研究及其在电力系统仿真分析中的应用研究，云控制关键技术研究等，为先进计算技术在电力系统仿真分析中的应用奠定基础。

（2）电力系统仿真分析是一门交叉性非常强的研究领域，需要电力系统、计算数学、计算机、通信等技术的结合，建议在高等院校开展学科交叉型人才培养，这将能促进该领域技术的极大进步和发展。

参 考 文 献

白晓清，韦化，Fujisawa K. 2008. 求解最优潮流问题的内点半定规划法．中国电机工程学报，19.

曹来发．2010. 二十一世纪的计算机．软件技术，3: 55.

曹来发，朱正堂．2001. 芯片发展快到尽头．甘肃科技，5: 62.

陈楷，刘轶，王卉．2010. 基于人工智能的电力调度决策支持系统研究．中国电力教育，(30).

程新功，厉吉文，曹立霞，等．2003. 电力系统最优潮流的分布式并行算法．电力系统自动化，24:23-27.

杜鹏 . 2007. 未来 PC 的发展趋势 . 中国现代教育装备 , 9: 118-119.
房秉毅 , 张云勇 , 程莹 , 等 . 2010. 云计算国内外发展现状分析 . 电信科学 , 8A:1-5.
高明 , 姚建国 , 李峰 , 等 . 2008. 基于潮流方程组拼接模式的互联系统分布式潮流计算 . 电力系统自动化 , 2:11-15.
顾冠群 , 沈苏彬 , 顾伯萱 , 等 . 2002. 新一代高性能计算机网络 . 东南大学学报（自然科学版）, 32(3): 301-310.
郭秀云 , 李惠琴 , 梁建明 , 等 . 2005. 机电系统建模方法综述 . 机电工程技术 , 34(12).
侯涛 . 2004. 电力系统中的人工智能方法及其应用 . 云南电力技术 , 32(2).
胡涛 , 朱艺颖 , 张星 , 等 . 2010. 全数字实时仿真装置与物理仿真装置的功率连接技术 . 电网技术 , 34(1): 51-55.
李传栋 , 房大中 , 杨金刚 , 等 . 2008. 大规模电网并行潮流算法 . 电网技术 ,7: 34-39.
李芳 . 2006. 电力系统小干扰稳定分布式并行算法研究 . 北京：中国电力科学研究院博士学位论文 .
李兢 , 沈沉 , 陈颖 , 等 . 2010. 基于自校正控制的电力系统分布式计算 . 电力系统自动化 , 34(10): 18-23.
李娟 , 焦邵华 , 肖仕武 . 2007. 异地多端电力系统实时闭环仿真测试系统 . 电力系统自动化 , 31(10): 97-101.
李培强 , 李欣然 , 林舜江 . 2008. 电力负荷建模研究述评 . 电力系统及其自动化学报 ,(5).
李向林 . 2000. 纳米计算技术前瞻 . 科技信息 ,12: 28-29.
李亚楼 . 2003. 大规模电力系统机电暂态实时仿真算法及软件的研究 . 北京 ：中国电力科学研究院博士学位论文 .
廖力 , 张涛 . 2009. 云计算综述及其前景展望 . 科技资讯 , 29: 210.
刘奇 . 2007-06-25. 高性能计算发展动态 . 中国计算机报 , C08 版 .
罗建民 , 戚光宇 , 何正文 , 等 . 2006. 电力系统实时仿真技术研究综述 . 继电器 , 34(18): 79-86.
宋云亭 . 2003. 发输电合成系统可靠性综合评估的智能模型和算法研究 . 北京：清华大学出版社 .
孙黎霞 , 鞠平 , 高运华 , 等 . 2009. 基于 Park 模型的同步发电机参数辨识 . 中国电机工程学报 , (19) .
汤涌 . 2007. 基于电机参数的同步电机模型 . 电网技术 , (12).
汤涌 . 2009. 交直流电力系统多时间尺度全过程仿真和建模研究新进展 . 电网技术 , 8: 1-8.
田芳 , 李亚楼 , 周孝信 , 等 . 2008. 电力系统全数字实时仿真装置 . 电网技术 , 32(22): 17-22.
王成山 , 张家安 . 2004. 暂态稳定分布式仿真计算的改进算法 . 电力系统自动化 ,14: 28-32.
王宏丽 . 2005. 电力系统控制研究的回顾与展望 . 西北电力技术 , (5).
王颖华 . 2010. 计算机技术现状及未来发展分析 . 计算机与网络 , 3: 136-138.
薛巍 . 2006-09-25. 电网仿真考验高性能计算 . 计算机世界 , B20 版 .
薛禹胜 . 1998. EEAC 和 FASTEST. 电力系统自动化 , 22(9): 25-30.
严剑峰 , 于之虹 , 田芳 , 等 . 2008. 电力系统在线动态安全评估和预警系统 . 中国电机工程学报 , 28(34): 87-93.
岳程燕 . 2004. 电力系统电磁暂态与机电暂态混合实时仿真的研究 . 北京 ：中国电力科学研究院博士学位论文 .
岳程燕 , 周孝信 , 李若梅 . 2004. 电力系统电磁暂态实时仿真中并行算法的研究 . 中国电机工程学报 , 12: 2-7.

张伯明，吴素农，蔡斌，等. 2006. 电网控制中心安全预警和决策支持系统设计. 电力系统自动化，30(6): 1-5.

张步涵，方华亮，毛承雄，等. 2005. 电力系统的新计算模式——网格计算. 水电能源科学. 23(3): 5-8.

张洁. 2006. 未来计算机与计算机技术发展展望. 广东科技，160: 140-141.

张景超，鄢安河，张承学，等. 2007. 电力系统负荷模型研究综述. 继电器，35(6).

张晓艳，刘东华，王仲华. 2003. 计算机网络发展趋势探析. 计算机与网络，3: 60-61.

张卓. 2005. 电力参数测量模型及实时测量系统的研究. 南京：河海大学硕士学位论文.

郑超，等. 2010. 在线动态安全评估与预警系统的功能设计与实现. 电网技术，34(3): 55-60.

中国南方电力公司. 2007. 交直流电力系统仿真技术. 北京：中国电力出版社.

周海强，茆超，鞠平，等. 2008. 考虑配电网络的综合负荷模型可辨识性分析. 电力系统自动化，(16).

Firefox. 2003. 五种未来计算机. 微型计算机，18: 19-23.

Heffernan M D, Turener K S, Arrillaga J, et al. 1981. Computation of AC-DC system disturbance,part I and II and III. IEEE Trans on PAS, 100(11): 4341-4363.

Kuffel R, Wierckx R P, Forsyth P, et al. 1995. Expanding an analogue HVDC simulator' s modelling capability using a real-time digital simulator (RTDS). In Proceedings of the First International Conference on Digital Power System Simulators -ICDS '95, College Station.

Lei W, Kip M. 2006. Implementation of online security assessment. IEEE Power & Energy Magazine, 4(5): 47-59.

Vijay V, Peter S, Sakis M, et al. 2005. On-Line transient stability assessment scoping study. Power Systems Engineering Research Center.

Wang X, Giesbrecht J, Woodford D, et al. 1993. Enhanced performance of a conventional HVDC analogue simulator with a real-time digital simulator. In Proceedings of the 11th Power System Computation Conference,Avignon, 663-669.

第十二章　智能配电系统与微网

第一节　引　　言

一、我国配电系统现状

电力系统由发电、输电、配电和用电等部分组成。配电系统作为电力系统中将电能传输到用户的最后一个环节，与用户的联系最为紧密，对用户的影响也最为直接。在过去相当长的一段时间内，我国的电力发展存在着注重发电能力建设的指导思想，形成了电力系统“重发、轻供、不管用”的传统观念，导致配电网投入不足，欠账很多。同对发电和输电系统建设的关注度相比，在过去相当长的时期内，我国的配电系统长期得不到应有的重视。近年来，随着我国经济的发展，人民生活水平的提高，特别是节能减排压力的日益加大，配电系统正日益受到关注。但同发达国家相比，同用户的需求相比，仍然还有很大的差距，我国的配电系统存在一系列问题需要解决。

（1）投入不足，网架结构薄弱，配电自动化技术水平低，供电能力有待提高。国际上发达国家的发电、输电、配电投资比例一般在 1 ∶ 0.45 ∶ 0.7 左右，而我国配电系统投资比例远低于这个值。近年来，电网的投资比例有较大增加，但主要还是投给了输电网，我国配电网架结构薄弱、供电能力低的现状尚没有彻底改变。例如，变电站站点分布不合理，部分区域配网线路负载率高、供电半径过大；配电网对上级电网支撑能力不足，在上级电网设备故障时，配电网负荷转供能力不强，局部停、限电风险仍较大；部分线路分段偏少，停电影响范围较大；仍具有一定数量的老旧设备健康水平较低。

另外，我国的配电自动化技术的实用化水平较低，与发达国家相比存在一定的差距。网架结构薄弱、自动化水平低等因素直接影响了配电系统的供电能力与供电水平，导致配电系统不能很好地满足用户的用电需求。

（2）供电可靠性差，存在严重短时停电等问题，可靠性标准有待提高。供电可靠性反映电力系统在某一定时期内对用户的连续供电能力。长期以来，我国供电公司一直将持续电压间断（一般只考虑持续时间 3min 以上的电压间断）作为评价供电可靠性的指标。过去几年来，我国城市用户年均停电时间都在 10h 以上，农村用户年均停电时间高于 40h，而美国城乡用户年均停电时间不到 2h，欧洲发达国家年均停电时间为1h左右，而新加坡、日本年均停电时间则不到10min。对于短时间停电影响不大的传统负荷来说，我国低标准的供电可靠性指标可以满足它们的需要。但近年来，随着经济的发展，先进制造业的生产设备对电压变化更加敏感，短时的供电中断或电压下降，往往会造成重大的经济损失。因此，在现代经济社会和电力负荷环境下，我国低标准的供电可靠性指标已不能适应时代的要求，必须重新加以认识，而满足新型可靠性指标意义下的高可靠性供电问题需要更加先进的供电技术作为技术手段。

（3）配电系统资产利用率普遍较低，系统的运行经济性有待提高。配电系统投资巨大，动辄上千亿资金的投入使得人们越发关注配电系统的资源利用效率，期待通过提高资产利用率减少重复投入，促进电网运行经济效益最大化。但由于电网的负荷需求存在明显的峰谷交错现象，其规划和建设通常按照高峰负荷设计，由此造成设备利用率普遍低下。例如，美国的供电设备平均载荷率不足50%，载荷率在90%以上的时段不足5%。在我国，大部分城市处于快速发展阶段，为应对负荷的快速发展，往往考虑较大的容量裕度；而负荷的发展又是一个漫长的过程，造成近期设备的利用率更进一步降低。另一方面，配电网的规划、设计通常按照各线路全年最大负荷进行校验，而由于配电线路间存在负荷的不同时性，造成线路负载率控制水平实际上偏低。对一些城市的统计显示其供电设备的平均利用率不足35%。设备利用率低下加大了配电系统的运行维护费用，造成投资的巨大浪费。

另外，配电系统网架结构不合理、缺乏实施优化运行的控制手段等因素导致系统运行经济性较差，网络损耗高。我国线损率水平近年来与发达国家一直保持着一定的差距，甚至略有扩大的趋势。

（4）配电网基础数据管理欠缺，规范化与标准化有待加强。我国配电系统信息化手段虽已初步建立，但手段应用与数据的精细化水平还较低。由于配电系统设备类型多、数量巨大、量测信息不全、管理模式不规范等，使得配电系统的信息化水平远不能满足配电系统高效运行和管理的要求，这主要体现在：①配电系统中大量的信息系统还处于实验性应用阶段，包括GIS系统、配电调度系统等，这些系统间信息难以共享，信息孤岛现象突出；②基础资料精细化水平不高（如线路、设备投运年限等信息缺失），传统的数据维护方式造成基础数据收集困难、更新不及时、不同步，与现场实际不符等；③数据维护未能全口径运转，流程建设与执行有待加强，部分配网基础数据管理缺乏技术支撑手段，各类模块功能交叉、重叠，数据格式不统一、维护量大；④配网技术体系规范化与标准化有待加强，运行、管理的粗放模式有待改善。

与输电网相比较，配电网由于覆盖面广、设备数目巨大，在规划设计、设备选型、建设标准上参差不齐，电力部门虽已开始制度化管理，但实施效果的体现尚需时日。

（5）缺乏与电力用户间的互动机制和手段，无法满足用户与电网间的互动要求。从用户的角度看，电力消费是一种经济行为，他们希望通过参与电网的运行和管理，调整其使用和购买电力的方式降低电费支出。在未来电网中，用户将根据电价的变化调整其消费；电网通过需求侧响应计划使得用户在能源购买中有更多的选择，并引导用户调整电力消费方式，进而减少或转移高峰负荷时的用电需求，提高负荷率，达到提高电力系统资产利用率的目的。电网在运行中与用户设备和用电行为进行交互，可以促使电力用户发挥积极作用，获得提高电力系统运行效率和环境保护等多方面的收益。但这一切是建立在电网和用户之间具备双向实时的通信系统、透明电价和市场化的营运机制的基础上。在我国电力经营相对垄断的条件下，电网缺乏使用户能够积极参与电力系统运行和管理的软硬件设施和环境，用户不能及时获取其电力消费成本、实时电价、电网目前状况、计划停电信息以及其他一些服务信息，更不能根据这些信息定制自己的电力使用方案。

（6）配电系统的高级形态尚在探索，新技术和新设备应用率有待提高。在接纳分布式电源、配网储能技术、电动汽车接入与用户侧互动技术等未来配电高级形态相关技术研究方面，还处于初步探索阶段。我国虽然在近年来陆续开展了光伏发电、冷热电联供系统接入、微网技术研究等项目，但总体来说，在对该类技术研究的整体规划上、项目开展的系统性方面、覆盖面方面以及研究的深度方面都还欠缺，未能从战略高度去谋划上述新技术对电力公司业务扩展、经营模式、运行管理模式等方面的影响，未能主动策划、积极引导，并通过与相关产业链的互动合作以及政策方面的影响来主导这些技术的推广应用。同时配电系统中新设备与新技术的采用还很缺乏，各种用于改善系统运行水平的新型电力电子设备的应用还很有限。

二、未来配电系统特征

未来的配电系统将具有接纳大规模分布式可再生能源的能力；能够将电力需求侧的分布式电源、储能装置、电力和能源综合高效利用系统等组成的微型能源和电力网络（微网）与电网有机融合；大幅度提高配电网的安全、经济运行水平，具有设备和系统的故障自愈能力，基本排除用户大面积停电现象，大幅降低系统电能损耗，有效提高系统的资产利用率；具有很高的环境兼容能力，与通信信息系统和其他供能系统广泛结合，实现覆盖城乡的电力、能源、信息综合服务体系。未来社会经济的发展，要求未来的配电系统具有如下一些典型特征。

（1）更高的供电可靠性。具有抵御自然灾害和人为破坏的能力，能够进行故障的智能处理，最大限度地减少配电网故障对用户的影响；在主网停电时，能够依托分布式电源、微网系统等继续保障重要用户的供电，并具备故障自愈功能。

（2）更优质的电能质量。利用先进的电力电子技术、电能质量在线监测和补偿技术，实现电压、无功的优化控制；实现对电能质量敏感设备的不间断、高质量、连续性供电。

（3）更好的兼容性。支持大量分布式电源、储能装置等的灵活可靠接入，实现分布式电源的“即插即用”，支持微网的可靠运行，方便电动汽车的充放电，对电力用户更具兼容性。

（4）更强的互动能力。借助于智能表计和用户通信网络，支持用户侧的需求响应，为用户提供更多的附加服务，为降低用户能耗提供便捷的互动平台。

（5）更高的电网资产利用率。实时、在线监测主要设备状态，实施状态检修，延长设备使用寿命；支持配电网快速仿真和模拟，合理控制潮流，降低损耗，充分利用系统容量；降低投资、减少设备折旧；采用有效的移峰填谷措施。最终使配电设施的资产利用率显著提高。

（6）集成的可视化信息系统。实时采集配电网及其设备运行数据，实现实时运行数据与离线管理数据的高度融合与深度集成，实现设备管理、检修管理、停电管理以及用电管理等的信息化集成，实现配电调度与运行管理的一体化。

为使未来配电系统具备上述特征，加强配电系统建设、实现配电系统的全面智能化将成为电力领域发展最主要的战略措施之一。在未来几十年内，配电系统将会在系统结构、控制手段、运营模式、管理策略等方面发生革命性的变化，全面建设智能配电系统是配电系统发展的必然之路。

第二节　智能配电系统

智能电网目前已成为国际上受到广泛关注的热点问题。由于目前正处于研究和发展阶段，有关智能电网的确切定义、特征和功能、关键技术及发展路线、不同的企业能从中获得的收益等尚未形成一致的意见和看法。由于各国的国情、经济发展水平、发展战略和政策差异很大，很多国家都结合本国的具体情况，确定了自己的智能电网定义及发展思路。美国“未来能源联盟智能电网工作组”最早将智能电网定义为“集成了传统与现代电力工程技术、高级传感和监视技术、信息与通信技术的输配电系统，具有更加完善的性能并且能够为用户提供一系列新型或增值服务”。虽然目前对智能电网定义的认识尚未统一，不同国家针对本国的能源和电网现状制定了不同的智能电网发展目标，每个国家发展智能电网的驱动力也可能有所不同，但智能配电系统是所有发达国家发展智能电网的重点所在，这一点在国际上已经达成共识。

智能配电系统将以先进的信息与通信技术为基础，通过应用和融合先进的测量和传感技术、控制技术、计算机和网络技术、高级自动化技术，集成各种具有高级应用功能的信息系统，利用智能化的开关设备、配电终端设备，实现配电网在正常运行状态下可靠的监测、保护、控制和优化，并在非正常运行状态下具备自愈控制功能，最终为电力用户提供安全、可靠、优质、经济、环保的电力供应和其他附加服务。

一、智能配电系统发展现状

尽管智能配电系统几乎是所有国家发展智能电网的重点所在，但不同国家和地区的发展路线或近期发展的侧重点也有所不同。

（1）美国。美国智能配电系统研究的重点在于负荷侧的智能管理，更加关心配电网络和通信、信息技术的集成。其目的是为了激发全社会技术创新的能量，动员除公用事业管理者和消费者以外的第三方参与到智能配电系统的建设和运营中来，希望通过信息解决方案来创造新的市场价值，利用信息技术置换和推迟新设备的使用，以其非常高的性能价格比来实现对资产的配置和传统设备的整合。这种信息解决方案将跨越公共基础设施企业的界限，使得配电系统运营者和电力消费者在融合方式上发生根本性的变化。人们希望智能配电系统能够提供一种激励环境，促进电能消费者和第三方资产进行合作，利用电网设施来控制费用和改善供电的可靠性。通过实时共享电网的数据信息，利用高速、先进的分布式控制和电子商务来实现实时数据的交互，启发人们随时随地改变电能消费模式进而介入电网的运行，提高系统的资产利用率，实现节能减排的目标，并为实现电力的供需合作提供盈利的机会和平台。

总之，美国智能配电系统的发展是信息技术革命的一种延伸，其重点在于配电系统与通信、信息技术的融合，借此改变人们的电能消费模式，使配电系统成为各种新的服务模式实施的支撑平台。

（2）欧洲。智能电网成为欧洲电网的发展趋势有其独特的发展背景。首先，经过逾百年的长期发展，欧洲各国的电力系统已走完了以外延扩张为主的发展阶段，具备了可以满足经济社会运转需求的较为充裕的输配电供应能力，因此，对电力行业的要求继而转向了更加高效、灵活、环保且有利于市场化等方面。其次，欧洲各国的能源政策更加强调对环境的保护和可再生能源发展，尤其是鼓励风能、太阳能和生物质能等可再生能源发展是近年来欧盟委员会能源政策的基本着力点和中心目标。因此，基于可再生能源的分布式电源发展成为欧洲电力市场的必然。再次，欧洲天然气管网发达、应用广泛且已市场化，为基于天然气的分布式发电技术的广泛应用提供了良好的能源供应基础和市场基础。基于上述原因，欧洲的智能配电系统发展更加关注对可再生能源接入、分布式发电应用等相关的问题。此外，欧洲电力企业受到来自开放的电力市场的竞争压力，亟须提高用户满意度，争取更多用户，因此提高运营效率、降低电力价格、加强与客户互动也成为欧洲智能配电系统建设的重点之一。从电力市场需求、电能安全供给及环保等角度出发，欧洲于 2005 年提出“智能电网”计划，并在 2006 年出台该计划的技术实现方略。作为欧洲 2020 年及后续的电力发展目标，该计划指出未来欧洲电网应满足如下需求：①灵活性，在适应未来电网变化与挑战的同时，满足用户多样化的电力需求；②可接入性，使所有用户都可接入电网，尤其是推广用户对可再生、高效、清洁能源的利用；③可靠性，提高电力供应的可靠性与安全性以满足数字化时代的电力需求；④经济性，通过技术创新、能源有效管理、有序市场竞争及相关政策等提高电网的经济效益。

因此，欧洲智能配电系统的发展更加关注可再生能源接入、分布式电源应用等相关问题。同时，满足多样化的电力需求，提高电力供应的可靠性和配电系统的经济效益也是其智能配电系统发展的目的所在。

（3）日本。日本配电系统经过多年的建设和改造，已经具备了一定的智能化水平，其设备已达到世界一流水平。系统具有可靠性高，电能损耗低等特点，配电自动化技术已获得了全面的广泛应用，并取得了非常好的应用效果。日本的智能配电系统将主要围绕大规模太阳能等新能源的高效利用，确保配电系统可靠运行这一目标来发展，强调节能与优质服务，注重通过建设智能配电系统实现各种能源的兼容优化利用。2009 年 3 月，日本政府公布了包括推动可再生资源和电动汽车等发展政策在内的政府发展战略。今后日本智能配电系统的发展将更加偏重于提高资源利用率、降低电网损耗、提高供电服务质量，以及开发储能技术、电动汽车技术等高科技产业，进一步提高电网的先进性、环保性和高效性。

（4）中国。由于我国的国情与美国、欧洲、日本等的情况大为不同，现阶段我国智能配电系统发展的思路还不很清晰，仍处于探索阶段，正在试图通过一些示范工程的建设明确智能配电系统发展的切入点，最终形成发展动力充足、广大电力用户能够接受、符合国家能源政策导向、与我国的经济和社会发展水平相适应的智能配电系统发展思路。

总之，目前我国的配电系统无论是在系统结构、运行模式还是智能化水平方面同发达国家相比都有很大的差距，无法满足未来社会发展的需要。在今后几十年内，我国智能配电系统的发展必将会成为全社会关注的焦点，其运行与管理水平必将发生革命性的变化。

二、战略需求和发展趋势

配电系统直接面向用户，是保证供电质量与客户服务质量、提高电力系统运行效率的关键环节。未来配电系统面临的运行环境与现在将会有显著不同：①大量电动汽车充放电设施将会接入配电系统；②分布式电源、储能系统、与微网将会在配电系统中大规模存在；③能源消费模式将会因用户与配电系统间灵活互动机制的建立而改变；④配电系统将会成为电力、能源、信息综合服务的综合技术平台；⑤先进的信息网络、传感网络及物联网将在配电系统中广泛应用。这些运行环境的变化要求必须发展智能配电系统。

另外，未来经济社会的快速发展和科学技术的不断创新，给配电系统带来了许多新的问题：①高科技设备的大量应用、先进制造业水平的提升，对供电可靠性和电能质量提出了更高的要求。一些对供电质量十分敏感的负荷，如半导体集成电路生产线、体育场馆的照明系统，哪怕持续几秒的短暂停电也会造成严重的经济损失和混乱。②大功率冲击负荷、非线性负荷的应用，大量电动汽车充电站数量的增加，使电能质量控制难度更大。③可再生能源发电、储能装置等分布式电源在电网中的渗透率日益提高，其固有的波动性和随机性将对供电质量带来影响，给配电网设计、保护控制、运行管理带来困难。④城市中日益紧张的空间资源，促使配电网主设备的资产利用率需要得到大幅度的提升。⑤随着配电网智能化水平的提高以及与用户交互程度的逐步深入，使配电系统的规划、运行与控制面临海量数据的处理、共享问题，而分布式电源、柔性配电设备等的加入，更增加了问题的复杂性。这些因素都对发展智能配电系统提出了战略需求。

智能配电系统的发展趋势就是更高的供电可靠性、更优质的电能质量、更好的兼容性、更强的互动能力、更高的电网资产利用率及更加集成化的信息服务系统。

三、技术研究方向

未来的智能配电系统将是大量高新技术的集成体，相关的许多技术问题需要深入研究，以期获得促进智能配电系统发展的对策，解决智能配电系统发展过程中的关键理论和技术问题。主要技术研究方向体现在下述几个方面。

1. 灵活多样化的智能配电系统结构及配电模式

目前，我国的配电系统基本按照环网建设开环运行的模式发展，开环运行具有运行方式简单，保护自动化装置易于配置等优点，但同闭环运行模式相比，可靠性水平会有所降低。随着配电系统智能控制技术水平的提高，网格状的闭环配电系统运行结构将显现出明显的优点：①易于实现故障后的网络自愈；②可使负荷功率在馈线间自由流动，易于均衡配电系统馈线间的负荷，进而提高资产利用率并降低系统能量损耗；③可显著提高配电系统接纳可再生能源的能力。总之，这样一种配电系统结构具有灵活性强、可控性强、可靠性高等优点，将来必然获得广泛应用。

过去100年来，全世界的配电系统都是以交流为主，未来的配电系统将一定会出现交流与直流配电共存的局面。发展直流配电源于多方面的因素：①在未来的配电系统中，大量电力电子变换装置的应用（特别是智能电力电子变压器的应用），使得向用户低成本直流供电成为可能；②在大量实际用电设施中，目前虽然以交流供电，但最终还是要将交流转换为直流。据美国统计，美国可直接直流供电的负荷达到250TW·h/年，直接向一些用电设备提供直流电可以避免电能转换过程中产生的损耗；③未来配电系统中将存在大量分布式电源，包括储能装置，这些电源将向负荷就地供电，很多这样的电源（如光伏、燃料电池等）直接输出直流电更加容易，利用这些电源形成直流微网向负荷供电也更加容易；④直接向电动汽车这样的负荷提供直流电源，更易于控制，同时可以降低设备成本；⑤未来的配电系统中，电力用户对供电服务的差异性要求将更加明显，有些负荷需要供电可靠性更高，有些则可能需要低可靠性供电，有些需要交流，而有些则需要直流。交、直流并存的多样化配电模式将成为未来配电系统最显著的特点之一。

这一领域研究的目的就是要探索出宜于接纳大规模分布式能源、能够向用户提供差异化（电能质量差异化、电压等级差异化、交直流供电模式差异化、供电可靠性差异化等）服务、便于集成数量众多模式各异的电动汽车充放电设施、有助于用户与电力系统间互动、有助于配电系统市场化策略实施的灵活高效的配电系统新结构和新型配电模式。

2. 智能化配电设备及柔性配电技术

未来智能配电系统中将要采用的配电新技术与新装备涉及的领域很广，传感技术、电力电子技术、信息技术、通信技术、分布式计算与仿真技术、新能源技术与新材料等都将会给配电系统的一次与二次系统带来革命性的变化。新技术、新装备的采用将会使未来的配电系统与现在的配电系统在保护控制模式和运行模式等方面带来明显的变化。

（1）智能化配电设备。与当今配电系统不同，未来配电系统的可观测性将大为提高，无线传感器、光纤传感器、智能传感器、电子式电压和电流互感器等新型传感检测技术将获得广泛应用。未来在提高电气信息量测量的精细化程度和实时性的同时，诸如设备的局放信息、噪音信息、温度信息等也将更加受到重视。这些测量信息将不仅成为配电系统的自动化系统、量测系统、运行调度系统的数据基础，同时也将被广泛用于设备的状态检测、状态检修、故障诊断以及资产的优化管理等各个方面，为基于可靠性的故障、全生命周期的资产管理创造条件，也将为更加科学的配电系统规划设计提供数据支持。这些新型的传感检测技术将会与配电系统一次设备（变压器、开关、配电柜、线路等）加以集成，使他们成为智能化的配电设备。未来的智能配电系统中，所有的一次设备都将具有信息就地分析处理功能，并可实现设备间的信息交互，这将大大提高设备的智能化水平。发展实现配电设备智能化的方法，研制智能化配电设施将是建设智能配电系统的基础。

（2）柔性配电技术。是指配电系统中所采用的电力电子技术，主要包括三类：①配电系统电能质量相关技术，如静止无功补偿器（SVC），静止同步补偿器（D-STATCOM），有源滤波器（APF），动态电压恢复器（DVR）等；②固态电力设备，如电力电子开关、电力电子限流器、电力电子变压器等；③柔性潮流控制技术，如统一潮流控制器，潮流路径转换开关等。同传统的配电技术相比，柔性配电技术最大的优点就是响应速度快、控制灵活、易于实现智能化。与现在的配电系统不同，未来的配电系统中柔性配电技术将会广泛存在。各种电能质量控制技术将会帮助用户获取所需电能质量的电能，实现定制电力技术；电力电子开关及电力电子限流器的快速响应性将有助于提高用户的供电可靠性，而大量电力电子变压器的应用将会使得用户可以方便的获取所需电压等级的交流或直流电能；柔性潮流控制技术将有助于配电系统中的能量流在不同馈线间均衡流动，进而降低系统损耗，提高配电系统资产利用率。与现代配电系统截然不同，基于柔性配电技术，用户将可以自由选择电能的供应路径（可来自指定电源）、电能的质量、电能的电压等级，电能的交 / 直流供应模式、电能的可靠性水平等，真正实现配电系统中能量流的完全可控。

无论是配电设备智能化技术，还是柔性配电技术，在配电系统中的广泛应用都将会给配电系统带来革命性的变化。未来不仅这些技术本身需要开展又针对性的研究工作，由于这些新技术将使得未来配电系统的运行和管理更加复杂，从而也向配电系统的建设者和运行者提出了新的挑战。

3. 智能配电系统优化运行与自愈控制

未来智能配电系统面临的运行环境将与现在有显著的不同，大量分布式电源和微网的存在，大量电动汽车充放电的需求，电力用户与配电系统间的全面互动，这些对智能配电系统的优化运行提出了新的挑战，而高可靠性、高供电质量、高运行效率等对配电系统的运行水平提出了更高的要求，这些都有赖于先进的智能配电系统优化运行技术作支撑。这些优化运行技术体现在多个方面。

（1）高级配电自动化（advanced distribution automation，ADA）是对常规配电自动化技术的继承与发展，是配电自动化的发展方向。ADA 要适应分布式电源、微网、电动汽车充放电设施、智能化配电设备与柔性配电设备的大量接入，满足功率双向流动的监控需要；它采用分布式智能控制，实现广域电压无功调节、快速故障隔离等控制功能。与传统配电自动化相比，高级配电自动化功能更加强调系统应对各种运行条件变化的“智能化”。

（2）快速仿真与模拟（DFSM）：包括配电元件建模、负荷预测、三相不平衡潮流计算、三相不平衡状态估计，其目标是实现系统预测分析、自动配电网络重构、自动电压无功控制、自动故障定位与隔离等。DFSM 可以为操作人员在复杂电网环境下提供管理决策方面的支持，它通过利用实时监测数据来对配电系统的行为做出仿真，保证自动优化系统的可靠运行和控制。

（3）自愈控制：目的是及时发现、预防和隔离各种可能的故障和隐患，优化系统运行状态并有效应对系统内外发生的各种扰动，抵御外部严重故障的冲击，具有在故障情况下维持系统连续运行、自主修复故障并快速恢复供电的能力，通过减少配电网运行时的人为干预，降低扰动或故障对电网和用户的影响。这一功能的实现需要配电网具有灵活的可重构的网络拓扑结构，依赖于能源与通信系统的集成体系提供的底层通信能力，有赖于高级配电自动化、配电系统快速仿真与模拟、分布式电源及微网的运行管理、电动汽车充放电设施管理、需求侧管理、智能调度等高级应用提供技术基础与支撑。

（4）综合智能调度：目的是实现配电系统与微网、电动汽车充放电设施、智能用电设施等的一体化、可视化经济调度，优化系统运行的效率，实现负荷的移峰填谷，保证用户的可靠供电。

4. 高度集成化的配电信息系统

随着配电系统自动化、智能化程度的提高，越来越多的业务信息，包括大量的量测数据、运行管理信息、营销与客户服务信息等，都需要通过网络进行数据传递。海量数据的存储和传输给控制系统和数据网络的安全性、可靠性和实时性提出了新的挑战。在未来的智能配电系统中，将通过建立层次分明、按需共享、完整高效的信息体系与架构，实现智能电网各种信息子系统（如智能配电网优化规划系统、智能化监控系统、能量综合管理系统、用电信息系统等）的有效集成、数据共享。在统一模型、统一接口的基础上实现海量数据的信息融合和数据挖掘，建立高度安全、可靠的运行环境，为配电运行与管理人员提供决策数据支持，实现关键业务子系统的稳定运行。

四、小　结

在智能配电系统中，分布式电源与微网的广泛接入、大量电动汽车充放电设施的建设、用户与电网间常态化的互动，导致大量不确定性因素的存在。而交/直流配网并存、网状闭环运行模式、智能配电设备与柔性配电技术的广泛应用等将导致配电系统更加复杂化，系统运行与管理相关的决策支持信息更加海量化。同时，差异化的供电可靠性、电能质量、电压等级、供电模式等要求需要配电系统的运行决策水平更加智能化。未来的配电系统将会在系统结构、运行模式等方面有显著的不同，需要先进的电力电子技术、通信技术、量测传感技术作为技术支撑，在规划思路、控制策略、运行方法、管理措施等方面有一系列的技术问题需要解决。智能配电系统将是未来电力系统中最有可能发生革命性变化的环节。

第三节　微　网

一、定义及特征

分布式发电系统是指利用各种可用的分散存在的能源，包括可再生能源（太阳能、生物质能、小型风能、小型水能、波浪能等）和本地可方便获取的化石类燃料（主要指天然气）进行发电的系统，是分布式能源清洁高效的利用方式。作为集中式发电的有效补充，分布式发电及其系统集成技术已日趋成熟。随着价格的不断下降以及政策层面的有力支持，分布式发电技术正得到越来越广泛的应用。各种分布式电源的并网发电对电力系统的运行提出了新的挑战，一些分散的小容量分布式电源对于系统运行人员而言往往是“不可见”的，而一些容量较大的分布式电源又通常是“不可控”或“不易控”的。正像大容量风电场或大容量光伏电站的接入会对输电网的安全稳定运行带来诸多影响一样，当中低压配电系统中的分布式电源容量达到较高的比例（即高渗透率）时，要实现配电系统的安全运行，并保证用户的供电可靠性和电能质量也会有很大困难。

微网是指由分布式电源、储能装置、能量转换装置、相关负荷和监控、保护装置汇集而成的小型发配电系统，是一个能够实现自我控制、保护和管理的自治系统，既可以与外部电网并网运行，也可以孤立运行。从微观看，微网可以看作是小型的电力系统，它具备完整的发电、输电、配电功能，可以实现局部的功率平衡与能量优化，它与带有负荷的分布式发电系统的本质区别在于同时具有并网和独立运行能力；从宏观看，微网又可以认为是配电系统中的一个“虚拟”的电源或负荷。

微网技术的提出旨在中低压层面上实现分布式电源的灵活、高效应用，解决数量庞大、形式多样的分布式电源并网运行问题。由于分布式电源数量巨大且难以调度，电源的不同归属也无法保证调度指令能够被快速、准确、有效地执行，在配电系统中直接调度和管理大量的分布式电源会存在很大的困难，微网是解决这一问题的关键。它将使得未来配电网运行调度人员不再直接面向各种分布式电源，而是通过微网实施对分布式电源的有效管理，这样既降低了分布式电源对配电系统安全运行的影响，又有助于实现分布式电源的“即插即用”，同时可以最大限度地利用可再生能源和清洁能源。研究和实践表明，将分布式电源以微网形式接入到配电系统，具有多方面的优点。①可大大提高分布式能源的利用率；②有助于电网灾变时向重要负荷持续供电；③避免间歇式电源对周围用户电能质量的直接影响；④有助于实现分布式电源的有效运行管理和电网的节能降损；⑤可降低间歇式可再生能源对配电系统安全性的影响，提高配电系统的供电可靠性。

配电系统中大量微网的存在将改变电力系统在中低压层面的结构与运行方式，实现分布式电源、微网和配电系统的高度有效集成，充分发挥各自的技术优势，解决配电系统中大规模可再生能源的有效接入问题，也正是智能配电系统面临的主要任务之一。

二、微网发展现状

目前，微网已经成为国际上能源领域的热点研究问题之一，许多发达国家都在探索可靠、灵活、高效的微网技术解决方案，已经建成了许多微网试验和示范系统。

在欧盟第五框架计划（1998 ～ 2002 年）项目“The Microgrids：Large Scale Integration of Micro-Generation to Low Voltage Grids activity”和第六框架计划（2002 ～ 2006 年）项目“Advanced Architectures and Control Concepts for More Microgrids”的支持下，雅典、曼彻斯特等地建立了多个微网实验平台，如 NTUA 微网、Demotec 微网、ARMINES 微网、Labein 微网、CESI 微网等，其主要结构都采用交流汇流母线形式将各种分布式电源联系在一起，重点研究微网系统的分层控制策略、保护方案、能量管理方法，并借此向公众展示微网的优越性。

美国的微网技术研究主要由美国电力可靠性技术协会（Consortium for Electric Reliability Technology Solutions，CERTS) 引导，并建立了多个微网实验平台及示范工程，如在Wisconsin大学Madison分校、美国国家新能源实验室（National Renewable Energy Laboratory，NREL）、Sandia国家实验室等建立了不同规模的微网实验系统，同时还建立了GE微网、MAD River微网及Palmdale微网等示范工程。未来还将有多个示范工程投入运行。其中一些示范工程重点研究示范分布式电源的对等控制策略，以实现微网内分布式电源的“即插即用”功能。

日本在新能源产业技术综合开发机构（New Energy and Industrial Technology Development Organization，NEDO）的资助下，分别在Hachinohe、Aichi、Kyoto和Sendai等地建立了微网展示工程。在这些示范工程中，一般通过上层能量管理系统对各分布式电源和储能装置进行调度管理，保证微网的功率平衡，是一种以上层控制器为主控制器的主从式微网结构，各分布式电源一般不具备即插即用能力。为了避免微网对大电网电能质量产生影响，一般要求实现微网与大电网间联络功率的恒定控制。

我国在微网技术领域的研究起步相对较晚，但近年来受到的重视程度日益提高，国家重大基础研究计划（973计划）、国家高技术研究发展计划（863计划）、国家自科学基金委员会等都对该领域研究工作给予了重点支持。同时，国家电网公司、南方电网公司以及一些能源领域的设备制造商也都启动了相关的微网示范工程建设工作。在未来3～5年内，我国将建成一批微网试验示范系统，相信在理论和在技术上都将取得重要的进展，为我国微网技术的广泛应用发挥巨大的推动作用。

三、战略需求和发展趋势

作为21世纪科学用能的最佳方式，“分布式能源的发展利用”在30年间已逐渐得到世界各国的广泛重视。因同时具备高效、节能、环保等优势，自20世纪70年代末在美国发展起来之后，此后30年间，分布式能源这一先进的能源供应方式在美国、英国、日本、丹麦等主要发达国家得到了大力发展和推广。目前，发达国家已经将分布式能源的综合利用效率提高至90%以上，大大超过传统能源的利用方式。美国至今已拥有6000多座分布式能源站，仅大学就有200多个采用了分布式能源站。

就分布式能源而言，在经济性和规模化方面，天然气是最有利于中国发展的首选。我国目前已经开始重视分布式能源产业发展，加大产业发展力度。在“十二五”期间，国家将加大对分布式能源的投入，天然气分布式发电将被作为分布式能源产业未来重点发展的方向之一。2010年4月，国家能源局下发了《国家能源局关于对〈发展天然气分布式能源的指导意见〉征求意见的函》，提出到2011年拟建设1000个天然气分布式能源项目；到2020年，在全国规模以上城市推广使用分布式能源系统，装机容量达到5000万kW，并拟建设10个左右各具典型特征的分布式能源示范区域。另外，国家还将在财税和金融等方面出台相关的扶持政策，并考虑在电价补贴、接入系统投资、节能奖励等方面给予优惠政策。

目前，我国分布式能源产业发展与发达国家形成了很大的差距，主要原因是由于该产业在我国受政策支持不到位，利益格局未理顺，技术支持力量不足，核心设备依赖进口等因素影响，面临着社会认知度较低，技术水平亟待提高，行业和部门间因利益冲突而难以协调等诸多障碍。分布式能源大规模推广需要考虑电网运行的安全性与可靠性，而深层次的电价补贴、付费等利益格局问题更是影响分布式能源产业发展的重要原因。目前国家能源局的相关部门已经展开对于分布式能源产业的研究工作，并就分布式能源的并网问题向国家电网公司及南方电网下达研究课题，希望尽快破解这一行业共性问题。随着低碳环保、节能减排等理念受到全社会的认可，制约分布式能源发展的政策瓶颈必将被打破，伴随而来的将是未来几十年内分布式能源的大规模广泛应用。由于微网技术在解决分布式电源并网方面固有的技术优势，微网技术必将获得广泛的应用。

微网技术的发展，将使其具有多样化特征，用以满足各种情况下分布式电源的并网需求。按照结构划分，微网可分为简单结构微网和复杂结构微网：①简单结构微网中一般仅含有一类分布式电源，其功能相对简单，如仅由冷热电联供机组和相应的负荷构成，或由光伏发电系统、储能系统及相关负荷构成，这样的微网运行简单，管理方便，在满足用户用能需求的同时，可以保障关键负荷的供电；②复杂结构微网内含有不止一类分布式电源，它可能由多个不同的简单微网组成或者由多种性质互补协调运行的分布式电源构成。

相对于简单微网，多种类设备微网的运行与管理则更加复杂，微网孤岛运行时的控制更具挑战性。按照所属权不同，微网又可以划分为用户微网和公用微网：①用户微网由用户所有，一般根据用户所拥有的分布式能源情况来配备，结构相对简单，用户通过自己的能量管理系统对其运行加以管理，目标是实现节能与负荷的高可靠性供电；②公用微网一般由电力公司所有，凡是满足一定技术条件的分布式电源和用户微网都可以接入，它可根据用户对可靠性的要求进行负荷分级，紧急情况下首先保证高优先级负荷的供电，同时通过有效的运行管理和控制降低分布式电源和负荷波动对电网运行可靠性和电能质量的影响。按照所供电能的特点不同，微网还可以分为交流微网、直流微网和混合型微网，交流微网向用户仅提供交流形式的电能，直流微网可向用户直接提供直流形式的电能，而混合型微网可根据负荷的需要分别提供交流或直流形式的电能。总之，微网具有非常灵活的结构形式，可以满足各种分布式电源的并网要求，特别有助于电网运行人员对大量分布式电源的分层有效管理。

如前所述，从不同的角度看，微网既可以看作是一个小型的电力系统，也可以看作是配电系统中一个虚拟的电源或负荷，而微网的运行特性也包含了这两方面含义，一方面是微网自身的运行特性，这主要是在独立运行时体现；另一方面则是微网与外部电网的相互作用，这主要在并网运行时体现。微网中存在的多种能源输入（光、风、氢、天然气等）、多种能源输出（电、热、冷）、多种能量转换单元（光 / 电、热 / 电、风 / 电、交流 / 直流 / 交流）以及多种运行状态（并网、独立）使得微网的动态特性相对于单个分布式发电系统而言更加复杂。了解微网自身的运行特性是认知微网与外部电网相互作用的基础。除了各分布式发电单元的动态特性外，网络结构与网络类型（直流微网或交流微网）也将在一定程度上影响着微网的动态性能。未来的配电系统中将会有大量多样化的微网并存，这对配电系统的运行和管理将带来严峻的挑战。

四、技术研究方向

微网的出现将完全改变配电系统的结构和运行特性，许多与输电系统安全性、保护与控制等相类似的问题也同样需要关注，但由于二者在功能、结构和运行方式上的不同，关注的重点与研究方法也将截然不同。微网的最终目标是实现各种分布式电源的无缝接入，即用户感受不到网络中分布式电源运行状态改变（并网或退出运行）及出力变化而引起的波动，表现为用户侧的电能质量完全满足用户要求。为此，需要针对微网技术相关问题开展深入的研究工作，以期获得促进微网技术发展的对策，解决微网技术应用过程中的关键理论和技术问题，这些问题包括：①微网运行特性及与外部配电系统相互作用的机理；②微网优化设计理论与方法；③微网的保护与控制；④微网综合能量优化管理方法等方面。

1. 微网运行特性及与外部配电系统相互作用分析方法

微网集成了多种能源输入、多种产品输出、多种能源转换单元，是化学、热力学、电动力学等行为相互耦合的复杂系统。微网存在多种运行状态，当微网处于并网运行状态时，功率可以双向流动；在外部配电系统故障时，通过保护动作和解列控制，可使微网与外部配电系统解列形成孤岛运行，独立向其所辖重要负荷供电；在外部配电系统故障消除后，通过并网控制可再次将微网并入外部配电系统，重新进入并网运行状态。微网的运行特性既与其内部的分布电源特性以及负荷特性有关，也与其内部的储能系统运行特性密切相关，同时还与外部配电系统相互作用，尤其在微网渗透率比较高的情况下，这种相互作用将直接影响到二者的稳定性和可靠性。在这一方面，重点需解决如下问题。

高渗透率下微网与大电网相互作用研究：当大量分布式电源以微网形式接入到外部配电系统后，微网与外部配电系统间的相互作用将十分复杂，对大电网的运行特性产生重要影响，而对于这种影响的分析则需要以全新的方法为基础。以稳定性分析为例，传统的电力系统稳定性分析问题一般仅涉及高压电力系统，而微网一般接入中压或者低压配电系统，配电系统的安全稳定问题完全是由于微网的存在而提出的。由于高压电力系统与含微网的中压或低压配电系统在结构和运行参数等方面存在很大的差异，其稳定性分析方法可能截然不同。高渗透率下微网与外部配电系统相互作用机理研究的目的就是要揭示出二者相互作用的本质，发展相关的理论和方法，为含微网配电系统的稳定性分析与控制奠定理论基础。

分布式储能对微网安全稳定运行的作用分析：微网中的分布式电源，如光伏发电系统、风力发电系统等属于间歇式电源，所产生的电能具有显著的随机性和不确定性特征，微网中各类负荷的变化也存在一定的随机性。当微网独立运行时，分布式储能环节，如蓄电池、超级电容器、飞轮储能系统等成为支持微网自主稳定运行不可或缺的重要组成部分，起到平抑系统扰动、维持发电/负荷动态平衡、保持电压/频率稳定的重要作用。考虑到分布式储能系统的多样性，各种储能系统在微网扰动过程中的响应特性存在很大的差异，对微网安全稳定的作用机理也会有很大不同，需要充分认识分布式储能系统对微网运行特性的影响，包括：各种分布式储能装置自身动态特性及其对微网运行动态特性的影响；储能环节对微网电压/频率调节、平抑系统扰动、保障微网安全稳定的作用机理；微网中储能系统的优化配置理论与方法等，进而发展分布式储能系统的综合控制策略，研发相关的控制系统。

2. 微网优化设计理论与方法

微网优化规划设计研究的目的是在满足微网用户电力电量需求的前提下，科学合理地实施微网结构及相关装备的优化选型和设计，以保证微网建设及运行的科学性和经济性。其核心工作包括微网综合评价指标体系及评价方法研究，微网规划设计方法研究，微网规划设计系统开发。

微网综合评价指标体系及评价方法：重点构建反映微网供电可靠性、电能质量、经济效益、节能减排、电网友好性、方案适应性等方面水平的评价指标体系，发展各项指标量化计算方法，构建科学的评价方法体系，为微网优化规划设计创造条件;基于规划原则，提出微网典型结构分类原则，并从微网运行模式、功能（如商业微网、海岛微网）、结构（如单一型、嵌套型）等角度提炼典型微网结构。

微网优化规划设计方法：重点开展微网内用户能源消费模型构建和能源消费预测研究，适应多种应用场合的微网结构模式研究；建立满足各种用户用能需求约束的微网优化规划设计模型，在综合考虑建设投资费用、运行维护费用、节能减排效果、可再生能源高利用率等因素的条件下，获得科学合理的微网规划设计方案。

微网优化规划设计系统：在微网综合评价方法与规划设计理论研究成果的基础上，开发“微网优化规划设计计算机支持系统”。系统将由微网计算分析模块、电力电量分析与管理模块、网络结构优化模块、设备优化选型模块和薄弱环节辨识模块等构成，可完成各种类型的微网优化规划和设计工作。

3. 微网的保护与控制

微网中的分布式电源通常具有多种不同的类型，且不同电源之间常通过电力电子装置实现互联，这使得微网与常规配电系统或输电系统都有根本性的差异；同时，由于微网系统既要能够并网运行又要能够脱网独立运行，运行模式常常需要切换，这就带来了一系列复杂的保护与控制问题，必须对传统的保护与控制方法做出较大调整才能满足系统要求。微网及其保护与控制研究对保证分布式发电供能系统的可靠运行具有重要理论和实际意义。在这一方面，重点需开展如下研究工作。

微网保护原理与技术：微网中多个分布式电源及储能装置的接入，使其故障特征与传统配电系统有很大的不同，故障后电气量的变化变得十分复杂，传统的保护原理和故障检测方法将受到影响，可能导致无法准确地判断故障的位置；在微网正常并网运行的系统中，微网内部的电气设备发生故障时，应确保故障设备切除后微网系统继续安全稳定地并网运行；在微网外部的配电系统部分发生故障时，应在可靠定位与切除故障的前提下，确保微网在与主网解列后继续可靠运行，并确保解列后的微网系统再故障时仍能够可靠切除故障元件。微网接入配电系统带来的这些变化使保护的工作原理和动作逻辑均变得复杂化，传统继电保护方法无法满足要求。为此，需重点研究以下几点。①不同类型的分布式电源、储能装置及微网的故障特征；②含微网配电系统的故障特征；③微网内部电气元件及系统故障保护的配置原则、原理与技术；④微网异常运行保护的原理与技术；⑤含微网配电系统故障保护的配置原则、原理与技术；⑥多微网配电系统解列控制的原理与技术；⑦大电网瓦解的紧急情况下多微网之间的协调控制的原理与技术等。通过理论研究与技术开发，提出微网内部故障与异常保护的原理，开发出基于通信技术及多点信息综合比较的集成式微网综合保护系统；提出多微网配电系统区域纵联保护、解列控制及紧急协调控制的原理，基于通信网络，设计开发出集故障保护、解列控制及紧急协调控制等功能于一体的多微网配电系统综合保护控制系统。

微网中储能装置的优化协调控制技术：微网中储能系统包括功率型和能量型

两种。前者可实现改善电能质量、平抑间歇性能源波动等作用，后者可实现负荷移峰填谷、微网孤网运行时的电压和频率支撑等作用。在并网或孤网运行模式下，为了能最大限度地发挥各储能系统的作用，储能系统间以及储能系统与分布式电源间的互补控制显得十分重要。为此，需针对不同类型储能系统，研究其平抑可再生能源输出波动，将随机输出电源转换为稳定电源的控制技术；研究微网并网运行时，以平滑微网联络线功率波动为主要目标的储能装置协调控制技术；研究微网孤网运行时，功率型与能量型储能装置维持微网电压和频率稳定的协调控制技术；研究微网在并网 / 孤网切换过程中，功率型和能量型储能装置快速补充微网功率缺额，支撑微网频率和电压的协调控制技术。

微网内分布式电源协调运行控制技术：与常规发电机组并网运行时相似，微网并网运行需要满足一定的电压和频率条件。但与常规的发电机组不同，由于微网中分布式电源的种类和特征不同，需要一些特殊的协调控制方式才可能使其满足并网运行条件。微网作为自治系统，具有脱网独立运行的能力，但由于其设备种类繁多（单纯供电 / 热电联供 / 冷热电联供等）、运行模式多样（供热为主发电为辅 / 供电为主供热为辅）、可控程度不同（集中控制 / 分散控制 / 自动控制 / 用户控制），在微网模式切换及微网独立运行模式中，多分布式电源的协调控制问题非常复杂。此外，微网中存在的大量电力电子逆变并网装置也使得电能质量的控制问题更加令人关注。为此，需针对微网电能质量问题的特殊性，研究基于多功能逆变器的分布式电源主动电能质量控制技术，基于分布式电源逆变器、DVR、DSTATCOM、APF 及固态开关的电能质量协调复合控制方案；研究保障微网重要用户优质电力供应的电能质量控制技术，提高微网与配网电能质量相容性的控制策略；研究融合集中控制和分散控制的微网运行控制架构；研究微网在不同运行模式下及模式切换过程中，不同类型分布式电源和储能设备的频率 / 电压协调控制技术、负荷自动减载策略、控制与保护协调技术；研究可实现并网 / 孤网无缝切换的解并列技术及快速解并列设备样机；研究基于通信技术及多点信息比较的微网综合保护技术；研究微网故障后分布式电源 / 储能 / 负荷的恢复时序原则和协调控制技术。

4. 微网优化运行技术与综合能量管理方法

正如在常规的电力系统中可以通过对发电机的节能调度实现节能降损一样，通过微网经济运行理论与能量优化管理方法的研究，也可以实现微网的高效经济运行。同常规的电力系统相比，微网中的可调节变量更加丰富，如分布式电源的有功出力、电压型逆变器接口母线的电压、电流型逆变器接口的电流、储能系统的有功输出、可调电容器组投入的无功补偿量、热 / 电联供机组的热负荷和电负荷的比例等。通过对这些变量的控制调节，可以在满足系统运行约束的条件下，实现微网的优化运行与能量的合理分配，最大限度地利用可再生能源，保证整个微网运行的经济性。同时，当微网并网运行时，尤其是在微网高渗透率情况下，还可以通过对微网输出的有效控制，降低配电系统中的配电变压器损耗和馈线损耗。以全系统能源利用效率的最大化为目标，研究微网的优化控制与调度理论与方法，正是这一研究领域重点关注的问题。

微网系统的经济运行技术和能量管理方法是实现微网高效、稳定运行的基础。为此，需重点研究间歇式能源短、中期输出能量预测方法（如风速预测，光照强度和环境温度预测等）；针对微网内负荷设备种类繁多、特性各异、用能方式多变的特点，研究微网内包含冷、热、电在内的多类型负荷预测技术；开展含多种分布式电源、融合辅助服务与需求侧响应的微网能量优化管理方法研究，发展能量集中调度并考虑需求侧响应的能量优化管理策略；研究微网优化调度方法，最大化微网内可再生能源发电，最小化微网运行燃料成本和最小化污染物排放，实现微网需求侧响应；研究微网内多种类型储能装置（氢储能、电储能和冷热储能等）的运行调度策略。

五、小　　结

作为大规模分布式电源友好接入电网的一种有效模式，微网将会在未来的配电系统中大量存在，成为智能配电系统的重要组成部分。微网的广泛应用需要先进的技术和运营模式为支撑。就目前而言，各种储能技术的突破将是微网系统应用效益得以充分体现的技术基础，而微网运营模式的创新和现有相关政策的突破则是微网得以持续发展的保证。我国正在建设的大量微网示范工程将为微网的技术进步和广泛应用发挥巨大的推动作用。预计 5 ～ 10 年内微网相关的技术将会走向成熟，各种新型的充分体现微网运行特征的能效管理模式也将会探索成功。随着未来分布式能源接入电网的规模日益加大，其对电网建设、管理、运行的影响也将日益明显，微网必将成为一种常态化的分布式电源接入电网模式。最终，微网与智能配电系统必将融为统一的整体，成为用户与配电公司间实现能量流互动的智能化桥梁。

第四节　直流配电网

一、概　　述

到目前为止，世界上绝大部分送变电工程，尤其是配电网，几乎都采用了交流输配电系统。原因是交流输配电系统能够通过变压器方便灵活地实现电压等级的变换，可以有效降低网损，更适合于远距离输配电。但事实上，早在19世纪末，电学发展史上就曾经发生过一场关于交流输电和直流输电孰优孰劣的争论[8]。虽然爱迪生发明了直流电首先为人类生活带来了光明，但由于当时直流发电设备与负荷相距较远，直流变电又十分困难，导致直流输电的电压等级低、输电电流大，造成了巨大的电能损耗，因而限制了直流输配电系统的应用。随着电力电子器件和变流拓扑技术的长足发展，交流、直流电压形式和电压等级的相互转换已成为现实并逐步实现在电力系统中的推广应用，高压直流输电便是电力电子技术在电力系统中的应用实例。近年来，大容量IGBT等电力电子器件在高压变频、有源滤波和无功补偿等应用场合获得了大量成功的商业应用，接近于配网电压等级的轻型直流输电的研究和工程实践为引入直流配电系统创造了有利条件。

立足现有的配网系统结构和技术条件储备并结合未来分布式电源和储能装置的接入需要，从用电设备负荷特性出发，考虑到目前配电系统中多数低压用电设备实际是利用直流供电，因此，可将现有的交流配电系统逐步改造为直流配电系统。引入直流配电系统不但可以取消现有用电设备中大量的交直流变换环节，从而减少用电设备的体积和成本并提高设备可靠性和电能终端利用效率，还能避免传统交流配网中三相不平衡和频率偏移等电能质量问题。直流配电系统的控制只取决于直流母线电压，对潮流的控制更大程度上取决于电流，因此更易于实现系统的协调控制，且直流配网由于不需输送无功功率，不存在无功补偿和同步稳定性问题。此外，相较于传统交流配网，直流配网不但更容易实现系统扩容，而且还可方便快捷地实现电网故障隔离，防止系统事故扩散蔓延，提高系统的稳定性和安全性。

全球性的能源短缺与气候变化问题，促使世界各国开始关注并逐步加强可再生能源开发利用技术的研究和实践。可以预见，未来的能源结构将是多种能源互补共存的多元化体系结构。

大多数可再生能源如太阳能光伏电池和燃料电池等，实质上是提供直流电；各种储能装置，如电动汽车蓄电池组、超级电容器、超导磁储能（SMES）等大多也是直流电的形式。因此，在交流系统中必须通过电力电子逆变器实现并网连接，电力电子变流器的大量使用不但增加了分布式电源和储能装置的设备和运行成本，同时也牺牲了系统的整体效率和可靠性。通过选择合理的电压等级，将太阳能光伏、燃料电池等直流分布式电源和各种直流储能装置直接接入直流母线，可有效提高配电系统的经济性和可靠性。所以，直流配网系统是比交流配网系统更为适合的新能源接入媒介，也是实现智能配电系统更为合理的途径。

近年来，随着人们对能源安全、环境保护和交通压力等社会问题的日益关注，电动汽车以电代油，是解决能源和环境问题的重要手段之一，以电动汽车为代表的新一代节能与环保汽车是汽车工业发展的必然趋势已经成为普遍共识。可以预见，大量电动汽车接入电网，一方面能够为电网公司带来售电量的增长并对电网移峰填谷发挥积极作用；另一方面，大量无序充电负荷也会在一定程度上对电力系统的安全稳定构成威胁。基于电动汽车接入电网（vehicle to grid，V2G）技术（Kempton and Letendre，1997；Tomic and kempton，2007），利用大量电动汽车动力电池组构成大规模分布式储能系统，可以参与电力市场辅助服务，改善可再生能源的间歇性和波动性，并可进一步与电网实现互动功能，体现智能电网需求侧响应与管理的核心价值。目前普遍认为，电动汽车与电网的互动技术是智能电网研究的重要内容之一（Pertti et al., 2010）。由于电动汽车动力电池以直流电的形式储存电能，所以基于智能直流配网引入电动汽车作为分布式储能单元，能够大幅提高电网的可靠性和灵活性，并促进间歇性可再生能源的应用。

二、智能直流配网的结构特征与优势

随着信息技术的发展，越来越多的办公自动化和数码信息设备得到了广泛应用。然而，用户侧负荷，如计算机、通信和电子照明等设备的内部供电实际是基于直流电。而目前配电网系统的用户侧接入电源是通过变压器降压得到的交流电，因此基于直流供电的设备，其电源输入端需要配置整流器（AC/DC 变换器）、直流电源适配器（DC/DC 变换器）等，方可接入交流配网运行。

传统交流配电系统对某些敏感负荷及供电要求较高的场合，通常会引入不间断电源（UPS）等电力电子设备来提高系统的可靠性。不间断电源通常由整流器、电池模块和逆变器组成。光伏电池、燃料电池等直流分布式电源需要通过逆变器与交流配网并网连接。而风力发电等交流分布式电源则需要整流和逆变两个环节才能与交流配网连接。可以看到，交流配电系统为满足供电可靠性和兼容分布式电源的要求，不可避免地引入了较多的整流器和并网逆变器。这不但增加了整个配电系统的成本，降低了系统的效率，同时也增加了配电系统的复杂性和故障率。

因此，假如将目前的交流配电系统改造成图 12-1 所示的直流配电系统，情况将有较大的改善。通过将原来的交流母线改造成为直流母线，如计算机、服务器、通信等对供电质量和可靠性要求较高的电子设备将直接接入直流母线，仅通过一级直流适配器即可实现供电，从而省去了前面提及的整流器环节。通过选择适合的直流母线电压，太阳能电池和燃料电池等直流分布式电源可直接接入母线，不必再通过大量复杂的并网逆变装置。而对于风力发电、燃汽轮机等交流电源则可省去逆变环节，仅通过一级整流环节（通常包括交流电抗器、电压型PWM整流器等）将交流电压转换为直流电压馈入直流母线。此外，直流配电系统还可以方便地接入大容量蓄电池组、超级电容器和超导磁储能系统（SMES）等各种储能设备，便于实现系统的分布式储能备用。以蓄电池组储能为例，它一方面可为电动汽车提供快速充电，或者直接作为电动汽车的动力电池使用；另一方面也可在电网用电低谷期充电，用电高峰期放电，其余时段作为系统备用来起到负荷移峰填谷和系统调峰的作用，从而提高了配电系统自身的可靠性和经济性。而对于传统的交流配电系统，蓄电池组备用电源必须通过逆变装置才能并网，这无疑增加了成本、降低了效率。

通过比较这两种不同形式的配电系统，很容易发现直流配电系统省去了大量分散的整流器（AC/DC）和并网逆变器（DC/AC），简化了配网结构，提高了系统效率和可靠性，并且大大降低了成本，使得以太阳能和风电为代表的可再生能源并网变得更为便捷和经济，并为今后普及LED节能照明和电动汽车的发展提供了良好的基础。

相比传统的交流配电系统，智能直流配网的有益效果在于以下几点。

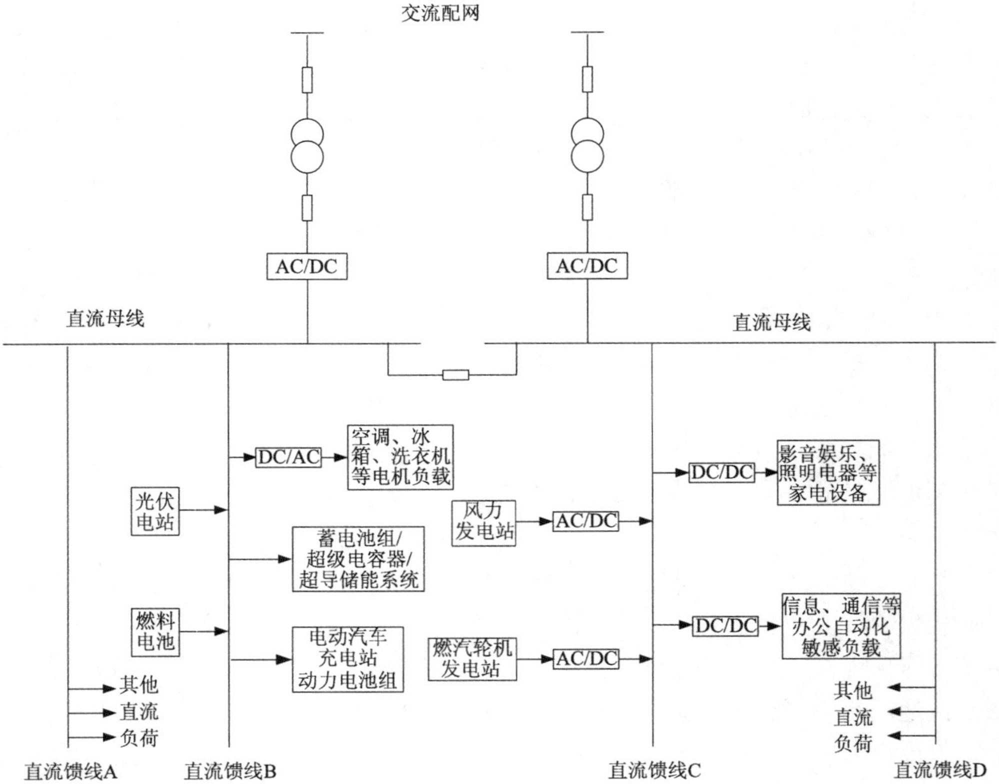

图 12-1　直流配电系统结构

1）兼容分布式电源接入

对于大规模接入的分布式可再生能源，由于其地域分散和能量不连续，有功出力具有随机性，如果不加控制往往会引起系统频率偏移。同时，间歇性电源的接入不但会影响稳态电压分布，还会引起系统电压波动，特别是大规模可再生能源并网后，可能导致系统电压越限，一般认为配电网内分布式发电系统不应主动参与电压调节（刘伟等，2009），而是采取合理的控制和补偿措施，在电源装设点安装无功补偿装置或是在配电网中安装基于电力电子技术的电压补偿设备，如静止无功补偿器 (static var compensator，SVC) 等。但是大量分散的电力电子并网变流器，必然带来系统可靠性和经济性的损失。由于太阳能光伏电池和燃料电池等，实质上是提供直流电；各种储能装置，如蓄电池组、超级电容器、超导磁储能（SMES）等大多也是直流电的形式。风力发电机所提供的交流电压通常也是通过整流器变换为直流电压，再通过并网逆变器实现与交流配电网的连接。因此，通过选择合理电压等级的直流母线，可实现如太阳能、燃料电池等直流分布式电源的直接并网，并可简化风电并网装置的复杂性，提高系统可靠性。此外，由于风光互补的发电系统在一定程度上克服了单独使用太阳能光伏和风力发电时发电量不稳定的缺陷，被认为是可再生能源并网的一种更为经济、更为可靠的方式（Petersson and Lundberg，2002）。在风光互补发电系统中，使用直流母线并网可以省去传统的交流并网逆变器，降低了成本，减少了损耗，同时由于风光互补系统的输出功率波动小也可减少系统中蓄电池的容量，系统的整体成本得以降低。因此，直流配网比交流配网更适合新能源接入，更符合智能配网的核心价值。

2）支持需求侧响应与管理服务

需求侧响应 (DR) 是指用户根据电价信号或奖励措施调整用电时间、用电量及用电方式，并应用自备分布式电源的市场参与行为。DR 使用的电价信号有分时电价 (time of use，TOU)、实时电价 (real time pricing，RTP)、尖峰电价 (critical peak pricing，CPP) 等；奖励措施包括直接负荷控制、需求侧竞价 (demand side bidding，DSB)、容量市场计划、辅助服务计划等（张钦等，2009）。用户的 DR 行为包括调整可平移负荷 (热水器、洗衣机、电动汽车等) 的用电时间，使其避开高电价时段用电；运用自有 DER(如蓄电池储能装置、微型燃气发电机、电动汽车等) 在低电价时储能，在高电价时发电自用或向电网送电。

按照现代电网的运营观念，用电负荷是和发电容量、电网传输容量与储能容量一样可以调度管理的资源，而 DR 是在电力市场环境下对用电负荷进行调度管理的重要措施（徐丙垠等，2009）。需求侧响应主要有以下作用。

（1）在因系统故障或负荷突增出现功率缺额时，参与需求侧响应的用电负荷减少用电，以避免电网出现稳定破坏事故，从而提高电网的供电可靠性。

（2）对于电网而言，可通过平滑负荷曲线来提高电网负荷率，减少并延缓电网的固定资产投资，提高系统运行的经济效益。

（3）对于用户而言，可以优化用户的用电行为，科学用电，节省电费支出。

（4）通过用户与电网的互动，可提升电网运行水平，满足智能电网的技术要求。

需求侧响应与智能电网有着密切的联系。智能电网为需求侧响应提供技术支撑，而需求侧响应的应用对于实现智能电网建设目标具有十分重要的意义。需求侧响应的应用能够提高供电可靠性与电网资产利用率，这是智能电网追求的两个基本目标。而更重要的作用则是支持可再生能源发电 (renewable energy generation，REG) 的大量接入和适应电动汽车的充电需要，这是智能电网不同于传统电网的两个关键功能特征。

可再生能源发电的有功出力具有很大的随机性和明显的间歇性，容量的可信度很低。可再生能源的大量接入，将给电网的功率平衡带来新问题。如果一味地依靠增加备用容量补偿可再生能源的随机性和间歇性，势必增加发电与电网资产的闲置率，降低电力系统运行的经济性。运用需求侧响应手段，通过用户自行调整用电方式和可再生能源发电方式参与调峰，则可以降低对系统备用容量的需求。在智能电网中，需求侧响应电价信号的调整除要考虑用电需求的变化外，还要考虑可再生能源的发电情况。在可再生能源有功出力比较充足时，降低电价；反之则增加电价。

近年来，随着人类对气候变化与可持续发展的高度关注，新能源汽车正日益成为人们关注的热点，世界范围内掀起了一股研发应用新能源汽车的热潮，各国也从政策的层面大力支持新能源汽车尤其是电动汽车的发展。据报道，2020 年电动汽车的市场份额将达到 40%。作为未来电动汽车专用充电设施的充电站将像现在的加油站一样遍布各地，为电网带来十分可观的用电需求。在汽车较为普及的国家里，社会汽车充电功率总和将大于发电装机总容量。以中国为例，预计到 2020 年社会汽车保有量将超过 2 亿辆，按平均每辆汽车额定功率 5kW 计算，社会汽车的充电总功率超过 10 亿 kW，已超过我国目前的发电装机总容量。而电动汽车对充电时间要求并不是很严格，是一种时间上可平移的负荷。因此，对电网来说，它是一笔巨大的功率平衡资源。通过 DR 的应用，合理地调整电动汽车充电时间，将显著地减少峰谷负荷差，有力地补偿可再生能源的间歇性。通过建设智能电网支持需求侧响应与管理的应用，完全可以在不增加或少量增加装机容量的情况下，满足电动汽车的充电需要。这对于推动社会节能减排、提高电网资产利用率具有十分重要的意义。

显然，直流配电网相比传统的交流配网能更为全面、动态地整合可再生能源和各种形式的储能装置。通过智能电网的需求侧响应功能，引入电力市场的实时电价信号，协调可再生能源的发电和电网终端客户的用电行为，可以促进清洁能源的推广利用，降低系统备用容量，并提高电网资产的利用率。通过优化电动汽车等可平移负荷的用电时间，并利用电动汽车动力电池组构成分布式电源系统，可在不显著增加电网装机容量的前提下极大地提高电力系统的调峰调频能力。由于电动汽车使用直流动力电池组，相比于交流配网，直流配电系统可以更可靠地为电动汽车提供快速充电服务。所以，直流配电系统对构建智能电网有着非常积极的作用。

3）提高配电网可靠性

随着经济社会的蓬勃发展和电力供应的逐步市场化，人们对计算机、网络、办公自动化设备及智能家电的需求越来越强烈，然而IT设备量大面广并且对供电可靠性要求普遍较高，而可靠性又是电力系统运行的最基本要求之一。在传统的交流配电系统中通常会使用不间断电源(UPS)来满足电源可靠性的要求。UPS在交流系统正常的情况下由交流电源整流成直流电压供电，在交流系统故障的情况下切换至后备蓄电池供电。由于蓄电池是直流形式的电源，因此，在配电系统中引入直流母线可直接通过直流斩波器(DC/DC)为IT设备提供电源。不但省去了UPS的整流、逆变环节，减小损耗、降低成本，同时由于直流母线上通常会装设超级电容器和蓄电池等储能设备，在一定程度上相当于将原来分散于用户UPS的小型蓄电池集中起来，可最大限度地发挥规模效益，减少用户事故备用，提高系统整体的经济性。此外，直流配电系统可以方便地隔离交流输电系统发生的故障，不会对用户产生影响，大大提高用户供电系统的可靠性（Hammerstrom，2007）。

4）适应负荷新特性，提高电能的终端利用效率

我国正在全社会范围内推行节能减排政策，逐步淘汰高污染高耗能的落后产能，大力倡导对传统工农业进行改造升级。由于全社会用电量的70%左右都是由动力负荷（各种电动机）所消耗的，因此，传统电机负荷采用变频调速技术不但可以达到节能降耗的目的，同时还能有效地提升电机的工作性能和运行效率。通过直流配电系统供电可以省去变频器中整流器部分，使得装置结构得以简化并提高了变频器的效率。

照明电器是另外一种重要负荷。在家用照明电器中，各种电子荧光灯具已经逐步取代了传统的白炽灯具，成为市场的主流。近年来，照明光源正向以白光二极管（LED）为主的半导体照明方向发展。白光LED具有低电压、低能耗、长寿命、无频闪、易维护和高可靠性等优点，符合绿色照明节能与环保的要求，是21世纪最具有发展前景的高新技术领域，极有潜力成为替代白炽灯、荧光灯的新型固体光源。根据美国能源信息管理局的统计，照明所消耗的电力大约占到美国商业建筑用电的38%，因此，通过技术革新，照明电器领域还有很大的节能潜力。

据估计，假如美国 55% 的白炽灯和 55% 的荧光灯被白光 LED 替代，每年可节省 350 亿美元，减少 7.55 亿 t 的 CO_2 排放量。目前，已有半导体在路灯照明上获得成功应用的案例。然而，无论是电子荧光灯还是 LED 都可以直接通过直流电压驱动器驱动，从而省去整流环节，提高照明电器的经济性和可靠性。所以，推广直流配网对于半导体照明电器降低成本和普及应用有着极大帮助。

5）提高电能质量的管理水平

对于传统的交流配电网，电能质量问题主要表现为电压、电流或频率的偏差和造成用户设备故障或误动作的任何电力问题（魏宾等，2009）。电能质量的主要衡量指标有电压偏差、三相电压不平衡度、电压波动与闪变、频率偏移和谐波污染等。而对于直流配电系统，问题就变得简单许多，因为直流系统理论上没有频率偏差、三相电压不平衡和无功补偿等问题，负荷建模也因此得以简化。用户侧电能质量主要是考量电压大小和波形质量。而直流母线的存在天然隔离了分布式电源和用户侧所引起的频率偏移对于更高电压等级配电网和输电网的影响，电能质量也可相应地进行区域化管理。

6）提高系统稳定性和事故防御能力

相较于传统的交流配电系统，直流区域配电系统的突出优点首先是彻底摆脱了发电机和电动机之间的转速耦合，从而有利于原动机和电动机的优化设计，另外，采用电力电子装置进行系统保护，能提供比电磁式断路器获得更好的故障隔离和更灵活的系统重构（陈虹，2005）。此外，借鉴直流输电的成熟设计经验，通过直流母线连接的交流系统无需同步运行，可实现频率、电压不同的交流系统之间的连接，且配电容量和距离不受交流系统同步运行的限制，无需无功补偿，方便配网扩容。传统的交流配电系统，随着配电容量的增加，会迫使短路容量加大，导致断路器遮断容量裕度不够。而直流配电系统可以通过电力电子装置的控制系统实现“定电流控制”，方便快速地把短路电流限制在额定范围之内，也同时限制了短路故障向交流侧系统继续扩散。

7）提高电网发展与环境保护的兼容性

随着生活水平的提高，人们更加重视生活环境与自身的安全。由传统的交流配电系统所引发的交变电磁场不但会对周边的通信系统产生电磁干扰，而且相较于直流配电系统，更容易引发潜在的人身危害，从而造成居民的恐慌情绪（崔晓丹和于继来，2007）。直流电缆可利用现有的输电走廊进行地下铺设，从而减少了电磁辐射并起到美观的效果。因此，直流配电系统是未来城市商业中心（CBD）和居民区的最佳配网接线形式。

三、智能直流配网关键技术

1）直流配电系统的方案设计及优化

从现实角度看，目前和未来相当长一段时间内，交流配电网仍将是主导并继续发展壮大。因此，如何在传统交流配网的基础上逐步实现直流配网是一个现实的课题。由于在交流配电网仍占主导的条件下，投入大量资金另建一套直流配电系统专为兼容分布式电源服务成本很高，短期内从经济效益上讲不具备优势。因此 Gregory（1995）提出一种配网交直流同线传输方式，在不架设新线路的前提下实现直流电利用现有交流线路传输，在大幅节省了初始投资和运行成本的同时，又在很大程度上吸收了直流方式控制优良的特点，还可以显著降低直流配电系统对现有交流配电网的负面影响。中长期随着可再生能源和分布式电源接入配网的迫切性增加，可在充分吸取轻型直流输电运行经验的基础上考虑在中低压配网层面推广直流配电系统。特别是对于城市电网，负荷的持续快速增长以及对电能质量和供电可靠性要求的不断提高与日益紧张的城市土地资源发生了矛盾。因此，基于轻型直流输电的技术优势，可考虑把直流配电系统引入用电密集的城市电网，利用它的快速可控性等特点，解决城市供电中存在的供电困难、成本高以及潮流难以控制等问题，这对于城市电网提高电能质量和供电可靠性并满足安全经济运行的要求具有重大的现实意义。

2）直流微网技术

随着能源短缺和环境问题日益凸显，开发利用可再生清洁能源进行分布式发电受到了世界各国的普遍关注。大电网和分布式电源协调发展被认为是促进节能减排、提高电力系统灵活性和可靠性的主要发展方向。随着分布式电源在大电网的渗透率逐年增加，将带来很多诸如稳定性、控制和保护等方面的一系列新问题。为了协调大电网与分布式电源之间的矛盾，充分发挥分布式能源的价值，人们提出一种比较现实的解决方式，即“微网”概念。微网是综合了微型电源、负荷和控制装置的一种新颖的电网结构形式。微型电源可以包括含有电力电子接口的微型燃汽轮机、风力发电、太阳能光伏、燃料电池等。此外，与传统大电网不同的是，微网一般还包括各种形式的储能装置，如蓄电池组、超级电容器和超导磁储能等。

微网可以是交流形式，也可以是直流形式。与交流微网相比，直流微网拥有以下优势：没有系统稳定性问题；可以方便地限制短路电流；可实现交流系统之间的异步互联；适合城市电缆送电的应用场合；仅需 1 根或 2 根导线，造价低；没有无功补偿问题；无集肤效应等。

随着信息电子设备的广泛应用，现代建筑对电能质量的要求越来越高。据统计，在美国，商业建筑用电占总用电量达 35%。在商业建筑中，用户侧直流负荷

（如计算机、通信和电子照明等设备）量大面广，占据重要位置。可以预见，基于可再生分布式电源接入的直流微电网技术是未来建筑供电的一条可行的发展路径，其中，光伏建筑一体化就是直流微电网的典型案例，甚至被列为未来建筑规划的重要内容之一。直流微网以直流配电的形式，通过直流母线将各种形式的分布式电源有效融合并加以协调控制，同时直接向直流负荷提供高电能质量的直流电。直流微网很好地适应了现代建筑利用各种形式能源的多元化需求和未来用户负荷的发展特点，直流微电网技术的探索研究对将来能否实现以直流配电网替代交流配电网有着特殊意义。因此，需要进一步研究大规模低压直流微网的技术经济可行性，内容包括直流微网的规模大小、存在形式以及适应场合等。

3）直流母线电压等级选择

直流配电系统中母线电压的选择非常关键。因为在直流系统中，送电电缆的电能损耗与有功功率直接相关，也就是和电流平方成正比。因此直流母线电压尽可能高才能确保电缆损耗下降。另外，为了尽可能兼容原有的交流配电系统，直流母线电压取为原有交流系统的峰值能够最大限度地兼容原有交流电缆的绝缘等级，最容易将原有交流配电系统改造为直流配电系统。当然，直流母线电压的选择也要兼顾 IGBT 等电力电子器件的电压、电流等级限制，综合上述几个方面权衡选择。

美国的 EMerge Alliance 提出在现代商业建筑和家庭住宅中引入 24V 和 380V 的直流配网，用以提高系统的效率和可靠性，获得更高的电能质量并支持可再生能源的接入。EPRI 的初步测试表明：相比传统交流配电系统，直流配电系统的效率提高 15%。

4）直流电力设备新技术

直流配电系统由于不像交流系统那样有周期性过零点可以利用，因此直流断路器的研制一直是一个挑战（李兴源，2002）。当然，通过电力电子变流器可以在需要切断直流电流时封锁开关器件的脉冲，从而达到故障部分退出运行的目的。这方面的许多问题还需要进一步研究。

相比较于交流电缆，直流电缆耐受电压高、输送容量大、电流密度高、成本低、损耗小、寿命长，且没有电容电流的限制。通过采用挤压聚合体电缆，对于同样的输电走廊，直流电缆的输电能力是交流线路的 1.5 倍。因此，电缆更适合于直流配电系统。此外，在直流配网系统设计中，由于直流电缆不产生交流感应电流，因此可考虑与煤气、水管敷设在同一管道，从而节省了日益紧张的土地资源（裴玮等，2010）。

四、智能直流配网的运行与控制

由于目前不允许接入配网的分布式电源孤岛运行，所以可先引入目前研究相对广泛的智能微网作为智能直流配网运行与控制的研究对象。

未来智能电网的核心是智能配电网，而智能微网将是智能配电网的重要组成部分。由于微网技术的先进性，在现有微网技术基础上进一步扩展建设具有智能电网特征的“智能微网”，无疑是最节省投资、最容易实现的智能电网项目。在目前智能电网刚刚起步阶段，智能微网的建设具有极大的研究、示范价值和最低的风险性。而考虑大量微网接入的直流配电系统运行与控制问题尚是一个全新的研究领域。

第五节　相关政策建议

智能电网目前获得了国际上发达国家政府的普遍关注，每个国家都在根据自己的国情制定发展战略，以期抢占技术制高点，在下一轮的全球化经济技术竞争中争取主动权。

由于配电系统直接面向用户，是保证供电质量、提高电网运行效率、创新用户服务的关键环节。建设智能电网，必须给予配电系统足够的重视。智能配电系统本身涉及的领域很广，不仅仅是电力技术的问题，与社会体制、市场机制、政府运作方式、企业运营与管理模式、人民生活习惯、社会发展水平、制造业水平等都有很大的关系。因此，每个国家的建设原则都应与自己的国情相适应。

（1）智能配电系统应以提高供电可靠性和电能质量、解决分布式能源分散化小容量多数量接入、实现用户和电网之间的互动、便于大量电动汽车的充放电管理等提供安全可靠的平台为目的。建议开展一些体现多元化和多样性的智能配电系统建设试点，包括微网技术、智能配电技术等示范工程，多吸引社会力量的参与，引入市场化机制，鼓励开展有序竞争，在对涌现出的各种新方案通过实践检验并进行科学比较论证的基础上，逐步规范化并加以推广应用。

（2）我国目前配电系统的智能化水平还处于初级发展阶段，许多关键支撑技术还不够成熟，特别是在可靠性与经济性方面还不具备大量推广应用的条件。因此，需要国家加强基础及技术应用研究方面的投入，制定各种财政扶持与税收优惠政策，循序渐进地促进智能配电技术的推广应用。

（3）智能配电系统是事关全社会的工作。它涉及能源、信息、经济、法律等多个学科领域，对技术、经济、社会、环境等因素都会产生相互的作用和影响；它不但需要电力专家、经济学家、企业家、政府官员的参与，也需要工程技术人员、经销商、用户等的广泛参与。特别注意避免智能电网仅仅是电力公司一家事情的错误认知，而应将智能电网建设看作是全社会制造业升级、服务业提升、市场化机制完善的一次机遇，以政策、法规、市场导向等不同模式鼓励全社会的能源生产者、消费者、服务机构和运营管理机构等的积极参与。

（4）智能配电系统涉及方方面面的先进技术和相关标准体系的建设，为了在相关技术领域的国际竞争中获得先机，必须重视技术标准建设，以在技术发展和体系建设方面增强在国际上的话语权。

（5）智能配电技术的发展应该立足在一种立体化的产学研合作网络中，即由企业主导技术转化和生产销售，高校和研究机构进行技术创新和人才培养，政府提供政策和法律支撑，中介组织沟通信息并搭建合作网络，金融机构负责资金筹集和运转；六方围绕科技创新有机结合，相互影响，相互促进，在市场机制下形成一个知识的消化、生产、转移和价值再造的动态链条，将学习与研究、研究与产业化紧密结合，有效缩短由知识到技术再到产品的周期，推动相关技术的快速应用和发展。

（6）智能配电技术的实施不仅仅是技术层面的问题。先进的技术需要有强大的市场需求作支撑才能够获得广泛应用。目前制约我国智能配电技术实施的关键因素不仅仅是技术层面，我国电力的市场化机制、电力与能源企业的运营模式、有助于全社会积极主动参与的电价机制等的改革措施应该更加受到政府部门的关注。

（7）在发展智能配电系统的过程中，需要对微网技术以及直流配电技术给予高度关注，努力为未来相关技术的广泛应用创造条件。

参 考 文 献

陈虹 . 2005. 基于直流配电系统的舰船综合电力系统 . 舰船科学技术 ,27（增）：31-36.

程军照 , 李澍森 , 冯宇 , 等 . 2010. 发达国家微网政策及其对中国的借鉴意义 . 电力系统及自动化 , 34(1): 64-68.

崔晓丹 , 于继来 . 2007. 配电网交直流同线馈送方式 . 电机与控制学报 , 11 (01): 6-11.

丁明 , 张颖媛 , 茆美琴 . 2009. 微网研究中的关键技术 . 电网技术 , 33(11): 6-11.

国家电网企业标准 . 2008. 城市配电网实用性配电自动化技术导则 , 北京 ：中国电力出版社 .

韩奕 , 张东霞 , 胡学浩 , 等 . 2010. 中国微网标准体系研究 . 电力系统自动化 , 34(1): 69-72.

韩英铎 , 严干贵 , 姜齐荣 , 等 . 2000. 信息电力与 FACTS 及 DFACTS 技术． 电力系统自动化 ,10: 1-7,20.

撖奥洋 , 邓星 , 文明浩 , 等 . 2010. 高渗透率下大电网应对微网接入的策略 . 电力系统自动化 , 34(1): 78-83.

黄乐，赵舫. 2005. 基于 IEC 标准的企业集成总线在电力信息集成中的应用. 电力系统保护与控制，33(22)：73-76.

李天友，金文龙，徐丙垠. 2008. 配电技术. 北京：中国电力出版社.

李兴源. 2002. 21 世纪电力系统技术的挑战（二）. 国际电力，06（01）：20-23.

李振杰，袁越. 2009. 智能微网——未来智能配电网新的组织形式. 电力系统自动化，33 (17): 42-47.

刘伟，彭冬，卜广全，等. 2009. 光伏发电接入智能配电网后的系统问题综述. 电网技术，33(19):1-6.

栾文鹏. 2009. 高级量测体系. 南方电网技术，3(2): 6-10.

裴玮，李澍森，李惠宇，等. 2010. 微网运行控制的关键技术及其测试平台. 电力系统自动化，34(01): 94-98.

王成山，李鹏. 2010. 分布式发电、微网与智能电网的发展与挑战. 电力系统自动化，34(2): 10-14.

王成山，王守相. 2008. 分布式发电供能系统若干问题研究. 电力系统自动化，32(20)：1-4.

王成山，王守相，郭力. 2010. 我国智能配电技术展望. 南方电网技术，4（1）：18-22.

魏宾，刘海莹，焦莉，等. 2009. 电能质量管理现状综述. 陕西电力，（03）：51-54.

徐丙垠，李天友，薛永端. 2009. 智能配电网与配电自动化. 电力系统自动化，33(17):38-41.

徐丙垠，李天友，薛永端，等. 2009. 智能配电网讲座 第四讲 互动功能与高级量测体系. 供用电，26(06):19-23.

殷乔民. 1995. 爱迪生与特斯拉电学史上的一场大论战. 农村电工，(07)：36.

余贻鑫，栾文鹏. 2009. 智能电网. 电网与清洁能源，25(1):7-11.

袁越，李振杰，冯宇，等. 2010. 中国发展微网的目的方向前景. 电力系统自动化，34(1): 59-63.

张钦，王锡凡，付敏，等. 2009. 需求响应视角下的智能电网. 电力系统自动化，33(17)：49-55.

EPRI. 2003. Power delivery system and electricity markets of the future, 1009102. Palo Alto, CA, USA: EPRI.

EPRI. 2004. Technical and system requirements of advanced distribution automation, 1010915. Palo Alto, CA, USA:EPRI.

EPRI. 2006. Profiling and mapping of intelligent grid R&D programs,1014600. Palo Alto, CA and EDF R&D, Clamart, France:EPRI.

European Commission. 2006. European technology platform smart grids: vision and strategy for europe's electricity networks of the future. http:// ec. europa. eu/ research/ energy/ pdf/smartgrids_en.pdf [2008-10-10].

Gregory G D. 1995. Applying low-voltage circuit breakers in direct current. IEEE Trans Ind Applicat, 31:650-657.

Hammerstrom D J. 2007. AC Versus DC Distribution Systems—Did We Get it Right. Power Engineering Society General Meeting, IEEE: 1-5.

Kempton W, Letendre S E. 1997. Electric vehicles as a new power source for electric utilities. Transp Res D, 12（3）: 157-175.

McGranaghan M, Goodman F. 2005. Technical and system requirements for advanced distribution

automation. 18th International Conference on Electricity Distribution (CIRED), Turin, Italy, 1-5.
Nick J, Ron A, Peter C, et al. 2000. Embedded Generation. London: IEE.
Pertti J, Sami R, Antti R, et al. 2010. Smart grid power system control in distributed generation environment. Annual Reviews in Control, 34(2): 277-286.
Petersson A,Lundberg S. 2002. Energy Efficiency Comparison of Electrical Systems for Wind Turbines. Nordic Workshop on Power and Industrial Electronics (NORpie2002), Stockholm, Sweden: 12-14.
Rahimi F, Ipakchi A. 2010. Demand response as a market resource under the smart grid paradigm. IEEE Transactions on Smart Grid, 1(1): 82-88.
Richard D B, Cherry T. 2008. Standards for the Smart Grid. 2008 IEEE Energy 2030 Conference, Atlanta, Georgia: 17-18.
Sannino A,Postiglione G, Bollen M H J. 2003. Feasibility of a DC network for commercial facilities. IEEE Trans Industry Applications, 39:1409-1507.
Tomic J, Kempton W. 2007. Using fleets of electric-drive vehicles for grid support. J Power Sources, 168(2): 459-468.
Yang T, Zhang Z D. 2010. Research on transmission data system of smart grid based on IPv6 diffServ model. IEEE International Conference——Asia-Pacific Power and Energy Engineering Conference :1-4.

第十三章　智能用电技术

智能用电作为智能电网的重要组成部分，与终端用户联系最为紧密，直接影响到用户的感知和体验。通过智能用电可以实现电源的优化配置，解决分布式能源接入问题，为用户提供科学用能决策，构建经济、灵活、便捷的用电方式。新能源的开发和利用，新一代信息通信、双向互动、高级量测等新技术的探索和新一代智能电能表、智能家电、电动汽车、太阳能电器等新产品的研发将推动一场史无前例的智能用电革命。

本章侧重基础性、方向性和战略性，详细分析了影响智能用电发展的主要因素，在吸取发达国家智能电网未来发展战略的基础上，以 2020 年、2030 年、2050 年三个发展时期为节点，分析了智能用电发展的重要科技问题和技术路线，预测了我国智能用电发展的阶段性场景。本章从智能用电能源需求的目标出发，遵循电力、能源、信息综合服务一体化的宗旨。

第一节　智能用电需求分析

智能用电是依托智能电网和现代管理理念，利用高级计量、高效控制、高速通信、快速储能等技术，实现市场响应迅速、计量公正准确、数据实时采集、收费方式多样、服务高效便捷，构建智能电网与电力用户电力流、信息流、业务流实时互动的新型供用电关系（刘振亚，2010）。

将供电端到用户端的所有设备，通过传感器连接，形成紧密完整的用电和信息交互网络，并对其中信息加以整合分析，指导用户或直接进行用电方式调整，实现电力资源的最佳配置，达到移峰填谷、降低用户用电成本、提高供电可靠性和用电效率的目的。

一、智能用电技术需求分析

我国的智能用电只有满足用户需求，服务并促进智能电网的建设，才能为我国经济社会环境可持续发展提供保障，满足我国社会经济发展需求和国家能源战略要求。智能用电涉及的主要技术包括信息通信、高速通信网络、用户侧以及智能量测和控制等技术。

1. 信息通信

信息通信网络是智能电网重要支持系统，贯穿智能电网发电、输电、变电、配电、用电、调度六个环节。通过信息平台处理信息、信息通信网络传输信息，实现电网自动化和电网与用户的互动化。对信息通信技术的需求必须要满足用电信息采集和用户与电网的交互信息传输和感知，实现信息指令的实时传递。而目前用户获得用电消费信息的手段单一，信息量有限，用户需要实时了解电价状况和计划停电信息，以合理安排电器使用；电力公司也可以通过信息通信技术的发展获取用户的详细用电信息，以提供更多的增值服务供用户选择。

与此同时，智能用电对信息通信的需求还表现在信息安全方面。一方面，智能电网上联发电下联用电，从各个电厂延伸到用户，信息通信系统从每台电力设备延伸到电器，随着智能电网复杂程度的提高，互动化将带来大量的安全隐患，新的通信方式也带来更多的安全风险。原来局部的信息安全问题将会带来全局的影响，极大地增加了信息安全防护的难度，这些都对电力系统信息安全和智能用电的发展提出新的严峻挑战。另一方面，信息战是现代战争的重要手段之一。作为国家基础设施的电力系统的信息安全问题，密切关系到电力生产安全、经济安全，关系到国计民生、社会稳定与公众利益，属于国家信息安全战略，是国家安全战略的重要组成部分。

2. 双向互动服务

随着经济社会不断发展和科学技术全面进步，社会文明程度日益提高，电力企业和用户对供电可靠性、电能质量、用电服务水平更加关注，对电力供应的开放性和互动性提出更高要求，需要通过智能互动的客户服务技术，实现电力供应更为稳定可靠、经济优质、灵活互动、友好开放，引导客户科学、合理用电，提高电能使用的经济性和安全性。

随着用户的服务需求升级，用户除了希望降低用电成本、安全可靠用电外，还希望享受更加个性化、多样化、便捷化、互动化的服务。用户希望可以通过简单操作，主动查询历史用电记录、历史交费记录、历史数据统计图形等其他信息服务；居民及大专变用户可及时获得用电量、电价、预付电费、剩余电费等信息；供电企业可根据剩余电量情况对居民发送停电通知、缴费通知及电价政策宣传等；欠费、违约金提醒，家中购电，社区信息发布；用户通过各类终端设备（手机、笔记本等）进行用电信息的查询。

对于电网企业来说需要对用户用电设备进行监测，及时发现用户受电装置隐患，以“隐患整改通知书”等形式通知用户，履行告知义务，避免出现安全事故，减少企业和个人不必要的经济损失；通过具备可视化功能的终端，来满足电力企业和电力用户之间的可视化交互沟通的需求。

3. 用户侧

随着能源革命的不断演进，用户开始对分布式电源、储能装置和设备、电动汽车有了越来越大的需求，用户需要在接入分布式电源、为电动汽车充电、使用智能用电器时有一个稳定的供电环境，同时在接入分布式电源、为电动汽车充放电时可以调整电网峰谷差，提高电网利用率，进而辅助电网有效接纳波动性可再生能源发电容量。同时在不影响自身用电的同时可以实现和电网的电力交易，并为自己获得经济收益。

另外，用户需要通过智能终端随时了解自己使用的各种能源的状况，同时还需要根据电网系统反馈给自己的用能数据、用能策略或用能辅助策略，选择更加适合自己的用能策略，抑或自动调整自己的用能策略。

4. 智能量测和控制

分布式电源的频繁接入和退出，潮流的双向流动，对智能用电的计量器具提出了新要求。如何正确计量双向电能，如何正确计算电价，是用户对智能量测和控制的需求。

电力企业需要实时采集智能用电侧电能量信息，并计算用电数据，对采集的用电信息进行统计、分析，生成用电负荷曲线，引导用户合理有序用电；进行在线设备故障诊断和分析，提高设备使用的安全性；加强需求侧管理，为电网规划和扩容提供决策支持数据；采集终端间支持快速通信，可分析用电异常情况；电能质量的实时监测和预警，必要时提供无功补偿和谐波治理方案；进行用电效能分析，为用户提供经济、安全的电能。

二、电力、能源与信息一体化结构

电力、能源和信息高度一体化结构有利于智能电网整合，集约优势资源，实现信息流和能源流的合理配置和双向交互是智能电网的目标。电力流作为能源流的载体，通过智能电网的传输为人们的生产和生活提供服务。信息流承载着电网和用户的交互以及电力流和能源流的调度和控制作用。智能电网技术是电力、能源、信息集中化的有利支撑和可靠保证。

智能用电服务体系以智能电网为坚实基础，以智能用电服务组织管理及标准和智能用电服务关键技术及装备为坚强支撑，以通信与安全保障体系为可靠保证，以智能用电信息共享平台为信息交换途径，通过智能用电服务技术支持平台和智能用电服务互动平台，为电力用户提供智能化、多样化的用电服务，实现与电力客户进行能量流、信息流、业务流的友好互动，提升客户服务的质量和水平。

智能电网将实现电力远距离、大容量、低损耗输送，提高电网对清洁能源的消纳能力，实现电力资源跨省跨区优化配置，是能源优化配置的平台。信息流是双向的，包括了信息的感知和控制，智能电网为信息交互提供有效途径。

第二节　智能用电技术研究现状

一、国外研究现状及发展路线

目前，世界发达国家基于发展新能源、节能减排、提高电网运营效率、改善供电服务质量等需要，陆续开展了智能用电服务的研究和实践，并取得了阶段性成果，分为以下四个方面。

（1）明确了智能用电服务发展目标。2006 年，欧盟理事会发布了能源绿皮书《欧洲可持续的、竞争的和安全的电能策略》，提出了智能用电服务的目标。

（2）拟定了智能用电服务实施计划。2008 年，法国电力公司拟更换 2700 万只普通电表为智能电表，使客户能自动跟踪自身用电情况，并能进行远程控制。2009 年，美国发布《复苏计划尺度报告》，包括为 4000 万美国家庭安装智能电表，实现远程管理及读表等功能。截至 2013 年上半年，美国已经完成 4000 万只智能电表的安装。美国加州电力部门将 112 个家庭与实时电力价格信息联系起来。最终结果表明，参与者节约了约 10% 的能源费用，并且需求响应良好。加州已完成 20 万户小区智能量测系统的安装，初步分析显示，节省电力可达 16%~30%。马耳他公布了和 IBM 达成的建立一个“智能公用系统”的协议，计划更换 2 万只普通电表为互动式电表，实现电厂实时监控用电，并制定不同的电价奖励节电客户。截至 2013 年上半年，欧盟国家已安装智能电表约 5000 万只，其中意大利、瑞典已完成大部分智能电表的安装，两国的智能计量均超过 95%。预计 2020 年，全欧洲 80% 的电表（约 2.2 亿只）将升级为智能电表。根据英国政府的计划，到 2020 年，每个英国家庭都将安装智能电表，实现远程抄表和动态控制用电设备，并将客户利用风力或太阳能所发的电卖给电网。日本重点关注如何实现太阳能等分布式电源的灵活接入、电动汽车充电、智能电表的推广。韩国智能用电的发展更注重理念和战略层面的丰富完善以及产业带动效应的发挥。截至 2012 年底，日本和韩国智能电表总体规模分别约为 300 万和 100 万只。日本计划于 2018 年之前推动 80% 家庭用户安装智能电表，并完成全部企业用户的安装。

（3）开展了系列负荷响应控制实践。2008 年，美国科罗拉多州的波尔得市宣布成为全美第一个智能电网城市，主要通过为全部家庭安装智能电表，使客户可以获得电价信息，自动调整用电时间，并可优先使用风电和太阳能等清洁能源；变电站则可采集每户的用电信息，并且在发生问题时重新配备电力。截止 2008 年，法国超过 1000 万客户可以通过网站、邮件、电话、专门的电子接收装置，获得最大关键峰荷电价信息，实时调整用电方式。

（4）开展了分布式能源接入等实践。丹麦在博恩霍尔姆岛试验用汽车电池解决间歇风电问题，通过汽车电网 V2G 技术，建设更多的风力涡轮机。法国电力公司（EDF）高度重视并承担了电动汽车充电技术研究、标准制定及基础设施建设工作，为电动汽车提供便利的能源供应服务。美国、澳大利亚、加拿大、日本、英国、德国等近 20 个发达国家已经开展绿电机制项目，美国绿色电力占总用电量 2% 左右，荷兰有 20% 的家庭使用绿色电力。日本政府以国家计划形式设定了新一代汽车的发展目标，预计到 2020 年，日本市场电动汽车和混合动力汽车等“新一代汽车”的新车销量比例将达到 50%，总保有量将达到 1350 万辆。

综上所述，欧美国家近几年开展的智能用电服务的研究和实践，主要是以用电信息采集、用电设备自动控制（需方响应）为主，并开始分布式能源接入研究实践，通过建立节能服务子公司开展节能服务。

国外智能用电发展路线如图 13-1 所示。

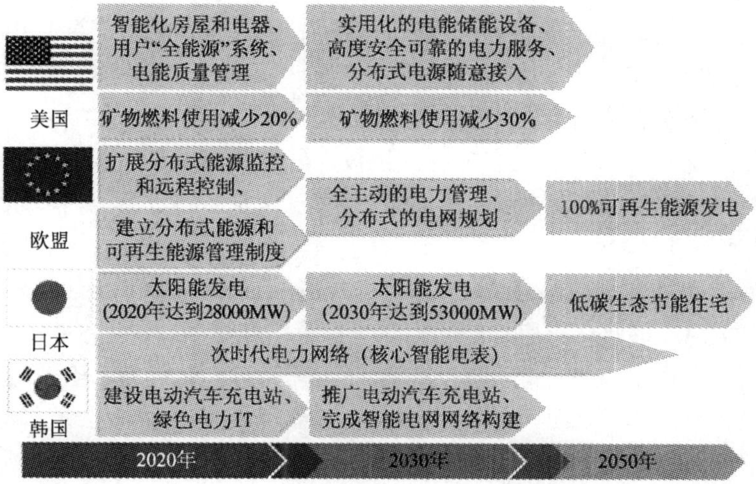

图 13-1　国外智能用电发展路线图

二、国内研究现状及发展路线

目前，我国已初步形成了以现代电力技术、信息技术为基础的电力营销技术支持体系和多渠道服务接入体系。国内的用电通信主要应用于用电信息采集业务，按照网络结构可划分为远程通信信道和本地通信信道。其中远程信道主要采用 GPRS 和 230MHz 无线专网，CDMA、光纤专网、拨号也有少量应用。本地信道主要为电力线通信、RS-485 及二者的混合组网等，其他如 433MHz/470MHz 短距离无线技术、有线电视网络等技术也有不同程度的使用。智能用电小区试点采用多种信息通信技术实现了电力网、电信网、互联网和电视网“多网融合”入户的理想方式。

在双向互动方面国内各省分别建立了客户服务网站和呼叫中心，推出呼叫中心、网上客户服务中心、为客户提供专业性互动服务。同时，结合智能电表、智能用电接插件、智能家电、家庭发 / 储电设备等智能家居为依托的多种智能用电服务方式研究、建设和应用，为分时电价、互动用电、智能用电搭桥铺路。

目前，国内开展了风电监控及并网控制、分布式能源并网逆变器性能测试等技术研究，开展多个光伏发电系统并网测试工作。还对可再生能源风能、太阳能、小水电、农村沼气、生物质发电的接入和监测，以及对电网安全影响评估和自动控制等进行了深入研究。各地依托行政手段和电力负荷管理系统，开展各级有序用电预案科学编制和可靠实施。政府出台尖峰电价、蓄热蓄冷电价、可中断负荷电价等激励措施，通过经济手段引导客户避峰。上海等地试行了绿色电力认购机制，引导新能源产业的发展。积极推广电动汽车、热泵和蓄能技术等电能替代技术，提高了电能在终端能源消费的比例，现在已达 20.2%。

在智能用电小区和智能家居方面，积极开展智能用电小区相关的各类技术研究，建立智能用电服务试点。2009 年以来，研发了包括空调、冰箱、洗衣机、热水器、加湿器、空气净化器、微波炉、电烤箱、电饭煲、灯光、窗帘在内的智能家电系统。智能家电需要连接到智能电表或者宅内管理设备，以便共享和接收能源使用数据和分时用电信息，以此对家庭能耗和用能进行分析和诊断，对用能进行科学管理。此外，国网信息通信有限公司加入闪联产业联盟，并与联盟核心会员单位闪联工程中心、美的集团等单位共同发起成立闪联智能用电工作组。启动了智能用电标识，我国智能用电产品从此拥有明确统一的标识身份，使智能用电产品成为新兴的产品序列。

我国近些年陆续开展了用电信息采集系统试点建设，一些省、市相继建设了负荷管理系统、集中抄表系统。对电能表和终端产品也展开了入网检测和许可认证工作。已启动电力用户用电信息采集系统建设，研究制定了系统、终端和电能表的统一功能规范，确定了标准数据模型，开始了相关关键技术研发和系统建设前期工作。系统用户侧提供强大数据支撑，可满足需求侧管理的要求，对用户提供自身用电信息实时查询和有针对性的用电建议等服务。截至 2013 年上半年，国家电网公司已经实现了 1.76 亿户用电信息采集系统的建设。

近两年，国网公司开展了智能小区和电力光纤到户的关键技术研究和试点建设工作。国网信息通信有限公司自主研发了光纤复合低压电缆，其是将光纤和页管组成的光单元复合进电缆中适用于 0.6kV 及以下电压等级的产品，具备在输送电能的同时进行光通信的能力（李伟良等，2010）。此外，还研制了智能交互终端、智能插座、智能交互机顶盒等家庭智能终端设备。采用光纤复合低压电缆，将光纤随低压电力线敷设，实现到表到户，配合无源光网络技术，组建电力光纤到户网络架构；利用智能终端设备对家电进行控制和管理，对用能进行监控和管理，对能效进行统计和分析，为用户提供更加便捷和节能的生活方式。

智能交互终端是实现家庭智能用电服务的关键设备，其通过先进的信息通信技术，对家庭用电设备进行统一监控与管理，对电能质量、用电信息等数据进行采集和分析，指导用户进行合理用电，调节电网峰谷负荷，实现电网与用户之间智能用电，此外，还可为用户提供家庭安防、社区服务、Internet 服务等增值服务。智能交互终端或交互机顶盒还能提供视频点播、可视通话、生活服务、物业管理、社区娱乐、在线缴费等服务。用户可以实时查询家庭用电情况，并根据电价和电网的负荷状态，灵活调整电器启用时间，提高用电经济型和安全性（Zhao et al., 2011）。截至 2012 年年底，电力光纤到户试点小区已覆盖全国 26 个省的 28.7 万用户。图 13-2 描绘了利用电力光纤到户实现智能用电的场景，在户外利用光纤复合低压电缆组建终端通信接入网，在室内以智能家庭网关为核心控制器，利用融合通信技术组建家庭内部通信网络，实现智能家居（Liu et al., 2011）。

2008 年年底全面开展了电力客户用电信息采集系统建设研究，重点开展了系统与终端功能、技术方案、组网方案、通信规约、安全防护策略等方面的研究，提出了集中和分布式两种主站部署模式、七套通用组网方案和整体技术架构，统一规范了采集系统建设的技术路线和技术要求。制定了系统与终端的各项功能及软件实现原则和方法，规范了主站与其他业务应用系统之间的数据交互内容。根据智能电表功能、型式及技术要求，开展智能电表低功耗、可靠性、双向通信、自动化测试等关键技术研究，研究制订了单、三相智能电能表型式、功能及技术标准，统一了 11 类智能电能表的型式、功能及技术规范。

国内智能用电发展路线如图 13-3 所示。

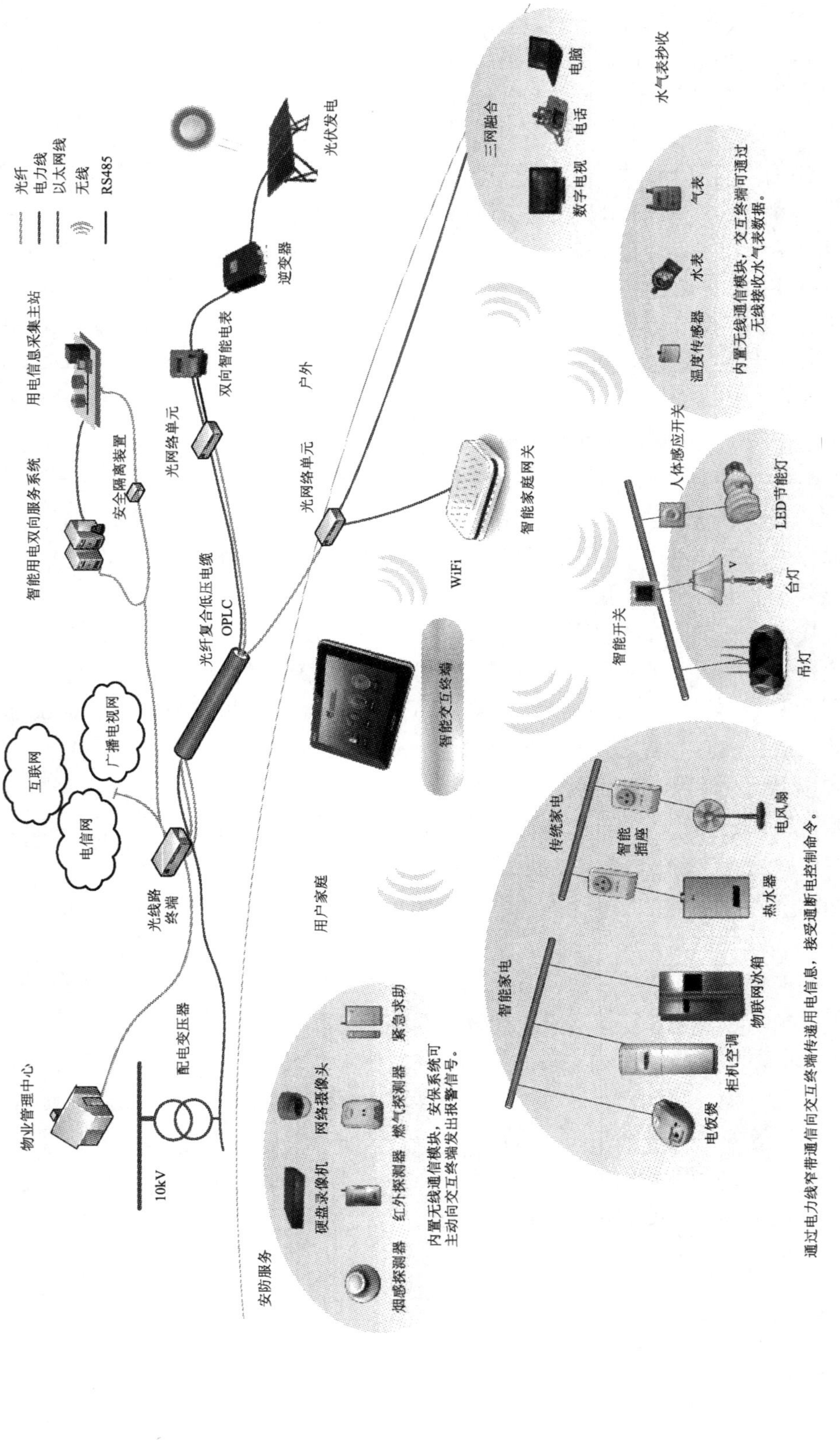

图 13-2 电力光纤到户应用概念图

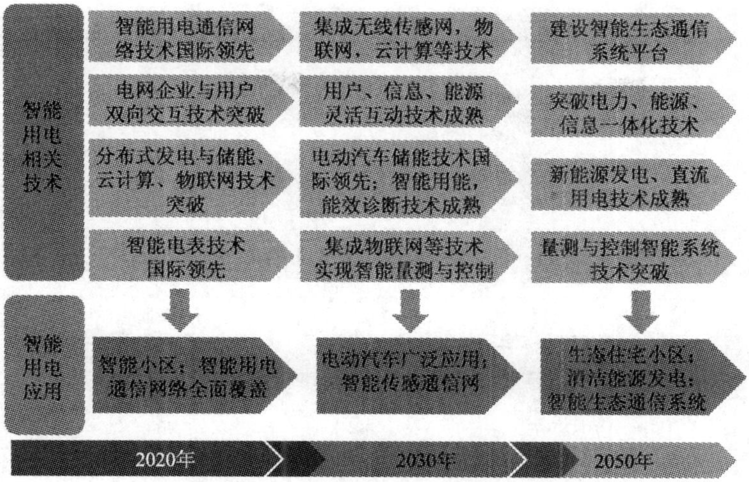

图 13-3　国内智能用电发展路线图

第三节　2020 年智能用电的发展预测

一、智能用电需求与预测

2020 年我国电网将发展到一个新的阶段，智能电网的雏形已经显现，我国用电需求将达到 7.67 万亿 kW • h。随着智能电能表、智能交互终端、电动汽车等新产品的应用和洁净煤、可再生能源、先进核能、碳捕集利用与封存等低碳和零碳技术的发展，逐步构建了一个有序的工业、建筑和交通用电体系，引导人们走进智能化、多样化、互动化的用电生活，初步形成以低碳绿色为目标的和谐有序的用电模式，全国电力用户可实现节电量约 2730 亿 kW • h，相应减少 CO_2 排放 2.8 亿 t，降低用户电量需求约 445 亿 kW • h[①]，按平均每千瓦时消耗燃料费用约 0.2163 元计算，全社会将节约燃料费用约 96.3 亿元。2020 年全社会用电量将减少 517 亿 kW•h[②]，节能约 0.16 亿 t 标煤，减排 CO_2、SO_2、NO_x、TSP 分别为 0.45 亿 t、18 万 t、1.2 万 t、3.9 万 t。在可靠用电效益分析中介绍到 2020 年全社会停电损失约为 189.5 亿元，以此推算，智能电网可减少因电能质量问题带来的损失约为 31.6 亿元（表 13-1，表 13-2）。

---

① 资料来源：国网能源研究院分析预测，这里设定用户电量变化＝全社会用电量变化－线损量变化。

② 资料来源：国网能源研究院经济与能源供需研究所分析预测。

表13-1 2020年智能电网相对传统电网用户用电量变化

年份	2020 年
在传统电网情景下用电量（亿 kW·h）	77 145
在智能电网情景下用电量（亿 kW·h）	76 628
用电量降低（亿 kW·h）	445
节约燃料费用（亿元）	96.3

表13-2 2020年智能电网相对传统电网各种因素带来的污染物减排量

	全社会用电量节约	清洁能源替代 *	发电煤耗降低	合计
SO_2（万 t）	18.00	15.90	36.30	70.2
CO_2（亿 t）	0.45	0.39	0.90	1.7
NO_x（万 t）	1.20	1.00	2.40	4.6
TSP（万 t）	3.90	3.40	7.90	15.2

* 此处仅考虑了传统电网与坚强智能电网对风电发展规模的影响，对于水电等清洁能源假设两种电力系统发展情景下发展规模相同

2020 年智能电网的应用场景如图 13-4 所示。

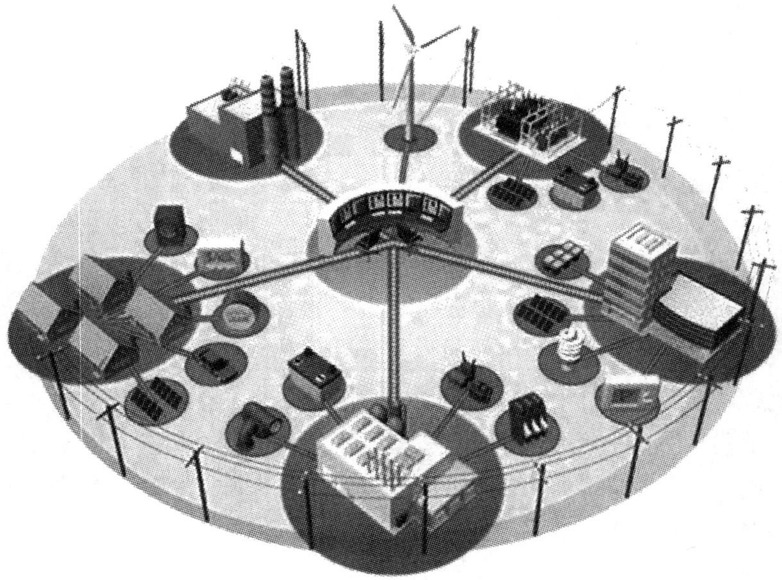

图 13-4 2020 年智能电网应用场景

资料来源：http://www.smartgrid.epri.com/Demo.aspx

2020 年，随着新能源的发展，风能、太阳能等新能源将会占到越来越大的比例，在西部等集中发电区实现并网，同传统发电方式一起向电网输送电能；同时小型分布式电源如太阳能板将在居民用户、偏远山区、路灯等小型用电区域得到广泛应用；电动汽车也在大城市部分领域得到应用推广；家庭、办公楼宇、工厂、

交通等领域建立智能交互用电系统。具体而言，到2020年，在智能电网基础上整个社会将实现和谐场景，人们的生活场景将如图13-5所示。

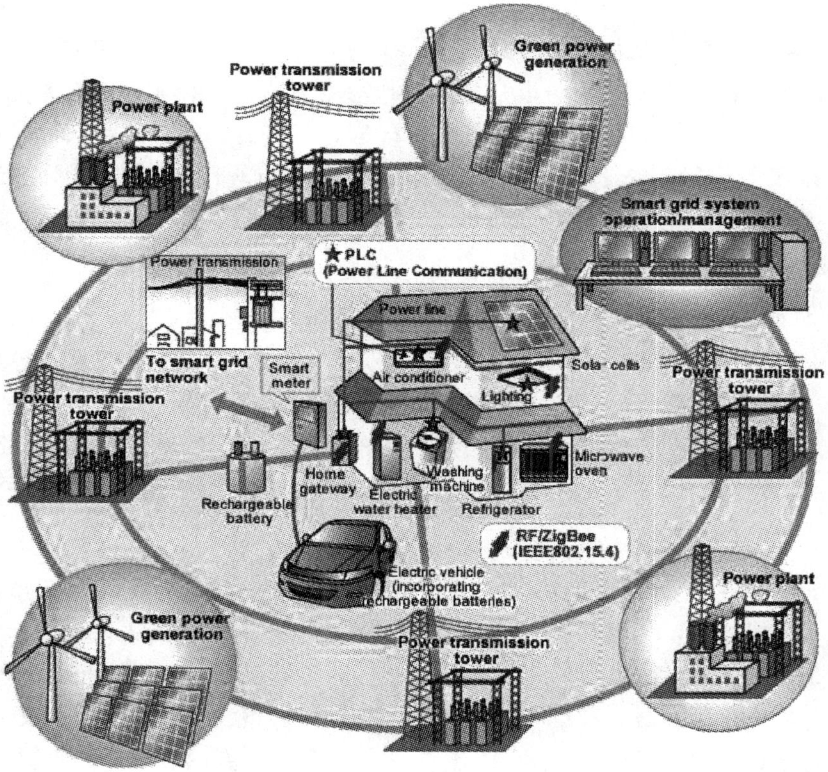

图13-5　2020年智能用电生活场景

资料来源：http://sg.renesas.com.edgesuite.net/ecology/eco_society/smart_grid.html

普通家庭用户采用太阳能等分布式电源发电，用户首选自发电，不能自给的时候再从电网买电，这将大大减小电网的负荷，有利于节能减排和资源的优化利用。此时，电动汽车以在大城市运营为主，在应用密集区如商场停车场、居民用电小区等建立充电站和充电桩，并同时建立配套的电池更换站。用户可以根据实时电价和用电信息，避开用电高峰对电动汽车进行充电，达到移峰填谷的效果。用智能电表替代传统电能表，通过双向互动服务平台的信息交互，用户就可以在办公室或家里查询实时电价、定制用电模式，完成缴费、安防、报装等业务。量测系统的数据分析模型给用户用电策略提供了有效可靠的数据保障。

二、智能用电关键技术及发展

1．信息通信技术

我国电力行业信息与通信技术应用起步较早，经过几十年的努力，已经达到较高的水平，信息通信技术与电力生产技术深度渗透，已经成为支撑智能电网的重要基础技术。我国在智能用电通信技术研究方面具有一定的优势，但是在支撑用电服务体系运行的通信网络和信息网络建设方面，尚不能达到实用化要求，面向用户侧的通信网络资源不足，需要进一步加强多种通信技术手段的研究，解决相关技术瓶颈。

1）公网通信应用技术

在用电信息采集系统、智能用电小区管理系统、用户用能管理系统等系统当中，公网通信是非常重要的远程接入网方式，因此需要对公网通信应用技术进行深入研究，应用各种公网通信方式实现系统平台与用户、智能表计、采集终端等建立联系，发布信息、下达指令和参数等信息，收集用户用电信息，实现与用户的双向互动。

2）低压电力线载波通信技术

电力线载波通信（PLC）是电力系统特有的、基本的通信方式，而低压电力线载波是现场采集终端、用户智能表计、电能计量装置重要的本地接入网方式。随着电力载波应用领域的推广和扩大，低压配电网电力载波通信成本、协议（标准）等问题需要进行深入研究，实现低压电力线载波通信方式的实用化。中频 PLC 技术将在试点的基础上快速推广应用。

3）无线通信网络技术

现有 230M 电力无线专网不能满足日益增长的用电服务业务数据通信要求，因此需要研究新一代智能电网无线通信网络技术（如 Mesh、LTE、4G、WiMAX、Mobitex 等），充分利用各种无线通信方式的业务覆盖能力、支持的带宽、工作频段、经济性、承载能力以及技术成熟程度、政策许可性等特征，满足智能用电服务体系对无线通信的要求。

国家电网公司自主研发了高新技术产品 LTE-230 电力无线宽带系统，其基于 230MHz 电力负荷管理专用无线通信频点，采用载波聚合、频谱感知、干扰协调三项 TD-LTE 关键技术在 230MHz 频段组建构建电力无线宽带蜂窝数字 IP 通信网络，能够满足用电信息采集、配电自动化、视频传输、应急通信等智能电网配用电侧业务的实时、高可靠通信需求，具有广覆盖、低成本等组网优势，可以有效解决现有电力无线系统频谱效率低、组网能力弱、实时性差等缺点，是构建智能电网信息通信体系的重要技术。该系统关键设备已经完成开发并已在浙江海盐等地开展现场测试，试验系统能够有效支撑电力系统数据采集业务，已稳定运行多年。

4）智能用电服务安全防护技术

智能用电服务要求客户广泛参与，实现用电需求自由响应，同时体现实时友好互动，提供便捷多样的服务方式，因此安全防护必须对各个系统、各个环节的安全防护技术进行深入研究，制定对应的安全防护规范，采用完善的边界防护、网络防护、主机防护、应用防护等防护技术和措施，确保智能用电服务体系的安全可靠。

2020年左右，将完成智能用电通信协议的制定，提出智能用电系统数据传输所应遵循的规则，指导智能用电系统的建设；制定适合智能用电的通信技术方案，针对智能用电服务功能与需求，构建高速、双向、实时、集成的通信网络；拥有更加适用的专用电力无线专用频率，实现电力无线宽带通信网；实现智能用电侧信息通信网络的全面覆盖。

2．智能双向互动技术

利用现代信息技术、通信技术、营销技术，建设智能电网与电力用户双向互动服务平台是智能电网的重要内容之一。通过双向互动服务，为用户提供停电告知、电网运行信息、用电安全常识等多种用电服务信息和社区信息、商业信息等增值服务，提供95598、电费查询、自助交费、业扩报装等用电营销业务服务。通过电网与用户的互动，实现小区用电服务和物业管理水平智能化和互动化。

1）灵活的信息定制技术

使客户可根据各自需求，通过多种方式，灵活选择定制供用电状况、电价电费、能效分析、社会新闻等信息套餐，由电网通过短信、网络、电话、邮件、传真、智能设备等方式，实时向客户提供定制信息；根据供电服务的要求，及时向客户提供电网供需、停复电、用电价格等基础信息。

2）多渠道的自助服务技术

实现通过网上营业厅，为客户提供信息发布、信息查询、故障报修、业扩报装、在线费用结算、能效评价、用能策略制定、电动汽车充放电预约等服务。运用实体营业厅，为客户提供自助缴费、触摸查询、智能家居体验等服务。运用95598，为客户提供实时在线文本交互、双向视频通话等服务。

3）客户故障自动诊断与处理技术

实现对计量装置的24h在线监测，主动机型远程服务或现场检查，自动判断故障范围和停电设备产权，及时告知客户故障情况，提供自动寻找替代供电线路、启动自备应急电源等应急供电服务。实时定位抢修车辆，优化抢修派工，提供快速抢修服务。

4）电费双向自动结算服务技术

适应分布式电源、充放电站的需要，在双向计量的基础上，实现不同时段客户与电力供应商之间互供电量、电费的自动结算，并自动生成账单信息实时传输供用双方。

5）多样化的交费技术

依托社会化资源和自助缴费渠道，提供自助缴费终端、电费充值卡、95598电话、网上营业厅、“一卡通”等新型收费方式，多渠道发送电费欠费信息，实现交费多样便捷。

6）智能化业扩报装服务技术

实现多渠道的跨区域客户报装受理，自动生成低压客户供电方案，辅助生成高压客户供电方案。利用手持掌上电脑（PDA）等终端设备，建立业扩报装现场勘查、工程验收等环节与营销支持系统的实时联络，缩短报装服务时限。

7）在线安全用电服务技术

实时在线管理重要客户安全用电情况，自动判别客户重要程度分级，依据客户供电方式、自备应急电源配备等信息，自动分析检测重要客户供用电安全隐患，生成供用电安全隐患治理建议方案，在线跟踪、监督隐患整改情况。利用状态监测等技术手段，为客户提供设备状态信息，及时告知潜在风险。

2020年左右，将建设完善95598门户网站，提供电网企业和用户之间信息的双向交互，提供实时数据检测、定时信息发布，实现与用户的现场和远程互动，使用户可根据各自需要查询供用电状况、电价电费、能效分析等信息，及时响应用电负荷变化的措施主动参与用电管理，提高电能使用效率；实现各类智能家居设备远程控制和管理，并提供多种缴费方式，快速响应市场变化和用户需求；实现水气表抄收、家庭安防、社区服务和便民资讯的发布。

3. 分布式电源及储能装置接入技术

分布式电源通常接入中压或低压配电系统，传统的配电系统被设计成仅具有分配电能到末端用户的功能，而未来配电系统有望演变成一种功率交换媒体，即它能收集电力并把它们传送到任何地方，同时分配它们。因此将来它可能不是一个“配电系统”而是一个“电力交换系统”。

1）分布式电源交互机制

分布式电源的准入机制；正式运营的双边约束、退出及停止运行的边界条件。

形成分布式电源的准入规范，以规避供用双方接入及退出风险；分布式电源送出和消纳交易中面临的问题及解决思路；分布式电源的外送交易机制；适应分布式电源上网保障系统安全运行的辅助服务补偿机制及辅助服务市场实施路径及建设方案。

2）分布式电源接入管理技术

分布式电源入网监控；研究分布式电源电网潮流分析；分布式电源上下网自动通断；分布式电源故障保护管理；分布式电源系统设备运行管理；分布式电源发电信息综合分析；分布式电源发电能力预测。分布式电源的调度技术；分布式电源安全校核技术；分布式电源的计量计费技术；分布式电源的指标考核体系。

2020年，分布式发电技术逐渐成熟并规模化发展；形成微电网理论体系和标准，实现多模式示范；储能取得关键技术突破，在微电网和电力系统中形成规模示范；通过关键技术的突破和示范，为智能电网的建立提供技术基础。

4．电动汽车及其充放电技术

随着电网智能水平以及电动汽车保有量的大幅提高，未来电动汽车的车载电池可能作为智能电网中的移动储能单元，一方面在电网高峰负荷时段由电动汽车车载电池向电网传输电能，而在电网低谷的时段由电网为电动汽车车载电池进行充电，能够有效降低电网峰谷差，降低传统调峰备用发电容量，提高电网利用效率。同时随着配电网智能化水平的提高以及需求侧管理手段的丰富，电动汽车还能完成需求响应等电网辅助服务，进一步提高电网配电效率。另一方面，在微电网系统中，电动汽车在可再生能源发电功率较大而电网负荷较低的时候吸纳电能，在可再生资源发电功率较低而电网负荷较高时释放电能，辅助电网有效接纳波动性可再生能源发电容量。同时，通过分时电价及有偿电网辅助服务政策的实行，电动汽车用户能够在不影响自身使用的前提下，通过低谷时段较低电价充电以及高峰时段较高电价放电直接获取直接的经济效益。

1）电动汽车充放电服务技术

对于城镇主要干道、商业区等大型电动汽车充放电站（类似目前的加油站、加气站），优化制定充放电策略，合理控制充放电时间，实现快速充放电、整组电池更换以及双向计量、计费等功能，同时可考虑电池检测、电池维护等扩展功能，并满足客户自助充放电需求。

对于居民区、商厦、停车场和政府大楼等区域小型电动汽车充放电站，实现即插即用式、随时随地便捷充放电。充电机可接收来自电力企业的电价等信息，自动避开高峰时间充电。

2）电动汽车充放电设备及管理系统

电动汽车充放电是智能电网与用户双向互动的重要组成部分，主要内涵为电能互动及信息互动，电动汽车与电网间进行实时的信息交换，内容包括车辆能量状态、电网运行状态、电网电价及辅助服务计费等，为电能根据电网或者电动汽车的需要合理优化的双向互动提供信息支持。电动汽车通过充放电设备连接到电网，实现电能双向流动。但由于电动汽车的庞大数量及分散性，由智能电网双向互动服务系统直接与电动汽车通信并控制其充放电的操作难以实现，因此在智能电网双互动服务系统与电动汽车之间建设电动汽车充放电管理系统作为纽带，实现电动汽车与电网间的实时信息交换，根据双方需求合理控制电动汽车的充放电操作。

2020 年，电动汽车首先在大城市运营，其次推广到城市间高速公路。此阶段主要发展混合动力汽车并形成规模市场，纯电动汽车、可外接充电的混合动力汽车在适合其运行特点的领域开展示范应用，并以集团化公共服务用车为主、微型电动汽车等为辅；预计到 2015 年建成充换电站 1000 座，充电桩 21 万个，构建智能充换电服务网络，为电动汽车提供方便快捷的充换电服务；加快运营模式和技术标准的国家鉴定和认证；发展电池技术，提高电动汽车电池的有效性和使用寿命；为电池装上芯片，监控电池位置、剩余电量、剩余里程；电动汽车的电池采用标准化模块的方式直接进行更换，以节省车主的充电时间，提高充电效率，同时充电站还负责电池的技术维护和废旧电池的回收；建立一系列电动汽车能源供给系统标准体系。

5. 智能用能服务和能效诊断技术

客户智能用能服务系统是对智能交互终端用能信息进行采集与监控，并为客户提供用能策略、用能辅助决策等多样化服务的系统，是实现智能用电增值服务的有效手段。该系统可将客户用能信息传递给智能用电服务互动平台，通过多种交互渠道向客户展现；也可接收来自 95598 门户等交互渠道的信息，为客户提供用能信息和用能策略查询服务，对智能用能设备进行监控，并将监控信息通过智能用电服务互动平台反馈给客户。

智能交互终端涵盖大客户（企业、智能小区、智能楼宇）和居民客户（智能家居）。对于大客户，该系统将采集的用能数据传递至营销业务管理系统，完成能效评测等服务，达到提高能源利用效率的目的。对居民客户，该系统可与智能家居的各种应用子系统有机结合，通过综合管理，实现智能家居服务，为家庭生活提供舒适安全、高效节能、具有高度人性化的生活空间，通过执行优化的客户用能策略，提高用电效率，降低用电成本，减少能源浪费。

智能电网针对个人、家庭用户和企业用户提供智能用能服务和能效诊断，主要包括以下几个方面。

1）智能小区、楼宇、家居

实现小区、楼宇、家居用电信息管理、能效管理、实时负荷和异常用电分析、自动抄表、智能家电控制和社区增值服务。

2）智能化“能效电厂”

“能效电厂”把各种节能项目、合理用电项目打包，通过实施一揽子节能改造计划，形成规模化的节电能力，减少用户电力消耗，提高电网运行效率，从而达到与扩建方能力相同的效应。“能效电厂”是同供方资源同等重要的电力资源，即一种“虚拟电厂”。

它是基于资源综合规划的理念，通过电价激励或经济补偿措施，在电网用电高峰时期，对自愿参与短时停用电的大工业、中央空调客户，进行编组并设定暂停时间，由电网直接控制其申请负荷，降低电网高峰负荷，节约客户用电成本。同时，视客户暂停用电负荷为一个“能效电厂”，作为电网备用容量使用，电力系统需要时，供各级调度部门按照预定的规则调度，提高电网供电能力及可靠性、灵活性。

3）智能化有序用电管理

实现有序用电方案的辅助自动编制及优化；有序用电指标和指令的自动下达；有序用电措施的自动通知、执行、报警、反馈；建立分区、分片、分线、分客户的分级分层实时监控的有序用电执行体系；实现有序用电效果自动统计评价，确保有序用电措施迅速执行到位，保障电网安全稳定运行。

4）远程能耗监测与能效诊断

通过远程传输手段，对重点耗能客户主要用电设备的用电数据进行采集和实时监测，并将采集的数据与设定的阈值或是同类客户数据进行比对，分析客户能耗情况，自动进行能效诊断，辅助编制能效诊断报告为客户节能改造提供参考和建议，为能效项目实施效果提供验证。同时，监控电力系统参数和市场信息，考虑用户预置设定和代表用户关注能源成本、舒适和健康，并能基于事实价格的支持需求相应项目，实现能效市场潜力分析、客户能效项目在线预评估及能效信息发布和交流等。

5）绿色电力认购与能源合同管理

通过绿色电力认购平台，实现各种绿色电力价格发布、客户在线申购、审批、结算、交易结果信息发布等功能。实现能源合同管理项目从项目申请、立项、实施、验收和验证及项目激励资金、效益分享资金等全过程管理的信息化和自动化。

6）用能分析系统

能够监测频率、电压、潮流情况及市场能源，能进行极快的负荷潮流分析，并进行市场系统模拟，通过分析电网的工程和市场因素，考虑了物理性能和经济控制，对巨大的数据量进行高速计算。

智能电网可以让用户方便地控制家里每个电器，保证家里的热水器、洗衣机、电冰箱等设置在电价较低的时段使用。用户可以看到每个电器的电压、电流、有功、无功、频率、功率因数等用电信息，每日、每周的用电曲线图也可以看到，通过合理安排电器使用，就可以方便地优化家里的用电方案，提高用电效率，降低电费支出，从而实现对家庭用电的精益化管理。根据权威估算，智能电网建成后，家庭可以节约 10% 的电力消耗。

智能电网将自动监控楼宇的整体用电情况及相关变配电设备的运行情况，并通过采集的信息对楼宇的耗能情况进行分析，结合分时电价，为楼宇提供更为节约、更加合理的用电方案。智能电网通过改变楼宇空调等用电设备的运行方式，实现负荷跟随，确保空调主机始终保持最高的热转换效率，既能确保空调系统的舒适性，又能实现节能。

智能电网可以为企业提供用电和电能质量管理的精细化动态数据，为实施节电改造及节能考核提供科学准确的依据。通过安装在企业中的智能电表和传感器，电网能够收集到企业用电的所有信息，通过对这些信息的挖掘分析，可以监测、诊断和分析企业用电结构和用电方式存在问题，让企业直观了解用电的实时动态过程，企业能够清楚地了解自己是怎样用电的，用的是什么样的电，给企业提供用电和电能质量管理的精细化动态数据，为实施节电改造及节能考核提供科学准确的依据。

以充分利用低谷电价为例，福建省执行的尖峰电价在平时段电价的基础上上浮 70%；峰电价是在平时段电价的基础上上浮 50%；谷电价是在平时段电价的基础上下浮 50%。厦门地区每年的空调使用期较长，一般为 6~10 个月，这样实施冰蓄冷工程在厦门的投资回报期就会大大低于其他地区的 4~5 月 / 年，这就更加方便冰蓄冷在厦门地区的推广应用。新建工程可在设计施工阶段将常规空调系统修改为冰蓄冷空调系统。建设方在指导下购买一套冰蓄冷装置，可使冰蓄冷中央空调与常规空调系统一次性投资费用相当，而在项目投入使用后，就可享受优惠电价，空调主机的用电费用就会大大降低。企业也可以将部分生产过程改到平时段或低谷时段作业以减低电费支出。工厂设备之维护检修工作尽量安排在平时段及高峰时段。大修尤应安排在高峰时段。调整作息时间，如星期日或节假日从事生产，周一至周六择日休假。

2020 年，通过大数据技术的应用，以及用能管理和分析系统技术的研发和应用，使智能用能服务和能源诊断能够在高能耗企业、试点小区、新建小区实现示范应用。在实现供电节能的同时，对新型清洁能源的推广应用，缓解传统发电方式带来的环境污染，给用户提供更多的清洁能源选择，提升消纳绿色能源的能力，推动产业和整个社会的节能。同时，智能家居等用能管理服务，提供远程的家居控制及科学的用能指导，能指导家庭、企业用能经济化，进一步地实现用电侧的节能减排。

6．智能量测及控制技术

高级量测体系主要包括智能电表、通信网络、量测数据管理系统和家庭网络系统。高级量测体系在双向计量、双向实时通信、智能需求响应以及用户用电信息采集技术的基础上，支持用户分布式电源与电动汽车接入和监控，实现智能电网与电力用户的双向互动。借助该体系能实现智能需求侧管理，如用电信息采集、需求侧/电网双向通信、实时电价响应、智能家电控制、虚拟电厂和微网控制、防偷电等任务。同时，基于高级量测体系，运用智能插座可以实时采集用电器的电量信息，在满足用户用电需求的前提下，用户可以通过智能量测终端对居室内的各种电器进行调配控制，从而实现智能用电。

1）智能电表

电能表由原始的电能计量和测量工具转换成一个集合双向计量、双向通信、管理决策、工程分析、信息采集和存储、费率控制的智能系统。智能电网将促进“互动”用电的实现—电网企业和用户互动调节用电高峰负荷。这种互动的用电方式要求电能表具有双向计量、用电数据采集和存储、费率控制、双向通信、远程控制等功能。

2）通信网络

智能量测通信网络由连接智能电表和数据集中器的局域网与连接数据集中器和数据主站的广域网组成。通信网络为电力公司、用户和可控负荷之间提供了连续的信息交互功能，它必须具有开放式的双向通信标准，并且高度安全可靠。用于通信的媒介可以多样化，如电力载波、电力线宽带、光纤、无线射频、因特网或上述各媒介的组合。

3）家庭网络系统

家庭网络系统通过网关或用户入口把智能电表和用户户内可控的电器或装置连接起来，使得用户能根据电力公司的需要，积极参与需求响应或电力市场，其能源管理功能主要包括实时显示给用户能源的使用情况和价格信息；根据用户的设置对电价信息进行反馈；根据用户需求设置能耗或负荷控制峰值；在用户不参与的情况下自动调节负荷；用户主动干预功能。

家庭网络 / 用户入口为电网提供了一个面向市场的智能接口，类似于用户的“智能体”，它能增加新的服务，如安全监控。家庭网络能够通过多种方法来实现，HAN 的用户人口可以装在任何设备中，如表计本体、临近的收集器、独立的电力公司网关甚至用户提供的设备中。

4）量测数据管理系统

量测数据管理系统（MDMS）是一个带有分析工具的数据库，通过与 AMI 自动数据收集系统的配合使用，处理和储存电表的计量值，能和其他信息系统之间进行交互。MDMS 的基本功能是对 AMI 数据进行确认、编辑、估算，以确保即使通信网络中断和用户侧故障时，流向上述信息系统或软件的数据流也是完整和准确的。取决于计费系统的功能设计和类型，可以利用 MDMS 提供的数据区实施分时计费、峰期电价和其他一些复杂的计费方法。除了支持对多种市政计量仪表（气、电、水）的管理功能外，MDMS 数据也可控制电表、能够维持系统读表操作实施时间、支持需求侧响应和停电修复。

2020 年试点小区内所有电表均换成智能电表，用于多种公用设施的自动抄表和负荷管理；继续发展单独组网，并寻求新的组网通信方式如 Zigbee 等；大规模推广基于智能量测技术的双向通信网络；整合现存信息系统的功能，并建立与 MDMS 的接口，以提高功能水平；完成基本的电网域用户基本的互动。

三、重要研究内容

1．节能家电

2020 年，人们的生活日渐趋于智能化，生活水平得以提升，日常生活得到了很大的便利，人们的生活体验更舒适，能耗更低。日常生活中普及节能家电，如太阳能家电、家庭用电管理器、具备节能提醒功能的家电等（图 13-6）。

图 13-6　太阳能电器

随着数码技术的发展，所有产品都拥有超薄、多点触摸的特性，配搭上绚丽易用的操作系统与稳定的无线通信功能，结合智能双向互动、能效检测等系统，让用户能够实时查询自己的用电情况，并合理安排用电习惯，如图 13-7 显示的是微软公司 2019 年智能用电设想。

人们的节能意识逐渐增强，在平时的日常生活中利用一切可能的方式省能，出现了带发条的插线板等电器设备。

2．展示技术

未来的智能家电具有用户友好性，具有良好的用户界面和便捷的显示方式（图 13-8）。

（1）柔性显示屏。超薄、超轻、能够随意折叠卷曲的柔性显示屏类似纸张的柔性显示屏将对现有的家电带来展示方式的革命（图 13-9）。

（2）视网膜显示器。视网膜显示器能够通过低强度激光或者发光二极管直接将影像投射到使用者的视网膜上，具有不遮挡视野的特点。视网膜成像的应用前

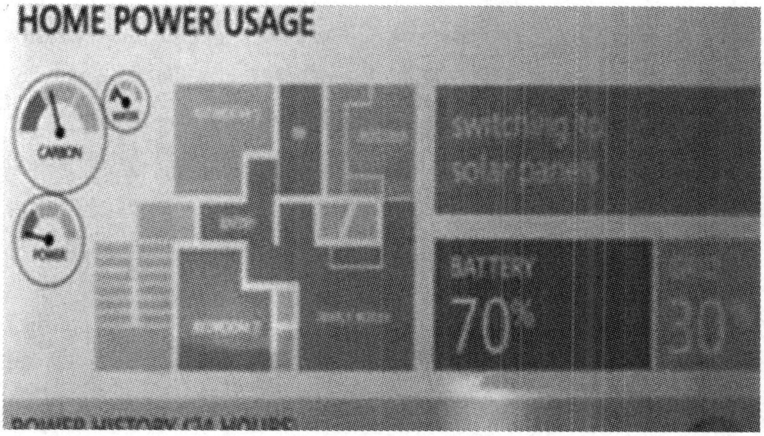

图 13-7　微软 2019 年智能用电设想

图 13-8　2020 年显示技术

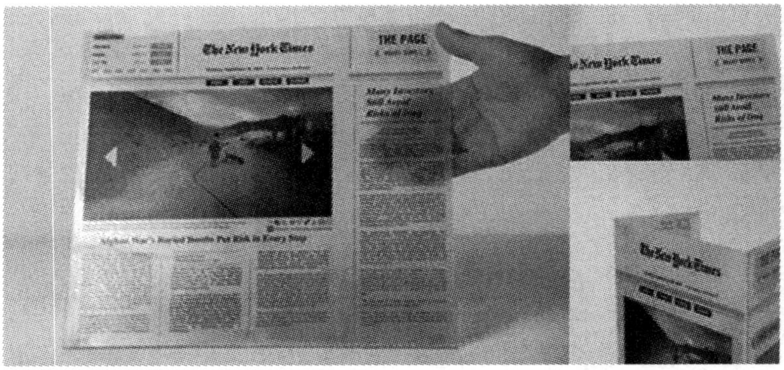

图 13-9 柔性显示屏

景非常广阔，例如，车载平视显示器，可将重要的驾驶信息投射在汽车的前风挡玻璃上，司机平视就可以看到，从而可以提高行车安全。

（3）可触式用户界面。可触式用户界面是自然用户界面的一种，这种设备的奇妙之处在于，它集合了多种功能于一体，如手机、照相机、遥控器等，并且会随时“变身”，而这完全取决于用户抓握它的方式。

麻省理工学院媒体实验室推出了一个名为“肥皂块”的装置，如果用户像拿手机一样拿着它，它就会变换出一个带键区的触摸屏；如果像拿照相机一样拿着它，它又会自动转为液晶取景器。另一个称为 Siftable 的发明，则拥有图形显示、邻域检测、运动感应和无线通信功能，将多个 Siftable 排列组装，就可以实现多种不同的交互应用。

3. 交互技术

未来的智能用电将广泛使用人机交互技术，让智能电器越来越紧密地融入了人们的日常生活。人机交互技术以更加新奇的方式出现：手指的微小动作、声波在空气中的振动、眼珠和舌头的转动，都可以实现信息传递，完成人与机器之间的“对话”。

（1）动作识别。利用动作识别技术用户无需触碰键盘或者屏幕就可以操控数字影像，计算机根据用户的身体姿势、行为举止或者步态对用户的意图进行预测，实现人机交互。

（2）无声语音识别。通过无声音识别，使用者不需要发出声音，系统就可以将喉部声带动作发出的电信号转换成语音，从而破译人想说的话。利用无声语音识别系统发送无声指令来控制智能家电和电动汽车。

（3）眼动跟踪。眼动跟踪的基本工作原理是利用图像处理技术，使用能锁定眼睛的特殊摄像机连续地记录视线变化，追踪视觉注视频率以及注视持续时间长短，并根据这些信息来分析被跟踪者。将遥控眼动跟踪仪镶嵌在电动汽车或者智能家电里，借助红外技术和样本识别技术，记录用户视线目光的转移，根据跟踪结果了解用户的使用习惯。

第四节　2030 年智能用电的发展预测

一、智能用电需求与预测

到 2030 年前后，我国能源发展将出现历史性转折点。煤炭年利用量越过峰值；煤炭科学安全生产和洁净化达到先进水平；二氧化碳的排放量达到峰值；核电上规模，突破试验快堆技术；太阳能发电、风电和生物质能等规模化迅速发展；天然气和水电开发有大幅度进展。真正意义上的智能电网将成为我国所有大中城市的基础，智能城市已经形成，人们形成了智能的生活方式，将自己真正视为自然环境中的一部分，不是只顾对自然资源的索取和破坏，而是以更环保、和谐的理念与整个社会和生态环境和平相处，形成一个智能的社会系统。智能电网是一个覆盖陆地、海洋、天空的完整系统，满足人们对环境、经济和安全的要求，如图 13-10 所示。

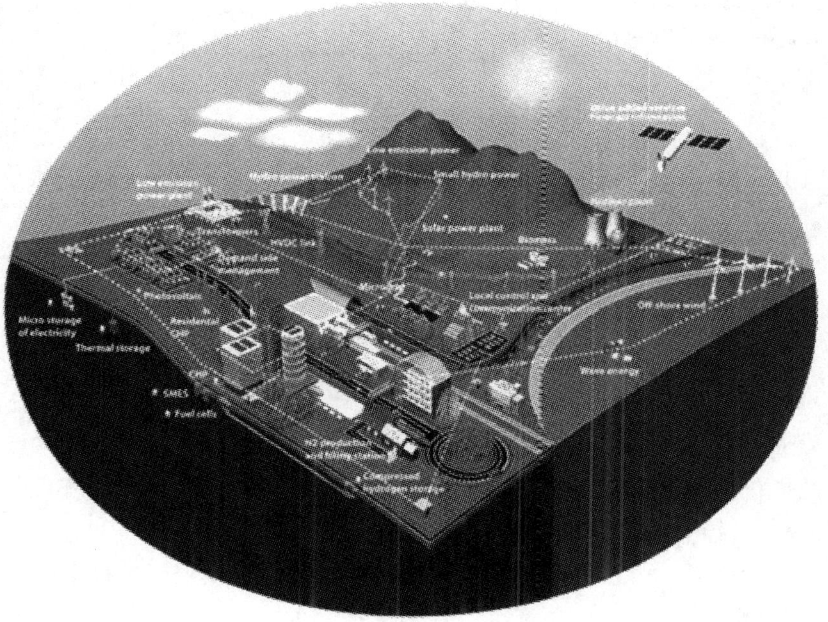

图 13-10　2030 年智能电网应用场景

资料来源 :http://greenangelenergy.ca/rev-technologies-smart-grid-vehicle-grid/

2030 年，将建成一个包括太阳能电场、离岸风电场、潮汐能电站、氢能电厂、分布式电源和储能装置构成的微电网系统共同形成的智能发电网络；零损失的输配电系统；家庭、办公楼宇、工厂车间、交通网络、储能和充放系统以及多种传感器和无线网络构成的智能交互用电系统；通信卫星、包括公有、私有和企业云在内的云计算和云存储平台以及实时数据采集和海量数据分析平台等构成了最为核心的智能调度体系，连接和调控整个智能电网系统。

具体而言，到 2030 年，在智能电网基础上整个社会系统将按照功能最大规模的集成，智能通信和调度系统的完善和发展的情况下，人们的生活场景将如图 13-11 所示。

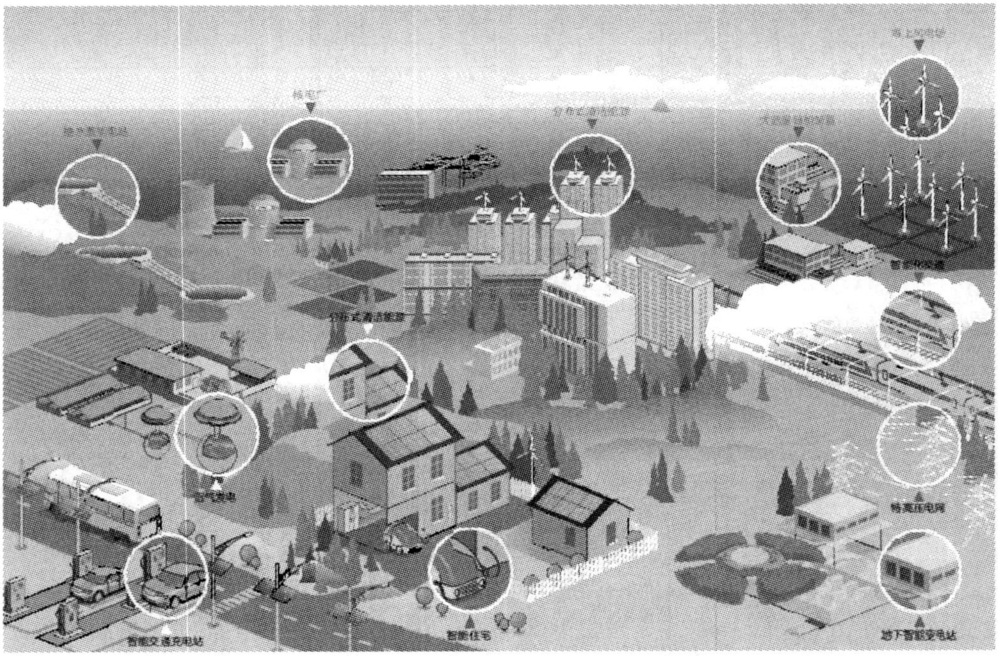

图 13-11　2030 年智能用电生活场景

资料来源：http://news.xinhuanet.com/fortune/2010-09/27/c_12611457.html

发电厂生产的电能可以输送到全国各地，利用电能可以净化海水，在发电的同时可以通过蓄热系统存储热量在夜间、无风时、海洋能不稳定时发电，发电时产生的二氧化碳等可以随时封存，形成一个可以无限循环的封闭系统。在智能输配电方面，通过超导电力线实现零损失的电能传输。

在智能生产领域，智能能效管理系统将通过管道，将生产过程中产生的蒸汽和热量输送给附近的工厂和公寓，余热也得到了有效利用。工业和商用建筑与民居配备了负责测量房间温度和空气质量的热传感器和二氧化碳传感器；智能的感应系统可以根据各种参数自动开启墙壁的感应光源系统、智能用电设备；用电设备可以通过与使用者沟通根据电价调整开关时间，全天候进行自动能效诊断。通过智能终端上的电价 k 线走势通过微电网系统进行电力交易。

在智能交通领域，形成车联网系统，电动汽车可以为电池充放电、储氢、充燃料、换电池，同时通过将电子传动装置和电子制动装置直接集成到每个车轮上，在节省能源的同时，通过互联网获取的信息和高效的交通引导系统有助于防止交通堵塞，方便停车。电动汽车还可以根据温度、天气、路况调整车的颜色、温度等场景，同时还能利用车内传感系统在发生危险时自动开启保护系统，减少交通事故的发生。

在智能家居中，新一代便携式家庭控制网关集合了无线模块、云搜索、动作识别、触觉交互、眼动跟踪等功能，不但可以用来控制家电，还可以透过它来透析家电及用电信息。无论何时何地，只要用它对准需要获取信息的家电，就能够自动进行辨识并返回该家电的用电信息（图 13-12）。

图 13-12　新一代家庭控制网关

二、智能用电关键技术及发展

1．信息通信技术

1）无线传感网络技术

无线传感器网络是新一代的传感器网络，具有非常广泛的应用前景，其发展和应用，将会给人类的生活和生产的各个领域带来深远影响。发达国家如美国，非常重视无线传感器网络的发展。将无线传感网络应用到用电过程，通过广泛分布的传感器配合各种通信技术，我们可以及时、方便地获得用电相关信息。

2）海量数据处理技术

无线传感网络和用电采集系统等系统在用电过程中将产生海量用电设备运行状态信息，需要计算能力强大的云计算系统支撑。如何能在海量数据中及时获取所需要的信息及如何准确判断和预测，需要强大的技术做支撑。

3）物联网技术

利用物联网技术有助于实现智能用电双向互动服务、用电信息采集、家居智能化、家庭能效管理、分布式电源接入以及电动汽车充放电，为实现用户与电网的双向互动、提高供电可靠性与用电效率以及节能减排提供技术保障。

2030年，将制定统一、规范的标准体系，建设与智能用电服务发展相适应的智能用电信息通信网络，避免技术混乱、多头管理、重复投资、重复建设；加快推进技术进步，促进核心技术、专用设备产品的集成研发，降低成本，完善产业链；建设高速、全面集成和双向的通信网络，使得整个智能用电网成为一个动态的、交互的“大型基础设施”；提出并实现无线传感网络在智能用电领域的集成应用，建设一个具有低成本、实时、准确、高效等特点的智能传感网，满足用电信息采集、状态监测和双向互动等智能用电服务需求。

2．智能双向互动技术

2030年，将完全实现信息、用户、能源的灵活互动，实现自动检修、自动缴费、自动报装等功能；家电具备与电网互动的能力，能够智能选择用电时间，节省电费，实现移峰填谷；确保分布式电源、电动汽车、储能装置等新能源设备的接入，更方便、快捷地为用户提供服务；并实现家庭分布式并网发电以利于全社会的节能减排。

3．分布式电源及储能装置接入技术

2030年，将实现微电网智能化和商业化运营，形成分布式智能配电网络的理论体系，局部示范；储能进一步实用化，在柔性电力和电力调峰中规模运营。可

再生能源发电并网技术以及分布式电网技术得以突破；初步形成以太阳能光伏技术、风能技术等为主的分布式、独立微电网的新型电力系统。

4．电动汽车及其充放电技术

逐步增加纯电动汽车和燃料电池汽车的应用范围，预计到2030年纯电动汽车保有量达到6000万辆；电动汽车应用重点也逐步从公共服务用车、微型电动汽车过渡到电动乘用车，并形成电动汽车发展的市场化机制，实现电动汽车的大规模产业化；在全国停车场中普及汽车充放电系统，该系统可以自动监测电池的剩余电量和所需要的充电时间；增加充换电站的数量和范围，完善智能充换电服务网络，为跨区域电动汽车车主提供自动化服务，用充足电的电池替换下电力耗尽的电池；开发“汽车-电网”通信定位系统。利用这一系统，驾驶人可以选择如何在最方便和廉价的时候给汽车充电；在公共场所、超市和住宅区大量增加充电站数量，研发一套汽车与充电站的通信系统。系统将根据电池所剩电量的多少定位距离最近的充电站，而充电站也能对汽车进行识别。

5．综合能源管理技术

2030年，电力系统的快速发展、用电负荷的持续增长、各种新型负载的不断出现和国家对节能减排的严格要求，使得用户更加需要有效的能源管理，以实现可靠、高效、低耗用能。综合能源管理的对象可分为家庭、楼宇、企业、城市、国家等，针对不同的使用对象，建立适合的能源管理方案。能源综合管理系统主要由综合能源、节能管理平台等多个产品模块组合构成。有能源发展规划、能源建设管理、能源供应环节、能源输送、能源使用、能耗统计分析、节能管理和辅助决策等功能。

1）能源使用

建立重点能耗单位的基本信息库，并完成基于地理信息系统的综合分析管理；建立重点能耗设备的基本信息库，掌握区域能耗基本水平，对制定正对性的能耗政策提供辅助决策；在拥有重点能耗单位耗能数据的基础上，辅助能源管理部门科学制定区域的能耗单位能耗定额，并实时监督管理能源定额的执行情况；建立了统一的节能降耗指标体；建立其准确实时的用能监督考评管理功能。

2）能效统计

实现对用能数据及相关参量进行在线监测管理，提供对异常能耗数据的预警、纠错等功能；利用数据分析工具和GIS信息，进行综合同比环比分析，通过实现数据智能挖掘，发现能耗企业用能特性，比对能耗标准，编制标准能耗分析报表；根据历史能耗信息提供不同区域、不同行业、不同能源类型的用能单位能耗预测分析。

3）节能管理

通过使用节能管理，建立节能目标责任和评价考核制度，加强重点耗能企业节能管理，建立统一的节能指标体系和检测体系，同时严格执行固定资产投资项目、节能评估和审查。

4）辅助决策

对能源消耗情况进行全面评估，有助于了解能源消耗的整体情况。对各个企业或者公共建筑的能耗情况进行实时监测，并在此基础上，及时发现企业或者公共建筑能耗的异常情况。企业大客户是用电服务的重要对象，尤其汽车、钢铁等能源消耗大户。通过重点能耗单位的基本信息库，开展各级有序用电，开展尖峰电价、蓄热蓄冷电价、可中断负荷电价等激励措施促进企业大客户优化用电。同时根据量测数据为用户提供优化用电建议。

通过综合能源管理，对用户的用能情况进行分析，向用户提供能源咨询和节能服务。根据用户需求，定制优化用电方案，为用户提供用电策略辅助决策。从而对科学用电进行引导，提高用户用电参与程度，实现电网与用户之间实时交互响应，并增强电网综合服务能力。

6．智能量测及控制技术

2030 年，全国推广智能电表，完善智能电表的相关功能，使其更加智能化；建立覆盖整个配电网的 IP 通信网，以解决高级配电自动化与智能量测的通信问题；完善 MDMS 的功能，实现与 CIS、配电管理自动化协同的无缝集成；以家庭和单位实现智能化发电和配电；利用物联网等技术，不需要物理实体的计量工具，通过物联网进行测量和控制。

三、重要研究内容

1．直流用电技术

随着直流电机、电力半导体、可再生能源发电、燃料电池以及节能新技术的迅速发展和分布式能源、蓄电储能技术的广泛应用，使得在用户侧设置一些规模较小的电站或热电联产电站并网成为可能，直流供电的优势不断显现，人们开始重新关注直流供电的前景。住宅直流电一般需要由安装在住宅中的太阳能光伏发电和风力发电设备提供，由于其技术原因通常要与蓄电池配合运行。按照日本油光机构测算，若在住宅中全面实施直流供电，仅在电能装换过程节省的能耗，为现有住宅电力消耗的 10% ～ 20%。虽然直流家用电器产品进入市场还需要解决一系列问题，但是直流家用电器全面取代交流家用电器的进程已经启动，在不久的将来，将成为影响全社会方方面面的技术发展趋势。

1）分布式电源接入技术

直流供电方式不提供现有的交流电，而向设备直接提供直流电，通过减少由交流转为直流或由直流转为交流的 AC-DC 转换次数，来降低转换损失。同时可以方便分布式电源的接入，例如，在住宅场所中使用直流电，可以方便地接入输出直流电力的电源装置。如果在家庭住宅中全面实施直流供电，仅在电能转换过程节省的能量，为住宅耗电量的 10%～20%。

2）直流用电电器技术

直流家电是直接采用直流电力驱动的家用电器产品，针对未来在住宅中采用直流供电的应用条件而开发。我国已经试制成功的一系列采用直流供电的家用电器，包括分体式房间空调器、电冰箱、小型半导体冷藏箱、洗衣机、LED 照明灯以及电源管理单元等，并以此为基础进行了直流家电在住宅环境下运行的验证性试验。直流家用电器全面取代交流家用电器的进程已经启动，所以直流家电相关技术的发展尤为重要。

3）家用能源集成系统

家用能源集成系统由能源网络和信息化管理网络构成，它是对住宅中的能源获得、转换、储存、使用、回收、再利用等装置进行合理配置和管理的系统，可以改善住宅环境的舒适性并最大限度地节能降耗。燃气热电联产、太阳能光伏发电、太阳能热利用、风力发电、大容量蓄电池等，家用热泵装置和燃气热水的多功能化发展迅速，这些装置的合理配置和有效管理对节能效果有决定性的影响。

4）直流生态住宅技术

直流生态住宅最初方案是将太阳能电池及直流电与住宅能源管理系统集成为住宅供电系统。需要逐步配置太阳能光伏发电装置、蓄电池和直流供电管理装置，以及直流供电的冰箱、空调、电视机和 LED 灯等家用电器。未来的直流生态住宅应不仅限于供电方式（由交流供电变直流供电）的变化及能源利用效率的提高，其内涵还包括了节能技术、信息化技术等现代住宅要素的集成内容，并给其提出的“直流生态住宅”概念赋予三层含义，称为“3DC”。第一层含义是“直流”，通过将住宅用电全部由交流转换成直流，可以最大限度减少交流与直流之间的转换损耗；第二层含义是“减少 CO_2 排放”，提高住宅的隔热性和气密性，目的在于减少能源损耗，从而可以减少 CO_2 的排放；第三层含义是“以显示器为中心”，这层含义是将信息可视化，为了使消费者完全满意，直流生态住宅应当使用户易于直观接受。

发展直流供电方式，推广太阳能、风力等可再生能源发电装置，同时促进家用燃料电池以及电力调峰储存装置的普及应用；在发展直流供电方式的同时，发展节能技术、信息化技术等现代住宅技术；选取适合的环境建立家庭住宅直流供用电示范项目，结合直流供电方式，采用部分直流电器替代传统家电。

2. 人机界面技术

人机界面也被称为“脑机接口”，它是在人或动物脑与外部设备之间建立的直接连接通路，即使不通过直接的语言和行动，大脑的所思所想也可以借由这条通路向外界传达。

由人利用思想来操控外部机械或设备，如家庭自动化系统，可以根据是谁在房间里面而自动调节室温；当人入睡之后，卧室的灯光会变暗或者熄灭；如果有人中风或者突发其他疾病，会立即呼叫护理人员寻求帮助。此外，还能由人脑接收外部指令并形成感受、语言甚至思想。

3. 普适计算

普适计算又称普存计算、普及计算，是强调和环境融为一体的计算，而计算机本身则从人们的视线里消失。在普适计算的模式下，人们能够在任何时间、任何地点、以任何方式进行信息的获取与处理。普适计算的核心思想是小型、便宜、网络化的处理设备广泛分布在日常生活的各个场所，计算设备将不只依赖命令行、图形界面进行人机交互，而更依赖“自然”的交互方式，计算设备的尺寸将缩小到毫米甚至纳米级。

在普适计算的环境中，无线传感器网络将广泛普及，在环保、交通等领域发挥作用；人体传感器网络会大大促进健康监控以及人机交互等的发展。随着每辆汽车、每台照相机、电脑、每块手表以及每个电视屏幕都拥有几乎无限的计算能力，计算机将彻底退居到“幕后”以至于用户感觉不到它们的存在。

第五节　2050 年智能用电的发展预测

一、智能用电需求与预测

2050 年，我国可再生能源技术达世界先进水平，形成完善的可再生能源产业体系和市场机制，形成小水电、风电、生物质能发电、太阳能光伏发电以及太阳能热利用和生物质燃料等其他可再生能源利用形式因地制宜、竞相发展、多种能源形式互补的协调发展态势，包含大水电在内的可再生能源在一次能源中的比例接近 30%，可再生能源电力占总电量的比例超过 1/3，为 21 世纪下半叶向以可再生能源为主体的可持续能源体系过渡打下坚实的基础。

到2050年，出现很多零碳的用电模式和生态城市，如零碳排城市，零碳排生态住宅、零碳排汽车，零碳排生态建筑、零碳排工厂、零碳排交通等。

图13-13描绘的是2050年零碳排生态住宅，一所房子就是一个独立的生态系统，日常的能源需求完全通过太阳能和风能设备产生的清洁能源来满足。该生态住宅最大的特色是储水阁楼——一个高架储水罐，它既能储水也能通过重力作用转化成水能供应房子里的能源需求。空气在进入房子时，由房子的中央空气系统进行修正，然后再进入各个房间。房子侧面的活生物墙能起到清洁空气、水和废物的作用，还能够回收垃圾（图13-14）。

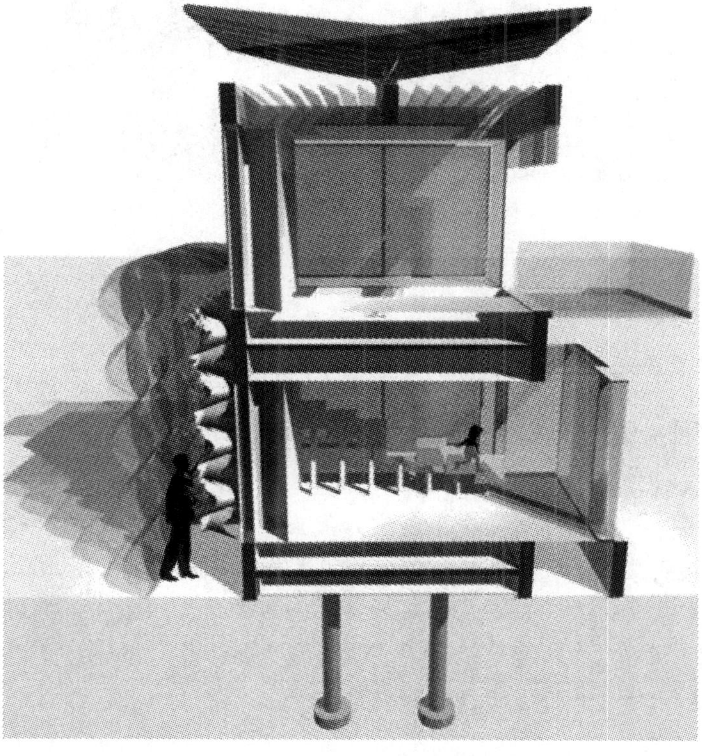

图13-13　生态住宅模型图

资料来源：IIT伊利诺伊理工学院设计学院“未来的住房”。

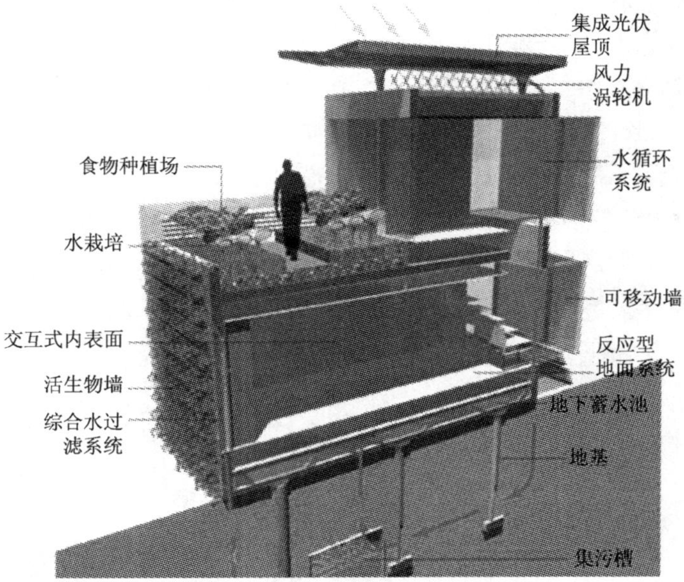

图 13-14　2050 年智能生态住宅

二、智能用电关键技术及发展

1. 新型信息通信技术

1）新型信息通信技术

量子通信不需要信息载体，可以不受空间距离限制，实时传送信息。量子密码可以保证通信过程的绝对安全，这将为未来电力物联网的信息传输和处理过程提供良好的保密方式。量子通信不以电磁波为载体，这使得信息传输过程不受电力设备产生的电场和磁场的影响，有效解决信息传输的电磁干扰问题。量子通信的高速特性为电力物联网海量信息的交互过程提供了现实的通道。量子加密技术可以有效保证电力信息在公共空间传输的安全性。

2）电力物联网技术

电力物联网是指通过智能传感和通信装置在电力系统中实现有效的信息感知和获取，经由无线或有线网络进行可靠信息传输，并对感知和获取的信息进行数据挖掘和智能处理，实现信息自动化交互、无缝连接、智能处理的网络。通过电力物联网可以在智能电网发电、输电、变电、配电、用电、调度等各个环节的实时控制、精确管理和科学决策中发挥重要作用。电力物联网作为智能电网的长期有效支撑平台，是提升电力系统智能化水平的重要技术手段，有利于对电力系统运行实施有效管理，支撑实现“电力流、信息流、业务流”的一体化融合，是转型为低能耗、低污染、低排放为基础的低碳经济模式的有效技术支撑手段。

2050 年将先进的通信技术、信息技术、传感量测技术、自动控制技术与电网技术紧密结合，利用先进的智能设备，构建实时智能、高速带宽的信息通信系统，支持多业务的灵活接入；智能用电系统与物联网技术相互渗透、深度融合。

2010 ～ 2050 年，信息通信技术发展线路图如图 13-15 所示。

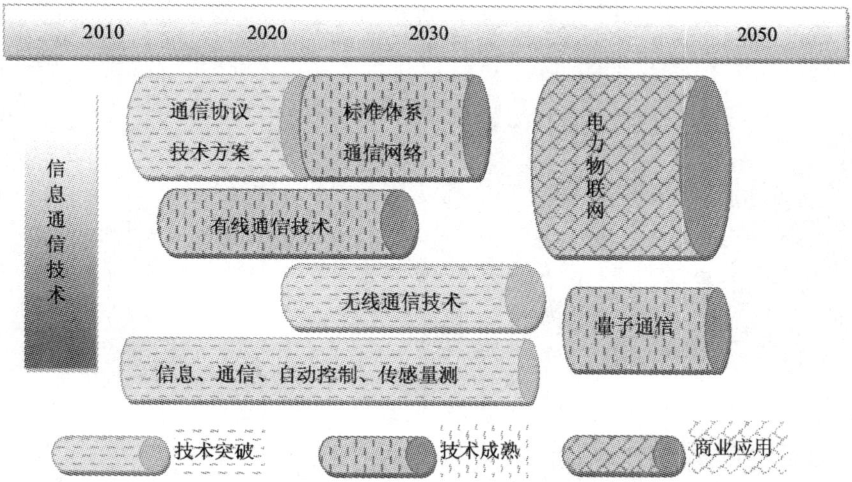

图 13-15　信息通信技术发展路线图

2．智能双向互动技术

利用物联网和普适计算将实现物物互动技术；实现电费自动结算服务，能够为用户提供双向计量，实现不同时段客户与电力供应商之间互供电量、电费的自动结算，并自动生成账单信息实时传输供用双方；建立完善的智能用电双向交互服务系统；增强用户服务能力，实现电网经济运行和客户安全、可靠、合理用电的有机融合；有效改变用户用能方式，提高清洁的电能在能源消费中的比例，促进节能减排，提高能源利用效率；通过物联网的发展，实现实体和能源及信息的互联互通，互联的事物之间能按照一定的规则相互影响，相互作用，自动提供各自需要的服务。

2010 ～ 2050 年，智能双向互动技术发展路线图如图 13-16 所示。

3．分布式电源及储能装置接入技术

分布式智能配电网络关键技术和设备基本成熟，实现基于微电网的区域配网电力交易体系，大范围联网运营；储能成为电力系统可靠稳定的重要支点。微电

网实现与区域电网相连，且通过区域电网与国家主干电网相连，配电设备的潮流可双向流动，潮流的流向由供需条件决定，通过实施检测与信息交换实现瞬时电力市场交易。微电网可以与大电网协调运行。

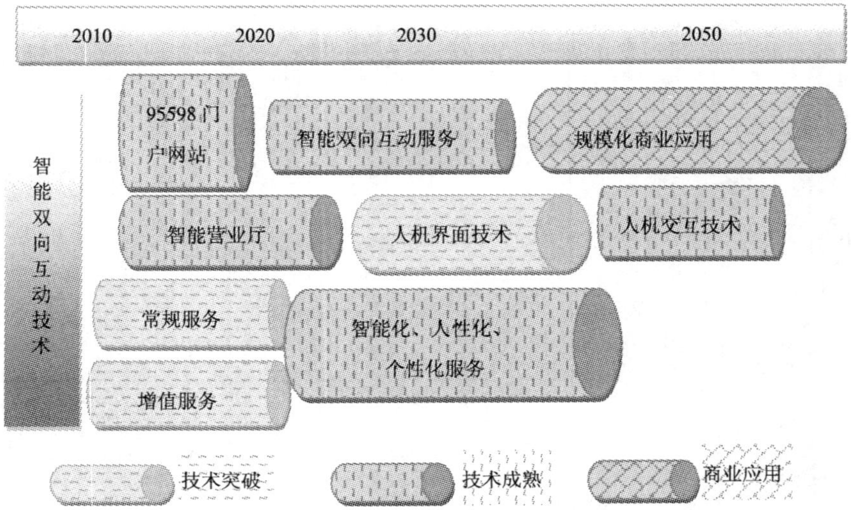

图 13-16 智能双向交互技术发展路线图

2010~2050 年，分布式电源及储能装置接入技术发展路线图如图 13-17 所示。

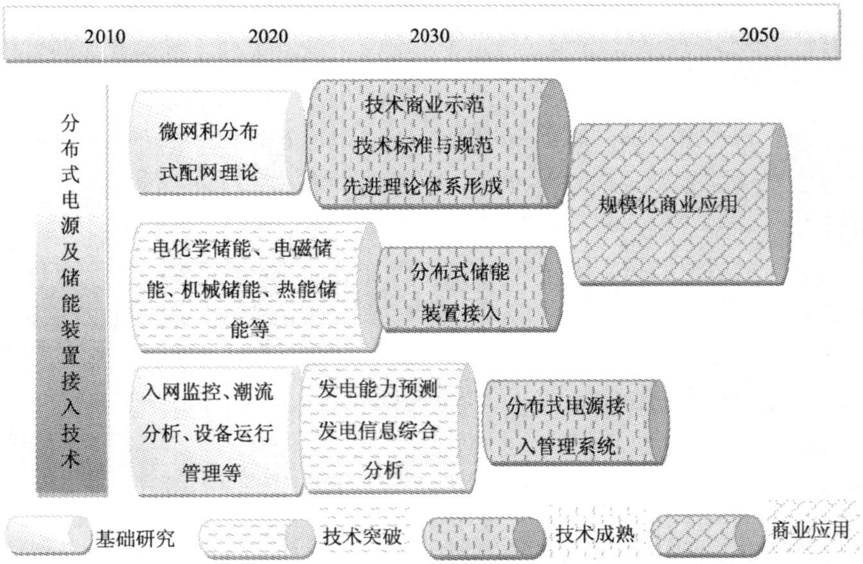

图 13-17 分布式电源及储能装置接入技术发展路线图

4. **电动汽车及其充放电技术**

纯电动汽车、燃料电池汽车基本替代所有传统汽车；而电动汽车作为未来智能电网的分散式储能单元，可实现电网的峰谷调节，延伸电动汽车能源供给环节的利益链。实现电动汽车与电网储能结合、电动汽车与电网间的智能交互连接等；建立和完善电动汽车基础设施建设。其中包括充放电站、电池更换站、充放电站网络、“汽车-电网”通信系统等；开发一种无人看管的充电站系统。充电站自动识别车和车主，每月或每季度累计付款，并帮助车主智能识别最近、最快的充换电站。

2010~2050年，电动汽车及其充放电技术发展路线图如图13-18所示。

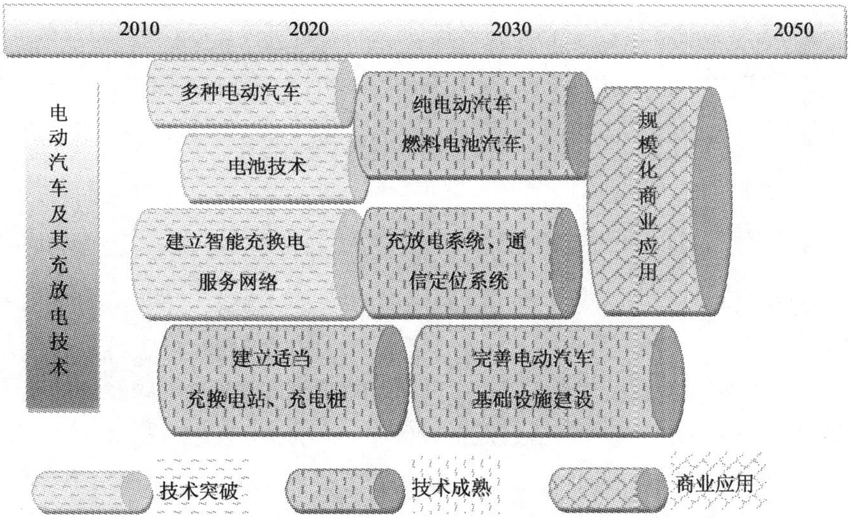

图13-18　电动汽车及其充放电技术发展路线图

5. **综合能源服务和诊断技术**

智能用能和能效诊断成为人们生活的一部分，实现全国范围的大规模商业化应用，为用户提供，实现包括电力、新能源在内的能源的实时交易和自由选择，为社会提供各种各样的质量 / 价格方案。在保证传统供电模式的正常、稳定运转的同时安全可靠地供电；此外，在保证传统供电的同时，对新型清洁能源的研究开发综合应用，能科学合理的优化国家能源结构，提供多样化的能源供给方式，自动检测电网中所存在的问题并做出响应，对供给和自然灾害等突发事件能复原，真正具有快速恢复能力，增强突发事件应对能力，从而最大限度地保证国家能源安全。2010~2050年，智能用电服务和能效诊断技术发展如图13-19所示。

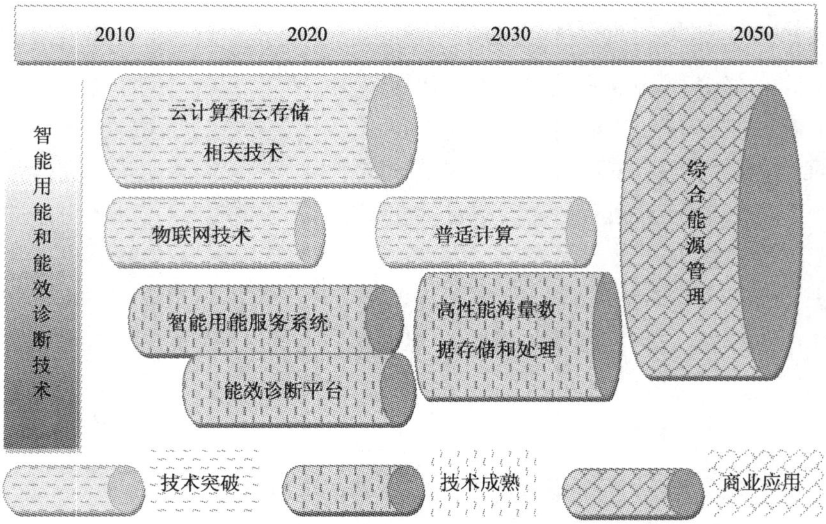

图 13-19　智能用能和能效诊断技术发展路线图

6．智能量测及控制技术

电能表发展为一个集合双向计量、双向通信、管理决策、工程分析、信息采集和存储、费率控制的智能系统；完善通信网络，是电网与用户能够得到有效、及时的沟通；随着新能源技术的发展和物联网技术的应用，实现对不同能源的集中测量和统一控制。2010~2050 年，智能量测及控制技术发展路线图如图 13-20 所示。

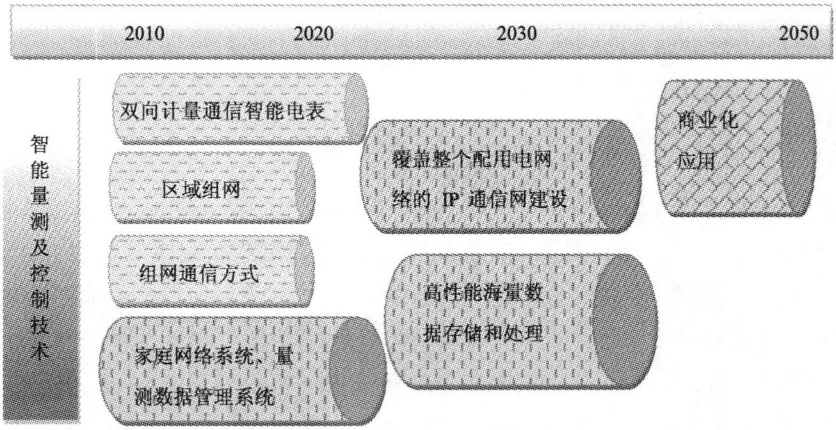

图 13-20　智能量测及控制技术发展路线图

第六节　智能用电发展对策与建议

智能用电技术作为一种最先进的能源利用技术，在技术、节能、环保、经济等方面具有无可比拟的优越性，代表着我国工业和家庭用电的发展方向，在资源优化配置、智能电网建设、未来社会经济发展中将发挥重要的作用。为了更好地推进智能用电技术的发展，应注重长期规划、统筹规划、综合协调，具体而言，可从以下几个方面实施。

一、推动电价机制改革，加快电力市场建设

电价政策是影响智能用电技术发展的一个重要因素，改革和完善我国电价体制具有重要意义。政府有关部门在逐渐理顺电价定价机制、不断完善电价结构、出台多种电价政策的同时，应分阶段、分地区、差异化地试点实行灵活的电价政策，在条件成熟时再逐步推广。此外，在做好电动汽车发展规划的同时，在激励政策方面，研究保障充电站可持续发展的充电运营电价政策；同时在终端消费者补贴政策之外，出台针对充电站、充电桩建设的财政补贴、税收、土地等优惠政策。积极推广智能电能表的应用，研究先进量测和控制技术，改造峰谷分时智能电表，以支持双向计量、阶梯电价、分时电价、峰谷电价，具备电能计量、信息存储及处理、实时监测、自动控制、信息交互、预存和查询电费等互动化、智能化的功能。

建议实行的电价政策具体如下。

（1）实时电价。授权电力企业根据电力供需状况以及电力供应中清洁能源的比例，发布实时电价，通过价格杠杆调节电力用户的需求，实现电力负荷需求的理想化。

（2）分时电价。授权电力企业实施更多种类的分时电价。可以考虑在现有3种分时电价的基础上，制定8种费率的分时电价。

（3）绿色电价。随着小水电、太阳能、风能、生物质能、海洋能和地热能等可再生能源的快速发展，绿色电力占终端能源市场比例将稳步提高，建议研究绿色电价政策支撑，推动可再生能源健康发展。

（4）弹性电价。当前的峰谷电价政策不能精确反映各时段负荷及供电成本的日变化，指令性电价政策对智能用电服务未来发展构成制约。建议推动反映不同时段供用电成本的弹性电价政策。

（5）可中断负荷电价。推动出台可中断负荷电价，引导用户参与电网调峰，降低电网高峰负荷，在不增加发电能力的同时，减少电网投资，提升电网供电能力。

（6）电动汽车充电运营电价。适时出台保障电动汽车充电站可持续发展的充电运营电价政策，出台针对终端消费者和充电站 / 充电桩的补贴政策。

（7）分布式电源接入优惠政策。制定鼓励分布式电源接入技术研究的相关财税激励政策，并制定相关市场机制，支持重大科技项目立项和标准制定，以鼓励分布式电源接入。对相关产业给予贴息贷款、税金减免、加速折旧等优惠或奖励，并制定分布式电源的市场准入机制、退出及停止运行的边界条件。

二、加大技术攻关力度，加强科研基础建设

（1）建立和完善智能用电技术研发体系。对智能用电的基础理论、关键技术等进行深入分析和充分研究，确定其性能指标和相关标准，逐步建立和完善技术权威、设备先进、管理科学的智能用电体系。

（2）注重自主创新和对已有技术的再创新。不断增强智能用电技术相关领域的自主创新能力和引进消化吸收再创新能力，切实提高智能用电技术开发水平和自主创新能力，形成具有自主知识产权的核心技术和品牌产品。推动大数据技术在智能用电中的应用。注重对智能用电技术领域已有技术的再创新，依托骨干企业，加快软硬件设施建设，建立和完善研发平台，稳步提高智能用电技术的研发水平及创新能力。

（3）加强科研基础能力建设和试点工程建设。应有计划、有步骤地统筹开展智能用电关键技术的试验环境建设。建立国家级智能用电中心或实验基地，针对重要课题建立专项实验室。建立直流用电专项研究实验室，针对住宅直流供用电、直流用电电器等技术展开一系列技术验证项目，为太阳能等分布式能源接入提供技术支撑；建立电动汽车实验室，对纯电动汽车技术、电池技术、充放电技术进行深入研究；建立智能双向互动交互中心使得电网与用户之间可以更好地进行互动交流。同时，应统一部署，统筹开展智能用电技术的试验研究与试点工作。通过试点建设，验证理论模型的可行性、适用性，积累实践经验，为智能电网的推广应用打下基础。建议与各地政府沟通，分别在工业、企业、家庭等领域广泛开展试点工程。

（4）发展多元化的技术合作交流形式。加快用电服务技术的研究工作，采取技术引进、联合设计等方式，加大与国内外先进机构的合作交流，鼓励、引导智能用电技术相关单位积极与技术实力雄厚的国内外知名企业、高等院校、科研院所联合参与技术协作。加快建立以企业为主体、市场为导向、产学研相结合的技术创新体系。

三、加快相关体系建设，服务智能用电技术发展

智能用电技术是智能电网建设成果转化应用的关键技术之一，除了进行技术攻关外，还需要做好相关的配套体系建设，满足智能用电技术的发展需求。

（1）智能用电技术法规体系建设。应加强智能用电技术发展的法律法规和标准化建设工作，设立标准规范工作组、专门管理机构、行业标准组织加快研究制定和完善包括相应的技术研发、知识产权保护、设备制造、鼓励技术创新和智能用电技术成果产业化等方面的法律法规和标准规范，形成由智能用电技术规范、相关产品测试标准和评价体系、质量监管体系和质量保证体系等组成的标准规范体系，引导、规范和服务智能用电技术研发、测试、应用、维护、推广、转化等各个环节，开创智能电网技术发展的有利局面。

（2）智能用电技术相关政策体系建设。完善影响电网技术发展的金融产品与营销服务深度融合的相关市场政策、经济激励政策和措施、财政税收优惠政贷、国家高额补贴等方面的政策，加大政策支持力度。

（3）智能用电技术发人才队伍建设。应进一步注重人才尤其是关键环节专业人才的培养，显著提高人才素质，打造一支技术创新和产业化的人才队伍。进一步完善人才培养方式，不断创新人才培养机制，辅之以实施积极有效的人才激励机制，夯实电网技术发展人才储备，为智能电网技术研发推进提供充足而有力的科技人才保障。

四、创新商业运营模式，增强应用实效

（1）创新商业运营模式。不断探索智能用电技术应用推广的商业运营模式，加快制定智能用电技术应用推广的市场规划。适时借鉴发达国家的模式，如美国批准互联网公司进入美国电力市场。积极开创智能用电技术应用的新模式，提升电网与用户双向互动能力和用户增值服务水平。

（2）提高智能用电技术的转化效益。增加实际用户的使用效益，扩大智能用电普及率，加快智能用电技术领域的科技成果转化与应用，推进智能用电技术的产业化步伐，增强应用实效，提高电力系统资产的运营效益和全社会的能源效率，提高电能质量和供电可靠性。

参 考 文 献

李伟良，胡静，沈燕平. 2010. 光纤复合低压电缆技术应用及组网模式研究. 第十二届中国科学技术协会年会（第四卷）.

刘振亚. 2010. 智能用电技术. 北京：中国电力出版社.

赵丙镇，李伟良，王一蓉，等. 2011. 终端通信接入网建设. 电力系统通信：25-27.

Liu J M, Zhao B Z, Zhuang Z C. 2011. The smart grid multi-utility services platform based on power fiber to the home. International Conference on Cloud Computing and Intelligence Systems (CCIS), (9):19-22.

Zhao B Z, Liu J M, Li N, et al. 2011. Application of converged communication in smart power consumption interactive service. International Conference on Advanced Communication Technology(ICACT), 13.

第十四章　综合能源系统

第一节　发展综合能源系统的必要性

一、综合能源系统

所谓综合能源系统，是指在规划、建设和运行等过程中，通过对能源的产生、传输与分配（能源供应网络）、转换、存储、消费等环节进行有机协调与优化后，形成的能源产供销一体化系统。综合能源系统实现的目的是有效提高社会能源综合利用效率，实现人类社会能源的可持续供应，同时提高社会能源供应系统的灵活性、安全性、经济性和自愈能力（健壮性）。

二、发展综合能源系统的原动力

能源是人类赖以生存和发展的基础，是国民经济的命脉。提高能源利用效率、开发新能源、加强可再生能源的利用，是解决社会经济快速发展过程中日益凸显的能源需求增长与能源紧缺、能源利用与环境保护之间矛盾的必然选择。而打破原有各能源供应（供电、供气、供油、供煤、供冷/热）系统单独规划、单独设计和独立运行的既有模式，在规划、设计、建设和运行等阶段，对不同供能系统进行整体上的协调、配合和优化，并最终实现智能化和一体化的社会能源综合供应系统，是实现社会用能效率最优、促进可再生能源规模化利用、实现人类能源可持续发展的必由之路。

传统的社会供能系统，如供电、供气、供热/冷系统等，单独规划、单独设计、独立运行，彼此缺乏协调，已造成社会供能系统安全性低、不具备自愈能力、设备利用率低下等一系列问题，并已成为制约我国可再生能源规模化利用的一大障碍。因此，未来对原有社会供能系统进行协调、优化和配合，并最终实现社会能源的一体化供应，是人类社会发展的必然选择，其原因在于以下几方面。

（1）由于彼此缺乏协调，各社会供能系统安全性低、灵活性差、不具备自愈能力。

电能已成为人类社会生活不可或缺的能源形式，也是其他供能系统正常运行的必需能源，因此供电系统的安全性和灵活性直接影响社会供能系统的整体安全性和灵活性。2008 年初我国南方的雨雪冰冻灾害，最大的破坏力就体现在电力中断上，由此引发多米诺骨牌效应，殃及其他社会供能、通信、金融、交通等要害部门，引发一系列社会问题，造成难以估量的社会经济损失。这次南方雪灾揭示出供电系统的一个致命隐患，即在大电网瓦解的极端情况下不具备足够的自愈能力，电力供应是其他供能系统正常运行的前提，供电系统的这一缺陷也直接导致整个社会供能系统安全性和自愈能力偏低。这一特征，在世界上已出现的数次大停电事故中也有明显表现，如美加“8.14”大停电、英国“8.28”大停电、莫斯科“5.25”大停电、欧洲“11.4”大停电、巴西“11.10”大停电等，这些事故无不让人真切感受到供电系统以及整个社会供能系统安全性低、缺乏灵活性、无法实现自愈的缺陷。供电与社会其他供能系统之间存在着密切的耦合关系，而彼此间由于缺乏有机的协调，是造成社会供能系统安全性和自愈能力较差的重要原因。

社会供能系统整体安全性和灵活性的提高，离不开彼此间的协调配合：一种被寄予厚望的解决方案，是将分布式微型能源系统（小型综合能源系统）与传统供能系统协同工作，实现分区分片用户的灵活供电和供能，通过合理规划和设计，在灾难性事件发生并导致电网瓦解情况下，可以利用局部可获得的能源（可再生能源、燃气等），保证对重要负荷供电，并有助于大电网的快速恢复以及减少对其他社会供能系统的影响，从而降低大电网停电造成的社会经济损失；此外，分布式微型能源系统还可利用天然气、冷 / 热能易于在用户侧存储的优点，与电网互为配合，实现电能在用户侧的分布式替代存储，从而间接解决电能无法大量存储这一世界性难题，提高电网运行的安全性和灵活性。传统供能系统与分布式微型能源系统实现有机结合的前提，就在于各供能系统之间在规划、设计和运行阶段的有机协调。

（2）由于各供能系统彼此独立，没有协调机制，导致各供能系统的设备利用率低下。供电、供气、供热 / 冷系统的负荷需求均存在明显峰谷交错现象，但目前各供能系统只按各自高峰负荷设计，由此造成设备利用率低下。如美国的统计结果显示，其供电设备平均载荷率只有 43%，载荷率在 75% 以上时段不足 5%；而我国的供电设备利用率更低，统计显示其平均利用率不足 30%（图 14-1）。设备利用率低下问题同样存在于供气、供热 / 冷系统，已造成社会资金的巨大浪费，还加大了各供能系统的运行维护费用。而这一问题完全可以通过各系统之间的有机协调，得以缓解或消除。如可利用供电系统低谷时段过剩电能产生冷 / 热能并加以存储，在电力高峰时段使用，通过供电与供冷 / 热系统的协调配合，实现同时提高供电与供冷 / 热系统设备利用率的目的。欲达到这一目标，需打破原有各供能系统单独规划、单独设计和独立运行的既有模式，统筹考虑各系统在规划、设计和运行阶段的需求。

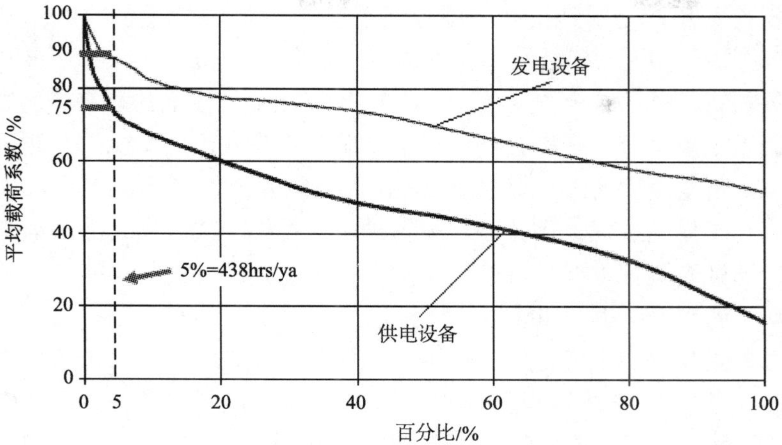

（a）美国配电设备和发电设备的平均利用率

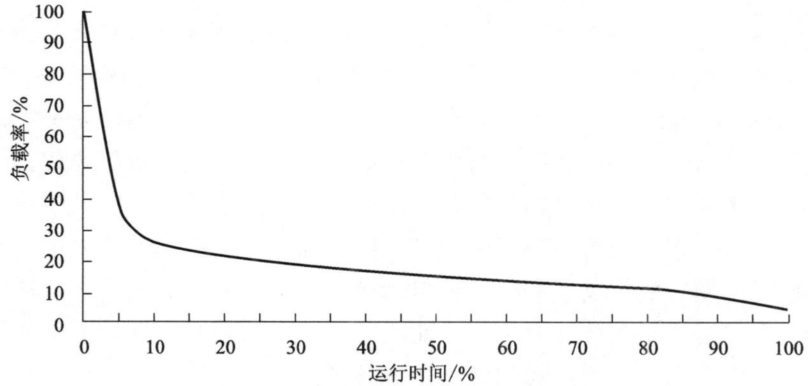

（b）我国某城市的配电设备利用率

图 14-1　美国和我国配电设备利用率

（3）应对全球气候变化，实现人类社会能源可持续发展，需要综合能源系统的强力支持。气候变化是当代人类共同面对的最严峻挑战之一。已有研究表明，地球生态的安全警戒线是控制大气中 CO_2 浓度不超过 450ppm，这样才能将 1850 年以来的地表温升控制在 2℃ 以内。

但当前全球经济的发展仍过度依赖于一次化石类能源，如 2008 年全球年消耗一次能源约 112.95 亿 t 油当量，化石类能源约占 88.1%。地球化石类能源的资源有限，按现有开发利用模式，将难以支撑人类社会的可持续发展因此，提高一次能源利用效率和实现可再生能源的规模化开发，就成为当前不二的选择。

无论是能源利用效率的提升，还是可再生能源的规模化开发利用，都离不开综合能源系统和相关技术的强有力支持。

首先从能源利用效率提高的角度考虑，无论常规一次能源还是可再生能源，进行能源梯阶利用，无疑是提高其综合利用率的一种有效途径。如冷 / 热 / 电联供（CCHP）系统，利用高温发电、中温供汽、低温供热 / 冷，通过多种能源的转换和梯阶利用，能源综合利用效率可达 80% 以上；已建成的北京奥运媒体村太阳能综合利用示范系统，采用光电 + 光热梯阶利用模式，太阳能综合利用率可达 52%（其中，光电效率 42%，光热效率 10%）。能源梯阶利用的过程，本身就是多种能源协同工作的过程，因此欲实现各种能源的梯阶式利用，提高能源的综合利用效率，无疑需要各供能系统的协调配合。因此社会的发展，能源的梯阶利用亟须供能系统的一体化规划和设计。

其次可再生能源的规模化开发利用，同样离不开综合能源系统及相关技术的支持与帮助。考虑到多数可再生能源（如风能、太阳能等）具有能流密度低、分散性和间歇性强等特点，只有在存储、输配环节上与传统能源供应系统相互配合，才能达到规模化和高效利用的目的。此外，考虑到冷 / 热能难以实现大容量和长距离传输，可再生能源一般需依托电能来实现其规模化利用及远距离传输，这就需要电力系统在规划、设计及运行过程中充分考虑可再生能源并网运行的要求（如与传统电源的协同配合等），这本身就是多能源协同工作的过程。如今缺乏综合能源系统的协调规划，已对我国可再生能源的规模化开发利用形成障碍，亟待得到解决。我国中西部存在丰富的风能、太阳能等可再生资源，但电力系统在长期建设过程中，未考虑大量可再生能源发电入网的需求，已造成部分风电无法入网或被迫停机等问题；我国发展和改革委员会推行的“金太阳”工程，同样由于电网尚不允许太阳能发电系统并网运行，而限制了后者效能的发挥。因此各供能系统彼此缺乏协调，已成为制约我国可再生能源规模化开发和利用的重要障碍，这一问题亟待破解。

综上所述，无论从提高社会能源供应系统整体的安全性和经济性，还是从提高能源供应设备的资产利用率，以及实现人类社会能源供应的长治久安和持续发展，推进综合能源系统的建设将是必由之路。

三、综合能源系统的核心是智能电网

社会综合能源系统的核心是智能化的电力系统（智能电网），这主要考虑到如下原因。

（1）作为清洁、高效、便利的二次能源，电能在人类社会终端能源消费的比例在不断提高（如 2009 年中国电力消费占终端能源消费的比例为 22.6%，在 2015 年将达到 25%），而作为人类社会中最重要的能源形式，电能已深入到社会生产、生活（也包括其他供能系统）的各个环节，此外，其他形式的能源多数需要转化成电能加以利用。因此社会供能系统的安全稳定高效运行，离不开智能化电网的支持。

（2）智能电网是人类社会发展的下一代电网，它允许各种分布式发电设备即插即用地接入电网，以实现可再生能源的规模化利用；它具有足够的灵活性和安全性，可自愈地应对来自电网内外的各类扰动；它协同各种能源利用环节，可实现电气设备利用率和能源综合利用效能的提高。由此可见，智能电网建设本身就是整个社会供能系统建设的最核心部分。

（3）智能电网也是我国可再生能源规模化利用现实需求的最核心内容：考虑到冷/热能难以长距离、大容量传输，我国西北丰富的风能和太阳能只能首先转化为电能，才能实现规模化利用；靠近用户侧的可再生能源，也只有与电网互为补充，才能真正实现这些能源的梯阶利用和利用效能的提高。

如上所述，实现社会能源供应系统在规划、建设和运行上的协调和优化，是实现社会用能效率最优、促进可再生能源规模化利用、实现人类能源可持续发展的必由之路，而在整个社会综合供能体系中，智能电网处于最核心的位置。我国智能电网的建设和综合能源系统的研究刚刚起步，需要从起步阶段即考虑两者的协调发展，打下较坚实的基础，这一点至关重要。

第二节 综合能源系统的现状

综合能源系统在节能减排、能源利用效率提升和新能源开发中起着支撑作用，因此受到世界各国的高度重视，各个国家均根据自身的情况制定了适合自己发展的综合能源发展战略，涉及能源机构管理、各类能源产供销的协调配合等，综合能源系统及相关技术的研究，已成为世界能源研究领域的一大热点。

一、美 国

美国作为世界上最大的能源消费国，为保证其能源安全，非常注重综合能源技术的研究与应用。

首先在管理机制上，美国联邦政府实施能源集中管理，为此设有能源最高管理机构——美国能源部，以及独立于政府、并具有行政许可与司法审判功能的能源监管机构。美国能源部作为全国各类能源最高主管部门，负责制定相关能源政策，以促进美国能源安全。能源部作为联邦政府最重要的职能部门之一，下设约 14 个职能办公室、20 多个地方性执行办公室，雇员约 1 万人，另外还附属 20 多个科学实验室，约 3 万名科研人员。近年来，美国能源部的预算拨款逐年增加，由 2000 财政年度的 162 亿美元增长到 2009 财政年度的 337 亿美元，其中，近期核能及核武器管理方面的支出所占比例大幅下降，清洁能源和可再生能源方面的拨款逐年增加。例如，根据 2009 年《复兴和再投资法案》追加的 387 亿美元拨款中，用于节能与可再生能源的拨款追加 168 亿美元，用于环境保护的拨款也追加了 60 亿美元。而美国能源监管机构则主要负责政府能源政策的落实，抑制能源价格无序上涨，保证能源生产的有序开展，维护公众的能源消费等。在美国能源统一管理机制之下，有效保证了其能源管理政策的协调统一和有效执行，使得美国各类能源系统之间实现了较好的协调与配合，有效地保证了美国的能源安全。同时在相关政策的支持下，美国混合能源供应商得到很大发展，如美国太平洋煤气电力公司、爱迪生电力公司等公司，均属于典型的综合能源供应商，向用户提供的服务包括电力、天然气和冷热供应。

其次，美国各能源系统之间存在密切的耦合关系，各能源系统间相互影响和协调发展的研究已较为深入。以天然气系统与电力系统之间的关系为例，目前，美国的主要能源消耗（包括供热和其他应用）有 25% 来自天然气。为实现对 CO^2 排放的控制，减轻煤和石油对于环境的影响，天然气在一次能源中的比例还会继续增加；此外，美国短期内没有计划建设新的核电站，同时又有将近 15GW 的核电站会到达使用寿命，这将进一步增加美国能源系统对天然气的依赖。在过去的十年间，美国天然气的消费已增加了大约 14%，而预计在未来 20 年里，天然气消费还将增加 50% 以上（以 2000 年数据为基础）。随着天然气电厂在电力供应中的重要性不断提高，天然气供应系统与电力系统的耦合和联系日益紧密，相关研究也成为美国能源界关注的焦点。

最后，在技术发展方面，美国非常注重综合能源相关理论和技术的研究与开发。美国能源部在 2001 年即提出了综合能源系统（integration energy system，IES）的发展计划，其目标是提高清洁能源供应与利用的比例，提高供能系统的可靠性。而研究重点是要促进 CHP（cooling，heating & power）分布式能源技术进步，加快其推广应用，为此建设了多个示范工程。鉴于智能电网在综合能源体系中的核心地位，美国成为世界上最早开展智能电网研究的国家，并率先将智能电网建设提升为国家战略：以美国电科院（EPRI）为核心的智能电网联盟组织 IntelliGridSM，最早提出智能电网的概念，并从 2000 年前后即开展智能电网前期研究，2006 年制定了一份详尽的智能电网工程计划及路线图；2007 年 12 月通过的美国能源独立和安全法（EISA），明确将智能电网工程列入其中；2008 年，EPRI 将 IntelliGrid 归入其 PDU 部门，进行项目的一体化管理；美国能源部（DOE）在智能电网技术框架研究基础上，成立了智能电网咨询委员会和督导组，以加快智能电网研究步伐，并推动智能电网的实用化进程；2009 年初，美国奥巴马总统更是将智能电网列入美国国家战略。其目的就是利用日新月异的信息技术对电网和能源系统进行彻底改造，以期建成一个高效能、低投资、安全可靠、灵活应变的综合能源供应系统，为美国实现可再生能源综合利用和低碳型社会提供基础。

二、加　拿　大

加拿大政府在“Turning the Corner Policy Statement”中，承诺2050年将温室气体排放量由2006年的排放水平上削减60%~70%。加拿大政府的研究表明，若按照现有能源供应模式，彼此间不加协调和优化，上述目标将难以达到。因此在人口增长，能源需求增加，节能减排承诺的压力下，发展综合能源技术，建设综合能源系统就成为加拿大的必然之选。

2009年6月，加拿大发布研究报告“Combining our Energies: Integrated Energy Systems for Canadian Communities”，提出综合能源系统的概念，“综合能源系统在能源供应和能源消费环节，通过采取综合能源利用技术、本地可再生能源接入、构建智能区域电网等方式进行能源的有效管理，实现对不同社会需求（如供热、制冷、照明和运输等）和不同行业（如土地、交通、供水、垃圾管理和工业）更好的能源供应与支持。”此外，在该报告中特别强调，综合能源系统及相关技术的发展，需要国家、各省以及社区共同制定法律法规来支持，其中国家提供研发经费的支持，同时从国家层面进行总体规划和建设，并在各部门之间发挥协调作用，而具体的发展目标和策略则由各地政府根据当地具体情况来制定。

加拿大政府在能源资源开发领域监管政策的基本目标是构建开放的市场框架，坚持效率与公平的原则，注重健康、安全和环保，照顾边远农村和土著居民的利益，着眼于资源的长期发展和利用。在这一目标下，（联邦或省）能源监管机构依据相关法律法规对进入这一领域的企业颁发市场准入许可证，并对所涉及的土地征用、环境保护、地下资源所有权收益、矿区使用权转让及相关居民利益等问题进行监督检查，而对开发投入、价格形成等则实行市场化运作，政府基本不予干预（图14-2）。

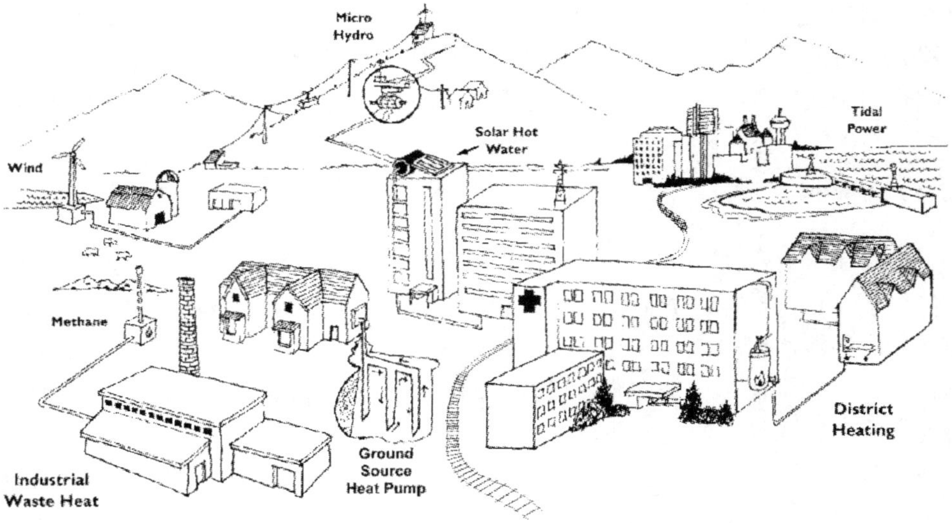

图 14-2 综合能源系统的可能特征

三、欧洲各国

欧洲气候基金会在《Roadmap 2050：a practical guide to a prosperous，low-carbon Europe》中阐述了欧洲温室气体减排 80% 的可行性和挑战，以及未来 5 年内急需实施的必要的政策，其中与一次能源利用效率提升、可再生能源和新能源规模化开发密切相关的综合能源系统和相关技术，被高度关注。欧洲在清洁能源的利用方面一直走在世界前列，也是最早提出综合能源系统概念并最早付诸实施的地区，但欧洲各国由于各自国情不同，各国发展综合能源系统的思路和重点也有所不同。

（1）英国。2008 年英国颁布了《气候变化法》，这使英国成为世界上首个将温室气体减排目标写进法律的国家，《气候变化法》预期在 2020 年实现中期目标，2050 年实现最终目标，将温室气体排放量降到 1990 年的 80%。英国 2009 年依次发布了“英国可再生能源发展战略”和“英国低碳转型计划”两份战略性文件，2010 年英国发布名为《英国 2050 年能源气候发展路径分析》的报告，这份报告阐述了英国未来能源发展的 6 种可能性路径，并认为英国能够实现《气候变化法》的减排目标，而进行多种能源间的协调和优化——即进行综合能源系统建设，是实现这一目标的根本保证。在具体实施方面，英国政府重点关注风能、核能及智能电网的协调发展：英国第一个海上风力发电站 2000 年 12 月获准建设，2008 年，英国已成为世界上海上风能利用力度最大的国家，并成为全球拥有海上风力发电站最多、总装机容量最大的国家；核能也是英国非常重视的一种新能源，英国发展核能的目标是到2030年使核电达到现有水平的3倍，以此来减少英国对进口石油和天然气的依赖；作为综合能源系统的重要支撑，智能电网研究受到英国政府的高度关注，一方面不断加强与欧洲各国在欧盟框架内的合作研究，同时在2009年8月英国宣布了智能电网的建设计划，初期将在5年内投资5亿英镑建设4个“智能城市”。

（2）德国。德国政府承诺到2020年，温室气体排放量与1990年相比减少40％，2050年则至少80%；到2020年可再生能源将占终端能源消费量总额的18%，2050年增加到60%；在电力方面，到2020年德国总用电量的35%应来自可再生能源，2050年则将增加至80％。为此，德国发布了2050能源战略规划报告，该规划涉及工业、企业、贸易、服务业和家庭的能源使用效率，新能源、能源储存、化石类能源的转化、电网、氢、燃料电池以及甲醇产业等众多领域被给予特别关注。德国环境部（BMU）和经济与技术部（BMWi）2010年9月7日联合发布的德国能源构想草案，则确定了9个关键领域，包括可再生能源、能源效率、核与常规电厂、电网基础设施、高效节能改造、交通、能源研究、国际能源供应、验收和透明度。报告特别强调能源供应系统之间的协调和配合，并计划于2011年由政府启动一个全面的综合能源研究计划，重点将是可再生能源、能源效率、能源储存、电网技术及可再生能源在能源供应链的整合研究。

（3）法国。法国传统能源资源比较稀缺，因此非常注重各种能源的协调发展和综合利用，在二次大战结束后法国就确立以发展核电为主的国家能源发展战略，大力发展核能是法国应对能源不足的主要手段。目前法国电力供应85％以上依靠核能，法国电力价格因此处于欧洲最低水平。通过发展核电，法国的能源自主率从1973年的22.7％提高到了今天的50％以上，每年因此减少石油进口费用240亿欧元。法国于2010年5月11日通过了新的环保法，新法在节能领域提出了更多更高的超前性标准，例如，在房屋低耗能标准方面，法律规定每平方米房屋耗能不得高于50kWh；对新能源建设项目，允许提供最高3万欧元的无息贷款等。在可再生能源领域，法律规定，今后两年内，法国太阳能生产能力将增长600%，风能将增长90%。同时，创建总额达10亿欧元的可再生热能发展基金，以便为有关项目提供支持和资助。

（4）西班牙。西班牙主要通过综合能源技术，实现可再生能源的规模化开发利用。在1999年，西班牙政府提出，2010年该国12%的能源以及29%的电力来自于可再生能源，欧盟2001年《可再生能源法规》要求西班牙2010年发电量的29.4%来自于可再生能源。2005年8月，西班牙政府批准了新的《可再生能源规划》，取代1999年的《可再生能源促进法》。新规划的总体目标是建立一个基于稳定性和利润率的具有足够吸引力的体制框架，力争到2010年实现可再生能源占一次能源比例达到12%。按规划目标，水电、风电和太阳能发电到2010年的年发电量分别为382亿kW·h、455亿kW·h和19亿kW·h，其中太阳能发电在2008年已经提前实现。2009年11月，由于《可再生能源规划》中设定的目标均已提前实现，西班牙部长会议决定将2010~2013年太阳能热发电装机容量目标调整为244万kW。西班牙可再生能源电力上网实行“双轨制”，维持着较为稳定的电价政策，在保证基本收益的前提下，鼓励可再生能源发电企业参与市场竞争。

（5）丹麦。在综合能源技术发展中，丹麦主要注重新能源的开发和利用，并首推风能，在其制订的最新能源计划中，明确提出到2030年能源构成将是风能占50%，太阳能15%，生物能和其他可再生能源35%。其中风能在2025年还将占到电力供应总量的75%。届时，丹麦将成为靠风“驱动”的国家。丹麦气候和能源部发布研究报告《绿色能源概况——丹麦摆脱油气依赖的能源之路》，报告称丹麦将有望在2050年彻底摆脱对化石能源的依赖，同时将温室气体排放量降到1990年的80%~95%。报告对丹麦的绿色能源发展战略提出了40项建议，主要内容包括3个方面：首先，修建大量的海上风力发电机，全力研发新技术，通过综合能源技术，实现能源存储和转换效率的提高，以便在无风时也能保障电力供应；其次，使用新型保温建筑材料和高效供热系统使民用建筑平均节能率达到60%，此外，在工业和农业领域也通过技术革新和政策扶持大幅降低能源消耗；最后，通过税收杠杆促进新能源的发展与普及，对煤、石油和天然气等传统能源征收高额能源税，促使企业和私人减少使用化石能源。

（6）芬兰。作为一个能源小国，芬兰无煤无油无天然气，但其工业的基础产业——木材加工业、化工业和造纸业则是耗能大户。为解决这一矛盾，芬兰充分利用国内丰富的森林资源，走出了一条生物能源综合利用的成功之路。芬兰生物燃料的主体为森林废弃物、人造能源林，以及木材造纸加工业的副产品和残余废物；另一类生物燃料则包括泥煤和一些非食用生物等。如今芬兰已经建立起了配套完善的生物能源商业链。全国大约有400个大中型能源工厂使用生物燃料发电供热，取得了良好的经济效益和社会效益。

（7）冰岛。2007年冰岛82%的能源来自地热及水力发电，原油仅占到冰岛能源需求量的16%，并且仅被用来为汽车及捕鱼船提供动力。目前冰岛新能源公司正在实施生态城市交通系统项目，在冰岛，赫兹租车公司出租了30%的氢气动力的丰田普瑞斯汽车，一些捕鲸船也开始使用氢气。除了业已存在的高效的驱动电动汽车能源基础设施，冰岛政府也宣布，在全国建立多燃料发电站网络计划，这一计划除了提供传统燃料外，还会供应氢气和甲烷。此外，冰岛全国共有800多处热田，是世界上热田最多的国家之一，但迄今为止冰岛地热发电的潜力只开发了一小部分。冰岛计划到2050年成为一个不使用碳、不使用石油的国家。

（8）挪威。作为一个河流众多、雨量充沛的国家，挪威拥有丰富的水利资源且水电技术十分先进。挪威的可再生能源利用比例较高，占能源总消耗的近60%；其中水电占50%、生物能占6%；石油和煤等不可再生能源分别占36%和7%；天然气蕴藏量虽高，但使用量不到3%。挪威是在世界上第一个通过综合能源技术，将风能和氢气结合起来发电的国家。2004年挪威在西海岸修建了尤兹拉风力发电场，该发电场把平时风力发电产生的剩余电力用于分解海水，通过水分子电解产生氢气后，将其储存在一个大的容器里，再注入常规的氢发生器或注入燃料储存室里，一旦没有风或风力过大风车不能转动时，人们就可以用储存的氢获取所需的电力。

如上所述，欧洲各国除各自独立发展相应的综合能源技术和系统外，还充分考虑到与邻国能源系统的配合，例如，在丹麦的电力系统建设中考虑了从挪威接入的高压直流线路的作用，通过本国能源供应与挪威电能在电力市场中的比较进行能源的选择，以降低综合能源系统建设和运行的成本，提高了设备利用率。

四、日　本

20世纪70年代第一次石油危机以后，为了改善能源结构，减轻对石油的依赖，提高日本能源供应安全性，日本就开始进行能源上的协调管理与优化，并形成了具有日本特色的管理模式和能源发展之路。与美国通过设立能源部直接实施对能源的协调管理不同，日本则在经济产业省下设立资源和能源厅来对煤炭、石油、电子、燃气、新能源等行业进行一元化的管理，在能源发展战略上，特别强调各类能源之间的综合与协调，收到很好的效果。资源和能源厅的主要职责包括：编制能源基本规划草案及各类能源发展计划；统一管理电力、天然气、石油等各能源产业的市场运作；制定新能源的发展战略与目标，推进新能源的推广使用等。虽然日本能源管理机构层次简单，但由于资源与能源厅的上级管理部门经济产业省，掌握着制定经济与产业发展的政策，因此能够增强能源管理部门的地位，有效促进能源发展战略目标的贯彻执行。因此，日本的能源管理体制虽然小巧简单，但非常有效，通过资源与能源厅的管理，日本单位能源消耗创造的国内生产总值一直居国际领先水平。

作为世界第二大经济体，日本是世界上主要能源消耗大国之一，其能源严重依赖进口。因此，在综合能源技术的研究上，近年来着眼点主要在新能源的综合利用。资源短缺的日本多年来一直积极开发太阳能、风能、核能等新能源，利用生物发电、垃圾发电、地热发电及制作燃料电池作为新能源，特别是对太阳能的开发利用寄予厚望。在确立实施新能源战略以后，日本政府采取措施，在“战术”层面确保新能源战略能够顺利付诸实施，大力推进利用太阳能发电的“新阳光计划”。2008年日本发布研究报告“面向2050年日本低碳社会情景的12大行动”，这12项行动涉及住宅部门、工业部门、交通部门、能源转换部门以及相关交叉部门，每一项行动中都包含未来的目标、实现目标的障碍及战略对策、实施战略对策的过程与步骤等几部分。同时，日本政府制订计划，将在2050年前将温室气体排放量削减60%～80%。2009年日本政府在经济刺激方案中重点强调了发展节能、新能源、绿色经济的主旨，其措施是延伸和细化2006年提出的“新国家能源战略”，如提高太阳能普及率措施、发展环保车措施、发展生物技术和产业措施等。

五、中　国

2009年11月25日，国务院常务会议研究决定，到2020年我国单位国内生产总值CO_2排放比2005年下降40%~45%，作为约束性指标纳入国民经济和社会发展中长期规划，并制定相应的国内统计、监测、考核办法。决定通过大力发展可再生能源、积极推进核电建设等行动，到2020年我国非化石能源占一次能源消费的比例达到15%左右。上述目标的实现，需要各类能源在产供销环节的紧密配合，因此综合能源系统建设势在必行。

我国自1993撤销能源部以来，石油、电力、煤炭、供热等运行和管理分属不同的部门，能源管理和监管的职能分散在国家发改委、电监会、国防科工委等多个部门中，管理交叉、职责不明，难以出台统一协调的政策措施。能源管理体制已经严重不适应经济社会发展和国际竞争与合作的需要。例如，目前中国城市化进程中，存在着大量能源系统之间的协调配合问题，如 城市冷热电联供（CCHP），涉及供电、供冷热环节的协调与配合，若CCHP采用燃气方式，则还需上述环节与燃气供应部门之间的协同配合，但现在我国供电、供气和供热公司各自独立运营，分属不同部门管理的情况，难以保证上述系统的安全经济运行，开展综合能源技术相关研究，并逐步推广实施非常重要。

为了加强对能源行业的集中统一管理，应对日益严峻的国际国内能源问题，保障国民经济持续稳定健康发展，中国在2008年批准建立了国家能源局。为进一步推动能源领域的协调与合作，推进综合能源体系的形成，2010年1月22日，国务院成立国家能源委员会，温家宝总理亲任国家能源委员会主任。国家能源委员会主要负责研究拟订国家能源发展战略，审议能源安全和能源发展中的重大问题，统筹协调国内能源开发和能源国际合作的重大事项。上述管理体制的改革，为推进能源领域的协调、合作和共同发展，奠定了一定基础。

目前，我国已在973计划、863计划中，启动多个项目来开展能源相关领域的研究工作和工程示范（表14-1）。此外，中国政府和新加坡政府共同出资建立

表 14-1　国家科技部设立的与综合能源技术相关的重大研究项目

项目名称	类型	时间	研究内容
高效节能的关键科学问题	973 项目	2000~2005 年	研究范畴主要是能量利用系统，研究目标是借提高能量最终利用效率而节能
分布式发电供能系统相关基础研究	973 项目	2009~2013 年	围绕分布式发电供能系统的基础理论和关键技术问题开展研究
多能源互补的分布式冷热电联供系统基础研究	973 项目	2010~2014 年	项目从能源、环境等领域的多学科交叉层面，开展分布式供能系统基础研究，拟解决的两个关键科学问题为：①燃料化学能与热能综合梯级利用原理；②多能源互补机理与全工况性能调控机制
智能电网中大规模新能源电力安全高效利用基础研究	973 项目	2012~2016 年	重点围绕可再生能源的规模化开发开展研究，涉及三方面科学问题：①规模化新能源电力时空多尺度动力学特性及其与电网耦合机理；②新能源电力系统多元互补机制及协同调控理论方法；③新能源电力设备及系统故障演化机理及安全防御策略
大规模风力发电并网基础科学问题研究	973 项目	2012~2016 年	重点围绕大规模风力发电并网运行的相关问题开展研究，涉及两方面的科学问题：①含波动性和不确定性风电电力系统的电源规划和运行调度理论与方法；②含弱支撑性 / 强随动性 / 弱生存性风电电力系统的控制和保护理论与方法
大型光伏（并网、微网）系统设计集成技术研究示范及装备研制	863 重大工程项目	2011~2013 年	项目针对太阳光伏规模化利用的主要形式，设置 3 个研究方向：大型并网光伏电站关键技术研究与设备研制；多能互补的光伏微网关键技术研究与设备研制；区域光伏建筑发电系统的关键技术研究与装备研制
大规模煤制清洁燃料关键技术及工艺集成研究	863 重大工程项目	2011~2013 年	项目针对新型煤气化、煤制清洁燃料、甲醇制烯烃三个技术方向展开研究
智能电网关键技术研发	863 重大工程项目	2011~2013 年	该项目针对大规模集中接入间歇式能源并网技术、高密度分布式电源并网技术、支撑电动汽车发展的电网技术、大容量储能系统、智能配电与用电技术、大电网智能调度与智能输变电技术等 6 个方向，设置 21 个课题

的中新天津生态城（Eco-City），该城市规划按照建设资源节约型、环境友好型社会的要求，积极推广综合能源利用技术，加强能源的梯级利用，促进能源节约，提高能源利用效率；同时大力发展循环经济，推行清洁生产和节能减排，构建安全、高效、可持续的能源供应体系（图 14-3）。其具体目标包括以下几个。

（1）优先发展可再生能源，形成与常规能源相互衔接、相互补充的能源利用模式，可再生能源使用率不低于 15%。

（2）促进高品质能源的使用，禁止使用非清洁煤、低质燃油等高污染燃料，减少对环境的影响，清洁能源使用比例为 100%。

（3）充分应用建筑节能技术，生态城内建筑全部按照绿色建筑标准建设。

（4）积极应用热泵回收余热、冷热电三联供以及路面太阳能收集等技术，实现对能源的综合利用。

（5）建立固体废物分类收集、综合处理与循环利用体系，推进再生资源综合利用产业化。

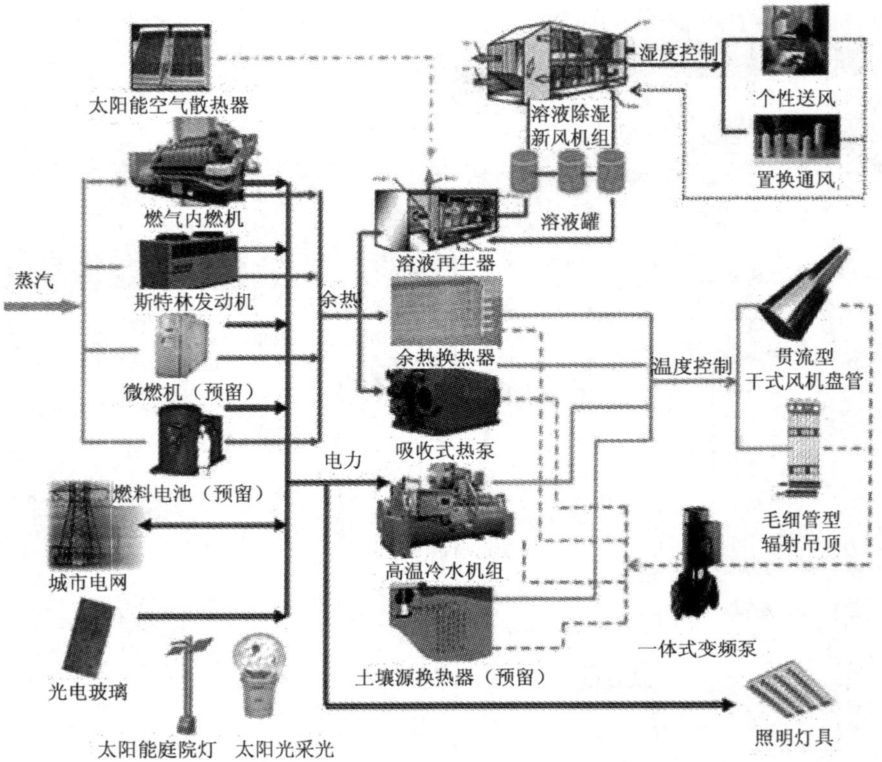

图 14-3　新天津生态城的能源系统与能源利用

资料来源："中新天津生态城总体规划"

中新天津生态城结合自身定位、特点及发展条件，构建清洁、安全、高效、可持续的综合能源供应系统和服务体系，可认为是我国现阶段综合能源技术应用示范的具体实例。

综上所述，可以看出如下几点规律：①削减温室气体排放、应对气候变化、保证能源的安全和可持续供应，是世界各国面临的共同问题，提高能源的利用效率、开发清洁的新型能源、促进不同能源领域的交叉合作，是世界各国共同关注的热点，而构建协同发展的综合能源系统，实现能源领域的整体优化是各国的共同选择；②由于世界各国的国情不同，决定了各国所采取的具体措施、所选择的具体路线和实现的目标各有不同，因地制宜地选择一条自己国家适合的能源发展之路是非常重要的。

能源领域的协同发展和交叉融合，是世界范围内的大趋势，开展综合能源理论研究、技术开发和系统优化，则是必由之路。由于我国的能源资源分布、能源利用结构、能源系统所存在的问题与其他国家存在显著差别，因此在确定我国综合能源系统的发展战略前，需要首先对我国能源资源的现状有一个充分的了解和认识。

第三节　我国能源资源和能源系统现状分析

一、能源资源分布与能源消耗分布不均衡

我国各类能源资源的分布特点如下。

（1）我国煤炭资源地域分布上的北多南少、西多东少的特点，决定了我国的西煤东运、北煤南运的基本生产格局。

（2）全国陆地可用风能资源主要分布在“三北”（东北、华北北部和西北地区），东部沿海陆地、岛屿与近岸海域，内陆地区也还有一些局部风能资源丰富的地区，近年来，我国风电装机容量发展很快，据中国资源综合利用协会可再生能源专业委员会统计，到 2010 年底，全国风电装机容量已达到 4182.7 万 kW（其中并网风电 3107 万 kW），占全国发电总装机容量的 4.3% 左右（并网风电约占总装机容量的 3.2%），已跃居世界第一位。

（3）水能资源主要分布在西部地区，70% 分布在西南地区，具有集中开发和规模外送的良好条件，我国电力的第二大来源就是水电，到 2010 年底，全国水电装机容量 2.13 亿 kW，占全国发电总装机容量的 22.1% 左右。

（4）我国幅员广大，有着十分丰富的太阳能资源，太阳能资源丰富或较丰富的地区，面积较大，约占全国总面积的 2/3 以上，具有利用太阳能的良好条件。我国太阳能资源分布的主要特点是，西部地区高于东部地区，而且除西藏和新疆两个自治区外，基本上是南部低于北部。目前，我国的太阳能发电容量逐渐增大，2009 年年底已达到 750 万 kW，但占全国发电总装机的比例还很小。

（5）在核能铀资源方面，我国已探明大小铀矿 200 多个，证实了相当数量的铀储量。到 2010 年底，全国核电装机容量为 1082 万 kW，占全国发电总装机容量的 1.1% 左右。

（6）我国的生物质能资源主要有农业废弃物、森林和林产品剩余物和城市生活垃圾等。截至 2007 年年底，我国生物质发电总装机规模 220 万 kW。根据 2007 年发布的《可再生能源中长期发展规划》，到 2020 年我国生物质发电装机发展目标是 3000 万 kW。

（7）其他可再生能源如地热能、潮汐能、波浪能等也有一定的储量，这些分布式能源分散性、小规模利用的特征较为明显，如能广泛利用，其总量也很可观。

以上情况与特点决定了我国在未来的能源结构调整中需解决以下关键问题：①清洁能源与可再生能源的开发与利用技术，包括大规模集中开发和分布式能源的高效利用；②能源的大容量、长距离、低损耗传输。在这两方面电力系统都将

发挥不可替代的关键作用。

二、我国的电力系统取得长足发展

我国电网的发展经历了由小到大、由弱到强的过程。电网从城市孤立电网逐步发展到地区电网，再发展到省级电网，进一步发展到大区电网，目前已经初步形成全国联网格局。电网规模不断扩大的同时，电压等级不断提高，电网技术不断升级，电网可靠性、灵活性和经济性得到显著提高。

我国电网的电压等级逐步提高，网架结构不断优化。1981 年华中电网建成我国第一个 500kV 交流输电工程，标志着我国由省网向跨区电网迈进；1989 年 ±500kV 葛沪直流工程建成，率先实现华中—华东电网的直流异步联网；2005 年 9 月，西北电网官亭—兰州东 750kV 输变电示范工程正式投产，使我国电网最高电压等级提高到 750kV；2009 年 1 月，晋东南—南阳 - 荆门 1000kV 特高压交流试验示范工程正式投产运营；±800kV 向家坝—上海特高压直流示范工程、云广特高压直流示范工程稳步推进，我国输变电技术和运行管理站在了世界的最前端。

目前我国正在大力发展智能电网，旨在适应经济、社会发展的要求，应对全球气候变化以及电网面临的重大挑战。国家电网公司提出，中国特色智能电网应以特高压电网为骨干网架、各级电网协调发展的坚强网架为基础，以通信信息平台为支撑，以信息化、自动化、互动化为特征，包含电力系统的发电、输电、变电、配电、用电和调度各个环节，覆盖所有电压等级，实现“电力流、信息流、业务流”的高度一体化融合的现代电网。使其具有坚强的网架结构、强大的电力输送能力和安全可靠的电力供应，提高电网运行和输送效率，降低运营成本，促进能源资源和电力资产的高效利用；促进可再生能源发展与利用，降低能源消耗和污染物排放，提高清洁电能在终端能源消费中的比例；透明开放，指电网、电源和用户的信息透明共享，电网无歧视开放；实现电网运行方式的灵活调整，友好兼容各类电源和用户接入与退出，促进发电企业和用户主动参与电网运行调节。

三、供冷 / 供热系统

1. 供热系统

供热主要是针对北方城市，目前我国主要采取供热措施是集中供热。改革开放以来，我国城市规模发展较快，在政府的政策和资金支持下集中供热事业得到了迅速发展，当前我国城镇集中供热的热源，主要是热电联产和锅炉房，以及少量的工业余热和地热等，此外也有少量核能电厂、太阳能利用等。在热源供应的总热量中，热电联产占 62.9%，区域锅炉房占 35.75%，其他占 1.35%。

1995 年建设部和国家计委联合发布《关于加强城市供热规划管理工作的通知》，该文件和附件《城市供热规划技术要求》和《城市供热规划内容深度》促进了许多城市供热工程规划的制定和供热事业的健康发展。随着经济建设的发展，对能源尤其是电力的需求逐渐加大，加之能源的综合利用和开发也呈现出大好形势，电站的余热利用呈现出特有的价值。专业化的热电联产复合型电站开始出现在北方重要城市，如北京、天津、太原等城市。这些大、中型城市已经建成大规模的城镇供热设施，具有一定规模的热源、热网，较完善的自动控制装置和用户设备，成为城市重要的基础设施。

中国城市集中供热的对象主要是采暖、通风、空调、热水供应等低位热能用户，一般以热水为供热介质。我国三北地区城市集中供热总面积约占房屋总面积的 40% 以上，随着城市化水平的提高和居民生活条件的不断完善，城镇供热面积，特别是集中供热面积将进一步扩大。到 2008 年年底，我国集中供热的供热能力：蒸汽 94 454 t/h，热水 305 695MW。供热量：蒸汽 69 082 万 GJ，热水 187 467 万 GJ，集中供热面积为 348 947.5 万 m^2。热力管道长度：蒸汽管道 16 045km，热水管道 104 551km。东北、华北、西北地区，集中供热面积为 331 903.9 万 m^2，占全国集中供热面积的 95.12%。

由于我国的能源结构以煤为主，许多设备陈旧老化，目前燃煤锅炉房效率平均水平仅为 60% ～ 65%，一些地区的热网损失（包括保温隔热、热水泄漏、系统调节控制等）高达 20%~50%，影响了集中供热节能环保性能的发挥。目前，一些地区正在推动天然气锅炉房采暖方式（例如北京市）。同时，我国政府正在积极推动北方传统采暖区域 15 省的既有建筑和供热系统节能改造，节能改造面积将达到 1.50 亿 m^2。

目前我国供热系统还存在很多问题：供热质量差，冷热不均。热用户大多采用单管供暖系统，且无有效的调控设备，造成热力工况失调严重，各用户冷热不均。一些用户的室温达不到设计标准要求，而另一部分用户室温则过高。这就导致虽然热源足够，部分热用户仍不能按其需求获得足够的热能；运行方式不合理，能源浪费。由于设计观念落后，又无合理可靠的调节手段，系统只能以“大流量、小温差”方式运行，致使系统漏损大，耗电量高。由于热用户缺少有效的调节设备，当居民外出或上班时，无法调节室内温度，使热能白白浪费；热量计量不合理，收费困难。我国现行热用户的热费基本上是按供热面积计取，这就带来一系列问题。热用户的热能消耗不能如同煤气、水、电那样精确计量，热用户的热费不是按实际消耗收取，影响了热用户主动交费和主动节能的积极性，从而造成供热单位运营困难；规划设计水平低，制约节能工作的落实。现行的室内供暖设计标准未能系统地规定供暖装置的技术要求，也未反映当今实际节能技术水平，而规划、设计部门仍沿用旧的设计观念对待热用户，形成先天不足的状况，使节能不能落到实处。

2. 供冷系统

区域供冷系统（district cooling system，DCS）20世纪60年代开始出现，90年代开始在国外大规模迅速发展。在我国，由于经济上和观念上的认识差异，区域供冷系统目前较少采用，但其作为一种先进的供冷方式，已经逐渐引起了人们的关注。近年来随着节能减排的政策促进以及天然气市场的快速发展，以冷热电联供技术为代表的区域供冷系统在我国也已经开始得到示范应用。

随着城市能源结构的优化调整，我国的天然气市场正在快速发展。燃气式冷热电联供系统可以提高能源利用效率、保护环境、降低电网输配损失、削减夏季电力高峰负荷，目前我国政府正在积极引导冷热电联供发展，到2020年，在全国规模以上城市推广使用燃气冷热电联供分布式能源系统，装机容量达到5000万kW，并拟建设10个左右各类典型特征的燃气冷热电联供分布式能源示范区域。

我国夏季电力供应高峰不足而低谷过剩的矛盾日益突出，各大电网的峰谷差均已超过设计值的30%，个别甚至达到50%。这在很大程度上是我国目前的中央空调系统与家用空调的一次能源以电为主所造成的。据统计，一些经济发达省份和大、中城市，城市高峰电负荷的30%以上是空调用电。2010年上海的最高用电负荷达到2621.2万kW，其中空调负荷约占50%以上。为满足这种短时间（小于2000小时/年）高峰负荷而建设的发电和输配电设施，造成了投资和多种社会资源的浪费和低效率的运行。国内外越来越多采用夜间符合低谷期仅为峰期1/5左右的分时电价，激励空调用户采用蓄冷（冰）技术。利用夜间的低价电力制冰，在白天用冷、用电高峰时段融冰供冷，可以降低高峰用电量，平衡低谷余电，是电力需求管理的重要手段。区域供冷系统与冰蓄冷的结合，使后者规模扩大，系统效率和经济效益更好。

全国多个城市拥有在燃煤热电厂基础上建立的冷热电联产系统。例如，济南冷热电联产系统的供冷总容量近几年已从无到有发展到49.6 MW，杭州两个正在建设的冷热电联产系统总容量超过12 MW。2002年完成的深圳大学城采用了区域供冷系统，总供冷量为28100 kW（8000RT），供给一期工程的三所大学（其中清华大学9.3万m^2、北京大学9.3万m^2、哈尔滨工业大学7.8万m^2）的空调系统。近年来，燃气式冷热电联供系统在我国一些城市（如北京、上海、广州等）得到示范应用。其中，大部分冷热电联供项目都是在商业建筑（如办公楼、学校、机场等）中进行示范，如上海黄浦区中心和浦东国际机场冷热电联产系统、北京燃气集团大楼和清华大学冷热电联供系统等，主要采用的技术以天然气内燃机、燃气轮机为主。

在我国，虽然已有一些区域供冷系统（供应冷冻水）项目，但是因为各种原因，导致冷、热价过高，效果并不理想。区域供冷的技术目前已经相当成熟，为实现商业化运营，未来应重点解决以下几方面问题，一是如何根据当地实际情况实现制冷端资源和设备的最优搭配，降低系统的初投资和运行费用；二是，如何降低冷冻水在输送上的运行能耗；三是，如何解决系统实际运行中平均负荷率太低的问题。

四、小　　结

由上述分析不难看出我国能源领域的如下特点。

（1）我国人均能源资源的占有量远小于世界平均水平，短期内化石能源为主的格局不会有大的变化，由此决定我国高能耗的经济发展模式将难以为继，为保证我国能源和社会经济的可持续发展，必须精打细算，一要提高既有能源的综合利用效率，二应大力发展新型能源。

（2）我国能源资源分布与能源消耗分布极不均衡，由此决定了我国长距离能源传输（如西煤东运、北煤南运、西电东输等）的基本格局，同时也使得我国可再生能源的规模化开发需要面临更多的问题，如需要同时解决大容量可再生能源发电基地安全销纳和用户侧大量小规模可再生能源发电安全并网运行的要求。

（3）各能源系统（供电、供冷热、燃气）的建设都取得了长足进步，但彼此之间缺乏有效的协调配合。此外，由于缺乏政策上的支持，我国尚缺乏综合能源供应商。这导致能源利用率偏低，设备利用率低下，并对可再生能源的规模化开发、新技术的推广应用（如 能源利用效率更高的冷热电联产）形成障碍。

第四节　我国综合能源系统发展的关键问题

能源是支撑国民经济和社会发展的重要战略物资，为实现我国能源供应的安全和可持续发展，应从开源和节流两方面着手，一是大力开发新能源、可再生能源，寻找传统的不可再生化石能源的替代品；二是加强能源领域的协同发展，通过综合能源技术，实现能源大范围的优化配置和能源综合利用效能的不断提高。在此过程中，综合能源技术将起到关键支撑作用，构建适合我国的综合能源体系和综合能源系统势在必行。为此，需从国家、区域和终端三个层次上解决制约该技术发展的一些关键问题。

一、国家层面——提供政策、管理体制和制度上的帮助

能源问题涉及范围广泛，包括石油、天然气、煤炭、电力等多种能源供应系统，而其终端用能单元则遍及社会的各个行业、各个组成单元，最终与每个社会成员息息相关。因此国家能源事务必然涉及社会构成的各个领域，不仅涉及能源的生产，还与能源消费相关，与环保相关，与国家外交相关，为保证社会能源供应系统的安全和可持续发展，必须在国家层面上进行统筹和协调，为此需要做到以下几点。

（1）建立适应我国国情实际的国家能源综合管理职能部门，由其制定相应的能源法律法规，以协调不同能源供应环节的利益。

综合能源系统将覆盖社会供能和用能领域，其发展与建设涉及电力、石油、煤炭、天然气等能源行业的设备制造行业、科研单位、用能单位等的参与和相互协作，同时也涉及国家发改委、商务部、国土部、电监会、安监总局等多个职能部门和单位间的协调配合，因此，为了保证社会综合供能系统的安全和可持续发展，应该在适当的时间和条件下在国家层面建立和强化综合能源管理机构，由其统一负责制定能源领域内的法律、法规和政策，总体协调和组织我国能源系统的发展与建设。在能源管理方面，美国和日本模式各具特色，可以为我所借鉴。

我国在 2008 年正式成立国家能源局，旨在加强对能源行业的集中统一管理，应对日益严峻的国际国内能源问题，保障国民经济持续稳定健康发展；2010 年国务院决定成立国家能源委员会，其主要职责是，负责研究拟订国家能源发展战略，审议能源安全和能源发展中的重大问题，统筹协调国内能源开发和能源国际合作的重大事项，这是目前中国最高规格的能源协调机构。在此基础上，我国还应进一步强化能源管理部门的职能、执行力和影响力，以完善我国的能源管理体制，科学地制定能源发展战略和相关政策，保证我国能源系统的科学有序发展，应对能源发展的诸多挑战。

（2）建立综合能源研发机构，对能源领域的重大问题开展研究，以利于能源领域的合作、融合与协调发展。

我国现阶段，一方面社会能源供应系统之间的耦合程度在不断加强，各能源供应系统之间需要不断加强协调与配合；而另一方面，各能源供应系统长期独立运行，缺乏有机协调的现状已对我国能源领域的科学有序发展产生一定的不利影响，如我国煤炭行业的整顿，造成电煤供应紧张和多地出现拉闸限电；2008 年冰雪灾害中，供电系统的瘫痪引发供气、供水、石油、交通等系统无法正常运行，对灾后恢复造成不利影响；我国西北部风电的快速发展，由于电网发展相对滞后，使得风电无法安全外送和正常销纳等。而随着我国能源需求的不断增加，节能减

排力度的不断加大，能源领域各行业之间的耦合、冲突和相互影响还会不断增多，为此由国家成立专门的能源综合研发机构，对我国社会经济发展中面临的一些能源领域的重大问题开展研究意义重大。这些重大问题包括但不限于以下几个。

a. 主要能源供应系统之间的相互作用机理研究。随着能源需求的不断增长，社会经济的不断发展，不同能源供应系统之间的耦合关系不断增强，揭示不同能源供应系统之间在不同层次上的相互作用机理，对推动各能源供应系统的协同发展意义重大。研究内容包括：能源系统的综合建模、仿真方法及分析手段研究；不同能源供应系统价格形成机制、相互影响机理及应对措施；综合能源系统连锁故障的产生机理、传播机制和预防措施；能源综合供应系统的安全性及提高安全性的措施等。

b. 我国传统化石能源和可再生能源最佳利用模式研究。我国传统一次能源中以煤炭为主的局面短期内不会发生变化，因此应寻求最佳的用能模式以提高煤炭的综合利用效能，如输煤与输电最佳匹配比例的确定、煤燃烧和煤化工开发的最佳比例确定等。我国可再生能源开发离不开与传统能源的协同配合，为此在可再生能源开发过程中应与传统能源的综合利用协同考虑，以求达到能源最佳利用的目的。

c. 适用于我国的能源安全保障机制研究。我国能源供应（尤其石油和天然气）对外的依存度不断增大，能源供应安全受外界影响日益显著，为此需根据我国的国情，探索保证我国能源供应安全的保障机制，其中日本和美国的经验可作借鉴。

d. 适用于我国国情的国家综合能源体系建设模式研究。以能源利用效能最优、能源供应安全性最佳、能源供应可持续性更好为优化目标，以我国能源现状和节能减排的既定目标为约束，寻求适用于我国的综合能源体系建设模式，法国、挪威和冰岛的发展模式可作借鉴。

e. 保障综合能源发展的智能电网发展模式研究。我国的智能电网建设已经开始，而作为未来整个能源供应体系中的核心部分，智能电网应承担更大的责任，其发展模式、相关技术应满足未来综合能源系统实现的需要。

（3）应在政策上允许和鼓励筹建综合能源供应商，由其为终端用户提供能源方面的一体化解决方案

一次能源需要通过阶梯利用，以实现能源利用效率的提高；可再生能源的规模化开发，需要不同能源系统间的协同与配合；为满足用户多样化的用能需求，同样需要不同供能系统之间的协作；不同供能系统（供电 / 供冷 / 供热）峰谷交错造成的设备利用率低下的问题，也可通过不同供能系统间的协调配合得到缓解，上述问题的实现亟须综合能源供应商（企业）的出现。综合能源供应商可以为用

户提供各种用能需求的一体化服务，同时通过不同供能系统和不同用能单元之间的协同配合，实现企业效益最大化，同时达到用能效率最佳的目的。因为，为减少不同供用能系统之间的冲突、提高终端用能效率，国家应在政策上允许和鼓励筹建区域性或全国的综合能源供应商，通过企业自身的参与，促进不同能源系统之间的协同和优化，美国太平洋煤气电力公司、爱迪生联合电力公司（ConEdison）等即是最好的例子。

二、区域层面——综合能源供应网络的规划与实施

各种区域能源供应系统（电力、天然气等）由于缺乏彼此间的协调，存在设备利用率低、安全性低、灵活性差等问题，未来应逐步建立综合能源供应系统和相应的运营机制（如鼓励筹建综合能源供应商），根据各地区具体情况，对各类能源的供应网络进行统一协调以实现允许多种能源的输入同时满足用户电、热、冷多种能量形式的需求，以能源的按级匹配、逐级利用实现能源利用效率的最大化，同时减少能源网络的建设和运行费用。在区域层面上，应重点关注以下几个方面。

1. 适合我国不同区域需求的综合能源供应模式研究

我国幅员辽阔，各地的气候条件和用能需求各不相同，为此应根据各地具体需求，探索我国不同区域的最佳综合能源供应方式，主要包括以下几个方面。

（1）从气候特点上考虑，应探索研究适用于我国北方高寒区域、过渡区域（黄河与长江间所辖区域）和南方温暖地区的最佳综合供用能模式。受气候的影响，北方高寒地区、过渡地区和南方温暖地区四季的用能习惯和供能寻求存在显著不同，但上述地区的用能和供能又存在四季交替的周期性变化，为此，应在考虑地域分布、气候变化以及用能需求的基础上，探索适用于我国不同区域的综合供用能模式。

（2）从用能和供能关系上考虑，应探索能源输出区域（如 中西部能源输出省市）、能源输入区域（如东部能源输入省市）的用能和供能最佳模式。

对于能源输出区域，其本地的用能需求小于能源的产出，因此在保障本地用能需求前提下，如何保证能源的安全高效外送是其最为关注的问题，为此需要对能源的外送方式（如直接输出、转化后输出）进行比较优选。此外，由于可再生能源（风能、太阳能等）具有明显的间歇性和随机性，在输出能源中，可再生能源所占比例的不同，将直接影响其能源使用和供应的方式。

对于能源输入地区，其本地的能源供应，主要来源于外部的输入，如何保证能源的平稳、安全和高效供应，则是其关注的重点。在最佳供用能模式研究中，

尤其需要考虑用户侧可再生能源的规模化开发（通过大容量可再生能源基地或分散的小容量分布式供能系统）对未来输入区域供用能模式的影响。

(3)适用于我国(特)大型、中型、小型城市及乡镇的区域综合供用能模式研究。

随着我国现代化水平的提高、城市化进程加快，我国将在很长时期内出现大、中、小城市及农村乡镇并存的格局，不同体量的城市规模，其供用能模式存在显著差别，为此需根据城市规模大小（大、中、小）、城市定位（综合型、工业型、商业型、旅游型等）、区域分布（东、西、中部;发达地区、欠发达地区）等情况，探索适用的城市、乡镇区域供用能模式。

2. 区域综合能源供应系统综合建模、仿真分析技术研究

构建适用于不同区域需求的综合能源供应系统，离不开科学的分析模型、计算工具和仿真技术，为此需要研究和开发适用于区域综合能源供应系统分析和优化的综合建模理论、仿真技术。由于不同供能系统(如电 / 气 / 热 / 冷系统)的网络、设备、负荷、传输与转换等都具有不同的属性、不同的时间尺度，对于故障具有不同的响应特性；可再生能源转换（如风电、光电、光热等）系统，不仅与电 / 气 / 热 / 冷系统存在密切交互作用，其变化特性还受安装地点、周围环境、容量大小等因素影响。对于区域供能系统，需要建立的模型包括但不限于：① 电力系统，主要包括负荷、线路、变压器、常规发电机、开关和控制设备等模型；② 供热系统，主要包括加热器、管网（单管、双管、三管、多管）、混合水泵、储热设备、水 / 蒸汽喷射器、热负荷等模型；③ 供冷系统，主要包括各种制冷系统（蒸汽吸收式制冷、蒸汽喷射式制冷等）、蓄冷系统和冷负荷模型；④ 燃气系统，主要包括门站、管网、储气设施、调压站、供气阀、燃气负荷等模型；⑤ 可再生能源发电和供能系统，主要建立适用于规划分析所需的大型风电厂、大型光伏电厂、风光互补电厂、光伏 + 光热电厂、储能装置等模型。

建设任何一个综合能源系统，都涉及巨额资金的投入，并关乎国计民生，其建设方案的科学与否，难以在现实系统中加以试验和模拟。因此，探索科学的区域综合能源系统模拟技术，建立区域综合能源系统的模拟实验和仿真平台，实现对规划方案典型运行方式和故障场景的充分分析，对保证区域综合能源系统方案的科学性意义重大。现在，对某一单独供能系统（如电力、热力、燃气供应系统）的数字模拟和动态模拟技术已相对成熟，使得在此基础上开发可考虑不同供能系统间影响的综合供能系统的仿真分析技术和模拟实验平台成为可能。

3. 区域综合能源供应系统优化规划理论研究与技术开发

以往各供能系统单独规划、单独设计和独立运行所引发的供能系统安全性低、

用能效率低、设备利用率低等问题如今饱受诟病，进行供能系统的综合规划势在必行。其规划工作进一步可细分为区域供能网络规划和区域终端综合供能单元规划。

（1）供能网络规划既要考虑各供能网络（供电、供热、供冷、供气等）自身特点及需要，还需考虑不同系统间的相互影响，更要实现整个社会供能效率、安全性和经济性的提高，属于典型的复杂巨系统多目标、多时段、多变量、多约束、高维数、混合整型、非线性组合优化问题，研究难度较大。

（2）区域终端综合供能单元规划：若将整个社会综合能源系统看作是一个人体的神经网络，终端综合供能单元就是这个网络中的神经末梢，它贴近用户，是整个综合能源供应体系中重要的一环，以满足用户的多样化能源（如电/冷/热）需求和尽量提高能源综合利用效能为目的来构建。终端综合供能单元优化规划所面临的主要问题包括：① 用户多样化需求：用户数量巨大，类型繁多，对各种能源的需求互不相同，大大增加了终端综合供能系统优化问题的难度；②能源综合利用设备大量集成：未来用户侧将集成众多形式互异的小型能源综合利用设备，除传统的电/热/冷负荷外，还可能包括大量可再生能源设备（如光伏、光热、小型风机等），储能设备（如蓄冷、蓄热、储冰、储气、蓄电池、超级电容等），综合用能设备（如 CCHP、燃料电池、电动汽车及充电站、太阳能制氢站及充氢设备等）。这些设备数量巨大且运行特性各异，许多设备尚不具备通用的分析模型，大大增加了该问题的研究难度；③终端供能网络的投资规划主体存在多样性：可能是政府，可能是用户自身，也可能是独立的综合供能商以及他们的组合形式，投资主体的不确定性，大大增加了该问题的研究难度。

无论是供能网络规划还是区域终端综合供能单元规划，在规划过程中还需面对大量不完备、不精确、不确定性信息，这些都大大增加综合供能系统网络规划研究的难度。

4. 区域综合能源供应系统试点工程

通过试点工程（如中新生态城），掌握综合供能系统的核心技术，探索综合供能商的运营模式，为进一步推广应用打下基础。试点工程的选择应考虑区域分布特点及功能定位、气候异同、供用能模式的典型性等因素。

三、终端层面——分布式发电与微网技术

分布式发电微网是典型的综合能源供应系统，在用户侧，应以这一技术为依托，结合 DES/CCHP 系统的建设和用户侧可再生能源综合利用技术的发展，形成清洁、高效、规模化的综合供能系统，为用户提供高质量的电、热、冷、气等能

源供应，同时满足用户个性化和差异化的需求。此外，以智能电网发展为契机，鼓励用户投资建设小型可再生能源发电设备，综合能源系统将允许用户将多余的电能反送电网，使得用户获得经济收益。同时，充分利用天然气储气罐、管道存气、冰蓄冷、储热以及电动车充放电实现对系统负荷的移峰填谷，进而提升能源系统的资产利用水平。在终端层面上，应重点关注以下几个方面。

1. 含分布式电源的微网关键技术研究

为应对全球气候变化与能源危机，未来可再生能源发电必将获得迅速发展，以提高清洁能源在能源利用构成中的比例。在用户侧，可再生能源发电多采用接入配电网的分布式发电形式，且具有间歇性、随机性的特点，这给电网的规划设计、保护控制与运行管理等带来一系列新问题。现有研究和实践已表明，将分布式发电系统以微网的形式接入大电网并网运行，与大电网互为支撑，是发挥分布式发电供能系统效能的最有效方式：一方面，微网的灵活运行模式可有效地将不同类型的分布式电源组合起来，采用冷 / 热 / 电联供等技术和理念，提高各类能源的综合利用效率，并降低大量小容量分布式电源接入对电网的影响；另一方面，微网作为大规模互联电网的有效补充，可提高电网的抗灾能力，提高负荷侧的供电可靠性，改善电能质量。由于供电系统的安全性和灵活性直接影响社会供能系统的整体安全性和灵活性，因此，微网技术的推广应用会大大提高整个社会供能系统的安全性。目前国外在微网的理论和实验研究，以及工程示范等方面已取得了丰富的成果，我国近年来也逐步加强了这一领域的研究工作，明确了微网在中国具有广阔的发展前景，但到目前为止，无论意识转变、政策支持，还是技术标准规范，与传统电力工业相比都远未成熟，仍面对诸多理念上、理论上和技术上的挑战。

1）含分布式电源的微网系统综合分析方法研究

建立和完善含分布式电源的微网的各类组成元件与系统的数学模型，研究不同规模的含分布式电源的微网稳态及动态分析方法，分析各类分布式电源和微网的运行特性，以及分布式电源间、微网间、微网与配电系统间的交互影响机理，并发展相关的理论和方法，一方面为微网在独立运行和并网运行条件下的稳定控制、能量管理、分布式电源经济调度奠定基础，也为含微网大电网系统的稳定性分析与控制提供理论支持。

2）分布式电源及微网保护、控制技术

研究以实现高效、用户友好型并网发电为目的的分布式电源及微网并网技术，包括模块化分布式电源即插即用型并网技术、含多类型多功能分布式电源的

微网并网技术；微网中多种分布式电源协调控制与保护技术、含有分布式电源和微网的配电系统新型保护原理和方法；大量分布式电源和微网存在条件下的配电系统自动化技术、电能质量检测治理技术，智能调度策略等；紧急情况下多微网配电系统并网和孤岛模式下协调控制的原理与技术；微网的孤岛运行与黑启动技术，大电网故障下，利用分布式电源进行短时孤岛运行进而提高供电可靠性的方法。

3）制定分布式电源及微网相关规范和标准

解决关键技术问题的同时，积极组织和参与制定与国际接轨的分布式电源、微网以及智能电网相关的一系列产品标准和技术标准，将对可再生能源发电、微网、综合能源利用等技术的推广应用起到关键的作用。

2. 电动汽车充放电的管理

目前，新能源汽车技术发展很快，已经从研究阶段进入产业化阶段，未来其将对改善整个交通运输行业的能耗结构产生积极影响，是综合能源系统的一个重要组成部分。目前，在我国政府的大力支持下，电动汽车的发展十分迅速，相信未来10~20年内我国的电动汽车拥有量将会有很大增加，电力系统的发展必须与电动汽车的发展相适应，以满足大量电动汽车的用能需求。电动汽车是一个移动的用电设备，大量电动汽车的引入，对电网运行可能产生不利影响，但电动汽车本身也是一个动态的储能系统，是一种潜在的资源，通过它与电网的智能互动，以及对汽车充放电过程的动态管理，可对电网的优化运行和故障应对起积极的支撑作用。因此在研究充放电系统对配电系统电能损耗、电能质量等的影响的同时，需重点进行电动汽车充放电站削峰填谷能力评估及其运行调度策略的研究，以挖掘电动汽车充放电系统在削峰填谷、平滑负荷曲线、提高设备利用率、降低系统损耗和支持需求侧响应方面的作用。

3. 含分布式电源及微网的配电系统协调规划方法

微网系统的优化设计方法，包括微网结构的优化设计、分布式电源类型、容量、位置的选择和确定等，目前已开展了较为深入、系统的研究，从工程应用中获得了丰富的经验。作为分布式发电供能系统的大规模应用的关键问题，含分布式电源及微网的配电系统协调规划尚需重点关注。

未来智能配电网与传统的不同之处在于其具有兼容、互动、自愈、经济等显著特点，能够解决高渗透率分布式电源（分布式发电、分布式储能、需求侧管理等）与含分布式电源的微网单元的接入问题，满足用户对供电可靠性和电能质量的弹性需求，优化能源资源配置并提高供能基础设施的利用率。因此原有的将配电系统作为无源系统进行规划的方法已不再适应新环境下的系统规划要求。应建立适合分布式电源和微网特点的配电网设计和规划理论，主要包括：有助于微网接入的配电系统结构设计方法，含微网配电系统的综合性能评价指标体系，新型配电系统优化规划理论和方法。

4. 工程示范与推广应用

通过不同地区、具有典型性的微网示范工程，推动关键技术的研发和现场测试，同时探索有助于分布式电源和微网规模化发展的市场运营机制，包括电力市场环境下可再生能源发电的电价机制，分布式电源及微网的运行管理机制等，逐步转变传统大机组、大电网的观念和运行方法，为分布式电源和微网的进一步推广应用打下基础。

第十五章　分频输电系统及可再生能源并网问题

第一节　概　　述

一、分频输电方式的提出

提高输电线路的传输能力一直是电力工程的重要研究领域。近年来由于出线走廊及投资问题的限制，提高线路传输能力的需要更加突出。

限制交流输电系统输送功率的主要因素有热极限、稳定功率极限和电压损耗，对中长距离输电来说，主要受后两个因素的限制。自从发明了变压器以后，交流电可以根据送电距离及用途选用不同电压等级，得到了广泛应用。与此同时，提高电压等级成为提高输送能力的重要手段。但在现代电力系统的规划与建设中，几乎没有考虑过交流输电的另一个重要参数——频率的优化问题，50/60Hz 一直被国内外作为工频而未受到挑战质疑。其实在电力生产、输送和使用的不同阶段，采用不同的频率具有提高效率、减少设备体积等作用，但过去由于变频技术的限制而未受到重视及应用。在电力系统的发展过程中，曾出现过 25Hz、50/3Hz、133Hz 等频率的电网。1896 年布法罗水电向纽约送电中标的是 25Hz 的交流三相电网，究其原因是水电机组转速很低，适合发出低频电力。而以后燃煤汽轮发电机组逐渐成为电源的主力，由于这类机组要求较高的转速（频率）以保证其经济性，因而 50/60Hz 才逐渐成电网的为标准频率。

分频输电方式是西安交通大学王锡凡教授于 1994 年首次针对远距离水电开发提出的一种新型输电方式（Wang，1994），已从分频输电方式从系统构成形式、基础理论分析、建立数学模型、数字仿真计算及经济效益分析等方面展开研究，并进行物理实验验证（Wang X F and Wang X L，1996；王秀丽，1997；Wang et al., 2006）。

二、国内外相关研究

目前，通过改变频率提高输电能力并改善电力系统运行指标的研究不断发展。电力电子技术的进步为大功率变频装置的发展创造了有利条件，这一领域的研究正在形成一种潮流，世界上不少国家均开展了低频送电方式的研究。

（1）1998 年在国际大电网 (CIGRE) 上美、德、南非等国学者提出了向边远地区用低频送电的方案（Hing ovani，1998）。在很多情况下，电力负荷远离发电中心，但是负荷量比较小，利用一般输电线和配电系统很不经济。因此，提出了一种小型经济输电系统 (SETS)。这种输电系统也有利于利用可再生能源和形成分布式电力系统。图 15-1 中表示了 7 种 SETS，其中第 6 种就是 0~50Hz 的低频输电方式。作者建议输电线路两端利用电力电子元件 (GTO) 变换频率。这种 SETS 的经济性处于 7 种中的中游。如果利用一般的晶闸管代替比较昂贵的 GTO，低频输电方式可能竞争能力更强。

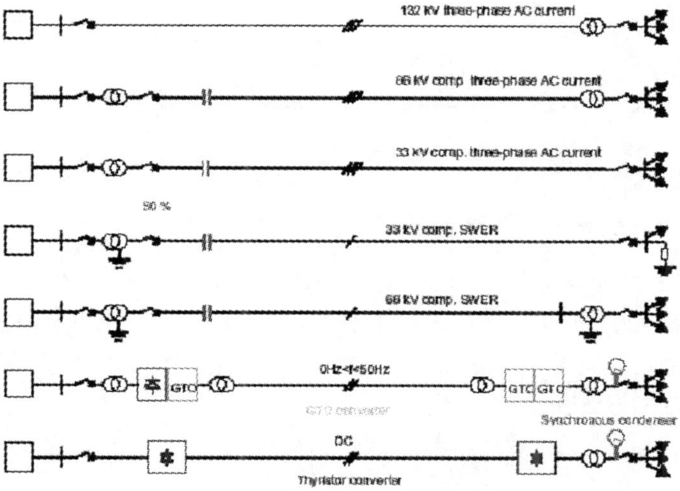

图 15-1　小型经济输电系统（SETS）

（2）2000 年日本大阪大学电气工程系的研究人员提出了用 10Hz 的电缆输电方案（Nakagawa and Funaki，2002；Tsuyoshi and Kenji，2000），电缆两端采用电力电子设备变频。目前，世界广泛采用交联聚乙烯电缆（XLPE），但用于工频交流输电系统时电缆的容性电流太大，运行指标很差；应用于直流输电系统时容易注入和积累电荷，对绝缘造成危害。采用 10Hz 的电缆输电既可减少损耗，又可降低绝缘损坏的概率。研究人员已对这种低频输电方式在 2002 年申请了专利。

（3）2002 年，Ranjan 等（2003）提出的分频输电理论的基础上提出了分频配电系统 (FFDS) 的概念，利用分频 (50/3Hz) 输电改善配电系统的电压稳定，从而提高可靠性。用三个数字例证明了其有效性，算例中无功损耗降低了 68%，电压稳定极限提高了 17%。数字仿真表明分频配电系统有光明的应用前景。Ashvini 等（2003）提出了 FFDS(50/3Hz) 的结构，研究了对不同负荷模型下，配电系统运行性能的改善。

（4）为了进一步提高配电系统的经济性与可靠性，2004年美国能源部的“Grid 2030”提出了多频率配电网的概念。在图15-2中，第10项计划就是在10年后建立多频率配电网，优先等级为中等。

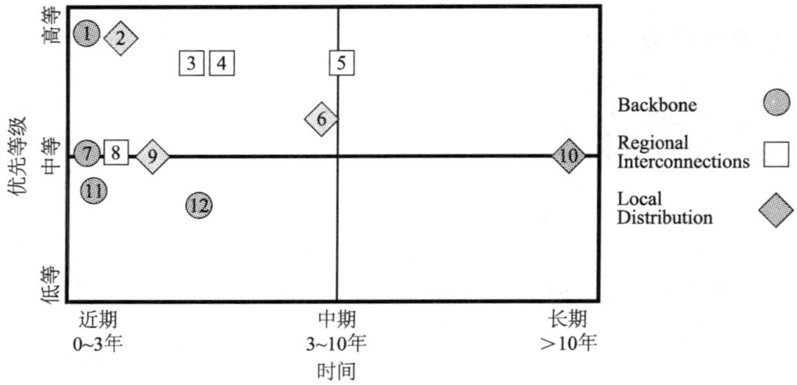

图15-2　美国“Grid 2030”研发计划

（5）2003年加拿大用世界上第一个变频变压器以提高输送容量。（郑健超，1995）这种变频变压器实际上是由滑环式电机构成，将首先用于魁北克电力系统。预计可以增加100MW的电网间电力交换能力。变频变压器与直流装置相比，不但造价低，而且效率高。

以上的研究和实践表明，电力系统的研究工作者已经从固定不变的50Hz和60Hz频率中解放出来，正在像利用不同的电压一样，试图寻求用不同的频率来降低输电系统的投资和改善电力系统运行指标。低频（多频、分频）输电系统的研究已成为21世纪电力发展的重要方向。

第二节　分频输电的基本原理和工程可行性分析

一、基本原理

分频输电方式的基本思想是基于水电或风电机组的以下两个特点而提出的。①转速很低，适合发出频率较低的电能，若要发出50Hz的电力，则需要加大水轮发电机的极对数或加装风力发电机的变速齿轮箱。②通常这些电厂距负荷中心较远，需要远距离传输，而交流输电线路的阻抗与频率成比例；降低输送频率时，其线路电抗与频率成比例的下降，因此可大幅度提高线路输送容量。

交流电力传输是一个波的传播过程，当输电频率降为1/3时，输电线路的电气距离也缩短到1/3。众所周知，影响交流电输送能力的主要是其输变电系统的电抗X，而$X=2\pi fL$与频率f和电感L成正比，当频率降为50/3Hz时，电抗也下降到1/3，因而其极限功率P_{max}将按下式提高3倍。

$$P_{max}=\frac{V^2}{X}$$

式中，V为输电系统额定电压。

此外，在线路无功功率Q不变的情况下，其电压损耗$\Delta V\%$也按下式降低为1/3。

$$\Delta V\%=\frac{QX}{V^2}\times 100$$

因此，分频输电可以大幅度提高输电能力，改善电压跌落情况。

分频输电的结构如图15-3所示。低转速水轮机或风机带动发电机发出50/3Hz的交流电，经升压后通过输电线将电能送到受端系统，经倍频器将电能转换为50Hz交流电并网。

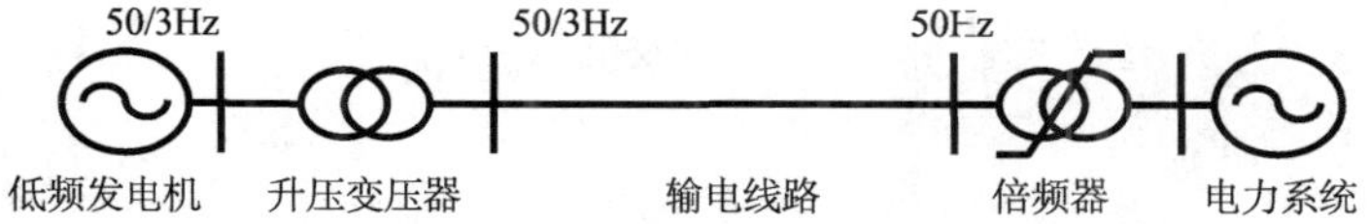

图15-3 分频输电接线并网图

其中的关键设备是倍频器，目前研究表明采用电力电子交–交变频器在生产和运行控制方面均是可行的。实验表明分频输电系统是易于实现的，交–交变频器并网过程比较平稳，其暂态电流在小于0.1s周期内即衰减完毕。发电机实验的最大输出功率达到了20kW（已到实验设备的额定功率），根据模拟理论，相当于实际500kV输电线路功率应为2000MW。

对于50Hz交流电来说，上述1200km输电线路的理论上的极限功率小于800 MW，两者比较可以看出，分频输电的实际输送功率已经为常规交流输电功率极限的2.5倍。

近年来，将分频输电方式应用到风力发电和联网中的研究也非常深入。风电经分频输电系统并网的原理结构如图15-4所示。

其基本思路是在同一个风力场，通过控制系统，调整各风力机的风能利用系数，使得各同步电机发出的频率一致，共同汇入交流汇流母线，然后用分频输电线路将电力送至系统受电处，经交-交变频器将电能转换为工频后与系统并网。研究表明，与现有风力发电机馈网系统相比，这种方法有以下优势。

（1）由于采用了较低的输电频率，减少了整个输电系统的阻抗，因此可以成倍地提高线路的传输能力，减少了输电走廊。同时，降低输电频率可以显著减弱线路电压波动，减少空载时线路的无功功率。这样有可能直接将风电送至承受冲击能力强的负荷中心，增加电网吸纳风电的能力，因此可减小风电给配电网带来的问题，改善风电接入电网的灵活性，有利于风电的发展。

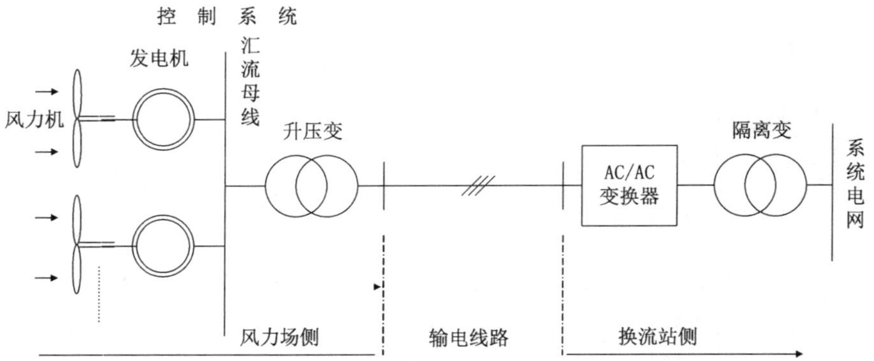

图 15-4　风电经分频输电并入电网原理图

（2）由于采用低频输电，可以减少齿轮箱的增速比和发电机的极对数。这样可简化风力发电机结构，降低造价，改善风电机组的运行条件，提高效率。

（3）由于分频输电系统利用电力电子装置——交 - 交变频器将低频电能传输至工频系统，故而整个系统可以通过交 - 交变频器调整系统的频率，以提高风力发电的效率，获得更多的电能。

（4）由于分频输电系统是交流输电，当然也克服了直流输电固有的问题，如严重的极化问题，电气设备的污物严重，无法用断路器开断的问题等。更有利于用于我国北方风带地区，减小沙尘暴对电力系统的影响。

（5）分频输电系统还可加速相关电力设备的发展，如因输电频率降低，可能更有利于现在断路器发展趋势——选相分闸技术的实现，减小断路器体积和成本等。

分频输电可以利用同样电压等级的输电线路将电力传输到更长的距离，从而便于将风电场在电网比较强的节点并网，这样可以增加系统接受风电的能力。图 15-5 示例一个风电场接入某电网不同节点电压波动与接入风电场容量的关系。

由图 15-5 可以看出，当风电接入主网中心 110kV 母线且风电场容量 200MW 时，母线电压波动不大于 6%。而当风电接入主网末端且风电场容量到 80MW 时，其电压波动已达 8%。因此，为了增加风电的接入容量，用分频输电将风电接入电网中坚强的节点是非常有效的。

另外，目前海上风电接入系统可用直流和交流输电系统经电缆与主网相连。当采用直流输电时，需要在海上建整流站，增加了投资。当采用交流输电时，海底电缆产生很大的容性无功功率需要补偿。分频输电不需要在风电场建换流站，而容性无功功率也远较 50HZ 交流输电减少，有明显优越性。特别是海底电缆的寿命在低频输电时，可以延长其使用寿命（王秀丽，1997）。因而采用分频输电在海上风电站也有广阔的应用前景。示例一个风电场接入某电网不同节点电压波动与接入风电场容量的关系。

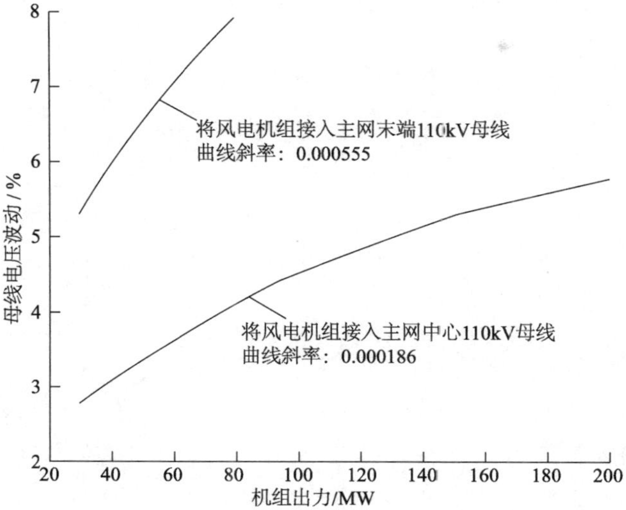

图 15-5　风电接入电网不同节点对电压波动的影响

二、分频输电方式技术经济可行性的工程分析

本书以甘肃省苗家坝水电站送出工程为例进行了经济性分析。苗家坝水电站位于甘肃省文县境内，白龙江中游。电站安装水轮发电机组 3 台，单机容量 80MW，总装机容量为 240MW。电站保证出力 42MW，年平均发电量为 9.07 亿 kW·h，年利用小时数为 3779h。苗家坝水电站的主要任务是发电。从地区负荷发展需要、各省（区）能源平衡及电力管理体制等方面分析，苗家坝水电站应以主送甘肃省电网为宜，从地理位置考虑，应该送往天水市，送电距离 220 km。

对于这样规模的水电站和输送距离来说，用直流输电肯定是不经济的。甘肃电力公司提出用工频 330kV 单回交流输电线路送出的方案。本项目对输送能力的技术研究结果表明，当采用分频输电方式时，线路无须采用 330kV 输电电压，单回 220kV 的输电线路即可完成送出任务；结合工程的设备概念设计研究结果表明，采用分频输电的主要技术装备在技术上都是可以实现的。因此可以认为，330kV 单回工频交流输电和 220kV 单回分频交流输电这两个方案在技术上都是可行的。经济性比较所采用的数据分别来自西北电力设计院、甘肃电力设计院、西安高压电器研究所等。

对苗家坝送出工程而言，由于电压等级的升高，使得工频330kV送电方案在输电线路、升压变和GIS断路器的投资方面大于分频输电方式。分频输电方式与工频输电方式相比，总费用节省5862万元。分频输电方式是工频输电方式总投资的85%。

经计算可知，分频输电方式的年损耗费用比工频330kV多254.07万元。但其仅为投资费用减少值5862万元的4.33%。因此从总体上来说，采用220kV分频输电方式在经济上具有较大的优越性。

第三节 需求和发展前景

风电场经分频输电联网的方法是一种有着经济与技术优势的全新的风电场馈网方案，特别在大型风电场中有着很好的应用前景，值得进一步深入研究。同时，对风电经分频输电技术并入电网系统进行深入研究，对我国风力发电、自主创新及经济发展具有极大地促进作用，具体表现在以下四个方面。

（1）对风电经分频输电系统并网系统进行研究，有利于促进我国并网型风力发电的大力发展。

风力发电已成为可再生能源中发展最快的一种发电方式，目前已经形成商业化运营的规模。然而，风力发电会对电力系统运行的影响也是相当明显的，这一点主要表现在风电穿透极限功率上。风电场穿透功率极限定义为接入系统的最大风电场装机容量与系统最大负荷的百分比。由于风力发电机是以风作为动力的，其输出特性会直接受风的影响。风的随机波动性和间歇性决定了风力发电机的有功功率也是波动的和间歇的。随着风电场容量在系统中所占比例的增加，风力发电对系统的影响就会越来越明显。大风速扰动会使系统的电压和频率产生很大的变化，严重时将可能使系统失去稳定。

我国西部地区是风力发电发展最集中的地区，但也是我国电网较为薄弱的地区。因此，我国西部地区大力发展风电势必受到风电穿越极限功率的限制。而建立风电经分频输电系统并网工程，为我国并网型风力发电提供了一种新型的接入电网方式。该方式可以直接将风力机发出的电能直接输送到电网坚强的负荷中心，从而提高电网对风电的接纳能力，减少风电引起的电网波动。

（2）对风电经分频输电系统并网系统研究有利于促进风机制造业的大力发展。

利用风电经分频输电系统并网技术可以改良风力发电机的构造。由于采用低频技术，使风力发电机直接发出低频电能，因此可以减少齿轮箱的增速比和发电机的极对数，同时取消了每个风机机端的变频设备。

这样可简化风力发电机结构，降低造价。根据 Vestas 公司的估计，采用分频技术，可以使风机的成本降低 15% 左右。同时，齿轮箱的减少甚至取消极大程度上提高了风电机组的运行可靠性，简化了维护工作。

（3）对风电经分频输电系统并网系统研究有利于我国电气制造业的大力发展。

由于采用低频电能进行传输，风电经分频输电系统并网技术势必需要一些与传统的输电系统不同的电气设备。例如，为防止饱和，低频侧的变压器就需要重新设计。同样的，该示范工程的建立，也会需要适用于低频与工频互联系统保护及开关设备，因而会促进相关行业的发展。

（4）对风电经分频输电系统并网系统研究有利于我国海上风电的大力发展。

利用风电经分频输电系统并网技术，还可以促进海上风电技术的发展。目前，海上风电接入系统采用的是直流或交流输电系统，经电缆与主网相连。当采用直流输电接入时，需要在海上建整流站，增加了投资。当采用交流输电时，海底电缆会产生很大的容性无功功率而需要补偿。若采用分频输电方式，则不需要在海上风电场建换流站，而且容性无功功率也远较 50Hz 交流输电方式时的少，可见采用分频输电方式具有明显的优越性。特别是海底电缆的使用寿命在低频输电方式下可以得到延长。因而分频输电在海上风电场有着广阔的应用前景。

由此可见，对风电经分频输电并网系统进行深入研究，不仅可以顺应我国大力发展可再生能源，建立大规模并网型风电场的需求，同时可以促进风电设备制造行业、电力电子装置制造行业、传统电力系统设备行业和控制与保护行业等相关产业的发展。因此，风电经分频输电并网系统具有很强的应用前景。

第四节　关键技术及所需研究重点

本领域的关键技术在于大功率交-交变频器的研制及其控制策略研究。

一、交-交变频器生产工艺及关键技术

大功率交-交变频调速是 20 世纪七八十年代发展起来的新技术，正逐步取代传统的大功率直流调速，如今理论研究及技术开发已十分成熟。交-交变频传动（Cycloconverter—fed Drive）是一种在大功率（1000kW 以上）、低速（600r/min 以下）范围内广泛采用的交流调速方案，正在轧机、矿山卷扬、船舶推进、

水泥、风洞等传动中逐步取代传统的大功率直流调速，取得了良好的技术经济效益。

由于普通晶闸管功率大，价格便宜，自然换相工作可靠，在大功率交-交变频调速传动中得到了基本上无可替代的应用。由晶闸管控制的交-交直接变频器，在大功率交-交变频传动领域得到了广泛采用。这类变频器，也称为相控式交-交变频器（thyristor phase — controlled cycloconverters），现在也简称为交-交变频器（cycloconverters）。其特点如下：① 利用电源的交流电压，通过自然换相关断晶闸管；② 可把电网频率的交流电直接变换成可调频率的交流电，低频输出波形接近正弦波。但其输出频率上限不高于电网频率的 1/3 ～ 1/2。当电源为 50Hz 时，最大输出频率不超过 20Hz；③ 没有中间直流环节，传输效率高；④可方便地实现四象限运行，即功率的双向传动。正是由于交-交变频器的这些特点，决定了它非常适合在分频输电系统中应用。

在大功率交-交变频传动领域中应用时，交-交变频器的输入侧接工频电网，50Hz；输出侧直接接大功率交流电动机负载。按一定的控制规律，通过调节交-交变频器的输出电压、输出电流及输出频率，完成对交流电动机的变频传动调节。这种应用的主要特点是，交-交变频器传动功率的方向总体是正向的，利用工频电网的功率驱动交流电动机负载。

在分频输电系统中应用时，可把交-交变频器的输出侧接分频系统，频率是 50/3Hz 以下，小于交-交变频器的最大输出频率 20Hz；交-交变频器的输入侧接工频电力系统，50Hz。利用交-交变频器可双向传动功率的原理，让其工作在逆向传动功率的状态，把分频电力送入工频系统。显然，交-交变频器传动功率的方向总体是反向的。

本系统中使用的交-交变频器采用 12 脉无环流交-交变频器，它利用电源的交流电压，通过自然换相关断晶闸管，可把电网频率的交流电直接变换成可调频率的交流电，但其输出频率上限不高于电网频率的 1/3 ～ 1/2。

三相输出的 12 脉波交-交变频器，由三个结构完全相同的 12 脉波单相输出的交-交变频器组成，每相由两个 6 脉波三项桥式全控整流电路移相 30° 串联，构成单相 12 脉波整流电路，两组 12 脉波整流桥按一定频率切换，便形 12 脉波交-交变频器；通过控制触发脉冲，使三相之间的输出电压相位相差 120° ，即可构成 12 脉波的三相交-交变频电路。其主电路有两种联结方式：公共交流母线进线方式和输出 Y 联结方式。大容量交-交变频器主要使用输出 Y 联结方式，其接线图如图 15-6 所示。

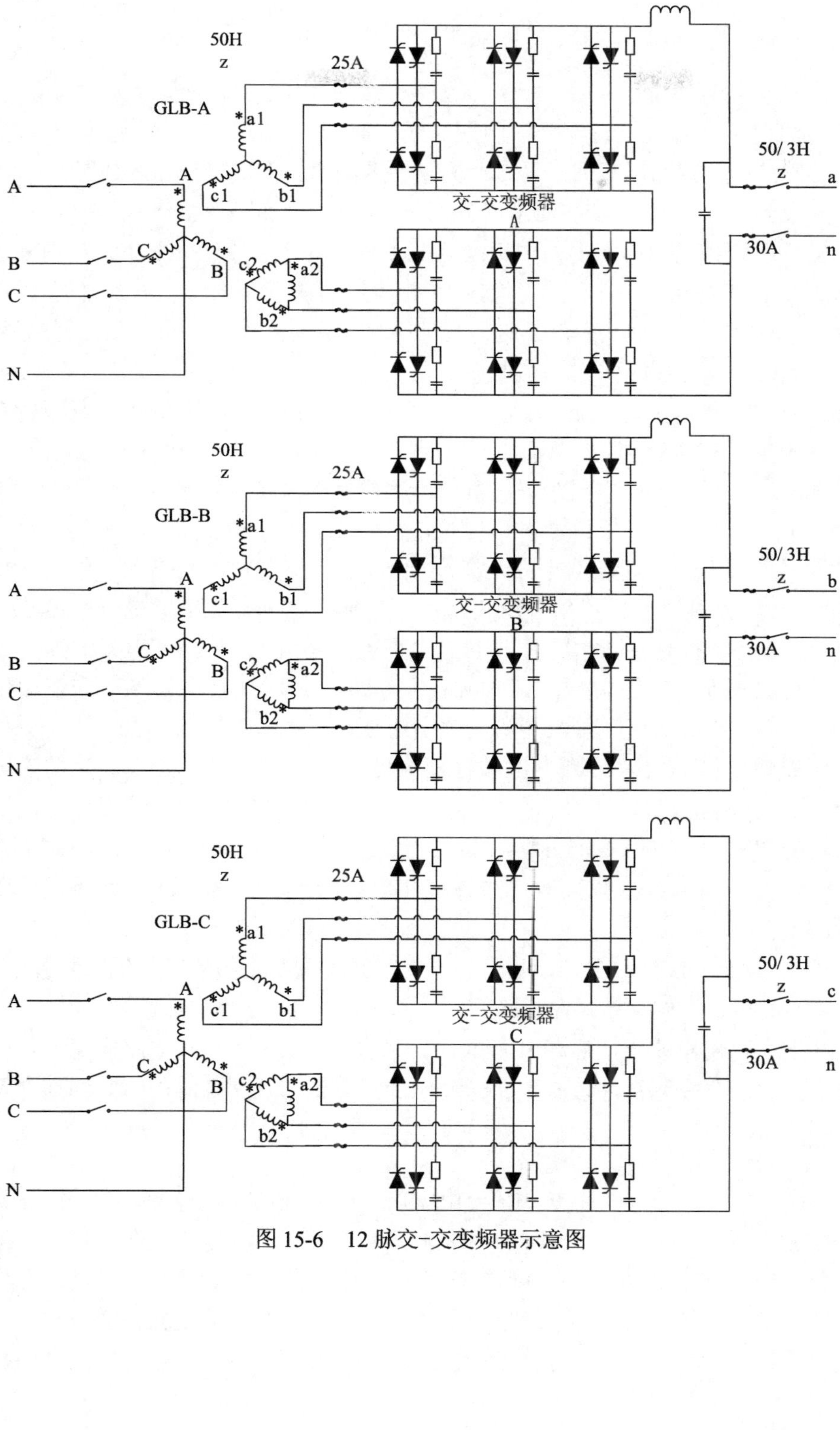

图 15-6　12 脉交-交变频器示意图

二、分频输电系统同期系统

风电经分频输电系统并网系统涉及两个同期问题，即第一台风机与交-交变频器的同期及其后风机与电网的同期问题。第一个同期问题可以通过交-交变频器触发脉冲的控制加以实现，第二个同期问题则需要新增一个并网装置。

介绍如下。利用交-交变频器实现第一台风机同期的方案

工频电力系统中常规的发电机准同期并列，需要比较位于发电机出口断路器两侧的发电机 A 相出口电压和系统侧 A 相电压的压差（电压大小的差值）、频差（频率大小的差值）及相位差，在这三个条件同时满足要求的适当时刻闭合断路器，完成发电机同期并网操作。

在分频输电系统中，交-交变频器是主要工作在逆变状态的，而要实现逆变，其输出侧需要有电源存在。所以，在分频发电机启动升压后但并入系统前，交-交变频器还不能正确工作，在发电机出口断路器的系统侧还没有可供同期检测的分频电压，不能采用工频系统常用的发电机准同期并列方法。

本项目采用的同期联网方法是：同期前，交-交变频器是停止工作的（封锁脉冲即可）。分频发电机启动升压正常后，向输电线路充电，就把分频电压送到了交-交变频器的输出侧。同时，也把工频电力系统的也送至交-交变频器的输入侧。前已述及，在三分频电路中输出了一路分频同期基准信号，它在相位和大小上与 A 相交-交变频器联网后的输出电压是基本一致的，可用于和 A 相交-交变频器输出侧的实际分频电压进行同期比较。在接到启动命令后，同期电路开始工作。在检测到这两个分频同期电压满足同期条件的一个适当时刻，同时向三相交-交变频器的脉冲控制电路发出启动命令，完成联网过程。同期条件不满足时，可适当调整分频发电机的转速和电压的大小。这两路分频同期电压检同期的条件是：

压差：<5%；频差：<0.5%；相差：<5°。在分频同期基准信号的正过零点（从负到正）时刻，发同期启动命令。

同期电路发出的同期启动命令是一次性的。由于是由电子电路实现，从同期电路发出启动命令到脉冲控制电路开通脉冲，可认为是无延时的。其同期电路如图 15-7 所示。

三、利用交-交变频器追踪风能关键技术

分频输电技术利用交-交变频器拖动多台风力发电机发出低频电能，并将电能输送至工频系统。为了提高风能的利用效率，系统在风速变化时会在一定范围内改变低频系统的频率，从而改变发电机的转速，以期保持较高的风能转换效率。

同时，当风速高于额定风速时，系统需要保持风机转速不超过额定转速，同时利用桨距角的控制保持发电机输出功率为额定功率。

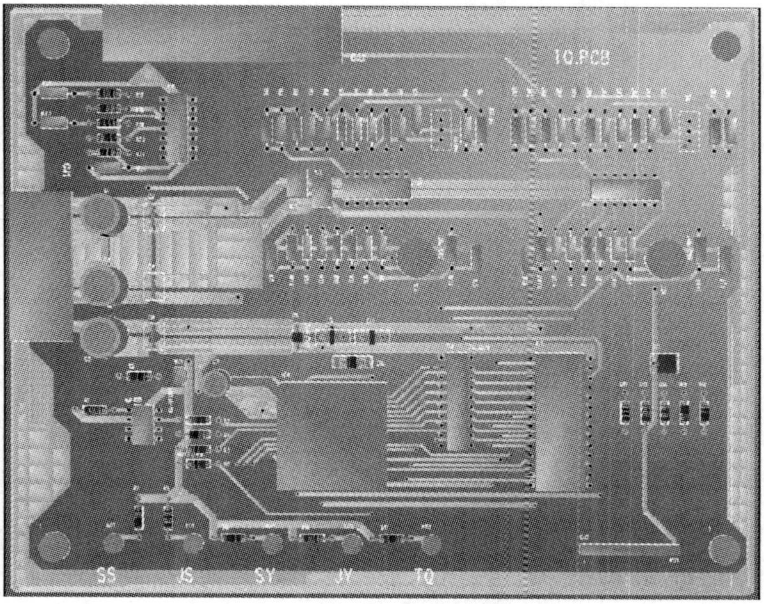

图 15-7　交–交变频器同期电路

根据以上的原理，在转速控制方面，本项目拟采用直接转速控制（direct speed control，DSC）对风力发电机的转速进行控制，当风速低于额定风速时，直接控制转速使发电机处于较高的转换效率；而当风速高于额定转速时，使风机保持额定转速。调速时采用气隙磁链定向控制，在保持定子电压恒定的同时，提高风机调速的动态性能。交–交变频器采用成熟的余弦交点法生成低频侧电压，同时通过运行在逆变状态实现功率从低频侧向工频侧传输。本系统的桨距角控制采用风机自带的成熟的桨距角控制。

1. 风机的直接转速控制

直接转速控制可以通过利用转矩观测去预测风速或者比较实际输出功率与最优功率获得转速参考信号，并与实际转速对比形成一个反馈控制。

发电机转速控制，应该实现以下两点任务。

（1）当风速低于额定风速时，控制发电机转速追踪最大风能利用效率。

（2）当风速高于额定风速时，控制发电机转速保持额定转速。

风力机的直接转速控制策略如图 15-8 所示。

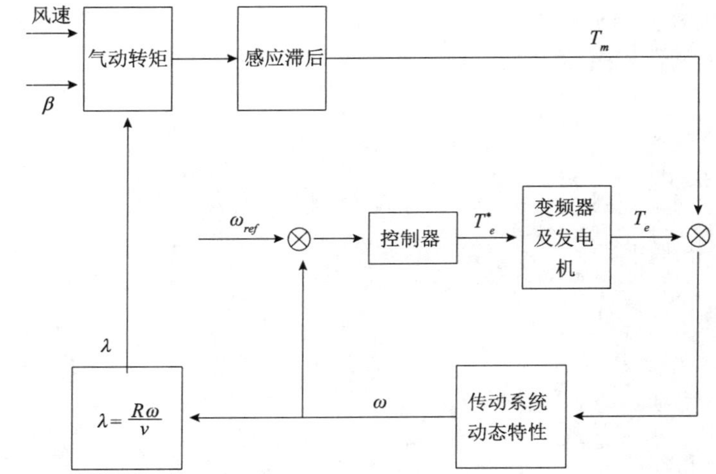

图 15-8 直接转速控制策略

2. 桨距角控制

桨距角的控制主要用以当风速超过额定风速时，通过降低风力机的 Cp 值，限制发电机发出功率保持为额定值。本文设计的桨距角控制器如图 15-9 所示。

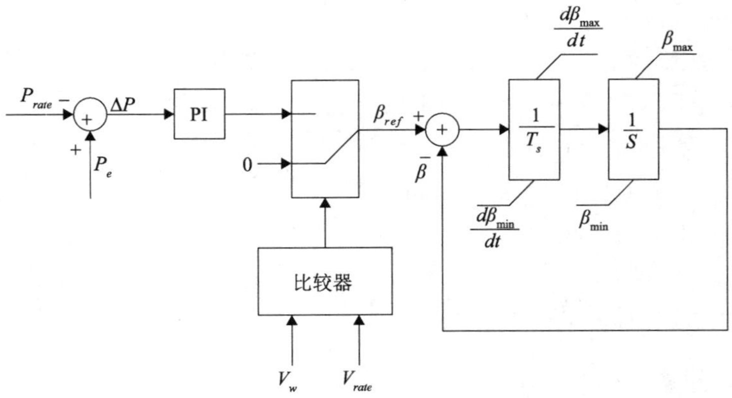

图 15-9 桨距角控制器

V_{rate} 为额定风速，V_w 为平均风速，P_{rate} 为发电机额定功率，P_e 为发电机发出实际功率

该控制器保证若平均风速 V_w 超过额定风速 V_{rate}，当发电机发出的功率超过了额定功率，桨距角将发生改变，以限制发电机发出的功率。同时，由于系统的特点，桨距角的变化速度将受到桨距角机械调节时间限制。因此，该系统桨距角变化速度将严格限制。

四、其他重要装置关键技术

1. 低频变压器设计与制造关键技术

低频变压器运行频率是工频变压器的 1/3 左右，频率的降低会给变压器的电磁、结构产生重大影响。初期研究表明，工作在低频环境下铁芯材料的磁化曲线饱和程度有所改善，铁芯单位质量的损耗合理次容量均有大幅度的减少。然而，由于短路阻抗的约束，低频变压器比普通变压器的外形会变得低胖，线圈的绕制应该幅向厚度增大，轴向高度降低。这样虽然低频变压器的空载损耗有所降低，但是消耗铜材增加，如果不减少电流密度，必然会增大负载损耗。

利用优化方法，可以对低频变压器进行重新的设计，通过提高铁芯磁通密度，提高分频变压器的性能。试验表明，低频变压器的成本可以控制在工频变压器的 1.7 倍左右。

2. 低频断路器设计与制造关键技术

由于频率降低，系统所需的断路器也应重新设计。一方面，由于系统阻抗减少，因此短路电流较工频系统会有较大的增加，故而需要增加断路器的断路容量。同时，随着系统频率降低，断路器可以更方便地判断系统电流的过零点。研究表明，系统频率降低可能更有利于现在断路器的发展趋势——选相分闸技术的实现，减小断路器的体积和成本。

3. 低频量测设备设计与制造关键技术

由于电力系统工作在高电压、大电流情况下，因此需要利用电压、电流互感器将其转变为低电压、小电流进行测量。而风电经分频输电技术并入电网系统中，需要考虑频率降低对互感器和量测装置的影响。

电力系统中存在互感器包括电磁型和光电型两种，前者对频率比较敏感，而后者几乎可以不受频率变化的影响。但是考虑到技术上的可靠性，本系统仍然选择电磁式互感器，因此需要对互感器进行重新的设计。前期试验表明，低频互感器的实现完全不存在技术上的难题。对于量测装置，现在市场上已经存在可以在较低频率下满足精度的设备，可以直接使用。

五、低电压穿越及保护问题关键技术

1. 低电压穿越关键技术

多极直驱式的永磁同步风力发电机，没有齿轮箱和转子励磁装置，结构简单。它发出的低频电能，非常适合与分频输电系统相结合。对远距离的风电场，利用分频输电线路传输电能，至工频系统利用交-交变频器与其相联。对于过往的电力系统，当电网出现比较轻微的故障时，风力发电机要与电网解列。但风力发电机容量、风电场规模越来越大，如果大规模风电机组从电网解列，它就失去了对电网电压的支撑能力，这可能导致严重的连锁反应，对电网的稳定运行造成严重影响。针对此问题，目前国外许多电网运营商对风电场提出了强制性要求：电网电压跌落时，风电场须维持一定时间与电网连接而不解列，甚至要求风电场在此过程中能提供无功以支持电网电压的恢复，此要求即为低电压穿越（LVRT）。

研究表明，当故障在工频侧的线路发生时，以三相短路接地故障最为严重。故障发生后，低频系统侧的各节点电压跌落，考虑电磁暂态过程，定子绕组会遭受瞬时冲击电流。由于故障引起系统出力减小，发电机电磁转矩和机械转矩的不平衡将导致发电机转子加速，功角增大。一旦系统失去暂态稳定，会导致发电机超速并最终与系统解列。

为了解决低电压穿越问题，可以通过在分频线路上投切串联电阻，故障时通过增加系统阻尼的方式提高系统的有功出力，以平衡发电机的机械功率来限制转子动能的增加，从而防止发电机超速并与解列。然而，风电系统的低电压穿越能力只在线路阻尼增加的一定范围内具备。过大或过小的投切串联阻尼都会不利于系统的稳定性，可以设想当阻尼为无穷大时，发电机的电磁功率为 0，将立即与系统解列。到时需要通过系统实际参数进行分析。

2. 分频输电系统保护关键技术

电力系统为了保证电力输送的安全可靠，往往需要为系统配置保护、避雷器及安全控制装置。然而分频风电由于其新的装置特点及独特的控制方法，传统的保护方式是否适用将是一个急需探讨的问题，一旦系统出现故障，而传统的保护方式若无法正常动作，将出现系统设备烧毁等问题。同时，低频与工频系统互联后故障相互影响的机理也是一个急需解决的崭新的问题。故而，研究分频风电系统在故障情况下的运行状态，并为其配置相应的保护及紧急控制策略，是势在必行的。

解决分频输电系统的保护配置问题需要首先根据实验室及仿真软件上搭建的分频风电系统故障特征量的特点。利用工频交流系统现有的保护整定原则及配置方法，在实验室中配置过流保护、低电压保护及差动保护等，通过理论分析及在模型上设置故障等方法，研究保护的动作情况，分析其灵敏区域及动作的可靠性。若保护对分频风电系统适应性较弱，我们计划考虑调整整定原则，并再次验证。为变频器设计在出现故障时的紧急控制方案，以达到降低故障时系统的故障电流，并加快故障线路的切除速度的目的。

第五节　分阶段目标

分频输电系统及其在可再生能源并网中的应用是一个具有完全自主知识产权的科研项目，具有广阔的应用前景。预期的分阶段目标如下。

2011~2015 年，实现分频风电输电系统的工业示范工程，验证分频风电输电系统各个环节的可行性。

2016~2020 年，提高分频风电输电系统的运行效率及管理水平，体现分频风电输电系统的经济性和优越性。

2021~2030 年，实现海上分频风电输电系统的工业示范工程，拓展分频风电输电系统的应用范围。针对西南地区远距离水电送出工程，采用水电分频发电及输电，提高线路利用率。

2030~2050 年，推广分频风电、水电、输电系统的工业应用，提高我国可再生能源发电的技术水平和设备制造水平。

第六节　对策与建议

分频输电是一种新型输电方式。和直流输电相比，由于只有一端换流站，从而在经济上更有优势，与常规工频交流输电方式相比，分频输电可使输电容量提高到 3 倍。此外，分频输电可以组成网络，引出支路，从而克服了直流输电局限于点对点输送的缺点。分频输电采用的交-交变频器本身可以看成一种新型的交流灵活输电装置（FACTS），远比一般 FACTS 装置效果显著。

分频输电由于采用较低的频率，变压器之类的铁磁器材的体积和成本会有所增加，输电距离太短时不一定经济，因此有一定适应范围。

水电、风电开发日益受到世界各国的重视，由替代能源向主力能源转换。但风力发电受到出力不确定性大，距负荷中心远和发电机组成本偏高等因素的制约，利用分频输电系统实现风电接入电网可以在很大程度上克服这些障碍。

风电、水电等再生能源适合发出低频电力。首先，风力发电机组的转速很低，为了发出 50Hz 的电力，当前商业机组需要加变速比很大（如 100∶1）的齿轮箱，不但增加了重量，提高了成本，而且在运行中容易发生机械故障。如果发出分频电力，可以明显简化风力发电机组，减少重量和成本。水电机组采用低频可以减少发电机的极对数，简化机组构造，改善机组性能。其次，分频输电可以利用同样电压等级的输电线路将电力传输到更长的距离，从而便于将风电场在电网比较强的节点并网，这样可以增加系统接受风电的能力。因此，采用分频输电有巨大的潜力。实验表明，实现分频输电并无难以克服的技术困难。

由上可知，研究具有自主知识产权的风电场、水电站并网接入技术，促进风力发电机组设备和水电机组设备的改进，是当前可再生能源发电快速发展期迫切需要解决的问题。分频发电并经分频输电系统并网是我国具有自主知识产权的一种全新的可再生能源发电与并网方式。建议国家各部门重视此项技术，推进其开发与应用速度。

参 考 文 献

舒印彪 . 2004. 中国直流输电的现状及展望 . 高电压技术 , 30(11):1-2.

王秀丽 . 1997. 新型远距离大容量输电方式—分频输电的研究 . 西安 ：西安交通大学博士学位论文 .

郑健超 . 1995. 关于我国交流输电更高一级电压的选择 . 电网技术 ,19(1):6-10.

Ashvini C, Rakesh R, Krishna P. 2003. Effects of reduced power line frequency and power factor on radial distribution systems proceedings of the 3rd IASTED international conference power and energy Systems. Marbella.

EPRI.2003. National Electric Delivery Technologies Roadmap.www.EPRI.com/roadmap/.

Nakagawa R, Funaki T, et al. 2002. Installation and control of cycloconverter to low frequency AC Power cable transmission. Proceedings of The Power Conversion Conference-Osaka, (PCC-Osaka): 1417-1422.

Pelly B R. 1971. Thyristor Phase-Controlled and Cycloconverters. New York:John Wiley & Sons.

Ranjan R, Venkatesh B, Chaturvedi A. 2003. Enhancement of voltage stability in distribution networks by proposing fractional frequency distribution systems (FFDS).Proceedings of the IASTED Multi-Conference-Power and Energy Systems, 7:431-436.

Tsuyoshi F, Kenji M. 2003. Proposition of a novel low frequency AC power cable transmission system. IEE Japan B, 120 (8/9):1077-1083.

US DOE National Transmission Grid. 2004.Grid 2030 - a national vision for electricity’s second 100 years. www.electricity.doe.gov/documents/Electric Vision Document.pdf.

Wang X F, Cao C J, Zhou Z C. 2006. Experiment on fractional frequency transmission system. IEEE Transaction On Power Systems, 21(1):372-377.

Wang X F. 1994. The fractional frequency transmission system. IEE Japan Power & Energy: 53-58.

Wang X F, Wang X L. 1996. Feasibility study of fractional frequency transmission system. IEEE Transaction on Power System, 11(2):962-967.

第十六章　交流半波长输电技术

交流半波长输电技术（half wave-length AC transmission，HWACT）是指输电的电气距离接近一个工频半波长，即 3000km（50Hz）或 2600km（60Hz）的超远距离的三相交流输电技术。此项技术在 20 世纪 40 年代由苏联专家提出，但因当时没有工程需求以及一些关键技术尚未解决，迄今为止在世界范围内还没有真正投入使用。但是，半波长输电技术作为一种远距离、大容量的交流输电方式，具有很强的吸引力，许多国家对此都展开了积极的研究。例如，巴西为把亚马逊流域的大水电送到东部及东南部负荷中心，其长度为 2600 ～ 3000km，把半波长输电作为十分有竞争力的备选方案进行了研究，开展了较详细的理论研究和仿真计算，已把半波长输电作为亚马逊水电外送的一种非常有竞争力的方案；韩国也研究通过使用半波长输电把西伯利亚的水电送至本国。

第一节　交流半波长输电技术的优势

输电本质上是波的传播过程。线路足够长时，在传输功率极限和沿线电压分布等方面会出现许多与短线不同的性质。其基本原理如下。

根据交流输电线路长线的基本方程，输电线路的正序参数可以等效为如图 16-1 所示的 Π 形二端口形式。

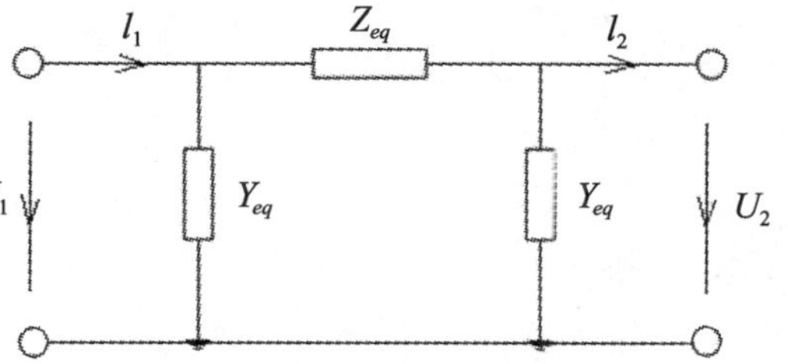

图 16-1　传输线二端口网络等值 Π 形电路

若忽略损耗，则网络方程可简化为

$$\begin{bmatrix} \dot{U}_1 \\ \dot{I}_1 \end{bmatrix} = \begin{bmatrix} \cos(\beta l) & jZ_C\sin(\beta l) \\ j\dfrac{1}{Z_C}\sin(\beta l) & \cos(\beta l) \end{bmatrix} \begin{bmatrix} \dot{U}_2 \\ -\dot{I}_2 \end{bmatrix} \tag{16-1}$$

图 16-1 中的等值阻抗分别为

$$Z_{eq} = jZ_c \sin(\beta l)$$

$$Y_{eq} = \frac{\cos(\beta l) - 1}{jZ_C \sin(\beta l)}$$

式中，ZC 为波阻抗；β 为相位系数，$\beta = \frac{\omega}{v} \approx \frac{2\pi}{6000}$，单位为 rad/km，ω 为基波角频率，v 为输电线路正序波速；l 为线路长度。

线路的极限输送功率为

$$p_{\max} = \frac{U_1 U_2}{Z_c \sin \beta l} = \frac{P_n}{\sin \beta l} \tag{16-2}$$

式中，U_1、U_2 为线路首末端电压，Z_C 为波阻抗，β 为相位常数，P_n 为自然功率。

$\beta l = \pi$ 时为半波长输电线路。我国电网频率为 50Hz、交流 1000kV 特高压示范工程，线路半波长度约为 2926km。由式（16-2）可见，当 $\beta l = \frac{\pi}{2}$ 时，线路的功率极限为自然功率；但 $\beta l = \pi$ 时，相当于电气距离为半波长，理想状态下输电功率可达到无穷大，但实际的输送功率要受到沿线电压分布和线路绝缘水平等因素的制约。

半波长输电在正常运行情况下时，为了较好地控制线路潮流，满足稳定裕度，保证低频情况下的半波长特性，一般将 βl 控制在稍大于 π，也就是实际应用中的线路长度略大于半波长。

从功率传输角度考虑，一条半波长无损线路等同于一条极短电气距离的线路。一条首末端相角差为 190° 的半波长线路，在线路两端电气量的关系上等同于一个相角差为 10° 的系统（Lliceto and Cinieri，1988，Prabhakara et al., 1969；Gatta and Lliceto，1992；Maria and Cales，2008）。设计时要求发送端的发电机端口电压与接收端电压的相角差应在 190°～200°。考虑到升压变压器和联变的漏抗，这一点是不难达到的。

这是半波长输电技术较一般远距离输电技术的差别。半波长输电技术作为一种特殊的超长距离的交流输电方式，与常规交流输电（数百公里）相比，有一些截然不同特性和优势。

（1）全线无需安装无功补偿设备。常规的超 / 特高压输电，无功调节是一个重要的技术关键问题。空载线路末端随着线路长度的增加而增加，在最不利的条件下，可升高到电源电压的数倍以上。安装大量的无功补偿设备如高压电抗器是必不可少的，线路上的高压电抗器最终可能影响到远距离输电线路的输送能力。而半波长输电线路沿线电压的变化规律则完全不同。从式（16-1）可得

$$\dot{U}_1 = \dot{U}_2 \cos \beta l - Z_c \dot{I}_2 \sin \beta l$$

对于线路因有 $\beta l=\pi$，故$|\dot{U}_1|=|\dot{U}_2|$，即无损半波长线路两端电压始终保持相等，也就是说，线路不论是空载还是带负荷时两端电压幅值都保持一致，在 $\beta l=\pi$ 的线路或有损线中会有小幅的差值，但也与短线路一样，线路中不用安装无功补偿设备。

（2）输送能力更强。从式（16-2）可以看出，在一个 $\beta l=\pi$（标准半波长）的线路中，其理论上的最大输送容量可以达到无穷大。下面分析还要表明，从过电压限制、线路容量、电晕损耗等因素考虑，3000km 左右的半波长输电的较佳传输容量可以达到 1.0~1.2 倍的自然功率，这在没有补偿措施的一半长线（如长达 300km 以上）是达不到的。

（3）全线无需设中间开关站。如果用常规的超 / 特高压交流输电进行远距离输电，因为稳定裕度和无功补偿的需要，长线路需要分段并设开关站；而半波长输电技术因为没有无功补偿的需要且具有良好的输送大功率的能力，从理论上讲不需要设中间开关站，可以和直流输电一样实现真正的点对点输电。

上面关于交流半波长输电技术优势的讨论是建立在输电线路正序参数和稳态运行条件的基础上。而实际输电系统要复杂得多，它包括三相发电机、变压器、线路及各种非线性原件，除了考虑正序参数外还应考虑零序等其他参数的影响；除了正常运行条件外、还应考虑各种故障及故障处理方式对半波长输电的影响；此外应考虑半波长输电的经济性和可靠性问题。

国家电网公司曾下达题为“特高压半波长交流输电技术经济可行性初步研究”的项目，依据现有的 1000kV 特高压输电技术对交流半波长输电进行评估。该项目研究了交流半波长输电在未来超远距离输电线路中应用的可行性及可能存在的问题（郑健超，2009；张志强等，2011a，2011b；韩彬等，2011；张刘春等，2011；孙珂，2011；宋云亭等，2011；肖仕武等，2011）。

第二节　特高压半波长交流输电系统的稳态和暂态稳定特性

本节主要讨论当线路长度略长于半波长时，特高压半波长输电线路的潮流特点，沿线电压分布与输送功率（轻载及重载）和功率因数的关系；系统故障清除后，特高压半波长交流输电系统的暂态稳定特性及暂态稳定水平以及半波长输电的损耗。

一、特高压半波长输电线路的稳态潮流特性

正常运行时，半波长输电线路沿线工频电压分布与输送功率和线路功率因素（PF）密切有关系。

1. 输送功率因素为 1 情况下沿线电压特性（张志强等，2011a）

（1）当输送功率小于自然功率时，此时负载阻抗Z_L大于波阻抗Z_C，线路送受端电压基本相等，线路中部电压低于两端电压，最低点在线路中部即 l=0.25λ 处。所以，沿线电压中间低，两端为正常运行电压，谷值在线路中点处，为$U_2\frac{Z_C}{Z_L}$；当末端负载功率为 0.5 倍自然功率时，线路中点电压约降低至 0.5 倍标幺值；当线路空载时，线路中点电压约降低至 0，线路两端仍为正常运行电压。不会出现空载线路末端电压严重升高的情况。

（2）半波长输电线路输送自然功率，功率因数为 1.0，沿线工频稳态电压均在 1p.u. 左右，分布均匀。输送功率 5000MW 时，沿线电压最高 1163kV（1.06p.u.）；输送 5500MW 时，沿线电压最高 1262kV（1.15p.u.）。

（3）半波长输电线路输送功率大于自然功率时，线路送受端电压基本相等，为正常运行电压；沿线工频稳态电压呈中部高、两端低的形态，最高值在线路中点处，约为$U_2\frac{Z_C}{Z_L}$输送 2 倍自然功率时的电压。当线路输送功率达 2 倍自然功率时，线路中部电压最高接近 2p.u.。这种情况下，线路输送功率的太小受到线路绝缘水平的限制。

图 16-2 给出了半波长输电线路功率因数为 1 时，输送不同功率时的沿线电压分布。

总之，在正常运行，包括空载情况下，半波长输电线路两端的电压基本保持不变，不会出现一般线路中的容性电压升高效应，因此不需要加装昂贵的无功补偿设备，如高压并联电抗器。当不通过半波长线路输送无功时，线路送受端电压基本相等，沿线最高点或最低点电压正比于$\frac{Z_C}{Z_L}$。其特性与常规中、短线路有很大差别。

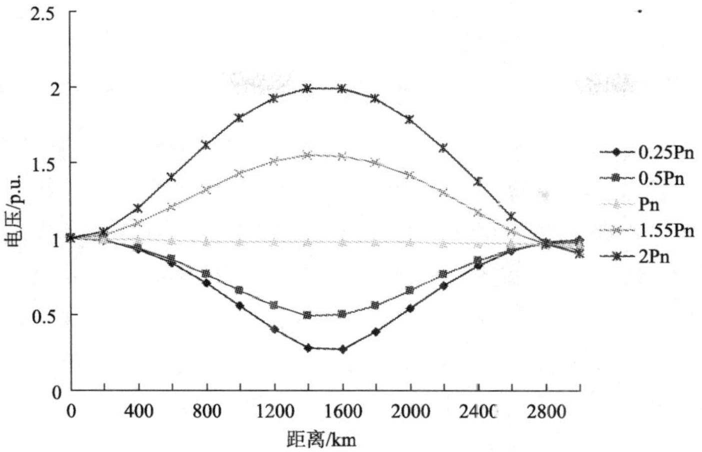

图 16-2　不同负荷下线路电压分布（功率因数为 1，Pn 为自然功率）

2. 通过半波长线路输送无功情况下沿线电压特性

沿线工频稳态电压分布还与功率因数的超前、滞后有关。功率因数为超前时，靠近送端部分电压超过 1p.u.，靠近末端部分电压低于 1p.u.；功率因数为滞后时，则靠近送端部分电压低于 1p.u.，靠近末端部分电压高于 1p.u.。而线路两端电压始终保持在 1.0p.u 左右。

图 16-3 为半波长输电线路输送自然功率时，不同功率因数下的沿线电压分布。

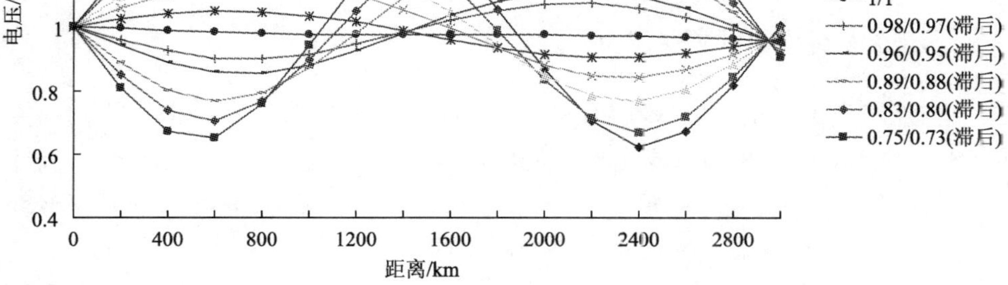

图 16-3　不同功率因数下线路电压分布（有功功率为自然功率）

从图中可以看出，为了防止沿线电压无谓升高，应避免通过长达 3000km 的线路输送无功，这和我国无功分层就地平衡的原则是一致的。

3．线路损耗率

特高压半波长输电线路的线损率根据输送功率的变化而改变。具体计算结果见图 16-4。从计算结果可见，线损率在输送自然功率时最小，相对于送端的线损率约为 9.26%；输送功率小于或大于自然功率时，线损率均上升。受端功率为 4200MW 时，线路较送端损耗率 9.3%、受端损耗率 10.2%；受端功率为 5000MW 时，线路较送端损耗率 9.7%、受端损耗率 10.8%；受端功率为 3500MW 时，线路较送端损耗率 9.6%、受端损耗率 10.6%；线路空载运行时，线路损耗约 282MW。

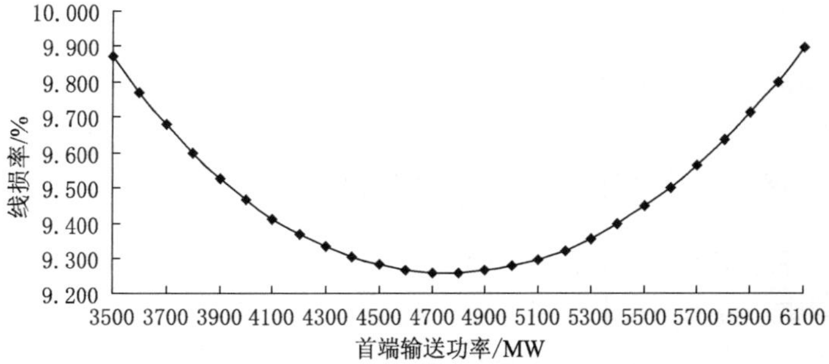

图 16-4 首端输送功率不同时线路损率情况

二、半波长输电系统暂态稳定问题

按设想中的新疆准东—华东的输电系统，初步分析了特高压半波长输电系统暂态稳定特性（张志强等，2011b）。故障地点主要考虑半波长输电系统区内和区外故障，其中区内故障指半波长输电线路两侧断路器之间的故障；区外故障指半波长输电线路两侧断路器之外的故障。

1．半波长输电系统输送能力

通过将 3000km 的半波长输电线路分成 20 分段进行仿真分析，研究线路不同部分发生故障对半波长输电线路输送能力的影响。

仿真结果表明：考虑线路区内不同地点单相短路故障后两相运行的方式下，半波长输电线路暂态稳定极限为 5600~5700MW。

对于静态稳定极限，采用静稳极限实用算法，稳定计算中逐步增加半波长输电送端机组的出力，逐步减少受端电网机组的出力，线路达到静稳极限后，系统失稳。最后得出在该系统条件下，静稳极限约为 10 700MW。

2. 半波长输电线路输送功率为 5000MW 时的情况

为了稳妥起见，还计算了特高压半波长输电线路，输送功率为 5000MW 时系统稳定情况。其结果如下。

（1）半波长输电系统区内发生单相接地短路故障或无故障单相断线，故障清除后，系统可保持稳定运行。

（2）半波长输电系统区外的 500kV 线路发生三永故障，0.1s 故障清除后，系统仍可保持稳定运行。

第三节　特高压半波长输电系统电磁暂态及过电压问题

采用特高压半波长输电技术的远距离线路在系统过电压、潜供电流等电磁暂态性能方面与传统输电线路有明显不同之处。本部分主要讨论交流半波长输电线路的稳态沿线运行电压、工频过电压、操作过电压、潜供电流等相关问题及其对策（韩彬等，2011）。

现有我国及一些国家特高压输电系统的过电压限制目标为以下两点。

（1）工频过电压限制在 1.3p.u. 以下，在个别情况下线路侧可短时（≤ 0.1s）允许在 1.4pu 及以下。

（2）相对地 2% 统计操作过电压：对于线路两端变电站、开关站设备应限制在 1.6pu 以下；对于长线路的线路中间部分限制在 1.7p.u. 以下。

一、特高压半波长输电线路不平衡度

由于特高压半波长输电线路长达到 3000km，线路不换位的情况下需要对其不平衡度进行研究。目前我国特高压试验示范工程有两种杆塔类型：导线水平排列和导线三角排列，针对这两种杆塔的不平衡度的研究结果如下。

（1）采用三角排列且线路不换位情况下，特高压半波长输电系统母线电压的负序不平衡度也均不超过 0.54%，这与国标规定的 2% 的限值相比，还有着较大的裕度；线路电流的最大负序不平衡度为 1.52%；发电机的负序电流不平衡度不超过 1.5%，满足国标规定的 5.5% 的限值。

（2）导线采用水平排列且线路不换位情况下，特高压半波长输电系统母线电压的负序不平衡度最大为 2.95%，超过了国标规定的 2% 的限值；线路电流的最大负序不平衡度为 10.3%；发电机的负序电流不平衡度最大为 10.2%，超过了国标规定的 5.5% 的限值。

综上，如果线路不换位，建议采用导线三角排列的杆塔。

二、工频过电压

1. 特高压系统工频过电压研究条件

结合我国特高压系统的实际情况，半波长输电系统的最大工频暂时过电压的研究条件为以下两点。

（1）特高压系统无故障三相甩负荷。

（2）线路发生单相接地故障三相甩负荷：此种工况较为苛刻，因为线路有故障存在时，若继电保护和断路器正常动作，过电压存在时间为两侧断路器跳闸的间隔时间；只有当继电保护和断路器拒动时，理论上才可能出现较长时间带接地故障甩负荷的情况。但系统中一般有多套继电保护装置，多套保护拒动的可能性极低，一般只考虑断路器拒动情况。而特高压断路器是分相操作，断路器也不可能三相都拒动，一般只考虑单相拒动。当接地相断路器拒动时，其他两相正常跳闸，因此这种线路发生单相故障三相甩负荷过电压存在时间为两端断路器正常动作时间差，实际上为 10~50ms。由于其存在时间较短，此过电压可按照操作过电压考虑，其过电压限制水平可参考操作过电压水平，同时要求避雷器要有足够的承受能力。

2. 特高压半波长输电系统工频过电压及其抑制措施

（1）研究表明发生无故障三相甩负荷时，线路两侧及沿线工频过电压均不高，都不超过 1.2p.u.。这也是交流半波长输电线路不必使用线路高压并联电抗器的原因之一。

（2）半波长输电线路沿线发生单相故障甩负荷时，线路两侧及沿线过电压非常高，仅在线路两端装设金属氧化物避雷器（MOA）时，线路沿线最高过电压超过 3.8p.u.，线路两端电压超过了 1.7p.u.，使用高压并联电抗器难以有效地抑制这种过电压。这是因为当半波长线路沿线发生接地故障时，半波长的特性受到严重影响，从而造成很高的过电压，为此必须采取附加的限制措施。

随着金属氧化物避雷器性能的提高，使用避雷器限制短时高幅值工频过电压成为可能，可考虑在线路沿线也装设避雷器。由于半波长送电，对避雷器能量要求高于常规线路，因此要考虑采用多组避雷器并联。在不同避雷器方案基础上综合比较，采取沿线每 100km 装设避雷器的方案较好。考虑到输送功率超过 4500MW 时，沿线电压可能会超过 1100kV，此时避雷器额定电压需提高，沿线可考虑采用额定电压 876kV 的避雷器，而线路两端及变电站采用额定电压 828kV 的避雷器。其中线路两端装设 3 组 828kV 避雷器，沿线每 100km 装设 2 组 876kV 避雷器；此种避雷器配置下，线路发生单相接地甩负荷时，沿线过电压均不超过 1.66p.u.，两端过电压不超过 1.57p.u.，线路两端单组避雷器能耗不超过 28MJ，沿线单组避雷器能耗不超过 10MJ。由于此类过电压实际存在时间为 10~50ms，可按操作过电压考虑，过电压和避雷器能耗均在允许范围内。

三、潜供电流和恢复电压及其抑制措施

特高压半波长输电线路不采取限制措施时，潜供电流和恢复电压均非常高，恢复电压可达 660.6kV，潜供电流超过了 500A，沿线个别点故障时潜供电流可达 5.2kA，这样大的潜供电流非常难以熄灭，不能满足单相重合闸的要求。

1．使用高速接地开关（HSGS）加速潜供电流熄灭的可行性

在线路两端以及沿线装设多组 HSGS 的情况下，潜供电流和恢复电压较不装设 HSGS 时有较大的降低。在装设 6 组、8 组或 10 组 HSGS 时，潜供电流分别下降到 111A、54A 和 37A 左右，虽然潜供电流仍然较大，但恢复电压分别不超过 15kV、10.2kV 和 6.2kV，恢复电压梯度不超过 2kV/m，有利于潜供电弧的熄灭。参照我国相关试验结果，恢复电压梯度 10kV/m，潜供电流在 50A 时，潜供电弧自灭时间小于 0.8s，考虑到恢复电压梯度较小，熄灭时间可能更短。

需要指出的是，由于沿线要装设多组 HSGS，继电保护控制比较复杂，并对设备可靠性提出了很高的要求。

2．使用可控补偿装置加速潜供电流熄灭的可行性

国内外一些研究还表明（Portela，2009；韩彬等，2011），在线路一端或二端装设可控补偿装置加速潜供电流熄灭的方法进行了探讨。采用补偿电路可以有效限制潜供电流和恢复电压，以满足 1s 单相故障自动重合闸的要求。但对于加速潜供电流熄灭的可控补偿装置的具体实现方法还需要进一步研究。

四、操作过电压

1．合闸及重合闸操作过电压

采用上述避雷器配置方案后，在断路器不装设合闸电阻情况下，合空线相对

地2%统计操作过电压母线侧最高为1.45p.u.，线路侧最高为1.53p.u.，沿线最高1.60p.u.；相间2%统计操作过电压母线侧最高为2.62p.u.，线路侧最高为2.97p.u.；避雷器能耗最大1.3MJ；重合闸操作过电压较合闸操作过电压低，过电压均在目前我国特高压系统过电压允许水平之内。

2. 接地故障过电压

常规的特高压线路其接地故障过电压一般不高，统计过电压均小于1.7p.u.。由于半波长输电线路非常长，接地故障后，半波长特性受到破坏，接地故障过电压与常规线路有较大差别，发生接地故障后一个周期内线路过电压并不高，在短路故障持续过程中，线路上无论是故障相还是健全相电压会不断升高，其幅值可能远大于1.7p.u.。当故障相断路器跳闸后，电压会迅速衰减，因此接地故障过电压还与断路器动作时间有关，断路器动作越慢，过电压及避雷器能耗越大。以三相故障为例，不考虑避雷器作用，如果断路器在故障后不动作，故障点在2660m处时过电压最高，故障后1.2s线路过电压可达到21.6p.u.；如果断路器在故障后100ms动作则最大，过电压为9.1p.u.。

采用避雷器配置方案后，发生单相接地故障时，故障相两端过电压不超过1.48p.u.，沿线不超过1.64p.u.，健全相两端过电压不超过1.38p.u.，沿线过电压最高1.66p.u.，沿线避雷器能耗最大7.9MJ；发生两相接地故障时，过电压两端不超过1.56p.u.，沿线不超过1.68p.u.，沿线避雷器最大能耗21.8MJ；发生三相接地故障时，过电压两端不超过1.57p.u.，沿线不超过1.68p.u.，沿线避雷器最大能耗21.9MJ。以上过电压均在目前我国特高压系统过电压允许水平之内，避雷器能耗也在允许范围内。

3. 其他可能工况下的过电压

采用避雷器配置方案后，针对半波长输电线路出现两相运行、无故障甩负荷暂态过程，线路单相故障、重合闸过程，以及半波长输电线路发生单相永久故障断路器单相拒动过程进行研究，结果表明这些工况下过电压及避雷器能耗均在允许范围内。

五、接地故障过程断路器电流

线路在中部发生故障时，两侧断路器电流很小；在线路两端发生故障时，两侧断路器短路电流较大。考虑了避雷器作用后，短路电流较不考虑避雷器作用时明显降低，两侧断路器短路电流最大峰值不超过30kA。对于送端的断路器，短路电流最大峰值出现在送端故障时；对受端断路器，短路电流最大峰值出现在受端故障时。断路器最大短路电流波形中有较明显的直流分量，在故障后约 40ms 短路电流过零，考虑到断路器动作时间为 20~30ms，这个过程不会影响断路器开断。

六、抽能的影响

半波长特高压交流输电较直流输电的其中一个优势在于可以通过抽能的方式对沿线供电，研究中主要考虑了两种抽能方式：利用绝缘地线抽能和并联抽能。

在偏僻的地区利用绝缘地线抽能供电是一种经济可靠的供电方式，在这些地区用常规变压方式供电是不经济的。对 5km 长的绝缘地线直接抽能所能得到的最大有功功率约 40kW，在正常运行时绝缘地线电压比分段接地时要高（空载时达到 91kV），在进行设计时需注意此问题。此外，通过调节负载功率因数可提高所能抽取的最大有功功率，但也会造成地线对杆塔电压进一步升高，对地线绝缘提出较高要求，因此不宜通过调节负载特性获取过大的功率。

并联抽能类似于线路中增加一个容量很小的变压器，与绝缘地线抽能相比，并联抽能可获取的功率要大，但需要增加特高压设备。

在抽取功率不大（<1MW）的情况下，两种抽能方式对半波长输电特性、电压沿线分布及过电压的影响均较小。

第四节　特高压半波长输电的绝缘配合

根据特高压半波长输电的运行电压、工频过电压、操作过电压等过电压研究结果，对比现有 1000kV 特高压试验示范工程的过电压与绝缘配合，特高压半波长线路可采用以下对策（张刘春等，2011）。

（1）对于系统输送功率为 4500MW 、5000MW 和 5500MW 而言，可考虑变电站选用额定电压 828kV 避雷器，线路中部选用额定电压 876kV 避雷器。

（2）半波长 1000kV 特高压变电站电气设备的雷电和操作冲击绝缘水平可以采用我国 1000kV 特高压示范工程的参数；从特高压设备研制成果可知，半波长 1000kV 特高压变电站电气设备基本上可以直接选用特高压示范工程设备。

（3）对于半波长 1000kV 特高压架空输电线路塔头的空气间隙距离，输送功率为 5000MW 和 5500MW 特高压半波长输电线路，由于线路中间一部分运行的工频电压可能超过 1100kV，要求线路杆塔边相 I 串绝缘子导线对杆塔的空气间隙距离比特高压试验示范工程略有加大，但中相导线对杆塔的空气间隙距离不变。由于塔头的空气间隙距离增大的尺寸很小，加之只是杆塔的两侧边相，所以对杆塔设计影响很小，只需稍做改进即可。

（4）对于半波长 1000kV 特高压架空输电线路的绝缘子配置，示范工程现有绝缘子串耐污闪能力有较大裕度，半波长输电线路可以采用示范工程的配置方案，不需要提高绝缘子配置。

（5）对于半波长 1000kV 特高压变电站的空气间隙距离，起控制作用的是操作过电压，其空气间隙距离可以采用特高压示范工程值。

第五节　特高压半波长线路经济性与可靠性

我国有关研究中采用经济比较的方法，比较特高压交流半波长输电与特高压直流输电的单位容量年费用，进行特高压交流半波长输电的经济性分析，从而对特高压半波长输电的经济性做出评价。在经济比较中，拟定具有可比性的方案，考虑时间因素，按动态法比较分析，以静态指标进行辅助分析，并对可变因素加以分析，同时考虑方案的社会效益。本节主要介绍对比特高压半波长输电与 ±800kV 特高压直流输电的经济性，此外还兼顾 ±1000kV 特高压直流输电。比较时两种方式的输电距离均按 3000km 考虑。

经济性比较涉及面较广，为了吸取多方面的研究结果，本节分别列出国网北京经济技术研究院和中国电科院各自独立的研究成果（孙珂，2011；宋云亭等，2011）。

一、特高压交流半波长输电与特高压直流输电经济性比较

交流线路参照特高压试验示范工程，采用 8mm×500mm 截面导线。沿线考虑装设 35 组避雷器和 8 组 HSGS（或者 55 组避雷器），避雷器造价每组取 300 万元，HSGS 造价暂按 500kV 断路器水平考虑；变电站按 HGIS 考虑；送端电厂主要考虑一级升压并另装一台特高压联变；受端分别考虑直接接入特高压母线和通过两台特高压联变接入 500kV 系统两种情况。±800kV 直流输电线路导线采用 6mm×900mm（或 6mm×720mm）截面导线；±1000kV 直流输电线路导线采用 8mm×900mm 截面导线，如表 16-1 所示。

表 16-1　各方案基本情况

方案	输送容量 /MW	输电距离 /km	导线截面 /mm^2
±800kV 直流输电	7200	3000	6×900
±1000kV 直流输电	9500	3000	8×900
特高压半波长输电	5000	3000	8×500

1．国网经济技术研究院研究结果

1）经济性比较

计算各方案的单位容量年费用，对比特高压半波长较流输电、特高压直流输电的经济性。结果如下（表 16-2）。

表 16-2　国网经济技术研究院各方案年费用计算结果

	投资 / 亿元	输电容量 /MW	年费用 / 亿元	单位容量年费用 /（元 /kW · a）
±800kV 直流	264	7200	38.53	535.07
±1000kV 直流	375	9500	48.30	508.41
特高压半波长	164	5000	22.52	450.31

特高压半波长输电、±800kV 直流输电、±1000kV 直流输电单位容量的年费用分别为 450.31 元 /kW · a、535.07 元 / kW · a、508.41 元 / kW · a。可以看出，特高压半波长输电单位容量年费用分别比 ±800kV 和 ±1000kV 直流输电便宜 15.8% 和 11.4%，经济性最好。

综合来看，±1000kV 直流虽然损耗较低，但工程造价高，经济性不如特高压半波长输电。±800kV 直流考虑换流站损耗后，损耗率比特高压半波长输电高，工程造价也较高，经济性最差。特高压半波长输电虽然输电容量较低，但造价优势较大，整体经济性要优于 ±800kV 和 ±1000kV 特高压直流输电。

2）控制费用上限测算

特高压半波长输电需要安装保证安全等控制装置，并还有其他实际运行中为保障安全稳定运行所投入的不确定性投资，在上述工程投资的基础上，特高压半波长输电投资可能需额外增加一笔控制费用。由于特高压半波长输电仍在初步研究中，具体工程费用主要参照我国的特高压试验示范工程，现按照特高压半波长输电与特高压直流输电单位容量年费用相等为条件，推算该控制费用的上限要求。

考虑到 ±1000kV 直流输电在直流套管等技术上有一定难点，尚未有实际工程投产，具有不确定性。而 ±800kV 直流已投产，将特高压半波长交流输电与 ±800kV 直流相比测算控制费用上限。

通过年费用计算，当特高压半波长交流输电的控制费用达到 37 亿元时，特高压半波长输电和 ±800kV 直流输电的单位容量年费用相同，经济性相当。因此，特高压半波长输电的控制费用最高限额为 37 亿元。

2．中国电力科学研究院研究结果

1）经济性比较

计算了各方案的单位容量年费用，对比特高压半波长较流输电、特高压直流输电的经济性，结果如下。

在特高压半波长交流系统输送 5000MW、±800kV 直流系统输送 7200MW 功率、±1000kV 直流系统输送 9500MW 功率时，特高压半波长交流系统直接接入特高压母线情况下输送单位功率综合费用分别比 ±800kV 直流系统输电低 19%；特高压半波长交流系统通过特高压主变接入 500kV 系统情况下输送 5000MW 时，其输送单位功率综合费用比 ±800kV 直流系统低 17%（用 6mm×720mm 截面导线时低 13%）；在这两种情况下，特高压半波长交流系统输电经济性均较优，如表 16-3 所示。

表 16-3　中国电力科学研究院各方案年费用计算结果

输电方案	输送功率 / MW	静态投资 / 亿元	年费用 / 亿元	输送单位功率综合费用 / 元 /kW·a
±800kV 直流输电	7200	251.1	35.76	573.1
±1000kV 直流输电	9500	357.9	47.46	576.5
半波长交流输电（直接接入特高压母线）	5000	149.55	20.92	464.8
半波长交流输电（通过两台特高压主变接入 500kV 系统）	5000	154.54	21.51	477.9

计算结果表明，在特高压半波长交流输电系统输送功率为 5000MW、1000kV 直流输电系统输送 9500MW 功率的情况下，特高压半波长交流系统直接接入特高压母线情况下输送单位功率综合费用比 ±1000kV 直流输电低 12%，特高压半波长交流系统通过特高压主变接入 500kV 系统情况下输送单位功率综合费用比 ±1000kV 直流输电低 10%，在两种情况下，特高压半波长系统输电经济性均优于 ±1000kV 直流输电系统，如表 16-3 所示。

2）控制费用上限测算

特高压半波长交流系统输送功率与其输送单位功率综合费用值呈反比关系。计算结果表明，随着特高压半波长交流输电系统输送功率的增加，其输送单位功率综合费用值呈下降趋势。若进一步考虑附加控制费用，在控制费用不超过 41.3 亿元和 36.3 亿元的情况下，半波长交流系统输电经济性就优于 ±800kV 特高压直流输电系统。

3．特高压交流半波长输电经济性小结

国网经济技术研究院和中国电力科学研究院分别对特高压交流半波长输电经济性做出的评估结果，虽然在数值上有所差别，但总的趋势是一致的，归纳起来有以下几点。

（1）在特高压半波长交流系统输送 5000MW、±800kV 直流系统输送 7200MW 条件下，特高压半波长交流系统单位功率综合费用比 ±800kV 直流输电

低 15 % 左右（13%~19%）。

（2）在特高压半波长交流系统输送 5000MW、±1000kV 直流系统输送 9500MW 条件下，特高压半波长交流系统单位功率综合费用比 ±1000kV 直流输电低 11% 左右（10%~12%）。考虑到 ±1000kV 直流输电在技术上有一定难点，尚未有实际工程投产，使用的相关经济数据具有不确定性，其实际费用可能有所提高。

（3）在附加控制费用不超过约 37 亿元（36.3 亿 ~41.3 亿元）的情况下，半波长交流系统输电经济性优于 ±800kV 特高压直流输电系统。从技术层面考虑，由于半波长输电设备采用成熟的特高压设备，并考虑了沿线加装 MOA 的费用，有可能将附加控制费用限制在 10 亿元之内。

二、特高压交流半波长输电可靠性初步评估

可靠性就其定义而言，是指元件、设备、系统等在规定的条件下和预定的时间内，完成其预定功能的概率。

由于特高压半波长交流输电系统全线无需设中间开关站，因此其串并联的元件数目与常规总长达 3000km 特高压交流输电系统相比要少，根据可靠性评估理论，在通常情况下，特高压半波长输电系统的可靠性水平要比常规累计总长达 3000km 的特高压交流输电系统稍高。

研究中运用可靠性评估方法对特高压半波长交流输电系统和 ±800kV 特高压直流输电系统两种输电方案进行了定性和定量可靠性初步分析比较。结果表明特高压半波长交流输电系统和特高压直流输电系统的可靠性水平大体相当。

第六节　交流半波长输电应用前景及尚需解决的一些问题

综上所述，特高压半波长输电具有良好的经济性。长达 640km 的 1000kV 交流特高压试验示范工程已于 2009 年初建成，近年来一直安全、稳定、可靠地运行，这标志着我国已全面具备特高压输电的科研、制造、设计和运行方面的能力。这也为特高压半波长输电提供重要的基础。

特高压半波长输电可大量采用现有特高压试验示范工程的研究成果和主要装备，在技术上没有不可解决的问题。

在我国“西电东送，南北互供，全国联网”的电力发展战略中，远距离、大

容量的输电方式不可避免。例如，新疆地区火电资源和西南包括西藏地区的水电资料非常丰富，这些地区电力外送是西部大开发战略的重要组成部分。如何将新疆煤电和西南水电安全、经济、可靠地送到负荷中心是尚待研究决策的重要问题。他们距沿海的负荷中心距离已达 3000km 以上，已属于半波长输电范围，可以考虑将其作为未来电力远距离外送的一个可供选择的技术手段。

从国内外研究结果看，交流半波长输电在进入工程可行性研究阶段，尚有下列问题需要进一步落实完善。

（1）交流半波长输电线路单相重合闸过程潜供电流的抑制措施。

（2）交流半波长输电线路的继电保护（肖仕武等，2011）。

（3）交流半波长输电的稳定计算方法及安稳措施。

（4）对本文中涉及的其他一些问题，需要进一步完善充实。

参 考 文 献

韩彬，林集明，等. 2011. 特高压半波长交流输电系统电磁暂态研究. 电网技术,9.

何大愚. 1993. 对我国未来西电东送输电技术的战略初探. 电网技术, 4: 7-10.

宋云亭，张志强，张东霞，等. 2011. 特高压半波长交流输电系统经济性与可靠性评估. 电网技术,9.

孙珂. 2011. 特高压半波长输电经济性分析. 电网技术,9.

王秀丽，宋永华，王海军. 2003. 新型交流输电技术现状与展望. 中国电力, 36（8）: 40-46.

肖仕武，程艳杰，王亚. 2011. 半波长交流输电线路继电保护电网技术. 电网技术,9.

张刘春，张翠霞，等. 2011. 特高压半波长输电系统绝缘配合研究. 电网技术,9.

张志强，秦晓辉，徐征雄，等. 2011a. 特高压交流半波长输电线路稳态电压特性研究. 电网技术,9.

张志强，秦晓辉，徐征雄，等. 2011b. 特高压交流半波长输电技术在我国新疆地区电源送出规划中的暂态稳定性研究. 电网技术,9.

郑健超. 2009. 智能电力设备与半波长交流输电. 中国电机工程学会第九次全国会员代表大会学术报告会，北京.

Aredes M, Portela C, van Emmerik E L, et al. 2004. Static series compensators applied to very long distance transmission lines. Electrical Engineering, 86: 69-76.

Dias R, Santos J G, Aredes M. 2005. Analysis of a series tap for half-wavelength transmission lines using active filters. IEEE 36th Power Electronics Specialists Conference.

Gatta F M, Lliceto F. 1992. Analysis of some operation problems of half-wave length transmission lines. AFRICON ’92 Proceedings.

Hubert F J, Gent M R. 1965. Half-wavelength power transmission lines. IEEE Transactions on Power Apparatus and Systems, 84（10）: 965-974.

Lliceto F, Cinieri E. 1988. Analysis of half-wave length transmission lines with simulation of corona losses. IEEE Transactions on Power Delivery, 3（4）: 2081-2091.

Maria C T, Calos M P. 2008. Half-Wave length line energization case test-proposition of a real test. International Conference on High Voltage Engineering and Application, Chongqing.

Paris L, Zini G, Valtorta M, et al. 1984. Present limits of very long distance transmission systems. CIGRE: Session 37-12.

Portela C. 2009. Non-Conventional AC Solutions Adequate for Very Long Distance Transmission,XI Symposium of Specialists in Electric Operational and Expansion Planning, Brasil.

Prabhakara F S, Parthasarathy K, Ramachandra R H N . 1969a. Performance of tuned half -wavelength power transmission lines. IEEE Transactions on Power Apparatus and Systems, 88（12）:1795-1802.

Prabhakara F S, Parthasarathy K, Ramachandra R H N. 1969b. Analysis of natural half-wave-length power transmission lines. IEEE Transactions on Power Apparatus and Systems, 88（12）: 1787-1794.

第十七章　无线能量传输技术及其应用

第一节　概　　论

一、无线能量传输技术发展历史

特斯拉（Nikola Tesla）首先提出并基于无线能量传输思想开展了试验。特斯拉将特斯拉线圈与一个位于60m高、直径90cm球（环形线圈）的桅杆连接在一起，300kW的电能反馈回特斯拉线圈，产生150kHz的共振。图17-1是特斯拉位于美国纽约长岛的著名实验室和无线通信设施。

图17-1　特斯拉塔

William Brown是微波能量传输应用的先驱。Brown在1964年首次成功验证了微波动力直升机，在为工业界、科学界和医药界的应用所保留的频率2.4～2.5GHz范围内，他选用2.45GHz的频率用于此次验证，如图17-2所示。他发明了带有整流二极管天线的、可将微波转换成直流电的能量转换装置，将其用于微波动力直升机。硅整流二极管天线（整流器＋天线）将微波直接转换成直流电实现微波电力传输，从硅整流二极管天线向飞机发动机提供200W的电力并可通过微波束进行调节。这个整流二极管天线由28个点接触半导体二极管组成的桥式整流器半波偶极子构成。后来，他又进行了室内微波能量传输实验，实现了90%的微波－直流能量转换效率。

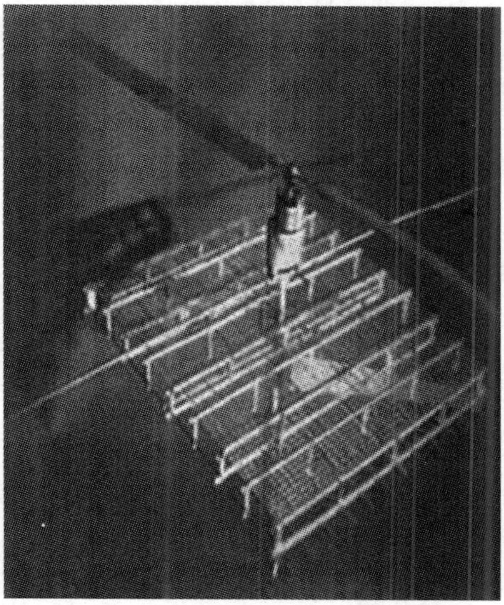

图 17-2　以微波为动力的直升机

1975 年，美国喷气推进实验室在 Goldstone 建立了世界上最大功率微波无线能量传输试验装置，成功将 30kW 的能量在 2.5GHz 频率下通过直径 26m 的抛物型天线传输给 1.6km 远处的硅整流二极管天线（图 17-3）。用硅肖特基二极管取代点接触半导体二极管使其微波－直流能量转换效率由原来的 40% 提高到 84%。

图 17-3　1.6km 距离的微波电力传输

世界上首个利用地面传输微波获得动力的低燃料飞机在加拿大诞生，如图 17-4 所示。该系统称为 SHARP(固定高空中继平台)，其 4.5m 翼展的模型飞机(1/8 模型）于 1987 年实现了首次飞行。基于 SHARP 概念，飞机在 21km 高空缓慢地盘旋飞行了数月，在直径 600km 范围内对通信信号进行中继。中继平台利用高功率微波转化器在 2.45GHz 频率下，将能量通过波束的方式传输到在空中盘旋的飞机上。贴在飞机下表面的二极管天线印刷电路阵和相关的整流二极管将微波能量转换成直流电用于驱动飞机的电动机。

图 17-4　世界上首个利用地面传输微波获得动力的低燃料飞机

2001 年，国际上第一个用于实际的微波无线电力传输系统在法国建成，它成功实现了点对点无线能量传输的实验验证，可以传输 10 ～ 17.5kW 的电能到法国留尼汪岛（Reunion）上一个常规电力无法达到的旅游胜地小村庄 Grand Bassin。Grand Bassin 是位于 La Reunion 南部的一个孤立小山村，如图 17-5 所示。它位于深 1km、宽 2km 峡谷的底部，难以架设输电线路。该实验耗费了 100 万美元，实现了 10kW 的电力传输，传输距离为 700m。后由于成本过高，项目被中止。

图 17-5　法国 Reunion 岛的微波无线输能系统

二、无线能量传输在空间技术中的应用背景

无线能量传输技术的提出为空间技术的发展打开了广阔的想象空间，有强烈

的解决人类日益增加的能源需求问题的背景。

人类的生活水平和人口数量近期呈爆炸式增长。20 世纪人类数量增长了 4 倍，而能源消耗增加了 16 倍。能源、食物和物质资源的消耗在未来 50 年中预计将增加 2.5 倍。人类对更高生活质量的追求，导致在 21 世纪他们不得不面对严重的全球性的威胁人类生存安全的问题，其中一个严重的问题就是全球变暖、环境恶化的问题。

2000 年世界拥有 61 亿人口，由于发展中国家的人民生活水平和人口数量的持续增长，这一数字在未来 50 年中将上升到 100 亿。预计到 21 世纪中叶，发展中国家的人口将达到 90 亿，其生活水平将至少比目前提高 3 倍。庞大的能源需求量将相当于今天的 250%，而这一巨大的能源需求在不破坏地球环境的条件下将很难实现。同时，随着全球的工业化和计算机的广泛应用，人们对电力的需求将超过对其他形式能源的需求而大幅增加。

尽管人类社会的发展带来了环境问题和资源消耗问题，目前现代社会主要依赖化石燃料获得能源是不可否认的事实。根据国际能源局的统计，目前化石燃料提供了人类 80% 左右的能源，如图 17-6 所示。为了保证人类后代未来的生活安全，需要研究可满足可持续发展社会所需要的科学和技术，也就是常常称作的绿色科技（GST）。减少二氧化碳排放的技术是 GST 的关键技术之一，这就需要发展不再向大气层排放二氧化碳的能源，即可再生能源，包括地面太阳能、水能、风能和其他基于自然资源的可再生能源。

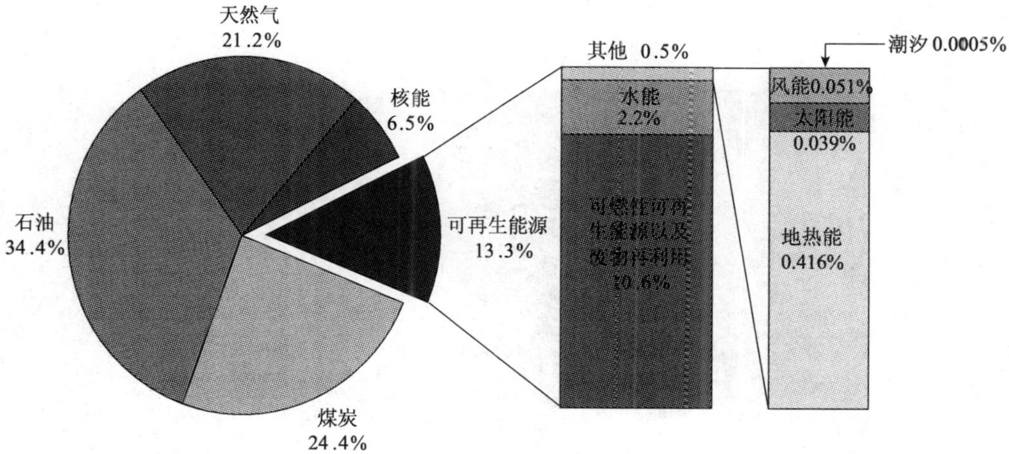

图 17-6 2002 年主要能源供应总量份额

根据相关计算，如图 17-7 所示，在赤道上空地球同步轨道上宽度为 1km 的一个带状区域上，一年获得的太阳能为 212TW，接近目前地球上一年消耗的全部原油所储存的能量。因此，空间的太阳能资源非常丰富，和现有的可再生能源相比，来自太空的太阳能应用具有光明的前景。作为无线能量传输技术在空间技术最重要的应用方向，太阳能发电卫星概念在1968年就作为能满足可持续发展和不排放CO_2清洁能源供应的重要候选方案之一被提出。

图17-7　空间丰富的太阳能资源

空间太阳能发电卫星（space power satellite，SPS）提供了电力的潜在供应能力，可24小时不间断供应，同时不排放CO2。卫星运行于地球上空的同步轨道上，在空间收集太阳能，将其转化为电能，并通过微波传输到地面。美国、日本和欧洲的研究人员进行了太阳能发电卫星的研究，提出了几种建议发展的系统，如图17-8所示。一个典型的太阳能发电卫星系统可产生1GW的电力，通过GHz频率

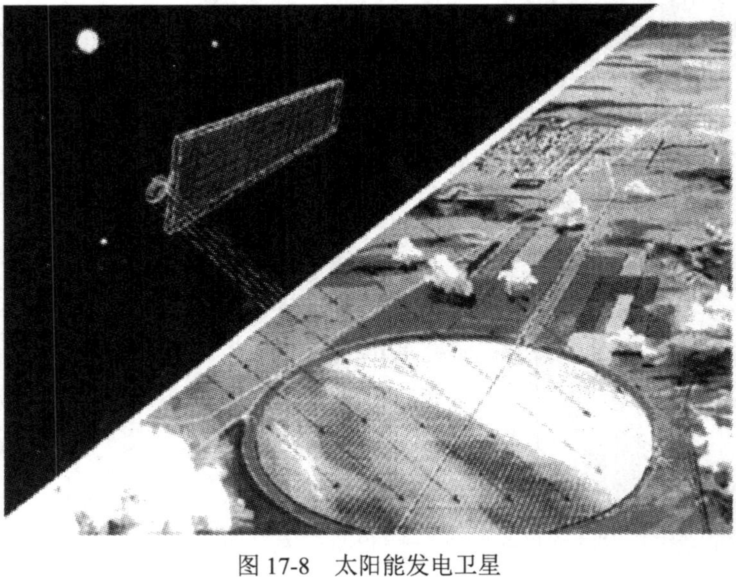

图17-8　太阳能发电卫星

的微波向地面传输电力。在这样的系统中，太阳能被太阳能电池转化成直流电，用于向微波发生器提供电力。微波发生器带有精准定向的星载天线向地面传输能量。该系统使用带有大量天线部件和直径达 1 ～ 2 km 的相控阵传输天线。地面整流天线（Rectenna）将来自卫星的微波能量转换成直流电，经过适当处理后，进入地面电网。

该系统涉及的关键技术包括太阳能电池技术、微波产生、传输技术、天线技术和地面电网互连技术等。微波能量传输是 SPS 系统的一项关键技术，因为整体效率、卫星重量和成本将是决定这种技术可行性的关键因素。首先，要保证所有从地球上空同步轨道上传输的能量都能被地面整流天线收集到，同时还需要考虑直流电到微波再到直流电的能量转换效率，这个转换效率大约为 50%，包括微波能量发生器将直流电转换到微波能量的转换效率约 80%，地面整流天线阵可将微波能量转换成直流电，这种能量转换的效率也是必须考虑的问题。此外，对天线波束的精确控制也是关键。

除应用于空间太阳能电站以外，无线能量传输技术还将在以下两个与能源相关的领域上具有重要的应用前景。

（1）电力中继卫星（power relay satellite，PRS）。电力中继卫星的概念主要是为了解决超远距离（数千公里）大功率电力传输问题而提出来的，特别是对那些需要解决跨越海洋、或者洲际间的大功率传输问题，电力中继卫星有很强的实用背景。例如，欧洲提出利用非洲的沙漠地带建立大规模的地面太阳能发电站，将电能通过电力中继卫星传输到欧洲大陆的设想。美国甚至设想建立一个全球电力中继卫星网络，以实现全球能源的合理调配和利用，如图 17-9 所示。

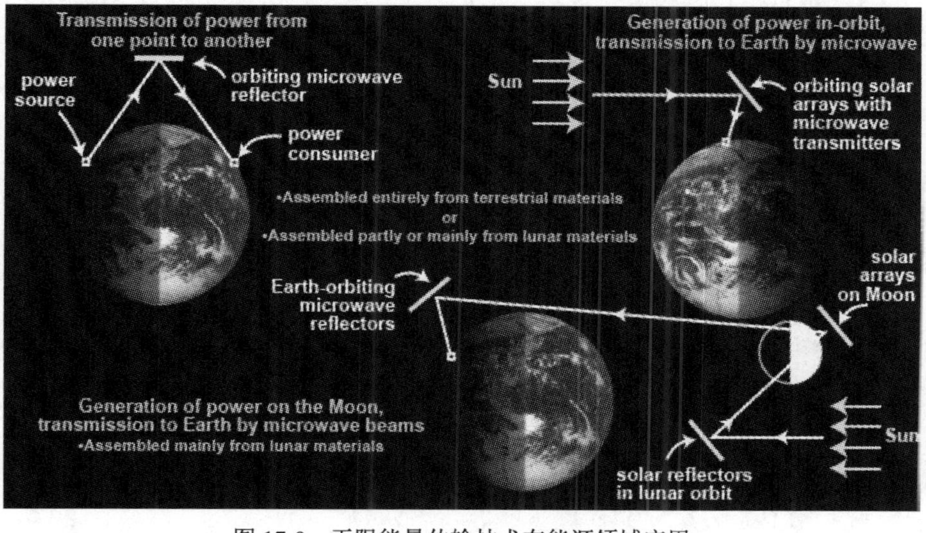

图 17-9　无限能量传输技术在能源领域应用

（2）月球发电站。利用月球建立太阳能电站，将发出的电能以微波或者激光的无线能量传输方式传输到地球，提供电力。

第二节 无线能量传输技术的基本原理

一、无线能量传输技术的主要分类

目前，实现能量无线传输的主要方式有激光、超声波、射频和微波，它们有各自的适用范围。近距离情况下，可以选择超声波和射频。超声波和射频传输距离较短，功率容量低，使用范围有限。远距离的情况下，可以选择激光技术或微波技术实现电能的无线传输。随着微波器件技术的成熟和微波理论的发展，微波无线能量传输技术具有转换效率高、传输功率容量大的优点，是现阶段最有优势的无线能量传输技术。激光技术的优点是方向性好、波束窄、尺寸小，可以实现中远距离的能量传输，缺点是转换效率较低、传输功率容量有限。目前激光无线能量传输的一个目标是提高转换效率，使之达到或者接近微波无线能量传输系统的转换效率。

1）激光无线能量传输

激光无线能量传输的基本原理为，在发射端采用激光发生器将其他形式的能量转化为激光，从发射端发射激光进行能量的无线传输，在接收端再由光电转换器件（光电池）将光能量转换为电能量。

激光无线能量传输的优势是：波束窄，方向性好，发射和接收口径面小。

激光无线能量传输的缺点是：易受到外界其他因素的干扰，如大气和粉尘的影响；由于受激光输出功率和光电池转换效率的限制，该方法提供的能量有限；激光对动物的眼睛和皮肤都存在一定的伤害。

目前，当输入功率为0.29W时，使用0.81μm的激光和砷化镓器件，光电转换效率可达到45%。但是目前大功率电能-激光的转换效率较低，导致激光无线传输整体效率很低。

目前的激光无线能量传输系统还难以解决高功率高效率的激光产生问题，不适合于高功率和有大气环境的长距离无线能量传输系统的需求。

2）超声波能量传输

超声波能量传输需要空气等介质作为传播媒质，可以在近距离实现能量的传输，为移动目标进行能量供给。例如，可以实现对手机的无线供电，代替手机的电池。超声波能量传输受到传输介质的限制，无法在外太空应用；并且目前只适合于近距离低功率的能量传输，无法进行长距离的能量传输。

3）射频无线能量传输

2007 年，美国 MIT 报道了他们的实验研究结果，在几米的距离内实现了 60W 的功率传输，达到了较高的整体传输和转化效率。该技术可望在近距离无线供电系统中得到广泛应用，实现对笔记本、手机、数码设备等的无线供电，具有非常好的应用前景。

射频无线能量传输是基于谐振原理的一种能量传输技术，它利用射频的近场消逝波进行能量的耦合传输。该技术在原理上受到了传输距离的限制，只能应用于中距离的无线能量传输。因此，射频无线能量传输技术具有很高的整体转化效率，但是不适于长距离空间无线能量传输的场合。

4）微波无线能量传输

微波无线能量传输技术是将其他形式的能量转换为微波，通过微波无线能量传输再由接收天线接收，经过整流电路转换为直流电能的一种能量传输方法。

微波无线能量传输技术的优势有以下几点。

（1）微波转换效率高。无论从电能到微波能量的转换效率，还是从微波到电能的转换效率，均高于激光的转换效率，其中接收端微波到电能的转换效率可以高达 85%。

(2)技术相对成熟。微波能量传输的研究已经有近 50 年的历史，技术相对成熟。

（3）适合于高功率能量传输的应用。磁控管技术可以提供很高的转换效率，并且可以获得达到 MW 以上功率的微波输出。

（4）生物体的安全系数较高。由于微波辐射强度较低，并且满足安全标准的要求，在地表对生物体是安全的。

（5）受大气影响小。微波的大气传输性能好，且受气象条件的影响小。

微波无线能量传输技术的缺点是：由于微波波长远大于激光波长，为了获得较窄的波束，需要相对口径较大的接收和发射天线。

微波无线能量传输技术非常适合于高功率长距离的无线能量传输。由于在高功率、高转换效率和高功率重量比等方面的优势，微波无线能量传输技术具有良好的应用前景。

二、微波无线能量传输技术原理

1）微波能量传输

微波能量传输（microwave power transmission，MPT）是空间太阳能电站和电

力中继卫星的核心技术。与无线通信系统类似，MPT系统也包括发射机、发射天线、和地面接收设备等几个部分，如图17-10所示。但MPT系统又与无线通信系统存在很大差别，对于无线通信而言，无线电波被用作信息的载体。但对MPT系统，无线电波是能量的载体。在MPT系统中，携带能量的微波基本上是未经调制的单频微波，其功率密度比通信系统用的微波高3或4个数量级。两者原理和实现方法相似，但前者注重信息传输的效率和准确性，而后者则更倾向于能量传输的效率。MPT系统与无线通信系统的区别见表17-1。

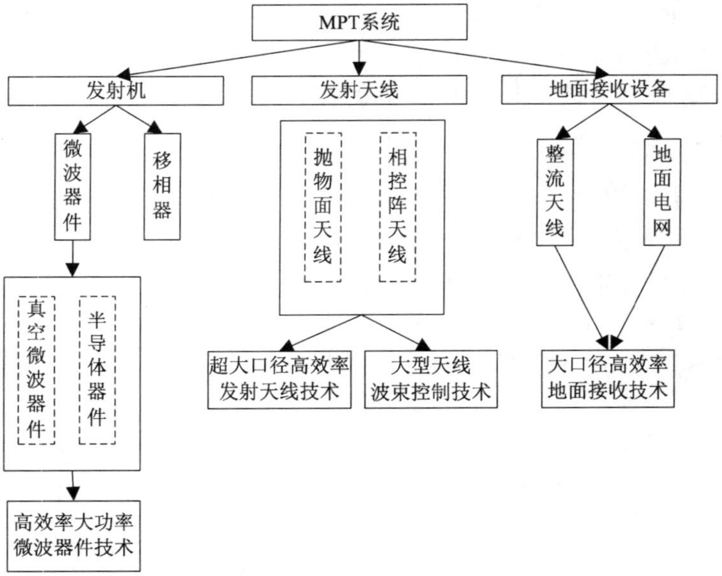

图17-10 MPT系统组成及核心技术分解

表17-1 MPT与无线通信的区别

特点	MPT	无线通信
传输对象	能量（电力）	信息
信号特性	单频微波	通常为调制信号
功率密度	较大	较小
度量标准	有效传输功率	误码率、数据率
关注点	能量转换与传输的效率	信息传输的准确性及效率
发射功率	非常大（MW级，甚至GW级）	较小（kW级）
系统规模	大（天线口径以km计）	小（天线口径以m计）
地面接收难度	较大	较小

效率对于MPT系统而言是很重要的，主要包括DC-RF的转换效率y_2、微波传输效率y_3、RF-DC的接收转换效率y_4。其中，RF-DC和DC-RF的转换效率必

须高于 80%，这对于降低 SPS 系统的成本是必需的。

根据著名的弗利斯（Friis）传输公式，微波传输效率 y_3 可用下面公式计算得到。

$$y_3 = \frac{P_r}{P_t} = G_t G_r (\frac{\lambda}{4\pi R})^2 \tag{17-1}$$

式中，P_r 为微波接收功率、P_t 为微波发射功率、G_r 为微波接收天线增益、G_t 为微波发射天线增益、λ 为微波波长、R 为微波无线传输距离。

理论上，微波传输效率可以达到 100%，其前提是天线的面积足够大。典型的 1000 MW SPS 系统空间发射天线阵列的孔径直径为 1～2 km，SPS 天线阵列中传输天线表面的平均微波能量密度为 100 mW/cm^2。对于 SPS 系统，采用相控阵天线，以在 SPS 运行高度不断波动情况下，进行高效率的波束收集。如果 MPT 采用 2.45 GHz 或 5.8 GHz 的频率，每平方米的天线振子数量应达到 100 或 400，而整个天线的振子总量应达到 10 亿，如此庞大的相控阵列目前还未能制造出来。目前，这方面还存在很多工程目标上的挑战，例如，超过 80% 转换效率的 RF-DC 相控阵、更低 RMS（均方根）误差移相系统的精确波束控制，十亿天线振子的相位同步，以及用最低的成本控制 SPS-MPT 系统庞大的相控阵列问题。

常用的微波功率发射天线通过大型反射面天线聚焦形成高增益辐射，然而这种方法在高功率微波应用中存在着一些缺点，主要包括以下两点。

（1）反射面天线系统的紧凑性相对较差，天线体积庞大、系统较为笨重。

（2）作为空间微波无线能量传输系统中的天线，还需要满足结构可展开或能够拼装、重量轻等要求，反射面天线很难满足这种要求。

为了解决这些问题，一般采用平面阵列天线实现高增益的微波功率发射天线。分析结果表明，将平面阵列天线应用于微波无线能量传输有独特的优点，主要概括如下。

（1）通过合理设计阵列天线可以实现大功率容量。这是因为阵列天线可以通过功率分配将大功率微波分配到多个阵列单元上，使得单个辐射单元仅需承受较小功率的微波，这是较容易实现的。

（2）通过合理设计阵列天线可以实现系统的小型化。阵列天线本身结构较为紧凑，有更高的口径效率。采用恰当的馈电网络可以实现天线尺寸的小型化，解决反射面天线体积庞大、系统笨重等问题。

（3）由于阵列天线的辐射单元个数在很大程度上决定了天线的增益，根据实际需要，通过增减辐射单元个数可以实现多种增益要求，具有很高的灵活性。

（4）平面阵列天线的轴向长度小，相对于反射面天线，其重量较轻，拼装方便，更适宜在空间使用。

2）微波频率的选择

对微波无线能量传输，微波频率的选择是非常重要的，主要的是要兼顾以下几点。

（1）天线的尺寸。微波频率越高，相同增益下的天线尺寸越小，因此选择较高的微波频率可以减小天线的尺寸、降低微波功率发射和接收天线的制作成本。

（2）大气对微波的吸收。由于大气对各频率段微波有不同的吸收系数，在微波频率选择上，必须避开大气对微波的强吸收频率段。相对来说，大气对高频率段微波的吸收要强于低频率段微波，因此无线能量传输的微波频率不能太高。

（3）微波整流电路中微波二极管或场效应管等非线性器件的截止频率。这要求微波频率不能太高，否则对微波器件性能指标的要求太高，给整流电路的设计和制作带来一定的困难。

综上考虑，从地球向空间或者空间向地球进行微波无线能量传输最适合的频率为5.8GHz。在该频率下大气损耗较低，天线的尺寸比2.45GHz小很多，并且有较多可供选择的微波器件。

三、无线能量传输技术应用

MPT技术以微波输能、控制及转换原理为基础，它的相关单项技术早已在军事、科学及通信卫星等领域得到广泛的应用。家用微波炉的普及，表明微波技术已经成熟。微波理论、锁相技术及相关控制理论早已成为我国大学电子专业的必修课。在我国，各种转换器（如DC/DC、DC/AC等）在输电配电、稳压电源、能量转换方面的应用已十分普遍，这为微波能的高效率转换提供了坚实的基础。

在某些应用场合，MPT比传统的通过固定导线的能量传输方式具有更大的优势。MPT适用于移动目标的能量提供，如免加油飞机、免加油的电动交通工具（EV），以及在有效区域内移动的机器人。微波飞机可以把地面和空中供给的微波能转变成直流电，用来驱动飞机发动机，与无人驾驶的预警飞机和侦察飞机相比，使用微波传输电能的飞机重量轻、体积小，性价比高。人类目前无法通过传统的有线能量传输方式对于移动目标直接提供能量，为实现这一目标，世界各国正在进行各项相关的无线能量传输试验。

MPT的另一项应用是地面到地面的无线能量传输。在技术发展的初级阶段，这种应用主要是对于那些难于进行有线能量传输网络或者网点非常有限的地方。这种应用在应急电力供应中具有重要意义。因为在发射机与接收机之间没有导线相连，地面到地面的MPT具有安装快、易拆卸的优势。因此，通过MPT能够满足紧急需求时的电力供应问题。例如，战时对士兵作战系统的电力供应，灾后为失去电力供应地区进行紧急电力传输，以保障应急救护和应急通信等。

在无线能量传输能力达到一定水平后，可以通过 MPT 实现对某些无法实现有线能量供应的地区进行长期能源供应。此时的电力来源可以是有线网络、太阳能、风能、水能，甚至核能，而 MPT 系统则成为有线电力网络的扩展。这项应用在山区和高原地区具有广泛的应用前景。一些边远山区、牧区、高原和海岛，蕴藏着丰富的水利、地热、太阳能资源，但是由于人烟稀少、交通不便、地形复杂，架设线路困难，在这种情况下，可以在当地建立地面太阳能电站、水电站等，再通过建立微波中继站，先将电能输送到便于架设线路的地方，再并入有线电网。

MPT 的最终应用是提供“无处不在的能源”或者“无线能源”。在“无处不在的能源”中，能量是通过微波传输的，人们可以在任何时间从任何地方的微波中获得能量。

第三节　无线能量传输关键技术

高效微波无线能量传输的关键技术主要包括：高效微波发生器、低损耗的微波功分和移相器、高定向性的高功率低旁瓣微波发射天线、高效率整流天线和方向导引波束控制技术，下面分别对这些技术进行详细地介绍。

一、高效的微波发生器

微波辐射产生技术对于微波无线能量传输系统是极为重要的。微波能的发射器通常使用 2.45GHz 或 5.8GHz 的工业、科学和医疗波段。目前，有两种类型的微波发生器 / 放大器，一种是真空管，另一种是半导体放大器。他们具有彼此相反的电特性。微波管，如微波炉磁控管，需要较高的电压（超过 1kV），可以产生并放大高功率微波（超过 1kW），应用广泛，且非常经济。半导体放大器工作电压较低（低于 15V），用于产生低功率微波（低于 100W），目前还很昂贵。通常微波管有较高的效率（超过 70%），半导体效率较低（低于 50%）。关于这些微波发生器和放大器的介绍如下。

1）相位和振幅控制的磁控管

适合于微波能量传输（MPT）的真空管是磁控管。磁控管广泛地应用在微波炉中，是相对便宜的振荡器（低于 5 美元）。全球所有微波炉中使用的磁控管的总容量超过 45.5GW，目前只有磁控管能够达到 SPS 系统的制造能力。然而，微波炉磁控管不能直接用于 SPS，因为它只是一个发生器，不能控制 / 稳定相位和振幅，这意味着使用微波炉磁控管不能建造相位阵列。

科学家们注意到了磁控管廉价、高效（超过 70%）、低噪音以及高功率 - 重量比率的优点，为了将其应用于 WPT，日本京都大学研制出一种可进行相位和振幅控制的磁控管，成功地在 2.45GHz 和 5.8GHz 上通过控制磁控管的相位控制相位阵列的波束方向。

2）行波管放大器（TWTA）

这是一个高增益的微波放大器，广泛地用在电视广播卫星和通信卫星上。TWTA 具有空间运行的可靠记录。在 20 世纪 80 年代，由于其效率很低，大约为 30%，没有被微波无线能量传输计划选用。可是在近些年来，通过采用新技术，TWT 的净转换效率已经增长到大约 70%。

TWTA 具有以下空间运行记录：重 2.65kg（TWTA 重 1.5kg，电源重 1.15kg）、在 2.45GHz 运行、功率 220W；重 2.15kg（TWTA 重 0.8kg，电源重 1.35kg）、在 5.8GHz 运行、功率 130W。因此，比功率分别可以达到 12g/W 和 16.5g/W。但不包括热辐射装置、波导和天线。

TWT 的发展趋势是微波功率模块（MPM）和相位阵 TWT。MPM 将 TWT、半导体放大器以及现有电源技术组成为一个装置。这使 MPM 成为空间应用的重点选择对象，因为它的转换效率高、体积小、重量轻。

3）速调管

速调管可以输出非常高的功率（几十千瓦到几兆瓦）。但是它需要配备一个沉重的电源（需要较重的磁体）。因为速调管的转化效率高（76%，如果只考虑装置本身）、较低的谐波发射以及适度的重量，NASA/DOE SPS 模型选择了速调管作为微波产生装置。速调管经常被用于上行链路（由地面站向在轨卫星传播）。商用的速调管可以在 2.45GHz 产生 80kW 的功率，功率一重量比大约是 100g/W。在 C 波段，商用速调管可以产生 3.2kW 的功率，但需要一个 34kg 的装置（永磁体）和一个 135kg 的电源，比功率可以达到 40g/W。可是，和磁控管和半导体放大器相比，在最近的 SPS 研究中还没有讨论使用速调管的报道。

4）半导体放大器

半导体放大器跟 TWTA 一样，由于效率低，不是微波无线能量传输的重点选择对象。然而，在最近的 SPS 研究中，它正成为有前景的微波无线能量传输装置。现在，半导体放大器已经广泛应用于通信系统中，在半导体装置、电路和系统方面研究人员的支持下，此项技术正在稳步发展。

几乎所有的微波振荡器和放大器技术都已经应用于通信工程。半导体放大器的发展趋势是研制出新型的半导体装置，具有增强的输出功率和效率。最近已经研制并改进了许多先进的固态装置。例如，宽禁带器件（如 GaN），使其在较低的 2.4GHz 和较高的 5.8 GHz 微波频率上有较大的功率输出。

在电力中继卫星系统中，微波发射装置位于地面，人们关注得更多的是装置的效率和功率容量，而较少考虑对微波发射源体积和重量的要求。由于与 SPS 的要求不同，因此，速调管也可能是未来电力中继卫星系统微波发射源的一种选择。

二、低损耗的微波功分和移相器

优化设计的微波发射相控阵列面积大约为数平方公里，这意味着一个天线单元的微波功率要比一个微波管或高功率（几十瓦）半导体放大器的微波功率小很多，而且如果微波束在没有旁瓣时指向大于 5° 的方向，则必须在微波产生 / 放大之后，安装移相器用于波束的控制。

此种情况下，低损耗移相器的研制对于建造高效率的相控阵是非常重要的。由于在微波无线能量传输系统中，波束控制精度需要达到 10^{-4} 的数量级。相应地，相控阵中移相电路的控制精度需要达到度以上的数量级，因此，至少需要使用具有 5 位数字精度的移相器。

由于移相器的接入损耗直接影响了微波发射的效率，所以低损耗的微波功分器和移相器是一个研究重点。

对于将微波功率波束控制至理想的方向，相位标准是非常重要的。如果相位 / 频率的标准不同，如 LO 信号的标准在阵列上是不同的，就不能形成指向理想方向的微波波束。最佳的方法是，只使用一个振荡器作为包含 10 亿多个单元大于 1km 相位阵列的相位 / 频率标准，但这是不可行的。更切实可行的方法是在一些小相位阵列上使用一些振荡器，而且这些振荡器彼此同步。目前考虑采用无线同步，无线同步的精度在频率上低于 0.6ppm，在相位误差上低于 3.5°。另一种方法是利用从整流天线区域发送的数据进行同步。采用这种方法，部分阵列的相位发生了改变，而且在整流天线区域，测量微波波束密度合成产生了变化，这种变化提供了关于相位校正的信息。

精确波束形成的另一个重点是抑制各单元的相位 / 频率 / 振幅误差，保持较高的波束收集效率，并抑制旁瓣和减小干涉，以适应通信系统的要求。微波无线能量传输系统中单元的总相位误差要求在 5° 以下，包括目标检测、微波发生 / 放大器、相位同步以及移相器等每一级的相位误差，当然也包括结构误差。对于电力中继卫星，需要一个更精确的微波无线传输系统。

三、高定向性的高效率低旁瓣微波发射天线

为了提高能量传输的效率，发射天线发射的微波波束呈高斯分布，如图 17-11 所示。为了减小能量的泄漏（提高传输效率并且减小对周围环境的电磁干扰），微波发射天线需要采用低旁瓣设计，旁瓣应该被抑制在 40dBc 以上。由于天线的尺寸为千米量级，需要进行大天线设计。

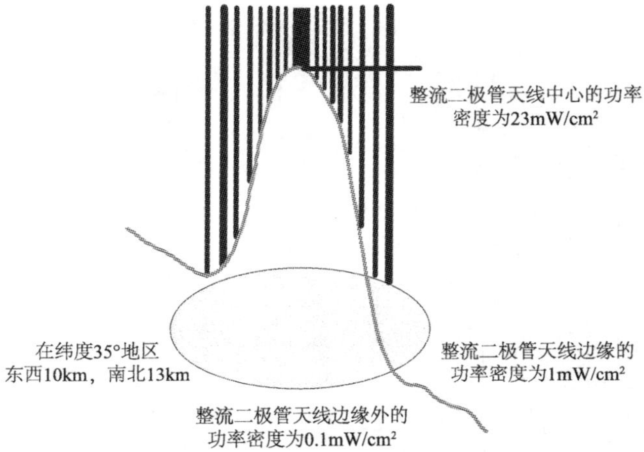

图 17-11　地面硅整流二极管天线的功率密度分布

另外，如何提高天线的口径效率也是非常重要的。为了提高能量传输的效率，就必须提高天线发射的效率，降低天线的损耗。除了采用先进的材料来构建天线外，需要按照最大功率传输的标准进行大天线的设计。

由于发射天线在地面上工作，这降低了对微波发射天线体积和重量的要求，可考虑使用抛物面天线构建相控阵天线阵列，既可以使用成熟的抛物面天线技术，也可以利用现有的大功率微波源。

四、高效率整流天线

整流天线用来接收微波电能，并将它转换成直流电。整流天线具有整流二极管，是无源元件，其运行不需要任何额外的电源。整流天线在天线和整流二极管间有一个低通滤波器，用于抑制更高次谐波的再辐射，它也可以包括一个输出平滑滤波器。整流天线的天线单元有许多类型，如对称振子、Yagi-Uda 天线、微带传输线天线，甚至抛物面天线。一种特定的天线有与其增益相适应的有效口径，通过天线的有效口径和微波功率密度来确定输入至整流电路的微波功率。整流天线可以配备多种类型的整流电路，如单分路全波整流器、全波桥式整流器或者其

他的混合式整流器。以往，整流天线常常使用硅肖特基势垒二极管，将来可使用新型二极管装置，如 SiC 和 GaN 来增强天线的工作效率。

整流天线常常使用单分路全波整流器，它包括并联在电路中的一个二极管、一个 λ/4 传输线以及一个并联的电容。在理想的情况下，所接收的微波功率将 100% 转换成直流电，其运行在理论上的解释与一个 F 类微波放大器的解释方法相同。λ/4 配电传输线路以及电容只允许偶次谐波到达负载，因此，在 λ/4 传输线上的波形有一个 π 循环，这意味着波形是正弦型全波整流。世界上研制的整流天线的最高射频 - 直流电（RF-DC）转换效率记录是，在 2.45GHz 输入 4W 微波，效率约为 90%。其他的整流天线的效率在 2.45GHz 或 5.8GHz 的微波输入下为 70% ～ 90%。高效整流天线地面段部分由整流天线阵和地面电网组成，整流天线的效率应达到足够高，以降低无谓的能量损失。

微波无线能量传输系统地面段部分由整流天线阵和地面电网组成，整流天线阵列十分重要。整流天线由整流器和天线组成。为了尽可能多地接收能量，高效率十分关键。需要注意的是效率取决于输入能量，而对于 SPS 整个整流天线，输入能量密度不是一个常数。因此，需要开发能适应各种输入功率条件的高效率整流天线。目前，已经开发出一种用于整流天线边缘的低功率密度（只有 100 $\mu W/cm^2$ 或者更低）的高效率整流天线系统。整流天线输出与当前电网的联接是另一个重要的问题。整流天线振子的联接方法可以是串联的、可以是并联的，也可以是串并联混合方式的。

五、反向导引波束控制技术

在所有的 SPS 设计中，几乎都采用了反向波束导引技术。反向波束导引可以通过不同的技术实现，最基本的是角形反射器，包括垂直金属板，他们在顶点交接，如图 17-12（a）所示。输入信号在到达的方向上反射并通过反射器壁进行多次反射。Van Atta 阵列也是反向系统的一项基本的技术。这个阵列由多对天线组成，这些天线距离阵列中心等距离，并且使用相等长度的传输线连接。天线接收到的信号被重新辐射，相对于阵列中心，重辐射单元的顺序被颠倒，达到适当反向相位调整的目的。

通常的反向系统包括发射 / 接收天线和相位共轭电路。从目标发射的信号（如从地面整流天线到 SPS 的信号），被接收并且通过相位共轭电路到目标方向被重辐射，这个信号称作导频信号。

这些反向系统采用了模拟电路用于相位共轭。尽管它能够高速地控制波束，但波束只能指向单一的目标方向。反向系统需要目标检测和波束形成，因此，如果可以从波束形成中分离出检测目标，就可以控制微波功率波束至任何方向，这被称为“软件反向系统”。计算机利用导引信号的相位和振幅数据进行目标检测和阵列上最佳相位和振幅分配的计算，并最终用于波束的形成，目前，可以应用的算法包括用于目标检测的 MUSIC 算法。此外，还需要使用移相器取代相位共轭电路和形成波束。

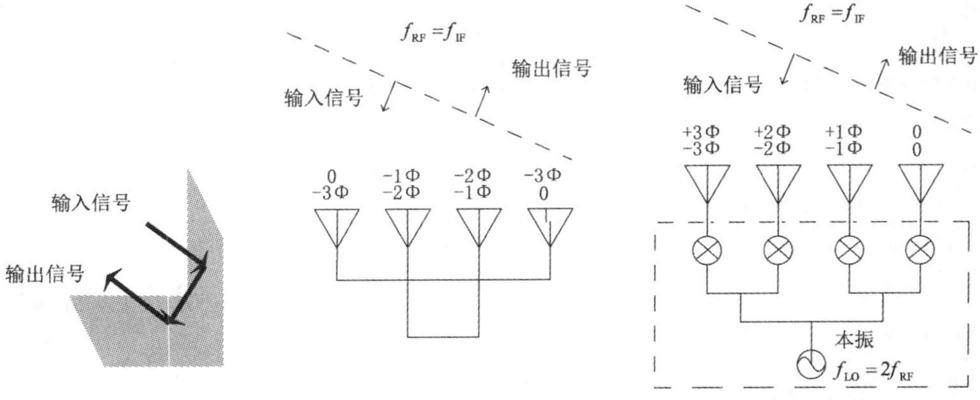

图 17-12　几种反向导引波控制技术

第四节　中短距离无线能量传输技术

除大功率、长距离无线能量传输技术外，中、短距离的无线能量传输技术同样发展迅速。

一、中距离无线能量传输技术简介

中距离无线能量传输技术，即磁共振无线能量传输技术于 2006 年 11 月在美国物理学会工业物理论坛上首次提出，并从理论上分析了非辐射场通过共振的方式实现中距离能量传输的可能性。2007 年 7 月 6 日，美国麻省理工学院（massachusetts institute of technology，MIT）的索尔贾希克教授科研小组利用磁共振原理，成功地“隔空”点亮了离电源两米多远处的一个 60W 灯泡，如图 17-13 所示，因此引发了中距离无线输电研究的新热潮。

中距离无线能量传输技术在诸如智能通信、智能电网、智能交通、智能家居和低成本健康医疗等领域的应用前景广泛，有望扩展便携设备的使用方式和使用范围，使得其形态更为轻巧灵活，取消从终端设备到电源插座这“最后一根线”；

有望改善人们的生活环境，使人们告别纠缠不清的各种电源线和蜘蛛网式的电力走线，能节省布线所用的大量铜、塑料等材料，以及减少废弃电池的数量，降低对环境的污染。

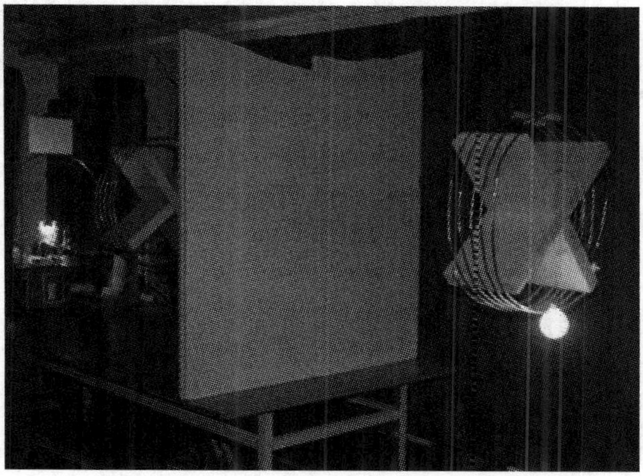

图 17-13　MIT 研究小组成功实现无线输电点亮灯泡

美国麻省理工学院研究小组的研究得到了美国国家科学基金会、美国能源部和美国陆军军方的支持。欧美在该领域成立了多家无线电源风险公司，并向 IT 通信、能源、汽车等多个产业拓展。世界各国专家从共振频率分叉、传输距离、传输效率、阻抗匹配等角度研究了该技术的理论；加拿大的 Kumar 和美国匹兹堡大学的 Zhang 就该技术在医疗植入方面的应用进行了研究；日本东京大学的 Imura 等就该技术在电动汽车的应用进行了研究。英特尔于 2008 年采用相对大的线圈在 3 英尺的距离内以 10MHz 频率输送出 60W 的交流电，接通了一只白炽灯。索尼公司 2009 年采用磁共振技术，推出一款无线电力系统，能够提供 60W 电力。戴尔于 2009 年发布了支持无线充电方式的 Latitude Z 系列笔记本电脑。2011 年 3 月在德国汉诺威举行的信息及通信技术博览会（CeBIT2011）上，富士通公司展示了一台可以无线接收视频信号和电能的显示器，真正实现了没有电线的桌面显示器。

国内对该项技术的研究刚刚起步，武汉大学微电子与信息技术研究院进行了初步的研究，研制了一套演示系统，取得了很好的效果，还验证了同时给多负载无线供电的可行性。哈尔滨工业大学等也进行了相关研究。

二、中距离无线能量传输技术原理简介

两个具有相同的特定谐振频率的电磁系统，在相距一定的距离时，由于电磁

耦合产生共振，并进行能量传递。一般来说，两个有一定距离的电磁系统，相互之间是弱耦合，但若两个系统的固有谐振频率相同，则会产生磁共振，形成强耦合。如果一方能不断为系统提供能量，另一方可以连续消耗能量，就实现了能量的无线传输。理论上发射源可以同时给多个在有效区域内的接收装置供电，而其他非此特定谐振频率的系统则不受影响或受到的影响很微弱。

该项技术用于能量交换的媒介是交变磁场，因此对环境影响较小（如果采用电场传输能量则会发生危险），无严格的方向性，采用适当的设计，甚至可以做到无方向性。其具有良好的穿透性，不受非金属障碍物的影响。与磁感应式能量传输技术（ICPT）相比，其能量传输距离更远（几倍于谐振线圈直径），与微波/激光式能量传输相比，其能量传输效率更高。

基于磁共振的中距离无线能量传输系统结构如图 17-14 所示。

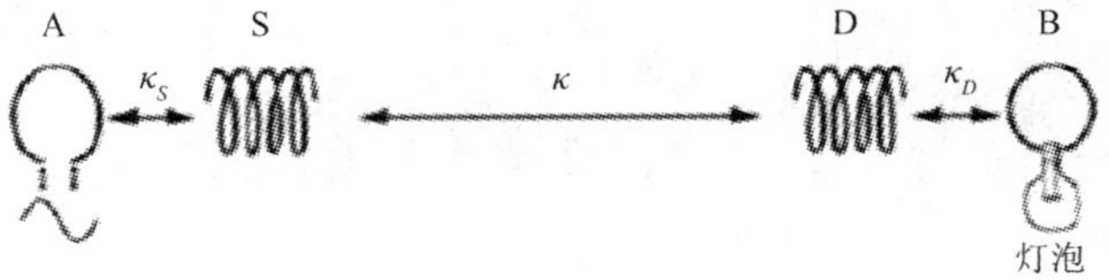

图 17-14　基于磁共振的中距离无线能量传输系统结构

根据耦合模理论，该系统能表示为

$$\dot{a}_m(t)=(i\omega_m-\Gamma_m)a_m(t)+\sum_{n\neq m}i\kappa_{imn}a_n(t)+F_m(t) \tag{17-2}$$

系统的效率为

$$\eta=\frac{\Gamma_W|a_D|^2}{\Gamma_S|a_S|^2+(\Gamma_D+\Gamma_W)|a_D|^2}=\frac{\dfrac{\Gamma_W}{\Gamma_D}\cdot\dfrac{\kappa^2}{\Gamma_S\Gamma_D}}{\left[\left(1+\dfrac{\Gamma_W}{\Gamma_D}\right)\dfrac{\kappa^2}{\Gamma_S\Gamma_D}\right]+\left[\left(1+\dfrac{\Gamma_W}{\Gamma_D}\right)^2\right]} \tag{17-3}$$

三、短距离无线能量传输技术简介

短距离无线能量传输技术，即感应耦合能量传输（inductively coupled power transfer，ICPT）技术，其原理为电磁感应。该项技术是将两个线圈放置于邻近位置上，当电流在一个线圈中流动时，所产生的磁通量为媒介，导致另一个线圈中产生感应电动势。该项技术有两种实现方式，一种为含有铁芯的分离变压器式：另一种为无铁芯的空心线圈纯感应式。这种技术的优点是可以达到较大的功率以及非接触式带来的优势，但是能量传输距离短，被限制在毫米等级。

国际上，日本、新西兰、德国、英国和美国等国家相继投入了一定的技术力量和经费从事该技术及系统的研究和实用化产品开发，2003 年，AAK 公司现场演示了以非接触方式为充电电池或手机充电的情形。2005 年，英国 SplashPower 公司推出面向市场的无线充电器 Splashpads。

在国外，也进行了该技术的大功率应用研究。通用汽车公司（General Motors Corporation，GM）的分公司——Delco Electronics 公司，研制的 Magne-charge TM 是最先商业化的电动车感应耦合充电器之一，专门用于 GM 的 EV1 型电动车充电。充电时只需将充电板插入车辆的充电端口即可。感应耦合进行能量传输的频率可以在 80 ～ 350kHz 范围内变动。日本国土交通省正在推进短距离无线能量传输技术在下一代低公害巴士商用化应用项目的研究，并已研制出一辆实验用车，只需将巴士停在路面上安装的电源线圈正上方，就能通过车身下的线圈进行充电。整个过程无需电线连接，停在装置上即可完成。巴士最高时速可达 80km，充电一次可行驶约 15km，预计在机场内仅需电力便可行驶。此项技术不仅可用于交通运输，还可用于采矿、油井勘探，移动机器人和制造业等。

四、短距离无线能量传输技术原理简介

短距离无线能量传输技术，主要利用电磁感应原理，采用松耦合变压器或者可分离变压器方式实现能量的无线传输。图 17-15 所示为一松耦合变压器为中心的开环感应式无线能量传输系统的示意图，输入的能量经整流滤波变成直流电压输出，再经高频逆变成交流电压信号加载到补偿后的松耦合变压器的原边，按照原副边线圈匝数比，副边线圈感应原边能量，经副边补偿和整流滤波得到我们所需要的直流电。松耦合变压器的气隙宽度即能量传输距离，该气隙宽度直接影响变压器的能量转换效率，一般是气隙宽度越小，变压器效率越高，因此，这也就决定了感应式无线能量传输技术的传输距离非常近，约为几毫米。

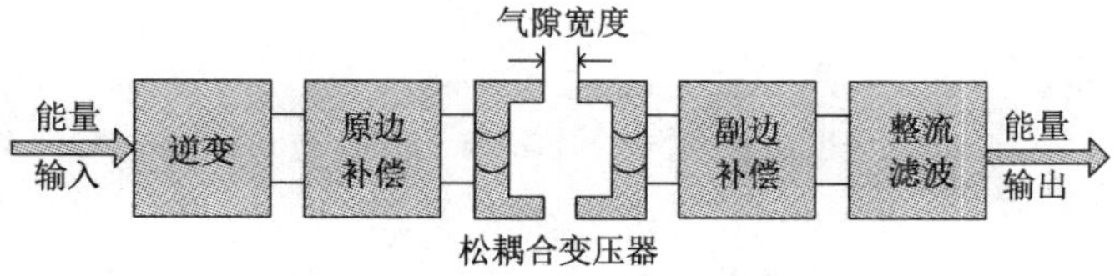

图 17-15　感应式无线能量传输技术示意图

第五节　结　　论

（1）微波无线能量传输技术已经被证实是一种可行的方案。该技术的发展和

相应的工艺水平将可以满足空间太阳能电站和电力中继卫星的要求。

（2）空间太阳能电站对未来能源发展具有重要意义，对航天、能源、材料、电子、微波等领域提出了巨大挑战。

（3）中短距离无线能量传输技术是最早用于民用的无线能量传输技术，发展迅猛，应用前景广阔。

参 考 文 献

Brown W C.1973.Satellite power station, a new source of energy? IEEE SPECTRUM,3:38-47.

Cataldo R L.2001.Power system evolution: Mars robotic outposts to human exploration. AIAA Journal.

Dickinson R M,Mankins J C. 1999. Comparison of intercontinental wireless and wired-power transmission. JPL,NASA.

Glaser P E. 1968. The Future of Power from the Sun//Intersociety Energy Conversion Engineering Conference, IEEE Transactions on Aerospace and Electronic Systems,68C-21-Energy：98-103.

Glaser P E.1972.The use of the space shuttle to support large space power generation system. Meeting of the American Astronautical Society held in conjunction with the American Association for the Advancement of Science Annual Meeting,Washington D C:26-30.

Glaser P E.1993.The Power Relay Satellite. The 44th IAF.

Hashimoto K, Tsutsumi K, Matsumoto H,et al. 2003.SSPS Beam Control with Spread Spectrum Pilot Signals,submitted to Radio Science Bulletin.

Henley M W,Fikes J C, Howell J, et al. 2002.Space solar power technology demonstration for lunar polar applications：laser-photovoltaic wireless power transmission. IAC-02-r4,IAC Houston.

Hoffert M I, Ken C,Gregory B,et al.2002. Advanced technology paths to global climate stability: energy for a greenhouse planet. Science,298:981-987.

Kamo N,Sugawara A, Takano T. 2003. Optimization of a half-wave length array with parasitic elements (in Japanese). Proceedings the 2003 IEICE Society Conference,B-1-80.

Kurs A, Karalis A, Moffatt R, et al. 2007.Wireless power transfer via strongly coupled magnetic resonances. Science, 317(5834): 83-86.

Landis G A.2004. Reinventing the solar power satellite. Glenn Research Center, Cleveland, Ohio. NASA/TM—2004-212743.

Little F E, Kokel S J, Rodenbeck C T, et al. 2003.Development of retrodirective control transmitter for wireless power transmission. IBID:145-155.

Matsumoto H. 1995.Microwave power transmission from space and related nonlinear plasma effects. Radio Science Bulletin,273:11-35.

Matsumoto H. 2002.Research on solar power station and microwave power transmission in Japan: review and perspectives. IEEE Macrowave Magazine,3(4):36-45.

National Security Space Office. 2007.Space - Based Solar Power as an Opportunity for Strategic Security .

Takano T,Sugavara A, Sasaki S. 2003. System considerations of onboard antennas for SSPS. JUSPS,03:110-117.

van Braun W. 1975.Microwave beams point the way to solar-power stations in orbit—and satellite to relay energy around the world. Popular Science.

van Riesen S, Schubert U, Bett A W. 2001. GaAs photovoltaic cells for laser power beaming at high power densities. 17th EU-PVSEC Munich.

第十八章　未来电网中的超导电力技术

第一节　超导电力技术在未来电网中的作用

超导电力技术是利用超导体的零电阻高密度载流能力和超导态 - 正常态转变特性（S/N 转变特性）发展起来的一门电力新技术，它与基于传统导体的电力技术相比，具有不可比拟的优势。自从 1911 年超导体发现以来，人们便期待超导体能够在电力方面得到应用。1987 年发现了液氮温度的高温超导体，使得超导电力技术向现实转化的可能性大大提高了，因而被美国能源部誉为 21 世纪电力工业唯一的高技术储备，从而成为当今电力新技术发展的重要前沿领域之一。

（1）超导输电技术将为未来电网提供一种低损耗、大容量的电力传输方案。电力资源和负荷资源地理上分布不平衡是我国的基本国情，电力资源在我国西部较多，而负荷资源在我国东部较多，远距离的西电东送是我国电网发展的基本需求。如果考虑到可再生能源的发展远景，将进一步加剧我国电力资源和负荷资源地理上分布不平衡的格局。预计到 2030 ～ 2050 年，将有约 5 亿 kW 的电力需要从西部送往东部，我国未来电网将成为一个涵盖全国绝大部分地区的广域超级电网。对于如此巨大的且可再生能源高比例接入的超级电网，大量电力远距离输送对输电通道的选择是一个很大的挑战。高温超导电缆（特别是直流电缆），利用超导体的零电阻高密度载流能力，可以在更低的电压等级上实现比特高压更大的传输容量。例如，±500kV 的高温超导直流电缆就可以实现 10 ～ 20GW 的输送容量，且可降低 50% 左右的传输损耗，还可以大大地节省传输走廊。因此，高温超导电缆是实现大容量输电的重要发展方向。

（2）超导限流器和超导储能系统将有助于提高未来电网的安全性和稳定性。我国电网的规模和容量的进一步扩大，将导致电力系统的短路容量越来越大，从而对电气设备和电网的安全稳定带来重大挑战。目前，电网尚缺乏成熟的短路故障电流限制技术，短路电流限制问题已经日益成为电网发展的重大瓶颈问题。目前主要使用六氟化硫（SF_6）断路器开断故障线路，其缺陷是响应时间和开断容量有限，难以适应未来电网发展需求。超导限流器利用超导体的 S/N 转变特性，具有响应速度快、自动触发和复位等显著优势，可以快速有效地抑制短路电流，从而提高电网的安全性和可靠性。

超导储能系统利用超导线圈作为储能单元和电力电子变换装置实现控制，是一种具有快速高功率响应功能的储能技术，且其具有输出功率可在四象限内灵活控制的优点。因此，超导储能系统（SMES）的应用可望大幅度提高大电网的安全稳定性。

（3）超导储能系统可为保障高质量的电力供应提供重要的技术手段。可再生能源具有间歇性和不稳定性的特点，这就决定了电能储存系统将成为未来电网不可或缺的设备。由于 SMES 所独具的优点，结合日益发展的电力电子技术，可望衍生出一系列的基于超导储能线圈的新型灵活输配电装置，用于解决未来电网的暂态电能质量问题，从而提高供电品质。

（4）超导风力发电机在大型风力发电中将具有重要的应用前景。近几年，风力发电机的容量正由 1.5MW 机组逐步向 3MW 乃至 10 ～ 30MW 甚至更大发展。根据技术分析和实际测试，带变速箱的传统风力发电机的经济极限容量约 5MW，采用永磁体的低速、无变速箱直驱式风力发电机在综合考虑其体积、重量和磁材成本等条件下的经济极限容量也很难突破 6 ～ 8MW。因此，如果建造更大单机容量风力发电机而仍然采用常规风力发电机技术，不仅导致建设总成本急剧增加，而且也存在很大的技术障碍。超导风力发电机，具有重量轻、单机容量大、效率高、能量密度高（可比相同容量的常规发电机的尺寸和重量减少 2/3 以上）、耐受负载变动能力强等独特优势，是实现风力发电机大型化和提高整个风电场投入产出比的重要选择。

（5）超导电力技术对于降低未来电网的输配电损耗具有不可替代的作用。如前所述，传统电网的损耗较大，如果没有重大技术创新突破，未来电网的损耗将达到惊人的程度。由于超导体具有零电阻特性，从本质上讲，超导直流输电的损耗为零，制冷功耗远远小于传统输电损失。即使考虑到超导体的交流输电损失和制冷功耗，超导输电的损耗也比传统交流输电损耗大约减少一半。除了超导输电电缆以外，超导变压器、超导发电机、超导电动机等均具有比常规设备更为明显的节能优势，高温超导变压器还是一种理想的环保阻燃型变压器，可以减少对环境的影响。

简而言之，在以可再生能源为主的能源变革态势下，将对未来电网的输送容量、安全稳定性、电力质量、综合效率等提出了更高的和更为迫切的需求，而超导电力技术对于应对这些重大挑战将发挥巨大的作用。表 18-1 列出了超导电力技术的应用及其对未来电网的作用和影响。

表 18-1　超导电力技术的应用及其对未来电网的作用和影响（肖立业，2013）

应 用	特 点	对未来电网的作用和影响
超导限流器	● 正常时阻抗为零，故障时呈现一个大阻抗 ● 集检测、触发和限流于一体 ● 反应和恢复速度快 ● 对电网无副作用	● 提高电网稳定性 ● 改善供电可靠性 ● 保护电气设备 ● 降低建设成本和改造费用 ● 增加电网的输送容量
超导电缆	● 功率输送密度高 ● 损耗小、体积小、重量轻 ● 单位长度电抗值小 ● 液氮冷却	● 实现低压大电流高密度输电 ● 符合环保和节能发展要求 ● 减少城市用地 ● 缩短电气距离 ● 有助于改善电网结构
超导变压器	● 极限单机容量高 ● 损耗小、体积小、重量轻 ● 液氮冷却	● 减少占地 ● 符合环保和节能发展要求
超导储能系统	● 反应速度快 ● 转换效率高 ● 可短时向电网提供大功率	● 快速进行功率补偿 ● 提高大电网动态稳定性 ● 改善电能品质 ● 改善供电可靠性
超导电动机	● 极限单机容量高 ● 损耗小、体积小、重量轻	● 减少损耗 ● 减少占地
超导发电机	● 极限单机容量高 ● 损耗小、体积小、重量轻 ● 同步电抗小 ● 过载能力强	● 减少损耗 ● 减少占地 ● 提高电网稳定性 ● 用于无功功率补偿
基于超导电感的新型 FACTS 装置	● 反应速度快 ● 转换效率高 ● 能够弥补基于电力电容器的 FACTS 装置的不足	● 调节功率或进行功率补偿 ● 改善电能质量 ● 提高电网稳定性 ● 限制短路电流 ● 用于分布式电力系统，实现分布式电网与大电网互联 ● 可作为一种新型同步装置

第二节　高温超导材料的研究开发现状

超导材料是发展超导电力技术的根本物质基础和技术基础。表 18-2 是第五届国际超导工业峰会对各种应用所需高温超导材料的性能价格等的评估结果。

表 18-2　几种高温超导电力设备对高温超导线性能的要求

应用	临界电流密度 Jc(A/mm²77K,0T)	价格 /[$/(kA · m)]	临界电流 Ic(A)77K, 自场	可承受的磁场 /T	运行温度 /K	交流损耗 /[mW/(A · m)]	弯曲半径 /m	弹性应变 /%	导线长度 /km
限流器	100	<100	100	0.3 ～ 3	30 → 77[a]	0.4	0.15 ～ 0.05	0.2 ～ 0.4	0.2 ～ 1
电动机	100	<20	300	4	>25	N/A[b]	0.05	0.2 ～ 0.3	1.0
发电机	100	<20	100 ～ 200	4 ～ 5	20 → 65	N/A[b]	0.1	<0.2	0.5 ～ 1
电缆	50 ～ 100	<50	30[c]	<0.2	>65	0.15	0.01	>0.4	0.1 ～ 1
变压器	50 ～ 100	<20	200[d]	0.15	20 ～ 77	0.25	0.1 ～ 0.2	0.1	0.3 ～ 3
储能	>100	<15	300—500	>5	20 → 77	N/A	0.01	0.5	0.5 ～ 1

注：a. 箭头：商用之前的值→具有商业价值将到达的值；b. 在相应磁场下的数值尚未得到；c. 只表示单根导线应达到的临界电流；d. 下划线：表示相应应用的最高要求

目前，超导电力应用研究与示范主要围绕1987年及随后几年发展的高温超导材料开展。高温超导材料主要包括铋（Bi）系高温超导带材（包括$Bi_2Sr_2Ca_2Cu_3O_{10}$即Bi-2223、$Bi_2Sr_2Ca_1Cu_2O_8$即Bi-2212，也称为第I代高温超导带材）和YBCO（$YBa_2Cu_3O_{7-x}$即Y-123）高温超导带材（也称第II代高温超导带材）。经过20多年的发展，第I代和第II代高温超导带材在临界电流密度、长度、机械性能等方面已经基本上能满足应用需求。2001年，日本科学家发现了MgB_2超导体，2008年初，日本科学家又发现了LaOFeAs（临界温度Tc约为26K，也称为铁基超导体），中国科学院物理研究所赵忠贤院士成功合成出这类超导体，并将其Tc提高到了55K。MgB_2超导体和铁基超导体在电力方面也具备一定的应用价值，其临界电流密度等性能也达到了应用要求的指标。

1）第I代高温超导带材

在Bi-2223/Ag高温超导线的制备方面，自20世纪末成功采用粉末套管法制备出长线以来，经过多年的发展其技术已经比较成熟。国内外具备了批量化生产km长带的能力的公司有美国超导公司（AMSC）、德国布鲁克公司（Bruker）、日本住友电气工业株式会社公司（SEI）、北京英纳公司（Innost）等多家公司。目前世界上Bi-2223/Ag高温超导导线年生产能力总和已达几百至上千km，为其真正的产业化应用提供了坚实的基础。表18-3列出了目前国际上主要的Bi系超导带材供应商的超导材料技术指标。

表18-3　目前国际上主要生产厂商提供的Bi系超导带材的技术指标

研究开发或生产单位	超导带材所达到的技术水平
美国超导公司（AMSC）	100～800m，Je>120A/mm^2
德国布鲁克公司（Bruker）	100～2500m，Je>100A/mm^2
日本住友电气（SEI）	100～1500m，Je>150A/mm^2
澳大利亚金属制造公司（MM）	100～500m，Je>80A/mm^2
中国西北有色金属研究院（NIN）	100～200m，Je>80A/mm^2
北京英纳超导技术公司（Innost）	100～400m，Je>100A/mm^2

资料来源：姚文新，2003；http://www.advancedsupercon.com/fileadmin/be_user/Advanced_Supercon/EHTS/products/BSCCO/BSCCO_Data_Sheet.pdf；http://www.amsc.com/documents/WFS_HC_0106_FNL.pdf

其中，日本住友电气工业株式会社长期坚持对Bi-系高温超导线的研制，2006年，该公司组建了30MPa的冷壁式Controlled Overpressure（CT-OP）热处理方案，成功制备临界电流达到180～200A以上的Bi-系高温超导线，这一成果引起了世界同行的极大关注。德国Bruker公司和美国超导公司所生产的Bi-2223/Ag导线性能指标也较高，但两家公司的Bi-2223/Ag导线仅有少量库存。

然而，Bi-系高温超导带材在77K下的不可逆场大约只有0.4T，临界电流在较小磁场下就衰减很快；同时，采用银套管等成本很高的原材料，Bi 系高温超导带材的生产成本将难以下降（Selvamanickam and Dackow，2010）。因此，国际上已经基本上停止了 Bi 系高温超导带材的研发，部分公司已经停止 Bi- 系高温超导带材的生产。

2）第 II 代高温超导带材

以 YBCO 为代表第 II 代高温超导材料比 Bi- 系超导材料具有更高的不可逆场，在 77K 和外磁场下的载流能力优于后者。同时，第 II 代高温超导材料不需要贵重金属作为基体材料，可望实现更低的成本。因此，最近十年来，第 II 代高温超导材料成为高温超导带材研发的主流方向。自 1999 年第一根 100m 长第 II 代高温超导带材被制备出来以后，第 II 代高温超导带材的研究逐渐开始向企业转移，当时世界上第 I 代带材研制水平最高、规模最大的美国超导公司全面转向第 II 代高温超导带材。目前世界上在第 II 代带材研发最为领先的企业主要包括日本 Fujikura 公司、美国超导公司（AMSC）、美国 Superpower 公司等。

其中，Fujikura 公司于 2004 年制备出长度为 100m、临界电流超过 100A 的 YBCO 超导带材；2006 年，其研制的带材长度达 200m、临界电流超过 200A；2007 年，其研制的带材长度发展到 504m、临界电流超过 350A，创造了当时的世界纪录。2010 年 10 月，Fujikura 公司制备出了长度达 615 m、临界电流达到 609 A 的带材，2011 年 4 月又制备出了长度为 816m、临界电流为 572A 的 YBCO 带材，再次创造出新的世界纪录。美国 Superpower 公司采用 IBAD+MOCVD 法已经可以批量化制备 km 级 YBCO 超导带材，最长单根超导带材到达 1311m、临界电流约 300A；美国超导公司（AMSC）采用 RABiTS/MOD 技术，制备出 YBCO 超导带材的最大长度为 520m，可以采用 344 法切割成超过 3000m 的超导带材。

我国在 YBCO 超导带材制备上也取得了重要进展，北京有色金属研究总院制备出临界电流超过 200A 的米级 YBCO 超导带材，而上海交通大学采用全 PLD 在 RABiTS 基带上进行过渡层和超导层的生长研究，获得了长度 100m、临界电流达到 170A 的 YBCO 超导带材。苏州新材料公司成立于 2011 年 2 月，是国内第一家专注于第二代高温超导带材产业化的高科技企业。截至 2012 年 3 月底，苏州新材料研究所有限公司已经投资 10000 万元用于第 II 代高温超带材实验室建设以及相关设备的研发和加工。其中，已经自主完成了离子束辅助沉积 (IBAD) 技术制备 km 级有立方织构 MgO 种子层的设备、km 级氧化物隔离层的外延生长设备、km 级 YBCO 超导层的 MOCVD 外延生长设备等的设计，并开始加工制造。

目前，YBCO 超导带材的研究及其制备已经取得了一系列重大突破，国际上至少有 7 家单位都制备出了长度超过 100m、临界电流（*IC*）超过 150A 的 YBCO 超导带材，见表 18-4。

表 18-4 目前国际上主要研究开发机构或公司所研制的 YBCO 超导带材的性能

研究开发或生产单位	超导带材所达到的技术水平
美国 IGC Superpower（IBAD/MOCVD）	1311m@300A/cm-width（2010 年）
美国超导公司（RABiTS/MOD）	520m（通过 344 法切割可以超过 3000m）@250A/cm-width（2010 年）
日本 ISTEC/Fujikura 公司（IBAD/PLD）	816m@572A/cm-width（2011 年）
日本 Sumitomo 公司（IBAD/PLD）	200m@205A/cm-width（2008 年）
德国 THEVA 公司（ISD/Co-Evaporation）	40m@200A/cm-width（2006 年，DyBCO）
德国 Bruker EST 公司（IBAD/PLD）	100m@337.5A/cm-width（2010 年）

资料来源：Selvamanickam and Dackow, 2010; Martin et al., 2010; Izumi and Shiohara, 2010; Kutami et al., 2009; Shiohara et al., 2008; Prusseit et al., 2006; http://www.bruker-est.com/ybco-tapes.html

3）MgB2 超导材料和铁基超导材料

2001 年，日本科学家发现的二硼化镁（MgB_2）超导材料，其超导转变温度达 39K（熊光成，2001）。MgB_2 超导材料具有结构简单、易于制造、成本低廉等优点，如果运行于液氢温度（27K），也可用于超导输电和超导限流器等电力应用技术。目前，意大利 Columbus 公司和美国 HyperTech 公司均可商业化制备并批量生产 km 级 MgB_2 长线，中国科学院电工研究所和西北有色金属研究院也具备制备百米量级的 MgB_2 导线的能力（Gao et al., 2007）。

2008 年初，日本科学家发现一种新型的超导体——铁基超导体，在世界范围内兴起了一股新的超导研究热潮，中国科学院物理研究所赵忠贤院士将铁基超导体的临界温度提高到了 55K。2008 年，中国科学院电工研究所率先制备出铁基超导带材，2013 年，制备的铁基超导带材在液氦温度下的临界电流已经达到了 200A 以上。

与此同时，近些年还发现了其他多种新型超导体。新型超导体的不断发现，改变和提升了人们对超导电性物理机制的认识，表明了超导电性仍然是一片有待于大力开发和探索的前沿领域，并可能存在重大突破的机遇。实际上，具有更高转变温度的超导材料探索和研究（例如，临界温度达 200K 以上超导材料直至常温超导材料），始终是人类的不懈追求。因此，可以预见，如果更高临界温度超导体的发现取得重大突破，将进一步提高超导电力装备的运行温度，从而使得超导电力技术的应用更加现实可行，并为未来电网的发展提供强大的技术支撑。

第三节　国际超导电力技术的研究开发现状

自从 1911 年人类发现超导体以来，人们便期待超导技术能够在电力工业中得到应用。然而，最初发现的超导体无法在零电阻下承载较高的电流密度，特别是当外磁场存在时，临界电流密度大大降低，从而限制了其应用。在此之后的近半个世纪的不断探索中，人类逐渐加深了对超导物理机制的认识，并探索出成千上万种新的超导材料。直到 20 世纪五六十年代以来，实用化低温超导材料（NbTi 超导材料和 Nb_3Sn 超导材料）被发现以后，超导电力应用研究才得以真正地开展。但是，由于低温超导电力设备需要运行的极低的温度——液氦温度（4.2K），而在交流下超导材料存在交流损耗，而交流损耗会消耗大量液氦，并对大冷量制冷技术带来重大挑战。因此，这个时期的超导电力技术的发展，基本上仅限于原理研究，仅有少量的原理样机进行过实验。

1986 年，IBM 苏黎世实验室的两位科学家发表了有关在铜氧化物高温超导体方面的研究结果，进而引起了随后 20 多年的高温超导研究热潮。1987 年及随后几年，多种液氮温度以上的高温超导体被发现。高温超导体的发现，使得超导电力应用具备了一定的现实性。与此同时，制冷技术经过长期的发展也取得了很大的进步，这大大驱动了人类发展实用化超导电力技术的热情和信心。自从 20 世纪 90 年代高温超导材料逐渐形成小批量生产能力以来，超导电力技术研究开发的重点是超导电缆、超导限流器、超导储能系统、超导变压器、超导电机等。在各个研究领域都取得了很大的突破，全面进入到了示范运行阶段，小型超导储能系统已经有商品出售。

1）超导限流器

由于常规限流技术还缺少成熟产品，而超导限流器具有特殊的性能优势，因此超导限流器被认为是最为有效的故障电流限制技术。因此，最近 10 多年来，国际上对于超导限流器的研究开发非常关注和重视。表 18-5 列出了近年来国际上主要的超导限流器研发和示范项目。

表 18-5　国际超导限流器研究开发和示范项目主要案例

研究开发单位	主要技术参数	状况
瑞士 ABB 公司	三相磁屏蔽型，10.5kV/70A	1996 年完成试验
美国 LM 公司	三相桥路型，2.4kV/100A	2000 年试验完毕
瑞士 ABB 公司	三相电阻型，8kV/800A	2001 年完成研制
美国 GA 公司	三相桥路型，15kV/1.2kA	2003 年完成单相测试
美国 LANL 实验室	三相可控桥型，15kV/1kA	2003 年完成测试
德国 NEXANS 公司	三相电阻型，10kV/600A	2004 年完成测试

续表

研究开发单位	主要技术参数	状况
日本东京电力公司	三相电抗器型，66kV/750A	2004 年完成研制
中国科学院电工研究所	三相改进桥路型，10.5kV/1.5kA	2005 年投入试验运行
中国科学院电工研究所	三相电阻型，220kV/1.5kA	计划 2017 年投入运行
日本 Super-ACE 计划	单相电阻型，6.6kV/100A	2005 年完成研制
韩国 DAPAS 计划	三相电阻型，22.9kV/630A	2007 年研制成功
中国云电英纳超导电缆公司	三相饱和铁心型，35kV/1.5kA	2008 年投入试验运行
中国云电英纳超导电缆公司	三相饱和铁心型，220kV/0.8kA	2013 年投入运行
美国 SuperPower 公司	三相矩阵型，138kV/1.2kA	计划 2012 年投入运行
美国 Zenergy 公司	三相饱和铁心型，138kV/2 ～ 4kA	计划 2012 年投入运行
美国 AMSC 公司	三相电阻型，115kV/1.2kA	计划 2013 年投入运行

其中，ABB 瑞士公司是首个将超导限流器投入电网进行示范的企业。美国 SuperPower 公司、AMSC 公司和 Zenergy 公司等分别研制基于第Ⅱ代高温超导材料的 138kV/1.2kA 三相矩阵型、115kV/1.2kA 三相电阻型、138kV/2 ～ 4kA 三相饱和铁心型高温超导限流器（Yuan et al., 2005）。中国科学院电工研究所和北京云电英纳超导电缆公司先后研制成 10kV 桥路型超导限流器、35kV 和 220kV 饱和铁芯型超导限流器，分别在湖南娄底高溪变电站、云南普吉变电站和天津石各庄变电站投入试验运行。这些研究开发和示范运行项目大大促进了超导限流器的发展。

2）超导电缆

在电力需求量日益增长的当今，解决容量大、损耗低、占地少的输电问题是一项迫切任务，因而超导输电电缆是超导电力技术中受到关注和重视的另一领域。表 18-6 列出了近年来国际上主要的超导电缆的研发与示范项目。

表 18-6 国际高温超导电缆研究开发与示范主要案例

研究开发单位	主要技术参数	状况
美国 Southwire 公司	三相 30m，12.5kV/1.25kA	1999 年投入试验运行
美国 Pirelli 公司	三相 130m，24kV/2.4kA	2000 年投入试验运行 （二相低温容器损坏）
美国 IGC 公司	三相 350m，34.5kV/0.8kA	2006 年完成一期试验 2008 年完成二期投运
美国 AMSC/Pirelli 公司	三相 200m，13.2kV/3.0kA	2006 年投入试验运行
美国 AMSC/LIPA 公司	三相 600m，138kV/2.4kA	2008 年投入运行
美国 Southwire 公司	三相 1 760m，13.8kV/2kA	2011 年 3 月投入运行
丹麦 NKT 公司	三相 30m，36kV/2kA	2001 年投入试验运行
荷兰 NKT 公司	三相 6 000m，50kV/3kA	2007 年计划实施
日本东京电力公司	三相 100m，66kV/1kA	2001 年完成试验
日本古河电工公司	单相 500m，77kV/1kA	2004 年完成试验
日本中部大学	直流 200m、±10kV/40MW	2011 年完成试验

续表

研究开发单位	主要技术参数	状况
韩国 DAPAS 计划	三相 100m，22.9kV/1.25kA	2006 年交付使用
韩国 LS 电缆公司（首尔）	三相 500m，22.9kV/1.25kA	2010 年投入运行
韩国电力公司（KEPCO）	直流 500m、±80kV/50MW	2014 年投入运行
中国科学院电工研究所	三相 75m，10.5kV/1.5kA	2004 年投入试验运行
中国科学院电工研究所	直流 380m，10kA	2013 年投入工程示范
中国云电英纳超导电缆公司	三相 30m，35kV/2kA	2004 年投入试验运行

其中，2006 年投运的纽约长岛电力局的高温超导电缆示范项目，原计划作为一个永久性的电力设施投入运行。目前正在计划开展或正在开展的主要项目包括：荷兰于 2007 年底启动了长度达 6000m、容量为 50kV/3kA 的三相交流高温超导电缆的前期工作①；美国正在研制长 1760m、容量为 13.8kV/2kA 的三相交流高温超导电缆并将在新奥尔良市更换一段满负荷运行的地下常规电缆②；韩国正在推动现有电力传输网采用高温超导电缆的进程，预计在未来五年内将实现 50km 高温超导电缆在实际商业电网中的使用和服务③。俄罗斯计划在彼得堡建设一条长 2.5km、±20kV/2kA 的超导直流电缆，以连接两个变电站。这也是世界首个用超导直流电缆连接变电站的尝试。

3）超导储能系统

20 世纪 90 年代，国际上在低温超导储能系统方面开展了大量的研究。2000 年前后，美国超导公司已经推出了小型超导储能系统的产品，容量为 MJ/MW 级。例如，1998 年，美国超导公司已有 6 台 3MJ/8MVA 基于低温超材料的小型超导储能系统成功地安装在威斯康星州公用电力的北方环型输电网，从而实现了电网电能质量的实时快速调节，不仅大大地改善了该地区的供电可靠性和电能质量，而且将输电能力提高了 15%（Luongo，1996）。近年来，随着高温超导材料的研究开发不断取得进展，高温超导储能系统的研究开发也取得了良好的进展。中国科学院电工研究所、清华大学、华中科技大学和中国电力科学研究院均开展了超导储能系统的研究，取得了良好的示范或试验效果。表 18-7 列出了国际上近年来在超导储能系统方面的研究开发与示范项目案例。

表 18-7　国际超导储能系统研究开发与示范的主要案例

研究开发单位	主要技术参数	状况
德国 ACCEL 公司	400V/2MJ/200W，低温超导	2002 年投入运行

① http://www.cired.be/CIRED07/pdfs/CIRED2007_0196_paper.pdf.

② Izumi T, Shiohara Y. 2010. R&D of coated conductors for applications in Japan. Physica C, 470: 967-970.

③ http://www.bruker-est.com/ybco-tapes.html.

续表

研究开发单位	主要技术参数	状况
意大利 ENEL 公司	1.8kV/4MJ/1.2MW，低温超导	2002 年并网运行
法国 EC 公司	4.5kV/22MJ/10MW，高温超导	1996 年开始研制
美国超导公司	1 ～ 10MJ/1 ～ 4MW，低温超导	少量商品化供应
韩国 KERI	2MJ/1MW，低温超导	2003 年完成样机
日本九州电力公司	3.6MJ/1MW，低温超导	2001 年投入运行
日本九州大学	2.5kV/1MJ/1MW，高温超导	2005 年完成测试
中国科学院电工研究所	10.5kV/1MJ/0.5MVA，高温超导	2011 年并网试运行
中国科学院电工研究所	380V/100kJ/25kVA，世界首套超导限流 - 储能功能集成系统	2005 年完成研制和测试
中国清华大学	220V/300kJ/150kVA，低温超导	2005 年完成研制
中国华中科技大学	250V/35kJ/7kVA，高温超导	2005 年完成示范

4）超导电机

超导电机主要包括超导电动机、超导发电机，其中超导发电机又可以包括大型超导发电机、超导风力发电机和超导同步调相机。最近十多年来，国际上在船用超导推进电动机、电力系统用超导同步调相机、超导风电发电机方面的研究开发占据主导地位。2007 年，美国超导公司开发的超导同步调相机（10MVar、13.8kV、60Hz）就有 8 套安装在美国田纳西州 TVA 电管局电网，解决轧钢机和电弧炉冲击问题[①]。2010 年以来，美国和英国先后启动了 8 ～ 10MW 级直驱型超导风力发电机的研究开发，有望大幅度降低大型海上风力发电机的重量[②]。表 18-8 列出了国际上主要的超导电机研发与示范项目及其进展。

表 18-8　国际上在超导电机研究开发和示范项目的主要案例（除说明外均为高温超导）

研究开发单位	主要技术参数	状况
日本 Super G-M 计划	10kV/79MW 发电机、低温超导	2000 年完成概念设计
日本 Super G-M 计划	19kV/200MW 发电机	2006 年启动概念设计
美国超导公司	8MW 超导同步调相机（订货）	2004 年投入电网运行
美国 GE 公司	100MVA 同步发电机	2004 年开始概念设计
美国超导公司	2.4kV/5MW 电动机	2005 年完成载荷调试
美国超导公司	6.6kV/36.5MW 电动机	2009 年 2 月载荷调试
美国超导公司	10MVA 风力发电机	计划 2015 年投入试验
美国 Zenergy 公司	8-10MW 风力发电机	2010 年启动
英国 Converteam	8MW 风力发电机	2010 年启动
德国西门子公司	6.6kV/4MW 电动机	2005 年试验运行

① http://www.amsc.com/products/index.html.

② Superconductor Week. 2009-03-23.

研究开发单位	主要技术参数	状况
韩国 DAPAS 计划	3.3kV/1MW 电动机	2008 年完成测试
中国 712 研究所	1MW 超导船舶电机	2010 年试验运行

5）超导变压器

超导变压器在降低变压器运行损耗的同时，可以减少变压器的重量和体积。ABB 瑞士公司（1999 年）和日本九州电力公司（2001 年）研制的两台高温超导变压器投入实际配电网试验运行。以美国 Waukesha 公司为代表的研究开发机构和生产厂商进行过容量达 28MVA、应用于输电系统的超导变压器的研究（Weber et al., 2005）。但是，考虑制冷需求，超导变压器在大型电力变压器中才可能具有一定的优势，而常规大型电力变压器的效率已经相当高（达到 99.95% 以上），因此液氮温度的高温超导变压器的优势并不十分明显，其研究开发已经基本停止（表 18-9）。

表 18-9　国际上高温超导变压器研究开发和示范项目的主要案例

研究开发单位	主要技术参数	进展状况
瑞士 ABB	18.7 kV/420 V，630 kVA@77 K	1996 年完成试验
日本九州大学	6.6 kV/3.3 kV，1 MVA@ 77 K	2001 年试验运行
德国西门子	5.6 kV/1.1 kV，1MVA@77 K	2006 年研制阶段
美国 Waukesha	28MVA，69kV/12.5 kV@20-30 K	概念设计
韩国 DAPAS	100 MVA，154 kV	试制阶段
中国科学院电工研究所	10.5kV/400V/630kVA@77K	2006 年完成并网示范
株洲电力机车厂（南车）	20kV/10kV/300kVA@77K，单相	2006 年完成试验

6）超导电力装置的系统集成与功能集成研究与示范

系统集成是指将多种超导电力装置集成为一个系统，从而充分展现超导电力技术的综合优势。2011 年，德国启动了一项超导电力技术集成项目（Ampacity）①，计划由 Nexan 公司在 Essen 建设一个 10 kV、1 km 高温超导交流电缆和一台 10kV 高温超导限流器，以替代市中心一个正在老化的常规 110 kV/10 kV 配电系统（一条 110 kV 地下输电线和一台 110 kV/10 kV 变压器），在保持原有地下电缆沟道不变的情况下，实现以 10 kV 传输与原有 110 kV 相同的 40 MVA 容量，并将两个变电站联系起来。目前，超导电缆已经投入运行，超导限流器也将投入运行。

中国科学院电工研究所完成了世界首座 10kV 级超导变电站的研制和建设（该超导变电站包括高温超导电缆、高温超导限流器、高温超导变压器和超导储能系

① http://tdworld.com/substations/german-utility-rwe-integrates-superconductor-cable-existing-power-grid.

统等多种超导电力装置），并且于2011年初在甘肃省白银市投入工程示范运行，为下游多家企业提供可靠的电力供应。

功能集成的新型超导电力装置基于超导体的无阻高密度载流特性以及超导态/正常态转变特性，可以在一种超导电力装置上实现两种或两种以上超导电力装置的功能，从而可以优化系统结构、降低超导电力装置成本。中国科学院电工研究所在多功能集成的新型超导电力装置上取得了重要进展，在世界上首次提出集成限流和电能质量综合调节功能于一体的超导限流-储能系统的原理，并于2005年完成了世界首套100kJ/25kVA超导限流-储能系统样机的研制和实验室测试。目前，将限流和电压变换功能集成的超导限流-变压器已经完成了概念设计（Hayakawa et al., 2001）；美国正在进行将大容量电能传输功能与限流功能的超导限流-电缆的研制工作，其容量为13.8kV/4kA、长度将达200m、短路故障电流为40kA@67ms，计划于近期在纽约曼哈顿投入运行，连接两座变电站①。

7）低温制冷技术的研究开发现状

低温制冷系统是超导电力装置的重要组成部分，也是发展超导电力技术的基础条件。目前，超导电力装置高温超导带材，因此一般工作于液氮温度（77K）或以下（如工作磁场较高的超导电力装置工作温度可能在20～40K）。随着未来新型超导材料的发展，也许可以进一步提高运行温度，如液化天然气温度（110K）或更高。

为了适应需求，用于超导电力装置的制冷系统应具有以下特点：制冷量大，需要在20~77K制冷温度下提供50～5000W（甚至更高）的制冷功率；低温制冷机或低温制冷系统运行可靠性高，无维修连续运转时间需达1万h（甚至更高）以上；低温制冷系统与超导电力装置之间需解决高电压绝缘问题；低温制冷系统的操作维护简单，且在运行和成本两方面都均具有良好经济性。

目前，国际上已有多种实现批量化商业生产的低温制冷机产品出售。近些年来，在77K温区下大冷量单级G-M制冷机和单级脉管制冷机的制冷量已经从300W提高到600W，甚至千瓦量级，取得了良好的进展。日本住友公司生产的低温小型蓄冷型低温制冷机（如G-M制冷机）在77K下的制冷量则可达数百瓦甚至上千瓦②；荷兰斯特林低温与制冷技术公司生产的斯特林制冷机则可在77K提供数千瓦的制冷量③。因此，制冷系统的制冷功率基本上已经可以满足超导电力技术的发展的需求。但是，从超导电力技术的实用化和产业化角度来看，目前的制冷系统在制冷效率（如在液氮温区其制冷效率普遍在卡诺效率的0.1左右，较大型

① http://www.amsc.com/newsroom/pr.html?id=298.

② http://www.shicryogenics.com/index.php?option=com_content&task=blogcategory&id=22&Itemid=169.

③ http://www.stirlingcryogenics.com/products.html.

制冷机其制冷效率也仅在卡诺效率的 0.15 左右）、价格、使用寿命、可靠性等方面还有待于提高。

我国低温技术经过五十多年的发展，已积累了扎实的理论和技术研究基础，在国际前沿的新型低温制冷基础理论和关键技术方面取得了突破（例如，我国在 PT 制冷、液氦 G-M 制冷、大冷量热 – 声制冷技术等方面已经处于国际前列），掌握了斯特林制冷机、G-M 制冷机、脉冲管制冷机、透平膨胀制冷机等研制经验和技术，部分制冷机和低温制冷技术已经成功应用于包括高温超导电缆、高温超导限流器等超导电力装置上，但尚缺乏标准化和规模化产业开发经验。

总之，经过几十年的发展，超导电力技术已经取得了很大的发展，进入了示范试验运行阶段，全面展现了超导电力装置在功能上的优越性。但同时，在超导材料的制造成本和运行温度、低温与制冷系统的长期运行可靠性、高压大容量超导电力装置的关键技术等方面也需要进一步提升。

第四节 关键科学技术问题

超导电力技术是超导材料技术、低温与传热技术、高电压技术、电力系统、电力电子与控制技术等多学科和技术领域的交叉，面对未来电网的实际需求，需要着重解决以下关键科学技术问题。

（1）新型和实用化高温超导材料制备技术。重点研究开发出具有更高临界温度、更好电磁特性和更广应用前景的实用化新型超导材料（如运行于液化天然气温区的高温超导材料）；同时，进一步突破液氮温度高温超导带材的制备技术，形成 km 量级长度的高温超导带材批量生产能力，并降低成本。

（2）大型高温超导磁体制造技术。重点解决大电流冲击和快速充放电超导磁体的优化设计、稳定性、均流和环流、失超保护等涉及超导磁体运行稳定性的关键技术问题，解决超导磁体的冷却通道设计以及磁屏蔽等关键技术。

（3）低温高电压绝缘技术及低温材料。重点解决在低温和高电压环境下具有良好绝缘性能的低温绝缘材料的研究开发及其制备关键技术，解决超导电力装置在低温高电压环境下的绝缘工艺和绝缘技术。与此同时，在低温结构材料、低温绝热材料等方面也有待于提升。

（4）超导电力装置的终端和电流引线技术。需要重点解决终端和电流引线热力学优化、结构优化、制造等关键技术。

（5）长距离低温杜瓦管的连接技术。重点突破长距离低温杜瓦管的热力学优化设计、最佳分段长度、连接结构优化、电和热绝缘技术等一系列关键技术，减少长距离低温杜瓦管因为连接而引致的热损耗和电场不均匀问题。

（6）大冷量制冷技术。以突破大功率、高效率、长寿命、低成本的低温制冷技术（50 ～ 5000W、20 ～ 77K）为目标，重点解决可靠的交变流动和稳定流动制冷机的新流程和新方法、大尺度回热器的交变流动及能量转换机制、大功率直线压缩机技术（10 ～ 20kW）、液氮温区（50 ～ 80K）大功率单级回热式低温制冷技术、液氢温区大功率双级（20 ～ 40K）回热式低温制冷技术、无磁低漏热低温流体传输和储存关键技术、热电磁力耦合技术及其基础应用数据库开发等关键科学技术问题、低温制冷系统的流程及其优化设计技术、在线检测与故障诊断技术和低温制冷系统制冷量自适应控制技术等。

（7）超导电力装置与电力系统的匹配协调运行技术。重点解决超导电力装置的电磁兼容、谐波治理、动态特性与电力系统稳定性之间的相互关系、作用和影响，研究电力系统对电力装置的动态特性要求和多台超导装置在电力系统中的协调运行问题。

第五节　我国超导电力技术的发展目标①

针对我国电网发展的未来发展需求，分阶段部署一批重大和重点课题，在超导电力技术方面形成一系列自主知识产权，用超导电力技术改造和提升我国电力工业，形成基于超导电力技术的未来电网核心技术，为我国能源结构转型提供技术支撑。

结合已有的工作积累和科学技术发展趋势，超导电力技术的发展要实现国内优势资源集成互补，有重点、有计划、分阶段地推进各项工作，超导电力技术在不同时间的发展战略目标如下。

1）总体目标

全面突破超导电力技术在未来电网应用中的核心关键技术，形成从超导材料至全面应用的完整研发链和产业链，使超导电力技术成为促进我国未来电网发展的关键技术手段，并基于超导电力技术构建国家电力主干网，发展并形成完善的超导电力系统理论体系。

2）2011 ～ 2020 年目标

第Ⅱ代高温超导材料实现规模化生产并在运行于液化天然气（LNG）温区（110K）的高温超导材料研究和制备②取得重大突破，开发出 77K 下 1 ～ 3kW 大

① 本部分内容参考了肖立业（2013）。

② 中国科学院国家科学图书馆 . 科学研究动态监测快报：先进能源科技专辑 .2010.

功率低温制冷技术，应用于 110 ～ 220kV 级的超导电力技术实现市场化并得到小规模应用，应用于 500kV 输电系统的超导电力技术的核心关键科学技术取得突破并实现示范应用，初步掌握超导电力核心关键科学技术、超导电力技术与电力系统匹配协调运行关键科学技术。

3）2021 ～ 2030 年目标

发展出 200K 以上的高临界温度超导体，LNG 温区（110K）的新型高温超导材料实现批量生产，77K 下 1 ～ 10kW 高可靠性低温制冷技术实现产业化，超导电力技术在电力系统中的应用进一步拓展和推广，基于超导电缆技术的 LNG 和电力能源输送系统得到规模应用，超导电力技术逐渐成为电力系统中的核心和关键技术，成为构建国家电力主干网的换代技术。

4）2030 ～ 2050 年目标

实用化常温超导材料和高效率长寿命低温制冷装备取得重大突破并实现大批量生产，超导电力技术在电力系统中得到了多层次的大规模应用，超导电力技术成为未来电网的核心，基于超导电力技术的国家电力主干网基本形成，发展并形成完善的超导电网和超导电力系统基本理论体系。

表 18-10 给出了超导电力技术拟重点部署和开展的研究方向，以及不同时间节点相关技术的阶段目标。

表 18-10 超导电力技术发展的重点方向及阶段目标

拟开展的研发项目	2011 年已经实现目标	2020 年阶段目标	2030 年阶段目标	2050 年阶段目标
超导材料	开发出第Ⅱ代 YBCO 超导带材的制备工艺	第Ⅱ代 YBCO 超导带材实现规模实用化，液化天然气（LNG）温区超导材料取得重大突破	LNG 温区超导材料实现规模化应用，开发出 200K 温区的新型超导材料和制备工艺	常温超导材料的研究和制备取得重大突破，形成批量生产能力
低温制冷技术	开发出实验室小型脉冲管制冷、热 - 声制冷、液氦 G-M 制冷机	开发出 77K 下制冷量为 1 ～ 3kW 的 G-M 制冷机和热声驱动的制冷机	开发出 77K 下制冷量为 10kW 级高可靠性低温制冷机，并且实现系列化和产业化生产	大功率、高效率、长寿命、低成本的低温制冷机得到规模化生产
超导限流器	适用于 35kV 及以下电压等级配电系统的超导限流器投入并网运行，相关技术达到实用化水平	适用于 220 ～ 500kV 及以上超高电压等级的超导限流器取得突破	适用于各种电压等级的超导限流器形成一定的市场规模，全面提升电网安全	超导限流器得到大规模应用
超导储能系统	MJ/MW 级小型超导储能系统研制成功并投入配电系统并网运行	中型超导储能系统投入市场，开发出几百 MJ/几百 MW 级大型超导储能系统	各种规模的超导储能系统得到实际应用，用户电能质量和供电可靠性得到根本改善	超导储能系统得到一定规模的应用

续表

拟开展的研发项目	2011 年已经实现目标	2020 年阶段目标	2030 年阶段目标	2050 年阶段目标
超导电缆	适用于 35kV 及以下电压等级配电系统的超导电缆投入并网运行，载流能力超过 10kA 的大电流超导直流输电电缆投入工程示范运行	交直流大容量超导电缆投入市场，开发出适用于 200 ～ 500kV 电压等级输电系统的超导电缆，开始实现 LNG 和电力的同步输送	大容量超导电缆得到一定规模的应用，成为大容量 LNG 和电力传输的主导产品	形成以超导电缆为核心构筑的国家电力传输主干网
超导变压器	适用于 35kV 及以下电压等级配电系统的 1MW 以下小型超导变压器投入并网运行	适用于 110 ～ 220kV 中压等级输电系统的 10 ～ 100MW 级超导变压器并投入市场	适用于 500kV 及以上超高电压等级的超导变压器投入市场，形成批量生产能力	超导变压器得到一定规模的实际应用，成为国家变电设施的主导产品
超导电机	开发出 kW 级超导发电机并通过实验验证，开发出 MW 级超导电机并进行运行测试	10MW 级电动机、超导发电机及超导同步调相机组进入市场，形成批量生产能力	开发出 100MW 级超导电动机、超导发电机和超导同步调相发电机组，并投入市场	大中型超导电动机、超导发电机形成一定的市场规模
基于超导磁体的新型超导 FACTS 装置	开发基于超导磁体与电力电子相结合的 FACTS 装置的实验样机	新型 FACTS 装置在 110kV 及以下中低压电网进入实际应用阶段	新型 FACTS 装置在 220kV 及以上高电压等级电网中得到实际应用	适用于各种电压等级的超导 FACTS 装置得到一定规模的实际应用
超导电力系统的基本理论体系	建立超导电力装置的动力学模型；提出多种新型超导电力装置的原理，并开发出原理样机	建立超导电力系统的动态仿真平台和研发试验基地；阐明超导电力装置的电磁暂态过程和机电暂态过程；提出采用超导电力技术改造和提升我国电网安全性和可靠性的技术保障措施和策略	建立超导电力系统或含有超导电力装置的混合电力系统的稳定性理论、经济运行理论、网络优化控制和决策模型等	发展并形成超导电力系统的基本理论体系

图 18-1 给出了超导电力技术的技术路线图，主要展示从 2011 年至 2050 年超导电力技术的主要和关键技术方面所应达到的目标要求。

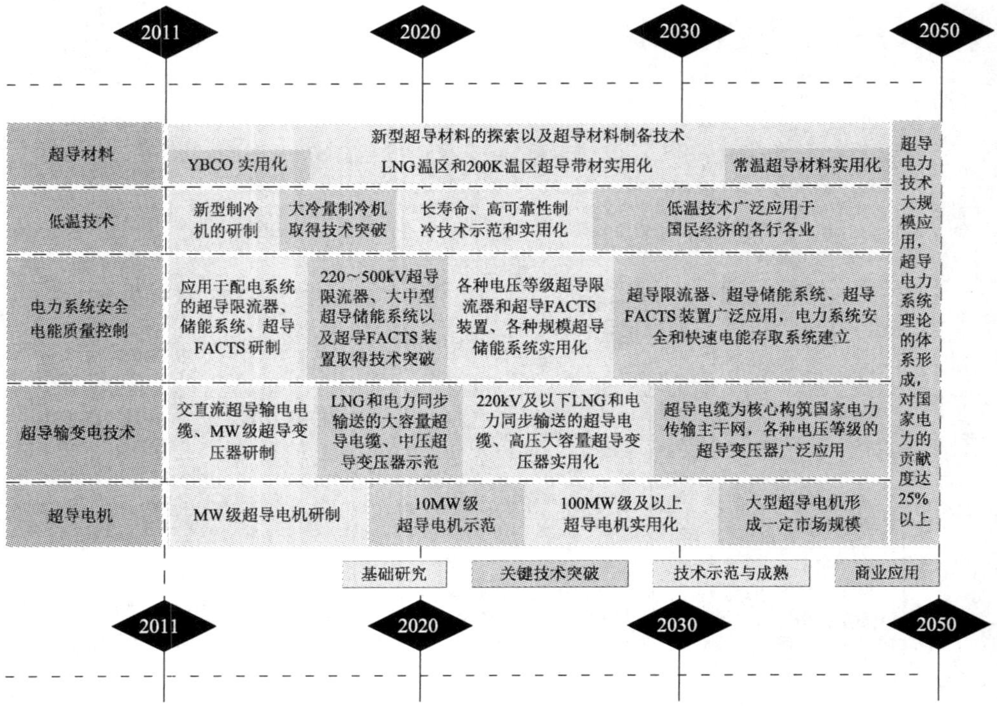

图 18-1　超导电力技术的技术发展路线图

第六节　超导电力技术的近期研究开发重点

根据我国电力工业发展的需求和超导电力技术的发展趋势，建议选择以下几个方面的课题作为近期战略发展重点。

（1）运行温度高于液化天然气（LNG）温度的新型超导材料探索研究以及实用化第Ⅱ代高温超导材料制备技术。高性能的并且具有综合竞争优势的超导材料研究和产业化发展是超导电力技术应用的基础。为此，一方面，以研究并制备出运行于 LNG 温区的新型超导材料为突破口，启动并重点地、持续地支持新型超导材料的探索研究和发展，以期实现 LNG 温区超导电力技术的实际应用；另一方面，以近期内研制出 km 级长度的第Ⅱ代高温超导带材为阶段目标，满足当前超导电力技术的应用要求，在技术水平、制备工艺以及材料综合性能方面达到国际一流水平，并且在柔性金属基带、阻隔层和超导层的合成工艺及制备技术方面取得突破，形成规模化产业，参与国际竞争。

（2）面向输电系统应用的 220 ～ 500kV 级高温超导限流器。高电压等级输电系统对高温超导限流器具有强烈的市场需求，并且市场前景非常广阔。近期内应当以研究开发出用于220～500kV级的超导限流器为阶段目标，形成批量生产能力，重点解决超导限流器的新原理创新、大电流冲击高温超导磁体技术、低温高电压绝缘技术、低温传热传质问题等一系列关键技术问题。

（3）大容量交直流高温超导电缆。近期以110～220kV及以下中压等级的高温超导电缆的实际应用为阶段目标，着力推进大电流超导直流输电电缆以及110～220kV交直流高温超导输电电缆的研究开发和应用工作。重点解决大电流高温超导电缆通电导体的优化设计和均流技术、大电流终端和电流引线技术、长距离低温杜瓦管的连接、低温高电压绝缘技术、大冷量制冷技术以及冷绝缘型超导电缆的结构及其设计等关键技术。

（4）中等容量超导储能系统。目前，主要用于提高用户电力稳定性、改善供电品质的超导储能系统由于其快速响应和瞬间大功率释放的巨大优势，目前尚无其他技术可以与之比拟。近期内应以MJ/MW级小型超导储能系统的产业化为先导，逐步开发出100MJ/100MW级中等容量超导储能系统，投入市场并形成批量生产能力。重点解决超导储能系统原理和拓扑结构创新、快速充放电超导磁体技术、电流引线技术、低温高电压绝缘技术、功率变换技术等关键技术。

（5）5～10MW级超导电机。超导电机在提高电机性能和效率、降低损耗、大幅度地减少电机重量和体积等方面具有明显的优势。近期内以研究开发出5～10MW级用于风力发电的直驱式超导发电机为阶段目标，形成市场化技术和推广应用能力。重点解决励磁绕组电磁、稳态设计、机械结构、驱动模式设计与仿真，以及冷却、失超保护等关键技术。

（6）超导电力系统的关键科学技术。基于超导电力技术对传统电网进行改造的相关技术研究开发，在全国联网中采用超导电力技术，实现我国电力工业长远发展战略，从而可以大大提高电网的稳定性、供电可靠性、改善供电品质，而且可以提高电网的输电能力、降低网络损耗。近期内的重点是要建立超导电力装置的动力学模型、提出多种新型超导电力装置的原理并开发出原理样机、建立超导电力系统的动态仿真平台和研发试验基地。

（7）大冷量制冷机技术。近期以开发出在液氮温区制冷功率1～10kW的透平膨胀制冷机、G-M制冷机、脉冲管制冷机或热声驱动的低温制冷技术为目标，提高制冷机免维护使用寿命至5万～10万h，与此同时形成大冷量制冷机的批量生产能力。

第七节　超导电力技术发展的对策和建议

（1）超导电力技术属于重大前沿战略性高技术，一旦取得重大突破，将同时对电力、能源、交通、通信、医疗、科学研究等带来重大的影响。因此建议国家科技部门长期稳定支持该方面的研究。为此，应设立“超导电力技术行动计划”，加强总体设计和组织，制订近、中、远期发展战略路线图，突出目标驱动导向，分别由不同部门根据目标任务需求予以长期稳定支持。

（2）作为重要切入点，启动液化天然气温度的长距离超导输电示范工程项目，通过在超导物理、超导材料、超导输电关键技术及其在电网中应用的关键科学问题的系统性突破，全面推动超导电力技术的发展，并通过 15 ～ 20 年的努力，建成数百 km 级的高温超导输电示范系统。

（3）支持建立相应的研究试验平台和人才队伍。在国家层面加强组织，由研究部门、高校、电网公司和电力设备制造企业联合建立有关的研究试验平台，夯实研究条件；建立由各个部门联合组成的攻关团队，统一部署、协同攻关。

参 考 文 献

肖立业 . 2013. 中国战略性新兴产业研究与发展—智能电网 . 北京：机械工业出版社 .

熊光成 . 2001. MgB_2 超导电性的发现及新一轮高临界温度超导研究热潮 . 物理 ,4: 197-199.

姚文新 . 2003. 超导材料与技术国外发展现状与趋势 . 新材料产业 ,12: 25-28.

赵忠贤 . 2009. 第二十一届国际磁体大会邀请报告 . 合肥 .

Gao Z S, Ma Y W, Zhang X P, et al. 2007. Influence of oxygen contents of carbohydrate dopants on connectivity and critical current density in MgB2 tapes. Appl Phys Lett, 91.

Hayakawa N, Kagawa H, Okubo H. 2011. A system study on superconducting fault current limiting transformer (SFCLT) with the functions of fault current suppression and system stability improvement. IEEE Transactions on Applied Superconductivity, 2(1): 1936-1939.

Kutami H, Hayashida T, Hanyu S, et al. 2009. Progress in research and development on long length coated conductors in Fujikura. Physica C, 469: 1290-1293.

Luongo C A. 1996. Superconducting storage systems: an overview. IEEE Transactions on Magnetics, 32(4): 2214-2223.

MartinW R, Li X P, Thieme C, et al. 2010. Advances in second generation high temperature superconducting wire manufacturing and R&D at American Superconductor Corporation. Supercond Sci Technol.

Prusseit W, Hoffmann C, Nemetschek R, et al. 2006. Reel to reel coated conductor fabrication by evaporation. IEEE Transations on Applied Superconductivity: 996.

Selvamanickam V, Dackow J. 2010. Progress in superPower's 2G HTS wire development and manufacturing. 2010 DOE Advanced Cables & Conductors Peer Review, Alexandria.

Shiohara Y, Yoshizumia M, Izumi T, et al. 2008. Current status and future prospects of Japanese national project on coated conductor development and its applications. Physica C, 468: 1498-1503.

Status of HTS Projects in the US. 2008. Engineering & Operations Technical Conference, Indianapolis.

Weber C S, Reis C T, Hazelton D W, et al. 2005. Design and operational testing of a 5/10-MVA HTS utility power transformer. IEEE Transactions on Applied Superconductivity, 15(2): 2210-2213.

Yuan X, Tekletsadik K, Kovalsky L, et al. 2005. Proof-of-concept prototype test results of a superconducting fault current limiter for transmission-level applications. IEEE Trans Appl Supercond, 15: 1982-1985.

第十九章　高性能大容量电能存储技术

广义的储能技术，根据不同能量类型，基本分为四大类别，包括基础燃料的储存（包括煤、石油、天然气等），中级燃料的储存（如氢、煤气、太阳能燃料），电能储存（主要可分为机械储能、化学储能以及电磁场储能）和后消费能量储存（相变储能等）。本章立足于对能源革命中电网技术的发展与对策研究，因此下面提及的高性能大容量储能技术，均用于特指电力系统储能技术。

大容量储能技术的应用贯穿电力系统发电、输电、配电、用电的各个环节，不仅对传统电力系统起到了改善和改良的作用，优化了电网资源配置，而且也将给电网的结构、规划、设计、调度运行、电力市场管理以及使用等带来革命性的变化。在大容量、高性能、规模化储能技术应用之后，电力成为可以储存的商品，这对电力一直是发输配用同时完成的概念以及基于这一概念形成的电网功能、结构和形态都将产生很大的冲击，将电网传统的功率传输功能转向了电量传输功能，使输电网转向了能源网。储能技术及其产业的规模化发展，能够使间歇性的、随机的、低密度的可再生清洁能源得以广泛、有效地利用，并且逐步使之成为经济上有竞争力的能源。

另外，随着电动汽车动力电池技术经济性能的提高以及电动汽车保有量的增长，电动汽车有望作为移动式储能单元与电网进行合理的双向能量转换，将会对电网接纳可再生能源发电以及经济高效运行起到良好的辅助作用。因此电动汽车和高性能大容量电力系统储能技术在两个领域上对储能技术的研发和产业发展上将互相推动，这将对未来储能技术发展和应用产生重要的影响。

本章研究工作重点围绕高性能大容量储能技术发展现状与应用前景，在此基础上结合我国的实际情况，指出要实现大规模储能技术推广应用的必要关注点，提出了大规模储能技术能否推广应用的四项评判指标，结合美国 DOE、日本 NEDO 报告以及国内 863 项目相关研究方向及预期目标，甄选出两种值得关注的电池储能技术作为当前重点研究的大规模储能技术方向，并针对储能技术推广运用所面临的问题，提出了推进中国储能技术发展和规模化应用的建议。

第一节　电力系统对高性能大容量储能系统的前瞻性需求

一、清洁能源的重要动力与支撑

我国的能源消费结构过度依赖煤炭，不利于能源安全供应，能源消费结构优化势在必行。可以预期，未来20年，我国能源结构和电力生产消费方式将面临重大的转折和改变，将由以资源有限、污染严重的化石能源为主的能源结构，逐步转变为以资源无限、清洁干净的可再生能源为主的多样化、复合型的能源结构。

风力发电和太阳能发电具有不同于火电和水电等常规电源的波动性和间歇性，大规模并网运行会对电网的稳定运行造成影响，影响程度与可再生能源发电在系统中所占的比例有关。当所占比例较小时，对电网冲击不大，利用电网控制与配电技术，能够保证电网安全稳定运行。然而，当风电、太阳能发电容量超过一定比例以后，对局部电网产生明显冲击，严重时会引发大规模恶性事故，因此不得不采取措施改善这一情况。

在波动性可再生能源装机容量不断增加、规模不断扩大的情况下，需要借助储能装置，提供快速的有功支撑，增强电网调频能力。对于太阳能和风能等波动性可再生能源发电系统，应在电源侧配置动态响应特性好、寿命长、可靠性高的大规模储能装置，有效解决风能、太阳能等可再生能源大规模并网的间歇性、不确定性问题，大幅提高电网接纳可再生能源的能力，促进可再生能源的集约化开发和利用。

我国西北、东北等偏远地区拥有良好的风力资源与太阳能资源，适合大力发展风电、太阳能发电等清洁能源。但是这些地区本身电网结构相对薄弱，负荷分布较为分散，因此通常要远距离输送到负荷集中区，这将需要更多配套输变电工程。由于风电、太阳能发电的有效利用时间较少，若按传统的电网规划设计方式，将造成输配电设备利用率较低。大容量储能技术的加入，可以按照能量传输的设计方法取代传统电网按功率断面设计的思路，将电网的功率传输功能转换为能量传输功能，有利于充分利用现有输配电资源，大力促进新能源发电的有效利用。

总之，储能技术及其产业的规模化发展，能够使间歇性的、随机的、低密度的可再生清洁能源得以广泛、有效地利用，并且逐步使之成为经济上有竞争力的能源。因此储能技术的发展和规模化应用，将是促进可再生能源从人类社会中的补充能源逐步成为替代能源，并一直到主导能源的重要动力与技术支撑。

二、传统电网变革的促进与辅助

传统电网系统目前已经出现用电需求与供电能力等多方面的矛盾激化现象，急需进一步地完善，甚至变革。而大容量的储能技术，将对电力生产使用方式产生革命性的影响。在大容量、高性能、规模化储能技术应用之后，电力成为可以储存的商品，这将对电力一直是发输配用同时完成的概念以及基于这一概念的运行管理模式产生很大的冲击，储能技术的发展和应用将成为促进电网结构、规划、设计、运行管理以及使用等发生革命性变化的催化剂。

如果在传统电网模式“发—输—配—用”的基础上增加一个储能环节，即变为新型电网模式“发—输—配—用—储”，具体可以理解为“发（—储）—输（—储）—配（—储）—用（—储）”，即增加的储能系统可以贯穿电力系统运行的各个环节，满足不同环节的特殊需求。

（1）发电端对储能系统的需求。① 平滑功率输出，降低功率波动越限概率以及爬坡率；② 发电计划跟踪能力，缩减预测功率输出误差；③ 削峰填谷。

（2）输电环节对储能系统的需求。

（3）更加灵活的配置能源供应，提高现有输电网络的效用，延缓输电设备投资。配电环节对储能系统的需求。① 缓解高峰负荷需求，延缓网络升级扩容；② 应对故障情况，保证供电稳定。

（4）用户侧对储能系统的需求。① 辅助分布式电源的接入；② 应对峰值负荷需求；③ 满足特殊负荷的电能质量需求。

总之，储能系统的规模化应用贯穿于电力系统各个环节，将促进电力系统传统的规划方法和设计原则的先进变革。高性能大容量的储能技术在未来具有广阔市场，但目前仍处于技术发展的初期阶段，经济效益还不明晰。储能技术的经济效益包括显性效益和隐性效益，也包括长期效益和短期效益。所谓显性效益，主要体现在储能系统有利于促进可再生能源发电应用以及利用峰谷电价差获益；隐性效益主要体现在储能系统对电力系统升级规划延缓投资等方面的作用；长期效益通常从储能系统在削峰填谷应用中得以显现；而短期效益主要体现在储能系统对电网的调频作用、平滑风电或太阳能发电的功率波动及实现调度计划跟踪等方面。

第二节　国内外储能技术发展现状与趋势

由于电力系统的复杂性以及对储能需求的多样性，尚没有一种储能技术可以在技术经济两方面同时满足电力系统的所有需求。目前，人们已经探索和开发了多种形式的电能存储方式，主要可分为机械储能、化学储能和电磁场储能等。机械储能方式包括抽水蓄能、飞轮储能和压缩空气储能等；化学储能主要包括各种二次电池，如铅酸电池、氧化还原液流电池、钠硫电池和锂离子电池等；电磁场储能方式包括超导磁储能和超级电容储能等。

储能技术具有极高的战略地位，世界各国一直都在不断支持储能技术的研究和应用。日本 NEDO 于 2009 年针对各种电池技术进行了详细的发展路线规划，其中尤其关注锂离子电池、钠硫（NaS）电池以及新型电池等的技术发展；美国 DOE 也于 2010 年底围绕各种新型与先进电池的发展与应用发布了相关技术报告，其中提及未来 20 年中将重点关注超级铅酸与先进铅酸电池、锂离子电池、硫基电池、液流电池、功率型储能电池以及金属空气电池、先进压缩空气储能技术等研究方向。

目前，大容量储能技术中也只有抽水蓄能技术相对成熟，但其发展推广因受地理条件限制而被制约；其他储能方式大多处于实验示范阶段甚至起步研究阶段，距离大规模推广应用还有较大距离，同时在可靠性、效率、成本、容量和寿命等方面仍存在诸多制约商业化应用的因素。近几年，电力系统运行各环节对储能系统的需求越来越迫切，同时受新兴行业电动汽车应用推广的带动，使得电池储能成为近期备受关注的储能技术类型。下面将根据上述几大储能类型简单介绍各种储能技术的发展现状。

一、机械储能

1. 抽水蓄能技术

抽水蓄能是电力系统中最早采用的大规模、集中式储能手段，其优点在于技术成熟、可靠，容量大；缺点在于建造受地理条件限制，而且工程工期长。

抽水储能最早于 19 世纪 90 年代在意大利和瑞士得到应用，目前国内外共有超过 90GW 的抽水储能机组投入运行。我国抽水蓄能电站建设于 20 世纪 90 年代初才进入发展期，截至 2009 年底，我国有 18 座抽水蓄能电站投入运行，装机容量达到 1454.5 万 kW；在建抽水蓄能电站 12 座，在建容量 1114 万 kW。我国抽水蓄能电站发展速度虽很快，但抽水蓄能装机容量占总装机容量的比例还很低，仅为 1.66%，不能适应电网快速发展的需要。目前，我国正在积极规划和建设抽水蓄能电站，并力争使抽水蓄能装机容量达到总装机容量的 3% 左右。

2．飞轮储能

飞轮储能几乎不需要运行维护，寿命长（20 年或者数万次深度充放循环）且对环境无不良影响。飞轮具有优秀的负荷跟踪性能，可以用于那些在时间和容量方面介于短时储能应用和长时储能应用之间的应用场合。

早在 20 世纪 50 年代，瑞士苏黎世 Oerlikon 工程公司开发出飞轮储能巴士并投入实际运行至 1959 年；1989 年日本研制出 230Wh/5kW 的飞轮不间断电源实验装置，钢质飞轮重 30kg，最高转速为 30000 r/min；目前美国宇航局 Glenn 研究中心研制的储能飞轮转速达到 60 000r/min；马里兰大学已完成储能 20kW · h 的飞轮研制，系统效率为 81%；此外，美、日、德等国家正致力于研究采用高温超导磁悬浮轴承技术的飞轮储能系统，并取得一定进展。

国内从事与飞轮研究相关的单位包括清华大学工程物理系飞轮储能实验室、华中科技大学、华北电力大学、北京飞轮储能柔性研究所、北京航空航天大学、南京航空航天大学等，其中清华大学飞轮储能实验室为国内飞轮技术的领先者之一，于 1996 年开始 300 Wh 飞轮储能样机研制，1997 年首次实现充放电实验，2003 年完成 500 Wh 飞轮储能不间断电源原理样机，飞轮转速为 42000r/min；华北电力大学研制的钢质飞轮极限转速为 10000 r/min，并成功进行了飞轮储能系统加速试验以及飞轮储能系统与电力系统同步运行控制试验，为研制大容量飞轮储能系统奠定了基础。

3．压缩空气储能

压缩空气储能的设想是 20 世纪 50 年代提出的，目的是用作电力系统的削峰填谷，利用电力系统负荷低谷时的剩余电量，由电动机带动空气压缩机，将空气压入作为储气室的密闭大容量地下洞穴，将不可储存的电能转化成可储存的压缩空气的气压势能并储存于贮气室中。当系统发电量不足时，将压缩空气经换热器与油或天然气混合燃烧，导入燃气轮机做功发电，满足系统调峰需要。在燃气轮机发电过程中，燃料的 2/3 用于空气压缩，其燃料消耗可以减少 1/3，所消耗的燃气要比常规燃气轮机少 40%，同时可以降低投资费用、减少排放。

当前只有德国、美国、日本和以色列建成过示范性电站。德国在 1978 年建成了世界上第一个压缩空气储能电站，压缩时输入功率约 60MW，发电时的输出功率为 290MW。1979 ～ 1991 年，曾启动过 5000 多次，平均可靠率达 97.6%。压缩空气储能的效率虽略高于抽水蓄能，但它需要相当巨大的地下储气洞（3 万 ~50 万 m^3），受到地质条件的限制，还需要配以天然气或油等非可再生一次能源，因而至今无明显进展。

二、电化学储能

1. 钠硫电池

钠硫（简称 NaS）电池以钠和硫分别用作阳极和阴极，Beta– 氧化铝陶瓷同时起隔膜和电解质的双重作用。钠硫电池原材料丰富，能量密度和转换效率高；其缺点在于功率密度低，存在安全隐患，成本高昂且降价空间小。

钠硫电池最早发明于 20 世纪 60 年代中期。1992 年第一个示范储能电站投入试运行；目前世界上最大的钠硫储能电站（34MW/51MW•h）在日本青森投入运行。2005 年我国上海市电力公司与上海硅酸盐研究所联合对钠硫电池开展研发，2007 年元月成功制备第一只容量达 650Ah 的单体钠硫电池并展开钠硫电池工程化技术研究；2007 年建成具有年产 2MW 单体电池能力的中试线，可以连续制备容量为 650Ah 的单体电池，拥有多项自主知识产权。目前电池循环寿命达到 360 次以上，比能量 150Wh/kg，电池前 200 次循环的退化率为 0.003%/ 次，但电池的性能稳定性仍是需要解决的问题之一。

从国际形势看，日本 NGK 在钠硫电池研发、生产和商业运营等技术上相对成熟，应用场合也最多，具备较多经验，但是安全事故仍时有发生，且发生后其有毒气体排放会对周边环境产生影响；从国内形势看，我国已在大容量钠硫电池关键技术和小批量制备（年产 2MW）上取得了突破，但在生产工艺、重大装备、成本控制和满足市场需求等方面仍存在明显不足，离真正的产业化还有较大差距。

2. 液流电池

氧化还原液流电池（flow redox battery）简称液流电池，最早由美国航空航天局（National Aeronautics and Space Administration，NASA）资助设计，1974 年由 Thaller 公开发表并申请了专利。相比于其他化学电池，液流电池具有许多适用于电力系统领域的优点，如功率与容量彼此独立、循环寿命长、可 100% 深放电而不影响电池寿命、可响应频繁充放电切换、原材料来源丰富且易于回收再利用等；但同时，液流电池存在能量密度不高、效率低（低于 80%）、温度特性差等缺点。

已开展储能示范运行的液流电池体系包括锌 / 溴，多硫化钠 / 溴和全钒液流电池体系（VRB），应用领域多涉及负荷侧管理、削峰填谷、办公楼供电源及紧急备用电源以及用于风电和光伏的配套等。前两种体系最终由于无法解决电池设备中溴汽的蒸发而不得不暂停示范，而全钒体系液流电池，由日本住友电工（SEI）、加拿大 VRB Power Systems、澳大利亚的 Pinnacle VRB Ltd 等公司推动而迈向商业化应用，近年来得到长足发展，在日本、北美等地成功建立多处示范工程。

在我国，VRB 研究始于 20 世纪 90 年代，中科院大连化物所、中国地质大学、中国工程物理研究院电子工程研究所、广东工业大学、广西大学、东北大学、中国科学院金属研究所和中南大学等先后加入到VRB的研究中来。中国电力科学研究院电工研究所与中科院大连化学物理所合作建成国内最大的100kW/200kW·h的全钒液流电池系统，在中国电力科学研究院开展试验示范。产业化方面，北京普能公司因与2009年初成功收购原加拿大VRB公司，而跃居成为目前世界上唯一能够提供商业化全钒液流电池储能系统的机构。

3. 锂离子电池

与其他化学电池相比，锂离子电池的优点体现在储能密度和功率密度都较高、效率高、循环寿命长等，因而具有广泛的应用场合和市场空间。随着锂离子电池制造技术的完善和成本的不断降低，将锂离子电池用于储能将具有广泛的前景，许多发达国家也都十分重视这一研发方向。

美国电科院在2008年已经进行了$LiFePO_4$锂离子电池系统的相关测试工作，并于2009年开展兆瓦级（1MW）锂离子电池储能系统的示范应用，主要用于电力系统的频率和电压控制以及平滑风电功率输出等。

中国是锂离子电池的生产大国，2009年7月比亚迪公司建成我国第一座MW级$LiFePO_4$锂离子电池储能电站，用于平抑峰值负荷以及光伏电站的稳定输出；东莞新能源（ATL）公司也正在进行高功率型钛酸锂（$Li_4Ti_5O_{12}$）电池产品的研发及相关测试；而中国电力科学研究院于2008年建立电池特性实验室，并重点围绕锂离子电池成组技术、锂离子电池系统的实验与测试技术、锂离子电池储能系统集成技术以及锂离子电池储能系统应用模式和接入条件等方面展开一系列工作，并初步取得一系列的研究成果。

4. 铅酸电池

铅酸电池是以二氧化铅和海绵状金属铅分别为正、负极活性物质，以硫酸溶液为电解质的一种蓄电池，距今已经有150年的历史，但它存在很多不足，包括循环寿命短，含有有害重金属等；近几十年随着铅酸电池性能的改进和成本的降低，其作为电动车用电源、不间断电源、军用电源等，已经在各个行业得到广泛应用，成为技术发展最成熟的电池类型。

目前世界各地已建立多项铅酸蓄电池储能系统示范工程，用途包括用于电力调峰、电网调频和离网式水力发电系统的后备电源等。目前世界上最大的示范储能电站是位于阿拉斯加的用于军用备用电源的40MW·h示范项目。

目前中国铅酸电池产量超过世界电池产量的1/3，成为世界电池的主要生产地，生产研发技术与国际先进水平差距已不明显。

价格便宜的铅酸电池在某些特定场合具有良好的应用，国际上在铅酸电池储能系统的应用方面也初步取得一定效果，对改良性铅酸电池和超级铅酸电池研发情况的跟踪，有一定意义。

5. 钠 / 氯化镍电池

钠 / 氯化镍电池是一种在钠硫电池的基础上发展起来的新型储能电池，至今已发展了三代，其电池具有组成材料无低沸点、高蒸汽压物质以及过充过放电保护机制等特性，从根本上解决了电池的安全问题，是该系列电池安全问题的重大突破。美国 GE 公司在过去 5 年里致力于钠 / 氯化镍电池技术的研发，具有独立研发电池模块及电池管理系统的能力，其研发的钠 / 氯化镍储能电池系统应用于混合动力机车可节省 10% 的燃油，设计使用寿命为 20 年，该机车将于 2010 年 11 月试生产。

目前，关于钠 / 氯化镍储能电池的开发还处于起步阶段，对于钠 / 氯化镍电池面向大规模储能的具体应用场合还有待更深入的试验研究，离电池的标准化规范化以及相应的检测和评价体系的建立还有一定的距离。

6. 其他先进电池

随着材料技术的发展与进步，一些研究机构也相继对很多新兴先进电池如锂硫电池、锂 – 空气电池、硅基负极、锡基合金负极等新型电池体系等开展研究，这一类先进电池将朝着具有更高比能量、高效率、长寿命、高安全性和低成本等方向发展。

三、电磁场储能

1. 超导磁储能

超导磁储能（SMES）单元由一个置于低温环境的超导线圈组成，低温是由包含液氮或者液氦容器的深冷设备提供的。功率变换 / 调节系统将 SMES 单元与交流电力系统相连接，并且可以根据电力系统的需要对储能线圈进行充放电。通常使用两种功率变换系统将储能线圈与交流电力系统相连：一种是电流源型变流器；另一种是电压源型变流器。超导磁储能的功率特性好，但其能量密度较低，比较适合在提高电能质量等功率型场合应用。

20 世纪 90 年代以来，低温超导储能在提高电能质量方面的功能被高度重视并得到积极开发，美、德、意、韩等也都开展了 MJ 级的 SMES 的研发工作，并有装置投入实际电力系统进行试运行，但低温超导储能装置的低温系统技术难度大、冷却成本高，不利于 SMES 在电力系统的广泛应用；直接冷却超导储能（HTc-SMES）的研究也受到美、日，德、韩、法和日本等国的高度重视，但仍处于起步阶段；高温超导材料技术近年来取得了很大的进展，目前 Bi 系高温超导带材（也称第 I 代带材）已实现商品化，其性能已基本达到了电力应用的要求，为高温超导电力技术应用研究奠定了基础；称为第 II 代高温超导材料的 Y-Ba-Cu-O（简称为 YBCO）涂层导体，也已有百米以上商品化长带，其液氮温区长带临界电流达到 300 A/cm 以上的水平。

在我国，中国科学院电工研究所、清华大学、华中科技大学等单位开展了超导磁储能系统的研究工作。中科院电工所于 1999 年研制成功我国第一台微型 SMES 样机；清华大学也已研制了两台用于改善电能质量的低温超导储能装置；在国家“十五”规划、“863”计划资助下，华中科技大学联合西北有色金属研究院、等离子体物理研究所、浙江大学等单位于 2005 年研制成功了我国第一套直接冷却 HTc-SMES（35kJ/7kW），全部采用国产高温超导带材。中国电力科学研究院基于第 II 代高温超导体 YBCO 超导线材，率先研究并构造出适于高温区运行、高比容量、高比功率的 kJ 级 SMES 储能单元，对 YBCO 超导线材 SMES 储能单元设计、构造、控制和保护、功率变换器以及 SMES 装置在电力系统的应用等关键科学和技术问题进行了研究和探索。

2. 超级电容器储能

超级电容器的基本原理是利用活性炭多孔电极和电解质组成的双电层结构，静电极化电解溶液的方式储存能量。虽是电化学器件，但其能量储存机制却不涉及化学反应。超级电容器可以实现快速充放电，充放电循环次数达十万甚至数百万次，但其能量密度低，所以应用场合受限。

第三节　大规模储能技术的评价指标和选择依据

一、适合规模化应用的电力储能技术评价指标

高性能大容量储能技术的规模化应用，将引起传统电力系统全新的变革。在电力系统各应用领域，也对储能系统提出了不同的技术要求。如何判断一种储能技术能否在电力领域规模化应用以及在何种条件下大规模商业化应用，成为急需研究解决的问题。根据上一节的叙述，基本可以了解储能技术的现有技术水平，因此，结合储能技术大规模应用的预期宏观效果与现有技术水平的差距，可知当前制约储能技术大规模推广的因素，基本上包括系统安全因素、关键技术因素、

投资成本等，也就是说，通过归纳这些关键因素，可以提炼评判某种储能技术是否具备规模化推广的必要条件。

如今，关注储能技术的行业及研究人员越来越多，但对于储能技术的具体发展方向以及如何推广、何时普及等细节问题，却一直没有系统的研究。鉴于此，中国电科院基于近几年来关于储能技术的研究工作，归纳出大容量储能技术推广应用的关键因素，并提出规模等级、技术水平、经济成本以及设备形态这四项指标，用于判断适宜规模化发展的储能技术体系。

1. 储能技术的规模化水平

未来广泛用于电力系统的储能技术，至少需要达到MW级/MW•h级的规模，而对于现有储能技术水平来说，功率型储能技术很难达到MW•h量级，而能量型储能技术将成为大规模发展的首选。安全与可靠始终是电力系统运行的基本要求，MW级/MW•h级规模的储能系统将对安全与可靠性提出更高的要求。能否在此及更大规模下安全、可靠的运行，将是评价一种储能技术能否大规模化应用普及的指标之一。储能系统的安全问题，与储能系统本身的材料体系、结构布局以及系统设计中所考虑的安全措施等因素相关，尤其对电池储能系统而言，由于在应用过程中往往需要通过串并联成组设计将电池单体组成电池模块及电池系统才能满足应用需求，所以电池系统内部各单体电池的性能一致性问题，也成为影响电池系统安全性与可靠性的又一个因素。可见，储能系统规模与储能系统的安全性有着必然联系。

对于电池储能技术而言，电化学反应机理是安全问题第一影响要素。针对锂离子电池，虽然其反应机理存在安全问题，但随着材料技术和电池成形制造工艺水平的提高，其单电池一致性将有大幅改进空间；同时，锂离子电池的无机电解液研究及其成组技术研究的进步，也为其大规模应用带来曙光；目前国外已有1~10MW级的示范工程建设或投运，可见锂离子电池储能系统MW级规模化应用很有前景；全钒液流电池凭借其特有的体系特性，具有良好的一致性保持能力，而且其电化学反应机理上也没有安全问题，运行特性稳定可靠，适合大规模应用；而钠硫电池的最大缺陷就在于其存在安全隐患，可见，锂离子电池与全钒液流电池在大规模储能技术研究领域更值得关注。

2. 储能技术的技术水平

大规模储能技术在全球都还处于发展初期，尚未形成主导性的技术路线。一些影响储能技术规模化应用的技术瓶颈还有待突破，包括储能技术规模化之后的效率、安全性、可靠性、循环使用寿命和动态响应等，要评判一种储能技术是否能够得到长久的规模化推广，首先应看该技术在主要技术指标上能否实现突破。

首先，转换效率和循环寿命是两个重要参数，它们影响储能系统总成本。低效率会增加有效输出能源的成本，低循环寿命因导致需要高频率的设备更新而增加总成本。抽水蓄能、压缩空气储能、超级电容器储能和液流电池储能等具有较好的循环寿命；超导磁储能、钠硫电池储能和锂离子电池储能等具有较高的储能效率。

其次，在具体应用中，影响储能系统比能量的储能设备体积和质量也是考虑因素。体积能量密度影响占地面积和空间，质量能量密度则反映了对设备载体的要求。在对土地资源要求不高的场合，如风电场，能量密度不是主要考虑因素，那么具备频繁响应充放电切换能力的全钒电池体系就可以胜任；但在电动汽车及城市商业设施等土地资源紧张的应用场所，能量密度就是重要的参考因素。锂离子电池和钠硫电池具有较好的比能量密度，其他化学电池次之，而超导、超级电容器、飞轮储能则偏低。综合而言，锂离子电池与全钒液流电池仍是最有发展空间的储能电池类型。

3. 储能技术的经济成本

在现有电价机制和政策环境下，单就储能技术的成本来讲，远不能满足商业应用。以风电应用为例，配套的储能设施单位千瓦投资成本几乎都超出了风电的单位投资成本，同时大规模化的储能系统还要考虑相应的运行维护成本。因此，所关注的规模化推广的储能技术必须具备经济前瞻性，也就是说应该具备大幅降价空间，或者从长时期来看具有一定显性的经济效益，否则很难推广普及。对于隐性经济效益，由于缺乏具体实例而暂时无法给出定量分析；对于显性效益分析，在我国宜采用峰谷电价差收益与单位循环寿命造价两者之间的差值关系衡量该储能技术的经济性。单位循环寿命造价由单位千瓦时储能系统造价、储能系统全周期循环寿命、储能系统的能量转换效率、储能系统运营成本及储能系统外围平衡费用等构成。

根据估算，当储能系统的初始投资降到 1500 元 /kW·h 及以下、全周期循环寿命 5000 次且峰谷电价差达到 0.5 元或更高时，可以达到盈亏点。

对于铅酸电池，虽然成本较低，但其大规模应用带来的系统复杂性可能会大大提高其成本，因此，其规模化集成技术还需进一步探讨；考虑到日本 NGK 公司对钠硫电池的技术保密和技术垄断，很难判断其成本的变化趋势，预计短期内价格不会有太大降幅；随着国产化进程包括对国外公司的收购，全钒液流电池预计成本在 2015 年会降到 8000 元 /kW，全周期寿命 >15000 次，而每千瓦时的成本会随着容量规模的增大而下降得更快，预期目标为 600~1000 元 /kW·h；近两年锂离子电池成本下降较快，随着技术进步和规模化应用，2015 年的预期目标为初始成本降至 1500 元 /kW・h，全充放电循环寿命≥ 5000 次。

目前，对于高性能大容量的储能技术需求非常明确并且极为迫切，但却仍没有大规模的推广开来，其矛盾主要集中在储能技术本身的经济性问题。基于上述分析可见，从经济指标衡量，在各种化学电池储能中，锂离子电池和全钒液流电池最有应用前景；而铅酸电池由于循环寿命所限，仅适用于部分特定场合，应用受到限制；由于其技术垄断，钠硫电池的材料体系和制造工艺几乎定型，成本价格下降空间较小，未来走势不太乐观。

4．储能技术的形态

衡量一种储能技术能否得到大规模推广运用（含应用场合和单系统容量）的第四项指标应是储能系统能否以设备形态运用在电力系统中。也就是说，投入应用的储能系统应易于批量化和标准化生产，便于控制与维护，可以作为电力系统中的一类设备，而不是以工程形态出现。

对于抽水蓄能、压缩空气等储能方式，显然不能满足这一评价指标的要求。在众多储能方式中，电池储能是契合设备形态需求的储能技术类型。原因有以下几种。一是电池单体可在工厂里批量化、标准化规模生产；二是模块化成组设计应用使得电池储能可以灵活的规模化扩容；三是其结构形式紧凑，便于选点布点，应用范围广，贯穿电力系统各个环节，满足随时随地、按需使用的需求；四是系统安装工期短，便于维护与操作。

综合上述四个评价标尺的分析以及国内外关于储能技术的研究现状可知，在诸多储能技术类型中，锂离子电池与全钒液流电池储能技术更值得我国关注。在我国 863 计划中关于储能电池的研究规划和预期目标以及日本 NEDO 电池技术发展路线报告、美国 DOE 报告中，均可以获得其相关技术参数及经济预期数据等。

二、重点发展储能技术的选择依据

1．储能技术现有技术水平

国内外关于锂离子电池以及全钒液流电池的现有技术水平，之前已有所介绍，此处不再赘述。值得说明的是，由于我国政府及相关企业高度重视并积极推动了电动汽车行业的发展，这极大地推动了锂离子电池技术的进步。

2．国内发展规划

在“863”计划关于“高性能电池关键材料技术重大项目”中，明确列出我国在 2020 年之前，针对锂离子电池、全钒液流电池等的研究方向、预期目标以及效益分析，并给出了关于电池本体技术的参考数据（表 19-1）。

表 19-1 储能电池的发展战略目标

储能电池种类	2012 年	2015 年
锂离子电池	全充放电寿命≥ 3000 次，成本≤ 1.8 元 / Wh	全充放电寿命≥ 5000 次，成本≤ 1.5 元 / Wh
全钒液流电池	成本≤ 15000 元 /kW	成本≤ 8000 元 /kW

3. 国际发展规划

日本 NEDO 发布的关于锂离子电池至 2030 年技术发展路线图中，详细说明了锂离子电池在未来 20 年内的发展趋势与技术指标，并明确列出研发时间节点，为我国相关电池技术的发展提供了良好的参考依据。根据日本 NEDO 的电池技术发展路线图，锂离子体系电池在 2030 年时的性能将提高到现有水平的数倍，而价格降为现有水平的约 1/20，即约 400 元 /kWh，详细发展路线参见图 19-1。

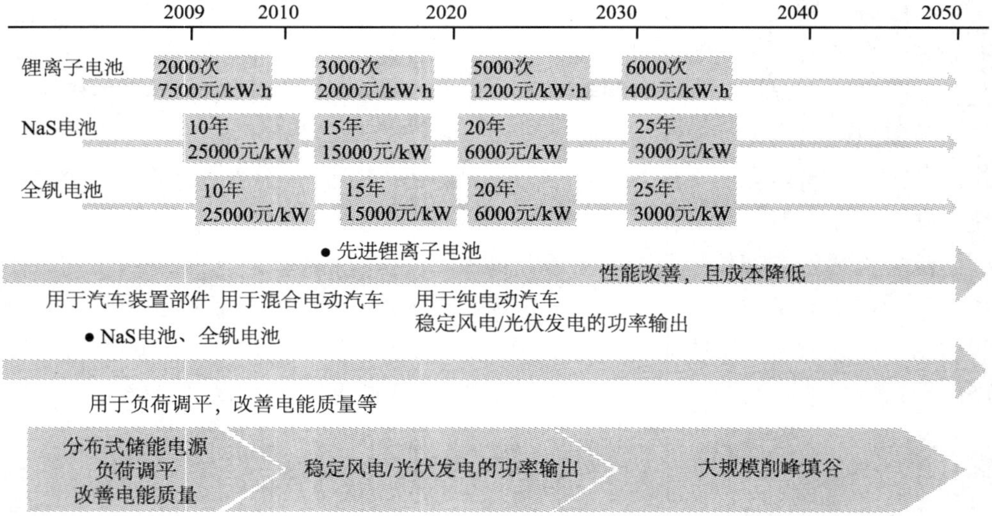

图 19-1 NEDO 主要储能技术发展路线图

此外，在美国 DOE 于 2010 年底发布的关于储能技术应用研究的报告中，也针对各种储能技术，详细提出在未来 5~20 年中的技术发展方向与投资成本目标等，并确定超级铅酸与先进铅酸电池、锂离子电池、硫基电池、液流电池、功率型储能电池以及金属空气电池、液金属电池、锂硫电池、先进压缩空气等作为其重点关注的储能技术类型。其中针对锂离子电池、NaS 电池以及全钒液流电池的成本预期目标参见表 19-2。

表 19-2　美国 DOE 关于各种电池技术的成本预期目标

电池类型	预期成本				备注
	2012 年	2014 年	2020 年	2030 年	
锂离子电池	\$500/kW・h	\$300/kW・h	\$125/kW・h	—	在 2030 年前实现 DOD 为 80% 时循环寿命 10000 次
NaS 电池	\$3000/kW	—	\$2000/kW	\$1500/kW	—
全钒液流电池	—	\$200~250/kW・h	\$150~200/kW・h	\$100~150/kW・h	—

综合国内外现有储能技术研究水平、国内关于电池技术的研究目标以及国外关于电池技术的发展规划三方面可知，锂离子电池和全钒夜流电池的技术性能与经济成本，决定其成为重点关注的大容量电池储能技术类型，深入研究并大力推广锂离子电池与全钒液流电池储能技术，既迎合了电动汽车与储能两大应用市场的需求，又能有效推动上述两大应用技术的进步，符合社会经济发展的需求。

第四节　高性能大容量电池储能系统的研究方向

在世界范围来看，目前对于高性能大容量的储能技术研究仍处于初级研究阶段，很多关键技术仍不成熟，对于示范工程规模也远远不够，缺乏相应的标准，也没有建立市场机制。可见，要实现推广应用大规模的储能技术，还需要解决很多方面的问题。鉴于在众多问题中，技术突破是核心，因此本节将重点关注技术研究方向。高性能大容量电池储能系统的技术研究方向主要包括电池本体技术和电池储能系统应用技术两大方面。

一、电池本体技术

电池本体技术研究，主要从电池原材料制备技术、电池本体制造技术及电池系统集成技术等三个方面着手。

1. 电池原材料制备技术

原材料是电池性能发挥的载体，从本质上决定着储能电池性能的高低，因此，原材料的制备技术是储能电池首要的关键技术。

锂离子储能电池由于其材料体系、结构形式可以灵活选择，并且随着技术的不断发展，不断涌现出新型的锂离子电池，引领着锂离子电池向着高安全性、高能量密度、高功率密度、长寿命、低成本的方向发展。电池原材料是影响锂离子储能电池性能的关键所在，原材料的制备技术也成为其中的关键技术，其中最关键的主要是正负极材料、锂盐电解质、隔膜等原材料的制备技术。目前，已开始进行试验示范应用的较成熟的锂离子储能电池类型主要有锰酸锂系、磷酸铁锂系电池。在电池正极材料上，通常都是在锰酸锂、磷酸铁锂的基础上通过掺杂、包覆等手段引入其他元素或物质，从而提高某些方面的性能。另外，还不断有新的材料体系被开发出来，典型的有以钛酸锂作为负极的锂离子电池，具有更高的功率密度、循环寿命等优点。还有处于理论研究阶段的锂硫电池、锂-空气电池、硅基负极、锡基合金负极等新型锂离子电池材料体系，具有更高的能量密度等特点，为高性能锂离子储能电池的开发提供了可能的选择。与现有正负极材料匹配的电解液主要是以 $LiPF_6$ 为锂盐电解质，电解液的形态也以液态为主。随着新的正负极材料体系的开发和对电池性能要求的不断提高，电解液的形态也在向着凝胶态甚至全固态的方向发展，而电解液的性能也在向着高电压窗口、高电导率、高安全稳定性的方向发展，相应的新型锂盐电解质的开发和制备技术是关键，除了开发其他无机体系的锂盐电解质外，有机体系的锂盐电解质如离子液体等也是未来的发展趋势。隔膜也是锂离子电池关键的原材料，对隔膜的要求除了电导率、厚度、面密度、力学性能这些基本要求之外，对隔膜微孔的尺寸和分布的均一性也有很高的要求。隔膜制备技术的难点在于造孔工程技术以及基体材料，其中造孔工程技术包括隔膜造孔工艺、生产设备以及产品稳定性；基体材料包括聚丙烯、聚乙烯材料和添加剂等。锂离子储能电池原材料开发的路线是：改进和完善现有材料体系，不断开发新型的材料体系，通过发展电池原材料制备技术来提高电池的各项性能指标。

全钒液流电池的原材料主要包括电解液、质子交换膜、电极和双极板。对电解液的要求是能够长期稳定存在，并且要有好的化学活性，同时希望能尽量提高溶液的浓度以增加单位体积的储能，但钒电解液易受温度、浓度等因素的影响，因此电解液的制备技术对于高性能的钒电池来说显得尤为重要。电极是电解液发生电化学反应的场所，不仅在电解液中应具有稳定性，而且还应该对电化学反应进行有选择的催化，足够的机械强度也至关重要；双极板用于收集反应电流，并分隔正负极电解液，除需要具备电阻率低的特点外，还应具备均匀稳定、不透液体、耐腐蚀性能好、有一定的机械强度等特点；质子交换膜不但起着隔离正、负极电解液阻止不同价态钒离子相互渗透而产生交叉污染的作用，同时还为正、负极电解液提供了质子传导通道，要求具备选择透过性好、循环寿命长的特点。目前高性能的电解液、质子交换膜等原材料主要依赖进口。

对储能电池原材料制备技术进行攻关，掌握高性能原材料制备技术，是高性能储能电池大规模生产的保障基础。

2. 电池本体制造技术

电池本体制造是构造储能电池基本单元的过程，一般包括原材料的选择、结构设计和制造工艺。电池本体制造技术直接影响到储能电池的性能，是充分发挥电池原材料性能、获得高性能电池产品的核心关键技术。

对于锂离子储能电池来说，本体制造包括电池材料体系选择、结构设计、制造工艺等，本体制造环节直接影响着电池单元的性能以及电池单元之间的一致性，是锂离子储能电池大规模集成应用的重要保障。锂离子电池结构设计一般包括电芯设计（卷绕或叠片）、电解液形式设计（共液型、非共液型、富液型、贫液型、聚合物型）、外围设计（极耳设计、散热设计、安全设计、外壳设计）等；制造工艺一般包括电池材料的预处理、制浆、涂布、制片、装配、化成等。由于锂离子储能电池材料体系、结构设计与制造工艺可以灵活调整甚至进行新的变革，电池材料体系的不同选择和匹配以及电池结构设计和制造工艺的调整或改变都会显著地影响最终电池产品的性能，因此，本体制造技术是随着不同应用场合对锂离子储能电池性能要求的变化而变化的。目前从大的类别来分，锂离子电池主要有卷绕式和叠片式两种形式，卷绕式电池的容量很难做大，比较适合于电动汽车等对电池单体容量规格要求不高的应用场合；而叠片式电池工艺简单，随着技术的不断成熟，可以做到较大的容量规格，是未来的发展趋势，适合于电力系统储能等要求较大电池单体容量规格的应用场合。电池的外壳设计形式主要有软包和硬壳，硬壳电池的优势主要在于生产工艺简单，但这种电池不利于热场的均一化控制，软包电池适合于电池大规模成组应用时的热场均一化控制，也利于电池性能的提升，是目前的主流发展方向。总的来说，锂离子储能电池已经逐渐从传统的较小容量的硬壳卷绕式向较大容量的软包叠片式电池转变，由此带来了电池性能的提升，同时也更加适合储能应用，相应的电池结构设计、制造工艺也在向着适合于大容量软包叠片式电池的方向发展。

对于全钒液流电池来说，本体制造主要在于电堆的制造，包括原材料类型的选择、电堆结构设计、流道设计、制造工艺等。小容量的kW级电堆的制造并不困难，但是目前，能研制出5kW电堆的单位十分有限，据文献报道，只有日本住友、大连化物所和三菱重工开发出过10kW以及10kW以上的电堆模块，VRB公司也只开发出5kW商用电堆，可见大容量电堆制造技术才是难题。对于大容量电堆来说，其截面积增大后，碳毡电极的均匀性、双极板表面均匀性以及质子交换膜表面的均匀性对电堆性能影响很大，当截面大于2000cm^2，上述材料均匀性不好就会引发明显的短板效应，电堆的可靠性大大降低，另外电堆的密封工艺也会十分困难，流道设计更加复杂。从近二十年技术发展来看，电堆尺寸的放大有三个技术台阶：电极面积 2000cm^2（对应 5kW 电堆）；电极面积 3000~4000cm^2 第（对应 10 ～ 20kW 电堆）；电极面积 8000cm^2（对应 50 ～ 60kW 电堆）。日本已经掌握 60kW 以下电堆的制造技术。

二、电池系统集成技术

电池系统集成技术包括电池模块制造及成组技术、电池管理技术、能量转换与能量管理技术等。

电池模块制造是电池系统集成的基础，它是将若干电池单元通过串并联的方式组合起来形成一个面向系统级应用的模块单元，涉及电池箱的设计、电池单元的连接、热场和风场的模拟及设计、电池管理系统的开发等。系统集成则是将模块单元组合起来，再加上能量转换装置及相应的管理控制系统形成电池储能系统。对于锂离子电池，目前亟待突破的是电池模块的制造技术、电池管理技术、系统级的能量转换与能量管理技术等，难点在于如何提升电池模块的稳定性和一致性、延长使用寿命及改进电池管理系统和能量控制策略等。对于全钒液流电池，其储能单元为电池模块，储能系统是由电堆、电解液储罐、输液管道、输液泵、热交换器和电控单元等组成，技术难点主要在于管道输送系统的设计与维护、电解液液面的调节、电解液的维护、能量转换与能量管理等。

三、电池储能系统应用技术

电池储能系统应用技术主要包括大规模储能系统分析与配置技术和工程应用技术两个方面。

大规模储能系统分析与配置技术着眼于开发大规模储能系统仿真分析平台，建立储能系统的稳态模型、电磁暂态模型、机电暂态模型等，实现含储能装置的电力系统机电、电磁暂态和稳态分析计算。根据现场采集数据，开展系统级和装置级的分析计算，明确不同应用场合和应用目标下对储能装置静态和动态参数的要求，实现储能系统参数的优化配置。

大规模储能系统工程应用技术主要研究大容量储能系统接入系统电压等级、接线方式等对电网的影响，实现大容量储能系统规划方法的优化，同时结合储能系统的不同特性以及应用需求，研制和工程应用配套的大容量、高可靠性、高效率的储能并网系统，并结合工程实施进行改进、优化和升级。

结合国内储能技术研究积累和产业现状，拟以集中式储能系统在可再生能源接入中的应用，和分布式储能系统在用户侧跟踪负荷和提高电能质量的应用为突破口，从大规模储能系统的基础理论与前沿技术、能量转换与储能规模化系统集成技术、工程应用技术等技术领域科研攻关，突破大规模储能技术示范应用中面临的关键技术，解决制约大规模储能在关键部件的容量、寿命、可靠性问题，系统集成、应用控制等方面的制约瓶颈，满足新能源和电网发展对大规模储能技术和装置的迫切性要求。同时制定规范和技术标准，准确提出技术需求，积极引导和带动储能本体技术发展，为大规模储能技术长远发展和应用奠定坚实的基础。大容量电池储能系统三个研究方向的发展思路如图 19-2 所示。

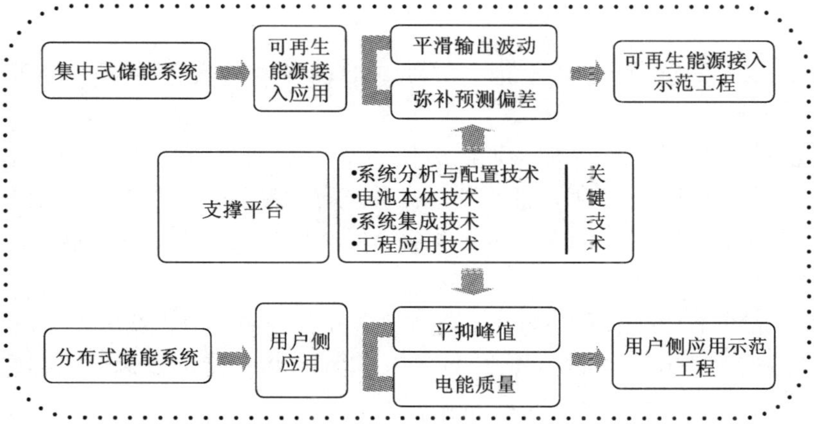

图 19-2　高性能大容量储能技术发展思路

未来我国高性能大容量储能技术的发展和应用可分为如下三个阶段。

第一阶段（2010 ～ 2015 年），关键技术突破及培育阶段。突破高性能大容量储能基础理论，建立大规模储能系统仿真平台、储能系统应用规划平台；突破电池本体制造及成组技术，研制具有自主知识产权的 100kW 级磷酸铁锂电池组模块，循环寿命 3000 次；100kW 级钛酸锂电池组模块，循环寿命 8000 次，实现储能锂离子电池产业化；突破大容量电池储能系统集成技术关键技术，实现多个 MW 级分布式电池储能系统在用户侧的示范应用；突破大规模储能电站化技术，实现数 10MW 级电池储能电站的接纳百万级可再生发电的示范应用；提出大规模储能系统并网接入规范和储能电池技术规范；建立世界先进水平的大规模储能系统接入试验与检测平台和储能电池特性试验与检测平台。

第二阶段（2016 ～ 2020 年），完善提升阶段和发展阶段。根据试点应用的运行经验，完善 MW 级储能装置的研制，并逐步开展 10MW~100WM 级储能装置在电力调峰和可再生能源大规模接入中的研究和试验示范应用，进一步完善和提升大规模储能技术在我国智能电网中的研究与应用水平。

第三阶段（2020 ～ 2030 年）：全面推广应用阶段。电池系统规模达到一定级别，技术性能满足大规模应用需求，经济成本降低至普及应用水平，电池储能系统完全呈现出常规电力设备的形态。在全面总结试点经验的基础上，形成储能设备全寿命周期管理。到2030年，大容量电网储能技术得到推广应用，电动汽车、家庭分散储能装置等实现“即插即用”，使我国大规模储能技术发展及应用水平接近或达到世界先进水平。

第五节 结论和建议

一、结 论

大规模储能技术的发展应用，能够使间歇性的、随机的、低密度的清洁能源发电得以广泛、有效地利用，促进新能源的大规模应用。储能技术大规模应用能够有效实现“削峰填谷”，减少电力系统投资，提高突发事件应对能力，保证电力系统的安全。

目前，在各种电力储能技术中，抽水蓄能是最成熟、应用最广泛的储能技术。由于目前只有抽水蓄能电站的规模可能满足电网调峰的需要，因此，在能解决电站选址的前提下，仍然应大力发展抽水蓄能。

超级电容器储能、飞轮储能等功率型储能技术的储能量和能量密度有限，将向着提高电能质量等秒级或更短时间的功率型应用方向发展。

电化学储能是技术进步最快的储能技术，其成本随着技术进步、国产化和规模化应用，有望大幅下降。电池本体作为电池储能系统的核心单元，其技术发展水平及实用能力直接影响电池储能系统的应用前景。锂离子电池和液流电池在近十年来发展很快，从系统规模、技术水平、经济成本与设备形态四个评价标尺的要求来看，具备重点研究及发展的条件。这两种储能电池类型已在世界各国成功开展多项示范工程，潜藏着巨大应用潜力。

当前，储能设备的技术经济水平同电力系统对储能技术的巨大需求之间还存在不小的差距，需要在关键材料、制造技术等方面加大科研攻关力度。储能的科研和产业应定位于国家战略层面。国家应该进一步明确发展储能产业的战略意义，建立和完善促进储能产业发展的政策和机制体系。

二、建 议

（1）明确电池储能技术的战略定位，加大科研攻关力度，提高电池性能，降低系统成本。

电池技术是电动汽车领域与电力储能领域两大应用市场的共性技术，应将其定位于国家科技战略的高度，进一步加大基础研究的投入力度，努力营造有利于自主创新的储能技术研究开发的环境，鼓励原创，掌握自主知识产权，加快关键材料和关键技术的国产化进程，尽快降低电池成本，提高储能系统的技术经济性。培育涵盖电池材料、能量转换设备、储能监控与管理系统，以及电动汽车充放电设备和充放电站的储能全产业链。要建立“互动刺激”的发展理念，借助电力系统领域所能提供的储能技术应用环境以及电动汽车推广应用带来的空间，刺激电池储能技术的发展。

（2）加快推进储能示范项目，吸引储能投资，加快储能商业化进程。

要加紧安排和加快推进大规模储能技术的示范项目，通过示范项目的实施为本国企业提供重要的工程实践机会，为未来大规模应用积累技术数据和运行管理经验，拉动储能技术研发，刺激储能产业及市场的发育，加快储能商业化进程。

（3）理顺促进储能产业发展的体制机制，实施峰谷电价和储能电价政策。

结合国家新能源和一系列储能示范工程的推进，尽早开展储能商业模式、储能投资回报机制、储能电价等方面的政策研究和制定工作，理顺制约储能技术及产业发展的体制机制。

第二十章　新型电力电子材料及器件

电力电子技术是保障电力系统安全、经济、稳定运行的重要手段，在我国电力系统“发电－输电－变电－配电－用电”等五大环节中发挥着重要作用，能显著提高我国大容量、远距离大型能源基地的电力外送能力；减小线路无功潮流和线损；能满足我国大规模间歇性可再生能源或分布式电源的自适应接入需求；能为不同的电力用户提供高效、灵活、经济、可靠的高质量供电方案。随着由网架坚强、广泛互联、高度智能、开放互动的未来智能电网所推动的能源变革和第三次工业革命的到来，电力电子技术越来越凸显出其不可忽视的重要作用。

电力电子器件作为电力电子技术的基础，是电力系统中电力转换和控制的核心元件，其性能直接决定了整个电力系统的表现，它的每一次电力电子器件的技术革新，都能推动电力电子技术的跳跃式发展。1957年，晶闸管（硅可控整流器）的问世及其随后不长时间内对水银整流器和各种真空功率开关管的全面取代，奠定了电力电子技术的发展基础，并以其巨大的节能效果激励着电力电子系统与电力电子器件技术的不断发展。70年代后期，以门极可关断晶闸管（GTO）、电力双极型晶体管（BJT）和电力场效应晶体管（Power-MOSFET）为代表的全控型器件迅速发展，使电力电子技术的面貌焕然一新。在80年代后期，以绝缘栅极双极型晶体管（IGBT）为代表的复合型器件异军突起，把电力电子技术推进到一个新的发展阶段。

从晶闸管问世到IGBT的普遍应用，电力电子器件经过近40年的发展，基本上都是表现为对器件原理和结构的改进和创新，在材料的使用上则始终没有突破硅的范围．无论是功率MOSFET还是IGBT，它们与晶闸管和整流二极管一样都是硅基制造的器件。但是，随着硅材料和硅工艺的日趋完善，各种硅器件的性能逐步趋近其理论极限。随着世界电网进入智能电网发展阶段，新能源技术、分布式发电技术、大规模储能技术、超远距离超大规模输电技术、信息网络技术和智能控制技术的飞速发展对高压、大容量、高频、耐高温的电力电子器件提出了更高的需求，尤其是希望器件的功率和频率能得到更高程度的兼顾。因此，亟需一种新的半导体材料作为硅材料的替代。至此，越来越多的电力电子器件研究工作转向了对应用新型宽禁带半导体材料（碳化硅、氮化镓、氮化铝、金刚石等）制造新型电力电子器件的研究。

碳化硅（SiC）作为第三代宽禁带半导体材料的典型代表，其临界雪崩击穿电场强度高、载流子饱和漂移速度大、热导率高是制备电力电子器件的理想宽禁带半导体材料，与硅功率器件相比，新型电力电子器件能够阻挡更高的电压，采用小得多的物理尺寸，有更短的响应时间，更快的开关速度，不但提高了功率系统的转换效率，而且能够使用更小的变压器和电容器，大大减小了系统的整体尺寸和重量。而且，材料的耐高温特性大大地降低了冷却需要，而这些冷却设备也是功率转换和传送系统中的很大一部分。因此，采用新型材料的器件有望从本质上提高电力传送效率和使用效率，简化电力电子装置系统设计，减小能量损耗，简化散热装置，减小装置体积重量。

目前，随着这些材料的制造技术和加工工艺日渐成熟，使用宽禁带半导体材料制造性能更加优越的电力电子新器件技术已经基本成熟。特别是碳化硅肖特基二极管在本世纪初投放市场并获得良好的实际应用效果后，进一步增强了大力发展碳化硅电力电子器件的信心。同时，新型碳化硅电力电子器件有望在电力系统中开辟出全新应用，改变电力系统中传统的“发电—输电—变电—配电—用电”这种电能单相流动的能量传输模式，以能量路由的概念实现电能在各个节点的双向流动，从而构成网络化的能量传输系统，对电力系统的变革和发展产生持续的重大影响。

为实现我国电力系统领域新型电力电子器件技术的突破性进展，本章在充分总结以往技术水平的基础上，以国家中长期发展战略目标为指导，调研了电力系统碳化硅电力电子器件技术国内外研究现状，在把握国内外新型电力电子器件领域研究现状与发展态势的基础上，认清我国在材料制备、基础元器件开发、高端装备技术和系统应用等方面与国外相比存在的差距，急需开展相关研究工作，实现突破，以满足我国能源安全发展、清洁发展、环保发展、友好发展的迫切需要。提出了未来40年新型电力电子器件在电力系统中应用的远景目标和重点研究方向，为我国新型电力电子器件研发以及网架坚强、广泛互联、高度智能、开放互动的未来智能电网建设提供强有力的技术支撑。

第一节　需求与发展前景预测

一、新型电力电子材料及器件需求分析

节能减排是当前经济社会发展中的突出矛盾。高效的电力电子功率变换器是节能所必需的技术，而新型电力电子器件是基础和关键。我国从2005年开始已经成为世界第一大功率半导体市场。预计到2020年，全球在大力发展低碳经济的背景下，传统产业领域的节能减排、新能源产业发展和新型战略性产业培养，

将进一步推动新型电力电子器件的市场需求。

未来电力电子器件将朝着更高电压等级、更高功率和更安全可靠的方向发展。以太阳能发电为例。要将太阳能发电机组产生的直流电并入电网，就必须用逆变器将直流电转化为交流电。由于市场对可再生能源的需求上升，太阳能逆变器的市场也在不断增长。当前德国、美国、法国、中国等世界各国纷纷出台政策扶持和补贴太阳能等新能源产业，新能源产业迎来高速发展时期，同时催生了电力电子器件的巨大需求。2010 年，中国已成为世界上最大的光伏系统购买国和制造国。光伏系统中，DC/DC 转换器、逆变器等电力电子器件占到了系统成本的 10%~20%。功率整流和逆变器的效率依赖于系统中所用电力半导体器件的性能。因此，电力电子器件性能的提高将极大地促进新能源产业的发展。然而，由于基于 Si 的功率器件发展已经非常成熟，其材料的性能也已经接近由其材料特性决定的极限，很难再有进一步的提高。因此，要真正意义上实现电力电子在节能领域有突破性的创新和变革，必须发展新型电力电子材料及器件。

二、新型电力电子器件发展前景预测

根据材料特性及成本因素的考虑，新型电力电子器件将在以下几个方面获得大量的应用（图 20-1）。

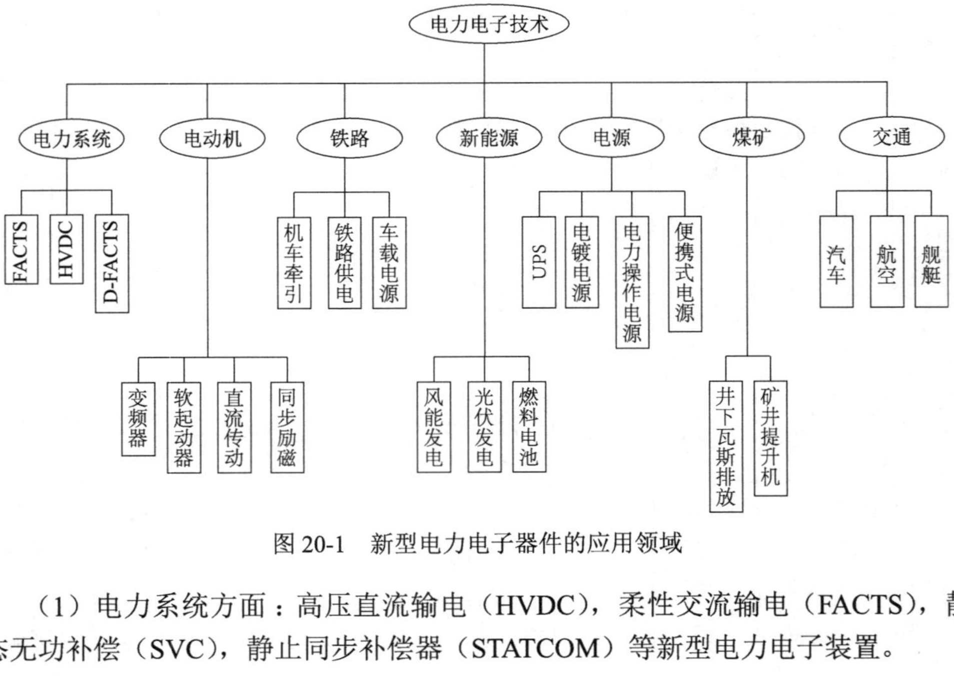

图 20-1 新型电力电子器件的应用领域

（1）电力系统方面：高压直流输电（HVDC），柔性交流输电（FACTS），静态无功补偿（SVC），静止同步补偿器（STATCOM）等新型电力电子装置。

（2）电动机：变频器，直流传动等。

（3）铁路：车载电源，机车牵引，铁路供电。

（4）新能源：风能发电，太阳能发电，燃料电池。

（5）电源：UPS，便携式电源，电力操作电源。

（6）煤矿：矿井提升机等。

（7）交通：汽车，航空，舰艇。

（8）国防：导弹，火箭，卫星。

1. 新型半导体材料

以 SiC、GaN 和金刚石等宽禁带半导体为代表的第三代新型半导体材料，其禁带宽度在 3.0eV 左右及其以上。这些材料不但禁带远比硅宽，也具有比硅高得多的临界雪崩击穿电场强度、载流子饱和漂移速度和较高的热导率，因而具有远大于硅材料的功率器件品质因子（表 20-1）。

表 20-1　宽禁带材料的物理特性对比

材料	E /eV	n_i /cm^{-3}	ε_r	μ/ (cm^2/V・s)	E_C/ (MV/cm)	v_{sat}/ (10^7 cm/s)	$\lambda \cdot K$ (W/cm・k)	直接(D)/间接(I)
Si	1.1	1.5×10^{10}	11.8	1350	0.3	1	1.5	I
Ce	0.66	2.4×10^{13}	16	3900	0.1	0.5	0.6	I
CaAs	1.4	1.8×10^{5}	12.8	8500	0.4	2	0.5	D
CaP	2.3	7.7×10^{-1}	11.1	350	1.3	1.4	0.8	I
InN	1.86	-10^{3}	9.6	3000	1	2.5	—	D
GaN	3.39	1.9×10^{-10}	9	900	3.3	2.5	1.3	D
3C-SiC	2.2	6.9	9.6	900	1.2	2	4.5	I
4H-SiC	3.26	8.2×10^{-9}	10	370[a] 650[a]	2	2	4.5	I
6H-SiC	3.00	2.3×10^{-6}	9.7	370[a] 50[a]	2.4	2	4.5	I
Diamond	5.45	1.6×10^{-27}	5.5	1900	5.6	2.7	20	I
BN	6	1.5×10^{-31}	7.1	5	10	1.0*	13	I
ALN	6.1	-10^{31}	8.7	1100	11.7	1.8	2.5	D

注：a, mobility along a-axis; c, mobility along c-axis

*, estimate

1）碳化硅

从 20 世纪 90 年代开始，为了最大限度地提高电力电子装置的性能，对碳化硅电力电子器件的开发，已成为新型电力电子器件研究开发的主流。目前国际上碳化硅半导体材料的高质量大尺寸单晶体制备技术、高质量厚外延生长技术都已经基本成熟并实现产业化，国内碳化硅材料产业也正在形成并快速发展中。

2）氮化镓

氮化镓相比于碳化硅的最突出优点在于它结合了碳化硅的高击穿电场特性和

砷化镓、锗硅合金、磷化铟等材料的高频率特性，理论上可进一步提高电力电子器件的工作频率。但是目前氮化镓半导体材料在高质量大尺寸单晶体制备以及厚外延生长技术方面尚未取得完全突破，难以在短期内实现在高压大功率电力电子领域的应用。现阶段，GaN 半导体材料主要用于开发 HEMT、SBD 和功率 MOSFET 等中低功率电力电子器件。2007 年，耐压 600V 的 GaN SBD 被推入市场，成为第一种商品化的 GaN 电力电子器件。但是 GaN 的热导率并不如 SiC。故在低压高频方面应用 GaN，而在大于 1200V 的高压大功率领域应着手应用 SiC。GaN 功率器件在技术方面，同样存在着诸多挑战，如 GaN 材料不成熟、GaN 器件制造工艺开发、电流崩塌效应的理论研究、GaN 器件可靠性问题以及大功率 GaN 器件封装问题。

3）氮化铝

纤锌矿状态的氮化铝（AlN）是一种重要的宽禁带半导体材料，禁带宽度宽（带隙 6.2eV），高热导率（285W/m・K），高击穿场强（1.2×10^{6}V/cm）。AlN 单晶体主要作为外延生长Ⅲ族氮化物的衬底材料，能够弥补硅衬底、蓝宝石衬底和 SiC 衬底等所存在的晶格失配大、热应力积累的缺点，因此预计可在紫外光 LED 器件、固态激光器、高密度固态存储器等领域发挥作用。目前采用物理气相传输法（PVT）可制备出直径 2 英寸[①] 的 AlN 单晶体。但是目前大尺寸高质量的 AlN 单晶体制备技术尚未获得重大突破。国际上美国 Crystal IS 公司及俄罗斯 N-Crystals 公司已经掌握 2 英寸 PVT 法制备 AlN 单晶体的核心技术，在该领域内处于领先地位。此外，美国北卡罗来纳州立大学、美国堪萨斯州立大学、德国埃朗根 - 纽伦堡大学、日本 NTT 公司等研究机构也具有一定国际影响力。

4）金刚石

金刚石是自然界硬度最高、热导率最高的物质。作为半导体开发使用的人工合成金刚石薄膜在所有宽禁带材料中物理特性最优。特别是在硅和砷化镓等常规器件难以应付的高温、高压、强辐照领域，新开发的半导体金刚石薄膜器件，充分展示了宽禁带半导体的优越性。但其材料难求，衬底有效面积小，n 型掺杂和欧姆接触困难等问题，也在一定程度上限制了金刚石电力电子器件的发展。

2．新型电力电子装置

新型电力电子器件在高压大容量领域的应用前景更加光明：大规模间歇性可再生能源并网电力电子装置，电压源换相直流输电装置，直流输配电网用电力电子装置，高压大容量 DC/DC 变换器装置，FACTS 装置，固态变电站用电力电子

---

① 英寸：长度单位，英文为 inch，缩写为 in。1in=2.54cm。

装置（含电力电子变压器，电力电子避雷器，电力电子固态开关，电力电子固态电流限制器等等），无功补偿装置、风电接入系统装置、变频调速装置，用于配电网和微网的电力电子变压器，分布式电源接入装置等。

基于新型器件的电力电子装置具有以下优势：耐压耐流水平越来越高、容量越来越大、体积越来越小、损耗越来越低、发热越来越小、响应越来越快、成本越来越低、对环境越来越友好。

3. 集成化、模块化、智能化电力电子器件

电力电子器件逐步向集成化、模块化、智能化方向发展，其目的是使尺寸紧凑、实现电力电子系统的小型化，缩短设计周期，并减小互连导线的寄生参数，电力电子器件的模块化集成化要先后经历功率模块、单片集成式模块、智能功率模块（IPM）、电力电子积木（PEBB）等发展阶段。其中功率模块与驱动、保护、控制电路是分立的，而单片集成和 IPM 中的功率器件与驱动、保护、控制等功能集成为一体，PEBB 是在 IPM 的基础上发展起来的。

PEBB 是可以处理电能集成的器件或模块。一个 PEBB 并不是一种特定的半导体器件，一种无源器件或一种电路结构，它是依照最优的电路结构和系统结构设计的不同器件和技术的集成。一种典型的 PEBB 如图 20-2 所示。虽然它看起来很像一种典型的功率半导体模块，但 PEBB 包括的东西更多，除了功率半导体器件外，它还包括门极驱动电路、电平转换、传感器、保护电路、电源和无源器件。作为一种模块化产品，PEBB 有两种接口：能量接口和通讯接口。通过这两种接口，几个 PEBB 可以组成电力电子系统，这些系统可以像小型的 DC-DC 转换器一样简单，也可以像大型的分布式电力系统一样复杂。一个系统中 PEBB 的数量可以从一个到所需要的任何数量。多个 PEBB 模块一道工作可以完成系统级的功能。

许多学者预测电力电子系统模块化、集成化、智能化是 21 世纪电力电子技术发展的必由之路。所谓电力电子系统的系统集成，就是通过高密度的混合集成和多层互连，将电力电子系统的驱动、保护、传感、主电路、控制等电路和元件全部集成到一起，从而构成电力电子集成模块 (integrated power electronic module, IPEM)，用以构成各种不同的应用系统。

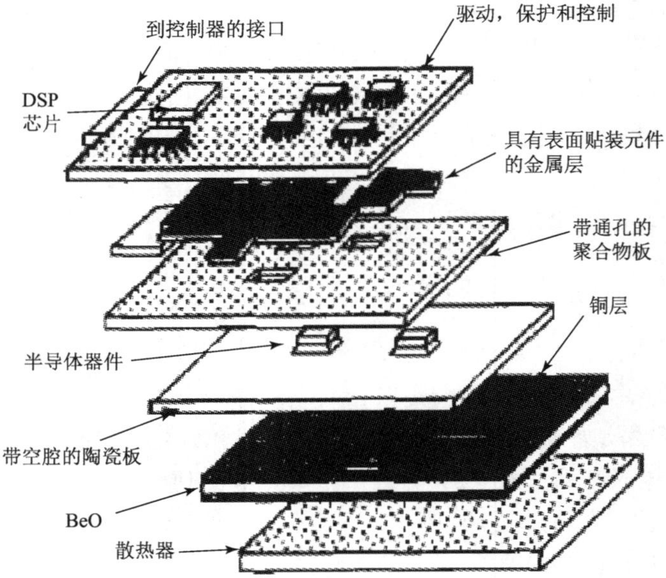

图 20-2　一种典型的 PEBB

第二节　国内外发展现状和趋势

电力半导体器件门类繁多，达 50 多种，使用方法也不尽相同，通常按触发或关断方法可分为以下三种类型。

不可控器件。此类器件只有整流作用，包括普通功率二极管、快恢复二极管和肖特基二极管。

换流关断器件。此类器件在其门极施加控制信号可使其导通，但不能控制其关断。它包括普通晶闸管 SCR 及其派生的特殊器件，如逆导晶闸管 RCT、双向晶闸管 BCT 和光控晶闸管 LTT 等。

自关断器件。此类器件可利用其基极、栅极或门极施加控制信号使之导通，又可控制其关断，既具有自关断能力。属于晶体管有双极型功率晶体管 BJT、功率场效应晶体管 MOSFET、静电感应晶体管 SIT、绝缘栅双极晶体管 IGBT、属于晶闸管的有门极可关断晶闸管 GTO、MOS 控制晶闸管 MCT、静电感应晶闸管 SITH 和集成门极换流晶闸管 IGCT 等。

一、电力电子器件现状分析

电力电子器件的发展很大程度上取决于半导体材料。目前，以半导体硅作为基础材料的电力电子器件到现在的IGBT阶段可以说已“江郎才尽”，很难满足今后电力电子系统对功率开关器件在阻断电压、通态电流、工作频率，以及高效、高温等方面的更高要求。随着碳化硅晶体制备技术和氮化镓器件技术的渐趋成熟，以碳化硅为主的宽禁带半导体电力电子器件的研发逐渐受到关注。碳化硅材料是近年来发展较快的新型半导体材料。总结碳化硅电力电子器件向对于硅电力电子器件的优势，主要有以下几点：①击穿电压高1个数量级；耐压相同时，芯片厚度小1个数量级，功耗大幅度降低；②电流处理能力增强，相同电流水平下，芯片面积减小；③可以在200～600℃（取决于器件结构形式以及封装形式）以上的温度下工作；④正向和反向特性随温度和时间的变化非常小，具有非常好的反向恢复特性；⑤碳化硅功率器件开关时间可短至10ns量级，数十千瓦级的功率水平上，无辅助电路，工作频率可以大于20kHz。

通常所说的宽禁带半导体除了碳化硅外，还有氮化镓、金刚石等。它们都是未来极有前途的开发高频大功率电力电子器件所需的半导体材料。对于它们的主要特性、制备方法以及相关的一些器件工艺问题还有待深入研究。

1. 碳化硅电力电子器件技术现状分析

从20世纪80年代开始，宽带隙半导体SiC材料与器件日益得到关注，科学家们对其物理性质及应用有了较为明确的认识。在宽禁带、高抗绝缘破坏能力、高热导率和高电子漂移速度等方面的优异物理性质决定了其在超大功率和超低损耗电力电子器件应用上具有明显的性能优势。

目前已证实，几乎各种类型的电力电子器件都可以用碳化硅来制造。尽管器件面积因受材料晶格缺陷的限制而远不能与硅器件相比，其额定通态电流远不及硅器件大，产量、成本及可靠性等商品化进程中不可回避的问题也还没有完全解决。但是碳化硅器件在电力电子技术领域替代硅器件的进程已在21世纪初拉开了序幕。

国际上，CREE、英飞凌、新日铁、东芝、松下、罗姆、Semisouth等半导体业界领先的公司都有1200V、1700V的肖特基二极管和1200V的MOSFET货架产品出售，Genesic semi的已经有6500V的SiC晶闸管出售。Cree公司也已研制出6英寸零微管碳化硅衬底，位错密度达100/cm^{2}以下，可用于制备大电流碳化硅电力电子器件，碳化硅器件通态电流小的问题有望得到解决。

1）碳化硅肖特基势垒二极管（SiC SBD）

美国 Cree 公司耐压 300V、600V 和 1200V，电流 100A 的碳化硅 SBD 系列产品先后上市，德国 Infineon 公司（西门子集团）紧随其后也推出了水平相当的同系列产品。这些器件都具有反向漏电流极小，没有反向恢复时间等明显优点，且高温特性非常好。目前，碳化硅 SBD 的研发已达到高压器件水平，阻断电压已超过 10kV；大电流器件通态电流达 130A、同时阻断电压高达 5000V 的水平。

2）碳化硅 PiN 二极管

2000 年 Cree 公司做出了 12kV 和 19.5kV 的台面型 PiN 二极管。2001 年，碳化硅二极管的阻断电压可达到 20 000V 水平，相应的反向漏电流密度为 2.7mA/cm^2，正向压降在电流密度为 100A/cm^2 时只有 6.5V。其后，研究人员把研究重点转移到提高器件承受大电流能力方面，2002 年，日本科学家研制成功了 100A/5200V 大功率碳化硅 pn 结二极管，在 300℃和 100A 正向电流下的压降为 4.2V。2005 年 Cree 公司报道了 10kV、3.75V、50A (8.7mm×8.7mm) SiC PiN 二极管如图 20-3 所示。2006 年，Cree 公司报道了一种大功率模块用的 180A、4.5kV 的 SiC-PiN 二极管。现在产品最高电压可达到 6500V，实验室基金已经研究出 20kV 的 PiN 二极管。

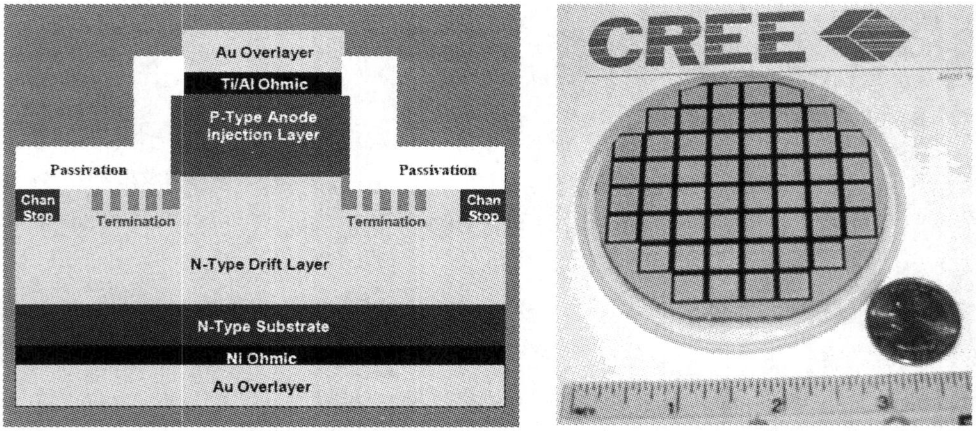

（a）结构示意图　　（b）芯片示意图

图 20-3 10kV/50A SiC PiN 二极管

3）碳化硅 BJT

SiC 功率双极结型晶体管因为其独特的特性（通态电阻低、常关、正温度系数和快的开关速度）而得到很快的发展。SiC BJT 的电压处理能力可达 600V~10kV，已生产出 6500V 的产品。碳化硅 BJT 通态电阻与“超结 MOS”相当。图 20-4 是 1200V SiC BJT 结构图。

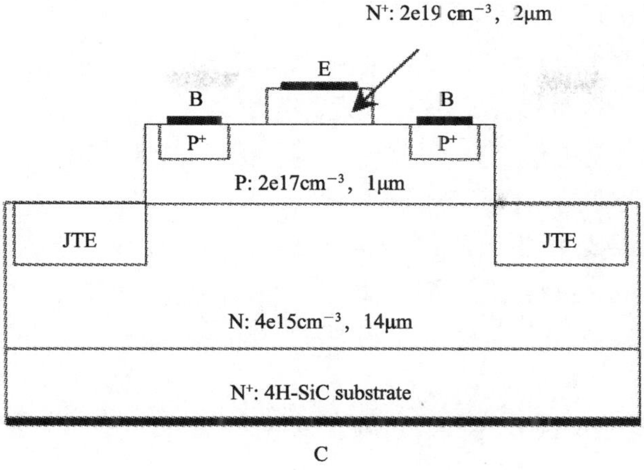

图 20-4　1200V BJT 结构图

4）碳化硅 MOSFET

SiC 多子器件的发展已经比较成熟了，它将影响将来的工业电力电子，它可以消除当前大功率 Si 器件的不足。碳化硅场效应器件的开发优势在于能够兼顾阻断电压和通态比电阻。理论分析表明，用碳化硅制造功率 MOSFET，其通态比电阻可以比同等级的硅功率 MOSFET 低 1000 倍。在电力电子系统中使用 SiC 器件可以减少导通和开关损耗，同时可以在结温 200℃以上运行。1.2kVSiC MOSFET 已经有产品销售。最近，Cree 公司对 10kV、10A 高压碳化硅 DMOS 的研发又有了新进展，如图 20-5 所示，他们采用无微管 3 英寸（76.2mm）4H-SiC 晶片，将芯片面积扩大到了 8.11mm×8.11mm。

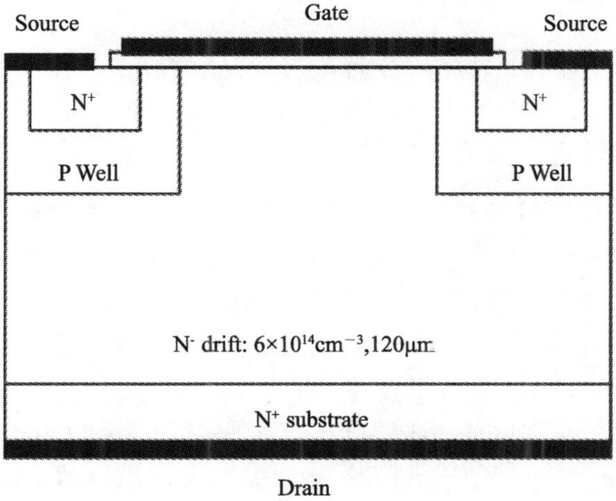

图 20-5　10kV，10A 4H-SiC DMOSFET 截面图

5）碳化硅晶闸管

与碳化硅功率MOS相比，对3000V以上阻断电压，碳化硅晶闸管通态电流密度可以高出几个数量级。其小的导通电阻使碳化硅晶闸管的导通损耗非常低。由于碳化硅晶闸管是由化合物半导体提供载流子，其开关速度比硅晶闸管快几十倍，大大提高了器件的工作频率。

2005年，Cree公司报道了耐压大于5kV，电流大于100A，工作温度高于200℃的1cm x 1cm晶闸管，为将来大尺寸的SiC晶闸管和SiC-GTO在柔性交流输电和高压直流输电的应用奠定了基础。2009年，Cree公司报道了最新的碳化硅GTO研究结果。该器件为1cm×1cm，耐压水平达到9kV，如图20-6所示。Genesic semi已经有6500V的SiC晶闸管出售。

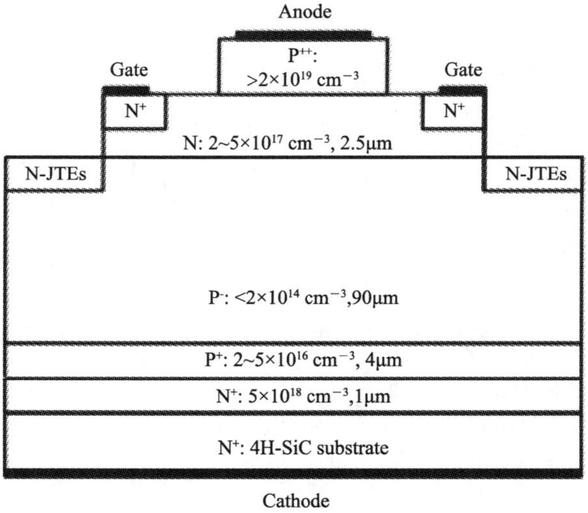

图20-6 9kV 4H-SiC GTO截面图

6）碳化硅IGBT

近些年，SiC MOS器件已经被证明具有高的击穿强度和低的界面电荷密度，因此为SiC IGBT的发展铺平了道路。4H-SiC n-IGBT和p-IGBT都已被证明具有高的阻断电压。由于SiC MOSFETs的进展，n-IGBTs具有很好的静态和动态特性。因为p沟道MOSFET的设计还不够成熟，所以p-IGBTs的研制需要更长的时间。随着材料制备技术和器件工艺技术的进步，碳化硅IGBT的研制在2005年前后取得重大进展。Zhang及其Cree公司内外的合作者于2005年报道了世界上第一个阻断电压高达10kV的IGBT。2009年，碳化硅IGBT的阻断电压提高到了13kV，而且其通态电阻很小，开关速度也比较快。

2. 氮化镓电力电子器件发展现状

受材料制备与加工技术的限制，目前已成功进入电力电子器件研发领域的宽禁带半导体，除碳化硅外，主要是氮化镓和以氮化镓为基的三元系合金。对于制造电力电力电子器件而言，氮化镓的突出优点，在于它结合了碳化硅高击穿电场特性和砷化镓、锗硅合金和磷化铟等材料在制造高频器件方面的特征优势，其材料优选因子普遍比碳化硅高，对进一步改善电力电子器件的工作性能，特别是提高工作频率，具有很大的潜力和应用前景。

1）氮化镓大功率微波器件

开发氮化镓器件的主要方向之一是微波功率器件。氮化镓功率器件主要是指AlGaN/GaN异质结高电子迁移率晶体管，简称GaN HEMT。2004年，康奈大学和加州大学的氮化镓功率器件研究小组同时研制出10GHz频率下功率密度达到或超过10W/mm的GaN晶体管。与之相比其他材料的能力相差甚远。

2）氮化镓SBD

1999年，Bandic等人首先发表了氮化镓SBD的研制报告。因为衬底问题，氮化镓器件大多用蓝宝石衬底上的GaN外延层来做，而蓝宝石是绝缘体，因而氮化镓器件多为横向导电结构，SBD也不例外。2005年韩国首尔大学的Lee等发表了一个耐压为930V的AlGaN/GaN异质结SBD。2007年，耐压600V的GaN SBD由Velox公司首先推入市场，成为第一种商品化的氮化镓电力电子器件。

3）氮化镓MOSFET

1999年，有关GaN MOSFET的研究报告已经频繁的在相关会议和重要期刊上出现。2006年，RPI的周达成研究室发表了一个用蓝宝石的p型和n型GaN外延层制作常关型横向MOSFET的对比报告。

3. 金刚石电力电子器件发展现状

对于电力电子器件的材料优选而言，金刚石的几乎所有优选因子都是最高的，可以成为半导体材料的终极。因此尽管其材料制备十分困难，但还是吸引了不少人去开发高压高频的金刚石器件。虽然金刚石器件的开发早在20世纪80年代初就开始了，但金刚石开关器件的类型还比较单一，主要是SBD和MISFET(MOSFET)。1996年世界上首次关于半导体金刚石肖特基二极管的报道。经过10余年的努力，金刚石肖特基二极管的最大整流比目前已达10^7，背电极的接触比电阻已可降到$10^{-7}\Omega\cdot cm^2$。

二、电力电子器件的发展趋势

1. 基于新材料的新型电力电子器件

碳化硅电力电子器件的发展主要面向更高电压等级，更大电流密度和更高可靠性等方面，集中在对以下技术的研究和突破上。

（1）低缺陷大尺寸碳化硅衬底材料制备技术。在现有技术的基础上，增大晶片尺寸，达到通用半导体功率器件生产线所需要的尺寸，同时对大尺寸晶体的晶型控制技术、电阻率控制技术进行深入的研究，达到稳定提供单一晶型的 8 英寸、12 英寸晶片，同时，逐步降低 SiC 晶体的微管、位错等缺陷的密度。

（2）高质量厚外延技术研究。开展抑制外延生长过程中三角形缺陷（triangular defect）的产生研究；开展抑制外延生长过程中表面巨型台阶缺陷（step bunching）的产生研究；开展改善 SiC 外延材料的均匀性，包括外延厚度和掺杂浓度的均匀性研究。实现 150 μ m 以上碳化硅外延技术，同时达到掺杂浓度可控。

（3）高压大功率 SiC 电力电子器件。设计和制备击穿电压大于 10kV 的 SiC 功率整流器（SiC JBS 和 SiC PiN）和 SiC 功率 MOSFET、IGBT 或者新型功率器件。开展梯度掺杂层、复合耐压结终端的器件实现方案研究；开展低界面态、高载流子迁移率的栅极氧化层结构研究；开展高激活、低损伤 SiC 的离子注入及高温退火技术研究；开展 SiC 的低损伤刻蚀技术研究；开展 SiC MOSFET 器件阈值电压的稳定性研究等。

氮化镓电力电子器件的发展主要面向更大功率和更高工作频率等方面，集中在以下技术的研究和突破上。

（1）开展氮化镓衬底研究。现有氮化镓器件都是生长在碳化硅或者硅衬底上的异质外延材料制备的，要充分发挥氮化镓材料的优势，就要进行氮化镓晶体材料的制备。现有研究水平的材料面积小，缺陷密度大，还远远不能满足生产的需要。

（2）继续加强碳化硅衬底上尤其是硅衬底上外延生长的氮化镓材料研究，降低成本。

（3）GaN 电力电子器件新结构设计技术，设计出大功率微波器件，使电力电子器件的工作频率上升一个数量级。建立 GaN 电力电子器件的数值仿真物理模型，包括沟道迁移率模型、表面陷阱模型、电流增益退化模型；器件动态仿真模型；自热仿真模型等。实现与国内工艺线的匹配，提高器件制造工艺水平和器件设计能力。

金刚石电力电子器件，现有器件的形式主要是 SBD 和 MISFET，要加强大面积高质量薄膜材料制备的研究，进行材料掺杂控制，研究新型金刚石电力电子器件。

2. 新型硅基电力电子器件

硅材料的性能比前面所述的新材料性能相差很远，但是，经过多年的发展，硅器件的设计和制造系统是迄今最成熟、成本最低、规模最大的。采用原有的硅材料制备的新型器件在一段时间之内仍然有强大的生命力。新兴的硅基电力电子器件主要是要从结构和机理上取得突破，降低正向压降、导通电阻，提高开关速度，综合提高静态参数和动态参数性能。

主要器件形式包括以下 4 种。

1）绝缘栅双极型晶体管

绝缘栅双极型晶体管 (insulated gate bipolar transistor，IGBT) 是一种 n 沟道增强型场控 (电压) 复合器件，如图 20-7 所示。它属于少子器件类，却兼有了 Power MOSFET 和双极性器件的优点：高的输入阻抗 (容抗性质)、开关速度快、安全工作区宽；饱和压降比较低，甚至接近 BJT 的饱和压降，耐压高、电流大，因此，IGBT 将是促进高频电力电子技术发展的一种比较理想的基础元件。

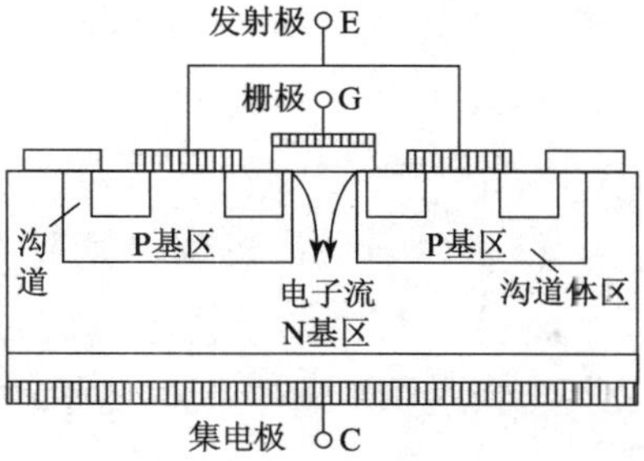

图 20-7　n 沟道 IGBT 示意图

目前，已经研制出的高功率沟槽栅结构 IGBT(trench IGBT) 模块，是近几年来出现的高耐压大电流 IGBT 器件均采用的结构，它避免了大电流 IGBT 模块内部大量的电极引出线，提高了可靠性和减小了引线电感，缺点是芯片面积利用率下降。国外许多大的相关厂家都投入了大量的人力物力开发研制新型高压 IGBT 器件。例如，瑞士 ABB 公司采用软穿通原则研制出了高压 8000V 的 IGBT 器件。德国的 EUPEC 生产的 6500 V /600 A 高压大功率 IGBT 器件已经获得实际应用。日本的东芝公司也投入到开发和研制新型高压 IGBT 器件的行列中。

2）集成门极换流晶闸管

集成门极换流晶闸管 (integrated gate commutated thyristors，IGCT) 是一种用于巨型电力电子成套装置中的新型电力半导体器件。它的应用使变流装置在功率、可靠性、开关速度、效率、成本、重量和体积等方面都取得了巨大进展，给电力电子成套装置带来了新的飞跃。IGCT 是将 GTO 芯片与反并联二极管和门极驱动电路集成在一起，再与其门极驱动器在外围以低电感方式连接，结合了晶体管和晶闸管两种器件的优点，即晶体管的稳定的关断能力和晶闸管的低通态损耗的一种新型器件。IGCT 在导通期间发挥晶闸管的在导通期间晶闸管的性能，关断阶段呈类似晶体管的特性。IGCT 具有电流大、电压高、开关频率高、可靠性高、结构紧凑、损耗低的特点。此外，IGCT 还像 GTO 一样，具有制造成本低和成品率高的特点，有极好的应用前景。

瑞士的 ABB 公司的 ACS1000 是目前国外高压大容量变频器中比较成熟的产品之一。在 ACS1000 变频器中，IGCT 是主要的功率开关器件，图 20-8 为其开发的一种型号的 IGCT。由于其价格等因素，目前，国内只有包括清华大学在内的少数几家科研院所在自己开发的电力电子装置中应用了 IGCT。

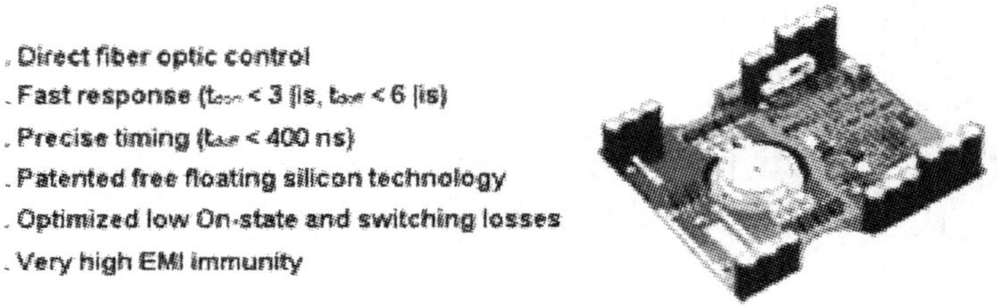

图 20-8　ABB 公司开发的一种 IGCT

3）电子注入增强栅晶体管

电子注入增强栅晶体管 (injection enhanced gate transistor，IECT) 是耐压 4kV 以上的高耐压 IGBT 系列电力电子器件，同时又是通过采取增强注入的结构以实现低通态电压、使大容量电力电子器件取得飞跃性发展。现已经经历了实际应用的初期阶段，进入了通过特性改良以实现更高性能为目标的发展期。IEGT 本质上具有作为 MOS 系列电力电子器件的潜在发展前景，预示着它是未来的重要发展方向。具有低损耗、高速动作等基本的芯片性能。通过模块封装它还具有多样化联接的众多派生产品的灵活性，可以作为中大容量变换器的突破点。

由日本东芝开发的 IECT(图 20-9)，利用了“电子注入增强效应”，使之兼有 IGBT 和 GTO 两者的优点 : 低的饱和压降，宽的安全工作区 (吸收回路容量仅为 GTO 的 1/10 左右)，低的栅极驱动功率 (比 GTO 低两个数量级) 和较高的工作频率。加之该器件采用了平板压接式电极引出结构，可望有较高的可靠性，目前该器件已经达到 4.5kV/1500A 的水平。

图 20-9　一种典型的 IECT

4）超级结金属 - 氧化物半导体场效应管

超级结金属 - 氧化物半导体场效应管（super junction-metal oxide semiconductor field effect transistor，SJ-MOSFET）的原理为在 N 型导电有源区平行地添加一层 P 掺杂层，可以显著提高横向晶体管的击穿电压。如图 20-10 所示，根据超级结（super junction，SJ）原理，可以加深 P 导电区，以提高电流传导区的掺杂浓度，从而显著降低单位面积导通电阻。在导通状态，这种高 N 掺杂浓度对器件有利；而在关断状态，附加的 P 掺杂区对高 N 掺杂浓度进行补偿，使其达到与高关断电压相适应的水平。因此，利用这种概念可以突破所谓的硅极限。硅极限指传统 MOSFET 在给定电压等级时的最佳理论导通电阻。

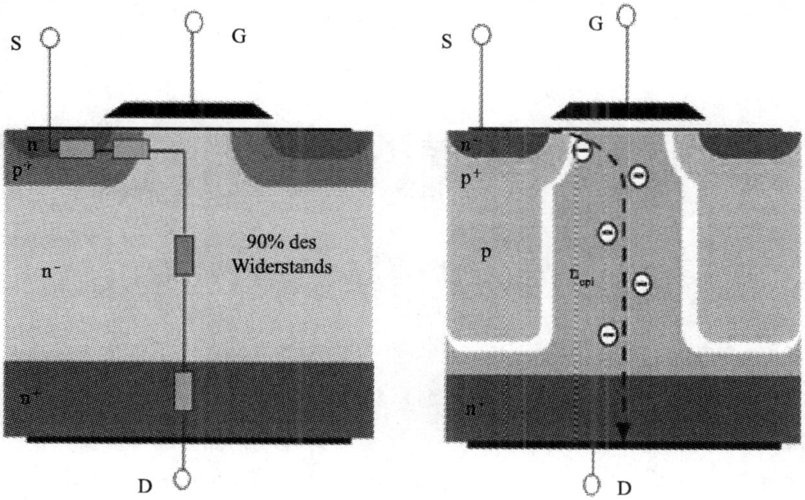

图 20-10　传统高压 MOSFET（左）与超级结器件（右）的结构比较

单位面积导通电阻的降低，既可以在给定封装下达到极低的导通电阻，又可以在极小的半导体芯片尺寸中实现给定的导通电阻。在封装尺寸一定的情况下，极低的导通电阻，可以构建更紧凑、高效的电源。但是此优点也给器件概念方面带来两个固有的挑战：第一，器件在异常工作条件下能处理的功率损耗降低；第二，由于器件电容较低，开关速度上升。

3．集成化、模块化、智能化新型电力电子器件

电力电子器件的集成化、模块化、智能化先后经历功率模块、单片集成式模块、智能功率模块（IPM）等发展阶段。其中功率模块与驱动、保护、控制电路是分立的，而单片集成和 IPM 中的功率器件与驱动、保护、控制等功能集成为一体。

目前电力电子集成技术主要采用混合集成方式，封装因此成为电力电子集成

研究的关键技术，主要包含如下方面。

（1）高压绝缘性能研究，20kV 器件封装技术为基础，通过结构优化及关键封装材料选择，设计能满足芯片阻断电压达 30kV 及以上的芯片封装结构

（2）耐高温性能研究，通过结构优化及关键封装材料选择，结合热学仿真平台，使封装结构的高温耐受力可达 300℃以上。

（3）芯片可压性和可焊性能研究，优先设计采用焊接方式实现的封装结构，同期开展试验研发全压接封装结构，结合力学仿真平台，改善芯片处理工艺，优化门、阴极结构，提高芯片封装合格率。

第三节　所需解决的关键理论和关键技术

电力电子器件在电力系统中的应用是一门涉及多领域的交叉学科，其研究方向均具有一定的技术难度，为了确保各阶段规划目标的顺利实施，需要深入探讨各项关键技术的实现途径，本节将给出各领域关键技术的实现途径。

一、半导体物理学与半导体材料学

电力电子装置的发展很大程度上取决于电力电子器件的进展，而电力电子器件的发展很大程度上取决于半导体材料，而半导体材料的基础是半导体物理学与半导体材料学。

半导体物理是研究半导体原子状态和电子状态以及各种半导体器件内部电子运动过程的学科，它是固体物理学的一个分支。研究半导体中的原子状态是以晶体结构学和点阵动力学为基础，主要研究半导体的晶体结构、晶体生长，以及晶体中的杂质和各种类型的缺陷。研究半导体中的电子状态是以固体电子论和能带理论为基础，主要研究半导体的电子状态，即能带结构、杂质和缺陷的影响、电子在外电场和外磁场作用下的输运过程、半导体的光电和热电效应、半导体的表面结构和性质、半导体与金属或不同类型半导体接触时界面的性质和所发生的过程、各种半导体器件的作用机理和制造工艺等。

半个世纪以来，半导体的研究在当代物理学和高技术的发展中都占有突出的地位。半导体与微电子技术将材料、物理、器件与工艺融为一体，相互促进与影响。新的工艺创造了新的材料，新的材料孕育着新的物理效应，基于新的效应研制成功了新型器件，而新型器件性能的提高又要求工艺技术不断改进与完善。半导体物理各个领域在半个多世纪的发展中都取得了非凡成就，然而它还有很多尚待解决的问题，如量子线与量子点的光学性质预期很好，但在实际达到这一目标的过

程中却困难重重；超晶格中的布洛赫振荡现象已研究多年，但也一直未能得出一个明确结论；超格的共振隧穿效应也已有30年的研究历史，但共振隧穿量子器件的研制结果却并不理想；理论上利用布里渊区的折叠效应可以将间接带隙材料变为直接带隙结构，但迄今仍未真正实现具有实际意义的间接–直接转变；作为无序体系的非晶态半导体，无论在物性研究方面，还是在器件应用方面仍存在着许多有待解决的问题。

半导体物理学与电力电子相关的研究工作未来主要集中于：研究半导体电子状态以及各种半导体器件内部电子运动过程。研究半导体的电子状态，半导体的光电和热电效应、半导体的表面结构和性质、半导体与金属或不同类型半导体接触时界面的性质和所发生的过程、各种半导体器件的作用机理和制造工艺等。

半导体材料是半导体物理研究的基础，半导体新材料、新结构的研制成功大大促进了半导体物理研究。生长半导体超晶格材料的分子束外延等技术是超晶格领域能够形成并不断发展的基础。最近，多孔硅、C_{60}、GaN等每一种材料的发现或研制成功都开辟了一个新的研究方向，丰富了半导体物理的内容，同时又预示着广阔的应用前景。

目前急需开展的与电力电子器件相关的研究工作有：对半导体材料的物理机理开展研究，掌握半导体材料的物理机理，突破现有材料的局限，掌握半导体材料的性质，功能和制备方法以及半导体材料的测试分析手段，掌握各类半导体材料的性质以及与材料特性与器件特性的关系等方面的知识。找到更合适作为电力电子器件的半导体材料以及其制备工艺，设计与研究其制备设备。

二、电力电子器件的基本原理和特性

电力电子器件的主要功能及其特性由其构成元素的基本特性决定。例如，整流是PN结和肖特基势垒接触的单向导电性赋予的功能，开关是多个PN结相互作用的结果（双极型）或MOS(MES)系统以及PN结的场效应所赋予的功能。要了解电力电子器件的工作原理，首先要了解上述三种结构元素的基本特性。

1. 开关原理与频率特性

在半导体器件的三个构成元素中，PN结和肖特基势垒接触除具有单向导电性，因而具有整流功能外，还具有开关功能，是多种开关器件的重要功能元素，而MOS系统则主要在场控器件中构成栅，起开关作用。

1）MOS 栅的开关原理

图 20-11 为 N 沟道增强型 VDMOS 中一个单元的截面图。当漏极接电源正端，源极接电源负端，栅极和源极间电压为零时，P 型基区与 N 漂移区之间形成的 PN 结 J_1 反偏，漏源之间无电流流过。如果在栅极和源极之间加一正电压 U_{GS}，由于栅极是绝缘的，因此并不会有栅极电流流过。但栅极的正电压却会将其下面 P 区中的空穴推开，而将 P 区中的少子电子吸引到栅极下面的 P 区表面。当 U_{GS} 大于某一电压值 U_T 时，栅极下 P 区表面的电子浓度将超过空穴浓度，从而使 P 型半导体反型而成 N 型半导体，形成反型层，该反型层形成 N 沟道而使 PN 结 J_1 消失，漏极和源极导电。MOSFET 的开关速度和其输入电容的充放电有很大关系。同时，由于 MOSFET 只靠多子导电，不存在少子存储效应，因而其关断过程是非常迅速的。

2）PN 结与 MES 栅的开关原理

PN 结场效应管是利用两边为 P 型高掺杂半导体、中间为 N 型掺杂半导体作为导电沟道得到的，当所加栅源电压不同时，两个相对的 PN 结的空间电荷区宽度不一样，所以以此控制中间的导电沟道区宽度，导电沟道区宽度改变相当于电阻改变，从而电流改变（以 N 型 JFET 为例）。MESFET 原理基本一样，其上层为金属，中间为 N 型半导体作为导电沟道，下层一般为 GaAs 衬底，要求金属（一般用 Al）的费米能级比 N 型半导体的要低，这样 N 型半导体的电子流向金属，N 型半导体就形成了空间电荷区，为耗尽层，没有电离电子，可以通过栅源电压改变这个空间电荷区的宽度，以此来控制导电沟道的宽度。

3）电流控制型器件的开关原理

电力 BJT 和可控硅整流器都是电流控制型的器件。图 20-12 为电力 BJT 的基本结构。电力 BJT 用基极电流来控制集电极电流。

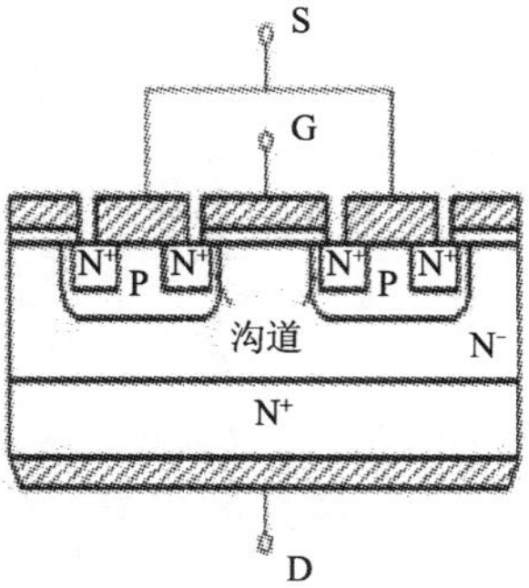

图 20-11　电力 MOSFET 的结构

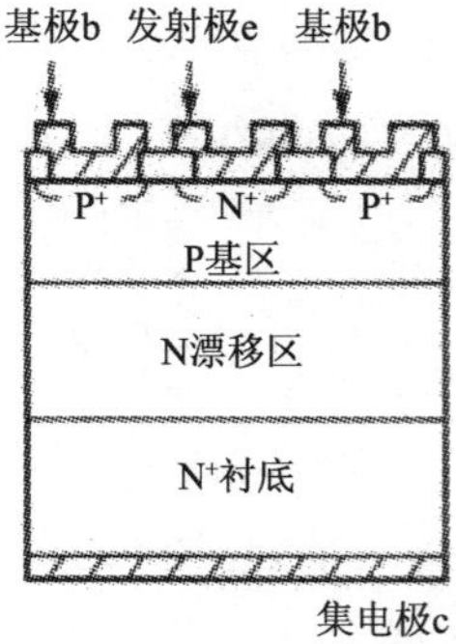

图 20-12　电力 BJT 结构

2. 电导调制原理与通态特性

1）PN结的电导调制作用

PN结正向导通时，其两端之间的电压并不随电流线性变化，与很大电流增量对应的电压增量很小。外电压与PN结上自建电势相抵消，使势垒降低，引起额外载流子的注入，使P、N两区的少数载流子密度大幅度提高，就是电导调制。

2）双极器件和单极器件的通态特性

由于电导调制效应，双极性器件通态损耗基本上与材料的电阻率无关，单极性器件不具备电导调制功能，其通态损耗直接由材料的原始电阻率决定，在电流相等的情况下其值相对较大，特别是阻断电压较高的时候。

3. 功率损耗原理与高温特性

1）功率损耗

功率损耗是器件在单位时间内消耗的能量，即电流通过其各个等效电阻所做的功，通常以焦耳的形式表现出来。因此为了保持良好的工作状态，器件的封装基板和外壳应具有一定的吸热和散热功能，功耗较大的器件还须安装散热器。

（1）通态损耗。功率器件在稳定导通状态下的单位时间内内消耗的能量称为通态损耗。

（2）开关损耗。开关过程中如果电流的上升或下降同时伴随由电压的变化，则器件在此过程中会有能量的消耗。器件在开关瞬态过程中的单位时间内消耗的能量称为开关损耗。

（3）驱动损耗。驱动损耗指消耗在开关器件的驱动极（晶闸管的门极、晶体管的基极、功率MOS和IGBT的栅极）上的功率。

（4）断态漏电损耗。在器件处于断态期间，若断态电压很高，微小的漏电流仍有可能产生明显的断态功率损耗。

2）结温与热阻

结温可理解为泛指器件有源区的温度，并不一定指PN结，对于功率MOS，结温就是漂移区的温度。对以开关模式工作的功率器件，结温 T_j 一般会随时间变化，具体的变化情况与电流脉冲的参数有关，但是任何情况下每次结温脉动的峰值必出现在功率脉冲下降的后沿。

3）高温特性

由于消耗功率产生焦耳热，电力电子器件常处于远高于室温的工作状态。器件的高温特性通常指两方面的内问题。一是指高温下材料特性的变化对器件导通状态的影响，二是指高温下器件热产生漏电流的上升对其阻断能力的影响。

三、材料制备技术

新型大功率电力电子器件制造技术主要有以下工作：开展无缺陷或低缺陷宽禁带半导体（碳化硅、氮化镓、金刚石等）晶体的制备、晶片切割及外延生长等相关技术和工艺研究工作；开展宽禁带半导体（碳化硅、氮化镓、金刚石等）电力电子器件，包括晶闸管和IGBT等的设计、生产工艺流程和器件性能测试技术等的研究；开展宽禁带半导体（碳化硅、氮化镓、金刚石等）电力电子器件压接型封装技术研究及测试技术研究工作。并最终实现压接型宽禁带半导体（碳化硅、氮化镓、金刚石等）晶闸管和IGBT等电力电子器件系列核心技术的突破，并在电力系统、高频微波功率等应用场合中得到推广应用。

1. 晶体生长技术

晶体生长技术主要是增加晶片尺寸的扩径技术，即研究晶体扩径规律的研究。随着晶体尺寸的增加，对温场分布的要求越来越高，生长条件不合适将导致晶体发生多型相变、微管密度增加等，导致晶体质量变差。研究晶体扩径规律，解决晶体尺寸增大带来的一系列问题，如温度补偿措施、碳化硅粉料的填充形态和坩埚的结构改进等等，获得高质量大尺寸碳化硅晶体。

2. 晶片加工技术

晶片加工技术主要是大尺寸晶片的机械、化学抛光技术研究。随着晶片尺寸的增加，晶片的切割、研磨、抛光等工艺技术的难度都随之增加，特别是碎片率、晶片的翘曲度增加明显。所以，针对大尺寸晶片的加工特点，研究合适的切割、研磨、抛光工艺，确保晶体的厚度变化（TTV）和表面粗糙度满足外延的要求；研究晶片在加工过程中应力引起的变形问题和解决途径，确保晶片的弯曲度（bow）、翘曲度（warp）等小于规定值，满足外延的需求；研究碳化硅晶片的清洗工艺，确保晶片达到即开即用（epi-ready）水平。

3. 外延技术

厚外延技术研究针对新材料的CVD外延生长技术开展系统的研究工作，其中包括：①同质外延生长技术及机理研究；②同质外延掺杂技术研究；③快速同质外延生长技术研究及其与生长系统的关系。从而实现高质量厚外延技术的突破。

四、器件结构以及系统应用仿真技术

仿真（simulation）即利用模型复现实际系统中发生的本质过程，并通过对系统模型的实验来研究存在的或设计中的系统，又称模拟。计算机仿真具有效率高、精度高、可靠性高和成本低等特点，已经广泛应用于电力电子电路（或系统）的分析和设计中。计算机仿真不仅可以取代系统的许多繁琐的人工分析，减轻劳动强度，提高分析和设计能力，避免因为解析法在近似处理中带来的较大误差，还可以与实物试制和调试相互补充，最大限度地降低设计成本，缩短系统研制周期。可以说，电路的计算机仿真技术大大加速了电路的设计和试验过程。电力电子装置造价昂贵、研制及应用实验的成本很高，因此仿真是一种特别有效的研究手段。仿真与数值计算、求解方法的区别在于它首先是一种实验技术。仿真的过程包括建立仿真模型和进行仿真实验两个主要步骤。

目前的仿真技术只能做局限于装置级仿真、器件级仿真、工艺仿真、材料仿真、电路仿真等独立部分，他们之间没有能很好的结合，或对于整个电力电子器件研发过程的辅助作用还很有限，因此开发多级结合仿真工具十分有必要。

此外，还需开展以下仿真研究工作：突破现有仿真技术仅能从电或热方面进行仿真的缺陷。寻求热、电、磁、力等多方面耦合的仿真技术。缩小仿真模型与实际系统之间的差异造成的仿真结果与真实结果的差异。

解决现有仿真软件或算法计算速度慢的问题，达到实时仿真甚至超实时仿真的目的。突破目前离线仿真的瓶颈，研究在线仿真技术。

五、器件制备技术

1. 芯片设计

1）10kV 以上高压大功率电力电子器件新结构设计技术研究

通过开展新材料电力电子器件的耐压工作机理分析，建立相应的耐压解析模型，同时利用半导体二维数值分析工具，优化新材料电力电子器件表面电场分布，对器件结构进行优化设计，特别是针对新材料电力电子器件的终端结构进行设计和优化，如采用刻蚀型结终端结构、阶梯场板结构等，从而实现 10kV 以上的阻断电压。

2）10kV 以上高压大功率电力电子器件数值模拟仿真研究

通过对近年来国内外学者在新型电力电子器件领域进行的理论和实验研究

的分析，并考虑国内科研院实际所具备的新型器件制造工艺水平，进行新型电力电子器件数值模拟仿真物理模型的建立和修正（如 MOS 器件反型层沟道迁移率模型以及碰撞离化模型和复合模型等）。同时结合已经广泛应用到实际科研、生产中，极大扩展了半导体器件理论和结构设计深度与广度的 EDA 技术，通过数值计算值与实验结果进行拟合比较，建立起能综合考虑器件工艺容差、工作温度等因素影响的新型电力电子器件数值模拟仿真平台，对外提供附加服务，并推广应用。

2．器件封装

1）高压绝缘性能研究

以硅基器件封装技术为基础，通过结构优化及关键封装材料选择，逐步提升封装结构的高压绝缘性能，依次设计可满足芯片阻断电压达 10 ～ 20kV 及上的芯片封装结构。

2）耐高温性能研究

积极跟踪国、内外先进封装材料动向，掌握各类型封装材料性能。根据材料特性，合理应用于封装结构设计。通过结构优化及关键封装材料选择，结合热学仿真平台，逐步提升封装结构的耐高温特性，依次设计最高工作温度 250℃以上的封装结构。

3）芯片可压性和可焊性能研究

结合 IGBT 焊接封装工艺，设计应用于新材料芯片的焊接封装结构和全压接结构。

开展试验研发门极件焊接的全压接封装结构，结合力学仿真平台，改善芯片处理工艺，优化门、阴极结构，逐步提升全压装封装芯片的利用率，最终达到 100% 的封装合格率。

开展试验研发全弹簧门极引出结构的全压接封装结构替代门极焊接结构，从而减小芯片失效率，提高器件高温、高压可靠性。

六、新型电力电子器件应用的技术

1．分析与仿真技术

基于新型电力电子装置特性仿真研究：主要考虑器件过压过流温升损坏等开展电力电子装置的动态过程仿真研究；分析并建立能验证综合考虑采样误差、通信延迟等因素对仿真结果的影响以减小离线数字仿真与物理实测方法间的差异，形成具有一定实验能力的新型电力电子器件综合仿真平台，对外提供附加服务，并推广应用。

2. 可靠性与经济性评估技术

新型电力电子装置应用的经济性、可靠性研究。开展新型电力电子装置通用的可靠性、经济性评价方法和体系研究，以及不同电力电子装置在实际应用中的可靠性和经济性评估方法的研究；开展不同工况下装置本身的运行可靠性研究；开展适用于评估新型电力电子装置并网效果的经济性、可靠性指标研究；开展不同类型电力电子装置并网前后各种经济性、可靠性指标的变化的研究；制定电力电子装置应用的经济性、可靠性评估标准体系。

3. 实验平台技术

1）大功率可关断器件（IGBT、MOSFET、GTO、IGCT）应用技术研究

开展大功率电力电子器件的工作机理、变化特性和应用技术研究；开展电力电子器件暂态特性仿真研究，针对可控高抗、可控串补等不同应用场合深入分析运行特性；开展大功率应用场合电力电子器件温升特性及冷却系统设计；制定大功率电力电子器件的设计、应用技术规范和标准。

2）大功率可关断器件（IGBT、MOSFET、GTO）串联关键技术研究

开展 IGBT 开关过程的动态调节方法研究；从电压上升率、触发脉冲不同步、器件本身的开通时间差异等方面详细研究其对串联 IGBT 电压不平衡的影响，及相应的抑制措施；针对开通损耗引起的温升，研究平衡技术以减小其对 IGBT 电压的影响，掌握具有自主知识产权的 IGBT 串联大功率换流器设备研制，实现串联 IGBT 关键技术的工程示范应用及推广。

第四节　技术发展路线

基于前述几节的内容，新型电力电子材料及器件在 2020 年、2030 年、2050 年的技术愿景及技术路线图如表 20-2 所示。

表 20-2　新型电力电子技术发展路线表

领域	研究方向	研究课题	近期目标（2020 年）	中期目标（2040 年）	远期目标（2050 年）
材料制备技术	晶体生长和晶片加工	晶体尺寸扩径	提供稳定单一晶型的 6 英寸碳化硅、氮化镓晶片	与主流硅器件制备工艺线相兼容的晶片的尺寸	超越主流硅器件制备工艺线的晶片的尺寸
		无缺陷晶体生长	去除微管缺陷，大尺寸晶片机械、化学抛光技术	去除位错缺陷以及点缺陷	良好的载流子质量控制技术，实现开关速度与导通特性的优化
	外延技术	高质量厚外延技术	实现 50μm 以上厚外延技术的研究	实现 100μm 以上厚外延技术的研究	实现 150μm 以上厚外延技术的研究
器件制备技术	芯片制备技术	10kV 电力电子器件新结构设计技术	击穿电压大于 10kV 的功率整流器和功率 MOSFET 器件	提升功率整流器和功率器件性能，实现击穿电压大于 20kV，电流 50~100A。设计出击穿电压大于 50kV 的 IGBT	完善和推广应用 20kV 电力电子器件设计技术
		10kV 电力电子器件数值模拟仿真研究	建立电力电子器件的数值仿真物理模型	改进所建立电力电子器件的数值仿真物理模型，实现与国内工艺线的匹配	完善和推广应用 10kV 电力电子器件数值模拟仿真平台
	器件制备技术	新型硅基器件研究	实现 10kV 以下的 IGBT、IEGT、IGCT 等器件产品化	实现 20kV 以下的 IGBT、IEGT、IGCT 等器件产品化	实现 30kV 以下的 IGBT、IEGT、IGCT 等器件产品化
	器件的封装技术	高压绝缘性能研究	设计能满足芯片阻断电压达 10kV 的芯片封装结构	设计能满足芯片阻断电压达 20kV 的芯片封装结构	设计能满足芯片阻断电压达 30kV 及以上的芯片封装结构
		耐高温性能研究	设计出封装结构的高温耐受力可达 250℃	提高封装结构的高温耐受力	提高封装结构的高温耐受力，可达 350℃以上
		芯片可压性和可焊性能研究	新型焊接式模块和压接式产品封装	结合仿真与工艺平台，提高封装器件功率密度	结合仿真与工艺平台，提高封装器件整体性能
电力电子器件应用的共性技术	分析与仿真技术	基于新型电力电子器件的电力电子装置特性仿真	完成规模化电力电子装置综合仿真平台建设	提升规模化电力电子装置综合仿真平台能力，并实现在相应工程中的应用	完善和推广应用规模化电力电子装置综合仿真平台
	可靠性、经济性评估技术	基于新型电力电子器件的电力电子装置应用的经济性、可靠性研究	提出电力系统中电力电子装置自身可靠性和经济性指标	建立大规模电力电子装置应用到实际电网的综合可靠性和经济性的系统评估体系，并应用到实际工程中	推广应用电力电子装置经济性、可靠性系统评估体系
	实验、平台技术	新型大功率可关断电力电子器件的应用技术研究	完成大功率可关断器件通用冷却系统设计；掌握大功率可关断器件的开通特性，关断特性，通态特性，电热特性等	制定大功率可关断器件的设计、应用技术规范和标准，并实现工程示范应用	自主开发的新型大功率可关断器件应用于各类电力电子装置的设计和制造过程中
		大功率可关断器件串联关键技术研究	突破串联全控器件电压平衡控制的关键技术，实现 10 个 10kV 等级全控器件的稳定串联运行	试制应用串联技术的大功率换流器试验样机	实现串联全控器件关键技术在柔性交流输电和柔性直流输电的推广

第五节　人才培养战略

我国电力电子器件技术和产业的大规模快速发展需要大量电力电子相关的专业人才。发展电力电子器件业既是国家产业战略，同时又为相关行业和专业人员提供了广阔的市场空间和施展才华的机会。

为实现中长期电力电子器件发展目标，国家、企业和高等院校、科研院所要抓住机遇，在基础理论研究、生产、设计、制造、试验、应用等环节，以及柔性交流输电、直流输电、电能质量控制、新能源接入等专业领域，大力加强各类人才的培养工作，提高待遇，做好人才储备。重点在高校、科研机构、企业进行电力电子专业教育、培训，编撰、修改电力电子教材、专著，通过各种手段培养半导体物理和电力电子专业人才。

要重点培养以下几个方面的人才：①具有全局观念的掌握新型电力电子器件发展方向和应用前景的领军型人才；②掌握新型半导体材料机理、电力电子器件机理和电力电子器件研制的高级人才；③熟悉新型电力电子器件在电力系统中应用机理的应用型人才；④熟悉电力系统器件应用环境，加快新型器件被电力系统接受的推广人才。

第六节　重点研究的课题和基础设施建设

一、半导体材料研制方面

开发适用于制作具有高压、大功率、高频率、耐高温等特性的电力电子器件的新型半导体材料，重点研究碳化硅、氮化镓等新型半导体材料的物理特性及生长加工技术，研究新型材料的加工制造设备。主要有以下方面：①新材料的发现与物理特性研究；②新型材料制备技术与晶体的生长、加工技术；③新型材料加工设备的研制。

二、电力电子器件研制方面

新型器件的基础理论研究；新型器件的优化设计研究，提高性能参数；新型器件的生产工艺研究与改进；新型器件的应用研究，包括驱动、保护、串并联、模块化和智能化。

影响电力电子器件产业发展的关键产品和技术主要有：光触发硅晶闸管设计、

制造工艺及其产业化能力；高压大功率硅材料 IGBT、特别是压接型 IGBT 的芯片设计、芯片制造工艺、焊接型和压接型 IGBT 器件封装技术、大功率 IGBT 芯片和器件测试和可靠性试验技术及其产业化能力等。新材料晶体和晶圆生产的缺陷控制技术;新材料电力电子器件的设计、厚外延生长、高能离子注入等关键工艺、相关新材料电力电子制造工艺和设备等。

重点研究内容主要有以下方面：①新型结构形式的器件；②新的封装工艺和方式；③二极管与 IGBT 等多芯片的融合设计；④功率集成设计（控制、保护、检测高度集成化）；⑤集成化、模块化、智能化制备工艺。

三、相关基础设施建设方面

相关基础设施建设主要有以下方面。

（1）新型半导体材料和电力电子器件的模拟、仿真和试验能力建设；

（2）新型半导体材料和电力电子器件的生产加工能力建设；

（3）完善新型器件从基础理论研究、示范应用到推广的机制建设。

第二十一章　面向电力系统的新型电力电子装置

输配电技术的发展历史经历了一个从直流输配电到交流输配电再到交流直流输配电共存的过程。电力电子技术的发展无论是对于交流输配电还是直流输配电均产生了重大影响。目前，在输配电领域应用的大功率电力电子技术主要有灵活交流输电系统（flexible alternating current transmission system，FACTS）、高压直流输电（high voltage direct current，HVDC）、定制电力（custom power，CP）三类技术。

在输电领域，FACTS 旨在提高交流电网的可控性，实现灵活的潮流控制和最大化电网的传输能力，推动交流输电向更高级的阶段发展。HVDC 的应用领域主要集中在远距离架空线传输、电力系统互联、远距离海底电缆输电和地下电缆输电。HVDC 是通过控制它与电网的功率交换来控制电网的功率传输和改善电力系统性能的目标，客观上要求 HVDC 能控制较大功率，因此目前主要依赖高压大容量晶闸管器件；FACTS 是通过调节交流电网的参数而“间接”地控制电网的功率传输，达到“四两拨千斤”效果，从而对 FACTS 的容量要求比 HVDC 小得多，因此可以采用耐压和容量不及晶闸管的可关断器件。从应用现状来看，HVDC 和 FACTS 在输电容量、输电距离、目标功能、投资和环境影响方面存在一定区别，二者各有其优势应用领域。应该看到，随着可关断器件耐压和容量的不断提升，HVDC 和 FACTS 之间的界限正在逐渐模糊。总而言之，HVDC 和 FACTS 之间既有共同点，又有区别，是现代电力工业中重要的两种互补性支撑技术，它们与信息技术、通信技术以及先进的控制理论相结合，将不断推动输电技术的完善和发展。

在配电领域，随着现代科学技术的发展，一方面，造成电能质量问题的因素不断增长；另一方面，各种复杂、精密、对电能质量敏感的用电设备不断增加，几十毫秒的电压暂降都可能造成设备损坏甚至停产，给企业带来巨大经济损失。电能质量问题对电网和用电系统造成的直接危害和对人类生产和生活造成的损失也越来越大。随着大功率电力电子器件（如晶闸管、GTO、IGBT）出现，动态电压恢复器（DVR）、固态转换开关（SSTS）、静止同步无功补偿器（DSTSATCOM）、有源滤波器（APF）等定制电力设备相继研制成功并投入运行，取得了一定的经济效果。国内部分用户已经开始自行安装类似的设备，以减少因电能质量问题造成的经济损失。一方面，这些设备的使用使得企业增加了运行维护的专业人员，提高了企业运行成本；另一方面由于没有统一规划，容易出现针对同一电能质量问题重复治理和治理设备之间互相干扰，难以达到预期效果。寻找一种综合利用电能质量治理设备服务于各类电力用户的方案成为人们日益关注的焦点。

随着以碳化硅为代表的新一代宽禁带电力电子器件的出现，电力电子装置将具备效率高、体积小及工作温度范围宽等特点，其性能及可靠性将会得到极大提高，用途更加广泛，从而促进电力系统的发展。

第一节 需求与发展前景预测

一、能源革命对电力电子装置的需求

电力电子装置是实现电能转换和控制的执行单元。其应用贯穿于电力的发电、输电、配电、用电各个环节。未来所有的电能可能都需要通过电力电子装置实现控制和转换。

随着大功率换流技术及半导体器件的发展，未来电网中将大量应用电力电子装置，电网也就是电力电子装置连接网：大型水力发电基地、火力发电基地、核电发电基地电源都会通过固态变电站连接到交流电网，而大型风力发电基地、太阳能发电基地、海洋能发电基地都要通过固态变电站连接到直流输电网；交直流输电网分别通过固态变电站和交直流配电网连接，向用户提供优质电能；用户侧则是各种电力电子装置的集合。

为适应未来电网的形态变化，未来电网中的电力电子装置容量将可能达到吉瓦级，而电压水平则可能达到数万伏，电流水平可能达到数万安，单位体积能量密度可望比目前增大数百倍。未来电力电子装置将具有较低的损耗及较小的发热量，更快的响应速度，更低的成本，更好的输出特性以及友好的环境兼容度；同时具有高度的人工智能水平、高的灵活性及高的鲁棒性，可靠性高并具有自愈能力。

二、电力电子装置发展前景预测

为适应未来电网模式的发展，电力电子装置将在以下几个方面获得大量应用。

（1）新输电方式和设备：大容量架空交直流输电、超导输电、地下输电、无线输电；

（2）新变电装备：新型高效固态变压器、固态开关设备和传感设备；

（3）新配用电设备：分布式电源和储能、电动汽车及其充放电系统；

（4）未来电网的智能化技术：输变电设备的信息化、电网调度自动化和智能控制系统、配电系统自动化和智能控制系统，微网的运行控制和保护；

（5）大规模可再生能源接入系统技术：大容量集中式和大范围分布式接入的不同方式。电网接入条件的改善与电源技术的进步。

综上所述，未来新型电力电子装置的应用范围非常广泛，如图 21-1 所示。下文将根据应用场合对各种新型电力电子装置分别介绍。

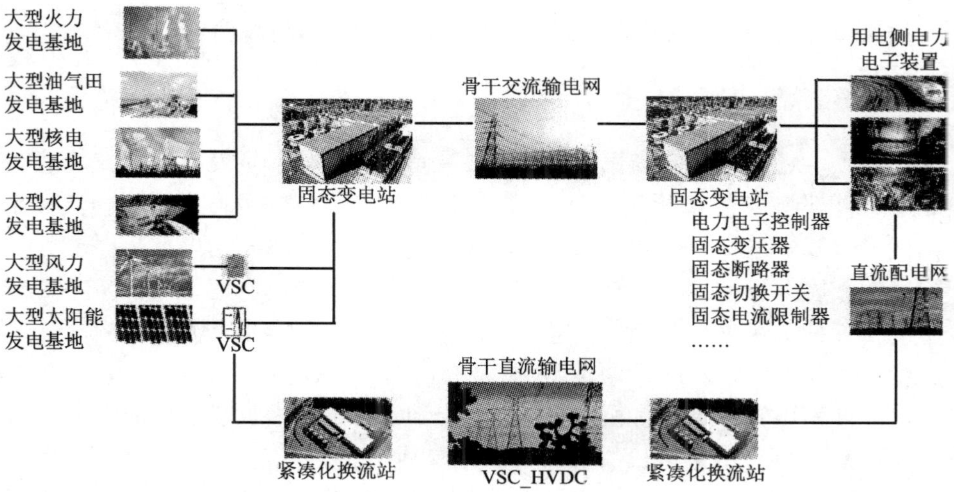

图 21-1　新型电力电子装置应用介绍

1. 发电领域

随着石化能源的减少以及环境的恶化，风、光、波浪等清洁能源的发电所占的比例将逐渐扩大，而它们都属于间歇式能源，需要电力电子装置将间歇式电能变换为稳定持续的电能，才能接入大电网。

分布式发电是大电网的有效补充，是未来电网的重要组成部分，在边远山区，海岛、舰船等场合具有大量应用需求。

在大规模风电的交流输电方式下，风电场和电网频率需要保持一致；需要动态的无功补偿装置，电网和风电场各自故障时，存在相互影响的情况。从投资角度来看，相对固定资产投资较低。

与交流并网方式相比，大规模风电场通过柔性直流并网能够更好地进行故障隔离；风电场出力大范围变化，可以通过制定合理的直流控制措施调整输电功率，满足风电机组运行特性需要。但大规模风电场采用直流输电方式送出，需要大容量的电力变换器，固定资产投资较高。

根据以上分析，大规模间歇式电源并网运行对无功平衡、电压稳定产生较大影响。因此采用电压源换相高压直流输电（柔性直流输电）方式接入电网具有较大优势。

柔性直流输电技术以电压型换流器 (VSC) 和绝缘栅极双极晶体管 (IGBT) 为基础。柔性直流输电技术的点对点控制和运行方式简单，输出电压波形好，功率因数高。

另外，电压源换相高压直流输电在小功率传输方面具有很好的经济性，非常适合地处偏远地区的分布式电网发电和海上风电场的远距离输电。

2. 输电领域

大规模、远距离输电是我国电网的发展特点。从更长远看，新开发的常规火电和水电基地将进一步西移，未来能够实现大规模利用的可再生能源——风能和太阳能发电基地也将主要分布在西部地区，发电资源分布与用电负荷地理上分布不均衡的矛盾仍将存在。目前，我国正在大力开展智能电网建设。智能电网的一个重要目标是实现大水电、大煤电、大核电远距离、大容量、低损耗输送，有效缓解我国能源和负荷分布不均的矛盾。现有电网的大容量、远距离输电能力有限，且输电走廊利用率不高。由于环境压力、土地资源的紧缺，获取新的输电走廊十分困难。面对负荷迅速增长的形势，急需有利于保护环境，适应于我国大容量、远距离输电特点，经济高效、建设周期短的先进交流输电技术。

此外，智能电网要求具备强大的抵御突发性事件和严重故障的能力。国内实际应用的大电网安全稳定控制措施，大部分仍属于预防性控制措施，其控制触发信号主要还是以当地信息为主，在某些运行方式下带有一定的连锁触发风险，而采用全局信息的主动型安全稳定控制措施仍处于研究阶段，离实用化还有一定的距离。一方面需要在控制理论、信息的量测和传递技术上取得突破，另一方面需要对系统参数进行快速、连续、灵活控制的手段。

1）FACTS 装置

实际应用结果表明，灵活交流输电系统，(flexible AC transmission systems，FACTS)，是综合电力电子技术、微处理和微电子技术、通信技术和控制技术而形成的，以实现对输电系统的电压、阻抗、相位角、功率、潮流等的灵活控制。FACTS 技术采用半控或全控电力电子器件构成，包括 SVC、STATCOM、TCSC、FCL、UPFC、SSSC 以及固态电力电子装置等类型，采用串联或并联方式连接于电力系统中。相对于传统输电方案，FACTS 装置具有更快的响应速度、更好的可控性和更强的控制功能，为智能电网的快速、连续、灵活控制提供了最有效的技术手段。如果电网中安装适当数量、不同类型的 FACTS 装置，将多个 FACTS 装置结合起来进行协调控制，则能够改善整个电网或电网中的一个区域的运行状态，从而达到控制目标全局优化、控制效果大幅提升的目的。FACTS 技术是未来电力电子装置的一个重要发展方向。FACTS 装置主要以无功、电压和潮流控制为目标。

2）固态电力电子技术及装置

固态电力电子装置是指由电力电子器件构成，不包含机械传动和操作机构、任何冷却或绝缘液体的一类装置的总称。如固态电流限制器 (solid-state current limiter，SSCL)、固态故障电流限制器 (solid-state fault current limiter，SSFCL)、固态断路器 (solid-state circuit breaker，SSCB)、固态切换开关 (solid-state transfer switch，SSTS) 等单一设备，或者由这些设备和专用的控制保护系统组合而成的固态变电站。这种新型的固态变电站将成为未来输电系统与配电系统之间动态"控制点"（point-of-contro1）的无缝接口。

3）分频输电用电力电子装置

未来交流输电领域可能会出现一种全新的输电方式 —— 分频输电系统：在不提高电压等级的前提下通过降低输电频率，减少输电线路的电抗来提高输电线路的输送功率，达到减少输电回路数和出线走廊的目的。分频输电适合于水电、风电等原动机转速较低的电力接入系统的应用，到负荷中心后再通过变频技术与电力系统相连，为解决我国远距离、大容量水电以及风电接入系统等提供了一种可能有竞争力的输电方案。在分频输电系统中，交—交变频器等电力电子装置将大量应用于各种频率间相互变换的场合中。

4）电压源换相直流输电装置与直流输电网

采用直流输电技术可以弥补一些交流系统的不足。首先，可以通过高压直流输电实现远距离大容量输电的要求，输送功率不受类似交流系统中的同步性和稳定性限制，具有良好的技术经济性能；采用直流输电实现电网间的非同步互联，不增加被联电网的短路容量，被联电网可不同频率或非同步独立运行，增加各电网的独立性和可靠性，更加便于运行管理；通过使用柔性直流输电技术将分布式发电接入电网，对柔性直流输电系统的控制实现分布式发电与电网间的能量交换，对提高电网接入可再生能源的能力发挥重要作用。

目前直流输电系统主要采用端到端技术实现交流电网互联互供，直流输电系统本身并未实现网络化。所谓直流输电网是指直流输电系统由两个以上换流站，直流线路可以由多个线路组态联网，实现多个直流换流站之间的功率调节和传输。

当前，随着电力电子器件的发展，电压源换相高压直流输电技术在国际上已日渐成熟，电压源型换流器采用可关断器件，可控性大大提高，其有功功率、无功功率灵活可控，并且能轻易实现潮流反向。相比于传统的基于晶闸管型换流器的直流输电系统，基于电压源换相的直流输电网由于换流站之间控制调节的相对独立性和直流端电压极性不会改变，与交流电网高度解耦等优点使得直流输电网的运行和控制相对容易。因此，基于电压源换相直流输电技术的直流输电网的优势也逐步显现出来。

在我国能源分布的不均衡性，决定了我国大容量远距离输电的格局。随着我国新可再生能源发电产业的迅速发展，新能源并网的要求将越来越强烈，位于我国内蒙古地区和沿海地区的大量风电以及太阳能富裕的新疆、甘肃等地，将形成大量的电能输出，对这些新能源而言，比较理想的方式是通过直流入网；此外，西南部大量水电向东部输送、沿海大规模油气田可燃冰发电基地向大陆输送大量电能时，远距离大容量的输送无论是经济上还是技术上，都宜采用高压直流输电方式。全国这种多起点多落点的直流输电格局将逐步成为未来输配电网的主流架构，同高压交流输电网络相辅相成，构成全国输电网络的主干结构。

3．配电领域

目前欧洲和美国均已提出各自的直流输配电网络概念，其中，因电压源换相高压直流输电实现了对电网参数、网络结构的灵活快速控制，实现了输送功率的合理分配，实现了不同电网的互联，大幅度提高了系统的稳定性、可靠性，并在配电领域的应用中有效地实现了电力系统的“可控度”，因而受到广泛关注。

虽然目前尚无实际工程应用，但世界各国对由电压源换相直流配电网的前期理论研究均认为，相对于传统交流电网，电压源换相直流配电网的技术优势主要体现在以下几个方面。

（1）电压源换相高压配电网易于进行电网互联和电力交易，构筑地区电力供应商之间电力交换的技术平台，增加系统运行和潮流调节灵活性。

（2）电压源换相直流配电网容易实现多馈入分支供电，网络输送功率大，是城市电网供电和增容的有效途径。

（3）电压源换相直流配电网具备有功和无功功率独立调节能力，能保持电网电压恒定，是解决电网供电质量的有效途径。

随着未来电力技术的发展，直流配电网的以上优势决定了其必然会成为一个重要的发展方向。

EPRI 学者 Hingorani 于 1988 年提出定制电力 (custom power) 的概念，它是应用现代电力电子和控制技术为实现电能质量控制及为用户提供特定需要的电力供应技术。根据目前的分析，中国大陆已经有 88 个国家级经济技术开发区，以及 5 个享受国家级经济技术开发区政策的其他类开发区，省市经济技术开发区数量更多，这些经济技术开发区已经形成了类似上海浦东新区的许多以高新技术产业为主的现代工业园区，大量金融、电子、半导体、精密加工等高新技术、现代制造和现代服务企业入驻，对电能质量提出了较高要求（例如，一个半导体芯片厂，几十毫秒的电压暂降就会造成数百上千万元的经济损失），综合解决敏感用户电能质量问题的最佳方案就是建设优质电力园区。此外，在拥有大量金融、医院、政府机关的地区，对电能质量也有高要求。这类地区都可以选择优质电力技术综合解决电能质量问题。以北京亦庄经济技术开发区为例，从2007年的统计数据表明，该区内出现了十多起瞬时断电、电压暂降等电能质量事故，给用户造成了巨大损失。以对电能质量极其敏感的半导体制造企业——京东方为例，采用优质电力技术后，可以避免电能质量事件带来的经济损失达2000万元/年。

未来随着社会和经济的发展，越来越多的用电用户将对供电电能质量提出不同的要求，优质电力技术的需求将迅速增长。

4．用电领域

未来电力电子装置将在低压用电领域大有作为：各种工业用民用电源、工业自动化、信息通讯电源、轨道交通、电动汽车等都需要电力电子装置进行电能变换。

其中，无线电源（非接触电能传输）将使电力电子装置在用电领域大显身手。非接触电能传输技术(CPT)是一种借助于空间软介质(如磁场、电场、激光、微波等)实现将电能由电源端传递到用电设备的一种电能全新供给方式。它改变了只能依靠导电体(电线等)直接传输电能的传统供电模式，克服了传统模式灵活性差、不美观、接触火花等问题，是电能传输的一次革命性进步。CPT目前功率小、效率低，其技术进步和发展特别需要电力电子技术与装置的推动。

第二节　国内外发展现状与趋势

一、电力电子技术发展现状

利用半导体电力开关器件实现电力变换和控制的技术被称为电力电子技术。而电力电子装置则是电力电子技术应用的执行者。

电力电子技术起始于20世纪50年代末、60年代初的硅整流器件，其发展先后经历了整流器时代、逆变器时代和变频器时代。现代电力电子技术是功率半导体器件、电子电路以及控制技术的交叉集成技术。

电力电子装置的发展离不开电力电子器件的发展。电力电子器件从功率二极管为代表的不可控器件，逐渐发展到以晶闸管为代表的半控器件，再到以IGBT为代表的全控型器件。近年来，单个电力电子器件的功率越来越大，工作频率越来越高，目前，电力电子装置已经普遍使用IGBT、MOSFET等全控器件，最高开关频率也达到数兆赫兹水平。

由于全控型器件的发展，目前电力电子装置已经发展到以电压源换流器为基本单元。电路拓扑结构也不断更新换代，器件串联，模块化多电平技术在电力电子装置中广泛应用。电力电子装置的容量也越来越大，最大容量已经达到数百兆瓦。

为了使电力电子装置的结构紧凑、体积减小，常常把若干个电力电子器件及必要的辅助元件做成模块的形式。后来，又把驱动、控制、保护电路和功率器件集成在一起，构成功率集成电路 (PIC)，但目前功率集成电路的功率还较小。

二、电力电子装置在电网中的应用现状

1. FACTS 装置

第一代 FACTS 装置主要采用晶闸管器件，属于成熟技术，在国内外都获得了广泛的应用。我国在超高压、特高压电网也广泛采用这一技术，获得了良好的社会效益和经济效益。在以 TCSC、SVC、CSR、FCL 为代表的第一代 FACTS 装置研究与应用方面，我国处于世界先进行列，在关键技术和经济指标上已经接近甚至超过了国外先进电气设备供应商的技术水平。

第二代 FACTS 技术正处于快速发展阶段，国外已有多项工程应用，我国也已经开展了部分示范应用。2002 年在美国 Talega 变电站投产一台 ±100Mvar STATCOM，是目前世界上最大容量的 STATCOM。法国 ALSTOM 公司为英国国家电网公司（NGC － National Grid Company）研制了世界上首台采用链式结构的移动式 STATCOM 装置，并于 1999 年投运。此外，美国西北电力公司也安装 ALSTOM 公司的链式 STATCOM 装置。虽然目前世界上还没有单独的 SSSC 装置，但在美国投运的 UPFC 工程和 CSC 工程都有单独作为 SSSC 运行的方式。2003 年，上海电力公司与清华大学联合承担上海电网黄渡分区 ±50Mvar STATCOM 示范工程，2006 年 2 月该装置在上海黄渡分区西郊变电站并网运行，为受端电网提供动态电压支撑。目前，我国正在开展百兆乏级移动式 STATCOM 关键技术研究。总体来看，尽管 STATCOM 在我国输电网已有示范应用，但在容量、电压等级和可靠性等方面与国外技术水平尚存较大差距；SSSC 仍然处于理论研究阶段，还没有实际的工业装置投入运行。

第三代 FACTS 装置是对第二代 FACTS 装置的创新和发展，功能更强大，结构更紧凑，性能大幅度提升，UPFC 和 CSC 为其典型代表。国外已有少量工程应用，而我国尚处于前期技术研究阶段。1998 年，美国电力公司在 Inez 变电站的 138kV 侧投运了世界首套 UPFC 装置，额定容量为 2×±160MVA。Inez 变电站的一系

列现场试验表明 UPFC 具有较强的控制有功、无功功率和母线电压的能力，消除了线路热过负荷及低电压，在每年减少 24MW 有功损耗的同时，增加了现有系统的传输容量并提高了系统的动态性能。2002 年 NYPA 的 Marcy 345kV 变电站投运了世界首套 CSC 装置，额定容量 2×±100 MVA。CSC 也称为“广义 UPFC”，能够瞬间将该站内过负荷线路的功率转移到有容量裕度的线路上，将现有线路的传输容量提高了 200MW，最大限度地利用了现有输电设施，显著提高了纽约地区电网的可靠性和效率。以上代表了世界范围内 UPFC 和 CSC 工程的最高水平。此外，法国电力公司与 GE、GEC-Alsthom 合作，研制了 225kV/±7MVA 的 UPFC 装置；2003 年韩国晓星株式会社与西门子(美国)合作，在韩国 Kangjin 变电站投运了 154kV/±80MVA 的 UPFC，用来承担维持母线电压恒定，均衡潮流以避免输电线路和主变压器过载的任务。在国内，中国电力科学研究院、东南大学、清华大学都曾开展过 UPFC 实验装置的研制。我国在 UPFC 研究和应用方面与美国、法国、韩国等国家还有较大的差距，需要在对国外先进技术进行消化吸收的基础上走自主创新的道路。

随着可再生能源受重视程度的提升，人们对维持电网稳定和并网技术规范的要求也越来越高，以 STATCOM 电池储能系统为代表的下一代 FACTS 技术日益受到重视。目前，ABB 公司已经研制出了锂电池与 STATCOM 相结合的动态储能系统，目前该系统的额定功率通常为 20MW 左右，但从技术角度可以实现 50MW·h 乃至更大容量。该系统除用于提高电网稳定性外，尤其适用于同时需要进行连续无功补偿和短时有功补偿的场合，如电网黑启动、电能质量控制、平抑新能源发电功率波动、均衡负荷等。我国亟须在下一代 FACTS 技术领域开展相关研究。

2. 直流输电装置

目前，全世界已有超过 40 个国家建成投产了 HVDC 输电工程，其中以加拿大、美国、德国、日本、英国、法国、瑞典等国家建成和投产的工程项目较多。世界上主要的 HVDC 输电设备供应商包括瑞典 ABB 公司、德国西门子公司、法国 GEC-Alstom 公司以及日本的日立、东芝和三菱公司，其中前三家占据绝大部分的市场份额。20 世纪 90 年代末出现的 VSC-HVDC 技术被认为是直流输电发展史上的一次重大技术突破。自 1997 年第一条基于电压源换流器的高压直流输电（VSC-HVDC）工程投入工业试验运行以来，至今已有 12 个 VSC-HVDC 工程投入商业运行。这些 VSC-HVDC 工程全部由 ABB 公司制造，主要应用于风力发电、电力交易、电网互联、海上钻井平台供电等领域，最大容量达 400MW。

我国直流输电的工程建设起步较晚，但是自20世纪90年代随着“西电东送，全国联网”的发展，HVDC输电发展迅速，投运了多个HVDC工程。目前，我国已全面掌握了超高压直流换流阀电气设计、多物理场数值分析、电磁屏蔽设计、结构设计、抗震设计、高可靠性设计等一系列核心技术，在世界上首次研制了基于6英寸/4500A晶闸管的高压直流换流阀，研制了世界上首套±800kV特高压换流变压器、平波电抗器以及支柱绝缘子等重大核心设备。2009年6月，世界上电压等级最高、输送容量最大、换流能力最强、输送距离最远的向家坝—上海±800kV特高压直流示范工程成功投运，各项指标满足设计要求，全面验证了科研成果的正确性。在VSC-HVDC领域，我国研制了首个具有自主知识产权的20MW柔性直流输电成套装置，并成功应用于上海南汇风电接入示范工程，为进一步开展岛屿供电、城市电网扩容改造等奠定了重要的技术基础。

尽管我国在直流输电技术领域取得了巨大进步，但总体上与国外技术水平尚存较大差距。ABB等跨国公司已经完全掌握了核心技术，并有几十年的工程技术经验；我国已启动4750A高压换流阀的关键技术研究，但样机还未投入工程应用，在直流场关键设备的核心技术领域还未取得实质性突破。国外已有12个投入商业运行的柔性直流输电工程，应用于风电接入、大型城市和孤岛供电等领域，我国仅完成了一个20MW的风电接入示范工程，容量和电压等级还存在较大的提升空间，应用领域也有待扩展。

3. 定制电力装置

自EPRI学者Hingorani于1988年提出定制电力(custom power)的概念以来，经过二十多年的研究和发展，定制电力技术在国外获得了广泛应用。1986～1999年，日本三菱公司至少有200多套DSTATCOM装置投运，容量从0.1MV到60MV不等，应用场合包括钢铁公司、电气化铁路和水电站等。APF在国外已日趋成熟，仅在日本就有500多台APF投入运行，其容量已达到60 MVA，功能也越来越丰富，除补偿谐波电流外，还可以补偿基波无功、平衡三相电压、抑制电压闪变等功能。1996年8月，美国西屋公司研制的世界上第一台2MVA的DVR（动态电压恢复器）投入工业运行。1998年，ABB公司研制的容量为4MVA的DVR在新加坡的一家半导体制造厂投入运行，投运两年中共抑制了十多次电压凹陷。1999年5月，Siemens公司安装了世界第一台杆上紧凑式DVRTMPM。DVRTMPM采用直接从电网获取能量的方式，省去了附加直流储能设备所带来体积、设备造价以及维护的费用。在日本，柱上式DVR也已经投入运行。

UPQC是一种串并联混合补偿装置，是APF和DVR的有机结合，能够综合解决动态电流质量和动态电压质量问题。优质电力园区的关键设备UPQC技术含量较高，是具有高度前瞻性的新技术研究，目前研制成功并投入运行的UPQC还没有报导。对UPQC相关领域核心技术的专利检索和知识产权分析表明：已申请的专利主要涉及主电路结构和控制技术两个关键技术领域。在主电路结构方面，大多是基于未进行知识产权保护的电路拓扑（如链式、三电平基本电路拓扑）进行改进设计，如吸收电路、直流侧电压平衡以及旁路电路等设计；在控制技术方面，主要是针对不同控制目标所进行的优化设计和实现控制算法的电路设计。UPQC所涉及的如主电路结构、参数设计、器件选用、控制与保护、监控和试验等方面没有形成完整的知识产权体系，利于我国开发具有自主知识产权的产品，并形成自己的核心技术体系。从标准规范方面情况来看，国内外还没有颁布UPQC相关技术标准和规范。

三、电力电子装置的发展趋势

1. 半导体材料及其器件

基于硅技术的电力电子器件耐受电压的提高以增加硅晶片的厚度和电阻为前提，这就导致了器件损耗的增加，进而限制了器件耐压水平。目前基于硅技术的电力电子器件耐压已经接近极限值。由于硅基器件在今后的发展空间已经相对窄小，目前研究的方向是碳化硅为代表的下一代宽禁带半导体材料。碳化硅是目前发展最成熟的宽禁带半导体材料，可制作出性能更加优异的高温(300℃～500℃)、高频、高功率、高速度、抗辐射器件。SiC高功率、高压器件对于电力输送和变换及工业自动化、轨道交通、电动汽车等设备的节能具有重要意义，采用SiC的电力电子器件将在今后10年内大规模应用。用这种材料制成的功率器件，性能指标比砷化镓器件还要高一个数量级。碳化硅与其他半导体材料相比，具有下列优异的物理特点：高禁带宽度、高饱和电子漂移速度、高击穿强度、低介电常数和高热导率。上述这些优异的物理特性，决定了碳化硅在高温、高频率、高功率的应用场合是极为理想的材料。在同样的耐压和电流条件下，SiC器件的漂移区电阻要比硅低200倍，即使高耐压的SiC场效应管的导通压降，也比单极型、双极型硅器件低得多。而且，SiC器件的开关时间可达10ns级。

理论上，硅电力电子器件都可以有相应的碳化硅电力电子器件。SiC可以用来制造射频和微波功率器件、高频整流器、MESFET、MOSFET和JFET等。美国CREE公司目前在SiC功率器件方面处于领先地位；SiC高频功率器件已在Motorola公司研发成功，并应用于微波和射频装置；美国通用电气公司正在开发SiC功率器件和高温器件；西屋公司已经制造出了在26GHz频率下工作的甚高频MESFET；ABB公司正在研制用于工业和电力系统的高压、大功率 SiC 整流器和其他 SiC 低频功率器件。理论分析表明，SiC 功率器件非常接近于理想的功率器件。SiC 器件的研发将成为未来的一个主要趋势，SiC 器件将引领电力电子技术领域的又一次革命，然而由于 SiC 功率器件成品率低、价格昂贵，因此仍未在工业领域广泛应用。

2．基于新型器件的电力电子装置

将上节所述的碳化硅器件等宽禁带电力电子器件应用于电力电子装置中，将能大大提高电力电子装置的工作性能。碳化硅器件可以工作在 300 ～ 500℃的高温下，开关时间可达 10ns 级，击穿电压可以达到数十千伏，其优异的高压高频高温性能将推动电力电子装置的升级。目前，已经有商业应用碳化硅器件的太阳能逆变器装置，利用碳化硅的优异性能，该逆变电力电子装置效率可以达到 98.5%，相比于硅基器件其装置拓扑更加简单、工作温度范围更宽，具有体积小、可靠性高等优点。碳化硅器件在汽车用电力电子装置中也已经有商业应用。随着器件制造工艺的不断成熟，碳化硅器件在中低压领域的应用将越来越广泛。

新型电力电子器件在高压大容量领域的应用具有很大的潜力，可用于大规模间歇性可再生能源并网电力电子装置、电压源换相直流输电装置、直流输配电网用电力电子装置、高压大容量 DC/DC 变换器装置、FACTS 装置、固态变电站用电力电子装置（含电力电子变压器、电力电子避雷器、电力电子固态开关、电力电子固态电流限制器等）等。

基于新型器件的电力电子装置具有耐压水平高、容量大、体积小、损耗低、响应快等优势。

第三节 所需解决的基础理论与关键技术问题

一、需解决的基础科学问题

1．半导体物理学与半导体材料学

半导体物理是研究半导体原子状态和电子状态以及各种半导体器件内部电子过程的学科，它是固体物理学的一个分支。研究半导体中的原子状态是以晶体结构学和点阵动力学为基础，主要研究半导体的晶体结构、晶体生长，以及晶体中的杂质和各种类型的缺陷。研究半导体中的电子状态是以固体电子论和能带理论为基础，主要研究半导体的电子状态，即能带结构、杂质和缺陷的影响、电子在外电场和外磁场作用下的输运过程、半导体的光电和热电效应、半导体的表面结构和性质、半导体与金属或不同类型半导体接触时界面的性质和所发生的过程、各种半导体器件的作用机理和制造工艺等。

半个世纪以来，半导体的研究在当代物理学和高技术的发展中都占有突出的地位。半导体与微电子技术将材料、物理、器件与工艺融为一体，相互促进与影响。新的工艺创造了新的材料，新的材料孕育着新的物理效应，基于新的效应研制成功了新型器件，而新型器件性能的提高又要求工艺技术不断改进与完善。半导体物理各个领域在半个多世纪的发展中都取得了非凡成就，然而它还有很多尚待解决的问题，如量子线与量子点的光学性质预期很好，但在实际达到这一目标的过程中却困难重重；超晶格中的布洛赫振荡现象已研究多年，但也一直未能得出一个明确结论；超格的共振隧穿效应也已有30年的研究历史，但共振隧穿量子器件的研制结果却并不理想；理论上利用布里渊区的折叠效应可以将间接带隙材料变为直接带隙结构，但迄今仍未真正实现具有实际意义的间接——直接转变；作为无序体系的非晶态半导体，无论在物性研究方面，还是在器件应用方面，仍存在着许多有待解决的问题。

半导体物理学与电力电子相关的研究工作未来主要集中于研究半导体电子状态以及各种半导体器件内部电子过程，研究半导体的电子状态、半导体的光电和热电效应、半导体的表面结构和性质、半导体与金属或不同类型半导体接触时界面的性质和所发生的过程、各种半导体器件的作用机理和制造工艺等。

半导体材料是半导体物理研究的基础，半导体新材料、新结构的研制成功大大促进了半导体物理研究。生长半导体超晶格材料的分子束外延等技术是超晶格领域能够形成并不断发展的基础。最近，多孔硅、C_{60}、GaN等每一种材料的发现或研制成功都开辟了一个新的研究方向，丰富了半导体物理的内容，同时又预示着广阔的应用前景。

目前急需开展的与电力电子装置相关的研究工作有：对半导体材料的物理机理开展研究，掌握半导体材料的物理机理，掌握半导体材料的性质，功能和制备方法以及半导体材料的测试分析手段。研究电力电子器件制备工艺，设计与研究其制备设备，优化器件特性，研究其失效模型。

电力电子装置的发展很大程度上取决于电力电子器件的进展，而电力电子器件的发展很大程度上取决于半导体材料。目前，以半导体硅作为基础材料的电力电子器件到现在的IGBT阶段可以说已“江郎才尽”，很难满足今后电力电子系统对整流器和功率开关器件在阻断电压、通态电流、工作频率，以及高效、高温等方面的更高要求。随着碳化硅晶体制备技术和氮化镓器件技术的渐趋成熟，以碳化硅为主的宽禁带半导体电力电子器件的研发逐渐受到关注。碳化硅材料是近年来发展较快的新型半导体材料。总结碳化硅电力电子器件向对于硅电力电子器件的优势，主要有以下几点：①击穿电压高1个数量级；耐压相同时，芯片厚度小1个数量级，功耗降低2个数量级；②电流处理能力增强，相同电流水平下，芯片面积减小1～2个数量级；③可以在200℃以上的温度下工作，如封装材料合适，该数值还可提高；④正向和反向特性随温度和时间的变化非常小，具有非常好的反向恢复特性；⑤碳化硅功率器件开关时间可短至10ns量级，数十千瓦级的功率水平上，工作频率可以大于20kHz。

通常所说的宽禁带半导体除了碳化硅外，还有氮化镓、金刚石等。它们都是未来极有前途的开发高频大功率电力电子器件所需的半导体材料。对于它们的主要特性、制备方法以及相关的一些器件工艺问题的深入研究，是电力电子装置发展的重要基础工作之一。

2. 电力电子绝缘散热材料学

随着电力电子器件的发展趋势逐渐朝着高电压、大功率方向发展，器件本身以及电力电子装置整体的功率损耗也随之增加。绝缘材料性能的优劣直接决定了电力电子装置的工作性能与工作寿命。由此，如何在保证器件及装置绝缘水平的前提下，高效地进行散热便是一个显著的矛盾。因此，对于电力电子高温绝缘材料的主要特性、制备方法以及相关的一些工艺问题的深入研究，是电力电子装置发展的另一个重要基础工作。

作为耐高温绝缘材料，必须热形变温度高，耐热老化性能好。只有玻璃化温度、软化点、熔点高，才能受热时不易变形。只有热裂解温度高、抗氧化性能力强，绝缘材料才能保持高温时的热稳定性。要提高耐热性，主要通过三个结构因素，即增加高分子链的刚性，使高分子聚合物结晶以及进行交联等来达到。

绝缘材料在受热过程中将产生两类变化：①物理变化：软化、熔融。②化学变化：环化、交联；降解、分解；氧化；水解等。

作为绝缘材料的耐热性指标，只考虑温度一项是不够的。由于作为绝缘材料的高分子运动的特点，从一个运动状态过渡到另一个运动状态所需的松弛时间往往很长。有些高聚物（如聚四氟乙烯）在低于软化温度或熔融温度也会因蠕变而产生永久形变，从而降低甚至丧失它的优异性能。其次，绝缘材料在实际使用中，必然受环境的作用。因此，对耐高温的要求不仅是一个能达到的多高温度的问题，必须考虑耐热时间、使用环境及性能变化所允许的范围。因此，选用绝缘材料必须同时考虑温度、时间、环境、性能四个指标。通常用于高温的绝缘材料应满足以下要求：①软化温度、熔融温度高。②高温时，电气性能、机械性能保持相对稳定。③热裂解温度高。④长期高温使用时各种性能保持相对稳定。

常用的绝缘材料有：有机高分子聚合材料、陶瓷材料、绝缘气体、绝缘油等。

陶瓷材料是电力系统中用量最大也最为普遍的绝缘材料，大到变压器出线套管，小到电子器件绝缘基板，陶瓷材料以其稳定及良好的性能得到了广泛的应用及认可。传统陶瓷绝缘材料具有结构强度好、无老化现象、耐高温能力强、介电强度高等优点，但同时还有一些无法克服的缺点，较笨重、可加工性差、生产周期长、陶瓷吸湿能力强、憎水憎污能力一般等。因此，针对陶瓷材料的某些缺点，以有机硅橡胶为代表的绝缘材料在变电站中的应用有逐渐替代陶瓷材料的趋势。有机高分子材料具有陶瓷材料的高介电强度等优点、同时重量轻、加工周期短、憎水憎污能力强，但绝缘高分子材料的散热性能普遍较差，因此通常用于外绝缘结构中。绝缘气体及绝缘油主要应用于 GIS、互感器等组合电气产品中。

考虑电力电子装置的特征，以上介绍的传统绝缘材料将无法胜任。因此需研究发展更加高效的绝缘散热材料。新型绝缘散热材料需同时满足高介电强度、高导热率两个主要指标，同时还需考虑其力学性能、化学稳定性、可加工性等方面的因素，来保证其能经济、稳定、高效的应用于新型电力电子器件及装置。AlN 及 BeO 等高导热陶瓷材料的出现为绝缘散热材料的发展和研究打开了一扇门。AlN 及 BeO 陶瓷继承了氧化铝陶瓷几乎所有的优点，同时还具有与金属媲美的高导热率［AlN 为 270W/（m·℃）、BeO 为 250W/（m·℃）］。同时随着陶瓷制备工艺的发展，其生产周期及可加工性都得到了大幅的提高。但随着电力电子技术的发展，需要更高导热率的材料来对器件及装置进行散热。利用现有的陶瓷制备技术，结合一些其他尖端技术，将会推开一扇又一扇门。

1）纳米陶瓷

陶瓷制备技术结合纳米技术，将会大幅改变陶瓷材料的特性，甚至可以使得材料具有“双面性”。例如，结合碳纳米管的陶瓷材料，可以同时具有高导热率和高热阻，即沿着纳米管方向具有超高的导热率，而当传热方向与纳米管成一角度后，将会有效反射热量。类似于此种材料的纳米陶瓷将会在改善现有陶瓷性能的基础上，具有许多附加特性，将对于今后电力电子器件及装置的发展起到推波助澜的作用。

2）陶瓷泡沫

陶瓷泡沫材料与高分子发泡材料相同，具有低比例、高介电强度的特征。泡沫中含有 94%~96% 的空气，只有 5% 左右的陶瓷。但其介电强度与传统陶瓷相比却并不逊色。此种材料的应用将会大幅节省材料，同时降低器件及装置的整体重量。

3）导热高分子材料

在高分子材料中掺杂具有相对高导热率的陶瓷材料，从而制备出具有比传统高分子材料更高导热率的复合材料。此种材料的导热率虽然无法与之前介绍的陶瓷材料相比，但是对于某些特定场合（如元件发热较大的 PCB 等）将会体现出其独有的优势。

4）金刚石 / 石墨材料

金刚石、石墨材料虽然为导体，但是其超高的导热率使得人们无法放弃对他们的研究。掺杂金刚石晶体的高导热绝缘陶瓷或许会成为今后该领域的发展方向。

3. 主电路拓扑结构理论

电力电子装置主电路拓扑的研究和分析，就是根据输入和输出的需求，决定能量转换装置的最佳拓扑结构，包括决定半导体开关的数目和位置以及储能元件（电容和电感）的位置，分析和确定各开关元件的动静态特性，亦即采用何种元件实现开关，并分析其在各种开关状态下的工作特性。研究不同电力电子装置的主电路拓扑结构，包括器件的组合、模块的组合、单元的组合和装置的组合方式。实践证明，这些方法是综合分析电力电子电路的有效工具，并有可能导致发现新的电路结构，从而出现新的装置。

电力电子技术是能源与电能变换领域的核心技术，能源高效转换高压大容量新型电力电子装置是其中的关键设备。目前随着高压大容量领域对电力电子装置的应用需求不断提高，研究适用于更高电压更大容量领域应用要求的主电路拓扑结构显得十分紧急与必要。

未来高压大容量电力电子装置有多种可行的拓扑结构。

第一种方案是大功率电力电子器件的直接串 / 并联，这种方案结构简单，控制相对容易，但是对器件参数的一致性要求较高。随着电力电子器件制作工艺的改进、性能的提高，尤其是以碳化硅为代表的宽禁带电力电子器件的研制应用，器件直接串 / 并联结构会取得更大的发展。

第二种方案是模块化串 / 并联组合结构。通过子模块串 / 并联组合的方法同样可以输出高电压、大功率，这种方案降低了对器件开关一致性的要求，可扩展性好，容易实现冗余，但是随着电压的增高也提高了电力电子装置控制的复杂性、增加了通信数据量，降低了系统的可靠性。模块化串 / 并联组合结构也是未来电力电子装置拓扑研究的重要方向。

第三种方案是电力电子装置的组合拓扑。在某些工况下，使用一个电力电子装置满足系统的功率、电压、电流的需求是不经济的。可以组合几个基本电力电子装置单元构成组合型电力电子装置，达到降低开关频率，从而减少损耗的目的。同时，可以实现模块化拓扑结构，方便安装和维护。电力电子装置组合方式有很多种，目前基本可以分为串联型、并联型和混联型。随着组合中电力电子装置单元增多，整个装置的复杂性提高，因而绝缘、保护等都变得困难，这也是这种方案的不足之处。

另外，随着新型电力电子器件的成功研制与应用，还会出现更多更加新颖的电力电子拓扑结构。例如，如果未来宽禁带电力电子器件能够实现超高频和高耐压的功能，很多低压领域的软开关电路将会在高压大容量领域成功应用；如果高压大功率双向可控导电开关能够成功开发研制，电力电子装置将会出现矩阵式变换器等更多的拓扑结构。

主电路拓扑结构理论的发展，是电力电子装置更新换代、进一步发展的重要基础。

4. 全电力电子的电力系统分析理论

现代电力系统是历史上逐步扩建发展起来的地域辽阔、结构庞大、设备众多、运行要求极高的大系统，实现全系统发电、输电、配电和负载用电的安全、经济、高效、优质运行的关键是对系统中各部分、各类电力设备运行参数能实现快速、灵活、有效地协调控制。

采用大功率半导体器件构成的开关电路和电力电子变化器，可以高效、便捷地实现各类电力电子变换，可以使之输出任意频率、任意波形的电压和电流，且其幅值和相位均可精确、快速地调控，从而实时精确地调控电力系统的运行参数、潮流和运行工况，满足系统运行要求。电力电子开关型调控系统，更适合采用先进的、复杂的控制策略，实现众多被控对象有多目标控制功能的智能化协调控制。

二、需解决的关键技术问题

1. 新型大功率电力电子器件制造及封装技术

相比于焊接型电力电子器件，压接型电力电子器件具有以下优点：①双面散热能力，可靠性更高，适合大功率场合应用；②短路失效模式，适合串联应用；③结构紧凑，占地面积小。因此在未来高压大功率电力系统电力电子应用场合，压接型电力电子器件具有较大优势。

近年来出现了新型半导体材料——碳化硅、氮化镓和金刚石，以其制成的电力电子器件具有优越的电气性能。基础研究表明，使用碳化硅制造的电力电子器件，最高工作温度可达到600℃，而且其击穿电场强度高、载流子饱和漂移速度高、热导高、热稳定性好（表 21-1）。

表 21-1　硅和主要 WBG 半导体的物理特性

特性	Si	Ga-As	6H-SiC	4H-SiC	Diamond
带隙能量 ,Eg(eV)	1.12	1.43	3.03	3.26	5.45
介电常数 , ε_r^a	11.9	13.1	9.66	10.1	5.5
击穿电场强度 ,Ec（kV/cm）	300	400	2500	2200	10000
电子迁移率 , 希文 $\mu_n(cm^2/V\cdot S)$	1500	8500	500	1000	2200
空穴迁移率 , 希文 $\mu_p(cm^2/V\cdot S)$	600	400	101	115	850
热传导率 , λ (W/cm・K)	1.5	0.46	4.9	4.9	22
饱和电子飘移速度 ,vsat($\times10^7$cm/s)	1	1	2	2	2.7

受材料制备和加工技术的限制，目前已成功进入电力电子器件研发领域的宽禁带半导体，除碳化硅外，主要有氮化镓和以氮化镓为基础的三元系合金。除此之外，利用金刚石薄膜制作的 SBD 和 MOSFET 等类型器件的研发工作最近几年也开始在电力电子相关的学术会议上有所报道，但其发展都要落后于碳化硅器件。

SiC 由于其优越的物理特性而可以实现高压、高频、高温、低损耗的目的，这些优异的性能将对电网的各个方面产生影响，如提高功率密度、降低冷却需求、加快系统响应时间、过负荷能力和可靠性。有资料显示，当 SiC 器件充分发展后 SiC MOSFETs 将应用在 15kV 以下领域，IGBTs 适用于 15~20kV 的领域，SiC GTOs 适用于大于 20kV 的领域。预计碳化硅技术首先在碳化硅二极管与硅 IGBT 结合使用上取得突破，进而在中低压场合实现商业应用。随着碳化硅器件的额定电压和额定电流进一步升高至与硅材料电气强度相当，碳化硅晶闸管与 IGBT 实现在高压直流输电及灵活交流输电领域的示范应用中。至 2030 年左右，碳化硅晶闸管将广泛运用于高压直流输电换流阀中；碳化硅 IGBT 器件有望全面取代硅材料 IGBT，实现在电力系统中的广泛应用。

此外，金刚石作为一种半导体材料，除了具有硬度最高的特性以外，还具有禁带宽度大、击穿电场高、介电常数低以及热导率最高等性能，其性能远远超过其他宽禁带半导体材料，因此有人预言金刚石半导体器件将成为 21 世纪电力电子器件的主流。虽然金刚石功率器件的发展远远落后于硅器件，但近十年来化学汽相淀积技术的迅速发展为金刚石薄膜器件的研制提供了可能。

新型大功率电力电子器件制造技术主要有以下工作。

开展无缺陷或低缺陷宽禁带半导体（碳化硅、氮化镓、金刚石等）晶体的制备、晶片切割及外延生长等相关技术和工艺研究工作；开展宽禁带半导体（碳化硅、氮化镓、金刚石等）电力电子器件，包括晶闸管和 IGBT 等的设计、生产工艺流程和器件性能测试技术等的研究；开展宽禁带半导体（碳化硅、氮化镓、金刚石等）电力电子器件压接型封装技术研究及测试技术研究工作，并最终实现压接型宽禁带半导体（碳化硅、氮化镓、金刚石等）晶闸管和IGBT等电力电子器件系列核心技术的突破，并在高压直流输电系统等大功率应用场合中得到推广应用。

2. 过电压与绝缘技术

电力电子装置受所用器件性能的影响，承受过电压、过电流的能力比较差。过电流会使器件迅速升温，如不及时切断或限制过电流，器件很快会损坏。过电流越大，器件能承受过电流的时间越短。过电压会使装置的绝缘遭破坏而无法工作。因此亟须研究在高电压作用下各种绝缘介质的性能和不同类型的放电现象，高电压下电力电子装置的绝缘结构设计，电力电子装置高电压试验和测量的设备及方法，电力系统的过电压与绝缘配合、高电压或大电流环境影响和防护措施，以及高电压、大电流的应用等。

随着电力电子技术特别是电力半导体器件制造技术的发展，电力电子装置的过压保护技术也将发生深刻的变化，用电力电子技术不仅可以解决大功率电力电子装置自身的过压保护问题。同时也向传统的过压保护技术发起了挑战。

3. 冷却设计技术

大功率电力电子装置在工作过程中将产生很大的热量，因此在影响电力电子装置可靠性的多种因素中，散热是至关重要的一个。大功率半导体器件工作时所产生的热量，将导致芯片温度的升高，如果没有适当的散热措施，就可能使芯片的温度超过所允许的最高结温，从而导致器件性能的恶化以致损坏。所以在电路设计中，选择适当的散热方式，并进行合理的设计，是使器件的潜力得到充分发挥，提高电路可靠性不可缺少的重要环节之一。而随着大功率电力电子器件的发展，其功率密度越来越高，传统的自冷式散热远不能满足要求，因此采用更为有效的散热技术就成为电力电子装置设计的一个重要任务。功率半导体器件散热设计的基本任务是，根据传热学的基本原理，为器件设计一个热阻尽可能低的热流通路，使器件发出的热量能尽快地发散出去，从而保证器件运行时，其内部的结温始终保持在允许的结温之内。这包括设备的结构设计和冷却介质的选择两方面的内容。散热器结构的选择应考虑以下因素：辅助设备的能耗、体积和重量；装置的复杂性和操作的难易程度；以及装置的可靠性、可用性和可维护性。而冷却介质的选择则应考虑电绝缘性、化学稳定性、对材料的腐蚀性、对环境的影响和易燃性，以及商业化程度。

开发和选择新型高效散热技术对电力电子装置进行冷却，是保证装置可靠性和缩小设备体积的一个重要措施。

电力电子集成技术面临的问题，概括地讲就是如何使电力电子装置的功能越来越完善，体积越来越小，这对装置的材料、工艺以及电路本身都提出了巨大的挑战；而随之在装置内部产生的高热流密度更是受到了人们的普遍关注，甚至认为传热问题成为了电力电子集成技术继续进步的瓶颈。

由于未来电力电子装置的小型化和集成化，要求其散热装置具有紧凑性、可靠性、灵活性、高散热效率、不需要维修等特点，从而为现代传热技术在电力电子装置冷却领域的应用提出了新的课题。这就要求广大从事电子设备热设计的科技人员在对传统的冷却方式改进的同时，不断探索、研究、开发新型高效的冷却装置。

4. 电磁兼容技术

电力电子装置是大功率电能变换设备，它的安装使用现场不可避免存在严重电磁干扰。强干扰信号窜入装置中除直接使电力电子器件误动作外，主要干扰装置的控制电路，使装置误动作。

随着未来电力电子技术的发展，功率开关器件的容量也越来越大，开关频率越来越高，最高可达几十兆赫兹，而装置的尺寸却越来越小。这些因素都要求更进一步地加强电力电子装置电磁干扰特性及其防范的研究。特别是在设计阶段，对新装置的干扰特性进行预估，缩短其开发周期，提高电力电子装置的电磁兼容性就成为至关重要的问题。

1）传导干扰源

传导是电力电子装置中干扰传播的重要途径，不同的电力电子装置，传导干扰产生的具体原因也不尽相同。

2）辐射干扰源的研究

与传导干扰相比，电力电子装置的辐射干扰则更为复杂。这是因为，作为能量变换装置，变换容量从毫瓦级到兆瓦级，而且主回路与控制回路常常是由不同部件构成的，与集中在印制电路板上的电子装置相比，空间结构更为复杂，因此，相应的杂散参数与辐射干扰的分析计算就更为复杂。

3）近场特性的研究

根据 IEC22G-WG4-11，电力电子装置通常由两部分构成，即功率变换单元和控制单元。开关变换电路的开关频率一般为几十千赫兹至兆赫兹，在开关过程中产生的电压和电流瞬变是产生传导干扰和辐射干扰的干扰源。功率变换单元所产生的电磁辐射的能量足以危及其附近控制单元的正常工作。因而预测功率变换单元的近场特性，保证控制电路的正常工作，对于电力电子变换装置的EMC设计具有重要意义。

4）高频软开关变换器的电磁兼容特性的研究

为适应高频化要求，人们除改进器件本身的承受能力外，还多次从改进电路拓扑方面下工夫，以削弱器件受到的电应力，减小开关损耗，消除开关浪涌和尖峰电压。

5．高频电磁材料技术

随着以碳化硅等宽禁带半导体材料为代表的新型电力电子器件的研制和应用，器件的工作频率必然会进一步升高，电力电子装置也会随之呈现高频化的趋势。而装置的工作频率越高，装置杂散电感导致的开关过程中过电压现象就越发严重，降低可靠性，甚至会损坏装置。因此，研制开发适用于高频环境下的低感、无感材料就十分必要。

目前，电力电子装置中广泛使用铁氧体等材料作为导磁元件，但是其磁导率较低，无法充分利用磁场能量，实现电场能与磁场能的变换。随着装置的高频化发展，这一问题将更加突出。因此，研制开发适用于高频环境下的高效导磁材料对于电力电子装置的发展具有重要意义。

6．全局优化控制技术

对含有多个子控制器系统的复杂系统进行全局优化与协调，是一个有着实际经济意义的课题。实际的复杂控制系统是由多个子控制系统组成，这些子系统相互之间有扰动，并且扰动模型不知道，因此，为了获取代表最终目标的全局优化解，我们需要进行如下几方面工作。首先，为了得到复杂系统中子控制系统的控制器，由于多变量多时滞的存在，所以要进行解耦，然后再进行内模设计，最终得到反馈控制器作为我们的子系统控制器。然而，这个复杂控制系统中的每个子系统之间存在着扰动，而这些扰动未知，如果不能辨识得到这些扰动模型，是没法进行后面的工作的。由于我们知道每个子控制系统中的过程，所以可以使用渐近法对子系统之间的扰动模型进行闭环辨识，从而为最后的全局优化工作进行铺垫。因此需要采用改进的渐近法进行辨识以得到更好的效果。整个复杂控制系统的每个部分，采用起作用集方法来进行全局优化协调，通过将希望达到的全局经济目标设计成起作用集的标准形式，那么就可以设计优化率，从而获得最优的目标，也就是全局最优控制目标。

7．量测、信息和通信技术

1）测技术

参数量测技术是未来电力电子装置基本的组成部件，先进的参数量测技术获得数据并将其转换成数据信息，以供电力电子装置的各个方面使用，给电力电子装置运行人员和规划人员提供更多的数据支持，包括功率因数、电能质量、相位关系（WAMS）、设备健康状况和能力、表计的损坏、故障定位、变压器和线路负荷、关键元件的温度、停电确认、电能消费和预测等数据。

2）信息技术

信息技术是未来电力电子装置实现诸多智能控制目标的基石，利用信息技术高速度实时（甚至超实时）计算处理各种来自各种传感器的量测数据及来自不同用户的用电指令需求，并自动地计算处理得到执行指令传送给电力电子装置的执行机构，再转换成开关或器件的触发信号下发到具体的开关器件。

3）通信技术

高速、双向、实时、集成的通信技术是实现装置内部控制及全局优化控制的基础，没有这样的通信技术，任何智能控制的特征都无法实现，因为电力电子装置的数据获取、保护和控制都需要通信系统的支持，因此解决这样的通信技术问题是装置控制的基础。高速双向通信系统使得各种不同的量测系统、控制中心、电力电子控制器、保护系统及用户间进行网络化的通信，提高对电网的驾驭能力和优质服务的水平。一要有开放的通信架构，形成一个“即插即用”的环境，使电力电子装置之间能够进行网络化的通信；二要有统一的技术标准，它能使所有的量测系统、电力电子装置以及电网调度系统之间实现无缝的通信。

8．多层次仿真及协同优化技术

仿真（Simulation）即利用模型复现实际系统中发生的本质过程，并通过对系统模型的实验来研究存在的或设计中的系统，又称模拟。计算机仿真具有效率高、精度高、可靠性高和成本低等特点，已经广泛应用于电力电子电路(或系统)的分析和设计中。计算机仿真不仅可以取代系统的许多繁琐的人工分析，减轻劳动强度，提高分析和设计能力，避免因为解析法在近似处理中带来的较大误差，还可以与实物试制和调试相互补充，最大限度地降低设计成本，缩短系统研制周期。可以说，电路的计算机仿真技术大大加速了电路的设计和试验过程。电力电子装置造价昂贵、研制及应用实验的成本很高，因此仿真是一种特别有效的研究手段。仿真与数值计算、求解方法的区别在于它首先是一种实验技术。仿真的过程包括建立仿真模型和进行仿真实验两个主要步骤。

目前的仿真技术只能做局限于系统级仿真、装置级仿真、器件级仿真三个独立部分，三者之间没有能很好的结合，或3对于整个电力电子装置研发过程的辅助作用还很有限，因此开发三级结合仿真工具十分有必要。

此外，还需开展以下仿真研究工作：突破现有仿真技术仅能从电或热方面进行仿真的缺陷。寻求热、电、磁、力等多方面耦合的仿真技术。缩小仿真模型与实际系统之间的差异造成的仿真结果与真实结果的差异。

针对电力系统用电力电子装置中IGBT的应用参数及工作状态特点，结合IGBT芯片设计方法，研究IGBT关键电特性参数与IGBT结构参数的映射关系，同时确定各个目标电参数之间的耦合关系，根据系统要求优化器件特性。针对不同拓扑结构及控制方式的电力电子装置，从经济性、可靠性、实用性、可行性等方面确定可以优化的目标参数，进而确定其相对应的结构参数，从而形成电力系统用电力电子装置与器件的双向协同优化设计。

9. 试验技术

电力电子试验技术的发展是电力电子装置研发成功的重要保证。开展未来电网发展所需要的电力电子关键技术开发和试验平台建设，是实现我国电力电子装置整体跨越，引领世界发展的重要基础。

试验能力的建设主要包含以下方面：新型电力电子器件成套试验测试能力建设；高压大功率可关断器件试验测试平台建设；基于全控器件电力电子装置成套型式试验装置的研发；智能化控制保护系统仿真实验平台建设；直流电网相关实验系统的研发；电能质量监测与综合治理试验测试中心建设。

通过以上实验平台的建设，将为未来高端新型电力电子装置的研制和推广应用提供强大的试验平台和基地，实现电力电子技术的整体突破。

10. 电力电子装置应用技术

结合电力电子装置在不同电网应用的实际情况，从交直流变换、频率变换、潮流调节、暂稳控制和电压支撑、无功补偿等方面，开展电力电子装置在电网中的系统需求分析；并对电力电子装置的安装位置和容量进行优选，提出适用于不同电网环境的最优化配置方案。

目前，电力电子装置应用场合包含了从几伏到上百万伏的电压范围，频率覆盖范围从几十赫兹到上百千赫兹；随着电力电子器件的发展未来装置的电压会进一步提高，而装置的工作频率甚至会到上兆赫兹，而装置的容量也会进一步提升。在这样的应用趋势下，相应有一系列的关键技术需要突破。

目前，高压大功率领域（如高压直流输电、灵活交流输电和高压高频脉冲功率技术等）电力电子装置应用的最大瓶颈是系统工作电压远大于单只大功率电力电子器件的耐受电压。大功率电力电子器件直接串联技术是解决这一问题最为简单，也是最为有效的途径之一，将大大简化电力电子装置的主电路拓扑结构和控制保护系统，使得电力电子装置系统结构紧凑，占地面积大为减少，装置总体运行可靠性得到大幅提高。电压等级越高，基于大功率电力电子器件直接串联技术的电力电子装置的技术经济优越性体现得越为明显。可以说，大功率电力电子器件直接串联技术是应用于电网的大功率电力电子装置领域的核心技术之一。

电力电子装置的结构设计方面，也有一些关键技术需要突破。

首先，新型大功率电力电子器件（IGBT 以及碳化硅器件等）的串联模块设计，即需要借鉴传统 HVDC 换流阀晶闸管压装模块的设计理念，同时又要兼顾新型器件的自身特征。因为器件内部压装结构的差异，新型大功率电力电子器件串联压装模块对于压装力的分布比晶闸管压装模块更加敏感。因此需对这方面进行周全的思考及试验。

其次，绝缘及支撑结构的设计即要考虑满足电力电子装置本身的绝缘水平，同时又要考虑其中金属结构带来的装置整体杂散参数，如杂散电感及电容。在结合电气设计参数的基础上，还要结合装置运行过程中空间电场分布情况来予以考虑。

再次，电力电子器件冷却技术方面，虽然现有的水冷技术较为成熟，但是换热效率仍有很大的提高空间，同时发展其他更高效的冷却技术。主要从以下几个方面考虑：传热效率、工作温度区间、冷却工质属性、经济性、环保性等。传热效率的提高将会有效提高器件工作温度，降低冷却系统单位功耗；冷却工质既可以考虑液体也可以考虑气体，或考虑在水中加入高导热材料的纳米颗粒来提高其换热系数；从设备造价、换热介质及功耗等方面综合进行比对；最后还要考虑系统整体的环保性，工质的使用甚至生产过程应使其对环境的危害降到最小。

最后，建立一整套装置相关的计算分析方法，其中包括力学、传热、电磁、模态及多物理场耦合的有限元或边界元模型，为实际工程提供有力的理论支持。

11. 评估与分析决策技术

目前电力电子装置的发展呈现多样化、系统化、网络化和智能化的发展方向。电力电子装置的产品种类越来越多，更新换代也越来越快。但是对于电力电子装置的评估与分析决策技术，尚处于缺乏权威标准的情况。

对电力电子装置从经济性、技术先进性、环境友好性等方面开展综合评估与分析，分别从企业、社会、政府的视角来考虑并量化其投入回报率，为决策提供依据，是电力电子装置发展的重要基础工作。

决策支持技术将复杂的装置运行信息数据转化为系统运行人员一目了然的可理解的信息，动画技术、动态着色技术、虚拟现实技术以及其他数据展示技术用来帮助系统运行人员认识、分析和处理紧急问题，主要包括可视化–决策支持技术、决策支持技术、调度员培训动态仿真技术、用户需求响应（DR）系统和决策支持技术与现有的资产管理过程集成技术。

第四节　技术发展路线图

基于前述几节的内容，新型电力电子装置在 2030 年、2050 年的技术愿景及技术路线图如图 21-2 所示。

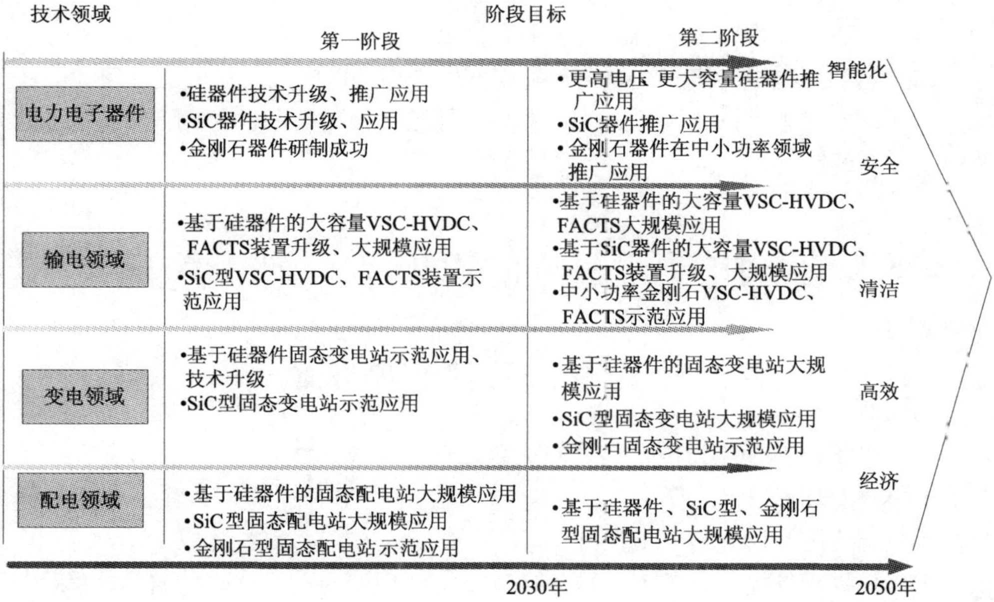

图 21-2　新型电力电子装置技术路线图

第五节 人才培养战略

我国电力电子装置技术和产业的大规模快速发展需要大量电力电子相关的专业人才。发展电力电子装备工业既是国家产业战略，同时又为相关行业和专业人员提供了广阔的市场空间和施展才华的机会。

为实现中长期电力电子装置发展目标，国家、企业和高等院校科研院所要抓住机遇，在基础理论研究、生产、设计、制造、试验、应用等环节，及柔性交流输电、直流输电、电能质量控制、新能源接入等专业领域，大力加强各类人才的培养工作，提高待遇，做好人才储备。重点在高校、科研机构、企业进行电力电子专业教育、培训，编撰、修改电力电子教材、专著，通过各种手段培养电力电子专业人才。

要重点培养以下几个方面的人才。

（1）掌握输配电网对新型电力电子装置需求的人才；

（2）掌握新型电力电子装置发展前景和发展方向的领军型人才；

（3）掌握新型电力电子器件机理的研究型人才；

（4）突破新型电力电子装置研制的高技术人才；

（5）熟悉新型电力电子装置在输配电网中作用机理的应用型人才；

（6）掌握对器件应用特性、主电路结构属性以及电磁脉冲控制等多方面技术的交叉综合性高技术人才。

第六节 应重点研究的课题、基础设施建设

一、电力电子器件研制方面

电力电子器件是电力电子装置的关键元件，其技术性能很大程度上决定了电力电子装置的技术发展水平。

目前急需开展以下研究工作：

①碳化硅等新型器件的基础理论研究；②新型器件的优化设计研究，提高性能参数；③新型器件的生产工艺研究与改进；④新型器件的应用研究：（包括驱动、保护、串并联、模块化、智能化）。

影响电力电子器件产业发展的关键产品和技术主要有：①光触发硅晶闸管设计、制造工艺及其产业化能力；高压大功率硅材料 IGBT、特别是压接型 IGBT 的芯片设计、芯片制造工艺、焊接型和压接型 IGBT 器件封装技术、大功率 IGBT

芯片和器件测试和可靠性试验技术及其产业化能力等；②碳化硅晶体和晶圆生产的缺陷控制技术；③碳化硅电力电子器件的设计、厚外延生长、高能离子注入等关键工艺、相关碳化硅电力电子制造工艺和设备等。

二、电力电子装置研制方面

（1）新型电力电子装置拓扑研究。

（2）新型电力电子模块的串并联研究。

（3）新型电力电子装置的控制与保护研究。

（4）新型电力电子装置的应用研究。

三、相关基础设施建设方面

（1）完善从基础理论研究到示范应用到推广的机制建设。

（2）新型电力电子器件和装置的生产加工能力建设。

（3）新型电力电子器件和装置的模拟、仿真和试验能力建设。

第七节　相关政策建议

为了确保电力电子装置发展目标的实现，将采取下列措施支持电力电子器装置的发展。

（1）提高全社会的认识。全社会都要从战略和全局高度认识新型电力电子装置的重要作用，国务院各有关部门和各级政府要制定相关配套政策和规章，制定新型电力电子装置发展专项规划，明确发展目标，将新型电力电子装置开发利用作为建设资源节约型、环境友好型社会的考核指标。

（2）建立持续稳定的市场需求。根据新型电力电子装置发展目标要求，按照政府引导、政策支持和市场推动相结合的原则，通过优惠的价格政策和强制性的市场份额政策，培育持续稳定增长的新型电力电子装置市场，促进新型电力电子装置的开发利用、技术进步和产业发展，确保新型电力电子装置中长期发展规划目标的实现。

（3）改善市场环境条件。

（4）加大科技投入，自主创新，提高核心竞争力，建立完善的技术标准。

（5）加大财政投入和税收优惠力度。中央财政设立新型电力电子器装置发展专项资金，根据发展需要和国家财力状况确定资金规模。各级地方财政也要结合本地区实际，安排必要的财政资金支持新型电力电子器装置发展。国家运用税收政策对 FACTS、直流输电技术、优质电力技术等新型电力电子装置的开发利用予以支持，对新型电力电子装置技术研发、设备制造等给予适当的企业所得税优惠。

（6）加快技术进步及产业发展。整合现有电力电子技术资源，完善技术和产业服务体系，加快人才培养，全面提高电力电子技术创新能力和服务水平，促进电力电子技术进步和产业发展。将电力电子的科学研究、技术开发及产业化纳入国家各类科技发展规划，在高技术产业化和重大装备扶持项目中安排电力电子专项，支持国内研究机构和企业在电力电子核心技术方面提高创新能力，在引进国外先进技术基础上，加强消化吸收和再创造，尽快形成自主创新能力。到 2020 年，建立起完善的电力电子技术和产业体系，形成以自有知识产权为主的电力电子装备能力满足能源革命对电网技术的需要。

（7）结合国情，不盲目跟从国外，确认国内迫切的瓶颈问题，针对瓶颈问题研究电力电子装置的应用。

（8）考虑战略性和全局性，不针对单一的技术或装置，抓实践应用，抓共性技术，考虑整个国内外市场，制订行业发展计划，建立规范或标准。

（9）前瞻性和创新性，对于国外技术，不仅要跟踪，更要自主创新，引领发展。

（10）联合各方力量，优势互补，资源共享，避免单兵作战和重复研究和资源浪费，综合各方力量及资源联合攻关，共同推动行业发展。

能源工业正有力地支撑着我国社会和经济的快速发展，石油、煤炭等常规石化能源的减少和核、水、风、光等新能源的大规模应用使我国能源工业产生了深刻的变革。电力作为主要的能源消费形式，其地位将更为重要，电网建设和发展面临着新的形势，国民经济和电力需求的持续快速增长、建设资源节约型和环境友好型社会、构建和谐社会等对电网发展提出更高要求，电力电子技术承载着的电力转换的重任，电力电子装置在未来电网中必将得到更多的应用和更快的发展。

参 考 文 献

陈贇，严正 . 2009. 可再生能源并网发电的可靠性分析和节能分析 . 水电能源科学，27(1):215-218.

陈治明，李守智 . 2009. 宽禁带半导体电力电子器件及其应用 . 北京：机械工业出版社 .

陈众，等 . 2004. 基于直流侧电容电压弱控制策略的 UPFC 二阶段控制器设计 . 中国电机工程学

报 ,24（1）.
程华 , 徐政 . 2003. 分布式发电中的储能技术 . 高压电器 , 39(3):53-56.
戴欣平 , 马广 , 杨晓红 . 2005. 太阳能发电变频器驱动系统的最大功率追踪控制法 . 中国电机工程学报 ,25（8）.
耿俊成 , 等 . 2003. 链式 STATCOM 的数学模型 . 中国电机工程学报 ,23（6）：66-70.
李辉 , 韩力 , 赵斌 , 等 . 2008. 风电机组等效模型对机组暂态稳定分析结果的影响 . 中国电机工程学报 ,28（17）.
李兴源 . 1998. 高压直流输电系统的运行和控制 . 北京 ：科学出版社 .
梁海峰 , 李庚银 , 李广凯 , 等 . 2005. 向无源网络供电的 VSC-HVDC 系统仿真研究．电网技术 ,29(8)：45-50.
刘振亚 . 2005. 特高压电网 . 北京 ：中国电力出版社 .
刘振亚 . 2006. 特高压直流输电技术研究成果专辑 . 北京 ：中国电力出版社 .
刘振亚 . 2008. 特高压电网 (工程) 前期论证 . 北京 ：中国电力出版社 .
刘振亚 . 2009. 特高压直流输电技术丛书 . 北京 ：中国电力出版社 .
乔嘉庚 , 鲁宗相 , 闵勇 , 等 . 2009. 风电场并网的新型实用等效方法 . 电工技术学报 ,24(4).
寿颐如 . 2009. 智能电网关键技术研究展望 . 科技促进发展 ,06.
汤广福 , 贺之渊 , 徐政 , 等 . 2008. 柔性直流输电基础理论研究 . 北京 ：中国电力科学研究院 .
汤广福 , 阮前途 , 杨玉林 , 等 . 2008. 柔性直流输电前期技术研究报告 . 北京：中国电力科学研究院 .
王健 , 康龙云 , 曹秉刚 . 2005. 可再生能源分布式发电系统能量互补控制的研究 . 西安交通大学学报 , 39(7):766-770.
王兆安 , 黄俊 . 2000. 电力电子技术 . 北京 ：机械工业出版社 .
魏文辉 , 等 . 2005. 基于逆系统方法有功－无功解耦 PWM 控制的链式 STATCOM 动态控制策略研究 . 中国电机工程学报 , 25（3）：23-28.
魏晓光 . 2007. 电压源换流器高压直流输电控制策略及其在风电场并网中的应用研究 . 北京 : 中国电力科学研究院 .
魏晓光 , 汤广福 . 2007. 电压源换相高压直流输电对改善风电场电压稳定性的作用 . 电网技术 , 31(8):27-31.
文俊 , 等 . 2003. 轻型直流输电——一种新一代的 HVDC 技术 . 电网技术 ,27（1）.
张桂斌 , 徐政 , 王广柱 . 2002. 基于 VSC 的直流输电系统的稳态建模及其非线性控制．中国电机工程学报 ,22(1)：17-22.
张晋华 , 刘云 , 印永华 , 等 . 2007. 特高压交 / 直流电网仿真技术研究 . 电网技术 ,(23)：1-5.
张文亮 , 刘壮志 , 王明俊 , 等 . 2009. 智能电网的研究进展及发展趋势 . 电网技术 ,13.
浙江大学发电教研室直流输电科研组 . 1982. 直流输电 . 北京 ：电力工业出版社 .
周明宝 , 瞿文龙 . 1997. 电力电子技术 . 北京 ：机械工业出版社 .
周孝信 , 等 . 2001. 可控串补晶闸管阀触发控制的电容电压增量控制算法 . 中国电机工程学报 ,21（5）：1-4.
周孝信 , 等 . 2009. 电力系统可控串联电容补偿 . 北京 ：科学出版社 .
朱炜锋 , 窦伟 , 徐正国 . 2009. 基于 PI 控制的三相光伏并网逆变器电流控制器设计 . 可再生能源 ,27（2）.

第二十二章　新型电力线路

电网承担着为经济社会发展提供坚强电力保障的基本使命，关系国家安全和国民经济命脉。电力线路是电能输送的载体，是电网的基础。预计 2020 年前我国的煤电、水电、风电、太阳能等仍将集中大规模开发，远距离、大容量仍将是我国电力输送的主要要求。传统的输变电技术主要通过提高输电线路地电压等级以提高线路输送容量和输送距离，但随着输电线路电压等级的逐渐提高，单纯提高线路电压等级的输电方式可能将不再适用于未来的电力输送要求。国内外很多国家都积极地开展新型导线、杆塔、绝缘子等电力线路方面的研究工作（李广凯等，2004）相信在不远的将来，随着相关技术的不断发展和进步，这些新型电力线路将逐步得到工程实践和普及应用，为进一步提高输电网络的输送能力、满足日益增长的电力需求和节能、环保、智能要求发挥重要的作用。

目前，分布式风能、太阳能等新能源在迅速发展，预计到 2020 年后，新能源的接入与送出将成为我国电力技术发展的重点。同时，伴随着储能技术的发展和普及，到 2030 年以后，远距离、大容量输电技术的输电技术的发展将逐步减缓，而短距离、分布式的输电技术需求将急剧增加，新型电缆、新型管道输电技术将迅速发展和大量应用。

本章以满足 2050 年以后我国电力输送需要为根本目的，分析电力线路方面的技术需求，预测其发展前景，研究国内外发展现状和趋势，提出技术难点和需要解决的基础理论和关键技术问题，绘制技术发展或工程实施路线图，提出人才培养、应重点研究的课题、基础设施建设以及相关政策建议。

第一节　需求和发展前景预测

一、技术需求

1. 2020 年前技术需求

2020 年前特高压电网的建设规模和范围进一步扩大，我国以特高压输电线路为代表的各级输电线路的发展将面临一系列新的要求和挑战。

据预测，到 2020 年我国全社会用电量将达到约 7.5 万亿 kW·h，需要装机容量超过 15 亿 kW。但我国的能源基地和大型负荷中心分离，能源需求的 75%

集中在东部和中部经济较发达地区，而用于发电的76%的煤炭资源、80%的水力资源以及即将建设的大规模风能和太阳能基地则主要分布在西部和北部地区。这种能源分布与消费的不平衡状况，决定了能源资源必须在全国范围内优化配置，由此要求我国的未来输变电技术必须能够满足远距离、大容量的要求。

由于我国土地资源紧张，负荷集中地区的输电走廊问题越来越严重，必然要求未来的单位走廊输电容量进一步加大，并且未来更多的输电线路将通过地质条件复杂的山区。由于我国地形复杂，在远距离、大容量输电线路建设中，将会有更多的大跨越线路出现。

随着远距离大容量输电线路越来越多，更多的输电线路将通过地质条件复杂的山区，而极端自然灾害的出现越来越频繁，远距离输电线路部分区段遭受自然灾害的可能性越来越高，必然要求提高远距离、大容量输电线路的可靠性，大量应用输电线路的防灾、抗灾及迅速修复等技术和机制。

随着社会环境保护意识的增强，线路的损耗和电磁环境问题已经成为电网建设中必须考虑的关键问题之一。未来的输电线路将进一步减少损耗，减少地面电磁场强度、无线电干扰、可听噪声等。同时，输电线路的景观要求也越来越高。

同时，随着智能电网的完善，未来输变电线路将越来越智能化。

可见以大容量、远距离、高可靠、节约走廊、环境友好、降低损耗、智能化为核心目标的输电技术及配套电力线路技术将是2020年前发展的重点。

2．2020年到2030年间技术需求

随着我国未来经济可持续发展、人民生活水平稳步提高，预计2020~2030年我国的电力需求仍将增长，但增长速度明显低于2020年前。预计2020年后我国大规模集中开发煤电、水电、风电、太阳能等将逐步减弱。为此，已有的特高压远距离、大容量输电技术仍有发展的需求，但更多地将是网架的完善、技术的改进。按照各电网公司规划，至2030年，我国将全面建成坚强的智能电网，即以特高压电网为骨干网架、各级电网协调发展的坚强电网为基础，将现代化先进的传感测量技术、通信技术、信息技术、计算机技术和控制技术与物理电网高度集成而形成的新型电网，具有坚强、自愈、兼容、经济、集成、优化等特征。

3．2030年后技术需求

2030年后，我国地区间经济发展水平逐步缩小，东西部产业逐步转移，全国人口分布趋于均匀，产业分布更加均衡。因此，集中式的远距离、大容量输电技

术的发展速度将逐渐减弱，各电压等级架空输电技术发展成熟。但输电技术的节约走廊、环境友好、降低损耗、智能化等需求没有减弱。随着城市化的发展，土地资源将更加紧张，对输电线路占地的要求越来越高。随着环境的压力越来越大，需要发展更加低损耗的输电材料。随着大众的精神生活不断丰富，对输电线路的美观要求也越来越高。随着人工运行检修成本的上升，线路的智能化需求将进一步加强。与此同时，随着大规模集中开发的新能源开发完毕，分布式新能源的发展逐步加速，亟须在架空输电技术上有所突破。

可见以分布式、节约走廊、环境友好、景观别致、降低损耗、智能化为核心目标的输电技术及配套电力线路技术将是2030年后发展的重点。

二、发展前景预测

1. 总体愿景

由于单一输电技术很难满足大容量、远距离、分布式、节约土地、降低损耗、保护环境、智能化的综合需求，未来各种输变电技术均将全面发展，能够针对不同需求的主要矛盾，灵活使用技术经济最优的输电技术。

1）在大容量、远距离输电方面

根本上提高输电距离需要提高电压等级。常规500kV超高压输电线路的输电距离基本在500km以内，我国西电东送远距离输电距离在2000km左右，甚至输电距离达到4000km（新疆送出），满足如此远距离输送的输电技术中只有特高压交直流输电技术。

除提高电压等级、线路紧凑化外，使用新型导线也是提高输送容量的有效途径。以热稳定性能为输电瓶颈的中短距离线路应用碳纤维导线，可有效提高线路输送能力100%。

2）在节约土地方面

提高电压等级、紧凑型输电、使用新型导线均可节约输电走廊。例如，输送1000万kW电力，如果使用常规交流500 kV超高压线路输送，需要11回线路，总走廊宽度550m；如果使用常规交流1000 kV特高压线路输送，需要2回线路，总走廊宽度160m；如果使用常规直流1000 kV特高压线路输送，需要2回线路，总走廊宽度120m，在此技术上，结合紧凑型输电技术，输电走廊可再节省40%。用耐热导线或碳纤维复合芯导线大幅度提高城市周边等负荷中心区域的线路输送能力，从而减少输电走廊的征用，有效节约土地资源。如果超高压电缆输电、气体绝缘管道输电甚至超导输电技术成熟、成本降低，则输电走廊可以进一步明显降低。

因此，为了节约输电走廊，需要更多地使用同杆多回交直流输电技术、紧凑型输电技术，城区需要使用钢管塔式的多回架空输电技术、电缆输电技术和管道输电技术，甚至超导输电技术。并且，有可能出现集上万兆瓦为一塔的超大容量杆塔。

3）在提高线路可靠性方面

基于“避、抗、溶、改、防”五字抗灾方针，因地制宜、经济有效地抗击自然灾害，并尽量使事故容易恢复，将损失降到最低程度。逐步采用防灾、抗灾的技术和装置，包括测冰、防冰、抗冰、融冰、防舞动、防雷、防震等技术和装置。

4）在环境友好、节能降耗方面

1000kV 交流输电和 800kV 直流输电的单位输送容量投资均约为 500kV 交流输电方案的 70%。特高压输电可以大量节省输电线路的金属材料，与超高压输电相比，单位输送容量节省导线材料约一半，节省铁塔用材约 2/3。紧凑型比常规型线路单位输送容量节省投资约 10%。以热稳定性能为输电瓶颈的中短距离线路应用碳纤维导线，可有效提高线路输送能力 100%，同时节省单位输送容量投资建设投资 20% ～ 40%。

因此，为了保护环境、减少能源损失，需要大量应用高电压等级输电技术、大截面、低损耗、低弧垂的导线。架空线路需要选用优化的导线布置形式，以减少电磁环境的影响。城区普及电缆输电技术和管道输电技术，甚至超导输电技术。

为了减少对景观的影响，将会大量使用钢管塔等新型美观的塔材，铁塔将通过专业美观设计变得与周围景观越来越协调。

5）在输变电系统智能化方面

我国很多线路地形复杂，需要花费大量人力、物力和财力进行线路维护工作，发展智能化输电技术，实现输电线路状态的在线监测和智能维护将极大地减轻输电线路的运行维护成本，提高供电的可靠性。

随着智能电网的完善，要求输电线路中安装大量监测导线、杆塔、绝缘子以及气候的电、热、力、像等传感器，输电线路将实现在线监测。为了保证大量信号的传输，在现在光纤复合地线大量使用的基础上，为防止雷击的影响，将进一步大量使用光纤复合导线。

综上可见，发展大容量、远距离、分布式、高可靠、资源节约、环境友好、智能化的输变电技术将是 2020 年乃至 2030 年前满足我国电能传输的最有效、现实的技术。

到目前为止，以上技术的成熟度并不相同，技术研究和推广的成本差别较大。综合以上输电技术的技术经济特点、成熟程度，将以上输电技术的技术推广成本和投资效益分析与常规 500kV 输电技术作一比较，如表 22-1 所示。

表22-1　各输电技术的技术推广成本和投资效益分析

技术名称	技术特点				经济性能	成熟程度
	远距离	大容量	节约走廊（10MW 走廊宽度）	减少维护		
特高压交直流输电	500~4000km	5000MW 以上	120~160m	—	本体单位容量比 500kV 常规交流输电方案节约 30%。节省导线材料约一半，节省铁塔用材约 2/3，总体还与走廊价格有关	示范工程已投运 1 年
紧凑型输电	有一定程度提高	提高线路自然功率 30% 以上	节省 40%	—	本体单位容量比常规型线路节省投资约 10%，总体还与走廊价格有关	成熟
同塔多回输电	—	提高近一倍，与相序有关	非常明显	—	本体单位容量与常规型线路近似相等，总体还与走廊价格有关	成熟
电缆输电	—	—	非常明显	—	价格较贵，电压等级越高，价格越贵。局部走廊昂贵地区经济性可比架空线优越	500kV 及以上不够成熟。随着大量应用，价格会下降
气体绝缘管道输电	—	有一定程度提高	非常明显	较易维护，受自然灾害影响小	价格昂贵。局部走廊昂贵地区经济性可比架空线优越	随着大量应用，价格会下降
超导输电	—	非常明显	非常明显	维护成本高	价格非常昂贵	很不成熟，需深入研究
智能监测技术	—	—	—	免维护	在地形复杂、人工维护困难地区有优势	需要逐步开发、推广
大截面导线	—	非常明显	非常明显	—	相同输送容量与常规线路相当	成熟
耐热导线	—	非常明显	非常明显	—	相同输送容量比常规线路便宜	成熟
复合材料芯导线	中短距离线路	提高线路输送能力 100%	非常明显	—	导线价格昂贵，随着大量应用，价格会下降。总体节省电网建设投资 20% ～ 40%	有应用，但较少，不够成熟

2. 先进架空输电技术愿景

在我国到 2020 年的输电网络建设中，大容量、远距离输电方式将以特高压交直流输电技术为主。一方面，采用特高压直流输电方式实现我国西南水电基地与西北火电和新能源基地的大规模电能外送；另一方面，采用特高压交流输电方式实现大规模跨区域的电网互联。

在特高压输电技术的基础上，紧凑型、同塔多回、大截面导线、耐热导线等将是未来超、特高压架空交流输电所采用的主要技术方式。目前，特高压交流示范工程已经运行，特高压直流工程正在加紧建设。因此，紧凑化将是下一步的目标。从国内外发展情况分析，紧凑型线路的相关参数如分裂导线、子导线半径、相间距离等都有进一步优化的空间。当前我国电力发展趋势，紧凑型输电技术将呈多元化发展格局。大量工程应用表明紧凑型输电技术的应用前景广阔，是当前加强电网建设与国家可持续发展战略方针相协调的新技术之一。但是单一的输电技术并不能满足未来超高压输电的需要，几种输电技术综合运用将会更能发挥其技术的优势。

1）同塔多回＋紧凑型

建设同塔双回紧凑型线路，不仅是国外的发展趋势，也是我国超、特高压电网建设中的实际需要。建设紧凑型线路(单回)，虽能节省线路走廊，但较之于建设多回路线路来讲，其优势仍不明显。而建设同塔双回紧凑型线路，就解决了这个问题，即紧凑型线路，不仅能建设单回路，同时也可建设同塔双回线路乃至同塔多回路线路，除保留紧凑型线路在电气上的优点以外，节省线路走廊的效果也将更为明显。

2）大截面＋耐热导线

无论是采用大截面导线还是耐热导线，目的都是提高导线的允许电流，从而提高输电线路的输送功率。然而，导线的截面与耐热导线的允许温度都有一定的限制，采用大截面耐热导线，可以更好地发挥其优势，避免其缺点。大截面耐热导线能够利用大截面与耐热导线的优点，更大限度地提高输送容量，在未来的输电线路中将发挥着巨大的作用，是非常具有发展潜力的新型综合输电技术。

此外，还有其他多种新型输电技术的综合应用，如多回路与大截面耐热导线输电技术综合应用、紧凑型与耐热导线输电技术综合应用、与柔性输电相结合的紧凑型输电技术等也是非常有前景的输电技术。

3）导线、杆塔、绝缘子、金具

以上技术的实现与导线、杆塔的发展紧密相连。一方面导电率高、强度大、质量轻、弛度小和价格性能比优良的架空输电导线不断出现，另一方面，超大荷载量的杆塔也被不断采用，很可能出现集数万兆瓦为一塔的杆塔。为了线路紧凑、美观，绝缘杆塔将由低电压等级向高电压等级推广。

由于线路的输送容量越来越大，并有大荷载量的杆塔出现，线路的可靠性评估和日常维护将越来越重要。一方面线路上将安装大量抗风、抗雪、抗冰、抗震、防雷的保护装置和金具，另一方面，输电线路中将安装大量监测导线、杆塔、绝缘子以及气候的电、热、力、像等传感器，输电线路将实现在线监测。

为了保证大量信号的传输，在现在光纤复合地线大量使用的基础上，为防止雷击的影响，将进一步大量使用光纤复合导线、光纤复合绝缘子。

复合绝缘子在今后的20~30年内将会进一步推广，输电线路中复合绝缘子将占绝缘子数量的2/3以上，变电站中将占到40%。纳米材料复合绝缘子将会应用。

3. 电缆、GIL管道和超导输电技术愿景

随着输电走廊的日益紧张，土地成本在线路建设中所占的比例越来越大。目前我国线路建设征地范围仅局限在杆塔基础附近，如果按照国外征用整个沿线土地的方式进行建设，土地成本将成为线路建设首先要考虑的问题，同时，伴随着电缆、GIL管道等输电技术的成熟、成本的降低，电缆、GIL管道和超导输电技术在节约土地方面的优势将非常明显，在一些地区，其综合成本有可能低于架空输电线路，预计2030~2050年将得到迅速应用。

1）电缆输电

电缆输电技术截至2050年较理想的发展状态是：采用电缆输电形式输送电能的电压等级跟上我国大电网电压等级的提升、拥有完全的高压电缆输电知识产权以及比采用架空输电线路低廉的铺设成本。

我国电压等级将向1000kV逐步迈进，而我国目前还不具备自主铺设500kV电缆输电线路的能力，到2020年有望实现该目标，并利用地下电缆对我国大部分城市电网进行改造。到2030年，输电走廊紧张地区普遍应用500kV电缆输电。

到2050年，分布式发电普及，电缆输电，尤其是低电压等级的直流电缆输电由于其低损耗、大容量、占地省，可能会得到大量应用。

2）气体绝缘管道输电

气体绝缘管道输电技术截至2020年较理想的发展状态是：生产工艺水平和技术经济指标进一步提高，大量应用于大容量水电站、核电站、火电站及超高压大容量地下变电站的出（进）口。建成具有示范意义的高压长距离输电线路（10km以上）。到2030年，部分输电走廊紧张地区、海岛、大跨越开始使用气体绝缘管道输电，输送距离达到10km以上。

到2050年，分布式发电普及，气体绝缘管道输电，尤其是低电压等级的直流气体绝缘管道输电由于其低损耗、大容量、占地省，可能会得到大量应用。使用压缩空气或者找到没有温室效应的绝缘气体，代替SF6绝缘气体。超、特高压输电线路部分采用GIL，并在如下地方得到广泛应用：①进入特大城市，容量大、安全、可靠地下超高压输电网；②特高压架空线过人口稠密地段局部以GIL代替；

③苛酷环境条件过境线路（如高海拔、重污秽、沙尘区）；④跨江线路。

随着制造成本的降低、土地价格的上升，经济指标可以接近架空线。除此之外，GIL 的阻抗损耗明显低、受极端恶劣气候（含雷电）的影响小，电磁环境问题小，对景观的影响小。如果 GIL 密封性能可靠或者找到替代 SF6 绝缘气体，则 GIL 将是未来架空输电线路的有力竞争者，将有可能是架空输电线路的有力补充。

值得一提的是，随着城市规划水平的提高，城市基础设施建设过程中将 GIL、燃气、水等管道统一规划，共隧道施工，则 GIL 本身的建设成本将进一步降低，高电压等级 GIL 将成为城市输送电力的主力。

三、影响技术愿景的因素

在输电技术的发展中，有几个技术的突破可能会对其产生巨大影响。

（1）如果高压、超高压电缆、气体管道输电的成本显著降低，则电缆、气体管道输电在城市和输电走廊紧张地区会迅速普及。

（2）如果超导输电设备取得实质性突破，则不但城市和输电走廊紧张地区会迅速普及超导输电方式，在远距离、大容量输电方面也会获得显著推广。

（3）如果输电线路的土地使用方式发生改变，电缆输电、管道输电、超导输电将可能会具有比架空输电更高的性价比，而得到迅速发展和普及。

第二节　国内外发展现状和趋势

一、总体概述

随着电源建设的发展，特别是大型水电工程的建设，输电电压等级逐步提高，电网规模不断扩大。我国电网经过多年的快速发展，在交流输电技术方面，经历了从 220kV、500kV(330kV)、750kV、1000kV 的发展历程，全面掌握了超特高压交流输电技术；在直流输电技术方面，全面掌握了超特高压直流输电技术。

目前，我国正运行着世界上最高电压等级（1000kV）的输电线路。除西北电网以 750kV、330kV 为主网架外，其他跨省电网和山东电网都已建成 500kV 主网架。交、直流输电技术的发展为大电网的建设以及实现“西电东送”和全国联网发挥了重要作用。从 1990 年 ±500kV 葛上线投运实现华中和华东两大区域电网的非同期互联，到 2001 年东北和华北电网通过 500kV 交流线路实现同步互联；从 2004 年和 2005 年，三广直流工程（三峡—广东）和灵宝“背靠背”工程的分别投运实现了华中与南方电网，以及西北与华中电网的非同期互联，到2009年华北电网与华中电网通过1000kV特高压交流线路实现互联，全国联网的格局基本形成，全国联网对优化资源配置的作用日益明显。全国跨区资源配置的电量由2000年的23亿kW·h增加到2005年的773.8亿kW·h，2008年跨区配置电量达到了2402.9亿kW·h（孙嘉平，2009）。

目前，我国的500kV（330kV）、750kV、1000kV交流架空线路和±500kV直流架空线路已成为各区域电网的主网架和区域电网互联的主要方式。在这些架空输电线路中，以常规单回输电线路为主；在短距离线路中，开始越来越多的采用同杆多回输电技术；我国目前已经开始推广紧凑型输电技术；部分线路采用了串联补偿装置；特高压交、直流输电方式也已开始应用。2009年6月30日我国第一个500 kV超高压、长距离、较大容量的跨海电缆输电工程海南联网工程正式通电投运，标志着我国电缆输电水平站上了新的台阶。我国在超导输电技术方面也有所突破，2004年中国第一组35kV实用型超导电缆在220kV普吉变电站正式并网运行。

目前，我国各电压等级输电线路均为自主设计、自主生产、自主安装。我国大部分输电线路导线为普通钢芯铝绞线，目前已经开始使用大截面导线、耐热铝合金导线、扩径导线，复合加强芯导线已有部分应用，并有少量导线为光纤复合导线。在地线上，绝大部分新建线路均采用光纤复合架空地线。在绝缘子上，复合绝缘子已占绝缘子数量的一半以上，且电压等级越高，所占比例越大，特高压输电线路2/3以上绝缘子是复合绝缘子；部分瓷绝缘子使用了防污闪涂料。我国绝大部分全国220 kV及以上电压等级输电铁塔主要为钢架自立塔，拉线塔较少，为保护景观、节约占地面积，部分城区线路使用了钢管塔。部分线路已安装了线路避雷器，少量低电压等级线路绝缘子安装了并联保护间隙，以减少雷害。为了减少导线舞动，部分线路安装了相间间隔棒。表22-2给出了目前我国500kV以上输电线路平地建设的投资和输送容量。

表22-2 已使用的500kV、750kV、1000kV线路平地的投资和输送容量的比较

输电线路	导线	本体投资（万元/km)	静态投资（万元/km)	输送容量（万kW)	备注
500kV单回路	4* LGJ-400/35	83.12	125.37	100(参考电厂送出，百万机组)	平地
500 kV紧凑型	6* LGJ-300/40	107.48	148	130	平地
500kV双回路	4* LGJ-400/35	175.58	239.1	200(参考电厂送出，百万机组)	平地
750kV单回路	6*LGJ-400/50	164.05	217.52	230（官亭—兰州东）	平地
1000 kV单回路	8*LGJ-500/35	303.91	410.39	500	各种地形都有，晋东南—荆门，全线平均

注：本体投资包括土方、基础、杆塔、架线、附件；静态投资包含本体投资、走廊清理、工程管理费等。由于走廊紧张地区走廊清理费用很高，因此静态实际差别很大。500~750kV除平地外，$V=27$ m/s，$C=10$ mm

全国线路损失率逐年下降，目前已接近 6%。全国 220 kV 及以上电压等级大部分输电设施可靠性指标维持在较高的水平。2008 年，全国 220 kV 以上电压等级架空线路可用系数为 98.63%，强迫停运率为 0.437 次 /(100 km • a)，非计划停运时间为 56.89h/(100 km • a)（陈丽娟和胡小正，2009）。在架空线路的主要组成部分导线、铁塔、绝缘子中，发生故障次数最多的是导线，其次是绝缘子，发生故障次数最少的是铁塔，但每次铁塔事故造成的非计划停运时间比较长（陈丽娟和胡水飞，2009；陈丽娟等，2008；贾立雄等，2007；陈丽娟和贾立雄，2006）。传统输电线路的非人为故障主要由雷击、污秽、冰雪、地震、大风（包括台风）等引起。随着复合绝缘子和防污涂料的大量使用，由污秽引起的故障逐步减少。然而，随着电压等级的不断提高，雷击，尤其是绕击引起的线路故障日益突出。而大范围的极端自然灾害对输电线路造成的损失很大。在故障检修方面，人工巡线、带电作业仍是主要的方式，部分线路已经开始使用直升机巡线，现正在研究机器人和无人机巡线。

近年来，国内外输电技术快速发展，新的输电技术和设备不断涌现，传统输电技术输电能力也在不断提高。目前，通过架空线路输电仍然是最重要的输电方式，而电缆、GIL 管道和超导输电也已经有商业化运行，也是输电方式研究的热点。同时，分频输电、多相输电、半波长输电、微波输电、激光输电等也正在深入地理论研究中。从电能传输的物理载体来看，短期内，无论采用哪种输电技术，所用的输电方式将仍然会以架空输电的形式为主，但到 2050 年，高电压等级的电缆、GIL 管道和超导输电方式也会越来越多。因此，下面首先重点介绍先进的架空输电技术，之后介绍电缆、GIL 管道输电的技术现状，至于其他输电技术，由于其载体仍为架空输电线路、电缆和 GIL，这里不作介绍，而超导输电将在另外的报告中详细分析。

二、先进架空输电技术

架空线路输电是最重要的输电方式。提高架空线路输送容量、减小输电走廊是这些输电技术的核心目标。围绕这一核心，输电线路改进的大方向有两个，一是导线架设方式的改进，如交流紧凑型输电技术、交直流同塔多回输电技术、交直流特高压输电技术、柔性交流输电技术等（易辉和纪建民，2006；刘振亚，2006；刘振亚，2009；易辉和何慧雯，2007；罗震坤，2007；赵彦平和秦严，2006；刘金铭等，1998），以提高输送容量、节约输电走廊为主要目的；二是导线结构的改进，如使用大截面导线、耐热导线、复合加强芯导线等技术（王明等，2009；何冰等，2009；尤传永，2006；甘兴忠，2007；梁旭明等，2006），以提高电能输送效率为主要目的。而要使这些先进输电技术发挥最大作用，还需要杆塔的支持，因此下面将着重介绍以上内容。

1. 紧凑型线路技术

紧凑型输电线路指通过对导线的优化排列，将三相导线置于同一塔窗内，三相导线间无接地构件，达到提高自然输送功率，减少线路走廊宽度，提高单位走廊输电容量的架空输电线路。其特点是能显著缩小相间距离，减少线路走廊，提高线路自然功率。

紧凑型线路增加了相分裂子导线根数，取消杆塔的相间立柱，三相导线都布置在塔窗之内。同时，导线采用三角形排列，采用 V 型绝缘子串以限制摇摆幅度，缩小相间距离以提高传输功率。它对减小线路走廊、地面电场、均匀导线表面电荷分布作用显著。相导线布置和分裂导线结构全部采用对称分布，便于施工和维护，国内外已有持续安全运行和维护经验。

紧凑型输电线路具备以下几个优点。

（1）线路输送功率比常规线路有很大提高。紧凑型输电技术的线路电容增大、电抗减小、波阻抗减小，自然功率提高。例如，昌平—房山线路自然输送功率为 1309.6MW 常规线路的 130%（2000 年 5 月 6 日大负荷试验时，线路功率 1380MW 持续运行 1h，1600MW 运行 30min，一切正常），单位走廊宽度的自然功率是常规线路的 5 倍。这就是说紧凑型线路可以在给定的走廊宽度内大大增加自然功率，这就能满足未来大量输电的要求。

（2）线路走廊宽度大为减少。对于线路走廊紧张、输送功率大的地区因地制宜采用，可为大型水电、火电站解决线路走廊提供选择方案。尤其是当线路经过森林、城镇、陡峭山坡以及进出厂（站）时，紧凑型线路的优势理更明显。

（3）紧凑型线路的地面电场强度大大降低，高场区域宽度大大减小，改善了电磁环境。这主要是保证地面行人、牲畜、车辆的安全。

（4）三相电荷平衡度较好（尤其是三角形排列），数百公里无需换位。

同时，紧凑型输电线路也存在一些的问题。

（1）充电功率明显大于同电压等级的常规线路，线路有功损耗较大，功率变化时末端电压波动较大，需要解决无功补偿问题。

（2）相间电容及相间互感较常规线路大，潜供电流和恢复电压较大。

（3）由于参数差异较大，与常规线路并联运行时可能会产生环流，对继电保护的整定和配合也可能产生影响。

（4）由于紧凑型线路传输功率较大，故障断开后造成相联系的常规线路的功率可能超限，从而限制了紧凑型线路在提高整体系统传输能力作用的发挥。

（5）在大档距时，需加装相间间隔棒。

随着复合绝缘子价格的下降，占地赔偿价格和线路走廊通道障碍物拆迁、林木植被的保护费用的提高，紧凑型输电线路综合造价还会进一步降低，采用紧凑型线路的社会、经济效益会更加显著。近年来，我国既侧重缩小线路走廊，又要求提高线路输送能力，对紧凑型输电技术研究和应用取得了重大成果。北京昌平房山 500kV 输电线路是中国第一条超高压紧凑型输电线路。目前，已经能在紧凑型输电线路上进行多种带电作业，而且均能保证带电作业人员的安全。我国 500kV 同塔双回紧凑型输电线路也已投运，正在研究 750kV 同塔双回紧凑型输电线路。根据紧凑型线路的特点及优势，为提高输电容量，缓解走廊矛盾，降低工程造价，保护生态环境，紧凑型线路将在 110kV、220kV、330kV、500kV、750kV、1000kV 各电压等级上全方位推广应用，特别是在负荷中心的城市郊区及人口稠密区，其优点尤为显著。

2. 同塔多回输电技术

同塔多回输电技术是指在一条输电线路上并架多回线，从而压缩线路走廊占地并提高其单位走廊输电能力的输电技术，包括同电压等级同塔多回、不同电压等级同塔多回、交直流同塔多回等。同塔并架多回输电在杆塔结构与导线布置、绝缘设计、保护方式、运行和检修、耐雷水平、电磁环境等方面都与常规单回输电有所不同，给应用带来一些问题。虽然同塔多回输电技术实施难度较大，但不存在难以逾越的技术障碍。国内外同塔多回输电技术的研究和运行实践表明，采用同塔多回输电是减少线路综合造价、缓解线路走廊紧张矛盾、节省土地资源的有效手段，特别适宜于在经济发达、人口稠密地区的推广应用，具有明显的经济效益和社会效益。为适应我国经济的快速增长和 500kV、750kV、1000kV 输电线路建设发展的需要，鉴于线路走廊的选择越来越困难和日趋增长的拆迁费用，应尽可能地压缩输电线路走廊和增加输送容量，因而，同塔多回输电技术越来越得到我国电力行业领导和专家的重视。

系统要求输送容量的大小往往决定着导线截面的大小和回路数的多少，而走廊的大小则通常影响着导线排列方式和塔形的选择。以下情况宜采用同塔多回路方案。

（1）线路通过大城市近郊规划区和经济开发区，以及紧靠发展速度比较快的城镇附近的拥挤地带。

（2）线路通道中需要动迁大量建筑物和其他设施，对社会生产、生活及工程投资影响很大的线段。

（3）线路通过成片林区，需要大量砍伐，对森林资源、生态环境和工程投资影响很大时。

（4）大型电站和变电所进出线段应根据发展规划，按同塔多回路安排线路走廊。

（5）江、河、湖、海大型跨越线路，当跨越点资源有限，远景可能出现多回路者，宜按多回路设计。

同塔双多回输电技术应用在走廊限制较大的地区，能大大降低征地等方面的费用。20 世纪 80 年代以来，我国华东、广东地区由于经济发展对电力需求的高速增长，同时又由于我国沿海地带土地资源的紧缺，只建单回输电线路已无可能。1988 年华东地区的石黄、南杨等 500kV 输电线路工程，1990 年广东沙增等 500kV 输电线路工程先后就采用了同塔双回路的设计。随后东北、浙江、江苏、山西等地区的多条 500kV 输电线路工程就大量采用了同塔双回路的设计。近几年，随着城市建设的发展，甚至新建线路都要在已有老线路上进行拆改，大连已建两回 500kV 和两回 220kV 同塔四回路。大输送容量的需求使华东和广东也建设了同塔四回 500kV 输电线路。可见同塔多回输电技术是我国今后电网建设发展的必然趋势。

3. 特高压输电技术

输电能力的根本提高最终还是需要提高电压等级、因此特高压输电技术的出现成为历史发展的必然。

特高压交流输电主要具有输电能力强、输电损耗低、节约输电走廊占地面积的特点，在大容量、远距离输送电能上具有明显的经济优势。经过各国的研究、试验表明，技术问题已不再是特高压输电发展的限制性因素，特高压电网出现和发展的进程是由各国大容量输电需求所决定的。2009 年 1 月，国家电网公司晋东南—南阳—荆门特高压交流试验示范工程投产，实现华北电网和华中电网的水火调剂、优势互补，具有错峰、调峰和跨流域补偿等综合社会效益和经济效益。

特高压直流输电较一般高压直流输电具有许多优势。

（1）更适合大功率、远距离输电。

（2）系统中间不落点，可点对点、大功率、远距离直接将电力送往负荷中心。

（3）可以减少或避免大量过网潮流，可按照送受两端运行方式变化而改变潮流。

（4）在交直流并联输电的情况下，利用直流有功功率调制，可以有效抑制与其并列的交流线路的功率振荡，包括区域性低频振荡，明显提高交流系统的暂态、动态稳定性能。

发展 ±800kV 特高压直流输电技术，符合科学发展的要求，符合我国的国情。2009 年 12 月，世界首个 ±800kV 特高压直流输电工程——云广 ±800kV 特高压直流输电示范工程投产。西南能源基地的强大电流将通过这条新通道，源源不断地送往电力消费大省广东。

三、先进输电材料

1. 新型导线

使用导电率高、强度大、质量轻、弛度小和价格性能比优良的架空输电导线始终是提高输送容量、降低损耗、保护环境的有效途径。大截面导线、耐热导线、复合材料芯导线是近几年国内外研究的热点。

1）大截面导线输电技术

大截面导线输电技术是指超过经济电流密度所控制的常规的最小截面导线（如 220kV，$300mm^2$；500kV，$4\times300mm^2$），而采用较大截面的导线（如 500kV，$4\times500mm^2$、$4\times630mm^2$、$4\times800mm^2$），以成倍提高线路输送能力的新型输电技术。导线截面增大后，单位长度导线的电阻减小，在热容量限制内，其允许载流量将增大，从而提高其输送功率。大截面导线的使用，能够减少线路走廊数，节约土地资源，而且由于减小了导线的电阻，线路损耗大大降低。随着导线截面的增加，输电线路的表面场强减小，电晕损失也相应减小。而地面场强增加，但增加的幅度不大，对输电线路影响不大，且无线干扰与噪音污染也大大降低。

另外，输电线路采用大截面导线，将会增加一次性投资，但由于承受更大的应力，设计并建造承受大荷载的杆塔、生产与大截面导线配套的金具是大截面导线广泛应用与发展的关键。目前，我国有许多电线电缆厂家有生产大截面导线的能力，国内大截面导线的施工设备及施工技术已达工程要求。

根据大截面导线输电技术的优势和特点，大截面导线输电技术适用于人口较集中、用电需求大、潮流较集中、短距离输电线路中。另外，在一些大容量送出的中短距离输电线路中（如变电站、发电厂出口处），也有很好的利用效果，在超特高压直流输电中也适宜采用大截面导线输电技术。

国内已先后在华东、华中、南方等地区建成和投运采用 500 ～ $720mm^2$ 大截面导线的 500kV 输电线路，华北地区的 500kV 大截面导线输电线路也在建设中。±660kV 宁东—山东直流输电线路采用 $4\times1000mm^2$，导线已合线架通。±800kV 锦屏—苏南采用 $6\times900mm^2$，导线正在架线中。在华东地区，大截面导线在建和已投产的 500kV 线路有：杨东—斗山线、张家港—斗山线、锡东南—车坊线、武南—锡东南线、滁州—马鞍山线、太仓—徐行线（$630mm^2$ 耐热导线）、政平—武南线。国内其他地区，大截面导线也有广泛应用，主要应用于直流输电以及南方经济发达地区的主干网。例如，目前三峡输变电工程已有 3 条输送电工程采用 $720mm^2$

大截面导线，每条线可输送300万kW的电能，一条是三峡（龙泉）至江苏常州（政平）直流线路，是三峡电站送往华东第一回直流输电线路，经过湖北、安徽、江苏三省，全长890km；一条为三峡（宜都）至广东（惠州）输电线路，经湖北、湖南、广东三省，全长975km；还有一条为三峡（宜都）至上海（华新）输电线路，经过湖北、安徽、江苏、浙江四省，全长1075km。贵广直流输电Ⅰ、Ⅱ回线路也采用720mm^{2}大截面导线，全长882km。在南方经济发达地区，630mm^{2}大截面220kV主干网中应用也非常广泛，如同杆双回220kV架空线路妈—西线（妈湾电厂—西乡变电站）采用了2×630mm^{2}大截面输电线路。

2）耐热导线输电技术

耐热导线输电技术是指采用耐热导线，提高导线允许温度，增大导线输送电流，从而提高线路输送容量的新型输电技术。

众所周知，铜、铝等金属导体材料通电以后会随着自身温度的提高降低其机械性能，因而大大影响了输电能力的提高。在铝材中添加金属锆能提高铝材的耐热性能，这主要是由于添加了金属锆以后铝材的再结晶温度得到了提高。架空输电耐热导线的工作温度一般不超过200℃，其耐热性能主要是由于固溶体锆（Zr）自身转位的微观运动受到较大的障碍而形成的耐热效果。

提高导线的允许温度，从而提高线路的输送容量，在架空输电线路上使用耐热导线，无论从技术上分析还是工程实际应用都是完全可行的。与普通导线相比，耐热导线自身具耐受高温的能力，在高温下仍然有很好的机械性能；但耐热导线的电阻率较一般钢芯铝导线高，影响其导电性能。在相同条件下，耐热铝合金绞线的机械特性与传统钢芯铝绞线基本相同。相同温度下，在较大档距时，耐热铝合金绞线弧垂甚至优于钢芯铝绞线。因此，耐热导线与普通导线相比具有非常大的优势，特别适合用于长距离、大跨越、超高压输电。在线路走廊狭窄地区，只需要更换相近截面规格的铝线耐热铝合金导线，基本上不需要征用线路走廊更换杆塔，就能满足增加输电容量的要求，使原有线路提高了输电容量40%~60%，不仅节约了大量的工程投资和宝贵的土地资源，而且施工快速，经济效益和社会效益显著。

耐热导线输电技术的优势在于不但输电容量提高了，而且对于其输电线路的各个环节并没有太大影响。既没有增加杆塔，绝缘子及金具所受的荷载，也没有影响线路绝缘与无功补偿。与常规型线路相比，只是导线换为耐热型导线，除线路电阻增大，弛度有所增加外，对输电线路基本没有任何不良影响。而与此同时，耐热导线的表面温度较高，表面结冰相对比较困难。因此耐热导线输电方式抗击风灾和地震的能力与普通导线输电方式差不多，而其抗击冰灾的能力比普通导线输电方式高。

钢芯铝绞线是目前输电线路中应用最多的线种，占70%~80%以上。在美国、欧洲、澳洲普遍使用中强度全铝合金线AAAC和铝合金芯铝绞线ACAR。中强度全铝合金线AAAC较铝合金芯铝绞线ACAR强度大、重量轻、电阻小（包括直流电阻，特别是交流电阻）、耐振性能好、施工方便等优点。高强钢芯高强铝合金线AACSR/EST是大跨越线路最常用的导线。它强度高，耐振性能好，可降低跨越度高度，节省造价。

我国耐热导线的研究是从20世纪60年代开始的，与铝合金导线的研究同时进行，但应用耐热导线输电起步较晚，近年来才开始正式在工程中应用。我国最早作为输电线路增扩容量使用是在1995年，由武汉市供电局设计院承担对该市110kV英栖线路共4km进行扩容改造设计。改造使用国产钢芯58%导电率耐热铝合金绞线，不仅使载流量从原来的445A提高到611A，而且原来杆塔也未作更换，节约了大量经费。2001年，深圳供电规划设计院使用耐热铝合金绞线对该市南山电厂、月亮湾电厂送出工程的南热1回、2回110kV线路进行扩容改造；山东省220kV石平线路扩容改造工程，使用耐热铝合金绞线，都获得了较好的经济效益。其后，广东220kV罗文线建设工程、广东万板线改造工程、乔北至临钢110kV线路建设工程、北京昌平500kV变电站—清河220kV变电站输电线路改造工程、上海吴泾—杨思线路扩容工程、宁夏青铜峡—平吉堡线路工程等多个工程中耐热铝合金绞线获得了广泛的应用。华东地区于2005年建成500kV昆太—徐行的同塔双回线路，首次在500kV线路采用了导电率60%IACS的4×630mm^{2}耐热铝合金导线。

我国目前耐热导线的应用仅占全部架空输电导线的2%以下，而在国外早已大量使用，如日本在20世纪80年代应用耐热导线已经超过全部导线用量的40%，欧美也达到30%以上。可见，我国耐热导线输电技术的应用还有很大的发展空间，发展潜力相当大。

3）复合材料芯导线输电技术

利用21世纪最新技术的有机复合材料（碳纤维或铝基陶瓷纤合导电维）替代导线的金属材料（如镀锌钢线、铝包钢线等）承力部分、即作为导线的芯线是一大进步。这种新型复合材料芯具有重量轻、强度大、耐高温、耐腐蚀、蠕变小、线膨胀系数小等一系列优点。

日本是开发架空线路特种导线品种较多的国家，新型复合材料合成芯导线最早是作为一种改进型低驰度导线而提出的。在输电线路跨越障碍时，使用低驰度导线可以有效提高绝缘距离，特别是在旧线路改造过程中，可以避免杆塔的重复建设，提高土地利用率。根据碳纤维复合材料比普通钢芯强度大、线膨胀系数小的特点，开发出了以碳纤维复合材料芯替代钢芯的复合材料合成芯导线，称为

ACFR（Aluminum Conductor Carbon Fiber Reinforced）。这种复合材料合成芯导线的外形、结构构造形式和尺寸与通常的 ACSR 钢芯铝绞线相同，原来的绝缘子、金具及施工工具均可以照旧使用，它能在杆塔不变的情况下，仅更换导线就行。实际上，新型复合材料合成芯导线的优点远远不只低驰度一个方面。与普通的钢芯相比，复合材料芯线的质量约为钢芯的 1/5，线膨胀系数约为钢芯的 1/12，拉伸强度提高约 30%。

美国新型复合材料合成芯导线开发研究较为成功的是 CTC 公司（Composite Technology Corporation），该公司于 2003 年推出型号为 ACCC（aluminum conductor composite core）的复合材料合成芯导线，它的芯线是由碳纤维为中心层和玻璃纤维包覆制成的单根芯棒，高强度、高韧性配方的环氧树脂具有很强的耐冲击性、耐抗拉应力和弯曲应力。将碳纤维和玻璃纤维进行预拉伸后，在环氧树脂中浸渍，然后在模具中高温固化成型为复合材料芯线。芯线外层与相邻外层铝线股为梯形截面，这种结构型式更有利于提高直线管、耐张线夹与导线的压接强度。其次，由于芯棒外层为绝缘性好的玻璃纤维层，芯棒与铝线之间不存在接触电位差，保护铝导体免受电腐蚀。另外，这种导线由梯形截面铝线形成的外表面远比传统 ACSR 钢芯铝绞线表面光滑，提高了导线表面粗糙系数，有利于提高导线的电晕起始电压，能够减少电晕损失。

从 2004 年开始，ACCC 在美国得到较广泛的应用。例如，2004 年得克萨斯州（Texas）3.2 km 长的 230 kV 线路及密歇根州荷兰镇（Michigan）的 12.74kV 配电线路；2006 年美国电力公司西部地区圣安东尼奥和加利福尼亚州（San Antonio and California）的 230kV 线路及堪萨斯州（Kingman）的一条 34km 长的 34.5kV 线路及近期在英国的应用等。

碳纤维复合芯软铝绞线在我国也获得了广泛的应用，例如，2006 年福建省厦门电业局 220 kV Grosbeak 7.3 km 在 10 月安装投运；江苏省电力公司无锡供电公司、常州供电公司分别在同年 10 月和 11 月建立了 ACCCPTW 导线示范工程线路（110 kV 新线路和老线路 21 km 改造）；辽宁辽阳前草 220 kV 增容规格为 Grosbeak 13km 在 9 月挂网运行。2007 年，在辽宁抚顺 220 kV 辽元 I 线工程；福建田塘 2 曹溪 220kV 改造工程；浙江宁波 220 kV 河慈 4P67、4P68 线增容改造工程，也先后陆续采用了碳纤维复合芯软铝绞线。华北电力科学研究院还研发出了拥有完全自主知识产权的复合芯软铝绞线。

开发和应用导电率高、强度大、质量轻、弛度小和价格性能比优良的架空输电导线始终是各国电力科技工作者所追求的目标。今后增容导线的发展，仍将会依赖导线在材料和结构上的不断更新和发展；需要依靠现代材料科学的发展、新材料的诞生、制造技术和工艺的进步以及导线结构设计理念上的不断创新和突破。

2. 高强度杆塔

随着同塔多回、大跨越、特高压等线路的输送容量不断升级，发展高强度杆塔将是架空输电技术的重要内容之一。我国铁塔结构以热轧等肢角钢为主，构件型式单一，钢管构件的应用刚刚起步。在国外，钢管构件、不等边角钢、冷轧薄壁型钢、卷肢角钢等均有大量应用。我国普遍使用 Q235 和 Q345 两种钢材，铁塔材料强度低，国外受力大的杆件大都采用高强度钢材。目前刚刚进行 Q420、Q460 的研究及推广，但在实际运用中还存在一些问题。需要继续加强高强钢管塔、耐候钢塔、冷弯型钢塔的应用研究，也有必要开展复合材料在输电铁塔上的应用研究（杨靖波等，2008）。

在不同的需求下，利用一些新型钢材料的优点，能够起到提高增加铁塔性能、节约投资的作用。国家电网公司晋东南—南阳—荆门 1000 kV 特高压交流试验示范工程 654 km 线路上全线采用了 Q420 高强钢。铁塔用钢总量约 95000t，其中 Q420 高强钢 33000 t（角钢 30000 t，钢板 3000 t），约占 33%。与使用 Q345 相比约节省钢材 2500 余吨，铁塔本体投资约节省 1 亿多元。上海地区 2010 年建成投产的 500kV 练圹变至泗泾变输电线路，其中，22km 500kV 双回路 $6\times630mm^2$ 导线和 9km 500kV 双回路 $6\times630mm^2$+220kV 双回路 $2\times630mm^2$ 同塔四双回线路全部应用高强度 Q460 钢管塔，共 74 基，用塔材 7500t。

圆截面钢管的空气动力学性能好，受力各向同性，截面抗弯刚度大。输电铁塔采用钢管构件，不但可以减小塔身风载荷，还能充分均衡地发挥材料的性能，减小杆件长度，提高结构的稳定性，特别是对于结构几何尺寸较大、杆件较长的大型铁塔，这种优越性更为明显。

在输电铁塔中应用耐候钢，可以省去目前采用的热镀锌防腐工艺，降低工程投资，减少环境污染。热轧角钢由于可以采购到的规格较少，在铁塔结构设计和制造过程中经常出现以大规格代替小规格的“代料”问题。冷弯型钢截面和定尺任意，既可以有效解决“代料”及角钢定尺加工造成的材料浪费，又具有截面形状合理、承载能力高等优点。冷弯型钢最适用于拉、压构件，应用于输电铁塔可充分发挥材料特性，减轻塔重。材料冷加工后出现的冷弯效应可使其强度有所提高，尤其是对耐候型冷弯型钢，由于不需进行热镀锌处理，可以充分利用这一特性。

3. 复合材料绝缘杆塔

随着新材料技术及其制备工艺的发展，纤维增强复合材料（FRP），甚至用于高端应用领域的先进复合材料（ACM）结构的杆塔，近年在国外已逐步应用于输电工程中，我国也正在积极开展这方面的研究工作。FRP 杆塔具有质量轻、强度高、耐腐蚀、温度适应性强、电绝缘性能好、可设计性好、易于成型、维护性好等特点，目前 FRP 在架空电杆中的主要应用形式有：纤维增强混凝土（FRC）杆、FRP 杆塔、电杆的加固修复。但这种材料也存在一些缺点，如刚度问题、节点连接问题、热稳定性问题、老化问题等。

4. 新型复合绝缘子

目前，我国输电线路中复合绝缘子已占绝缘子数量的一半以上，且电压等级越高，所占比例越大，特高压输电线路 2/3 以上绝缘子是复合绝缘子；部分瓷绝缘子使用了防污闪涂料。由于复合绝缘子的大量使用，绝缘子的污损已不是问题。

线路复合绝缘子均为刚性结构，均是按承受拉伸荷载设计的，这些绝缘子承受拉伸荷载的裕度是很大的，但承受弯曲扭转载荷的能力则很不是其强项，特别是交变的弯曲和扭转载荷，近来刚性的复合绝缘子相继发生了 3 起因承受交变弯曲载荷而导致的疲劳断裂故障——华北公司的 500kV 昌门紧凑型线路的 V 串绝缘子、云南公司的 500kV 小和紧凑型线路的 V 串绝缘子、南方电网公司的 500kV 罗百紧凑型线路的 V 串绝缘子。这几起复合绝缘子断裂故障完全不同于以往的脆断故障，是一种新出现的故障形式：脆断故障与复合绝缘子的质量有直接关系，而弯曲疲劳断裂故障只与绝缘子悬挂方式和运行环境相关，而与产品质量无必然关系。

随着近年来紧凑型线路的增加，刚性的 V 串复合绝缘子的弯曲疲劳断裂故障以及已呈现上升趋势，在今后较长一段时期内值得关注。而华北电网有限公司率先组织研发的柔性复合绝缘子（含柔性复合相间间隔棒）是解决上述刚性复合绝缘子弯曲疲劳断裂故障以及部分金具断裂故障的有效措施，值得深入研究。

四、电缆和 GIL 管道输电技术

1. 电缆输电

城市采用电力电缆输电具有明显优势。我国电力电缆行业起步于 20 世纪 80 年代，当时初步具备生产 35kV 及以下交联聚乙烯绝缘电缆（XLPE）的能力，还无法生产 110kV、220kV 电压等级的 XLPE 电缆及其附件。1981 年沈阳电缆厂从瑞典 Sieverts 引进国内首条 245kV XLPE 电缆及其附件生产线，但限于当时的设备制造水平，实际产品为110kV XLPE电缆（应启良，1999）。随后，广州于1984年从日本引进110kV XLPE电缆生产线，广东沙角电厂于1987年从日本引进220kV 1200mm^2 XLPE电缆及GIS终端生产线。1985年后，上海、北京及其他大中城市陆续从国外引进高压XLPE电缆及其附件。整个20世纪90年代，我国电缆行业所引进的110kV XLPE电缆生产线占据了80%之多。

大量引进国外先进生产线的结果有二：一是我国起步较晚的电缆制造业在引进生产线的同时也引进了XLPE生产技术，使得整个行业水平得到了不断提高，迅速缩小了与国际水平的差距。二是对高压XLPE附件的技术研究投入不够，截至目前我国220kV、500kV XLPE电缆附件仍依赖进口。

目前，我国已具备了110kV、220kV XLPE电缆生产能力，但是只有110kV电缆附件自主生产能力。1991年上海电缆研究所成功研制110kV XLPE电缆终端及69kV GIS终端并投入市场。220kV XLPE电缆终端生产仍属合资企业，我国500kV XLPE电缆研究已经开始，但目前500kV XLPE电缆及其绝大部分附件仍属空白。

随着我国于20世纪90年代引进高压XLPE生产线的增加，上海供电局与北京供电局先后安装110kV以及220kV XLPE电缆进行城网改造，地下电网覆盖率已超过50%。数据显示，2007年国家电网集中规模招标采购的220kV交联电缆就近1000km，国内已建立塔30座，交联线达40条（应启良等，2001）。仅2009年，我国首条2500mm^{2}的500kV电缆世博站已基本建设完毕；2009年6月30日我国第一个500 kV超高压、长距离、较大容量的跨海电缆输电工程海南联网工程正式通电投运，标志着我国电缆输电水平站上了新的台阶。

日本电缆企业数目居世界第一位，电缆生产量居世界第二位；美国电缆产量居世界第一，电缆企业数目居世界第二；英国目前有电缆企业约200家，并具有如BICC这样的居垄断地位的大公司。

日本在PPLP绝缘充油电缆的研究开发与实际应用方面也取得很大进展。其275 kV PPLP绝缘充油电缆已于1980年投入运行。1988年日本敷设长22km、500kV PPLP绝缘充油电缆作为本州与四国间，全长127 km的本州—四国连线中地下输电电缆段，表明500 kV PPLP绝缘充油电缆已达到工程实际应用水平（陈中强，2001）。

2．气体绝缘管道输电

气体绝缘线路（gas insulated line，GIL）技术GIL技术的研发始于20世纪60年代，目的是实现与架空输电线路输电容量相当的地下输电线路，是已十分成熟的气体绝缘开关技术的延伸，即将导体悬浮在管道绝缘气体之中。它可架空也可埋在地下，其充电功率较易控制，因而可将其视为在拥挤的城市中输送大功率电能的一种方法（王晋根，2009）。

GIL 输电线路的基本结构包括金属管道（称外壳），管状的导体和用于支撑导体的绝缘子构成，导体和外壳之间充有一定压强的绝缘气体（SF6），形成密闭型输电线路。

GIL 的运行方式与架空线相似，传输容量大，可以承载架空线路同样的符合，GIL 允许自动重合闸操作，所有其运行和保护装置与架空线类似。GIL 的阻抗损耗明显低于电缆和架空线，而其气体绝缘决定了线路的静电电容小，充电电流小。线路的散热效果好，几乎所有的 GIL 线路都不需要冷却系统。GIL 中导体电流可以在外壳上感应出同样大小的方向电流，所以 GIL 的外部磁场可以忽略不计。如果 GIL 内部发生绝缘故障，故障电弧会限制在 GIL 外壳内，GIL 耐火性强，不会助长火势。

GIL 与架空线电路相比，GIL 具有占地空间小、受大气环境影响小，对外界不产生电磁环境干扰的优势。GIL 与同等电压等级的电缆相比，GIL 具有输送容量大、损耗小、无绝缘老化、适于垂直落差大的场合等优势。德国西门子公司首次将 GIL 技术应用在 Schluchsee 的 Wehr 抽水蓄能电站，1975 年投运，电压等级 400kV，全长 700m，敷设在山体隧道内，用以连接发电机与洞顶架空线，目前仍是该电压等级中最长的 GIL（王湘汉等，2008）。该线路采用纯 SF6 作为绝缘气体，属于第一代 GIL 线路，自 20 世纪 90 年代后，西门子又开始研究采用 SF6 和 N2 混合气体代替纯 SF6 的第二代 GIL 线路。

电气测试表明，尽管 SF6/N2 混合气体中的 SF6 的含量很低，但由于这两种气体有协调一致的物理特性，所以混合气体仍能获得可靠的绝缘性能，如 SF6 含量为 20% 的混合气体，绝缘性能就能达到纯 SF6 气体临界场强的 70%，为了获得相同的绝缘强度，只需额外增加 40% 的压强。

据 IEEE/PES 变电站委员会 GIS（气体绝缘金属封闭组合电器）分委会 2004 年的统计，全世界的 73~1200 kV 气体绝缘输电线路总长约 198km（表 22-3）。据此推算目前已投入运行 GIL 会有 300 多 km（Kunze 等，2007）。

表22-3 国际GIL线路总体概况

电压等级 /kV	长度 /km
1200	0.420
800	1.200
500	52.650
420	63.600
362	10.107

续表

电压等级 /kV	长度 /km
242、300	32.900
72、145、172	37.100
总计	197.977

1998 年 7 月由 IEC 第 17 技术委员会（开关设备和控制设备）的 17C 分技术委员会（高压封闭式开关设备和控制设备）起草了 IEC61640—1998 标准《额定电压 72.5kV 及以上刚性高压气体绝缘输电线路》。内容包括了电压 $U \geqslant 72.5$ kV、频率 $f \leqslant 60$ Hz 的刚性高压气体绝缘输电线路的使用条件、额定值、设计和构造、试验、GIL 选择、运输存储和安装维修导则以及安全等方面的内容。该标准目前是 GIL 设计和选用的依据（高凯和李莉华，2007）。

美国是最早开发 GIL 的国家之一，早在 1972 年伟斯特堡气体绝缘母线公司（现名 AZZ 公司，已被 ABB 兼并）生产了 242kV/600A 长 44m 的 GIL。美国 HUDSONGEN.NJ 公司在 1981 年和 1984 年生产了 1200kV/5000A 单相长度为 90m 及 330m 的 GIL，并于 1986 年通过了高电场热循环长期运行试验。美国还生产了用于 BALSAmMeadow 抽水蓄能电站最高垂直 305m 的 500kVGIL。

20 世纪七八十年代，日本东京电力公司和关西电力公司曾将紧凑型 GIL 用于 154~500 kV 输电线路，但仅限于变电站内的短距离输电。为满足大型电站建设和环境保护的要求，1992 年日本开始应用长距离 GIL，典型实例是 Shinmeika~Tokai 275 kV 地下输电线路。它全长 3.3 km，采用隧道安装，隧道位于地下 30m，内径 5.6m，分上下层，2 回 GIL 位于上层，为电站供给燃料的液化天然气管道位于下层。

瑞士 220kV GIL 位于日内瓦 PALEXPO，Telecom2003 国际博览会的举办地。因为展馆规划区内的 1 条向日内瓦机场送电的高压架空线路阻碍了展厅的修建，所以采用 GIL 替换部分架空线路。该 GIL 为隧道敷设，长 420m，2 回，2000 年 9 月开始架设，3 个月内完成，2001 年 2 月投运（高凯和李莉华，2007）。该线路是第 2 代 GIL 技术第一次用于连接高压架空线，该线路采用了 80% 的 N2 和 20% 的 SF6 混合气体绝缘。

近年来，法国公众对输电线路的视觉效果非常关注，为此法国电力公司（EDF）采取了多项措施，如应用具有良好视觉效果的杆塔、编制优化架空线路视觉效果的软件、研究 400 kV 地下输电技术等。400kV GIL 的研究是地下输电技术的重要内容，研究认为 GIL 是架空输电线路的良好替代方案，但成本过高阻碍其发展和应用。虽然 GIL 的建设成本较高，但是近几年来，法国电力公司的新输电线路仍越来越多地采用地埋式 GIL。法国 GIL 的典型实例是 1998 年建设的 400kV GIL 试验线路。它长 300m，额定输送容量 2000MVA，采用直埋式敷设，由于外壳为铝合金，为防止它受接触土壤的腐蚀，在工厂时外涂防腐蚀涂层。该GIL采用N2-SF6混合气体绝缘，在20℃和0.8MPa条件下运行，N2占90%，SF6占10%。在绝缘方面，该GIL可靠性高，其1min工频耐压为800kV，高于IEC标准的要求值，也比同电压等级采用纯SF6气体的GIL高。在环保方面，采用N2-SF6混合气体大大减少了SF6用量，符合欧洲对SF6的排放管制。但在经济方面，EDF认为N2-SF6混合气体没有显著降低成本，因SF6气体用量减少与外壳尺寸增大的成本费用相抵消。该GIL内部装有密度传感器，护套外装有光纤分布测温装置，以对气体泄漏过热、内部电弧进行在线监测。此外，还定期进行局部放电和地表电场测量，以了解GIL绝缘劣化和外壳缺陷情况（高凯和李莉华，2007）。

国内GIL概况见表22-4。南方电网天生桥水电站500kV GIL由CGITWesthoro公司1992年制造，用于连接变压器和空气套管。该GIL的单相长度为50m，最高电压550kV，额定电流2000A，雷电冲击耐压1550kV。广东岭澳核电站500kV GIL也是由CGITWesthoro公司1998年制造，用于连接主变压器和GIS。单相线路长3008m，隧道敷设，最高电压550kV，工作电流2000 A，雷电冲击耐压1550 kV。岭澳核电站位于海边，气候湿热，外绝缘受盐雾污染严重；而且核安全法规规定核反应堆上空严禁架设任何物体，所以不能选用架空线。虽然普通电缆和GIL投资相当，但是普通电缆的可靠性、寿命和修复时间等指标不如GIL，所以最终选用GIL（高凯和李莉华，2007）。华东电网的首条500kV GIL于2004年6月在浙江瓶窑变电站投运，为500 kV母线分裂改造工程创造了有利条件，该GIL为户外架设，各管段间为法兰连接。青海省拉西瓦水电站是西北750 kV系统的重要电源支撑点，出线设计采用750kV GIL，从GIS间隔引至出线平台后转架空线送出，是中国目前电压等级最高的GIL。

表22-4　国内GIL概况

电站类别	工程名称	电压等级（kV）	长度（m）	供应商	运行年份
水电站	天生桥	500	50	美国AZZ	1993
	拉西瓦	750	3000	美国AZZ	2007
	张河湾	500	435	瑞士ABB	2009
	锦屏一级	500	3285	德国西门子	2009
	锦屏二级	500	4200	德国西门子	2010
	溪洛渡	500	11000	德国西门子	2010~2011
核电站	大亚湾	500	2000	法国阿海法	1993
	岭澳	500	3000	美国AZZ	1999
	田湾	500	3000	瑞士ABB	2002
	岭澳二期	500	3000	美国AZZ/CGIT	2008
	辽宁红沿海	500	4500	美国AZZ/CGIT	2008

续表

电站类别	工程名称	电压等级（kV）	长度（m）	供应商	运行年份
火电站	香港青山	420	48.5	美国 AZZ/CGIT	2002
	浙江瓶窑	500	450	平高东芝	2002
	奥里油电	500	570	美国 AZZ/CGIT	2006

资料来源：王晋根，2009

目前，GIL 线路的全部造价（包括隧道挖掘）比建设同样长度的架空线高 12~15 倍，如果考虑寿命周期等因素，造价可以控制在 10 倍以内。

现阶段 GIL 输电技术应用当中遇到的瓶颈主要有两方面：一是造价过高，这是制约 GIL 广泛使用的最主要的因素，二是 SF6 气体是温室效应气体，大规模的使用会造成比较严重的环境问题。

第三节　关键技术的实现路径

一、输电关键技术

为了实现 2050 年的愿景，保证紧凑型、同塔多回、特高压、电缆、气体绝缘管道等输电技术的大规模应用和可靠运行，需要在电气、结构、安全、材料和智能化等方面开展相应的关键技术研究。

1. 在电气方面

（1）为了满足特高压同塔多回、特高压紧凑型、特高压交直流同塔输电技术的需求，尤其是在高海拔地区的应用，线路的外绝缘设计问题将是未来输电技术中需要攻克的难题。

（2）为了满足高电压、高海拔、高污秽输电线路的需要，为了减少塔头尺寸以节约造价，未来的输电线路的复合绝缘子使用量将更大。为了进一步提高复合绝缘子的性能，需要研究伞裙护套具有超级憎水性的复合绝缘子，包括用纳米材料改性复合绝缘子的关键技术。

2. 在结构方面

（1）为了满足大容量输电，节约输电走廊，以及抵御极端自然灾害的需要，尤其是同塔多回输电、大跨越、集上万兆瓦为一塔的超大容量杆塔对输电铁塔强度的要求，需要研究高强度的钢材以及相应的高强度钢材和钢管构成的输电铁塔关键技术。

（2）为了保护环境，并解决山区输电铁塔基础施工困难的问题，需要研究大荷载杆塔基础的关键技术。

（3）为了满足景观对输电线路的要求，部分特殊地区将采用钢管塔；并研究塔形优美的关键技术。在低电压等级输电线路中，需要研究复合材料杆塔的关键技术。

3. 在安全方面

为了满足特高压同塔多回、特高压紧凑型、特高压交直流同塔输电技术的需求，尤其是在山区、大跨越地区，线路的防自然灾问题将日益突出。

（1）未来线路电压等级高、塔形高，防雷的问题将比较严重，需要研究线路避雷器的优化应用关键技术并降低线路避雷器的造价。

（2）为了保护绝缘子，减少检修的工作量，需要研究绝缘子并联间隙的关键技术。

（3）研究新型冲击接地降阻材料和应用关键技术。

（4）研究抵御线路覆冰、舞动，防冰、防舞动的关键技术和设备。

（5）随着输送容量的增加，单位走廊内的输送容量越来越大，部分走廊狭窄地区可能出现集上千万千瓦为一塔的巨型杆塔。在这种情况下，极端自然灾害或者战争等突发事件很可能对电力供应造成极大冲击，线路的可靠性值得研究。

4. 在材料方面

（1）为了满足大容量输电，节约输电走廊，需要深入研究耐热铝合金导线、钢芯软铝绞线和复合材料芯导线制造和应用关键技术。

（2）为了满足降低电磁环境，尤其是电晕损耗、电阻损耗、无线电干扰和可听噪声等方面的要求，需要研究大截面导线和扩径导线制造和应用关键技术。

（3）为了满足线路监测信号的传输，需要研究光纤复合地线和光纤复合导线制造和应用关键技术。

（4）为了满足节约输电走廊的需要，特别是在市区和跨江线路（与大桥和隧道相结合）中，电缆输电和气体绝缘管道输电会被大量采用。需要研究高压交联聚乙烯电缆和气体绝缘管道输电的制造、应用和维护关键技术。

5. 在智能化方面

（1）为了对大跨越、集上万兆瓦为一塔的超大容量杆塔等重要杆塔进行有效的监测，要求塔上安装大量监测导线、杆塔、绝缘子及气候的电、热、力、像等传感器，实现在线监测，并进一步实现无人巡线。

（2）为了及时防御自然灾害，并能及时给出防御或救灾方案，需要研究在输电线路中安装大量雷电、覆冰、大风观测、预警装置的关键技术以及相应的智能决策系统。

二、实现路径

以上关键技术的顺利实现是以基础理论研究的突破为前提的，其核心是复杂条件下的绝缘和新材料问题的解决。首先，在绝缘方面，需要研究长间隙、混合电场下的内绝缘和外绝缘。其次，在新材料方面，需要研究新型导电材料（含超导）、导磁材料、绝缘材料、高强度材料、耐热材料及以上材料的混合体等。只有以上问题取得突破，输电技术的关键问题才能解决，最终的目标才能实现。除此以外，新型传感设备、数据采集设备，数据传输设备的发展也将为输电技术提供更可靠、更经济、更智能的手段。因此，输变电技术领域的攻关项目应当围绕以上核心问题展开。

充分考虑国内外大容量电能传输和智能电网技术发展趋势，围绕实现更远距离、更大范围、更环保、更经济、更安全、更智能的电能传输方面的关键技术难题，从不同需求的紧迫性出发和关键技术开发的难度出发，分批分步骤地安排各关键技术从研究到试用、从推广到普及，最终保障我国输电技术满足社会生产和人民生活的需要。为此，对输电技术制定如表 22-5 所示时间表。

表22-5　输电技术关键技术实现时间表

<table>
<tr><th rowspan="2">领域</th><th rowspan="2">技术方向</th><th colspan="3">时　间</th></tr>
<tr><th>2020 年</th><th>2030 年</th><th>2050 年</th></tr>
<tr><td rowspan="20">架空线路输电</td><td rowspan="2">输电技术</td><td>同杆多回特高压交直流输电技术、特高压紧凑型输电技术</td><td></td><td></td></tr>
<tr><td></td><td>更高电压等级交直流输电技术</td><td></td></tr>
<tr><td rowspan="3">电气</td><td colspan="2">线路的外绝缘设计</td><td></td></tr>
<tr><td></td><td colspan="2">纳米材料复合绝缘子
柔性复合绝缘子</td></tr>
<tr><td colspan="3">光纤绝缘子</td></tr>
<tr><td rowspan="4">结构</td><td>高强度钢材和钢管</td><td></td><td></td></tr>
<tr><td>扩径岩石锚杆基础</td><td></td><td></td></tr>
<tr><td></td><td>集上万兆瓦为一塔的超大容量杆塔</td><td></td></tr>
<tr><td></td><td colspan="2">复合材料杆塔</td></tr>
<tr><td rowspan="4">安全</td><td>线路避雷器</td><td></td><td></td></tr>
<tr><td colspan="2">绝缘子并联间隙</td><td></td></tr>
<tr><td colspan="2">冲击接地降阻材料和技术</td><td></td></tr>
<tr><td colspan="2">抵御线路覆冰、舞动，防冰、防舞动的关键技术和设备</td><td></td></tr>
<tr><td rowspan="5">材料</td><td>耐热铝合金导线、钢芯软铝绞线</td><td></td><td></td></tr>
<tr><td>大截面导线和扩径导线</td><td></td><td></td></tr>
<tr><td>防电晕导线</td><td></td><td></td></tr>
<tr><td colspan="2">复合材料芯导线</td><td></td></tr>
<tr><td colspan="3">光纤复合导线</td></tr>
<tr><td rowspan="2">智能化</td><td colspan="2">雷电、覆冰、大风观测、预警装置</td><td></td></tr>
<tr><td></td><td colspan="2">实现电、热、力、像在线监测，并进一步实现无人巡线</td></tr>
<tr><td colspan="2">电缆输电</td><td>超高压电缆（交联聚乙烯电缆）试制</td><td>国产超高压电缆应用</td><td></td></tr>
<tr><td colspan="2">气体绝缘管道</td><td>制造、施工、组装工艺完善，部分短距离路段采用</td><td>绝缘气体改良，
单条线路输送距离大于 10km</td><td>单条线路输送距离大于100km</td></tr>
</table>

三、技术路线图

依据以上分析，绘制技术路线图如图 22-1 所示。

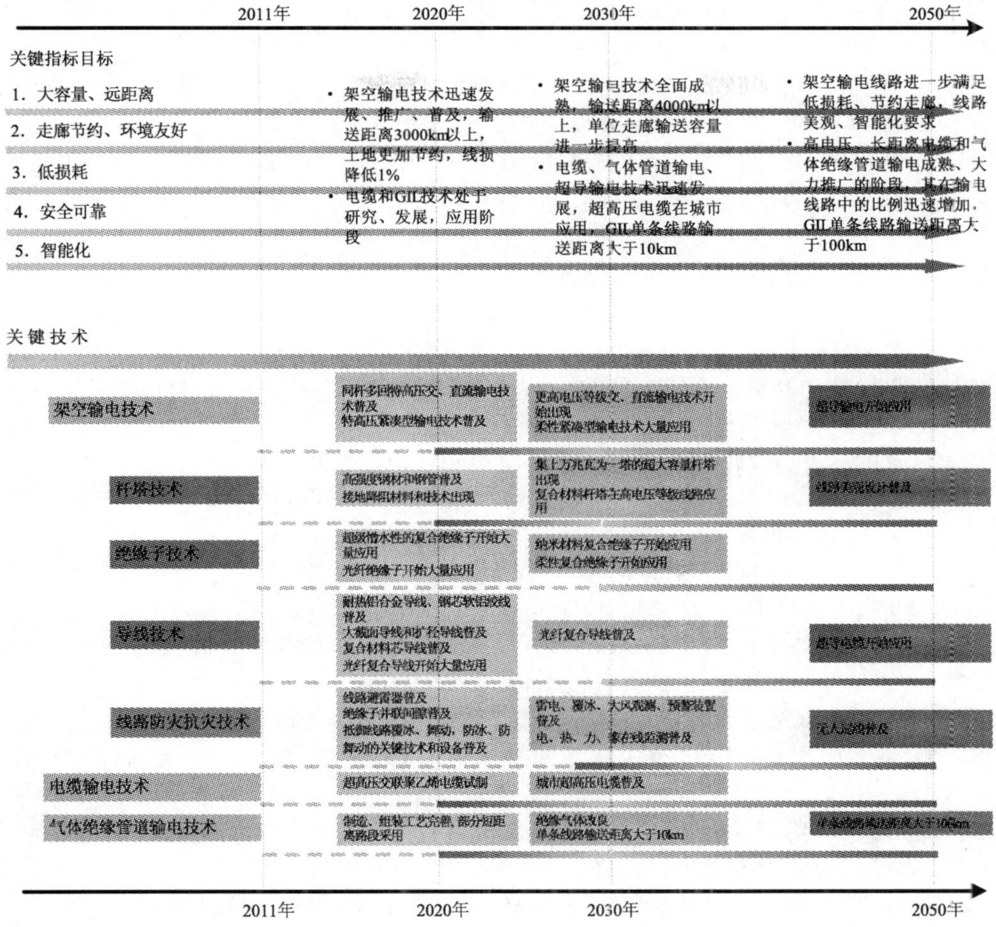

图 22-1 输变电技术路线图

参 考 文 献

陈丽娟，胡小正 . 2009. 2008 年全国输变电设施可靠性分析 . 中国电力 ,42(5)：1-6.

陈丽娟，贾立雄 . 2006. 2005 年全国输变电设施和城市用户供电可靠性分析 . 中国电力 ,39(7)：1-7.

陈丽娟，贾立雄，胡小正 . 2008. 2007 年全国输变电设施和城市用户供电可靠性分析 . 中国电力，41(5)：1-8.

陈中强 . 2001. 国外电缆材料的研究及发展的趋势 . 电线电缆，3.

甘兴忠 . 2007. 碳纤维复合芯软铝绞线等扩容量导线的性能及应用 . 电线电缆，5: 37-41.

高凯，李莉华 . 2007. 气体绝缘输电线路技术及其应用 . 中国电力，1.

何冰，刘新平，侯晓明，等. 2009. 大城市输电线路增容工程中新型导线选择应用. 供用电，2: 58-61.

贾立雄，陈丽娟，胡小正. 2007. 2006 年全国输变电设施和城市用户供电可靠性分析. 中国电力，40(5)：1-7.

李广凯，梁海峰，赵成勇，等. 2004. 几种特殊输电方式的分析比较和展望. 中国电力，37(4): 43-48.

梁旭明，余军，尤传永. 2006. 新型复合材料合成芯导线技术综述. 电网技术，10: 1-6.

林良真. 2005. 我国超导技术研究进展及展望. 电工技术学报，1.

刘金铭，陈少华，李日隆. 1998. 一种新型的输电线路——高自然功率紧凑型线路. 广东工业大学学报，15(3): 11-16.

刘振亚. 2006. 特高压电网. 北京：中国经济出版社.

刘振亚. 2009. 特高压直流输电线路. 北京：中国电力出版社.

罗震坤. 2007. 输电线路新型输电技术的探讨. 广西电业，10: 90-95.

孙嘉平. 2009. 中国电力辉煌成就 60 年. www.csee.org.cn/data/2009/0928/article-4167.htm[2009-09-28].

王晋根. 2009. 刚性气体绝缘输电线路 (GIL) 市场与技术探讨. 电器工业，9.

王明，杨玉群，王新，等. 2009. 运用新型耐热导线提高线路输送容量. 陕西电力，3: 19-22.

王锡凡，王秀丽. 1995. 分频输电系统的可行性研究. 电力系统自动化，4: 5-13.

王湘汉，汪沨，邱毓昌. 2008. 气体绝缘传输线的近期发展动向. 高压电器，1.

王秀丽，宋永华，王海军. 2003. 新型交流输电技术现状与展望. 中国电力，36(8): 40-46.

杨靖波，李茂华，杨风利，等. 2008. 我国输电线路杆塔结构研究新进展. 电网技术，32(22):77-83.

易辉，何慧雯. 2007. 我国架空线路新型输电技术的发展与展望. 电器工业，11: 12-16.

易辉，纪建民. 2006. 交流架空线路新型输电技术. 北京：中国电力出版社.

应启良. 1999. 我国电力电缆技术引进及面向 21 世纪技术发展的期望. 电线电缆，1.

应启良，魏东，高小庆，等. 2001. 我国高压及超高压交联聚乙烯绝缘电力电缆的应用与发展. 电线电缆，3.

尤传永. 2006. 增容导线在架空输电线路上的应用研究. 电力设备，7(10): 1-7.

赵彦平，秦严. 2006. 交流架空输电线路新型输电技术的研究. 山西电力，10: 39-42.

周先哲. 2006. 四相输电系统的仿真研究. 长沙：湖南大学硕士学位论文.

周先哲，刘光晔，严玲. 2006. 新型输变电技术研究综述. 广西电力，2: 5-11.

Guyker W C, et al. 1978. 138kV six-phase transmission system feasibility. Proceeding Power Conference.

Kunze D, Knierim V, 王学刚. 2007. 用于发电中心大规模电力输送的气体绝缘输电线路. 中国电力，9.

Masuda T, Yumuraa H, Watanabe M. 2008. Recent progress of HTS cable project. Superconductivity and Its Applications, 5.

Portela C M, Tavares M C. 1993. Six-phase transmission line-propagation characteristics and new three-phase representation. IEEE Transactions on Power Delivery, 8(3):1470-1483.

Rupich, Schoop M W, Verebelyi U, et al. 2007. Development of second generation HTS wire at American superconductor. Applied Superconductivity, 7.

Stewart J R, Wilson D D. 1978. High phase order transmission-a feasibility analysis part II-over-voltages and insulation requirements. IEEE Transactions on Power Apparatus and Systems, 97(6):2308-2316.

Subhas S, et al. 1989. All india seminar on multi-phase transmission systems. Feasibility Studies on Multi-Phase Transmission Systems (High Phase Order), 7-19.

第二十三章 智 能 电 器

目前，能源工业革命波涛汹涌、席卷全球，全世界各国都在开展智能电网技术研究。智能电网的可靠、安全、经济、高效、环境友好和使用安全的目标实现，依赖于其中起关键作用的变压器、开关电器等设备的智能化。根据我国电网规划，到2020年，全国将建超过1000座智能变电站，为全面建成坚强智能电网奠定良好的基础，这对变压器、开关电器的信息化、自动化、互动化提出了新要求，也为变压器、开关电器的智能化技术研究及应用提供了广阔的舞台。预计到2050年，我国电网将呈现智能化程度高、安全性能好、可再生能源大规模应用、微网与主干网交融的特色（刘有为等，2010a；刘有为等，2010b；刘有为和周华，2011；王建华等，2009；李建基，2007；崔成恕和高华，2003）。

智能电网建设，需要建立电器设备的个性化档案，实现基于多参数融合的状态监测与寿命评估，并可用于全寿命周期管理，从而为电器设备实现高效化、经济化、智能化运行提供支撑。同时，由于我国工业化进程带来了诸多环境问题，因此未来智能电器需实现环保化，尽量做到对环境无影响（李召家，2003）。

随着我国交直流供电系统容量的持续增长和现代化配电网络的飞速发展，电网中短路故障电流的水平也急剧增加，最大已超过了100kA甚至更高。较大的短路电流将给电力系统的安全稳定运行带来诸多威胁，限制线路供电能力的发挥和电网的优化运行。目前，短路电流已成为困扰电力系统发展、严重影响电网安全可靠性的难点问题。同时，随着智能电网的发展，作为一种具有自我调节功能的电器设备，美国能源部将限流器定义为智能电网中的关键设备之一。

智能电器的设计，涉及传统机械、电子信息、传感器、通信等多方面的融合设计，依靠传统的经验、半经验设计方法难度极大。因此，从智能电器的设计角度，需要实现数字化设计，兼顾电磁兼容设计和可靠性评估的内容。通过建立相关的智能电器数字化模型，应用人工智能技术，实现设计过程的数字化，为高效、可靠的智能电器设计奠定基础（杨钦慧，1994）。

第一节 国内外现状分析

一、智能开关电器

在智能开关电器方面，近年来，国内外研究机构和制造企业，包括ABB、

AREVA、Mitsubishi、西电集团公司、中电装备平高集团有限公司、山东泰开高压开关有限公司等，已开展具有状态监测及智能操作功能的智能高压开关电器的研制，并已有部分智能化产品在现场得到了应用。例如，中电装备平高集团有限公司的 800kV 智能化罐式断路器已投入延安 750kV 智能变电站示范工程应用，对智能电网建设起到了积极的推动作用（范建斌，2008）。相关产品在寿命评估方面开展了初步的研究工作，但因参数测量不够全面，目前国内外的寿命评估以单一参数的寿命评估为主，尚无多参数融合的寿命评估算法得到应用。

目前，在选相控制断路器相关产品的研发应用方面做得比较出色的国外公司主要有：瑞士的 ABB 公司；日本的 Mitsubishi 公司，已经开发出的有 121 kV、145 kV、245 kV、362 kV 与 550 kV 电压等级的产品；美国 Joslyn 公司，已开发有 15 ～ 230 kV 电压等级投切电容器组的产品；法国 Alstom 公司等，也有相关产品的研制。我国中电装备平高集团有限公司也具备选相合闸功能的 550kV 瓷柱式断路器产品的研发、制造能力。目前，西电集团公司与西安交通大学合作，开发出了带有选相控制功能的 126kV 真空断路器，已可小批量生产（荣命哲和王小华，2010；荣命哲等，2010）。

国内外目前尚未实现智能开关电器监测与控制的融合，智能开关电器的整体理念尚未形成，技术水平处于起步阶段。随着智能电网的发展，对智能开关电器提出了新的技术要求，其基本理念是，应用传感器对开关电器状态进行实时监测，对获得的监测数据进行收集、整合和分析，使电网对开关电器的状态可观测，进而支持电网的优化运行。目前该理念还仅停留在技术观点讨论层面，未见进一步的研究报道和应用。智能开关电器另一个关键功能是自适应分闸，即根据电网短路电流水平智能实现可控分闸操作，实现低操作过电压和电磁骚扰的短路电流可靠开断，具备自适应分闸功能的智能开关电器尚未见相关产品的研制报道（王娟等，2007；王隽，2007）。

智能开关电器应为环境友好型设备，包括对电网和自然环境两方面的友好。对电网友好，主要指限制开关电器的操作产生的过电压和过电流，减低对电网的波动影响。在限流技术领域，目前国内外已有超导限流技术、液态金属限流技术、PTC 限流、超导和液态金属混合限流技术等，现有的限流技术相对滞后，尚没有形成一套成熟的可用于电力系统短路电流限制的实用方法。在对自然环境友好方面，目前在超特高压领域大量应用的 SF_6 开关电器温室效应严重，因此，国内外开展了较多的 SF_6 替代气体研究，如 CO_2、N_2、H_2、c-C_4F_8、惰性气体（如 He、Ar 等）及其与 SF_6 的混合气体来替代纯 SF_6 气体。但到目前为止，尚无国际公认的具有与 SF_6 灭弧特性相当的替代气体。

智能电器的设计方法领域，国内外普遍采用经验加仿真的设计方法，产品设计过程依赖于工程师的设计经验，仿真分析的方法仅用于验证设计过程中的部分想法。在开关电器领域，目前尚无实用的数字化设计方法，国内外尚处于研究阶段。

二、智能变压器

在智能变压器方面，国外的制造企业（如 ABB、西门子、东芝、晓星等），和国内的三个变压器类集团生产单位——特变电工、西电集团、保定天威集团，以及国内的其他中小企业，都在适应新的形势，加大智能化产品的开发力度，不断的加大科研投入，提高变压器的可靠性，保证电网的运行质量（刘有为，2011；辞守谦，2000）。例如，由中国西电集团西安变压器公司从 2009 年年初开始设计制造的 750kV 智能变压器已通过验收，正式出厂，运往延安 750kV 智能变电站。

变压器尤其是大型油浸式电力变压器，是电力系统最重要的设备之一，其运行可靠性直接关系电力系统的安全稳定。智能电网的提出，对变压器的智能化也提出了更高的要求，除了一直在强调的环保性、可靠性，更提出了超高压大容量、紧凑型小型化、在线监测寿命评估等等新的要求。强调要能够在智能系统环境下，通过网络与其他设备或系统进行交互。其内部嵌入的各类传感器和执行器在智能化单元的管理下，保证变压器在安全、可靠、经济条件下运行。出厂时将该产品的各种特性参数和结构信息植入智能化单元，运行过程中利用传感器收集到实时信息，自动分析目前的工作状态，与其他系统实时交互信息，同时接收其他系统的相关数据和指令，调整自身的运行状态。

变压器的状态评估、故障诊断和故障预测，对实现变压器的状态维修提供了理论支撑，对提高电网供电可靠性和运行安全性，节约能源和降低变压器维修费用，减少变压器故障带来的经济损失具有十分重要的意义和广阔的工程应用前景。现阶段，对于寿命评估、故障诊断和故障预测等内容的研究，国内外的高校和研究机构还基本停留在相关理论算法的层面上，如油中溶解气体分析法是诊断电力变压器潜伏性故障的国际通用手段，贯穿于电力变压器故障诊断技术体系的三个研究目标。智能信息处理理论的发展成熟为电力变压器故障诊断提供了新方法。另外，近年来在变压器设计方法方面，开发出了数字化设计系统，可建立三维的变压器数字化模型，并分析其性能，逐步得到了推广应用。

三、智能电子互感器

互感器作为电力系统测量电流、电压的基本设备，是电力系统的眼睛。传统的互感器是电磁感应式的，结构和变压器相似。随着电力传输容量的不断增长，电网电压等级的不断提高及保护要求的不断完善，对电压、电流的测量要求也在不断提高。一般的铁芯式电流互感器结构已逐渐暴露出体积大、磁饱和、铁磁谐振、动态范围小、使用频带窄等一系列弱点，甚至于当电力系统发生短路时，高幅值的短路电流使互感器饱和、输出的二次电流严重畸变，造成保护拒动，使电力系统发生严重事故（丁文杰等，2010）。因此，传统的互感器已难以满足新一代电力系统自动化、电力数字网等的发展需要。

随着科技的进步和经济的发展，尤其是智能电网的建设，对电力设备的小型化、智能化、数字化、网络化及快速、安全和可靠等提出了更高的要求。而新型电子式互感器（ECT/EVT）的诞生，促使这些成为现实。

电子互感器随着电子技术的发展逐步成熟，在国外已有大量的应用。由于数字化变电站和智能电网的发展，使得ECT/EPT成为智能开关所必须。ECT/EPT在计量、保护一体化及暂态故障分析上有明显的优势。

2010年11月初，许继电子互感器公司研制的ECT800-110/BG、ECT800-220/BG系列电子式电流互感器在武汉高压研究所顺利通过型式试验。该公司研制的ECT800-110/220SG也已通过型式试验，并获得供货资格（赵宇晗，2009）。华中科技大学光电互感器研发中心研制出了多种组合式光学电力互感器，并先后两次挂网运行。

电子互感器从在电网挂网到试运行的时间还是很短的，要完全替换传统的铁磁互感器还有很多未解决的问题，包括产品与技术稳定、标准定稿、运行规程和规划设计等方面。

近年来随着数字化变电站和智能电网的推动，电子互感器作为其中的核心部件，越来越受到重视，更多的单位参与到这个领域的研究与开发，电子互感器的优点也必将充分展现出来。

第二节　关键技术及发展趋势

一、智能开关电器

未来，随着社会智能化程度和对电网服务质量要求的提高，以及人口增长、工业发展、可用土地受限和能源消耗等带来的压力，智能开关电器趋于大容量、小型化、环保型及智能化，其设计过程也将逐步从经验、半经验设计过渡到数字化设计，极大地提高设计的效率与产品的可靠性。在这一发展过程中，需要解决一系列的智能开关电器关键技术问题。

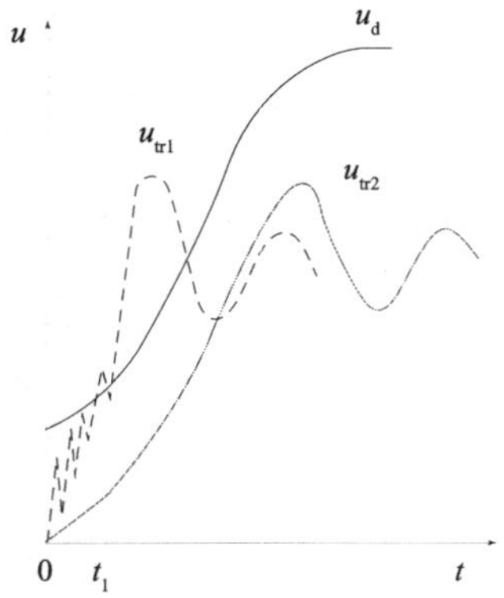

图 23-1　介质恢复电压与暂态恢复电压特性曲线图

1．智能操作

随着工业化的发展，电力需求不断增长，电力系统容量逐步增加，对电器设备的开断 / 关合容量要求越来越高，因此，需要大力发展智能操作技术，实现安全、高效开断 / 关合。智能操作技术分自适应分闸和选相合闸技术。

1）对短路故障自适应的分闸技术

图 23-1 为开关电器开断时介质恢复电压与暂态恢复电压特性曲线图，U_d 为介质恢复电压特性曲线，U_{tr1} 和 U_{tr2} 为弧隙上暂态恢复电压特性曲线。U_d 与 U_{tr2} 配合，电弧不会重燃；而 U_d 与 U_{tr1} 配合，电弧则可能重燃。研究开关电器开断时，弧隙介质恢复电压和暂态恢复电压特性配合，使开断时电弧不重燃，并通过对端子短路故障、近区故障等故障条件下的开断过程进行研究，将开断性能与触头运动特性相联系，揭示开断电流、燃弧时间等与触头运动特性的相互关系，获得不同电路条件下的优化开断速度，并通过对操动过程的优化控制，实现动触头从一个位置到另一个位置的自适应的转换，从而达到操作机构和灭弧室的良好配合。

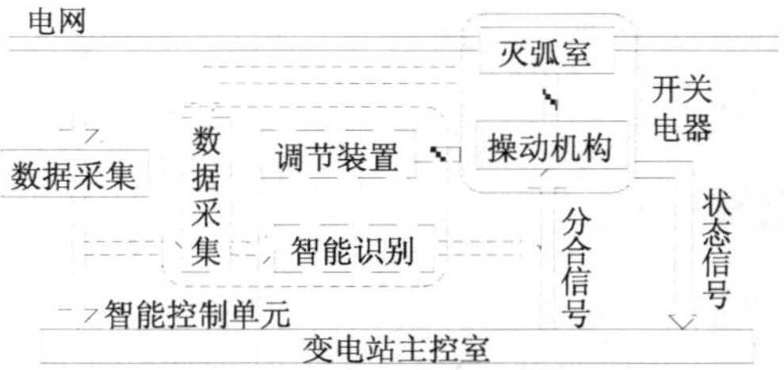

图 23-2　高压开关电器设备智能操作原理框图

图 23-2 所示为高压开关电器设备智能操作原理框图，图中的操动机构可为永磁或斥力操动机构。图 23-3 所示为斥力机构原理图。图 23-3 中斥力机构线圈通电后，斥力盘因涡流斥力快速动作实现开关电器的操作，通过对流过斥力机构线圈的电流进行智能调控，可以实现不同的开关电器动作特性，从而实现智能操作（王隽，2007；刘有为，2011；辞守谦，2000）。

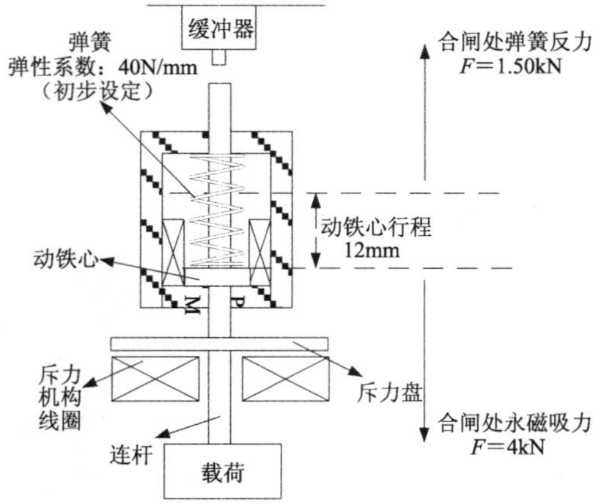

图 23-3　斥力机构原理图

通过上述研究，并利用智能感知获得暂态恢复电压特性曲线，与开关电器触头动作相配合可实现开关电器的智能操作，从而实现开关电器操作过程的高可靠性低操作过电压。

2）选相合闸技术

断路器合闸时间特性是决定选相合闸控制成功率的关键。断路器合闸时间受环境温度、合闸线圈电压、断路器静置时间等多种因素影响（丁文杰等，2010）。通过试验研究以及从现场采集大量长时间静置后断路器的合闸时间数据，研究掌握各种实际工况下的合闸时间分布特征；研究基于合并单元测量数据的系统电压相位计算方法和指令的传输时延，综合合闸时间分布、环境温度、静置时间、合闸线圈电压、系统电压相位和指令传输时延等信息，确定选相合闸控制策略，以提升选相合闸控制的成功率。在此基础上完成选相合闸控制 IED 的研制。

2. 状态监测技术

状态监测是开关电器的发展趋势，要实现状态监测技术，需解决如下关键技术问题。

1）物理结构和信息流架构设计

根据高压开关电器智能化的目标，基于对开关电器本体影响小、智能化功能扩展灵活、能够代表未来技术发展方向的原则，研究确定智能高压开关电器的物理结构；基于状态感知、状态分析、智能控制及与电网信息交互的需求，研究智能高压开关电器的信息流架构，制定监测、控制、护等功能的信息流方案，确定智能高压开关电器的技术实现方案。

2）传感器及 IED 的可靠性设计技术

根据可靠性设计需要，通过现场测量，研究变电站现场传感器及 IED 安装位置的电磁环境，重点研究严酷工况下的暂态电磁环境和各接地点暂态地电位的变化规律，构建可开展模拟试验研究的平台，分析研究电子装置的失效机理，提出具有抵御现场严酷电磁环境的传感器及 IED 设计或防护措施，提升可靠性水平（赵宇晗，2009；王小华等，2007）。

3）电子式互感器（EVT/ECT）集成设计技术

研究 EVT/ECT 传感单元与高压开关电器本体的集成及 EVT/ECT 合并单元与智能组件的集成技术，遵循可靠性和易维护性原则，提出一体化设计规范；研究 EVT/ECT 合并单元的信息流方案，满足选相合闸控制和电寿命预测的信息需求。

4）传感器及接口与植入技术

针对状态感知的需要，研究位移、声学、分合闸线圈电流、储能电机电流等信息感知技术，确定各传感器的测量范围、不确定度、抗干扰性能及运行工况等技术要求，解决机械状态的感知问题；研究高压开关电器触头温度感知技术，确定红外定位测温部位、敏感区、温度测量的不确定度及反应触头温升的能力，解决触头温升状态的感知问题；研究气体压力、温度和水分（即微水）的感知技术，对气体密度、气室受潮情况、密封性能等进行监测，解决气体状态的感知问题；研究局部放电传感技术，包括局部放电传感器的研制，解决目前局部放电传感器灵敏度、抗干扰性能、工作可靠性等方面的不足，满足绝缘状态感知的需要。研究各类传感器的植入技术，通过样机研制，对植入的安全性和有效性进行设计验证，在此基础上制定植入规范，以满足传感器的互换性要求。研究传感器的信号输出接口规范，实现 IED 输入接口的标准化，为 IED 的互换性设计奠定基础（罗时璜，1999；张剑和夸克，2002）。

5）程序化控制技术

研究开关分合物理位置的感知方法，研制物理位置感知单元，解决准确感知高压开关是否分合到位的问题。研制新型开关电器控制器，在开关分合物理位置感知信息的支持下，快速、稳定、可靠地实现自主程序化控制，解决目前高压开关电器分合操作自动化程度不高，不能适应智能电网要求的问题（图 23-4）。

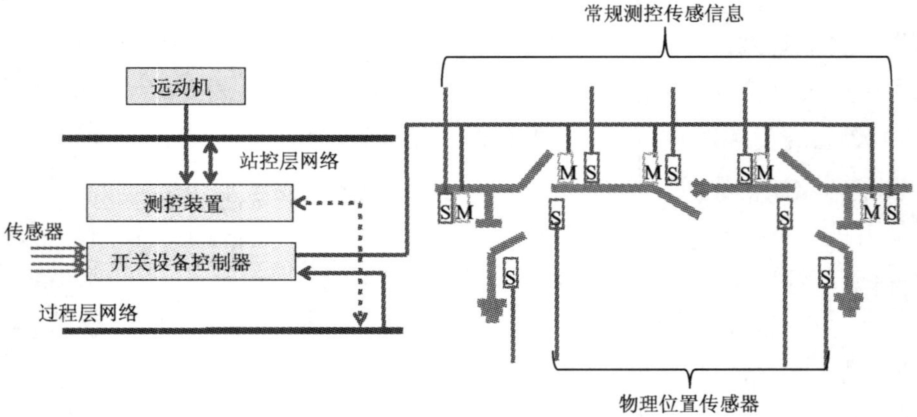

图 23-4　程序化控制实施方案

6）与调控系统的信息互动技术

研究电网调度、生产和监控等对智能高压开关电器的信息要求；研究监测与控制的网络统一技术，建立基于IEC61850标准的信息交互模型，确定信息交互方式，通过站控层网络实现智能开关电器与监测信息子站、站监控主机和远动装置的信息交互，以支持电网优化运行，如运行监控、优化检修、负荷控制、故障预案、退/运决策等（图23-5）。

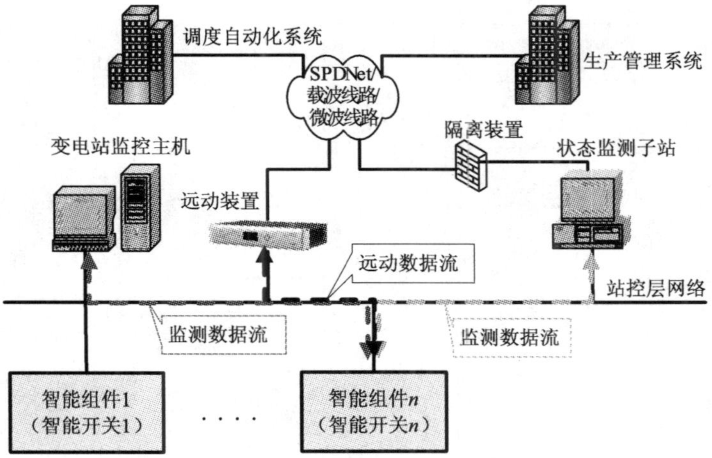

图23-5 与电网信息互动技术方案

7）监测IED的研制

基于对压力、温度、微水的信息感知需求，完成气体状态监测IED的研制，实现采集气体状态信息，分析气体状态并将分析结果通过过程层网络报送监测主IED的功能；基于对位移、声学指纹、分合闸线圈电流、储能电机电流等信息感知需求，完成机械状态监测IED的研制，实现分合闸事件驱动的信息采集功能，完整采集分合闸过程中各传感器的信息，分析机械状态并将分析结果通过过程层网络报送监测主IED的功能；基于超高频（UHF）局部放电传感器，完成局部放电监测IED的研制，实现采集局部放电信号、分析信号品质、对绝缘状态做出判断并将判断结果通过过程层网络报送监测主IED的功能；基于红外定位温度传感器，完成触头温升监测IED的研制，实现采集触头温度、分析触头电接触状态并将分析结果通过过程层网络报送监测主IED的功能。

8）智能组件技术及其与智能开关电器的有机集成技术

基于信息流架构方案，研究集测量、控制、监测、计量（或MU）、保护等各功能IED于一体的智能组件技术，支持IED之间的信息交互。研究智能组件内各IED的共用技术，包括电位隔离、电磁屏蔽、环境控制、受累控制和网络风暴抑制等技术，以提升智能组件的可靠性水平。研究智能高压开关电器的总集成，测试 IED 的互换性和互操作性，测试状态分析结果的品质，检测各项智能化功能，完成智能高压开关电器整体的质量检测（王小华等，2009；陈振生，2008a；Rong et al., 2005；Wang et al., 2008）（图 23-6）。

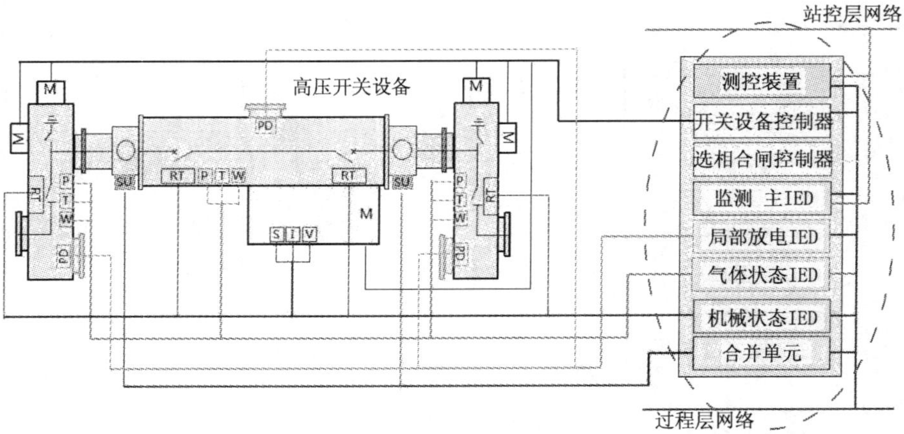

图 23-6 智能组件技术

3. 寿命评估技术

开关电器寿命预测与评估、全周期寿命管理技术是实现其的智能化与状态检修的必备技术，主要研究如下三个方面的内容。

1）运行状态、控制状态和可靠性状态的智能评测和预报技术

以感知信息为依据，在分析研究高压开关电器常见故障模式的基础上，综合应用特征分析、趋势分析、指纹分析、模糊分析等基本分析理论，研究并建立机械、气体、绝缘、电接触等监测信息的分析方法，为智能评测和预报奠定技术基础。以支持电网优化运行为目标，基于测控信息和监测信息的聚合，研究并提出高压开关电器运行状态、控制状态和可靠性状态的智能评测和预报方法，满足不同信息感知方案下的状态分析要求（陈振生，2008b；董建成，2007；杨绍军，2007）（图 23-7）。

2）机械寿命和电寿命预测

通过理论和试验研究，确定断路器机械寿命和电寿命的影响要素和规律。根据开关电器操作次数和机械状态评测结果，提出机械寿命的预测方法；根据开断短路电流、燃弧时间及触头温度，提出断路器触头电寿命的预测方法（高翠萍，2008）。

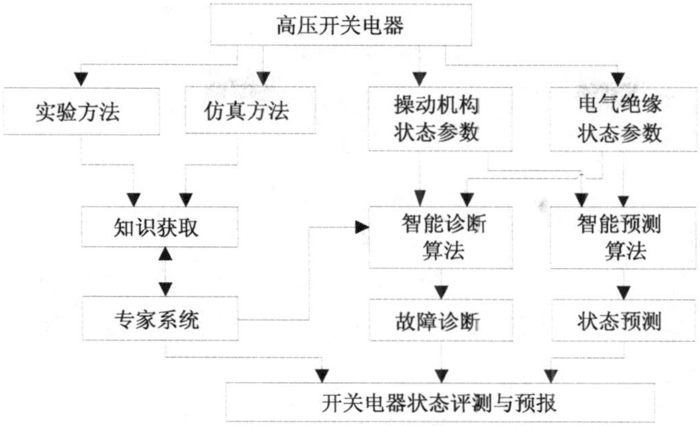

图 23-7　开关设备状态评测和预报的方案框架

3）全周期寿命管理

建立开关电器设计、生产、试验、运行等环节的各参数数据库，并解决状态监测信息与管理信息融合技术，综合开关电器的失效影响，提出开关电器的状态检修策略，提高电力系统运行的安全可靠性、经济性。

4．设备环境友好设计技术

智能开关电器的环境友好设计包含两方面的含义：①智能开关电器运行与操作时对电网的友好，即不对电网中运行的其他设备造成不允许的电磁干扰，以及低的操作过电压；②对自然环境的友好，即不对现有的自然环境造成污染，如无，SF6 气体的排放（Rong et al., 2005；杨钦慧，2008）。

1）对电网的友好设计

传统的开关电器在操作时，因不具备智能操作功能，容易产生操作过电压及电磁干扰，严重影响电网的运行稳定性，也可能对开关电器本身造成损害智能开关电器需要采取新型操动机构与开断技术，来保证其对电网的友好。开展可控的智能操作技术研究，根据开关电器操作时的电弧燃弧特性及介质强度恢复特性，调节开断速度特性，从而降低操作过电压，提高操作可靠性，并提高开关电器的服役寿命降低对其他设备的干扰。

2）对自然环境友好设计

智能开关电器对自然环境的友好表现在其使用不会对自然环境造成损害 2009 年 12 月在丹麦首都哥本哈根举行全球气候峰会，全球约 192 个国家代表参会，讨论工业发展对全球气候的影响及其危害，其中重要一点就是关于温室效应气体的排放问题（寇政理和游一民，2007；蓝增珏，2006）。目前高压 / 超高压开关电器中广泛应用的灭弧介质 SF_6 的温室效应系数是 CO_2 的 23900 倍，因此 SF6 替代介质（如 N_2，H_2 等以及真空）的研究并应用是智能开关电器的发展方向（肖笛，2010）。

二、智能变压器

随着智能电网的发展，变压器趋于大容量、小型化、环保型及智能化。在过程中，需要解决如下三个的智能变压器关键技术问题：智能化技术、数字化技术和设备环境友好设计。

1. 智能化技术

智能化电力变压器系统是一个基于多种传感器的集成化系统，能实时反映变压器绕组、铁心、套管、有载开关、冷却器的运行状况，并能真实记录变压器的运行电压、负荷电流和各种温度数据，整个系统由计算机实行人工智能管理，代表了未来智能化电网的发展方向（崔景春，2001；王晋根，2008）。在构建变压器智能化方案时，应遵循以下基本理念（孙磊，2008；陈健，2010）。

（1）变压器智能化应与已有的数字电网技术相衔接，在现有技术基础上重点开发智能化技术，包括变压器运行状态、控制状态、负载能力状态的自评估和自描述技术。

（2）将与变压器相关的测量、监测、控制、计量和保护等功能就地化，实现变压器的“测量数字化、控制网络化、状态可视化和功能一体化”。

（3）注重智能化设备与电网调控系统的信息交互，使变压器智能化成为支持电网优化运行和提升供电可靠性不可或缺的一部分，把智能化落到实处。

（4）变压器智能化应符合智能电网的建设理念，符合可靠、经济、节能、节地和富有实效的基本原则，避免为了智能化而智能化，避免把智能变压器与在线监测等同起来。

智能化是变压器的发展趋势，要实现智能化技术，具体来讲需解决如下关键技术问题。

1）数据采集与故障分析技术

（1）传感器的选择及布置方案。构建智能化变压器，应考虑上述分析中变压器可能出现的故障类型和部位，来选择相应的传感器类型和监测项目，同时也需要考虑目前传感器的发展水平。

（2）数据采集方案。测量数字化是高压设备智能化的基本特征之一，即实现对与运行、控制直接相关的参数进行就地数字化测量。测量由传感器智能组件的测量功能模块（一个或多个 IED）完成。测量结果可根据需要发送至站控层网络或 / 和过程层网络，通过网络实现测量信息的共享。测量结果可用于高压设备及其部件的运行、控制或状态评估。但实际选用的传感器有些是模拟量输出，有些是智能型采集单元，有时还需要将完整的系统作为传感器，因此可采用多种采集方式并存的形式。

采用工业控制计算机作为中央处理模块，实现数据采集控制和数据初步处理的功能。加装网卡组建以太网与上位机通信，形成完全开放的数据通信方式工控机具备数量有限的日串行通信口可通过工控机板上的跳线进行设置用于与标准串口设备进行数据交换，当串口设备较多时，还可使用串口扩展卡进行扩展。

(3)变压器故障分析。国内外研究均表明，变压器故障按部位通常可分为绕组、铁芯、绝缘、引线、分接开关、套管、密封等七类故障，存在过热、放电、受潮、老化等不同绝缘故障类型。智能化变压器要求能准确识别出故障类型，并做出针对性的解决措施（Richard and Glenn，2003；王承志，2004）。

2）智能控制系统与智能组件

（1）控制网络化。所谓控制网络化就是对有控制需求的变压器或其部件实现基于网络的控制。控制模块是智能组件基本功能的一部分，由一个或多个 IED 组成。控制网络遵循 IEC 61850 通信协议，控制指令源于电网调控系统或基于设备自身的测量和监测信息形成的控制策略。由于智能组件中的测量或监测参量更加广泛，使控制策略可依赖信息更加丰富，因而可实现更加理想的控制要求。控制的对象包括变压器的冷却装置、各个运行参量的检测装置、变压器的智能通信装置等。控制方式包括：变压器及其部件自有控制器就地控制；智能组件通过就地控制器控制；站控层设备通过智能组件控制（Ramsis et al., 2011；秦丽伟，2009；杨赞伟，2009）。

正常运行情况下，网络化控制的优先顺序是：站控层设备、智能组件、就地控制器。网络化、智能化控制不仅更加灵活，而且可以实现传统控制无法实现的一些目标。如变压器的冷却系统，网络化、智能化控制不仅更加节能，而且可更好地支持变压器负载能力控制。

（2）状态可视化。状态可视化由智能组件中的监测功能模块完成，但其依据的信息不限于监测模块，还可以包括测量及系统测控装置等模块的信息。这里“状态”指设备的可用状态，包括设备的可靠性状态、控制状态、运行状态和负载能力状态等。“可视化”是指设备对电网调控系统而言，是智能化变压器与电网调控系统的一种信息互动方式，即电网调控系统通过信息互动，准实时地掌握变压器的可用状态，进而优化电网的运行控制或提前做好自愈预案，以提升电网的供电可靠性。状态可视化通过智能组件的自诊断（可靠性）、自评估（负载能力）

和自描述（运行状态）等功能来实现的，且所有自诊断、自评估和自描述信息必须以智能电网其他相关系统可自动辨识的方式进行表述，并广播至站控层网络。

智能组件只广播可靠性状态、控制状态、运行状态和负载能力状态等，这些都属于结果性信息，不是海量的原始数据，这不仅大大减少了站控层网络的信息流量，还可有效避免了不同监测技术之间的数据一致性问题，有利于保证智能组件的互换性和互操作性要求，也有利于功能扩展和技术升级。

（3）功能一体化。过去变压器制造商很少关注二次设备，智能变压器将打破这一传统。在智能变压器的设计理念中，传感器是状态感知元件，执行器是指令响应元件，在实际工程中，应根据具体的智能化目标，在变压器中集成必要的传感器和执行器。而传感器和执行器的植入应在变压器的设计阶段就予以考虑，特别是如变压器绕组光纤测温传感器等一旦设计制造完成就无法加装。一体化设计可以保证变压器的可靠性和传感器的敏感性。

功能一体化的另一个方面是一次电气参量测量装置与变压器的集成制造技术。例如，由于电子式电流互感器体积的显著减少，变压器可以集成满足计量要求的电子式电流互感器，此时互感器不承担主绝缘，可降低设备绝缘的故障几率，减少了变电站占地。又如，通过对变压器套管末屏的专门设计，可作为简易的电容分压器，用以检测侵入波波形等。这些都是一体化设计理念的具体示例，在未来智能变压器的设计中将得到广泛的应用。

（4）信息互动化。作为智能化变压器的一部分，智能组件是一次设备与电网调控系统之间信息互动的桥梁，作为电网的元件，智能变压器主要是提供智能化信息，真正的智能化应用，如优化电网运行控制等，需要在电网中由调控系统来实现，而信息互动化是实现这一理念的基础。信息互动化包括以下几个方面。

一是智能组件将变压器的可靠性状态、控制状态、运行状态和负载能力状态等智能化信息通过站控层网络发送至调控系统，支持调控系统对电网的优化控制或支持设备故障预案的制定。

二是智能组件接收调控系统的指令，实现对变压器运行状态的网络化控制。

三是智能组件从生产管理系统获取变压器的指纹信息和其他非自监测信息，作为智能组件自我综合诊断或评估依据的一部分。

四是智能组件将变压器的可靠性状态发送至生产管理系统，支持变压器的优化检修。

2. 智能变压器的设计

1）数字化设计技术

变压器的数字化设计技术是变压器高效设计方法，是其发展趋势。智能变压器的设计涉及传统变压器与传感器、智能测控、通信等接口与集成技术，现有的变压器数字化设计技术尚未涵盖，无法实现。要实现智能变压器数字化设计技术，需要研究如下相关内容。

（1）传感器、智能测控、通信单元等在设计中的数字化建模，研究加载相关元件后对变压器电磁性能、工作性能的影响规律。

（2）智能变压器的数字化建模技术。将现有高压变压器数字化建模与分析技术进行提升，实现智能变压器的数字化设计技术。

2）智能组件的设计方案

智能组件是变压器智能化的关键部件，智能组件承担了变压器全部或大部分的二次功能。据此，智能组件的设计方案包括以下几种。

（1）智能组件应设计为变压器的一个数字化测量、网络化控制、智能化监测的统一平台，整个平台的通信按相关规范设计。其中，不同的功能模块由一个或多个 IED 实现。IED 的设计应突破原数字变电站已有 IED 的限制，在新的需求加入之后，对 IED 组成及功能进行优化，明晰界面，避免重复采样和功能交叉。多个 IED 需要的信息，由其中一个技术要求高(实时性、可靠性、准确性)的 IED 测量，然后通过过程层或站控层网络与其他 IED 共享。

（2）前台单元设计。数据采集程序是变压器在线监测系统软件设计中的一个重要环节，包括采样控制、现场显示和部分的数据计算功能。通常的数据采集程序功能单一，且现场调试比较复杂。构建采集系统的过程中可使用虚拟仪器技术，用图形化的编程语言来具体实现，将数据采集程序的各种功能集于一身。

（3）后台专家诊断单元设计。系统的上位机位于变电站的主控室中，显示变压器的运行参数、状态参数以及系统运行状态等。系统可采用曲线和报表两种格式显示打印测量到的变压器运行参数和状态参数。依据测量、监测等信息，对变压器的可靠性状态、控制状态、运行状态和负载能力状态进行实时评估和信息交互是智能组件的主要功能之一。根据实际运行情况进行智能控制，可实现状态评估功能，并根据状态监测和故障诊断结果进行状态检修，包括油中气体含量、微水、铁心接地和局放等。该工作可由多个 IED 协同完成，并由其中一个 IED 完成信息汇总、综合评估和与站控层进行信息交互等工作。

（4）智能组件内各 IED 应由独立双电源供电，彼此间通信通过光纤接入过程层或站控层网络完成，以实现故障隔离，重要的 IED 采用冗余设计。

（5）智能组件内各 IED 之间有大量的信息交互，但大部分信息只需在内部各 IED 之间交互，对于这部分信息，要采取技术措施，限制在智能组件内部，以节约网络资源（Shabnam et al., 2011；Wang and Yu，2010）。

根据以上设计方案，从内部信息共享来看，智能组件内各单元是一个整体，实现了形式和内容的统一；从功能分割和电气隔离状态来看，智能组件内各IED基本等同于物理上的独立布局，解决了整体性和可靠性之间的矛盾。图23-8是一个油浸式电力变压器的智能化示意图（郑蕊蕊，2010）。

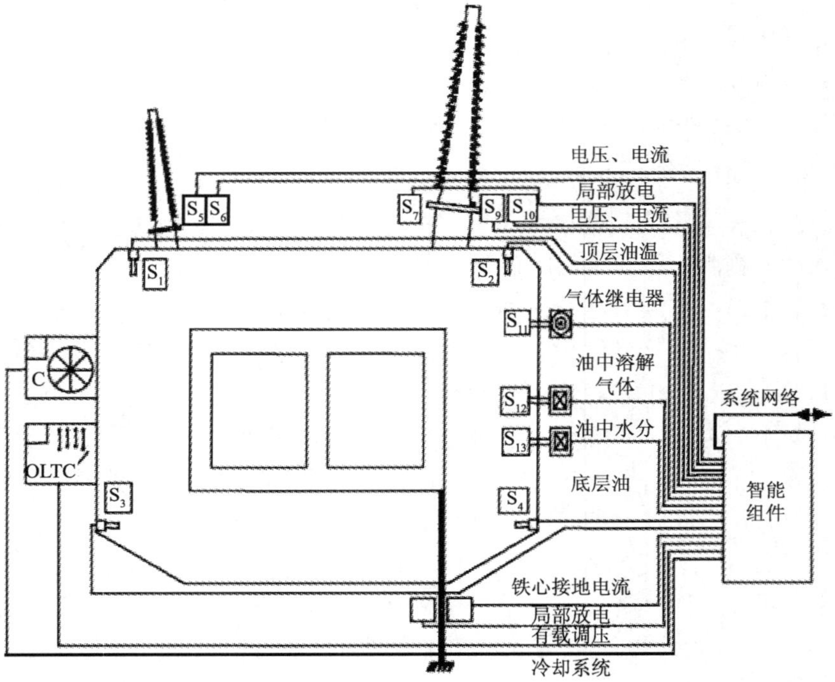

图23-8　油浸式电力变压器智能化示意图

S_1、S_2为顶层油温；S_3、S_4为底层油温；S_5、S_6、S_9、S_{10}分别为电压、电流；S_7、S_8为局部放电；S_{11}为气体继电器；S_{12}为油中溶解气体；S_{13}为油中水分；S_{14}为铁心接地电流；C为冷却系统；OLTC为有载调压系统

3．设备环境友好设计技术

变压器、电抗器在运行中所产生的能耗、噪声和电磁场等都是城市变电站设计、配网布置和环境保护评价中应考虑的环境影响因素。其中，变压器防爆防火性能以及产生的高频、低频噪声对周围环境，特别在人口密集的中心城区居民生活造成的环境影响，近年来尤为突出。因此，城市变压器首先是环境友好型的，环境友好的设计技术应体现如下几个方面。

1）节能

随着对一次能源如煤炭和石油等需求的日趋增长及其资源的日益枯竭，节能型变压器越来越受到大家的关注。如研究如何降低甚至最终消除变压器的无功损耗，降低维护费用，降低输配电损耗等也必然是十分重要的。

2）低噪声

城市变电站紧靠居民住宅和办公楼，对其噪声限制的要求较高。变压器运行时对周围环境的影响，应符合 GB12348—1990《工业企业厂界噪声标准》和 GB3096—1993《城市区域环境噪声标准》的规定。

3）无泄漏

城市安全环保问题非常突出，要求变压器运行时或故障后不应泄漏。变压器发生渗漏，如果是油，则进入下水道而污染水源；若是水分进入其他变压器内部，则引起击穿事故；如果是 SF6 气体，由于其密度大于空气且沉淀于低层，人员进入后易窒息，如果是故障后，则气体有毒，其危害更大；干式变压器，运行中或故障时，不应释放有毒有害物质或气体；空心电抗器，运行中的漏磁不应对周围建筑及设备构成威胁或干扰。

4）无污染

（1）无电网污染。由于铁芯材料的非线性，因此变压器会产生谐波，造成电网污染。正弦电压波形畸变，不但消耗额外能量，而且使电力系统的发供电设备出现许多异常现象和故障。该情况已日趋严重。因此，应对变压器谐波加以控制，以免其对电网或其他用户构成威胁。

（2）无视觉污染。变压器外形设计不合理，管道布置交错复杂零乱，形象粗糙、不整洁等，使人视觉上失去平衡。设计人员要将变压器的工艺和功能特点、空间要求和形象特征与环境相结合，努力使变压器与环境相协调。

（3）无心理污染。由于变压器电压高，有可燃性物质存在，总使人感觉会爆炸燃烧，心生恐惧。因此在设计时要以人为本，设计的变压器布置、造型、色彩要合理，并具有高可靠性，避免在公共场所安装的变压器给人们造成恐惧心理。

5）能降解回收利用

由于城市变压器投入量大，尤其干式变压器其寿命到期后的处理问题将日益突出。目前尚无有关环保标准规定如何处理，也无有关部门或企业来协助处理，因此退役下来的干式变压器任其扔弃或堆放，这终将是一个问题。而油浸变压器虽能充分重复利用而大受欢迎，但其消防问题难以解决。介于这两种之间的高燃点油变压器必将有一定市场。该变压器可装于户内，也可装于户外，可装于地下，也可装于房顶或墙上，其适用范围比任何一种变压器都广。

6）环境友好油在电力变压器中应用的研究

当前，变压器用油主要分为植物油和矿物油两种，前者有降低火灾危险性、可生物降解、能延长变压器（绝缘纸）寿命等几个特点而备受关注。国外 CPS 公司已经生产处FR3型变压器用植物油产品。国际上对变压器采用植物油也制定了一些相关的标准。

在近几年来，环境友好型变压器的设计技术有如下发展趋势（董宁波和宋军，2005）。

（1）环保型全自冷变压器将逐步取代强油风冷或风冷变压器。

（2）地下和户内安装的变压器将逐步取代传统的户外型变压器。

（3）地下和水下配电变压器将逐步取代传统配电变压器。

（4）变压器技术经济指标将愈趋先进，高导磁低损耗硅钢片将在配变范围内逐步取代传统硅钢片。

（5）紧凑型半地下化的预装式变电站或组合式变压器，在配网中将逐年增加。

（6）高燃点油电力变压器由于其可结合耐高温绝缘系统，具有小型化趋势和安装地点更有灵活性，不久将逐步增加在普通矿物油浸和干式变压器的市场份额。

（7）超高压大容量变压器逐步进入城市中心。

（8）1000kV交流和800kV直流超大容量电力变压器将实现城市跨区域供电（张冠军等，2009）。

（9）随着技术的成熟，电力电子器件性能的提高和成本的降低，电力电子变压器将在多个领域内得到广泛的应用以实现“绿色电网”、“数字电网”的远景目标。

（10）超导变压器将加快推进。

（11）研发可调电抗器。

（12）非晶体合金变压器的研究。

（13）SF6电力变压器在国际上未有最终定论之前，其发展尚有疑义。

就变压器应用场所来说，还有城市轨道交通、电气化铁路、机车牵引、冶炼、煤矿、石油开采（陆地、海上）、风力发电、直流输电等不同的应用场所，不同的使用环境对变压器就有不同的要求，相应的发展趋势也存在差异。

三、智能电子互感器

1. 智能电子互感器的分类

智能电子互感器有多种技术类别，总体分类如图23-9所示（丁文杰等，2010）。

其中有源互感器采用光纤传输测量数据，无源互感器则彻底改变了传统的电磁互感转换的概念，直接成为一种新型电压/电流传感器。

有源互感器包括采用罗柯夫斯线圈(Rogowski coil)的电流互感器(ECT)和电容和电阻分压的电压互感器(EPT)。原理分别见图23-10～图23-12。

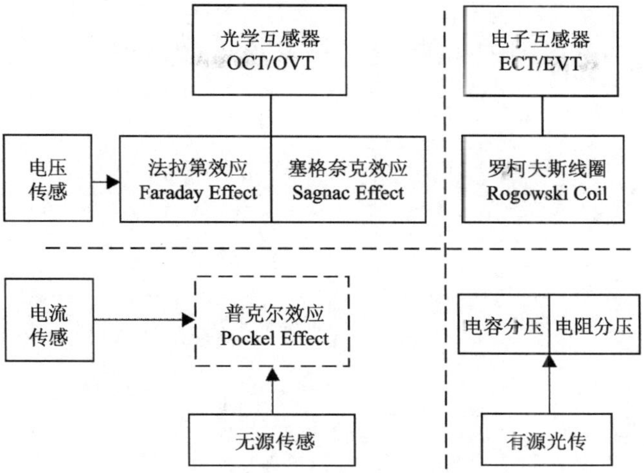

图 23-9　电子式互感器的分类汇总

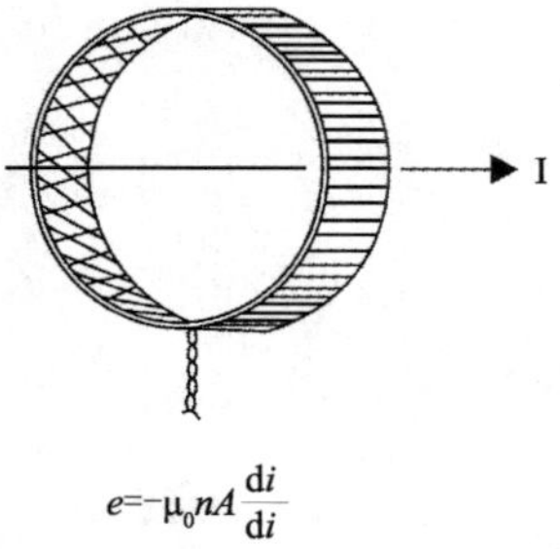

图 23-10　罗科夫斯基线圈

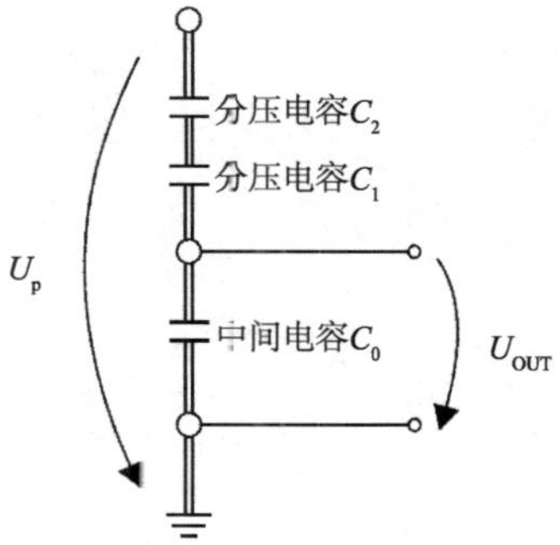

图 23-11　电容分压原理

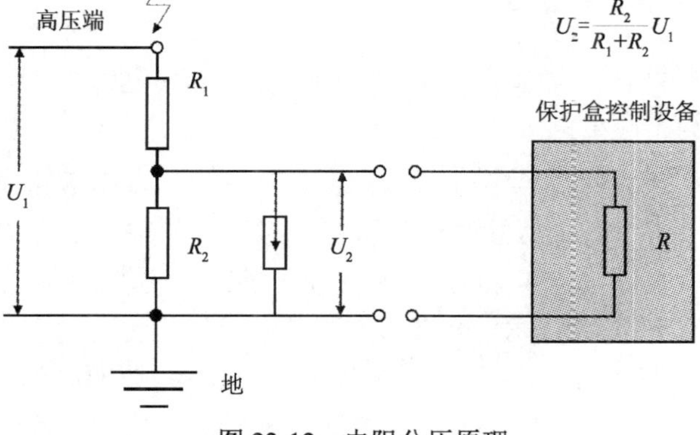

图 23-12　电阻分压原理

无源电流互感器是基于法拉第磁光感应效应原理，如图 23-13 所示。 其中玻璃块式光电电流互感器和基于赛格奈克效应的光纤传感如图 23-14、图 23-15 所示。基于普克尔效应的无源电压互感器，由于对环境及工艺的要求太高，离实用距离还很远。

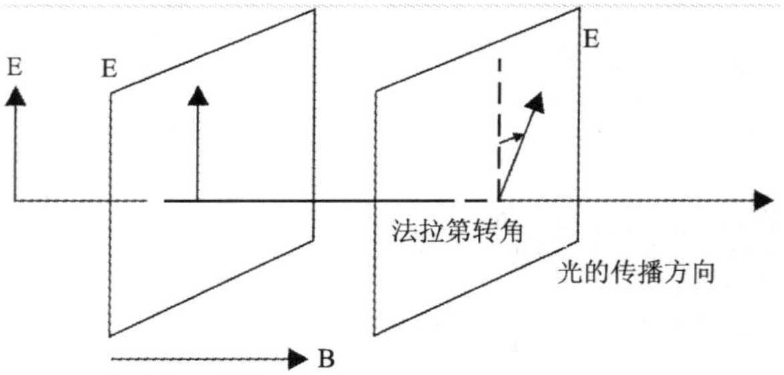

图 23-13　法拉第磁光效应

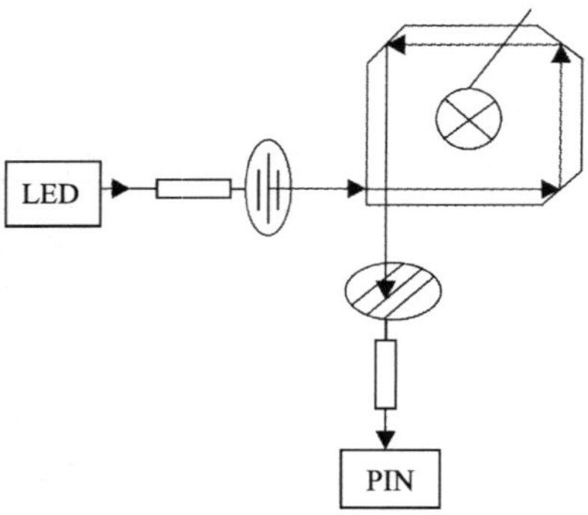

图 23-14　玻璃块光传感器

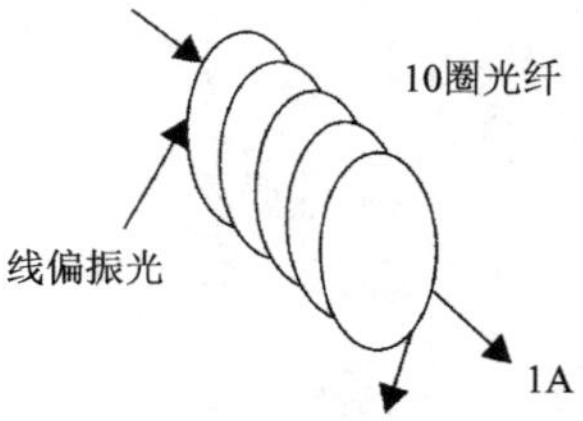

图 23-15　光纤传感

2．智能电子互感器的特点

电子式电流互感器一般采用罗哥夫斯基线圈，电子式电压互感器一般采用电阻分压、阻容分压或电容分压的原理（徐雁等，2001；廖家平和彭博，2009），它们完全可替代互统的电磁式电流电压互感器，将给电力测量和保护领域带来革命性的变革。电子式电流电压互感器二次部分采用新型的电子元器件，并采用先进的电磁兼容设计，可直接与数字化仪表和智能综合测量保护装置及计算机相连，较好地解决了计算机技术对电流电压完整信息进行全过程数字化处理的要求，进而完成对电网电气设备进行在线状态监测、控制和保护。相较传统的电流、电压互感器，电子式电流互感器和电子式电压互感器具有不含铁芯、没有磁饱和、频带宽、动态测量范围大、测量准确度高、测量保护范围内完全线性、传输性能好等优点，且体积小、重量轻。特别是电流互感器二次开路不会产生高电压，二次几乎工作在开路状态，电压互感器二次短路不会产生大电流，也不会产生铁磁谐振，根除了电力系统运行中的重大故障隐患，保证了人身和设备安全。

基于法拉第磁光感应效应原理的光电互感器，有如下优点（赵淑英，2009）。

（1）高低压部分通过光纤连接，以绝缘脂替代绝缘油或 SF_6 气体，绝缘结构简单，绝缘性能稳定，综合使用成本低。

（2）高低压之间只存在光纤联系，高压回路与二次回路在电气上完全隔离，没有传统电流互感器二次开路、电压互感器二次短路可能产生的危险。

（3）无油设计避免了传统充油式电压、电流互感器的漏油、爆炸等危险。

（4）无铁芯，不会产生磁饱和及铁磁共振现象，它尤其适用于高电压、大电流环境下的故障诊断。

（5）频带宽，可以从直流到几百千赫，适用于继电保护和谐波检测。

（6）有很宽的动态范围，额定电流可测几十安培至几千安培，过电流范围甚至可达几万安培，能在大的动态范围内产生高线性度的响应。

（7）适应了现在电力系统的数字化信号处理要求，还可用于以保护、监控和测量为目的高速遥感、遥测系统。

（8）整套装置结构紧凑、重量轻、体积小，节约空间。

（9）各个功能模块相对独立，便于安装和维护，适于网络化测量。

电子互感器采用 IEC60044-7/8 的标准，对外接口满足 IEC61850 的通信规约。其意义不仅仅是替换原有的铁磁互感器，而是将变电站自动化系统，完全变更成面向对象的基于 IEC 1850 的数字化变电站。在性能上，电子互感器具有精度高、线性度好、频带宽 (2k) 和响应快 (0.3ms) 等优点。不存在铁磁饱和及铁磁谐振，能很好地满足暂态保护要求；而且不存在二次开路或短路的危险；无油无 SF_6 气体，运行更安全更环保，维护简单。所以，ECT/EPT 特别适用于精度要求高、电流测量范围大、暂态性能要求高的场合（郭振岩，2008；张方华和严仰光，2005）。

实际运行表明，智能化电子互感器是安全的、可靠的；其准确度更高，更适合数字式二次保护测控装置，特别在超高压、特高压电网中有特出的优越性；加上其成本较低的优势，将会有广阔的使用前景。

第三节 分阶段的目标

一、至 2020 年

根据世界各国研究智能电网的进展，以及我国电网的规划，到 2020 年左右，智能电器系列关键技术获得突破，并实现智能操作、状态监测、寿命评估和全周期寿命管理技术，相关产品得到产业化和大规模推广应用；SF_6 替代气体研究获取良好进展，在 252kV 及以下电压等级产品在电网得到推广应用；超特高压变压器的数字化设计技术成熟，大量应用于变压器的设计，开关电器的数字化设计技术在得到初步应用，并取得良好效果；研制出更高精度、更加稳定的电子式电压电流互感器，从在电网挂网到试运行逐步转化至完全替换传统的铁磁互感器；制定产品与技术标准，完成运行规程和规划设计（图 23-16，图 23-17）。

二、至 2050 年

智能电网建设全面完成，智能电器全部实现智能操作、全寿命周期管理和状态检修，智能电器的安全可靠性达到预期目标。SF_6 替代气体研究获得突破性进展，合成新型环保气体，可完全替代现有 SF_6，并在超特高压等级得到全面推广应用；智能电器的数字化设计核心技术全面突破，并应用于各电压等级智能电器的设计，全面推进了智能电器的数字化、自动化设计。

第四节 对策和建议

（1）政府需要建立相应的政策与标准，辅助行业的发展。

（2）各部门要加大投入的力度，增加项目资金、场地、试验等硬件、软件条件，尽量满足研究需求，努力开展有关的研究项目。

（3）增强跨行业的联盟，不同企业和厂家要积极和用户取得联系和沟通，加强相互之间的需求了解。

（4）除了借鉴国外企业和研究机构的先进技术经验外，鼓励各研究部门积极自主研发，降低对外来技术的依赖性。

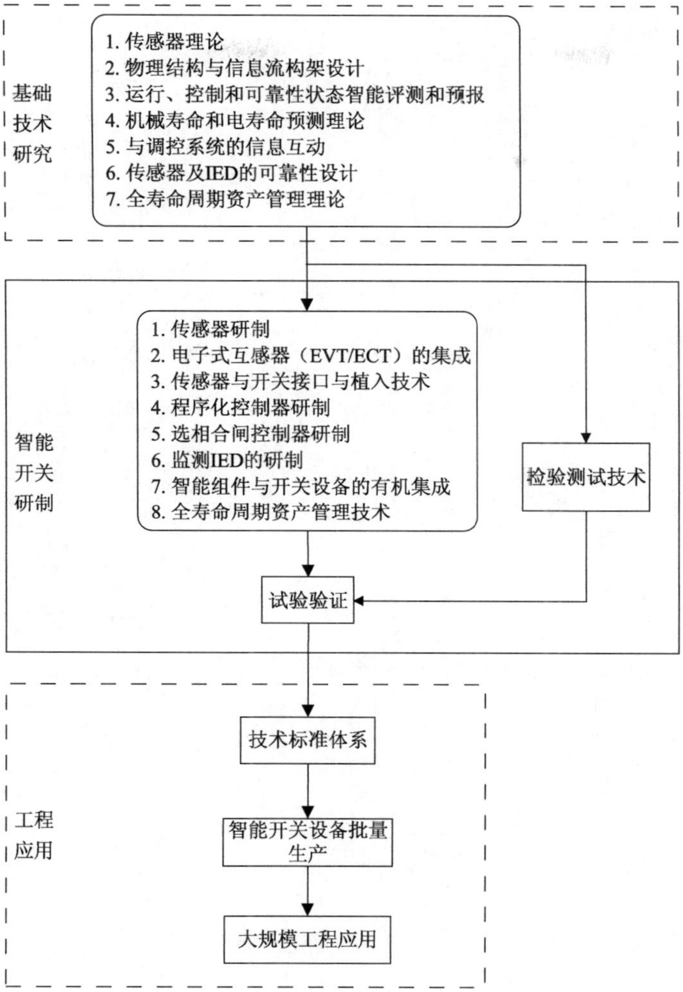

图 23-16 至 2020 年智能开关电器实现线路图

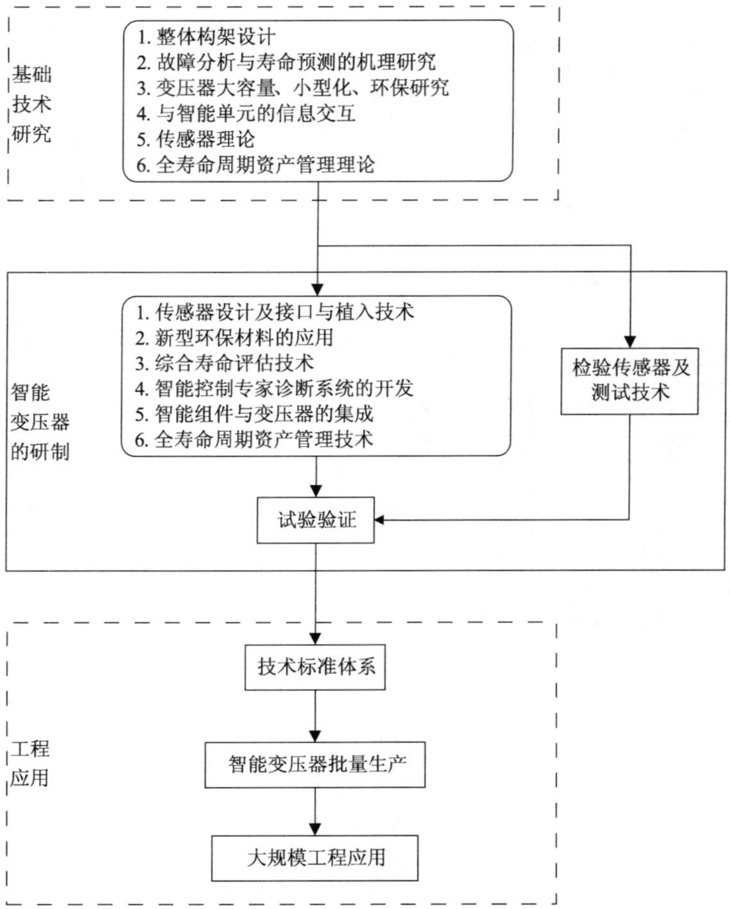

图 23-17　至 2020 年智能变压器实现线路图

参 考 文 献

陈健 . 2010. 电力变压器的智能故障诊断研究 . 长沙：湖南大学硕士学位论文 .

陈岩 . 2005. 我国低压成套开关设备现状 . 中国有色金属报 , 8.

陈振生 . 2008a. 高压开关设备的状态维修技术 . 江苏电器 , 5:30-34.

陈振生 . 2008b. 智能高压开关设备的在线监测技术 . 电力设备 , 9(3):5-8.

辞守谦 . 2000. 变压器专用设备的现状及其展望 . 变压器 ,37(1):21-24.

崔成恕 , 高华 . 2003. 金属封闭开关设备的发展简析 . High Voltage Apparatus, 39(2):18-22.

崔景春 . 2001. 六氟化硫高压开关设备在我国的发展与应用 . 华通技术 , 4:3-6.

丁文杰 , 林中一 , 邓忠华 . 2010. 电子互感器在智能电网的应用 . 广东输电与变电技术 , 03:24-27.

董建成 . 2007. 低压成套开关设备和控制设备 IEC 标准的发展 . 江苏电器 , 4:46-50.
董宁波 , 宗军 . 2005. 高温超导变压器及发展现状 . 国际电力 ,9(4):60-63.
范建斌 . 2008. 高压混合技术开关设备及其应用 . 中国电力输配电 , 41(8):25-31.
高翠萍 . 2008. 现场总线型低压成套开关设备解析 . 低压电器 , 15:25-28.
郭振岩 . 2008. 中国变压器行业的现状及发展趋势 . 电器工业 ,32-37.
寇政理 , 游一民 . 2007. 户外中压开关设备技术与发展 . 电器设备 , 9:50-52.
蓝增珏 . 2006. 我国 252-550kV 高压开关设备技术参数与电网需求的差距 . 电力设备 , 7(12):1-3.
李建基 . 2007. 电力开关设备的发展与进步 . 电器设备 , 8:47-48.
李召家 . 2003. 我国开关设备的发展概况和发展趋势 . 广东电力 , 16(1):1-9.
廖家平 , 彭博 . 2009. 光电混合式电流互感器的研究 . 湖北工业大学学报 , 24(5): 34-36.
刘有为 . 2011. 智能电力变压器信息流方案的设计 . 电网技术 , (1).
刘有为 , 周华 . 2011. 智能高压开关设备信息流方案设计 . 高压电器 , (1).
刘有为 , 邓彦国 , 吴立远 .2010a. 高压设备智能化方案及技术特征 . 电网技术 , 34(7):1-4.
刘有为 , 肖燕 , 许渊 . 2010b. 智能高压设备技术策略分析 . 电网技术 , (12).
罗时璜 . 1999. 国外低压成套开关设备发展动向 . 低压电器 , 5:3-7.
秦丽伟 . 2009. 基于智能信息融合的油浸式电力变压器故障诊断 . 济南：山东大学硕士学位论文 .
荣命哲 , 王小华 . 2010. 智能开关电器设计方法探讨 . 2010 输变电年会论文集 .
荣命哲 , 王小华 , 王建华 . 2010. 智能开关电器内涵的新发展探讨 . 高压电器 , 46(05):1-3.
孙磊 . 2008. 电力变压器的智能故障诊断系统研究 . 长沙：湖南大学硕士学位论文 .
王 娟 , 吉晏平 , 王会 . 2007. 特高压开关设备浅析 . 电力学报 , 22(4):475-478.
王承志 . 2004. 40 年来变压器制造技术的发展与进步 . 变压器 , 41(3):51-58.
王建华 , 荣命哲 , 耿英三 , 等 . 2009. 数字化电力设备的概念与内涵 . 电工技术学报 , 24(6): 138-145.
王晋根 . 2008. 中压开关设备市场现状及分析 . 电力设备市场 , 9(10):102-105.
王隽 . 2007. 低压成套开关设备的智能化走势 . 江苏电器 , 5:1-3.
王小华 , 荣命哲 , 徐铁军 , 等 . 2007. 中压开关柜在线监测系统硬件抗电磁干扰技术研究 . 高压电器 , 43(05):321-324.
王小华 , 苏彪 , 荣命哲 , 等 . 2009. 中压开关柜在线监测装置的研制 . 高压电器 , 45(03):52-55.
吴景华 . 2007. 中压开关设备的发展趋势 . 安徽水利水电职业技术学院学报 , 7(3):77-78.
肖笛 . 2010. 浅谈我国低压成套开关设备的发展动向 . 电气开关 , 3:78-79.
徐雁 , 叶妙元 , 张庆 . 2001. 光电互感器的应用及接口问题 . 电力系统自动化 , 24：24-27.
杨钦慧 . 1994. 略谈开关设备的诊断 . 华通技术 , 3:31-34.
杨钦慧 . 2008. 500 kV 开关设备诊断装置的介绍 . 江苏电器 , 8:62-64.
杨绍军 . 2007. 基于智能开关设备的配电网线路自动化技术 . 电力设备 , 8(12):6-9.
杨赞伟 . 2009. 配电变压器智能监控装置的研究与开发 . 长沙：中南大学硕士学位论文 .
张方华 , 严仰光 . 2005. 直流变压器的研究与实现 . 电工技术学报 ,20(7):76-80.
张冠军 , 黄新波 , 赵文斌 . 2009. 智能化电力变压器的概念与实现 . 高技术与产业：86-90.
张剑 , 夸克 . 2002. 低压成套开关设备存在的问题 . 农村电气化 , 12(3):43-44.
赵淑英 . 2009. 光电互感器特点及应用 . 云南电力技术 , 37(4):54-55.

赵宇晗 . 2009. 电子式互感器在变电站自动化中的应用研究 . 保定：华北电力大学硕士学位论文 .
郑蕊蕊 . 2010. 智能信息处理理论的电力变压器故障诊断方法 . 长春 ：吉林大学博士学位论文 .
Ramsis S G, Mats S B, Scott T, et al. 2011. Development of ultra-low-noise transformer technology. IEEE Trans Power Del, 26(1):228-234.
Richard L P, Glenn B. 2003. 21 世纪的变压器技术 . 国际电力 , 7(1):50-52.
Rong M Z, Wang X H, Yang W. 2005a. Mechanical condition recognition of medium-voltage vacuum circuit breaker based on mechanism dynamic features simulation and ANN. IEEE Transactions on Power Delivery, 20(3): 1904-1909.
Rong M Z, Wang X H, Yang W. 2005b. Theoretical and experimental analyses of the mechanical characteristics of a medium-voltage circuit breaker. IEE Proceedings- Science, Measurement and Technology, 152: 45-49.
Shabnam V D, Hossein H, Sadegh S. 2011. Multicriteria optimal winding scheme in HTS transformers by analytical hierarchy process. IEEE Trans Appl Supercond, 21(1):2-12.
Wang X H, Rong M Z, Qiu J, et al. 2008. Research on mechanical fault prediction algorithm for circuit breaker based on sliding time window and aNN. IEICE Transactions on Electronics, E91(18):1299-1305.
Wang Z B, Yu KS. 2010. The research of power electronic transformer(PET) in smart distribution network. International Conference on Power System Technology.

第二十四章　面向未来的输变电装备

第一节　电力发展需求

电网是能源传输的最重要通道之一。由于电能存储技术还不完善，目前的电能生产和消费基本是同步的，因此能源的革命，包括传统能源和新能源的分布、转化成电能的方式等将决定电网技术的发展。

首先，我国生产力发展水平的地区差异很大，一次能源分布严重不均衡。能源需求主要集中在东部和中部经济较发达地区，约占需求总量的3/4；用于发电的煤炭资源、水力资源以及规划中的大规模风能、太阳能基地，则主要分布在西部和北部地区。这种状况决定了能源资源必须在全国范围内优化配置，以大煤电基地、大水电基地为依托，实现煤电就地转换和水电大规模开发，并通过建设强有力的电网，实现跨地区、跨流域水火互济，将清洁的电能从西部和北部大规模输送到中、东部地区。因此远距离、大容量输电技术是能源革命下输变电技术发展的第一个需求。

其次，我国土地资源紧张，尤其在负荷集中的东部地区，由此造成了输电走廊问题越来越严重。随着这些地区经济的进一步发展，用电需求与由于城市化等造成的土地资源紧缺的矛盾将越来越突出，可用的电力设施建设土地越来越少。因此，除了需要发展传统的远距离、大容量、敞开式输电技术外，还需针对城市化高度发展地区进一步开展节约土地的输电技术研究。因此，土地节约的输电技术是能源革命下输变电技术发展的又一个需求。

再次，随着交流和直流特高压电网的建设，电网可靠性要求不断提高，输电走廊越来越复杂、自然灾害频发，造成电网的维护成本越来越大；各种新能源、储能装置的发展，也要求电网越来越灵活；同时随着信息技术、量测技术、控制技术的发展，控制电网的能力也在不断加强。由于以上因素，智能电网技术成为电网发展的又一需求。

最后，随着社会环境保护意识的增强，能源的革命与环保的关系越来越密切，新能源的发现、传统和新能源转化成电能的方式均在以绿色环保为核心发展目标之一。围绕这一问题，环境友好的绿色电网技术成为电网发展的需求之一。

以上需求是紧密结合、相互补充的关系，远距离、大容量意味着单位输电走廊的节约、更多地区的环境友好；土地节约也意味着单位走廊的大容量、保护了环境；智能化意味着电能的灵活输送，在安全范围内最大限度地提高了输送容量，降低了电能损失、减少了碳排放，从而促进了环境友好。环境友好是一个内涵丰富的综合体，不但有节约土地、降低电损，还包括了电磁环境、大气环境、视觉环境等内容，因此是前面需求的必要补充。

另外，化石能源资源逐渐枯竭，人类社会正在走向可再生能源的规模利用时代。加快智能电网和可再生能源利用成为我国可持续发展战略的重要环节。可再生能源发电时，功率、电压和频率的波动大，且会冲击电网，需要发展配套的高效储能技术，实现可再生能源的平滑接入和高效利用。除了在可再生能源发电领域，高效储能技术在输电、配电、用电等领域也可发挥重要作用，有效改善系统的可靠运行和电能的优化调度。

由此可见，发展远距离、大容量、土地节约、智能化、可储存、可再生能源利用、环境友好等方面的技术成为能源革命下输变电技术发展的关键需求。

第二节　电力发展趋势

在远距离、大容量、土地节约、智能化、可储存、可再生能源利用、环境友好等需求的驱使下，输变电技术的发展趋势也越来越明显。由于以上需求相互结合、相互补充，因此通常输变电技术的发展并不仅仅满足某一种需求，而是会同时满足多种需求。

首先，在远距离、大容量输电的需求下，特高压输电将在输变电技术中占有重要地位。特高压输电技术具有远距离、大容量、低损耗和经济性等特点，可以满足能源在大范围优化配置的需要，对我国西电东送、全国联网的战略实施，提高煤炭、发电行业的集约化发展水平，有效提高资源的开发和利用效率，实现我国 2020 年二氧化碳排放比 2005 年下降 40% 的国际承诺具有重大战略意义。

围绕特高压交直流输电技术，变压器类设备向着大容量及升压单相特高压交流变压器、组合式大容量变压器、特高压高端直流换流变压器等方向发展；开关类设备向着超特高压真空断路器、直流断路器等方向发展；输电技术近期向着紧凑型、同塔多回、低损耗导线等方向发展；此外特高压柔性输电关键装备也在迅速发展，需要发展特高压可控并联电抗器和特高压可控串联补偿装置等大容量电力电子装备。

其次，随着特高压电网的建设，电网的短路电流和暂态电压水平也越来越高，导致对电力设备的参数及绝缘强度也提出了更高的要求，这将带来三方面的危害，一是导致特高压设备制造出现技术瓶颈，二是导致特高压设备的造价也急剧增加，三是威胁系统的安全稳定运行。因此需要发展基于各种原理的限流器以限制电网的短路电流，其次要发展高性能的避雷器技术，实现深度限制电网的过电压水平。

风电、光伏发电等可再生能源的发展，促进了柔性直流输电技术的发展。目前在直流输电领域迫切需要取得突破的是直流断路器，将带动直流电网的发展。而超特高压直流断路器的突破更将带动输电技术的巨大的变革。

在走廊节约的需求下，除了积极发展特高压、紧凑化的架空输电技术外，针对跨江、跨岛、进城、海上发电等特殊地段及输电走廊严重紧张地区，还在进一步发展管道输电、电缆输电、甚至超导输电，以节省宝贵的地面土地资源。这几种输电方式电磁环境友好、走廊非常节约，可以与桥梁、道路的修建相结合，因此是输电走廊严重紧张地区大容量输电的最佳选择。而面向未来，则有必要发展管道输电、电缆输电等大规模地下能源通道。

针对变电站容量越来越大、占用土地越来越多的问题，变电装备的紧凑化技术也在不断发展，变压器与 GIS 组合高压电器（TGIS）、超导变压器、电力电子变压器、特高压大容量 GIS 等体积小、容量大的变电装备正在不断研究和应用中。

在智能化的需求下，越来越多的输变电装备开始向着智能化、自诊断的方向发展。输变电设备的智能化是智能电网的基础。及时感知、正确判断设备的状态并迅速响应是保障智能电网安全、智能的前提条件。一次设备的智能化需求促进了在线监测和诊断技术的研究工作，主要发展趋势包括：先进传感技术（如电子式互感器、纳米传感技术、光纤传感技术、无线传感技术、传感器阵列、智能传感技术等），智能诊断技术（信息融合、分布数据处理算法、模糊诊断、模式识别、援例推理、故障定位、可靠性建模、风险预测等），综合监测预警系统的开发（可视化、远程诊断等）等。

为了确保可再生能源的有效利用和电网安全稳定，高效储能装备将成为电力系统中的重要设备。高效储能技术，在输电环节可以为电网安全稳定运行提供调频、调压以及功率控制等功能，在用电领域可提供错峰用电、应急电源等功能，在配电环节可提供电能质量控制、动态无功支撑、黑启动、热备用等功能。高效储能技术有望改变电能无法大规模储存的现状，是智能电网调控发、输、配、用等环节的关键技术，是落实节能减排重大国策的重要途径之一。高效规模储能技术也可用于政府重要部门、军事基地等应急供电，增强要害部门抵抗事故、灾害和战争打击的能力。甚至未来可能出现“能量模块”的概念而导致配电网络的弱化，对输变电网络可靠性要求的降低。因此，开发高效的规模储能技术意义非常重大，而且非常迫切。

最后，在环境友好的需求下，不但需要特高压、紧凑型、电缆、管道输电等走廊节约的输电技术，输变电设施还进一步向着电磁环境好、噪声低、景观美等方向发展。此外，针对断路器、GIS、GIL 等气体绝缘输变电设施，环境友好、价格低廉的 SF_6 气体替代技术成为研究的必然。

总之，在远距离、大容量、土地节约、智能化、可储存、环境友好等需求的驱使下，输变电技术正在全面发展，同时满足多项需求的技术不断提出。主要集中在特高压输电技术、柔性紧凑型输电技术、电缆和管道输电技术，容量大、体积小、损耗低、环境友好、智能化的输变电装备。各种电力电子装备为系统稳定运行提供了新的解决途径，大容量储能系统的发展将提高可再生能源的利用率，提高系统的安全可靠性，更为长远地来看，储能系统的发展将打破电能生产和利用必须同时进行的弊端，将实现发电和用电在时间上的分离，实现输变电系统的另一重大变革。

第三节 国内外发展现状

一、交直流特高压输变电装备

经过多年的快速发展，我国交流输变电设备经历了从 220kV、500kV（330kV）、750kV、1000kV 的发展历程，全面掌握了超特高压交流输变电技术，成功实现了各电压等级输变电设备的国产化。500kV 电网已成为目前我国的主力电网，750kV 电网在我国西北地区已具规模，已成为西北地区的主力电网。500kV 可控串补和可控电抗器已得到示范应用。1000kV 特高压交流试验示范工程已成功建成投运，正在建设三横三纵的交流特高压电网。在直流输电技术方面，从 1987 年依靠自己力量建设中国第一项 ±100kV 舟山直流输电工程开始，已完成葛（洲坝）沪（上海）等 7 个 ±500kV 高压直流输电工程和灵宝背靠背直流工程，输送容量达 18560MW，居世界第一，我国已成为名副其实的直流输电大国。目前，我国已全面掌握了 ±500kV 直流输电系统成套技术。3 个 ±800kV 特高压直流输电工程的投运，使我国全面掌握特高压直流输电技术。我国在特高压输变电技术方面处于国际领先水平，但在关键设备国产化方面仍需开展大量的研究工作。

1. 大容量特高压变压器

变压器作为电力系统中的重要设备，其技术已十分成熟，近期内尚无发生革命性变化的迹象，对变压器的关注热点也主要集中于解决变压器应用中遇到的种种现实问题。①特高压、大容量变压器。当前国内变压器厂家已具备生产特高压、大容量变压器的能力，双百万变压器已投入运行，但是我们对特高压领域研究尚不深厚，存在一些尚未妥善解决的技术难题，同时随着特高压的进一步发展，可能会遇到更多的问题，因此，特高压、大容量变压器技术将是未来一段时间内变压器技术研究的热点。②换流变压器。根据我国电网的发展规划，直流输电需要进一步发展，特别是 ±1100kV 特高压直流输电工程的建设，而国内变压器行业对于换流变压器技术的研究十分薄弱，虽然已经初步吸收了国外的先进技术，但是距离真正的消化还有一段距离。因此，应当在学习和模仿的过程中，将国外的技术真正的化为己用，同时应注重换流变压器关键技术的基础研究和创新研究，消化吸收和创新研究相结合，才能最终提高国内变压器的行业水平。

2. 交流真空断路器

目前，断路器发展的三个主要类型是 SF_6 断路器，真空断路器和固态断路器。SF_6 断路器具有良好的绝缘性能和开断性能，具有选相功能的 SF_6 断路器也开始使用。目前 SF_6 断路器在 110 ～ 1000kV 电压等级的交流输变电系统占主要地位，能够满足大部分的开断需求。其主要限制是，断路器触头开距大，操作行程长，操作功大，操作机构复杂，选相操作的性能还有待进一步改善。另外，SF_6 属于温室气体，需要逐步采用环保气体来取代。

真空开关开断性能好、寿命长、触头行程短、操作功小及操作机构简单、便于实现选相控制、不产生环境污染，目前在 35kV 及以下电压等级的系统占主导地位，110kV 电压等级真空断路器也接近试运行水平。真空断路器的主要限制是，触头间隙绝缘受电极表面状况影响严重，稳定性差，随工作电压的升高，真空绝缘的稳定性进一步减小，会产生较多的可靠性问题和操作过电压问题。

3. 直流断路器

在直流系统中，直流断路器主要技术性能体现在绝缘强度、开断转换电流能力、环境耐受能力等方面。直流断路器的研制难点有三个方面：一是直流电流不像交流电流那样有过零点，所以灭弧甚为困难；二是直流回路的电感很大，所采用的平波电抗器为 300mH，而交流回路的电感仅为几十毫亨，加上开断时的直流电流大，所以需由直流断路器吸收的能量很大；三是过电压高。因此直流断路技术一直被称为电力工程领域的百年难题。

已经实际应用的高压直流开断技术仅能满足“点对点”式直流输电换流站中负荷电流转换的需求，尚不能开断系统电压下的短路故障电流，其开断速度也受到一定限制。目前研究中采用的基于电流振荡过零和混合式开断方法的高压直流短路开断存在诸多技术难点，突出表现在对于高压直流开断中出现的高频电弧不稳定特性、高频熄弧非平衡态特性、高频熄弧后介质恢复特性、高频电弧模型和多个复杂物理过程之间的关联特性及调控策略的认识不足，导致无法确定优化的高压直流开断拓扑结构，对影响高压直流开断能力和开断速度的主要理论基础尚有待进一步研究。

2012 年 11 月，ABB 公司宣布在国际上首次突破了高压直流开断的关键技术，提出了一种基于混合式开断原理的高压直流断路器拓扑结构，将机械动力学与电力电子设备结合起来，可以在 5ms 之内开断故障电流。单个模块电压已达到 80kV，通过串联可实现更高电压等级的直流开断。相关技术已申请了专利保护，给我国的研究开发工作造成了较大的制约。

随着电力电子器件尤其是功率半导体器件的飞速发展，采用功率半导体器件作为主开关的固态直流断路器受到了广泛关注。单纯采用大功率电力电子器件搭建的直流固态断路器，由于开关中无机械运动部分，又称为静态断路器，可实现快速和精准的控制。固态高压直流断路器的发展一直受开断延迟较大、不能准确控制开断时刻限制，但随着可关断晶闸管器件（如 GTO、IGBT、SiC 等）的发展，实现了准确控制开断时间并解决了限流能力的问题。与机械式高压直流断路器相比，有分断速度快、限流能力强、工作稳定、维护较少等优点，但也存在耐压低、损耗大、通流发热严重、需要冷却装置、持续耐受故障电流能力差和导通压降大等缺点。随着电力电子器件等相关技术的发展，固态断路器的工作电压和电流等技术参数将不断提高，价格也会显著降低，满足更多的应用需求。固态断路器的主要限制是，器件比较娇气，需要复杂的辅助保护设备，总体可靠性、过电压和过电流耐受能力不及机械开关。另外，由于电力电子器件的导通压降，固态断路器存在较大的运行损耗，即使有导通压降更小的新型器件，损耗和散热问题依然存在。

目前已投入运行的固态直流断路器刚达到中压等级，但固态断路器未来将在柔性直流输电技术，特别是在直流电网的建设中发挥重要的作用。

二、柔性交流输电装备

提高架空线路输送容量、减小输电走廊除了可以利用特高压、紧凑型、同塔多回等输电技术，以及使用大截面导线、耐热导线、复合加强芯导线等进一步提高单位走廊的输送能力外，还可以使用柔性交流输电技术（也称灵活交流输电系统 FACTS）。

自 20 世纪 80 年代中期以来，由于在电容器、金属氧化物限压器（MOV）和支撑平台设计制造上的革命，使串联补偿装置在技术性能和可靠性上有了质的飞跃。可控串联补偿技术是常规串联补偿技术与电力电子技术相结合而产生的一种灵活交流输电系统技术，与常规串联补偿相比，可以实现潮流控制，进一步提高系统稳定性或输电能力。串补技术已经在我国 500kV 线路上得到广泛应用，目前我国 500kV 超高压电力系统中已经安装运行了六十多套串补装置，其中国产串补装置已经超过一半，取得了可观的经济和社会效益。

随着特高压电网的发展，我国正在开展特高压固定串补关键技术研究和关键设备研制的工作，并取得了一系列重大突破。2012 年 11 月 20 日，特高压长治一南阳一荆门串补线路人工单相短路接地试验一次顺利通过，标志着由中电普瑞科技有限公司承担的世界首套特高压串联补偿装置研制成功。2011 年 12 月 16 日，1000kV 晋东南一南阳一荆门特高压交流试验示范工程扩建工程正式投入运行。扩建后，晋东南、南阳、荆门三站均装设两组容量 300 万 kVA 的特高压变压器，线路装设 40% 的特高压串联补偿装置，该串补装置单套电容器容量达 1500MV，是 500kV 串补装置的 3 ～ 4 倍，额定电流为 5080A，是 500kV 装置的近两倍，输电线路具备稳定输送 500 万 kW 电力的能力。特高压串补是保证特高压电网安全、稳定、优化运行的有效技术手段，通过在特高压电网中安装串补装置，可以显著提高电网的输送能力，增强系统稳定性，改善运行电压和沿线路的电压分布，实现资源在更大范围内的优化配置，保障电网安全、可靠、稳定运行。

三、故障电流及过电压限制装备

1. 故障电流限制器

故障电流限制器，简称限流器，用于限制电力系统的故障电流。当电力系统正常运行时，限流器表现出很小的阻抗，不影响系统的运行；当电力系统发生短路故障时，限流器在故障电流开始出现但尚未达到大的幅值时，迅速转换其阻抗，表现出一个显著的限流阻抗，限制故障电流。限流器技术可能带来电力系统运行性能和电力设备制造状况的重大变革，是很长一段时间以来广泛研究和探索的课题，涉及多种不同的限流原理，包括超导限流器、磁饱和限流器、串联谐振式限流器、电流转移限流器等。目前，所有已研究的限流原理都还存在一些技术、安全和经济方面的限制，限流器技术远未达到广泛实际应用的水平，尤其对于超特高电压系统的限流。

传统限流器是一个串入电网的电阻性元器件，目前存在突发短路故障瞬间电流很大、响应速度很慢等缺点而有待改进，而且电压等级越高其结构也越复杂，限流器体积就越大。现在，世界各国都在关注超导技术在电网中的应用，在正常情况下，超导限流器呈零阻抗、耗能小、响应速度快，克服了传统限流器的缺陷，更有利于保障电网的安全性、可靠性。

日本、法国、英国、美国等都投入人力、物力，开展了大量的超导限流器的试验研究工作，并且取得了重要进展。正在开发或接近实用的超导限流器有无感电抗器型、三相电抗器型、混合型、电阻型、变压器型、磁屏蔽型、饱和铁芯电抗器型以及路桥型等多种。自20世纪90年代以来，日本东芝、法国耐克森、德国西门子、美国通用等诸多世界知名的电器制造商以及多家电器研发机构，进行了不断提升超导限流器电压等级和容量的研究。如，1996年ABB瑞士研究中心成功地研制出一台1.2MW三相屏蔽型超导限流器，安装在Lontsch变电站，并成功试运行近两年。德国Zenergy公司开展了138kV饱和铁芯型超导限流器的研制,并在公用电网运行测试。德国西门子公司研制的12MVA模型已顺利通过实验，目前正在研制12MVA样机。由法国耐克森公司、德国西门子公司和美国超导体公司联合研发的138kV/900A电阻型超导限流器，于2011年10月13日宣布成功进行了电网电压等级的测试，但尚未挂网运行。

在我国，中国科学院电工研究所于2005年完成了一台10.5kV/1.5kA桥路型超导限流器并在湖南娄底挂网运行。天津百利机电控股集团公司与北京云电英纳超导电缆有限公司合作，从2005年开始研究饱和铁芯型超导限流器，2012年12月31日，220kV/800A饱和铁芯型高温超导限流器在国家电网天津石各庄变电站正式挂网运行，快速响应时间小于8ms，励磁恢复时间小于600ms。

2. 深度限制过电压的避雷器

过电压防护是电力系统的关键问题之一，对于特高压系统，该问题尤为突出。过电压水平对特高压的设备选型及设备制造起着决定性的作用，直接决定特高压系统的制造成本和技术瓶颈。电力系统设备的过电压水平是建立在过电压的保护水平之上。目前制约我国特高压交流输变技术发展的重要因素是过高的雷电过电压及操作过电压导致特高压设备的研制存在技术瓶颈、造价过高。

传统的深度限制输变电系统的操作过电压主要通过避雷器的分布将系统操作过电压限制在较低水平。目前我国特高压系统建设的主要思路是根据现有避雷器的保护水平确定的过电压水平，考虑足够的裕度来对特高压设备提出苛刻的要求。而深度限制操作过电压可减轻作用在设备上的过电压水平，降低技术瓶颈，实现特高压设备的国产化，节约建设投资，进一步确保特高压系统的可靠运行。

目前，日本三菱公司开发研制的特高压避雷器的冲击残压比达到1.55，能量吸收能力达到55MJ。而目前我国的避雷器技术仍然基于20世纪80年代从日本引进的技术，多年来性能改善不大，将其用于特高压系统无法提供优良的保护特性，只能靠增加避雷器的安装数量来限制过电压，增加避雷器内阀片柱数量来提高能量吸收能力，即使这样也只能将操作过电压限制在 1.6 ～ 1.7p.u. 的水平，导致特高压设备的制造成为特高压建设的重大瓶颈。目前我国特高压变压器的操作过电压水平为 2250kV，而日本的已降至 1900kV，导致对我国特高压设备的要求更为严酷。

四、输变电系统中的电力电子装置

早期电力电子技术在电力系统中的应用领域主要有发电机自励磁系统、高压直流输电（HVDC）、静止无功补偿器 SVC 以及电动机驱动等。为了改善电网供电质量，国内外均在现代电力系统中设置功率处理装置（Power Processing Equipment），如无功功率及负序电流补偿、谐波补偿、谐波阻尼、Flicker 补偿和 / 或电压调节等。静止同步补偿器是提高电力系统供电质量十分有力的工具（国内外也曾称为静止无功发生器或静止电容器）。日本和美国已分别开发了静止同步补偿器，容量为 80MVA 和 100MVA。

20 世纪 80 年代末期，美国电力研究院（EPRI）提出了灵活交流输电系统 FACTS 的设想，以控制功率流（power flow）输送，并保证输电系统的稳定性。利用柔性交流输电技术，提高输电系统的可靠性、可控性和运行效率是极为重要和有效的，因而具有特别广阔的应用前景。柔性交流输电技术已在多个输电工程中得到应用，并证明了它在提高线路输送能力、阻尼系统振荡、快速调节系统无功、提高系统稳定等方面的优越性能。

FACTS 近年来发展十分迅速，所包含的器件不断增加，FACTS 开发项目的具体装置日渐增多，目前已知的有 20 多种，这些装置展示了 FACTS 技术丰富多彩的内涵。20 世纪 90 年代初美国投资 1 亿美元进行 FACTS 的试验研究，并陆续开发出 FACTS 的专用电力电子设备和相应的计算机软件，在美国一些电力系统中示范运行，如 ±100Mvar 的 STATCOM，±320MVA 统一潮流控制器 UPFC，用于 500kV 输电系统的晶闸管控制串联补偿 TCSC 等。我国也在 20 世纪 90 年代就着手进行 FACTS 的预研究，300kVAR 的 SVC 样机进入了运行阶段，TCSC 的可行性研究及仿真研究也取得了一些成果。但目前 FACTS 技术的应用还局限于个别工程，如果大规模应用 FACTS 装置，还要解决一些全局性的技术问题，例如，多个 FACTS 装置控制系统的协调配合问题。随着电力电子器件的性能提高和造价降低，以它为核心部件的 FACTS 装置的造价会进一步降低，可能会在不远的将来比常规的输配电方案更具竞争力。

2011 年由清华大学联合南方电网、荣信公司联合研制的链式 35kV 直挂式 ±200MVA STATCOM 装置于在广州电网东莞 500kV 变电站投入运行，在容量电压等级、动态响应性能等方面都到达了世界领先水平，标志着我国 STATCOM 的技术水平已经进入国际前列。

面向我国新一代电网，大容量电力电子变换装置与系统将成为大幅提升未来电网输送能力和控制能力的关键装备和核心接口装备。采用大容量电力电子装置与系统能够提高电力系统的效率、可靠性和灵活性，可解决分布式新能源和储能系统接入以后的系统稳定问题。大容量电力电子技术和装置正成为新一代电网的主要支撑技术和主干装备。

五、智能化输变电设备及电网监控系统

提高设备的运行可靠性是保证电力系统安全运行的关键。电力设备的可靠性不仅取决于设计、生产、运输、安装等过程，在设备投入运行后还会受到各种运行工况和外部环境的影响产生事故隐患。随着电网容量和电压等级的不断提高，现代高压设备采用了更为紧凑的绝缘结构，因此在运行中所需承受的热、电和机械应力水平显著升高。在设备运行状态下对设备进行实时的监测和诊断，能够有效地反映设备内部的潜伏性缺陷，对突发性事故的早期发现具有重要意义。

过去，高压设备的监测主要是安装在设备外部的各种参量的监测装置。目前，随着智能电网的建设，外部各种独立的传感器朝着与设备一体化设计发展，即实现传统外置独立传感器的集成化。在线监测技术推广应用过程中，存在监测成本过高、长期工作稳定性差、误报警和漏报警问题严重等问题，其他主要的挑战还包括信息交互困难、接入安全问题等。当前电网中存在相当数量的分散监测系统，缺乏整体集成构架。监测诊断缺乏系统有效的分析模型和方法，无法为电网的安全运行调度和检修决策提供有效支持。缺乏统一规划，难以形成跨业务部门的协同管理。

目前，智能电网已成为全球能源发展和变革中的重大研究课题，最核心的技术在于能够实现整个电力系统中整个输配电网络及所有电气设备各种状态特性的实时监测和调控。智能电网需要检测的最关键量是电网各关键节点及所有设备的电压和电流实时信息，一方面实现对电网的实时优化和调度，另一方面通过监测得到的电压和电流实时信息可以及时发现和消除系统的故障，防止事故扩大而出现大系统的停电事故。

互感器是变电站电压和电流监测的主要设备，每年以 14% 左右的速度迅速增长。我国 500kV 及以上系统中主要使用电容型电压互感器，其所占比例达到 90% 以上，其余均为 GIS 型。220kV、110kV 系统中也主要为电容型电压互感器，并有少量的电磁型和 GIS 型互感器。随着智能变电站等技术的推广，电子式互感器在电网中的应用也越来越广泛。数量也越来越大。传统的电压和电流互感器存在

体积较大、制备成本高及消耗大量资源和能源、功能单一等局限性，无法实现电压和电流信号的宽频域测量。

因此，亟须研制一种新型的微型化的电压、电流传感器件，具备体积小、成本低、量测性能优异的特点，分布监测全电网不同位置正常工作和事故状态下的电压和电流，用以满足智能电网各种电气设备状态实时监测的需求，借助先进的通信手段，实现智能电网分布式的监测技术。近年来，在材料和微电子研究领域，相继发现了多种材料结构具有巨磁电效应，为新型微型化电流传感器件的研制提供了可行的技术基础。巨磁电效应是指磁性材料的电阻率在有外磁场作用时较之无外磁场作用时存在巨大变化的现象，包括多层膜、自旋阀、颗粒膜等多种结构。其中自旋阀结构是由在纳米尺度交替的铁磁层（FN）/ 非磁层（NM）的人工结构中传导电子自旋相关的散射所引起的。另外，自旋阀结构的巨磁电效应也被应用于生物医学等多个领域。针对电力系统应用需求的巨磁电效应电流传感器目前刚刚起步，亟须进一步深层次地开展相关的研究工作。

六、大容量电能储存系统

因化学电源具有能量转换效率高、系统设计灵活、充电 / 放电转换快、系统选址自由等诸多优势，已成为大规模蓄电领域的首选技术。可用于规模储能的化学电源技术是以化学能为中介转换电能的器件构建及其相关技术，有望用于规模储能的化学电源体系包括铅酸电池、液流电池、锂离子电池、金属氢化物镍电池、钠硫电池等，其性能各有优缺点。

目前，全世界范围内的大容量锂离子电池储能系统处于研究与初步应用阶段。2008 年，美国 A123 Systems 公司开发出 H-APU 柜式磷酸铁锂电池储能系统，主要用于电网频率控制、系统备用、电网扩容、系统稳定、新能源接入等服务；2009 年，该公司为 AES Gener 在智利的阿塔卡马沙漠的 Los Andes 变电站提供了 12MW 的电池储能系统，并投入商业运行，主要用于调频和系统备用。

在国内，深圳比亚迪公司 2009 年开发出基于磷酸铁锂电池储能技术的 200kW×4h 柜式储能电站和 1MW×4h 储能示范站（实际投运 330kW），用于削峰填谷和新能源灵活接入。2011 年南方电网公司投资建设的 5MW×4h 深圳宝清电池储能站正式投运，是国内第一台并网运行的 MW 级电池储能站。目前，国家电网在张北建设 32MW 的电池储能站，投运后将是国内最大的电池储能站。

第四节 面向未来的输变电装备的关键技术

一、超特高压交流输电关键装备

1. 大容量及升压特高压交流变压器

大量的500kV发电厂变电站和1000kV变电站不仅会耗费大量工程投资，同时将浪费大量的土地资源，不利于节约型、环境友好型电网发展。为满足后续特高压发展和建设的需求，更大限度地体现出交流特高压输电的优势，采用1000kV级发电机升压变压器是一个重要方向。同时，特高压变压器的容量如果提升至1500 MVA，三相总容量提升至4500 MVA，那将使特高压输电系统的输送能力提高至原来的1.5倍，带来巨大的经济效益。

低损耗、低噪声、节能环保及高可靠性是未来变压器的发展方向。大容量及升压单相特高压变压器设计开发需要解决的主要关键技术问题有以下几个。

（1）大容量变压器关键参数及结构型式研究。包括变压器容量、阻抗、三次侧绕组容量、变压器变比、调压方式、结构型式等。

（2）大容量变压器设计、工艺关键问题研究。重点解决特高压出线装置绝缘裕度、结构设计、电场计算、主纵绝缘、温升、漏磁控制、噪声等问题。

（3）大容量及升压特高压变压器试验方法研究。包括大容量及升压特高压变压器试验程序、方法，温升、感应耐压、冲击等关键试验考核有效性等。

（4）不同电压作用下绝缘材料的介电特性与老化特性，以及高频大电流作用下铁心材料的磁化特性。

（5）考虑多物理场同时作用时变压器的设计理论。研究变压器运行时复杂工况下电、磁、热、力综合物理场计算理论，分布特征及优化方法。

（6）应用于变压器的新材料研究。开展应用于变压器的蒸发冷却碳氟材料等新型绝缘材料，非晶合金材料，植物型变压器油等的基础研究。

2. 大容量组合式特高压交流变压器

特高压大容量变压器由于变压器体积和重量将进一步增大，由此带来的运输问题反而可能会成为制约大容量变压器进一步发展的瓶颈。研制组合式大容量变压器将有可能是一种解决方法。需要解决的主要关键问题包括：①组合式大容量变压器的结构设计；②组合式大容量变压器的主纵绝缘设计、漏磁设计；③组合式大容量变压器的模块化设计、各模块及整体的绝缘性能；④组合式大容量变压器的接口结构及组装方法；⑤组合式大容量变压器的试验方法。

3. 超导变压器

与常规变压器相比，超导变压器的优势是损耗小、体积小、重量轻、效率高、无火灾隐患、不污染环境和限制短路电流改善系统动态稳定性等，在大容量时超导变压器的投资也比常规变压器低。但是到目前为止，世界范围内仅有 2 台挂网运行的超导变压器，分别为 ABB 和特变电工研制，容量均为 630kVA。为了实现超导变压器在电力网络的实际规模化应用，除了在高温超导材料、冷却系统可靠性等方面需要开展进一步的研究外，在变压器设计方面，需要着重解决如下关键技术问题。

（1）变压器结构设计，结构参数与性能参数的优化。

（2）变压器磁场分布特性研究，优化漏磁场分布，提高变压器稳定性。

（3）大电流、低损耗技术，降低超导线材的交流损耗以提高效率。

（4）高温超导线材的机械加工性能改进及绕组制作技术研究。

（5）高温超导材料的低温绝缘优化设计。

（6）正常运行和短路故障时绕组的机械稳定性。

（7）正常运行和短路故障时高温超导材料的交流损耗与热稳定性。

（8）故障失超的快速检测与保护方法、故障限流功能的实现与故障排除后的恢复能力。

4. 超特高压真空断路器

随着温室气体 SF_6 的限制使用，真空断路器将是未来断路器的主要形式之一。为了实现超特高压真空断路器，需要解决如下关键技术问题。

（1）开断大电流条件下的气流场、热场、介质恢复强度分析方法，以及气流场和热场动态分布特性及其演变过程。

（2）新型耐烧蚀触头材料及抗电弧绝缘材料的研究。

（3）瓷柱式特高压真空断路器关键技术研究。包括瓷柱式断路器结构，真空灭弧室结构、连接与布置方式，开断大电流时气流场、热场、介质恢复强度等的研究，耐烧蚀触头材料及抗电弧绝缘材料的研究。

（4）油箱式特高压真空断路器关键技术研究。包括油箱结构设计和布置，真空灭弧室结构、连接与布置方式。

（5）真空断路器操动机构技术研究。包括储能元件、大功率条件下的液压差动技术，高速度运动部件的强度分析，以及高油压条件下的密封技术，高强度操动机构材料，高精度机械加工技术，以及模块化结构设计。

（6）真空断路器智能化技术研究。研究智能化光控模式装置的工作原理、控制方式等关键技术研究。

二、特高压柔性交流输电关键装备

1. 特高压可控并联电抗器

特高压电网的发展面临着许多重大技术的突破，其中许多问题的根源就是特高压交流线路单位长度充电功率大，是500kV线路的4～5倍。为了限制过电压，需要在长距离特高压线路上装设高补偿度的高压电抗器，高补偿度的高压电抗器为系统重载运行带来了较大的无功负担，影响了特高压线路的输电能力，增加了电网运行的经济负担，在特高压电网中投入一定比例的可控电抗器可在一定程度上解决以上问题。用可控电抗器来代替固定电抗器可以满足电网潮流变化下的无功补偿要求，是当前实际发展的需要和未来的发展趋势。

特高压可控电抗器的关键技术包括以下几种。

（1）特高压可控电抗器电磁暂态和机电暂态模型，可控电抗器对于特高压电网的适用性。

（2）特高压可控电抗器主、纵绝缘结构设计及局部过热控制技术。

（3）特高压可控电抗器损耗、噪音和振动抑制技术。

（4）相关制造及试验技术研究。

（5）基于广域信息的优化控制策略、可控高抗与其他FACTS装置或智能设备的协调控制、工程示范研究。

2. 特高压可控串联补偿装置

随着远距离、大容量特高压输电系统的建成，如何采取有效可行的措施以保障特高压电网运行的安全性、稳定性、灵活性和经济性就成为亟待解决的关键技术问题。串补技术在不改变网架结构、不新增输电线路的前提下，能够显著提升电力系统的输送能力，因而成为解决上述问题的优选技术方案之一。（可控）串补装置中包括一些关键设备，如火花间隙、旁路开关、晶闸管阀等，这些设备技术含量高，制造难度大。而且串补电容器组的额定电压和额定电流都将不断加大，即串补装置的各性能参数将不断提高。为此，需要解决的关键技术问题包括以下几种。

（1）特高压可控串联补偿一次设备的关键技术研究。包括通流容量大、动作时间短、绝缘恢复时间短的火花间隙，合闸动作时间短的旁路开关，通流容量大的晶闸管阀。

（2）特高压可控串联补偿装置的绝缘配合及控制保护策略。

（3）采用新材料、新生产工艺等提高特高压可控串补装置设备性能参数。

三、超特高压直流输电装备

目前我国正在建设 ±1100kV 特高压直流输电系统，除了 ±1100kV 换流阀外，需要重点研制换流变压器、直流套管等关键设备。另外目前 ±320kV 柔性直流输电系统已经投入运行，正朝着 ±500kV 的柔性直流输电系统发展。以柔性直流输电技术为基础，将在未来构建超级直流电网，实现能源大范围优化配置和可再生能源发电规模化并网，其中需要解决的关键问题是直流断路器。

1. 超特高压换流变压器

高端换流变压器是换流变压器的核心部分，目前国产化不足。通过研究，实现我国完全自主生产超特高压换流变压器，特别是研制出 ±1100kV 特高压换流变压器，需要解决的关键技术有以下几种。

（1）建立复杂电场条件下的油纸绝缘空间电荷测量技术。研究复合电场及温度梯度协同作用下大尺度油纸绝缘系统的空间电荷分布及动态变化规律。

（2）复合电场下油纸绝缘结构及长油隙油纸绝缘界面击穿规律和机理，及特高压下绝缘材料及绝缘系统的许用场强及相关联的物理参量。

（3）直流特高压设备绝缘结构优化设计理论及多物理场计算方法。获取直流特高压设备绝缘系统中复合介质的多物理场分布规律。

（4）复合电场和温度、水分等环境因素作用下油纸绝缘系统长期服役下的空间电荷分布特性的演变规律。

（5）换流变压器绝缘考核方法及试验平台的建立。

（6）用于换流变压器的新型绝缘材料及低损耗铁芯材料。

（7）换流变压器噪声控制方法。

2. 直流断路器

未来的直流电网必须采用直流断路器来分断故障电流，才能保证整个直流输电系统运行的不间断性和安全性。高压直流断路器已成为发展多端直流系统或多端柔性直流系统乃至未来直流电网等所必需的设备之一。为了实现直流断路器，需要解决如下主要关键技术。

（1）高压直流短路电流开断新原理研究。

（2）灭弧介质电弧特性及恢复特性研究。建立电弧特性、残余电流和介质恢复特性的微观及宏观模型。

（3）高频电弧的动力学数学模型和高频熄弧的数学模型。研究高压直流开断过程中高频电弧不稳定性的影响因素及其规律。

（4）不同高压直流开断拓扑条件下的电流转移特性、介质恢复特性和能量吸收速度之间的关联特性及配合理论。

（5）高速直流开关操动机构的新原理及操动机构的运动控制理论研究。研究灭弧室本体与机构耦合的集电、磁、热与机构运动于一体的控制策略。

（6）具有绿色环保特性的断路器 SF_6 气体的替代气体研究。

3. 固态直流断路器

目前固态直流断路器还处于低电压、小电流的试制阶段，而且多用于特殊场合。即使更大容量的电力电子器件的出现，固态断路器的实用化仍需开展大量的研究工作。包括试验研究、理论分析和实施方案论证。固态直流断路器的研究需要解决如下关键技术问题。

（1）固态直流断路器开关特性的研究。针对不同的负荷和短路故障情况，通过试验和理论分析，比较与传统断路器动作特性的区别，掌握固态断路器的工作规律。

（2）研究不同功率器件构成的固态直流断路器的开关特性，确定固态直流断路器应采用的功率器件。

（3）大功率电力电子器件串并联及其门极同步驱动技术。

（4）固态断路器的电磁兼容设计，考虑寄生参数对固态断路器暂态过程性能的影响。

（5）与其他技术结合的综合方案，解决固态断路器长期通流时功耗过大的问题。如与机械开关并存，采用快速磁力推动机构来缩短开断时间，也可以采用高温超导技术。将超导器件与固态断路器结合，既可解决功率器件的通态损耗问题，又可以保证固态断路器小电流时将故障开断，同时降低了固态断路器的容量要求。

4. 特高压直流套管

特高压直流套管是在特高压直流系统中的关键设备。需要解决如下关键技术问题。

（1）固体绝缘中的空间电荷产生、输运、积聚特性，以及空间电荷效应、温度对电场的耦合作用。

（2）多因子作用下电气绝缘演变规律、损伤机理及综合调控理论，以及纳米无机添加颗粒对空间电荷特性和热特性的调控机理及特性。

（3）复杂界面处的直流绝缘特性研究，多物理场耦合仿真分析和绝缘结构设计优化方法。

（4）长径比大、多层复杂绝缘结构及绝缘优化方法。

（5）特高压直流套管新型绝缘结构设计理论及新型绝缘材料研究。

（6）复合电场长期作用下绝缘性能演变规律及状态参数表征，多因子老化规律及试验评估方法。

四、限流和限压装备

随着大电网的发展，短路电流越来越大，故障电流限制器（简称限流器）技术可能带来电力系统运行性能和电力设备制造状况的重大变革，限流器技术的突破，将解决所有串联设备的暂态动稳定问题，降低暂态动稳定要求，对断路器、隔离开关、变压器等设备均带来影响。如变压器的设计不再需要受端口短路的限制，可显著减小短路阻抗。

深度限制过电压能有效降低电力系统设备的绝缘水平，一方面可以提高系统的安全可靠性，更为重要的是降低电力设备制造的技术瓶颈和降低设备的造价，从而降低电力系统的建设成本。实现深度限制过电压的关键是研究高性能的避雷器技术，需要开展低残压高性能的避雷器，这种避雷器将实现自碳化硅避雷器、氧化锌避雷器后的第三次电力系统绝缘配合的改变。

1. 超特高压限流器

随着超高压输电系统的全国联网，紧凑型输电系统的建成，带有串联补偿或静补的交流柔性超高压输电系统的采用，输电系统的短路电流将达到较高水平。各种变压器类产品，包括变压器、电流互感器、串联电抗器等都要能承受住较高水平短路电流产生的机械力与热效应，对变压器类产品的材质选择、结构改进、新工艺应用提出了越来越高的要求，需要开发短路电流限流器，降低设备制造难度，同时提高电网设备的运行可靠性。关键技术有以下几种。

（1）磁饱和型限流器、串联谐振型限流器、电流转移型限流器等限流器的优化改进技术。开展故障限流器的动态限流特性分析，拓扑结构改进和组件参数优化，故障限流器对断路器瞬态恢复电压特性的影响，大容量金属氧化物限压器设计等研究。

（2）超特高压超导限流器关键技术研究。包括实现限流器稳态低阻通流和短路高阻限流的电抗系统、直流励磁系统、制冷系统、监控保护系统等关键部件的设计及其实现。

（3）电力电子固态限流器关键技术研究。包括固态限流器的原理及电路拓扑结构、设计和分析方法、控制理论和方法，以及电磁兼容设计。

2. 深度限制过电压的高性能避雷器

深度限制过电压的高性能避雷器研制的核心是研制高性能的压敏电阻器件，主要关键技术有以下几种。

（1）低残压、大通流容量的压敏电阻的理论设计。从缺陷化学和“晶界工程”出发，采用先进的材料设计技术为低残压和大通流容量压敏电阻的研制提供技术方向。

（2）低残压、大通流容量的压敏电阻的配方及烧结工艺。对目前的铋系 ZnO 压敏电阻进行掺杂微米、纳米稀土氧化物来进行材料改性，控制烧成工艺与气氛，对晶粒、晶界特性进行调控，试制满足要求的样品配方。

（3）低残压、大通流容量的压敏电阻的导电机理及其电热老化机理的研究，建立全新的低残压、大通流容量的压敏电阻体系。

（4）特高压系统要求的大尺寸压敏电阻片的尺寸效应。研究合适的稳定剂解决大尺寸压敏电阻在烧结过程引起的电特性的宏观不均匀导致整体性能下降的问题。

（5）满足 GIS 避雷器要求的低残压、高梯度压敏电阻片研制。

五、输变电系统中的电力电子装置

面向我国新一代电网系统，电力电子装置除了直流换流阀外，电力电子装置在灵活交流输电系统 FACTS、柔性直流输电系统、可再生能源等中得到越来越广泛的应用。大容量电力电子变换装置与系统将成为大幅提升未来电网输送能力和控制能力的关键装备和核心接口装备。采用大容量电力电子装置与系统能够提高电力系统的效率、可靠性和灵活性，可解决分布式新能源和储能系统接入以后的系统稳定问题。大容量电力电子技术和装置正成为新一代电网的主要支撑技术和主干装备。

电力系统中的柔性输电及电力电子装置主要包括以下几种。① 柔性交流输电系统，其中包括静止无功补偿器、静止无功发生器、统一潮流调节器、短路电流限流器等设备；② 定制电力设备，其中包括动态电压恢复器、有源电力滤波器、电力扰动发生器等；③ 可再生能源领域的兆瓦级风力发电并网逆变器、太阳能发电系统用并网逆变器，包括大功率变流器及其控制系统、大功率风力发电机励磁控制器、风力发电用永磁电机变频装置等。简言之，电力系统中的电力电子装置主要有：固态变压器、固态断路器、统一潮流控制器、静止无功补偿器、TCSC、有源滤波器、动态电压恢复器和静止同步补偿器等。

1. 电力电子装置的关键基础问题

电力电子技术进入到电力系统应用中来，其表现出来的大容量、高电压、高可靠性等特征使其许多内涵问题被进一步凸显出来。大容量电力电子装置是一个系统级的、能量级的、需电磁瞬变能量可控的装置。需要解决如下关键问题。

（1）不同电力电子装置的新原理、功率器件的组合及新拓扑结构探索。

（2）电力电子装置主电路上的分布参数模型的建立及参数提取。

（3）考虑寄生参数后电力电子装置的设计理论及电磁兼容设计。

（4）电力电子装置的电磁瞬变过程及其平衡方法。主要研究高压大功率半导体器件的通断瞬态特性、串联型与并联型规模化成组的宽频模型与电气均衡方法及其等效试验方法。

（5）不同电力电子装置的运行控制策略，以及信号控制与能量变换控制的关联特性。

（6）同时运行于电力系统中的多个电力电子装置的协调配合控制技术。

（7）不同电力电子装置的保护策略。研究高压大功率器件及其组件的失效机理、故障特征与可靠性评估方法。

2. 电力电子变压器

电力电子变压器是一种含有电力电子变换器且通过高频变压器实现磁耦合的变电装置，它通过电力电子变换技术和高频变压器实现电力系统中的电压变换和能量传递。其突出特点在于它可以实现对变压器原副边电压幅值和相位的灵活控制，可以满足未来电力系统很多新的要求，在各方面有广阔的应用前景，如分布式电源并网、改善电能质量、提高供电稳定性和可靠性、与柔性输电技术相结合等。

作为一种新型的能量转换设备，与传统的变压器相比，电力电子变压器具有体积小、重量轻、无环境污染、输出电压稳定性好、供电质量高、高度可控、兼有断路器的功能等优点。目前，对电力电子变压器的研究还处于初级阶段，还有许多相关理论和实际问题需要研究。要实现大容量、高电压等级的应用，功能上还需进一步完善，技术上还有待进一步突破。需要解决的主要关键技术问题包括：① 高频大功率双向电力电子开关器件的研发；② 电力电子变压器的电路拓扑结构设计及电磁兼容设计；③ 电力电子变压器的控制策略研究。

六、智能化输变电设备及电网监控系统

输变电设备安全运行直接关系到电网的安全。未来电网将基于先进的信息系统将输变电装备与电网构成一个有机的整体。输变电系统实时安全状态监控系统

将成为输变电装备的重要组成部分。

1. 电子式互感器

高压互感器是保证电力系统安全和可靠运行的重要设备，它的使用量大、使用面积广，且直接接在变电站的高压母线和输电线上，其失效或故障往往造成很大的损失。随着电力系统向大容量、超高压和特高压、智能化方向发展，对电力设备小型化、智能化、高可靠性的要求越来越高。

与传统互感器相比，电子式互感器具有绝缘结构简单、无磁饱和、暂态响应范围大、体积小等优点，在电力系统中具有广泛的应用潜力。随着智能电网的发展，电子式互感器的需求将越来越大。目前，电子式互感器仍存在如下关键技术问题需要解决：① 无源型电子式互感器的温漂问题；② 有源型电子式电流互感器的供能问题；③ 电子式互感器的长期运行稳定性、可靠性问题。

2. 宽频微型电压和电流传感器

智能电网需要获取电网中所有实时信号为感知和预测电网的运行状态，确保系统的可靠运行。智能电网需要检测的关键量是电网各关键节点及所有设备的电压和电流实时信息，一方面实现对电网的实时优化和调度，另一方面通过监测得到的电压和电流实时信息可以及时发现和消除系统的故障，防止事故扩大而出现大系统的停电事故。需要发展基于新原理的宽频电压和电流传感器，实现电压和电流互感器的形式的突破。微型宽频传感器具有体积小、成本低、量测性能优异等特点，可实现从直流到吉赫兹范围的毫安到数百千安的电流，兆伏级电压的实时监测，可实现分布监测全电网的电压和电流实时信息。需要解决的关键技术包括以下几种。

（1）宽频电压和电流传感器的工作原理研究，包括基于巨磁阻（GMR）或遂穿磁阻（TMR）效应的磁阻多层膜电流传感器，以及基于压变效应的电压传感器等。

（2）巨磁电阻效应传感器件结构设计及传感器制备工艺，包括自旋阀结构，多层膜结构和颗粒膜结构。

（3）TMR 或 GMR 多层膜微磁学模型的建立及传感器线性响应特性的预测，以及传感器宽频特性的调制。

（4）传感器在直流、交流、谐波及瞬态电流下的响应特性研究。包括磁电阻特性、线性度及线性范围、矫顽力、交换偏置场和灵敏度等。

（5）传感器的供电方式及采集信号的传输方式研究。

3. 智能化变压器

智能化变压器是智能电网中的重要设备之一，随着智能电网的建设与发展，智能化变压器将得到大规模应用，同时对目前正在运行的大量变压器的智能化改造也会逐渐展开。关键技术有以下几种。

（1）内置或外置于变压器本体的传感器和控制器技术，实现对变压器进行测量、控制、计量、监测和保护的智能组件。

（2）智能化变压器的状态监测技术。主要包括局部放电监测、油中溶解气体监测、绕组光纤测温、油箱顶层和底部油温度测量、铁心接地电流监测、气体聚集量监测、电容式套管电容量和介质损耗因数监测、油位测量、冷却器工作状态监测、有载分接开关工作状态监测、侵入波监测、变压器振动波谱和噪声等。

（3）智能化变压器的故障诊断理论。基于传感器网络信息对变压器故障进行实时监测和故障源的诊断。

4. 自诊断的智能输变电设备

输变电设备的监测将由目前的外置式传感系统，向内置式传感系统方向发展，由内置的传感器阵列捕获故障信息的时空分布特征，对故障源进行综合诊断和定位，反演故障发展过程，从而准确预测事故风险并及时发布预警信息，构建电网安全的首道防线。为了实现设备的自诊断，需要开展解决智能设备内多物理场的分布特征及监测网络的构建，以及智能设备的自诊断理论等关键科学问题。研究涉及微机械与微电子技术、计算机技术、信号处理技术、电路与系统、传感技术、智能技术及模糊理论等多学科领域。需要开展的关键技术研究包括以下几种。

（1）输变电设备结构信息数字化技术。

（2）智能设备内多物理场的分布特征及监测网络的构建理论。

（3）嵌入式多元智能传感器阵列技术，构建智能设备的多物理场传感及监控网络，包括纳米传感技术、光纤传感技术、无线传感技术、传感器阵列、智能传感技术。要求传感技术实现微型化、内置式、分布式、实时性、宽频特性等特性，实现在设备内部预置安装分布式传感器阵列，捕获设备内部缺陷信息的分布特性。

（4）智能设备的自诊断理论。基于内置传感器网络信息的设备故障的反演和重构，对故障进行实时监测和故障源定位，实现高压设备的自诊断。

（5）基于物联网的智能监测一体化集成技术。

（6）基于信息融合的设备事故风险智能预警技术。

5. 输变电系统实时安全状态监控理论和方法

智能电网的核心技术在于实现整个电力系统信息及状态的实时监测和灵活调

控，包括整个电力系统中所有电气设备的各种状态特性。基于输变电系统分布式全景信息感知理论及器件，构建输变电系统运行状态及环境信息的实时监控网络，实现输电系统各种故障的实时识辨和定位，实现基于全景信息的输变电系统实时安全预警理论和系统，构建电网安全防线。为了实现这一系统，将要解决如下关键技术问题。

（1）输变电系统多信息传感技术，达到实时性、宽频特性、分布式监测、信息融合、智能化等综合需求，为输电系统的监控提供全面、准确、实时的信息。

（2）输变电系统不同故障（设备故障和系统故障）指纹特征提取及故障辨识和定位的理论及技术，采用信息融合、分布数据处理算法、模糊诊断等技术，实现输电系统各种故障的实时识辨和定位。

（3）基于全景信息的智能电网实时安全预警理论和系统。

七、大容量电能储存系统

大容量电能储存系统作为一个新型的输变电设备，在配置的灵活性、功率动态响应速度、运行模式的多样性等方面有别于传统的电力设备。大容量电能储存系统是解决风电及光伏发电等可再生能源发电对电网冲击的最有效手段，实现可再生能源的平滑接入电网，同在输电、配电、用电等领域也可发挥重要作用。为了实现大容量电能储存系统需要开展如下关键技术的研究。

（1）大容量、低成本和高安全性的储能电池技术。主要针对有望用于规模储能的化学电源体系开展研究，包括铅酸电池、液流电池、锂离子电池，形成模块化的电池模组及调控系统产业化能力。另外探索可用于电力系统的新的储能方式。

（2）规模储能的化学电源关键材料研究。材料是构建规模储能的化学电源器件的基础，包括电极活性材料、集电材料、电解质相关材料以及封装辅助材料等。掌握结构与性能的影响影响因素、制备技术、质量控制方法等，结合工业和技术基础建立产业，从而为电池工程化奠定基础。

（3）数十兆瓦到百兆瓦级规模储能的化学电源的工程化技术。深刻认识和理解其组分单元、结构、分布特性对电池性能的影响规律，建立电池单体的实现方法、技术途径和评测技术。

（4）规模储能的化学电源的模块化技术。规模储能化学电源系统是由多个单体通过具备监控的串、并联组合到规定电压和功率的完整体系，其中组合单体而成体系的模块化技术是规模储能化学电源系统另一关键核心技术。需要开展电池模块化及其工艺实现研究，形成电池模组以及电池模组系列化产品。需要形成各种应用环境和工况下电池模块监控技术和性能预测能力，提供系列化、标准化的系统解决方案。

（5）规模储能的化学电源储用耦合调控技术。规模储能化学电源系统是化学化工、电力电子相互耦合的复杂动态系统，其运行特性与储能电池特性、电力变换器、电网的结构、控制方式等多种因素相关。需要研究储能系统运行理论与能量优化管理方法，深入认识和理解规模储能系统与电网及负载的耦合机理，利用储能技术的动态支撑能量，形成主动致稳技术。

（6）兆瓦级高效储能系统的集成和并网控制技术。主要包括 MW 级高效储能系统海量电池管理技术、功率变换技术及高级应用技术，以及大容量储能系统与大容量分布式电源间的协调控制技术、大容量储能系统的紧急控制技术、基于大容量储能系统的电网故障恢复技术等。在智能电网及可再生能源利用中植入规模储能电源并获得耦合调控能力，形成主动致稳技术。

八、技术发展路线图

技术发展路线图如图 24-1 所示。

第五节　相关建议

未来输变电准备将面向远距离、大容量、土地节约、智能化、可储存、可再生能源利用、环境友好等特征输变电系统发展的需求。针对我国电网未来结构特性，以特高压电网和智能电网为方向，研制满足电网发展需求的新型输变电设备。推进新材料、新技术的开发及在输变电设备中的应用，发展节能、环保、安全的新型输变电设备。

为了实现面向未来的输变电系统，输变电装备领域应该开展如下核心技术的研究。

（1）在 ±800kV 和 ±1100kV 特高压直流和 1000kV 特高压交流设备的关键技术上取得突破，实现关键设备的全国产化，实现损耗小、可靠性高和紧凑化特高压输变电设备；

（2）推动 ±500kV 及以下电压等级的柔性直流电网以及超特高压多端直流系统的关键设备的发展，重点在直流断路器技术上取得突破，除了常规的直流断路器外，要发展全电力电子和超导的直流开断技术，为直流电网的建设提供关键装备支撑。

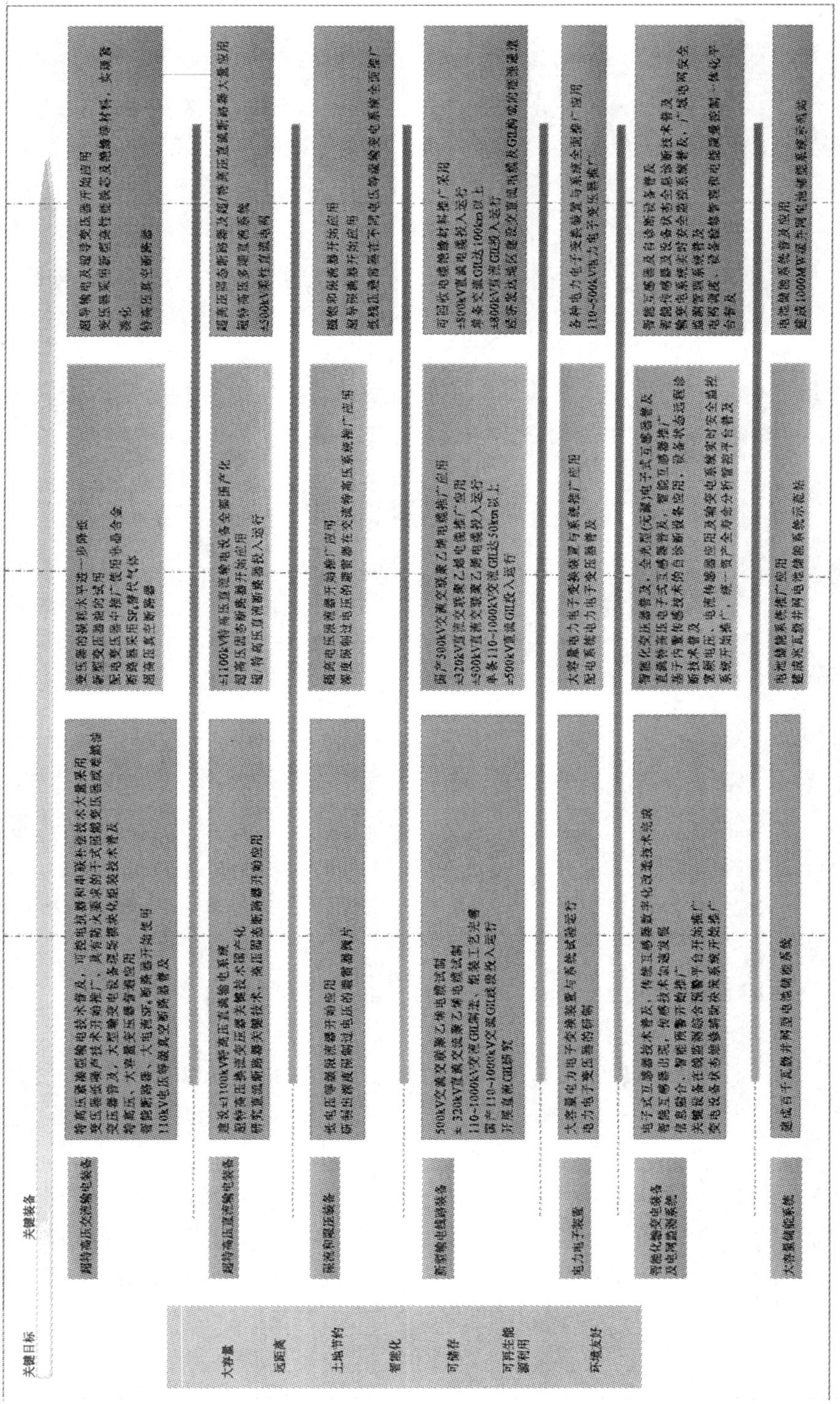

图 24-1　技术发展路线图

（3）发展不同原理的超特高压的故障电流限制器（限流器），提高电力系统的运行可靠性，降低电力设备对短路电流耐受能力的要求，从而降低设备的造价，将给电力系统运行性能和电力设备制造状况带来重大变革。

（4）研制新一代低残压和高梯度的高性能金属氧化物避雷器，实现深度限制电力系统的过电压，大幅降低过电压对设备的要求，从而降低特高压设备的制造瓶颈和制造费用，保护电网安全，进一步减少投资和占地。实现绝缘配合自碳化硅避雷器、ZnO 避雷器后的第三次变革。

（5）积极发展大容量的交直流电力电缆和管道输电系统，特别是重点攻关直流电缆和直流输电管道系统，将是面向未来环境友好、节约土地资源的输电线路的重要发展方向，为构建未来的地下交直流能源大通道提供关键装备支撑。

（6）广泛开展绝缘、导电、节能和环保新材料的研究，研究新型导电材料（含超导）、导磁材料、绝缘材料、高强度材料、耐热材料及以上材料的混合体等，以及环境友好的 SF6 替代气体的研究及应用。

（7）输变电设备的监测将由目前的外置式传感系统，向内置式传感系统方向发展，发展内置分布式的多物理场传感器阵列，实现输变电设备故障的自诊断，准确预测设备事故风险，构建电网安全的首道防线。

（8）发展各种新型监测技术，除光电式互感器、电子式互感器外，开发面向未来的小型化的电流传感器和电压传感器，构建未来电网的实时安全状态监控系统，实现整个输配电网络及所有电气设备状态的实时监测和调控，及时发现和消除系统故障，防止事故扩大而出现大系统的停电事故。

（9）发展各种用于灵活交流输电系统、柔性直流输电系统、可再生能源等的大容量电力电子装备，大幅提升未来电网输送能力和控制能力，提高电力系统的效率、可靠性和灵活性，可解决分布式新能源和储能系统接入以后的系统稳定问题。大容量电力电子技术和装置正成为新一代电网的主要支撑技术和主干装备。

（10）积极开展不同原理的大规模储能技术的研究和应用，在基于化学电源的数十兆瓦到百兆瓦级储能系统技术上取得突破，实现可再生能源的有效利用，提高电网安全稳定。高效规模储能技术也将促进未来“能量模块”的发展，实现发电和用电的非同时性，导致配电网络的弱化、对输变电网络可靠性要求的降低，带来电网结构和电网运行的变革。

以上技术的顺利实现是以基础理论及关键技术研究的突破为前提的，其核心是开展输变电装备内多物理耦合场的分析理论和方法、密闭空间的电弧特性及熄弧理论和方法、电网全景信息感知理论和方法、电力电子复杂电磁暂态过程的分析及电磁兼容设计等基础理论研究，开展复杂条件下的固体及液体绝缘材料和环境友好的气体绝缘材料、新型导电材料（含超导）、导磁材料、高强度材料、耐热材料、新型限压材料、高性能储能材料等新材料的研究，开展微型多物理场传感器以及宽频微型电压和电流传感器等关键传感技术的研究。只有以上问题取得突破，输变电技术的关键问题才能解决，最终的目标才能实现。因此，输变电装备领域的攻关项目应当围绕以上核心问题展开。

参 考 文 献

柴旭峥, 梁曦东, 曾嵘, 等 . 2007. 柔性紧凑型输电模式及其实现技术 . 高电压技术, 33（11）: 155-159.

陈葛松, 张祖平, 林集明 . 1998. 昌房 500kV 紧凑型输电线路可控电抗器研究. 北京 : 中国电力科学研究院 .

陈振虎, 梁继勇, 黄祥伟 . 2005. 基于磁控电抗器的电力系统动态无功补偿装置的设计及应用. 电网技术 ,29（7）: 82-84.

丁立健, 李成榕, 王景春 . 2001. 真空中绝缘子沿面预闪络现象的研究 . 中国电机工程学报, (9): 28-33.

国家自然科学基金委员会工程与材料科学部 . 2006. 学科发展战略研究报告 · 电气科学与工程（2006 年～ 2010 年）. 北京 : 科学出版社 .

韩翀, 李艳, 余江, 等 . 2001. 超导电力磁储能系统研究进展（一）——超导储能装置 . 电力系统自动化, 25（12）: 63-68.

何金良, 嵇士杰, 刘俊, 等 . 2011. 基于巨磁电阻效应的电流传感器技术及在智能电网中的应用前景 . 电网技术, 35（5）: 8-14.

李宾宾, 荀锐锋, 张万荣 . 2007. ±800kV 特高压直流输电系统用直流断路器研究 . 电力设备, 8（3）: 8-11.

刘有为, 邓彦国, 吴立远 . 2010. 高压设备智能化方案及技术特征 . 电网技术, 34（7）: 1-4.

刘振亚 . 2006. 特高压交流输电技术研究成果专辑 : 2005 年 . 北京 : 中国电力出版社 .

钱家骊, 刘卫东, 关永刚 . 2004. 非超导型故障电流限制器的技术经济分析 . 电网技术, 28（9）: 42-43, 61.

舒印彪 . 2005. 我国特高压输电的发展与实施 . 中国电力 ,38（11）: 1-8.

孙树敏, 刘洪顺, 李庆民, 等 . 2008. 电力系统故障限流器研究综述 . 电网技术, 32（21）: 75-79.

孙元章, 王志芳, 卢强 . 1997. 静止无功补偿器对电压稳定性的影响. 中国电机工程学报 ,17(6): 373-376.

王季梅 . 2004. 论开发 750kV 超高压真空断路器的必要性 . 电力设备, 5（9）: 1-5.

武守远, 荆平, 戴朝波, 等 . 2008. 故障电流限制技术及其新进展 . 电网技术, 32（24）: 23-32.

叶林, 林良真 . 1999. 超导故障限流器的电力应用研究进展 . 电力系统自动化, 23（7）: 53-57.

袁清云 . 2005. 特高压直流输电技术现状及在我国的应用前景 . 电网技术, 29（14）: 1-3.

张文亮, 丘明, 来小康 . 2008. 储能技术在电力系统中的应用 . 电网技术, 32（7）: 1-9.

郑占锋, 邹积岩, 董恩源, 等 . 2006. 直流开断与直流断路器 . 高压电器, 42（6）: 446-449.

周勤勇，郭强，卜广全，等. 2007. 可控电抗器在我国超/特高压电网中的应用. 中国电机工程学报，27（7）：1-6.

周孝信，郭剑波，胡学浩，等. 2001. 提高交流 500kV 线路输电能力的实用技术和措施. 电网技术，25（3）：1-6.

Barnes F S, Levine J G. 2011. Large Energy Storage Systems Handbook. Tayler & Francis Group.

Boggs S A, Zhou J Y. 2000. Dielectric property measurement of nonlinear grading materials. 2000 Annual Report of the IEEE Conference on Electrical Insulation and Dielectric Phenomena, 764-767.

Hasegawa T, Yamaji K, Hatano M. 1997. Development of insulation structure and enhancement of insulation reliability of 500 kV DC GIS. IEEE Transactions on Power Delivery, 12（1）:194-202.

Jin L H, Chen L, Jun H, et al. 2011. Deep suppression of switching overvoltages in AC UHV systems using low residual arresters. IEEE Transactions on Power Delivery, 26（4）: 2718-2725.

Koch H, Hillers T, et al. 2002. Second generation gas-insulated line. Power Engineering Journal, 16(3): 111-116.

Lewis T J. 1994. Nanometric dielectrics. IEEE Transactions on Dielectrics and Electrical Insulation, 1（5）: 812-825.

Morshuis P F, Smit J J. 2005. Partial discharges at dc voltage: their mechanism, detection and analysis. IEEE Transactions on Dielectrics and Electrical Insulation, 12（2）: 328-340.

Ouyang Y, He J L, Hu J, et al. 2012. A current sensor based on the giant magnetoresistance effect: design and potential smart grid applications. Sensors, 12（11）:15520-15541.

Sato M, Hoshina Y, Hanai M, et al. 2002. Dielectric properties in high pressure CO_2 and N_2 gas using coaxial cylindrical electrode and on the surface of spacer. Transmission and Distribution Conference,（2）: 1016-1019.

Wu B T, Xiao D M, Liu Z S, et al. 2006. Analysis of insulation characteristics of c-C_4F_8 and N_2 gas mixtures by Monte Carlo method. Journal of Physics D: Applied Physics, 39（19）: 4204-4207.

Wu D Y, Meure S, Solomon D. 2008. Self-healing polymeric materials: a review of recent developments. Progress in Polymer Science, 33（5）: 479-522.

Yamada T, Ishida T T, Hayakawa N, et al. 2001. Partial discharge and breakdown mechanisms in ultra-dilute SF_6/N_2 gas mixtures. IEEE Transactions on Dielectrics and Electrical Insulation, 8（1）:137-142.

Yamamoto O, Takuma T, Hamada S, et al. 2001. Applying a gas mixtures containing c-C_4F_8 as an insulation medium. IEEE Transactions on Dielectrics and Electrical Insulation, 8（6）: 1075-1081.

第二十五章　高性能电介质材料

未来电网的智能化、高效性、高电压等级和复杂电压类型与波形对电力设备中绝缘材料和绝缘技术提出了更高的要求。高性能工程电介质材料具有更高的电气强度、空间电荷抑制、耐局部放电、耐电晕、耐热甚至热导性等优异性能，可以满足第三代电网电力设备对电气绝缘技术的要求，是目前电气绝缘材料研究和开发的前沿。

工程电介质材料是电力设备电气绝缘的物质基础。每一次工程电介质材料技术和应用的革新，都标志着电力系统发展的新水平。20世纪初开始使用的天然材料如云母、沥青、绝缘纸、矿物油、天然橡胶、大理石板等第一代电气绝缘材料，由于它们的绝缘电阻率和电气强度较低，只能满足当时电压等级低、容量小的电机、变压器、电线电缆和开关等电力设备绝缘系统的要求。20世纪中叶出现的新型合成高分子绝缘材料，发展成为第二代电气绝缘材料，由于电气强度和耐热性能得到了提高，极大地满足了大容量电机和高压电力设备对电气绝缘材料和技术的需求，实现了电力系统电压等级的进一步升高，向着超/特高压持续发展。

第二代电气绝缘材料从出现到如今在电力系统中普遍应用，其研发和应用已经历了60多年。虽然在绝缘材料的开发、性能表征和绝缘结构设计等方面取得了重大进展，但是在绝缘击穿、老化和空间电荷等基础研究方面，仍没有达成统一、清晰的理论认识，绝缘材料在特高压输电、柔性直流输电和特殊环境（真空、辐射等）等方面的应用仍没有重大的突破。虽然聚合物绝缘材料工艺水平日臻完善，但是由于聚合物绝缘材料结构的复杂性，和对击穿、老化、空间电荷等介电现象的理论认识不足，第二代电气绝缘材料绝缘性能逐渐趋于极限，难以满足第三代电网对工程电介质性能提出的更高要求。

21世纪初出现的“纳米电介质”，由于具有电气强度高、空间电荷抑制性能好、抗电老化性能优异等特点，成为第三代电气绝缘材料。将纳米技术运用到聚合物绝缘材料中会产生一些独特的效应，如微观和介观尺度的量子效应、电荷输运特性、独特的界面结构及物理化学性能。对纳米电介质中这些独特效应的研究将突破传统的电介质理论，从微观和介观层次入手，探究纳米电介质中纳米颗粒与聚合物基体的协同交互作用，研究纳米电介质绝缘性能提高的机理，提高电气绝缘性能，进而研发高性能工程电介质，为第三代电网的发展提供电气绝缘材料和绝缘技术支撑。

为深入推进高性能电介质材料和技术的发展，本章在充分研究以往电气绝缘材料的基础上，以国家能源与电网革命的中长期发展战略目标为指导，总结分析了高性能电介质的国内外研究现状，指明了国内外纳米电介质以及非线性复合电介质领域的研究重点与未来发展方向，分析了目前研究中亟待解决的问题，提出了新型纳米电介质及非线性复合电介质研究的对策。以期在研究工作中实现理论和技术的突破，研发高性能电介质材料，满足第三代电网发展的需求。

第一节　需求与发展前景预测

一、工程电介质领域的发展

1．电气绝缘材料的发展

20 世纪初叶，发电、输变电和用电设备中使用的第一代电气绝缘材料主要来源于大自然，由各类植物、无机物及矿物等材料经加工而成，主要有云母、沥青、绝缘纸、矿物油、天然橡胶、大理石板等。这些第一代电气绝缘材料绝缘电阻率低、电气强度不高，只能满足当时低电压、小容量电力设备对电气绝缘材料和绝缘技术的需求。

20 世纪中叶，随着经济的发展，用电量不断增加，电力系统电压等级和容量随之不断提高，对电气绝缘材料提出了更高的要求。合成高分子材料的发明和应用，为以高分子材料为基础材料的第二代电气绝缘材料的发展提供了机遇，从此电气绝缘材料取得了突飞猛进的发展。

由于聚合物绝缘材料具有绝缘性能良好、易加工等特点，以聚合物为基的第二代电气绝缘材料得到了极大的发展和应用，成为各种绝缘系统的主体。电机中采用环氧云母和合成纤维纸板作介质并浸渍硅有机漆作为主绝缘。电线电缆绝缘则由油纸绝缘发展为塑料聚合物绝缘，国外塑料电缆产品耐压等级已达 500kV，国内可达 220kV。合成的十二烷基苯二芳基烷烃等液体介质和聚丙烯薄膜已作为电力电容器的主绝缘。这些高分子合成材料不仅绝缘强度高、加工性能好，而且通过改变化学组成和结构，其耐热、阻燃、耐湿等性能也有所提高，这大大促进了电气绝缘材料性能的提高和发展。如电机绝缘由 Y（0）级、A 级（耐热 90 ～ 105 ℃，天然棉丝纸绝缘），发展到 C 级（耐热 20℃，聚酰亚胺绝缘），通过采用化学交联或辐照交联，聚乙烯电缆材料的耐温由 75 ℃ 提高到 90 ℃。总之，聚合物材料发明以来，第二代电气绝缘材料获得了突飞猛进的发展，实现了向多品种、多规格、功能化、精细化和高水平方向的发展，出现了许多新品种，在电气绝缘性能方面都获得了不同程度的突破，满足了大型电力设备和特殊应用条件对绝缘材料绝缘强度、耐局部放电、耐热性和耐电晕等性能的要求。

经过50多年的建设和发展，我国电气绝缘材料行业已发展成为一个具有较强科研和生产能力的基础行业。目前绝缘材料分为8个大类，即：① 聚合物树脂、漆和胶类；② 树脂浸渍纤维制品类；③ 层压制品、卷绕制品、真空压力浸胶制品和引拔制品类；④ 塑料或薄膜类；⑤ 云母制品类；⑥ 复合材料类；包括有机一有机，有机一无机的复合。⑦ 纤维制品类；⑧ 绝缘液体类；如变压器油等。

这些绝缘材料广泛应用于各个领域，如电力变压器、高储能电容器、高压电力开关设备等，极大地提高了电力设备和电力系统的技术水平。值得注意的是，电气绝缘材料的技术进步离不开工程电介质领域的人才培养和学科发展。

2. 工程电介质学科的发展

国际上电介质学科是在20世纪20～30年代形成的，标志性的事件是：电气和电子工程师学会（Institute of Electrical and Electronics Engineers，IEEE）在1920年开始召开国际绝缘介质会议，以后又建立了相应的分会（IEEE Dielectric and Electrical Insulation Society）。美国MIT建立了以Von Hippel教授为首的绝缘研究室。原苏联列宁格勒工学院成立了电气绝缘与电缆技术专业，莫斯科工学院设置了电介质与半导体专业。特别是1936年诺贝尔化学奖获得者德国Debye教授在30年代建立的电介质的极化基本理论，40年代后，Von Hippel、Fröhlich与O’Dwyer教授相应建立了电介质的强场电导与击穿理论，由此奠定了电介质物理学科的基础。随着电气和电子工程的发展，逐渐形成了以研究电介质极化、损耗、电导、击穿为基础的电介质物理学科。

我国电介质领域的发展是在1952年第一个五年计划制定和实行以来，电力工业和相应的电工学科得到迅速发展的基础上实施的。随后上海电机厂、上海电缆厂、哈尔滨电机厂、沈阳电缆厂等得到迅速兴建和发展，使电介质学科在应用领域得到的普遍认识。1952年在交通大学建立了电气绝缘与电缆专业，并建立了上海电缆研究所、北京电气科学研究院。这些校、院、所首先在我国开展了有关电介质特性的研究和人才的培养，并设置了“电介质物理”、“电介质化学”等关键专业课程。西安交通大学与上海交通大学、哈尔滨理工大学等院校为我国培养了数千名绝缘电介质专业人才，促进了我国工程电介质的发展。20世纪80年代初中国电工技术学会又建立了工程电介质专业委员会，使得我国工程电介质学科进入稳定发展阶段。

近十年来，工程电介质学科瞄准国际学术前沿和国家重大需求，取得了更大的成绩。主持召开了主题为“纳米电介质多层次结构及其宏观性能”的第354次香山科学会议，这是我国电工学科第一次申请与主持的香山科学会议。三名教授在

IEEE TDEI 国际刊物组织担任副主编，目前，在 ICSD、ICPADM、ISEIM、CEIDP、CMD 等 IEEE 系列国际会议、CIGRE SC B1 组织和 IEC 组织中均有多名中国学者任职。我国工程电介质学科的国际影响力正在不断提升，服务国家建设的能力不断增强。

二、电力能源革命对未来电介质材料的要求

未来电力工业的发展重点是第三代电网，其特征是超 / 特高压交直流输电网扩容升级、大规模新能源电力的发展、电网的可持续性和智能化，以实现电力能源的高效、稳定使用，节能减排和环境友好。新型高性能电介质是未来第三代电网的物质基础和技术关键。

未来电网要具备接纳大规模核能、风能、太阳能等可再生能源电力的能力，因此需要大力发展可再生能源电力设备。应用于可再生能源领域的电力设备的使用条件与传统电力设备有很大不同。例如，核能电力设备要求具有抗核辐射的能力、抗高低温冲击能力；风能电力设备需工作在高温度变化、高盐雾、高湿度、陡上升沿重复脉冲电压等条件下；太阳能电力设备需工作在高温度变化、交直流复合电压作用下。

超 / 特高压直流输电网络要求发展超 / 特高压直流电力设备，它们需要在复合电压下工作，带来了空间电荷、极性反转、老化破坏、污秽、沿面放电等技术难题。

环境友好电力设备是未来电力设备的发展方向，需要减少或降低电气绝缘材料的生产、使用和回收过程对环境的影响。例如，减少各种溶剂的排放，使用少溶剂或者无溶剂生产制造技术；减少热固性绝缘材料的使用，采用热塑性绝缘材料；减少 SF_6 气体的使用。

针对第三代电网对电力设备提出的新要求，未来电介质材料应具备如下性能：电气强度高、耐局部放电、耐电晕、老化寿命长，空间电荷抑制特性好，耐高低温、抗辐射、耐油、阻燃，热导率高，环境友好。

纳米电介质材料具有更高的电气强度、空间电荷抑制、耐局部放电、耐电晕、耐热等优异性能，可以满足第三代电网电力设备对未来电介质材料的要求，是目前电介质材料研究和开发的前沿。

三、高性能纳米电介质材料发展前景预测

1. 纳米电介质的优异性能

纳米电介质是在高聚物基体中掺杂尺度在 1 ～ 100nm 无机粒子组成的复合物，

其特点是出现了介观尺度的结构和宏观优异的介电性能。

目前纳米电介质的制备方法主要有以下几种：一是原位聚合法，将经过表面处理的纳米粒子加入聚合物单体，均匀混合，在合适条件下进行单体聚合得到纳米电介质材料。二是溶液共混法，将聚合物基体使用溶剂溶解，在溶解液中加入表面处理的纳米粒子，使之均匀分散，蒸发溶剂得到纳米电介质材料。三是溶胶凝胶法，使用含高化学活性组分的化合物作为前驱体，在液相下将原料进行混合，经过水解、缩合反应，在溶液中形成稳定的透明胶质体系，胶粒互相聚合，形成三维空间网络结构的凝胶，凝胶经过干燥、固化等工序制备出纳米电介质材料。四是熔融共混法，将聚合物在一定温度下熔解，形成流动性较好的熔融态，加入纳米粒子，经过混料机的机械剪切、转动和搅拌等作用，使得纳米粒子在聚合物基体中均匀分散，制备出纳米电介质材料。这些制备方法都能制备出纳米粒子分散良好的纳米电介质材料，使其表现出许多优异的介电性能。

在过去的10多年里，纳米电介质绝缘性能的研究主要有电气强度、耐局部放电、耐电树枝老化、耐电晕、沿面闪络、空间电荷、介电常数和直流电导等特性。表25-1展示了纳米电介质绝缘性能改善提高的情况。与未掺杂或微米掺杂电介质相比，纳米电介质的电气强度、耐局部放电、耐电晕、耐电树枝老化、沿面闪络、空间电荷等介电性能得到了不同程度的改善。介电常数、介质损耗、直流电导率等介电性能与纳米粒子类型、填充比例和表面处理等在一定程度上关联。

表25-1 纳米电介质一些性能的改善情况

绝缘性能	改善情况	原因
耐局部放电	提升	纳米填充物分割开了聚合物
电树枝老化寿命	延长	特别是在适当的电场下
空间电荷	减少	电荷注入电压阈值的提高
耐电晕或电烧蚀	提升	与耐部放电类似
击穿场强	提高或不变	耦合，杂质效应
介电常数	增大或减少	一定条件下
介电损耗	变化复杂	复杂的界面结构
直流电导率	增大或减少	陷阱和杂质的影响
沿面闪络电压	增大或减少	陷阱和表面特性

由此可见，纳米电介质初步表现出优异的电气强度、耐局部放电、耐电晕、耐电树枝老化、沿面闪络、空间电荷等性能，与第三代电网电力设备对电介质材料绝缘性能发展方向的要求相符。

2．纳米电介质的发展思路

纳米电介质科学特点多为无机纳米粒子 / 高聚物复合电介质，除了复杂，庞大体内界面、材料表面、电极 / 电介质界面。几乎未发现其他类型纳米电介质的量子限域和量子尺寸效应。纳米电介质即使是单个纳米粒子，制成纳米电介质体系也会有界面存在，因此，界面和表面是纳米电介质研究的关键科学问题。目前研究的主要科学问题有以下几点。

（1）不同类型界面和表面的结构特征、理化特征及界面的调控机理尚不清晰。

（2）纳米粒子的分散性较差，团聚结构存在不确定性，以及宏观性能变化存在无规律性、矛盾性，表征和测试结果呈现局限性和不良重复性。

（3）纳米电介质的制备方法落后，很难得到性能稳定和纳米粒子分散良好的纳米电介质材料。

（4）纳米电介质微观（micro）、介观（meso）、宏观（macro）的相互关系（简称 3M 关系）仍不清楚。

针对上述纳米电介质研究的科学问题，提出纳米电介质近期（2002 ～ 2030 年）和远期（2030 ～ 2050 年）发展思路。主要从制备技术、界面表征与调控技术及应用技术等方面简要阐述。

1）近期发展思路

尽管目前国内外学者开展了纳米电介质的粒子分散性、表面处理效果、界面区作用、微观参数、介电响应行为、纳米粒子类型和含量对介电特性影响规律的研究，获得了优异的电气强度、耐局部放电、耐电晕、耐电树枝老化、沿面闪络、空间电荷等性能，为纳米电介质的发展和应用奠定了良好基础，但是纳米粒子在聚合物基体中均匀分散仍然是纳米电介质研究的技术瓶颈，造成实验研究结果的分散性和多样性。另外，对纳米电介质界面结构表征和调控技术缺乏，导致纳米电介质性能变化的机理不清楚，很难建立 3M 关系。

因此针对上述存在的问题，近期纳米电介质需要在以下几个方面开展研究：一是研究纳米电介质制备技术，实现纳米粒子在聚合物基体中的均匀分散，包括原位聚合法、溶液共混法、溶胶凝胶法、熔融共混法等方法；二是研究纳米粒子表面处理技术，实现对聚合物基体与纳米粒子间界面区的调控；二是研究新的表征技术，准确表征纳米电介质的界面结构，提取纳米电介质的微观介电参数；三是探索纳米电介质的新现象和新效应，研究其界面调控机理，逐步建立起纳米电介质的 3M 关系。四是研究纳米电介质的应用技术，重点研究开发绝缘性能优异、稳定性好、易加工的纳米电介质材料。

近期纳米电介质的发展目标是准确表征纳米电介质的界面结构，实验验证其界面效应，从理论上认识纳米电介质的界面效能。另外，结合制备技术、界面结构的表征与调控、应用技术等获得高性能的纳米电介质材料，主要是实现单项性能的提高。

2）中远期发展思路

中远期纳米电介质的研究是在近期研究的基础上通过选择特殊的纳米粒子，并采用化学手段等对其进行表面修饰以调控界面，和采用新的制备方法设计构造具有新纳米结构的纳米电介质材料。其中，界面调控技术是关键，主要采用化学手段实现。包括纳米粒子表面硅烷偶联剂修饰和功能化处理以及改变界面结构(如单层或双层的壳层结构、壳心结构)。一些纳米电介质的研究结果已经证实了这些界面调控效应，如聚苯乙烯 /$BaTiO_3$、聚偏二氟乙烯 /$BaTiO_3$、环氧 /AlN 和 环氧 /BN 等纳米电介质。另外，通过模拟仿真技术分析和预测纳米电介质的宏观特性。远期纳米电介质的研究有望同时实现两种及两种以上性能的提高，可以同时满足第三代电网电力设备电气绝缘材料和绝缘技术的多种性能要求，实现电力设备性能的极大改善，具有非常广阔的应用前景。

中远期纳米电介质的研究需要重点突破：一是界面调控和制备技术，包括采用新的制备方法，如原位热蒸发技术、原位原子转移自由基聚合（ATRP）和原位可逆加成－断裂链转移（RAFT）聚合等；纳米粒子表面功能化，包括不同偶联剂的处理和表面嫁接，如氧化石墨烯（GO）处理氮化铝纳米粒子表面、低聚倍半硅氧烷（POSS）处理氮化铝纳米粒子表面、氮化铝表面嫁接高聚物分子等。这些技术的运用不但改善了纳米粒子在聚合物基体中的分散性，而且同时提高了纳米电介质击穿、介电常数、介电损耗、热导率等多个性能。二是纳米电介质界面结构和性能的关系，关键是微观 - 介观 - 宏观结构和性能的关系。三是计算机模拟仿真和计算技术，包括分子动力学、Monte Carlo 模拟、第一性原理计算等。这些模拟和仿真技术的运用将有助于理解纳米电介质界面的形成和纳米粒子的分散性，定量解释纳米电介质实验现象和机理。

中远期纳米电介质的发展目标是建立纳米电介质微观 - 介观 - 宏观结构和性能的关系，发挥纳米结构在调控与大幅度全面提高绝缘介质性能方面的作用，实现多个性能的同时提高，缩小绝缘体积，延长绝缘材料寿命，最终获得能广泛应用的高性能纳米电介质材料。

此外，通过在聚合物基体中添加半导电纳米粒子可以得到具有非线性电压电流特性的纳米电介质。这种非线性电介质在高电场下具有导电性而在低电场下仍保持绝缘性，通过电场控制电导实现直流电场均匀化，在高压直流电力设备中具有广泛的应用前景。半导电粒子可以是纳米 ZnO、ZnO 压敏陶瓷粒子、纳米 SiC、碳纳米管、石墨烯、炭黑等。

非线性纳米电介质材料需要重点突破无机半导电纳米粒子掺杂和碳纳米管纳米电介质，研究这些纳米电介质材料的制备技术，了解和掌握其形态特性，研究其非线性电导特性的调控机理，获得可应用的非线性纳米电介质材料制备技术。

综上所述，未来第三代电网的发展对电介质材料提出了更高的要求，不仅需要提高常规条件下电介质材料的绝缘性能，而且需要提高特殊环境条件下的性能，如抗辐射、耐高低温、高沿面闪络电压、环境友好等。纳米电介质的发展顺应了第三代电网电力设备的发展要求，其发展前景良好，可以满足第三代电网发展的众多需求。纳米电介质由近期向中远期的发展，以及非线性复合纳米电介质的发展，将全面提高其性能，实现电介质材料的高性能化，为第三代电网电气绝缘技术的发展提供物质基础。

第二节　纳米电介质国内外发展现状和趋势

与传统的微米复合电介质相比，在纳米电介质中，纳米粒子由于比表面积大和活性高，容易与高聚物基体形成大量结构复杂的界面区，这种复杂和独特的界面改变了纳米电介质的介观结构和微观参数，从而提高了电介质的电性能。下面从纳米电介质制备技术、结构表征和性能提高、理论研究和应用技术等方面论述纳米电介质的发展现状和趋势。

一、纳米电介质制备技术的发展现状和趋势

为减少纳米粒子之间的团聚和提高其与聚合物基体间的相容性，通常需要对纳米粒子进行表面处理。一般采用硅烷偶联剂处理纳米粒子，一方面，硅烷偶联剂的亲无机基团与纳米粒子表面羟基发生键合作用；另一方面，硅烷偶联剂的亲有机基团与聚合物分子链发生键合作用，从而连接了纳米粒子和聚合物分子链，提高了纳米粒子和聚合物基体之间的相容性，减少了纳米粒子之间的团聚，改善了纳米粒子在基体中的分散性。

纳米粒子在基体中的分散性和纳米电介质的宏观性能不仅与纳米粒子的表面处理有关，还与制备方法密切相关。目前，纳米电介质制备方法主要有以下几种。

1．原位聚合法

原位聚合法，将经过表面处理的纳米粒子加入到聚合物单体中，均匀混合，

在合适的条件下进行单体聚合，得到纳米电介质材料，如图 25-1 所示。这种方法的优点是，纳米粒子不仅能够在基体中均匀分散，而且能够保持自身的特殊性能，另外，在加工过程中，纳米电介质能够通过原位聚合法一次成型，避免了重复加工导致的性能退化，保证了纳米电介质性能的稳定性。但是，原位聚合法工艺复杂，对各种聚合条件如温度、时间等要求高，且聚合度不容易控制，容易生成低聚物，产生杂质，因此还未得到普遍应用。

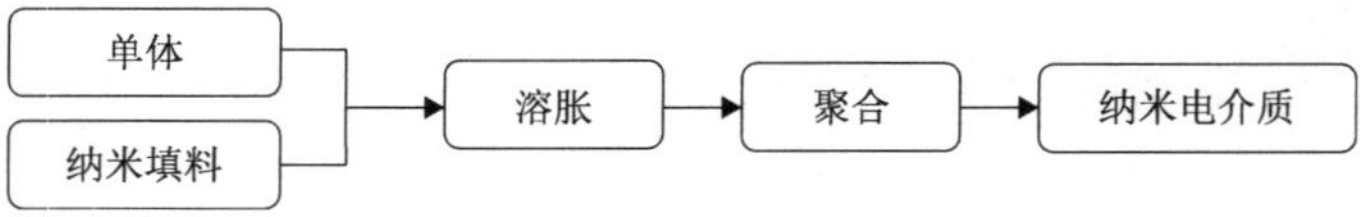

图 25-1　原位聚合制备纳米电介质原理图

2. 溶液共混法

溶液共混法，使用有机溶剂溶解聚合物基体，在溶解液中加入经表面处理的纳米粒子，均匀分散，然后蒸发去除溶剂得到纳米电介质材料，其工艺过程原理图如图 25-2 所示。溶液共混法存在的问题是溶剂不能完全挥发，影响纳米电介质性能。另外，溶解聚合物的有机溶剂往往具有毒性，危害人体健康，造成环境污染。

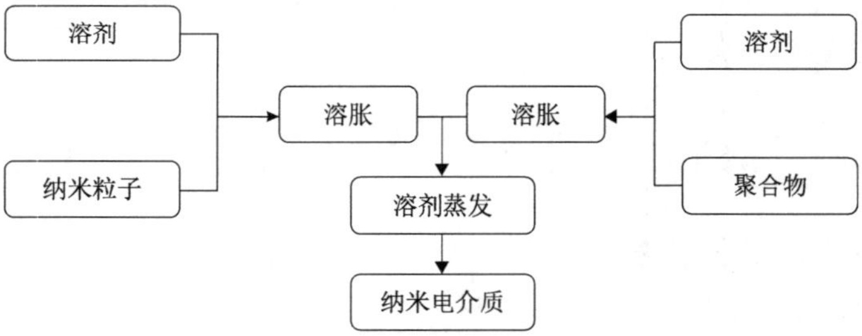

图 25-2　溶液共混制备纳米电介质原理图

3. 溶胶凝胶法

溶胶凝胶法，使用含高化学活性组分的化合物作为前驱体，在液相下将原料进行混合，并经过水解、缩合化学反应，在溶液中形成稳定的透明胶质体系，溶胶经过陈化，胶粒互相聚合，形成三维空间网络结构的凝胶，凝胶经过干燥、固化等工序制备出纳米电介质材料。溶胶凝胶法由于其反应条件温和、合成手段丰富等优点得到了广泛应用，尤其是在制备功能纳米电介质材料方面具有明显优势。然而，溶胶凝胶法制备过程时间较长，且在干燥过程中溶剂和有机物的挥发会造成材料内部收缩、脆裂，影响纳米电介质的性能；此外，与溶液共混法相似，其使用的有机溶剂大部分具有毒性，造成环境污染。

4．熔融共混法

熔融共混法，将聚合物在一定温度下熔解，形成流动性较好的熔融态，在熔融态中加入纳米粒子，经过混料机的机械剪切和搅拌作用，使得纳米粒子在聚合物基体中均匀分散。熔融共混法采用机械应力分散纳米粒子，不使用溶剂，因此操作简单、适用性强、无污染，适合于工业生产。熔融共混法的缺点是存在纳米粒子团聚现象，分散性较差。

上述的几种方法都可以制备出纳米粒子分散较好的纳米电介质材料，其中，原位聚合法在上述几种方法中具有最优的纳米粒子分散效果，但是，其工艺复杂，应用受限；熔融共混法的纳米粒子分散性略差，但其工艺简单，便于工业应用。因此，综合考虑纳米粒子分散性、制备工艺和环境友好等方面，目前还没有理想的纳米电介质制备技术。未来应不断改进和发展现有制备技术，同时研发新的制备技术，实现纳米粒子分散良好、工艺简单、便于应用和环境友好的纳米电介质材料制备技术。

二、纳米电介质结构表征和性能的研究现状和趋势

纳米粒子具有高表面活性和奇异的理化效应，其与基体间的相互作用会改变纳米电介质的介观结构和微观参数，进而提高纳米电介质的介电性能。大量的文献对纳米电介质进行了表征和研究，包括纳米粒子分散性、界面结构表征、介电性能等研究。其中，纳米粒子分散性和界面结构表征，一方面可以检验和评价纳米电介质的制备技术，另一方面为介电性能的变化提供了理论依据。

纳米粒子在基体中分散性的表征方法主要有扫描电子显微镜（SEM）、透射电子显微镜（TEM）、原子力显微镜（AFM）等方法。SEM 用于观测试样断面纳米粒子的分散性；TEM 用于观测薄膜或者溶液中纳米粒子的分散性；AFM 用于观测纳米电介质三维表面状态。

纳米电介质界面结构的表征方法主要有傅里叶转换红外光谱（FTIR）、热失重分析（TG）、差式扫描量热分析（DSC）等。FTIR 用于分析纳米电介质中化学官能团的变化，特别是检测界面区纳米粒子经过表面处理后引入的官能团信息。对界面区化学基团的分析可以反映界面区分子链与纳米粒子之间的化学键合作用；TG 用于分析纳米电介质的热失重和热分解特性，对这些特性的分析反映了界面区分子链和纳米粒子表面的相互作用（链束缚等）；DSC 用于分析纳米电介质的吸热、放热、结晶度和玻璃化转变温度等特性，这些分析可以证实界面区对

分子链的运动、松弛和结晶的影响。

纳米电介质介电性能的研究主要有以下几点。

1. 耐树枝化性能

采用针电极引发水树枝或电树枝，并采用显微镜或电镜观测水树枝或电树枝的生长情况，依此来表征纳米电介质的耐树枝化特性。实验结果表明，纳米电介质有效地抑制了水树枝或电树枝的生长，延长了绝缘材料的老化寿命。

图 25-3 给出了未掺杂交联聚乙烯（XLPE）和 5wt% XLPE/SiO_2 纳米电介质水树枝长度的测试结果。可以看出，纳米电介质的水树枝长度明显比未掺杂 XLPE 的小。

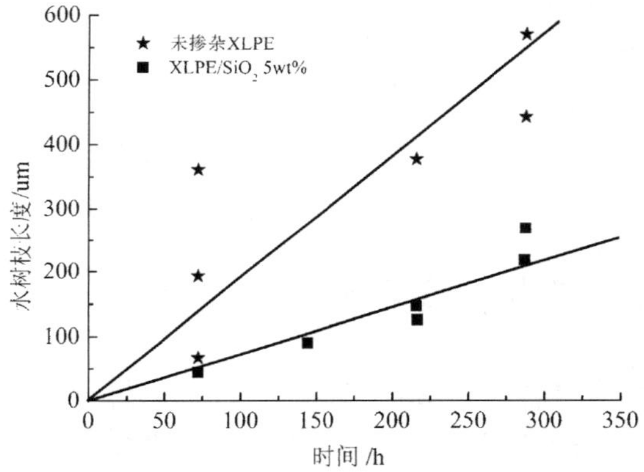

图 25-3　未掺杂 XLPE 与 XLPE/SiO_2 纳米电介质 5kV 电压下水树枝生长情况

研究结果表明，纳米粒子的引入可以改善纳米电介质的抗电树枝老化击穿性能。例如，环氧基体中掺杂少量纳米 ZnO 后，纳米电介质的电树枝老化击穿时间明显延长；随着纳米粒子含量增加，LDPE/ZnO 纳米电介质的电树枝老化击穿时间也明显增加，与未掺杂的聚乙烯相比，掺杂含量为 10wt% 的纳米电介质电树枝老化击穿时间增加了 50 倍。

2. 耐电晕和耐局部放电性能

采用针–板电极结构测试纳米电介质的耐电晕和耐局部放电性能，并测试纳米电介质的表面粗糙度和电晕或局部放电腐蚀深度，以此来表征纳米电介质的耐电晕和耐局部放电性能。实验结果表明，纳米电介质能有效地抑制电晕或局部放电对材料的腐蚀，延长绝缘材料寿命。

图 25-4 为环氧 / 二氧化钛（EP/TiO_2）纳米电介质耐电晕强度的测试结果。实验结果表明，老化 90h 后，EP/TiO_2 纳米电介质的电晕腐蚀深度减小到未掺杂

EP 的 1/3，纳米掺杂有效抑制了电晕腐蚀向纳米电介质内部的发展。

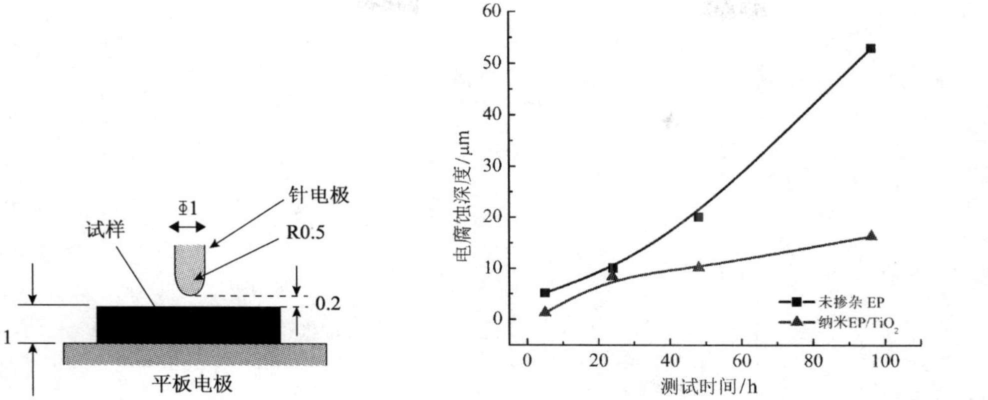

（a）针—板电极系统　（b）未掺杂 EP 与 EP/TiO_2 在 60Hz、6kV 电压下耐电晕性能

图 25-4　EP/TiO_2 纳米电介质耐电晕性能测试

对聚酰胺 / 层状硅酸盐纳米电介质的实验研究表明，纳米电介质体内大量的界面区能够有效地提高材料的耐局部放电和耐电晕老化性能。研究发现聚酰胺 / 硅酸盐纳米电介质的耐局部放电性能得到提高。由于纳米粒子同聚合物基体间的作用，纳米电介质中会形成大量球晶结构，可以抵挡电侵蚀的进一步发展，从而提高纳米电介质的耐电晕和耐局部放电性能。

目前关于纳米电介质的耐电晕和耐局部放电机理尚未达成统一认识，一些学者认为其耐电晕性能提高是由于电老化过程中纳米粒子在聚合物表面团聚，高导热的纳米粒子能够迅速消耗并传导热能，使聚合物耐电晕能力提高。另一些学者认为，纳米电介质耐电晕性能的提高源于无机纳米粒子及其周围产生的界面相。因此，纳米电介质电晕老化机理仍有待进一步探究。

3. 空间电荷性能

采用电声脉冲法（PEA）和压力波法（PWP）等表征纳米电介质的空间电荷分布和内部电场变化情况。实验结果表明，纳米掺杂减少了介质内部的空间电荷积聚，降低了介质内部的电场畸变。

图 25-5 给出了微米和纳米 EP/TiO_2 复合电介质内由空间电荷积聚引起的最大电场强度与加压时间的关系。加压初期，试样中最大电场强度约为 6kV/mm。15min 后，由于空间电荷积聚，微米电介质内部最大场强明显增大，而纳米电介质的内部场强基本不变。由此可见，纳米电介质能有效改善空间电荷积聚和由此引发的电场畸变。

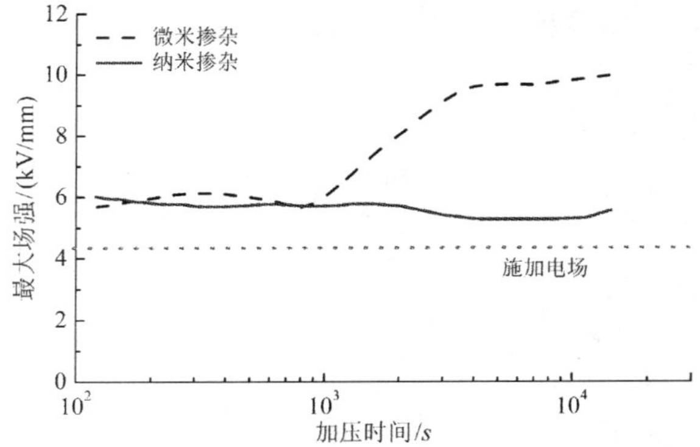

图 25-5　EP/TiO_2 复合电介质内最大场强与加压时间的关系
试样外施场强为 4.2kV/mm

图 25-6 为 LDPE/ZnO 纳米电介质内空间电荷的分布情况，外施场强为 50kV/mm，加压时间为 1800s。实验结果表明，0.5wt% 纳米 ZnO 掺杂明显抑制了 LDPE 中空间电荷积聚。

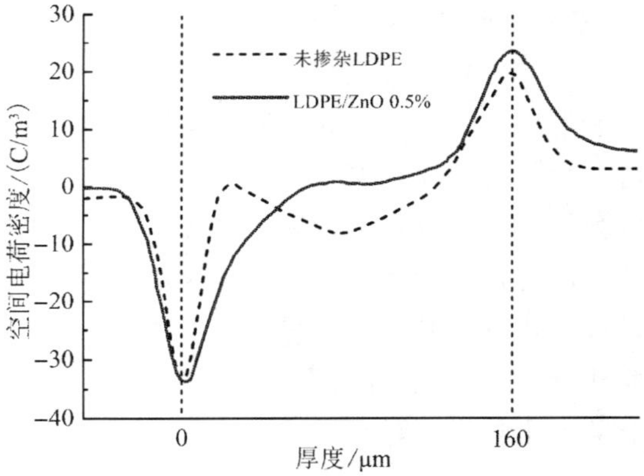

图 25-6　加压 1800s 后未掺杂 LDPE 与 LDPE/ZnO 纳米电介质的空间电荷分布

目前普遍认为，纳米粒子掺杂改变了电介质中的陷阱参数，从而影响了纳米电介质的空间电荷性能，但是纳米粒子对陷阱参数的影响机制以及陷阱参数变化对空间电荷性能的影响尚不清晰。因此，纳米电介质中空间电荷的抑制机理还有待进一步研究。

4. 耐电气强度性能

纳米电介质电气强度是电力系统绝缘材料最重要的特性之一。对纳米电介质电气强度的表征仍采用传统电介质的表征方法，如 IEC 标准等。研究表明，与微米掺杂或未掺杂相比，纳米掺杂能提高复合电介质的电气强度。

图 25-7 给出了未掺杂、微米和纳米 SiO_2 掺杂的 XLPE 试样的直流击穿场强。结果表明，微米掺杂降低了介质的击穿场强，与之相反，纳米粒子掺杂后介质的击穿场强明显提高。

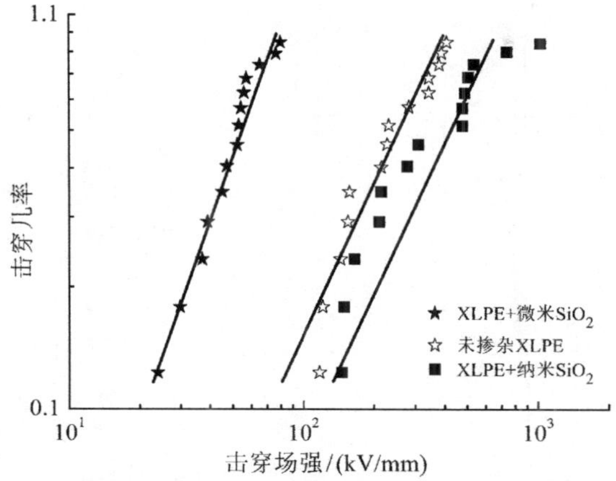

图 25-7　未掺杂、微米和纳米 SiO_2 掺杂的 XLPE 试样的直流击穿场强威布尔分布曲线

图 25-8 给出了 EP/Ag 纳米电介质的交流击穿场强。结果表明，适量纳米粒子的引入可以有效提高 EP 的交流击穿场强，但当掺杂量超过 5wt% 时，纳米电介质的击穿场强开始下降。

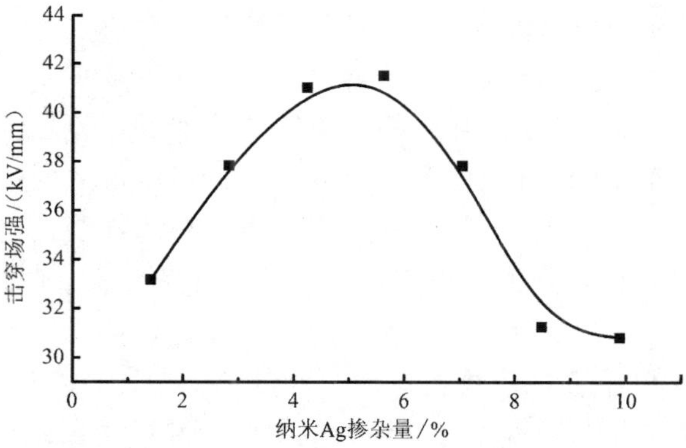

图 25-8　EP/Ag 纳米电介质的交流击穿场强

5. 体积电阻率性能

采用三电极结构和微电流计测试纳米电介质在直流电场下的电压和电流，计算出纳米电介质的体积电阻率。实验结果表明，适量的纳米粒子掺杂提高了纳米电介质的体积电阻率。

图 25-9 给出了 LDPE/MgO 纳米电介质在 30℃时，40kV/mm 和 80kV/mm 场强下的体积电阻率。结果表明，纳米电介质的体积电阻率随纳米粒子含量增加先增大，当含量超过 2phr 后，体积电阻率略有减小。

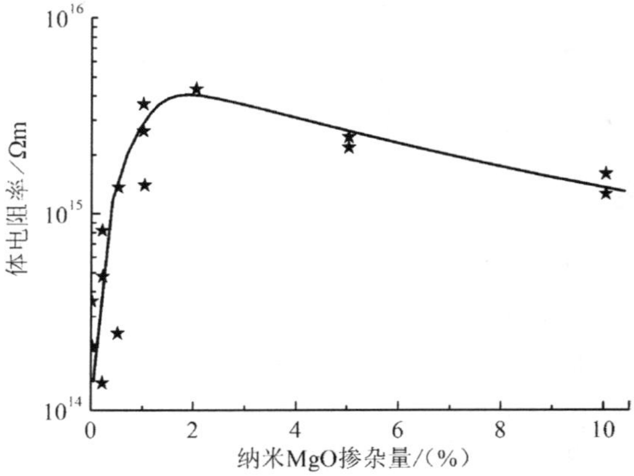

图 25-9　LDPE/MgO 纳米电介质体积电阻率随纳米粒子含量的变化

6. 介电响应

采用宽频介电谱技术表征纳米电介质在不同频率和温度下的介电响应参数，来分析纳米电介质的介电松弛特性、载流子迁移特性和界面区极化特性等。实验结果表明，纳米掺杂可以有效改善聚合物的介电响应特性。

图 25-10 给出了 EP/ZnO 纳米电介质介电常数与 ZnO 纳米粒子掺杂含量的关系。结果表明，EP/ZnO 纳米电介质的介电常数随纳米粒子含量的增加先减小后增大，在含量为 0.1wt% 时介电常数最小，低频时介电常数变化幅度较大。也有研究结果显示，EP/TiO_2 纳米电介质的介电常数也有同样的变化规律。当纳米粒子含量较高时，纳米电介质的介电常数要高于未掺杂介质。PI/Al_2O_3 纳米电介质介电响应测试结果显示，Al_2O_3 掺杂含量为 15wt% 时，纳米电介质的介电常数为 11，远大于未掺杂 PI 的介电常数 3.5。

低掺杂含量时，纳米电介质介电常数的下降可能是由基体与纳米粒子之间的界面结构使基体中偶极基团的运动受到限制所致。随纳米粒子含量的增大，介电常数变化幅度大的原因是在低频下偶极基团的极化容易建立，介电常数较大，纳米掺杂后限制了界面区极性基团的运动，使得介电常数下降明显。高掺杂含量时，纳米电介质介电常数的上升是由纳米粒子本身高介电常数所致。由此可见，纳米电介质介电性能的变化与界面区的结构和微观参数有关。

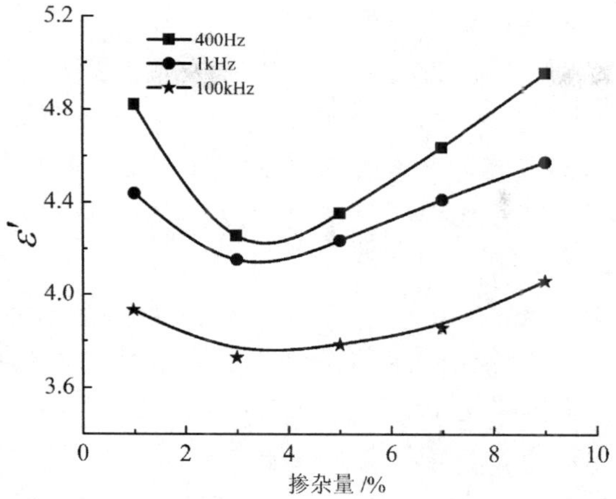

图 25-10　EP/ZnO 纳米电介质介电常数与纳米粒子掺杂量的关系

7. 沿面闪络性能

在平板或指形电极结构下，采用闪络电压和电流测试技术对纳米电介质的脉冲或直流沿面闪络性能进行表征。结果表明，适量的纳米粒子掺杂提高了纳米电介质的沿面闪络性能。

图 25-11 给出了聚苯乙烯 / 氧化铝（PS/Al_2O_3）纳米电介质的脉冲真空沿面闪络性能，实验电极为平板电极，施加电压为标准雷电波脉冲（1.2/50ms）。采用逐级升压法测试试样的初闪、老练和耐受电压，其中初闪电压指的是在某一电压等

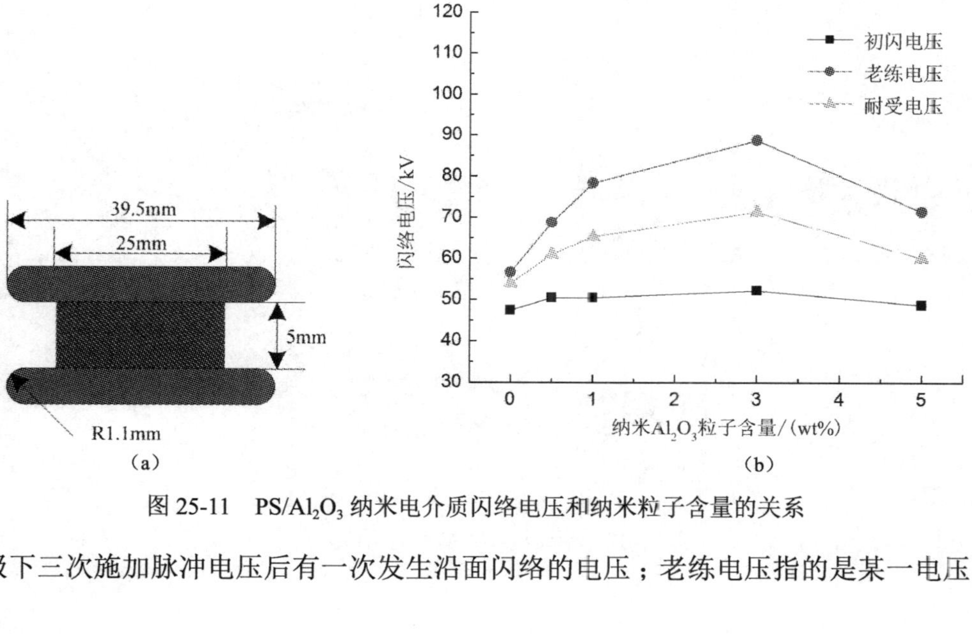

图 25-11　PS/Al_2O_3 纳米电介质闪络电压和纳米粒子含量的关系

级下三次施加脉冲电压后有一次发生沿面闪络的电压；老练电压指的是某一电压

等级下三次施加脉冲电压均发生沿面闪络的电压；耐受电压是老练闪络后开始降压，在某一电压等级下三次施加脉冲电压均不能发生沿面闪络的电压。结果显示，随着纳米粒子含量增加，PS/Al_2O_3 纳米电介质的真空沿面闪络电压先增大后减小。在掺杂含量为 3wt % 时其初闪、老练和耐受电压最大，比未掺杂 PS 的老练电压提高 60% 左右。也有实验结果表明，EP/TiO_2 纳米电介质的沿面闪络电压比未掺杂环氧的有所提高。

然而，氮气环境中未掺杂 EP、EP/Al_2O_3 和 EP/TiO_2 纳米电介质沿面闪络测试结果表明，沿面闪络电压随纳米粒子含量和种类的变化没有明显规律。

有学者认为，沿面闪络电压的变化与纳米电介质表面陷阱参数有关，陷阱参数的变化会影响表面载流子的捕获概率和迁移速率，进而改变纳米电介质的闪络电压。但是纳米掺杂对表面陷阱参数的影响机制尚不明确，纳米电介质沿面闪络性能的提高和作用机制还有待进一步研究和探讨。

8. 非线性电导性能

一般通过测试复合电介质的电压－电流特性对其非线性电导特性进行表征。实验结果表明，在聚合物基体中添加半导电性的无机填料，特别是纳米无机填料时，可以制得具有场致非线性电导特性的复合电介质。通过改变粒子尺寸、含量以及表面处理等可以调控复合电介质非线性特性。

国内外学者对复合绝缘材料的非线性电导特性进行了研究。图 25-12 为交流电缆终端等电位线分布图，可以看到采用非线性复合材料能够明显改善电缆终端的电场分布。

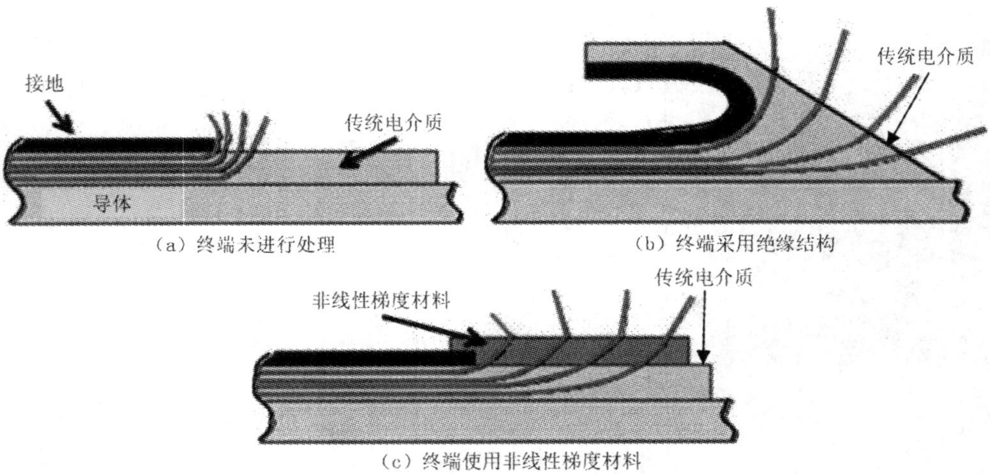

(a) 终端未进行处理　　(b) 终端采用绝缘结构

(c) 终端使用非线性梯度材料

图 25-12　交流电缆终端等电位线分布图

图 25-13 为 EPDM/SiC 非线性复合电介质电阻率随施加电压的变化曲线，插图为理论变化曲线。可以看到，实际测试结果与理论曲线吻合较好：低电场时非线性材料的电阻率保持不变，电介质仍保持绝缘状态；随电场增加，电阻率开始非线性下降，下降斜率为 α，呈现非线性特性。

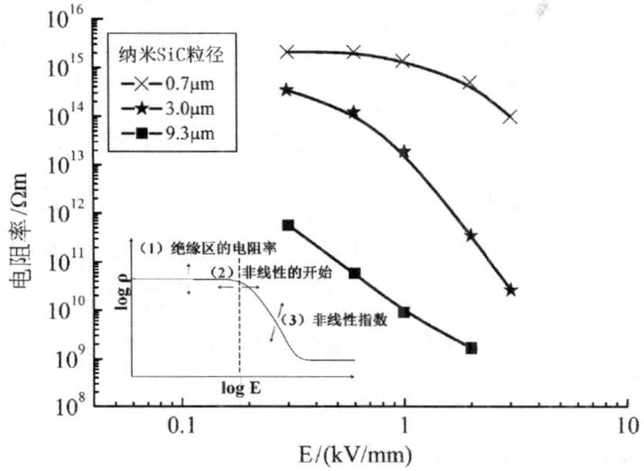

图 25-13　EPDM/SiC 非线性复合电介质电阻率随施加电压的变化曲线

综上所述，目前国内外得到的纳米电介质普遍具有优异的耐局部放电、耐电晕、耐树枝老化性能和空间电荷抑制特性，但其介电响应、击穿场强、沿面闪络等特性的变化较为复杂，实验结果的一致性较差。这与纳米粒子种类、含量、表面处理方式和聚合物基体种类都有很大关系。未来应深入认识纳米电介质的宏观绝缘性能与介观结构和微观参数之间的关系，研究纳米电介质复杂界面结构和电荷输运过程，解决纳米粒子难分散、易团聚、受表面处理方式影响大等问题，突破纳米电介质性能测试和表征手段的局限性，开发符合未来第三代电网电力设备需求的耐辐射、耐电晕、高电气强度、高导热的新型纳米电介质材料。

三、纳米电介质的应用

从上述纳米电介质的研究现状可以看出，纳米电介质具有优异的介电性能，如耐局部放电、耐电晕、耐树枝老化、高电气强度、高沿面闪络电压、空间电荷积聚少等，可以满足第三代电网对电力设备电气绝缘的发展需求。目前，纳米电介质已经在电力系统中得到了初步应用，下面进行简要介绍。

XLPE 直流电缆是高压直流输电系统中的重要基础设施，绝缘性能好、造价低、易维护，适合于大容量、长距离输电。然而，目前普遍使用的 XLPE 直流电缆绝缘材料中容易积聚空间电荷，导致材料内部电场畸变，从而加速绝缘材料的老化和击穿。另外，这些空间电荷的存在，在直流电缆承受极性反转电压以及可能叠加的交流、脉冲电压等时，会引发局部高电场，加剧绝缘材料的劣化和击穿。因此，空间电荷积聚是限制高压直流电缆发展的关键因素。目前，日本研制出掺杂纳米 MgO 的 XLPE 直流电缆绝缘材料，已经应用到 250kV 和 500kV 直流电缆中，其掺杂量分别为 5wt% 和 lwt%，纳米粒子粒径分别为 30nm 和 50nm。XLPE/MgO 纳米电介质在直流电缆中的应用，改善了绝缘材料内部空间电荷积聚特性，提高了其绝缘老化和击穿特性，从而发展了高压直流输电。

线圈绝缘和漆包线漆是电机和变压器绝缘系统的重要保障。然而，在电机和变压器特别是变频电机中，这些绝缘材料表面容易发生电晕，材料内部容易发生局部放电，从而导致绝缘材料的老化甚至破坏。因此，耐电晕和耐局部放电是发展高压电机和变压器的关键问题。目前，美国通用电气公司已经发明了一种在聚合物中加入纳米 SiO_2 或 Al_2O_3 粒子的纳米电介质材料，粒子的尺寸为 5 ～ 50nm。这种材料已经应用到电机和变压器的线圈绝缘和漆包线漆中，大幅度提高了其耐电晕老化性能。另外，美国杜邦公司联合 ABB、西门子等电气公司，通过在聚酰亚胺中掺杂气相法合成的纳米 Al_2O_3 研制出了一种耐电晕聚酰亚胺复合薄膜，掺杂粒子直径为 7~40nm。这种复合薄膜已经在变频电机中得到了应用，其耐电晕能力比传统聚酰亚胺薄膜提高了 500 倍以上。

在 GIS 开关设备中，通常采用盆式绝缘子并充 SF_6 气体、N_2 气体或混合气体作为绝缘系统。在该绝缘系统中，固体介质表面和气体之间容易发生沿面闪络。在户外绝缘系统中，特别是在高海拔、潮湿、污秽等恶劣环境下绝缘子串表面容易发生污闪或者电弧放电，从而导致绝缘材料腐蚀或电力设备瘫痪。因此，沿面闪络和电弧放电是发展 GIS 和户外绝缘设备的关键问题。研究表明，在 GIS 盆式绝缘子中，采用环氧中掺杂纳米 $Al(OH)_3$ 和 Al_2O_3 等粒子制备的纳米电介质材料，提高了绝缘系统的沿面闪络性能。另外，在户外绝缘系统中，采用硅橡胶中掺杂纳米粒子制成的纳米电介质材料，提高了绝缘材料的抗电弧腐蚀能力。

在一些特殊环境绝缘系统中，绝缘材料需满足耐辐射或耐高温等要求。目前，聚酯中掺杂不同含量的纳米 SiO_2、TiO_2、ZnO 和蒙脱土等形成的纳米电介质表现出优异的力、热和电性能，满足了耐辐射或耐高温的要求，在特殊环境绝缘系统中得到了初步应用。

另外，非线性纳米电介质材料也已经应用到高压电机定子线棒端部的防电晕带和电缆终端的绝缘材料中。采用防晕漆中掺杂纳米 SiC 或 ZnO 粒子制成具有非线性电导特性的复合材料，改善了材料周围和内部的电场分布，达到了防电晕和均匀电场的目的。

综上所述，纳米电介质在电力系统的不同领域中得到了初步应用，提高了电力设备电气绝缘材料的性能。然而这些纳米电介质的应用只能改善或满足一定条件下绝缘系统的某些性能，不能综合提升绝缘系统的多种性能，限制了电力系统向更高电压等级的发展。随着第三代电网的提出和发展，未来需不断研究和开发应用性强、综合性能优异的纳米电介质材料，以更好地满足第三代电网的发展要求。

第三节　所需解决的基础理论和关键技术

针对上述纳米电介质的研究现状及存在的问题，未来纳米电介质的发展需要解决许多基础理论和关键技术问题。其中基础理论方面包括：电介质的纳米结构和纳米效应，电介质极化、电荷输运、击穿和老化的尺度效应，以及纳米电介质的模拟和仿真分析。关键技术包括纳米粒子均匀分散技术、结构表征技术、新型纳米电介质设计和制备技术等。

一、所需解决的基础理论

在基础理论方面，纳米电介质的研究涉及过去从未研究过的介观领域。因此，在传统电介质微观结构—宏观性能理论的基础上，需加强介观或纳米尺度结构对微观结构及宏观性能之间关联的作用，以及介观结构对宏观性能的调控作用等基础研究，探索建立微观结构—介观结构—宏观性能（3M）三者相互联系的理论模型。

传统的电介质理论包括：Debye、Kirkwood 和 Onsager 等建立的单一材料微观质点体系的宏观统计平均量的介电理论；晶体电子结构的能带理论；非晶体电子定域的 Anderson-Mott 理论；Maxwell 与 Wagner 依据电路原理建立的复合体系的界面极化理论；Richardon-Dushman、Schottky 与 Fower-Nordheim（F-N）分别建立的金属 - 真空（电介质）界面电子的热、场助热和隧道（场）发射理论；体内 Poole-Frenkel 受陷电子发射理论；Boltzmann 的载流子散射微观理论即电荷输运方程；Froehlich 和 Hipple 的电子击穿理论；电或多应力联合老化的热力学唯象理论。近年来，随着纳米科技、微电子和生物科技的发展，使得研究纳米结构体系特别是表面及界面结构对材料的介电、击穿、老化等特性的影响已成为学科发展的前沿和热点。预期对纳米电介质介电现象的研究，如同纳米物理学，纳米化学等新型学科将受到极大的关注。

1. 纳米电介质极化的尺度效应

当纳米填充物加入到聚合物基体中形成纳米电介质时，复合体系中聚合物分子链与纳米颗粒之间会形成界面区，界面区会存在纳米结构单元，纳米结构单元会影响基体分子链段的运动。纳米尺度的分子链段在界面区会受到静电力作用，从而导致分子链段的运动受限。纳米粒子与基体之间的相互作用也会导致界面区出现电荷分布特性,影响纳米电介质的电荷积聚特性。而这些分子链段、极性基团、电荷运动归根结底是由出现纳米尺度结构造成的，从而影响纳米电介质的极化和损耗特性。因此，研究和探索纳米电介质中极化的尺度效应具有重要意义。

2．纳米电介质电荷输运的尺度效应

界面区的存在不仅会影响纳米电介质的极化特性，也会影响载流子的输运特性，如迁移率，载流子浓度等。研究结果表明，在复杂的氧化物界面处，可产生高迁移率的电子系统，这是由于界面处复杂的粒子结构以及特殊的相互作用，会诱导新的电子相。界面处的应力松弛导致的失配位错，及氧空位等会在界面处形成不同类型的陷阱，从而影响复合物的导电机理。界面对纳米电介质表面发射特性和传导机制的影响如下。

1）表面发射特性

在界面处存在中间定域态，电子或空穴在势垒间发生量子隧穿，其概率为

$$\rho = \nu \exp(-2\alpha R)\exp(-w/kT) \qquad (25\text{-}1)$$

其与界面的微结构以及电极表面微观不均匀性有关，式中，ν 为电子企图逃逸频率,w 为电子占据态与空穴的能量差,R 为两定域态间的距离,α 为定域态半径。式（25-1）类似于非晶固体中电荷的量子跳跃转移。因此，电荷在电极 - 介质间的界面处的转移明显不同于经典的 Schottky 或 F-N 发射。

纳米结构材料电子场致发射中，量子尺寸效应的存在会严重影响场发射特性，因此，可通过发射体特征半径 R 这一物理参数来研究发射的尺寸效应，对 F-N 发射特性进行修正。场发射特征的增强因子 - 发射半径 R 的减小，所需外电场下降，同时，电子的平均能量增加。

2）纳米尺度间隙的导电机制

空间电荷限制电流（SCLC），F-N 发射研究铝电极真空纳米间隙的放电表明，当间隙尺寸 d 为 70 ～ 110nm 时,SCLC 不服从传统的真空定律了。在 d=110nm 时，体系显示纯的经典特性。当有空间电荷时，电流或者由 SCLC 决定，或者由量子 SCLC 决定。对于纳米级间隙，考虑量子效应，传统 SCLC 需要修正。

3．纳米电介质击穿和老化的尺度效应

介质电击穿发生在亚微米或纳米尺度的弱区，特别是电极 - 介质界面，或体内界面区。对高分子来讲，如聚乙烯存在晶区 - 非晶区界面，杂质或添加剂通常在非晶区，满足界面区双电层条件。电荷沿晶区和非晶区的界面或弱点和缺陷处

更容易运动，这便造成高分子材料局部击穿的树枝结构。纳米电介质的界面效应会对电荷输运特性产生影响，从而影响复合材料的击穿或放电特性。

对于纳米膜介质，其击穿的基本机理是电子碰撞电离，电子雪崩击穿和隧道击穿，以及膜内缺陷连续引起的逾渗击穿，仍沿用传统的击穿理论。但与厚度为mm-cm级的绝缘击穿强度存在完全不同的厚度关系。$E_b \sim d^n$ 可以归结为击穿的尺度效应。对于纳米复合电介质来讲，击穿主要受纳米尺度界面以及粒子分散，团聚和与基体是否相容等因素的影响。E_b 的提高归结为载流子受界面散射等因素。但理化结构缺陷可能使击穿概率的Weibull分布的形状参数下降，即击穿数据的分散性增加。主要利用传统的电介质击穿理论，考虑界面效应，高聚物结构和形态变化等分析纳米复合电介质的纳米类型参量。包括粒子类型、形状、分布及表面理化处理，以及掺杂浓度对击穿性能及机理的影响，特别是要强调表面及界面深、浅陷阱的作用。

老化会引起微观尺度上材料性质的变化，进而导致材料介观尺度上的变化，最后引起局部放电与电树枝。纳米粒子及其界面效应对老化有抑制和延缓作用。针对纳米电介质的老化研究，主要是应用传统的指数老化模型及幂函数老化模型，分析纳米颗粒类型、含量、形状、分布及表面处理、温度、电压类型等对老化特征及机理的影响，特别强调表面及界面深 / 浅陷阱、无机材料自身及层状结构、导热因子等作用。其缺点是对老化演化过程这一多时空层次的研究极为不够。未来应从原子、分子（老化的初始期）、微缺陷（纳米级，老化的诱发期）、mm-mm（气泡、裂纹、电水树、局部放电）、寿终期、事故期（cm级）来研究老化的多尺度效应。

4．纳米电介质模拟和仿真分析

除了电介质理论上的研究外，模拟和仿真分析也是研究纳米电介质性能和机理的有效手段。基于密度泛函理论（DFT），采用第一性原理计算纳米电介质的界面的电子结构、穿越界面处的介电常数、电子 - 质子的相互作用、界面的稳定性、界面处的杂质分离等，可以促进纳米电介质的理论研究。通过比较仿真计算和实验结果，修正仿真模型，可以得到纳米电介质介电性能的变化机理，并预测纳米电介质可能具备的特性。

二、所需解决的关键技术

首先，需要从两个方面来研究和发展纳米粒子在聚合物基体中的均匀分散技术。一方面，在传统制备工艺的基础上，考虑工艺的发展水平、纳米粒子团聚结构的不确定性等，不断改进传统的制备技术，同时发展新的制备技术，如原位热蒸发技术、原位原子转移自由基聚合（ATRP）和原位可逆加成 - 断裂链转移（RAFT）聚合等；另一方面，采用新的物理化学手段进行纳米粒子表面处理和功能化，实现纳米粒子的均匀分散和界面调控。包括不同偶联剂的处理和表面嫁接，如氧化石墨烯（GO）处理氮化铝纳米粒子表面、低聚倍半硅氧烷（POSS）处理氮化铝纳米粒子表面、氮化铝表面嫁接高聚物分子等。

其次，需要研究和发展纳米电介质表征技术。一方面，改进和完善传统表征技术，如电荷输运（PEA、TSC、电导、表面电位衰减等）表征技术等；另一方面，开发新的表征技术，如自由体积（正电子湮灭谱）、内聚能密度（CED）表征等。

最后，需要大力发展新型纳米电介质材料的设计、研发和应用技术。采用新的制备工艺、界面调控技术设计和构造新型纳米电介质材料，并采用计算机模拟仿真和计算技术，包括分子动力学、Monte Carlo 模拟、第一性原理计算等，研究纳米电介质的内部机理，进而指导新型纳米电介质材料的研发和应用。

第四节　技术发展路线图

基于上述几节内容，高性能纳米电介质未来 50 年的技术发展路线图如图 25-14 所示，发展目标见表 25-2。

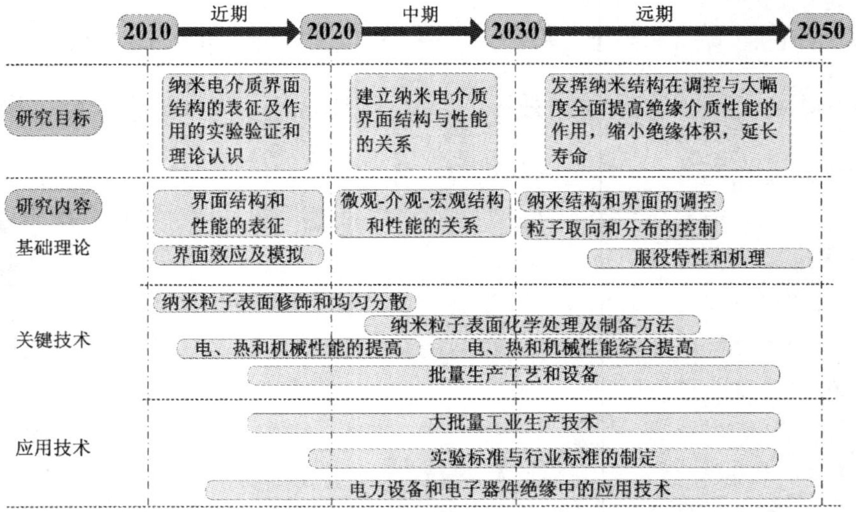

图 25-14　纳米电介质材料技术发展路线图

表 25-2　纳米电介质材料 2010 ～ 2050 年具体技术发展目标

	近期目标（2010 ～ 2020 年）	中期目标（2020 ～ 2030 年）	远期目标（2030 ～ 2050 年）

研究目标		准确表征纳米电介质的界面结构，实验验证其界面效应，从理论上认识纳米电介质的界面效应	建立纳米电介质微观 - 介观 - 宏观结构和性能的关系	发挥纳米结构在调控与大幅度全面提高绝缘介质性能方面的作用，缩小绝缘体积，延长绝缘材料寿命，获得高性能的纳米电介质
研究内容	基础理论	研究界面区理化性质和界面结构，表征界面结构和性能，获得界面区介观结构和微观参数；研究其对宏观性能的影响机理，并模拟仿真界面效应，建立界面区的理论模型	建立纳米电介质微观（分子结构、尺寸分布）- 介观（表面、界面和形态结构）- 宏观（力、介电、击穿和老化）之间的相互关系，并获得其理论模型	获得界面结构的调控方法和调控机制，仿真分析界面结构和效应，深入理解界面调控机理；研究粒子取向和分布控制的影响因素和作用机理；获得纳米电介质的服役特性和不同情况下的机理
	关键技术	采用物理化学手段进行纳米粒子表面处理，实现基体和纳米粒子之间的相容性，获得纳米粒子分散均匀的纳米电介质；通过改变纳米粒子类型、含量、表面处理方式等实现纳米电介质电、热和机械性能的提高，并探索纳米电介质的批量生产工艺	掌握纳米粒子化学修饰方法和较成熟的处理流程，引入新的制备方法，如原位热蒸发、原位原子转移自由基聚合（ATRP）等，获得分散良好和稳定的纳米电介质；获得通过界面调控同时提升两至三种性能的方法；以基础理论和技术为指导，获得较成熟的批量生产工艺和稳定的生产设备	获得成熟的表面修饰和界面调控技术，以及一些特殊纳米填料化学处理及制备方法，实现纳米电介质多种性能的同时提升，如高热导率 / 低介电常数 / 低损耗等；改进和优化批量生产工艺，获得满足第三代电网要求的高性能纳米电介质
	应用技术	在批量生产工艺和设备的基础上，扩大生产规模，获得大批量生产技术；根据电力设备和电子器件中的绝缘要求，实现在实际工程中的初步应用	改进和优化大批量生产技术，初步实现多个性能的同时提升，获得满足需求的热塑性和热固性纳米电介质，并初步制定纳米电介质在电力行业的实验和行业标准，扩大在电力设备和电子器件绝缘中的应用	获得稳定和先进的大批量生产技术，实现综合性能优异的纳米电介质生产流程，制定纳米电介质较为完善的实验和行业标准，实现在电力设备和电子器件绝缘中的广泛应用

第五节　人才培养战略

我国高性能电介质产业的大规模快速发展需要大量电气工程和材料科学方面的相关专业人才。发展高性能电介质产业既符合国家的战略需求，同时又为相关行业研究人员提供了广阔的学术空间和贡献才华的机会。

结合我国超 / 特高压和柔性直流输电的发展目标，国家、企业、科研院所及高等院校要抓住机遇，在基础理论研究、柔性交流输电、直流输电、绝缘系统设计、新材料制造和应用等专业领域，大力加强各类人才的培养和引进工作，做好人才储备。另外，高校、科研机构等教育性和研究性为主的单位还需要做好编撰、修改电介质理论及材料科学方面教材、专著等工作；企业需要结合实际应用组织专业教育培训，通过各种手段培养电气工程专业人才。

需要重点培养以下几个方面的人才。

（1）基础研究型人才：基础理论是研究型人才培养的重中之重。需大力支持高等院校、科研院所等单位的人才培养计划，提供良好的实验设施及科研环境，培养具有深厚理论基础，掌握国际先进技术，引领未来高性能电介质材料理论研究发展的领军型人才。

（2）开发型人才：开发型人才是将基础理论研究与材料应用技术相结合的桥梁，高性能电介质材料的开发离不开具有专业知识的开发型人才。一方面，高等院校、科研院所等单位应重视材料的设计、制备等技术的开发。另一方面，国家和企业也应提供政策制度支持，保证资金投入，推动符合实际应用的技术推广。培养出具有专业知识、创新思维、设计制备技术的高级开发型人才。

（3）生产型人才：高性能电介质材料的应用离不开具有经验和高级技术的生产型人才。国家和企业需提供良好的生产环境，优秀的培训机构和完善的生产平台，培养出熟悉高性能电介质材料特性、具备大规模生产技术、推动其在第三代电网中应用的生产型人才。

第六节　重点研究的课题和基础设施建设

一、纳米复合电介质材料研制与结构表征

（1）纳米电介质的制备技术、物理化学性能及界面结构表征研究；
（2）纳米电介质的界面调控技术研究；
（3）纳米电介质材料工业生产技术研究。

二、性能调控及应用技术

1. 纳米电介质材料的结构表征和调控技术研究

纳米电介质材料关键性能研究主要有：良好的机械性能、热学性能、较高或较低的介电常数、较低的介质损耗、高击穿场强、高沿面闪络电压、抑制空间电荷积聚的能力、耐电晕腐蚀能力、耐树枝化能力、抗劣化或老化能力。

纳米电介质材料的技术研究主要有：新型纳米电介质制备和纳米粒子化学修饰技术、界面调控技术、短时击穿和长时老化的表征方法和平台、性能调控技术、模拟和仿真技术。

2. 纳米电介质材料的理论研究

纳米复合电介质的介电响应理论、界面区模型以及微观 - 介观 - 宏观结构关系及理论模型。

3. 纳米电介质材料的应用研究

纳米电介质材料应用技术方面的研究主要有：新型绝缘系统的设计和实现技术，高性能电介质材料产业化能力，缺陷控制生产技术等关键工艺。

三、相关基础设施建设

（1）纳米电介质材料的制备、测试、模拟仿真和试验能力建设；
（2）纳米电介质材料的生产加工能力建设；
（3）新型纳米电介质材料从基础理论研究、示范应用到推广的机制建设。

第二十六章　电力物联网技术

电力物联网是指通过智能传感装置在电力系统中实现信息感知和获取，经由通信网络进行可靠信息传输，并对感知和获取的信息进行分析、处理，实现自动化信息交互与处理的网络。电力物联网在智能电网发电、输电、变电、配电、用电、调度等各个环节均有广泛应用。在智能电网中引入物联网技术可有效利用电力系统基础设施资源和通信设施资源，为实现电力系统的智能化提供支撑，实现电力流、信息流、业务流高度融合。

本章侧重基础性、方向性和战略性，详细分析了电力物联网对智能电网发展的支撑及对能源革命的积极推动作用，在吸取发达国家智能电网未来发展战略的基础上，以 2020 年、2030 年、2050 年为节点，分析了电力物联网发展的重要科技问题和技术路线，对未来新型信息通信技术为电力物联网带来的变革进行预测。

第一节　电力物联网的发展需求及预测

一、电力物联网的基本内涵

电力作为人类生存和社会发展的公用性资源，是国家和地区经济社会发展的基本物质保障。随着经济社会发展，当前世界以化石能源为主的能源结构，不仅面临化石能源日趋减少的挑战，而且带来气候变化、生态破坏等严重问题，直接关系到人类社会可持续发展。与此同时，电网线路损耗仍较大，电力系统安全、稳定性还有进一步提升空间。在这种背景下，世界上许多国家或地区将清洁、无污染的可再生能源作为能源发展战略并大力发展智能电网。智能电网被认为是当今世界电力系统发展变革的必然方向。随着我国特高压骨干输电网架的建成完善，信息技术与通信技术发展和有效整合，可再生新能源接入和并网规模扩大，分布式发电、储能与微网技术的成熟，智能用电设备的丰富，全面统一的“智能电网”将在 2020 年建成。

《国家中长期科学与技术发展规划（2006 ～ 2020 年）》将物联网相关的传感网技术列入重点研究领域。中关村物联网产业联盟、长城战略咨询联合发布的《物联网产业发展研究 2010》报告预测：从现在起到 2020 年的 10 年里，中国物联网产业将经历应用创新、技术创新、服务创新三个关键的发展阶段，成长为一个超过5万亿规模的巨大产业，其中智能电网是其主要应用领域之一。

电力物联网是指通过智能传感和通信装置在电力系统中实现有效的信息感知和获取，经由无线或有线网络进行可靠信息传输，并对感知和获取的信息进行分析和处理，实现信息自动化交互、无缝连接、智能处理的网络。通过电力物联网可以在智能电网发电、输电、变电、配电、用电、调度等各个环节的实时控制、精确管理和科学决策中发挥重要作用。电力物联网作为智能电网的长期有效支撑平台，是提升电力系统智能化水平的重要技术手段，有利于对电力系统运行实施有效管理，支撑“电力流、信息流、业务流”的高度融合，是转型为低能耗、低污染、低排放为基础的低碳经济模式的有效技术支撑手段。

二、电力物联网架构

电力物联网在逻辑功能上抽象为三层：感知层、网络层（也称传送层）和应用层，层次架构如图26-1所示。

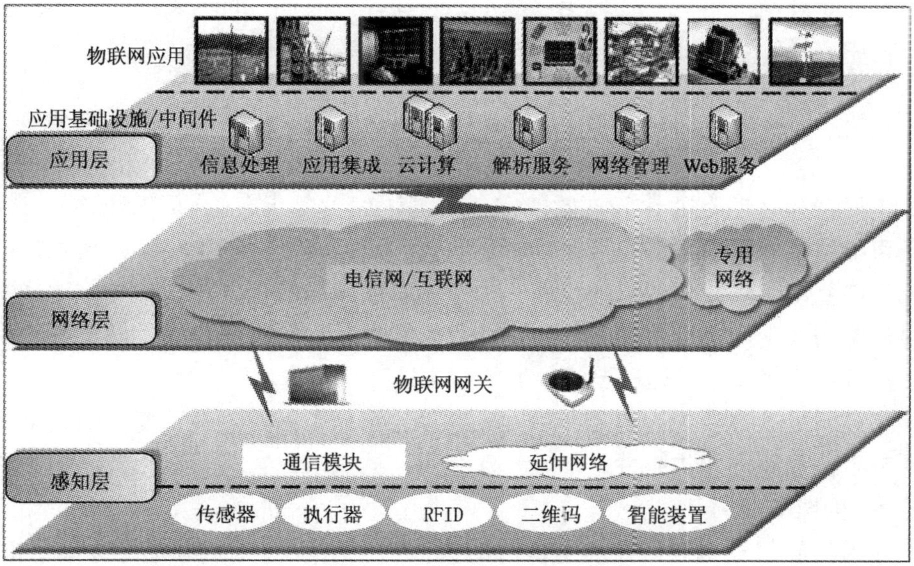

图26-1　电力物联网网络架构

感知层包括感知控制子层和通信延伸子层，感知控制子层实现对物理世界的智能感知识别、信息采集处理和自动控制，通信延伸子层通过通信终端模块直接或组成延伸网络后将物理实体联接到网络层和应用层。在智能电网应用中，感知控制子层主要实现对智能电网各应用环节有关电量、机械状态、环境状态等信息的采集。通信延伸子层对于电网的监控数据基本采用光纤通信方式，也有少量业务通过无线或电力线载波通信方式。

网络层主要实现信息的传递、路由和控制，包括接入网和核心网。在智能电网应用中，鉴于对数据安全、传输可靠性及实时性的严格要求，物联网的信息传递、汇聚与控制主要依托电力通信网实现，在不具备条件或某些特殊条件下也可借助电信网。

应用层包括应用基础设施 / 中间件和各种应用。应用基础设施 / 中间件为物联网应用提供信息处理、计算等通用基础服务设施、能力及资源调用接口，以此为基础实现物联网的各种应用。应用层通过采用智能计算、模式识别等技术实现电网信息的综合分析和处理，实现智能化的决策、控制和服务，从而提升电网各个应用环节的智能化水平。

全面感知、可靠传送及智能处理是物联网的三大核心能力；泛在化与智能化则是物联网的两大基本特征，其中泛在化如上所述，无论覆盖连接层面或应用服务层面均应逐步达到无处不在与无所不能；智能化则体现情景感知认知、无缝连接处理及信息知识聚合，通过无线传感、自组织网等末端网络，将管理对象的属性信息、个体状况信息及环境信息等准确收集，及时通过接入网络经骨干网传送到数据中心进行实时分析处理，进而将处理结果提供给用户。

三、电力物联网需求与预测

电网各个环节重要运行参数的在线监测，对设备状态的预测、预防、调控，基于可靠监控信息建立输电线路的辅助决策和配电环节的智能决策，加强与用户间的双向互动，开拓新的增值服务等是建设智能电网的部分核心任务。而这些智能化任务的实现，必须依托于透彻的信息感知、可靠的数据传输、健全的网络架构及海量信息的智能管理和多级数据的高效处理等技术。

物联网以其独特的优势能在多种场合满足智能电网发、输、变、配、用等重要环节上信息获取的实时性、准确性、全面性的需求。物联网在智能电网中的应用体系如图 26-2 所示。

利用物联网技术在常规机组内部布置传感监测点，可了解机组的运行情况，包括各种技术指标与参数，从而提高常规机组状态监测的水平。

通过在坝体部署传感器网络，监测坝体变化情况，可规避水库运行可能存在的风险。同样，物联网技术可以以风电、光伏发电厂所处的微气象地理区域、地理环境为监测对象，以微功耗的数据采集器为核心设备，通过气象传感器进行风速、风向、温度、湿度、气压、降雨、辐射等气象要素的实时采集，实现对新能源发电厂的监测、控制和功率预测。

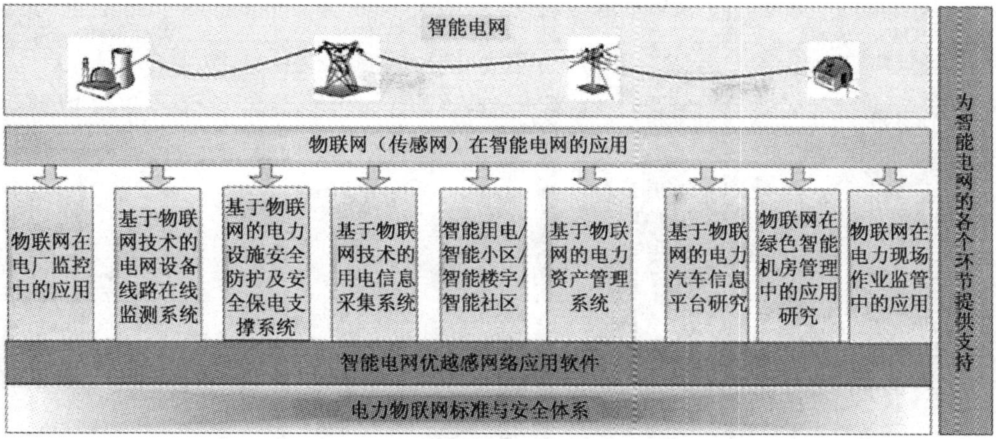

图 26-2　面向智能电网的物联网应用体系

利用物联网技术，可以提高对输电线路、高压电气等电网设备的感知能力，并很好地结合信息通信网络，实现联合处理、数据传输、综合判断等功能，提高电网的技术水平和智能化水平。输电线路状态监测是输电环节的重要应用，主要包括气象环境监测、线路覆冰、导线微风振动、导线温度与弧垂、输电线路风偏、杆塔倾斜、图像监控、绝缘子污秽等监测和预警。这些都需要物联网技术的支持，包括传感器技术、智能分析和处理技术、数据融合技术以及可靠通信技术。

利用物联网技术，可以提高电网设备的自动化和数字化水平、设备检修水平及自动诊断水平。通过物联网可对设备的环境状态信息、机械状态信息、运行状态信息进行实时监测和预警诊断，提前做好故障预判、设备检修等工作。由于各种原因，电力设备会产生发热现象，设备各部位温度是表征设备运行是否处于正常运行状态的一个重要参数，采用无线传感器网络技术，可实现对设备运行温度的实时监测。同样，物联网技术可以用于电力杆塔或重要设施的全方位防护。通过在杆塔、输电线路或重要设备上部署各种智能传感器和感知设备，组成多传感器协同感知的物联网网络，实现目标识别、侵害行为的有效分类和区域定位，从而达到对电力设备全方位防护的目标。杆塔防护系统示意图如图 26-3 所示。

由于电力现场作业的复杂性和危险性，电力现场作业管理历来是电力安全生产极其重要的环节，常会出现误操作并导致安全隐患。物联网技术可在电力现场作业监管方面发挥重要作用：可以进行身份识别、电子标签与电子工作票、环境信息监测、远程监控等，实现确认对象状态，监控工作程序、记录操作过程及防触电操作，减少误操作风险和安全隐患，实现调度指挥中心与现场作业人员的实时互动。

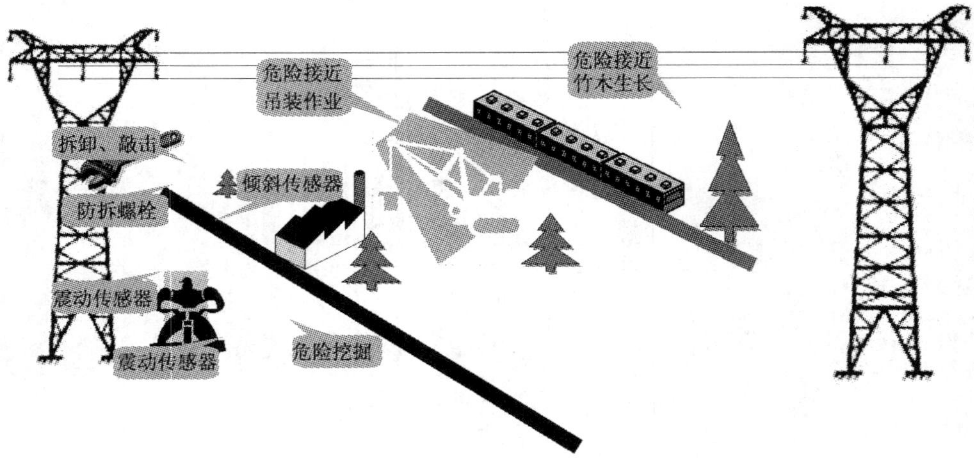

图 26-3 杆塔防护系统示意图

在电力巡检管理方面，通过识别标签辅助设备定位，实现到位监督，指导巡检人员执行标准化和规范化的工作流程。利用智能巡检，可监控设备运行环境，掌握运行状态信息，进行辅助状态检修和标准化作业指导等。

作为智能电网直接面向社会、面向客户的重要环节，智能用电是社会各界感知和体验智能电网建设成果的重要载体。

随着智能电网的发展，用户将实现与电网的双向互动，提高用电效率。同时，大量分布式电源、微电网、电动汽车充放电设施、储能设备也将接入电网。物联网技术能够有力支撑这些业务需求，拥有广泛的应用空间。

利用物联网技术有助于实现智能用电双向互动服务、用电信息采集、智能家居、家庭能效管理、分布式电源接入以及电动汽车充放电，为实现用户与电网的双向互动、提高供电可靠性与用电效率以及节能减排提供技术保障。

物联网技术也可应用于电动汽车及其充电网络的智能化管理。利用物联网技术可以实时感知电动汽车运行状态、电池使用状态、充电设施状态以及当前网内能源供给状态，通过对电动汽车及充电设施的综合监测与分析，实现对电动汽车、电池、充电设施、人员及设备的一体化集中管控、资源的优化配置，保证电动汽车运行在稳定、经济、高效的状态下。

物联网技术可应用于电力资产全寿命周期管理。将射频标签和标识编码系统应用于电力设备，实现对电力资产信息的智能采集、自动识别、资产盘点、自动巡检、智能调配等资产身份管理、资产状态实时监测以及辅助决策等功能，为实现电力资产全寿命周期管理、提高运转效率、提升管理水平提供技术支撑。

电网中各种应用环境对物联网具有多样化需求，电厂、变电站、配用电等电磁环境复杂、设备节点庞杂，需要具有自组织组网功能，适应不同应用的网络构建。

智能电网中的物联网的通信协议转换、应用协议实现和传感网管理由网关来实现，同时网关在可靠性、安全性、互操作性、移动性以及实时性等方面需满足电网应用要求。针对电力系统复杂的电磁环境，以屏蔽、滤波、接地等手段增强感知设备的抗电磁干扰能力是物联网设备和装置在电网中应用的前提。

第二节　电力物联网发展现状

一、中国物联网的发展及趋势

物联网作为新一代信息通信技术，引起了我国各级政府的广泛关注。以因特网通讯协议第 6 版（IPv6）为代表的下一代互联网技术，以云计算为代表的分布式网络信息处理技术，以无线局域网（WLAN）、蓝牙、超宽带技术（UWB）、紫蜂（ZigBee）为代表的短距离无线技术，以传感器、射频识别（RFID）为代表的感知技术正日益走向成熟，这些技术的成熟为电力物联网的发展奠定了技术基础。

目前，物联网及其产业发展被纳入国家战略，并作为下一代信息基础设施被写入国家十二五发展规划。为推动和促进物联网在智能电网中的应用，国家发改委、科技部、工业与信息化部等部委通过制定发展规划和在国家科技项目中设立物联网专项课题，支持物联网基础理论和关键技术研究、成果产业化和应用推广。国家发改委通过产业化专项支持物联网产业发展，设立了重大咨询项目“物联网发展战略规划研究”、2012 年物联网技术研发及产业化专项、国家物联网重大应用示范工程（7 个领域），并于 2013 年发布了《物联网专项行动计划》，通过产业扶持和引导，促进物联网在各领域的深入应用；国家科技部设立了 2011 年国家 973 计划“物联网的基础理论与实践研究”，国家 863 计划“智能配用电信息及通信支撑技术研究与开发”、“电网信息可视化及互动化技术研究”；工业和信息化部于 2011 年发布《物联网“十二五”发展规划》和《物联网白皮书》，为物联网健康发展描绘了宏大蓝图，并设立 2010 年科技重大专项“面向智能电网的安全监控、输电效率、计量及用户交互的传感器网络研发与应用验证”、2011 年科技重大专项“信息汇聚传感器网络综合测试与验证评估环境”、“泛在网络下多终端协同的网络控制平台及关键技术”、“物联网总体架构和关键技术研究”、“宽带多媒体集群系统技术验证”和 2012 年科技重大专项“基于 IPv6 的无线传感器网络的网络协议研发与验证”、“广域覆盖低成本宽带接入组网技术与应用示范网络开发”等。

国家电网公司高度重视物联网技术研究及其在智能电网中的应用，积极落实党和国家指示精神，全面部署物联网研究与实践工作。2010 年起，国家电网公司成立专门的研究机构，系统性的开展电力物联网研究和应用工作，并与中国科学院、无锡物联网产业研究院、中国移动、中国联通、北京邮电大学、华北电力大学、工信部电信研究院等国内多家从事物联网及新一代宽带通信研发的优势单位共同进行面向智能电网的物联网关键技术探索，投入大量技术力量，研究、开发面向智能电网的专用芯片、标准体系、信息安全、软件平台、测试技术，构建电力物联网产业链，实现了电力物联网应用的多项核心技术的突破。国家电网公司于 2010~2013 各年度分别设立了“物联网 (传感网) 在智能电网的应用研究”、“云计算及物联网技术研究及应用场景分析”，“电动汽车智能充换电服务网络运营管理系统研究”，“电力光纤传感、信息感知与光纤无线融合通信技术研究”等科技专项支持电力物联网研究，并在辽宁、宁夏、河南对技术成果试点应用。南方电网公司等单位也开展了物联网在智能电网中的应用研究。

2009 年 8 月，国家电网公司发布《智能电网第一阶段重点项目实施方案》，包括智能化规划、试点工程、基础建设、专题研究。按照“重要领域率先突破和条件成熟地区先行”的原则，优先选择了“基础条件好、项目可行度高、具有试点（示范）效应”的 9 个项目作为第一批试点工程，如表 26-1 所示。

表 26-1　第一批智能电网试点工程

综合	1. 上海世博园智能电网综合示范工程
发电	2. 风光储输联合示范工程
	3. 常规电源网厂协调试点工程
输电	4. 输电线路状态监测中心试点工程
变电	5. 智能变电站试点工程
配电	6. 配电自动化试点工程
用电	7. 用电信息采集系统试点工程
	8. 电动汽车充放电站试点工程
调度	9. 智能电网调度技术支持系统试点工程

第二批试点工程如表 26-2 所示。

表 26-2　第二批智能电网试点工程

综合	1. 中新天津生态城智能电网综合示范工程
发电	2. 大规模风电功率预测及运行控制
输电	3. 输电线路直升机 / 无人机智能巡检
	4. 柔性直流输电
配电	5. 省级集中 95598 供电服务中心
	6. 智能用电小区 / 楼宇

信息通信	7. 信息平台及安全
	8. 电力光纤到户
跨环节	9. 电网运行集中监控
	10. 输变电设备状态监测系统
	11. 农电营配调管理模式优化试点工程

我国面向电网的物联网发展面临着挑战，在智能电网领域应用的物联网技术标准化工作正在开展。物联网是一个多设备、多网络、多应用、互相融合的一个大网，所有的接口、标准、通信协议都需要有统一的标准指引。另外，国内核心技术研发能力低，特别是在芯片领域。国内许多射频芯片和传感器芯片是国外产品，国内同类替代产品在技术指标和稳定性上跟国际水平还有明显差距。

二、国外发展现状、趋势及策略

国外对物联网的研发、应用主要集中在美、欧、日、韩等少数国家，随着RFID、传感器技术、短距通信以及信息处理等技术的发展，研发和应用领域已从商业零售、物流领域拓展到能源利用、环境监测、生物医疗、智能基础设施等领域。例如，欧洲合作研发机构校际微电子中心（IMEC）利用全球定位系统（GPS）、RFID 技术已经开发出远程环境监测、先进工业监测等系统，并积极研发具有可遥控、体积小、成本低等功能和特点的微电子人体传感器、自动驾驶系统等；思科（Cisco）已经开发出“智能互联建筑”解决方案，为位于硅谷的美国网域存储技术有限公司节约了 15% 的能耗；国际商用机器公司（IBM）提出了“智慧地球”的概念，并已经提出了涵盖智能电力、智能医疗、智能交通、智能银行、智慧城市等多项物联网应用方案。

欧洲智能系统集成技术平台（EPoSS）在《Internet of Things in 2020》报告中分析预测，未来物联网的发展将经历四个阶段，并给出各阶段技术研发、产业化、标准化等发展策略。继 EPoSS 发布之后，各国普遍意识到物联网广阔的发展前景及重要意义，争相跟进并制定规划与政策来推动物联网产业的发展，具体措施包括以下几个方面。

（1）制定远景规划，确定物联网发展的目标与路径。2009 年 2 月 17 日，奥巴马总统签署生效了《2009 年美国恢复与再投资法案》，提出通过能源、科技、医疗、教育等多个方面鼓励物联网技术的发展，将物联网发展提升为国家战略。同年，欧盟委员会发布《欧盟物联网行动计划》（Internet of Things-An action plan for Europe），包括管理架构、隐私保护、风险识别等 14 项行动计划，希望通过物联网技术提升欧盟竞争力。2010 年，欧盟委员会正式公布了“欧洲数字计划”，

续表

主要内容包括建立统一数字市场等7个方面，旨在通过发展数字经济寻求摆脱危机、振兴经济的有效方式。2013年，欧盟委员会以政策文件的形式，对外发布了欧盟“数字红利”利用和未来物联网发展战略，要求成员国实现从模拟电视向数字电视的转换，并释放由此所产生的“数字红利”频段，刺激无线业务发展，到2013年底实现欧盟区高速宽带全覆盖目标，并促进跨境电子商务发展和欧盟区单一无线市场形成。2009年，韩国通信委员会出台了《物联网基础设施构建基本规划》，制订了构建物联网基础设施、发展物联网服务、研发物联网技术、营造物联网扩散环境等四大领域12项详细课题。2011年，首尔发布“智慧首尔2015”计划，通过采用物联网等新技术提升城市基础设施智能化水平，促进信息技术和公共服务进步与发展，打造富有创造力的智慧都市。2008年，日本总务省提出了“u-Japan x ICT”政策，即将u-Japan政策的重心从居民生活品质拓展到相关产业。2013年，日本发布《信息通信白皮书》，旨在通过电脑、智能手机、导航仪等各种电子设备发出并储存的庞大数据库，为零售业、制造业、农业和道路交通基础设施等领域提供服务，实现促进销售和削减成本的综合效益。

（2）聚焦关键领域，深化物联网技术的研发与实践。美国《经济复苏和再投资法》提出，希望通过能源、宽带与医疗三大领域来实现与物联网技术的互动发展。2009年7月，日本IT战略本部颁布的日本新一代信息化战略“i-Japan”战略也提到，将政策目标聚焦在三大公共事业：电子化政府治理、医疗健康信息服务、教育与人才培育。欧盟也计划利用e-health、e-accessibility、应对气候变迁、消除社会数字鸿沟等一系列有助于提升社会福利的先导项目来推动物联网的部署与实施。2012年，欧洲智能电网技术平台近日正式发布《至2035年的智能电网战略研究议程》，介绍到2035年，促进欧洲电网和智能电力系统发展的技术优先研发和示范方向，提出了发电、输电、变电、配电、用电及社会经济层面等六个研究领域，并分别确定了具体研究任务和主题。2013年7月，韩国政府出台加强无线网络建设的规划，计划于2017年将城市WiFi热点增加5倍，达到12000个。在无线宽带覆盖方面，韩国LTE普及率最高，覆盖人口62%，位居全球第一。

（3）强化标准建设，关注物联网的管理与运用。欧盟执委会将评估现有物联网相关标准并推动制定新的标准，持续监测欧洲标准组织、国际标准组织以及其他标准组织的物联网标准制定进度，使物联网标准的制定是在各相关方的积极参与下，以一种开放、透明、协商一致的方式达成，确保物联网的可信度、接受度和安全性，使物联网在一个分布式管理架构下得以有效运行。国际标准组织积极参与物联网标准制定。ITU-T专门成立了物联网全球标准化工作组（IoT-GSI），研究“物联网定义”和“物联网概述”两个国际建议，并在2012年2月份通过。IEEE2010年4月发布了P2030草案，为理解和定义智能电网互操作性提供技术基础和指南，确定模块和接口，为智能电网相关的标准制订奠定基础。ETSI、IETF、IEC等国际标准组织相应成立了物联网技术领域的研究组。

2008年以来，美国运营商以网络和服务为基础，结合新兴科技公司和系统集成企业共同开发针对垂直行业的应用，开发和推广物联网业务。2009年AT&T与Jasper Wireless合作推出可通过AT&T无线网络连接新兴消费电子和商业设备的整合平台AT&T Control Center。同时新建实验室，专门用来测试和验证植入其网络的新型消费电子产品和物联网设备。Sprint与DataSmart签署物联网合作计划，后者将为Sprint网络提供一系列物联网设备、解决方案和开发工具。此前Sprint已吸纳了超过300款物联网设备入网，同时在为亚马逊的Kindle电子阅读器、福特汽车与DriveCam等公司或产品提供无线数据服务。2009年Verizon与高通组建合资公司nPhase，旨在通过整合高通运营已久的物联网业务和Verizon的开放设备共享网络和技术资源，提供物联网无线通信和智能服务。2012年，美国三大移动通信运营商AT&T、T-mobile和Verizon无线共同组建合资企业，在美国公交系统推出首个商用移动支付项目。根据市场研究公司eMarketer公布的最新数据显示，美国市场2013年移动支付总额将突破10亿美元，预计2017年将达到580亿美元。

欧盟各国的物联网在电力、交通以及物流领域已经形成了一定规模的应用。欧洲物联网在各个领域中的应用和发展，目前RFID已被广泛应用于物流、零售和制药领域。欧洲M2M市场比较成熟，发展均衡，通过移动定位系统、移动网络、网关服务、数据安全保障技术和短信平台等技术支持，欧洲主流运营商已经实现了安全监测、自动抄表、自动售货机、公共交通系统、车队管理、工业流程自动化、城市信息化等领域的物联网应用。

意大利某数据中心采用艾默生公司开发的基于物联网技术的冷风空调，如图26-4所示，可以在室外温度低于室内的时候使用。通过引入室外冷空气，降低机房和数据中心的设备和环境温度。冷风空调系统通过统一的通风管道，可以减少室内制冷压力与工作量，进而节省20%左右的电费。

三、我国电力物联网机遇与挑战

智能电网的实现，首先依赖于电网各个环节重要运行参数的在线监测和实时信息掌控，物联网作为“智能信息感知末梢”，可成为推动智能电网发展的重要技术手段。目前，智能电网对物联网技术的应用需求，也将进一步促进物联网的发展，促进其行业应用，形成新型产业链。

图 26-4　基于物联网技术的冷风空调

物联网技术在电力系统已得到广泛的应用，但是随着智能电网发电、输电、变电、配电、用电等环节应用需求的提高，物联网如何适应智能电网的发展仍然处于探索过程，基于智能电网的先进完善的传感网整体解决方案急需建立，面向智能电网的物联网技术及产业链应尽快形成，为智能电网各环节建设提供经济、实用、可靠的监测信息平台仍然处于建设过程。上述事实表明我国与发达国家均处于电力物联网的初级发展阶段，电力物联网研发过程可参考的高端产品、标准和成熟应用案例不多，仍然处在深入研究与示范应用阶段。加强具有自主知识产权的电力物联网芯片、设备和产品的研发工作，对我国从事物联网技术研发的企业、高校和研究院所等提出了巨大的挑战。

第三节　电力物联网技术发展预测

一、2020 年电力物联网的发展预测

1．2020 年需求预测

1）电力物联网应用趋势及需求预测

电力物联网推动电力系统设备智能化、网络化，是实现智能电网发展的重要

技术手段之一。

物联网技术的应用使得电力系统一次设备具有准确感知的功能、正确思维判断的功能、有效执行的功能以及与其他设备交换信息的双向通信功能，能自动适应电网、环境及控制要求的变化，始终处于最佳运行状态的方法。传感器精度、可靠性、实时性等感知技术的性能提升是促进一次设备智能化的直接推动力。

电力系统常规的二次设备，如变电站内继电保护装置、防误闭锁装置、测量控制装置、远动装置、故障录波装置、电压无功控制、同期操作装置以及正在发展中的在线状态监测装置等，可通过基于标准化、模块化的微处理机设计制造，设备之间的连接全部采用高速通信技术，通过网络实现数据共享、资源共享，实现二次系统网络化。

专家化应用平台是一个运用知识进行推理的高级计算机程序，通过自动分析各类设备、环境、运行的数据，对特定问题进行定性推理和定量决策，实现智能化信息技术在电力生产管理应用的重大突破。应用平台专家化的数据采集以及决策过程中的复杂计算推理均需采用电力物联网信息处理技术。

电力生产管理包括生产过程的自动检测、调节和控制，系统和元件的自动安全保护，网络信息的自动传输，系统生产的自动调度，以及企业的自动化经济管理等。自动化系统需要实时准确感知生产过程中各设备和系统的运行状况和具体参数，这对传感器的功能、性能、稳定性、可靠性等方面都有极高的要求，在恶劣环境下长期生存的先进感知装置和系统是实现生产管理无人化的重要部分。

2）电力物联网发展预测

智能电网将信息通信技术与传统电网高度“融合”，极大地提升电网信息感知、信息互联和智能控制能力；利用物联网所建立的数量庞大的终端传感器等采集设备，从输配电侧到用电侧的各类设备采集所需数据信息，为智能电网各种应用提供数据支持，有效整合电力系统基础设施资源和通信基础设施资源，提高电力系统信息化水平，改善电力基础设施的利用效率。

预计到2015年，全国范围将选取20个示范城市，建成30个以上面向智能电网应用的物联网应用示范工程，形成核心技术，在相关芯片、设备、监测平台、管理系统、示范工程等领域的产业规模将达到2千亿元人民币，其中传感器产业规模达到100亿，芯片、中间件、集成模块及设备产品的产业规模达到600亿，系统集成、试验监测产业规模达到700亿，工程实施、服务开发、系统运维产业规模达到600亿，带动相关产业的规模达到数千亿人民币。

2．2020年电力物联网关键技术及发展

2020 年电力物联网的总体技术发展方向如图 26-5 所示。

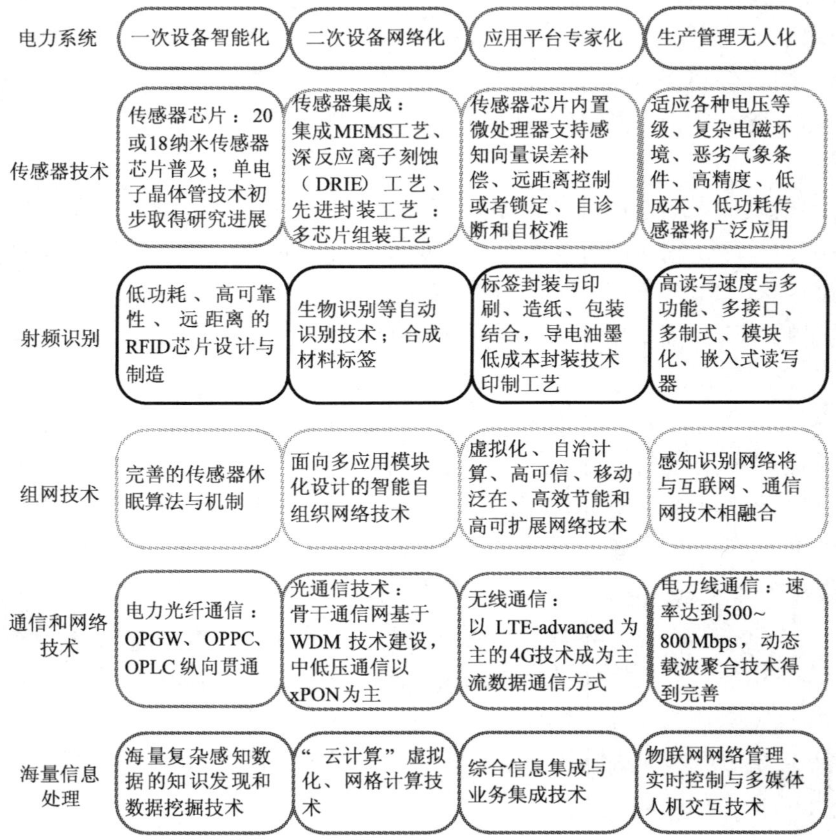

图 26-5　2020 年电力物联网技术发展方向

1）传感器技术

随着感知技术的发展和先进传感装置的成熟，传感器检测量类型将得到很大程度的拓展，面向电力行业应用的化学传感器（特殊气体、液体传感）、物理传感器（电流、电磁、距离、张力、重量、位移等的传感）等将具备丰富而充分的种类，能够满足生产运行过程中的绝大多数环境、设备表征状态参量监测需求。另外，传感器的性能将得到较大程度的提升，功能更强，低成本、低功耗、微型化将成为传感装置所具备的基本特性。

传感器重点技术发展包括：通过新原理、新材料、新能源和新结构的研发，重点突破半导体硅、石英晶体、功能陶瓷，以及复合薄膜、形状记忆合金材料等新材料新功能的创新型传感器芯片以及相应装置。预计到 2020 年，20nm 及以下工艺的半导体芯片技术已经得到普遍应用，新型材料芯片迅速发展并在部分传感器应用场景中有突出特性或性能优势，单电子晶体管技术初步取得研究进展。芯片技术和制造工艺的进步直接带动单传感器芯片集成多种传感功能和微处理系统，并且具备低功耗、高集成度的特征，使传感器的体积微型化，适用于更为广泛的场景中。

到 2020 年传感器方面占据主导的技术和制造工艺包括：集成 MEMS 工艺；新一代固态传感器微结构制造工艺；深反应离子刻蚀（DRIE）工艺、封装工艺，如常温键合倒装焊接、无应力微薄结构封装、多芯片组装工艺；新型传感器，如微硅电容传感器、微硅质量传感器、微化学传感器等。集成工艺和多变量复合传感器微结构集成制造工艺，生产制造工业控制用多变量复合微型传感器，如压力、静压、温度三变量传感器，气压、风力、温度、湿度四变量传感器，微硅复合应变压力传感器。

经过传感器芯片内置微处理器信息处理和存储，传感器自身能够支持感知向量误差补偿、根据工作环境配置传感器参数状态、远距离控制或者锁定、自诊断和自校准、内部检测判断异常或故障部件、多传感器多参数混合测量的智能化功能。所有传感器具备专用硬件加密模块及专有通信标准，以及低成本即插即用传感器专用接口。面向电力行业应用，适应各种高电压等级对应的复杂电磁环境、恶劣气象条件、特殊环境的高精度、低成本、低功耗传感器将广泛应用于电力系统实际建设、生产、运行、管理过程中。

2）射频识别技术

RFID 技术的主要发展方向是低功耗、长距离、读写速度更快、高可靠性和低成本。芯片制造工艺的进步可直接降低系统功耗和标签体积，小型化多输入输出天线系统、三维新材料等智能天线的使用对于增加通信距离、提高通信可靠性等方面有明显促进作用，使复杂环境下标签信息读写成功率满足大多数业务应用需求。生物识别等自动识别技术，新式合成材料标签将占据主导地位，将丰富识别方式，提高识别准确性，进一步降低成本。

3）光谱感知与智能处理技术

到 2020 年，现有视频监控系统将被基于广域光谱感知技术和先进视频分析处理技术的智能视频感知系统所取代。在图像分辨率提升为现有高清标准两倍或以上的同时采用广域光谱覆盖从紫外线到远红外甚至更宽范围的广域光谱视频采集，解决非可见光环境下的视频监控问题，这在电力设施环境监控中用以全天候监视电力设施环境状态、温度表征参量以及火花放电等异常状态。同时，基于嵌入式系统的智能视频分析技术和集成度更高的处理模块将促进视频分析处理功能向服务器端的转移。通过与云计算等先进技术相融合，全面取代人工监视视频图像的作业方式，实现视频监视中心的“无人值守”。

4）传感器组网技术

在通信和组网方面，物联网装置之间的通信性能和信道稳定性将得到显著提升。传感器节点等物联网底层设备的低功耗近距离无线通信性能更为理想，相对完善的传感器休眠算法与机制、Zigbee 后续演进技术等低功耗通信技术将占据主导地位；面向多应用模块化设计的智能自组织网络技术相继出现并不断完善；复杂网络环境下的电磁信号认知技术和分布式无线电磁频谱监测管理技术、复杂环境下的高精度高鲁棒性的定位算法和情境感知模型达到实用化程度并引领系统通信性能的提高；虚拟化、自治计算、高可信、移动泛在、高效节能和高可扩展的物联网网络技术已在实际应用中实现；感知识别网络将与互联网、通信网技术相融合，感知层与网络层的界限相对淡化并在部分应用系统中延伸至传感终端。

5）感知装置取电技术

降低物联网芯片和装置电能消耗、研发高容量新材料电池是未来是十年中两个主要研究方向。针对电力系统特殊应用场景，如输电线路等缺乏低压直流电源和不具备电池更换条件的场景，燃料电池、聚合物电池、超级电容等储能技术以及耦合取电、电磁感应取电技术的发展是电力物联网广泛应用的前提。到 2020 年，微型高容量电池将在传感器中得到广泛应用，结合低功耗传感器芯片和更为智能化的休眠机制应用，部分传感器电池寿命将达到 20 年及以上，满足大多数电力应用场景需求，不再是制约电力物联网应用的因素之一。

6）通信和网络技术

2020 年电力物联网远距离通信仍将以光纤通信为主，辅以无线通信、电力线载波等通信技术。

在电力光纤通信方面，通信介质以光纤复合地线（OPGW）、光纤复合相线（OPPC）、光纤复合低压电缆（OPLC）纵向贯通。特高压、超高压线路采用 OPGW 介质，中压线路采用 OPPC 介质、低压包括入户线路采用 OPLC 介质，形成从特高压输电线路到用户家庭的完整光纤通信网络。通信系统基于密集波分复用技术，光传送网带宽提升为 400Gbps 以上。

在无线通信方面，到 2020 年，以高级长期演进技术（LTE-Advanced）为主的 4G 技术成为主流数据通信方式，同时 5G 技术完成研发、形成相应标准体系并完成商用前期测试。LTE-Advanced 系统稳定传输速率将达到甚至超过 100Mbps，系统结构扁平化将降低系统复杂度和成本，并针对多用户接入和大容量数据实时传输进行有效优化。电力无线专网将形成规模，承载电力物联网配用电侧多种业务。

电力线载波通信的理论传输速率由现在的 200Mbps 提高到 500~800Mbps，接入方式仍以正交频分复用接入（OFDMA）为主，动态载波聚合技术得到完善。

在网络结构方面，总线耦合的方式全面取代分散耦合方式，稳定通信距离将提高数倍，最大程度发挥电力线载波通信利用电缆作为通信介质的优势。

7）海量信息处理技术

随着物联网在智能电网中应用领域的不断扩展、范围的扩大，电力设备的运行、控制和管理的方式将会越来越丰富，海量信息处理成为电力物联网应用的关键支撑技术。支持物联网海量复杂数据处理技术将迅速发展，具体包括：跨平台的嵌入式操作系统、面向物联网计算的一体化软件体系结构与可重构技术，感知识别层的应用中间件和面向业务应用架构的中间件，物联网搜索引擎；海量复杂感知数据存储和并行处理关键技术、高性能计算资源虚拟化控制技术，海量复杂感知数据的发现和数据挖掘关键技术，海量复杂感知数据处理的语义集成和共享关键技术；"云计算"虚拟化、网格计算技术；整合和分析海量信息并提供智能服务的方法；综合信息集成与业务集成技术；物联网网络管理、实时控制与多媒体人机交互技术。

3. 2020 年电力物联网重要研究方向

1）多维感知

由于系统集成化水平的提高，单一感知装置集成化学、物理、电磁等原理的多维传感和 RFID 感知标签是电力物联网未来主要研究方向之一。需要实现高集成度和小型化的解决方案，在降低成本的同时有效减少装置功耗。

集成化的感知装置将具备一定的信息处理能力，对采集信息进行处理、加密、协议装换。感知装置将朝着网络化的方向发展，直接作为网络终端连接在专网或互联网中，将数据传送到数据中心。

2）无线通信技术

无线通信设备有利于减少电力设备监控管理的铺设、维护的成本，在配用电信息采集、智能家庭信息交互等方面有着广泛的应用。

未来十年，针对物联网应用的无线通信和组网技术将快速发展并在性能方面得到显著提升。ZigBee、EnOcean、Bluetooth、TransferJet、UWB 等无线通信技术的演进版本将成熟并得到广泛应用。以 Zigbee 技术为例，Zigbee 联盟于 2009 年发布面向新一代智能电网的 SEP（Smart Energy Profile）2.0 标准。据预测，到 2020 年，其演进版本的传输速率将超过 2Mbps，稳定传输距离超过 100m，网络容量大幅增加，能耗也将进一步降低。

3）多种先进信息处理技术的协同

随着业务种类的增加、传感器数量和数据量的倍增，未来电力物联网的信息处理将融合普适计算、云计算、可信计算等先进技术。

物联网通过普适计算延伸和拓展网络连接，可使传感器直接连接到网络中，通过传感器、RFID 技术感知物体和环境信息，并将捕获的信息通过网络传递到应用系统。嵌入式技术（中间件、嵌入式数据库、嵌入式操作系统），基于 Web 的软件服务构架等是物联网领域普适计算的重要研究方向。

云计算（cloud computing）是网格计算、虚拟化等核心技术在网络时代的发展和商业实现。“云”即指计算机网络或互联网。云计算使用户无需建立自己的计算中心，可借助 SaaS（软件即服务）、PaaS（平台即服务）、IaaS（基础设施即服务）、MSP（管理服务提供商）等实现按需服务、按需付费，便于用户大大节省投资和维护费用。云计算可以实现海量数据的存储、计算、管理，对于智能电网的物联网应用，需借专用平台和专用软件完成。云计算所涵盖的并行计算、分布计算、网格计算、效用计算等的综合和优化是未来的主要研究方向。

可信计算（trusted computing）可控制数据的真实性、数据的机密性、数据保护以及代码的真实性、代码的机密性和代码的保护已广泛用于行为安全和信息安全领域，如身份盗用保护、防止在线游戏防作弊、保护系统不受病毒和间谍软件危害、保护生物识别身份验证数据、核查远程网格计算的计算结果等。

多种先进信息处理技术的融合将会极大地提高现有电子设备的海量数据处理能力，使得社会、人文、自然、经济、语言等信息都能融入信息处理过程。谷歌公司的便携式搜索面板将多种信息技术融于一体，可以提供新闻搜寻、图片搜寻、触控式屏幕、相机、扫描器、无线网络、谷歌地图等功能。在图 26-6 中，将搜索面板对准远处的高楼，就可以显示大楼的建筑信息、位置、楼层人员的联络电话等信息。

图 26-6　大楼信息分析

二、2030 年电力物联网的发展预测

智能电网将会形成新的通信和交互机制，实现电网设备间的信息交互，以此为依托可以大幅度提高电网的智能性。利用智能电网的互动性实现双向数据传输和动态浮动电价制度，可以利用物联网对发电、输电、变电、配电、用电和调度各环节的关键设备运行状态进行实时监控和数据整合。

对电网运行状态的监控是安全性和可靠性的前提，即及时发现故障，并能自动处理故障，才能保障电网安全运行。通过在电网中建立物联网，实现电网设备间的互动，提高电网控制系统的智能程度，实现生产管理无人化，在电网主网安全运营的基础上，分析配网运行状态，利用转供电等手段，提高供电可靠性。

1. 2030 年需求预测

1）电力物联网需求预测

（1）电力物联网装置需求分析。

信息存储和处理。2030 年左右，智能电网对“坚强”和“智能”的要求更高。电力物联网装置不仅能完成信息感知和传输，还具备一定的信息存储、处理、分析能力。定期将统计结果上传至监控中心的智能专家系统，可以减少数据传输量，减轻智能专家系统计算负担，使得云计算与云存储技术广泛应用。

新型供电方式。物联网在智能电网中的广泛应用、装置计算和存储能力的增强，装置所需能耗逐渐增加。未来清洁能源的比例逐渐增大，据预测，2030年可再生能源的比例将达到30%，太阳能光伏发电所占的比例逐渐增加，光伏发电将成为电力传感器的重要取能方式。电力设备周围的电磁能也将为电力传感器提供稳定可靠的新型能源。

电力传感器。由于电力物联网节点经常需要部署在室外输电线路、变电站等自然环境和电磁环境复杂的场景，防水、防尘、防震动、抗电磁干扰、抗高温、抗低温等要求直接关系到电力物联网装置的使用寿命。因此，需要突破新材料、新技术和新工艺，延长传感器寿命、RFID标签寿命、装置整体使用寿命，使之真正为电网智能化贡献力量。

（2）电力物联网对通信技术的需求。

三维影像传输与网络带宽。2030年，电力物联网应用不再受到网络带宽的限制。由于没有带宽的限制，语音、视频等多媒体信息可以在电力物联网装置之间及控制中心之间实现无障碍传输，可实现对电力物联网装置的语音控制、高清视频数据不经压缩地传送到控制中心、电力设备三维影像数据可直接传送到控制中心或其他电力物联网装置，由此可衍生出革命性的应用。

感知信息与传输安全。通信网络覆盖范围和带宽的发展将使得信息量成几何级数增加，这时面临的关键问题是信息安全问题。未来电力物联网装置可以实现目前由于终端处理能力受限无法实现的信息安全技术，如量子密码技术等，实现对感知信息进行认证，阻止恶意信息的传输，保障信息传输的真实性，保护信息源及信息使用的权益。

（3）电力物联网对信息技术的需求。

信息化成本。到2030年，随着电力物联网在智能电网的普及，所需物联网终端、基本通信网络、能源开销、终端维护开销等都同步增加，成本问题将成为制约电力物联网普及的重要因素。物联网前期示范和推广费用耗资巨大，由于目前硬件制作工艺不高、体积较大、电池寿命短等，导致装置寿命不高，经常更换电池和整个装置。因此，急需基于新技术的成本更低、体积更小、功耗更低、寿命更长的电力物联网装置，缩短维护周期等，降低成本。

信息感知与预警。电力物联网支撑智能电网的重要功能是获取统计数据，而对这些设备运行状态数据的加工处理才能得到有价值的信息。因此，需要建立基于人工智能技术的智能化专家系统，应用统计学方法对收集的海量数据，如电力设备运行参数、环境参数、设备用电信息情况等，进行量化的分析、总结，进而进行推断和预测，为相关决策提供依据和参考。

信息安全。在智能电网运行过程中，信息交互过程需要频繁交换信息，因此信息安全问题已经成为继互联网之后最为脆弱的安全环节，尤其是海量设备运行状态信息、用户用电信息等在电力物联网感知层和网络层的传输，以及应用层业务的安全性问题，关系到国家安全和企业、个人的隐私。

2）电力物联网发展预测

（1）发电。2030 年，常规能源比例降低，太阳能光伏发电和热发电、风能发电等清洁新能源比例显著提高。物联网技术的应用不但可以提高常规机组状态监测的水平，衍生出变电站发电机组全息监测等新型应用，且寿命和电池能够支撑数十年，维护开销大大降低；还可以结合电网运行情况，由物联网终端具备分布式分析、决策功能，对发电设备进行控制，实现快速调节和深度调峰，提高机组灵活运行和稳定控制水平。

（2）输电。2030 年的智能电网，改变了现有电网结构，设备装备水平和健康水平仍不能满足建设坚强电网的要求的现状。通过线路巡检、在线监测和试验手段，进行线路状态评价、风险评估、故障诊断，实现线路运行状态的可控、能控和在控，提高输电网安全稳定运行水平。电力物联网装置的广泛部署可大大提高一次设备的感知能力，并很好地结合二次设备，实现联合处理、数据传输、综合判断等功能，提高电网的技术水平和智能化程度。

（3）变电。随着电力物联网装置处理能力的提高、可靠高速通信网络的泛在、装置智能化的增强，电力物联网技术将重要设备的状态通过传感器感知到管理中心，进行可视化展示并发送到上级系统，实现变电站设备信息和运行维护策略与电力调度实现全面共享互动，为电网实现基于状态检测的设备全寿命周期综合优化管理提供基础数据支撑，实现对重要设备状态的实时监测和预警。

（4）配电。2030 年，电力物联网广泛应用在配电网设备状态监测、预警与检修方面，主要包括：基于先进传感技术与通信技术的配电网关键设备的环境状态信息、机械状态信息、运行状态信息的感知与监测；通过智能专家系统分析历史数据得出对配电网设备故障的诊断评估和配电网设备定位检修预测等。实现配电网的全面监控、灵活控制、优化运行以及运维管理的集约化，提升电网整体的可靠性和运行效率。

（5）用电。2030 年，智能用电环节能给用户带来良好体验的应属智能家居应用。电力物联网装置在家庭广泛部署，智能表计及用电信息采集、家庭安防、电动汽车及其充电站的管理、家电能效监测与管理等，均较现阶段有较大性能和功能提升。家电智能化也大幅度提升人们生活质量，人们可以不使用遥控器便与家电对话。由于太阳能光伏发电、生物质能发电等清洁能源发电的并网接入，家庭碳排放量大大降低。

2. 2030年电力物联网关键技术及发展

2030年电力物联网的总体技术发展方向如图26-7所示。

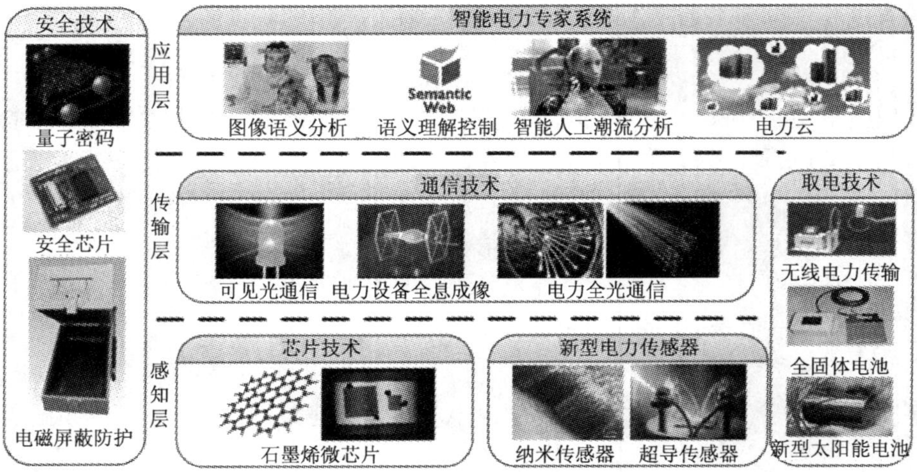

图26-7 2030年电力物联网技术发展方向

1）传感器技术

突破高端传感器的高精度、高灵敏度、高稳定性、高可靠性、低功耗、低成本关键技术。重点突破传感器微型化、仿生智能传感器、无线通信及组网信息感知系统关键技术。陶瓷、高分子、生物、智能材料等新型材料的开发与应用，不仅扩充了传感器的种类，而且改善了传感器的性能，拓宽了传感器在电力系统的应用领域，如新一代光纤传感器、超导传感器、焦平面阵列红外探测器、生物传感器、化学传感器、纳米传感器及模糊传感器等，均可在智能电网各环节中推广应用。

2）电力物联网通信技术

（1）全息通信。在智能电网运行过程中，利用全息通信技术将输电线路和杆塔通过部署在输电线路沿线的传感器和成像装置进行实时三维成像，可对输电线路舞动、覆冰、污秽、树木生长接近和杆塔震动、倾斜、偷盗等行为进行远程监控，结合智能专家系统分析决策，可提前对事故进行预测及采取预防措施。在智能变电站中，对设备内部透视成像可实现对变压器、断路器、刀闸、套管、避雷器、开关柜等进行三维成像，将变压器油温、色谱分析、六氟化硫（SF6）气体泄漏等进行实时监控，方便监控中心人员及智能专家系统进行判断。

（2）可见光通信。2030年可见光通信传输速度可达到Gbps以上，甚至可能超过光纤通信速度。由于不使用无线电波通信，可避免物联网通信过程中高频无线电波对变电站继电保护装置、远动终端（RTU）等电气性能影响，非常适合于在变电站室内机智能家居用电场景使用，用于变电站设备状态监控的物联网设备间及与控制中心进行通信，智能家居中安防、设备用电信息采集等场景应用。对于输电线路在线监测等室外应用场景，可在输电线路部署的物联网节点配备可见光通信模块，避免节点间采用传统无线通信装置对输电线路造成影响、减少部署光纤线路的开销。

（3）全光网络。当光分组交换网络在光技术的成熟和新型光学器件的出现之后可大范围建设全光网络，可解决电力物联网广泛应用所带来的海量传感数据和控制数据及海量配用电信息的传输问题，全息通信技术、可视化技术等带来的大量多媒体数据可在光分组交换网络无障碍传输，为监控中心和智能专家系统判决提供有力的数据支撑。

3）信息技术

由新型传感设备产生、宽带光分组交换传输的海量电力设备运行状态信息的处理问题，仍然需要计算能力强大的云计算系统支撑。智能专家系统如何能在海量数据中及时获取所需要的信息及如何准确判断和预测输电线路覆冰、绝缘子击穿、变压器故障等事故，避免或减少事故带来的损失，仍然需要云计算技术带来的高效率数据挖掘和分析能力。

4）电力传感器的供电

2030 年，无线电力传输技术可解决中短距离电力传输问题，可解决物联网节点取电的难题，如在输电线路监测系统中架设在输电线路上的各种传感器、架设在杆塔上的汇聚节点和摄像头等设备的供电。

太阳能光伏电池技术配合先进储能技术，可以提高太阳能转换效率，为输电线路和室外变电站等取电困难的场景应用提供充足的电能。薄膜太阳电池的材料体系包括非晶硅、铜铟镓硒、碲化镉以及掺杂聚合物材料等。预计 2030 年薄膜光伏电池光电转化率和使用寿命大大提高，在太阳能光伏发电领域大量应用。

5）三维可视化技术

2030 年，三维可视化技术将全面取代当前的二维地理信息系统（GIS），并全面覆盖电力的各个领域和各个环节，三维场景能够提供更为丰富的地形信息，提供更高级的分析功能，对设备的可视化展现也更为直观、逼真。2030 年将会实现电力设备全方位三维模型化浏览、定位，设备台账三维图形化管理，实现模拟现实巡检，设备模拟操作，故障检查；实现自动协同设计、集成设计。

6）智能巡检

随着电力物联网技术的不断进步，2030 年电力设备巡检将完全摒弃现有的人员现场巡检模式，实现无人巡检。可实现电力巡检环节中的电力设备运行状态全方位在线监测，运行数据自动分析上报，设备缺陷和隐患报警，自然灾害、人为破坏预警，故障报警等。2030年电力物联网技术与当前技术相比，在数据实时性和有效性、避免数据上传延迟和垃圾数据或干扰信号等方面将实现突破。

7）直流家电

2030年，随着直流电机、电力半导体、住宅多能源集成、电能储存、可再生能源发电、燃料电池应用以及IT技术的发展，直流供电的优势不断显现，直流家电将逐步实现普及。若住宅中全面实施直流供电，仅在电能转换过程节省的能耗，大约为现有住宅电力消耗量的10%～20%。在住宅中采用直流供电方式，与推广使用太阳能、风力等可再生能源发电装置的节能政策相配合，同时促进家用燃料电池以及电力调峰储存装置的普及应用。

3．2030年电力物联网重要研究方向

1）新材料、新工艺、新技术

新型传感器材料的主要研究方向包括：新型光纤传感器材料研究，超长距离光纤传感器技术研究；纳米传感器器件构造研究；超灵敏电化学基因传感器构筑技术研究，复合纳米电化学基因传感器技术研究；传感器低功耗技术研究等。

新型发电、储能材料的发展将大大提高现有产品能量转换效率和电池容量，主要研究方向包括：硅材料切片技术研究，大规模太阳能电池制备技术研究，高效硅基太阳能电池技术研究；新型低价太阳能电池研究，如染料敏化太阳能电池、碲化镉太阳能电池、聚光太阳能电池和铜铟镓硒薄膜电池等，新型纳米材料和有机材料电池的设计与制备等。

2）信息通信新技术

（1）高带宽、高可靠性、无处不在的通信网络。先进通信技术的演进为电力系统设备提供无处不在的宽带通信网络，带来电力系统信息通信革命，促使新业务和生产方式的出现，主要研究方向包括：高分辨实时数字全息三维投影显示研究；白光发光二极管（LED）用作通信光源时的光谱特性、伏安特性、调制特性等物理特性研究；光子存储器和光子集成芯片技术研究，光缓存技术及多个输入分组的精确同步技术研究，全光网络资源调度研究等。

（2）智能化、低成本、大容量信息处理。智能化信息处理的出现能够模糊机器语言与自然语言的界限，方便人与机器、设备的沟通和控制，主要研究方向包括：信息物理社会交互语义研究，基于模式识别的图像语义分析技术研究，基于语义理解的控制系统技术研究，基于语义理解的人机自然语言交互系统设计，基于图

像语义分析的输电线路、变电站故障诊断系统研究，智能机器人环境感知和认知决策自学习方法研究；数据存储管理系统优化查询方法研究。

（3）智能专家系统。智能专家系统的建设基于先进信息通信技术、人工智能技术、自动化技术、控制技术和新材料技术等。主要研究方向包括：研究高压电力设备故障诊断以及寿命评估专家系统建模关键技术，完成以知识库、模糊数学、援例推理及粗糙集为基础的高压电力设备状态自诊断、风险评估和检修策略的全智能状态业务体系的构建，基于传感器技术、全息通信技术、图像语义分析技术、人工智能技术及自动化控制技术的全方位安防系统研究，电力设备状态在线判断的专家诊断技术等。

三、2050年电力物联网发展预测

电力物联网技术将聚集新材料技术、机械自动化技术、通信技术、计算机技术、控制技术等于一体，使得大量智能化二次设备运行在未来电力系统中，在电网信息安全、信息采集、安全监控、计量应用和用户交互等方面发挥巨大作用，继而实现电力设备控制的智能化、自动故障诊断、自动修复和自适应控制等功能，减少人工直接参与。电力物联网可以提高电网各个环节的信息感知深度和广度，为实现电力系统的智能化以及“电力流、信息流、业务流”的高度融合提供服务。电网对物联网的需求，将产生世界上最大、最为智能、信息感知最全面的物联网。

1. 2050年需求预测

1）新型发电/储能的需求

电力物联网的感知终端多采用电池供电方式进行工作，如何确保电力物联网设备的使用寿命高于电力系统一次设备，避免频繁更换电力物联网的感知设备，这对储能技术提出了更高的挑战。电力物联网感知终端多处于无人看守的工作状态，除采用电池储能工作外，还可以采用新型发电方式随时对感知终端进行能量补充，确保使用寿命。

2）全方位感知需求

现有感知技术多是将采集数据整合成图、表、数字等形式，人们只能通过观察显示器对现场采集情况进行观察，这不仅不能完全还原感知现场的全部情况，并有可能包含冗余及虚假信息，使得观察者不能从中得出正确的现场信息。如何通过新型传感器将现场的触觉、嗅觉、味觉等信息全方位传递给电力作业人员，建立类似人的感官通信系统，将成为电力物联网感知技术的重要发展方向。

3）新型信息传输、处理技术需求

智能电网将会对电力线、杆塔、变电站、开关等进行监控，这使得电力感知设备的数量十分庞大，感知信息的数据量也将会急剧增加。除了视频和声频信息外，触觉、嗅觉等信息也将融入信息传输和处理过程，海量感知信息的高速存储、传输和处理将成为未来电力物联网技术面临的重大挑战。智能电网要求电力设备具有智能性和互动性，便于实现对电力设备的控制和用户的互动，双向信息流将对物联网中的无线带宽提出更多的要求，而用户个性化、多样化的要求也将使得电力物联网必须采用先进的信息传输和处理技术才能实现。考虑到光电转换过程对速率的影响，全光通信技术将成为未来电力物联网信息传输的重要方向。量子通信不需要信息载体（如电磁波），可以直接将信息以超光速形式传播，是电力物联网信息传输的新方向。

4）智能设备需求

随着单个感知节点的智能化程度不断提高，感知节点的信息处理能力不断增强，如何采用分布式控制手段简化智能感知节点控制过程的交互信息也是未来电力物联网的网络管理方式。未来将会出现进行逻辑思考的智能管理节点——机器脑，机器脑将采用先进的信息处理技术做出决策，可以与人类进行多模态的交互，提高电力设备的智能性，缩短电网对电力设备故障处理的反应时间，进一步提高电网的安全性。

5）智能用电需求

智能用电涉及用电信息采集、双向互动服务、分布式电源管理、电动汽车有序充电、智能家居等多项业务，是用户体验智能电网的主要环节，也是物联网应用的重要展示环节。多种传感器的协同工作才能确保采集信息的完整性，与电信网、有线电视网等网络的互动对异构网络互联技术，智能家居对于家电、家具、门窗等设备互联的智能性提出了更多的要求。大范围的智能用电系统将对减少电能消耗和电力投资起到重要作用，使得电网适应未来用电需求和用电模式，也将为电网的自愈性、稳定性、信息安全、资产管理以及营销等提供更多服务。

6）电力资产全寿命管理需求

电网企业拥有大量的一次设备和二次设备，如何实现大量电力资产的有效管理将是电力物联网的重要应用场景。基于RFID和多种无线传感器的电力物联网系统将能实现对电网资产的有效标识，并结合三维GIS系统对电网资产进行有效定位和管理，提高智能电网电气设备作业的效率和安全保障能力，规范化、标准化智能电网设备作业、维护、更新等管理。基于物联网的全寿命智能电网资产设备管理系统将有助于调度指挥中心与现场工作人员的实时互动，实时监测电力设备工作状态，匹配工作程序和记录操作过程，减少误操作风险和安全隐患，最大限度地保证电力设备的使用寿命和现场人员的安全。

2. 2050 年电力物联网关键技术及发展

2050 年电力物联网的总体技术发展方向如图 26-8 所示。

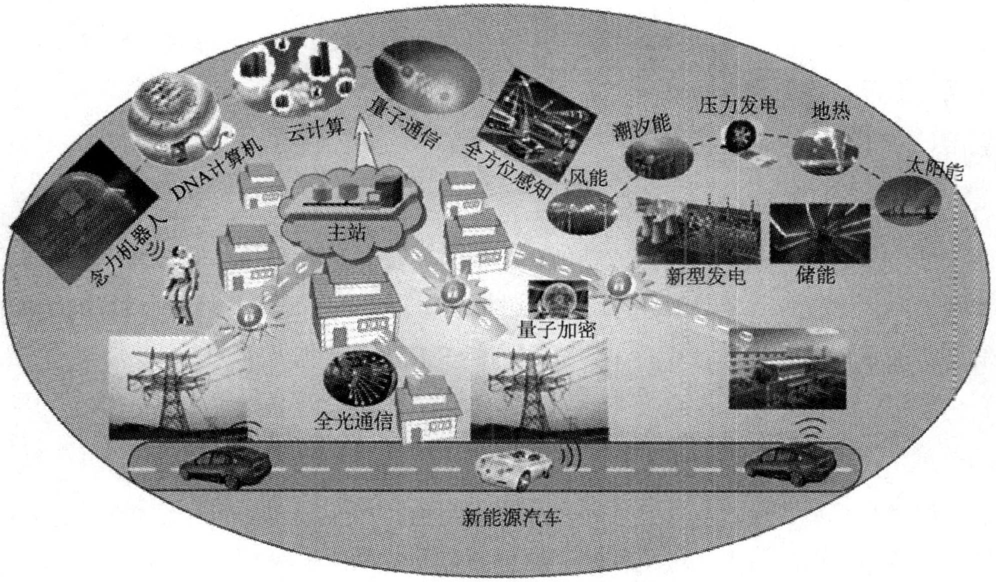

图 26-8 2050 年电力物联网技术发展方向

1）新型储能 / 取能技术

电力物联网感知终端多采取电池供电以取代有线方式的电力供应，电池储能的关键技术将涉及新材料、储能 / 放电方式等参数，其中新材料有可能不同于现有的锂、镍、铁电池，并且多种能源将不经过热处理直接变成电能，使得储能效率远高于现有储能方式。

除了采用储能方式进行工作，电力物联网感知终端也可以根据周围环境进行充电，进一步延长工作时间。利用电力设备周围的电磁场进行发电的装置将避免阴天、雨天、黑夜等无太阳光照时形成的能源盲区，保证电力供应的持续性。利用热电效应——塞贝克效应的海洋温差发电技术在 20 世纪已经存在。利用温度差进行充电的电池将会有效解决感知设备的取能问题。压电晶体可以将汽车、火车、人体等的移动时对地面产生的压力转化为电量。利用压电效应的电池可以充分利用工作环境中产生的多种压力，扩大电力物联网的取能范围。

2）全方位感知技术

全方位感知系统需要研制多种模拟人类感官的传感器，需要感知温度、压力、重力、抖动、材料质地、气味等多种信息，并对上述感知信息进行有效压缩以便于大容量传输。将全方位感知技术应用于电力物联网的感知过程，电力工作人员在监控室就可以查看电力设备的现场运行参数，并身临其境地感受线缆和设备的质感、温度、声音等信息，便于及时了解电力设备的详细工作情况，保障电力系统的稳定和安全。

3）新型信息安全技术

电力物联网涵盖不同等级的通信链路，包含传感网、电力无线专网、微波网、光纤网等多种网络架构，未来电力物联网的信息安全防护系统将覆盖信息采集、信息传输及信息处理的各个环节。新型信息安全技术将考虑节点自我保护、节点身份鉴别、访问控制、安全防护、入侵防护等多种技术手段的结合。由于电力物联网感知终端的智能性越来越高，适用于大范围电力物联网系统的安全协议将更多采用分布式进行设计。安全网关和安全芯片将兼容不同节点和网络的处理能力和拓扑结构，为配用电终端提供不同安全等级的可信模块和可信平台。

4）新能源汽车

美国、日本、韩国、欧盟、中国等制定了新能源汽车发展战略，这不仅极大地刺激了储能技术的发展，而且激励着电力物联网技术在充电监控、充电站与电动汽车的信息交互、电动汽车管理等领域的应用。电力物联网技术将利用传感网络、感知标签、导航定位、空间信息机技术、电力无线宽带等技术实现电动汽车、充电站、电网企业信息的互联互通、需求互动，确保未来新能源汽车运行和管理的智能化。

5）智能机器人

近年来，随着处理器性能不断提升、多种新型传感器的出现、网络通信技术的广泛应用、新型机构和驱动系统的设计以及仿生学理论和技术的不断成熟，功能更多的智能机器人已经在多个国家的智能化研究过程中提上日程。

智能机器人首先具备多种传感器及相应的信息处理算法，多传感器集成与融合技术在智能机器人上已经获得应用。在多传感集成和融合、路径跟踪、自主避障等技术研究方面，人工神经网络已经成为研究热点。人工智能、自我复制、自动组装和纳米尺寸等已经成为未来机器人技术需具备的特点。多智能机器人系统（MARS）是近年来开始探索的又一项智能技术，它是在单体智能机器发展到需要协调作业的条件下产生的。同时，更高级别的智能机器——念力机器人将为人或动物脑与外部设备间建立直接连接通路。通过操控人员大脑发出的指令，机器人可按照设定的程序或理解操控人员的自然语言执行命令，简化了对机器人的控制方式。智能机器人将代替一线电力工人完成对输变电线路和电力设备的监测和巡检过程，并能将现场情况及时通过图片、视频等方式传递给电力调度人员，通过远程控制方式对意外事故进行及时处理。

6）智慧城市

电能的使用已经涵盖人类生产和生活的大部分领域，未来电力物联网的应用将使得电能为人类提供更多高效、智能、环保的信息化服务。智慧城市以物联网等信息网络体系为基础，具有完善的感知、认知、学习、成长、创新、决策、调控能力和行为意识的一种全新形态的城市，将运用信息通信技术为民生、社会服务、工商业活动、公共安全等各种城市需求做出智能响应。

智慧城市把城市里分散的、各自为政的信息化系统、物联网系统整合起来，提升为一个具有较好协同能力和调控能力的有机整体。智慧城市离不开对电能的需求，这不仅对电力物联网提出了更多挑战，也是电力物联网服务体系的延伸。智慧城市使得电力物联网的监控过程不仅仅限于电力设备的监控，还能将其他行业用电设备的实时信息纳入监控范围，便于电能统一调度和管理，应对大规模停电事故，提高供电效率和可靠性。

四、电力物联网发展趋势

我国电力物联网发展趋势如图 26-9 所示。

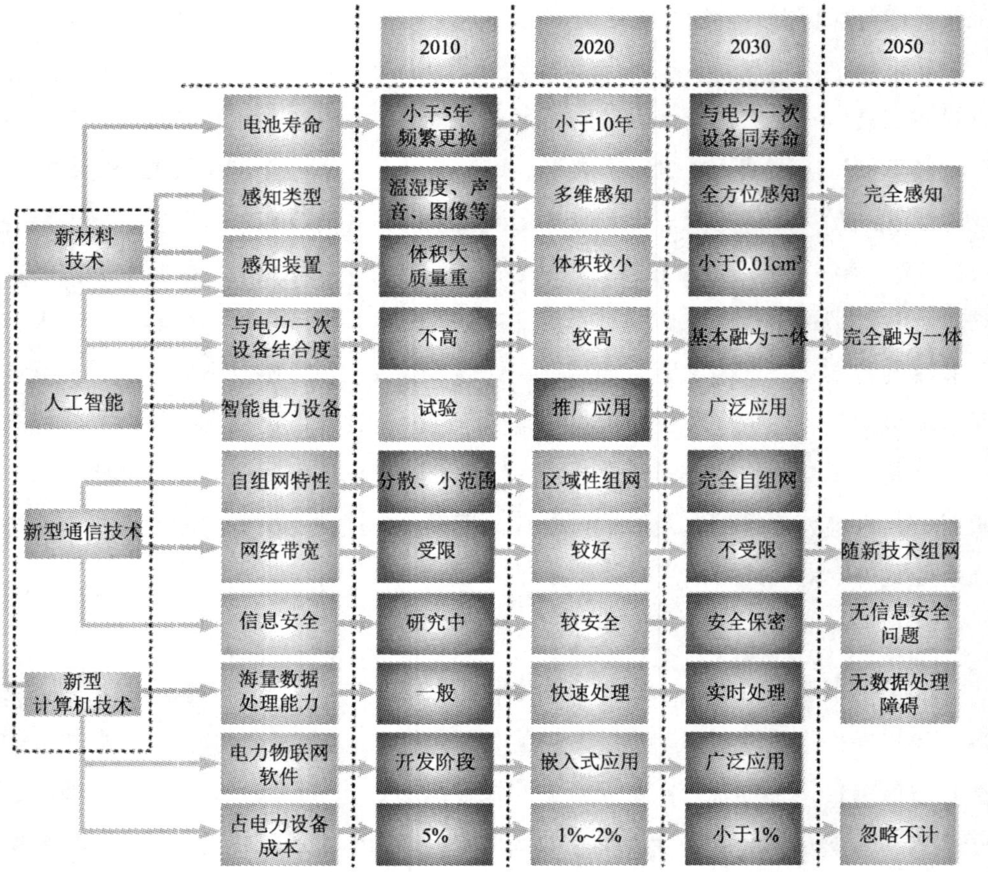

图 26-9 电力物联网发展趋势

第四节 电力物联网发展建议

智能电网建设与电力物联网应用的开展将会极大提高我国电力工业及相关产业的整体技术水平，全面提升电力工业创新能力，并将影响到我国电网未来几十年的发展。为了持续推进技术创新和带动产业发展，有关电力物联网的发展建议如下。

1. 加大国家和政府支持力度

智能电网的建设需要积极争取国家和各地政府对智能电网工作的支持和协调。建立国家层面的领导与协调机制，将建设中国特色智能电网纳入国家发展战略和国家重大科技项目计划，充分发挥政府的指导和引领作用，开展顶层设计，促进相关行业的合作与积极参与。国家在科技项目研发、试验示范工程及推广应用等方面给予激励和扶持。

2. 加强科研基础能力建设

我国电力物联网的基础相对比较薄弱，如物联网传感芯片和处理器技术。有计划、有步骤统筹开展电力物联网关键技术的研究和科研基础能力建设。支持电力物联网集成电路的研发，建设多个国家级电力物联网研究中心或实验基地。包括：电力物联网仿真实验室、电力物联网设备检测实验室、电力物联网演示和性能检测平台等。

3. 拥有独立的自主知识产权

在知识产权上对于电网及物联网应用的制约与控制将直接关系到国家安全，目前我国电力物联网相关自主知识产权较少，无法占领电力物联网领域国际制高点。建议整合科技资源，扶持与智能电网建设密切相关的基础理论学科，建立跨学科基础理论研究转化机制，促进跨学科、跨产业的联合。

4. 加强人才队伍建设

目前从事电力物联网研究、建设的人员很少。人才团队建设没有形成规模，人才队伍结构还不够合理。建议尽快建立跨学科人才联合培养机制，通过内部培养、外部招聘和技术合作等各种方式，挑选出一批跨学科领域人才培养对象；以产学研用结合方式，对电力物联网人才进行培养。

5. 大力开展试点工程

在加强基础研究的基础上，统一部署，统筹开展电力物联网的试验研究与实践试点工作。建议分别选择有代表性的区域进行电力物联网工作的试点，在智慧城市建设的同时，重点安排电力物联网试点工程。通过试验研究与实践试点，验证理论模型的适用性，积累建设电力物联网的实践经验，为智慧城市安全稳定运行打下基础。

6. 加强多层次交流合作

电力物联网是跨行业、跨学科的新兴技术产业方向，为充分发挥电力物联网平台支撑作用，应当加强在国内外范围内广泛开展交流与合作。结合智能电网发展的需求，着眼于解决电力物联网在智能电网应用中的重大应用和工程问题，充分利用已有基础，整合优势资源，通过“产、学、研、用”结合的组织方式，联合国内优势企业、研究院所及高校，发挥各方技术优势、管理优势和工程应用优势，共同推进电力物联网技术进步和产业化发展，服务我国坚强智能电网建设。

参 考 文 献

国网信息通信有限公司 . 2010. 物联网发展战略规划研究—智能电网 .

贾俊国 , 刘建明 , 刘升 , 等 . 2010. 基于物联网的电动汽车信息管理系统 . 第十二届中国科协年会 .

李祥珍 , 刘建明 , 甄岩 , 等 . 2010. 物联网与智能电网的融合 . 第十二届中国科协年会 .

刘建明 . 2010. 物联网在智能电网中的应用 . 第十二届中国科协年会 .

刘建明 , 李祥珍 , 陈晰 , 等 . 2011. Applications of internet of things on Smart Grid in China. 第十三届国际先进通信技术会议（ICACT2011）.

美国能源部 . 2003. Grid 2030 －电力行业第二个百年的国家愿景 .

王宏宇 , 曾令康 , 陈晰 , 等 . 2010. 电力物联网体系架构初探 . 第十二届中国科协年会 .

甄岩 , 李祥珍 , 王宏宇 , 等 . 2010. 物联网概述 . 第十二届中国科协年会 .

中国科学院能源领域战略研究组 . 2009a. 中国至 2050 年能源科技发展路线图 . 北京：科学出版社 .

中国科学院能源领域战略研究组 . 2009b. 中国至 2050 年信息科技发展路线图 . 北京：科学出版社 .

第二十七章　直流电网技术

第一节　引　　言

随着火力发电造成的碳排放等环境问题日益严重，化石能源的日益枯竭，以及人们对能源安全问题日益重视，全球已经认识到必须从传统能源向以可再生能源为主的清洁能源过渡。近年来，欧洲、美国和中国等国家和地区可再生能源发展迅速，其装机容量均超过了总容量的20%。其中欧洲已经制定了2050计划，即2050年欧洲实现100%可再生能源供电的宏伟目标。

全球拥有丰富的风力资源，加之风电场具有高效、环保等特点，使得风力发电成为最具发展潜力的新兴可再生能源。近20年来，风力发电得到迅猛发展，欧洲的风电装机规模已达到9400万kW（Andersen，2006）。目前，在经济发达且国土面积较小国家尤其是欧洲的陆上风电场几乎开发殆尽，而海上风速更高更稳定的特性使海上风电发展潜力巨大。根据欧洲风能协会(EWEA)预测，到2020年海上总风电装机将达到4千万kW，到2030年将会达到1.5亿kW（EWEA，2009）。风力发电的规模越来越大，并且距离负载中心的距离也越来越远。选择合适的风电输出方式，将风电传输至负载中心已成为非常重要的研究课题。

可再生能源的发展对现有输电系统造成了较大的冲击。由于可再生能源的发电出力具有波动性且较难预测，其大规模接入电网已成为电网运行的巨大挑战，建设新的输电线路来传输这些可再生能源是必然趋势。目前的输电技术和输电网络结构无法适应这种趋势。研究表明，改变电网的运行模式，实现从以交流为主的输电模式向以直流为主的输电模式的转变，将更易于接纳和平衡可再生能源、维持供电安全、提供稳定电力。

直流输电网络具备潜在的巨大优势，但是由于早期的一些技术和需求的不足，使得直流电网的发展比较缓慢。随着直流输电技术的不断进步，技术上的桎梏已经基本解决。而随着大规模可再生能源的接入和能源优化配置的需要，直流电网作为最好的解决方案已开始在欧洲的超级电网规划中实现。

欧洲输电系统运行（ENTSO）机构下辖的欧洲风能并网研究中心明确提出可再生能源发电的间歇性问题使电网稳定运行变得更加困难。远距离输电以及大范围可再生能源互联有助于平抑可再生能源波动。以直流电网为骨架的欧洲超级电网，不仅将接入海上风电场，还能接入其他的电源，如水电、太阳能和海洋能。利用大容量储存装置和挪威可调节水电对解决可再生能源发电并网波动问题非常有效。北非撒哈拉地区的大规模太阳能也将通过合理的输电系统输送至欧洲负荷中心。该输电系统将覆盖欧洲、中东以及非洲地区。多条海底电缆已经完成安装，还有数条海底电缆在计划中。直流电网还将进一步促进欧洲电力市场的一体化。

我国能源资源的整体特点是总量丰富、类型多样、分布不均。主要能源资源在地域分布上多呈“北多南少，西多东少”的特点，而负荷中心区则处于东南地区。目前，我国电力主要来自于水电和煤电。随着未来“三北地区”陆上风电、西部地区太阳能的大力开发我国“西电东送”格局将在2030年以前基本成型，2050年输送规模可能达到5亿～7亿kW（周孝信，2013）。直流输电具有输送距离长及功率大的优点，将承担我国电力传输的主要途径。

目前，我国是世界上拥有最多直流线路的国家。在特高压直流输电和多端直流输电技术上处于世界领先水平（马玉龙等，2014；Huang et al., 2009），电压级别最高可达±1100kV。到2016年，近四十多条直流线路将在我国运行（Cheng and He，2013），其中绝大部分是“端对端”结构。这些直流线路将西部电源与东部及南部的负荷互联实现能源优化配置，承担我国大体由西向东、由北向南的电力输送。然而单一的输电线路灵活性及可靠性较低，不能充分利用西部电源，需要更高层次的直流网络。

为充分利用不同电源的互补性，提高新能源发电和直流线路的利用率以及提高输电的灵活性和可靠性，采用直流电网大范围接入西部电源与东部负荷是未来发展的趋势。直流电网将由多个换流站和多条直流电线路构成的、具有输电冗余性及故障快速隔离功能，其主要基于电压源型换流器。随着直流输电技术的发展对新建直流网络进行规划和设计，或连接已有直流线路是形成未来直流电网的有效途径。我国有许多在运行或规划中的独立的直流输电线路，可通过合适的装置将这些输电线路互联形成直流网络。

利用直流电网可构建大容量远距离的输电网络，实现新能源的平滑接入，快速灵活的电力配置，全局功率的调节互济。直流电网络已经成为最受关注的未来电网发展形式之一。欧洲等一些国家和地区已经提出明确的直流电网长期发展规划，我国也提出未来在西部地区构建联结西部和北部煤电基地、西南水电基地、西部风电与太阳能发电基地，汇集多种电源并远距离输送到负荷中心的送端直流输电网络的设想。随着直流输电和联网技术的创新突破，高压直流电网技术也有望成为构建全球能源互联网骨干网架的关键技术之一。

第二节　直流电网发展现状和趋势

总体来说，直流输电技术在器件、拓扑和容量三个方面都取得了长足的发展：从最初的可控汞弧阀换流器，到以晶闸管为基础的电流源型常规直流输电系统（LCC-HVDC），再到以 IGBT 等可关断器件为基础的新型电压源型直流输电系统（VSC-HVDC）；从简单的端对端直流输电线路到多换流器连接的多端直流输电系统，再到形成网状结构的直流输电网络；从相对较小容量、高电压等级到超大容量、特高压的直流输电系统（UHVDC）。

1. 端对端直流输电

全球现有建成和待建直流输电工程超过一百条，我国目前建成、在建和规划中的高压和特高压直流输电工程达到近四十条，跨区输电能力超过 1.6 亿 kW。已建成的端对端直流输电系统主要是常规高压直流线路。

常规直流输电系统采用单导通方向的晶闸管，容量和电压等级更高，但是换相需要消耗大量无功并产生谐波污染，需要配建大量交流滤波器设备，电流传输方向的单一性限制了其潮流灵活性。而且由于其对接入交流系统的强度要求较高并存在换相失败风险，也为其应用带来了一定的局限性。

新型电压源型直流系统采用可关断的 IGBT 器件，其有功和无功功率具有双向流动能力和独立控制能力，其不但对接入的交流系统没有特殊的限制，具备“黑启动”能力，而且还能对系统提供无功和电压支撑。同时其内部的潮流方向不受限制，灵活性较高，适于海上风电的输送。但与晶闸管相比，IGBT 在电压等级和容量上的不足，使其在大功率、高电压的应用场合的经济性尚待提高。

2. 多端直流输电

端对端直流输电系统迅猛发展的同时，也带来了输电灵活性和输电经济性上的挑战。具有多电源供电和多落点受电的直流输电系统——多端直流输电系统，开始获得电网建设的极大关注。

多端直流输电系统由 3 个或 3 个以上的换流站及连接换流站之间的高压直流输电线路组成。通过与交流系统的多点连接，能够实现多个区域间的电力交换。比采用多个端对端直流输电系统更为经济，多端直流输电系统用于直流并网的潜力巨大。

与端对端直流输电相比，多端直流输电系统在下列场合中应用将更加经济，运行更加灵活：①从能源基地输送大量电力到远方的多个负荷中心；②直流输电线路中间分支接入负荷或电源；③几个孤立的交流系统之间利用直流输电线路实现电网的非同步联网等。此外，多端直流输电在分布式发电、可再生能源发电、城市直流配电等领域中的发展潜力日益显现。但是多端直流系统端口尚不多，网络结构仍算不上复杂，潮流简单，不具备一定的冗余性，尚未具备快速隔离线路故障的能力。

1）电流源型多端直流输电工程

目前，世界上已有三项常规多端直流输电工程投入运行：意大利—科西嘉—撒丁岛 3 端（200kV）、加拿大魁北克—新英格兰 5 端（实际按 3 端）运行 (±500kV)，美国的太平洋联络线直流输电工程也具有 4 端直流输电系统的特性 (±500 kV)。

其中，美国太平洋联络线 2 端直流工程建成，之后在 1989 年的扩建工程中，每端新增加 1 个双极换流站，通过新、老站的并联运行形成了 4 端直流输电系统。

目前还有两条多端直流工程在建：印度北—东阿格拉 ±800kV 特高压直流输电工程和美国圣地亚哥—橘州三端 ±500kV 直流输电工程。

2）电压源型多端直流输电工程

2013 年底，中国广东南澳建成和投运了世界上首个电压源型多端直流输电工程。该示范工程基于模块化多电平换流器技术，额定设计电压 ±160kV，三端换流站容量为 20 万 kW-10 万 kW-5 万 kW，通过总共 32km 陆地 / 海底电缆和架空线结合的高压直流连接，将南澳岛上分散的风电并入广东电网。

2014 年 7 月，国家电网公司建成投运了世界上电压等级最高、端数最多、单端容量最大的多端直流输电工程：舟山五端直流输电示范工程。舟山五端直流工程共设 5 座换流站，总容量 100 万 kW；新建 ±200kV 直流输电线路 141.5km；其中，海底电缆 129km。该系统采用放射性拓扑结构，易于实现多能源中心送电、多负荷中心受电，各站能够实现功率的双向传输，解决了衢山岛乃至舟山北部诸岛风能发电的限制。在建的电压源型多端输电工程还有：美国的 Super Station 工程，三端，电压等级 ±345kV，额定功率 75 万 kW；瑞典—挪威三端系统，电压等级 ±300kV，额定功率 2×70 万 kW。

3．直流输电网络

把现有和新建的直流输电系统互联，并与现有交流输电网络紧密相连，组成大规模的直流输电系统是未来直流输电技术发展的趋势。国际上尚未有关于“直流电网”的统一定义。与简单的多端直流输电系统相比，直流电网不仅端口数更多，而且网络结构更复杂，具备一定的冗余性，潮流方式更复杂，具备快速隔离线路故障的能力。直流电网还应具有先进的能源管理系统，在这个网络中不同的客户端、输电线路、微电网和不同的电源都可以得到有效管理、优化、监控、控制和对任何电力问题进行及时的响应，能够整合多个电源，以较小的损耗在数千公里范围内实现电能的传输和分配。

欧洲“超级电网”是全球最大的直流电网规划项目，其以高压直流输电线路为骨干网架，连接北海大型风电场，解决风电长距离传输与波动问题。同时，直流网络将海上风电场与环绕于北海的三个异步交流电网（英国系统、北欧系统与欧洲大陆系统）互联，促进欧洲电力市场一体化。

“Grid 2030”计划：美国未来电网将建立由东岸到西岸、北到加拿大、南到墨西哥，主要采用超导技术、电力储能技术和更先进的直流输电技术的骨干网架，以满足新能源发展和智能电网互联建设对清洁、灵活、环保的需求。

中国西部送端直流输电网（2030～2050年）：2030～2050年，中东部受端电网发展速度放缓，发展模式为局部强化；为扩大送电规模，提高利用效率，在基于电压源型直流输电技术已成熟的条件下，我国可能形成西部送端直流输电网和中东部受端超/特高压交流电网相结合的输电网模式。西部送端直流输电网，将联结西部和北部煤电基地、西南水电基地、西部风电与太阳能发电基地，汇集多种电源，并远距离输送到京津冀鲁、华中、华东、珠三角等负荷中心，全国形成一个全新的电网格局。

第三节　直流电网主要设备

直流电网的主要设备包括：电压源型换流器、直流断路器、直流变压器、直流电缆及电抗器、交流变压器和二次设备等。

1. 电压源型换流器

电压源型换流器是直流电网的主要设备，其采用的是全控型电力电子器件，具有可同时独立调节有功功率和无功功率，没有换相失败问题，在潮流反转时电压极性保持不变而易于构成多端直流系统。电压源型换流器主要有三种，即两电平换流器、二极管箝位型三电平换流器和模块化多电平换流器（徐政，2012；韦延方等，2012）。

两电平或三电平电压源型开关频率很高，要求所有的串联开关器件必须在极短的时间内同开断，这对开关器件的开关一致性和均压性提出了很高的要求，同时高的开关频率会产生较高的投切损耗。模块化多电平换流器(MMC)的储能电容分散于各桥臂中，其换流桥臂等效为可控电压源，通过子模块电压叠加改变桥臂的等效电压，输出电压谐波含量少，从而大大减少了换流站交流滤波器的使用，较低的开关频率降低了损耗。另外，模块化的结构使其可扩展性增强，为子模块的投入、退出运行提供了冗余，而且通过改变投入的子模块的数量，可实现电压及功率等级的灵活变化，并可扩展到更多的电平输出。

MMC 分为半桥型、全桥型和钳位双子模型三种，如图 27-1（a）。与半桥子模块相比，全桥子模块可输出负电压，能实现在过调制的情况下系统正常运行。在直流系统发生直流故障时，采用全桥子模块搭建而成的多电平换流器具有直流故障电流阻断能力。但是由于全桥子模块使用的电力电子器件数量是半桥子模块的两倍，经济性较差。而半桥型多电平换流器虽然不具备故障电流阻断能力，需要使用交流断路器断开换流器交流侧出口以隔离直流故障，或者使用直流断路器直接断开直流故障线路，但由于使用的电子电子器件数量少，安装费用和损耗都比较小，目前在工程中得到了广泛使用。我国已建成的舟山和南澳岛多端直流输电工程即是使用半桥型换流器。

基于半桥和全桥 MMC 一些学者还提出了变化的拓扑结构，如图 27-1（b），如变桥臂多电平换流器拓扑结构 (AAC)，该结构结合了 IGBT 串联和子单元级联两种结构的优点，在子单元数量、直流母线电压等级、开关管损耗、系统体积方面与 MMC 结构相比有了较大的改进（Merlin et al., 2014）。MMC 的研发是未来直流电网建设重要环节，世界各国科研人员仍然在努力探索 MMC 的更多种可能，以期能够更好地降低通态损耗和制造成本，并具备阻断直流侧故障的能力。

2. 高压直流断路器

直流断路器对于确保直流电网的安全可靠运行至关重要。因此，研发具有快速、可靠切断直流故障电流能力的直流断路器已成为发展直流电网迫在眉睫的任务。

与高压交流断路器相比，高压直流断路器研制的难点在于：直流电网中没有惯性设备，线路阻抗较小，故障电流上升速度大大快于交流系统，并且直流电流没有过零点，要求切断时间在 3 ～ 5ms，这对高压直流断路器的设计提出很高的要求。目前高压直流断路器研究方案主要有 3 种类型，分别是自激振荡式直流断路器、基于纯电力电子器件的固态断路器和基于两者结合的混合式断路器。其中混合式方案集成了机械式断路器低损耗与固态断路器分断快速的优点成为主要研发方向。

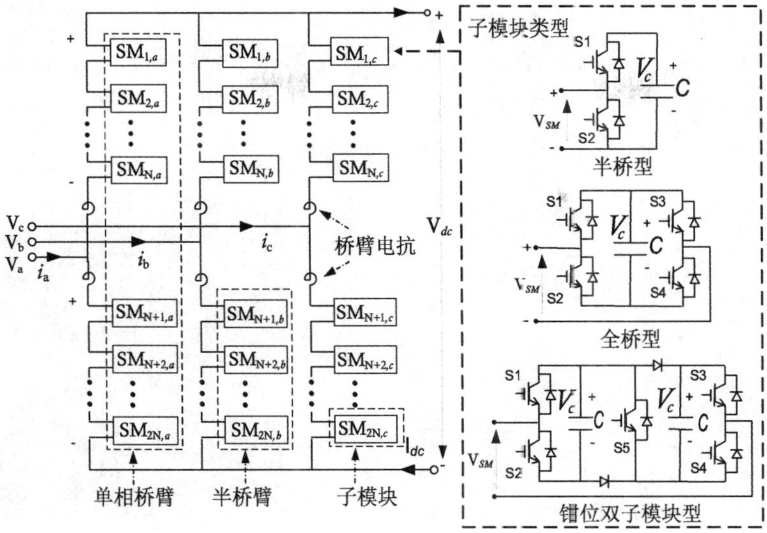

(a)

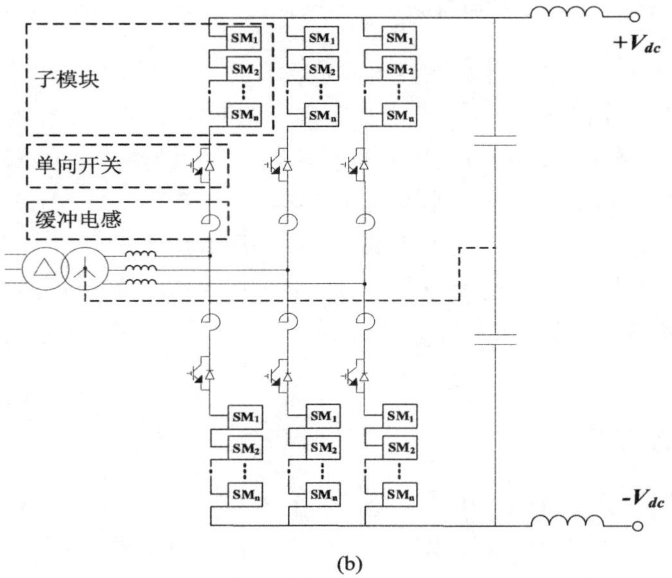

(b)

图 27-1　MMC(a) 和变桥臂 MMC(b)

混合式直流断路器的典型结构如图 27-2(a) 所示。该断路器主要由辅助支路和主回路组成：辅助支路包括快速机械隔离开关和辅助开关，辅助开关具有较低的电压、电流耐受能力。主回路一般由双向 IGBT 串联或全桥级联构成。并联避雷器用于熄弧和吸收能量。断路器外部还配有限流电抗器和直流残压断路器。

正常线路电流经过快速隔离开关，从而降低了导通损耗，故障发生后电流换相至主回路，由主断路器断开故障电路，最后由避雷器吸收能量。该断路器兼备机械断路器良好的静态特性以及固态半导体器件无弧快速分断的动态特性，使得其既具备较低的通态损耗，又有很快的分断速度。

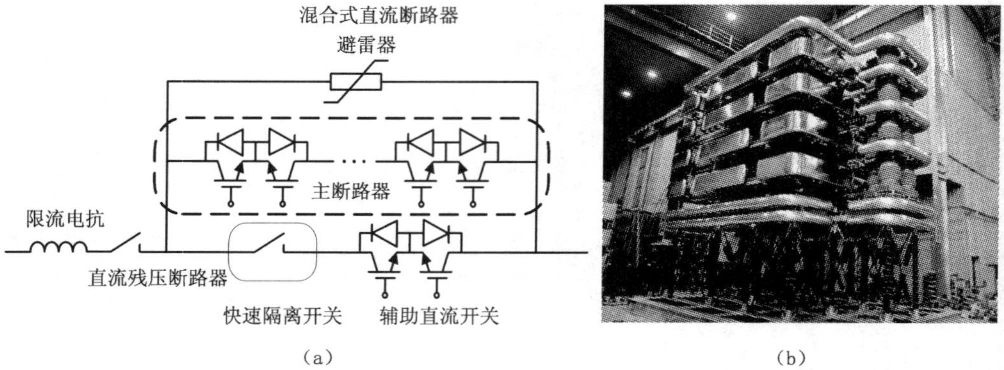

图 27-2 一种典型混合式直流断路器的拓扑结构 (a) 和国网智能研究院研制的高压直流断路器 (b)

资料来源：http://www.cet.sgcc.com.cn/html/zyyzc/col2003030101/2015-05/15/20150515181044889264392_1.html

2015 年 5 月 15 日，国网智能电网研究院“200 千伏高压直流断路器研制”项目通过中国电机工程学会技术成果鉴定。该断路器采用新颖的全桥级联混合式高压直流断路器拓扑，3 ms 内可开断高达 15kA 故障电流，电压等级可达到 200kV，如图 27-2(b)。此前，跨国制造公司，如 ABB 和 ALSTOM，也相继完成了 80kV/5ms/9kA 和 120kV/5.5ms/5.2kA 样机的研制工作。

混合式直流断路器的电压等级，额定电流和故障电流开断能力还需要进一步提高，并且解决正常导通的损耗问题，从而实现高压直流断路器的工业化生产和商业化应用。

3. 直流变压器

直流电网的建设应该是由端对端、简单多端直流系统逐渐过渡到大规模直流电网的形式。因此在建设直流电网的过程中，会遇到需要将不同电压等级、不同类型（即电流源型和电压源型）的直流系统连接的问题，这需要直流变压器来解决。

直流变压器需要具备以下功能：连接不同电压等级、不同类型的直流系统；直流系统极间功率平衡；潮流方向双向可控；低损耗、低造价、体积小；具有一定的故障电流耐受能力。现在研究比较广泛的有：双侧有源桥式直流变压器、谐振直流变压器和基于 MMC 的直流变压器，其中，基于 MMC 的直流变压器被认为在直流输电网领域具有发展前景。

常见的 MMC 直流变压器的拓扑如图 27-3 所示，它能够实现直流电压变换、功率双向流动以及故障隔离等功能。该种拓扑的直流变压器是通过交流变压器元件实现电压变换的，并可通过提高中间交流频率 (一般在 500~1000 Hz) 来减小变压器的体积，但是变压器铁芯损耗、等效开关频率较高的问题依然无法避免，一定程度上限制了其向高压大功率的发展。此外，由于使用了 MMC 技术，因此子模块在高频下的均压控制问题也要予以关注。

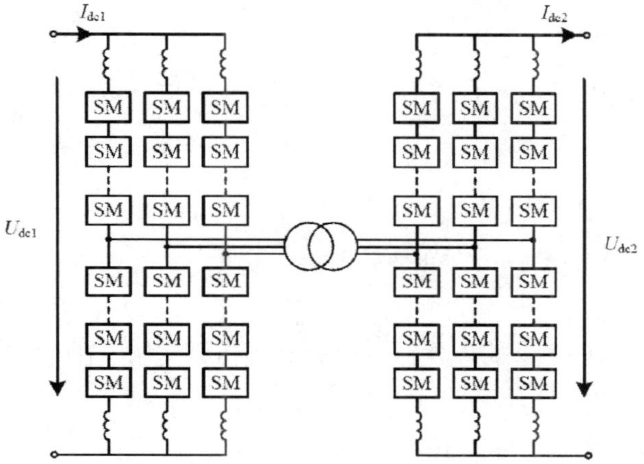

图 27-3　MMC 直流变压器拓扑结构

直流变压器目前尚处于电路拓扑、仿真计算、原理样机测试阶段，尚未实现工业样机研发的技术突破，所以直流变压器的开发应该得到更多的关注。

4．直流电缆

高压直流电缆作为直流输电中重要的传输介质，是限制直流输电发展的另一个瓶颈，尤其是海上风电应用。特别是与陆上电缆相比，海底地貌复杂，海底电缆的工作环境更严酷，其研制更困难，主要的难点有：导体纵向阻水技术；软接头开发，要有同电缆本体相同的电气性能和机械性能；金属护套及铠装的防腐防蚀设计；大长度海底电缆安全预警和测温控制；大长度电缆和接头的例行试验。

目前有两种高压直流电缆使用比较广泛（Reyers et al., 2011；Reyers et al., 2012；Jeroense et al., 2008）。

1）黏性浸渍纸绝缘电缆（MI 电缆）

这种电缆是目前使用最广泛的，技术非常成熟。欧洲生产厂商提供额定电压高达 ±600kV，额定电流 1.8kA。相对应的最大极功率为 110 万 kW，双极在 220 万 kW。导线面积通常为 $2500mm^2$。但 MI 电缆的运行温度只有 55 ～ 60 ℃，不适用于温差较大运行条件。

2）挤压绝缘高压直流电缆（XLPE 电缆）

高分子电缆主要应用于电压源换流器中，在不反转极性的情况下，允许潮流反向。目前，这一技术已经被应用于高达 ±200kV 的电压级别（容量为 50 万 kW)。额定电压高达 ±320kV，最高运行温度达到 90℃，短时允许温度达到 250℃。未来电压和功率等级还会增加。

第四节 直流电网关键技术及挑战

1. 直流拓扑和联网技术

直流电网的拓扑结构取决于电源（或送端交流电网）和负载（或受端交流电网）的位置、输电系统的冗余性和可靠性、输电线路的成本以及直流设备如换流器、直流电缆 / 电线和直流开关。直流网络有两种基础拓扑结构，放射型拓扑和网状拓扑。

在辐射型直流电网拓扑中，每两个端口只有一条输电线相连。如果其中一条输电线出现故障，其所连接的端口将解裂。网状结构中，两个端口间有两条或者更多的输电路径，在其中一条输电线无法工作的时候，冗余的连接线路能维持功率传输。这一拓扑结构更适合直流电网。

目前根据不同输电要求，换流站拓扑可采用非对称单极结构、对称单极结构和双极结构。其中非对称单极结构一端连接高压导线（架空电线或电缆），另一端接地或连接中性导线。对称单极结构两直流端分别承担正负直流电压。双极拓扑采用双换流器在直流侧串联交流侧并联的结构，两换流器中点接地，使该换流站两直流端分别承担正负直流电压。双极结构的优势在于能够提供更大的输电功率，并且其中一极故障不影响另一极的运行，仍能够传输 50% 的额定容量的功率。未来连接已有直流线路是直流电网发展的必经之路，使不同结构的换流站混合运行成为必然，图 27-4 给出三种换流站互联的方式。

2. 直流电网运行调度控制技术

直流电网的响应时间常数非常小，比交流电网要小至少两个数量级，对于直流电网的控制系统而言是个严峻的挑战。直流电网的运行调度控制主要有：直流电网协调控制；直流电网电压控制和直流电网功率控制。实现电源与负荷的协调，整个网络的直流电压维持稳定和直流功率平衡，以及防止换流阀、架空线和电缆等设备上的电流越限。

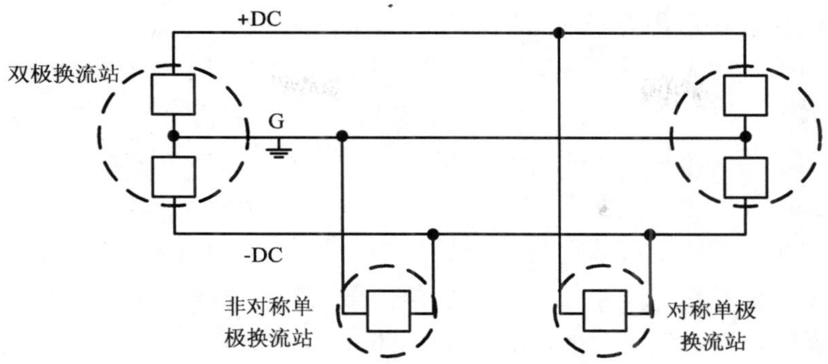

图 27-4　采用不同换流器的直流电网布局

图中一个正方形代表一个换流器

直流电网协调控制：要考虑直流电网与送端电源之间的（网源）协调，不同类型电源组合（风电，光伏，水电和煤电）之间的协调，直流电网与受端负荷之间的（网荷）协调。实现直流电网的大范围协调控制可以将我国大型水电、风电、光伏电源及火电基地联结起来，实现各类电源资源的跨地域优化配置。同时，直流电网可有多个中间落点，以提高输电的灵活性，并有助于实现真正意义地全国范围的能源互联、资源优化配置。

直流电网电压控制：在交流系统中功率平衡的指标是系统频率，而在直流系统中功率平衡的指标是直流电压。当功率过剩时直流电压增大；功率不足时直流电压减小。因此，通常将电压控制与功率控制配合使用，即一个或几个换流站控制直流电压，剩余的换流站控制直流电流(或功率)。目前主要有以下三种电压控制方式：电压裕度控制，电压下垂控制和带电压裕度的电压下垂控制。三种控制方式各有其优缺点，在实际工程应用中应根据系统的具体要求来选择。

直流电网功率控制：送端新能源发电出力与受端负荷的需求决定了一些换流器运行在功率控制模式。运行特性呈现为恒功率直线。在换流器电压及功率运行模式一定的情况下，直流线路潮流分布由线路电阻所决定。随着直流电网的发展，其网络更加复杂，为提高线路利用率、满足电网内部的输电平衡和灵活调度要求、适应电力市场要求，将会出现由换流器、直流变压器及灵活潮流控制器配合运行的潮流控制模式，以控制改变内部特定线路的功率。

3. 直流电网的保护

目前阻碍直流电网发展和运行的主要技术困难在于直流电网的保护，其中包括经济，可靠的直流断路及直流继电保护算法的开发。由于直流电网是一个“低惯量”系统，若发生直流故障将瞬间影响到整个直流电网，因此对保护系统的响应时间要求很高。与交流系统保护相比，直流电网保护的困难和挑战在于：①在直流线路发生短路故障时，所有换流站均向故短路点注入故障电流，与该直流电网相联的各交流系统均会受到影响；②直流线路的阻抗小，故障电流上升极快，要求保护动作应在几个毫秒内完成；③直流系统“低惯量”，发生短路故障后，整个系统电压急速下降，可能失去供电能力，故障需要尽快隔离，以确保与之相联的交流系统稳定性；④直流电流没有过零点，这给开断故障直流电流带来困难。

对直流电网保护的要求与交流系统保护的要求类似，但要求更高，包括灵敏性、选择性、速动性、可靠性、恢复性等。高压交流故障判断，隔离时间一般在100~200ms级，而直流电网保护要求在5~10ms级。

传统交流线路故障的判断可使用电流保护、电压保护、距离保护、差动保护等方法。其中电流电压保护方法也可用于直流线路的保护。具体包括过电流保护、电流方向保护、低电压保护、及电流电压变化率等方法，通过合理的整定判断条件来判断故障。此类方法可保证故障检测的灵敏性和速动性，但是在电气距离较短的系统中，故障选择性将会遇到一定的困难。判断条件的整定值必须精确设定以区分故障和非故障线路。此外使用快速通信技术交互传输线两端信息可极大地提高保护的选择性（如输电线路纵联保护)，但是通信会引起较大的保护延迟，因此基于通信的方法不适于作为主保护。距离保护也被广泛应用于交流线路的保护，其通过对电流电压的测量从而得出相应阻抗值以估算故障的距离。但由于直流电网阻抗小，直流故障的电流电压暂态较快且无分析出其基频，这些因素可能会导致很大的距离计算误差。此方法也不适用于直流电网的保护。

一些成熟的信号处理技术，包括行波分析、小波分析、快速傅里叶变化等也可用于直流故障的判断。此类方法通过对暂态故障电流和电压在时域和不同频域的分析，提取的故障信息以提高判断的选择性。

在成功判断故障的情况，可利用直流断路器隔离故障。但直流断路器的造价会很高，在每条线路两端安装会大大增加直流电网的造价。而且直流断路器体积较大，在海上直流电网的应用存在较大困难，因为海上平台面积相当有限。一些研究也在考虑采用其他元件，包括交流断路器、基于全桥的换流器、或直流变压器与快速直流隔离开关相配合隔离故障，以减少对直流断路器的需求。

直流电网的保护现在还没有得到很好的解决，这制约了直流电网的建设，所以亟待研究适用于直流电网的保护系统和保护方法。

4．直流电网仿真分析技术

建模仿真是支持电网分析、规划和运行的关键支撑技术。由于直流电网具有大量电力电子装置；且各装置结构复杂，包含相当数目快速暂态的投切器件；同时直流电网运行需要观察较长时间的动态，因此直流电网建模仿真技术面临着模型适应性、准确度及仿真效率的挑战；然而并行仿真技术和计算机技术的进步也给建模仿真技术带来了机遇。

直流电网分析研究具有不同时间尺度的要求，单一频率特性的相量模型不能满足要求。因此，直流电网的建模需要研究详细精确模型、平均模型和准稳态模型 3 种不同层次的模型，分别用于设备级仿真，控制系统设计分析和大系统仿真分析。

基于电力电子的新型直流电网设备的模型复杂，传统建模方法存在效率和精度上的不足，需要根据不同的设备特性，研究快速准确的新模型。MMC 换流器新模型取得了较大进展，提出了戴维南等值换流器模型。但是其他直流电网设备，如 DC/DC 变压器，光伏阵列等设备模型需要进一步研究优化。

直流电网的发展也需要仿真能力的支持，提出了稳态和暂态两方面的要求。稳态仿真 (即潮流计算) 引入直流电网会产生一个与原交流电网独立的潮流计算单元，并与交流电网相互迭代，影响潮流计算收敛的精度和速度。改进直流电网与交流电网的交互方法，提升潮流计算的耦合度是最有可能的解决方案。

暂态仿真方面，直流电网仿真中采用的小步长仿真方法带来了仿真速度和精度的矛盾。研究插值算法和小步长开关，能在保证精度的前提下增大仿真步长；研究并行仿真和多速率仿真，能提升仿真计算的硬件使用率；引入 FPGA 可以大幅提升仿真效率。这三者是解决速度和精度矛盾的可行方案，并为仿真分析技术带来巨大进步。

5. 直流电网建设政策支持及标准体系

建设直流电网需政府层面的支持，对泛洲际直流电网的建设则更需要国与国之间的协商。直流电网建设技术性强，工程难度高，投入巨大，如果没有较高层在政策和资金上的支持，实施起来难度相当大。与建设单一端对端直流输电线路不同，直流电网建设时要考虑不同区域电力能源优化配置和负荷的互济，并提高系统供电可靠性和兼顾电网未来发展，这将广泛涉及投资、责任、建设、管理、运行、交易，比较复杂。

交流电网的技术规程已经比较完备，但直流电网的技术规程却仍未有统一的标准。未来直流电网建设如果没有统一的标准体系将会造成各个生产厂商之间的技术不兼容、各个独立直流工程之间无法互联的问题。所以发展直流电网要加快其标准体系的制定。

在系统级层面，应考虑：直流电压等级的确定；不同直流电网互联协议；直流系统对交流系统的支撑等。

在控制保护层面，应考虑：直流电网内潮流控制方式；故障机制（故障电流和过电压极限)；控制保护方式；故障清除装置的安装位置；故障判别和保护分区；

保护动作时间等。

在设备级层面，应考虑：换流器参数；直流电缆和架空线路参数；直流断路器参数；通信系统参数等。

目前，有关直流电网的相关标准和并网运行导则各相关机构正在积极筹备当中。国际大电网组织，国际电工委员会、电气和电子工程师协会、能源监管机构合作组织和欧洲输电运营商协会都设立了专题组来研究直流电网的相关技术标准。其中，欧洲输电运营商协会在 2014 年 4 月已经发布了一份高压直流输电技术规程，旨在对高压直流输电运营商、直流连接工程运营商、系统运行人员和监管机构提出明确的要求。用以促进行业规范的统一，运营商之间的有效竞争，内部电力市场的有效运作以及确保系统安全稳定运行。

第五节 结论及建议

一、结 论

直流电网是一种极具发展前途的新输电技术，给电力系统运行及电能传输带来新的概念。其多落点、大范围覆盖能力可满足不同电力市场一体化的需求，促进区域能源互济和电力贸易，增强输电可靠性及经济性；其所需输电空间小和大功率输电的特点可满足城市有限的输电空间和电力需求日益增长的趋势。新能源发电及输电是直流电网技术发展的一个重要推动力。新能源具有分布广、距离用电中心远及发电出力具有很强的波动性的特点。大范围可再生能源互联对于平衡区域波动为用户提供安全稳定电力大有裨益。电压源换流器、电缆、断路器、直流变压器、设备控制技术近几年来取得飞速进步，为直流电网技术的发展和应用提供坚实基础。直流电网在欧洲、美国及中国已获得相当的关注，并取得不少阶段性的进展和成果，欧洲已经提出了未来直流电网的发展规划。目前，直流电网尚需在一些关键技术政策及规程有待突破，以真正促进直流电网的实现和商业化运行，为电网互联、提升电力系统效率、促进新能源开发、低碳减排、防止全球变暖做出贡献。

二、建 议

未来构建直流电网，需要在直流电网拓扑与网架构建基础理论、直流电网稳态特性及与交流电网相互作用机理、直流电网动态特性及安全性评价基础理论、直流电网故障保护与网络重构方法、直流电网运行可靠性基础理论与评估方法等方面进行基础研究，以及在直流电网核心装备关键技术研究及设备研制等多个方面实现创新突破。特别是要开发更高电压等级的直流电网技术，才能够支撑清洁能源大规模、远距离的送出和消纳。

开展基础研究和关键技术攻关：有关新型直流输电和直流输电网设备和系统的基础研究首先需要在国家层面立项支持，产学研协同，开展相应的关键技术攻关，积极开展与国际顶尖大学、科研机构的学术交流及合作，推进新型直流输电和直流输电网技术更快发展并尽早得到应用。

构建该电网是一个长期的过程，可能要十到几十年的时间。直流电网构建需从上至下，统一规划，系统化目标、运行、并网，建立统一标准，协调进行。避免出现不同时期发展的直流电网相互独立，互联困难的情况。

参 考 文 献

马玉龙，马为民，陈东，等 . 2014. 舟山多端柔性直流工程系统方案 . 电力建设，35(3): 1-6.

韦延方，卫志农，孙国强，等 . 2012. 一种新型的高压直流输电技术—MMC-HVDC. 电力自动化设备 .

徐政 . 2012. 柔性直流输电系统 . 北京：机械工业出版社 .

周孝信 . 2013. 关于在我国西部构建送端直流输电的思考 . 电力系统专委会 .

ABB. 2015. Power cable systems. http://www.abb.co.uk/cawp/db0003db002698/b0dd84c5a65b9027c1257a1300319830.aspx [2015-06-04].

Andersen B. 2006. HVDC transmission-opportunities and challenges. AC DC Power Transmission: 24-29.

Callavik M , Blomberg A, Häfner J. 2012. The hybrid HVDC breaker: an innovation breakthrough enabling reliable HVDC grids. ABB Grid Systems Tech Rep, Nov.

Cheng L, Feng H, He J. 2013.HVDC development and its reliability in China. IEEE Power&Society General Meeting.

EWEA. 2009. Oceans of opportunity: harnessing Europe's largest domestic energy resource. http://www.ewea.org/fileadmin/ewea_documents/documents/publications/reports/Offshore_Report_2009. pdf [2009-12-31].

Huang D, Shu Y Ruan J,et al .2009. Ultra high voltage transmission in China: developments, current status and future prospects. Procceedings of the IEEE, 99(3): 555-582.

Jeroense M. 2010. HVDC , the next generation of transmission highlights with focus on extruded cable systems. Leej Transactions on Hectrical and Electronic Engineering, 5: 400-404.

Merlin M, Green T, Mitcheson P, et al. 2014. The alternate arm converter: a new hybrid multilevel converter with dc-fault blocking capability. IEEE Transactions on Power Delivery, 29(1): 310-317.

Reyers B A, Transparency E U, Id R. 2011. An Introduction to High Voltage Direct Current (HVDC) Underground Cables, October.

Reyers B A, Transparency E U , Id R. 2012. An Introduction to High Voltage Direct Current (HVDC) Subsea Cables Systems, July.

第三篇

展　望　篇

项目负责人：周孝信

项目参加人（按姓氏拼音排序）：

专家组：程时杰　郭剑波　韩英铎　黄其励　李立浧　卢　强　王锡凡　严陆光　周孝信

工作组：白建华　白　泉　程　路　戴彦德　丁　剑　杜忠明　郭　强　韩　丰　胡学浩　康晓文　李柏青　刘开俊　刘应梅　鲁宗相　宋福龙　王世静　吴　云　易海琼　印永华　张诗滔　张有生　张运洲　周孝信

第二十八章　我国中长期能源电力供需及传输的预测和对策

第一节　概　　述

能源是人类社会发展的重要基础资源，能源发展战略与世界经济、人口、环境的发展密切相关。根据美国能源信息署（EIA）最新预测结果，随着世界经济、社会的发展，未来世界能源需求量将继续增加。为了满足未来社会对能源不断增长的需求，世界各国都在探寻适合本国发展的能源之路。

欧美国家在能源电力方面的诸多新举措，更加强调顶层设计和中长期规划，在更高层面，以更长远的眼光来展望能源、电力的发展趋势，对我国有重要的借鉴意义。

能源方面，能源的清洁化利用成为发展主旋律。以风电、太阳能发电等非水可再生能源为代表的非化石能源发展和非常规油气资源的大规模开发利用将成为国际能源发展的主要特点，世界能源结构、生产布局和能源区域平衡都将围绕这个特点呈现各自新的或者强化以往趋势的发展特征。可以预测，到 2050 年，能源的清洁化利用将达到一个可观的比例，从而极大缓和能源利用与环境保护的矛盾。

电力方面，在保障能源供应安全和能源结构清洁化调整的过程中，电力系统将在能源电力的传输分配中发挥更加重要的作用。世界电力工业在发电能源结构、电源电网发展等方面都将发生改变，以适应并促进世界能源的低碳绿色发展。未来，煤炭仍将是全球主要的发电能源但比例会大幅度下降、天然气占发电能源的比例将相对平稳，而非化石能源占比将快速上升。

我国在能源环境方面面临严峻的挑战，能源资源禀赋条件和所处经济发展阶段，决定了以煤为主的一次能源消费结构，在中长期内难以从根本上改变。由于煤炭的过度开发和粗放利用，带来了环境污染严重、温室气体排放压力增大、能源利用效率难以提高等一系列问题。为实现能源的可持续发展，我国必须以实现清洁、低碳和高效的能源发展方式为目标，在大力抓好煤炭等化石能源高效清洁利用的同时，要大力发展非化石能源，持续对能源消费结构进行优化和调整。在国内和国际能源格局发生巨大变化的背景下，国家将能源生产和消费革命提高到国家发展和安全的战略高度，提高效率，保护环境，保障供给，持续发展，是我国应当长期坚持的能源发展战略。

基于我国能源消费和国民经济现状，对未来中长期（2030 ～ 2050 年）能源供应和需求进行估计和预测，并探索未来电源和电网发展模式，展望未来能源和电网发展前景，对影响未来电网发展的重大科学问题进行前瞻性预测和研究，是当前解决我国中长期能源电力供需和传输挑战的关键应对策略。

本章将从我国能源资源分布和中长期（2030 ～ 2050 年）经济社会发展目标对能源电力的需求出发，通过优化能源电力生产、消费和传输的布局，以解决我国中东部地区和西部地区可持续发展为目标，提出相关技术对策和政策的咨询意见和建议。

第二节　我国中长期（2030 ~ 2050 年）能源电力生产、消费供需的情景分析

一、电力生产、消费现状

21 世纪以来，伴随着经济的高速发展，我国的电力需求迅速增长。2013 年我国全社会用电量达到了 5.3223 万亿 kW·h。自 2000 年全国发电装机容量突破 3 亿 kW 以来，截至 2013 年年底发电装机容量已达到 12.4738 亿 kW，其中煤电装机占 63.03%。全国发电量达到 5.3474 万 kW·h，其中煤电发电量占 73.82%。我国发电的能源供应结构依然以煤为主。2013 年，我国年人均用电量达到 3911kW·h，人均 GDP 约 4.19 万元（约合 6767 美元，当年价）。我国正处于工业化的高级阶段。

我国 2012 ～ 2013 年电力生产消费情况见表 28-1。

表 28-1　我国 2012 ～ 2013 年电力生产消费情况

年份	人均年用电量 /kW·h	全社会用电量 / 万亿 kW·h	全国总装机 / 发电量 /（亿 kW/ 万亿 kW·h）	水电装机 / 发电量 /（亿 kW/ 万亿 kW·h）	核电装机 / 发电量 /（亿 kW/ 万亿 kW·h）	风电 + 光伏装机 / 发电量 /（亿 kW/ 万亿 kW·h）	火电装机 / 发电量 /（亿 kW/ 万亿 kW·h）
2012	3657	4.9514	11.4179 /4.9733	2.4945 /0.854	0.1257 /0.0983	0.6062+0.034 /0.1028+0.0036	8.1554 /3.9142
2013	3911	5.3223	12.4738 /5.3474	2.8002 /0.8963	0.1461 /0.1121	0.7548+0.1479 /0.1401+0.0087	8.6238 /4.19

注：全国大陆总人口：2012 年 135 404 万人，2013 年 136 072 万人。火电中含燃煤电、燃气电：2012 年火电装机容量中燃煤电 7.4976 亿 kW，燃气电 3717 万 kW；发电量中燃煤电 3.6994 万亿 kW·h，燃气电 1092 亿 kW·h。2013 年火电装机容量中燃煤电 7.8621 亿 kW，燃气电 4309 万 kW；发电量中燃煤电 3.9474 万亿 kW·h，燃气电 1143 亿 kW·h。水电中含抽水蓄能电站：抽水蓄能装机容量，2012 年 2033 万 kW，2013 年 2151 万 kW；抽水蓄能发电量，2012 年 93 亿 kW·h，2013 年 116 亿 kW·h

资料来源：2012 ～ 2013 年基础数据取自中国电力企业联合会《2013 年全国电力工业统计快报一览表》

二、电力需求预测

2020年以前，我国仍然处于工业化高级阶段向初级发达经济阶段转型的过程中，电力需求将保持每年5%～6%的增长，预计到2020年全国需电量将达到7万亿～8万亿kW·h。2021～2030年，我国将从发达经济阶段的初级阶段向高级阶段过渡，电力需求年均增速将放缓到3.5%左右；大致在2030年左右我国的电力需求增长将出现拐点，届时我国东部地区已基本完成城镇化与工业化建设，电力需求增速将下降至2%以下，中西部地区也已快速发展20余年，人均用电量水平基本接近东部地区，全国电力需求增长水平低至3%以下，年需电量水平大致在9.5万亿～11.5万亿kW·h。2031～2050年，我国经济社会将处于高级发达经济阶段，我国步入中等发达国家行列，2040年后电力需求年均增速进一步放缓至1.0%左右，电力需求趋于饱和，到2050年全国需电量将达到11.6万亿～15万亿kW·h；此时，我国的人均用电量大致在8000～10 345kW·h/人，类比世界经济发达国家，大致相当于或稍超过法国、德国、日本当前水平，相当于美国20世纪七八十年代水平。中国中长期电力需求（需电量）及增速预测详见表28-2，部分发达国家的人均用电量见表28-3，全国年人均电量发展趋势预测见表28-4。

表28-2　中国中长期电力需求（需电量）及增速

方案＼年份	2010（实绩）		2020		2030		2040		2050	
	需电量/(亿kW·h)	增速/%	需电量/(亿kW·h)	增速/%	需电量/(亿kW·h)	增速/%	需电量/(亿kW·h)	增速/%	需电量/(亿kW·h)	增速/%
高方案	41 999	12.0	80 000	6.7	115 000	3.7	135 000	1.6	150 000	1.1
中方案	41 999	12.0	75 000	6.0	105 000	3.4	120 000	1.3	131 000	0.9
低方案	41 999	12.0	70 000	5.2	95 000	3.1	107 000	1.2	116 000	0.8

表28-3　部分发达国家的年人均用电量　（单位：kW·h/人）

国家/地区＼年份	1980	1990	2000	2005	2010	2011	2012
加拿大	12 804	16 163	17 035	17 321	16 154	16 406	16 211
美　国	9 841	11 687	13 657	13 636	13 376	13 227	12 941
韩　国	914	2 373	5 907	7 804	9 745	10 162	10 279
日　本	4 707	6 489	7 973	8 201	8 339	7 847	7 745
法　国	4 426	5 975	7 257	7 699	7 765	7 318	7 473
德　国	5 796	6 646	6 637	7 114	7 164	7 083	6 999

续表

国家/地区 \ 年份	1980	1990	2000	2005	2010	2011	2012
俄罗斯	—	6 673	5 209	5 783	6 452	6 533	—
西班牙	2 632	3 524	5 207	6 147	5 769	5 604	5 624
英　国	4 683	5 358	6 115	6 234	5 746	5 518	5 495
意大利	3 105	4 145	5 300	5 669	5 384	5 393	5 272
世界平均	1 717	2 064	2 320	2 586	2 872	2 933	—

表28-4　全国年人均用电量发展趋势　　（单位：kW·h/人）

方案 \ 年份	2011	2020	2030	2040	2050
高方案	3 483	5 517	7 667	9 122	10 345
中方案	3 483	5 172	7 000	8 108	9 034
低方案	3 483	4 828	6 333	7 230	8 000

未来，我国东中西部地区用电量的差距将逐步缩小。其中，东部地区用电量比例将由现在的50%逐步下降至2020年的45%与2030年的42%，至2050年降至39%；西部地区用电量比例将由现在的23%逐步上升至2020年的25%与2030年的26%，至2050年上升至27%；中部地区用电量比例将由现在的19%逐步上升至2020年的22%与2030年的24%，至2050年上升至26%；东北部地区用电量比例基本保持8%不变。中东部（含东北）用电量比例将由现在的77%下降到73%。中国分区用电量发展趋势预测见表28-5。

表28-5　中国分地区用电量发展趋势

地区 \ 年份	2020	2030	2040	2050
全国	75 000	105 000	120 000	131 000
东部用电量/(亿kW·h)	33 826	43 993	47 873	51 070
比例/%	45	42	40	39
中部用电量/(亿kW·h)	16 529	24 876	29 872	33 488
比例/%	22	24	25	26
西部用电量/(亿kW·h)	18 757	27 689	32 604	35 834
比例/%	25	26	27	27
东北部用电量/(亿kW·h)	5 887	8 442	9 651	10 607
比例/%	8	8	8	8

三、电力供应能力预测

（1）煤电。碳排放、环境保护和煤炭产能是限制煤电发展的主要因素。受煤炭产能约束，2030年燃煤发电量上限按6.2万亿～7万亿kW·h、煤电装机按12.5亿～14亿kW考虑；2050年燃煤发电量上限按7万亿～7.5万亿kW·h、煤电装机按14亿～15亿kW考虑。随着国内外环境保护压力的不断加大，特别是近年来国内广大地区面临严重雾霾的现实威胁，减少煤炭利用的呼声日趋高涨，政府也出台相应的限煤措施。在此情况下，燃煤发电虽然在煤炭的各种能源利用中效率高、环境影响小，但由于总量巨大，其进一步发展规模的前景仍存在不确定性。

（2）天然气发电。综合考虑国内外资源，预计2030年、2050年我国天然气最大供应能力分别为4600亿～4800亿m^3、5500亿～6000亿m^3。按照远景年我国天然气发电比例按20%考虑，2030年天然气供应可支撑发电量为0.46万亿～0.48万亿kW·h，装机1.0亿～1.1亿kW；2050年可支撑发电量约为0.6万亿kW·h，装机约1.3亿kW。随着非常规天然气勘探和开采技术的进一步成熟，2020年前后天然气产量有可能实现跨越性增加；而分布式能源的发展有可能使天然气用于发电的比例大幅提高，预计气电发电量可能增加至1.8万亿kW·h，装机约4亿kW，但取决于资源勘探和开发技术的进展，此前景的实现也存在较大的不确定性。

（3）核电。随着乏燃料发电等技术的发展，铀资源已不再构成我国核电发展的最主要制约因素。而为了保证核电安全，核电厂址对地震地质、水文气象、环境保护、人口密度等众多因素的要求更为严格，厂址资源将是我国核电发展的最主要影响因素。根据厂址普选工作成果并考虑进一步选址勘察的潜力，远景核电可满足3亿～4亿kW的装机规模。

（4）水电。我国水电资源丰富。至2013年年底，我国水电装机容量约为280 002万kW，东部水电已开发完毕，中部水电开发程度也已将近八成。按照水能蕴藏量统计，远景年，我国水电发展上限大致达到5亿kW。

（5）风电。截至2013年年底，我国风电并网装机规模达7548万kW，居世界第一。就近期而言，电网消纳能力是制约“三北地区”风电发展的最主要因素，开发成本是制约海上风电发展的最主要因素。随着电力装机结构中调峰电源比例的不断提高、智能电网和先进储能技术的推广应用，风电的消纳难题将得以解决。随着风电技术的进步、化石燃料发电成本的增加，未来风电的竞争力将逐渐增加。预计到2050年，我国风电装机规模期望能达到10亿kW。

（6）太阳能发电。截至2013年年底，我国太阳能发电并网装机规模达1479万kW。随着太阳能发电技术的进步、化石燃料发电成本的增加，未来太阳能发电的竞争力将逐渐增加。预计到2050年，我国太阳能发电装机规模期望达到5亿kW。

基于上述分析结果，综合考虑各类发电资源的供应能力，我国远景2050年能够实现的发电量最大规模在14.2万亿～16.6万亿kW·h。其中，化石能源发电量占53.5%～56%，非化石能源发电量占45%左右。装机容量的最大规模在38.3亿～43亿kW。化石能源装机规模占40%～44.2%。最高可支持人均装机达到2.6～3kW，详见表28-6、表28-7。

表28-6 中国中长期可支持的发电量及装机规模（低方案）

低方案	全部	煤电	气电	核电	水电	风电	太阳能发电
发电量 / 万亿 kW·h	14.2	7	0.6	2.1	1.75	2	0.75
装机 / 亿 kW	38.3	14	1.3	3	5	10	5
电量占比 /%	100	49.3	4.2	14.8	12.3	14.1	5.3
装机占比 /%	100	36.5	3.5	7.8	13.0	26.1	13.0

表28-7 中国中长期可支持的发电量及装机规模（高方案）

高方案	全部	煤电	气电	核电	水电	风电	太阳能发电
发电量 / 万亿 kW·h	16.6	7.5	1.8	2.8	1.75	2	0.75
装机 / 亿 kW	43	15	4	4	5	10	5
电量占比 /%	100	45.2	10.8	16.9	10.5	12.0	4.5
装机占比 /%	100	34.9	9.3	9.3	11.6	23.3	11.6

四、电力供应方案的优化

基于前述我国中长期电力需求及供应能力预测的分析结果：即2050年全国用电量将达到11.6万亿～15万亿kW·h，人均年用电量达到8000～10 345kW·h；全国能够供应的发电量最大规模在14.2万亿～16.6万亿kW·h，装机容量的最大规模在38亿～43亿kW，以节能和最大限度地开发利用可再生能源资源、提高清洁能源电力比例为原则，按照2050年人均年用电量预测低限方案8000kW·h上下浮动，分别取7000kW·h、8000kW·h、9000kW·h三种情景，每种情景下清洁能源电量分别占全部电量的50%、60%、70%拟定了电力装机和发电量的9个方案，如表28-8所示。

根据对各方案的对比分析，遵循上述原则并考虑实现的可能性，认为如下方案较为适宜：该方案人均年用电量8000kW·h，全社会用电总量12万亿kW·h；装机总容量33.68亿kW，其中清洁能源装机24.08亿kW，占总装机的71.5%（其

表28-8　2050年电力供应情景分析

人均用电量 /（kW·h/a）	7000			8000			9000		
全社会用电量 / 万亿 kW·h	10.5			12			13.5		
方案拟定	方案 1-1	方案 1-2	方案 1-3	方案 2-1	方案 2-2	方案 2-3	方案 3-1	方案 3-2	方案 3-3
装机合计 / 亿 kW	23.75	27.48	31.22	29.42	33.68	37.95	37.33	39.88	44.68
水电 / 亿 kW	4.5	4.5	4.5	4.5	4.5	4.5	4.5	4.5	4.5
核电 / 亿 kW	3	3	3	3	3	3	3	3	3
非水可再生能源发电 / 亿 kW	3.75	9.58	15.42	7.92	14.58	21.25	14.33	19.58	27.08
气电 / 亿 kW	2	2	2	2	2	2	2	2	2
煤电 / 亿 kW	10.5	8.4	6.3	12	9.6	7.2	13.5	10.8	8.1
清洁能源发电装机 / 亿 kW	13.25	19.08	24.92	17.42	24.08	30.75	23.83	29.08	36.58
清洁能源发电装机比例 /%	55.79	69.4	79.8.0	59.2	71.5	81	63.8	72.9	81.9
发电量合计 / 万亿 kW·h	10.5	10.5	10.5	12	12	12	13.5	13.5	13.5
水电 / 万亿 kW·h	1.575	1.575	1.575	1.575	1.575	1.575	1.575	1.575	1.575
核电 / 万亿 kW·h	2.1	2.1	2.1	2.1	2.1	2.1	2.1	2.1	2.1
非水可再生能源发电 / 万亿 kW·h	0.675	1.725	2.775	1.425	2.625	3.825	2.175	3.525	4.875
气电 / 万亿 kW·h	0.9	0.9	0.9	0.9	0.9	0.9	0.9	0.9	0.9
煤电 / 万亿 kW·h	5.25	4.2	3.15	6	4.8	3.6	6.75	5.4	4.05
清洁能源发电量 / 万亿 kW·h	5.25	6.3	7.35	6	7.2	8.4	6.75	8.1	9.45
清洁能源发电量比例 /%	50	60	70	50	60	70	50	60	70
可再生能源发电量比例 /%	21.43	31.43	41.24	25	35	45	27.78	37.78	47.78
非水可再生能源发电量比例 /%	6.43	16.43	26.43	11.86	21.88	31.88	16.11	26.11	36.11

注：非水再生能源发电指风电、光伏、生物质发电等，清洁能源发电是水电、非水可再生能源发电、核电、气电的总称

中水电装机 4.5 亿 kW，占总装机 13.36%；核电装机 3 亿 kW，占总装机 8.9%；风电、太阳能发电等非水可再生能源装机 14.58 亿 kW，占总装机的 43.3%；气电装机 2 亿 kW，占总装机的 5.94%，煤电装机 9.6 亿 kW，占总装机的 28.5%；在总发电量中，清洁能源发电量 7.2 万亿 kW•h，占总量 60%（其中水电发电量 1.575 万亿 kW • h，占总量 13.12%；核电发电量 2.1 万亿 kW • h，占总量 17.5%；风电、太阳能发电等非水可再生能源发电量 2.625 万亿 kW • h，占总量 21.88%；气电发电量 0.9 万亿 kW • h，占总量 7.5%)，煤电发电量 4.8 万亿 kW • h，占总量 40%。推荐该方案作为进一步分析输电需求的基础。人均年用电量 8000kW • h 情景下各方案装机和发电量情景如图 28-1 和图 28-2 所示。

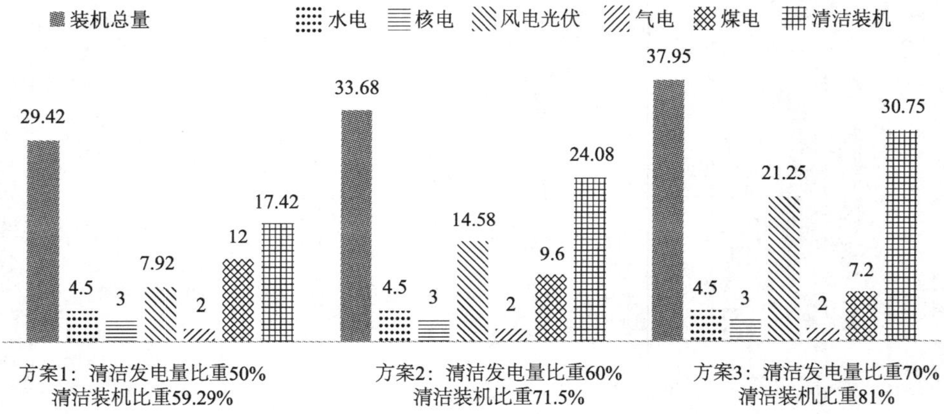

图 28-1 人均年电量 8000kW • h 的全国发电装机容量预测（单位：亿 kW）

人均年电量指标的预测尚存在一些不确定性其波动源于两个方面的原因。一方面，全球电气化水平仍将日益提高，电力在能源供应体系中的地位呈加强趋势。1980 ～ 2011 年，全球电能占终端能源消费比例从 10.9% 提高到了 17.7%。国际能源署（IEA)、美国能源部能源信息管理局（EIA)、日本能源经济研究所（IEEJ）等的预测分析表明，电能比例提高这一趋势仍将延续。2010 ～ 2035 年世界电力消费增速在 1.7% ～ 2.6%，远高于一次能源 0.6% ～ 1.6% 的增速，也高于终端能源 0.7% ～ 1.5% 的增速，由此使得电能占终端能源消费量的比例也将持续提高，预计将从 2010 年的 18% 提升至 2035 年的 23% 左右。“以电代煤、以电代油”将促使人均用电量进一步提升，预计我国 2050 年电能占终端能源消费的比例将达到 37% ～ 40%。另一方面，低碳、节能成为世界倡导的趋势，转变经济发展方式，社会用能、用电强度都会得到极大的控制，很难按照现在的电力工业发展轨迹自然增长，是一种强受控的发展模式。

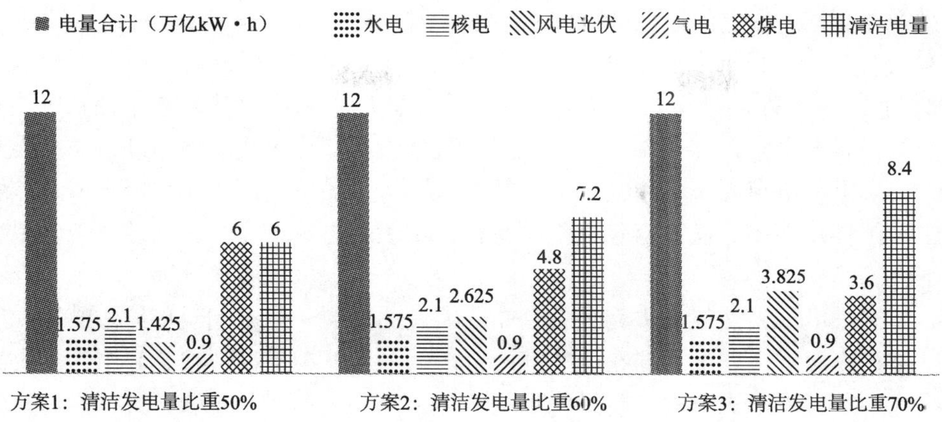

图 28-2　人均年电量 8000kW·h 的全国发电量预测（单位：亿 kW·h）

第三节　我国中长期（2030 ~ 2050 年）电力流预测与分析

本节分析了我国能源流向的基本格局和未来发展趋势，对中长期电源发展模式和区域布局、西电东送电力流格局及规模进行了预测。

1. 我国能源资源的总体分布和能源流向

我国能源资源总体分布是西多东少、北多南少。大兴安岭—太行山—雪峰山以西地区的煤炭资源量 5.1 万亿 t，占全国煤炭资源总量的 92%；西南地区（四川、重庆、云南、贵州、西藏）水力资源技术可开发量占全国的 2/3；全国陆地风能资源潜在开发量约为 24 亿 kW，90% 以上分布在“三北”地区（东北、西北、华北北部）；青藏高原、甘肃、宁夏北部、新疆南部、蒙西等我国西部地区太阳能资源最为丰富。由于能源资源与负荷中心的逆向分布，能源流向呈现“西煤东送、北煤南运”、“西电东送”、“北电南送”的格局。未来我国能源生产重心将进一步西移和北移，而需求重心则可能长期保持在中东部地区，能源流规模和距离将进一步增大。

2. 电源发展模式和区域布局

总体上，我国未来电源的发展应遵循骨干电源与分布式电源相结合的模式。不同类型电源的开发模式根据其能源资源的分布、环境影响、运行和使用特性不同而各有侧重。发展的区域分布则更与这些因素密切相关。

（1）煤电：目前中东部地区煤电装机总量约 5.4 亿 kW，占煤电装机总量的比例约 2/3，而西部地区仅占 1/3 左右。未来中东部地区新增煤电将受到严格控制，新增煤电主要以在西部和北部煤炭产区建设现代化大型煤电基地为主要发展模式；煤电总量也应得到控制，预计在 2030 年达到供应顶点，2030 ～ 2050 年主要立足于存量调整，做好存量机组的替代、淘汰和更新工作，煤电装机总量呈稳中下降趋势。

（2）气电：天然气发电和燃气分布式能源的发展，能起到改善能源结构、节能减排等作用，主要应布局在中东部地区，以采用分布式高效综合利用为主要发展模式。在国内常规天然气开采稳步增长，非常规天然气开发取得突破，天然气国际进口通道逐步完善，具备可靠、稳定的天然气供应能力条件下，气电是替代部分煤电机组，改善我国以煤为主的电力供应结构的重要选择。长远来看，天然气发电装机规模有望超过 2 亿 kW。

（3）水电：水电开发呈现逐步西移、梯级推进态势，以大型水电基地开发为主要模式，2030 年左右将基本开发完毕，装机总量应达到 4.5 亿～ 5 亿 kW。

（4）核电：近中期核电开发以在东中部建设大型核电基地为主要模式。中长期来看，中国作为能源消耗大国和碳排放大国，在能源需求刚性增长、环境保护、应对气候变化等多重压力下，发展核电仍势在必行。由于日本福岛核事故的影响，预计 2020 年发展规模在 6000 万 kW 左右，2021 ～ 2030 年，若内陆缺能省份核电开始规模化发展，预计全国新增核电 7000 万～ 9000 万 kW，2030 年总装机达 1.3 亿～ 1.5 亿 kW，核电的潜在发展规模有望达到 3 亿 kW 左右。

（5）风电：近期主要在“三北”地区发展大规模风电基地，“三北”10 个省区风电开发规模占全国的 80% 左右。预计 2015 年全国风电将达到 1.2 亿 kW，2020 年将达到 2 亿 kW，风电跨区消纳成为待解决的主要问题。未来应采取西部北部大型风电基地开发与中东部分散开发相结合的模式，充分利用华中、华东、南方等地区的风能资源条件和消纳市场，扩大中东部地区分散式风电开发规模，促进海上风电规模化开发，提高风电发展速度。根据对清洁能源的需求，远期全国风电装机规模期望达到 10 亿 kW 左右，争取西部北部大型风电基地与中东部开发（含陆上分散开发和海上开发）各占一半。

（6）太阳能发电：太阳能发电应采取西部集中开发与中东部分散布局并重的发展模式，近期以分散开发光伏发电为主。2020 年之后，将以西部北部集中开发为主，发展大型光伏电站和太阳能光热发电站。2020 年太阳能发电装机规划 5000 万 kW，其中，大型并网电站约 2300 万 kW，分布式光伏发电 2700 万 kW，占比各约一半。2030 年，预计太阳能发电装机将达到 1.5 亿～ 2 亿 kW。远期适应清洁能源的需求，应达到5亿kW左右，争取大型基地开发与分散开发各占一半。由于主要增长空间在西部、北部资源富集地区，距离东中部负荷中心2000km左右，需要新建和结合已有煤电、水电、风电等输电通道，实现煤、水、风、光联合输送和跨省区消纳。

3. 中长期电力流格局和西电东送规模预测

根据电源发展模式和区域布局的分析结果，我国未来水电和煤电以在西部和北部资源所在地集中开发大型基地为主，核电在东中部负荷集中地就近开发大型基地，气电主要在中东部分布式开发，风电和太阳能等新能源则应在资源富集区开发大型基地与靠近负荷中心分散开发并重。其中西部和北部大型煤电基地、西南大型水电基地、风电与太阳能发电等可再生能源基地远离负荷中心，电力需要远距离输送到京津冀鲁、华中东四省、华东、南方两广等负荷中心地区消纳。综合考虑我国电力负荷分布及电源布局，我国未来的电力流总体格局与能源流向的整体格局一致。

预计2030～2050年的电力流格局会有两种可能情况。第一种情况是，在此期间，我国能源资源和负荷中心的逆向分布仍未发生大的改变，电力仍需大容量远距离输送，但整体上与2030年之前相比无显著增长，风电、太阳能发电的消纳将成为电力流增加的主要推动力。第二种情况是，随着核电、大规模可再生能源的开发和煤电装机容量的减少，以及负荷中心向中西部地区的扩展、分布式能源的渗透率提高等，2030～2050年电力流格局将发生较大变化，由目前的大容量远距离输送趋向于电力与负荷基本均衡的方向发展，未来对电力的大容量远距离输送需求将部分减少或减少的较多。

根据目前的发展形势来看，除非中东部和西部的电力需求比例发生重大变化，出现第二种情况的可能性较小，2030～2050年期间电力流将维持稳定乃至略有增长，不会大幅减少，特别是我国西部和北部超大规模荒漠太阳能电站、风电等仍将有很大发展，会使西电东送容量需求进一步增加。

基于上述趋势分析，在本章第二节2050年电力供应情景分析的基础上，以2012年、2013年实际电力供应和消费情景为起点，按照人均年电力消费由现况的3657kW·h（2012年）、3911kW·h（2013年）发展到5000～8000kW·h，并延伸增长到9000～10 000kW·h的情景，做出未来电力（装机容量、年发电量）的发展趋势预测，详细电力发展趋势测算结果见表28-9，相应的趋势图如图28-3和图28-4所示。在此基础上，根据未来发电资源在我国西部和中东部的区域布局，测算各情景下西部和中东部发电装机和发电量总量。其中水电按东西部可开发的水力资源分布比例测算，西部占80%，中东部占20%；核电和气电全部在中东部负荷中心就地开发；煤电的分布可按西部与中东部各占总量50%考虑；风能和太阳能等非水可再

表 28-9 未来全国发电装机 / 发电量发展趋势预测

人均用电量（kW・h/a）	3911/2013 年	5000	6000	7000	8000	9000	10000
全国总人口 / 亿	13.6072	14	14.5	15	15	15	15
全国发 / 用电量 / 万亿 kW・h	5.3474/5.3223	7.0	8.7	10.5	12.0	13.5	15.0
全国电力总装机 / 亿 kW	12.4738	16.66	20.77	26.64	33.68	39.88	51.42
水电装机 / 发电量 /（亿 kW/ 万亿 kW・h）	2.8002/0.8963	3.3/1.155	3.8/1.33	4.5/1.575	4.5/1.575	4.5/1.575	4.5/1.575
核电装机 / 发电量 /（亿 kW/ 万亿 kW・h）	0.1461/0.1121	0.6/0.42	1.2/0.84	2/1.4	3/2.1	3/2.1	3/2.1
非水可再生发电装机 / 发电量 /（亿 kW/ 万亿 kW・h）	0.9027/0.1488	2.86/0.515	4.03/0.725	7.64/1.375	14.58/2.625	19.58/3.525	32.92/5.925
气电装机 / 发电量 /（亿 kW/ 万亿 kW・h）	0.4309/0.1143	0.8/0.36	1.3/0.585	2/0.9	2/0.9	2/0.9	2/0.9
煤电装机 / 发电量 /（亿 kW/ 万亿 kW・h）	7.8621/3.9474	9.1/4.55	10.44/5.22	10.5/5.25	9.6/4.8	10.8/5.4	9/4.5
清洁发电装机 / 发电量比例 /%	34.31/23.78	45.38/35.00	49.74/40.00	60.59/50.00	71.50/60.00	72.92/60.00	82.50/70.00
煤电发电装机 / 发电量比例 /%	63.03/73.82	54.62/65.00	50.26/60.00	39.41/50.00	28.50/40.00	27.08/40.00	17.50/30.00
可再生能源发电装机 / 发电量比例 /%	29.68/19.54	36.97/23.86	37.70/23.62	45.57/28.10	56.65/35.00	60.38/37.78	72.77/50.00
非水可再生能源发电装机 / 发电量比例 /%	7.24/2.78	17.17/7.36	19.40/8.33	28.68/13.10	43.29/21.88	49.10/26.11	64.02/39.50

注：上述表格的计算条件设定水电年运行 3500 小时，核电年运行 7000 小时，气电年运行 4500 小时，煤电年运行 5000 小时，风电、光电综合年运行 1800 小时，其输电容量按电量不变折算为 5000 小时的等价容量值。不计抽蓄电站，不计电网损耗（发电量等于用电量）

资料来源：2013 年基础数据取自中国电力企业联合会《2013 年全国电力工业统计快报一览表》

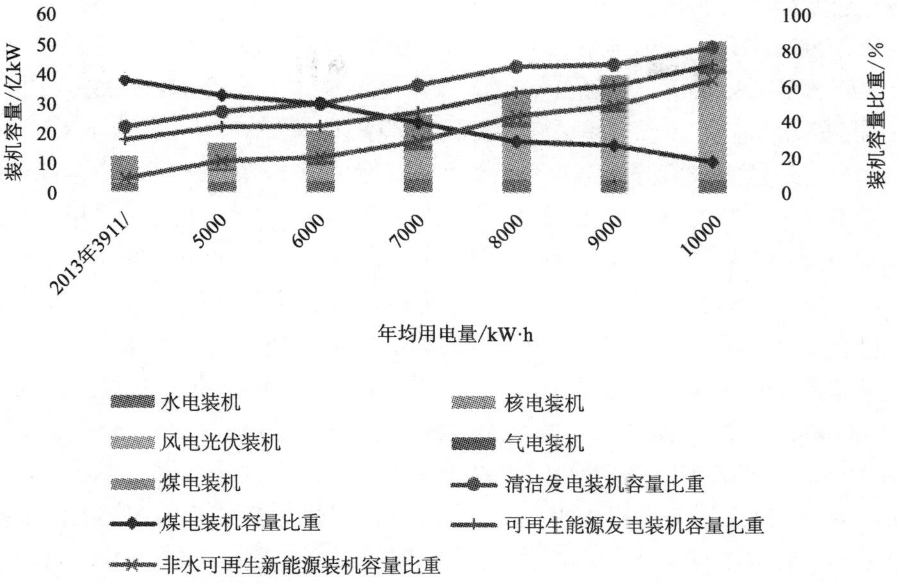

图 28-3　未来全国发电装机容量趋势预测

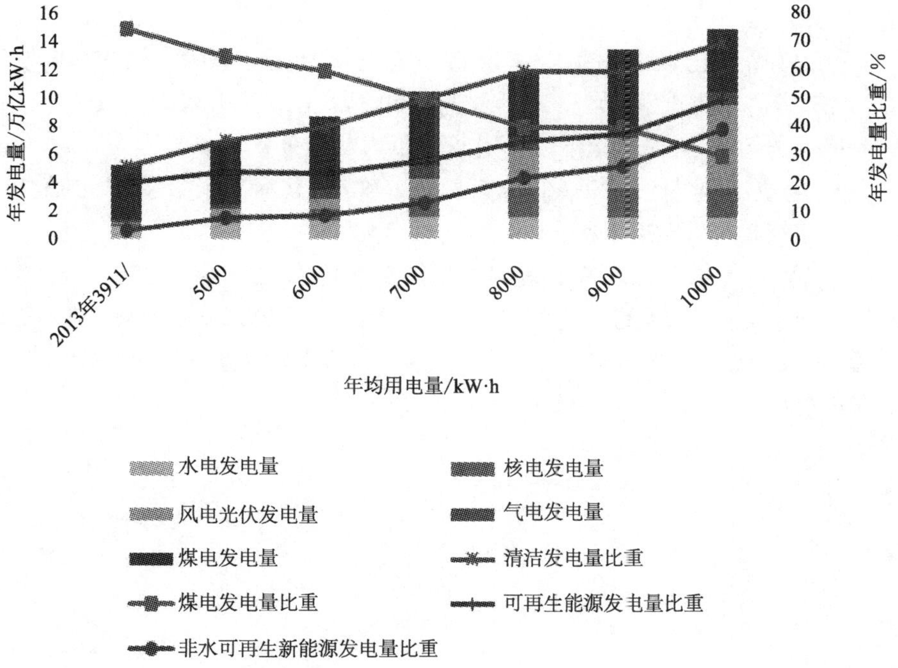

图 28-4　未来全国发电量趋势预测

生能源遵循西部集中开发与中东部分布式分散开发并重的原则，开发容量按西部与中东部各50%考虑。总体结果表明，西部与中东部发电装机容量对总量的占比相差不大，西部在50%偏下（51%～47%），中东部在50%偏上（49%～53%）；发电量总量则西部偏少，占49%～43%，相应中东部占51%～57%。

西电东送的需求应是中东部经济发展对电力的需求与本地电力供给能力的差值。由本章第2节的分析结果得知，尽管未来我国中东部与西部地区用电量的差距将逐步缩小，中东部（含东北）用电量比例将由现在的77%下降到73%，中东部本身的电力供应能力由前期的占总量51%增加到后期的占总量56%，但中东部仍有占总量26%～17%的电量需要通过西电东送供给。测算结果表明，在西电东送容量和电量占西部总量40%的情景下，人均年电量由5000kW·h增加到10 000kW·h的过程中，西电东送的容量由3.08亿kW增加到5.6亿kW；东送电量由1.38万亿kW·h增加到2.52万亿kW·h，分别占东部实际用电容量的27.7%～17.27%；用电量的28.07%～22.83%，都在电力系统安全容许的范围内。在西电东送容量和电量占西部总量50%的情景下，人均年电量由5000kW·h增加到10 000kW·h的过程中，西电东送的容量由3.852亿kW增加到7.01亿kW；东送电量由1.73万亿kW·h增加到3.15万亿kW·h，分别占东部实际用电容量的32.4%～20.7%；用电量的32.8%～27%，也都在电力系统安全容许的范围内。

本章第2节提出以人均用电8000kW·h的情景作为2030～2050年发展和测算西电东送需求的推荐方案，测算结果表明，该方案西电东送容量和电量占西部总量40%和50%两种情景下，西电东送电力容量分别为4.41亿kW和5.51亿kW，送电电量分别为1.99万亿kW·h和2.486万亿kW·h。具体如表28-10、表28-11和图28-5、图28-6所示。

因此可以得出结论，未来我国电力发展趋于饱和情况下（2030～2050年），西部输送到中东部地区的电力容量将由现在的1亿kW增加到4.5亿～5.5亿kW，相应输送电量为2万亿～2.5万亿kW·h，输电线路平均年利用小时达到4400～4500h。

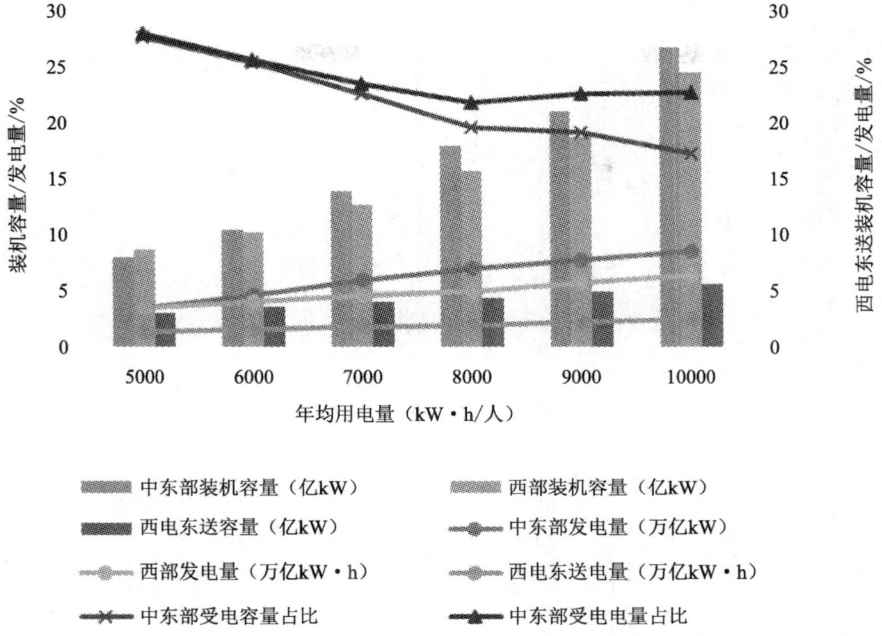

图 28-5　全国西电东送容量电量趋势预测（西部电量 40% 东送）

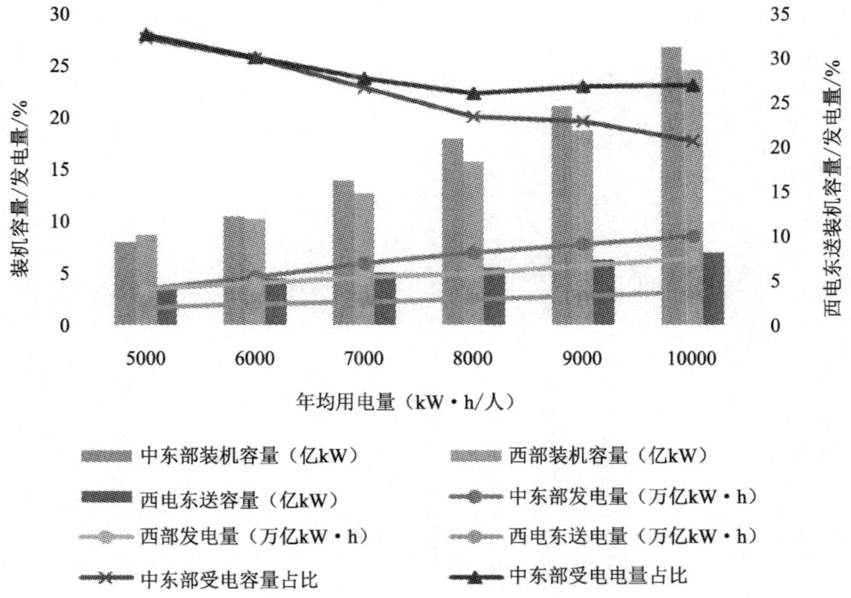

图 28-6　全国西电东送容量电量趋势预测（西部电量 50% 东送）

表 28-10　未来西电东送容量 / 电量发展趋势预测（西部电力、电量 40% 东送）

人均用电量（kW·h/a）	5000	6000	7000	8000	9000	10000
全国总人口 / 亿	14	14.5	15	15	15	15
全国发 / 用电量 / 万亿 kW·h	7.0	8.7	10.5	12.0	13.5	15.0
全国电力总装机 / 亿 kW	16.66	20.77	26.64	33.68	39.88	51.42
中东部装机容量 / 发电量（亿 kW/ 万亿 kW·h）	8.04/3.5425	10.495/4.6635	13.97/5.925	17.99/7.0275	21.09/7.7775	26.86/8.5275
西部装机容量 / 发电量（亿 kW/ 万亿 kW·h）	8.62/3.4565	10.275/4.0365	12.67/4.5725	15.69/4.9725	18.79/5.7225	24.56/6.4725
西电东送容量 / 电量（亿 kW/ 万亿 kW·h）	3.0817/1.3826	3.595/1.6146	4.0896/ 1.827	4.4088/1.989	5.008/2.2888	5.608/2.5224
中东部受电容量 / 电量占比 /%	27.7/28.07	25.5/25.7	22.64/ 24	19.68/22.06	19.18/21.46	17.27/22.83
中东部装机占比 /%	48.26	50.53	52.43	53.41	52.88	52.22
中东部发电占比 /%	50.607	53.6	56.43	58.56	57.61	56.85
西部装机占比 /%	51.74	49.47	47.56	46.97	47.12	47.76
西部发电占比 /%	49.38	46.4	43.54	41.43	42.39	43.15
中东部用电量 / 占比 (万亿 kW·h/%)	4.925/70.35	6.2781/72.16	7.7977/74.26	9.0019/75	10.0663/74.56	11.0499/73.66

表 28-11　未来西电东送容量 / 电量发展趋势预测（西部电力、电量 50% 东送）

人均用电量（kW・h/a）	5000	6000	7000	8000	9000	10000
全国总人口 / 亿	14	14.5	15	15	15	15
全国发 / 用电量 / 万亿 kW・h	7.0	8.7	10.5	12.0	13.5	15.0
全国电力总装机 / 亿 kW	16.66	20.77	26.64	33.68	39.88	51.42
中东部装机容量 / 发电量 /（亿 kW/ 万亿 kW・h）	8.04/3.5425	10.495/4.6635	13.97/5.925	17.99/7.0275	21.09/7.7775	26.86/8.5275
西部装机容量 / 发电量 /（亿 kW/ 万亿 kW・h）	8.62/3.4565	10.275/4.0365	12.67/4.5725	15.69/4.9725	18.79/5.7225	24.56/6.4725
西电东送容量 / 电量 /（亿 kW/ 万亿 kW・h）	3.852/1.728	4.4939/2.0183	5.112/2.2838	5.511/2.486	6.26/2.861	7.01/3.153
中东部受电容量 / 电量占比 /%	32.39/32.78	29.5/30.2	26.8/27.82	23.45/26.13	22.88/26.89	20.7/26.99
中东部装机占比 /%	48.26	50.53	52.43	53.41	52.88	52.22
中东部发电占比 /%	50.607	53.6	56.43	58.56	57.61	56.85
西部装机占比 /%	51.74	49.47	47.56	46.97	47.12	47.76
西部发电占比 /%	49.38	46.4	43.54	41.43	42.39	43.15
中东部用电量 / 占比 /(万亿 kW・h/%)	5.2705/75.29	6.68175/76.8	8.2088/78.18	9.4955/79.13	10.6385/78.8	11.68/77.86

第四节　我国中长期（2030 ~ 2050 年）主干输电网的结构设想和技术需求

1. 我国未来电网发展模式分析和主干输电网结构设想

电力流格局和输电技术的发展影响着未来电网的发展模式。

在 2030 ～ 2050 年的时间范围内，在我国电力发展将趋于饱和。在此情况下，西电东送的电力流，即西部输送到中东部地区的电力容量将由现在的 1 亿 kW 增加到 4.5 亿～ 5.5 亿 kW，相应输送电量为 2 万亿～ 2.5 万亿 kW • h，这是对未来的输电和电网技术的重大挑战。

经过 10 多年的技术研发和实践，我国交流和直流特高压输电技术和电网技术获得重大进展，为实现大容量远距离输电奠定了坚实基础。然而这些建立在常规技术基础上的大容量输电，在输电损失、环境影响、输电走廊、电网安全等方面都存在一些不足之处。为了满足未来的需求，实现更具优越性能的输电方式，一些采用新材料、新器件、新原理的输电技术，如新型电压源直流输电技术（VSC-HVDC）、直流电网技术、超导输电技术、新型大容量输电线路技术等正分别处于基础研究、技术攻关或试点示范过程之中。如果这些先进输电的技术瓶颈获得突破，并使之实用化，将为我国未来电网发展提供更多的技术选择。

鉴于直流输电网技术、超导输电技术在近期尚不具备大规模工程应用能力，因此在 2030 年前近距离输电将主要采用超高压 / 特高压交流输电方式，远距离则主要采用超高压 / 特高压直流输电方式，我国将形成超 / 特高压交、直流输电技术为核心的混合输电网模式。由于超导技术的突破主要取决于物理学和材料学基础研究的进展，具有很大的不确定性，而基于新型直流输电的直流输电网技术已经取得阶段性成果，预期在可以预见的将来会有较大突破，我国在远期实现采用常规导体的主干直流输电网的可能性更大。2030 年前中期以超 / 特高压交直流输电技术为核心的输电网方案如图 28-7 所示。

2030 年以后，我国电网发展面临的内外部环境将可能发生明显变化。大规模新能源和可再生能源的开发与利用将进入新的阶段。风能、太阳能、水能资源丰富的三北地区和西南地区在满足当地供电的基础上，将承担起向中东部负荷中心提供清洁能源的重任。风电、太阳能等新能源具有间歇性和大幅度长时间尺度随机功率波动特性，大容量远距离输送新能源将对电网的送受端均产生冲击，解决新能源功率波动引起的大电网潮流蹿动、保证清洁能源的高效可靠利用成为电网的主要任务。在此情况下，随着直流输电技术快速发展，在多端直流输电和直流电网等先进输电技术的技术瓶颈和关键技术突破的基础上，在我国西部构建送端直流输电网，有其必要性和优越性：①能够更好地满足未来电力由西部向中东部地区远距离、大容量输送的重大需求；②能够在西部送端实现风电、太阳能发电、水电、煤电等不同特性电源之间补偿调节，有效解决新能源电力的随机性和波动性带来的问题；③可以充分利用输电走廊和线路资源，提高输电系统资产利用效率；④能实现西部广大地区各交流电网的异步连接，提高运行的稳定性，满足西部的用电需求。

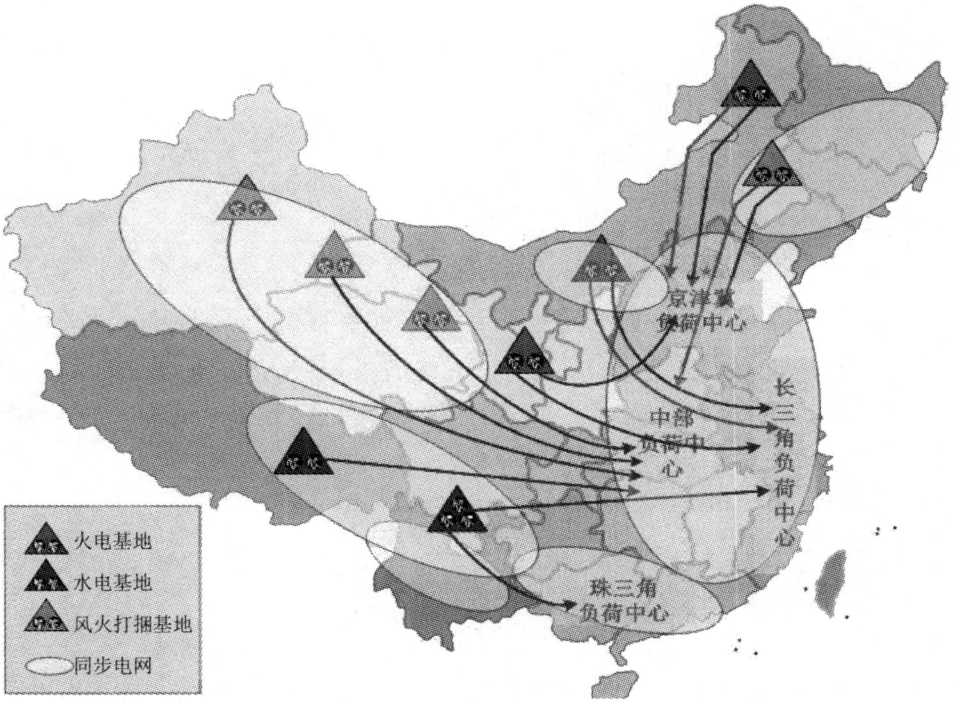

图 28-7　超 / 特高压交、直流输电技术为核心的输电网模式示意图

因此可以预期，2030 ～ 2050 年的远期，我国将逐步形成西部送端直流输电网与中东部受端超 / 特高压交流电网相融合的输电网模式，能够将西部和北部大型煤电基地、西南大型水电基地、风电与太阳能发电等可再生能源基地构成一个互联的直流输电网，完成电源汇集，远距离输送到京津冀鲁、华中东四省、华东、南方两广等负荷中心地区消纳，从而形成一个全新的电网格局。远期西部送端直流输电网和中东部受端超 / 特高压交流电网相融合的输电网方案如图 28-8 所示。

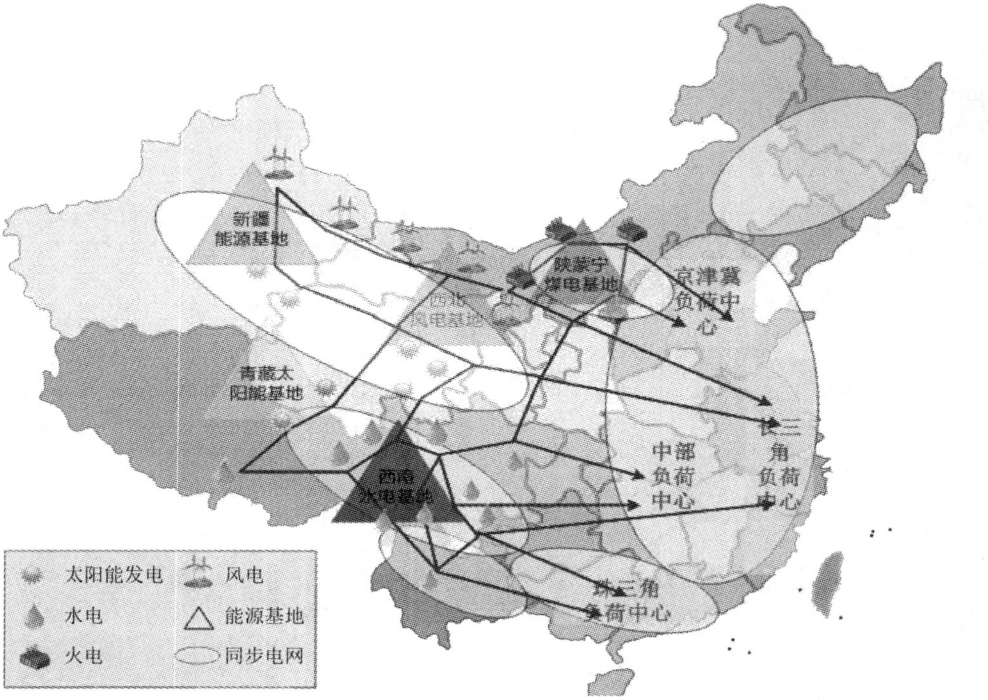

图 28-8　西部送端直流输电网和中东部受端超 / 特高压交流电网相融合的输电网模式构想图

2．我国电网不同发展阶段的技术需求

针对我国 2030 年前近中期和 2030 ～ 2050 年中长期电网发展模式，进一步分析了不同发展阶段相应发展模式的技术需求。

近中期我国主要发展超 / 特高压交直流输电网模式，需要研究安全可靠、经济合理、技术先进，能满足输电需求的交直流输电网结构；要研究相应的电网运行控制技术，提高系统的输电能力及电网的安全性、可靠性和经济性，特别要注重研究受端电网接收大量直流输电的安全稳定问题。

针对中长期我国有可能形成西部送端直流输电网与中东部受端超 / 特高压交流电网相融合的输电网模式，需要提前重点部署新型直流输电及直流输电网技术的研究包括基础性前瞻性研究和高技术开发。首先要明确设备级和系统级两个层面的技术需求。

设备级的技术需求有：①高压直流断路器。切断时间要求在 3 ～ 5 毫秒，比交流系统断路器提高一个数量级。② DC/DC 变压器。目前尚处于电路拓扑、仿真计算、原理样机阶段，尚未实现工业样机研发的技术突破。③直流电缆。研究大容量高电压等级直流电缆制造技术。

系统级的技术需求有：①直流电网广域测量及故障检测。在传统交流电网检测技术基础上，缩短检测时间，提高响应速度。②直流电网仿真。建立仿真模型，较交流电网更小步长的电磁暂态仿真。③直流电网运行控制与保护。适用于直流电网的新型运行控制原理和控制、保护方法，具有快速响应能力的直流电网的调度、运行控制系统。

上述新型直流输电和直流输电网相关理论和关键技术一旦突破，除有助于改变未来国家主干电网模式及联网的形态之外，对近期电网的发展也将产生重要影响。新型电压源直流（VSC-HVDC）技术十分适合对风能、太阳能等分散化、小型化的电能进行组网，通过经济、环保的方式将这些电能反馈回电网。随着电压源直流技术的研究开发，其容量将不断增大，将有可能利用电压源换流装置 (VSC) 和常规电流源换流装置 (CSC) 各自优点，形成大容量的混合连接直流输电系统。直流输电网的各项关键技术还可用于直流配电系统。

此外，超导输电技术、气体绝缘管道输电技术、无线输电技术、半波长输电技术、分频输电技术等，也需要开展基础和前沿技术研究及必要的工程示范，论证其进一步发展和应用的可能性。

第五节　对策措施和政策建议

本节基于前面的研究结果提出实现我国中长期能源电力供需及传输发展目标的对策措施和政策建议。

1. 迎接重大挑战的战略举措

本章的第二、三、四节以我国未来建设中等发达国家对能源电力的需求，以及迎接环境和资源挑战，促进能源生产和消费革命，建设可持续发展的能源电力系统为基本思路，分别对我国未来中长期（2030 ～ 2050 年）的能源电力生产、消费供需，西电东送的电力流格局，以及与此相应的主干输电网结构和技术需求进行了分析和预测。研究中发现以下 3 点。①我国人口众多，中长期能源电力消费需求潜力总量巨大。2013 年人均用电消费 3911kW·h，若按年增长 7.5% 计，则 10 年后的 2024 年即可达到人均年消费电量 8000~10 000kW·h 中长期增长目标区间的低限水平，大致相当或稍高于法国、德国、日本当前水平。如何做到既能满足用电的合理需求，又不使电能消费总量过分增长，造成对资源和环境的巨大压力，将全国人均年用电量控制在中长期增长目标区间的低限即 8000~9000kW·h 水平，将是我国未来面临的重大挑战。②一次能源中煤炭的利用依然占有相当比例。上述情景中若尽可能地开发利用清洁能源发电，如核电（3亿 kW）、气电（2 亿 kW）、水电（4.5 亿 kW）、可再生新能源发电（15 亿 kW）等均取可能实现的最大或较大值，仍然需要煤电提供 30%~40% 的电量需求，如何面对由此所带来的全球气候变化和环境问题，进一步降低煤电比例，也将是我国未来面临的重大挑战。③我国东西部经济发展差距依然明显。未来西部的人均年用电量将能达到与中东部相同的水平，但与西部广大的面积相比，人口稀少，产业发展不均衡，预测 2050 年西部用电量占全国总量的比例与现状相比增加不多（达到 27%），能源资源与电力消费呈逆向分布的状况改变不大，仍有大量西电东送需求（4.5 亿～ 5.5 亿 kW），是当前输送量的 4.5 ～ 5.5 倍。如无新的技术突破，即使采用近期可实现的最大输送容量直流输电线路（每条可输送 1000 万 kW 电力）也需要 50 条以上。如何进一步发展西部经济，提高西部用电比例，降低西部与中东部能源资源与电力消费不平衡的程度，以及解决输电技术、输电走廊、环境影响、电网安全等电能传输方面的难题都是巨大的挑战。

迎接上述三大挑战，首先要贯彻“推动能源生产和消费革命”的长期战略，采取如下战略举措。

（1）大力发展清洁能源生产，贯彻节能优先方针。研究采用更高效、更经济的清洁能源和可再生能源发电和利用技术，大幅度提高清洁电力比例和电力在终端能源消费的比例。研究提倡适合国情的节能生活方式，贯彻落实节能政策，研究采用先进有效的节能技术，降低预期的用电需求总量和人均年消费电量增长。

（2）采取有效政策措施，在大力开发西部能源电力资源外送的同时，加快西部经济发展，实现能源电力供需区域平衡协调发展，缓解能源资源和消费逆向分布状况，降低预期的电力由西向东远距离输送需求总量的增长。

（3）大力支持新型大容量远距离输电技术、智能电网技术、电力电子和储能等高新技术的研究开发，满足我国中长期西电东送和电网安全稳定运行的需求。

相应的具体对策措施和政策建议包含实现电力供需区域协调发展的建议和开展相关科学研究的建议两部分。

2．实现电力供需区域协调发展的建议

（1）大力发展西部和东中部的可再生能源，满足我国未来能源和电量需求。

在西部荒漠地区建设大型风电基地和大型荒漠太阳能发电基地；在西南水电资源丰富地区加大西南部水电基地建设；充分利用西部和北部地区丰富的煤炭资源，因地制宜建设大型煤电基地；大力发展新型大容量远距离输电技术，提高西电东送的输送能力。东部沿海适宜地区发展海上风电；利用东中部区域的电网接入条件良好的条件，在适当的区域分散开发风电；光伏方面，东部沿海滩涂（山东、

江苏、福建、广东、广西和海南岛）也具备集中建设大型光伏电站的条件，而中东部经济发达省区可普遍推广分布式光伏建筑；在东中部地区推进发展天然气发电，提高电网接纳风电、太阳能发电的能力；加强抽水蓄能电站站址资源的规划与选择，发展抽水蓄能电站。

（2）加快西部地区经济结构调整，促进我国西部地区电力需求增长。

具体建议如下：①加快西部地区承接产业转移与产业结构优化升级。通过承接产业转移，加速推进西部工业化的进程，并推进区域之间的协调发展；推进西部地区产业结构升级和优化。②制定西部不同层次和类型发展规划。需要针对本地区可持续发展的承受能力和实现可持续发展所应具备的条件进行前瞻性论证，制定西部不同层次和类型发展规划。在突出重点地区、重点城市、重点产业的基础上，承接国际国内产业转移、加快发展，形成若干个有自主开发能力、自我积累能力和自我发展能力的战略高地。③完善优化西部承接产业与产业结构优化的制度环境。在进一步改善西部地区基础设施建设的同时，加快制定和完善相关促进西部承接产业转移、有利于西部加快产业发展的政策环境和促进西部创新能力提升的政策机制，并赋予西部更多先行先试的机会和政策支持。

（3）采取多种措施，保障西部能源（水电）大省能源电力供需。

“西电东送”保障了中东部能源电力的供应，对我国经济社会发展已经做出并将继续做出巨大贡献。然而西部能源输出省份特别是水电输出大省（四川、云南、重庆等省市）自身的能源电力供应问题，也是需要认真研究解决的问题。

以四川省为例，分析其能源供应的结构特点和发展前景。预计到 2030 年四川水电装机将在 1.3 亿～ 1.5 亿 kW，其水电比例将由 2011 年的 69% 提高至接近 90%。巨大的水电比例造成电力供应丰余枯缺的结构性矛盾，即丰水期四川电力电量富余较大，除满足自身需要外尚有大量外送电量，但到枯水期，四川本身将无电可用。为此要求从全局性、战略性、长期性的角度出发探析化解的对策与措施：①大力优先发展水电，加快建设水电基地，对保障本省电力供应、促进节能减排、完成非化石能源比例目标至关重要。②适度优化发展煤电，进一步改善电源结构；因地制宜发展天然气发电，提高电网调峰能力。四川水电比例大，为保持一定的水火比例，亟待改善电源结构，提高电能质量和电网运行稳定水平。③大力发展风电、太阳能、生物质能等新能源发电。④积极规划核电选址，有序推动前期工作。⑤加强省外调入能源电力的力度。随着本省用电需求增长，将使四川原有水电外送可用容量缩减，为此可能需要开发西藏水电入川作为接续；同时水电丰枯季节性出力波动对水电外送和本省供电都有不利影响，因此远期实现四川、西藏水电同西北新疆、甘肃、青海的煤电、风电、太阳能发电送端联网、相互补偿，既能保证四川电力的稳定供应，也有助于西电东送线路输送效率的提高。

（4）立足科技进步，促进东部地区经济与环境协调发展。

未来东部地区应通过宏观调控手段，解决经济发展与生态文明建设的矛盾，在满足中长期实现经济发展、能源电力供需要求的同时，促使经济发展与环境保护相协调，应采取的措施有：①依靠科技进步，走创新发展之路。实现经济结构由低附加值产业占优势比例向高附加值产业占优势比例的转变。支持节能低碳产业，大力发展技术密集产业和外向型经济，以更高层次的经济发展引领全国经济增长，为中西部地区的经济发展开拓空间。②加强节能降耗，引导和推动能源消费结构的优化调整，不断提高电气化水平，进一步扩大电能在终端能源消费中的比例。③多措并举，满足东部地区能源及电力供需要求。大力推进天然气发电的发展，同时在确保安全的基础上推进东部沿海地区核电发展；增加区外来电比例，增加西电东送、北电南送规模；大力发展可再生源发电，包括分布式光伏发电和分散风电，沿海滩涂风力、光伏电站以及海上风电。

3．开展相关科学研究的建议

为了适应未来能源革命的发展趋势和非化石能源开发利用技术、煤炭洁净化利用技术等新能源技术的发展，新能源发电技术、新型电力传输和电网技术、支撑多种能源安全高效接入消纳及满足用户多样化用能需求的智能用电技术，将成为现代电力科技的创新方向。

针对本章提出的我国中长期能源电力供需及传输需求预测，以及实现能源电力清洁化供应的目标，基于对2050年前可预见的对电力系统发展具有重大影响的关键技术的预测，能源电力技术研究和开发的总目标是：支持节能和大幅度提高能源利用效率，提高煤炭等传统化石能源的清洁利用水平；支持大规模开发利用新能源和可再生能源，支持集中与分布式结合、生产与传输匹配、供给与消费互动的开发利用路线，以便基于区域资源和需求特点，在全国范围内，逐步构建区域分布合理、协调互助、总体优化、环境友好的能源电力生产、传输、利用体系，成为国家安全、清洁、低碳、高效、灵活、高品质的未来能源体系的重要组成部分。

应对中长期能源电力供需和传输发展挑战战略措施的具体实现，需要广泛开展社会科学、技术科学研究和工程技术开发。

1）在社会科学和管理科学方面

开展适合我国国情、因地制宜的节能生活方式研究；开展促进西部经济发展和人才培养、集聚的政策研究；开展西部能源电力开发外送的补偿机制和政策研究。

开展我国新形势下电力市场模式结构、运行机制和市场监管系统的研究。电力市场化改革是电力行业未来重要的发展方向。电力市场是促进电力资源优化配置的重要途径，是充分调动企业和电力用户积极性的前提，也是提高电力行业整体运行效率的关键举措。我国应建设低碳环保、开放有序、竞争充分、高效协调、促进安全、服务用户的电力市场。研究将可再生、分布式与碳捕集等新能源与电动汽车、储能元件装置等新型市场成员纳入市场的配置平台；研究多渠道、商业化的投融资体系与多元开放的市场结构，并探讨其余全球资本市场的深度融合机制，实现电力市场与碳市场的良好对接，协调市场中的能量流、信息流、资金流与碳流，稀释电力行业碳排放强度；研究竞争充分、高度协调的交易体系，开展电力金融、零售、实时、辅助服务交易等多样化交易方式分析；研究建立灵活、科学的价格体系，包容分时、分节点的价格机制，充分反映电能的稀缺性与外部性；研究建设完整、适度、明确的市场监管体系，降低电力市场的运营风险；研究提高市场的覆盖范围与交易规模的方法与途径，满足电力用户的个性化服务需求，支持智能化的电能双向交易。

2）在技术科学基础研究和工程技术研发方面

该方面涉及能源、材料、信息、工程等科学技术领域，涵盖电力生产消费全过程。

（1）电源开发：支持未来我国清洁能源电量达到总量60%以上目标的实现，要解决西部大规模可再生能源的高效、经济、规模化开发利用的技术；解决中东部地区可再生能源规模化分布式和海上开发利用技术，支持远期达到约15亿kW装机总量一半开发目标的实现；研究大容量集中和分布式电网储能技术，解决风能、太阳能出力间歇性和波动性问题；研究解决超净化的燃煤发电技术，为煤炭的开发利用开辟一条新路；研究开发高安全水平新型核电，支持沿海和内陆核电建设，实现远期核电开发3亿～4亿kW的目标；研究开发基于清洁燃料（常规和非常规天然气等）的分布式能源和梯级利用技术，根据不同终端用户需求，构建区域新型高效能源系统。

（2）电能传输和分配：作为国家能源传输体系的重要组成部分，未来电能传输和分配的任务艰巨。要支持实现西电东送（含北电南送）规模达到4.5亿～5.5亿kW的目标；支持可再生能源和天然气分布式电源在配电网的规模化接入。为此要研究解决超大容量的新型（VSC-HVDC等）直流远距离输电技术和直流输电网技术，支持在我国西部构建送端直流输电网，支持对传统西电东送直流线路的技术改造；研究解决中东部交流超/特高压受端电网的构建和运行问题，支持超过30%外来电力情况下的受端电力系统的安全稳定运行；研究开发新型智能化的有源（主动）配电系统和微电网，提高电能质量和安全可靠性。

（3）电能利用：支持强化节能，提高能源利用效率，提高电能在终端用能的比例，支持实现人均年用电量8000~10 000kW·h增长区间低限目标的实现；实现用户响应及同供给方的互动，支持构建能源与信息结合的能源互联网，逐步建立能源、电力和信息综合服务体系。为此要在解决新能源电力入网难题的同时，开展可再生能源多样化转化和利用的技术研究，研发利用风能、太阳能波动和多余电力制氢、制甲烷技术，以及直接冷热利用技术；克服机制制约，与天然气管网、冷热管网合作，实现能源多样化传输和利用；将物联网技术、通信技术与电网技术结合，开展智能用电研究，解决实现用户需求侧管理和需求响应的机制和技术手段；研究建筑节能和发电技术，推动能源互联网技术的发展和逐步实现。

第六节 总 结

（1）贯彻落实节能优先方针，推行强化节能措施，建议我国中长期（2030～2050年）电力消费需求按人均年用电量8000~10 000kW·h增长目标区间低限考虑，大致相当或稍高于法国、德国、日本当前水平。

（2）推荐我国中长期人均年消费电量8000kW·h的优化电力供给方案：全国电力消费总量12万亿kW·h，清洁电量占60%；发电装机容量33.68亿kW，非水可再生能源（风能、太阳能等）发电装机14.58亿kW。

（3）电力消费分区预测表明，中长期（2030～2050年）我国西部用电量占全国总量的26%~27%，所占比例较现况23%略有增加。

（4）按人均8000kW·h的发展目标测算，我国2030～2050年中长期西部输送到中东部地区的电力容量将由现况的1亿kW增加到4.5亿～5.5亿kW，相应输送电量为2万亿～2.5万亿kW·h。

（5）经过10多年的技术研发和实践，我国交流和直流特高压输电技术和电网技术获得重大突破，为实现大容量远距离输电奠定了坚实基础。新型电压源直流输电技术（VSC-HVDC）等采用新材料、新器件、新原理输电技术的突破，将为我国未来电网发展提供更多的技术选择。

（6）根据未来电力流和关键输电技术发展趋势预测分析，可以预期：① 2030年前，我国将延续超/特高压交、直流输电技术为核心的输电模式。电力电子技术和新型直流输电技术等新的电网技术不断发展。② 2030～2050年，在新型直流输电技术成熟的条件下，我国可能形成西部送端直流输电网和中东部受端超/特高压交流电网相融合的输电网模式。

（7）大幅度提高清洁能源比例，应对煤电排放带来的气候变化和环境问题；将全国人均年用电水平控制在8000～10 000kW·h增长区间低限目标；提高西部用电比例，解决输电技术、输电走廊、环境影响、电网安全等电能传输的技术难题，是我国中长期能源电力供需和传输发展面临的三大挑战。

（8）大力发展清洁能源生产，贯彻节能优先方针；加快西部经济发展，实现能源电力供需区域平衡协调发展；大力支持新型大容量远距离输电技术、智能电网技术、电力电子和储能等高新技术的研究开发，是应对挑战的主要战略举措。

（9）针对近中期的技术需求，需要研究安全可靠、经济合理、技术先进，能满足输电需求的交直流输电网结构；要研究相应的电网运行控制技术，提高系统的输电能力及电网的安全性、可靠性和经济性，特别要注重研究受端电网接收大量直流输电的安全稳定问题。

（10）针对中长期我国有可能形成西部送端直流输电网与中东部受端超 / 特高压交流电网有效融合的输电网模式，需要提前重点部署新型直流输电及直流输电网技术的研究包括基础性前瞻性研究和高技术开发。

（11）应对中长期能源电力供需和传输发展挑战战略措施的具体实现，需要广泛开展社会科学和技术科学研究和工程技术开发。

在社会科学和软科学方面：开展适合我国国情、因地制宜的节能生活方式研究；开展促进西部经济发展和人才培养和集聚的政策研究；开展西部能源电力开发外送的补偿机制和政策研究；开展我国新形势下电力市场模式结构、运行机制和市场监管系统的研究，支持电力市场及市场监管体系的建立和运行。

在技术科学基础研究和工程技术研发方面：涉及能源、材料、信息、工程等科学技术领域，涵盖电力生产消费全过程：①电源开发：支持清洁能源电量占总量 60% 以上目标的实现；②电能传输和分配：支持实现西电东送（含北电南送）规模达到 4.5 亿～ 5.5 亿 kW 的目标，支持分布式电源在配电网的规模化接入；③电能利用：支持强化节能，提高能源利用效率，提高电能在终端用能的比例，支持人均年用电量 8000~10 000kW • h 增长目标区间低限的实现。

彩　　图

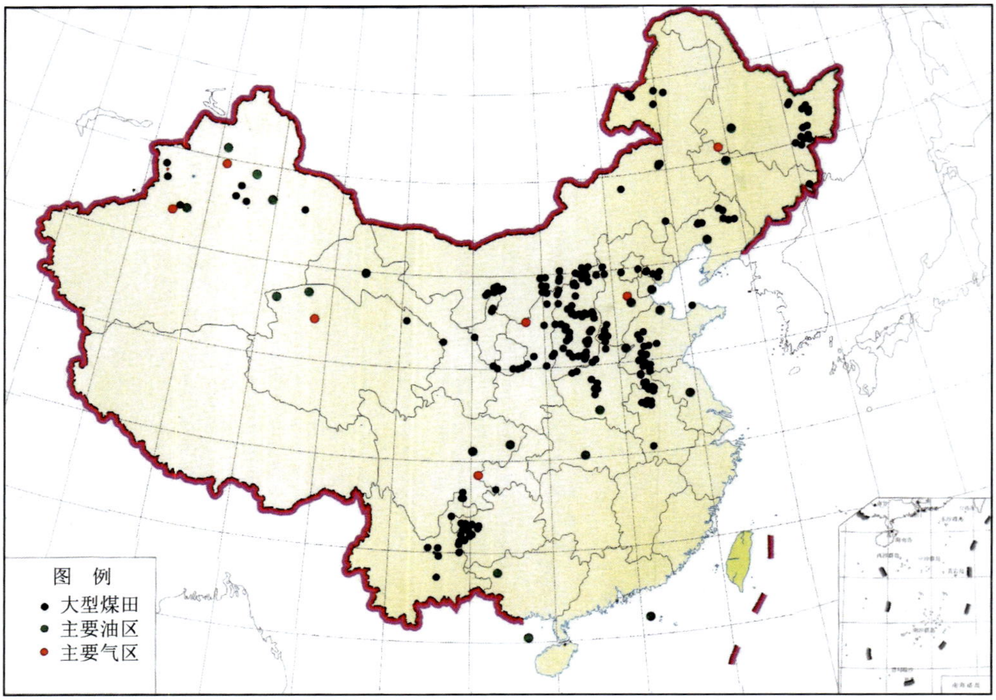

图 2-12　中国煤炭、石油、天然气主要矿产地分布图